KB111280

After

PIKETTY

AFTER PIKETTY : The Agenda for Economics and Inequality
Copyright ⓒ 2017 by the President and Fellows of Harvard College
Published by arrangement with Harvard University Press.

No part of this book may be used or reproduced in any manner whatever without written
permission except in the case of brief quotations embodied in critical articles or reviews.

Korean Translation Copyright ⓒ 2017 by Ulysses Publishing Co.
Korean edition is published by arrangement with Harvard University Press, through BC
Agency, Seoul.

이 책의 한국어판 저작권은 BC 에이전시를 통해 저작권자와 독점 계약한 율리시즈에 있습니다.
저작권법에 의해 보호를 받는 저작물이므로 무단전재와 복제를 금합니다.

After
PIKETTY
애프터 피케티

─────

《21세기 자본》이후 3년

토마 피케티 외 25인 지음 | 유엔제이 옮김

◆ ◆ ◆

학자로서, 우리의 연구는 우리보다 앞선 학자들이
일구어놓은 업적에 힘입은 바 크다.
이 책을 앤서니 앳킨스(1944~2017)에게 바치는 것은 이런 생각에서다.
경제적 불평등을 정리하고 이해한 그의 평생 연구는 우리에게
경제가 어떻게, 그리고 누구를 위해 작동하는지에 관해
근본적인 질문을 가지라는 영감을 주었다.
그리고 우리 역시 후대의 학자들에게 영감을 주길 희망한다.

이 책의 저자들

토마 피케티 Thomas Piketty

경제학자. 경제적 불평등에 내재한 자본주의의 동학을 분석하고 그 대안으로 글로벌 자본세를 제시한 《21세기 자본》으로 세계 경제사에 한 획을 그었다. 파리경제대 교수이자 프랑스 사회과학고등연구원EHESS 연구 책임자이며, 런던정치경제대학LSE 방문교수로 있다.

폴 크루그먼 Paul Krugman

세계에서 가장 영향력 있는 경제학자이자 칼럼니스트, 작가. MIT와 프린스턴 대학 경제학 교수를 거쳐 현재 뉴욕시립대학교대학원에서 교수로 재직중이다. 학계와 일반인을 위해 200여 편이 넘는 논문과 20여 권의 저서를 집필했다. 2008년 신무역이론과 경제지리학에 대한 기여를 인정받아 노벨 경제학상을 수상했다.

마이클 스펜스 Michael Spence

현대 정보경제학의 기틀을 마련한, 세계를 움직이는 경제학자로 손꼽힌다. 하버드 대학에서 인문사회과학대학장을, 스탠퍼드 대학에서 경영대학원장을 지냈다. 1981년 존 베이츠 클라크 메달을 수상했고, 2001년에 조지 애커로프, 조지프 스티글리츠와 함께 노벨 경제학상을 수상했다.

로버트 솔로 Robert M. Solow

경제 성장 관련 이론으로 가장 유명한 경제학자. 폰 노이만 경제성장이론(1953년), 자본론(1956년), 선형 계획법(1958년), 필립스 곡선(1960년) 등 여러 유명 이론들을 연구, 미국경제학회에서 경제학 발전에 가장 크게 기여한 40세 미만 경제학자에게 수여하는 '존 베이츠 클라크 메달'을 수상하고(1961년), 1987년에 노벨 경제학상을, 2014년에 대통령 자유 메달을 수여받았다.

로라 타이슨 Laura Tyson

경제학자. 하스비즈니스스쿨과 런던비즈니스스쿨에서 경영학 및 경제학 교수를 거쳐 학장을 지냈다. 또한 무역 및 경쟁력 전문가로서 대통령자문위원회의 의장, 백악관국가경제위원회 이사를 역임하며 두 직책을 맡은 최초의 여성이 됐다. 현재 캘리포니아 대학UC Berkeley에서 교수로 재직중이다.

브랑코 밀라노비치 Branko Milanovic

경제학자. 불평등 분야에서 세계 최정상급 학자로서 평판이 높다. 룩셈부르크 소득연구소의 선임 학자이며 뉴욕시립대학교대학원 객원 석좌교수. 카네기국제평화기금의 선임 자문위원, 세계은행 연구소의 수석 경제학자로 활동했고, 메릴랜드 대학과 존스홉킨스 대학 초빙교수를 역임했다.

이매뉴얼 사에즈 Emmanuel Saez

경제학자. MIT에서 경제학 박사학위를 받고 하버드 대학을 거쳐 현재 캘리포니아 대학 UC Berkeley에서 교수 겸 공정성장센터 소장을 맡고 있다. 세계경제 불황의 여파로 과도한 부와 소득의 불평등이 발생했고 그것이 세계적 경제 위기를 불러왔음을 역사적으로 분석한 공로로 2009년 존 베이츠 클라크 메달을 수상했다.

히더 부셰이 Heather Boushey

워싱턴동반성장센터WCEG 이사 겸 수석 경제학자. 미국진보센터, 경제정책연구센터와 경제정책연구소에서 경제 전문가로 근무했으며, 노동시장, 사회정책, 일과 가정 문제를 중점으로 연구한다. 힐러리 클린턴의 전환프로젝트의 수석 경제학자로 활약하며 《폴리티코 Politico》가 선정한 '미국 정치를 변화시키는 사상가 및 행동가' 중 2위에 올랐다.

J. 브래드포드 드롱 J. Bradford DeLong

MIT, 보스턴 대학, 하버드 대학을 거쳐 캘리포니아 대학UC Berkeley의 경제학 교수를 맡고 있다. 클린턴 행정부 재무부 차관보를 지내며 연방예산 정책 및 우루과이 라운드와 북미자유무역협정, 기타 무역 문제에 관여했다. 샌프란시스코 연방준비은행의 방문학자로 있다.

데이비드 싱 그레월 David Singh Grewal

예일 대학 법대 교수. 하버드 대학에서 경제학을 전공한 후 정치학으로 박사학위를 받았고, 예일 대학에서는 법학으로 박사학위를 받았다. 주요 관심 분야는 법률 및 정치 이론으로, 특히 국제무역법, 지적 재산권법과 생명공학, 법률 및 경제 분야를 연구한다. 하버드 대학 사회과학 분야의 엘리엇Eliot 연구원이며 바이오브릭스 재단 이사회 일원이다.

마크 잔디 Mark Zandi

경제학자. 펜실베이니아 대학에서 박사학위를 받았고 지역 경제 전문가로 활동하다 이코노미닷컴을 설립했다. 현재 무디스 애널리틱스Moody's Analytics의 수석 경제학자로서 경제 연구를 담당하고 있다. 각종 기업 이사회, 무역협회 및 정책 입안자를 대상으로 정기적인 경제 브리핑을 수행하며, CNBC, NPR, CNN 등 주요 매체에 출연한다.

데이비드 와일 David Weil

미국의 경제학자. 공공 및 노동시장정책에서 국제적으로 인정받는 전문가. 노동부 산하 근로기준분과 첫 종신행정관이다. 하버드 대학에서 박사학위를 받았고, 이후 보스턴 대학 경제학과 교수, 하버드 대학 존 F. 케네디 행정대학원 정책투명성 프로젝트 공동소장을 역임했다. 2004년 출간한《경제 성장론》은 학계와 노동계의 열렬한 지지를 받으며 베스트셀러가 되었다.

아서 골드해머 Arthur Goldhammer

MIT 수학박사 출신으로, 하버드 대학 유럽연구센터 소속 작가이자《21세기 자본》의 번역자. 프랑스 문학 번역자 중 가장 잘 알려진 인물로 120여 권이 넘는 책을 번역했고, 프랑스의 정치와 문화를 주제로 광범위한 글을 쓰고 있다.

수레쉬 나이두 Suresh Naidu

경제학자. 캘리포니아 대학UC Berkeley에서 박사학위를 받고 MIT 경제학과 조교수로 재직중이다. 정치적 전환의 경제 효과에 관심이 많은 그는 노동경제 학회지, 경제 및 통계 리뷰 등에 공저자로 여러 번 이름을 올렸다.

디아이나 레미 베리 Daina Ramey Berry

역사학자. 오스틴의 텍사스 대학 역사학과 조교수로 재직중이며 미국사 및 아프리카계 미국인 연구가 전문이다. 19세기 사회 및 경제사를 중심으로 당시 미국의 성과 노예 부문 전문가로 불린다. 편집과 집필, 기고 활동 외에도 라디오 및 TV쇼에 출연해 미국 여성과 노예 문제에 관해 활발한 토론을 이끌고 있다.

에릭 R. 닐슨 Eric R. Nielsen

경제학자. 하버드 대학을 거쳐 시카고 대학에서 박사학위를 받고, 조지 워싱턴 대학 부교수로 재직중이다. 연방준비제도이사회 소속 경제학자로서 금융 및 경제 토론에 참여하며, 노동 및 응용 경제 부문에 관심을 갖고 실업률, 불평등의 편차 등을 연구한다. 경제 관련 저널에 다수 글을 기고했다.

크리스토프 라크너 Christoph Lakner

경제학자. 옥스퍼드 대학 아프리카경제연구센터를 거쳐 세계은행 개발연구그룹(빈곤 및 불평등 팀)의 경제학자로 활동하고 있다. 관심 분야는 개발도상국의 불평등, 빈곤 및 노동시장으로, 특히 세계 불평등, 기회와 성장의 불평등과의 관계, 불평등에 대한 지역적 가격 차이의 함의 등에 대한 연구를 진행 중이다.

가레스 A. 존스 Gareth A. Jones

지리학자. 런던정치경제대학LSE의 교수이자 국제문제연구소 소속 중남미 및 카리브센터 소장, 국제불평등연구소 준회원이다. 도시지리학 전문가로서 사람들이 도시를 어떻게 사용하는지, 도시가 정책과 실천에 의해 어떻게 표현되는지에 특히 관심을 갖고 개발도상국의 도시정책을 연구한다. 유엔 해비타트, 국제개발부, 유엔 청소년부 및 다수의 비정부기구에서 고문으로 활동 중이다.

마리아크리스티나 드 나디 Mariacristina De Nardi

경제학자. 시카고 대학에서 경제학 박사학위를 받았다. 미네소타 대학을 거쳐 유니버시티 칼리지 런던UCL의 경제학과 교수로 재직중이며, 시카고 연방준비은행의 수석 연구원이자 고문을 맡고 있다. 저축, 부와 불평등, 사회보장, 기업가 정신 및 세금을 중점적으로 연구한다.

줄리오 펠라 Giulio Fella

경제학자. 런던정치경제대학LSE에서 박사학위를 받고 퀸메리 대학에서 경제학과 교수로 재직중이다. 주요 관심 분야는 양적 거시경제와 노동경제학으로, 소비와 부의 불평등, 대규모 정책 개입의 평형 분석, 고용보호 조치의 복지와 고용 영향 등을 연구했다. 그가 수행했던 수치 방법, 인적자본 투자 및 가족경제 연구는 미국과 유럽의 유명 경제 리뷰지에 소개되었다.

팽 양 Fang Yang

경제학자. 북경대학교를 거쳐 미네소타 대학에서 경제학 박사학위를 받았다. 현재 루이지애나 주립대 경제학과 부교수(거시경제학, 공공경제학)로 재직중이며 주요 연구 분야는 부의 불평등, 저축, 주택 공급 등이다.

살바토레 모렐리 Salvatore Morelli

경제학자. 옥스퍼드 대학에서 박사학위를 받았고 나폴리 경제금융연구센터CSEF에서 박사후 과정을 거쳐 현재 뉴욕시립대학CUNY에서 조교수로 재직중이다. 부의 집중화 현상, 경제적 불평등을 연구하며 전문가들과 공동 연구 및 집필 활동에 매진하고 있다.

마샬 스테인바움 Marshall Steinbaum

루스벨트연구소의 연구 책임자, 워싱턴동반성장센터WCEG의 경제학자로 장기 연구 프로젝트에 참여하면서 시장의 힘과 불평등을 연구한다. 조세정책, 독점금지 및 경쟁정책, 노동시장에 관한 연구가 세부 분야다.《보스턴 리뷰》《자코뱅》등을 비롯한 경제, 노동 관련 저널에 정기적으로 글을 기고하고 있다.

엘로라 드르농쿠르 Ellora Derenoncourt

경제학자. 하버드 대학에서 공공경제학, 경제사 및 미시경제 이론으로 박사학위를 받았다. 경제적 불평등과 부의 분배를 중점적으로 연구하며 노예제도와 같은 역사적 제도의 분석, 불공정 혐오에 대한 현장실험 및 이론 연구를 포함하여 과거 및 현재의 불평등의 결정 요인을 이해하는 데 주력하고 있다.

엘리자베스 제이콥스 Elisabeth Jacobs

예일 대학을 졸업하고 하버드 대학에서 석사·박사학위를 받았다. 워싱턴동반성장센터WCEG의 수석 연구원으로 전략 비전을 개발하고 실행하며, 학업 관계 및 복리 후원을 총괄하고 있다. 주력 연구 분야는 경제적 불평등과 이동성, 안보, 빈곤, 고용, 사회정책, 사회보험, 그리고 불평등의 정치다.

데베쉬 레이벌 Devesh Raval

경제학자. 시카고 대학에서 경제학 박사학위를 받고 아마존닷컴의 수석 경제학자를 거쳐 2013년부터 현재까지 미국 연방거래위원회에 재직 중이다.

| 차례 |

Part 2 | 자본의 이해 ────────────

Part 3 | 불평등의 규모 ────────────

《21세기 자본》 이후 3년

J. 브래드포드 드롱, 히더 부셰이, 마샬 스테인바움

토마 피케티의 《21세기 자본》은 놀랄 만한 성공을 거두었다.

선진국들이 '제2차 도금시대'에 접어들고 있는 오늘날, 수많은 대중 또한 이와 관련된 논의에 동참하려는 열망을 표현하고 있다.[1] 《21세기 자본》의 영문판 번역을 맡은 아서 골드해머Arthur Goldhammer는 1장에서 이 책이 전 세계에서 30개 언어로 220만 권이 출판됐음을 밝히고 있는데, 판매 부수가 220만 권에 달한다는 점은 이 책이 분명 만만치 않은 영향력을 지니고 있음을 의미할 것이다. 《21세기 자본》은 시대정신의 전환을 이끌어내야 하고, 피케티 이후의 담론, 불평등을 넘어서기 위한 지성들의 공적 토론, 경제정책들 그리고 공평한 성장에 대한 담론들이 다양한 채널을 통해 다양하게 논의돼야 한다.

하지만 사회정치적인 반발이 없는 것은 아니다. 피케티의 프로젝트를 바라보는 한 가지 방법은 제2차 세계대전 이후 30년간 호황을 누렸던 프랑스의 저低불평등 산업 경제의 전형적 사례와 1870년~1914년 프랑스 제3공화정 시대의 벨 에포크Belle Epoque 같은 고高불평등 산업 경제의 전형적 사례를 들여다보는 것이다. 제3공화정의 거대한 물결은 경제적으로는 급진적 평등주의이자, 이데올로기적으로는 귀속 권력(특히 종교 권력)에 대한 급진적 저항이었으며, 부를 보호하고 확장하려는 인내와 열망의 결정체였다. 재산(가게, 포도밭, 연금, 공장, 혹은 넓은 토지 등)을 가졌거나 가지려는 이들은 사회주의에 의지한 노동자 계층의 질투로부터 서로의 부를 지켜내야 하는 동지였다.

피케티의 책에는 '재산을 가진 사람들은 누구나 그 소유권이나 수익을 노리는 위협으로부터 다함께 재산을 지켜야 한다'는 문화·이념·경제·정치적 고정 관념이 21세기의 정치경제학을 지배할 것(적어도 북대서양 일대에서는)이라는 확신이 깔려 있다. 이러한 상황에서는 자본수익률의 상승으로 인해 피케티가 예견한 금권정치가 실제로 도래할 가능성이 높아진다.

2년 전, 우리 편집자들은 '그의 말이 맞을 수도 있겠지만, 아닐 수도 있다'라고 생각했다. 하지만 2016년 미국 대선 이후 피케티의 확신은 점점 힘을 얻고 있다. 우리는 벨 에포크 시대 재산의 문화적 지배 현상을 다시 다루지는 않겠지만, 그에 관한 많은 주요한 특징들을 상기해볼 것이다.

도널드 트럼프가 2016년 대선에서 승리할 수 있었던 것은 득표수가 아닌 선거인단 덕분이었다는 것에 주목할 필요가 있다. 하지만 그 역시 많은 득표수를 기록했으며, 역사적으로 민주당에 투표해왔지만 최근에 극심한 경제적 혼란을 겪은 몇몇 지역에서 승리를 거두기도 했다. 학자금 대출의 규모가 사상 최고를 기록하고 있지만 노동시장을 안정적으로 이끌겠다는 공약을 내걸었음에도 불구하고, 힐러리 클린턴은 버락 오바마와는 달리 젊은 유권자와 역사적으로 낮은 고용율을 기록해온 소수 인종들을 끌어들이지 못했다. 따라서 정치경제학에 대한 피케티의 분석은 트럼프의 대선 승리와 함께 더욱 설득력을 얻게 됐다.

우리는 이 책이 요즘과 같은 시기에 특히 더 큰 중요하다고 믿는다. 그래서 여러 저자들을 불러 모아 그들의 논문을 편집했고, 경제학자들로 하여금《애프터 피케티After Piketty》를 통해 정말 중요한 부분에 초점을 맞춰 공부할 수 있게 만들어야겠다고 생각했다.

경제학계 외부

피케티의 책은 경제학 범위를 넘어 사회과학 토론에서도 뚜렷한 족적을 남겼다.《21세기 자본》은 중대한 지적 승리를 이뤄냈다. 이 책은 사회학, 정치과학, 정치경제학에 관한 수많은 담론을 이끌어냈으며 다른 사회과학 분야 또한 불평등이 심화될 가능성과 그 영향에 관한 피케티의 주장에 분명한 영향을 받았다.

과연 역사학자, 사회학자, 정치학자, 그리고 또다른 학자들에게 어떤 영향을 준 것일까? 경제학 외부의 사회과학계에 미친 《21세기 자본》의 영향력을 제일 잘 요약해주는 것은 (조금 역설적이게도) 경제학자인 폴 크루그먼Paul Krugman의 글이다. 이 책의 3장에서 크루그먼은 가장 최근에 불평등이 극에 달했던 기간(제1차 도금시대)에 그런 극심한 불평등은 당시로서는 급진적이었던(백인 남성의) 민주주의와 완벽히 양립 가능했다는 사실에 주목하며 다음과 같이 표현했다. '그때나 지금이나 막대한 부는 곧 막대한 영향력을 의미했다. 단지 정치에 국한된 것이 아니라, 공적인 담론에까지도.' 이 글을 쓰고 있는 2016년 12월 현재 미국 내각이 전례 없이 부유하게 구상되고 있음을 지켜본다. 이는 단순히 정부가 권력층과 공공 부문 양측에서 부유층의 목소리를 증폭하는 확성기 역할을 한다는 점에 그치는 것이 아니다. 누가 고위공직자의 자격을 얻을 것이며 누구의 이해관계가 윗선에서 받아들여질 것인지와 같이 경쟁 과정 속에 형성되는 여러 사회학적인 패턴들 또한 부에 의해 형성된다.

크루그먼은 과거의 경제적 불평등이 오늘날의 정치적, 사회적 불평등으로 이어지는 연결 고리를 발견했으며, 오히려 오늘날의 불평등이 더 심할 수도 있다고 보았다. 이는 마치 정치나 사회적인 흐름이 오늘날의 불평등이 아니라 앞으로의 세대가 겪을 것으로 예상되는 불평등에 영향을 받는 것과 비슷하다. '미국에 나타나는 현상의 흥미로운 면은 불평등에 관한 정치가 현실보다 앞서가는 것처럼 보인다는 점이다. (……) 이런 점에서 미국의 경제적 엘리트들의 지위는 자본소득보다는 임금소득에 의해 얻어진 것이라고 할 수 있다. 그럼에도 불구하고 보수 정치의 수사법은 자본을 강조하고 찬양해왔다. (……) 때때로 우리 정치 계급의 상당 부분은 피케티의 상속자본주의를 재조명하고자 하는 듯 보이기도 한다.'

크루그먼의 결론은 2016년 대선을 통해 재조명받았다. 얄팍한 지식에 정치 경험이 전무한 사람도 체계적으로 짜여진 '직설가' 이미지를 통해 보통 사람들이 가진 편견에 영합해(전문가 계층을 전락시켜 자신들의 이익을 증대시키고, 소수민족과 이민자들의 유입을 차단하는 등) 많은 표를 끌어 모을 수 있었다는 사실은 큰 충격이었다. 경제학자들조차도 트럼프 당시 후보를 압도적으로 거부했지만, 트럼프의 지지자들은 전문가들의 권위를 인정하지 않으려 했다. 최근 40여 년간, 경제 성장이란 명목하에 미국은 부자에게 부과되는 실효세율을 크게 낮춰왔다. 이는 노동조합을 비롯해 노동자들의 협상력을 저해해왔다. 한편 이로 인해 전체적인 노동자들의 교육 수준은 엄청나게 높아졌다. 이런 정책들은 매우 불평등한 저성장 국가를 초래했으며 (파시즘의 원형이라고 할 만한) 포퓰리즘에 영합하는 분노한 유권자들을 양산했다. 예전이라면 피케티의 책이 매우 급진적으로 받아들여졌겠지만, 요즘 같은 시대에 이 책은 우리에게 꼭 필요한 존재가 됐다.

사회학자, 역사학자, 정치학자 등도 이제 건강하고 생산적인 방식으로 이런 질문들을 고민하게 됐다. 《21세기 자본》이 만든 거대한 파도는 아직도 곳곳에서 퍼져나가는 중이다.

경제학계 내부

그러나 경제학계 내부에서 이 책에 대한 반응은 상대적으로 덜 건전해 보인다. 피케티가 참석한 경제학 세미나는 연일 만원사례를 이루고 있지만, 그가 《21세기 자본》에서 제기한 담론들은 적어도 지금까지는 그리 활발하게 논의되지 않고 있다. 《21세기 자본》의 영향력은 열렬한 지지자인 우리가 생각했던 경제학 연구 의제나 정책 홍보 등의 영역까지 (아직은) 미치지 못했다.

하지만 우리는 그런 영역까지도 영향력이 미쳐야 한다고 믿는다. 로버트 솔로$^{Robert\ Solow}$가 2장에서 표현했듯이 《21세기 자본》은 매우 중요한 책이기 때문이다. 이에 관해 경제학자들이 힘을 합칠 수 있는 다양한 방법들이 있다. 칼도어 법칙$^{Kaldor\ fact}$이란 20세기 중반에 불평등은 (적어도 요소소득 점유율의 변동에 의해서는) 더 이상 지속되지 않으며 앞으로는 중요한 경제적 변수로 작용하지 않을 것이라는 법칙이다. 이후 칼도어 법칙은 틀린 것으로 (혹은 오늘날에는 적용되지 않는 일시적인 역사적 패턴인 것으로) 밝혀졌다. 한편 쿠즈네츠 법칙$^{Kuznets\ fact}$은 거의 모든 경제는 불평등이 상승하는 산업시대를 거쳐, 불평등이 하락하여 안정화되는 사회민주적 대량 소비시대로 접어든다는 개념인데 이 역시 마찬가지로 틀린 것으로 밝혀졌다. 이 두 법칙이 사실이 아닌 것을 감안할 때, 솔로는 경제학자들에게(그리고 경제학계에)《21세기 자본》에 집중해볼 것을 요구했다. 이러한 솔로의 요청은 이 책을 만들게 된 중요한 동기가 됐고, 경제학자들이《21세기 자본》에 이상적인 반응을 보이지 않았던 점이 나머지 동기를 채웠다.

피케티의 주장들

그리하여 우리 앞에 다음과 같은 질문들이 놓이게 됐다. 피케티는 경제에 대한 우리의 이해를 어떻게 진보시켰는가? 피케티 업적의 뒤를 이을, 경제학 연구의 다음 단계는 무엇인가? 이에 대답하기 위해서는 우선《21세기 자본》의 논지를 분명히 할 필요가 있다. 우리가 보았듯이 피케티의 책은 다섯 가지 중심 주장으로 이루어진다.

1. 제2차 세계대전 이후 선진국의 사회민주주의 시대(1945년~1980년)는 상대적으로 평등한(적어도 백인 남성에 한해서는) 산업 경제를 이룩했다. 소득 격차는 그리 심하지 않았으며 부, 소득, 고용에 관한 오랜 인종적 격차 또한 크게 줄어들었다. 정치적인 목소리는 전 인구 층에 걸쳐 넓게 받아들여졌다. 이때는 부가 정치적 방향성을 만들어내고 경제 구조를 형성하는 힘으로 작용하는 데 한계가 있었다(물론 어느 정도는 그런 힘을 가지고 있었다).
2. 사회민주주의 시대는 불안정한 역사적 변천 과정이었다. 다른 학자들과 달리 피케티는 사회복지국가가 대두된 것이 금권주의 엘리트 권력이 하락세를 겪은 결과라고 보았다. 그는 전쟁으로 인한 세후 불평등의 감소와

진보적 세금 제도의 도입 과정을 추적했다. 단, 19세기 말에서 20세기 초 무렵 생겨난 사회보장제도, 근로기준, 복지 인프라는 다루지 않았다. 자본 파괴적인 성격을 지닌 전쟁은 일반적이지 않은 상황이었으므로 그 기간에 기록한 낮은 불평등 또한 일반적이지 않은 현상이었다.

3. 사회민주주의 시대는 벨 에포크(유럽의 풍요로웠던 기간과 미국의 제1차 도금시대를 일컫는 시기) 이후에 해당한다. 벨 에포크 시절에 부(특히 상속된 부)가 정치적인 방향성을 만들어내고 경제 구조를 형성한다는 생각은 매우 지배적으로 받아들여졌다. 그 시대에 상대적 소득 격차는 물론이고 상대적 부의 격차도 매우 극심한 수준이었다.

4. 우리는 과도기로 보이는 시기에 휩쓸리게 됐다. 부의 집중이 20세기 초반의 정점 수준으로 돌아온 반면, 피케티는 이는 상위 1퍼센트에 한해 성립할 뿐이며 대부분의 소득은 자본이 아닌 노동에 의해 발생한다고 주장했다.[2] 다른 한편, 자본소득의 불평등은 2000년 이후로 급격하게 증가하고 있는 반면 노동소득의 불평등은 같은 기간 상대적으로 일정한 수준을 유지하고 있다.[3] '과거가 미래를 잠식하고 있다'는 말은 아직 실현되지 않았지만, 우리는 점점 그 말에 가까워지고 있다.[4]

5. 부가 가진 강력한 힘에 의해 우리는 점차 제2차 도금시대에 접어들게 됐다(또 한 번의 벨 에포크라고 할 수도 있을 것이다). 이 시대에는 부(특히 상속된 부)가 정치적 방향성을 만들고 경제 구조를 형성한다는 생각이 다시금 지배적으로 떠오를 것이다. 또한 상대적 소득(심지어 상대적 부)의 격차는 다시 한 번 극심해질 것이다. 이 시기에 보건과 교육 부문의 발전은 더 이상 보편화되지 않을 것이며, 집단과 개인이 누릴 수 있는 삶의 수준이 점점 수렴하던 추세는 (최소한 다시 벌어지진 않더라도) 점차 느려질 것이다.

피케티의 논지의 구조

다음 7단계 분석을 통해 피케티가 주장한 중심 논지들을 빠르게 훑어볼 수 있다.

1. 사회의 부/연간소득 비율은 총저축률에서 경제 성장률을 나눈 값으로 수렴할 것이다.

2. 시간이 흐르고 기회가 창출될수록 상대적으로 작은 규모의 집단(이를 '부자'라고 부르자)의 지배 아래에 불가피하게도 부는 더욱 집중될 것이다. 높은 부/연간소득 비율을 나타내는 사회는 극심한 부의 불평등을 기록할 것이다.

3. 부의 불평등이 극심한 사회는 소득의 불평등 또한 극심할 것이다. 부자들이 정치경제를 비롯한 여러 요소를 장악하여 엄청난 수준으로 이익률을 유지함에 따라 존 메이너드 케인즈John Maynard Keynes가 일컬은 '금리 생활자의 안락사'를 피해 가려 할 것이기 때문이다.[5]

4. 극심한 부와 소득의 불평등을 지닌 사회는 시간이 지나 부에 대한 통제권이 상속자에게 돌아가는 '상속정치' 사회가 될 것이다.

5. 부(특히 상속된 부)가 경제적으로 가장 중요하게 작용하는 사회는 부자가 경제·정치·사회문화적으로 매우 지대한 영향력을 미치게 되면서 여러 가지 이유로 불행한 사회가 될 것이다.

6. (a) 20세기는 로버트 고든Robert Gordon이 강조한 제2차 산업혁명으로부터 막대한 동력을 얻고, 선진국들이 미국과의 경제적 격차를 성공적으로 줄이는 데 성공하면서 유달리 높은 경제 성장률을 기록했다. (b) 20세기는 전쟁, 혁명, 혼돈의 시기였으며 사회화와 진보적인 세금 제도를 도입하기 위한 정치 운동은 저축률을 유례없이 강하게 감소시키는 힘으로 작용했다. (c) 하지만 20세기는, 그런 힘들이 아직 완전히 쇠퇴하지 않았지만 쇠퇴하고 있는 상태에서 21세기에게 자리를 내주고 물러났다.[6]

7. (아직 극한점까지는 거리가 있지만) (1)~(5)의 논리는 여전히 성립하며 실제로

도 그렇게 작동될 가능성이 그렇지 않을 가능성보다 높다. 파국을 향해 가는 이 추세는 향후 약 반세기 동안 여러 방식으로 사회의 불행을 초래할 것이다.

피케티의 시각에 따르면 우리는 이제 북대서양이 사회민주주의를 경험한 과정 그 이상을 겪을 수 있는 세대다. 하지만 이 과정은 아직 끝나지 않았다. 그의 생각에는 현재 우리가 나아가고 있는 궤도가 이대로 작동해 파국으로 치닫기까지에는 아직 약 두 세대 이상의 시간이 남았다. 피케티에 따르면 선진국들이 금권주의로 돌아올 것으로 예상되는 한, 우리는 여전히 아무것도 관측할 수가 없다.

피케티에 대한 (대부분의) 부실한 비판에 관하여

이렇게 압축적으로 요약된 설명에서조차, 피케티의 주장은 그리 간단하지 않다. 따라서 이 책이 엄청난 비판을 불러일으켰으리라 짐작하기란 어렵지 않다. 그리고 실제로 이 책을 향한 실질적인, 생각해볼 만한 다양한 비판들이 있었다. 몇 가지 예를 소개하자면 다음과 같다.

- 매슈 로근리Matt Rognlie는 단계 (3)에 의문을 제기했다. 부/연간소득 비율을 증가시킨다고 여겨지는 저축 행위가 사실은 부/연간소득 비율의 증가 속도보다 더 빠른 이익률의 감소를 야기해 높은 부의 불평등 및 낮은 소득 불평등을 만드는지에 관한 토론에서 그는 존 메이너드 케인즈와 같은 입장이었다.[7]
- 타일러 코웬Tyler Cowen은 단계 (2), (4), (5)에 의문을 제기했다. 그는 창조적 파괴가 세대 간 왕조적 축적 경향을 제한하거나 아예 붕괴시킬 수 있다고 주장했다. 또한 그는 프리드리히 폰 하이에크Friedrich von Hayek를 인용하여

'놀고먹는 부자들(유휴 부유층)'은 필수용품과 편의용품를 구하기 위한 업보의 굴레에 얽매이지 않은 채 사물을 장기적이고, 남들과 다르게 바라볼 수 있다는 점에서 귀중한 문화 자원이라 주장한다.[8]

- 대런 애스모글루Daron Acemoglu와 제임스 로빈슨James Robinson은 피케티가 '정책과 제도들, (……) 그것들의 역할은 그때그때 정해진다'고 표현한 부분을 지적한다.[9]
- 여전히 많은 사람들은 산업혁명이 또 한 번 찾아와 새로운 창조적 파괴의 물결과 함께 산업 전반에 많은 열매를 맺게 하고 빠른 성장을 일구어내기를 희망한다. 이는 (2), (4), (6), (7)을 요약한 것에 해당한다.
- 피케티가 자산의 중요한 형태이자 근대에 평준화 요인으로 작동했던 인적 자원을 고려하지 않은 것에 대한 의문이 있다.

그러나 대체로 우리에게 깊은 영감을 준 골자는 피케티의 논지의 전반적인 연결고리에 대한 비판들이었다. 피케티의 논지는 복잡하고 다단계로 이루어졌기 때문에 비판 가능성에 노출될 수밖에 없었다. 그런 비판들을 완전히 포용하고 해석하는 것은 불가능했다. 우리는 피케티 비평에 대한 설문조사를 시도했지만, 곧 단순한 설문조사에만 열중하고 있는 우리 모습을 발견했다. 뒤이어 대다수의 주장이 그다지 크게 중요하지 않다는 걸 발견했다. 그런 주장들은 아마추어적인 심리적 요소, 반공주의, 피케티의 논점에 대한 잘못된 이해, 경제 성장 모형에 대한 잘못된 추산, 데이터 오류 등을 지니고 있었다.

최악은 카네기 멜론 대학과 스탠포드 대학 후버 연구소의 앨런 멜처Allan Meltzer의 펜 끝에서 탄생했다. 그는 MIT 교수를 역임했던 토마 피케티를 프랑스인이라는 이유와 IMF의 올리비에 블랑샤르Olivier Blanchard가 교수를 지낼 당시 MIT의 이매뉴얼 사에즈Emmanuel Saez(그 역시 프랑스인이다)의 공저자였다는 이유로 비판했다. 프랑스는 오랫동안 소득 재분배에 관해 부정적인 정책을 시행해왔다.[10]

한편, 학문적인 분석이 아닌, 왕조를 구축하고 기존의 억만장자들에 편승하기 위해 계획된 비판들을 접하는 것은 매우 실망스러운 일이었다.

《21세기 자본》을 비평한 한 남성의 트윗(너무 짧으며, 요점이 없다)

James Pethokoukis
@JimPethokoukis

 Follow

Karl Marx wasn't wrong, just early. Pretty much.
Sorry, capitalism. #inequalityforevah
natl.re/1eD21 dL via @NRO

'카를 마르크스는 틀리지 않았다. 시대를 앞서갔던 것뿐이다. 자본주의에게 유감을!'

또 다른 한편, 비록 높지 않은 수준일지라도 많은 비평의 목소리를 끌어낸 점과 220만 부의 판매 부수는 《21세기 자본》이 (깊은 울림까지는 아니더라도) 매우 큰 화음을 만들어냈다는 강력한 증거다. 많은 이들이 이 시류에 동참할 만한 가치가 있다고 생각했다. 문제는 '어떻게 동참할 것인가?'이다.

우리는 피케티의 《21세기 자본》의 토론에 건설적인 참여를 촉진시키고 싶다. 우리는 날카로운 비판을 원하지만 동시에 그 비판은 지식의 발전에 유용하게 기여하는 것이어야 한다. 위에서 인용한 트윗같이 피케티의 논지를 벗어나고 인류의 지식을 쌓는 데 기여하기는커녕 깎아내리는 비판은 원하지 않는다. 한편 피케티의 작업을 기반으로 그의 데이터와 이론적 주장을 더욱 발전시키는 작업을 언제든 환영한다.

우리는 이런 작업의 일환으로 이 책에 실릴 글들을 모으기 시작했다. 그 과정에서 다음과 같은 질문 과정을 거쳤다.

1. 피케티는 옳은가?
2. 우리가 신경 써야 할 만큼 불평등이 중요한가?
3. 결론은 무엇인가?
4. 우리는 이제 무엇을 해야 하는가?

피케티는 옳은가?

《21세기 자본》의 주장은 옳은가? 혹은 전적으로 옳다고 할 수는 없더라도, 피케티가 예측한 불편한 시나리오는 나름대로 일리가 있으니 그것이 실제로 일어나지 않도록 경각심을 갖고 무언가 조치를 취해야 하는가?

우리에게 이 질문의 답은 분명하다. 그렇다.

선진국에서 개인의 부는 소수에 집중된 채 자원을 통제하고, 사람들이 일할 장소와 방식을 지시하고, 정치 구도를 형성할 수 있는 권력을 행사해왔다는 피케티의 주장은 옳다. 약 150년 전(여섯 세대 이전) 벨 에포크/제1차 도금시대에 전형적인 선진국의 축적된 부와 연간소득 사이의 비율이 약 6이었다는 주장은 옳다. 약 50년 전(두 세대 이전) 사회민주주의의 시대에 자본/소득 비율이 약 3이었다는 주장도 옳다. 그리고 지난 두 세대에 걸쳐 부/연간소득 비율이 급상승했다는 주장 또한 옳다.

논란이 될 만한 요인은 부/연간소득 비율의 상승이 정말 피케티가 강조한 원인에 의한 것인가의 여부다. 그리고 더 치열한 논란은 과연 그 자체로도 부/연간소득 비율 상승의 결과이기도 한 부의 불평등에 의해 소득 불평등이 심화됐는가의 여부다. 이 점은 논쟁의 여지가 있으며, 실제로 논쟁이 벌어지고 있다. 이 점은 우리 역시 예상한 바다. 그가 논지의 중심에 내세운 요인들 외에도 소득분포에 영향을 미치는 요인은 많다. 또한 피케티가 강조한 요인들을 평가하기에는 사회민주주의 시대가 막을 내린 이후 아직 충분한 시간이 지나지 않았다.

피케티의 중심 논지는 오늘날의 세상이 만들어진 원인에 대한 것이 아니다. 50년, 그리고 그 후의 모습이 어떨 것인지에 관한 것이다. 그럼에도 불구하고 최근 도금시대의 수많은 특징들이 부활하고 있음을 암시하는 것들이 많다. 상승하는 자본소득 비율, 노동소득과 자본소득의 일치 경향, 조세당국의 압박에도 불구하고 세대 간에 이루어지는 재산의 대물림이 증가하는 점 등이 바로 그것이다.

또 다른 가치 있는 논쟁은 제도, 정치, 사회운동에 의한 구조적, 경제적 압력에 대한 상대적인 자율성이다. 피케티의 논지는 미래에 대해서는 완전히 결정론적인 이론에 근거하고 있다. 그들이 모은 부에 관계없이, 부자들은 5퍼센트의 이익률을 유지하도록 시스템을 유지하려 할 것이다. 그는 독자에게 다른 사회과학자들이 보일 반응에 대해서도 생각해보기를 권장한다. 하지만 결국 그의 논지는 건전하고 상대적으로 안정적인 이익률을 나타내는 상황 속에서 부의 축적과 불평등에 관한 단순한 경제 역학에 기반을 둔다.

부를 축적하고 앞으로의 계획을 추진해나가기 위해 필요한, 건전한 수준의 이익률을 유지하기 위해서 무언가 제도적인 변화가 필요했다.

그러나 실제 제도들은 다양한 방법으로 그 계획을 방해할 수 있다. 예를 들어 부셰이가 15장에서 지적한 대로 '상속정치'를 위해서는 여성과 그 지지층이 문제에 맞서 싸우고자 하는 성 평등의 가치와는 반대되는 노선을 따라야 한다. 게다가 데이비드 그레월(19장)과 스테인바움(18장)은 불평등의 역사는 이른바 '자본주의 이념'의 부흥(그레월의 경우)과 쇠퇴(마샬 스테인바움의 경우), 그리고 이와 관련된 법·정책 조직으로부터 기인한다고 주장한다. 중상주의와 군주제로부터 독립된 '자유시장'은 18세기 부르주아지 계층과 함께 발전했으며, 19세기의 앙시앙 레짐ancien regime 시대에 정치적 연합에 소속되기 시작했다. 피케티는 이념의 문제를 떠나, 자본주의 그 자체가 계속해서 심화되는 불평등에 대한 책임을 안고 있다고 주장했다. 그리고 세계를 순식간에 탈선시킨 것은 20세기에 벌어진 세계대전이라는 외인적 요인이라 주장했다. 그런데 그것은 이념 또한 탈선시켰으며 결코 외인적이지 않았다. 피케티가 주목한 현상이 아직 눈에 띄게 드러나지 않다 보니 그의 주장에 대한 논란은 지금도 진행 중이다.

그러나 그의 주장이 전적으로 옳다면 우리는 곧 그 현상을 마주하게 될 것이다.

동시에 그의 주장이 완전히 틀리더라도 우리는 역시 마주하게 될 것이다.

케인즈, 로근리 등이 예견한 '금리생활자의 안락사'의 패턴에는 신고전주의적 소득생산함수에서 부와 생산적 자본이 동일하다고 가정하는 등의 수많은 실증적인 문제들이 있다고 피케티는 매우 강력히 주장했다. 케인즈, 로근리 등의 저자들은 수요공급법칙의 논리가 사회의 부/연간소득 비율의 상승과 사회 전반의 이익률의 감소를 연관시킬 것이라고 예상했다. 이익률은 자본이 연간소득에 비해 적을 때 높아질 것이고, 자본이 충분할 때는 낮아질 것이다. 케인즈 등에 따르면 이런 상승 및 하락 폭은 금리생활자들의 총소득 비율이 일정한 수준으로 유지되기에 충분할 정도로 크다.

토마 피케티의 대략적인 반론은 다음과 같았다. 케인즈-로근리의 주장은 신고전주의 경제학 이론에서는 매우 그럴듯하게 들리지만 실제의 역사와는 맞지 않는다. 수요공급법칙은 경제의 부/연간소득 비율이 변할 때 이익률은 반대 방향으로 변함을 말해준다. 하지만 이와 대조적으로, 상대적으로 부가 부족하건 풍족하건 관계없이 실제 연간 이익률은 4~5퍼센트 정도로 꾸준했다. 수요공급법칙의 논리와는 반대되는 소식인 것이다.

역사적으로 확실한 사실은 다음과 같다. 신고전주의에서 말하는 총생산함수와 비교했을 때 이익률의 상대적인 불변성은 변화의 주된 근원이 된다. 하지만 여기서 피케티는 이론을 내세워 주장을 전개하지는 않는다.

- 그는 물질 자본, 부의 총량, 지대 추구 정치경제학, 그리고 정부 주도의 독점 지대 등이 생산 논리나 분배의 한계생산 이론과 상관없이 어떻게든 이익률을 유지하기 위해 철의 사각형으로 작용한다고 주장할 수도 있었다.
- 그는 기술은 물질 자본에 대한 급격한 한계수익의 감소를 경험하지 않으며, 자본/소득 비율과 자본 비율은 같은 방향으로 변화한다고 주장할 수도 있었다. 또한 그는 과거에 '자본'이라 불렀던 것은 대부분 토지 형태의 농업 자본이었지만 미래의 '자본'은 정보 자본이므로 신고전주의 성장 모형은 오직 사회민주주의 시대의 짧은 기간 동안만 근사적으로 유효할 것이라 주장할 수도 있었다.
- 그는 국민소득에서의 자본의 비율이 사실 권력과 (피케티와 신고전주의자들이 부와 자본은 사실상 앞으로 흘러들어올 수입에 대한 금융화된 요구라고 표현한, 막대한 축재일 뿐

만 아니라 미래에 대한 정치적인 통제권이기도 한) 주식에 의해 결정되는 것이라고 주장한 나이두Suresh Naidu(5장)의 입장에 동의할 수도 있었다.

하지만 피케티는 이 중 어떤 입장도 취하지 않았다.

이런 점은 이 책의 큰 공백으로 보일 수 있다. 또한 이것은 피케티 덕분에 가장 시급하고 중요한 연구 과제가 무엇인지 드러난 경우이기도 하다. 이익률이 겉보기에 일정한 수준을 유지하는 것은 과연 분명한 진실인가? 만약 그렇다면 어떤 힘과 어떤 요인에 의해 이익률은 일정 수준을 유지하는 것일까?

데베쉬 레이벌Devesh Raval(4장)은 여기서 논의를 더 진전시키고자 한다. 그는 론리와 케인즈의 자본과 노동이 피케티의 주장을 뒷받침할 정도로 충분한 대체성을 지니지 않는다며 '금리생활자의 안락사' 개념을 재조명한다. 일정한 이익률의 이면에 한계자본이 더 많이 쌓일수록 더 생산적이라는 논리가 작동하지 않는다면, 과연 무엇이 원인인 것일까? 원인이 있기나 한 걸까? 피케티가 제대로 헛다리를 짚었다고 보는 로라 타이슨Laura Tyson과 마이클 스펜스Michael Spence(8장)가 가능할 법한 원인을 소개한다. 불평등은 심화되고 있으며 앞으로도 진행되겠지만 불평등의 심화는 피케티가 성장 모형에서 소개한 요인들 때문이 아니라고 본다. 오히려 정보화시대의 도래와 정보기술에 의해 반복적인 물질 관리와 정보처리를 위한 두뇌활동의 필요성이 크게 줄어들면서 인간의 노동이 자본의 보완재가 아닌 대체재가 되며 불평등이 심화될 것이라 보는 것이다.

피케티의 주장은 옳았을까? 지금 이 순간 답은 '아마도'라고 할 수 있겠다. 그의 논지를 잇는 각 연결고리들은 굳건하지만, 그것은 오늘날 선진국의 정치경제학적 노선이 어떻게 결정되느냐에 달려 있기 때문이다. 따라서 많은 부분이 '오늘날의 정치경제학적 노선'의 의미를 어떻게 받아들일지에 따라 달라진다. 어떤 해석에 따라서는 피케티가 분명 옳았다고 할 수 있겠지만, 다른 해석에서는 그가 틀릴 수도 있다. 따라서 우리는 각 경우를 구별할 필요가 있다.

우리가 신경 써야 할 만큼 불평등이 중요한가?

아마도 많은 사람들은 신경 쓸 필요 없다고 말할 것이다. 어떤 부류는, 우리는 불평등에 대해 신경 쓸 필요가 없다고 단언한다. 사실 이런 부류에 따르면 불평등은 바람직하다. 불평등은 인적 자원 획득을 촉진하고 사회적 이동성을 발생시켜 빠른 경제 성장의 동력으로 작용한다. 경제, 사회, 국가의 문제가 전혀 아닌 것이다. 이런 주장에 따르면 문제가 되는 것은 가난(특히 극심한 가난)이다.

그리고 이들에 따르면 우리는 여섯 세대 이전의 조상보다 훨씬 부유하다. 도금시대나 벨 에포크 시절에 불평등은 일반적인 가난이 아니라 극심한 가난을 초래했다. 따라서 그때의 불평등은 심각한 문제였다. 하지만 오늘날 선진국은 훨씬 풍족해졌고, 과거처럼 불평등의 정도가 심각한 가난을 초래하지 않는다. 사실 그들에 따르면 우리가 역사적인 관점을 고수한다면 이를 '가난'이라고 표현하기도 힘들다.

미국의 정책 조직인 '제3의 길Third Way'은 미국 중산층의 상태는 양호하다고 주장한다. 그들은 실질소득의 증가(적지 않은 부분이 여성의 노동시간과 수입의 증가에 의한)가 피케티의 상위 1퍼센트에 대한 관찰이 틀렸음을 나타내는 증거라고 지적한다. 학계에서는 많은 사람들이 건강, 위생, 공교육, 문맹률 감소, 질병 근절, 여가의 확산 등의 급격한 발전을 언급하며, 상위 1퍼센트에게 어떤 일이 일어나건 간에 이런 절대적인 삶의 질이 증진되는 추세가 뒤엎어질 가능성은 없다고 주장한다.

이는 사실 오래된(250년 가까이 된) 논지다. 애덤 스미스는 《국부론》에서 영국의 평균적인 노동자 계층은 아프리카의 왕보다 물질적으로 더 풍족하다고 주장했다. 《도덕감정론》에서 그는 부자의 소비량은 부자 자신의 위장의 크기를 넘을 수 없으므로, 대부분의 소비는 부하들의 복지와 편의에 기여한다고 주장했다.

그러나 이 주장은 틀렸을 가능성이 많다. 18세기 영국 문예 전성기 시대에 보였던 맬서스 최저생계 이상의 막대한 경제 성장이 놀라워도, 우리가 이를 고려해야 할 강력하고 중요한 이유는 여전히 남아 있다. 어떤 역사적 기준이 극심한 가난과 일반적인 가난을 가르는지에 관한 문제뿐 아니라 불평등, 그리고 우리가 오늘날 일컫는 '가난'(가난한 자들도 식기세척기, 스마트폰, TV를 가질 수 있는)에 관해서 말이다.

첫째, 미국의 의료 지원 분포와 다른 선진국과 비교해 최악이라고 할 만한 건강 통계를 살펴본 사람이라면, 불평등이란 인간의 삶의 질과 만족이라는 궁극적 가치에 거의 도움이 안 되는 곳에 대한 막대한 투자를 의미하기도 함을 알 수 있을 것이다. 이 지적은 건강 부분을 넘어 일반화될 수 있다. 불평등한 경제는 잠재적인 생산성을 사회적인 삶의 질로 이끌어내는 능력이 아주 형편없다. 소득과 부를 더 공평하게 분배함으로서 더 잘할 수 있는데도 말이다.

불평등이 건강이나 다른 사회적 복지 지표에 영향을 미친다는 인과관계를 증명하기란 쉽지 않다. 하지만 새로운 도금시대에 직면한 미국의 한 부분을 보여주는 데이터가 앤 케이스Anne Case와 앵거스 디튼Angus Deaton의 연구로부터 발견됐다. 그들은 1999년에서 2013년 사이에 미국 중년층의 (경제적인 어려움과 관련이 있는) 자살과 약물 과다복용에 의한 사망률의 증가세가 너무 커서 그 정도가 2015년의 에이즈 위기와도 맞먹을 정도였다고 밝힌다.[11] 한때 줄어들었던 고용률, 건강, 전반적인 삶의 질의 격차는 더 이상 좁혀지지 않고 있으며 몇몇의 경우 다시 벌어지고 있다는 문서도 발견됐다.[12]

둘째, 위에서 주목했듯이 정착된(특히 상속된) 부는 급속한 경제 성장을 추진하는 창조적 파괴에 적대적일 수밖에 없다. 정착된 부도 창조적으로 파괴된 것이다. 금권주의자와 그 지도자들은 너무 평등한 소득분포가 일할 유인을 없애며, '수급하는 사람들의 국가'를 만든다고 주장한다. 하지만 1960년대 불평등 수준으로 회귀한다고 해서 우리가 마오쩌둥의 중국처럼 변하지는 않을 것이다. 적절한 수준의 불평등보다 더 높은 불평등은 그들 자신과 아이들, 기업에 대한 투자를 저해함으로써 더 심한 불평등을 초래할 가능성이 높다. 이는 새로운 것에 대한 개발을 등한시하고 부자들로 하여금 가진 것을 유지하는 데 집중하게 함으로써 성장을 더욱 더뎌지도록 만들 것이다.

미국 전역에서 엘리트들이 '기회 사재기Opportunity hoarding'라 불리는 것에 관여하고 있다는 증거가 넘쳐나고 있다.[13] 우리는 부자들이 어떻게 경비행기를 모으며, 크루즈선에 안식처를 마련하는지 많이 듣고 접하지만, 그들의 소비는 다른 사람들의 성장에 제약을 가하기도 한다.[14] 엘리트들이 공립학교에 진학하는 경향은 점점 줄어들고, 이로 인해 학부모 참여뿐 아니라 소득을 통해 학교 엘리트들이 학교 재정을 지원하던 추세도 줄었다. 그런 경향은 공립학교가 보편적 무료 공교육 및 평등한 고급 공교육에 반대하는 세력의 정치적인 공격에 노출되도록 만든다.

셋째, 금권주의자들이 그들의 자원을 이용해 강한 목소리를 내는 사회는 곧 정부가 시민이 아닌 금권주의자의 걱정을 해결하기 위해 존재하는 사회다.

이 역시 고성장 사회와는 거리가 멀다. 지대를 추구하거나 경쟁시장에서 승리할 수 있는 등의 선택권을 가진 금권주의자들은 그들이 열고 들어온 문을 닫아버리고 싶어 한다. 좋은 예로 정책 입안자들이 새롭게 떠오르는 강력한 플랫폼 기반의 회사들을 향해 반경쟁적 편향을 멈추려고 노력하는 것이 그것이다. 이 과정에서 먼저 도착한 사람이 승리를 쟁취하고 나머지는 쥐꼬리만큼을 얻어가는 현상을 볼 수 있다. 이런 경제에서 물가는 계속 오르고 혁신은 억압되는데, 이 모든 것은 경제 활력에 도움이 되지 않는다.

넷째, 권력을 행사하는 데 부의 우위는 기존 정치권력의 범위보다 더 넓게 작용하여 일터, 가정(심지어 침실까지), 시민사회까지도 영향을 미친다. 개인의 부에 의존하여 더 좋은 품질의 교육을 제공하는 현상은 이미 교육 부문에 불평등이 만연하도록 만들었다. 일류 학교들이 졸업생의 자녀나 그들과 유사한 부류의 지원자를 선호하다 보니 많은 평범한 사람들은 그런 학교와는 접촉조차 할 수 없다. 공공 부문의 지속적인 지원을 받는 시스템에 비해 그들의 교육과 인사과정은 매우 폐쇄적인 경향이 있다.

다섯째, 불평등한 사회는 고용주가 승자와 패자를 선정할 능력을 발휘하며, 노동자 집단의 분노를 일으키는 특징이 존재한다.

노동경제학자인 데이비드 와일David Weil(9장)은 '균열일터fissuring of the workplace'와 심화되는 불평등 사이의 상호 관련성에 대해 연구한다. 과거 대규모의 기업들은 숙련된 전문가, 중급관리자, 육체노동자 등 모든 수준의 노동자를 고용했으며 '시장경제의 바다' 위의 '중앙계획의 섬' 역할을 하는 코즈 방식^{Coasian Way} 아래 효율적인 상태로 존재할 수 있었다. 그런 일터는 불가피하게 강력한 평등주의적 압력을 받는다. 즉, 고임금 전문직의 존재가 육체노동자에게 지급할 수 있는 임금과 그들에게 적정한 임금 수준을 끌어올리게 되는 것이다. 하지만 그런 방법으로 평등주의적인 압력을 완화하는 것은 결과적으로 수지타산이 맞지 않았다. 특히나 뉴딜정책 이전에는 근로기준을 적용하지 않았기 때문에 고용주는 지위가 부여한 책임에는 충실하지 않으면서도 통제력을 행사할 수 있었다. 우리는 와일이 지적한 힘이 얼마나 강력한 것인지 알아야 한다. 그리고 그것이 예외적인 경우인지 혹은 와일이 암시하듯 높은 불평등은 광범위한 전선에서 기업 간, 기업 내 조직의 효율성을 방해할 가능성이 높은 것인지 확인할 필요가 있다.

여섯째, 불평등한 사회란 지식보다는 인맥이 삶의 질에 더 영향을 미치는 사회다. 부자와 그 부하들의 행동을 관찰해보니 부자에게 아첨하는 선천적 재능도 사람마다 천차만별로 달랐다. 부자들은 자신과 비슷한 사람을 더 좋아한다. 그리고 부자가 무엇을 선호하느냐에 따라 삶의 불평등이 결정되는 사회는 사회민주주의 시대에 만들어진 인종 평등 및 성 평등의 가치를 지키지 못할 가능성이 크다.

게다가 《평등과 효율: 갈등구조의 분석 및 조화의 방안》에서 아서 오쿤^{Arthur Okun}은 좋은 사회에서 한때 적절하다고 받아들여졌던 평등과 효율 사이의 적절한 타협점이 오늘날 적용해보면 완전히 틀릴 수 있다고 했다.[15] 더 많은 평등은 더 나은 효율을 필요로 할 것이다.

따라서 불평등은 우리가 신경 써야 할 만큼 중요한 것이며, 실제로 우리는 신경 쓰고 있다.

결론은 무엇인가?

피케티가 지금으로부터 한 세기 이후에 책을 출판했다고 해보자. 선진국은 지금보다 더 높은 부/연간소득 비율을 나타냈을 것이고 전체 부에 대한 상속된 부의 비율 또한 훨씬 높을 것이다. 이것이 꼭 경제 권력과 자원의 바람직하지 못한 분배에 따라, 그리고 부의 한계효용을 감소시키는 평등주의적 기준에 따라 경제의 잠재성장이 저해됨을 의미하는 것일까? 높은 부/소득 비율의 사회가 꼭 불평등하다고만 할 수 있을까?

피케티는 이에 관해 '그렇다'는 결론을 내렸다. 이 주제에 관해 피케티는 마르크스와 같이 시장경제에서 양도가능한 부와 평등주의적인 재산분배는 불안정하다는 입장을 취한다. 균등한 분배에 관한 논의의 출발점에서, 시간과 기회는 불가피하게도 소수의 상류층을 만들어낸다. 상류층의 크기와 우위는 r-g의 크기와 자본수익에 관련된 리스크의 크기에 따라 다르다(여기서 r은 안전이자율이 아닌 경제 전반의 자본수익률을 의미한다). 따라서 부/소득 비율과 국민소득에 대한 자본 등의 부의 비율이 높은 사회는 불평등한 경제라 할 수 있을 것이다.

피케티의 논지는 다음과 같다.

여러 가지 충격들로 인해 (……) 부의 불평등은 점점 심해진다. (……) 충격에는 인구통계학적인 것도 있고 (……) 이익률에 영향을 미치는 것도 있고 (……) 노동시장 성과에 영향을 미치는 것도 있으며 (……) 저축수준에 영향을 미치는 변수들에는 저마다 차이가 있다. (……) 다양한 유형의 모형의 중심이 되는 특성은 바로 (……) 장기적인 부의 불평등의 크기는 r-g 값이 클수록 확대되는 경향이 있다는 것이다. (……) r과 g의 격차가 커질수록 경제는 더 높고 지속적인 부의 불평등을 안고 가게 된다. (……) 파레토^{Pareto}가 제안한 부의 최상위 계층의 분포에 가까워지면서 말이다. (……) 역 파레토 계수(양극단의 불평등을 나타내는 지표)는 r-g에 관한 가파른 증가 함수다. (……) 특히 챔퍼나운^{Champernown}(1953년); 스티글리츠^{Stiglitz}(1969년); (……) 피케티와 쥐크망^{Zucman}(2015년, 5.4절)의 글을 참조하라.

이런 유형의 모델에서 상대적으로 작은 r-g값의 변화가 정상상태의 부의 불평등에는 매우 큰 변화를 초래할 수 있다. …… r-g에 의한 효과와 제도 및 공공정책 반응(소득, 부, 그리고 상속에 관한 누진세; 인플레이션; 국유화, 물리적 파괴, 재산 몰수; 부동산 분할 규칙 등)이 상호작용하는 것이다. 개인적으로 이 상호작용은 부의 불평등의 동학과 크기를 결정한다고 본다.[16]

적어도 책에 표현된 피케티의 관점에 의하면 그 상호작용은 그다지 바람하지 못하다. 높은 부의 불평등이 평등주의 정책 반응에 대한 수요를 높일 것이지만, 그와 동시에 부가 그런 정책 반응을 봉쇄하는 능력 또한 키울 것이기 때문이다. 그의 책은 또한 금권주의자들의 지배력을 만들어내는 힘은 오직 세계대전과 세계적 혁명에 의해서만 저지될 수 있으며, 심지어 그마저도 일시적일 것이라 표현한다.

이것이 바로 그가 《21세기 자본》에서 드러낸 관점이다. 책의 출판 이후, 피케티는 그저 부의 불평등은 피할 수 없으니 우리는 단지 수동적인 존재에 불과할 것이라는 종말론적인 메시지를 전달하고 있지 않았다. 대신 그는 유명 공공지식인으로서의 책무를 받아들였다. 그가 세계 각지에 전파한 메시지는 피할수 없는 숙명을 마주한 소극적인 관찰자에게 기대할 만한 메시지와는 사뭇 달랐다. 비록 우리가 마주한 상황이 우리가 선택한 것은 아니지만, 우리의 운명은 다함께 힘을 합치면 얼마든지 바꿀 수 있다는 피케티의 믿음은 그가 글로 써낸 것보다 실제로 행한 것들을 통해 더욱 분명히 알 수 있다.

브랑코 밀라노비치Branko Milanovic(10장)는 공공지식인이라기보다는 전문작가로서 이 논평에 참가한다. 그의 관점에서 피케티(그리고 더 거슬러 올라가자면 마르크스)의 논지는 밀라노비치가 '신新자본주의'라 일컬은 제도적 배경에서만 옳다. 미래에는 완전히 다른 제도적 배경이 설정될 수 있다. 사실 과거에도 우리는 지금과 다른 배경을 가진 적이 있다. 우리가 사회민주주의라 부르는 경향이 있는 고등 체제(예를 들어 국가와 사회가 '낡은 소유'에서 발생하는 소득에 대한 분포를 균등화하고 시민권 형태의 '새로운 소유'를 만들어내기 위해 강력한 영향력을 행사한 전후의 제도적 질서)에는 자본

비율과 소득 불평등 사이의 연관성이 없다. 또한 밀라노비치가 '고전적 자본주의'라 부르는 (또한 카를 마르크스가 '소시민 사회'라 부르곤 했던) 체제에서 부와 소득의 분포는 리카도 3요소라 불리는 노동, 자본, 토지에 따라 변화하며, 체제가 작동하는 방식 자체도 완전히 다르다.

약 2세기 전 카를 마르크스는 결코 이루어질 수 없고, 우연히 이루어진다 해도 결코 유지될 수 없는 '소시민 사회주의'에 대한 비합리적이고 실현 불가능한 열망을 지닌 채 밀라노비치 풍의 비판을 묵살했다.

하지만 그렇다고 밀라노비치가 틀린 것은 아니었다.

피케티의 결정론적 세계는 무척 냉혹하다. 자본수익률이 경제 성장률을 웃도는 한 우리는 끊임없이 증가하는 불평등을 맞이할 수밖에 없다. 우리가 할 수 있는 유일한 것은 어떻게 하면 막대한 부를 모두 추산해 그에 대한 세금을 매길 것인지 고민하는 일이다(정치적 선택권에 제약을 걸어 자기 자신을 보호할 줄 아는 부의 능력을 뛰어넘을 수 있다면 말이다).

가레스 존스Gareth Jones가 12장에서 지적했듯이 이는 무리한 요구다. 자본이 민족국가의 범주를 벗어나기는 쉽지 않기 때문이다. 유럽 등지에서 민족국가가 통합될 무렵 발생한 산업화와 함께 부는 증가했다. 국가란 자본의 축적을 촉진하는 수단이었다. 오늘날의 자본은 이익 그 자체뿐 아니라 이익이 발생하는 곳에 자유롭게 접근할 수 있도록 전 세계를 누비면서 지역이나 국적의 굴레에서 벗어나곤 한다. 조세피난처에 관한 가브리엘 쥐크망Gabriel Zucman의 선구적인 연구나 파나마 페이퍼스Panama Papers의 해제로 전 세계의 부의 지형을 조사하는 능력이 발달함에 따라 우리는 이 과정을 지켜볼 수 있었다.

이제 무엇을 해야 하는가?

이런 모든 이유로, 약 30년 전부터 시작한 것으로 보이는 세계 경제의 역사적인 궤도상《21세기 자본》은 우리가 앞으로 겪게 될 몇몇 고통스러운 결과에 엄중한 경고를 내리고 있다고 판단했다. 그렇다면 몇 가지 자연스러운 질문이 생긴다. 보험이라도 가입해야 할까? 어떤 종류의? 그러나 에이브러햄 링컨이 1858년 6월 16일 일리노이 주 스프링필드에서 행한 '분열된 일가House Divided'라는 연설에서 말했듯이 그런 질문들을 하기에는 이른 감이 있다. 우리는 '우선 우리가 어디에 있는지, 그리고 어디로 향할 것인지 알아내야 한다.' 그리고 '그 다음에 무엇을 어떻게 할지 판단해야 한다.' 그 다음 과정은 (케인즈가 좋아하던 표현으로) '머리를 써야 한다.' 우리는 더 수월하게 의제를 이해할 수 있도록 우리 시각을 제시하는 방식으로 이 책을 구성했다.

이 책이 구성상 다소 무질서한 만큼, 독자들에게 방향을 잡아주는 것이 필요하다고 생각했다. 1부에서 아서 골드해머(1장), 로버트 솔로(2장), 폴 크루그먼(3장)은 피케티 현상과 그와 관련한 논의에 저마다 다른 관점을 보여준다.

《21세기 자본》에서 다루는 '자본'이란 과연 무엇일까? 피케티는 이에 대한 정의를 내놓는다. 어떤 개념이 논쟁적 성격이나 진짜 의미와는 별개로 파격적이고 논쟁적인 논의의 중심에 설 때 자주 그렇듯이, 이 경우 역시 논란의 소지가 다분하고 불확실한 면 또한 존재하며, 자세히 알아볼 만한 가치가 있다. 따라서 2부에서는 다섯 가지 관점에서 '자본'의 개념을 알아보기로 한다.

레이벌(4장)은 종합적인 수준에서 자본과 노동은 대체재로서 매우 탄력적이라는 피케티의 역사적인 사실로부터 유도된 이론경제 용어를 이용한 논지를 지적한다. 직접 수행한 다수의 연구를 기반으로, 미시적인 수준에서 피케티의 주장이 너무 단순화되었다고 판단하며, 종합적인 수준에서 미시적인 탄력성과 생산의 수요탄력성을 다루었다. 그는 《21세기 자본》의 해석에 관한 중요한 의문을 강조했다. 자본이 쌓일수록 계속해서 더 생산적으로 되는지가 과연 중요한 질문인가? 그렇지 않다면 정말 중요한 질문은 무엇인가?

나이두(5장)는 레이벌의 의문에 관해 그럴듯한 답을 제시한다. 그는 신고전주의적 총 경제생산함수의 시스템 안에서 사고하는 '길들여진' 피케티와 자유롭게 사고하는 '야생'의 피케티를 대조한다. 수레쉬 나이두는 스스로가 착취한 지대의 중요성을 사수하던 도금시대의 구조적 특성이 얼마나 풍요로웠는지에 관한 정치경제학적 논의가 우리에게 남아 있는 문제라고 답을 내렸다.

2부의 다른 세 논문은 피케티가 '자본'이라는 개념을 사용하면서 발생한 결점을 지적한다. 첫째,《21세기 자본》에 담겨 있는 많은 주장이 20세기는 예외적이라 주장한다. 부의 불평등의 동학에 대해서는 21세기가 19세기나 18세기와 비슷한 양상을 띨 가능성이 더 크다는 것이다. 디아이나 레미 베리[Daina Ramey Berry](6장)는 피케티가 그려놓은 앞선 세기의 이미지를 비평한다. 그녀의 관점에 따르면 노예제는 피케티가 인식하는 것보다 '기본적인 축적'이나 부의 착취에 있어 훨씬 더 중대한 제도다. 직접 착취가 허용된 강도나 착취의 범위로 보아도 그렇고 노예 소유주와 그들에게 속박된 노예의 잠재적인 대항관계가 협상력을 얼마나 저해해왔는지를 보아도 그렇다(심지어 자유노동의 경우도 마찬가지다). 그녀가 제시한 요인들이 정말 중대하다면, 이 점은 18세기 및 19세기에 제1차 도금시대가 시작될 때보다 자유노동이 만연한 제2차 도금시대를 지속하는 것이 더 어려울 수도 있음을 의미한다. 정말 그럴까? 브랑코 밀라노비치가 지적했듯이 국제 이민에 대한 장벽은 노동이 자유롭지 못한 형태, 그리고 선진국과 개발도상국 간의 간극이 커지면서 생기는 것이다.

둘째,《21세기 자본》의 많은 주장은 부의 진정한 형태가 정부발행 지대와 부채 할부상환 흐름, 유형자산(토지, 건물, 기계), 그리고 유형자산 및 금융자산을 배치하는 조직에 대한 통제권뿐이라는 가정을 상정하고 있다. 피케티의 관점에서 높은 임금은 부의 지속적인 원천이라기보다는 더 나은 수요공급 조건을 획득한 일시적이고 우연한 결과에 가까우며 불평등을 이끄는 요인이라고 볼 수 없다. 에릭 닐슨[Eric Nielsen](7장)은 이 관점에 반대한다. 그는 21세기에는 인적자본이 다른 형태의 자본과 동등한 형태가 되어야 한다는 피케티의 주장에 관해 이는 엄청난 잠재적인 피해를 낳을 것이라고 예상했다.

그리고 셋째, 마이클 스펜스와 로라 타이슨(8장)은 비록 과거에는 토지와 산업 자본이 부와 그 분포가 변화하는 중요한 요인이었지만 미래에는 그렇지 않을 것이며, 심지어 오늘날도 그렇지는 않다고 주장한다. 대신 우리가 맞닥뜨릴 미래를 이해하기 위해 《21세기 자본》을 브린욜프슨[Brynjolfsson]과 맥아피[McAfee]의

《제2의 기계시대》에 등장하는 주장과 혼합하여 오늘날 우리에게 필요한 불평등 담론에 관한 틀을 수립해야 한다고 주장한다.

9장은 '자본'에 대한 연구와 불평등의 규모에 대한 설문조사 사이에 지적인 다리를 놓아준다. 여기서 데이비드 와일(이 책이 쓰이고 있는 현재 미국 노동부 근로기준국장)은 '균열일터'라는 개념의 중요성을 지적한다. 과거 대규모 기업은 모든 수준의 숙련도와 모든 유형의 직원을 고용한 반면, 오늘날에는 다른 기업과 지역에 외주를 맡기는 추세다. 한때 고용돼 법에 따라 사실상 기업의 일원으로 특권을 누렸던 직원들은 이제 모두 내쫓기고 있다. 그 결과 모두가 피해를 입게 되었다. 자본/노동을 구분하는 데 어떤 경제적 요소가 영향을 주는지와 관계없이, 19세기에 불평등을 심화시키지 않았던 힘들이 21세기에는 위력을 발휘했던 것이다.

'자본'과 《21세기 자본》에서 쓰이는 함수들의 개념을 알아본 뒤, 3부는 자본의 고르지 못한 분배가 야기할 수 있는 불평등의 다양한 측면을 조사한 글을 살펴본다. 브랑코 밀라노비치(10장)는 재산의 소유권 및 통제권과 불평등의 실상이 정치 시스템이 정치경제학적 제도를 관리하는 방법에 따라 크게 달라짐에 주목했다. 크리스토프 라크너Christoph Lakner(11장)는 피케티의 《21세기 자본》이 민족국가 내의 불평등을 비교 방식으로 다루는 것을 비판했다. 이에 따라 산업혁명 태동 이후로 민족국가 간의 불평등이 발전하는 과정이 세계 불평등의 결정요소로 더욱 분명해졌다는, 방 안의 코끼리(명백한 문제임에도 아무도 이를 언급하지 않는 불편한 진실을 일컫는 표현-옮긴이)를 놓쳤다는 것이다. 가레스 존스(12장)는 《21세기 자본》의 '공간'의 부재를 비판한다. 지리학이 불평등과 착취가 발생한 맥락을 다루지 못하고 그저 '데이터의 창고'로 쓰였다는 것이다. 지리학이 어떻게 세계화 시대의 불평등을 가능케 하고 전파했는지는 《21세기 자본》에서 누락됐지만 그의 관점에서는 매우 중요한 요인이다. 사에즈(13장)는 우리가 불평등에 대해서 얼마나 아는 것이 없으며, 알고 있는 것도 얼마나 형편 없는지 지적한다. 우리가 어디에 있으며, 어디로 가고자 하는지 이해하려면 불평등 요인을 포함하기 위해 기존의 국민소득계정의 개념을 무너뜨려야 한다. 또한 부의 불평등을 측정하는 데 보다 많은 자원을 활용해야 하며, 규제와 조세가 불평등에 미치는 영향을 이해해야 한다.

마리아크리스티나 드 나디Mariacristina De Nardi, 줄리오 펠라Giulio Fella, 팽 양Fang Yang(14장)은 자본/연간소득 비율과 소득에서 자본이 차지하는 비율이 꼭 불평등의 정도를 나타내는 것은 아님을 지적한다. 그들은 그 요인 간의 연관성과 간극에 대해서도 알아보았다. 부셰이(15장)는 페미니스트 경제학이 이른바 '상속주의Heiresstocracy'를 탄생시키는 데 기여한 잠재적 효과에 대해 알아본다. 역사적으로 성별관계에는 특히 어려움이 많았다. 여성이 큰 사회적 권력을 지녔다고 판단되는 경우에도 그에 대한 신분과 평판은 부모나 친척이 매우 크게 좌우했다.

마크 잔디Mark Zandi(16장)와 살바토레 모렐리Salvatore Morelli(17장)는 우리를 새로운 방향으로 안내한다. 그들은 불평등이 증가하는 환경에서 (경기순환을 관리하고 성장을 촉진하는 수준에서의) 경제적 안정성이 어떻게 변하는지를 측정하는 중대한 작업을 시작했다. 학계의 기존 관념과는 달리 그들은 '더 많은 연구가 필요하다'라고 결론지었다.

4부는 피케티의 논지에 대한 다양한 반론을 다룬다. 여기 소개된 네 논문은 거대한 제도적-지적-역사적 관점을 지니고 있다. 스테인바움(18장)은 전후 사회민주주의 시대에 상대적으로 불평등이 낮았던 기간이 20세기 초반에 벌어진 대량학살의 정치와 군사적 재앙의 결과이자, 세계대전 이전의 1차 도금시대 자본주의의 불평등한 정치경제학적 질서에 불명예를 쥐어준 재앙을 일으켰던 자들에 의한 결과로 본다. 데이비드 싱 그레월David Singh Grewal(19장)은 1차와 2차 도금시대의 시작을 17, 18세기의 법·정치철학적 변화에 기반한 것으로 본다. 당시의 변화는 재산에 대한 절대적인 지배권을 행사하는 것을 일반적인 현상으로 바꾸어놓았고, 서양 사회는 유형 및 무형자산에 대한 통제권과 '소유주'가 지니는 책임의 개념을 생각해보게 됐다.

엘로라 드르농쿠르Ellora Derenoncourt(20장)는 고도의 부의 불평등에 대한 제도적, 역사적 기원을 아주 깊이 다루었으며, 대런 애스모글루, 제임스 로빈슨, 사이먼 존슨Simon Johnson의 '착취적 제도'와 '포용적 제도'라는 이분법을 적절히 차용하여 피케티의 결점을 보완했다. 첨언하면 '시민'에게 '포용적'이며 '개발적'인 제도가 '피지배자'들에게는 '착취적'이며 '배제적'일 수 있다. 엘리자베스 제이콥스Elisabeth Jacobs(21장)는 피케티 이야기의 모든 곳에 있으며 동시에 어디에도 없는 정치학의 수수께끼를 풀고자 한다. 《21세기 자본》은 경제학에는 기본법칙이 존재한다고 주장하는 동시에, 역사적 우연이나 제도에 의해 정해진 과정이 존재하며 실제로 상호작용이 어떤 방식으로 이루어지는지는 자세히 알 수 없는 그 두 힘에 의해 성장과 불평등이 결정된다고 주장한다.

마지막으로 우리는 이 점을 강조하고 싶다. 그것은 바로 전 세계적인 지적 현상으로서 《21세기 자본》이 지닌 이중적 본성 때문에 발생하는 모순에 관한 것이다. 한 측면은 피케티의 중심 논지는 도금시대의 경제적, 정치적인 패턴으로 돌아가는 것은 자본주의 사회에서 정상적인 것으로 기대된다는 점이며, 또 다른 측면은 공공지식인으로서 피케티 스스로가 피할 수 없는 숙명에 놓인 수동적인 관찰자처럼 행동하지 않았다는 점이다. 피케티는 그가 책에서 말한 힘들을 우리가 이겨낼 수 있을 것이라고 믿었고, 현재의 상황이 비록 우리가 선택한 것은 아니지만 다 같이 힘을 합쳐 운명을 개척해갈 수 있다고 보았다.

그리고 마지막 22장에서는 토마 피케티가 이 책에 담긴 주장과 비평, 확장된 사고, 탐구에 대한 자신의 생각을 밝혔다.

Part 1

피케티 현상:
환대와 반발

피케티 현상

Arthur Goldhammer
──── 아서 골드해머 ────

MIT 수학박사 출신으로, 하버드 대학 유럽연구센터 소속 작가이자 《21세기 자본》의 번역자. 프랑스 문학 번역자 중 가장 잘 알려진 인물로 120여 권이 넘는 책을 번역했고, 프랑스의 정치와 문화를 주제로 광범위한 글을 쓰고 있다.

경제학자들이 쓴 책은 기껏해야 수천 권가량 팔린다. 그런데 총 700쪽이 넘는 피케티의《21세기 자본》은 전 세계에서 30개가 넘는 언어로 번역돼 200만 권이 넘는 판매 부수를 기록했다. 이 책에 관한 세간의 열광적 관심은 불어에서 다른 언어로 번역되기 전부터 이미 시작되었다. 워싱턴 D. C.에 있는 지역 서점에는 이 책의 재고가 남아 있질 않았다. 이 장에서는 아서 골드해머가 '피케티 현상'을 분석한다. 그는 다음과 같은 질문을 던진다. 왜《21세기 자본》은 세계적인 베스트셀러가 되었는가? 왜 모두들 이 책을 좋아했고, 논평이 나온 이후에도 이러한 열의가 지속될 수 있었는가? 경제적 견해, 이해하기 쉬운 문체 혹은 책에 나타난 시대정신 때문이었을까? 골드해머는 피케티 현상을 추적하고 그 이유와 의미를 연구한다.

내가 번역한 토마 피케티의《21세기 자본》영문판은 2014년 봄에 출간되었다. 이 책은 몇 달 만에 40만 권 이상이 팔렸는데 이는 드문 경우이며, 더구나 이 책이 많은 학술 논문과 방대한 자료가 담긴 온라인 기술 부록은 물론이고 통계와 도표로 가득 찬 약 700쪽에 이르는 이론경제학자의 작품인 것을 고려하면 더욱 그러하다.[1] 그 후 1년 동안 이 책은 30개 이상의 국가에서 번역되었고 판매량은 놀랍게도 210만 권에 이르렀다(표 1-1 참조).

 학술지뿐만 아니라 권위 있는 신문과 잡지도 이 책을 다루었다. 이 책의 저자 피케티는 사회문제나 뉴스를 다루는 프로그램뿐만 아니라 많은 시청자들을 확보하고 있는 미국의 〈콜버트 리포트The Colbert Report〉 같은 오락 프로그램을 포함

표 1-1: 국가별 · 언어별《21세기 자본》판매 현황

언어	판매 부수 (2015년 12월 기준)
불어	274,910
영어	650,000
독일어	108,270
그리스어	7,357
이탈리아어	71,353
헝가리어	1,850
포르투갈어	155,367
표준 스페인어	101,500
한국어	88,000
일본어	163,000
스웨덴어	8,000
터키어	33,000
중국어 간체	282,500
중국어 번체	44,000
폴란드어	16,460
세르비아어	1,750
러시아어	7,000
네덜란드어	50,981
크로아티아어	3,000
노르웨이어	12,000
덴마크어	7,000
카탈로니아어	10,000
체코어	5,500
슬로베니아어	4,380
슬로바키아어	1,950
보스니아어	1,000
합계	2,110,083

(판매 부수가 표기되지 않은) 이외의 언어: 루마니아어, 타이어, 타밀어, 힌디어, 몽골어, 벵갈어, 라트비아어, 아랍어, 핀란드어, 마케도니아어, 베트남어, 우크라이나어

출처: 토마 피케티의 Seuil 판, 작가의 개인 통신망

한 전 세계 라디오와 텔레비전에 출연했다.[2] 미국을 방문해 재무장관 잭 류Jack Lew와 대통령 보좌관 진 스펄링Gene Sperling을 만났고, 상원의원 엘리자베스 워런 Elizabeth Warren과 함께 공식석상에 나타나기도 했다.

피케티는 경제학의 '록 스타'로 불리기 시작했으며,《블룸버그 비즈니스위크Bloomberg Businessweek》는 그를 10대 예능잡지의 표지모델과 같은 인물로 묘사했다.[3] 서점들은 다른 베스트셀러와 함께 하드커버로 된 피케티의 작품을 층층이 쌓아 놓기 시작했다. $r > g$ (자본수익률〉경제 성장률)라는 공식이 새겨진 티셔츠가 대학 캠퍼스에 나타났고, 하버드 대학 출판부 교내 소프트볼 팀은 이 공식이 새겨진 티셔츠를 입었다.[4] 2015년 '전미경제학회American Economic Association' 연례회의는 회기 중에 작품을 평가했는데, 여기서 노벨상 수상자 두 사람이 이 저서를 칭찬하는 논평을 내놓았다.《파이낸셜 타임스Financial Times》는 피케티의 연구 결과를 반박하려 했지만 실패했다.[5] 피케티는 프랑스 레지옹 도뇌르Legion d'Honneur 훈장(프랑스 최고 권위의 훈장. 정치·경제·문화·종교·학술·체육 등 각 분야에서 공로가 인정되는 사람에게 대통령이 직접 수여한다-옮긴이)을 추서 받았지만 이를 거절했고, 그의 책은 몇 달 전 그를 폄하하려 했던 바로 그《파이낸셜 타임스》에 의해 2014년 '올해의 비즈니스 도서'로 선정됐다.[6] 이런 이유와 그 이외의 이유로《21세기 자본》은 하나의 출판 현상으로 (보다 광범위하게 얘기하자면 사실상 분석을 요구하는 공공 현상으로) 자리를 잡았다.

그러나 이어지는 분석은 아마도 설명을 원하는 독자들을 실망시킬지도 모르겠다. 여러 이유로 '피케티 현상'은 설명하기 힘들다. 피케티 현상을 설명하는 데 필요해 보이는 많은 요소들을 이야기하기는 하겠지만, 그중 몇몇은 이미 오래전부터 존재했던 것이다. 단지 그동안 불평등을 다룬 다른 저서들이 대중의 이런 대대적인 반응을 불러일으키지 못했을 뿐이다. 상관관계는 인과관계가 아니다. 바로 지금 논의하려는 다양한 요인이《21세기 자본》과 피케티에게 집중된 이유는 결국 수수께끼로 남을 것이다. 만약 이런 현상의 발생을 사전에 알 수 있다면, 출판업계는 쉽게 돈을 벌 수 있지 않겠는가. 끝으로 주목해야 할 점은 나의 분석은 단지 미국에 한해서만 적절하다는 것이다. 물론 미국에서의 환대가 다른 곳의 평판에(심지어 원래 이 책이 나왔던 프랑스에까지도) 영향을 준 것은 사실이지만, 그 영향이 어느 정도였는지를 정확히 말하기란 불가능하다.

분석은 5개 부분으로 나뉘어 진행될 것이다. 첫째, 이 책의 평판에 대한 예상을 다루면서, 가장 긍정적인 예측조차 피케티 현상의 범위를 예상하는 데 실패했음을 보여줄 것이다. 둘째, 2007년~2009년의 대침체Great Recession에 의해 발생한 정치·사회적 상황이 이 책을 이해하는 데 어떤 영향을 주었는지를 생각해본다. 셋째, 피케티 현상에 영향을 주었다는 가정하에, 이 책에 관한 초기의 주요 평론을 연구한다. 넷째, 이 책에 대한 경제학 분야 이외의 학계 반응들도 살펴본다. 끝으로《21세기 자본》을 정치적인 면에서 평가할 것이며, 민주주의와 자본주의 사이의 관계에 관한 피케티의 생각을 간단하게 논의해본다.

예측과 실제 상황

이 책이 출간되기 전 피케티 현상을 예상한 사람은 아무도 없었다. 출판권을 획득한 하버드 대학 출판부의 편집장 이안 말콤은 이 책이 '2~3년간 20만 권쯤' 팔릴 것으로 예상했다.[7] 이런 예상은 프린스턴 대학 출판부에서의 경험에 근거한 것이었다. 그는《21세기 자본》과 '비교할 만한' 책이라는 평판을 받은, 카르멘 라인하트Carmen Reinhart와 케네스 로고프Kenneth Rogoff가 집필한《이번엔 다르다》를 프린스턴 대학에 있을 때 출간했다. 하지만 금융 위기의 역사를 다룬 이 책은 저자들이 경제학에서 관례적인 기간보다 더 오랜 동안 연구했다는 점에서만《21세기 자본》과 비교가 될 만한 작품이었다. 이 책이 성공할 수 있었던 것은 많은 독자들이 2007년~2009년 대침체 이후 선진 산업경제 국가를 걱정하고 있었기 때문이라고 결론 내리는 것이 옳을 듯하다.

그럼에도 하버드 대학 출판부 부장 윌리엄 시슬러는 편집장보다 덜 낙관적이었다. 그는 '운이 좋다면 1~2만 권을 판매하는 성과를 거둘 수 있을 것'이라 생각해서 이 책을 2014년 도서목록에서 우수도서로 선정했다고 말하고 있다.[8]

이 책의 주문판매는 이론서로서는 놀라운 것이었다. 이론서가 수십만 권이나 판매되는 것은 (대부분이 수백 권밖에 팔리지 않는 것과 비교해볼 때) 상당히 드문 경우다. 하지만 이후에 밝혀졌듯이 전문 출판인과 경험 많은 편집장 모두 이 책의 잠재력을 과소평가했다. 출판부장의 예상은 실제 판매량의 100분의 1에 불과했고 편집장의 예상은 10분의 1에 불과했다. 번역가의 예측도 이들과 다르지 않아서, 이론서적의 경우 거의 '돈'이 되지 않는 터라 인세를 요구하지 않았다.

이런 상황이었으니 이 책에 대한 강력한 추천들과 프랑스와 미국에서 이미 피케티가 대단한 평판을 얻고 있었음에도 불구하고 이 책이 이렇게까지 놀라운 평가를 받을 것을 누구도 예측하지 못한 것이 당연했다. 피케티의 연구는 명망 있는 콜레주 드 프랑스College de France의 유명 경제학자인 로제 게느리Roger Guesnerie를 통해 언론의 관심을 얻게 되었다. 이 책은 콜레주 드 프랑스의 저명한 교수이자 출판인인 피에르 로장발롱Pierre Rosanvallon의 지원을 받았는데, 이안 말콤은 전에 그의 책을 출판한 적이 있다(그리고 번역은 내가 맡았다). 미디어에 호출돼 나온 어떤 평론가는 이 책을 '지난 10년간 프랑스 사회과학 분야에서 가장 뛰어난 작품'이라고 추켜세웠다.⁹ 출판부에서 이 책을 단지 '경제학'이나 '경제사'가 아닌 '사회과학'이라고 분류한 점을 주목해야 한다. 이는 어쩌면 하버드 대학 출판부로서는 또 다른 점을 고려한 것일 수 있다. 다시 말해 출판부의 핵심 고객층 중 특정 부류의 마음을 끌 수 있는 중요한 책 하나를 추가함으로써, 경제학에서의 새로운 발판을 마련할 수 있는 기회가 될 수 있을 것이라는. 따라서 이 책의 출간에 있어 위험요소가 없지는 않았지만 전략적인 면에서는 타당한 것이었다. 계약서에 서명할 당시까지도 원고는 완성되지 않은 상태여서 위험도를 평가하기란 어려웠다. 게다가 완성된 책은 그 분량이 예상했던 것보다 거의 두 배나 많았고 따라서 번역비용은 그만큼 올라갔으며, 독자들은 책의 두께만으로도 지레 겁을 먹을 가능성이 충분했다.

이전까지 피케티는 이론경제학자와 경제사학자들이 확보할 수 있는 한정된 독자층을 넘어서는 책을 출간한 적이 전혀 없었다. 사에즈와 공동집필한 소득 불평등에 관한 논문들이 널리 알려져 있긴 하지만(이에 관해서는 보다 자세하게 논할 것이다) 2001년에 출간됐으나 영어로는 번역되지 않은 이전 주요 저서는 길고 이해하기 어려우며 프랑스에서의 고소득이라는 특정 주제에 맞춰져 있었다.[10] 이 밖에 짧은 입문서 《불평등 경제》가 있는데(이 또한 《21세기 자본》 이후 영어로 번역돼 출간됐다), 이 저서에는 피케티의 연구가 성숙 단계에 올라섰음을 드러내는 경험적 자료가 전혀 포함돼 있지 않다.

프랑스 학술 서적 번역은 보통 프랑스에서 출간되고 학술지 논평에서 가치를 인정받은 후에 진행된다. 이런 '시장성 조사'는 번역과 연관된 위험을 어느 정도 줄여준다. 하지만 《21세기 자본》은 영문 번역이 완료될 때까지도 프랑스에서 출판되지 않은 상태였다. 실제로 프랑스판은 내가 영문 번역을 마무리한 지 몇 주 후에야 출간됐다. 이 책이 출간된 직후 프랑스를 방문했을 때, 나는 토마 피케티는 '편협한 마르크스주의자'라는 제목의 잡지가 모든 신문 가판대에 진열되어 있는 것을 볼 수 있었다. 우스꽝스럽게 희화화된 이런 식의 묘사는 이 책을 미국인들이 어떻게 평가할지 여부를 제대로 예상하는 데 전혀 도움이 되지 않았다. 그럼에도 당시 이 책이 논란을 일으키며 사람들의 입에 오르내리고 있었다는 것 또한 분명한 사실이다.

실제로 이런 비판적인 논평에도 불구하고 책은 프랑스에서 출간된 지 수 개월 만에 많은 양이 판매됐다. 미국에서 번역판이 베스트셀러가 된 이후 프랑스판의 판매량이 늘었다고 얘기하는 사람들도 가끔 있다. 다시 말해 피케티를 유명한 인물로 만든 해외 미디어 덕분에 프랑스에서의 판매량이 다시 증가했다는 것이다. 이는 사실이 아니다. 이 책은 프랑스에서 출간될 때부터 수만 권이 판매되는 기록을 보였는데, 이는 매우 성공적인 사례에 해당하며 프랑스의 작은 시장 규모를 생각해볼 때 미국의 평판에 결코 뒤지는 것이 아니었다. 하지만 미국에서의 우호적인 평가 이후 프랑스에서 판매량이 다시 급등했다는 것 또한 사실이다.

미국 시장에서의 외국 서적 판매가 항상 성공으로 이어지는 것은 아니다. 예를 들면 나는 프랑스에서 많은 책이 판매되는 프랑스 유명 인사이자 피케티의 후원자인 피에르 로장발롱의 책을 몇 권 번역했지만 미국에서는 프랑스만큼의 성공을 거두지 못했다. 이는 로장발롱의 저서가 분명 프랑스 역사에 익숙하다는 전제를 깔고 있어서인 듯하다. 그의 책들은 상대적인 방식으로 매우 신중하게 표현되고 세계의 독자층을 겨냥하는 경제사 책(주요 결론들이 눈에 띄는 그래프로 전달되고 한 시간 강의로 응축될 수 있는 책)만큼 '해외에서 호평을 얻지는' 못했다. 실제로 몇몇 깐깐한 성격의 평론가들은 얼마나 많은 미국 독자들이 《21세기 자본》을 구입해 끝까지(혹은 처음부터 끝까지) 읽었는지를 의심한다. 《월스트리트 저널》은 전자책 단말기 아마존 킨들 자료를 근거로 《21세기 자본》은 '호킹 지수Hawking index'(책 구입자가 책을 실제로 읽은 양의 비율을 나타내는 지수) 면에서 이 유명 물리학자(호킹 지수는 스티븐 호킹의 이름을 딴 것이다)의 책들보다 훨씬 낮은 수치를 나타내고 있다고 추정했다.[11]

어쨌든 프랑스에서의 괄목할 만한 초기 성과가 미국에서 그대로 재연되지 않을 수도 있다는 우려에는 그럴 만한 이유가 있었다. 프랑스에서 토마 피케티는 영향력 있는 경제서 저자로서뿐만 아니라 정치적 인물로서도 이미 유명인사 반열에 올라 있었다. 예를 들면 2012년 프랑스 대통령 선거를 앞두고 인터넷 언론인 《메디아파르트Mediapart》는 피케티와 사회당 후보 프랑수아 올랑드François Hollande(결국 대통령에 당선된다)의 조세정책에 관한 토론 자리를 마련했다.[12] 따라서 피케티는 프랑스에서 대중적 지식인이었다. 물론 그의 유명세와 그가 사회민주주의적 좌파로 인식되는 상황이, 앞에서 인용했듯 편협한 마르크스주의자로 폄하되는 것처럼 열성 우파 지지자로부터 적대적인 평가를 받기도 하지만 말이다. 그러나 출판업계로서는 이러한 논란이 책의 홍보 효과에선 오히려 플러스가 될 수도 있다. 그리고 로널드 레이건과 마거릿 대처 이후 부와 소득 양쪽의 불평등이 미국과 영국에서 급격히 증가했다고 주장하는 이 책이 수많은 신자유주의 정책 지지자들 사이에서 목청 높여 비방하는 사람들을 가려낼 수 있을 것이라는 가정은 타당한 것이었다. 실제로 이 책에 대한 평판에서 더욱 놀라운 것 중 하나는 가장 적대적인 논평이 우파가 아닌, 처음에는 아무 반응도 보이지 않던 좌파에서 나왔다는 것이다 앞으로 이 부분을 얘기하겠지만, 우선 출간 당시 이 책의 평판과 분명히 연관돼 있는 대중적 상황과 정치 상황을 깊이 생각해보고자 한다.

정치적 상황과 사회적 상황

이 책이 성공할 수 있었던 이유는 출간이 적절한 시기에 이루어졌기 때문이라고 추측해볼 수 있다. 2007년~2009년 대침체는 비규제 자유시장에 대한 신념을 산산조각 내고, 자본주의 체제의 반복되는 위기를 설명하는 경제학자들의 능력에 불신을 가져오고 말았다. MIT 선임 경제학자이자 훗날 국제통화기금 수석경제학자가 된 올리비에 블랑샤르는 2008년 확신을 갖고 '거시경제의 상황은 좋다'라고 썼다.[13] 2년 후 그는 위기 이후의 비난과 혼란의 시기에 거시경제정책을 다시 생각해볼 필요에 관해 쓰고 있었다.[14] 미국 동부경제학회Eastern Economic Association의 회장 폴 크루그먼은 학회 연설에서 2008년과 같은 위기의 성격 혹은 가능성을 제대로 파악하지 못한 학회 회원들을 책망했다.[15] 리먼 브라더스Lehman Brothers가 붕괴된 후 몇 달간 케인즈식 경제정책이 잠시 예고됐음에도, 적자 지출deficit spending에 대한 반발이 정치권과 유권자들 사이에 강력하게 남아 있었음이 곧 분명해졌다. 블랑샤르가 2008년 논문에서 지적한 신케인즈학파 거시경제학과 신고전주의 거시경제학 사이의 무장武裝 휴전은 대중과 정치인들을 곤경에 빠트린 채 금융 위기와 함께 붕괴되고 말았다.

그래서 주류 경제학자들은 자본주의의 전체적인 불공정성에 관해 다시 이야기해볼 만하다고 생각했다. 자본주의의 불공정성은 신자유주의가 우위를 점하고 있던 시기(1980년~2008년)에는 거의 금기시됐던 주제였다. 이 시기에 불평등을 얘기하는 것은 가끔 '계급투쟁'을 선동하는 행위로 완전히 묵살됐으며, 불평등의 존재는 노력, 혁신, 성장을 강화하는 동기로 정당화됐다. 중앙은행들은 2차 세계대전 이후 금리를 낮춤으로써 최악의 불황에 대처했는데, 이는 위기로 인해 심하게 손상된 금융자산 포트폴리오(투자 위험을 줄이기 위해 투자한 금융자산 등 각종 자산들의 구성-옮긴이)의 가치를 복원하는 데는 도움이 됐지만, 실업률은 여전히 높은 상황이었다. 은행과 보험회사들은 전체적인 붕괴를 막는 데 필요하다고 생각되는 공적 긴급구제 혜택을 받았지만, 주택의 순수가치가 갑자기 마이너스가 된 주택 소유자들은 스스로 난관을 극복해야 했다. 경기 회복은 부유층에게만 한정돼 있었고, 직업과 집을 잃고 각박한 상황에서 근근이 생활을 이어가는 서민 계층에게는 재앙의 짐이 계속 부담으로 남아 있었다.

그럼에도 이 시기에 불평등이 완전히 무시됐던 것은 아니다. 앞서 언급했듯이 《21세기 자본》이 출간되기 전의 피케티는 동료 사에즈와 공동집필해 2003년에 출간한, 미국의 소득 불평등 증가에 관한 논문의 저자로 알려져 있었다.[16] 이들의 논문은 많은 관심을 끌었다. 특히 소득 분배에 있어 상위 계층과 나머지 계층 간의 차이가 증가하고 있다는 점을 강조한 부분은 일종의 상징적 지위를 부여받았다. 2011년 불쑥 나타난 '월스트리트를 점령하라'로 알려진 사회운동은 '우리는 99퍼센트다!'라는 구호를 적용함으로써 이런 차이를 극대화시켰다. 하지만 이런 구호가 피케티와 사에즈에게서 직접 영향을 받은 때문인지를 입증하기는 어렵다. 부와 소득의 차이에 관한 문제는 1980년 혹은 그 이전부터 계속 심각해졌다. 사실 이 문제는 미국 건국 초기로까지 거슬러 올라간다. 평균 근로자 보수에 대한 최고경영자 보수 비율이 증가한다는 사실은 피케티의 책이 출간되기 한참 전에도 자주 인용되던 통계였다.

자본주의에서의 부와 소득의 분배를 250년이라는 시간에 걸쳐 총괄적으로 다룬 《21세기 자본》은 불평등을 정치적으로 논의하는 데 중요한 영향력을 행사했는가? 대침체와 같은 대규모 경제 재앙은 평생에 걸쳐 한 번 발생할 뿐이다(사람들은 그러길 바란다). 이런 사건이 발생한 이후, 앞으로 벌어질 상황을 살피기 위해 보다 긴 역사를 되돌아보려는 것은 아마도 자연스러운 일일 것이다. 이처럼 역사를 되돌아보는 것이 학자로서는 당연하겠지만, 유권자와 정치 전문가들도 그같이 대응할 것인지에 관해서는 회의적이다. 그도 그럴 것이, 정치 논객들은 피케티처럼 문제를 긴 안목으로 바라보는 경우가 거의 없다. 유권자들은 대부분의 사람들이 한 번도 들어보지 못한 도금시대와의 비교보다는 생생한 기억에 의존해 움직일 가능성이 농후하다. '4년 전보다 지금 형편이 더 나은가?'라는 질문은 보다 일반적인 '역사적' 시간의 정치적 짜맞추기이며, 심지어 자본주의 체제의 장기적인 역학관계에 관한 가장 치열한 논쟁보다도 훨씬 효과적이다.

하지만 《21세기 자본》이 출간되기 몇 달 전 오바마 대통령은 두 번째 임기의 결정권을 쥐고 있는 주제를 분명히 하기 위해 미국에서의 불평등의 증가를 앞으로의 10년간 다루어야 할 중요한 문제로 규정했다.[17] 실업률 감소 등 불황 이후의 경제가 서서히 회복 중임에도 불구하고 전체적인 불공정성은 사라지지 않았다. 《21세기 자본》 논평에서 전 재무장관이자 하버드 대학교의 유명 경제학자인 래리 서머스Larry Summers는 최근 재개된 불평등 문제에 관한 정치적 차원의 관심을 언급하면서, 이에 관해 대중이 느끼는 씁쓸함이야말로 피케티가 좋은 평가를 받는 주요 이유일 것이라고 꼽았다. 다시 말해 당시의 상황을 회고하면서 피케티의 책이 성공을 거둔 것은 '결코 놀라운 일이 아니다'라는 확신으로 글을 썼다. '우리의 정치적 문제들이 무례한 중산층에 의해 규정되는 것으로 여겨지고, 대통령이 불평등을 주요 경제 문제로 삼는 때에, 가계 상위 1퍼센트, 0.1퍼센트 혹은 0.01퍼센트에 속하는 사람들의 부와 소득의 집중현상이 만연하고 증가한다는 사실을 상세히 기록한 책이 어떻게 지대한 관심을 불러일으키지 않을 수 있단 말인가?'[18]

《21세기 자본》이 출간되기 몇 달 전 불평등 문제를 이용한 정치인은 오바마 대통령뿐만이 아니었다. 미국 상원의원 엘리자베스 워런 또한 《21세기 자본》 이전에 피케티가 여러 차례 다룬 주제인 미국에서의 소득 불평등의 증가를 주요 연설 주제로 다루었다.[19] 2013년 뉴욕시 시장 선거에서 당선된 진보적 민주당원 빌 드 블라시오는 소득 불평등을 주요 출마 주제로 삼았다.[20] 위기가 발생하면서 전면에 부상한 것은 불평등 그 자체가 아니라, 피케티가 부와 소득의 불평등이 증가하기 시작한 시기로 지적한 1980년대 중반에 뿌리를 둔, 점점 악화돼가는 불법행위였다. 대침체는 부유층뿐만 아니라 중산층 및 하류층 모두에게 손상을 입혔지만 부유층의 포트폴리오는 신속히 회복됐다. 반면 집을 잃었던 사람들은 다시는 그 집을 찾지 못했다. 정치적 분노를 부채질한 것은 불평등 자체보다는 이런 명백한 불공평이었다.

급성장하는 불평등에 관한 관심은 정치인에게만 국한되지 않고 다양한 정치 계층으로 보다 넓게 퍼져나갔다. 진보적 싱크탱크인 경제정책연구소The Economic Policy Institute는 수년간 임금정체 문제를 강조해왔다(하지만 피케티와 사에즈가 강조한 소득 분배상의 상위 계층보다는 중간임금 소득자에게 초점을 맞추었다). 《21세기 자본》이 출간된 지 몇 달이 지난 2014년 가을, 경제정책연구소 소장 래리 미셸은 미 연방준비제도이사회 의장 재닛 옐런이 미국 경제의 불평등의 증가가 심각하다는 사실을 인정한 것을 이렇게 축하했다. '자주 간과됐던 사회이동social mobility과 소득 불평등에 관한 상당한 진실을 얘기한 것은 찬사를 받을 만하다. 그녀는 이를 솔직하게 얘기했다.'[21] 그는 옐런의 말을 다음과 같이 상세히 인용했다. '불평등이 확대된 지난 수십 년간 상당량의 부와 소득이 최상위 계층에게 돌아갔고 대부분 사람들의 생활수준은 정체되었다는 것은 공공연한 비밀이다. 나는 이런 추세가 우리 역사로부터 자리 잡은 다양한 가치 중 기회의 균등이라는 중요한 가치와 양립할 수 있는지 물어야 한다고 생각한다.'

옐런의 발언은 수치와 도표로 나타낼 수 없는 문제, 즉 미 연방준비제도이사회 의장뿐만 아니라 비경제전문가들도 분명 걱정하고 있는 문제를 암시하고 있다. 깊이 뿌리내린 미국적 가치에 대한 언급은 증가하는 불평등과 감소하는 사회이동 간의 그럴듯한 연관관계에 대한 심각한 우려를 나타내는 것이다. 2012년 대통령경제자문위원회 위원장인 앨런 크루거는 연설에서 (지니계수에 따른) 불평등과 사회이동 간의 분명한 역전관계, 즉 불평등이 증가할수록 사회이동은 줄어드는 현상을 환기시켰다. 이런 관계는 곧바로 '위대한 개츠비 곡선'이라는 명칭으로 널리 알려졌다.[22]

간단히 말해 2014년 초 정치 상황은, 부와 소득의 분배가 어떻게 변했는지를 서술하고 일반 시민과 정치 지도자 모두가 우려와 당혹감을 표현했던 현상을 설명한 책에 유리하게 작용했다. 상당수의 국민이 자신은 상승이동이 금지된 최하층 계급으로 계속 남아 있을 수밖에 없다고 느끼면 민주주의는 위태로워진다. 교육을 통한 발전의 기회는 전통적으로 미국 민주주의의 시금석 역할을 해왔다.

물론 최근 몇 년간 사회이동이 감소했다는 인식은 정확하지 않을 수도 있다. 피케티의 공동저자인 사에즈와 그 외 저자들과 함께한 공동 저서에서 라즈 체티Raj Chetty는 이와 관련된 국민의 인식은 과장됐을 거라는 생각을 내비쳤다. 그럼에도 소득 불평등의 증가는 사회정체 현상을 확대시킬 가능성이 있으므로 이런 인식은 사실상 존재한다.[23] 실제로 사회이동, 특히 하향이동은 2차 세계대전 이후 수십 년간 교육받은 근로자들에게 제공된 폭넓은 기회와 교육적 성공을 통해 소득 분배상 상대적으로 높은 위치에 오른 사회 구성원들이 특히 우려하는 부분이다. 피케티가 '세습중산층'이라고 부르는 이 집단은 소득 분배에 있어 상위 1~2퍼센트에 해당한다. 이 집단의 많은 수가 대체적으로 부모보다 높은 상대소득을 올리고 있으며 보다 많은 부를 소유하고 또 자식에게 보다 많은 부를 물려주게 된다. 통계상의 증거가 없어 입증하긴 어렵지만 감히 추측건대 이런 추측은 타당하다고 생각한다. 피케티 독자의 대부분은 이 집단에 속한다.

이 책의 출간 당시, 미국 여론 상황에 있어 주목할 점이 또 하나 있다. 즉 시민 연합Citizens United 사건에 관한 대법원의 판결(기업들이 선거 때 자유롭게 자금을 지원할 수 있도록 허락함-옮긴이)이 정치에 미치는 돈의 영향력을 허용했다는 것이다. 비록 이 책에서는 충분히 설명되진 않았지만, 민주주의의 정치과정을 왜곡하는 집중된 부의 잠재력은 피케티가 강조하는 주제 중 하나다. 피케티는 이러한 영향이 미국을 급진적인 누진소득세와 상속세를 적용하던 국가에서 최고소득 구간에 가장 낮은 한계세율을 적용하는 국가로 바꿔놓는 데에 기여했다고 암시했다. 그리고 이러한 세제 변화는 최고경영자들로 하여금 점점 더 많은 보수를 받으려는 동기를 자극하고, 초과소득을 상속 가능한 자산 형태로 축적하도록 해 (피케티의 가장 인상적인 문장 중 하나인) '과거가 미래를 집어삼키는' 현상을 가능하게 만들었다. 그렇지만 내 추측대로 피케티 독자층이 대개 세습중산층이라면 이 주제에서 모순된 부분이 나타난다. 이 집단 구성원들은 1980년 이후 나타난 부의 집중현상의 실제 수혜자이기 때문이다.

그렇긴 하나 이 집단에 속하는 피케티 독자들이 정치적 사고를 자유주의에서 진보주의로 전환한 집단, 즉 대체적으로 교육적 성취로 위상을 구축하고 정치사회적 가치를 자유주의에서 진보주의로 전환한 세습중산층의 전문적 요소를 가진 집단이라고 가정하면 이런 명백한 모순은 사라지게 된다.

물론 미국 교육시스템의 공정성에도 자주 문제가 제기된다. 높은 등록금과 기여 입학 특혜로 대학에 들어가기 힘들고 엘리트 계층 스스로가 특권계급으로 변해간다는 사실을 고려하면, 다양한 전문 분야에서 최고 엘리트를 생산해내는 명문대학의 역할은 미국 교육의 문제점 중 하나가 된다.[24] 피케티가 불평등이 줄어든 시기라고 지목한 2차 세계대전 이후 30년 동안 대학입학자격시험 SAT 같은 표준화 시험을 이용해 엘리트 고등교육으로의 접근을 보다 수월하게 하려는 노력이 있었다.[25] 하지만 1980년 이후 불평등이 다시 증가하면서 이 같은 해결책의 효과는 교육시스템의 구조적인 이유로 인해 감소했다. 지방 재산세로 운영되는 공립학교는 교육자원을 보다 부유한 지역사회로 유입시키는 경향이 있었다. 상위 중산층의 사립교육 의존도 증가, 비용이 드는 시험 대비 강좌와 개인교습은 2차 세계대전 이후 교육현장을 평준화시키기 위한 조치들을 얼마간 무력화시켰는데, 이는 국가가 높은 수준의 과학자, 기술자, 기타 전문가를 필요로 했던 것에 상응한 결과였다.

특히 전문가 집단의 구성원과 관련해서는, 공화당 우익에 자금을 대는 엄청난 부자이며 극도로 보수적인 기부자들의 역할이 갈수록 더 두드러진다. 이런 노력은 매우 성공을 거둬 이전에는 한 계파에만 속했던 것이 지금은 당 자체를 거의 삼키고 말았다.

따라서 보다 자유주의적이고 전문적인 세습중산층 구성원들은 사회적 위상의 다양한 영역들과 미국의 초기역사를 통해 리처드 호프스태터Richard Hofstadter (반지성주의에 대해 최초로 논의한 미국의 역사학자-옮긴이)가 진단했듯이 '사회적 지위에 대한 열망'으로 고통받고 있다고 생각할 수 있다. 세습자유주의자들은 전후 수십 년간 주어진 교육과 고용의 기회로 풍족함을 누리고 있다. 하지만 그들의 상대적 부가 많은 편의를 제공하고 있음에도 불구하고, 그들은 이런 기회가 자녀들에게는 제공되지 않을까봐 두려워하고 있다. 특히 그들은 아서 슐레진저Arthur

Schlesinger가 미국 정치생명의 '중추요소'라고 불렀던 자유주의적 합의가 우익 포퓰리즘에 의해 완전히 무너진 것에 분개한다. 이러한 포퓰리즘은 테다 스카치폴Theda Skocpol과 바네사 윌리엄슨Vanessa Williamson이 '배회하는 억만장자'라고 지칭했던 세력의 재정적 지원을 받았으며, 반엘리트주의와 반지식인주의, 그리고 도시의 젊은 전문직에 지대한 영향을 미친 1960년대 문화혁명의 가치변화 등 다양한 시대적 배경에 기반을 두었다.[26] 따라서 부유한 '세습'자유주의자들로 구성된 이 집단은 자신들의 문화적 영향력에 반감을 가진 매우 부유한 개인 기부자들의 정치력이 강화되는 것을 특히 우려하고, 그 결과 특히 피케티가 지적하는 부분을 수용할 것으로 예상된다.

물론 피케티의 책은 젊은이들, 특히 대학생들 사이에서 많은 독자를 확보하고 있다. '피케티 독서그룹'이 전국 대학 캠퍼스에서 급속히 출현한 것은 이런 현상의 증거다. 대학생들에게서 이런 움직임이 나타난 이유는 우리가 지금 위급한 시기, 즉 원인과 결과가 불분명한 사회경제적 전환기에 살고 있다는 인식 때문이다. 피케티가 제시한 것은 오늘날의 어려운 상황에 관한 통찰이었다. 피케티가 제시한 부분은 불평등이 계속 심화된다는 그의 암울한 예측과는 달리 오히려 어떤 의미에서는 역설적으로 사람들을 안심시키는 것이기도 하다. 그는 여러 면에서 첫 번째 시기와 비슷한 제2차 도금시대를 제시한다. 그리고 이 제2차 도금시대는 그가 '자본주의의 민주적 통제'라는 이름 아래 희망적으로 요약한 것과 같은 수단을 사용해 통제할 수 있어야만 한다. '이번에는 다르다'라는 면에서 보면 그가 옳을 수도 있다. 다른 한편으로는 틀릴 수도 있다. 이전 세대의 사회적 지위에 대한 열망과 불확실한 미래에 직면한 젊은이들의 실질적 불안 이 두 가지는 많은 사람들이 경제사와 계량경제학이라는 낯선 분야에 뛰어드는 계기를 마련해주었다.

비평

논평만으로 피케티 책의 경이적인 성공을 설명할 수는 없지만, 이 책이 미국 시장에서 출간되는 데 우호적 평판의 도움을 받았다는 사실은 의심할 여지가 없다. 《21세기 자본》에 대한 관심은 이 책이 널리 읽히기 전부터 이미 시작됐다. 이 책이 영어로 출간됐을 때 처음 책을 설명한 사람 중 한 명은 이 책의 불어판을 논평했던 세계은행 경제학자이자 불평등 분야의 전문가인 브랑코 밀라노비치였다. 밀라노비치는 피케티가 '자본주의의 일반적 이론'을 규정하는 분배 문제에 있어 자신의 이전 작품을 훨씬 뛰어넘었다는 점을 지적했다. '말하지는 않았지만 피케티가 목표로 했던 것은 바로 경제 성장 이론과 기능적 소득 분배, 개인 간 소득 분배 이론을 통합하는 것이다.'[27] 《이코노미스트》는 출간이 임박했음을 전하며 획기적인 작품이 될 것이라 평가했고, 책이 출간되자마자 이와 관련한 포럼을 개최할 것을 약속했다.[28] 출간 몇 달 전인 2014년 1월 《뉴욕타임스》기자 토마스 에드솔Thomas Edsall 은 피케티의 책이 곧 출간될 것을 고지하며, 이 책은 프랑스에서 '이론적으로나 정치적으로 많은 파장을 일으킨 저서'로 묘사됐다는 점을 지적했고, '좌파의 정설과 우파의 정설' 모두를 거부했다고 주장했다.[29] 또한 그는 피케티가 불평등의 증가는 시장의 불완전성과는 아무 관계가 없고, 대신 지지자들의 요구에 따라 작동되는 자유시장의 결과라고 주장한다는 점을 지적했다. 덧붙여 이 책이 '경제사상 하나의 분수령'이라고 주장한 밀라노비치의 말을 인용했다.

출간 이전부터 관심이 집중된 관계로, 하버드 대학 출판부는 예정보다 한 달 일찍 출간하기로 결정했다. 이 책이 관심을 끄는 데 가장 중요하게 작용한 것은 노벨 경제학상 수상자인 폴 크루그먼이 계속해서 이 책을 논평했다는 점이다. 처음에는 블로그와 《뉴욕타임스》고정 칼럼에서, 그 다음에는 《뉴욕 리뷰 오브 북스New York Review of Books》에, 그리고 또 다른 노벨 경제학상 수상자인 조지프 스티글리츠Joseph Stiglitz와 함께한 공개출연 석상에서도 이 책을 논평했으며, 뉴욕시립대학에서는 피케티와 함께 이 책을 논의하기도 했다. 2014년 4월 16

일 그는 '이 책을 분석하는 것은 그리 중요하지 않다. 이 책은 아름답다. 내가 이 책에 감탄하는 것은 순전히 전문가적 질투심 때문이다. 이 책은 놀라운 작품이다'라고 썼다. 그는 최고의 찬사를 쏟아 부으며 이 책을 '극히 중요한' 작품이라고 지칭했고, 이 때문에 '우리는 지금껏 해왔던 방법대로 부와 불평등을 얘기해선 절대 안 된다'라고 덧붙였다.[30] 크루그먼이 경제학자이자 유명한 대중지식인이라는 점을 고려하면, 책의 성공에 공헌한 바가 과장됐다고 얘기하기는 어려울 것이다.

한편 또 다른 노벨 경제학상 수상자인 로버트 솔로(그의 성장이론은 피케티의 분석에 영향을 주었다)는 《뉴 리퍼블릭New Republic》에 게재한 논평에서 이 젊은 경제학자는 '오래된 주제에 새롭고도 강력한 기여'를 한 인물이라는 찬사를 보냈다. 솔로 역시도 우리가 곧 보게 될 다른 분야의 학자들이 특히 관심을 두고 있는 분석, 즉 '상속받은 재산의 사회적 역할은, 성과주의를 기반으로 벌어들인 소득의 역할보다 상대적으로 증가할 것이다'라는 지점을 피케티 분석의 핵심으로 지목했다.[31]

또한 처음부터 책의 주제에 관심이 집중되면서, 피케티는 영향력 있는 공공정책 토론회에 여러 번 초대받아 연설했다. 출간 직후인 2014년 4월 중순, 엄청난 주목을 받는 상황에서 피케티는 워싱턴에 있는 경제정책연구소와 동반성장센터Washington Center for Equitable Growth의 합동회의, 도시문제연구소Urban Institute, 그리고 국제통화기금 회의에서 연설했다. 앞에서 언급했듯이 재무장관 잭 류를 만나기도 했다. 워싱턴에서 뉴욕으로 건너가 UN, 외교협회, 많은 청중이 모인 뉴욕시립대학에 크루그먼, 스티글리츠, 밀라노비치와 함께 등장해 강연을 했다. 이런 모든 행사가 대부분 언론에 보도되면서 일반적으로 경제 분야에 관심 있는 시청자보다 훨씬 많은 사람들이 이 책에 관심을 갖게 됐다.

뉴욕에서 보스턴으로 이동한 피케티는 MIT에서 열린 거시경제학 세미나(홍보가 전무했음에도 불구하고, 이 토론회에는 평상시의 5배가 넘는 사람들이 참가했다), 이어 하버드 대학교 케네디 스쿨에서 강연했는데 당시 강연장은 청중들로 발 디딜 틈 없이 가득 찼으며, 전 하버드 대학 총장이자 전 재무장관인 래리 서머스가 피케티의 소개를 맡았다. 이후 퍼네일 홀Faneuil Hall에서 있은 공개회의에 상원의원 엘리자베스 워런과 함께 참석했다. 이 기간 내내 신문은 피케티의 신간이 놀라울 정도로 팔리고 있다는 사실을 보도하면서, 이 잘생긴 젊은 경제학자를 대중의 관심을 거의 끌지 못하는 '우울한 학문'으로 치부되는 경제학 분야의 '록스타'로 묘사했다. 출판사에서 초기 주문량을 예상하지 못한 바람에 서점에선 부족분을 계속 요구했다. 실제로 이 책은 102년 역사의 하버드 대학 출판부에서 출간한 그 어떤 책보다 빠른 속도로 판매되었는데, 그 속도가 어찌나 빨랐던지 출판사는 예상치 못한 수요를 맞추느라 인도와 영국에 있는 인쇄기에까지 의지해야 했다.[32]

피케티에 관한 열광적인 대중의 반응 사례들을 나열하는 것은 어렵지 않지만 이 책에 관한 평판을 긍정적인 면에서만 바라보는 것은 잘못이다. 초기 반응 중 가장 놀라운 것은 아마도 이 작품을 소리 높여 폄하했던 사람들이 주류 경제학자들이 아닌 좌익 경제학자들이라는 점일 것이다. 그들은 '주류 경제학의 수학적 엄밀함에 대한 유치한 열정'에의 비판과 '분배 문제를 다시 경제학의 심장부로 옮기려는' 피케티의 태도를 반길 것으로 예상한 진영이었기 때문이다.[33] 경제·정책 연구소Center for Economic and Policy Research의 딘 베이커Dean Baker는 《뉴욕타임스》에 게재한 글에서 불평등이 증가했다는 피케티의 의견에 동의하면서도, 이 현상의 주요 원인이 변호사, 의사, 자본가, 지적재산권 소유자들과 특권 계층의 '지대 추구rent-seeking'(새로운 가치를 창출하지 않고, 이미 소유한 자본으로부터 수익을 얻으려는 태도를 일컫는다-옮긴이)라고 주장함으로써, 불평등 문제가 자유시장에서의 완전경쟁 메커니즘에 의한 자연스러운 결과라는 피케티의 급진적 주장을 폄하했다. 그는 피케티의 중요한 매력 중 하나는 '이 책이 사람들로 하여금 자본주의는 몹시 나쁜 것이지만 우리는 그에 대해 아무것도 할 수 없다고 말할 수 있게 해준다'라는 말도 덧붙였다.[34]

피케티를 가장 혹평하는 이들 중 하나는 피케티와 함께 불평등을 연구하는 제임스 셀브레이스James Galbraith인데, 그는 피케티가 자본을 규정하는 데 있어 마르크스와 로빈슨Robinson의 방법을 선호하는 것을 두고 이런 방식은 '끔찍한 혼란'을 초래한다는 이유로 비난했다.[35] 그럼에도 피케티가 부의 축적에 관한 역학관계의 변화, 즉 오늘날 몇몇 국가에선 상속금액이 국민소득의 15퍼센트까지 이르는 것에 주목한 점은 인정했다. 솔로와 마찬가지로 갤브레이스는 피케티의 저서가 역사와 사회학 같은 다른 분야의 학자들의 관심을 끌었던 이유를 이처럼 우연히 지목했다. 다음에 다룰 부분은 피케티 현상의 이런 면에 관해서다.

경제학 이외 분야의 평판

피케티 현상을 판단하는 기준 중 하나는 이 책이 경제학 이외의 분야에서 불러일으킨 관심을 알아보는 것이다. 2012년 봄 피케티는 하버드 대학 유럽학센터 Harvard's Center for European Studies에서 강연을 했다. 강연 내용은 기본적으로 《21세기 자본》에서 다루지 않았던 부분에 관한 개괄적인 설명이었다. 이 강연에는 100여 명의 학생과 학자들(주로 정치학자와 사회학자들)이 몰려들었다. 그리고 3년 후, 《21세기 자본》이 출간된 지 약 1년이 지난 2015년 봄에는 최근 주목받는 분야인 '자본주의의 역사'를 연구하는 역사학자 스벤 베커트Sven Beckert의 요청으로 다시 하버드 대학에서 강연을 했다.[36] 약 1500명을 수용할 수 있는 이 대학 최대 규모의 강당이 강연을 들으려는 학생, 교수, 일반인들을 모두 받아들일 수 없어서 많은 사람들이 그냥 돌아가야만 했다.

이런 사례를 보면 피케티의 명성이 학계에 얼마나 지대한 영향을 미쳤는지를 알 수 있다. 《21세기 자본》 출판 전, 분배의 문제를 경제학에서보다 더 중요하게 다루던 사회학이나 정치학 분야에서 일부 학자들의 주목을 받는 게 전부였던 피케티는 서적 출간 이후 식자층들로 하여금 자신의 고견을 기대하도록 만드는 유명인사로 탈바꿈했다. 또한 그는 책에서 경제학자와 사회과학자들의 보다 긴밀한 협조를 요구함으로써, 경제학 전공자는 늘고 역사학 전공자는 줄어드는 상황에서 학과 교육 방향을 재설정하는 베커트 같은 학자의 관심을 분

명히 이끌어냈다.[37]

갤브레이스의 논평은 부정적이긴 하지만 그럼에도 장기간의 근대화에서 자본주의의 역사를 정립하려는 베커트 같은 역사학자들의 특별한 관심을 끈 것이 분명한 피케티의 연구 방향에 주목했다. 갤브레이스의 말을 빌자면 상속액은 '신문이나 교과서에서 전혀 관심을 두지 않은 요소로 인해 지나치게 높게 나타나고 있다.'

2008년 금융 붕괴 이후 많은 학자들은 자본주의 경제의 심각한 취약성, 채무자의 허약성 그리고 부의 변동성에 초점을 맞추었다. 하지만 피케티의 연구는 재앙이 정기적으로 되풀이됨에도 불구하고 자본주의는 처음부터 지금까지 매우 탄력적인 모습을 보여왔다는 점을 상기시킨다.[38] 그는 자료를 통해 자본 구성이 장기간에 걸쳐 많은 변화를 겪었음에도 불구하고, 자본수익률return on capital은 매우 좁은 범위에서 변화한다는 사실을 보여준다. 경기가 좋을 당시에 축적된 부는 경기침체기에 얼마간 줄어들 수는 있지만 완전히 소진되는 경우는 거의 없으며, 심지어 조지프 슘페터Joseph Schumpeter가 강조한 창조적 파괴가 한 부문의 자산 가치를 훼손할 때에도 노련한 자본가들(혹은 그들의 상속인들)은 포트폴리오를 새로운 성장 전략으로 활용할 능력을 갖고 있다. 여러 세대에 걸쳐 상속인들은 선조가 축적해놓은 재원을 자신의 지배력을 유지하는 데 이용함으로써 새로운 기회의 출현에 대응한다.

따라서 상속액에 관한 피케티의 자료는 20세기 후반 수십 년간 신자유주의 이념의 우세로 인해 무시됐던 개념, 즉 계급지배 양식은 너무 오랜 동안 지속되는 경향이 있다는 개념을 보다 강력히 보여주고 있다. 예를 들면 폴 크루그먼이 '당대에 가장 영향력 있는 거시경제학자'라고 칭하는 로버트 루카스Robert Lucas는 2004년에 '순수 경제학에 해가 되는 경향 중 가장 유혹적이고, 내가 보기에 가장 치명적인 것은 분배의 문제에 초점을 맞추는 것이다'라고 주장했다.[39] 분배의 문제를 제기하고 단지 경쟁을 통한 재분배 효과에 의문을 제기하는 것을 비시 괜가계뵐 문제로 만듦으로써 피케티는 사학자들로부터 호의적인 반응을 얻었다. 역사학자들은 시장원리만으로도 부와 이에 수반되는 권력이 일부 제한된 자본가 계급의 손에 쉽게 떨어지지는 않을 것이란 (루카스와 같은) 주류 경제학자들의 신념이 지나치게 낙관적이었다는 것을 깨달은 것이다. 어쨌든 '치명적'이라는 생각은 사실인 것으로 드러난 듯하다.

프랑스 역사학자들의 주력 학술지인 《아날레스Annales》는 특별호 전체를 할애해서 편집자들이 서문에서 '전혀 자명하지 않다'고 밝힌 피케티의 연구와 사회과학과의 관계를 다루었다.[40] 피케티는 MIT에서 잠시 강의를 하다 프랑스로 돌아온 이유 중 하나는 학문으로서의 경제학은 미국에서 주도적인 입장에 있지 못해서였다고 책에서 매우 담담하게 말하고 있다. 그의 주장에 따르면, 프랑스 경제학자들은 미국식의 고압적이고 오만한 의욕은 삼가고, 기타 사회과학 분야에서 형제나 자매 같은 보다 동료애 넘치는 연구를 함으로써 사회현실에 좀 더 겸손하게 접근하고 있다는 것이다.

그의 동료 역사학자들은 동료 경제학자들보다 훨씬 더 의욕적인 듯하다. 예를 들면 니콜라 들라랑드Nicolas Delalande는 19세기 정치경제학에 관한 연구 범위를 상기시킨 피케티 연구의 목적을 칭찬하면서도, 누진 과세 출현과 같은 이 책에서 제기된 주요 쟁점과 관련된 역사적 연구를 충분히 설명했는지에 의문을 제기한다. 그는 피케티가 전환점으로 생각한 1차 세계대전 훨씬 이전부터 누진세가 논의되어 왔고, 실제로 프러시아, 스웨덴, 영국을 포함한 많은 국가에서 누진세를 적용했다는 점을 지적했다.[41] 피케티 저서의 궁극적 의의는 주로 글로벌 시스템으로서의 폭넓은 의미의 자본주의가 어떻게 확장되고 이해되느냐에 따라, 혹은 들라랑드가 촉구했듯 더욱 정교한 분석 방법이 새로 제시될 수 있는지에 따라 달라질 것이다.

《아날레스》에 게재된 또 다른 글에서 사회학자 알렉시스 스파이어Alexis Spire는 '피케티의 책을 경제학 논문이 아니라 사회과학 분야에 대단한 공헌을 한 저서로 평가하는 것을 심각하게 고민해볼 것'을 제안했다.[42] 그는 피케티가 경제학을 '사학, 사회학, 인류학, 정치학과 함께 사회과학의 하위 학문'으로 규정한 것을 인정하고 치하한다.[43] 하지만 스파이어는 자신과 사회학자들이 선진 산업국가를 구성하는 불평등 문제의 중요성을 인지하기 위해 《21세기 자본》을 기다려온 것은 아니라고 언급했다. 실제로 스파이어는 이 책이 '제도적이고 규제적인 변화를 요구하는 사회운동과 이 운동의 역량과의 역학관계'에 관한 논의가 부족하다는 사실에 다소 놀라움을 표했다.[44]

이처럼 사회과학 분야의 보다 긴밀한 협력을 요구함으로써 피케티는 비경제학자들 사이에서 발언 기회를 얻었지만, 이런 협력이 제도적이고 규제적인 상황으로 변화할 것인지, 그리고 변화한다면 어떻게 변할 것인지는 지켜볼 일이다. 경제학자와 역사학자들은 자신들의 학문 분야에 서로 매우 다른 교육과 기량을 집중한다. 피케티의 바람이 현실화되려면, 조직과 자원과 학문의 경계를 뛰어넘는 상호 협력이 지원되어야 한다. 출판에서 큰 성공을 거둔 이 책에는, 독자층이 방대하다는 이유만으로 책의 파급력이 상당할 것이라는 의례적인 언급 때문에, 정작 이 책이 제시한 논점의 중요성이 잊힐 수 있다는 위험이 도사리고 있다. 피케티는 역사학자 낸시 파트너Nancy Partner가 '상징적 지식인'이라고 지칭한 인물이 될 위험이 있는데, 이는 티셔츠와 야구팀 유니폼에 $r > g$라는 공식이 새겨진 예를 보아도 그렇다. 그녀는 사회학자 도미니크 바르트만스키Dominik Bartmanski를 인용하면서 상징적 지위라는 말을 사용했고, '하나의 브랜드로서의 사회이론'을 설정하면서 '상징 가치'라는 말을 붙였다.[45] 상징적 지위는 한 저자의 저서를 다른 분야의 학자들이 논쟁에 도움이 되도록, 저자가 실제 그런 글을 썼든 아니든 상관없이, 저서를 인용하거나 적어도 그에 동의한다는 표현을 할 가치가 있는 것으로 만든다. 불평등의 사회학은 《21세기 자본》이 출간되기 훨씬 이전부터 한참 논의되던 분야다. 일부 사회학자들은 불평등이라는 주제가 경제학자들이 영역을 확장하기 위해 새로이 시도하는 분야가 아닌지 의문을 제기해왔다. 하지만 피케티의 엄청난 성공에 고무된 출판업자들이 불평등 연구라는 갑자기 등장한 최신 학문 분야에 종사하는 동료 사회학자들에게 전에 없이 접근한다는 소식이 전해지면서 사회학자들 간에 있었던 초기의 억울함은 줄어들었다.[46]

불평등과 민주주의

지금까지 피케티 책에 나타난 정치적 상황을 논의했다. 하지만 정치적 결과에 대해선 어떻게 말해야 할까? 저우 언라이$^{Zhou Enlai}$가 프랑스 혁명에 관해 얘기하지 않았던 것처럼,[47] '이를 얘기하기엔 이르다.' 앞서 얘기했듯이 오바마 대통령은 불평등이 향후 수십 년간 중요한 정치 문제가 될 거라고 했지만 이를 타개하기 위한 구체적인 조치는 취하지 않았는데, 이는 아마도 그의 연설에 대한 대중의 반응이 시큰둥했기 때문이었을 것이다. 많은 민주당원들은 최저임금 인상을 지지했고, 이를 위한 구체적 법안이 시애틀 같은 몇몇 지역에서 통과되었는데, 이들 지역에는 20세기 중반에 나타난 불평등을 줄이는 것이 주요 역할인 노동조합에 대한 반감이 여전히 강하게 남아 있다.

피케티가 질병과 같다고 진단한 불평등의 해결방안 중 그가 선호하는 것은 글로벌 자본세$^{global tax on capital}$다. 비록 이것은 가까운 미래에 구체적인 조치가 취해질 가능성이 거의 없는 이상적인 제안이라는 사실을 그도 인정하긴 하지만 말이다. 피케티의 책이 불평등에 관한 경험적 연구에 기여한 바가 미약하다고 여기는 갤브레이스는 정치적 분석에 기여한 것은 훨씬 형편없다고 생각한다. "이것이 '소용없는'과 같은 뜻을 가진 '이상적인' 것이라면, 왜 이런 제안을 하는가? 순진한 사람들을 선동하려는 의도가 아니라면, 왜 이에 관해 한 장을 통째로 할애했는가?"[48]

피케티를 보다 긍정적으로 평가하려면, 그가 과세에 관심을 가진 이유는 세금이 수입의 증가뿐만 아니라 정보를 만들어내는 수단이라는 사실에 연유한 것임을 고려할 필요가 있다. 경제를 통제하기 위해 정치인과 시민은 정확한 자료가 필요하다는 사실을 그가 믿고 있다는 것은 철저한 경험주의자에게는 놀라운 일이 아니다. 그에게 세법은 이 같은 정보를 만들어내는 것을 부추기는 강력한 도구다. 하지만 조세당국만이 유용한 자료를 갖고 있는 것은 아니다. 피케티는 은행과 금융회사들이 예금자 자산 정보를 공공 당국과 공유하도록 하는 법률 제정을 지지하기도 한다. 실제로 이에 관한 논의가 최근 몇 년간 진행

됐고, 이런 면에서 본다면 피케티의 제안은 이상적이지도 순진하지도 않다.[49]

  그럼에도 피케티가 광범위한 정치 참여를 독려하고 이를 통해 민주주의에 새로운 힘을 불어넣기 위해 정보력에 큰 기대를 걸고 있는 것은 사실이다. '정보는 민주적 제도를 뒷받침해주는 것으로서 그 자체가 목적은 아니다. 언젠가 민주주의가 자본주의에 대한 통제권을 다시 회복하려면, 민주주의와 자본주의를 구현한 구체적인 제도들이 끊임없이 재구성되어야 한다는 사실을 깨닫는 것부터 시작해야 한다.'[50] 여기서 그는 정치철학자 자크 랑시에르^{Jacque Rancière}의 연구를 언급하지만, 만약 민주적 제도가 자본주의에 대한 '통제권'을 행사한다면(이는 피케티가 선호하는 말이다) 자본 소유주들이 이 시스템의 효율성을 강화하기 위해 그 제도들을 악용할 수도 있음을 보여주는 수많은 역사학자와 정치학자들의 연구는 무시하고 있다. 규제를 통해 각 분야의 징계를 강화함과 동시에 규모에 대한 수익이 증가하고, 이렇게 됨으로써 피케티가 개탄하는 자본의 집중이 조장되는 현상의 과잉을 억제할 수 있다. 경제 규제를 살펴보면, 주로 확실한 이익을 추구하는 소규모 당사자 집단과 이런 이익을 의사 결정권자에게 표명하는 수단으로써 집단행동의 논리는 유리하다. 정보는 민주주의뿐만 아니라 테크노크라시^{technocracy}(기술관료 중심의 의사 결정을 토대로 한 지배-옮긴이) 경영을 촉진하지만, 정보 해석에 관한 논쟁은 사회운동이 번져나가게끔 하는 열정과 감정을 약화시킬 수도 있다. 이 중 어느 것도 피케티가 지지하는 정보자유화의 가능성을 약화시키지는 않지만, 그가 수집하려는 정보가 이익이 충돌할 때 어떻게 사용될 수 있는지의 전말을 설명한다면, 그의 주장은 보다 설득력을 갖게 될 것이다.

결론

방대한 범위와 목표를 다룬 작품 《21세기 자본》은 투마 피케티를 훌륭한 경제학자에서 상징적 지식인으로 변모시켰다. 저서가 일단 유명해지면 저자가 자신의 작품을 통제하지 못하는 것은 자명한 이치다. 이는 상징적 저서일 경우 더욱 그러하다. 《21세기 자본》의 중요성은 더 이상 전적으로 혹은 1순위로 토마 피케티가 구성한 논거에 달려 있지 않다. 《21세기 자본》은 책을 읽은 독자와 그렇지 않은 사람들 모두 나름대로 해석할 수 있는 유동적인 기표^{signifier}가 됐다. 이를 저자라면 필연적으로 마주하게 될 가장 행복한 운명이라고 볼 수는 없다. 어떤 의미에서 보면 그는 자신의 다음 생각에 대한 대응을 끊임없이 좌우할 하나의 사회현상에 포함돼 있다. 피케티가 그랬던 것처럼 세계적인 관심을 끌기란 쉬운 일이 아니다. 그리고 자기 회복에 필수적인 평정심을 되찾기 위해 세계적인 악평에서 벗어나는 것은 훨씬 더 힘들 것이다.

Chapter 02

피케티가 옳다

Robert M. Solow
──── 로버트 솔로 ────

경제 성장 관련 이론으로 가장 유명한 경제학자.

16세에 장학금을 받고 하버드 대학에 입학했다. 사회학과 인류학으로 출발, 통계학과 확률모델에 관심을 갖기 시작해 콜롬비아 대학에서 연구원을 지냈고, 이후 MIT 경제학부에서 교수로 재직하며 계량경제학과 동계학을 가르쳤다. 이때 거시경제학으로 관심이 옮아가 그 후 거의 40년간 폴 새뮤얼슨과 함께 폰 노이만 경제성장이론(1953년), 자본론(1956년), 선형 계획법(1958년), 필립스 곡선(1960년) 등 여러 유명 이론들을 연구한다. 미국경제학회에서 경제학 발전에 가장 크게 기여한 40세 미만 경제학자에게 수여하는 '존 베이츠 클라크 메달'을 수상하고(1961년), 1987년에 노벨 경제학상을, 2014년에 대통령 자유 메달을 수여받았다.

1970년대 이래로 소득 불평등은 미국과 세계 각국에서 심화되고 있는 추세다. 가장 눈에 띄는 부분은 부유층과 그렇지 않은 사람들 간의 격차가 점점 벌어지고 있다는 점이다. 이런 심상치 않은 반민주적 추세는 결국 공공 의식과 정치적 설득이라는 방법으로 그 해결책을 찾게끔 한다. 문제 해결을 위한 합리적이고 효과적인 정책(그 의견이 하나로 모아진다면)은 불평등이 심해진 원인을 이해하는 것부터 시작해야 할 것이다. 지금까지의 논의에서는 다음과 같은 몇 가지 형식적인 요인이 드러났다. 실질 최저임금의 삭감, 노동조합과 교섭단체의 부패, 세계화로 인한 빈곤국의 저임금 노동자가 겪는 경쟁 심화, 기술 변화와 중산층의 일자리 소멸, 고학력자와 숙련된 기술자, 저학력자와 미숙련자 사이의 노동시장 양극화 같은 노동 수요의 변화가 그 요인들이다.

이들 요인은 진실의 일면을 드러내고 있는 것으로 보인다. 하지만 이를 종합해본다 해도 소득 불평등의 원인을 아주 만족스럽게 이해할 수는 없을 것이다. 여기에는 최소한 두 가지 간극이 있기 때문이다. 첫째, 이들 중 어느 것도 소득 불평등의 극단적인 단면을 언급하지 않는다는 점이다. 상위 1퍼센트를 차지하는 초고소득자의 특질은 나머지 사회 구성원들과 큰 차이가 있다. 둘째, 앞서 언급한 요인들이 다소 우발적이고 우연적인 요소로 보인다는 점이다. 그에 반해 미국, 유럽, 일본 등 선진국에서 공통적으로 나타나는 지난 40년간의 추세는 우연보다는 현대 산업자본주의에서 막강해진 어떤 힘에 좌우되는 것처럼 보인다. 자, 이제 42세의 프랑스 경제학자 토마 피케티가 이 간극을 채우고자 나섰다. 내 친구 중에 칭찬의 의미로 '진지한'이라는 표현을 선호하는 뛰어난 대수학자가 있는데, 그는 'Z는 진지한 수학자죠' 아니면 '그것은 진지한 작품이야'라는 식으로 말한다. 그렇다, 이 책도 진지한 책이다.

또한 이 책은 577쪽의 본문과 77쪽의 각주가 포함된 두꺼운 책이기도 하다 (나처럼 각주를 건너뛰는 독자를 예상하고 하단 대신 책 끝부분에 주석을 넣은 출판인에게 부디 벌을 내려주시기를). 그리고 온라인에서 확인 가능한 광범위한 '기술 부록'도 포함되어 있는데, 이것은 표로 만든 데이터, 수학적 논쟁, 문헌에 대한 논의, 그리고 파리에서 있었던 (매우 훌륭한) 피케티 강좌에 대한 강의 노트의 링크들이다. 아서 골드해머가 영어로 번역한 《21세기 자본》에 잘 나와 있는 내용들이기도 하다.

피케티는 시간과 공간을 넘어 데이터를 파노라마식으로 읽어 거기에서 답을 찾아낸다. 피케티와 관련한 모임에서 가장 눈에 띄는, 버클리 대학 교수이자 또 다른 젊은 프랑스 경제학자인 이매뉴얼 사에즈와 현대 불평등 연구의 선구자인 옥스퍼드 대학의 앤서니 앳킨슨Anthony B. Atkinson은 거대한 데이터베이스 수집에 몰두하고 있다. 이것은 피케티의 주장에 실증적 기반을 제공하는 작업이다.

프랑스, 영국, 미국은 데이터가 존재하는 가장 오랜 시기부터 현재에 이르기까지, 시기별로 개인과 공공의 자산을 모두 합한 총자산(또는 자본)을 산출했다. 독일, 일본, 스웨덴, 그 외 국가들은 만족스러운 통계치가 존재할 경우에만 데이터베이스에 기록되었다. 혹자는 왜 소득 불평등 문제를 다룬 책이 총자산 산출부터 시작하는지 궁금할 텐데, 그 이유는 잠시 후면 알 수 있다.

광범위한 시대적·공간적 배경에서의 변화를 비교하는 것이 핵심인 만큼, 총자산 혹은 총자본을 계산할 때에는 단위를 일치시킬 필요가 있다. 예를 들어 1850년의 프랑스와 1950년의 미국을 비교하려면 말이다. 피케티는 당시 현지 통화를 기준으로 산출한 부를 (마찬가지로 당시 현지 통화로 산출한) 국민소득으로 나눠줌으로써 이 문제를 해결했다. 이렇게 되면 부/소득 비율wealth-income ratio은 '연수year'라는 단위를 갖게 된다. 1850년의 프랑스는 7년 치 국민소득에 해당하는 부를, 1950년의 미국은 4년 치 국민소득에 해당하는 부를 가지고 있었다. 이렇듯 국민 총자산이나 자본을 국민소득에 대한 비율로 나타내는 것, 자본/생산

capital-output 혹은 자본/소득 비율capital-income ratio 등은 경제학에서도 보편적으로 사용된다. 그러니 어렵게 생각하지 않길 바란다.

그런데 여기서 약간 애매모호한 점이 있다. 피케티가 '자산 wealth'과 '자본capital'을 구분하지 않고 사용하기 때문이다. 우리가 알고 있는 개인 혹은 기관의 자산 산출 방법은 모든 자산 가치를 합하고 총부채를 빼는 것이다(여기서 가치는 시장 가격에 준한 것이고 만약 시장 가격이 없을 경우에는 추정한다). 이렇게 산출된 것이 순자산이다. 적어도 영어권에서는 이를 종종 개인이나 기관의 자본이라고 칭하기도 한다. 그러나 '자본'이라는 용어에는, 정확히 일치하지는 않지만 또 다른 의미도 있다. 그것은 '생산요소'인데, 공장, 기계, 컴퓨터, 사무실용 빌딩, (주거서비스를 제공하는) 주택의 생산과정에 있어 필수 요소를 의미한다. 이 단어는 '자산'과는 다소 다른 의미가 될 수 있다. 사소하게는 예술품이나 금고에 보관되어 있는 귀중품 등, 가치가 있고 재산의 일부지만 생산성이 없는 자산이 그것이다(거실에 걸려 있는 그림은 '미학적 서비스'를 제공하지만 일반적으로 국민소득에는 포함되지 않는다). 더욱 중요한 것은 기업생산 자본의 금융 가치인 주식시장 가치가 국민소득 등락보다 심하게 요동친다는 사실이다. 불경기 때는 자산/소득 비율이 현저하게 떨어질 수 있지만 반대로 생산자본금과 그것의 장래 수익성은 미미하게 움직이거나 혹은 전혀 변하지 않는다. 하지만 피케티가 그러하듯 장기적인 추세에 집중하려 한다면, 이러한 이슈를 충분히 해결할 수 있다.

자료를 보면 분명한 추세를 파악할 수 있다. 1700년부터 1910년까지 프랑스와 영국의 국민자본은 국민소득의 일곱 배까지 꾸준히 성장하다가, 추정하건대 전쟁과 불황의 여파로 1910년부터 1950년까지는 현격히 감소해 영국에서는 2.5 이하로, 프랑스에서는 3이 조금 안 되는 수치까지 떨어졌다. 그 후 양국의 자본/소득 비율은 상승하기 시작했고 2010년까지 영국은 5보다 약간 높은 수치까지, 프랑스는 6보다 약간 낮은 수치까지 올랐다. 그러나 미국의 추이는 좀 다르다. 1770년 3보다 높은 수치에서 출발해 1910년에 5까지 올랐고, 1920년에는 다시 약간 떨어졌다가 1930년에 5와 5.5 사이까지 회복했으며, 1950년 4 이하로 떨어졌다가 2010년에는 다시 4.5로 회복했다.

미국의 자산-소득 비율은 항상 유럽 국가들보다 낮았다. 그 주된 이유는 20세기 초 북미 대륙의 토지 가치가 아주 낮았기 때문이다. 토지 면적은 매우 넓었지만 가격은 아주 저렴했던 것이다. 그러나 20세기에 접어들면서 미국의 낮은 자본/소득 비율은 더 높은 생산성의 원동력이 되었는데, 같은 양의 자본이 유럽에서보다 미국에서 더욱 큰 생산 증대효과를 가져올 수 있었다. 반면, 두 차례 세계대전으로 영국과 프랑스의 자본은 미국보다 훨씬 많이 파괴되거나 상실되었다. 피케티의 주장에서 중요한 내용은, 이 세 나라가 아닌 다른 국가들의 자산-소득 비율도 1950년부터 계속 증가하고 있으며 19세기 수준까지 회복하고 있다는 사실이다. 그는 이 증가세가 현 세기까지 지속될 것이라고 예상했으며, 이 중대한 결과에 대해서는 계속 논의해 나갈 것이다.

* * *

전 세계의 자본/소득 비율이 2010년 4.5에 살짝 못 미치는 수준에서 21세기 말에는 6.5까지 오를 것이란 피케티의 예상은 자만에 찬 확언은 아니었다. 자본/소득 비율이 19세기 유럽의 몇몇 부유한 국가 수준과 비슷해지는 격이니 말이다. 그렇다면 이 추측은 어디에 근거한 것인가? 아니, 좀 더 일반적으로 말해 무엇이 경제의 장기적인 자본/소득 비율을 결정짓는가? 약 75년간 경제학자들은 이 질문을 연구해왔다. 그들은 피케티가 장기 경제 '법칙'으로 채택한 기본적인 해답에 의견을 모았다. 아마도 대략적인 흐름은 이렇게 진행될 것이다.

국민소득이 100이고 일 년에 2퍼센트씩 성장하는 경제를 가정해보자(일시적인 하락은 무시한다). 국민소득의 10퍼센트를 정기적으로 저축하고 투자한다고 가정하자(저축과 투자는 자본에 합산한다). 그렇게 하면 소득이 100에 해당하는 그 해 자본금에 10이 더해진다. 여기서 우리는 자본/소득 비율이 다음 해에도 변하지 않는지, 다시 말해 장기적으로 안정세를 유지할 수 있는지 궁금해진다. 그러기 위해서는 자본/소득 비율의 분자 분모는 반드시 2퍼센트씩 같이 증가해야 한다. 앞서 자본이 10만큼 증가한다고 했으므로, 이것이 전체의 2퍼센트가 되려면 자본은 500이 되어야 한다. 그러므로 다음과 같은 일련의 내용을 알 수 있다. 금년의 국민소득이 100, 자본은 500, 자본/소득 비율은 5이다. 그렇다면 그 다음 해의 국민소득은 102, 자본은 510, 자본/소득 비율은 동일하게 5가 된다. 이 과정은 일 년 성장률이 2퍼센트, 저축과 투자 비율이 국민소득의 10퍼센트로 정해진 한 자동적으로 반복될 것이다. 물론 더욱 극적인 상황도 있을 수 있다. 좀 더 극적인 경우도 가능한데, 만약 자본과 노동이 국민소득을 만들어내는 데 수확체감법칙Law of diminishing returns을 따른다면 경제가 어떤 단계에서 시작하든 결국은 그 경제 특유의 독자적인 메커니즘에 의해 특정한 자본/소득 비율을 갖게 될 것이다.

잘 살펴보면 이 같은 예시는 결과적으로 일반적인 개론에 불과하다. 경제가 매년 g퍼센트씩 성장하고, 매년 국민소득의 s퍼센트씩 저축하면 거기서 산출되는 자본/소득 비율은 s/g(예시에 따르면 10/2)가 된다. 피케티는 다음 세기 세계의 경제 성장은 매년 3에서 1.5퍼센트 정도로 둔화될 것이라고 말한다(이것은 인구성장률과 생산성 증가율의 합이며, 그는 이 두 수치가 모두 감소할 것이라 예측한다).

그는 세계의 저축률 또는 투자율을 약 10퍼센트로 보고, 자본/소득 비율이 결국 7(또는 10/1.5)를 가까이 뛰어오를 것으로 예상한다. 이는 물론 심각한 문제로 부상할 것이다. 피케티는 그 주장의 전제조건이 틀릴 수 있다는 것을 잘 알고 있다. 누구도 1세기 앞을 미리 내다볼 수는 없으니 말이다. 하지만 정말 그렇게 될 수도 있다.

* * *

자본주의 경제에서 부는 스스로 증식하여 몸집을 불리고 순이익을 벌어들인다는 점에서 중요하나. 그러므로 이것은 계속 살펴봐야 할 주제라 하겠다. 피케티는 (약간의 조정을 거쳐) 1770년 당시 영국과 1820년 당시 프랑스의 '순 pure' 수익률 추정치를 제시했으나 미국의 수치는 제외했다. 피케티는 다음과 같은 결론을 내린다. '자본 순수익은 연간 4~5퍼센트 중반, 더 일반적으로는 연간 3~6퍼센트 내에서 등락한다. 장기간에 걸친 상승세나 하향세에 관한 자료는 없다. 그러나 자본 순수익은 매우 장기적으로 약간 감소세를 보여왔다고 할 수 있다.' 여기서 미국에 관한 비교 자료가 있었다면 더 흥미로웠을 것이다.

자본수익률과 자본/소득 비율을 곱하면 국민소득 중에서 자본소득이 차지하는 비율이 나온다. 예를 들어 1년 자본수익률이 5퍼센트이고, 총자본이 6년치 국민소득에 해당한다면, 자본소득은 국민소득의 30퍼센트가 될 것이고 따라서 국민소득의 나머지 70퍼센트가 노동소득이 된다. 지금까지 살펴본 내용을 바탕으로 이제 불균형과 관련된 두 가지 중요한 논점을 이야기하고자 한다. 첫째, 우리는 소득의 기능적 분배를 통해 노동과 자본이라는 원천별로 소득을 분리해야 한다. 둘째, 부는 노동소득에 비해 사람들 사이에 훨씬 집중적으로 분배되어 있다(이런 관점에서 볼 때 최근 미국의 역사는 다소 의외이기는 하다). 그렇기 때문에 자본소득이 커질수록 소득 분배에는 더 큰 불균형이 생길 수 있다. 사회적으로 좋든 나쁘든, 사람들 사이의 이 불균형은 중요한 문젯거리다.

이 내용은 종종 쉽게 이해되지 않을 수 있기 때문에 간단한 부연설명이 필요하다. 산술적으로 국민소득에서 노동소득이 차지하는 부분은 실질임금을 노동생산성으로 나눈 것과 같다. 당신이라면 실질임금은 가파르게 증가하지만 노동소득이 차지하는 비율은 감소하는(생산성이 더 빠르게 증가하기 때문) 사회에서 살고 싶은가 아니면 실질임금과 생산성이 정체상태여서 노동소득의 비율도 변화가 없는 사회에서 살고 싶은가? 제한적인 경제상황에서는 분명 첫 번째를 더 선호할 것이다. 사람들은 각자의 급여에 맞게 생활하는 것이지 국민소득 중 수치상 본인에 해당하는 몫으로 생활하는 것이 아니기 때문이다. 하지만 두 번째 상황은 정치사회적 이점이 있을 수 있다. 만약 국민소득에서 부를 소유한 극소수의 사람들이 점차 더 많은 부분을 차지하면 사회는 다른 양상으로 변화할 가능성이 크기 때문이다. 이런 양분된 상황이 발생할 것 같지는 않지만 분명히 해두는 것이 좋다.

자본/소득 비율이 거의 7까지 상승해 안정화되기 전까지, 다음 세기 동안 자본/소득 비율이 꾸준히 증가할 것이라는 피케티의 경험적 추측을 받아들인다고 가정해보자. 그렇다면 총소득에서 자본소득이 차지하는 비율도 따라서 더 증가할 것인가? 꼭 그렇지는 않다. 자본/소득 비율과 자본수익률의 곱이 국민소득 중 자본소득이 차지하는 비율이 되고, 수확체감법칙에 따라 자본수익률이 하락할 것이라는 내용을 상기해보자. 생산이 점점 자본집중화되면서 추가적인 자본으로 이익을 창출하거나 노동을 자본으로 대체할 쉬운 방법을 찾는 것이 점점 더 어려워진다. 따라서 자본소득이 차지하는 비율은 자본/소득 비율의 상승이 아니라 자본수익률 하락의 정도에 따라 등락이 결정되는 것이다.

경제학계에서는 오랫동안 이 질문을 연구해왔으나 결정적인 답을 내놓지는 못했다. 이 말은 즉, 자본소득이 증가하든 감소하든 큰 영향력이 없다는 의미다. 여기서 피케티는 자본소득이 차지하는 비율이 증가한다는 이론을 택했고 나도 그것에 동의한다. 지난 수십 년 동안 미국 경제에서 생산성은 단 한 번의 역전도 없이 실질임금 상승을 앞질러왔고 따라서 자본소득은 증가하고 노동소득은 감소했다. 그러므로 자본소득은 아마도 민주주의 문화와 정치에 변수가 생기더라도 약 30~35퍼센트까지는 증가할 것이다.

* * *

이런 주장은 점점 힘을 얻을 것이고 이것이 이 책에서 말하려는 피케티 이론의 핵심이다. 내가 아는 한, 피케티보다 앞서 이 연관성에 대해 의견을 내놓은 사람은 없다. 지금까지 언급한 내용을 떠올려보라. 역사적 흐름이나 기존 이론에서는 산업자본주의 경제에서 자본/소득 비율이 서서히 안정화되고 자본수익률 또한 안정된다고 말한다. 이 추세는 극심한 불경기, 전쟁, 그리고 사회 및 기술적 붕괴에 따라 흔들릴 수 있지만 주변 상황이 안정을 찾으면 저절로 회복된다. 피케티가 연구한 장기적 흐름을 보면, 자본수익률은 보통 경제 성장률보다 높다. 유일하게 1910년부터 1950년까지가 현저하게 반대 추이를 보인 기간인데, 피케티는 이 예외의 원인으로 두 차례의 세계대전과 그 사이에 발생한 불황이 가져온 경제 붕괴 및 높은 세금을 꼽았다.

자본수익률이 경제 성장률보다 높다는 것에 어떠한 논리적 필연성은 없다. 사회와 그 구성원들은 그들이 원하면 엄청난 양의 자본을 저축하여 장기 경제 성장률이 얼마가 되든 자본수익률을 그보다 낮게 끌어내릴 수 있다. 이러한 상황은 자본수익률이 경제 성장률과 같은 수준으로 회복될 때까지 자본금을 감소시켜 소비가 영구적으로 높은 수준을 유지하도록 (유토피아적인) 한다는 점에서 사회적으로 용납되지 않는다. 그러나 우리의 시장경제 체제를 이러한 기이한 현상으로부터 멀어지게 할 만한 '보이지 않는 손'은 존재하지 않는다. 그럼에도 이러한 시나리오가 현실화되지 않은 것은 아마 역사적으로 낮은 경제 성장률과 자본의 부족에 기인했을 것이다. 이런 이유로 우리는 자본수익률이 기본 경제 성장률보다는 높다는 사실을 당연하게 받아들인다.

* * *

이제 경제 내에서 발생하는 일에 눈을 돌려보자. 우리 경제가 자본/소득 비율이 안정화되는 '정상상태^{steady state}'에 도달했다고 가정해보자. 오로지 노동을 통해 소득을 얻는 사람들은 기술 발전을 통한 생산성 증가 속도만큼 자신들의 임금과 소득도 상승할 것으로 기대한다. 그 상승률은 인구성장률을 포함한 전체 성장률에 약간 못 미친다. 이번에는 축적된 부에서 소득의 전부를 얻는 사람을 생각해보자. 그 사람은 매년 r퍼센트의 소득을 얻는다(여기서는 세금을 제외했지만 이후엔 세금까지 고려할 것이다). 만약 그가 큰 부자라면 소득의 아주 일부만 소비할 가능성이 크다. 나머지는 저축하고 축적돼 그의 재산은 매년 거의 r퍼센트만큼 증가하고 소득 역시도 증가한다. 만약 3퍼센트의 이자를 지급하는 은행계좌에 100달러를 맡기면 매년 3퍼센트씩 잔고가 늘어나는 것과 마찬가지인 것이다.

이것이 피케티 이론의 핵심이며, '자본수익률이 경제 성장률을 앞서는 한, 부자들의 수입과 부는 일반적인 근로소득보다 빠르게 증가한다'는 오래된 논리에 대한 새롭고 강력한 근거다(자본 총액이 감소하지는 않을 것으로 보이며, 반대로 약간 증가할 수는 있을 것이다). 소득 불평등의 심화, 그리고 특히 상위 1퍼센트의 부상에 관한 피케티의 이러한 해석이 경제기관들의 정책적 실패에 기인한 것은 절대 아니다. 이는 주로 자본수익률의 하락 없이 자본 총량의 증가를 흡수할 수 있는 경제의 수용능력에 달린 문제다. 그리고 이 현상은 경제 전반에는 좋은 소식일 수 있으나 경제 내부의 '형평성' 차원에서는 좋은 소식일 수 없다.

차후 언급을 위해 이 현상에 대한 명칭을 만드는 것이 좋겠다. 나는 이것을 '부익부 동력rich-get-richer dynamic'이라 칭하고자 한다. 이 메커니즘은 피케티의 책에서 논의된 것보다 조금 더 복잡하다. 노동소득에서도 일부 저축이 있고 따라서 임금소득자나 샐러리맨들도 수중에 축적된 자본을 가지고 있다. 이러한 자본에 의한 수익도 소득 계산에 포함되어야 하는 것이다. 그렇지만 여전히 이들은 상위 계층보다 기초 자산이 적고 저축률도 낮을 뿐 아니라 저축 금액이 적어 상대적으로 수익률이 낮다. 즉 메커니즘의 복잡성이 불평등의 확산이라는 예측 방향을 바꿀 만한 힘은 없는 것이다.

이러한 근원적 추세를 설명하는 다소 부정적인 또 다른 요인이 있다. 이미 존재하는 축적된 부가 노동소득보다 빠르게 증가한다면, 비교적 최근에 발생한, 성과에 기반한 소득보다 상속된 재산의 사회적 역할이 더욱 커질 수 있다는 것이다. 물론 임금소득 합계의 증가 속도가 상대적으로 느리다는 사실만으로는 아주 성공한 혁신가, 관리자, 기업가, 연예인, 그리고 그 외의 다른 사람들이 굉장한 부를 축적하여 자본가 대열에 오를 가능성을 배제할 수는 없다. 그러나 경제 성장의 속도가 느려지면 이런 성공사례는 나타나기 힘들어진다. 이에 대해서는 차후에 더 논의하겠지만, 수치상으로는 벌어들이는 수입에 비해 상속이 차지하는 비중이 더 커질 것이라는 사실을 알 수 있다.

피케티는 부와 소득의 분배를 상세히 서술했지만 요약된 통계를 제시하지는 않았다. 그는 총인구를 최상위 1퍼센트(간혹 그 1퍼센트의 상위 10분의 1을 말하기도 한다), 상위 10퍼센트, 그 다음 40퍼센트, 그리고 하위 50퍼센트로 구분한다(상위 10퍼센트 다음부터 중간층까지를 '중산층'이라고 부른다. 중간층의 위쪽을 차지하고 있는 중간 계층에 대해서는 약간의 모순이 있을 수 있으나 아주 부유하거나 아주 가난한 사람들 사이에 위치한 사람들을 중산층이라고 부르는 미국식보다는 이 방법이 오히려 나은 것 같다).

데이터가 매우 복잡하고 서로 다른 시대와 국가를 비교하기도 쉽지 않지만, 피케티의 요약은 이를 일목요연하게 잘 나타내고 있다. 자본은 매우 불공평하게 분배되어 있다. 최근 미국에서는 상위 10퍼센트가 모든 자본의 70퍼센트를 차지하고, 그중의 절반을 상위 1퍼센트가 소유하고 있다. 피케티가 중산층이라고 제시한 그 다음 40퍼센트가 전체의 25퍼센트를 (대부분 주택형태로) 소유하고, 나머지 인구인 절반이 전체 부의 5퍼센트 정도로 아주 적게 소유한다. 더욱이 중산층 재산의 총합이 증가한 것은 유례없는 새로운 현상이다. 전형적인 유럽 국가는 그나마 편차가 적다. 상위 1퍼센트가 전체 자산의 25퍼센트를 차지하고 중산층은 35퍼센트를 차지한다(백 년 전만 하더라도 유럽국가의 중산층은 부를 전혀 소유하지 못했다). 사실상 남은 21세기 동안 부의 소유권 경쟁이 더욱 더 치열해진다면, 과두정치(금융자본주의 시대에 금융자본을 독점한 소수의 자본가가 국가 권력과 결탁하여 한 나라의 정치와 경제를 좌우하는 정치 형태-옮긴이)를 추구하는 사람이 아닌 한 경제적 전망은 꽤나 암울하다.

피케티의 자료에 따르면, 아마도 부 자체보다 부에서 발생하는 소득에 좀 더 집중하게 되는 것은 규모가 큰 부가 더 높은 수익을 내는 경향이 있기 때문이다. 이런 이점은 부분적으로 규모의 경제에 따른 피치 못할 결과지만 더 큰 원인은 고액투자자가 소액투자자보다 광범위한 투자 기회를 얻을 수 있기 때문이다. 따라서 자연스럽게 일해서 얻는 소득보다 부로 얻어지는 소득에 더 집중하게 되는 것이다. 양식화된 피케티의 자료에 따르면 오늘날 미국의 상위 1퍼센트가 전체 근로소득의 12퍼센트를, 그 다음 9퍼센트가 23퍼센트를, 중산층은 40퍼센트 정도, 그리고 최하위층의 절반이 근로소득의 25퍼센트를 벌어들이고 있다. 유럽도 이와 별반 차이가 없는데, 상위 10퍼센트가 미국보다 조금 적게, 다른 두 그룹이 조금 더 많이 벌어들인다.

* * *

이 상황에서 보면 현대자본주의는 불평등한 사회다. 그리고 부익부 현상(부자일수록 더욱 부자가 되는 현상-옮긴이)은 이러한 불평등이 더욱더 심화될 것임을 시사한다. 이미 짐작했겠지만, 여기서 확실히 매듭지어야 할 부분이 있는데, 바로 초고액연봉자의 출현과 관련된 내용이다. 먼저 최고소득의 구성에 대한 사실부터 말해보면, 오늘날 미국의 상위 1퍼센트 소득자들은 약 60퍼센트의 소득을 노동으로부터 얻는다. 상위 0.1퍼센트 정도는 되어야 자본소득이 노동소득을 앞서기 시작한다. 그리고 상위 0.01퍼센트 소득자는 소득의 70퍼센트를 자본으로부터 얻는다. 모든 계층에서 노동소득의 비율이 약간 높은 점을 제외하면 프랑스의 경우도 크게 다르지 않다. 독자들은 미처 알지 못했겠지만 몇몇 고액연봉자는 분명 존재한다.

이것은 꽤 최근에 벌어진 일이다. 1960년대 임금노동자의 상위 1퍼센트는 상위 5퍼센트보다 조금 더 많이 벌었다. 이 비율은 오늘날까지 꾸준히 조금씩 수치가 커지고 있는데, 어떤 경우에는 임금노동자의 상위 1퍼센트가 전체 임금의 10~12퍼센트까지 벌기도 한다. 이번 경우는 프랑스와 상당한 차이를 보인다. 상위 1퍼센트가 전체 임금의 6퍼센트를 가져가는 프랑스에서는 아주 최근에야 이 비율이 7퍼센트 정도로 상승했다. 최근 임금분포의 최상위층의 부상은 어쩌면 다소 미국적인 발전일지도 모른다. 미국의 고소득 세금신고제를 심도 깊게 연구해온 사에즈와 함께 피케티는 이 현상을 '슈퍼경영자supermanager'의 증가 때문이라고 했다. 최고소득 계층은 상당수가 어마어마한 연봉을 받는 대기업 최고 경영진들이다(그들 전체가 그렇지는 않지만 이들 중 다수는 금융서비스업에 종사한다). 스톡옵션과는 상관없이 이러한 높은 연봉은 향후 축적된 자본과 이로부터 발생할 자본소득으로 바뀌게 될 것이다. 그러나 미국에서 증가하는 소득 (및 부의) 불평등의 대부분은 여전히 이러한 슈퍼경영자의 등장에 좌우되고 있다.

이 현상은 잘 이해되지 않을뿐더러 여기서도 더 언급할 내용은 없다. 피케티도 물론 최고경영진에 대한 급여가 그들과 비슷한 부류의 사람들로 구성된 이 사회 및 보상위원회에 의해 은밀히 결정된다는 사실을 알고 있다. 거기에는 분명 위비곤 호수 현상^{the Lake Wobegon illusion}(자신이 평균보다 더 낫다고 믿는 일반적인 오류-옮긴이)의 원리가 담겨 있다. 모든 이사회는 '그들의' 고위급 경영진이 중간 계층보다 능력이 더 뛰어나기 때문에 급여를 더 줘야한다고 믿고 싶어 한다.

당연히 '슈퍼경영자'는 말 그대로 최상위 관리자이며, 그들의 높은 임금은 기업 이익에 많은 공헌을 해 책정된 것일 뿐이다. 이런 관점에서 보면 1960년대 이후 그들의 지배력이 커질 수 있었던 근거가 명확해진다. 하지만 이것이 미국만의 독특한 현상이라면 이같이 설명하기는 곤란하다. 나는 우연한 관찰을 통해 이런 현상이 프랑스와 독일, 일본에서 발생하지 않았음을 알게 되었다. 이들 국가의 최고 경영진은 특정 유전자가 결여된 것일까? 만약 그렇다면, 그 국가들은 유전자 이식을 시도하기에 좋은 시장이 될 것이다.

설득력은 있지만 다소 불명확한 다른 가능성은 최고 경영진의 보수 중 적어도 일부는 실제로 노동소득의 범주에 속하지 않고 오히려 자본에서 오는 일종의 부산물이며, 따라서 높은 보수의 일부는 자본소득으로 생각해야 한다는 것이다. 이쨌든 피케티의 해결책은 여기 이 난제, 즉 최근 미국의 소득 피라미드 최상층에서 심화된 불평등 문제를 끌어내 풀어낼 것이다. 그러나 이 난제는 상황의 다양성과 이미 너무 극심해진 불평등 때문에 해결되지 않을지도 모른다.

* * *

어쨌든 슈퍼경영자 계층은 사회 및 정치적으로 자본가에 속하지만, 샐러리맨과 전문직 종사자, 중간 관리자들은 그렇지 않다. 따라서 21세기에 대한 피케티의 비관적 전망은 다음과 같은 내용을 계속 다루어야 한다. 인구 및 생산성의 저성장, 경제 성장률보다 뚜렷하게 높은 자본수익률, 19세기 수준으로 회귀하는 자본/소득 비율, 국민소득에서 높은 비중을 차지하는 자본소득, 성과에 기인한 소득보다는 상속자산 중요성의 확대, 그리고 여전히 높은 고소득자와 그 외 소득자 간의 격차 등이 그것이다. 혹자는 회의감을 느낄지도 모르겠다. 예를 들어 역사적으로 상당히 안정된 장기 자본수익률은 수확체감과 기술진보의 긴장상태에서 균형을 유지해온 것이기 때문이다. 미래의 느린 경제 성장은 어쩌면 자본수익률을 급격히 끌어내릴지도 모른다. 아마도 그럴 가능성이 충분하다. 그렇다 해도 피케티의 주장은 대체로 옳다. 그렇다면 상황이 어떻든 우리가 해야 할 일은 무엇인가?

피케티는 허위 조세피난처로 도피하는 것을 금하기 위해, 가능하다면 전 세계적으로 재산에 대한 연간 누진자본세를 시행할 것을 강력히 주장한다. 그는 전 세계적으로 세금을 부과하는 것이 불가능하다는 사실을 알고 있지만 유럽이나 미국과 같은 수준에서 지방 부유세regional wealth tax 시행은 가능하다고 생각한다. 그가 염두에 둔 조세방식은 100만 유로 이하의 재산에 대해서는 0퍼센트, 100만 유로와 500만 유로 사이는 1퍼센트, 500만 유로 이상은 2퍼센트를 과세하는 것이다(현재가치 1유로당 1.37달러). 또한 이것은 일회성이 아니라 매년 세금을 부과하는 방식이다. 피케티는 합의된 공식에 따라 사용되거나 배포되는 이 세금을 유럽연합EU에서 시행하면 국내 총생산의 2퍼센트와 같은 수익을 낼 것으로 예측했다. 나와 마찬가지로 그도 누진세를 약간 더 선호하는 것 같다. 물론 이 같은 세금 관리 업무에는 높은 수준의 투명성과 일부 금융기관 및 다른 기업들에 대한 완벽한 보고가 필수적일 것이다. 유럽에서 이 세금이 어떻게 작용할지에 관한 상세한 전망은 이 책에 논의돼 있다. 다른 세금과 마찬가지로 이 역시 허점을 피하고 탈세 방지를 위한 노력을 지속해야 하는 것은 당연하나 그것은 세금 징수 과정의 일부일 뿐이다.

국내 총생산의 2퍼센트라는 연간 수익은 적지도 많지도 않은 액수다. 그러나 수익은 피케티 제안의 핵심 목표가 아니다. 그가 말하는 요점은 성장률과 세후 자본수익률과의 차이, 다시 말해 불평등 심화의 부익부 동력에 관한 수치다. 앞서 제시한 바와 같은 자본과세 구조는 자본수익률과 경제 성장률의 격차를 약 1.5퍼센트가량 줄이고, 부익부 메커니즘을 눈에 띄게 약화시킬 것이다.

이 제안은 그가 발견한 불평등 동력에서 자연스럽게 찾아낸 해결책이기 때문에 기술적인 의미가 있다. 부익부의 과정은 이미 축적된 부에서 작동한다는 특성을 명심해야 한다. 그래서 혁신이나 저축을 위해 도입한 개인적 인센티브에는 적용되지 않는다. 불평등을 둔화시키는 것이 곧 부자를 줄인다는 뜻은 아닌 것이다. 물론 자본에 대한 세후 수익이 적으면 많은 재산을 축적하는 것이 별 의미가 없어질 수도 있지만 그것조차도 확실하지는 않다. 어쨌든 웬만큼 괜찮은 결과가 나올 수는 있다.

피케티는 이미 자본과세를 경험한 유럽의 재산세가 조만간 정치적 생존성을 시험당할 것이라고 말했다. 나는 그것에 이견이 없다. 그런데 이 같은 유럽 국가들은 그런 언급을 진지하게 고려하지 않는 것 같다. 미국은 정치적으로 실효성 있는 상속세조차 유지할 수가 없다. 그래서 미국에서는 상속세부터 실행하는 것이 합리적인 출발점이 될 것이며, 현재 경제체제를 유지하면서 자본소득을 줄이기 위한 매우 급진적인 누진소득세를 실시하는 것 역시 마찬가지일 것이다. 그러나 자기만 모든 사람보다 앞서 나가려는 성향의 최상위 계층은 사소한 부분도 양보하지 않을 것이다. 만약 미국이 자유의 땅, 도전의 본고장, 그리고 최상위 계층(혹은 최하위 계층)의 불평등이 심화되는 가운데 마지막 피난처가 된다면 흥미롭지 않겠는가? 당신의 생각은 어떠한가?

Chapter 03

왜 우리는 새로운
도금시대에 살고 있는가

Paul Krugman
─ 폴 크루그먼 ─

세계에서 가장 영향력 있는 경제학자이자 칼럼니스트, 작가.
MIT와 프린스턴 대학 경제학 교수를 거쳐 현재 뉴욕시립대학교대학원에서 교수로 재직중이다.
정치적으로 사회자유주의 또는 진보주의자로 평가되며, 부시 정권과 외교, 미국 내 정책의 열렬
한 비평가다. 여타 경제학 평론가들과는 달리, 그는 동료에게 학계의 중요한 공헌자로 평가된다.
2011년 경제학 교수 설문 조사에서 60세 미만 가장 좋아하는 생활경제학자로 지명된 크루그먼은
학계와 일반인을 위해 200여 편이 넘는 논문과 20여 권의 저서를 집필했다. 2008년 신무역이론
과 경제지리학에 대한 기여를 인정받아 노벨 경제학상을 수상했다.

파리 경제대 교수인 토마 피케티는 누구에게나 다 이름이 알려진 사람은 아니다. 불평등에 관한 새로운 성찰을 제시하는《21세기 자본》이 영문으로 출간되면서 그의 이름이 더 널리 알려질 수 있겠지만 말이다. 하지만 그의 영향력이 커지고 있다. '1퍼센트의 놀라운 부상'이라고 정의되는 제2차 도금시대, 혹은 피케티가 좋아하는 표현대로라면 제2차 벨 에포크 시대에 살고 있다는 말이 일반적이 된 것은 오로지 피케티의 저서 덕분이다. 그와 몇몇 동료, 특히 옥스퍼드 대학교의 앤서니 앳킨슨과 UC 버클리의 이매뉴얼 사에즈는 (미국과 영국은 20세기 초반에, 프랑스의 경우는 18세기 말 내내 있었던) 과거 부와 소득의 집중을 자세히 추적할 수 있는 통계기법을 개발했다.

그 결과는 불평등의 장기적 추세에 관한 우리의 이해에 혁명을 불러왔다. 이 혁명이 발생하기 전 경제격차에 관한 대부분의 논의는 최상류층을 어느 정도 외면했다. (정치인은 물론이고) 일부 경제학자들은 불평등에 관한 어떠한 언급도 막으려 했다. 2004년 당대 가장 영향력 있는 거시경제학자였던 시카고 대학의 로버트 루카스 주니어는 '건전한 경제학에 해가 되는 경향 중에서 가장 그럴듯하나 내 생각에 가장 해로운 것은 분배의 문제에 초점을 맞추는 것이다'라고 주장했다.

하지만 불평등을 기꺼이 논의하고자 하는 사람들조차 일반적으로 빈곤층 및 노동자계급과 최상위층 간의 비교가 아닌, 빈곤층 및 노동자계급과 그런대로 잘 사는 사람들 간의 격차에 초점을 맞추었다. 다시 말해 경영진과 은행가의 급속히 증가하는 소득이 아니라, 저학력 노동자들보다 많은 임금을 받는 평범한 대학 졸업생들이나 하위 80퍼센트에 비해 조금 더 운이 좋은 상위 20퍼센트에 더 초점을 맞추었던 것이다.

따라서 피케티와 동료들이 지금은 유명해진 상위 '1퍼센트' 계층, 그리고 그보다 높은 계층의 소득이 사실상 불평등 증가의 주요 요소라는 점을 보여준 것은 하나의 폭로와 같은 것이었다. 그리고 이런 발견은 또 다른 사실을 드러냈다. 즉 과장된 것처럼 보일 수도 있었던 제2차 도금시대에 관한 논의가 전혀 과장이 아니었다는 것을 말이다. 특히 상위 1퍼센트로 향하는 미국 국민소득의 몫은 커다란 U자 형태를 취하고 있다. 1차 세계대전 이전 영국과 미국에서는 상위 1퍼센트 계층이 총소득의 약 5분의 1을 가져갔다. 1950년 그들이 가져가는 몫은 절반 이상 줄었지만 1980년 이후 1퍼센트 계층의 소득의 몫은 다시 급격히 증가했으며, 미국의 상황은 1세기 전으로 돌아갔다.

그래도 오늘날의 경제엘리트는 19세기의 경제엘리트와 매우 다르다. 그렇지 않은가? 그 당시의 거대한 부는 주로 상속됐다. 오늘날의 경제엘리트는 스스로 그 지위에 오른 사람들이 아닌가? 글쎄다. 피케티는 이것이 우리 생각처럼 사실이 아니라는 것과, 이런 현상이 2차 세계대전 이후 한 세대 동안 번영했던 중산층 사회보다 오래가지 못할 것임을 말하고 있다. 《21세기 자본》의 요지는 우리가 19세기의 소득 불평등 수준으로 돌아갔을 뿐만 아니라, 경제적 주도세력이 능력 있는 개인들이 아닌 힘 있는 가문에 의해 통제되는 '세습자본주의'로 돌아가는 중이라는 것이다.

이는 주목할 만한 주장이다. 그리고 이처럼 주목할 가치가 있으므로 신중하고 비판적으로 검토해야 한다. 하지만 이에 관해 얘기하기 전에, 나는 피케티가 정말로 훌륭한 저서를 집필했다는 사실을 인정하려 한다. 이 책은 철저한 자료 분석으로 오랜 시간에 걸친 역사적 사실을 해석한 작품이다. 경제학자가 제인 오스틴과 발자크를 마지막으로 언급한 때가 언제였던가? 피케티가 경제 전문가들의 '수학에 대한 유치한 열정'을 무시하는 것이 사실이긴 하지만, 그가 제시하는 근본적인 논의는 경제 모형, 즉 경제 성장 분석과 부와 소득의 분배 분석을 통합하는 접근법의 걸작이라 할 수 있다. 이 책은 우리가 사회를 바라보는 시각과 경제학을 연구하는 방법 모두를 바꿀 수 있는 저서다.

1.

경제적 불평등에 관해 우리가 알고 있는 것은 무엇이며, 언제부터 그것을 인식하기 시작했는가? 피케티 혁명이 경제학 분야를 휩쓸기 전까지, 우리가 부와 소득의 불평등에 관해 알고 있던 대부분은 무작위로 선정된 가구들에 설문지를 돌려 대답을 집계함으로써 모집단의 특성을 추정하는 통계적 방법으로 얻어진 것이었다. 이런 조사 중 국제적으로 가장 많이 통용되는 기준은 인구조사국$^{Census\ Bureau}$이 매년 실시하는 연례조사다. 연방준비제도이사회 또한 부의 분배에 대해 3년에 한 번씩 조사를 실시하고 있다.

이 두 조사는 미국 사회의 변화 양상을 알 수 있는 중요한 안내자 역할을 한다. 무엇보다 이 두 조사는 오래전부터 1980년경에 시작된 미국 경제 성장 과정에서의 급격한 변화를 지적해왔다. 그 이전에는 모든 소득 수준의 가정에서 가계소득은 전체 경제 성장과 어느 정도는 나란히 증가했다. 하지만 1980년 이후 소득의 가장 큰 몫은 최상위 계층에게 돌아갔고, 하위 50퍼센트에 속하는 가정은 이들보다 훨씬 뒤처지게 됐다.

역사적으로 볼 때 다른 국가들은 누가 무엇을 얻었는지를 미국만큼 제대로 파악하지 못했다. 하지만 시간이 지남에 따라 이런 상황은 많이 개선됐는데, 이는 (나도 곧 가입하려 하는) 룩셈부르크 소득연구소$^{Luxembourg\ Income\ Study}$의 노력에 힘입은 바가 크다. 그리고 여러 국가들을 비교할 수 있는 자료의 가용성이 높아짐에 따라 보다 중요한 판단을 얻을 수 있게 됐다. 특히 우리는 이제 소득 분배에서 미국이 다른 선진국보다 훨씬 더 불평등한 구조를 갖고 있다는 사실과, 이런 결과의 차이가 정부의 조치에 직접적인 영향을 줄 수 있다는 사실 또한 알게 됐다. 시장 활동을 통한 소득에서 유럽 국가들은 일반적으로 미국만큼 높은

표 3-1: 소득점유율

	낮은 불평등 (스칸디나비아 1970년대/1980년대)	중간 불평등 (유럽 2010년)	높은 불평등 (유럽 1910년 미국 2010년)
상위 1%	7%	10%	20%
차상위 9%	18%	25%	30%
차차상위 40%	45%	40%	30%
하위 50%	30%	25%	20%

불평등 구조를 보이고 있다. 그 규모가 미국과 완전히 같지는 않겠지만 말이다. 하지만 유럽 국가들은 미국보다 훨씬 더 많이 세금과 이전을 통한 재분배를 하고 있으며, 그 결과 가처분소득의 불평등이 훨씬 더 적다.

하지만 모든 유용성에도 불구하고 설문 자료에는 중요한 한계가 존재한다. 즉 이런 조사 자료는 최상위 계층에 속하는 소수의 개인들이 가져가는 소득을 실제보다 적게 계산하거나 완전히 빠뜨리고 계산할 수 있다는 점이다. 또한 이런 설문 자료는 역사적인 깊이 면에서도 한계를 드러낸다. 미국의 자료조차도 1947년이 돼서야 우리가 이용할 수 있었다.

완전히 다른 정보 출처, 즉 세금 기록으로 관심을 돌렸던 피케티와 동료들의 논점을 알아보자. 사실 이는 새로운 생각이 아니다. 실제로 소득 분배에 관한 초기 분석은 분석을 달리할 방법이 거의 없었기 때문에 세금 자료에 의지해 이루어졌다. 하지만 피케티와 동료들은 세금 자료를 다른 자료들과 병합해 조사 증거를 확실하게 보완하는 정보를 만들어내는 방법을 찾아냈다. 특히 세금 자료는 경제엘리트에 관해 많은 것을 알려준다. 그리고 세금에 근거한 추정치들은 훨씬 더 이전의 과거에서도 찾아볼 수 있다. 미국은 1913년부터, 영국은 1909년부터 소득세를 적용했기 때문이다. 프랑스는 정교한 상속세 징수제와 기록 관리 덕분에 18세기 후반까지 거슬러 올라가는 부에 관한 자료를 갖고 있다.

이런 자료들을 이용하는 것이 간단한 문제는 아니다. 하지만 나름의 모든 비

결과 얼마간의 경험적 추측을 이용해, 피케티는 지난 1세기 동안 있었던 심각한 불평등의 하락과 상승을 요약해낼 수 있었다. 이는 표 3-1과 같이 나타낼 수 있다.

앞서 말했듯이 현재 우리 시대를 새로운 도금시대 또는 벨 에포크 시대라고 말하는 것은 과장이 아니라 분명한 사실이다. 이렇게 된 이유는 무엇인가?

2.

피케티는 자신의 책, 바로 《21세기 자본》으로 단번에 그런 지적인 도전을 해치웠다. 다른 경제학자들이라면 이런 표현을 할 수 있을까?('자본'이 들어간 제목을 쓸 수 있었을까의 의미-옮긴이) 이 책이 놀라운 것은 마르크스를 분명히 연상시키는 제목 때문만은 아니다. 처음부터 자본을 바로 언급함으로써 피케티는 불평등에 관한 근래의 논의에서 벗어나 보다 오래된 전통에 귀를 기울였다.

일반적으로 대부분의 불평등 연구자들은 보통 급여 salary 라고 하는 노동소득 earned income 은 모든 활동이 존재하는 곳에서 발생하고, 자본소득은 중요하지도 않을 뿐만 아니라 관심의 대상도 아니라고 생각한다. 하지만 피케티는 오늘날에도 노동이 아닌 자본에서 얻어진 소득은 소득 분배에서 최상위에 위치한다는 사실을 보여준다. 또한 그는 과거, 즉 유럽의 벨 에포크 시대와, 이 정도의 번영 시기는 아니었지만 미국의 도금시대의 불평등한 자산 소유(불평등한 임금이 아닌)가 소득 격차의 주요 요인이었다는 사실을 보여주고 있다. 그리고 우리가 다시 이런 사회로 돌아가고 있다고 주장한다. 이는 대충 어림짐작으로 제시한 것이 아니다. 원칙적으로 경험주의에 입각한 저서임에도 불구하고 《21세기 자본》은 경제 성장과 부와 소득의 분배에 관한 논의를 통합하려는 이론체계에 많은 관심을 두고 있다. 피케티는 기본적으로 경제사를 자본축적과 성장을 촉진하는 다른 요소를, 즉 규모 인구 증가와 기술 발전 간의 경쟁관계로 본다.

물론 여기에 영원한 승자는 없다. 왜냐하면 자본총량 stock of capital 과 총소득은 매우 오랜 시간에 걸쳐 대략 같은 비율로 증가하는 것이 분명하기 때문이다. 하지만 몇십 년이라는 시간에서 보면 한쪽이 다른 쪽보다 앞서 나갈 수 있다. 1차 세계대전이 발발하기 직전 유럽은 국민소득의 6~7배에 달하는 자본을 축적하고 있었지만 이후 40년간 물리적 파괴와 저축액의 전쟁물자로의 전환으로 인해 이 비율은 반감됐다. 2차 세계대전 이후 자본축적이 다시 시작됐지만 이때는 엄청난 성장의 시기, 즉 영광의 30년('Trente Glorieuse' 혹은 'Glorious Thirty') 시기였기 때문에 소득 대비 자본의 비율은 낮았다. 하지만 1970년대 이후 더딘 경제 성장으로 인해 자본의 비율이 증가했고 그 결과 자본과 부는 계속 벨 에포크 시대 수준으로 되돌아가는 경향을 보이고 있다. 그리고 피케티는 이런 자본축적을 누진과세로 억제하지 않는 한, 결국 그때와 같은 불평등을 초래할 것이라고 말한다.

왜 그럴까? 이는 결국 r과 g, 즉 경제 성장률과 자본수익률로 설명될 수 있다. 거의 모든 경제 모형은 g가 하락하면 r또한 하락한다고 설명한다. 1970년 이후 경제 성장은 둔화되고 있는데, 생산 가능 인구의 성장 둔화와 기술 발전의 지연으로 인해 이는 앞으로도 지속될 것으로 보인다. 하지만 피케티는 이 보다 덜 하락할 것이라고 주장한다. 이 말이 꼭 맞는 것은 아닐 것이다. 하지만 노동자를 기계로 대체하는 것이 충분히 수월하다면(전문용어를 사용해 말하자면, 자본과 노동 간의 대체탄력성이 1보다 크다면), 더딘 성장과 이로 인한 소득 대비 자본 비율의 상승으로 인해 실제로 r과 g의 격차는 더 벌어지게 된다. 그리고 피케티는 역사적 기록을 통해 알 수 있듯, 이런 상황이 실제로 벌어질 것이라고 주장한다.

그의 주장이 옳다면 소득 재분배가 노동으로부터는 멀어지고 자본 소유주로 향하는 결과가 곧 나타날 것이다. 이런 일이 발생하는 것을 걱정할 필요가 없다는 것, 즉 총소득에서 자본과 노동이 각각 차지하는 몫은 시간이 지나도 상당히 안정적으로 유지된다는 것이 오랫동안 일반적인 생각으로 자리 잡아 왔다. 하지만 아주 오랜 시간을 두고 보았을 때 이는 사실과 달랐다. 영국의 경우 소득에 대한 자본의 몫(예를 들어 기업의 이윤, 배당금, 임대료 혹은 재산매각 형태로 나타나는)은 1차 세계대전 이전 40퍼센트였다가 1970년경에는 겨우 20퍼센트로 줄었으며 이후 다시 중간 수준을 회복했다. 미국은 이런 역사적 흐름이 덜 뚜렷하지만, 여기서도 자본에 유리한 재분배가 이루어지고 있는 것은 마찬가지다. 특히 금융 위기가 시작된 이후 기업의 이윤은 급등했지만 고학력자의 임금을 포함한 임금은 정체되고 있다.

자본소유는 항상 노동소득보다 훨씬 불평등하게 분배되기 때문에 자본의 몫의 증가는 결국 불평등 증가의 직접적인 원인이 된다. 하지만 자본수익률이 경제 성장률을 크게 상회하면 '과거가 미래를 집어삼키는 경향', 즉 사회가 상속 재산에 의해 지배당하는 쪽으로 거침없이 나아가기 때문에 자본의 몫이 증가하는 데에 따른 영향은 여기에서 그치지 않는다.

이런 상황이 벨 에포크 시대의 유럽에서 어떻게 작동했는지를 생각해보자. 당시의 자본 소유주들은 최소과세를 적용하면 투자의 4~5퍼센트에 해당하는 수익을 기대할 수 있었던 반면, 당시의 경제 성장률은 단지 1퍼센트 정도밖에 되지 않았다. 따라서 부자들은 경제적 지배를 강화하고 심지어 호화로운 생활을 위해 상당량의 돈을 빼돌림으로써 소득의 상당 부분을 쉽게 재투자할 수 있었고, 그 결과 이들의 부와 부에 따른 소득은 경제 성장 속도보다 더 빠르게 증가했다.

그리고 이런 부자들이 사망할 때 어떤 일이 벌어졌던가? 그들은 또다시 최소과세가 적용된 부를 상속인에게 물려주었다. 다음 세대에 전달된 돈은 연소득의 20~25퍼센트를 차지했다. 부의 대부분(약 90퍼센트)은 노동소득이 아니라 상속에 의한 것이었다. 그리고 이 상속재산은 극소수의 사람들의 손으로 들어갔다. 1910년에 상위 1퍼센트가 프랑스에서는 부의 60퍼센트를 지배했고 영국에서는 70퍼센트를 지배했다.

따라서 19세기 소설가들이 상속 문제에 집착했던 것은 놀랄 일이 아니다. 피케티는 발자크의 소설 《고리오 영감》에서 악당 보트랭이 라스티냐크에게 설교했던 내용을 자세히 논한다. 보트랭의 설교의 요지는 라스티냐크가 아무리 성공적인 직장생활을 할지라도, 부잣집 딸과 결혼해서 단번에 얻을 수 있는 부의 일부보다 더 많은 돈을 벌 가능성은 없다는 것이었다. 그리고 보트랭의 생

도표 3-2: 글로벌 자본수익률(세후)과 성장률 비교, 고대부터 2100년까지

20세기에는 자본수익률(세금과 자본손실 공제 후)이 성장률보다 떨어졌지만, 21세기에는 다시 성장률보다 높아질 수 있다. 출처 및 통계: piketty.pse.ens.fr/capital21c

각은 결국 옳았던 것으로 드러났다. 왜냐하면 19세기 상속인 가운데 상위 1퍼센트에 속해 그저 상속받은 재산으로 사는 것이, 임금노동자의 상위 1퍼센트에 속해 어렵사리 얻을 수 있는 생활수준보다 약 2.5배 더 호화로운 생활을 할수 있었기 때문이다.

현대사회는 이와는 전혀 다르다고 생각할지 모르겠다. 하지만 자본소득과 상속재산 둘 다 벨 에포크 시대보다는 덜하지만 여전히 불평등의 중요한 요인이며 그 중요성이 증가하고 있는 것은 사실이다. 피케티는 프랑스의 경우 전체부에서 상속재산이 차지하는 몫이 양대 세계대전 기간 동안 급격히 감소했다가 전후 빠르게 증가한다는 사실을 보여준다. 1970년경 상속재산의 몫은 50퍼센트 미만이었지만 이 몫은 지금 70퍼센트까지 올라갔고 계속 증가하는 추세다. 이처럼 엘리트 계층에 주어진 상속재산의 중요성은 하락했다가 이후 상승했다. 상속인들의 상위 1퍼센트의 생활수준은 1910년부터 1950년 사이에는 임금노동자의 상위 1퍼센트의 생활수준을 밑돌았지만 1970년 후에는 다시 상승하기 시작했다. 라스티냐크 시대로 완전히 되돌아간 것은 아니지만 제대로 된 부모를 만나는 것 혹은 결혼을 통해 법적 권한을 갖는 것이 일반적으로 보다 가치 있는 세상으로 다시 돌아간 것이다.

게다가 이는 시작에 불과할 수도 있다. 피케티는 도표 3-1에서 장기간에 걸친 글로벌 r과 g의 추정치를 보여주는데, 이 도표는 이제 평등의 시대는 사라지고 세습자본주의의 재형성을 위한 조건들이 무르익고 있음을 보여준다.

상황이 이런데도 왜 오늘날 공적 토론에서는 상속재산의 역할을 등한시하는가? 피케티는 상속재산의 규모 자체 때문에 상속재산을 제대로 파악하지 못한다고 주장한다. 그는 '부는 많은 사회 구성원이 그 존재조차 거의 인식하지 못할 정도로 매우 집중돼 있어서, 어떤 사람들은 부를 초현실적이거나 이해하기 힘든 존재라고 생각한다'라고 말한다. 이는 매우 정확한 지적이다. 하지만 완전한 설명이 아닌 것 또한 분명하다. 오늘날 세계에서 급상승하는 불평등의 가장 두드러진 예가(영미권 국가들, 특히 미국에서 최상위 1퍼센트 계층의 증가) 적어도 지금까지는 자본축적과 별 관계가 없기 때문이다. 이는 매우 많은 보상, 그리고 소득과 더 관련이 있다.

3.

내가 분명히 말했듯이 《21세기 자본》은 대단한 저서다. 소수의 사람들에게만 집중된 부와 소득이 중요한 정치문제로 떠오르는 시점에서, 피케티는 역사적 깊이 면에서 타의 추종을 불허하는 자료이자 현재 일어나고 있는 사실에 관한 귀중한 자료를 제공한 것에서 그치지 않는다. 그는 경제 성장, 자본과 노동 간의 소득 분배, 개인 간의 부와 소득의 분배 문제를 하나의 틀 안에서 통합한 불평등에 관한 논의의 장을 제시한 것이다.

그럼에도 피케티의 성취에는 옥의 티가 하나 있다. 그것은 기만적인 태도를 보였다거나 부정 행위를 했다는 것이 아닌, 단순한 지적 기교 측면에서의 흠에 해당한다. 이 같은 책을 고대했던 이유는 단지 상위 1퍼센트의 부상이 아닌, 미국 내에서의 상위 1퍼센트의 부상을 설명할 수 있는 이론을 원했기 때문이다. 그러나 미국에서의 최상위층의 부상은 피케티의 놀라운 이론으로도 설명할 수 없는 요인들에 기인한 것으로 드러났다.

물론 피케티는 불편한 진실을 얼버무리고 넘어갈 정도로 부정직한 경제학자는 아니다. 그는 '2010년 미국의 불평등은 그 규모로 보면 20세기의 첫 10년 동안의 유럽만큼 심각하지만 불평등의 구조는 분명히 다르다'라고 주장한다. 실제로 우리가 미국에서 보아왔고 다른 국가들에서도 보기 시작하는 것은 '매우 새로운 것', 즉 '초고액 연봉'의 증가다.

자본은 여전히 중요하다. 그리고 사회 최상위 계층의 소득은 임금, 급여, 상여금에서 나오는 소득을 여전히 상회하고 있다. 피케티는 자본소득 불평등의 증가가 미국 불평등 증가의 약 3분의 1을 설명한다고 추정한다. 하지만 상위 계층의 임금소득 또한 급격히 증가하고 있다. 대부분의 미국 노동자들의 실질 임금은 1970년대 초 이후 조금 증가했을 뿐이지만, 소득 상위 1퍼센트의 임금은 165퍼센트 증가했고, 상위 0.1퍼센트의 임금은 362퍼센트 증가했다. 만약 라스티냐크가 오늘날 살아 있다면, 보트랭은 부자인 여자와 결혼해서 얻을 수 있는 부를 실제로 헤지펀드 매니저가 되어서도 얻을 수 있다는 사실을 인정했을 것이다.

이득의 가장 큰 몫이 최상위 계층으로 돌아감에 따라 발생하는 소득 불평등의 급격한 증가를 어떻게 설명할 것인가? 몇몇 미국 경제학자들은 이것이 기술의 변화 때문이라고 주장한다. 시카고 대학 경제학자 셔윈 로젠Sherwin Rosen은 1981년 〈슈퍼스타 경제학The Economics of Superstars〉이라는 논문에서 현대 통신기술은 능력 있는 사람들의 활동 범위를 확장시킴으로써 특별한 소수들이 조금만 일을 잘하더라도, 보수를 훨씬 적게 받는 사람들에 비해 거액의 보상을 받는 승자독식 시장을 만들고 있다고 주장했다.

피케티는 이를 인정하지 않는다. 그가 지적하듯 고소득은 실제로 정당한 것이라고 주장하는 방법으로, 보수 경제학자들은 주로 영화배우와 스포츠 스타 같은 인기인들의 높은 보수를 예로 든다. 하지만 이런 사람들은 고소득자들의 일부에 지나지 않는다. 반면 우리가 흔히 보는 고소득자의 대부분은 경영진이 차지하고 있는데, 이들의 실적에 금전적 가치를 매기기는 상당히 어렵다.

기업 CEO의 가치를 누가 결정하는가? 일반적으로 CEO 자신이 임명하는 보상위원회compensation committee가 있다. 피케티는 고위 경영진은 사실상 시장원칙보다 사회적 규범에 따라 자신들의 급여를 정한다고 주장한다. 그리고 그는 상위 계층의 급상승하는 급여를 이런 규범의 파괴 탓으로 돌린다. 사실상 치솟는 상위 계층의 임금소득을 단지 경제적 영향력이라기보다는 사회·정치적 영향력 탓으로 돌리고 있는 것이다.

정확히 말하자면, 피케티는 부자에 대한 세율 인하가 사실상 고소득 계층을 대담하게 만들었다고 주장하면서 변화하는 규범에 대한 경제학적 분석 방법을 제시하고 있다. 사회적 규범을 무시한 엄청난 급여를 받는다 해도 (세금을 제하면) 이 중 작은 일부밖에 취하지 못한다고 예상한다면, 최고경영자는 비난을 감수해가면서까지 규범을 어길 필요가 없다고 판단할지 모른다. 그러나 최고한계세율을 대폭 인하하면 최고경영자의 행동은 달라진다. 그리고 규범을 어기는 슈퍼연봉자들이 더 많아질수록 규범 자체가 바뀌게 된다.

이런 분석에 관해 여러모로 생각할 점이 많은 것이 사실이지만, 부의 수익분배와 부의 수익 자체에 관한 피케티의 분석에는 분명 엄밀함과 보편성이 결여돼 있다. 또한 나는 권력 가설executive power hypothesis의 최대 난제, 즉 실적이 비교적 객관적으로 측정 가능한 금융 분야에서 CEO들이 초고액 연봉을 받아가는 현상에 대해서도 《21세기 자본》이 명확한 해답을 제시하지 못한다고 생각한다. 나는 빈둥거리고 있는 헤지펀드 매니저를 언급하지 않았다. 헤지펀드 매니저는 고객을 유치하고 투자 수익을 달성하는 능력에 따라 보수를 지급받기 때문이다. 독자들은 현대 금융의 사회적 가치에 의문을 제기할 수 있겠지만 고든 게코Gordon Gekkos 같은 금융가들은 어떤 분야에선 매우 능숙한 면을 보여주며 그들의 성공은 단지 권력관계에만 기인한 것이 아닐 수도 있다. 보수 규범을 어기려는 깃과 같은 도덕적으로 의심스러운 목적을 위해 수단을 가리지 않는 행위 의지는 낮은 최고한계세율로 더욱 힘을 얻게 될 것이라고 비록 독자제위가 주장할 수 있겠지만 말이다.

피케티가 임금 불평등 급증의 원인으로 규제완화를 포함하지 않은 점이 상당히 실망스럽기는 하지만 전체적인 면에서는 그의 설명에 공감한다. 그러나 앞서 말했듯이, 순수하고도 유쾌한 지적 우아함은 차치하더라도 그의 자본분석에는 엄밀함이 결여되어 있다.

하지만 이에 과잉반응해서는 안 된다. 지금껏 미국에서 소득 불평등이 급증한 주요 원인이 노동소득이긴 하지만 자본소득 역시 상당한 영향을 끼쳤기 때문이다. 어쨌든 앞으로의 상황은 매우 다르게 전개될 가능성이 높다. 현재 미국의 최상위 부자들은 축적된 자본으로 삶을 영위하는 자본소득자보다는 경영자들로 이루어져 있다. 하지만 이들에겐 재산을 물려줄 자식들이 있다. 그리고 향후 20년 미국은 벨 에포크 시대의 유럽보다 훨씬 더 불평등하게 금리생활자들에 의해 지배받는 사회가 될 수 있다.

하지만 이러한 일은 일어나지 않아야 할 것이다.

4.

가끔 피케티는 모든 것은 인구 증가와 기술 발전에 따라 변화한다는 거의 결정론적 역사관을 제시하는 것처럼 보인다. 하지만 실제로 《21세기 자본》은 공공정책은 커다란 변화를 일으킬 수 있다는 점, 즉 근본적인 경제 상황이 극단적인 불평등을 향하고 있다 해도 국가가 이런 공공정책을 취한다면 피케티가 '소수 집단 지배체제로의 이동'이라고 부르는 상황이 잠시 중단되거나 심지어 역전될 수 있다는 점을 분명히 한다.

요점은 우리가 자산수익률과 경제 성장률을 비교할 때, 세후 자산수익률이 중요하다는 것이다. 따라서 누진과세, 특히 부와 상속에 대한 과세는 불평등을 줄이는 강력한 방법이 될 수 있다. 실제로 피케티는 바로 이런 형태의 과세를 강력히 주장하면서 자신의 역작을 끝맺는다. 하지만 안타깝게도 그의 책에 나타난 역사적 사실을 보면 앞으로의 상황은 낙관적이지 못하다.

20세기 대부분에 걸쳐 강력한 누진과세는 실제로 부와 소득의 집중을 감소시키는 데 도움을 주었던 것이 사실이고, 민주주의가 심한 불평등에 직면했을 때 상위 계층에 대한 높은 과세는 당연한 정치적 결과라고 생각할 수 있다. 하지만 피케티는 이런 판단을 인정하지 않는다. 그는 20세기 누진과세의 승리는 '단명한 혼돈의 산물'이라고 주장한다. 그는 유럽의 현대판 30년 전쟁 동안 일어난 양대 세계대전과 격변이 없었더라면 이 같은 일은 절대 발생하지 않았을 것이라고 생각한다.

그 증거로 그는 프랑스의 제3공화정을 예로 든다. 제3공화정의 공식적인 이데올로기는 높은 평등주의였다. 하지만 귀족 입헌군주국가인 영국에서와 거의 마찬가지로 부와 소득은 집중돼 있었고 경제적 특권 또한 거의 상속에 의해 지배됐다. 그리고 공공정책은 자본소득자들의 경제적 지배를 막을 수 있는 조치를 거의 취하지 않았다. 특히 상속세는 터무니없을 정도로 낮았다.

보편적 선거권을 갖고 있던 프랑스 국민들은 왜 자본소득자 계층과 격돌할 수 있는 정치인들에게 투표를 하지 않았을까? 이는 지금과 마찬가지로 당시에도 막대한 부는 정책에서뿐만 아니라 공적 담론에서도 큰 영향력을 행사했기 때문이다. 업턴 싱클레어Upton Sinclair는 '자신이 이해할 수 없는 수준의 급여를 받는 자를 이해시키는 것은 어려운 일이다'라는 유명한 말을 남겼다. 피케티는 프랑스의 역사를 조사한 후 이와 유사한 관측에 이르게 돼 다음과 같이 주장했다. '벨 에포크 시대 프랑스의 경험은 경제와 금융 엘리트들이 그들의 이해를 지키기 위해서는 어떤 위선적 행위도 주저하지 않았다는 사실을 증명한다.'

오늘날 이와 동일한 현상이 나타나고 있다. 사실 미국의 상황에서 관심을 갖고 바라봐야 할 부분은 불평등에 관한 정치적 이해가 오히려 불평등이라는 현실을 능가한다는 것이다. 지금까지 보아왔듯이 현재 미국 경제 엘리트의 위상은 주로 자본소득보다는 임금에 기인하고 있다. 그럼에도 불구하고 보수 경제학자들은 노동보다는 자본, 즉 노동자보다는 '일자리 창출자'를 지금까지 강조하고 찬양한다.

2012년 미국 연방 하원 원내대표였던 에릭 캔터는 트위터에 노동절을 축하하는 글을 올리면서 다음과 같이 기업 경영자들을 찬양했다.

오늘날 우리는 위험을 무릅쓰고 열심히 일하며 사업체를 설립하고 성공을 일구어내는 사람들을 찬양한다.

전하는 바에 따르면, 아마도 이에 대한 반응을 보고 잘못을 깨달은 듯한 그는 그 후 공화당을 떠나면서 대부분의 사람들은 기업을 갖고 있지 않다는 사실을 동료들에게 상기시켜 줄 필요성을 느꼈다고 한다. 하지만 이런 해프닝 자체가 공화당은 철저히 노동을 배제한 채 자본에만 집착하고 있다는 사실을 보여주는 것이다.

또한 이처럼 자본을 중시하는 정당의 성향은 단순히 수사^{rhetoric}에 그치지 않았다. 1970년대 이후 미국 고소득자들의 조세 부담은 전반적으로 줄었지만 가장 큰 감세는 자본소득과 상속에 대해 이루어졌는데, 자본소득의 경우 법인세가 대폭 인하되면서 주주들이 간접적으로 이득을 보기도 했다. 가끔 정치인들 중 상당수는 피케티가 얘기하는 세습자본주의를 복원하기 위해 적극적으로 움직이고 있는 것처럼 보인다. 그리고 정치기부금 출처를 살펴보면 기부금의 많은 부분이 부유층에서 온다는 사실을 알 수 있다. 따라서 위와 같은 상황이 발생할 가능성이 훨씬 농후해지는 것이다.

피케티는 상속재산의 위력이 증가하는 것을 억제하는 적절한 조치, 특히 가능하다면 글로벌 부유세를 요구하면서 《21세기 자본》을 끝맺는다. 이런 전망을 비아냥대는 것은 어렵지 않다. 하지만 확실히 우리가 현재 어디에 있고 어디를 향하고 있는지에 대한 피케티의 대가다운 진단은 이러한 일들을 훨씬 더 가능하게 한다. 따라서 《21세기 자본》은 모든 분야에서 매우 중요한 책이다. 피케티는 우리의 경제적 담론을 변화시켰다. 이제 우리는 결코 예전과 같은 방식으로 부와 불평등을 논의하지 않을 것이다.

Part 2

자본의 이해

《21세기 자본》의 모델,
무엇이 잘못됐나?

Devesh Raval
데베쉬 레이벌

경제학자. 시카고 대학에서 경제학 박사학위를 받고 아마존닷컴의 수석 경제학자를 거쳐 2013년 부터 현재까지 미국 연방거래위원회에 재직 중이다.

경제학자 레이벌은 자본과 노동 사이의 대체탄력성을 추정하는 주요 원천 연구를 수행해왔다. 대체탄력성은 r〉g(자본수익률〉경제 성장률)이란 이유로 불평등이 지속적으로 확대될 것이라는 피케티의 그 유명한 주장에서 핵심적인 역할을 하는 경제적 개념이다. 레이벌의 연구는 (다른 학자들과 마찬가지로) 자본과 노동이 피케티의 주장만큼 대체성이 크지 않다는 사실을 보여준다. 이 장에서 레이벌은 피케티가 제안한 이론적 장치와 이와 관련한 최근 연구의 진행상황, 그리고 이것이 《21세기 자본》의 핵심부에 던져놓은 도전과제를 다룬다. 불평등이 확대된다는 것은, 자본이 축적되는 와중에도 한계자본의 생산성이 떨어지지 않고 유지된다는 뜻이 아니면 무엇을 의미하겠는가?

토마 피케티의 《21세기 자본》이 지속적으로 공헌하고 있는 부분은 경제학에서 보다 정확한 측정의 중요성을 보여준다는 것이다. 불평등이란 분야에 초점을 맞추면서도 피케티는 다양한 영역에 적용할 수 있는 사실들의 범위를 넓혀 나간다. 그는 경제학자들이 일반적으로 분석하는 역사적 기간보다 훨씬 더 긴 기간을 검토하기 위해 새로운 국민계정 통계량을 고안했고, 국민소득에서 상위 1퍼센트가 가져가는 몫과 같은 불평등의 새로운 척도를 만들어내기 위해 미시경제학적 행정자료를 이용했다. 피케티가 얘기하는 사실들은 거시경제학자들(소득에서 자본이 가져가는 몫에 관해)과 미시경제학자들(노동소득의 불평등에 관해)이 통상적으로 제기했던 문제들과 관련이 있다. 예를 들어 피케티는 자본의 몫이 지난

1세기에 걸쳐 장기적인 순환을 보이고 있으며, 상위 소득자들의 소득은 나머지 사회구성원들의 소득보다 훨씬 빠른 속도로 증가했음을 입증했다.

하지만《21세기 자본》의 예측, 즉 불평등이 폭발적으로 증가하고 자본 소유주들은 국민소득에서 점점 더 많은 몫을 차지할 것이란 전망 뒤에 가려진 핵심 부분은 바로 이 책에서 사용된 경제 모형이라 할 수 있다. 이 모델은 마르크스의《자본론》을 상기시키며 글로벌 부유세라는 정책을 떠올릴 만한 동기를 부여한다. 이 모델은 철저한 검토를 견뎌낼 수 있을까?

나는《21세기 자본》의 경제 모형을 소개하는 것으로 이야기를 시작하려 한다. 피케티의 경제 모형은 자본과 노동 간의 대체탄력성이 1보다 크다는 전제 하에, 경제 성장의 둔화가 소득에서의 자본의 몫을 증가시킬 것이라 예측한다. 그래서 나는 자본과 노동의 대체에 관한 보다 광범위한 증거를 토대로 피케티의 탄력성 측정 방법을 검토해보고, 대부분의 탄력성 추정치가 피케티의 값보다 훨씬 낮게 나타나는 이유를 설명할 것이다. 또한 자본의 몫이 증가하는 다른 두 가지 이유로 노동절감 기술의 발전과 국제무역의 증가를 결론적으로 제시하고, 이러한 주장에 대한 경험적 증거를 논의하는 것으로 마무리할 것이다.

모델

《21세기 자본》에서 피케티는 자본/생산 비율의 변화(자본주의 제2법칙)와 자본의 몫의 변화(자본주의 제1법칙)를 검토하기 위해 솔로^{Solow}와 스완^{Swan}의 신고전주의 성장모델을 이용한다.[1] 피케티는 특히 (아마도 인구통계학적 변화에 기인한) 경제 성장의 둔화가 자본의 몫에 어떻게 영향을 미치는지에 관심을 두고 있다. 자본의 몫의 변화는 사회 불평등 수준에 영향을 주는데, 그것은 피케티가 서술했듯 자본 소유가 몇몇 사람들에게만 집중되기 때문이다.

제2법칙

피케티의 제2법칙은 자본/생산 비율에 대한 정상상태 값을 결정하는데, 피케티는 이 비율을 β로 표시했다. 각 기간의 저축 S_t는 투자 I_t와 같다. 피케티는 순 저축이 순 생산의 일정한 비율(s)을 차지할 것이라 가정했기 때문에, $S_t = sY_t$라는 등식이 성립한다. 책의 또 다른 부분에서 피케티는 자본 소유주에 따라 달라지는 저축률과 자본수익률의 영향을 검토했다. 하지만 이 부분은 명확히 피케티 모델에 해당하지는 않으므로 여기서는 다루진 않을 것이다.

균형성장경로balanced growth path(솔로의 성장모델에서 생산량과 자본이 상수배로 증가하는 경제 성장 경로-옮긴이)에서 자본 K_t와 생산 Y_t는 일정한 비율 g로 증가하기 때문에 자본 대비 투자 비율은 일정하게 유지되며 그 값은 성장률과 일치한다. 이런 가정은 다음과 같은 공식으로 나타낼 수 있다.

$$\frac{sY}{K} = g \tag{1}$$

$$\beta = \frac{K}{Y} = \frac{s}{g} \tag{2}$$

다시 말해 자본/생산 비율 β는 시간이 지나도 일정하고, 균형성장경로에서 저축률 s를 성장률 g로 나눈 값과 같다. 피케티는 이 관계를 이용해 성장률이 떨어지면, 자본/생산 비율이 증가할 것이라고 예측했다. 예를 들어 저축률이 12퍼센트일 때 성장률이 3퍼센트에서 1퍼센트로 하락하면, 자본은 순 생산의 4배에서 12배로 증가하는 것이다.[2]

제1법칙

피케티의 제1법칙은 난순한 회계적 항등식이다. 피케티가 α로 표기한 소득에 대한 자본의 몫은 자본비용(자본을 빌릴 때 적용되는 요구수익률로서, '자본임대율'과 같은 말이나 문맥상 '자본비용'으로 번역하였다–옮긴이) r과 자본/생산 비율 β를 곱한 값이다.

$$\alpha = \frac{rK}{Y} = r\beta \tag{3}$$

만약 생산요소시장이 경쟁적이라면, 자본비용은 자본의 한계생산물(추가적인 자본 1단위가 만들어낼 수 있는 생산량–옮긴이)과 동일하게 될 것이다. 한계생산을 간단히 산출하기 위한 CES(constant elasticity of substitution 대체탄력성이 일정한–옮긴이) 생산함수 공식은 다음과 같다.[3]

$$Y = \left[a\left(A^K K \right)^{\frac{\sigma-1}{\sigma}} + \left(1-a \right)\left(A^L L \right)^{\frac{\sigma-1}{\sigma}} \right]^{\frac{\sigma}{\sigma-1}} \tag{4}$$

L은 노동을 뜻한다. 생산성은 A^K와 A^L 항을 통해 자본생산성과 노동생산성 모두를 승가시킬 수 있다. A^K와 A^L이 증가할수록 각각 자본과 노동이 증가하는 것과 유사한 효과를 갖는다.

대체탄력성 σ는 생산요소 상대가격(노동비용/자본비용) w/r의 변화에 대한 총자본/노동 비율 K/L의 변화를 나타내는 탄력성이다.

$$\sigma = \frac{d \ln K/L}{d \ln w/r} \tag{5}$$

자본의 한계생산물, 즉 자본비용 r의 식은 다음과 같다.

$$r = \frac{dY}{dK} = a \left(\left(A^K \right)^{1-\sigma} \beta \right)^{-\frac{1}{\sigma}} \tag{6}$$

자본비용이 β값의 변화에 대해 어떻게 변하는지와 제2법칙을 고려하면, 제1법칙을 다음과 같이 변형할 수 있다.

$$\alpha = a\left(A^K \beta\right)^{\frac{\sigma-1}{\sigma}} = a\left(A^K \frac{S}{g}\right)^{\frac{\sigma-1}{\sigma}} \tag{7}$$

피케티는 인구성장률이 둔화되어도 A^K항의 기술생산성은 유지되는 시나리오를 가정했다. 이럴 경우 β 는 상승하고 자본비용 r은 감소하게 된다. 따라서 자본의 몫에 대한 예측은 자본/노동 대체율에 따라 달라진다. 노동에 대한 자본의 대체성이 높을수록 잉여자본이 더 많이 사용될 수 있으며 따라서 자본비용의 하락폭은 줄어든다. 피케티가 가정하듯이 대체탄력성 σ가 1 이상이면, g가 하락하면서 자본의 몫 α가 증가하게 될 것이다.

피케티의 평가 방법

경제 성장의 둔화가 자본의 몫을 증가시킨다는 피케티의 예측은 자본이 얼마나 노동을 잘 대체할 수 있느냐에 달려 있다. 자본/노동 대체탄력성을 알아보기 위해 피케티는 등식 (7)에 요약된 자본의 몫 α와 자본/생산 비율간의 관계 β를 이용했다. 피케티는 오랜 역사에 걸쳐 α와 β 모두는 U자 형태(이 U자 형태는 1910년부터 1950년까지는 하락하고, 1980년부터 2010년까지는 상승한다)를 보여준다는 사실을 입증했다. 그리고 β의 변화가 α의 변화를 유발한다고 가정하면서, 이런 시계열 데이터의 동조화co-movement를 이 두 변수의 시간에 따른 동조적 움직임(유사한 방향으로 이동하려는 성향-옮긴이)을 활용하여 대체탄력성의 값을 추정한다. 그는 '자본의 몫의 변화가 20세기 동안 관측됐고 1970년~2010년에는 부유한 국가들에서 이런 변화가 증가했다는 사실을 고려해보면, 우리는 대체탄력성이 1보다 약간 높게(1.3~1.6) 나타난 사실로 이 변화를 충분히 설명할 수 있다고 결론지을

수 있다'라고 서술했다.[4]

도표 4-1은 피케티가 오랜 시간에 걸쳐 관측한 프랑스, 독일, 영국, 미국 4개국의 자본/생산 비율 β와 자본의 몫 α의 증가율을 보여준다. 연한 회색 막대는 자본/생산 비율을, 그리고 검은색 막대는 자본의 몫을 나타낸다. 각 변수의 증가율은 1910년부터 1950년까지(미국의 경우는 1929년부터 1950년까지), 그리고 1980년부터 2010년까지 표시돼 있다. 이 4개국 모두 α와 β가 초기에는 하락했다가 후기에는 증가한다. 초기에는 β가 α보다 훨씬 큰 폭으로 하락하는 반면, 후기에는 미국의 경우 α가 β보다 빠르게, 프랑스는 α가 β보다 느리게, 그리고 영국과 독일은 두 변수가 같은 속도로 증가했다.

피케티의 평가 방법에 대한 보다 형식적인 접근법은 등식 (7)과 같이 α, β의 관계를 회귀를 통해 확인하는 것이다. 그래서 나는 도표 4-1처럼 4개국의 1910년부터 1950년까지(미국의 경우는 1929년부터 1950년까지), 그리고 1980년부터 2010년까지 동일 기간에 대해 회귀분석을 시도했다. 추정치는 1.34로, 피케티가 제시한 범위 내에 위치했다.

위의 평가 방법은 자본/생산 비율 β에 관한 자료를 필요로 한다. 피케티는 β에서의 자본(분자)을 구하기 위해 총 자산가치를 이용했다. 이처럼 그는 시장가치로서의 자본을 측정했는데, 이 방법은 로손[Rowthorn]과 로근리가 지적했듯 가치평가액의 변화에 따라 β의 측정값에 영향을 줄 것이다.[5] 하지만 자본 가치평가액의 변화는 오로지 실질자본의 변화를 반영할 때에만 생산에 영향을 미쳐야 한다. 피케티의 가설, 즉 등식 (7)은 실질자본을 적절히 나타내기 위해 생산에 사용된 자본의 양과 자본을 늘리는 효과를 가진 기술생산성 A^K의 곱을 사용하고 있다.

피케티가 고려하는 다수의 경제쇼크 시나리오는 생산과정에 이용되는 자본 총액을 변화시키지 않으면서도 자본의 시장가치에 영향을 줄 수 있다. 향후 국영화 가능성이 점점 증가하는 공장을 예로 들어보자. 기업자본의 시장가치는 미래의 현금 흐름에 달려 있기 때문에 이 공장의 자본 가치는 하락하게 된다(국영기업은 이윤을 추구하지 않기 때문에 현금 흐름이 악화될 것이므로—옮긴이). 하지만 생산에 있

도표 4-1: 자본/생산 비율과 자본의 몫의 증가율

(A) 1910년~1950년(미국의 경우는 1929년~1950년) (B) 1980년~2010년

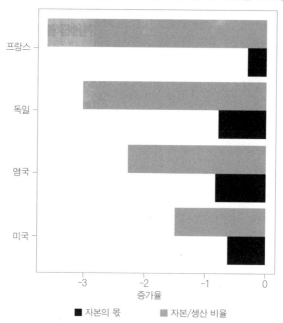

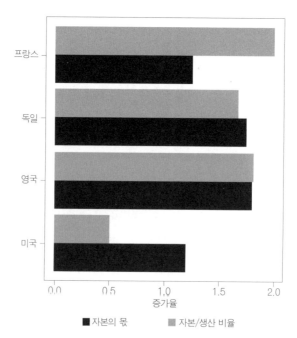

어서는 아무것도 변하지 않았다. 이 공장은 생산에서 동일한 자본 총액과 동일한 생산 공정을 계속 유지한다.

가치평가의 영향을 제거하는 경험주의적 방식은 β측정에서 자본이득을 제거하는 것이다. 다시 말해 자본을 시장가치가 아닌 장부가치에 따라 측정하는 것이다. 장부가치에 따른 자본 측정은 β에서 가치평가의 영향을 제거하는 한편, 특허권이나 브랜드 가치 같은 무형자본을 제거하기도 한다.

장부가치를 기준으로 하면 β는 자본의 몫과 같은 U자 형태의 움직임을 보이지 않았다. 도표 4-2는 위에서 언급한 4개국의 β증가율을 보여준다. 연한 회색 막대는 자본이득을 포함(시장가치 기준)하고 있고 검은색 막대는 이를 포함하고 있지 않다(장부가치 기준). 자본이득을 포함했을 때는 이 4개국 모두에서 U자 형태가 분명히 나타난다. β는 1910년부터 1950년까지는 하락했고 1980년부터 2010년까지는 증가했다. 하지만 자본이득을 배제했을 때, β는 위 4개국 중 그 어떤 국가에서도 U자 형태를 보이지 않았다. β는 1910년부터 1950년까지 유럽 모든 국가에서 증가하고 미국에서만 하락했다. 1980년부터 2010년까지 β는 모든 앵글로색슨 국가에서 하락했다.

로근리와 보닛Bonnet 같은 경제학자들은 지난 수십 년간의 β의 증가에 대해, 주택가격의 상승과 주택자본의 역할을 강조했다.[6] 보닛과 학자들은 임대가격 측정으로 주택자본의 실제 증가액을 보다 정확히 알 수 있다고 주장했다. 그들은 피케티가 사용한 주택가격이 아닌 임대가격을 기준으로 주택자본을 측정했을 때, 프랑스, 영국, 미국에서 자본/생산 비율이 안정적이거나 소폭 상승에 그친다는 것을 알아냈다. 마찬가지로 임대가격을 토대로 주택자본을 측정했을 때 독일에서는 자본/생산 비율이 상승했지만, 가치평가의 영향을 제거하자 β의 움직임이 피케티의 그것과 다르게 나타난 점은 나머지 국가들과 동일했다.

도표 4-1 주: 여기에 표기된 추정치들은 Thomas Piketty and Gabriel Zucman, "Capital Is Back: Wealth-Income Ratios in Rich Countries 1700–2010," *Quarterly Journal of Economics* 129, no. 3 (2014): 1255–1310에 있는 자료를 근거로 한 것이며, 그 퍼센트는 연도별로 변한다. 1910년 미국의 자본의 몫에 관한 자료가 없어서 초기 미국의 변화는 1910년~1950년이 아니라 1929년~1950년을 기준으로 삼았다.

도표 4-2: 자본이득이 포함된 자본/생산 비율과 자본이득이 포함되지 않은 자본/생산 비율
(A) 1910년~1950년(미국의 경우는 1929년~1950년) (B) 1980년~2010년

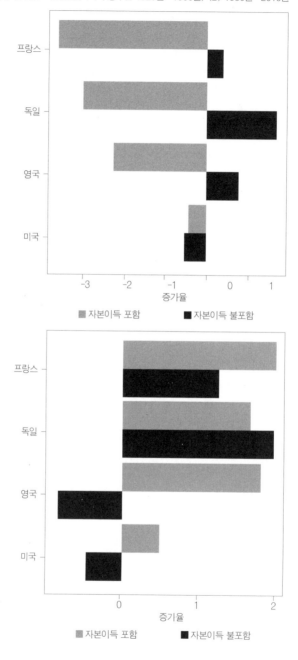

주택가격을 상승시키는 정책 변화(예를 들어 주택 신축을 어렵게 하는 규제)는 주거 서비스 개선에 도움이 되지 않을 수도 있다.

자본/노동 대체

피케티의 추정치는 자본/노동 대체에 관한 기존 연구들의 추정치보다 훨씬 높게 나타났다. 앞선 연구들과 피케티의 연구를 비교하기 위해, 나는 감가상각까지 고려한 생산함수를 바탕으로 피케티의 탄력성 추정치를 변환해보았다. 감가상각까지 모두 고려했을 때 피케티의 추정치는 1.7에서 2.1 사이에 위치한다. [7] 도표 4-3은 쉬링코Shirinko와 레온-레데스마Leon-Ledesma, 맥아담McAdam, 윌먼Willman의 연구와, 이들의 후속 논문들에 기록된 44개 추정치를 근거로 한다.[8] 피케티의 추정치는 회색으로 표시돼 있다. 기존 연구의 중간 추정치는 0.54이고 단지 몇몇 추정치들만이 1을 상회하며 나머지 대부분은 피케티의 추정치 이하로 나타난다.

물론 기존 연구 추정치들은 이를 조사한 시기와 대상국가, 기술 발전에 관한 가정, 집계 수준 및 사용된 계량경제학 기법을 포함한 다양한 요소에 따라 달라진다. 왜 피케티는 기존 연구와 너무나도 상이한 추정치를 얻었을까? 그리고 자본/노동 대체탄력성을 어떻게 추정할 것인가? 다시 말해 피케티의 추정의 타당성에 관해 어떤 결론을 도출해내야 하는가?

식별

이런 질문들에 답하기 위해 우리는 먼저 식별identification(단일값으로의 결정-옮긴이)이라는 주제로 눈을 돌려야 한다. 계량경제학의 매개변수parameter는 데이터가 이

도표 4-2 주: 피케티와 쥐크망의 〈자본의 귀환Capital is back〉에 있는 자료에 근거한 이 추정치들은 그 퍼센트가 연도별로 변한다.

매개변수의 단일 값에 부합해야만 결정된다.

피케티의 추정 방법인 α와 β의 동조적 움직임은 기술에 대한 추가적인 가정 없이는 대체탄력성을 단일 값으로 추정하지 못한다. 다이아몬드[Diamond], 맥패든[McFadden] 그리고 로드리게스[Rodriguez]는 임의의 탄력성 값에 대해 기술(생산성 A^K와 A^L)의 어떤 이동 경로는 α와 β의 이동을 합리화할 수 있다는 사실을 입증했다 (따라서 계량경제 모델의 매개변수들을 추정하는 데에 식별문제가 발생하고, 이를 해결하기 위해서는 기술화의 편향(A^L/A^K)에 대한 적절한 통제가 필요하다—옮긴이).[9] 쉽게 말하자면 자본의 몫의 변화는 생산요소의 상대적 공급 혹은 수요에서 발생할 수 있다는 것이다. 따라서 변수식별을 위해서는 기술의 발전 양상에 대한 가정이나, 생산요소의 가격 및 수량에 대한 외생적 요인들을 통제하는 등 어떤 요소가 변하고 있는지에 대한 추가적인 가정이 필요하다.

피케티의 추정 방법은 자본증대 생산성[capital-augmenting productivity] A^K가 시간이 지나도 일정하거나, β의 변화와는 상관관계가 없다는 것을 은연중에 가정한다. 이런 가정이 사실인지 확인할 수 있는 확실한 방법은 없다. 애스모글루가 보여주듯 A^K가 중기적으로는 상당히 크게 움직일 수도 있지만, 일정한 A^K는 장기균형성장경로와도 부합한다.[10] 그러나 A^K의 변화를 허용하는 계량경제학적 접근은 일반적으로 A^K가 일정하지 않다는 결론을 얻는다. 일례로 앤트라스[Antras]는 전후 기간 동안 A^K의 연평균 하락률을 1.3~1.6퍼센트 포인트로 추정했다.[11] 중기 혹은 장기 추세에 따른 A^K와 β의 상관관계는 탄력성 추정치의 편향에 상당한 영향을 미칠 수 있다.

거시경제학적 추정치

탄력성 추정에서 핵심 문제는 다이아몬드, 맥패든, 로드리게스가 강조했듯이 식별 문제를 어떻게 다룰 것이냐 하는 것, 즉 기술의 변화를 어떻게 가정할 것이냐 하는 것이다. 자본/노동 탄력성에 관한 대부분의 추정치들은 피케티와 마찬가지로 집계시계열 사료[aggregate time series data]에 근거하고 있지만, 요소가격의 변화가 요소비용에 어떤 영향을 주는지만 검토한다. 한계생산물 수식으로 대

도표 4-3: 기존 연구에 나타난 탄력성 추정치

(피케티의 추정치는 회색으로 표시. 기존 연구의 중간 추정치는 0.54)

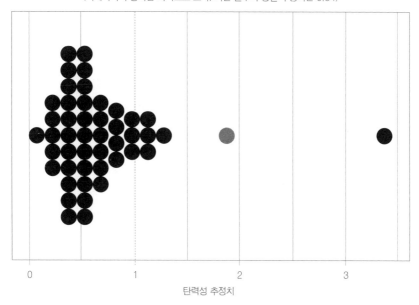

탄력성 추정치

주: 이 도표는 쉬링코와 레온-레데스마, 맥아담, 윌먼의 연구와, 이런 연구 후에 작성된 많은 논문에 기록된 조사에 근거한다(자세한 논문 목록은 생략함-편집자). 회색 점은 피케티가 설명하는 중간 추정치다. 세로 점선은 탄력성 1을 나타낸다.

체된 등식 (5)에서 도출된 노동비용에 대한 자본비용 비율 등식을 예로 들어보자.

$$\ln \frac{rK}{wL} = \sigma \ln \frac{a}{1-a} + (\sigma-1) \ln \frac{w}{r} + (\sigma-1) \ln \frac{A^L}{A^K} \tag{8}$$

이 등식에서 필자가 '기술 변화의 편향'이라고 부르려는 $\frac{A^L}{A^K}$의 변화에 대한 가정을 세워야 한다. 상대적 요소가격 $\frac{w}{r}$은 기술 변화의 편향과 교란되지 않는다면 탄력성을 단일값으로 결정할 것이다. 여기서 한 가지 가능성은 $\frac{A^L}{A^K}$이

시간과 관계없이 일정하다고 가정하는 것인데 이 경우 기술변화는 중립적이며, 기술 발전이 노동생산성 혹은 자본생산성 하나만 증가시키는 방향으로는 편향되지 않는다. 이것이 피케티의 암묵적인 가정이었다. 이 경우 생산요소의 상대가격은 탄력성을 결정할 것이다. 또 다른 가능성은 이 시간에 따라 기하급수적으로 증가한다고 가정하는 것이다. 이 경우 위 등식 (8)은 시간적 추세를 포함하고, 장기적 추세에서 벗어난 생산요소의 상대가격 이 탄력성을 결정할 것이다. 세 번째 가능성은 기술 변화의 편향이 일어나는 속도가 시간에 따라 변하는 것이다.

지금부터 나는 기술 변화의 편향에 관한 세 가지 가정을 기준으로, 등식 (8)의 계수들을 추정함으로써 대체탄력성 값이 어떻게 움직이는지를 보여주려 한다. 즉 중립적인 기술 변화만을 가정한 상황과, 시간에 따라 일정한 비율로 기술 발전의 편향이 일어나는 상황, 마지막으로 클럼프Klump, 맥아담, 윌먼이 제시한 박스콕스 변환Box-Cox transformation을 통해 기술 변화 편향의 비율이 시간에 따라 변하는 상황 등을 말이다.[12] 데이터로는 1970년~2010년 미국의 제조업 자료를 이용했다.

도표 4-4의 왼쪽 그림은 이런 추정치들을 나타내고 있으며 신뢰구간은 95퍼센트다. 기술 변화의 편향을 통제하지 않은 상태(기술 발전의 편향 항을 등식 (8)에서 제거-옮긴이)에서의 탄력성 추정치는 정확히 1.9를 나타내는데 이는 피케티의 추정치 범위 안에 있다. 하지만 기술 변화의 편향을 감안하면 탄력성 추정치는 일정한 기술 편향이 일어날 때에는 0.56, 편향의 속도가 시간에 따라 변할 때에는 0.69 기록했다. 이런 추정치들은 편향된 기술 변화를 고려하지 않은 경우보다 훨씬 낮은 신뢰수준을 보였다. 일정한 편향성과 시간에 따라 변화하는 편향성 모두, 신뢰구간은 1의 값을 포함한 것으로 나타났다. 일정한 편향의 경우 신뢰구간은 0.05에서 1.07 사이였다. 간단히 말해 편향된 기술 변화를 고려할 경우 생산요소로 인한 비용(rK/wL)의 변화를 확인하기가 더 힘들어진다.

도표 4-4의 오른쪽 그림은 기술 변화의 편향을 각각의 시나리오에 따라 연도별 백분율로 나타낸 것이다. 일정한 기술 변화 편향을 가정한 회귀모델은 이

도표 4-4: 자료 총계는 탄력성과 편향성을 추정한다.
왼쪽은 탄력성 총계를, 오른쪽은 편향된 기술 변화 비율(백분율)을 추정한다.

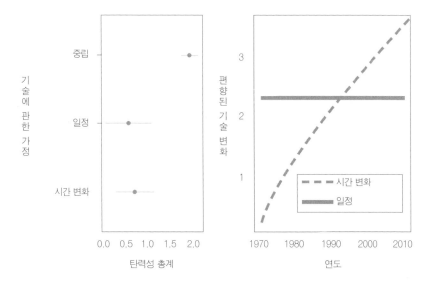

주: 왼쪽 그림은 서로 다른 가정들이 기술 변화에 적용됐을 때 탄력성 추정치가 어떻게 변하는지를 보여준다. 오른쪽 그림은 일정 비율이 2.3퍼센트이고 시가 변화 비율이 0퍼센트에서 3.5퍼센트로 증가하는 가정하에서의 기술 변화의 연도별 비율을 보여준다. 왼쪽 그림은 등식 (8)에 근거한 회귀분석에서 도출된 총 대체탄력성 추정치와 95퍼센트의 신뢰구간을 보여준다. 기술 변화 편향성에 관한 가정에서 세부사항은 서로 다르게 나타난다. 기술 변화는 각각 특별한 동향이 없는 것, 선형 시간 동향을 따르는 것, 그리고 박스콕스 변환 시간 동향을 따르는 것으로 가정된다. 오른쪽 그림은 선형 시간 동향 혹은 박스콕스 변환 시간 동향에서 도출된 기술 변화의 편향성을 백분율로 환산해 보여준다.

값을 연 2.3퍼센트로 추정했다. 시간에 따른 변화를 가정하는 박스콕스 모델은 기술 변화 편향이 1970년에 거의 제로 퍼센트였다가, 2010년에는 3.5퍼센트 이상으로 증가한 것으로 추정했다.

미국 제조업 자료에 관한 위의 분석은 계량경제학적 모델에 기술 변화의 편향에 대한 어떠한 통제조건이 포함되면 탄력성이 1 이하로 떨어진다는 사실을 보여준다. 마찬가지로 편향된 기술 변화를 허용한 최근의 연구들은 탄력성이 일반적으로 1 이하로 나타난다고 추정한다. 예를 들어 앤트라스는 미국의 집계시계열 자료를 이용하여 기술 변화가 중립적인 상황에서는 1의 탄력성을 얻은 반면, A^K와 A^L에 기하급수적 성장을 가정하자 1보다 훨씬 낮은(0.6~0.9) 수치를 얻었다.[13]

총탄력성을 추정하기 위한 계량경제학적 접근은 여전히 다음의 두 가지 주요 문제를 해결해야 한다. 첫째, 기술 변화의 편향을 통제하여 탄력성을 추정하기에는 집계시계열 자료에 충분한 변화가 식별되지 않을 수 있다. 레온-레데스마, 맥아담, 윌먼은 이 문제를 검토하기 위해 몬테카를로 분석을 이용한다.[14] 그들은 집계시계열 자료를 이용해 탄력성의 참값(t)을 얻는 것은 어렵지만, 등식 (8)과 같이 생산요소의 한계생산물에 관한 정보만 이용하는 것보다는 생산함수의 방정식들을 동시에 추정하는 '시스템적' 접근이 더 유용하다는 것을 알아냈다.

둘째, 위에서 보았듯이 기술 변화의 편향을 통제하는 것은 보다 빈번한 생산요소 가격의 변화를 이용하는 것일 수 있다. 만약 생산요소를 바꾸는 데에 비용이 수반된다면, 이런 접근들은 결국 보다 단기적인 탄력성을 추정하게 된다. 《21세기 자본》에서 제기하는 질문들에 대해서는 장기 탄력성이 더 적절한 답이 될 것이다. 이에 대한 한 가지 해결책은 생산요소 가격의 장기적 변화를 분리시키는 것이다. 예를 들면 쉬링코와 맬릭Mallick은 미국 산업에 관한 패널 데이터panel data를 이용해 자본비용의 장기적인 변화를 검토했다.[15] 그들이 추정한 장기 탄력성은 단기 탄력성보다 훨씬 크지만 여전히 0.40~0.65에 위치한다.

최근 연구에서 대체탄력성이 1 이상으로 나타난 예외적인 경우에는 카라바부니스와 니먼Neiman의 연구가 있다.[16] 그들은 국가별로 자본비용 성장률의 차이를 이용하여 1.25의 총 탄력성 값을 얻었다. 이런 접근의 주요 장점은 국가별 변화가 장기 탄력성을 파악하는 데 도움을 줄 수 있다는 것이다. 하지만 그들의 기본 전략은 A^K의 변화가 국가 간에 동일하게 나타나거나, 자본비용의 변화와 무관한 상황에서 가능한 것이다. 따라서 그들은 기술 변화의 편향을 가정하지 않았던 초기 연구들과 마찬가지로, 기술 변화를 고려한 식별 문제를 해결해야 한다. 세나가 무트레지Mutreja, 라비쿠마르Ravikumar, 스포시Sposi가 보여주듯이 대부분의 국가들은 자본재 거의 전부를 수입하고 있으며, 따라서 여러 국가에서 나타나는 시간에 따른 변화 중 대부분은 국가 간의 무역자유화에서의 차이에 기인한 것일 수도 있다.[17] 하지만 무역패턴과 무역장벽의 변화는 여러 이유로 자본비용보다는 자본의 몫에 더 큰 영향을 미칠 수 있는데, 이로 인해 탄력성 추정치가 편향되게 나타난다. 이에 관해선 추후 논의하기로 한다.

미시경제학적 추정치

지금까지 보았듯이, 기술변화를 사전에 확실하게 통제하지 않으면 집계자료에서 기술과 생산요소 가격의 움직임을 분리해내기 힘들다. 따라서 기업 혹은 제조공장에 관한 미시적 자료를 이용하는 것이 대안적 접근이 될 수 있는데, 변수 식별을 위해 필요한 좀 더 외생적이고 장기적인 생산요소 가격의 변화가 집계 (거시적) 자료보다 분명히 더 많이 존재하기 때문이다.

최근에 발표된 몇몇 연구에선 장기간에 걸친 미시적 탄력성을 추정하기 위해 미시적 자료를 이용했다. 쉬링코, 파자리Fazzari 그리고 메이어Meyer는 미국의 상장기업들 간 자본비용의 장기적 움직임의 차이를 이용하여 탄력성을 추정했다.[18] 그들은 기술 변화를 산업 수준에서 통제했는데, 그들이 확인한 가설은 기업 수준에서 자본비용의 차이는 기업 수준에서의 기술생산성 A^K의 변화와 독립적이어야 한다는 것이다. 탄력성은 0.40으로 측정되었는데 이는 반즈Barnes, 프라이스Price, 배리엘Barriel이 유사한 방법으로 기업 수준의 영국 패널 데이터를 이용해 추정한 것과 같은 수치다.[19]

나는 미국 전 지역의 노동임금 격차를 이용해 탄력성을 확인해왔다. 여기서 나온 추정치에 의하면, 지역 간 임금 격차는 기업 노동생산성 A^L과는 분명 독립적이었다.[20] 전 지역의 임금 격차는 계속 높게 유지되었기 때문에 이런 차이는 장기 탄력성을 추정하는 데에 유용할 것이다. 나는 표준 최소자승법OLS(Ordinary Least Squares)과 임금에 대한 도구변수를 이용하여, 지역 수요충격으로부터 약 0.5라는 탄력성 추정치를 얻었다.[21]

소득에서 총자본이 차지하는 몫의 변화를 이해하기 위해서는 미시적 대체탄력성이 아닌 거시적 대체탄력성이 필요하다. 널리 알려진 호태커Houthakker의 주장과 같이, 거시적 탄력성은 기업 내부에서의 자본/노동 대체뿐만 아니라 기업들 간의 대체까지 모두 포함하기 때문에 미시적 탄력성과는 값이 아주 상이할 수 있다.[22] 피케티와 쥐크망은 '총 대체탄력성(거시적 탄력성) σ는 사실상 공급능력(생산자는 각자의 자본 여력에 따라 기술을 선택한다)과 수요능력(소비자는 각자의 자본 여력에 따라 재화와 서비스를 선택한다) 모두의 결과로 해석되어야 한다'고 지적한다.[23]

오버필드[Oberfield]와 데베쉬 레이벌은 미시적 데이터로 거시적 탄력성을 추정하기 위해 수요능력과 공급능력을 모델화한 사토의[Sato] 초기 연구를 바탕으로 종합 프레임워크를 개발해냈다.[24] 단순화를 위해 기업들이 독점적 경쟁 시장에서 이윤을 극대화하고, 경쟁적인 생산요소 시장에 직면한 단일 산업 국가를 생각해보자.[25] 이 경우 오버필드와 데베쉬 레이벌은 노동과 자본의 거시적 대체탄력성 σ^{Macro}는 노동과 자본의 미시적 대체탄력성 σ^{Micro}과 미시적 수요탄력성 ε의 볼록 조합[convex combination]이라는 것을 증명했다.

$$\sigma^{Macro} = \left(1-\phi\right)\sigma^{Micro} + \phi\varepsilon \tag{9}$$

경제 전반에 있어 가격 변화에 따른 생산요소 비중의 변화는 개별 공장 내부에서의 자본/노동 대체와 공장들 간의 생산요소 재할당 모두를 포함한다. 등식 (9)의 우변 첫 번째 항은 기업이 투입하는 생산요소의 조합을 어떻게 바꾸는지를 담아내는 대체효과 항으로서 미시적 탄력성 σ^{Macro}에 영향을 받는다. 임금이 상승하면 공장은 노동력을 감축할 것이다. 두 번째 항목은 투입가격의 변화에 따라 공장의 규모가 어떻게 변화하는지를 설명하는 재할당 효과를 나타낸다. 임금이 상승하면, 자본을 보다 집약적으로 사용하는 공장은 비용 면에서 상대적인 이익을 얻는다. 소비자들은 자본 집약적 재화 쪽으로 소비를 이동시킴으로써 상대가격의 변화에 대응한다. 이러한 재할당 효과는 수요가 탄력적일수록 효과가 더 커지는데, 수요가 탄력적이면 소비자들이 상대가격 변화에 더욱 민감하게 반응하기 때문이다.

이들 사이의 가중치 φ는 자본의 몫의 비용가중[cost-weighted] 변화에 비례하고 0

과 1사이에 위치한다. 각 공장들이 동일한 자본집약도로 생산한다면 φ값은 0이고 공장들 사이의 생산요소 재할당은 일어나지 않는다. 각 공장의 한계비용은 투입가격 변화에 대칭적으로 반응하며 그 결과 상대적 생산가격은 변하지 않는다. 반대로 일부 공장은 노동력만을 이용해 생산하는 데 비해 다른 공장들은 자본만을 이용해 생산한다면, 모든 투입물(생산요소) 대체는 공장 내부가 아닌 서로 다른 공장들 사이에서 발생하고 φ값은 1이 된다. 다시 말해 공장별로 자본집약도에 차이가 거의 없을 때, 공장들 사이의 재할당보다는 공장 내부의 대체가 더 중요해지는 것이다.

이런 종합적인 접근은 대체탄력성의 미시적 추정치들을 이용해 거시적 탄력성을 얻을 수 있게 해준다. 오버필드와 레이벌은 미국 제조업 분야를 연구하는 데 이런 방법을 이용하고 있다. 그들은 미시적 데이터에서 나오는 공장 수준의 자본/노동 대체탄력성과 수요탄력성을 추정하고, 제조공장들의 횡단면 데이터를 바탕으로 가중치 φ를 계산한다. 이러한 탄력성 수치들은 횡단면 데이터로부터 얻은 것이므로 시간에 따른 기술 변화는 가정하지 않는다. 그들은 거시경제학적 탄력성을 미시경제학적 탄력성(약 0.5)보다 조금 높은 0.7로 추정했는데, 이수치는 피케티의 추정 범위보다 훨씬 낮다.

미국의 경우 제조공장들 간의 자본집약도 차이는 미시적 탄력성과 거시적 탄력성 사이의 큰 격차를 의미할 만큼 유의하진 않다. 본 연구에서 낮게 추정된 미시적 탄력성은 결국 거시적 탄력성이 1 이하라는 사실을 암시한다. 하지만 그들은 이전 연구에서 자본집약도의 주요 변화를 기록하고 있는 개발도상국의 자본집약도 차이가 훨씬 더 크다고 생각한다. 미국에 관한 동일한 수요탄력성과 공급탄력성을 이용하면, 인도의 자본집약도는 보다 큰 이질성으로 인해 탄력성은 1.1로 나타난다.

21세기의 자본/노동 대체

이전 두 단원에서 제시된 증거는 탄력성이 1 이하라는 점을 지적하고 있다. 하지만 피케티는 대체탄력성은 시간이 지나면서 증가해왔다고 주장한다. 예를 들면 대부분의 자본이 산업혁명 이전까지는 토지에 귀속돼 있었다고 주장한다. 즉, 토지와 노동 사이의 탄력성이 현대 자본과 노동 사이의 탄력성보다 작다고 주장하는 것이다. 만약 피케티가 추정하는 수준으로 로봇과 같은 신기술이 대체탄력성을 높인다면 어찌 될까?

클럼프와 드 라 그랑빌 De La Grandville 은 이런 질문을 솔로의 경제 성장모형을 통해 검토했다.[26] 그들은 자본/노동 대체탄력성이 높고 나머지 모든 것들은 동등한 경제에 대해서, 자본의 몫, 1인당 소득 그리고 1인당 소득 증가율이 보다 높게 나타난다는 사실을 입증했다. 따라서 대체탄력성이 보다 높다는 것은 비록 보다 불평등하긴 하지만 사회가 보다 부유하다는 것을 의미한다.

충분히 높은 대체탄력성을 갖고 있다면, 경제는 기술 발전 없이도 장기적인 성장을 할 수 있다. 드 라 그랑빌은 σ이 충분히 높으면(그리고 1 이상이라면), 자본과 생산이 끝없이 증가할 수 있는 한계저축률이 존재한다는 것을 밝혔다.[27] 이 한계저축률은 인구증가율에 따라 증가하고 탄력성 σ에 따라 감소한다. 탄력성이 충분히 높으면 자본의 한계생산물은 많은 자본총량에도 불구하고 높게 유지되며, 따라서 경제가 생산량의 일부를 저축할 수만 있다면 자본은 인구증가율보다 빠른 속도로 증가한다는 사실을 알 수 있다.

피케티가 추정하는 탄력성 범위의 상단에서도, 영원한 성장이 지속되려면 저축률은 상당히 높아야 하고 인구증가율은 낮아야 한다. 하지만 피케티가 생각하는 두려운 상황, 즉 대체탄력성은 높고 인구증가율은 낮은 경우가 발생하면, 솔로의 성장모델은 경제가 무한성장할 것임을 의미하게 된다.

자본 과세

자본에서 발생하는 불평등의 증가에 대처하기 위해 피케티가 제안한 주요 정책이 누진 자본세다. 하지만 이 정책이 바람직한 상황으로 전개되려면 피케티의 탄력성 추정치가 타당성을 갖춰야 한다. 탄력성이 1 이하면 자본세의 증가는 사실 자본의 몫을 증가시킬 것이다. 이에 반해 자본세가 감소하면 β가 증가하면서 자본의 몫이 감소하고 이에 따라 불평등 수준이 줄어든다.

자본 과세를 지지하는 전통적인 논거는 피케티의 의견과는 반대로, 대체탄력성이 낮기 때문에 자본 과세의 복지비용이 낮다고 주장한다. 사람들은 세금을 피하기 위해 자신들의 행동습성을 바꾸기 때문에 과세에는 복지비용이 포함돼 있다. 자본 과세에 복지비용이 포함되는 것은 사람들이 자본이 아닌 형태로 자산을 소유하여 자본세를 피하려 하기 때문이다. 챔리^{Chamley}는 자본 과세의 복지비용은 탄력성에 따라 증가한다고 생각한다. 다시 말해 탄력성이 2에서 0.6으로 줄어들면 복지비용은 약 3분의 2만큼 줄어든다는 것이다.[28] 따라서 자본 과세의 복지비용은 이전 단원의 추정치를 고려해보면 피케티의 추정치보다 훨씬 낮다.

자본의 몫의 증가에 대한 대안적 설명

만약 피케티의 설명이 정확하지 않다면, 자본의 몫은 왜 증가했는가? 자본의 몫은 계속 증가할 것인가? 이번 단원에서 나는 두 가지 가능성 있는 설명, 즉 세계화와 노동절약형 기술 변화를 검토해보겠다.

세계화

노동의 몫의 하락에 관한 가장 훌륭한 대안적 설명은 선진국들이 세계무역량을 점점 더 증가시키고 있다는 것이다. 대부분의 연구가 미국의 사례를 검토했으므로 미국에 초점을 맞춰 설명하겠다. 미국의 수입량이 GDP에서 차지하는 비중은 1970년부터 2010년까지 3배로 (1970년 5퍼센트에서 2010년 약 16퍼센트로) 증가했다. 특히 중국과의 무역량은 급속도로 증가해 1985년 미국의 전체 재화 수입량 중 1퍼센트에서 2010년 19퍼센트까지 성장했다.[29] 이처럼 중국과의 무역량이 크게 증가한 것은 중국의 급속한 경제 성장과 2001년 12월 중국의 세계무역기구WTO 가입 때문이었다.

미국의 노동집약적 생산이 노동력이 풍부한 국가로 이동하면 무역량이 증가

하면서 노동의 몫은 줄어들 수 있다. 실제로 엘스비Elsby, 호비진Hobijin, 사힌Sahin
은 수입에 보다 의존하는 산업일수록 노동급여의 지분이 줄어든다는 사실을
알아냈다.[30] 1993년부터 2010년 사이에, 수입의존도가 추가적으로 1퍼센트 상
승하는 산업에서 노동급여의 비중이 0.87퍼센트 감소한 것이다.[31] 이 결과를 예
를 들어 설명하면, 미 제조업 전체의 경우 해당 기간 동안 중국으로부터의 수
입이 늘어나 노동급여의 몫은 약 8퍼센트나 감소한 것이다. 실제 당시의 수입
증가량은 1993~2010년 사이의 총 노동소득 비중의 감소분 중 약 85퍼센트를
설명할 수 있다.

　이러한 노동의 몫의 감소는 고용 감소, 임금 하락 혹은 둘 다에 기인한 것으
로도 볼 수 있다. 애스모글루와 동료 학자들은 중국과의 무역량이 증가하면서
2000년대에 들어 미국에서의 일자리가 200만~240만 개가량 감소한 것을 발
견했다.[32] 오터Autor, 돈Dorn, 핸슨Hanson은 중국 제품 수입량의 증가가 미국 각 지
역 노동시장에 어떤 영향을 미치는지를 연구했다. 그들의 연구에 의하면 일부
노동시장은 중국으로부터의 수입이 빠르게 증가하는 제조업 분야에 집중적으
로 노출돼 있었다.[33] 이러한 노동시장에서는 고용과 임금 모두 영향을 받는 것
으로 드러났다.[34] 10년간 노동자 1인당 중국으로부터의 수입이 1000달러 증가
한 반면, 지역 노동시장에서의 제조업 고용률은 0.6퍼센트 혹은 4.2퍼센트 하락
했고, 전체 고용률은 0.77퍼센트 하락했다. 같은 기간, 임금은 0.75퍼센트 하락
했다. 노동자 1인당 중국 수입이 90퍼센트까지 증가한 지역 노동시장의 경우,
2000년부터 2007년까지 중국 수입에 대한 노출이 증가하면서 고용과 임금은
모두 약 3.25퍼센트 감소했을 것이다.

　저자들은 이어서 제조업과 비제조업 분야를 나누어 각각 고용과 임금의 변
화를 조사했다. 그들은 경제적으로 상당하고 통계적으로도 유의한 수준의 고
용 감소를 포착했으나, 임금은 제조업 분야에서는 유의미한 감소를 보이지 않
았고 심지어 비제조업 분야에서는 상승하는 결과를 관측했다. 게다가 체트베
리코프Chetverikov, 리르센Larsen, 파머Palmer는 무역 증가로 인한 임금 하락의 가장 큰
타격을 받는 이들은 저임금 노동자들이라고 주장했다.[35] 따라서 수입경쟁은 서

로 다른 산업에 종사하는 노동자들의 고용과 임금에 서로 다른 영향을 행사함으로써 소득에서의 노동의 몫에 변화를 가져올 공산이 크다.

제조업 고용은 여러 경로를 통해 하락할 수 있다. 노동집약적 제조 기업들은 산업을 떠나거나 고용확대를 늦추거나 혹은 보다 자본집약적인 상품을 생산하는 선택을 할 수 있다. 버나드Bernard, 젠센Jensen, 쇼트Schott는 중국 같은 저임금 국가로부터의 수입량 변화를 산업 수준에서 연구함으로써 위의 세 가지 경로의 증거를 찾아냈다.[36] 저임금 국가의 수입품목들이 보다 크게 증가하는 산업의 제조업체들은 산업을 떠나거나 낮은 고용률을 유지할 가능성이 크다. 비록 이런 영향이 동종 산업에서도 보다 자본집약적인 기업에게선 더 적게 나타나긴 하지만 말이다. 또한 이들 기업은 기존보다 더 자본집약적인 제품을 생산하는 방향으로 바꿔 수입경쟁을 피하는 방법을 택할 가능성도 있다.

수입경쟁의 증가는 기업들이 노동자의 교섭력을 축소시키거나 경쟁을 위해 생산성을 제고하도록 강요하는 등 기업 운영방식에도 영향을 미칠 수 있다. 슈미츠Schmitz, 던Dunne, 클리멕Klimeck은 철광석 채굴업과 시멘트 산업의 기존 업체들이 업무 관행을 변화시키면서 갑작스런 수입경쟁 증가에 대응하는 방법을 연구하고 있다.[37] 이들 산업의 노동조합 계약은 작업별로 지정된 직원들만 해당 일을 수행할 수 있도록 명시했다. 시멘트 산업의 경우 조합 계약은 해고 시 근속연수가 짧은 직원부터 해고하는 엄격한 선임권을 바탕으로, 새로운 장비나 생산공정의 도입으로 인한 해고를 금지시켰고 외부 업체에 하도급 업무를 주는 것을 막았다. 근로연차가 높은 선임 근로자나 보수 작업자 등 특정 형태의 노동이나 혹은 노동 전반적으로 (자본으로의) 대체를 제한함으로써, 이런 계약 요건은 고용과 노동의 몫을 증가시켰을 것이다. 하지만 수입경쟁이 매우 치열해지면서 이런 요건들은 거의 삭제됐고 생산성과 노동 대비 자본의 비율은 증가했다.

블룸Bloom, 드래커Draca, 반 리넨Van Reenen은 중국 상품 수입경쟁으로 인해 기업 혁신을 측정하는 다수의 척도, 즉 총 요소생산성TFP(total-factor productivity), 특허, IT에 대한 투자 등이 상승했고, 초기에 높은 수준의 혁신기술을 보유한 기업을 중심으로 산업구조가 개편되는 결과로 이어졌음을 알아냈다.[38] 이런 혁신이 노동절약형 기술로 이어진다면 혁신은 노동의 몫을 줄일 수 있다. 이 학자들은 고도의 혁신기술을 보유한 기업들에선 그 정도가 덜하긴 했지만, 중국의 수입경쟁에 더 많이 노출될수록 고용이 줄어든다는 사실을 확인했다. 그러나 혁신기술의 개선이 고용의 감소와 연관이 있는지는 불분명하다.

노동절약형 기술 변화

기술 발전을 연구하는 경제학자들은 증기력이나 전기 같은 '범용기술'의 적용이 경제 전반에 걸쳐 광범위한 영향을 주었다는 사실을 확인했다.[39] 가장 최근의 범용기술은 지난 수십 년간 이어진 컴퓨터 연산능력 향상과 정보기술의 발전으로 가능해졌다. IT 혁명이 '기술적 실업'으로 이어지고, 자본의 몫의 증가를 설명할 수 있을까?

오터[Autor], 레비[Levy], 머메인[Murmane]은 새로운 자동화 기술이 생산에 어떤 영향을 주는지를 이해하는 틀을 제공한다.[40] 그들은 새로운 자동화 기술이 '일상적인' 노동이라 부르는 노동(분명하고 체계적인 업무와 관련된 노동)을 대체하고, 높은 수준의 문제해결 능력, 창의력, 설득력과 같은 능력을 요구하는 '추상적인' 업무와 관련된 노동을 보완한다고 주장했다. 반면 용역업무 혹은 요리와 같은 '육체' 노동은 신기술의 영향을 훨씬 덜 받는다. 오터, 레비, 머메인은 자동화로 인해 일상적인 중간 기술 업무가 점차 사라지고, 높은 숙련도를 요구하는 추상적인 작업과 숙련된 기술이 필요 없는 육체노동에 대한 수요가 증가하면서, 새로운 자동화 기술이 직업 양극화 현상으로 이어진다는 점을 보여주었다.[41]

이런 직업 양극화 현상이 다양한 직종에 종사하는 노동자들의 임금과 고용에 영향을 미치는 것은 분명하지만, 이것이 전체 노동의 몫에 어떻게 영향을 미치는지는 매우 불분명하다. 첫째, 동일한 산업 내에서도 새로운 자동화 기술 도입으로 반복 업무 종사자의 임금이 줄어드는 한편, 추상적인 업무 종사자의 임금이 상승해 전체적으로는 균형을 이룰 수도 있다. 둘째, 소득에서 노동 비중의 변화는 임금 하락 시 산업 내에서 노동 수요가 얼마나 빠르게 증가하는지, 근로자들이 변화하는 노동시장의 수요에 맞춰 얼마나 잘 기술을 계발할 수 있는지, 그리고 이러한 근로자들에게 또 다른 기회를 얼마나 제공할 수 있는지 등에 달려 있을 것이다.

현금자동입출금기[ATM] 도입을 예로 들어보자. 기기의 명칭이 암시하듯이 ATM은 은행 창구직원과 똑같은 기능을 수행할 수 있다. 하지만 베센[Bessen]의 지적처럼 ATM 도입으로 사실상 고용이 증가했는데, 이는 은행 지점 운영비용이 하락하면서 지점의 수가 늘어나고, 지점들에서는 텔러들을 단순한 직원이 아닌 '고객관리원'으로 활용하기 시작했기 때문이다.[42] 배스커[Basker], 포스터[Foster], 클리멕은 풀 서비스를 제공하는 주유소를 셀프서비스 주유소로 전환하는 경우를 연구했다. 고객은 주유소 직원이 수행했던 노동을 직접 대신해야 한다.[43] 배스커, 포스터, 클리멕은 셀프서비스를 채택한 주유소는 비용절감을 통해 고객에게 낮은 가격이라는 혜택을 줌과 동시에 주유소의 고용과 급여지불총액은 줄어드는 한편, 주유소와 붙어 있는 편의점에 고용된 노동자들로 인해 주유소 업계의 고용은 증가한다고 주장했다.

오터, 돈, 핸슨은 지역 고용시장에서 자동화와 무역의 영향력을 평가함으로써 이들의 영향을 보다 직접적으로 비교했다.[44] 그들은 자동화 기술이 직업별 고용의 양극화를 가중시키지만 순 고용은 감소시키지 않는다는 사실을 알아냈다. 다만 중국과의 무역 증가는 고용의 감소로 이어졌음을 확인했다.

보드리[Beaudry], 그린[Green], 샌드[Sand]는 노동의 몫이 가장 많이 줄었던 2000년대의 양극화 가설을 연구했고, 추상적인 노동 분야에서의 고용과 임금이 줄어든 것을 발견했다.[45] 그들의 모델은 추상적인 업무를 지식자본을 창출하는 것으로 정의한다. 1990년대 기술이 발전하면서 기업은 지식자본을 창출하기 위해 일시적으로 추상적 업무 종사자들을 고용했는데, 그 이후부터는 이미 축적한 지식을 유지하는 데 필요한 만큼만 고용했다. 따라서 2000년대의 추상적 업무 종사자들의 고용과 임금은 하락한다. 금융 위기로 2000년대 후반 노동시장의 구조적 변화에서 경기순환 효과를 분리해내는 것이 어렵게 됐지만, 보드리, 그린, 샌드는 기술력이 소득에서의 노동의 몫 하락에 책임이 있을 수도 있다는 증거를 제시한 것이다.

향후 노동의 몫의 변화

세계화로 인한 노동의 몫의 하락이 더 이상 크게 진척될 것처럼 보이진 않는다. 무역장벽은 이미 많이 낮아졌다. 중국은 지난 30년간 큰 규모로 빠르게 성장하면서 완전한 경제독립국으로 자리 잡은 유일한 국가다. 게다가 미국은 국제시장의 경쟁 심화로 인해 노동집약적 제조업에서의 고용이 이미 많이 줄어들었다.

만약 노동절약형 기술 발전이 최근 노동의 몫의 하락에 책임이 있는 것이라면, 이 하락은 영원히 계속될 것인가? 이에 답하기 위해선 기술혁신 생산모델이 필요하다. 기술 발전의 수준과 방향은 그로부터 얻은 이윤에 따라 달라질 공산이 크다. 노동의 몫이 이미 상당히 하락했고, 이에 따라 값싼 노동력이 가용한 국가에서는 노동절약형 기술을 장려할 이유가 거의 없다. 이것이 애스모글루가 알아낸, σ가 1보다 작고 혁신이 노동생산성 A^L을 증가시키는 방향으로 일어날 때, 즉 노동력 부족으로 인해 노동절약형 혁신이 권장될 때 나타나는 현상이다.[46] 이런 모델은 노동력이 상대적으로 부족한 미국이 19세기에 영국보다 빨리 성장할 수 있었던 이유(이는 하박국Habakkuk 가설로 알려져 있다), 혹은 노동력이 풍부한 중국이 아닌 유럽이 산업혁명을 경험했던 이유를 설명할 수 있다.

애스모글루는 기술 진보를 고려하여 장기적으로 요소(자본이나 노동)의 몫이 안정적으로 유지되는 기술발전을 내생화하는(외부로부터 결과가 아닌 경제체제 내부에서 성장하는-옮긴이) 모델을 고안했다.[47] 그의 모델에서 보면 A^K와 A^L이 호전된 것은 기술개발(R&D) 분야에서 이윤을 극대화하려는 노력의 결과다. 균형성장경로에서 모든 기술 발전은 노동력을 증대시키는 방향으로 일어나지만 A^K와 A^L은 성장 경로 위의 각 지점에서 모두 상승할 수 있다. 자본생산성(A^K)과 노동생산성(A^L)을 개선하는 것에 대한 보상은 자본의 몫에 달려 있다. 즉 자본의 몫이 장기적 균형점보다 높게 나타나면 자본생산성(A^K)을 향상시키는 것에 대한 보상이 많아진다. A^K가 상승하면 자본의 몫이 줄어든다. 결국 균형점에서 기술의 발전은 소득에서의 각 생산요소의 몫을 안정화시키며, 따라서 피케티가 생각하는 노동의 종말론적 상황은 발생하지 않는다.

결론

《21세기 자본》에서 피케티는 경제 성장의 둔화가 자본의 몫에 어떤 영향을 주는지를 설명하기 위해 경제 성장모형을 이용했다. 그의 모델에 따르면 낮은 성장률은 자본/생산 비율을 증가시킨다. 자본/노동 대체탄력성이 1 이상인 상태에서 자본/생산 비율이 증가하면 자본의 몫 또한 증가한다. 따라서 피케티는 자본/생산 비율과 자본의 몫이 역사적으로 동조화하는 현상이 나타났다는 사실을 이용해, 자본/노동 대체탄력성은 1보다 훨씬 높게 나타난다고 추정했다.

피케티의 확인방법은 자본증대 기술 A^K가 시간에 따라 일정하거나, 자본/생산 비율의 변화와 상관관계가 없다는 기술에 관한 중요한 가정을 필요로 한다. 이런 가정을 완화하여 기술 변화의 편향을 허용하자 집계시계열 자료를 이용한 대체탄력성 추정치는 대체적으로 1보다 낮게 나타났고, 피케티의 추정치를 훨씬 밑돌았다. 미시적 대체탄력성 추정치들 또한 1보다 훨씬 낮게 나타난다. 거시적 대체탄력성을 추정하기 위해 미시적 추정치들을 이용하는 종합 프레임워크 또한 탄력성이 1 이하라는 사실을 보여준다. 따라서 노동의 몫의 감소에 관한 피케티의 설명은 정확하지 않은 듯하다.

노동의 몫의 감소에 관한 두 가지 대안적 설명은 세계화와 노동절약형 기술의 발전이다. 산업계와 지역별 노동시장에 걸친 차이를 포함한 상당수의 증거는 중국과의 무역 증가와 더불어 미국에서의 노동의 몫이 줄어들었다는 점을 지적한다. 여기엔 여러 메커니즘이 작용하는 듯하다. 노동집약형 생산자들은 수입경쟁에 대응하기 위해 산업을 떠나거나, 생산을 줄이거나, 생산품목 혹은 업무관행을 바꿀 수도 있다.

현재 나타난 기술 진보에 관한 증거는, 자동화 기술이 발전하면서 신기술로 대체될 수 있는 일상적인 노동의 수요를 줄이고, 추상적 노동의 수요를 증가 시킴으로써 노동을 양극화했다는 점을 지적한다. 하지만 자동화가 전체 노동의 몫을 감소시켰는지에 대해서는 증거가 부족하다. 내생적 기술발전과 함께 노동의 몫의 감소는 결국 기술 변화로 인해 다시 상승할 수도 있다. 기술이 노동의 몫에 어떻게 영향을 미쳤는지를 이해하기 위해서는 보다 많은 연구가 필요하다.

정치경제학
관점에서 본 W/Y

Suresh Naidu
── 수레쉬 나이두 ──

경제학자. 캘리포니아 대학UC Berkeley에서 박사학위를 받고 MIT 경제학과 조교수로 재직중이다. 정치적 전환의 경제 효과에 관심이 많은 그는 노동경제 학회지, 경제 및 통계 리뷰 등에 공저자로 여러 번 이름을 올렸다. 이 책에서 그는 피케티가 말한 불평등의 증가를 권력과 계급투쟁의 관점에서 바라보며, 정치경제학 이론에서의 권력의 역할을 고민한다.

경제학자 수레쉬 나이두는 '길들여진domesticated' 피케티 모형과 '야생의wild' 피케티 모형을 구분하면서 부의 역학에서 발생하는 불평등 증가를 모델링하는 작업에 도전했다. 그러나 그는 피케티와 달리 신고전주의적 생산 이론에 의존하지 않는다. 대신 자본총량에 대한 시장 평가가 자본 소유자들이 국민생산에 대해 주장할 수 있는 미래의 권리뿐 아니라 금융 부문이 그러한 권리를 할인discount하는 비율에까지도 영향을 줄 수 있다는 생각을 진지하게 받아들인다. 나이두의 모형은 피케티의 신고전주의 모형보다 정치 영역의 관련성을 더 많이 보여주며, 따라서 피케티의 글로벌 부유세를 뛰어넘는 자본 분배 및 금융 부문의 수익 통제 정책들을 제시한다.

불평등 이해의 갈림길

거의 성공을 거둔 피케티

조앤 로빈슨Joan Robinson은 〈케인즈 학도가 마르크스주의자들에게 보내는 공개 질의서〉에서 다음과 같이 썼다. "리카도Ricardo는 잘 훈련받은 두 명의 재능 있는 제자를 거느렸다. 바로 마르크스와 마샬Marshall이다. 한편 영국의 역사는 막 전환점을 맞았고 더 이상 지주들이 문제가 아니었다. 이제 문제는 자본가들이었다. 마르크스는 리카도의 주장을 '자본가들은 지주들과 흡사하다'라고 바꾸었다. 그리고 마샬은 이를 다른 식으로 표현했다. '지주들은 자본가들과 흡사하다.'"[1] 《21세기 자본》에서 피케티는 헨리 조지^{Henry George}나 이전의 수많은 좌파 경제학자들처럼 거꾸로 되었다고 생각하는 주장을 바로 잡는 마르크스주의자들의 방식을 사용했다. 피케티는 현대의 자본이 지대의 원천인 토지와 흡사하다고 주장한다. 자본은 비탄력적으로 공급되고 공급 과정에서 기회비용이 적은데도 불구하고 총소득의 일정 부분을 차지하며 그 영향력과 불균등한 분배가 결국 우리를 신봉건주의적 도금시대로 되돌아가게 만들기 때문이다. 따라서 현대 자본이 지배하는 경제는 자본소득자 경제^{rentier economy}, 즉 악덕 자본가와 귀족, 분배를 둘러싼 사회적 갈등, 부자들이 장악한 정부로 특징지어지는 경제로 귀결된다.

그러나 피케티도 자신의 전략을 성공시키지는 못했다. 그 자신이 구축한 마셜식의 장치에 갇혀버렸기 때문이다. 이 장치에서 자본(부)은 미래의 생산에 대한 권리라기보다 축적된 저축의 총량으로 취급되기 때문에 기생충(사회적으로 유용한 기능을 하지 않는다는 의미-옮긴이)인 지주들이 소유한 리카도식 토지와는 차이가 있으며 오히려 신고전주의적 경제의 자본, 즉 절약에 대한 사회적으로 유용하고 적절한 보상에서 나온 수익에 가깝다.

피케티의 책이 보여주듯이 자본은 부동산부터 기업의 주식 및 대출금 같은 금융자산, 심지어 노예에 이르기까지 굉장히 다양한 형태를 띤다. 부는 미래의 자원에 대한 권리로 개념화되는 것이 가장 정확하다. 부는 기계, 주택, 특허, 유전 같은 자산에 대한 지속적인 재산권을 사들여 얻게 되는데, 이 재산권은 생산적(사람들이 이를 사용하기 위해 입찰을 하는 경우)이거나 착취적(법적 소송을 피하기 위해 값을 지불하는 경우)이다. 부의 특징이 어느 쪽이냐는 중요한 문제이며 경제에서 얼마나 많은 몫을 주장하는지에 따라 달라진다. 투자한 자본에 비해 많은 생산량을 산출할 수 있는 경제라면 자본 소유자에게 갚아야 할 몫을 쉽게 돌려줄 수 있다. 하지만 경제 전체적으로 생산량이 비교적 적다면, 자본 소유자에게 채무를 갚기 위해 훨씬 많은 공적자원을 사용해야 할 것이다. 《21세기 자본》은 세계경제 성장률(g)이 둔화됨에 따라 자본을 세계적 차원의 세금으로 묶어두어야 하며, 그렇게 하지 않으면 새로운 유형의 지대-소유자 계층이 점점 더 많은 사회적 파이를 게걸스럽게 집어삼킬 것이라고 시사한다.

피케티의 책은 뛰어난 대중 경제학의 본보기다. 피케티는 독창적인 방법을 통해 신중히 구조화시킨 데이터와 수학적 모형에서 영감을 얻되, 여기에 얽매이지는 않은 분석을 토대로 역사적 그리고 실질적으로 중요한 통찰을 이끌어 내었다.

이 책이 일반적인 경제서는 아니다.

그러나 많은 좌파 경제학 서적과 달리, 경제학자들은 이 책을 (좋든 나쁘든) 경제학서로 인정할 것이다.

이 책은 그 모형에서는 아니더라도 서술에서 정치를 분석의 중심에 두었다. 피케티가 정리한 통계자료에서 볼 수 있는 큰 변동들은 정치와 정책이 원동력이 되었다. 그러나 정치는 모형의 외생적 요인이지 프레임워크의 내생적 부분이 아니다. 따라서 피케티는 자본과 노동에 대한 수요와 공급이라는 '시장의 기본법칙'과 정치와 정책의 독립적 역할이라는 똑같이 위험한 두 가지 대안 사이를 정교하게 항해해야 했다.

길들여진 피케티 모형

피케티의 저서에는 두 가지 해석이 뒤섞여 있다.

그 첫 번째인 '길들여진 피케티' 모형은 매우 표준적인 모형이다. 이 모형에서는 저축률이 개인별로 상이하고 확률 과정을 따르며, 자산수익률은 보장할 수도, 투자를 여러 자산군에 분산할 수도 없다. 시장은 경쟁시장을 가정한다. 또한 자본/노동의 대체탄력성이 1보다 큰 생산 함수와 평등주의적 능력주의라는 사회후생함수가 포함된다. 길들여진 피케티 모형은 경제학자들이 좋아할 만하다. 긍정적이고 수량화할 수 있는 경제 모형과 검증 가능한 예측들을 잘 정의된 사회적 목표함수의 맥락에서 결합시켰기 때문이다. 또한 최적의 정책 처방을 도출하는 데다 공동저자들과의 논문들에 명확한 설명이 제시되어 있다. 그리고 정책 결과로 최적의 부유세 공식을 산출한다.

그러나 이 모형에는 제도와 정치가 빠져 있기 때문에 피케티의 프로젝트를 통상적인 거시 재정학적 프레임워크의 (인상적인) 연장선처럼 보이게 만든다.

피케티의 이러한 해석을 크루그먼은 칭송했고 많은 학자 중에서 특히 애스모글루나 로빈슨²은 '자본주의의 일반 법칙'을 추구했다며 강력하게 비판했다. 나는 이 모형화 작업이 대단하다는 것은 인정하지만, 길들여진 피케티 모형이 그가 의도했던 목적에는 맞지 않다고 생각한다. 피케티는 부의 불평등의 역사적 변화를 연구하고자 했다. 부/연간소득 비율의 실증적 변동과 그에 따른 부의 불평등의 변천을 설명하는 제도적 변화들을 평가하려 한 것이다. 이 제도적 변화에는 금융시장의 역할, 전반적인 시장 구조, 수입을 둘러싼 기업 간 협상 등이 포함된다. 하지만 길들여진 피케티 모형은 적어도 이 세 가지 부분에 대해서는 거의 설명하지 않는다.

야생의 피케티 모형

그러나 돌파구가 될 만한 다른 무언가의 싹도 보인다. 바로 '야생의 피케티' 모형이다.

이 모형은 길들여진 피케티 모형과는 다른 관점을 제시한다. 야생의 피케티 모형은 자본이란 오늘의 소득을 미래 소득에 대한 안전한 권리로 바꾸는 연금술이며 이러한 권리가 자산시장에서 거래되는 것이라는 관점으로 경제를 바라본다. 이 관점에서 보면, 기업 지배구조, 금융기관, 노동시장 제도, 정치적 영향력 등이 W/Y와 부의 분배 결정에 큰 부분을 차지한다. 피케티는 책, 인터뷰, 여러 언론 등 다양한 곳에서 이 모형을 시사한 바 있다. 이 모형에서는 자본을 제도적으로 정의되고 자산시장에서 거래되는 재산권으로 본다. 기업 지배구조와 토빈의 Q(기업의 시장가치를 자본의 대체비용으로 나눈 값-옮긴이)에 대한 생각, 아프리카의 외국인 투자와 취약한 재산권에 대한 전망, 노예가 순 자산인지 아닌지에 대한 숙고 등이 《21세기 자본》에서 길들여진 피케티 모형과 야생 피케티 모형이 차이를 나타내는 부분이다. 이런 관점에서 보면 자본은 소유자에게 통제, 배제, 양도, 현금흐름 등에 대하여 정치적으로 보호받는 권한을 부여하는 재산권들의 집합이다. 모든 재산권이 그렇듯, 자본에 대한 권리 설정과 방어에도 공권력, 법적 표준화, 합법성이 요구된다. 합법성의 경우, 자본에는 절도범, 도주 노예, 저작권 침해자, 농성 파업자, 집세가 밀린 세입자 같은 잠재적 위반자들에 대비해 약속된 소득 보장을 정부에 요구할 권리도 포함되어 있다.

정치경제학적 관점을 취하면《21세기 자본》에는 빠져 있지만 야생의 피케티 모형의 빈틈을 메우는 데 필수적인 금융, 시장 지배력, 내생적 정책수립에 관해 쓰는 데 도움이 될 것이다. 우리는 자본 축적을 허용하는 제도와 재산권을 정치 시스템에 내재된 요소로 볼 수 있고 따라서 다양한 사회집단 사이의 정치권력의 균형에서 나온 결과로 이해할 수 있다.

이런 제도들 중 눈에 띄는 것이 금융 부문의 구성이다. 부는 여러 자산의 가격 가중합으로 나타나는데, 여기서 가격이란 급변하는 미래의 기대치를 오늘날의 가치로 환산한 것으로 그 수치는 금융시장에서 정해진다. 부/소득 비율이 높으면 효율적이진 않더라도 포괄적인 금융 중재가 나타난다. 자산은 소비자에게 판매되는 상품과 서비스를 생산하기 위해 노동자와 생산을 준비하는 데 사용되고, 해당 자산의 소유자에게 발생하는 소득 흐름은 노동자에게 지급하는 임금과 소비자들이 치르는 가격에 따라 달라진다. 따라서 상품시장 및 노동시장의 작용, 그리고 경쟁, 임금, 고용을 규제하는 제도가 부의 소유자들이 가져가는 소득의 몫을 결정할 것이다. 마지막으로, 자산이 발생시키는 미래의 소득 흐름을 보호하려면 단지 조세제도뿐 아니라 다양한 방법으로 국가를 효율적으로 이용해야 한다. 오늘날의 소득 불평등은 내일의 불평등을 담고 있는 정치 체제를 형성하여 악순환을 되풀이하기 때문이다.

결국 정치경제학적 관점은 부의 불평등의 규범적 문제가 무엇인지 좀 더 명확히 파악하도록 해준다. 피케티는 부의 불평등과 자본소득자들의 사회가 비민주적이라고 여러 번 언급했지만, 이들 사이의 관련성은 명시하지 않았다. 왜 부의 극단적인 불평등은 필연적으로 정치권력의 불평등을 암시하는가? 부를 자원 그 자체가 아니라 공권력의 보호를 받는 권리로 이해하면, 부의 불평등이 깃든 비민주적 성격이 훨씬 명확해질 것이다.

W/Y의 결정요인을 보는 대안

W/Y=s/g

피케티의 기본 모형은 부의 역동적 축적을 중심으로 다루는데, 그 공식은 다음과 같다.

$W_{t+1} = sY_t + W_t$ 여기에서 s는 저축률, Y는 소득, W는 자산(부)을 나타낸다.

$Y_{t+1} = (1 + g)Y_t$ g는 국내 총생산GDP 성장률이다. 첫 번째 식의 양변을 두 번째 식으로 나누고, 정상상태를 살펴보면 다음과 같은 결과를 얻는다.

$$W / Y = s / g$$

이 공식은 가계(그리고 법인)의 평균 저축률과 경제 성장률을 강조한다. 이 식에서는 자본/생산 비율이 마치 가계와 기업의 (감가상각을 반영한) 저축률과 혁신·인적자본 축적·인구증가 등의 속도 사이의 비율에 의해 결정되는 것처럼 보인다. 그러나 이런 요인들은 분명 중요하긴 하지만 상당히 기계적이기도 하다. 이 요인들은 언뜻 보면 제도적 장치에 따라 변하지 않는 것처럼 보인다. 그런데 이 공식은 자본주의뿐만 아니라 계획 경제에도 적용될 수 있다. 따라서 사유재산을 허용하는 자본주의 제도를 이해하기 어렵게 만든다.

*W/Y*와 **부자들의 상대소득**

소득에서의 자본의 몫 α는 $\alpha = \dfrac{rs}{g}$ 로 구할 수 있는데, 여기서 r은 수익률을 의미한다. 따라서 경제의 부/연간소득 비율(W/Y)은 r이 g를 따라 감소할 경우 소득 흐름의 불평등 측면에서 큰 의미가 없다. 그러나 g는 감소하고 r은 상대적으로 일정하게 유지되면 비율과 총소득에서 자산가의 몫이 모두 증가한다. 자본의 몫을 증가시키는 상승압력이 지속적으로 작용한다는 생각은 마르크스가 《임금노동과 자본Wage Labor and Capital》에서 설명했던 바로 그 아이디어의 일반화된 형태다. 피케티는 여기에서 제시된 주장을 받아들인 뒤 마르크스주의적 가치 이론의 형이상학적 잡동사니들은 버리고 소득과 부에만 초점을 맞추었다. 그리하여 세금, 인구조사, 공증기록에 남아 있는, 오랜 기간에 걸쳐 측정 가능한 실증적 규모를 집중적으로 분석했다. 그러나 주장의 종착지는 비슷하다. 즉, 장기적으로 생산량의 대부분을 결국 자본가들이 소유한다. 차이점은 이 결론에 도달하는 메커니즘에 있다. 피케티는 임금과 생산성이 지속적으로 증가하는 것이 아니라 수익률은 일정하고 생산성 증가율은 감소하는 모형을 제시했다. 그러나 두 메커니즘 모두 시간이 지남에 따라 점점 더 많은 소득이 자본으로 전환될 것이라는 전망은 공유했다.

피케티에 따르면 마르크스는 경제 성장을 상쇄시키는 힘을 간과했다. 새로운 혁신, 인구성장, 경제활동 증가는 제각기 국민생산과 노동소득을 증가시킨다. 이들은 특히 임금재화wage goods의 생산 과정에서 발생하는 기술적, 조직적 진보에 해당하는데, 개인의 노동력 가치는 떨어뜨리지만 노동소득의 몫은 증가시킬 수 있다.

그러나 내 생각에는 이보다 좀 더 미묘한 무언가가 있다. 피케티는 자본수익률을 성장률보다 높게 책정했다. 반면 마르크스는 '실업 예비군'(자본주의하에서 필연적으로 발생하는 실업자들을 나타내는 말-옮긴이)이 항상 존재한다는 이론을 바탕으로, 임금을 '역사적이고 도덕적인' 생존 수준으로 책정했다. 그러므로 마르크스의 프레임워크에서는 '역사적이고 도덕적인' 생존 수준이 높아지기 전까지는 모든 생산성 증가가 자본에게 돌아간다. 반대로 피케티가 선호하는 경쟁 모형에서는 생산성 증가가 고용시장에서 노동자를 고용하기 위한 기업들의 경쟁을 통해 노동자에게 전이되며, 따라서 노동자의 임금이 올라간다. 그러므로 피케티가 자본의 몫이 증가한다는 결론을 얻으려면 전반적인 생산성 향상이 자본수익률보다 낮아야 한다.

하지만 두 사람의 이론 모두, 시간이 지나면서 생산량에서 자본으로 전환되는 몫이 증가할 것이란 경험적 예측은 동일했다. 마르크스는 경제 성장률이 일정하고 제도와 실업 예비군에 의해 임금은 고정된 경우를 가정했고, 피케티는 자본수익률이 고정되어 있고 경쟁시장에서 노동소득을 증가시키는 각종 생산성 증가율은 떨어지는 경우를 가정했다. 또한 피케티는 자본 수요가 탄력적이고 자본 공급은 비탄력적이라고 한 반면, 마르크스는 노동 수요가 비탄력적이고 노동 공급은 탄력적이라고 가정했다. 어쨌든 두 경우 모두 이익은 결국 자본 소유자에게 돌아간다.

피케티는 경제 성장에 기여하는 이러한 요인들이 여러 세대의 경제학자들로 하여금 마르크스가 지적한 자본주의의 기본적 긴장을 경험적으로 틀린 것으로 묵살하도록 만들었다고 주장한다. 모든 산업국가에서 노동자들의 생활수준이 개선되고 있다고 해서 마르크스의 궁핍화 성장Immiserizing Growth 이론(한 국가의 경제 성장이 오히려 좋지 않은 결과로 이어질 수도 있다는 가설-옮긴이)을 부정할 수 있는가? 전후 시기의 광범위한 성장을 보며 많은 사람들이 소득의 시장분배를 낙관했던 것은 이러한 성장이 경제적, 정치적으로 얼마나 특이한 상황의 결과인지 제대로 이해하지 못했기 때문이다. 피케티의 주장에 따르면, 제1차 세계대전과 1970년대 사이의 기간은 역사를 통틀어 항상 경제 성장률보다 뚜렷하게 높던 자본수익률을 대규모 전쟁, 복지국가 및 과세정책이 억제하여 둘 사이의 격차가 한시적으로 격감한 역사적 시기였다. 피케티는 1970년대 이후로는 자본가들이 부활했다고 보았고, 이러한 역사를 바탕으로 자본주의의 기본 역학에 대한 새로운 아이디어를 발전시켰다.

$r>g$ 의 구조적 원인

그렇다면 왜 자본수익률은 구조적으로 경제 성장률보다 높은($r>g$) 경향을 보이는가?

피케티는 이를 단순히 추정한 것이 아니라 역사적인 사실로 주장했다.

$r>g$는 어쩌면 자본가들이 심지어 투자대상국의 자주권이나 정치적 안정성을 희생하고서라도 수익률이 높게 유지되는 해외투자를 지속적으로 찾을 수 있기 때문일 수 있다. 혹은 경제의 수요와 생산에 대한 패턴 자체가 자본이 노동을 아주 잘 대체할 수 있어서 자본의 증가가 자본수익률의 하락으로 이어지지 않기 때문일지도 모른다. 또한 우리 사회가 부를 정치적 혹은 특정 조직들의

영향력으로 승화할 수 있어서 자본수익률을 높게 유지할 수도 있는데, 이는 수요와 기술 같은 요소에만 집중하는 모형보다 높은 대체탄력성 값을 시사할 것이다. 또는 저축률을 결정하는 자본의 공급 측면에서의 어떤 힘에 기인하거나, 인간의 수명이 자본보다 짧기 때문에 우리가 미래의 자본총량에 저축이 미치는 영향을 신경 쓰지 않고 저축하기 때문일 수도 있다. 혹은 자본가들이 신중한 저축자이자 혁신적인 위험감수자, 부르주아적 미덕의 화신이라서 r은 그들이 위험을 감수하고서라도 투자하도록 유도하는 데 필요한 보상일 수도 있다.

그러나 이들 중 어떤 설명도 피케티를 만족시키지 못했다. 특히 불만스러운 부분은 최적 성장 이론의 한 축에서 파생된 설명인 '시점간 오일러 방정식 intertemporal Euler equation'이다. 이 설명에 따르면, 저축은 본인이 미래에 직접 할 소비든, 먼 미래 자손들의 부유하고 고급스러운 생활을 예상하는 현재의 정신적 소비든, 개인의 미래 소비를 위한 수단일 뿐이다. 저축에 관한 더 좋은 분석 방법은 부의 축적과 재산 그 자체가 목적인 모형을 고려하는 것이다. 피케티는 (이매뉴얼 사에즈와 함께) 학술논문에서 이 부분을 연구해왔다. '축적하라, 축적하라, 이것이 모세의 말이고 예언자들의 말이다'는 마르크스가 남긴 인상적인 문장이다. 하지만 이 말이 자본가가 투자하고 저축하는 동기를 정확히 설명한 것이라면, 부자들이 자산을 축적하도록 만드는 요인이 단지 미래의 소비를 실현하기 위해서만은 아닐 것이다. 그보다는 기업금융을 지속하려는 관성, 경제적 안정에 대한 만족을 모르는 탐욕, 사회적 정체성의 확보, 미래의 막대한 부나 다른 구조적 필요성에 의한 심리적 환상 때문일 것이다.

일종의 지대로서의 수익

예를 들어 아서 듀잉Arthur Dewing은 20세기 중반의 기업금융에 관한 권위 있는 논문에서 "사람들로 하여금 기업을 확장하도록 유도하는 동기는 대체로 경제적인 것이 아니라 오히려 심리적인 것 (……) 인간의 귀중한 유산인 '포식자 만행'이다"라고 지적했다. 여기에는 상속 동기도 포함되어 있는데, 축적의 한 가지 중요한 원동력은 유산을 받을 자격이 있는지, 없는지를 떠나 자녀들에게 부를 전달하고자 하는 욕구다. 그런데 이를 성격 변화라는 측면에서 생각해봐도 도움이 된다. 수명이 길어지면서(특히 부자의 경우) 유산과 미래 소비 간의 규범적 경계가 모호해졌다. 당신의 자녀가 당신과 다른 것처럼, 75세 때 당신의 자아가 현재의 당신과 다른 사람이 되는 것은 아닐까?

저축을 이런 식으로 생각하기 시작하면 자본 과세 문제는 훨씬 더 명확해진다. 자본의 공급이 부동산 쪽에 더 가깝고 발 없는 현금과는 다르다면, 기초 경제학은 자본에 대해 세금을 무겁게 매겨도 괜찮다고 제시할 것이다. 당신이 이런 세금을 받아들인다면 이 세금은 사라지지 않을 것이다. 그렇게 함으로써 심지어 사회적인 선을 행하는 것이 될 수도 있다. 사람들이 자녀에게 재산을 물려주기 위해 저축을 한다면 상속세의 기회비용은 노년기 소비가 아니라 신탁 기부금이 되기 때문이다.

이것은 또한 최적의 자본 과세가 0이어야 한다는 일부 고전 경제학의 (근거가 부족한) 이론적 결과들이 더 이상 유효하지 않다는 뜻이다. 여기에서 피케티는 유익한 연구 과제를 제시한다. 즉, 일단 소비 오일러 방정식에서 벗어난다면 불평등과 성장을 가장 잘 이해하기 위해 어떤 민간 저축 이론이 필요할까? 그리고 자본 과세 방법은 저축과 소비 간의 상충관계에 관한 문제라기보다 자본가들이 자금을 역외로 유출시키지 못하도록 글로벌 세금을 시행하는 방법에 관한 문제에 더 가깝다. 자본 공급은 전 세계적으로는 비탄력적일 수 있지만, 개별 국가에 대해서는 여전히 탄력적이기 때문이다.

$W/Y = \alpha/r$

이 공식은 문제가 없지만, 총저축에 대한 공급과 수요에 초점을 맞추고 있으며, 이것이 부를 설명하는 가장 좋은 방법이라고 가정한다. 그러나 데이터를 보면 자본이득과 자산가치 효과가 W/Y를 결정하는 데 매우 중요한 역할을 하는 것이 분명하다. 대부분의 동적인 모형들은 이 요인들을 단순한 일시적 효과 또는 임시적 거품이라고 말한다. 그러나 아마 일부 자산가치 효과는 핵심적인 역할을 할 것이다. 그렇다면 우리는 이를 어떻게 이해해야 하는가?

한 가지 방법은 다양한 청구인들로 가는 소득 흐름을 핵심으로 보는 '현금 관점$^{\text{money view}}$'을 취하는 것이다. 이 관점에서 기본 요소는 소유자의 교섭력(α) , 결과적으로 소유자에게 흘러가는 소득액(αY) , 그리고 금융시장에서 할인율 혹은 수익률로 설정되는 기업 재산권의 자본비용(r)(기업이 재산을 늘리기 위해 차입하는 자금의 가격이라는 의미에서 이자율을 자본비용이라 칭하기도 한다~옮긴이)이다. 논의를 단순화하기 위해 모든 소유자의 교섭력 α 가 동일하고, 자본화율 $r\text{-}finance$ 는 모든 기업에게 동일하다고 가정하자. 여기에서 나는 r 대신에 $r\text{-}finance$ 를 사용하여 자산에 적용되는 할인율을 저축수익률과 구분했다. 완전 금융시장이라면 이 값들이 동일할 것이다. 그러나 금융 중개가 이루어지는 불완전 금융시장에서 금융 부문이 제시하는 수익률은 $r\text{-}finance = r + ρ$ 이며, 여기에서 r 은 저축자의 수익률, ρ 는 이용자가 지불하는 금융서비스 비용이다.

소득에서 자본의 몫과 금융 수익률을 기본 요소로 두면 GDP 대비 전체 부는 다음과 같이 산출된다.

$$\frac{W}{Y} = \frac{\alpha}{r} = \frac{\alpha}{r^{\,finance} - \rho}$$

s/g와 마찬가지로 이 공식도 단지 회계적인 항등식에 불과하다. 하지만 민간의 부에 대한 다른 해석을 낳기도 한다. 즉 부는 단순히 과거에 축적된 저축이 유용한 자본재에 담겨 있는 것이 아니라 미래의 자원에 대한 미래지향적 권리라는 것이다. 이 견해에서 주의를 끄는 것은 부가 물리적 대상이나 사회적 사실로 구체화된 과거 저축액의 합계라기보다 재산소유자에게 흘러가는 자본화된 미래소득이라는 점이다.

계급투쟁, 교섭력, 계층 신뢰도, 자본화율

부 소유자의 시장 지위와 교섭력

$W/Y=\alpha/r$은 자산을 저축률 s와 경제 성장률 g외의 다른 두 요인들의 비율로 손쉽게 나타낼 수 있음을 보여준다. α와 r로는 성장 대비 저축률 분석처럼 데이터에 대한 훌륭한 회계분석을 할 수 있다. 첫 번째 조건인 α는 자산 소유자가 전유하는 소득의 몫이다. α는 자본의 생산성이 높아짐에 따라, 혹은 제도적 변화로 자본 소유자들이 기업들, 특히 최대 수익을 올리는 기업들로부터 더 많은 것을 손에 쥘 수 있게 됨에 따라 증가할 수 있다. 따라서 α는 유량변수인 소득이 재산권 소유자에게 얼마나 많이 가는지를 결정하거나 아마도 반영할 것이다. 이는 경제 전반에 걸친 교섭력의 분포를 반영한다. 두 번째 조건 $r\text{-}finance-\rho$는 금융 부문이 기업 등의 자산에 귀속시키는 수익률에서 중재로 얻는 몫을 뺀 값이다. 이 두 번째 조건은 금융시장이 최종적인 재산권의 가치를 매기기 위해 어떻게 사회적 기대치를 집계하는지를 반영해 암묵적 수익률을 산출한다. 따라서 소득에 대한 부의 상대적 가치는 '마르크스' 조건 α와 '케인즈' 조건 $r\text{-}finance-\rho$에 따라 달라진다.

구체적으로 말하자면, 금융거래 영역의 확대는 미래의 돈이 현재로 더 많이 저당 잡히도록 해서 오늘날의 재산권 가치를 올리고 그리하여 암묵적 할인율 $r\text{-}finance-\rho$를 낮춘다. '영국인들은 많은 것을 참을 수 있지만 2퍼센트 이하의 수익률은 못 참는다'는 말도 있을 뿐 아니라 자산의 실제수익률로 결정되는 $r\text{-}finance$는 일정한 반면 금융자본화 규모와 ρ에 의해 결정되는 암묵적 몫은 달라질 수 있다.

α에는 자본가들에게 권리가 주어지는 순수 임대료도 포함된다. 제약, 기술, 연예 같은 지적재산 집약적인 분야와 금융, 에너지 같은 분야는 모두 자본의 가치가 상당히 높다. 경제가 이 분야로 치중되어 있으면 W/Y증가의 한 요인이 될 수 있다. 글로벌 부동산 역시 마찬가지다. 글로벌 부동산은 집적^{agglomeration}, 정책, 제도로 인한 가치 증가를 자본화한다.

그러나 제품 시장, 기업 지배구조, 임금 결정 제도의 변화로 α에 보완적 변화가 발생할 수도 있다. α는 기업이 소비자와 노동자로부터 높은 수익을 얻을 수 있는 경쟁이 낮은 시장에서 높을 것이다. 산업 구조에서 알 수 있듯이, 기업의 수가 많다고 꼭 경쟁이 치열한 시장이라는 뜻은 아니다. 특히 판매되는 상품이 여러 종류이고 정보 마찰이 심할 때는 더욱 그렇다. 구직 모형models of job search에서는 소유자와 노동자 간의 소득 분배가 노동시장의 상황, 즉 근로자들이 일자리를 잃는 비율 대비 일자리 제의를 받는 비율에 따라 결정된다. 반면 효율성 임금 모형efficiency wage model에서는 모니터링 기술의 효과와 노동시장의 경색 정도에 의해 결정된다. 노동조합이 있는 모형에서는 노조의 파업 위협에 따라 정해진다. 그러나 이 세 모형에는 공통점이 있다. 즉 소유에서 오는 소득은 수익에서 임금을 뺀 값이므로 소득에서 노동의 몫이 낮아지면 자본의 몫은 늘어난다.

시간 경과에 따른 부 소유자들의 교섭력

도표 5-1은 노동자들의 교섭력을 기준으로 부의 불평등 패턴을 보여준다. 노동자들의 교섭력을 나타내는 불완전한 간접지표인 파업 비율은 U자 형태를 보이며 W/Y의 역U자 형태를 따라간다. 파업 비율이 노동자의 교섭력에 대한 훌륭한 간접지표는 아니지만 노조 조직률보다는 좀 더 나은 지표다. 역사적으로 파업이 일어난 뒤 전국노동관계위원회NLRB가 설립되었고 미국에서 노동자들의 힘의 원천은 아마도 노조 조직률 자체가 아니라 믿을 만한 파업 위협일 것이기 때문이다. 파업 비율을 α를 감소시키는 요인으로 생각하면 W/Y가 이 교섭력 기준에 따라 변화하는 것을 볼 수 있다.

노동자와 고용주 간의 기업 내부 교섭 너머에는 제품-시장 지배력이 존재한다. 일반적으로 수익이 증가하고 고정비가 높으며 한계비용이 낮은 곳에서는 독점이 만연할 것이다. 독점은 자원을 소비자로부터 재산소유자에게로 이전하기 때문에 이런 상황은 α가 증가하는 직접적인 메커니즘을 제공한다. 실제로 지난 15년간 생산성 증가율이 낮아진 데 대한 한 가지 설명은 '생산성 증가가 그만큼의 생산량 증가로 이어지지 않아서(독점자의 제한된 생산량 때문) 시장 지배력

도표 5-1: 금융 부문의 상대적 임금을 부의 불평등의 기준으로, 파업을 노동자 교섭력의 간접 지표로 사용하면, 교섭력이 낮은 시기가 불평등이 심한 시기와 일치함을 알 수 있다.

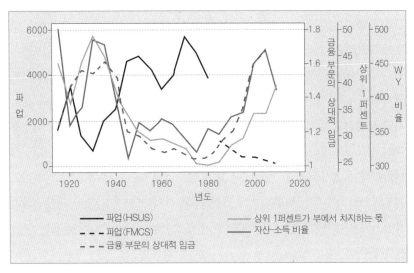

출처: HSUS와 FMCS의 파업, 피케티가 제시한 부/소득 비율(2014), 쥐크망(2016)이 제시한 상위 1퍼센트가 부에서 차지하는 몫, 필리폰Phillippon과 레셰프Reshef(2012)가 제시한 금융 부문의 상대적 임금 프리미엄을 보여주는 시계열도

의 역할이 커졌고 따라서 자본의 몫이 증가해도 총 요소생산성TFP(노동생산성뿐 아니라 근로자의 업무 능력, 자본투자금액, 기술도 등을 복합적으로 반영한 생산 효율성 수치-옮긴이) 측정치가 낮아졌기 때문이라는 것이다. 부의 불평등 증가에 대한 이러한 관점은 부의 불평등을 하락하는 성장률과 20세기 중반의 정치적 격변으로 위축된 저축률의 비율 s/g로 보는 관점보다 불평등 증가 과정을 덜 분명하고 덜 필연적으로 만든다.

지난 15년 이상 기업 집중화가 증가한 점도 한몫을 했다. 규제와 기술 변화, 그리고 둘 간의 상호작용이 집중화를 촉진했다. 법경제학 운동으로 지적재산권법의 경제적 중요성이 높아지고 독점금지원칙이 점차 약해지면서 담합과 카르텔화가 과거보다 쉬워졌다.

게다가 금융권, 특히 대규모 기관 투자자들이 카르텔화를 효과적으로 촉진하는 역할을 한다는 매우 유의미한 증거도 있다. 몇몇 기관 투자자들이 유나이티드Unitied, 델타Delta, 사우스웨스트Southwest, 그 외 항공사들의 주식을 거의 대부분 보유하고 있는 항공업계가 금융을 통한 카르텔화의 전형적 사례다. 최근 조사에 따르면, 블랙록Blackrock이 추가로 항공사 주식을 인수하면 항공 운임이 3퍼센트에서 10퍼센트까지 뛰어오를 것이라고 한다.[3] 흥미롭게도 페르시아만 지역의 주요 항공사인 에티하드Etihad 항공과 걸프 에어Gulf Air는 외국인 소유를 엄격히 제한하고 있어 반경쟁적 관행으로 미국 항공사들의 비난을 샀다. 군주제적인 걸프협력회의GCC 준정부기구가 항공 운임을 낮게 유지하는 중요한 경쟁력이라는 생각은 어떤 관점에서 보면 터무니없지만, 미국 경제의 전반적인 재트러스트화retrustification 현상은 국가적 독점 간의 국제적 갈등이 자본주의의 자연스러운 결과물이라는 힐퍼딩Hilferding, 홉슨Hobson, 레닌Lenin의 옛 발상을 버리게 만든다.

기업 통제와 구속

우리는 불완전 계약에서 자본의 또 다른 정치적 측면을 볼 수 있다. (특히) 금융가, 기업가, 노동자 간의 계약은 결코 완전하게 명시될 수 없다. 오히려 경제적 거래의 큰 부분은 시장의 한쪽 재량에 맡겨져 있다. 애플 직원들이 잡스가 휘두르는 압제적 권력을 불평한 것처럼 스티브 잡스 같은 CEO도 1980년대 말 애플 주주들이 행사하는 권력에 불만을 표했다. 로널드 코스Ronald Coase가 주장했듯이 이러한 권력의 분배는 시장 외부의 일이 아니라 거래의 한 부분이다. 노동자들은 회사에서 쫓겨날 수 있기 때문에, CEO들은 주주총회에서 징계를 받기 때문에 시키는 일을 한다. 기업 이론에서처럼 자본은 공동으로 얻은 생산량에 대해 교섭할 때 종종 다른 사람들을 배제할 권리를 가지며, 이는 자본 소유자들이 전용할 수 있는 소득을 증가시킨다.

이러한 통제권은 일반적으로 사용되는 기업 투자 척도인 자산가치 대비 시가총액의 비율, 즉 토빈의 Q에 영향을 미친 것이다. 그러나 피케티는 일반적으로 사용되는 이 척도가 통제라는 요소를 설명하지 못한다고 지적한다. 평균

주가는 투자수익만을 반영하는 반면, 투자자들은 기업의 의사결정에 대한 거부권을 갖는 것에도 관심을 두기 때문이다. 따라서 비주주들이 기업의 의사결정에 상당한 발언권을 갖는(이해관계자 모델) 독일과 일본에서는 토빈의 Q 수치가 미국과 영국보다 낮다. 피케티는 노동자협의회 및 기타 이해관계자와 권력을 공유해야 하는 독일의 주주들이 미국과 영국의 주주들만큼 정치권력을 갖지 못하고 '저평가받고 있다'고 지적한다. 미국의 노동조합도 마찬가지인데, 미국에서는 한때 전국노동관계위원회 선거에서 노조가 승리하면서 주가가 하락하기도 했지만, 그들이 회사의 기초자산에 대한 대체 가치replacement value를 바꿀 가능성은 낮다.

피케티는 노예 형태의 부를 어떻게 해석해야 하는지를 잠시 논의했는데, 이 문제는 인적자본과 부의 차이를 이해하는 데 유익하다. 노예제에서는 노동소득에 대한 재산권이 존재해 생산량의 엄청나게 많은 부분이 재산소유자에게 간다. 한 추정치에 따르면 노예는 자신의 한계 생산물의 48퍼센트를 지급받았고 모든 추가적 통제권은 노예 소유주에게 주어졌다. 그러나 피케티는 노예자산을 순 자산으로 간주할 것인지의 여부는 명확하지 않다고 지적한다. 다소 냉정하게 보면, 노예에 대한 법적 책임이 노예 소유자에게 자산으로 자본화되었다고 생각할 수 있기 때문이다. 그러나 결국 피케티는 노예가 시장에서 거래되고 제도적으로 보호받는 소득원이기 때문에 노예를 자산으로 인정한다.

진짜 '자본'을 구성하는 것은 실제 기계나 건물(또는 사람)이 아니라 결과적 소득에 대한 재산권과 이를 거래하는 장場이다. 미국의 수정 헌법 제13조는 노동계약에서 강제할 수 있는 내용에 엄격한 제한을 두었기 때문에 현대자본주의에서는 인적자본의 자본화가 (아직) 일어나지 않았다. 따라서 피케티처럼 인적자본과 부를 구분할 만한 가치가 있다. 물론 노예 자체는 생산적이고 생산량을 발생시키며 다른 자산의 가치를 지탱해준다. 예를 들어 남북 전쟁 이후 노예들이 노동력을 철수하고 농장주가 집단노동체제의 생산성을 잃어버리면서 노예 지역의 토지가치는 오하이오 강을 따라 인접한 비노예 지역에 비해서도 급락했다. 그러나 인간의 노동에 대한 매매 가능한 재산권은 생산에 직접 사용하는 것 이상의 생산성을 지닐 수 있다. 노예들은 소유주의 사업에 담보물로 이용되었고 남북전쟁 이전의 대서양 경제에서 광범위한 신용 네트워크를 보장해주었기 때문이다.

계층 신뢰도와 자본화율

$W/Y = \alpha/r$ 방정식의 다른 구성요소는 $r = r\text{-}finance - \rho$ 이다. 이 조건은 자본이 단지 오늘날의 생산량에 대한 권리가 아니라 미래 생산량에 대한 권리라는 사실을 보여준다. 자본의 이러한 지속성으로 볼 때 부-소득 비율을 결정하는 또 다른 측면은 자산에서 발생하는 미래의 소득 흐름이다. 이 자본화율 $1/r$ 은 금융 체계, 기업 지배구조 및 채권자 모니터링, 미래 소득에 대한 수요와 공급, 그리고 당연히 통화정책에 의해 결정되는데, 이 점에 대해서는 다시 논의하겠다.

  W/Y 에 대한 이러한 관점에는 시장이 미래의 소득 흐름에 대한 재산권을 어떻게 차익거래하는지, 그리고 기대치가 미래의 돈을 어느 정도로 현재로 끌어오는지가 중요하다. 하지만 정상상태 공식이 단순히 s/g일 때는 이런 요인들이 무시되는 경향이 있다. 실제로 이 관점에서는 종합적인 부-소득의 결정에 사회적 기대가 수행하는 근본 역할이 강조된다. 만약 부가 미래의 기대 소득에 대한 사실상의 소유권이라면 시장이 기대치를 어떻게 환산하는지가 이 소유권에 적용되는 할인율을 결정하는 데 한몫을 할 것이다. 실제로 (재산권을 보호하려는 국가의 의지 같은) 제도의 한 역할은 이러한 기대치를 확고히 하는 것이며, 케인즈와 민스키^{Minsky}의 견해는 단지 사업주기의 변동이 아니라 사회의 부의 총량에 중요한 의미를 지닌다. r로 표시된 시장의 총기대치는 왜 W/Y가 위기를 나타내는 훌륭한 지표인지 말해준다. W/Y에는 미래에 대한 지나친 낙관주의에 울리는 조기 경보$^{\text{the miner's canary}}$가 포함돼 있기 때문이다.

  도표 5-1에서 보여주는 금융 임금 프리미엄 역시 W/Y를 밀접하게 따라간다. 금융 임금 프리미엄은 금융 서비스에 발생하는 수익 흐름인 ρ를 측정한 것이다. 도표에서 볼 수 있듯이 이 요인은 W/Y뿐 아니라 금융 규제 완화도 밀접

하게 따라간다. 기업에 대한 전체 수익률을 $r_{finance}$로 고정시키면 금융 지대 추구 정도가 높아지고 금융 부분이 요구하는 액수 ρ가 증가하면서 W/Y도 증가한다.

또한 α/r은 단순히 부의 수준이 아니라 부의 분산의 특징들도 보여준다. 부의 로그함수의 분산이 $var(\log w) - var(\log aY) + var(\log r) - 2Cov(\log aY, \log r)$라고 생각해보자. 그러면 자본소득의 분산뿐 아니라 수익률의 분산도 부의 불평등을 심화시킬 것이다.

중요한 점은 부의 불평등이 공분산 조건에 따라 낮아진다는 것이다. 자본소득의 많은 몫을 차지하는 사람들이 정부의 특혜나 금융서비스에 의해 낮은 할인율을 적용받을 경우 부의 불평등은 증가한다. 또한 금융제도와 시장은 부자들이 지대와 수익의 분산을 더 광범위하게 이용할 수 있도록 해주어 임의적 규제와 차익거래에 대한 정치적 수요를 발생시킨다. 경제적 지대의 중요성 증가가 불평등 심화에 한몫을 한다고 주장하는 제이슨 퍼먼$^{Jason Furman}$과 피터 오재그$^{Peter Orszag}$가 최근 내놓은 증거를 살펴보자.[4] 두 사람은 생산성을 갖춘 도시들에서 인위적으로 나타나는 주택 공급 부족(규제 및 부실한 교통 기반시설이 원인이다)이나 강력한 특허권을 보유하고 수익 증가와 빈약한 노동시장에 직면한 기업들이 재산소유자에게 가는 소득액 α를 늘리고 있다고 주장한다. 하지만 이들은 또한 기업의 자기자본수익과 투자된 자본수익의 분산 또한 증가하고 있다고 주장하며, 이런 현상을 경제적 지대의 증거로 해석한다(소득에 따른 공간적 분리 증가도 또 다른 차원의 증거로 추가될 수 있다). 만일 특정 기업/부동산의 소유자에게 가는 소득이 갈수록 분산된다면 고수익 포트폴리오를 제공하는 금융서비스의 수익이 증가하게 된다. 부자들은 소유자에게 최대의 소득을 발생시키는 기업 및 부동산과 주식 포트폴리오의 공분산을 증가시키기 위해 금융서비스 수수료를 지불할 가치가 있음을 알게 되고, 그리하여 부의 불평등을 악화시킨다.

자본소득자와 슈퍼경영자

자본을 이런 식으로 바라보면 또한 슈퍼경영자와 자본소득자의 경계가 모호해진다. 슈퍼경영자들은 회사가 번창할 경우 엄청난 소득에 대한 권리를 갖는 노동시장 계약을 맺는다(주식이나 스톡옵션뿐 아니라 상여금과 거치 지불금의 형태로). 인적자본에 대한 보상과는 거리가 먼 이 소득에는 정보의 제약과 (정해진 수의 스톡옵션을 주는 것 같은) 법적 규범이 분명 반영되어 있다. 이것이 '노동'소득인지, 회의를 진행하고 고급 정장을 입어야 하는 자본의 한 형태인지는 분명하지 않다. 그러므로 고정급여를 받는 말단 직원부터 중간의 CEO, 그리고 주주로서 위험을 부담하는 잔여재산 청구권자에 이르는 가치사슬을 구성하는 연속적인 '유사자본' 계약으로 생각하는 편이 좋을지도 모른다.

만약 CEO의 급여가 자본소득처럼 자본화되면 분명 자산/소득 비율이 엄청나게 악화될 것이다. 이 말은 이런 계약을 한 CEO가 기업에서 높은 소유지분을 보유할 것이고 큰 성공을 거둔 기업의 CEO들 역시 엄청나게 부유해질 것이라는 뜻이다. 회사의 수익과 CEO가 받는 보수의 높은 공분산은 이 보수를 노동소득이 아닌 자본소득으로 보게 만든다. 따라서 기본 급여를 제외한 CEO의 보수가 연간 급여명세서에 명시되어 있음에도, 이를 경제적 목적의 노동소득으로 계산해야 하는지는 불분명하다. 뿐만 아니라 자본수입에 대한 세금우대 조치는 보수를 자본소득 쪽으로 옮기려는 동기를 높인다. 부를 오직 저축과 자본수익의 합으로 이해하고 부/소득 비율을 단지 성장률에 대한 저축률로만 표현하면 부의 축적을 불러오는 이러한 제도적 요인들을 보지 못하게 된다. 나는 특정 목적을 위한 이러한 회계 프레임워크 사용을 반대하지 않지만, 기계적이고 제도로부터 자유로운 s/g 보다는 α-r-$finance$-ρ 관점이 기업 지배구조, 금융, 노동 그리고 상품시장에 대한 제도와 경제 구조의 전체적 변화를 훨씬 분명하게 보여준다.

W/Y의 근본 결정요인으로서 제도를 구축하는 정치

앞서 논의했듯이, 만일 부가 겉으로는 잘 드러나지 않는 게임의 근원적 규칙에 따라 결정된다면 W/Y의 결정요인으로서 정치의 역할은 커질 것이다.

'순화된 피케티' 모형에서는 정치가 세율 결정에만 개입하여 시장이 한계가격을 정한 이후에 재분배를 한다. 따라서 다음 등식에 따라 S가 감소된다.

$$W/Y = s/g$$

그러나 제도, 돈, 정치경제학적 관점은 부자들이 새로 얻은 부를 정치적 특권과 영향으로 바꾸기 위해 왜 그렇게 열심히 싸우는지 설명하는 데 유용한 단서를 제공한다. 부자들은 부를 계속 축적하려면 기대소득 흐름이 유지되어야 하고 그러려면 지속적인 정책 관여, 다시 말해 제도가 필요하다는 것을 알고 있기 때문이다. 만일 α와 ρ 모두 정치권력의 분배에 따라 내생적으로 발생한 제도에 의해 정해진다면 정치는 부의 유지와 보호에 밀접하게 관련된 셈이다. 자산소유권에 꾸준한 수익을 보증하는 시장 구조와 규정뿐 아니라 탄탄하고 유동적이며 이상적인 저세율 시장은, 보장돼 있는 것이 아니라 정부의 행정과 법률 시스템을 통해 유지해줘야 하는 것이다.

부의 분배 관리를 위한 광범위한 공공정책 도구

소득 대비 개인 소유의 부를 줄이는 데 관심이 있다면, 기본 방법은 다음과 같다.

- 재산소유권에 지급되는 소득의 몫 감축
- 그러한 소유권의 가격을 정하는 금융시장 규제

여기에는 전형적인 진보적 평등주의 정책들이 포함된다. 강력한 독점금지법 이행, 진입과 이동성을 막는 장벽 제거, 더욱 공격적인 민간 노동운동, 협상 테이블에서 주주에게 더 많은 요구를 하기, 지적재산권 약화, 중앙은행 정책, 투자(주택공급 등) 및 고용에 대한 정보공개 등이 그것이다. 그러나 교섭권이라는 방법 외에 W/Y에 대한 규제는 주식시장의 미세구조나 금융 거래세의 잠재적 개혁뿐 아니라 금융 계약(예컨대 필요자본 확충과 금융 혁신 영역의 제한에 의한)을 통해 미래의 돈을 저당 잡는 능력에 제약을 가한다는 뜻이기도 한다. 실제로 쿠즈네츠도 이와 관련된 무수한 선택지에 대해 다음과 같이 썼다. "상위소득자에게 저축이 집중될 때의 누적효과를 약화시키는 요인은 입법적 개입과 '정치적' 결정이다. 이들의 목적은 상속세와 그 외의 명시적 자본과세를 통해 직접적으로 재산 축적을 제한하는 것이다. 또한 간접적으로도 비슷한 효과를 낼 수 있다. 예를 들어 정부가 허용하거나 유도한 인플레이션으로 고정가격의 유가증권이나 가격 변동에 민감하지 않은 그 외의 재산으로 축적된 부의 경제적 가치를 하락시킬 수 있다. 혹은 최근 집세를 통제하거나 정부가 국채시장을 보호하기 위해 장기금리를 인위적으로 낮게 유지했던 것처럼 축적된 재산에서 나오는 총수익에 법적 제약을 가할 수 있다."[5]

이런 선택지들과 과세에 대한 피케티의 좁은 포커스를 비교해보자. 피케티가 제시한 중요한 정책 아이디어는 자본에 직접적이고 전 세계적으로 과세를 하자는 것이다. 여기서 가장 설득력 있는 주장은 대부분의 자본수익은 지급되는 것이 아니라 총량에 축적되고 추가되기 때문에 총량에 직접 과세하는 것이 대부분의 자본소득에 접근하는 한 가지 방법이라는 것이다. 위에서 말한 측정 프레임워크와 일관되게, 자본가에게 축적되는 소득의 몫은 사실상 관찰되지 않는다. 이 세금은 배당이나 자본이득세와는 다르다는 점이 중요하다. 이것은 단지 부의 소유자에게 혹은 자산 판매에 대해 지급되는 액수가 아니라 전체 부에 부과되는 누진세다. 실제로 부유세는 부의 소유자들이 소득에 대해 갖는 권리를 줄여 세후를 직접적으로 낮춘다. 그러나 가장 중요한 영향은 이러한 과세를 실시하려면 국가 간에 은행 정보를 공유해야 하므로 조세피난처가 무력해지고 세계의 부 소유에 대한 신뢰성 있는 정보가 도출될 것이라는 점이다. 이것은 분명 푸코[Foucault]식 아이디어다. 즉, 세금이 부라는 공공의 주제를 이끌어내어 부를 이해하고 식별하며 관리할 수 있게 만든다는 생각이다. 하지만 최근 파나마 페이퍼스 사건(파나마의 최대 로펌 모색 폰세카가 보유하고 있던 20만 개 이상의 역외 회사에 관한 금융 및 고객정보가 포함된 약 1,150만 건의 기밀문서자료가 해킹으로 유출된 사건—옮긴이)이 보여주듯이, 데이터만으로도 조세제도 개선에 이용할 수 있을 뿐 아니라 공개 토론을 위해 부의 분배 상황을 증명할 수 있다.

또한 피케티는 비용 면에서는 보편적인 공공재가 선별적인 이전소득보다 소득 균등화 측면에서 유익하다고 지적하면서 다양한 제정 제도들을 논의했다. 그는 적어도 유럽에서는 국가가 재정지원 혜택과 대체소득의 형태로 소득의 약 25~35퍼센트를 이전하고, 따라서 국가 경제 규모가 20세기 중반의 증가와 비견할 만큼 크게 증가하지는 않을 것이라고 주장했다. 나는 이 주장이 기본적으로 옳다고 생각하며 복지국가의 혁신이 GDP의 더 많은 비율을 지출하는 형태로 나타나지는 않을 것이라고 본다.

부의 분배관리 도구로서 거시경제적 정책에 대한 피케티의 반감

중요한 점은 피케티가 두 가지 국가재정 도구인 공공부채와 인플레이션에 반대 입장이라는 것이다. 그는 공공부채란 주로 납세자로부터 (부유한) 채권소유자로의 이전 방법이고 인플레이션은 실제 자산으로 보유하고 있는 막대한 부에 영향을 미치지 않을 것이라고 주장한다. 공공부채에 대한 이러한 반감은 피케티가 공급 측면에 초점을 맞추고 매개변수 가 중요한 영향을 미치는 '케인즈식' 부의 결정요인을 무시한 결과라고 주장하는 사람들이 있을 것이다. 이 주장에 따르면 피케티가 무시한 한 가지는 전반적인 통화정책이다. 만약 통화정책이 실제 성장에 영향을 미친다면 실제 불평등에도 영향을 줄 수 있다. α-r은 이 요인을 강조하지만 s-g는 강조하지 않는다.

예를 들어 코프추크^{Kopczuk}는 2000년 이후 상위 0.1퍼센트가 부에서 차지하는 몫의 증가분 대부분이 채권 덕분이고 연방 금리가 낮을 때는 이러한 부가 높은 비율로 자본화된다는 것을 보여주었다.[6] 이렇게 통화정책은 부의 소유를 설명하는 데 한몫을 할 수 있다.

정치경제학의 다른 측면: 부가 정치에 미치는 영향

소득 분배를 관리하고 부자들이 소유한 부를 더 부각시키는 데 이용할 수 있는 정책 메뉴는 풍부한데 왜 우리에게는 재분배 정책이 없는가?

피케티가 《21세기 자본》에서 자세히 설명한 견해로 보면, 부의 불평등은 민주주의의 문제가 아니라 사회계획가에게 주어진 문제다. W/Y는 s/g의 자동적인 결과다. 정부는 g를 증가시키고 s를 형성하기에 적합한 세금을 부과해야 한다. 《21세기 자본》에는 정치체계가 불평등을 어떻게 바꿀 수 있는지 약간의 언급이 있지만 불평등이 어떻게 정치체계를 바꾸는지에 대해서는 거의 이야기하지 않는다. 이것이 책에서 큰 구멍이 뚫려 있는 부분이다. 그래서 나는 경제 영역의 불평등이 정부정책을 왜곡시키는 다양한 메커니즘들을 밝혀 그 구멍을 간략하게나마 메워보려 한다.

슈퍼리치들이 정치 관리에 사용하는 새로운 도구들

어떤 면에서 21세기의 상업화된 정치는 슈퍼리치들이 정치 체계를 관리하는 전적으로 새로운 도구들을 제공한다.

우리에겐 '만물시장'이 있다. 부자들은 교육 개혁, 구미에 맞는 자선단체, 싱크탱크, 입법 문구, 정치적 영향력, 그리고 그들의 생각을 끝없이 퍼뜨릴 수 있는 공영 채널을 살 수 있다. 선거후원금이 이를 위한 좋은 출발점으로, 정치헌금 (a)은 정상재라는 증거가 있으며[7] 최상위층에서는 부의 탄력성이 1에 가깝다.[8] 따라서 부의 분배가 더욱 편향됨에 따라 선거후원금의 분배도 더 편향될 것이다. 실제로 리 드루트먼Lee Drutman은 추적 가능한 개인 선거후원금에서 '상위 1퍼센트 중의 1퍼센트(약 3만 명)'가 낸 몫이 증가하고 있음(약 25퍼센트)을 보여주었다.[9] 그러나 브라질에서 브뤼셀, 워싱턴에서 베이징에 이르기까지, 자금과 자금을 주겠다는 약속은 정치의 바퀴에 기름칠을 하는데, 때로는 발견돼 한바탕 격분을 이끌어내고 때로는 들키지 않는다. '만물시장'을 찬양하기란 어려우며, 그 결과로 전반적인 부패를 예상할 수밖에 없다. 언론과 방송매체 자체가 시장에 배치되고 선거전의 수단이 금전적 연계를 통해 배치되면 정치자금에 의해 정책이 정해지는 지름길이다.

그러나 우리는 이 경로를 과장해서는 안 된다. 모든 비용이 서로 상쇄되는가? 갑부들은 전형적인 털록 경합$^{Tullock\ contest}$ 과정에서처럼 자기 돈을 낭비하면서 정치 컨설턴트들의 몸값과 광고회사의 수익을 높여주고 있을지 모른다. 정당, 이익집단, 후보자들은 상대를 물리치기 위해 자원을 있는 대로 쏟아붓는다. 따라서 어느 한쪽이 우위를 점하면 투자하는 쪽의 수익이 높아진다. 하지만 이게 다가 아니다. 선거자금의 필요성은 정치인들이 누구에게 귀를 기울여야 할지를 결정한다. 예를 들어 최근의 정치학 연구는 기부했다고 인지된 사람들이 정치인이나 고위 참모를 만날 가능성이 훨씬 높다는 것을 발견했다.[10] 따라서 선거후원금의 한계수익은 매우 높다.

경합모형에서는 선거자금 공급이 증가하면(예를 들면 더 심화된 불평등 때문에) 양쪽의 한계수익이 높아질 수 있다. 또한 선거자금을 데이터를 바탕으로 예상 표를 획득하는 정교한 작업과 정책 영향력으로 바꾸는 기술이 발전하면서 선거후원금에 대한 '수요'가 증가했다. 이런 현상은 정당 지도부가 더 많은 지배력을 행사하고 따라서 정당 지도자들이 교묘하게 사용하는 일반자금이 더 중요해진 정당 구조 변화의 한 일면이다. 그러나 우리는 정치자금에 발생한 기술적, 조직적인 변화를 배제해서는 안 된다. 한 가지 예가 '리더십정치활동위원회$^{Leadership\ PACs}$'인데, 의회 의원들이 다른 의원들의 자금 마련을 위해 결성한 이 정치활동위원회는 사실상 열성 기부자들이 기부금을 내도록 선거운동 포트폴리오를 만드는 일을 한다.

정치 관리에 사용할 수 있는 전통적 도구들

그러나 슈퍼리치들이 정치 체계를 관리하기 오랫동안 사용해온 방법들도 있다. 부자들은 정치적 발언권을 사들이는 외에 이탈하겠다고 위협할 수도 있다. 피케티가 미테랑^{Mitterand} 정부 시절의 한 논의에서 지적한 것처럼, 고전적인 정치 도구 중 하나가 자본 시위다. 재산소유자들은 자산을 눈에 보이지 않는 해외로 돌려버릴 수 있기 때문에 자본 도피의 단속 효과는 아무리 규모가 작더라도 개방경제에서는 중요성을 띤다. 최근의 뉴스나 가브리엘 쥐크망의 주장에 따르면[11] 조세피난처는 이러한 위협을 더 부각시키며, 엘만Ellman과 완치콘Wantchekon의 논문은[12] 자본 도피에 대한 예상만으로도 선거결과가 바뀔 수 있음을 보여주었다. 예전의 마르크스주의자들은 예를 들어 풀란차스Poulantzas와 밀리밴드Miliband가《뉴 레프트 리뷰New Left Review》에서 자본 소유자들이 민주국가를 공식적으로 어떻게 지배했는지를 두고 벌인 유명한 논쟁[13]에 시간과 에너지를 쏟았다. 자본 소유자들은 동지와 함께 행정직을 차지함으로써 지배했을까? 아니면 자본 시위를 통해 국가를 위협하는 방법으로? 밀리밴드는 대부분의 정부 지도자의 계층적 배경 덕분에 부자들이 국가를 점령했고 그 자녀들이 영국 노동당을 이끌 때 평등주의적 완전고용 정책을 공개적으로 지지하길 꺼렸던 것은 이들이 무언가를 알아차렸음을 시사한다고 주장했다. 이에 대해 풀란차스는 그들이 모두 충실한 노동당 지지자인지는 중요하지 않다고 반박했다. 국가가 경제를 계속 굴러가도록 하기 위해 민간투자를 필요로 했다는 사실만으로 국가가 자본 소유자의 이익을 위해 작동하는 제한조건으로 충분하기 때문이다. 이는 '신뢰 요정confidence fairy'의 소환을 요구하는 수많은 사람들의 주장을 뒷받침하는 입장이다. 예를 들어 남아프리카공화국의 사례처럼 실제로 자본 도피는 민주화에 동반되는 재분배의 많은 부분을 방해했을 것으로 보인다.

주택공급과 토지는 특정 정책 및 지역 정치와 본질적으로 연결되므로 주택자산의 증가는 특별히 흥미를 끄는 부분이다. 주택자산 총량은 거주의 쾌적성과 집적효과뿐 아니라 지역 정치도 자본화한다.[14] 안전에 대한 인식이 자산에 담긴 미래소득의 전망에 중요하기 때문에 그러한 인식을 바꾸는 법과 정책은 정치적 요구사항이 된다. 범죄에 대한 강경 정책과 토지사용 규제는 주택과 상업용 부동산의 가치를 높이기 위한 소규모 자본소득자들의 지역이기주의가 요구하는 장치일 수 있다. 정책 수립이 분권화된 미국에서는 주택시장이 실현 가능한 재분배 수준에 심각한 제약을 가한다. 예를 들어 미국에는 사실상 공립학교 체계가 없다. 사학제도와 주택시장이 존재할 뿐이다. 마찬가지로 세계 수준에서 보면 부동산은 글로벌한 부자들이 안전한 재산권과 쾌적한 주거환경을 갖춘 국가들에 자신의 돈과 가족을 둘 수 있도록 한다. 이렇게 주택자산의 축적은 국가 내부뿐 아니라 국가들 간의 정치적 차익거래의 한 양상일 수 있다.

좀 더 깊이 살펴볼 분야는 부의 불평등이 선거와 로비활동의 역학에 어떤 영향을 미치는지 뿐 아니라 정책 아이디어와 정치 이데올로기를 어떻게 변화시키는가 하는 것이다. 이것은 아마도 정부가 정책 수립에 대한 기술적 전문성이 부족해서, 규제력을 지닌 인적자본시장이 결과적으로 민간분야가 전문기술을 축적할 수 있도록 만들었기 때문이다. 효과적인 규제를 할 만큼 충분한 지식을 갖춘 규제 담당자들 역시 규제 대상 기업으로부터 직원이나 컨설턴트로 고용하겠다는 요청을 숱하게 받는다. 이런 상황은 유명한 회전문 문제(전직 관리가 유관 사기업에 들어가고 사기업의 중역이 정부 고위직을 맡는 등의 문제를 말하며 부정부패를 상징한다-옮긴이)로 이어진다. 엄청나게 복잡한 금융규제가 특히 여기에 영향을 받기 쉽다. 하지만 사실 그러한 복잡성이 정치 쪽에는 도움이 될 수도 있다. 토론 참여를 방해하는 인지장벽을 높이는 데다 ρ의 정치적 결정요인이 자금이 풍부하고 사정을 잘 아는 내부자에 의해 완전히 막후에서 설정될 수 있기 때문이다.

또 다른 예를 들어보면, 정부 내부에 정책 입안 자원이 부족함에 따라 입법 모델의 초안을 작성하는 미국입법교류회의ALEC 같은 기업 후원 단체들을 참작하게 된다. 알렉스 에르텔 페르난데스Alex Hertel-Fernandez는 최근의 연구[15]에서 입법자들이 정책 입안 활동에 할애하는 시간이 적고 정부가 점점 비전문화되어 가는 주들에서는 ALEC 법안이 제정될 가능성이 높아진다는 것을 보여주었다. 마찬가지로 헤리티지Heritage, 후버Hoover, 미국기업연구소AEI와 같은 싱크탱크도 세금부터 학교 개선, 외교정책에 이르기까지 다양한 주제에 대한 많은 정책들에 기부금을 운용할 수 있다.

그 필연적인 결과가 부의 불평등이 학문, 특히 경제학과 금융 관련 학문에 미친 영향이다. 일류 경제학자들은 은행으로부터 자문과 고가의 강연을 요청받는다. 민간 부문이 학계의 산업조직론을 받아들이는 것은 부분적으로는 시장 설계 방법들을 이용해야 하는 필요 때문일 수 있지만 유럽이나 미국의 규제 공청회나 재판에서 독점금지에 찬성하는 믿을 만한 증언을 할 수 있는 전문가와 타협하기 위한 방법이기도 하다. 경영대학원과 금융경제학의 부상은 기부금 승인과 공급에 대한 수요가 경제에서 부의 중요성을 부각시킨 데 많은 부분 기인한다. 대학들은 공공자금보다 민간자본에 더 의지하고, 부자들의 관심사는 대학에서 지적 의제를 설정하게 되었다. 푸르카드Fourcade와 공동 저자들은 경제학에서 금융 관련 인용이 크게 늘어났음을 보여주었고[16] 더 나아가 다음과 같이 썼다.

경제학의 학문 영역이 경영대학원으로 옮겨감에 따라, 그리고 정부에서 벗어남에 따라 경제학자들은 실질적, 지적, 정치적으로 복잡하게 얽힌 새로운 상황에 직면했다. 높은 보상 수준, 새로운 인맥 및 자문 기회, 그리고 상이한 정치적 견해 등이 그것이다(Jelveh, Kogut, and Naidu 2014). 1980년대 경제학 내부에서는 정부 조치에 대한 의심이 눈에 띄게 증가했고, 경제학자들은 공공정책의 규제철폐운동과 교육, 교통, 의료, 환경, 그 밖의 분야에서 가격과 시장 메커니즘을 확대하는 데 지적 근거를 제공했다(Blyth 2002). 재정경제학자들은 기업의 목적이 주주의 가치를 최대화하는 것이라고 강력히 주장했으며 새로운 세대의 기업 매수자들이 선호할 만한 경영관행에 대한 학문적 근거를 제공했는데, 기업담보 차입매수, 합병과 인수, 그리고 스톡옵션으로 회사 경영진에게 보상하는 시스템 등이 그것이다. 징갈레스Zingales(2013)는 경제학자들이 기업의 이익에 포로로 잡힌 데 대한 최근의 고발장에서, 학자들이 경영대학원에서 근무하지 않았을 때의 논문은 '경영진의 보상수준에 긍정적일 가능성은 상당히 낮고 부정적일 가능성이 상당히 더 높다'고 밝혔다.[17]

부가 좌우하는 불공정 영역들

마지막으로, 부의 불평등은 거의 모든 영역에서 잘 감지되지 않아도 유해한 영향을 미친다. 애로Arrow–드브뢰Debreu 유형의 시장이 완전히 갖춰진 경우 부자들(더 가치 있는 기부금을 가진 사람들)은 시장이 구현하는 암묵적 사회후생함수에서 더 높은 가중치를 받는다.[18] 실제로 부의 엄청난 불평등과 광범위한 '만물시장'이 결합될 때 치명타 중 하나는 상위 0.1퍼센트 부자들의 독단적인 변덕이 사회 전체의 우선순위와 나머지 사람들이 직면하는 선택안을 바꿀 수 있다는 것이다. 이러한 점은 시장 할당에서 분명히 나타나는데, 그 결과 부유층이 차지하는 수요 곡선의 일부가 제품 공간(세계 경제에서 거래되는 제품 간의 관련성을 공식화하는 네트워크-옮긴이, 출처: 위키피디아) 및 가격 구조의 목표가 된다.

자선사업과 민간의 공공재 공급을 고려하면 이러한 점은 잠재적으로 훨씬 더 어려운 문제가 될 수 있다. 빌 게이츠 같은 테크노크라트(과학 지식이나 전문 기술을 소유함으로써 사회 또는 조직의 의사결정에 중요한 영향력을 행사하는 사람. 기술 관료라고도 함-옮긴이) 개혁가가 나올 수도 있고, 셸던 아델슨Sheldon Adelson이나 조지 소로스(혹은 코흐 가문과 샌들러 가문)가 후원하는 정치인과 싱크탱크들이 나올 수도 있다. 하지만 이런 거물급 기부자가 하는 일들의 가치와 관계없이 심각한 부의 불평등 때문에 사회적 우선순위가 소수의 기호에 따라 교묘하게 운영될 수 있다는 사실은 굉장히 비민주적이다. 부자들이 그저 부를 축적하기만 하는 것보다는 낫다고 해도 말이다. 기부자들은 개발정책, 연구 우선순위, 사회 개혁 문제와 관련해 주도권을 잡고 있다. 부자들의 일시적 기분이 수십억 달러의 배분을 좌지우지한다. 예일 대학은 기부금을 내는 충실하고 부유한 동창생들을 양성하는 반면, 학비가 싸고 질 높은 교육을 하는 국립대학들은 재정난에 처한 입법부로부터 받는 기금이 부족한 상황이다. 광범위한 시장과 거대한 불평등 때문에 자원 할당의 훨씬 더 많은 부분이 부자의 영향력 아래 놓일 수 있다. 21세기의 자본가들은 개인 자산관리사를 이용해 사회적 권력과 사회와의 연결을 유지한다.

토지, 노동 및 신용대출 시장의 불완전 계약을 위한, 경쟁시장을 통해 행사되는 이 민간 권력은 기본적인 평등주의 규범도 약화시킬 수 있다. 민주공화국은 철학자 필립 페팃Phillip Pettit의 '아이볼eyeball'과 '패배를 인정하지 못하는 사람sore loser' 테스트를 통과해야 한다. 평등주의 사회로 가는 첫 번째 관문은 시민 개인이 서로를 살펴볼 여유가 있는지이고, 두 번째 관문은 개인이 사회 체계가 자신에게 불리하게 조작된다고 느끼지 않아야 한다는 것이다. 정책들은 이 두 관문을 통과할 수 있는 사회를 만드는 데 추정적 편향(의사결정자가 결과에 대해 직접적인 금전적 관심이 있는 상황-옮긴이)을 갖고 있을 것이다.

부의 불평등과 임의적 노동 계약은 첫 번째 관문을 통과하지 못하는 사회를 만든다. 그런 사회에서는 직장 상사가 던지는 농담에 웃어야만 하는 다수의 저임금 근로자가 존재한다. 일시 해고나 승진 포기와 같은 협박 아래, 중간 관리자들의 원치 않는 치근덕거림을 견뎌내야 하는 다수의 여성 근로자도 있다. 경제민주주의란 경제적 기회와 일상의 행복이 비교적 소수인 타인들의 특이한 기호에 따라 심하게 바뀔 수 있는 위협을 최소화하는 것이다. 일상에서 사람들이 축적된 부와 맞닥뜨리는 것은 신발 가게나 신문의 사회면에서가 아니다. 그보다는 고용주, 집주인, 은행 직원으로부터 받은 수모와 간섭, 협박을 통해 맞닥뜨린다.

봉건 영주들은 부유했지만, 특정 유형의 시장이 없었기 때문에 영주의 사회적 권력은 이들이 점유권을 행사하는 토지가 지니는 가치의 단순함수보다 적었다. 충실한 병사와 적절히 훈련된 봉신(봉토를 받은 신하-옮긴이)들이 독립적 지위의 바탕이 되었다. 병사와 봉신들은 쉽게 살 수 있는 대상이 아니었기 때문이다.

현대 자본주의에서는 이러한 특권은 거의 찾아볼 수 없다. '완전한 혜택을 받는' 세계와 부와 소득의 거대한 불평등 사이에는 중요하고 불쾌한 상보성이 존재한다. 모든 행동에 그에 따른 금전적 보상이 따르고, 행복의 모든 원천이 개인이 원하는 대로 가격 매겨질 수 있다면, 부자들이 차지하는 사회적 권력은 1920년의 1달러와 지금의 1달러를 비교하기 힘든 것만큼 크게 확장될 것이다. 시장의 활성화는 경제적 불평등을 발생시킬 뿐 아니라 그것이 정치적 불평등까지 낳게 만든다. 정치적 불평등은 이전에는 어느 정도 분리된 왈저식 분배 정의(마이클 왈저Michael Walzer는 분배 정의란 돈을 평등하게 분배하는 것이 아니라 돈으로 살 수 있는 것을 제한하는 문제에 초점이 맞춰져 있다고 주장하며, 돈의 힘으로 가능한 특권 영역을 제한하는 것이 공정한 분배에 도움이 된다고 보았다-옮긴이) 영역에서 시장의 힘으로부터 보호를 받아왔다.

옛 하이에크주의Hayekian line는 민간 재산의 대규모 축적만이 자유를 가능하게 한다고 보았다. 민간의 부가 없다면, 누가 전능한 국가 권력을 좌지우지하는 사람들의 뜻에 반하는 정치를 떠맡을 여유를 부리겠는가? 훨씬 더 오래된 토크빌의 자유주의는 여러 다른 재산에 대한(다원적) 자유가 전제주의자의 폭정과 미래의 일부 산업귀족의 잠재적 폭정에 본질적인 장애물이라고 보았다. 이 산업귀족들은 물질적 이익에 따라 연합하며, 충성의 대가로 괜찮은 소유권을 약속하는 것이 아니라 단지 임금만 지불하는 대상과의 상호 의무관계에 억제받지 않는다. 아마도 지금 우리는 하이에크의 꿈에 다가가고 토크빌의 악몽을 발견하고 있는지 모른다.

결론

이제 완전한 정치경제학적 균형 상태에 대해 설명할 수 있다.

'자금 관점'은 부/소득 비율의 결정요인이 저축과 성장률보다 교섭, 독점, 재정 문제에 더 가깝다고 보게 만들며, 비경쟁적, 비총합적 분배 이론들을 검토하게 한다. 또한 소득의 자본/노동 간 분배와 미래의 예상 자본소득을 현재의 수익률에 따른 부로 자본화하는 것을 설명하는데 있어 제도를 가장 중심에 둔다. 우리는 더 이상 시대를 초월한 경쟁시장 원칙과 오일러의 두 가지 공식(CRS 생산함수에 적용시킨 오일러의 정리, 소비에 대한 오일러 방정식)으로 부의 분배를 추론하려 하지 않는다. 대신 특유의 규칙, 시장 구조, 분배를 통제하는 규범 같은 경제의 세부사항을 살펴보아야 한다.

이러한 관점에서 나온 한 가지 결실로, 우리는 쿠즈네츠 곡선 예측을 재해석하고 다듬게 되었다.

규제, 정책, 규범 그리고 '제도'가 자본 분배 지분 계수 α와 수익률 r을 결정하고, 이 α와 r이 W/Y의 수준을 결정한다. 부의 분배와 수준은 이 규제, 규범, 정책을 바꾸는 정치적 영향력을 발생시킬 수 있다. 우리는 다수의 경로 의존적 쿠즈네츠 궤도들을 머릿속에 그려볼 수 있다. 이 궤도들은 모두 기술적으로 유발된 초기의 부(인적자본을 포함)의 불평등으로 시작된다. 그리고 이러한 불평등은 부의 소유에 대한 수익을 확대하고 보장하는 제도와 정책들을 만들어냄으로써 재생산된다. 이런 궤도는 '쿠즈네츠 안정기'로 이어질 수 있고 이를 붕괴시키려면 상당한 충격이 필요하다.

그러나 다른 궤도들이 나타날 수도 있다.

다른 궤도에서는 초기의 불평등이 재생산되도록 제도를 바꾸지 않는다. 이들에서는 쿠즈네츠 과도기가 짧고 약할 것이며 파레토의 영구 과두제보다는 슘페터의 일시적 승자에 가까울 것이다.

서구의 불평등 곡선을 보면 우리는 아마도 쿠즈네츠 과도기가 변형된, 처음 겪는 길고 고통스러운 시기를 향해 가고 있는지 모른다.

노예자본의
편재성

Daina Ramey Berry
디아이나 레미 베리

역사학자. 오스틴의 텍사스 대학 역사학과 조교수로 재직중이며 미국사 및 아프리카계 미국인 연구가 전문이다.

19세기 사회 및 경제사를 중심으로 당시 미국의 성과 노예 부문 전문가로 불린다. 편집과 집필, 기고 활동 외에도 라디오 및 TV쇼에 출연해 미국 여성과 노예 문제에 관해 활발한 토론을 이끌고 있다. 신간 《육체의 가격The Price for their Pound of Flesh》은 《보스턴 글로브》《뉴욕타임스》《워싱턴 포스트》 등에서 호평을 받았다.

역사학자 디아이나 레미 베리는 《21세기 자본》이 노예와 노예제도에 관한 성격을 자본총량^{capital stock}의 또 다른 부분, 즉 노예 신분에서 해방되는 순간 사라졌고 즉각 다른 종류로 대체됐던 부분으로 규정하고 있다고 생각한다. 반면 베리는 노예제도는 플랜테이션 농업(서구의 자본·기술과 식민지, 제3세계권의 원주민·이주노동자의 값싼 혹은 강제적으로 동원된 노동력을 이용해 단일경작하는 기업식 농업경영-옮긴이)뿐만 아니라 경제 전반에 퍼져 있었다고 주장한다. 그녀는 노예가 기업과 시 당국의 소유였으며, 공공인프라를 건설했고, 많은 비영리기관의 세습재산으로 여겨졌다는 사실을 보여준다. 게다가 거래 가능한 재산이던 그들은 금융 시스템을 존재하게 했고, 이로 인해 자본주의가 이런 금융 시스템의 맨 꼭대기에 위치하는 계기가 마련됐다. 요컨대 베리는 노예제도를 제대로 설명하지 않고는 19세기, 20세기 혹은 21세기 자본을 이해할 수 없는데, 이런 면에서 《21세기 자본》은 이를 제대로 설명하지 못하고 있다고 주장한다.

1848년 봄과 여름에 서던 레일로드 컴퍼니^{Southern Railroad Company}는 남부 상하 지역 간 교역 지원이 목적인 수송로를 완공하기 위해 버지니아 주의 노예 소유자들에게서 82명의 노예 노동자들을 사들였다(그림 6-1). 이 회사는 5월부터 7월까지 이들을 사들이는 데 4만 6,398달러(남자노예의 경우 n=66 혹은 80.5퍼센트, 여자노예의 경우 n=16 혹은 19.5퍼센트)를 썼다. 5월 15일 버지니아 주 리치몬드 시의 노예 소유자인 줄리엣 E. 워싱턴은 필이라는 26세의 노예를 이 회사에 600달러에 팔았

그림 6-1: 철도 작업을 위해 필이나 사이피오와 같은 노예들을 매매한 장부 중 한 장

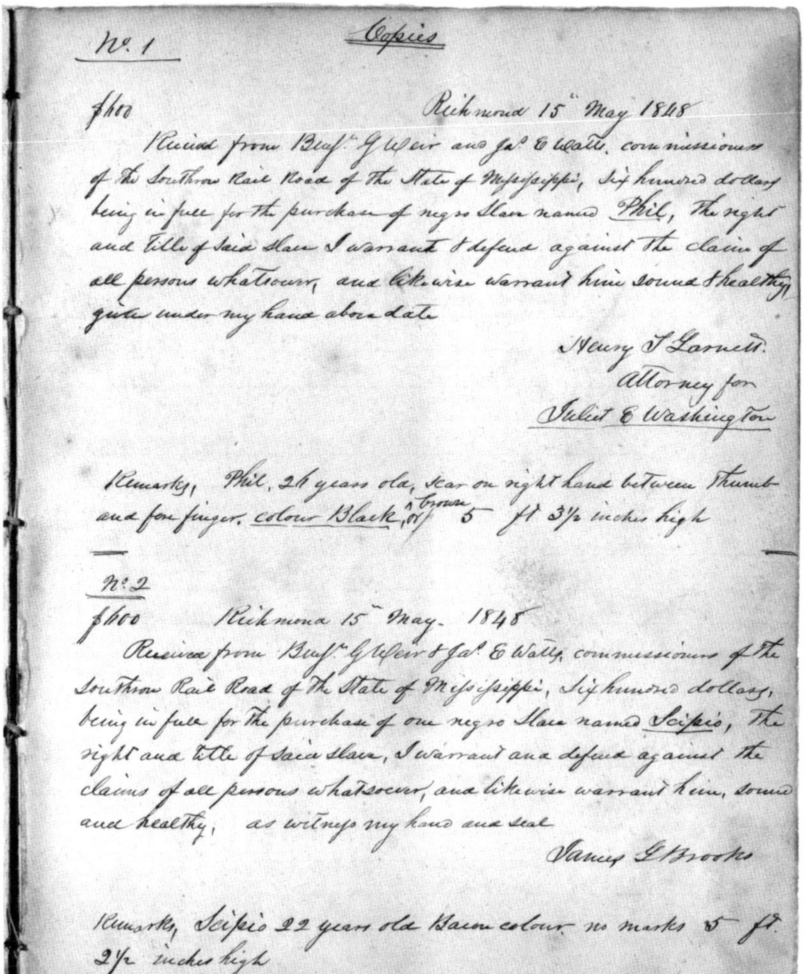

No. 1

Copies

$600 Richmond 15th May 1848

Received from Benjn. G. Weir and Jas. E. Watts, commissioners of the Southern Rail Road of the State of Mississippi, Six hundred dollars being in full for the purchase of negro Slave named Phil, The right and Title of said Slave I warrant & defend against the claim of all persons whatsoever, and likewise warrant him sound & healthy. Given under my hand above date

Henry T Garnett

Attorney for

Juliet E Washington

Remarks, Phil, 26 years old, scar on right hand between Thumb and fore finger, colour Black or brown 5 ft 3 1/2 inches high

No. 2

$600 Richmond 15th May 1848

Received from Benjn. G. Weir & Jas. E. Watts, commissioners of the Southern Rail Road of the State of Mississippi, Six hundred dollars, being in full for the purchase of one negro Slave named Scipio, The right and title of said slave, I warrant and defend against the claims of all persons whatsoever, and likewise warrant him, sound and healthy, as witness my hand and seal

James G Brooks

Remarks, Scipio 22 years old Brown colour no marks 5 ft 2 1/2 inches high

출처: Southern Railroad Ledger, Purchases for 1848, Natchez Trace Slaves and Slavery Collection, #2E775, Dolph Briscoe Center for American History, University of Texas at Austin.

는데, 그는 이 노예에 대해 아무 권리도 요구하지 않았으며 단지 그가 '성실하고 건강하다'는 것만을 보장했다. 노농자로서의 가치와 나이 이외에, 워싱턴은 필의 피부는 '검은색 혹은 갈색'이고, 키는 약 '5피트 3과 2분의 1인치'이며, '오른손 엄지와 검지 사이에' 상처가 있다는 점을 알려주었다. 워싱턴은 이날, 나이는 22세로 필보다 약간 어리고 몸에 아무런 '상처'도 없으며, 키는 5피트 2와 2분의 1인치인 좋은 조건의 사이피오라는 또 다른 노예를 필과 같은 가격에 팔았다. 그리고 낸시, 애덜린, 루시 앤, 제인, 엘리자 같은 여자노예들도 서던 레일로드 컴퍼니에 팔렸다. 몇몇 노예들은 쌍으로 매매됐는데, 캐롤라이나와 해리엇 자매 그리고 앤과 헨리 모자 등이 그 예였다.[1] 3개월 동안 버지니아 주의 노예 소유자들에 의해 이 회사로 팔려간 노예들은 한참 번성하고 있던 철도산업에 투입돼 철도를 놓을 자리의 방해물을 제거하고, 길을 평탄하게 하고, 철로를 놓는 작업 그리고 요리와 청소 등의 일을 했다. 이런 노동력 거래는 남북전쟁 기간 동안 계속됐고, 이후 노예 신분에서 해방된 이들은 돈을 벌 수 있는 일자리를 찾아다녔다.[2]

미국 철도회사들이 노예를 소유했다는 사실이 왜 지금 중요한 문제가 되는가보다 중요한 것은 이런 사실이 토마 피케티의 《21세기 자본》과 어떤 연관이 있느냐 하는 것이다. 이 질문에 대한 답은 정의에 근거해 찾을 수 있다.

자본의 정의

피케티의 자본 정의는 포괄적이면서도 배타적이다. 그는 자본을 부동산자본, 금융자본, 산업자본 등 세 가지 형태로 구분했으며, 노예자본에 대해서는 정의하지 않은 채 인적자본과 노예자본을 언급한다. '어떤 시장에서 소유와 교환이 가능한 비인적자산의 총계로 정의되는' 이런 포괄적 자본 정의에서 노예들은 낭연히 누락된다. 피케티는 이들을 고려하지 않은 채, 독자에게 인적자본은 《21세기 자본》의 뒷부분에서 다룰 특별한 경우라고 말한다.

그가 약속한 노예제도에 관한 논의는 이 걸작에서 7쪽밖에 할애되지 않았다. 그는 노예자본은 민간자본의 한 구성요소이기 때문에, 이를 전적으로 논의하는 것은 타당하지 않다고 주장한다. 그는 또한 노예 노동력의 공적인 사용에 관해서도 설명하지 못한다.

일련의 질문을 통해 그는 독자에게 자본의 '형태'와, 자본이 '시간이 지나면서 어떻게 변하는지'를 설명하는 구체적인 정의들을 제시한다.[3] 피케티는 자본의 첫 번째 형태, 즉 '개인의 노동력, 기술, 훈련, 능력'으로 정의되는 인적자본은 《21세기 자본》에서 '구대륙과 신대륙: 노예제의 중요성'이라는 소제목이 붙은 부분에서 간단히 논의된 것을 제외하고는 '항상 배제됐다'는 사실을 분명하게 밝히고 있다.[4] 피케티가 제시하는 두 번째 자본 형태, 즉 부동산은 거주용 부동산과 토지를 포함한다. 다음 두 개의 자본 형태, 즉 금융자본과 산업자본은 '공장, 인프라, 기계류, 특허권 등'을 포함하며, 이런 것들은 '기업과 정부기관들'이 사용한다.[5] 이런 정의를 감안해보면, 피케티가 노예제도와 노예자본을 제대로 기술하지 않았다는 사실을 알 수 있다. 한편 전체적인 제도, 특히 노예에 관한 피상적인 관심은 그의 주장에 큰 결함이 있다는 사실을 나타낸다. 노예들은 이들의 노동력을 사용하는 기업과 정부기관을 통해 다국적 시장에서 유통된 금융자본을 생산했다.

피케티의 책은 21세기 자본주의 연구의 전형이다. 이 책은 내용이 난해함에도 불구하고 이해할 수 있는 언어로 쓰였다. 피케티가 이 책에서 주장하는 주요 논지는 다음과 같은 문장으로 요약할 수 있다. 즉 투자자본은 소득보다 더 빠르게 증가할 것이고, 그 결과 부자들은 더 많은 부를 쌓게 된다. 그는 영국, 프랑스, 미국의 소득 불평등의 역사를 분석한 후 시간에 따른 중요한 변화를 확인했는데, 이런 중요한 변화의 대부분이 전쟁, 기술 발전, 재산, 투자 등에 연유한 것이라고 주장한다. 이 책의 인터넷 부록은 표나 그래프 등 피케티 연구자료의 보다 복합적인 해석에 관심 있는 담당기관이나 전문 경제학자, 정치학자들에게 더욱 정교한 분석 결과를 제공하고 있다. 상위 1퍼센트가 증가 추세에 있고, 이로 인해 이 상위 1퍼센트와 나머지 99퍼센트의 격차가 계속 증가할 것이라는 소식이 돌고는 있지만, '월스트리트를 점령하라$^{Occupy\ Wall\ Street}$'는 운동을 추종하는 자들에게는 여전히 희망이 남아 있다. 왜냐하면 피케티는 부유층, 중산층, 빈곤층 사이의 격차를 줄일 수 있는 재분배 계획을 제시하고 있기 때문이다.

*   *   *

여기서 나는 피케티가 누락시킨 바로 그 부분, 말 그대로 인적자본으로서의 노예들에 초점을 맞추려 한다. 정부와 민간기업 연구를 통해 산업자본과 금융자본을 강조함으로써, 나는 피케티가 세계 경제의 기본적인 측면을 완전히 과소평가했다는 사실을 증명할 것이다. 간단히 말해 그는 자본에서 노예를 고려하지 않은 채 자본을 정의하는 경제서적을 집필했고, 노예무역과 노예 노동력이 15세기부터 19세기까지 서양 경제의 근간을 이루었다는 사실을 무시하고 있다. 대부분의 주요 유럽 국가들은 인적재산을 매매했다. 영국 식민지였던 당시와 남북전쟁이 발발하기 이전의 미국 국민의 1퍼센트는 노예 노동(소극적인 저축과 축적이 노동에서 오는 노동소득보다 훨씬 빨리 증가한다는, 완화된 피케티의 모델과는 전혀 다른 자본축적의 원동력)을 착취해 부자가 됐다. 노예 노동력으로 만들어지고 유지됐던 민간기업과 공공기업에 관한 증거는 무수히 많아서, 노예 노동력을 무시한 자본의 역사는 얘기할 수 없다. 하지만 우리는 우선 노예자본을 정의하는 작업부터 시작해야 한다.

　노예제도를 연구하는 학자로서 나는 직감적으로 노예자본을 특정 노예 소유자가 (많든 적든 상관없이) 노예들을 상품화했던 총 가치로(달러로) 정의한다. 노예는 재산 평가 목록에 기입된 총액에 반영될 수 있었고, 노예 소유자가 사망하면서 남긴 유언에 따라 평가될 수 있었고, 매년 납세 신고서에 세금이 부과될 수 있었으며, 저당물로서 정기적으로 계산될 수 있었고, 경우에 따라서는 선물 형태로 양도될 수 있었고, 선택적으로 보험에 가입될 수도 있었으며, 혹은 부검을 통해 사후에 가치 판정을 받을 수도 있었다. 이러한 여러 기록으로 볼 때,

노예의 가치는 나이, 성별, 기량, 건강, 성품을 포함한 여러 변수를 근거로 평가됐다. 모든 노예의 고유한 가치를 산출할 수 있었고, 이 가치의 총합이 노예 소유자가 보유한 인적자본의 순 가치가 되는 것이다. 이와 마찬가지로 노예자본은 노예들이 생산하는 재화의 가치에서 노예 관리비용 총액을 뺀 노예 소유자의 이윤으로 표시된다.

노예자본 = 노예 가치 + 이익을 가져다주는 노예의 생산물 – 노예 유지비용

미국 농장 사회에서 노예 노동력과 노예들은 상대적 엘리트 계층의 공공자산과 민간자산을 구성했다. 이렇게 노예제도를 이용했던 일부 엘리트 계층의 정체는 과거 노예제도와 공기업 및 민간기업 사이의 연관성을 규명하기 위한 현대사회의 노력과 관련법에 의해 밝혀졌다. 2015년 여름 유니버시티 칼리지 런던은 BBC 방송국과 함께 '영국의 잊혀진 노예 소유자들 Braitain's Forgotten Slave-Owners'이라는 제목의 2부작 다큐멘터리를 방송했고, '영국 노예 소유권의 유산 Legacies of British Salve-Ownership'이라는 오픈 소스 웹사이트를 개설했는데, 이 사이트는 노예 해방에 따른 노예 소유자들의 자본 손실을 보상하기 위한 정책으로 2,000만 파운드가 노예 소유자들에게 지불됐다는 사실을 밝히고 있다.[6] 이러한 폭로는 카리브 공동시장 CARICOM(Caribbean Community and Common Market)으로 알려진 공동체의 지속적인 노력으로 가능했는데, 이들은 노예를 소유했던 유럽 국가들이 '이런 범죄행위의 잔재'를 다루고자 하는 '배상 논의'에 참여하도록 촉구하고 있다.[7] 노예자본의 장기적인 경제적 여파에 관한 연구 또한 보다 작은 규모로, 혹은 보다 개인적인 차원에서 이루어졌다. 미국의 일부 주정부와 시정부들은 오늘날까지도 재정적 영향력을 가진 노예시대 보험제도를 찾아내는 노력을 시작했다. 예를 들어 2000년 캘리포니아 주 의회는 노예 보험증서와 관련된 기록들을 공개할 것을 기업에 요구하는 '노예시대 보험증서 Slavery Era Insurance Policies' 법안 'SB 2199'를 발의했다. 이 법안에 따라 노예제도의 역사를 입증함으로써, '노예제도를 통해 부당하게 얻은 이익(오늘날까지도 노예보험을 통해

수익을 얻은 기업들의 계승 업체들이 존재한다)에 대한 최초의 증거'를 포착할 수 있게 되었다.[8] 부의 격차를 폭로하거나, 노예 소유권이 공공자본과 민간자본에 미치는 경제적 효과를 추적하고, 이러한 부정적 결과를 바로잡을 수 있는 정책을 독려하는 것이 바로 이런 노력들인 것이다.

하지만 보험 계약을 소유한 엘리트 집단이 과거나 현재의 계약을 통제하고 이익을 취하고 있다면, 그들에게 변화를 요구하는 것은 어려울 것이다. 피케티는 상위 1퍼센트의 사람들이 재분배는 거의 신경 쓰지 않은 채 계속 자신들의 부를 증가시킬 것이라고 예상한다. 이는 개인과 기업의 부에 영향을 주는 추적 가능한 영향이 남아 있는 노예제도의 역사에서도 마찬가지였다. 이런 역사 기록을 이해함으로써, 불평등에 관한 정책 변화를 이끌어낼 기회를 만들 수 있다.

역사학자들은 19세기 중반 '미국 남부 백인들 중 노예를 소유했던 사람들은 25퍼센트도 되지 않았다'고 주장한다.[9] 그들은 사회의 엘리트 집단에 속해 있었으며, 그들 중 많은 수는 법률 제정에 영향을 미치고 권력을 유지하던 정치 지도자, 판사, 의사, 변호사였다. 부와 역사적 유산 면에서 볼 때, 이런 구조는 세대 간 부의 격차를 만들어냈고, 이는 노예무역에 연루된 국가들에 심각한 문제가 됐다. 피케티는 '모든 형태의 자본수익률이 연 5퍼센트이고', 1770~1810년 미국 노예자본의 가치가 국민소득의 1.5배였다고 주장했지만, 그의 추정치는 기관과 기업에 소속된 모든 형태의 노예자본을 무시한 것이므로 매우 과소평가된 것이다.[10] 노예 노동자 형태로 나타나는 인적자본은 서던 레일로드, 볼티모어 생명보험과 같은 공공·민간기업들과, 노스캐롤라이나 대학, 다트머스 대학 등 공립·사립대학, 그리고 주정부 및 시정부 등 다양한 기관들이 부를 축적하는 데에 기여했다. 이는 '항상 인적자본을 배제한다'는 피케티의 주장이 틀렸음을 의미한다. 사실 그는 기업(보험회사), 산업(철도), 특허권(조면기cotton gin), 시정부에서 발생하는 공공 부문(제방, 운하, 교량)의 부를 계산함으로써 직접적으로(혹은 간접적으로) 인적자본을 포함시키고 있다. 농장과 민간기업에서 발생한 노예자본을 누락시킨 것이 문제가 있다고 생각하지만, 나는 농장의 노예자본에 관해 논의하기보다는 산업 차원과 시정부 차원에서의 노예자본의 가치를 연구함으로써 피케티가 누락한 부분을 직접 다루려 한다. 노예는 움직이는 부동산, 즉 동산으로 인식됐다. 이는 노예가 인간인 동시에 상품이었으며, 역사학자 월터 존슨^{Walter Johnson}의 말을 빌자면 '가격이 매겨진 인간'이었음을 의미한다.[11] 노예자본은 노예화된 사람들로부터 창출된 부를 나타내지만, 피케티에 따르면 인적자본이 반드시 인적재산을 의미하는 것은 아니었다.[12] 피케티는 노예자본과 인적자본을 항상 교체될 수 있는 것으로 보지는 않았다. 이러한 현상을 이해하는 것은 역사학에서 난제이긴 하지만, 노예제도 경제학에 관심이 있는 이들에게는 훨씬 더 어려운 문제에 해당한다.

역사 기록

20세기에 들어서면서 노예제도와 경제의 연관성에 관심을 갖고 있는 학자들은 여러 방편으로 이 주제에 접근했다. 이들 가운데 몇몇은 단지 경제적 수익성, 노예 생산성 혹은 기술 발전에만 초점을 맞춘 반면, 다른 학자들은 지역 농작물 특수화, 시간에 따른 시장의 변화 혹은 노예무역 형태에 보다 많은 관심을 갖고 있었다. 이런 간단한 설명만으로 노예 경제를 집필하는 학자들이 갖고 있는 이 주제에 관한 관심을 모두 설명할 수 있는 것은 절대 아니지만, 역사학자들이 취하는 분석적 접근은 노예제도 경제학에 초점을 맞추었다는 사실을 암시한다.

듀보이스^{W. E. B. Du Bois}는 노예제도와 경제 발전에 관한 대화를 시작한 최초의 학자들 중 한 명이었다. 아프리카계 미국인의 역사가 천시됐던 1896년에 출간된 듀보이스의《은폐된 미국의 아프리카 노예무역 ^{Suppression of the African Slave Trade to the United States of America}》은 순수한 경제사 서적이다. 1890년대 아프리카계 미국인은 도처에서 벌어지는 폭력과 극단적인 인종차별 형태로 나타나는 불법적 정의^{vigilante justice}로 고통받고 있었다. 아프리카계 미국인으로서는 최초로 하버드대학에서 역사학 박사학위를 받은 듀보이스는, '미국 노예제도와 전체적인 식민정책에 매우 깊게 연관돼 있고' 절대 무시할 수 없다고 본 노예무역의 은폐된 부분을 연구하고 글을 썼다.[13] '국가, 주 그리고 식민지 법령, 의회 법령, 여러 단체의 보고서, 개인 진술' 등을 포함한 많은 자료에 의하면, 듀보이스는 자신의 연구 결과에 자신감을 보이긴 했지만, '이 연구의 경제적 측면을 뒷받침하는 자료를 찾아내는 것은 어려웠다'라고 겸손하게 인정했다.[14] 하지만 그는 1700년경에 이르러 인적재산의 거래는 '영국 실질 경제학에서 너무나 분명한 원칙'이 됐다는 사실을 발견했다.[15] 미국이 식민지 국가에서 제대로 자격을 갖춘 국가로 변모해가는 과정에 초점을 맞추면서, 듀보이스는 노예무역에 관한 논의가 노예제도 폐지로 이어질 수 있게끔 한 역사적 순간을 확인했다. 하지만 그는 식민지 미국 주민들은 '노예무역에서 생기는 이윤으로 부를 쌓는 것을 선호했다'라고 결론을 내렸다.[16]

약 20년 후 역사학자 U. B. 필립스[U. B. Phillips]는 미국 노예제도에 관한 최초의 책을 출간했다. 골치 아픈 문제인 인종관계, 폭력, 차별 그리고 우생학[eugenics]이 만연했던 시기인 20세기 초반 상황이 고스란히 드러난 이 책에서, 필립스는 '노예는 인간이자 재산이었고, 동산으로서 투자물이 되기도 했다'라고 분명히 밝혔다.[17] 그다음 그는 농장의 기록, 회계장부, 일지, 인구 조사 자료 등 많은 자료들을 이용해, 미국에서의 노예제도와 노예 소유를 경제적인 측면에서 분석했다. 그는 농장 경영, 노예 가격 그리고 철도 산업에 투입된 노예 등의 주제를 연구했다. 필립스 또한 경제학자들이 사실상 노예제도를 무시한 것을 비판했는데, 이런 비판은 오늘날 사실이 아닌 것으로 밝혀졌지만, 피케티에게만은 사실일 수도 있다.

노예경제에 보다 관심을 갖게 되면서, 학자들 간의 논의는 자본주의와 노예제도로 옮겨갔다. 카리브 해 지역 역사학자인 에릭 윌리엄스[Eric Williams]는 1944년 노예제도와 자본주의 사이의 연관성을 이해하는 데 중요한 역할을 하는 서적을 출간했다. 듀보이스와 마찬가지로 윌리엄스는 대서양 노예무역, 노예제도, 영국 자본주의의 부상 그리고 노예해방 사이의 연관성을 강조하면서, 카리브 해 연인 지역에도 초점을 맞추었다.[18] 그는 영국의 기록을 이용해 노예제도의 역사를 연구한 다음, '이 시기를 연구하는 대부분의 저자들은 노예를 간과했다'라고 주장했다.[19] 윌리엄스는 당시 역사에서 노예들을 간과하지 않고, 책 마지막 장에서 이를 자세히 다루었다. 여기서 그는 형벌, 사회 유동성, 종교교육, 노동규정에 관한 영국 서인도제도의 개혁을 논했다. 오늘날 역사 논의에서 큰 반향을 일으키고 있는 노예제도와 자본주의 연구를 주목받는 분야로 만든 것이 바로 이 서적이다.

지금까지 나온 몇 개 되지 않는 연구들은 로버트 포겔Robert Fogel과 스탠리 엥거만Stanley Engerman의 《수난의 시기Time on the Cross》와 같은 수준의 논의와 비평을 이끌어냈다. 윌리엄스의 저서가 출간된 지 약 30년이 지난 1974년 이 두 명의 경제학자들은 노예제도의 양적인 측면을 연구하기 위해 계량경제사를 과감히 도입했다. 수학공식과 통계공식에 근거한 이 새로운 방법론적 접근은 1940년대 중후반 컴퓨터 처리능력이 발전된 이후 인기를 얻었다. 하버드 대학 학자 알프레드 콘래드Alfred Conrad와 존 메이어John Meyer의 이론을 추종하는 포겔과 엥거만은 10개의 주요 쟁점사안을 제기하면서 노예제도의 역사를 재해석하려는 시도를 했다.[20] 그들은 노예 소유자들이 '매우 상업성 있는' 사업에 관해 타당한 결정을 내렸고, 노예제도는 남북전쟁 발발 직전까지 성행했으며, 농장 노동자들은 매우 힘든 일에 시달렸다고 주장했다. 또한 노예 사육과 가족 분리는 과장되었고, 노예 노동자들은 다른 분야의 산업 근로자들과 비슷한 대우를 받았으며, 경우에 따라 노예 소유자들에게 심한 매질을 당하기도 했지만 잘 보호받았다고 생각했다. 저자들은 노예 투자에 대한 수익률도 다루었고, 그들의 가격과 지역 투기현상의 정도를 추정했다. 그리고 표와 도표를 이용해 자신들의 연구를 한 눈에 알아볼 수 있게 함과 동시에, 오늘날에도 계속되고 있는 활발한 논의를 이끌어냈다. 그들이 연구과정에서 축적해놓은 자료들은 여전히 쓰이고 있는데, 실제로 노예제도에 관한 피케티의 피상적인 논의에서도 인용되었다.

초기 학자들과 마찬가지로 포겔과 엥거만은, '노예는 사실상 남부 경제생활의 모든 부분에 연관돼 있었다'라는 점을 인정했다.[21] 그들의 연구는 새로운 분야가 탄생했음을 알리는 계기가 됐다. 몇몇 사람들은 대중이 그들의 연구를 열렬히 받아들임으로써, 무엇보다도 많은 학생들이 그들과 함께 연구하기 위해

로체스터 대학 그리고 이후에는 시카고 대학(포겔)으로 몰려들었다고 주장하기도 한다. 그들의 영향력 있는 연구 덕분에, 지난 40년간 노예제도와 연관돼 있던 경제사 분야에서는 노예의 건강상태와 키, 사육, 출생 시 체중, 국내 노예매매, 특정 작물의 전문화 기술, 산업 노예제도에 관한 수많은 책들이 출간됐다.[22]

이 분야에서 다음으로 나타난 중요 변화는 최근에 등장한(혹은 다시 등장한) 노예제도와 자본주의에 관한 연구다. 지난 5년 동안 역사학자들은 노예제도가 미국 경제에 미친 영향에 관해 집필활동을 해왔다. 몇몇 역사학자들에게 이런 변화는 연구의 초점이 미시시피 계곡 남부 지역의 목화와 노예제도의 확장에 관한 연구로 전환되는 것을 의미했다. 하버드 대학의 월터 존슨 Walter Johnson 은 이러한 최근의 논의를 이끌고 있다. 《어두운 욕망의 강River of Dark Dreams》(2013년)에서 그는 노예제도와 노예를 설명하면서 '19세기 미시시피 계곡의 노예제도, 자본주의, 제국주의의 역사'는 토머스 제퍼슨의 '자유를 추구하는 제국empire for liberty' 의 비전으로부터 진화했다고 강력히 주장한다.[23] 그는 남부와 북부 간의 증가하는 지역주의를 연구하기보다는, 미시시피 계곡의 노예 소유자들이 '노예제도가 남부 미래 경제의 근간'이라는 사실을 이해하고 있었다는 점(따라서 노예 소유자들은 1850년대 쿠바와 니카라과 침략을 지지했고, 남북전쟁 직전에는 노예무역을 재개할 것을 촉구했다)을 발견했다. 노예 소유자들의 생각은 이전 학자들이 인정했던 것보다 훨씬 더 광범위한 것이었으며, 따라서 듀보이스와 윌리엄스의 이전 연구를 훨씬 더 의미 있는 것으로 만들었다.

존슨은 노예제도 연구가 지역과 사람들의 생생한 경험에 관한 미시경제학적 연구로 확산되던 1990년대 중반 프린스턴 대학에서 박사학위를 받았다. 항상 정확한 기록에 의한 연구를 지지하는 존슨은 정치 연설, 반란, 법률, 대중문화, 개인 서신 등에서 볼 수 있는 노예에 관한 이야기들을 이용해 목화 왕국의 '노예자본주의'를 얘기한다.

미시시피 계곡 남부 지역의 노예제도 확장, 세계 경제에서의 목화의 역사, 노예무역과 국내 노예매매의 차이점 등의 주제에 관심 있는 소수의 학자들 또한 최근 몇 년간 제국주의, 노예제도, 자본주의와 관련된 연구서적들을 출간했다.

이런 학자들 중에는 특히 조슈아 로스먼Joshua Rothman, 에드워드 뱁티스트Edward Baptist, 스벤 베커트 그리고 캘빈 셔머론Calvin Shermerhorn이 포함돼 있다.[24] 특히 미국을 넘어 아시아, 중국, 소련, 인도, 그리고 유럽까지 세계 목화시장의 역사를 가장 확실하고 인상적으로 서술해낸 베커트의 저서는 미국역사학회American Historical Association가 수여하는 밴크로포트상Bancroft Prize을 수상했고, 퓰리처상 최종 후보에 오르기도 했다. 이 책은 베커트와 세스 록맨Seth Rockman이 소집하고 브라운 대학과 하버드 대학이 주최한 2011년 학회 '노예제도의 자본주의Slavery's Capitalism'의 결과물이다. 앞에 열거한 모든 학자들이 이 학회에 참가했고, 우리 중 많은 사람들이 이후 같은 제목으로 출간된 저서를 갖고 있다.

뱁티스트의 《우리가 알고 있는 것은 절반밖에 되지 않는다The Half Has Never Been Told》는 과감한 언어로 노예의 삶을 생생하게 서술했으며, 단지 생산성을 위해 값이 매겨진 인간을 폭력으로 다루었던 제도를 폭로함으로써 독자들의 심금을 울렸다. 《이코노미스트》에 실린 부정적 논평에서, 익명의 평론가는 '그의 책에 나오는 거의 모든 흑인들은 피해자고, 거의 모든 백인들은 악당으로 표현되었기 때문에' 그가 '노예제도의 객관적인 역사'를 기술하지 않았다고 비판했다.[25] 이런 논평 하나만으로도, 게다가 평론가를 익명으로 발표했기에 훨씬 많은 사람들이 이 권위 있는 시사지에 윤리적 문제를 제기했다. 비판이 거세지고 뱁티스트 또한 이에 대해 강력히 대응하자, 이 시사지의 편집자는 결국 사과했다.[26]

그런데 왜 많은 사람들은 이 책에 역정을 냈는가? 이 책은 다른 책들과 무엇이 달랐는가? 첫째, 뱁티스트는 노예의 목소리에 근거해 자신의 생각을 과감하게 주장했다. 그는 노예 소유주들이 농장 기계와 농작물 다양화를 위한 기술 개발에 힘쓴 것이 아니라, '강제이주와 고문'을 이용해 '강제노동수용소'(그가 '농장' 대신 사용한 용어)의 생산성을 높였다고 썼다.[27] 그는 공공산업진흥국Works Progress Administration의 해방된 노예들의 인터뷰 자료에 근거해 책을 썼는데, 이 자료의 수집 방법 때문에 신빙성이 떨어지는 부분도 일부 존재한다. 1930년대 이루어진 이 인터뷰는 주로 백인 질문자들에 의해 이루어졌는데, 평론가들은 이 인터뷰 자료가 편견과 의심의 소지가 있는 회상으로 가득 차 있으며, 읽기 어려운 사투리로 뒤덮여 있다고 평가했다. 하지만 나를 포함해 이 인터뷰 자료를 이용하는 사람들은 노예의 관점에서 나온 자료의 가치를 인정했으며, 중요한 것은 이 맥락을 이해하는 것이라고 생각한다. 이는 새로운 논쟁거리가 아니며, 인종 문제로 이해할 수 있는 것도 아니다. 노예들이 자신의 언어로 직접 증언한 이야기는 노예 소유자들이 유리한 상황에서 얘기한 서신, 장부, 물품 목록(이런 기록은 거의 의문이 제기되지 않은 채, 액면 그대로 받아들여졌다)의 절반에도 못 미쳤다.

뱁티스트는 독자에게 노예에 관한 서술이 아니라 노예의 몸을 보라고 요구한다. 이 책은 발, 머리, 오른손, 왼손, 혀, 호흡, 자손, 혈액, 등, 팔 등 노예들의 여러 신체부위를 설명하고 있다. 그는 서술적 문장으로 방대한 역사를 다루는데, 《경제사 저널Journal of Economic History》이 제공한 논평 테이블에서 경제학자들은 이를 비판했다. 그들의 평론은 이전보다 훨씬 더 구체적이었고, 그중 많은 학자들이 노예 1인당 목화 채집 비율의 증가에 대한 그의 해석에 이의를 제기했다. 앨런 옴스테드Alan Olmstead는 뱁티스트가 '경제학과 경제학자들에게 반감을 갖고 있다'고 주장한다. 이 논평에 참가했던 또 다른 경제학자 한 명은 그가 제시한 자료가 확실치 않다고 주장한다. 이들 4명의 평론가가 일반적으로 갖고 있는 생각은 이 책이 그들의 기준에 미치지 못한다는 것이다. 많은 논란의 여지를 남긴 1970년대의 포겔과 엥거만의 연구와 마찬가지로, 뱁티스트의 책은 노예제도와 미국 자본주의 성장에 관한 논의를 계속 불러일으킬 것이다.

경제학자들은 1950년대 말부터 노예제도 경제학에 관해 글을 써왔다. 얼마 안 되는 자료지만 이를 상세히 연구함으로써, 경제학자들은 노동, 생산, 시장, 가격 결정에 관한 구체적인 측면을 분석할 수 있다. 이런 학자들 가운데 많은 수가 필립스의 선례에 따라 노예 가격에 관해 책을 쓰고 있다. 그들은 물가지수를 개발하고 시간과 공간에 따른 이 수치의 변화를 예측한다. 그들의 모든 연구는 전성기를 맞고 있다.[28]

역사학자들의 새로운 연구와 경제학자들의 수많은 논문에도 불구하고, 여성은 노예 경제와 자본주의 연구에서 누락되거나 지나치게 부당한 대우를 받고 있다. 식민지 법의 노예에 대한 규정, 즉 여자노예의 자손은 노예 신분을 물려받는다는 노예제도의 규정을 고려해볼 때, 이는 매우 중대한 누락이다. 아프리카 연구자와 몇몇 경제학자들은 끌려온 여성들의 인구통계학적 변화를 주목했고, 그중 한 학자는 대서양 노예무역이 종료될 즈음의 노예 가격의 변화를 알아내기도 했지만, 자본주의에서는 여성의 역할과 경험, 상품으로서의 가치가 보다 더 관심을 끈다. 피케티는 단지 여성 인구의 자연적 증가를 피상적으로만 언급했다. 존슨과 뱁티스트는 여성의 희생을 연구했지만, 위에서 언급한 학자 중 누구도 시장경제에서 행상인, 여관 주인, 노예 소유자, 점쟁이, 자연치유사, 세탁부 그리고 주부로서의 여성의 역할을 언급하지 않았다. 우리는 여자노예들의 진술과 데버라 그레이 화이트Deborah Gray White, 달린 클라크 하인Darlene Clark Hine, 브렌다 E. 스티븐슨Brenda E. Stevenson, 윌마 킹Wilma King, 셀마 제닝스Thelama Jennings 등 역사학자들의 저서에서 간략히 설명된 부분을 통해, 여자노예들이 성적 착취로 고통받았다는 사실을 알고 있다. 하지만 포획되는 순간부터 여자노예 또한, 제 몫을 해내는 상품으로서 그리고 자신의 인간성을 외치는 행위자로서 노예시장의 당당한 구성원이었다. 우리는 스테파니 스몰우드Stephanie Smallwood, 마커스 레디커Marcus Rediker, 소완데 무스타킴Sowande Mustakeem의 책을 통해, 포획된 여성들이 노예선으로 실려가 폭동에 참가하고, 아이들을 낳고, 승조원들을 교묘하게 조종하고, 갑판에서 일당을 협상하고, 노예가 되는 것에 저항한다는 의미로 스스로 목숨을 끊기도 했다는 사실을 안다.[29]

곧 출간될 제니퍼 L. 모건Jenniffer L. Morgan의 《여자노예에 관한 설명Accounting for the Women in Slavery》은 여자노예들이 존재했다는 사실뿐만 아니라 그들의 경험과 지식이 노예제도와 자본주의의 역사에 기여했다는 것을 보여준다. 모건은 서아프리카 해안에서 시작되는 그 역사에서 여성의 역할을 추적하고 그들을 희생자로 격하시키지 않는다. 노예무역부터 중간항로(아프리카 서해안과 서인도 제도 사이의 항로-옮긴이)를 따른 선단의 여정까지, 모건은 신대륙에서의 성별과 경제에 대한 학자들의 관념을 뒤집어놓을 만한 노예무역의 역사를 다시 쓰고 있다.

내 책 《육체의 가격The Price for Their Pound of Flesh》은 미국 전역에 걸쳐 노예의 출생부터 죽음까지 성별에 대한 관점을 다루고 있다. 나 또한 모건과 스몰우드와 마찬가지로, '부가노동력'의 유일한 제공자인 여성노예의 상품화가 특별했다는 것을 인지한 것이다. 나는 뱁티스트같이 노예 소유자들의 기록을 바탕으로 노예의 관점에서 이야기를 풀어내는 방식을 선호한다. 하지만 이어지는 논의에서는 이런 관점은 접고, 피케티의 저서에 대해 공적 형태의 자본에 초점을 맞추어 이야기할 텐데, 이는 최근 학계에서 초점을 맞추고 있는 단일작물(목화) 경제에서 벗어난 것이다.

최근까지 역사학자와 경제학자 사이에는 가상의 학문적 벽이 존재했던 것 같다. 그리고 내가 볼 때 우리는 지금까지 서로 대화조차 제대로 하지 않았다. 우리는 종종 시기별 경제 성장의 방법론과 이유에 관해 서로 다른 결론을 내렸다. 하지만 지난 약 20년간은 경제학자와 역사학자들이 각 분야에서 개최한 공개토론회에서 서로의 생각을 공유했다. 우리는 서로의 연례 학회에 참가해, 학술지와 저서에 나타난 각자의 연구에 관해 의견을 교환하고 있다. 노예제도와 자본주의에 관한 오늘날의 연구를 활성화시키기 위해 초기 노예경제 역사를 연구하는 우리는 분명 새로운 교차학문을 논의하고 있는 것이다. 이런 논의는 오래전에 이루어졌어야 했다.

산업자본과 금융자본에서의 노예제도

볼티모어, 사우스캐롤라이나 주의 찰스턴Charleston, 앨라배마 주의 모빌Mobile, 미시시피 주의 나체즈Natchez 그리고 뉴올리언스를 포함한 남부 도시 등지는 노예가 된 남녀들이 노동하는 것을 주로 발견할 수 있는 곳이었다.[30] 그들은 조선소, 벽돌공장, 정육점 등에서 일했고, 도시의 시장에서 물건을 팔기도 했다(그림 6-2). 여자들은 세탁소와 선술집에서 일을 했고, 남자노예 '잡역부들'과 함께 정부, 병원, 대학 건물 내부 잡일을 했다. 또한 노예 노동자들은 '도로를 평탄하게 하고, 포장하고, 청소하며, 다리를 놓고, 쓰레기를 치우고, 운하와 하수도를 파는' 시정市政 관련 작업에도 동원됐다.[31] 식민지 시대와 남북전쟁 이전의 신문들

그림 6-2: 철도사업 광고

높은 임금과 훌륭한 대우를 홍보하는 구인 광고가 남북전쟁 이전 신문들에 게재되었다.

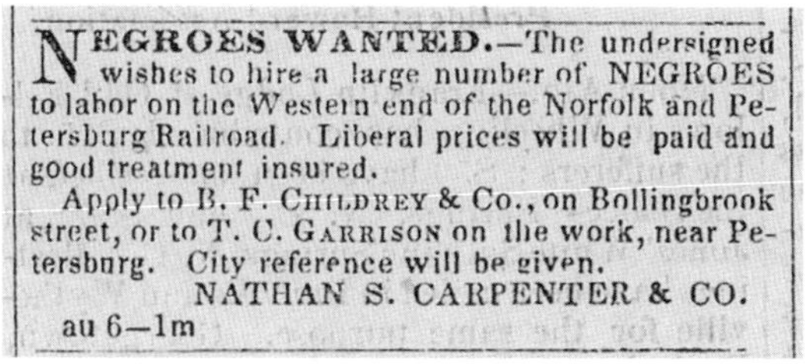

NEGROES WANTED.—The undersigned
wishes to hire a large number of NEGROES
to labor on the Western end of the Norfolk and Pe-
tersburg Railroad. Liberal prices will be paid and
good treatment insured.
Apply to B. F. CHILDREY & Co., on Bollingbrook
street, or to T. C. GARRISON on the work, near Pe-
tersburg. City reference will be given.
NATHAN S. CARPENTER & CO.
au 6—1m

출처: Petersburg Daily Express, September 3, 1855, page 3.

은 노예들이 도시에서 일했다는 증거를 충분히 제공한다. 여자들은 유모, 세탁부, 재봉사 그리고 벽돌공을 모집하는 광고에 등장한다.

위에서 간단히 설명한 노예자본의 정의를 살펴보면, 피케티는 인적자본이 산업자본과 금융자본에, 특히 시와 주가 지원하는 공공사업 프로젝트에 스며들어 있었음을 인지하지 못했다는 것을 알 수 있다. 우리는 1848년 봄과 여름에 서던 레일로드 컴퍼니가 사들인 84명의 노동자들과 마찬가지로, 노예들이 공장, 조선소, 묘지, 공공장소에서 일했다는 사실을, 그것도 이보다 훨씬 이전부터 일해왔다는 사실을 안다. 그들의 노동은 다양한 공공사업, 특히 교량, 제방, 운하와 여러 산업기업 건설에 기여했다.

1815년 3월 19일 루이지애나 주 컨커디아 행정교구Concordia Parish의 앤드루스Andrews 판사는 '강 수위의 급격한 상승'을 해결하기 위한 '강둑을 가능한 한 빨리 완성시키기 위해' '모든 신체 건강한 흑인들을 제방공사에' 투입할 것을 시 정부에 명령했다(그림 6-3).[32] 노예들은 제방을 쌓거나 보강하는 작업을 했던 것으로 보인다. 그들을 재난상황에 투입했다는 사실은 노예들에게 이런 분야의 작업 경험이 있었다는 사실을 의미한다. 그리고 이는 '신체 건강한 흑인들'은 평상시에는 시정부를 위해 일하지 않았음을 의미하는 것이기도 하다. 흑인들이 이런 작업에 투입됐다는 사실은 금융자본과 산업자본에 인적재산이 포함됐다는 사실을 의미하는데, 피케티는 이런 개인들을 계산에 포함시키지 않았

그림 6-3: 1815년 제방 작업을 위해 루이지애나 주 컨커디아 행정교구에서 발행한 법원 명령

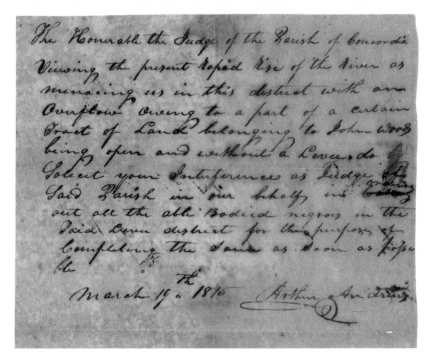

출처: Natchez Trace Slaves and Slavery Collection, MS #2E77
Dolph Briscoe Center for American History, University of Texas at Austin.

다. 그는 흑인을 자본의 한 형태에 포함시키긴 하지만, 이들이 갖는 가치는 인정하지 않고 있다.

몇몇 시정부 또한 노예자본을 자본에 포함시켰다. 서배너Savannah 시는 여러 부서에서 노예들을 이용했다. 예를 들면 이미 1790년 여름 서배너 시의회는 '시정부에 속해 있거나 시에 거주하는 16~60세의 모든 남자노예들'은 '도로를 놓고 정리하는… 잡초와 장애물을 제거하는 작업'에 동원됐다고 기록했다.[33] 경찰 서장을 포함한 경찰은 임시로 이런 흑인 노동자들을 감시하는 역할을 했다. 20년 후의 기록을 보면, 시장이 요구한 '건강하고 힘 좋은' 아프리카 태생의 51명의 흑인들이 윌리엄 리처드슨의 관리 아래 작업에 투입됐다는 사실을 알 수 있다. 당시(1820년 8월) 상황을 고려해보면, 이 흑인들은 아프리카에서 붙잡혀

그림 6-4: 피터 고든Peter Gordon이 그린 〈1734년 3월 29일의 서배너 전경〉

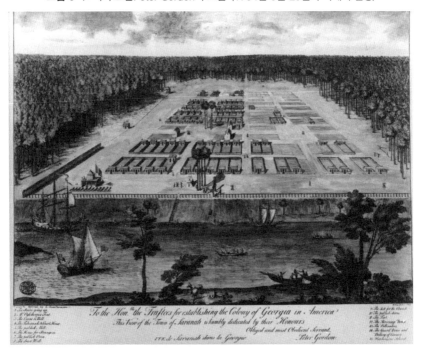

출처: Courtesy of the Georgia Historical Society, MS—1361— MP—001.

불법으로 거래되었을 공산이 크다. 1808년 이후 대서양 노예무역은 불법행위에 해당했지만, 남북전쟁 초기 이전까지 불법시장이 계속됐다는 사실을 보여주는 증거는 충분히 존재한다.[34] 리처드슨이 시장에게 자신은 '이 아프리카인들'을 '방비시설을 구축하는 데' 이용할 생각을 갖고 있는데, 이렇게 하면 시 자금을 약 4,000달러 절약할 수 있다고 장담했던 듯하다. 비용편익은 아프리카 노예들을 합법적으로 혹은 불법적으로 이용하는 데 따른 위험부담을 훨씬 상회했고, 시의회는 시장이 '작업을 감독한다는' 조건하에 이를 잠정적으로 승인했다.[35] 이런 기록을 볼 때, 이 같은 관행이 노예자본이 서배너 같은 도시의 정부기관에 수시로 혜택을 주었다는 사실을 확실히 알 수 있다(그림 6-4). 비록 이런 시정부들이 도시 정착 이후 처음 약 20년간 노예제도를 금하긴 했지만 말이다.

노예들은 공공자본에 기여했을 뿐만 아니라, 시정부에 의해 구매되기도 했다. 1831년 2월 한 시의원은 서배너 시 '도로 및 길 공사 위원회Savannah Street and Lane Committee'를 대신해 '시정부를 위해 2명의 신체 건강한 흑인들을 구입하는 것'을 허락받았다. 그들은 '이 도시의 서쪽 끝' 근처 지역의 도로와 교량 작업에 투입됐다. 도시를 위해 노예를 구매하는 행위에 의심을 갖고 있던 사람들 또한 노예 구매가 재정적으로는 타당하다고 확신했다. '모든 경제가 이용되고 모든 수단이 강구되는 것'은 '도시의 이익'을 위해서였다.[36] 11년 후에도 이런 관행은 계속됐다. 하지만 시정부는 이번에는 '흑인 1명당' 250달러 이상을 지불하지 않는 한도 내에서, '신체 건강한 흑인을 얼마든지 구매할 수' 있음을 승인했다. 가격 상한을 그렇게 정한 이유가 놀라운 점인데, 특히 당시 남자노예의 가격이 250달러를 훨씬 넘었다는 점과, 시에서 15~30세의 전성기 남자들을 원했다는 사실을 고려하면 더욱 그렇다.[37]

시정부를 위해 노예 노동력을 이용하는 것은 비용 면에서 효과적이었다. 뉴올리언스 같은 몇몇 도시들은 노예 소유자들에게서 하루 25~50센트의 적당한 요금을 지불하고 노예를 빌리기도 했다. 이런 관행은 무리 없이 잘 이루어져, 크레센트시티의 경우는 이런 유형의 노동력을 확보하는 데 매년 3만 달러 이상을 지불했다.[38] 노예 숙련공들은 '면직제조공장, 신발공장, 가죽공장, 제빵공장, 도시 신문을 제작하는 인쇄소 등 2차 제조업' 분야에서 일했다. 뉴올리언스의 한 벽돌공장은 100명의 노예를 소유하고 있었고, 빌럭시 배이에 있는 한 벽돌공장은 '116명의 남자노예와 37명의 여자노예'를 소유했는데, 이들은 '매년 1,000만 개의 벽돌을 생산했다'.[39] 이 수치들은 공공기관이 소유한 노예자본의 생산물이 비용을 훨씬 능가했으며, 정부 관료는 수익 보장을 위해 이들을 지속적으로 이용했다는 것을 나타낸다.

1850년 미시시피 주 애덤스 카운티의 국회의원들은 남녀 노예를 도로 작업에 투입할 것을 요구했다. 이에 따라 애쉬포드Ashford 가문의 경우는 1850~1856 년까지 여름마다 12 64명의 남녀 노예들을 도로 작업에 투입했다(그림 6-5). J. P. 애쉬포드는 다음과 같이 '능력 있는' 노예들을 기부하겠다는 서약서에 서명

그림 6-5: 미시시피 주 도로 작업에 투입된 노예들의 명단을 적은 원장 중 한 장

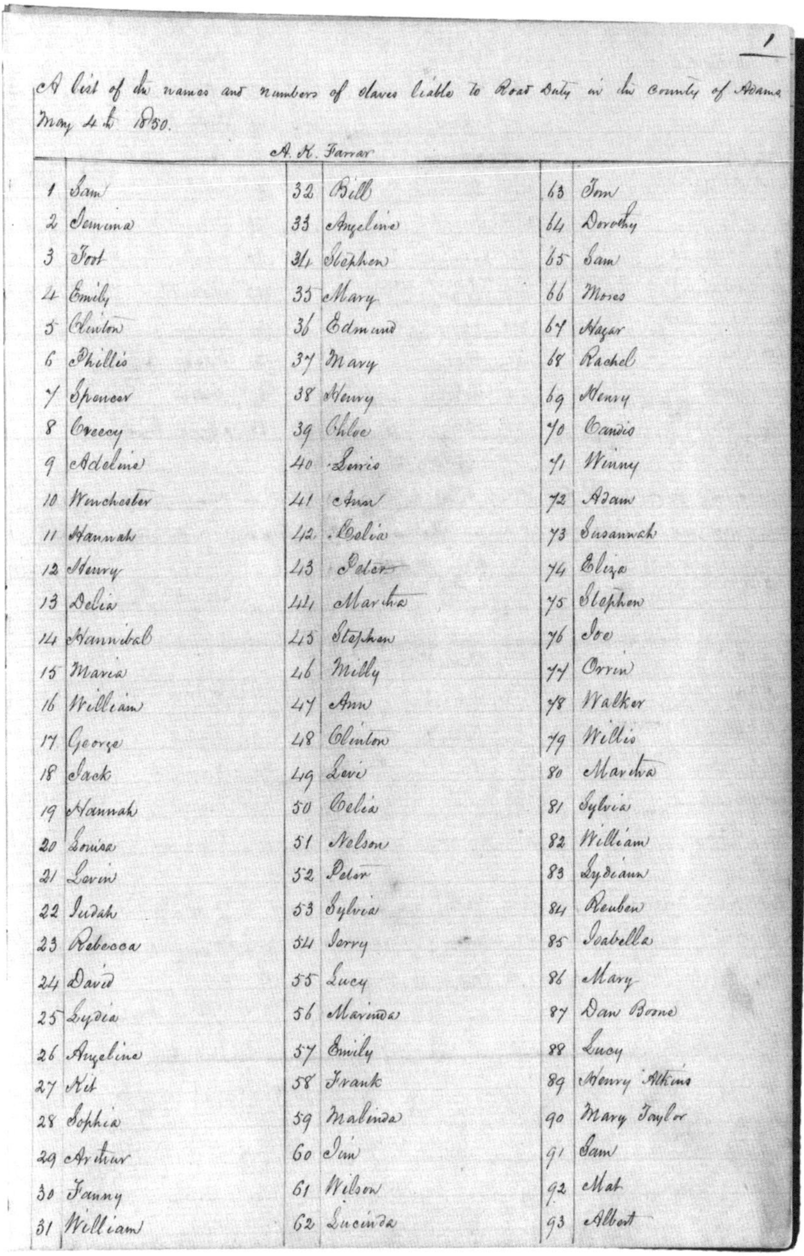

1

A list of the names and numbers of slaves liable to Road Duty in the County of Adams May 4th 1850.

A. K. Farrar

1	Sam	32	Bill	63	Tom
2	Jemima	33	Angeline	64	Dorothy
3	Toot	34	Stephen	65	Sam
4	Emily	35	Mary	66	Moses
5	Clinton	36	Edmund	67	Hagar
6	Phillis	37	Mary	68	Rachel
7	Spencer	38	Henry	69	Henry
8	Creecy	39	Chloe	70	Candis
9	Adeline	40	Lewis	71	Winny
10	Winchester	41	Ann	72	Adam
11	Hannah	42	Celia	73	Susannah
12	Henry	43	Peter	74	Eliza
13	Delia	44	Martha	75	Stephen
14	Hannibal	45	Stephen	76	Joe
15	Maria	46	Milly	77	Orrin
16	William	47	Ann	78	Walker
17	George	48	Clinton	79	Willis
18	Jack	49	Levi	80	Martha
19	Hannah	50	Celia	81	Sylvia
20	Louisa	51	Nelson	82	William
21	Levin	52	Peter	83	Lydiann
22	Judah	53	Sylvia	84	Reuben
23	Rebecca	54	Jerry	85	Isabella
24	David	55	Lucy	86	Mary
25	Lydia	56	Marinda	87	Dan Boone
26	Angeline	57	Emily	88	Lucy
27	Kit	58	Frank	89	Henry Atkins
28	Sophia	59	Malinda	90	Mary Taylor
29	Arthur	60	Jim	91	Sam
30	Fanny	61	Wilson	92	Mat
31	William	62	Lucinda	93	Albert

출처: Slave and Slavery Records MSS #2E777, Natchez Trace Collection
Dolph Briscoe Center for American History, University of Texas at Austin.

했다. '저는 미시시피 주 애덤스 카운티의 법에 따라 J. P. 애쉬포드의 이름으로 소유한 노예들을 도로 작업에 투입하며, 이들의 숫자와 명단이 사실과 다름없음을 엄숙히 맹세합니다.'[40] 1850년 5월 6일 애쉬포드는 남녀 성비가 약간 맞지 않는 노예들(여자 29명과 남자 35명)을 작업에 투입했다. 매리 잭슨과 존 잭슨, 밥 스미스와 매리 스미스 같은 이름을 보면, 이들 가운데 몇몇은 부부거나 모자 혹은 부녀지간이었을 가능성이 크다. 첫 해에 일했던 사람들 다수가 6년간 애덤스 카운티 작업에 계속 투입됐지만, 노동자의 수는 매년 변했고, 어떤 때는 급격히 줄어들기도 했다. 1855년과 1856년 여름 도로 작업에 투입된 애쉬포드 가문의 노예의 수는 12명에 불과했는데, 이들 중 여자는 각각 4명과 3명이 포함돼 있었다. 마르타, 필리스, 엘렌, 루이즈는 6월 13일 작업을 시작했지만, 다음 해 7월 18일에는 마르타 한 명만이 다시 작업에 투입됐다. 이런 노동 형태는 공공사업에서의 노예제도의 일상적인 사이클을 보여준다. 또 일반적으로 노예자본과 관련 깊은 농장 노동의 관례를 벗어난 경우를 보여주고 있다. 지방정부를 위한 노예들의 한시적 노동은 인적자본이 특정 경제에 기여했다는 추가적인 증거다.

위에서 언급했듯이 시정부 또한 노예들을 구매하기보다는 고용했다(달리 말하자면 임차했다). 노예 고용은 정해진 계약기간 동안 노예 노동력을 제한적으로 이용하는 것이 비용 면에서 더 효과적이었음을 나타낸다.[41] 1842년 8월 서배너 시 도로 및 길 공사 위원회는 '11명의 흑인'(이 중 3명은 시가 소유하고 있었다)을 '1인당 연간 125달러에' 고용했다. 하지만 그들은 시가 소유한 노예 중 1명을 팔 것을 요구했는데, 그가 '지난 2주간 너무 말을 듣지 않았기 때문에' 도망가지 않을까 걱정해서였다. 그들은 그를 감옥에 가둔 다음, 시 위원회에 '그에게 지불된 액수만큼의 일이 완성되면 곧 팔아버릴 것'을 요구했다. 공무원들은 이 경우에 관한 재정적 영향에 분명 관심을 갖고 있었고, 따라서 그들은 의회 위원들에게 말을 듣지 않는 이 노동자에게 지불된 만큼의 자금이 예산에 귀속될 수 있을 때까지 일을 진행하지 않겠다고 확언했다. 5일 후 경찰서장은 '지난 화요일 우리 지산인 흑인 런던을 252.50달러에 팔았다'고 보고했다.[42] 런던이 앞서 기록에 언급된 그 노예가 맞는지 확인할 방법은 없지만, 보고 시기를 감안하면

그림 6-6: 남북전쟁 이전 신문에 실린, 도망친 노예에 대한 현상금 광고
이는 노예자본의 재정적 가치를 보여준다.

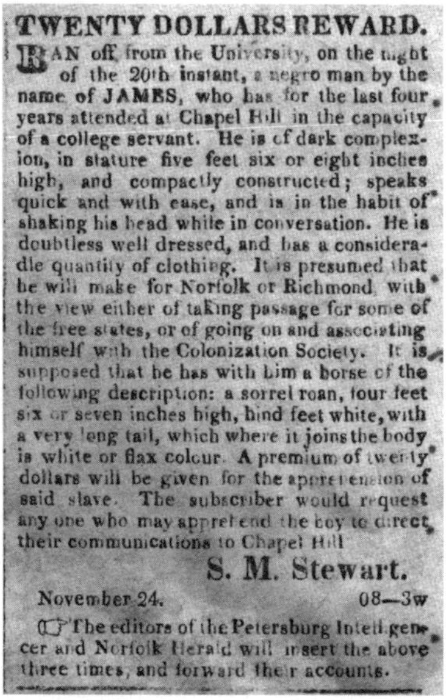

TWENTY DOLLARS REWARD.

RAN off from the University, on the night of the 20th instant, a negro man by the name of JAMES, who has for the last four years attended at Chapel Hill in the capacity of a college servant. He is of dark complexion, in stature five feet six or eight inches high, and compactly constructed; speaks quick and with ease, and is in the habit of shaking his head while in conversation. He is doubtless well dressed, and has a considerable quantity of clothing. It is presumed that he will make for Norfolk or Richmond, with the view either of taking passage for some of the free states, or of going on and associating himself with the Colonization Society. It is supposed that he has with him a horse of the following description: a sorrel roan, four feet six or seven inches high, hind feet white, with a very long tail, which where it joins the body is white or flax colour. A premium of twenty dollars will be given for the apprehension of said slave. The subscriber would request any one who may apprehend the boy to direct their communications to Chapel Hill.

S. M. Stewart.

November 24.   08—3w

The editors of the Petersburg Intelligencer and Norfolk Herald will insert the above three times, and forward their accounts.

출처: Hillsborough Reorder, Hillsborough, NC, 29 November 1829, Courtesy of the University of North Carolina at Chapel Hill Image Collection Collection #P0004, North Carolina Collection Photographic Archives, The Wilson Library, University of North Carolina at Chapel Hill.

충분히 그럴 수 있을 것으로 보인다.

노예 신분이든 아니든, 흑인들은 서배너 시에서 '푸줏간 주인, 목수, 벽돌공, 통 제조업자, 짐꾼'으로 합법적인 일을 할 수 있다는 것을 보증하는 배지를 착용해야만 했다. 19세기 중반에 이르러 다른 마을과 도시들은 건장한 공무원들로 이루어진 '도로청소부'를 만들어 도시를 청소하고 질병의 확산을 막았다. 이런 작업에는 굴뚝 청소, 오물 제거, 쓰레기 처리, 공공건물과 사무실 소독이 포함돼 있었다. 도로청소부는 오늘날의 환경미화원과 같은 일을 했다. 그들은 수레를 끌고 다니며 도시 곳곳의 쓰레기를 치웠다. 서배너 시의 경우는 1830년과 1831년에 챈스, 먼데이, 밥, 벤에게 돈을 지불하고 이런 일들을 맡겼다. 이들은 도시를 청소하고 질병을 예방하는 '더러운 일'을 했다.

그림 6-7: 노스캐롤라이나 채플 힐 대학 총장의 시종이었던 윌슨 콜드웰 (1841~1898년) 사진

출처: Courtesy of the University of North Carolina at Chapel Hill Image Collection #P0002, North Carolina Collection Photographic Archives, The Wilson Library, University of North Carolina at Chapel Hill.

　노예자본은 남·북부 전역에 걸친 대학과 의과대학에도 기여했다. 노스캐롤라이나 대학과 조지아 대학, 버지니아 대학, 다트머스 대학, 하버드 대학, 브라운 대학 같은 사립대학을 포함한 몇몇 대학은 노예를 소유했거나 대서양 노예무역을 통해 이윤을 취했다. 역사학자 크레이그 와일더Craig Wilder에 따르면, '미국 학계는 식민지 국가들의 노예경제에 그 뿌리를 두고 있었다.'[43] 제임스라는 흑인이 노스캐롤라이나 채플 힐 대학에서 노예 신분으로 일하다 1829

년 11월 도망쳤을 때, 대학 측이 그의 귀환을 위한 현상수배 광고를 지역신문에 내걸 만큼 노예 노동자는 충분한 가치를 갖고 있었다(그림 6-6). 광고문구에 의하면 제임스는 이 대학에서 4년간 하인으로 일하다 '도망쳤다.' 키는 5피트 6인치 내지 5피트 8인치이며, 검은 피부에 영어를 '제대로' 구사할 능력을 갖췄다고 적혀 있다. '대학 하인'이라는 특별한 위치에 있었기 때문에 제임스는 아마도 '옷을 잘 입고, 많은 옷을 갖고 있었음에 틀림없었다.' 그는 도망가면서 말도 한 필 가져갔다.[44]

월슨 콜드웰 역시 노스캐롤라이나 채플 힐 대학에서 일했다. 그는 어머니와 함께 대학 총장의 시중을 들었다. 아버지는 노스캐롤라이나 주지사 토드 콜드웰의 시종이었다. 그림 6-7의 사진은 노스캐롤라이나 대학 하인이 입고 있는 멋진 복장을 보여준다. 제임스도 대학에서 도망쳤을 때, 아마 이런 복장이었을 것이다.

월슨은 조끼, 넥타이, 스포츠 코트, 실크해트 등 정장차림으로 사진을 찍었다. 허리춤의 줄로 보아 시계도 갖고 있는 듯한데, 시계는 농장노예는 좀처럼 가질 수 없는 품목이었다. 월슨과 에모리 대학 이사회 회원의 소유였던 키티 같은 여자노예들은 최근에 와서야 노예제도와 자본주의 역사에서 보다 큰 부분을 차지하게 됐는데, 이는 이 주제에 관한 국가차원의 학술회의에 힘입은 바가 크다.[45]

나는 노예제도를 농장 노예제도로 한정하기보다는 공공 부분에 초점을 맞춰 연구하고 있다. 노예제도는 피케티가 정의하는 금융자본과 산업자본 영역에 속하기 때문이다. 이런 사실은 피케티의 여러 설명이 미국에서의 자본과 노예제도를 간과하거나 잘못 판단하고 있다는 점을 지적해준다. 그가 주장하는 시간적 구조는 또 다른 한계를 보여준다. 피케티는 1770~1810년 상황을 많이 예로 드는데, 여기서 그는 미국의 상황을 막연한 설명만으로 전달한다. 하지만 아메리카 식민지는 1783년 미국 독립혁명이 성공을 거두기 전까지는 미국이 아니었다. 그럼에도 피케티의 시대적 구분은 전쟁기간, 식민지에서 독립국가로 넘어가는 과정, 대서양 노예무역의 종결(1802), 1812년 영미전쟁까지 미 경제사에서 부와 불평등이 격동했던 가장 중요한 전환점들을 구분 없이 보고 있는 것이다.

노예제도와 미국 대통령직

노예자본에 대한 모호한 논의를 시작하는 데 있어 과거 미국 대통령들이 소유했던 노예를 이야기하는 것만큼 좋은 예시는 없을 것이다. 여기서는 미 대통령직과 노예제도를 간단히 다뤄볼 것이다. 어찌 됐든 피케티는 토머스 제퍼슨 Thomas Jefferson 부터 논의를 시작한다. 초대부터 18대에 이르는 미국 대통령 중 12명은 노예를 소유했다. 피케티가 제퍼슨이 '토지뿐만 아니라 600명이 넘는 노예들을 소유했다'는 점에 주목한 것은 옳은 처사였지만 그는 제퍼슨의 인적자본으로 표현되는 부의 가치를 계산하진 않았다. 인적자본에 관심이 없다면 그는 왜 제퍼슨을 이런 논의에 끌어들이고 있는가? 다음은 12명의 대통령과 그들이 소유한 노예의 수에 관한 목록이다.[46]

조지 워싱턴 George Washington, 초대 대통령, 버지니아 주(250~300명)

토머스 제퍼슨 Thomas Jefferson, 3대 대통령, 버지니아 주(200명)

제임스 매디슨 James Madison, 4대 대통령, 버지니아 주(100명 이상)

제임스 먼로 James Monroe, 5대 대통령, 버지니아 주(약 75명)

앤드류 잭슨 Andrew Jackson, 7대 대통령, 사우스캐롤라이나 주/테네시 주(200명 이하)

마틴 밴 뷰런 Martin Van Buren, 8대 대통령, 뉴욕 주(1명)

윌리엄 헨리 해리슨 William Henry Harrison, 9대 대통령, 버지니아 주(2명)

존 타일러 John Tyler, 10대 대통령, 버지니아 주(약 70명)

제임스 K. 포크 James K. Polk, 11대 대통령, 노스캐롤라이나 주(약 25명)

재커리 테일러 Zachary Taylor, 12대 대통령, 버지니아 주(150명 이하)

앤드류 존슨 Andrew Johnson, 17대 대통령, 노스캐롤라이나 주(8명)

율리시스 S. 그랜트^{Ulysses S. Grant}, 18대 대통령, 오하이오 주(5명)

피케티는 제퍼슨이 노예를 소유했다는 사실을 노예자본의 중요성에 관한 논의로 전환하는 데 이용한다. 그 역시도 제퍼슨이 1808년 노예무역 폐지를 주장했다고 믿고 있다. 듀보이스가 이런 평가를 인정했는지는 확실치 않다. 논의 과정에서 피케티는 '노예경제는 남북전쟁이 발발한 1861년 당시에는 급속히 성장했으나 1865년에 결국 노예제도의 폐지로 종지부를 찍게 됐다'[47]고 간략히 설명하면서, 미국 노예제도 전체를 단 몇 단락만 다룬다. 이처럼 피상적인 논의에도 불구하고, 그는 3가지 데이터 세트에서 끌어낸 통계량을 이용해《21세기 자본》의 도표 4-10과 4-11을 만들어냈다.[48]

다시 말하지만 피케티는 미국 대통령들의 노예자본을 다루지 않았다. 미국을 건설한 대통령들이 노예를 소유했다는 것은 무엇을 의미하는가? '생명, 자유, 행복 추구'를 기반으로 세워진 나라가 어찌 노예를 소유하고 노예 노동자로부터 이윤을 취할 수 있단 말인가? 이런 역사적 아이러니는 지금의 경제적 격차의 한 원인이 되고 있다. 인적자본은 자유노동의 한 형태이며, 서구의 국가, 기업 및 지자체의 역사는 노예 노동을 통해 부를 축적했다.

노예제도를 통한 부의 축적은 단지 남부에서만 일어난 현상은 아니었다. 북부 또한 이에 대해 비난을 면할 수 없다. 노예무역을 하는 기업, 투자자, 중개상들은 북부에 거주했고 남부에서 생산되는 물품에서 이득을 취했다. 노예의 옷과 신발은 북부 공장에서 제작됐고, 뉴잉글랜드 지역 상인들은 노예를 미국으로 실어 나르는 배를 소유하고 있었다. 그리고 이런 배들이 노예가 생산한 상품을 전 세계 시장에 유통시켰다.

이러한 사실을 고려해볼 때, '국민소득의 1.5배'라는 수치는《21세기 자본》의 도표 4-10과 4-11에 나타난 수치-옮긴이) '배제'하기에는 너무 크며 통계학적으로도 유의미하고 중요하다. 그렇다면 피케티는 왜 공공기관 소유의 노예나 미국 대통령과 같은 정부 지도자들을 위해 일했던 개인 소유의 노예들을 모든 분석 단계에서 포함시키지 않았을까? 우리는 노예제도의 역사에 관한 여러 기록들을 갖고 있다. 쿠엔틴 타란티노 감독의 〈장고: 분노의 추적자〉에 나오는 노예 가격에 관한 부분까지 인용할 필요가 없을 정도로 말이다. 대규모의 노예들로 인해 드러난 증거는 보다 적합한 비교를 위한 단지 하나의 예일 뿐이다.

결론

노예들은 미국 전역에 걸친 공공기관의 자본에 기여했다. 그들은 미국 최남부 지역의 제방과 도로 건설에 참여했고, 북부의 조선소, 공장, 의과대학에서 일을 했다. 인적자본으로서 그들의 육체와 그들이 만든 상품은 국가, 지역, 세계 경제에 기여했다. 그들은 일의 대가를 지불받지 못했고, 지방자치단체들은 그들의 노동을 활용해 전례 없는 돈을 축적했다. 피케티는 노예자본으로부터 생성된 부를 논의하는 데 기여할 기회를 저버렸다. 최근 이런 논의는 힐러리 베클스 Sir Hilary Beckles와 매리 프랜시스 베리Mary Frances Berry 같은 역사학자와 맥아더 펠로 MacArthur Fellow상을 수상한 칼럼니스트 타네히시 코츠(그의 수상작은 노예제도 이후 시대부터 시작된다)를 포함한 많은 학자들에 의해 이뤄지고 있다.[50] 피케티는 그가 연구했던 부동산자산을 관통하는 바로 그 노예자본의 존재를 간과했다. 그가 노예제도를 너무 안이하게 인정했던 사실은 몇몇 피상적인 예들로 알 수 있다. 다음과 같은 듀보이스의 경고와 함께 이 글을 마치는 것이 좋겠다.

'스핑크스의 수수께끼는 보류돼야 할 듯하다. 왜냐하면 이에 대한 답은 지금 얼버무려지고 있기 때문이다. 하지만 그 답은 언젠가 확실해져야 한다.'[51]

《21세기 자본》 전후의
인적자원과 부

Eric R. Nielsen
─── 에릭 R. 닐슨 ───

경제학자. 하버드 대학을 거쳐 시카고 대학에서 경제학 박사학위를 받고, 조지 워싱턴 대학 부교
수로 재직중이다. 연방준비제도이사회 소속 경제학자로서 금융 및 경제 토론에 참여하며, 노동 경
제와 응용 경제에 관심을 갖고 실업률, 불평등의 편차 등을 연구한다. 경제 관련 저널에 다수 글을
기고했다.

경제학자 에릭 닐슨은 피케티 책에 나온 핵심 가정 중 하나, 즉 소위 경제학자들이 말하는 '인적자본'은 자본이 아니며 불평등 증가나 사회적 계층화 social calcification 논의의 일부분이 아니라는 가정을 비판한다. 닐슨은 피케티가 기계, 공장, 농장의 가치를 파악했던 것과 같은 방식으로 인적자본 역시 자본으로 간주되어야 한다고 주장한다. 더 나아가 지금까지와 앞으로의 불평등 증가를 설명하기 위해서는 경제학 내에 인적자본을 연구하는 전통을 마련해야 한다고 주장하는데, 이는 피케티가 분명히 거부했던 사안이다. 닐슨은 방대한 최근 연구들을 요약하면서 시기별 인적자본의 중요성, 구체적으로 세대 간 부의 이전과 사회적 이동성을 살펴본다. 그리하여 인적자본을 제대로 검토하면 피케티와는 상당히 다른 정책적 의미가 도출될 것이라는 결론을 내린다.

토마 피케티의《21세기 자본》은 국민소득의 자본과 노동 간 분배, 자본 소유의 불평등 정도, 노동소득과 자본소득의 불평등 변화를 이해하기 위한 주의 깊게 수집된 새로운 데이터를 제시했다. 이 주목할 만하며 매력적인 역사적 데이터를 바탕으로, 피케티는 자본주의에서는 일정 조건하에서 부가 소수의 상속자들에게 걷잡을 수 없이 집중될 수 있다는 분석적 틀을 개발했다. 피케티의 책은 미국, 프랑스 같은 선진경제국들이 상속된 부의 지배를 받는 극도로 불평등한 미래로 치달을 수 있다고 주장한다.

　부유한 선진국들에서 소득 불평등이 뚜렷하게 증가해온 것은 분명하지만 그 원인에 대해서는 아직 결론이 내려지지 않았다. 소득 불평등은 노동소득의 불평등 증가, 자본소득의 불평등 증가, 국민소득에서 자본의 몫 증가(자본 소유가 불평등하기 때문에), 자본소득과 노동소득의 공분산 증가가 결합되어 더 심화될 수 있다.《21세기 자본》은 자본 중심의 설명을 강조한 반면 노동소득에 대한 이론은 상당히 추측성이고 비정통적이다. 특히 피케티는 경제학자들이 개인 수준의 노동소득과 불평등을 이해하는 데 사용하는 지배적 패러다임인 인적자본 이론을 분명히 거부했다.

지난 몇십 년간 노동소득의 불평등 역시 급격히 증가했고 노동소득은 소득분포의 최상위층을 제외한 대부분의 가구에서 소득의 주된 원천이었다. 주류 미시경제학은 여러 다른 기술 유형에 대한 수요, 공급의 차이가 소득 격차를 주도한다는 인적자본 이론을 이용해 소득 불평등 패턴을 설명하는 경향이 있다. 인적자본 이론의 기본 개념은 한 사람이 소유한 지속성 있는 기술과 자질의 총량이 자본총량처럼 작용한다는 것이다. 그러면 임금은 인적자본 총량에 대한 '수익'으로 개념화되고, 따라서 인적자본은 임금 차이를 설명할 뿐 아니라 물적자본과 마찬가지로 부의 저장고 역할을 한다. 인적자본은 노동소득과 불평등, 교육 선택, 선별적 결혼, 출산, 자녀에 대한 부모의 투자, 경제적 성과의 세대 간 상관관계 같은 다양한 경제현상을 이해하는 데 엄청나게 유용한 개념적 프레임워크다.

《21세기 자본》은 불평등을 이해하는 유용한 도구로서의 인적자본을 분명히 제쳐놓았다. 이 책은 '자본'과 '부'를 교역재의 시장가치로서 동등하게 정의하는데, 이 정의는 노예제가 금지된 사회에서는 인적자본을 완전히 사고팔 수 없다는 이유로 선천적 부의 원천으로서의 인적자본은 배제한다. 이 장에서 나는 피케티가 제시한 데이터와 이론의 심각한 약점은 바로 인적자본을 제외시킨 것이라고 주장한다. 인적자본은 각 세대가 보유한 부의 중요한 원천이며 세대 간에 경제적 우위를 물려주는 데 중요한 역할을 한다.《21세기 자본》이 제시하는 불평등의 양상과 시간 흐름에 따른 변화는 참신하고 중요하지만 불완전하다.

피케티는 부모가 자녀에게 물려주는 자본 유산에만 초점을 맞춤으로써 부자들의 상속 동기를 넘겨짚었으며 인적자본의 형태로 부모에게서 자녀로 전해지는 상당한 부에 대해서는 간과하는 실수를 범했다. 뿐만 아니라 확정적인 결론이 내려지는 않았지만 세대 간 이동성을 다룬 문헌들도 부와 소득의 높은 불평등이 이동성 감소와 기회균등 저하로 이어질 것이라는 피케티의 우려를 뒷받침하지 않는다. 하지만 나는 '기회'와 '이동성'이《21세기 자본》과 더 넓게는 경제학에서 명확히 정의되지 않았다고 생각하며, 이 개념들의 의미 있는 논의를 위해서는 향후 이동성에 대한 연구가 아동의 인적자본 생산 기술을 다룬 풍부한 문헌의 통찰력을 수용해야 한다고 본다.

이 장에서는 다음과 같이 논의를 진행한다. 먼저 인적자본과 물적자본의 차이점과 유사점을 상세히 설명하고 두 번째로는 이를 바탕으로 인적자본을 부에서 제외시킨 피케티의 주장이 궁극적으로 실패했음을 보여줄 것이다. 세 번째 부문에서는 인적자본, 부모의 유산, 세대 간 이동성의 관계를 논의한다.《21세기 자본》에서는 왕조적 상속이 부의 집중을 주도하는 주요 메커니즘이기 때문이다. 그런 뒤 노동소득 불평등이 단순히 '경쟁에 근거하는 것은 아니라는' 피케티의 설명을 살펴볼 참이다. 피케티의 특별한 주장이 궁극적으로 들어맞을지, 아닐지에 관계없이 나는 경제학이 사회적으로 매우 다른 결과를 낳는 다양한 인적자본과 노동소득의 원천을 구분하는 것이 옳다고 본다. 사회적으로 파괴적인 일을 하는 대가로 보수를 받는다면 인적자본이 더 많다고 꼭 좋은 것은 아니다. 나는《21세기 자본》에서 제시한 부유세와 달리 평등주의적, 비평등주의적 근거 모두에서 정당화하기 쉬운 정책인 유아기 교육을 논하면서 결론을 내리고자 한다. 유아들을 대상으로 하는 인적자본 투자는 매우 큰 사회적 이익을 낳는 동시에 고소득 가정 출신의 아이와 저소득 가정의 아이들 간의 부의 격차를 줄일 수 있다.

용어를 잠깐 설명하자면, 나는 이 장에서 피케티의 자본/부capital/wealth 개념을 '사본capital'으로 지칭했다. '부wealth'는 피케티의 개념(부와 자본을 동등하게 보았다)과 인적자본(부의 한 형태임을 이 장에서 설명할 것이다)을 둘 다 표현하는 좀 더 일반적인 용어로 사용할 것이다.

인적자본이란 무엇인가?

인적자본은 경제학자들이 소득, 부, 건강, 그 외의 수많은 경제적 성과의 개인적 불평등을 이해하기 위해 사용하는 지배적인 프레임워크다. 인적자본 이론의 중심 개념은 개인이 노동시장에서 수익을 얻는 다수의 기술과 자질을 소유하고 있다는 것이다. 기술은 지속성이 있고 상황에 의존적이며 투자에 반응을 나타내는데, 이는 전통적인 물적자본의 핵심 특성들이다. 인적자본 이론은 개인이 체화한 기술들을 '인적'자본 총량으로 개념화함으로써 이런 유사점을 진지하게 채택한다. 그러면 임금률과 그 외 결과들의 차이는 인적자본의 차이로 설명된다. 한 노동자의 소득은 그 사람이 보유한 인적자본의 총량이 증가함에 따라(교육이나 업무 현장학습을 통해) 혹은 이미 보유한 스킬이 아마도 기술 변화로 인해 노동시장에서 가치가 더 높아짐에 따라 증가할 수 있다.

'인적자본'이라는 용어는 노동소득과 자본소득 간의 가짜 균형을 제시하기 때문에 혼란을 일으킬 수 있다. 이 장에서는 표준 용어를 고수하겠지만 '인적자본' 대신 '체화된, 지속성 있는 기술'이란 용어를 사용해도 의미상으론 손상 없다. 분명히 해두자면, 인적자본은 물적자본과 뚜렷이 구분되는 개념이며 둘 사이의 차이는 상황에 따라 매우 중요할 수 있다. 그 차이에 관해 지금 어느 정도 상세히 살펴보는 것이 좋겠다. 뒤에서 나는 이 차이 중 어느 것도 피케티가 책에서 펼친 주장과는 관련이 없음을 설명할 것이다.

첫 번째 차이는 인적자본은 물적자본과 달리 완전히 사거나 팔 수 없다는 것이다. 이 말은 인적자본은 신용을 얻기 위한 담보물로 사용될 수 없다는 중요한 의미를 지닌다. 주택소유자는 집의 가치에 따라 대출을 받을 수 있지만 대학 학자금을 마련하려고 대출을 받는 학생은 대출금을 갚지 못할 경우 채권자에게 자신의 인적자본에 대한 권리를 양도하겠다는 약속을 할 수 없다. 게다가

인적자본은 가격이 아니라 사용료로만 관찰되므로 인적자본에 체화된 부는 가치를 매기기 어렵다.[1]

두 번째 중요한 차이는 인적자본은 이를 소유한 특정 인물과 불가분으로 연결돼 있어서 노동력을 공급하는 그 소유자 없이는 사용될 수 없다는 점이다. 따라서 단순히 노동자들의 생산능력이 아닌 이들의 선호가 인적자본이 어떻게 사용되고 보상되는지의 중요한 결정요인이 된다. 트랙터는 가혹한 환경에서 일해야 한다 해도 개의치 않지만 노동자는 그렇지 않을 것이다. 무엇보다 이 차이는 시장에 노동을 공급할 때의 비효용이 존재하는 한 인적자본에서 얻는 소득은 물적자본에서 얻는 소득보다 복지 측면에서 가치가 낮음을 의미한다. 물론 그 반대도 성립할 수 있다. 비교적 보수가 낮아도 그 일자리에서 얻을 수 있는 비금전적인 이익이 노동자들에게 보상이 될 수 있다.

인적자본에 대한 일반적 반론

《21세기 자본》에서 제시한 불평등에 대한 미시경제적 연구의 데이터와 이론의 의미를 논하기 전에 먼저 인적자본을 포함해 이 책의 주요 주장은 평가해볼 만한 가치가 있다. 인적자본은 부의 중요한 원천이며 횡단적 불평등과 세대 간 불평등 모두를 이해하는 데 필수적이다. 피케티가 인적자본을 배제한 것은 잘못이다.

피케티는 부를 자본과 동일시했고, 사고파는 것이 가능한 모든 것들로 부를 정의했다. 이 정의에 따르면 인적자본은 부에 포함될 수 있는 자격이 바로 박탈되지만, 피케티는 매매가 안 된다는 인적자본의 성격이 자신의 전체적 주장과 왜 관련이 있는지를 어디에서도 명확하게 설명하지 않았다.[2] 《21세기 자본》에서 자본의 중요한 특징은 지속성이 있고 추가적 노력 없이 수익을 낳으며 상속인에게 물려줄 수 있다는 것이다. 물적자본의 이러한 특징은 매매 가능성에 의존하지 않으며 분명 인적자본도 갖고 있는 특성들이다. 기술은 지속성이 있지만 시간이 지나면서 쇠퇴하거나 구식이 될 수 있다. 어떤 기술을 소유한 사람은 근무 시간이 추가될 때마다 추가적인 노력 없이 그 기술과 관련하여 급여가 올라간다. 그런 노동자도 관련된 인적자본 프리미엄을 받기 위해 노동을 공급하면서 비효용을 겪지만, 중요한 건 노동자의 인적자본 총량이 증가한다고 이런 비효용이 증가할 필요는 없다는 점이다. 사실 높은 급여를 받는 일자리는 저임금 일자리보다 업무 수행의 불만이 덜한 것은 당연하다. 마지막으로, 부모의 기술은 상속과 부모의 의도적인 투자를 통해 자녀들에게 전해진다.

따라서 인적자본은 어떤 합리적인 기준으로 보아도 부의 원천이다. 한 사람이 인적자본을 더 많이 가질수록 경제적 자원을 얻을 기회가 더 커진다. 간단하게 두 젊은이를 예로 들어보자. 한 사람은 50만 달러의 신탁자금 상속자이고 다른 한 사람은 무일푼이지만 평생 수백만 달러를 벌 것으로 기대되는 재능 있는 운동선수다. 두 사람 중 더 부유한 쪽은 운동선수가 분명하지만 피케티의 정의는 그 반대를 암시한다.

앞에서 논의했듯이, 인적자본에서 얻는 소득과 물적자본에서 얻는 소득을 비교하는 데는 흥미롭고 미묘한 요소들이 존재한다. 전자는 반드시 노동력의 공급(잠재적으로 불쾌한)이 수반되기 때문이다. 담보물로 쓸 수 없다는 점 역시 물적자본에 비해 인적자본의 가치를 떨어뜨린다. 그럼에도 불구하고 다른 모든 면은 동일한 두 사람 중 인적자본이 더 많은 쪽이 피케티가 말하는 의미에서 더 부유하다는 것은 항상 사실일 것이다. 거래할 수 없다는 인적자본의 성격과 노동 공급 때문에 생기는 복잡성은 그저 인적자본의 크기를 측정하기 어렵다는 뜻이지 인적자본이 부가 아니라는 의미는 아니다.

《21세기 자본》에서 광범위하게 펼치는 두 번째 주장은 인적자본은 개인 수준의 불평등을 충분히 설명하지 못하기 때문에 인적자본에 근거한 설명은 순진하고 불완전하다는 것이다.[3] 인적자본의 차이가 경제적 성과에서 관찰되는 개인차의 일부만 설명할 수 있는 것은 맞다. 하지만 인적자본 이론은 불평등의 모든 측면을 설명할 수 있다고 주장한 적이 없다. 피케티가 포함시킨 어떤 경제이론도 데이터에 완벽히 들어맞지는 않는다. 인적자본은 개인의 경제적 성과에 나타나는 많은 체계적 차이들을 설명할 수 있고 경제학자들은 인적자본이 설명하지 않는 것과 그 이유를 이해하기 위해 계속 노력하고 있다. 이런 면에서 인적자본은 다른 경제이론들과 다르지 않다.

또한 《21세기 자본》은 인적자본을 바탕으로 임금-소득 불평등을 설명하는 것은 노동소득을 인적자본 총량의 수익률로 이름표만 바꿔 다는 것뿐이므로 공허하거나 동어반복이라고 주장한다.[4] 미시경제학자들은 새로운 가설을 세울 때 종종 관찰된 결과의 차이를 인적자본 차이의 추정적 증거로 이용한다. 과거에 그런 접근방식이 유용한 것으로 드러났기 때문이다. 하지만 경제학자들이 단순히 관찰된 결과의 차이에서 근본적인 인적자본의 차이를 추론하는 것은 아니다. 그렇게 하면 정말로 동어반복적일 것이다. 그보다 인적자본은 교육기간 같은 관찰 가능한 비급여 특성들과 추정 가능한 관계라고 가정할 수 있는데, 이는 인적자본의 관찰 가능한 상관물과 경제적 성과 사이에 검증 가능한 관계가 있음을 암시한다. 그런 모형은 경제적 성과의 차이를 잘 설명하지 못할 수 있다. IQ 테스트에서 높은 점수를 받은 사람이 점수가 낮은 사람들보다 평균적으로 더 많은 돈을 번다는 것은 동어반복이 아니라 경험에 의거한 사실이다.

마지막으로, 피케티는 지난 세기에 국민소득에서 노동의 몫은 약간만 증가한 반면 자본은 여전히 상당한 몫을 차지하므로 현재는 과거에 비해 인적자본이 실질적으로 더 중요하지 않다고 주장했다. 경제학 이론에 따르면 기술이 노동에 유리한 쪽으로 발전한다 해도 이 몫이 더 상승하지 않을 것이라는 피케티의 관찰은 정확하다. 그러나 이 주장은 요점을 놓쳤는데, 소득에서 인적자본이 차지하는 몫이 소득에서 노동의 몫과 같지 않기 때문이다. 최근 몇십 년간 인적자본이 더 중요해졌다는 것은 사람들이 기술에 더 많이 투자하고 그 결과 시간당 소득이 증가한 것을 증거로 알 수 있다. 이런 의미에서 인적자본은 심지어 국민소득에서 자본으로 가는 몫이 증가하고 있는 세계에서도 중요성이 높아질 수 있다.[5]

최근 수십 년 동안 노동소득 결정에서 인적자본이 상대적으로 중요해졌다는 상당히 강력한 증거가 있다. 예를 들어 카츠[katz]와 머피[Murphy]는 교육받은 숙련된 노동자들의 공급이 늘어났음에도 불구하고 이들이 받는 임금 프리미엄이 극적으로 증가했음을 보여주었다.[6] 이런 패턴은 투자와 교육을 요하는 기술의 가치가 시간이 지나면서 높아졌음을 암시한다. 다만 이 설명은 소득 불평등에 가장 최근 나타난 변화와는 그리 맞지 않을 수 있다.

인적자본의 중요성 증가를 이해하는 또 다른 투박한 방법은 소득에서 노동이 차지하는 몫을 두 구성요소로 나누는 것이다. 하나는 교육과 노동시장에서의 경험(인적자본)에서 발생하는 소득이고 다른 하나는 '미숙련' 노동에서 발생하는 소득, 즉 교육을 받지 않고 경험도 없는 신체 건강한 성인이 벌 수 있는 소득이다. 미국의 데이터가 보여주는 것을 간단한 회계작업으로 풀어보자면 국민소득에서 미숙련 노동의 몫은 20세기 중반 이후 꾸준히 감소한 반면 소득에서 인적자본이 차지하는 몫은 증가했다.[7]

피케티 전후 부모의 유산과 세대 간 이동성

상속과 이동성은 기회균등이라는 근본적인 사회적 선善과 밀접하게 연결되어 있다. 어떤 가정에서 태어났는지에 따라 누구는 가난하게 살도록 운명 지어지고 누구는 엄청난 부를 상속받는 것은 대부분의 사람들에게 몹시 불평등하게 여겨진다. 상속과 출생에 따른 혜택은 윤리적으로 의심받고, 이런 요소에서 발생한 불평등은 평등과 공평성이라는 이상과 갈등을 빚는다. 반면 업무 노력, 생산성, 능력 차이로 발생하는 불평등은 그에 비해 상당히 논란이 덜하고 많은 사람에게 정당하게 여겨진다. 이렇게 아주 다른 메커니즘들이 동일한 부와 소득의 분배 결과를 낳을 수 있기 때문에 평등주의적 정책들이 정당한지 판단할 때는 불평등을 불러일으키는 요인들을 분석하는 것이 중요하다.

광범위한 경제학 문헌들이 부모의 자원과 성인 자녀가 보유한 자원 사이의 관계를 이해하려 시도한다. 이런 연구들 중 일부는 부모의 자원과 아동기의 성과에 대한 투자, 즉 인적자본 생성 기술에 대한 투자가 미치는 직접적인 영향에 초점을 맞추었다. 세대 간 이동성, 혹은 사회에서의 상대적인 경제적 지위가 한 세대에서 다음 세대로 전달되는 정도를 다룬 연구들도 있다. 피케티의 논의는 이 두 번째 문헌을 더 긴밀하게 따라가는데, 내 생각에 이 문헌들은 설득력 및 해석 가능한 추정치가 부족하다. 이 비판은 피케티에게도 적용된다. 그는 부의 세대 간 이전을 설명하면서 인적자본 생성 연구에서 나온 중요한 이해들을 포함시키지 않았다.

이동성에 대한《21세기 자본》의 논의는 거의 전적으로 자본에만 초점을 맞춘 반면 앞의 연구들은 주로 교육과 노동소득의 이동성을 연구했는데 두 가지 모두 인적자본과 밀접하게 관련되어 있다. 두 접근방식 모두 그 자체로도 흥미롭지만 경제적 우위의 세대 간 전달을 충분히 이해하려면 둘을 함께 고려해야 한다. 노동소득과 교육 불평등은 자본 중심의 기준들로는 포착되지 않는 부의 격차에 해당된다. 또한 자본상속은 특히 가장 부유한 계층에게 잠재적으로 매우 중요한 부의 이전 경로인데 소득 및 교육 이동성 기준에서 완전히 빠져 있다.

《21세기의 자본》과 상속 추이: 흥미로운 출발

피케티의 책에서 자본수익률이 일반적으로 경제 성장률보다 높다는 사실은 자본자산이 경제의 전체 규모에 비례해 증가한다는 것을 확인해준다. 이 축적된 자본이 한 세대에서 다음 세대로 그대로 전달된다면 결국 아주 소수의 운 좋은 상속자들이 한 국가의 자본의 많은 몫을 제어하게 된다.《21세기 자본》은 이러한 상속자본의 집중이 이동성을 낮출 것이라고 주장한다. 자본을 상속받은 사람들이 이용할 수 있는 소득이 노동을 통해 이용할 수 있는 잠재소득을 압도할 것이기 때문이다. 생산적 일보다는 상속과 결혼이 경제적 성공과 안정으로 가는 주된 경로가 될 것이다.

이 가설을 뒷받침하기 위해《21세기 자본》은 상속액에 대한 역사적 데이터를 제시했다. 이 데이터는 상속된 자산이 경제에서 차지하는 상대적 중요성을 보여주는 국가 수준의 변수들이다. 한 국가의 상속액은 자본 총량이 클 때, 사망률이 높을 때, 그 사망자가 살아 있는 사람보다 상당히 더 많은 자산을 소유했을 때 커진다. 피케티에 따르면 프랑스의 상속액은 과거에는 꽤 높다가 20세기 중반에 상당히 하락했으며 이후 다시 상승하기 시작했다. 이런 회복세를 이끈 것은 주로 자본/소득 비율 및 사망자의 평균 자산과 살아 있는 사람의 평균 자산의 비율 증가였다. 유럽의 다른 지역도 비슷한 패턴이었던 것으로 보이는 반면, 미국에서는 상속자산의 회복세가 더 약했던 것 같다.《21세기 자본》에서 상속액 증가는 상속된 부가 점점 중요해지고 미래를 지배할 수도 있음을 보여주는 주요 증거다.

유감스럽게도 상속액은 부모가 아이에게 물려주는 자본 유산을 추적하지 못한다. 사망자의 평균 자산이 많은 한 이 재산이 후손과 다른 개체들 사이에 어떻게 나뉘는지에 관계없이 상속액은 높을 것이다.《21세기 자본》은 부모들이 유산을 거의 대부분 자녀에게 남긴다고 은연중에 가정하지만, 부자들이 재산의 상당 부분을 자선재단 등에 남길 경우 세대 간 부의 이동성을 설명하는 데 총상속액의 중요성이 훨씬 불명확해질 것이다. 뿐만 아니라 부모의 재산 중 자녀에게 남기는 몫이 시간이 지나면서 변한다면 상속액 시계열은 부모에게서 직접 상속받은 자산의 시계열과 상당히 다를 것이다. 이와는 별개로 나올 수 있는 질문이 부의 왕조적 축적을 완화하거나 악화하는 데 출산율은 어떤 역할을 할 수 있는가이다. 출산율이 높을수록 유산은 더 많은 상속자들에게 분배돼야 하므로 막대한 재산이 대체로 더 빨리 소멸될 것이다.《21세기 자본》은 출산율의 중요성을 언급하지만 책에서 내린 결론이 출산율과 부의 관계에 관한 다른 타당성 있는 가정에 얼마나 영향을 받았는지는 명확히 밝히지 않았다.

부자들이 유산을 누구에게, 왜 남기는지에 관해서는 비교적 거의 밝혀지지 않았다. 경제학자들은 부유한 사람들의 저축률이 왜 그렇게 높은지 잘 이해하지 못하기 때문이다. 시간이 지나도 소비를 일정하게 유지하고 싶은 마음이나 위험에 대비한 준비 같은 일반적인 저축 동기는 보통 사람들의 저축 행위를 적절하게 설명해주지만, 아주 부유한 사람들의 경우는 그렇게 잘 들어맞지 않는다. 부자들은 이미 불운으로부터 자신을 보호할 수 있으니 부유하지 않은 사람들보다 저축을 덜 해야 한다(비율로 봤을 때 그러하다). 그런데 실제는 정반대다. 부자들이 부유하지 않은 사람들보다 훨씬 저축률이 높고 은퇴했을 때 재산을 더 천천히 소진한다. 유명한 짠돌이 갑부인 80대의 워런 버핏은 막대한 재산을 빠른 속도로 날려버려야 하지만 그의 저축률은 100퍼센트에 육박한다.[8]

부자들의 높은 저축률을 합리적으로 설명하려면 일반적인 저축 동기 목록에 일부 요인들을 추가해야 한다. 꽤 설득력 있는 접근방식으로는, 어떤 사람들은 유산을 남기고 싶은 마음이 강하다고 단순히 가정하는 것이다.[9] 놀랍게도 관찰 가능한 특징들로는 유산을 물려주고 싶은 동기가 가정마다 얼마나 다른지 쉽게 설명되지 않는다. 예를 들어 아이들에게 부를 물려주고 싶어서 유산을 남기려 한다고 생각할 수 있다. 하지만 데이터에 따르면, 누가 상당한 재산을 남기고 죽을지 예측하는 데 후손의 유무가 유일하게 중요한 요소는 절대 아니었다.[10] 자녀가 없는데도 큰 재산을 남기고 죽는 사람도 많고 어떤 사람은 후손이 있지만 상대적으로 재산을 거의 물려주지 못했다. 심지어 미국에서 소득 불평등이 극적으로 증가하기 시작한 것과 같은 시기에 많은 재산을 형성하는 데 있어 상속의 중요성이 낮아졌다는 약간의 실증적 증거들까지 있다.[11] 상속의 미래에 대한 피케티의 강력한 예측에 의문을 품는 데에는 그럴 만한 이유가 있다.

고소득 가정의 저축-상속 행위를 더 잘 이해하는 것이 향후 경제학 연구의 우선순위가 되어야 한다. 노동소득 불평등 증가가 자본 불평등 증가로 굳어지면 부자와 부자가 아닌 사람들의 상속 행위 차이는 부와 소득 불평등을 증가시키는 요인으로 점점 더 중요해질 수 있다. 자본 유산이 더 중요해질지는 부유한 가정이 누구에게 얼마나 유산을 물려줄지에 달려 있지만, 현재 우리가 거의 알지 못하는 것이 바로 이 부유한 가정들의 행위다. 부와 소득의 분포에서 최상위층에 속한 사람들의 저축과 상속 행위를 더 잘 이해하려면 경제학자들은 후손과 다른 조직들 사이에 재산이 어떻게 할당되는지 구체적으로 추적한 국가 수준의 데이터를 수집해야 한다. 더 훌륭한 데이터가 갖추어지면 경제학자들은 각 가정 간의 상속 동기 차이를 설명하는 좀 더 현실적인 모형을 세우고 테스트할 수 있을 것이다.

인적자본과 세대 간 이동성

《21세기 자본》은 인적자본을 부모가 자녀에게 부를 불려줄 수 있는 장치로 고려하지 않는다. 그러나 경제학자들은 사실 인적자본이 상속을 통해 물리적으로, 그리고 부모의 의도적인 투자를 통해 세대 간에 전달된다는 것을 알게 되었다. 인적자본이라는 부모의 유산은 피케티가 강조한 자본 유산에 더해 부의 중요한 전달 경로다.

이론적으로 부모의 인적자본 유산은 이동성을 높일 수도 있고 낮출 수도 있다. 어떤 사회경제적 배경의 부모라도 자녀의 인적자본에는 많은 투자를 하는 반면, 자본 유산은 보통 아주 부유한 부모만 남길 수 있다. 인적자본에 대한 투자로 볼 수 있는 행동과 지출은 다양하다. 예를 들어 부모는 아이들의 숙제를 돕고 좋은 공립학교에 다닐 수 있는 안전한 동네에 살기 위해 주택시장에서 프리미엄을 지불하는 데 돈을 쓴다. 자본 유산에 대한 데이터는 사회경제적 스펙트럼의 아래쪽 끝에 위치한 가족들이 남기는 실제 유산의 크기를 상당히 축소하고 부모가 남기는 유산의 전체적 불평등 정도를 부풀릴 수 있다. 유산을 평가하는 일반 기준은 각양각색의 배경을 가진 모든 부모가 자녀들의 기술 향상에 쓰는 모든 시간, 노력, 돈뿐 아니라 유전을 통해 저절로 전해지는 인적자본과 아이의 생활환경에 자동적으로 따라오는 특징들을 배제한다. 인적자본에 대한 부모의 투자는 이동성을 높일 수 있는데, 부모가 보유한 자원과 자녀에게 남기는 유산 사이의 경사도가 자본 유산에 기반한 기준들의 경사보다 덜 가파를 수 있기 때문이다. 반면 부유한 부모들은 더 적은 자원을 보유한 부모들보다 자녀에게 상당히 더 많은 시간과 돈을 투자하며, 최근 몇십 년 동안 이 격차는 더 벌어졌다.[12]

소득 계층 간 부모들의 투자 지출이 동등하지 않은 점은 이동성을 낮추는 요인이어야 하지만, 부모의 학력, 연령, 결혼 유무, 거주지역의 특징, 그 외의 사회 경제적 요인처럼 부모의 소득과 함께 판단되는 모든 요인을 고려하면 부모의 소득이 아동기의 성과에 큰 영향을 미친다는 증거는 상대적으로 부족하다. 부모의 소득이 미치는 영향을 파악할 때 근본적인 경험 문제는 부모의 소득이 아동기의 성과에 영향을 미칠 수 있는 대부분의 다른 변수들과 밀접하게 연관되어 있다는 것이다. 부모의 소득이 미치는 영향을 이 모든 다른 요인과 분리하기 힘들고 그 직접적인 영향에 대한 대부분의 추정치는 매우 적다.[13] 마찬가지로 부모의 지출이 아동기의 성과에 얼마나 강한 영향을 미치는지도 불분명하다. 일례로 연구자들은 부모의 자원 및 지출의 변화와 측정된 아동기의 학업 성취 변화 간의 분명한 관계를 밝히지 못했다.[14] 이런 유형의 실증적 연구에서 극복해야 하는 방법론적 장애물은 매우 크다.

아동기의 인적자본 습득을 연구한 가장 전문적이고 설득력 있는 논문들 역시 부모의 소득이 매우 독자적인 역할을 한다는 것을 발견하지 못했다. 대신 부모의 환경을 포함한 아동의 초기 환경이 인적자본의 발달에 엄청나게 중요하다고 제시하며,[15] 특정 기술은 '결정적 시기'가 있어서 그 이후로는 투자 효과가 훨씬 떨어진다는 생각을 지지한다. 뿐만 아니라 이 논문들은 새로운 기술을 습득하는 능력은 과거의 투자에 달려 있어서 선순환을 통해 기술이 기술을 낳는다는 것을 발견했다.[16] 인적자본 개발에서 중요한 것은 부모의 소득 자체보다 건강한 어머니, 아이를 보살피는 안정된 가정과 학교 환경으로 보인다. 특히 유아기 시절에는 더욱 그러하다. 소득이 낮은 부모는 한정된 재력으로 이런 요구를 만족시키기 힘들 수 있지만 억만장자들이 상위 중산층 부모보다 훨씬 유리하다고만은 보이지 않는다. 투입 비용이 그렇게 높지 않기 때문이다.

요컨대 아동기의 인적자본 형성에 관해 우리가 보유한 실증적 증거들은 자본과 소득 불평등이 급속히 증가해도 다음 세대들의 인적자본 불평등이 자동적으로 상당히 증가하지는 않을 것이라고 제시한다.

피케티의 분석은 세대 간 이동성을 다룬 실증적 문헌들과 더 밀접하게 연결되어 있지만 이 문헌들 역시 부모의 우위가 자녀에게 얼마나 확실하게 전달되는지에 대해 명확하거나 일관성 있게 설명하지 않았다. 이들에서 가장 많이 연구된 결과인 소득의 이동성 추정은 국가, 시기, 사용된 실증적 기법에 따라 매우 극적인 차이가 난다. 초기의 일부 실증적 연구들은 부모의 우위가 한두 세대 내에 거의 완전히 사라진다고 제시한 반면 더 최근의 평가들은 (최근의 연구들이 이런 면에서 모두 같은 의견인 것은 아니지만) 그러한 우위가 다섯 세대 이상 의미 있게 지속된다고 암시하는 경향이 있다. 이렇게 의견이 나뉘는 것이 놀랍지 않은 것은, 소득 이동성을 평가하는 것은 경험적으로 매우 힘들기 때문이다. 가장 큰 어려움은 소득은 해마다 변동이 많은 편이고 직업마다 경력 발달에 따른 임금 추이가 다르므로 소득을 정확히 측정하기 힘들다는 것이다.[17] 여러 세대에 걸친 여러 해의 소득을 연결한 데이터가 매우 드물기 때문에 이동성을 다룬 실증적 문헌들은 이런 측정 문제를 다루려면 통계적 접근방식에 의지해야 한다.

소득 외의 성과에 대한 세대 간 이동성을 평가하는 연구들 역시 결론을 내리지 못했다. 교육에서 세대 간 상관관계가 생기는 주된 요인이 무엇인지에 대한 합의는 거의 이루어지지 않았으며, 이 요인은 시간과 지역에 따라 상당한 차이가 나는 것으로 보인다. 유전 요인 대비 이 상관관계의 다른 요인들의 중요성을 파악하려는 다양한 논문들은 대개 의견 차이를 보인다. 소비가 웰빙의 경제적 모형에서 중요한 역할을 하지만 자료 부족 때문에 소비의 세대 간 이동성에 대한 증거는 거의 없다. 마찬가지로 세대 간에 연결된 자본 소유에 대한 고급 데이터 또한 드물어서 자본의 이동성에 대한 증거도 비교적 미비하다(바로 이것이 앞부분에서 말했던 문제다). 흥미롭게도 현재 이용할 수 있는 증거들에 따르면 자본의 세대 간 상관관계의 상당 비율이 유산이 영향을 미치기 훨씬 전에 나타난다. 게다가 전반적으로 논문들은 부모의 소득이 이동성에 유력한 독자적 영향을 미친다는 것을 발견하지 못했다.[18]

《21세기 자본》에서 강조한 자본 및 소득 불평등의 극적인 증가는 이동성이 낮아질 수 있다는 우려를 불러왔다. 이런 걱정은 직관적으로 타당한데, 아동의 다양한 우위 확보에 부가 이용될 수 있다면 부의 불평등 증가는 이동성을 감소시킬 것으로 예상할 수 있기 때문이다. 그러나 실제로는 최근에 소득의 이동성이 줄었다는 증거는 거의 없으며 이동성은 수십 년간 대체로 변화가 없었다는 꽤 강력한 증거가 있다.[19] 소득의 이동성이 불평등의 변화에 둔감해 보이는 것이 놀라울 수도 있지만, 사실 이 현상은 학업 완수나 인적자본의 다른 기준들에 부모의 소득이 미치는 영향의 추정치가 전반적으로 낮다는 점과 일치한다. 물론 저축-상속 행위에 따라 소비와 부의 이동성이 소득의 이동성과 상당히 달라 보일 수 있다. 특히 부의 분포에서 최상위층에 있는 가정의 경우 더욱 그러하다. 그럼에도 불구하고 피케티가 발표한 이동성과 기회에 대한 우려를 지지하는 증거는 거의 없다. 다음 부분에서 논의하겠지만, 이동성 추정치 자체를 의미 있는 방식으로 해석하기란 어렵다. 아주 다른 과정들이 같은 수준의 이동성을 낳을 수 있기 때문이다. 소득 이동성의 상대적 불변성이 부모의 자원과 다음 세대의 성과 간에 나타난 중요한 변화를 가려버릴 수 있다.

이동성 연구의 다음 단계는 무엇인가?

인적자본을 결정하는 다양한 요인(특히 유전, 학교의 질, 부모의 투자)의 상대적 중요성을 분석하기는 상당히 어렵지만 전체적으로 이 요인들이 세대 간 이동성을 결정하는 매우 중요한 요인들임은 분명하다. 반면 부모의 소득은 아이의 성과에 강한 인과적 영향을 미치지 못할 수 있으며, 소득 불평등 증가에 따라 최근 몇십 년간 경제적 이동성이 줄었다는 적절한 증거도 없다. 신흥 부자들의 저축-상속 행위에 대한 피케티의 함축적 모형이 정확하다면 향후 몇 년간 부의 이동성이 낮아질 것이라는 그의 생각은 옳을 수도 있다. 하지만 부와 소득의 불평등 상승이 노동소득과 교육의 이동성을 해칠 것이라는 주장을 지지하는 증거는 거의 없다. 동시에 《21세기 자본》에 나오는 데이터 및 분석과 이 장에서 펼친 논의는 불평등에 대한 미시경제학적 연구에 새로운 방향을 제시한다. 지금부터는 향후의 연구가 결실을 맺을 수 있는 몇 가지 분야를 소개하기로 한다.

미시경제학적 데이터의 불평등을 이해하는 일반 접근방식은 전체 부를 증가시키는 행동과 감소시키는 행동을 구별하지 않으며 상속된 인적자본의 원천 중 대부분의 관찰자들에게 공정하다고 여겨지는 것과 윤리적으로 의심스러워

보이는 것을 구분 짓지도 않는다. 불평등에 대한 논의를 이런 유형의 구분 쪽으로 돌린 것이 《21세기 자본》의 중요한 공헌이다. 피케티는 미시경제학자들이 가슴에 새겨야 할 정곡을 찌르는 질문들을 던졌다. 사실 그는 '핵심적인 문제는 불평등의 크기 자체라기보다는 불평등을 정당화할 수 있는가 하는 것이다'라고 인정했다. 모든 시장이 경쟁적이지는 않으며 인적자본을 경쟁에 사용한다고 모두 좋은 것은 아니다.

예를 들어 기업의 고위 경영진이 고소득을 얻는 데다 그 몫이 더욱 상승하고 있는 문제를 생각해보자. 피케티는 더 높은 보수를 받기 위해 더 열심히 협상하는 경영자들을 상승 원인으로 들었다. 최고세율 인하로 그런 협상을 할 만한 가치가 높아졌기 때문이다. 한편 어떤 학자들은 심지어 경쟁적이고 효율적인 노동시장에서도 경영 기술의 작은 차이(인적자본)가 매우 다른 보상으로 이어지는 '슈퍼스타' 효과 때문으로 보았다. 논의의 편의상, 슈퍼스타 설명이 데이터에 더 적합하고 따라서 경영진의 고소득은 경쟁시장을 기반으로 하는 경영자 생산성 기준을 반영한다고 가정해보자. 이런 경우에도 기업들이 파괴적 행동에 관여한다면 최상위층 소득이 차지하는 몫의 증가는 빈축을 살 수 있다. 제대로 돌아가는 시장에서 기업의 수익은 그 기업의 서비스가 제공비용에 비해 높게 가치 평가된다는 표시이고, 따라서 수익 증가에 따른 경영진 보상은 기업에게나 사회 전체에게나 이치에 맞다. 그러나 기업이 경쟁을 성공적으로 차단시키거나 대중을 보호하는 법을 어겨서 이익을 얻었다면 경영진에 대한 보상은 사회적으로 파괴적인 행위를 장려하는 결과가 될 것이다. 인적자본을 바탕으로 소득 불평등을 설명하는 것은 이 두 가능성을 구분하는 데 충분하지 않다.

요컨대 문제는 때로는 범죄가 이익이 된다는 것이다.

또 다른 예로 베커Becker와 톰즈Tomes의 모형 같은 고전적인 세대 간 모형에서 인적자본의 상속을 살펴보자.[20] 이런 모형들에서 한 아이가 보유한 총 인적자본은 부모로부터 자동 상속된 인적자본과 부모와 사회의 투자로 생성된 추가 인적자본이라는 두 구성요소와 함수관계에 있다. 문제를 이런 프레임 안에서 보게 되면 인적자본 중 상속된 요소들이 유전/태생에 근거한다고 잘못 생각할 수 있다. 그러나 베커와 톰즈는 상속된 재능은 부모가 자녀에게 주기 위해 명백하게 자원을 쓸 필요가 없는 무언가를 나타낸다고 분명히 밝혔다. 다시 말해 재능은 가격에 반응하지 않는 인적자본 투자의 구성요소다. 그러므로 상속된 재능은 사회적 네트워크, 문화적 태도, 그 외의 많은 것들을 포함한다.

따라서 일반적인 세대 간 모형들은 윤리적, 경제적으로 관련된 구분을 생략한다. 연줄 좋은 집안의 자식들이 아버지의 롤로덱스(명함정리기-옮긴이) 덕분에 많은 돈을 벌 수 있다는 것은 매우 불공평해 보인다. 게다가 연고주의는 경제 전반에 걸쳐 인재를 잘못 배치하는 결과를 낳기 때문에 이런 유형의 혜택은 전체 부를 감소시킬 수 있다. 반면 누군가가 유전적으로든 가정환경을 통해서든 높은 지능을 물려받았을 경우, 그가 고소득을 얻는 것은 많은 사람들에게 불공평하거나 바람직하지 않은 것으로 보이지 않을 것이다

이러한 구분은 우리가 불평등을 어떻게 느끼는가 하는 점뿐만 아니라 어떤 유형의 정책이 불평등을 낮추는 데 효과적일까 하는 점에서도 중요하다. 부자들이 자식에게 유리하게 게임을 조작하는 데 자원과 연고를 쓸 경우 이런 시도를 성공하기 어렵게 만드는 정책이 합리적이고 효과적인 해결책이 될 수 있다. 반면 부자들이 지능, 건강, 행동 규범을 물려줌으로써 자녀의 성공을 확보하는 경우 당연한 해결책은 부의 최상위층에서 이루어지는 이런 유형의 부의 이전을 막을 것이 아니라 하위층에서도 확산되도록 이를 장려하고 보조하는 것이다. 이 두 번째 경우 학교의 질, 어린 시절의 가정환경, 심지어 부모의 건강과 영양상태 향상을 목표로 하는 정책이 부자의 인적자본 전달과 축적을 줄이려는 정책보다 분명 더 낫다(다음에서 유아기 교육에 공적 투자를 증가시킬 때 얻을 수 있는 엄청난 이익을 논할 것이다). 이와 비슷하게, 스타 경영자가 지대 추구를 통해 막대한 보수를 받는다면 가장 분명한 해결책은 산업 규정을 바꾸어 지대 추구로 얻을 수 있는 수익을 줄이는 것이다. 항상 그렇듯이 정책은 할 수만 있다면 공공의 이익과 개인의 이익을 연결시키는 규칙과 제도를 만들기 위해 노력해야 한다.

세대 간 이동성을 다룬 논문들은 검증 가능한 이론의 부족으로 어려움을 겪는다. 많은 논문들이 세대 간 이동성과 유전, 환경, 공적·사적 인적자본 투자

같은 경제적 기초 여건들을 연결시키는 모형을 개발했다. 대체로 이런 이론은 대부분의 요인들이 예상한 방식대로 이동성에 영향을 미친다고 시사한다. 예를 들어 인적자본에 대한 국가의 점진적 투자는 부모들의 인적자본 투자 불평등을 상쇄하여 이동성을 높일 수 있다.[21] 이상적으로는 세대 간 이동성을 결정하는 다양한 요인의 상대적 중요성을 검증하는 데이터에 이 이론들을 적용할 수 있다.

유감스럽게도 이 모형들의 실증적 검증은 경제이론에 좀처럼 자극받지 않는 확고한 가정들에도 의존한다. 예를 들어 많은 논문이 유전과 가정환경의 상대적 중요성을 파악하기 위해 입양아와 친자의 성과를 비교한다. 일반적으로 이런 논문들은 어떠한 생물학적 혹은 경제학적 근거도 없이 유전자와 환경이 상호작용하지 않는다고 가정한다.[22] 기술과 투자는 복잡하고 반복적으로 상호작용하는 것처럼 보이기 때문에 '본성'과 '양육'의 공헌도를 개념상 깔끔하게 구분할 방법은 없다. 뿐만 아니라 개인의 성과를 동등하게 만들려는 투자와 개인의 한계수익을 동등하게 만들려는 투자 사이에 갈등이 있다는 일반적인 형평성/효율성 상충관계 이론은 실제로 일부 연령과 일부 유형의 기술에만 적용할 수 있다. 특히 불우한 아이에게 일찌감치 집중 투자하면 형평성과 효율성을 둘 다 높일 수 있는 반면 뒤늦은 투자는 상당히 비효율적일 수 있다.

인적자본이 어떻게 형성되고 노동시장에서 어떻게 보상되는지에 대한 더 풍부하고 상세한 이해 없이는 '이동성'과 '기회'를 의미 있게 정의하기가 불가능하다. 소득의 세대 간 상관관계가 줄어들면 좋은가? 이 질문에 대한 답은 우리가 이상적인 세계에서 얼마나 강한 상관관계를 기대하는지에 달려 있다. 예를 들어 인적자본 투자에 비효율이 없는 세계(즉 인적자본 투자에 대한 사회 전체의 한계수익이 모든 사람에게 동등해지는 세계)가 우리의 황금기준이라고 가정해보자. 이 경우에는 소득의 세대 간 상호관계가 0보다 클 것으로 예상된다. 일부 특성들은 부분적으로 유전에 의해 결정되지만 그 이상은 구체적인 무언가를 말하기가 매우 어렵기 때문이다. 그 대답은 또한 인적자본이 노동시장에서 어떻게 보상받는가에도 달려 있다. 소득에서 세대 간 연관성 상승은 고소득 부모가 자녀에게 유리하도록 게임 조작에 더 능숙해져서일까? 아니면 자녀에게 좀 더 확실히 상속되는 특성들의 가치가 더 높아져서일까? 이 질문에 대한 답을 찾기 위해 관련된 반사실적 추론들을 정의하기는 매우 어렵지만 그런 추론이 없는 경험적인 이동성 추정치는 그다지 도움이 되지 않는다.

횡단적 불평등과 세대 간 불평등을 낳는 경제적 요인들이 복잡하다는 것은 거의 어떤 설명이라도 데이터에 끼워 맞출 수 있음을 의미한다. 상당히 더 풍부한 데이터와 모형 없이 이 다양한 가능성 중에 선택하기란 불가능하다. 내 생각에 앞으로 유망한 방법이라면 헤크먼^{Heckman}과 여러 공동저자들이 개척한 방법론적 진보의 일부를 인적자본 형성 기술에 통합시키는 것이다. 이런 모형들은 동적이고 유연하며 여러 다른 유형의 기술, 물려받은 재능, 재능들 간의 상호작용, 부모의 투자, 사회의 투자를 고려한다.

인적자본의 형성 과정을 이해하는 것은 경제적 성과의 세대 간 상관관계를 신뢰성 있게 해석하는 데 필요한 첫 단계다. 뿐만 아니라 그러한 상관관계를 해석하려면 노동시장에서 어떤 유형의 기술이 중시되는지, 이런 시장의 평가는 시간이 지나면서 어떻게 바뀌는지, 이런 기술들이 사회 복지를 향상시키는지, 손상시키는지에 대한 이해 또한 필요하다.

유아기 교육:
평등주의자와 비평등주의자 모두가 이기는 법

불평등 증가와 싸우기 위해 피케티가 제안한 글로벌 부유세는 평등이 본질적 선이라고 믿는 사람들에게만 매력적이도록 설계된 것처럼 보인다. 일반적인 경제학 이론은 자산에 과세하면 장기적인 부의 총량이 줄어들 것이고 그러면 임금이 낮아질 것이라고 제시한다. 따라서 피케티의 계획은 불평등을 줄이기 위해 모든 사람이 궁핍해지는 결과를 불러올 수 있고 실제로 피케티의 일부 지지자들은 이런 양자택일을 공개적으로 받아들였다. 부유세가 소득을 증가시킬 수도 있지만(아마도 비생산적인 지대 추구 감소를 통해)《21세기 자본》의 전반적인 어조와 주장은 피케티가 부와 소득의 불평등을 줄이기 위해 다른 선을 포기하는 쪽을 선호할 것이라고 암시한다. 평등이 본질적으로 바람직하다는 것은 정책 입안자들, 사회학자들, 정치철학자들 사이에 결코 보편적인 견해가 아니며《21세기 자본》은 오로지 제도적 이유들로 평등을 평가하는 사람들에게 매력적으로 비치지 않는다.[23]

평등주의적, 비평등주의적 근거 모두에서 쉽게 지지할 수 있는 실현 가능한 정책이 많은데도《21세기 자본》이 논쟁과 의견대립을 불러오는 정책 프로그램에 초점을 맞춘 것은 아쉽다. 그런 실현 가능한 정책들은 논란의 여지가 있는 특정 정치철학에 덜 의존하므로 민주적으로 광범위하게 수용될 가능성이 더 많다. 지금부터는 인적자본 형성 기술에 관한 문헌들에서 나온 그러한 정책 중 하나인 유아기 교육을 간략히 설명한다. 유아기 교육의 잠재 이익은 어마어마하고, 올바로 시행된다면 경제의 형평성과 효율성 모두를 상승시킬 수 있다.

유아기 교육이 아동의 잠재적 성과를 향상시킬 수 있는 가능성은 1960년대와 1970년대 미국에서 많은 교육 프로그램을 통해 나타났다. 이 프로그램들은 대부분 저소득층, 소수집단 가정의 아이들에게 강도 높은 고품질의 지원을 했다. 초기 시행 이후 몇 년 뒤 이루어진 후속연구는 이 프로그램들이 학업 완수, 소득, 범죄성, 건강을 포함한 성인들의 다양한 성과에 매우 큰 영향을 미쳤음을 발견했다. 시행에는 상당히 많은 비용이 들었지만 그 결과 나타난 개선의 정도가 너무 커서 비용을 정당화하고도 남았다.[24] 이 프로그램들은 사회적 혜택을 받지 못한 아이들에게 적절한 시기에 적절한 투자를 한다면 엄청난 개선이 가능함을 보여주었다.

미국의 헤드스타트[Head Start](1965년 미국 정부가 경제적, 사회적으로 불우한 아동들을 위해 국가적으로 개입하여 만든 유아교육 프로그램-옮긴이) 같은 국가 수준의 프로그램들은 효과가 더 낮고 더 복합적이었던 것으로 보인다. 예를 들어 이 프로그램에 참여한 많은 학생들이 처음에는 성적이 올랐지만 시간이 지나면서 효과가 점차 사라졌다. 학업 완수, 소득, 범죄성 같은 성과에 미친 영향은 좀 더 지속적인 것으로 추정되었지만 앞서 말한 초기의 강도 높은 개입에서 발견된 효과에 비하면 대체로 그 정도가 낮았다. 이런 대규모 프로그램의 효과가 떨어지는 것은 놀랍지 않은데, 비용이 저렴하고 품질도 더 낮은 편이었기 때문이다. 아이들이 프로그램에 쏟는 시간도 더 적었고 아이들이 받는 투입물의 품질도 더 낮았을 것으로 예상된다. 하지만 이렇게 규모가 훨씬 크고 비용은 훨씬 낮은 프로그램도 상당한 혜택을 낳는 것으로 보이며 프로그램의 자원을 가장 수익률이 높은 것으로 입증된 활동들에 재할당함으로써 이익은 더 확대할 수 있다.[25]

여기에서 중요한 점은 가장 효과적인(그리고 비용이 많이 드는) 프로그램들의 엄청난 성공을 전부 재현할 수는 없어도 비교적 낮은 비용으로도 여전히 큰 소득을 얻을 수 있는 가능성이 유아 대상 프로그램에 대한 계속적인 연구와 투자를 정당화하고도 남는다는 것이다. 게다가 가장 소외받는 아이들에게 가장 큰 혜택이 돌아가는 것으로 보이고, 이는 유아기 교육이 대학 학자금 보조 같은 다른 형태의 개혁으로는 할 수 없는 방식으로 형평성과 효율성을 모두 향상시킬 수 있음을 암시한다. 유아기 교육은 거의 어떤 규범적 관점에서 보더라도 쉽게 지지할 수 있는 정책이다. 마지막으로, 유아기 교육은 글로벌 부유세와 달리 현재 국가 정부의 지원으로 현행 프로그램들을 확대하거나 새로운 프로그램을 충분히 도입할 수 있다는 상당한 이점이 있다.

결론

《21세기 자본》은 불평등의 매우 흥미로운 역사적 데이터를 제시하고 불평등의 원인과 결과에 대한 대담한 주장을 내놓았다. 그러나 이 책의 데이터와 분석에는 인적자본이 빠져 있다. 물적자본과 인적자본은 둘 다 부의 중요한 원천이며 이 둘을 함께 검토하지 않고는 불평등과 그 전개에 대한 종합적인 해석이 완결되지 않는다. 인적자본을 포함시키면 《21세기 자본》에서 펼친 주장의 기본 윤곽이 분명 바뀌겠지만, 그 책에 담긴 데이터와 분석은 불평등의 미시경제학적 연구가 나아갈 수많은 경로도 제시한다.

소득 최상위층이 차지하는 몫의 증가는 부유한 가정의 저축-상속 행위에 대한 더 나은 데이터와 모델을 요구한다. 불평등 증가를 설명하기 위해 지대 추구를 이용하는 논쟁은 인적자본과 지대 추구가 어떻게 상호작용하는지 더 잘 이해할 필요가 있다는 것, 또 어떤 요인들이 세대 간 인적자본 모델과 경험적 연구에 '재능'이란 중립적 명칭이 붙은 요소를 좌우하는지 좀 더 비판적으로 생각할 필요를 제시한다. 마지막으로, 소득 불평등이 심화된 시기에 (소득) 이동성이 명백히 안정적으로 나타난 점은 경제적 이동성 분석에 더 나은 데이터와 풍부한 모형들이 필요하며 그리하여 경제학적으로 해석 가능한 표준 추정치를 제공할 것을 강조한다.

Laura Tyson
로라 타이슨 —————————————————————————————

경제학자. MIT에서 경제학 박사학위를 받고 하스비즈니스스쿨Haas School of Business과 런던비
즈니스스쿨에서 경영학 및 경제학 교수를 거쳐 학장을 지냈다. 특히 런던비즈니스스쿨 최초의 여
성 학장(2002~2006)으로 유명하다. 또한 무역 및 경쟁력 전문가로서 대통령자문위원회의 의장,
백악관국가경제위원회 이사를 역임하며 두 직책을 맡은 최초의 여성이 됐다. 현재 캘리포니아 대
학UC Berkeley에서 교수직 외에도 '블룸센터Blum Center for Developing Economies' 이사를 맡아
개발도상국의 극심한 빈곤과 질병의 해결책을 찾는 데 주력하면서 《비즈니스 위크》《워싱턴 포스
트》《뉴욕타임스》 등에 국내외 경제정책 문제 관련 칼럼을 정기적으로 기고하고 있다.

기술이 부와 소득의
불평등에 미치는 영향

Michael Spence
마이클 스펜스

경제학자. 현대 정보경제학의 기틀을 마련한, 세계를 움직이는 경제학자로 손꼽힌다.
하버드 대학에서 인문사회과학대학장을, 스탠퍼드 대학에서 경영대학원장을 지냈다. 현재 뉴욕
스턴경영대학원 경제학과 교수이자 후버연구소 선임연구위원이다. 1981년 존 베이츠 클라크 메달
을 수상했고, 2001년에 조지 애커로프, 조지프 스티글리츠와 함께 노벨 경제학상을 수상했다. 최
근의 저서로 4년간 성장및개발위원회CGD에서 개발도상국을 연구한 결과를 바탕으로 한 《넥스트
컨버전스The Next Convergence》가 있다.

경제학자 마이클 스펜스와 로라 타이슨은 특히 앞으로 수십 년간 불평등을 심화시킬 진짜 동력은 프로그래밍 가능한 기계가 수행할 수 있는 반복적 작업들이 점차 늘어나 노동자를 쫓아내는 기술변화와 세계화에서 찾아야 하다고 주장한다. 따라서 브린욜프슨과 맥아피의《제2의 기계시대》가 불평등 논쟁에《21세기 자본》못지않은 기여를 했다고 생각한다. 두 사람은 향후 수십 년 동안 지능형 기계들로 쉽게 대체되는 일자리의 비율이 늘어날 것이고 그에 따라 제2의 기계시대에서 생산성이 더 향상된 직업을 가진 사람들과 더 이상 쓸모없어진 직업을 가진 사람들 간에 소득 불평등이 나타날 것이라고 주장한다.

서론

부와 소득의 불평등 증가(특히 미국과 그 외의 선진국에서 최상위 1퍼센트가 차지하는 몫의 극적인 증가)는 불평등의 원인과 적절한 정책 반응을 둘러싼 열띤 논쟁을 불러일으켰다. 불평등은 자본주의 체계의 내재적 특징일까? 제2차 세계대전 후 불평등이 덜 두드러졌던 시대는 좀 더 포용적인 자본주의라는 새 시대의 시작을 알리는 신호였을까? 아니면 장기적 현상의 일시적인 일탈일 뿐, 선진국들이 현대적 형태의 '세습자본주의'로 되돌아가는 경로로 또 다른 벨 에포크나 도금 시대가 될 가능성이 훨씬 더 컸을까? 정책 입안자들은 혁신과 성장을 해치지 않으면서 불평등과 그에 수반되는 사회적, 정치적 대가를 완화하기 위해 무엇을 할 수 있을까? 불평등과 자본주의의 본질에 관한 이러한 토론 환경에서 풍부한 역사적 데이터와 명확한 설명, 예리한 경제적 분석을 두루 갖춘 토마 피케티의 책은 금세 베스트셀러에 등극했고 그럴만했다.

피케티는 지난 반세기 동안 선진 자본주의 경제에서 나타난 부와 소득의 불평등 증가 뒤에 숨은 주요 요인이라고 생각하는 것들을 열정적이고도 엄격하게 탐구했다. 우리는 피케티의 분석 중 많은 부분에 동의하지만 한 가지 심각한 결함이 있다고 생각한다. 피케티의 분석은 지난 수십 년간의 불평등을 이끈 동인으로 기술변화와 기술로 인한 세계화에 충분한 관심을 기울이지 않았다. 우리는 기술변화와 세계화가 피케티의 분석에서 중심을 이룬 요인들 못지않게 가까운 과거와 미래의 불평등을 이해하는 데 중요하다고 생각한다. 대놓고 말하자면, 에릭 브린욜프슨과 앤드루 맥아피의 저서《제2의 기계시대》가 지난 수십 년 동안의 부와 소득의 분배 동향을 이해하고 향후 수십 년에 걸친 동향을 예측하는 데 있어《21세기 자본》만큼 중요한 책이라고 믿는다.[1]

이 장에서 우리는 피케티의 연구, 부의 불평등에 대한 이론과 특히 미국에서의 소득 불평등에 대한 분석 모두에서 기술의 역할에 초점을 맞춘다. 우리는 기술과 기술로 가능해지는 세계화라는 두 요인 모두 자본이 국민소득에서 차지하는 몫(피케티의 부의 불평등 이론에서 핵심 변수)과 지난 30년 동안 미국에서 노동소득과 전체적인 소득 불평등 증가에 중대한 영향을 미쳤다고 믿는다. 피케티와 달리 우리는 이 강력한 구조적 요인들이 상위 1퍼센트의 소득이 폭발적으로 증가한 것에도 상당한 역할을 했다고 생각하지만, 변화하는 사회규범, 보상 관행, 조세정책 역시 이러한 결과에 기여했다는 피케티의 생각에는 동의한다.

기술은 생산성과 경제 성장을 이끄는 주요 동인이며 번영을 창출한다. 하지만 컴퓨터/디지털 혁명은 여러 면에서 불평등의 주요 동인이기도 하다. 이 혁명은 미숙련 노동자보다 숙련된 노동자를 선호하고 노동자보다 자본 소유자의 수익을 증가시킨다. 세계화를 가능하게 하거나 '촉진'시켜 고용을 감소시키고 중간소득층 노동자들의 임금 상승을 제한하며, 특히 제조와 교역가능 서비스에서 더욱 그러한 양상을 보인다. 또한 슈퍼스타와 최고 행운아들의 소득 혜택을 증가시키고, 매우 불완전한 시장에서 지대를 창출한다.

기계 지능을 연구하는 엔지니어와 과학자들조차 소득 수준에 상관없이 다양한 블루칼라와 화이트칼라 업무에서 인간을 대체할 기계의 능력이 빠른 속도로 향상되는 것에 놀랄 정도다.

이러한 발전은 수많은 요인들에 기인한다. 로봇공학에서는 센서 기술의 발전으로 기계가 주위 환경을 탐지하고 반응할 수 있게 돼 수행할 수 있는 활동 범위가 확장되었다. 적층가공addictive manufacturing(재료를 여러 층으로 쌓거나 결합시켜 3차원 물체를 제조하는 기법으로 3D프린팅이 대표적이다-옮긴이) 기술 역시 노동자를 대체하는 한편 재료의 낭비를 줄이고 주문제작비용을 낮추며 수요에 따른 생산(수요 예측에 따른 생산과 대비되는)을 가능하게 한다. 하지만 아마 가장 놀라운 진전이 나타난 분야는 인공지능AI일 것이다. 이제 기계는 정확히 무엇을 해야 하는지 알려주는 알고리듬 없이도 복잡한 작업을 수행할 수 있도록 학습 알고리듬을 이용하고 고속 네트워크를 통해 거대 데이터베이스에 접근할 수 있다.

브린욜프슨과 맥아피는 고속 네트워크와 대규모 데이터베이스에 연결된 컴퓨터들이 불과 몇 년 전의 작업 수준을 뛰어넘도록 만드는 인공지능 기술의 발전을 자세히 기술했다. 기계 지능 분야의 약진은 공통의 디지털 네트워크를 통한 전 세계인의 연결과 더불어 새로운 기술과 제품, 서비스의 발전을 가능하게 할 것이다.

두 사람은 '똑똑한' 기계들이 주는 '혜택', 즉 범경제적인 생산성 혜택에 대해 낙관적이다. 하지만 이 혜택의 배분이나 '확산'은 고르지 않을 것이며 장기간에 걸쳐 전개될 것이라고 경고한다.

스마트 머신들이 더욱 강력해지고 널리 보급되면서 시장 체계의 근본적 특징 하나가 시험대에 오를 것이다. 시장 체계에서는 대부분의 사람들이 노동력을 팔아 소득을 얻는다. 그렇다면 생산연령 인구 중 높은 비율의 노동자가 각자의 교육 수준과 상관없이 기술적으로 쓸모가 없어진다면, 혹은 최소한의 품위 있는 생활이나 사회적으로 수용 가능한 생활수준을 지키는 데 적절한 소득을 얻지 못한다면 어떻게 될까?

지금으로부터 50년 뒤는커녕 불과 15년 뒤에 인간의 노동력이 어떤 비교우위를 가질지 예상하는 것도 위험을 안고 있다. 하지만 우리는 동향을 추적하고 경제 구조 변화의 결과, 노동시장의 성격, 부와 소득의 분배를 예측하기 위해 노력해야 한다. 우리에게는 이 변화들을 예상하고 그 결과 나타날 혼란을 완화시킬 정책이 필요하다. 특히 이 강력한 기술적 동인들이 시장 성과로 바뀌면서 분배에 미치는 결과를 조정할 정책이 필요하다.

우리는 피케티의 연구를 논하면서 미국의 부와 소득 불평등의 최근 동향을 설명하고 미래 동향을 예측하는 데 있어 기술변화의 역할에 초점을 맞추려 한다. 향후 동향을 예측하고 그에 따른 경제, 사회, 정치비용을 해결하는 정책을 개발하기 위해서는 계속되는 디지털 혁명과 지능형 기계의 부상을 이해하는 것이 필수라고 확신한다.

피케티와 기술

부의 불평등에 대한 분석에서 기술의 역할

피케티는《21세기 자본》과 이후의 저술에서, 자신의 연구는 시간 흐름에 따른 부와 소득 분배의 동인이 무엇인지에 관한 단순한 결정론적 이론이 아니라 부와 소득 분배의 역사를 주로 다루었다고 강조했다. 실제로 그의 책의 많은 부분이 제도, 규범, 권력, 정책 선택이 불평등에 어떻게 영향을 미치는지에 초점을 맞추었다. 그러나 피케티의 경고에도 불구하고 그의 책에 대한 경제학자들의 많은 논평과 비판은, 자본주의에서 부의 불평등 뒤에 숨은 요인들에 대한 그의 단순하지만 불완전한 이론을 향하고 있다.

칼도어, 쿠즈네츠^{Kuznets}, 솔로의 전통적 이론을 기반으로 한 피케티의 이론은 산출량이 자본, 노동, 기술에 달려 있는 일반적 생산함수에 의지한다. 피케티는 산업혁명부터 현재에 이르기까지 3세기 이상에 걸친 방대하고 독특한 데이터를 바탕으로 두 가지의 주요 가정을 제시했다. 첫째, 자본주의 경제에서는 일반적으로 자본수익률(r)이 경제 성장률(g)보다 크다. 둘째, 자본 소유와 자본소득의 분배가 매우 집중되어 있다. 이런 상황에서 경제 성장과 함께 전체 소득에서 자본이 차지하는 비율이 상승하여 결과적으로 부와 소득의 불평등이 증가한다. 자본 소유자가 노동자보다 소득의 훨씬 더 많은 부분을 저축한다는 가설 (수세기에 걸친 데이터가 뒷받침하는 가설)은 시간이 흐르면서 이런 경향을 증폭시킨다.

피케티의 이론에서 기술은 여러 방식으로 나타난다. 기술은 두 가지 생산요소를 사용하는 피케티의 생산 함수에 내재되어 있다. 기술변화가 없을 때는 자본량이 증가하면 노동량 증가와 마찬가지로 한계생산이 감소된다. 그러나 시간이 지나면서 기술의 진보는 주어진 투입량에서 생산될 수 있는 산출량을 증가시킨다. 수세기 동안, 심지어 자본총량이 증가하는 동안에도 자본수익률이 상대적으로 안정되었다는 점은 기술의 진보가 자본수익률에 미치는 긍정적 영향이 한계생산 감소의 부정적 효과를 상쇄했음을 반영한다. 기술은 생산성 향상을 통해 성장을 이끌고 자본의 한계 생산성 감소와 기술 진보 간의 균형은 전체적인 성장률을 넘어서는 상당히 안정적인 자본수익률을 낳는다.

부의 불평등의 주요 결정 요인인 자본의 몫은 자본수익률과, 기술의 영향을 받는 자본/생산 비율 모두에 의존한다. 피케티가 사용한 표준 생산함수에서는 노동-자본 대체탄력성이 1을 넘을 경우에만, 즉 노동을 자본으로 대체하는 것이 비교적 수월한 경우에만 자본의 몫 증가와 자본/생산 비율의 증가가 일맥상통한다. 피케티는 역사적 자료를 통해 이 조건이 성립한다고 믿었고, 심지어는 기술 진보로 인해 과거 노동이 수행하던 작업을 자본이 더 쉽게 대체할 수 있게 되어 대체탄력성이 더욱 증가할 것이라 추측했다. 그리고 인구 통계학적 변화와 생산성 둔화에 기인한 저성장 기조가 자본 증가적, 노동절약적 기술의 발달과 함께 r과 g의 격차를 더 벌리고, 이는 소득 불평등의 심화를 부추길 것이라 예상했다.

그러나 많은 경제학자들이 지적한 것처럼, 실증적 증거들은 역사적으로 노동에 대한 자본의 대체탄력성이 1보다 상당히 낮았음을 보여준다. 그렇다면 피

220

케티의 이론은 1980년 이후 산업과 국가들 전체에 걸쳐 소득에서 자본이 차지하는 몫의 상승과 노동이 차지하는 몫의 감소를 정확히 설명하지 못한다. 최근 연구에 따르면 자본 증가적, 숙련편향적 기술 진보(기술 진보로 숙련된 노동자에 대한 수요는 증가하는 반면 덜 숙련된 노동에 대한 수요는 감소시키는 효과-옮긴이), 그 자체가 컴퓨터와 디지털 기술에 의해 가능한 오프쇼링offshoring(IT 서비스, 연구개발, 디자인 등 고급 인력이 필요한 작업을 해외에서 시행하는 것으로, 경비절감을 위해 생산설비를 해외로 이전시켜 가동하는 아웃소싱에 비해 주로 선진국에서 시행한다-옮긴이), 산업 기반의 구성변화 같은 다양한 요인이 이러한 세계적 전개를 이끄는 중요한 동인들이다.[2] 종종 컴퓨팅과 IT 파워의 발전 때문으로 여겨지는 자본의 상대가격 하락은 노동이 소득에서 차지하는 몫의 감소에서 기껏해야 절반 정도만 설명해준다.

전체적으로 자본과 노동 사이의 대체탄력성에 관한 경제학자들의 열띤 논쟁은 기술 진보가 국민소득에서 자본과 노동이 차지하는 몫의 변화에 중요한 역할을 함을 확인시켜준다. 그런데 이 몫은 부와 소득 불평등의 주요 결정요인들이다. 뿐만 아니라 기술이 더욱 자본 증가적, 숙련편향적이 되면 불평등에 대한 기술의 영향력이 더 강화된다.

피케티가 사용한 표준 생산함수는 자본의 한 형태만 포함하는데, 브린욜프슨과 맥아피는 '디지털 자본'과 물적자본을 구분하고, 전자의 수익률이 더 높다고 주장했다. 전자의 몫이 상승하는 것은 부분적으로 디지털 자본으로 수익을 얻는 사람들의 소득이 빠르게 증가한 사실에 기인한다. 그리고 디지털 자본에 의한 수익은 소수의 사람들이(혹은 기업들이) 창출된 수익의 대부분을 가져가는 멱법칙을 따르는 경향이 있다. 이러한 현상은 네트워크 경제의 특성, 특히 경제적 사회적으로 지배적인 '시장'이 되면 막대한 시장 영향력과 부를 얻는 플랫폼 사업자들의 특성과 닮았다.

우리의 논의에 맞춰, 디지털 자본은 측정이 어렵고 따라서 범위가 매우 제한적이라는 점을 언급해야겠다. 뿐만 아니라 디지털 자본은 창작자의 인적자본에 대한 수익률 및 그 자본을 보완하는 기술을 소유한 노동자들의 인적자본에 대한 수익률과 구분하기 어렵다. 사실 노동소득으로 기록되는 소득의 상당

부분(상위 1퍼센트의 임금·급료)이 실제로는 디지털 자본이 혁신자, 기업가, 벤처캐피털리스트, 최고경영자들을 포함한 특정 유형의 보완적 인적자본과 공유하여 생성한 소득일 가능성이 많다.

　디지털 자본수익이 그리는 이 멱함수 분포에는 몇몇 기업의 매우 높은 수익이 포함되어 있음을 언급할 만하다. 이 '아웃라이어^{outlier}'(각 분야에서 큰 성공을 거둔 탁월한 사람-옮긴이)들은 디지털시장에 정보를 제공하고 재화와 용역의 거래를 원활하게 하며 전 세계 수백만 명의 개인에게 피어투피어식^{Peer-to-peer}(PC 대 PC, 개인 대 개인처럼 참여자 모두가 동등한 관계로 통신하는 관계-옮긴이) 공유경제를 가능하게 하는 플랫폼이다. 성공적인 플랫폼이 엄청난 수익을 내는 데는 두 가지 이유가 있다. 하나는 사용자 수가 증가하여 플랫폼의 가치가 상승할 때 나타나는 잘 알려진 네트워크 효과다. 다른 하나는 그보다는 덜 알려져 있다. 대부분의 시장은 양자 간의 정보 격차라는 특징을 갖는다. 구매자와 판매자는 상대에 대한 핵심 정보를 놓치고 있다. 이 현상은 때때로 '신뢰 문제'라고 불리기도 한다. 플랫폼은 반복 거래의 현장이 되어 정보를 생성하고 이 정보들은 이후의 거래 증가를 촉진한다. 플랫폼은 점점 더 방대해지는 대규모의 구매자, 판매자 데이터베이스를 이용하여 더욱 더 정교한 양방향 평가시스템을 제공함으로써 일반적인 시장 장애물인 정보 격차와 신뢰 격차를 좁힐 수 있는데, 이는 특히 아직 확립된 평판을 얻지 못한 구매자와 판매자들에게 유용하다. 또한 양방향 평가시스템은 동기와 행위를 긍정적인 방향으로 바꾼다. 에어비엔비^{Airbnb}나 우버^{Uber}가 좋은 예다. 이 두 플랫폼은 개인 구매자와 판매자를 연결시키고 나중에 서로를 평가할 수 있도록 한다. 정보 격차 및 불균형을 줄이기 위한 '빅 데이터' 적용과 네트워크 효과가 결합하여 성공적인 플랫폼에게 엄청난 시장지배력을 안겨주고 플랫폼 소유자들(일반적으로 창립자, 벤처 투자자, 직원들의 조합)에게 상당한 수익이나 지대를 발생시킨다.

　디지털 자본 집약적 기업들은 부와 소득의 높은 집중 현상을 불러올 수 있지만 매우 낮은 비용으로 널리 이용할 수 있는 광범위한 디지털 기반 서비스도 제공한다. 이런 서비스가 창출하는 소비자 잉여에 대한 데이터는 구하기 어렵지만 이 서비스의 매출이나 제공비용과 소비자 잉여 사이의 비율이 이례적으로 높다고 믿을 만한 충분한 이유가 있다. 이는 그런 서비스에서 나오는 '혜택'의 분배가 그 서비스를 제공하는 디지털 자본의 소유자들에 대한 부의 분배보다 훨씬 더 공평할 수 있음을 의미한다.

디지털 플랫폼의 혜택을 접할 기회가 세계적으로 점점 더 넓어지고 있다. 2015년 현재 전 세계적으로 모바일 인터넷 보급률이 50퍼센트를 넘어섰고 2020년에는 65퍼센트로 높아질 것으로 예상된다. 보스턴 컨설팅 그룹과 그 외 기관이 실시한 소비자 조사, 특히 젊은 소비자를 대상으로 한 조사는 인터넷 서비스의 가치가 비용을 큰 폭으로 넘어설 뿐 아니라 이 서비스들을 계속 이용하기 위해 소비자는 소득의 15~20퍼센트를 포기할 의사가 있다고 제시한다.[3]

요약하자면 디지털 자본 집약적 기업들은 높은 부의 집중을 낳고 있다. 또한 이들은 아주 낮은 비용으로 광범위한 혜택을 주는 서비스를 제공하는데, 이는 전체적인 분배 양상에서 훨씬 더 평등주의적인 부분이다. 디지털 자본은 유틸리티의 분배가 더욱 평등해지더라도 부와 소득의 분배를 더욱 불공평하게 만들 수 있다.

소득 불평등에 대한 분석에서 기술의 역할

부의 불평등에 대한 피케티의 이론은 자본소득의 변화와 분배, 그리고 국민소득에서 자본소득이 차지하는 몫에 초점을 맞춘다. 그러나 자본소득이 국민소득에서 차지하는 비율은 약 30퍼센트밖에 되지 않으며 미국과 그 외의 선진국에서는 노동소득의 불평등 증가가 소득 불평등을 증가시킨 주된 원인이다.

피케티는 부의 불평등과 소득 불평등을 이끄는 요인이 다르며 자신이 부의 불평등의 변화 뒤에 숨은 중요한 요인들이라고 생각하는 r과 g의 관계가 노동소득 불평등의 변화를 이해하는 데 유용한 도구가 아님을 분명히 밝혔다.[4] 그렇다면 피케티는 노동소득의 불평등 증가를 어떻게 설명할까? 그리고 그의 설명에서 기술의 역할은 무엇일까?

많은 경제학자들과 마찬가지로 피케티는 기술과 교육 간의 경주가 지난 30

년간 미국과 그 외 선진국에서 적어도 임금분포의 하위 99퍼센트에 대한 노동소득 불평등의 주요 동인이라고 생각한다. 피케티가 언급한 골딘Goldin, 카츠의 연구와 숙련편향적 기술변화에 대한 데이비드 오터David Autor의 연구는 이런 견해에 설득력 있는 실증적 증거를 제공한다.[5] 컴퓨팅 비용이 극적으로 감소하면서 컴퓨터로 작동하는 기계들이 일자리 구성과 노동소득의 분배를 바꿔놓았다. 이 기계들은 코드화될 수 있는 반복적인 업무를 수행하는 다양한 직업에서 (블루칼라와 화이트칼라 혹은 육체노동과 지식노동 모두에서) 노동자를 대체하는 한편 생산성을 높이고 두 유형의 일자리에서 노동자 수요를 증가시켰다. 바로 문제 해결력, 적응성, 창의성을 요하는 추상적인 업무를 중점적으로 수행하는 노동자와 인간의 노동력이 필요한 수작업과 서비스 업무에 강한 노동자들이다.

그 결과 나타난 것이 노동시장의 양극화였다. 직업 스펙트럼의 한쪽 끝에는 고학력, 고임금 일자리들이, 다른 쪽 끝에는 저학력, 저임금 일자리들이 동시에 늘어났고 중간 정도의 임금, 중간 학력의 일자리들이 희생되었다. 지난 20~30년간 산업, 지역, 국가 수준의 노동시장에서 나타난 고용 양극화를 확인해주는 증거는 많다.[6]

최근의 연구들은 2007~2008년의 불황에서 회복하는 동안에도 미국 노동시장의 양극화가 계속되었음을 발견했다.[7] 맥킨지 글로벌 연구소McKinsey Global Institute가 실시한 최근의 연구에 따르면 2000년부터 2014년까지 미국 경제는 전일제 환산 기준 8백만 개의 새 일자리를 창출했다. 그중 3분의 2가 기술 수준이 낮은 일이었던 반면, 반복 작업들이 조립라인에서는 로봇으로, 사무실에서는 소프트웨어로 자동화되면서 250만 개의 순수 생산직 및 단순 처리직무가 사라졌다.[8]

지난 몇십 년간 미국과 여러 선진경제국의 인력 교육은 기술이 요구하는 스킬을 따라가는 데 실패했다. 그 결과 교육에 따른 소득 프리미엄이 급격히 상승했고 이는 노동소득의 불평등 증가에 상당히 기여했다. 예를 들어 미국에서 1980년과 2005년 사이에 상당히 증가한 노동소득 격차의 약 3분의 2가 전반적인 학교교육, 특히 중등 과정 후의 교육과 연관되어 있다.[9] 1980년대에 대학교육에 대한 프리미엄이 극적으로 높아지기 시작했다. 대학교육으로 얻을 수 있는 스킬을 보유한 사람들에 대한 수요가 기술 발전에 의해 막 증가할 무렵 대학 졸업자의 공급 증가가 둔화되기 시작했는데, 이는 교육과 기술 간의 경주를 보여주는 명확한 증거다. 지난 30년간 미국에서 대졸 노동자와 고졸 노동자 사이의 소득 차이는 두 배 이상 벌어졌다.

피케티는 최저임금, 단체교섭, CEO 보상 기준 등 노동시장의 제도적 규칙이 시간이 지나면서 노동소득의 수준과 분배에 영향을 미친다고 믿었지만 최소한 하위 99퍼센트에 대한 노동소득 불평등 증가는 주로 교육과 기술 간의 경주로 설명된다는 것도 인정했다. 피케티의 분석은 임금이 스킬에 대한 수요, 공급에 따라 결정되고 스킬에 대한 수요, 공급은 숙련편향적이고 자본 증가적인 기술변화 및 교육 기회의 불평등에 따라 형성되는 일반적인 한계생산성 접근 방식에 의지한다. 피케티는 이런 견해와 일관되게 '노동력의 평균생산성과 경제의 전체 성장률을 높일 뿐 아니라 노동과 관련된 소득 불평등을 줄이는 가장 좋은 방법은 교육에 투자하는 것'이라고 밝혔다. 이 결론은 지난 30년 동안 미국에서 노동소득 불평등이 증가한 원인과 해결책을 분석했던 대부분의 경제학자들이 지지한 것과 같다. 하지만 디지털화와 스마트 머신이 고등교육을 받은 노동자들까지 대체해 이들의 고용기회를 제한하고 임금을 떨어뜨리게 된다면 교육에 대한 접근성이 미래의 해결책이 될 수 있을까? 피케티는 지능형 기계와 로봇의 시대에 노동자들은 어찌 될지를 염려하는 사람들에게 중요한 이 문제를 다루지 않았다.

대신 피케티는 노동소득 불평등을 교육/기술로 설명하는 이론의 '가장 눈에 띄는 한계', 동일하게 구조적, 기술적 요인의 지배를 받았던 다른 국가들에 비해 '미국에서 최상위 노동소득이 폭발적으로 증가한 현상을 이 이론이 적절히 설명할 수 없는' 점에 집중했다. 피케티는 이 점이 기술/교육이론의 주요 결함이라고 보았다. 지난 30년간 국민소득에서 상위 1퍼센트가 차지하는 몫이 극적으로 증가한 이유 중 대략 3분의 2는 노동소득에서 상위 1퍼센트에게 가는 몫이 증가했기 때문이고, 나머지 이유는 자본소득 때문이다.

하지만 일부 선진국, 특히 미국에서는 최상위 1퍼센트의 임금이 치솟았지만 다른 나라에서는 그렇지 않았던 이유를 교육/기술 이론과 이 이론이 의지하는 한계생산성 접근방식이 설명하지 못한다면 어떤 이론으로 설명할 수 있을까? 소득분포의 상위 1퍼센트와 상위 0.1퍼센트의 대다수를 구성하는 금융 부문과 비금융 부문의 최고위 경영자들(피케티는 이 집단을 '슈퍼경영자'라고 부른다)의 급여가 미국에서, 그리고 그보다 정도는 덜하지만 영국, 캐나다, 오스트레일리아에서도 폭발적으로 증가한 이유는 무엇일까? 피케티는 경영보상, 기업지배구조, 사회규범, 조세정책 같은 분야의 제도적 관행 때문이라고 말한다.

피케티의 연구가 지닌 많은 장점 중 하나는 광범위한 국가와 경제를 다루어 비교가 가능하고 소득 불평등을 가져온 서로 다른 요인들을 평가하는 수단을 제공한다는 것이다. 지난 30년 동안 모든 선진국이 소득 불평등이 상승하는 동일한 경향을 보여주었지만 이들 사이에도 상당한 차이가 존재한다. 이 차이는 상위 1퍼센트와 상위 0.1퍼센트가 차지하는 몫에서 뿐 아니라 소득 불평등의 다른 척도들에서도 나타난다. 예를 들어 미국에서 상위 20퍼센트와 하위 20퍼센트의 평균소득 비율은 8.4인 반면 독일은 거의 절반인 4.3이다. 그리고 미국은 최하위층의 임금이 비교적 낮고 최상위층의 임금이 극도로 높아서 선진국 중에서 가장 불평등한 임금분포를 나타내는 국가 중 하나다.[10] 이 선진국들은 모두 개방경제 체제이고 동일한 세계시장의 힘과 기술변화에 노출되어 있다. 따라서 이런 공통된 특징들로 국가 간 소득 불평등의 큰 차이를 설명하기란 어렵다. 따라서 국가마다 서로 다른 분배 결과가 나타나는데 노조의 협상력, 조세정책, 사회규범, 지배구조 같은 그 외의 제도적 요인과 정책 요인들이 중요한 역할을 했다는 주장이 그럴듯함을 넘어 타당성을 지닌다.

피케티는 미국에서 이런 요인들이 미친 효과에 대해 설득력 있는 주장을 펼쳤다. 그는 교육과 기술 간의 경주가 미국의 임금분포 하위 99퍼센트에서 불평등이 증가한 주요 요인이지만 이 이론은 상위 1퍼센트와 하위 99퍼센트 사이 혹은 상위 1퍼센트들 사이에 나타난 임금 인상의 '불연속성'을 설명하지 못한다고 주장했다. 상위 10퍼센트가 받는 보수는 평균 혹은 중간 수준의 보수를 받는 노동자보다 훨씬 더 빠른 속도로 인상되었다. 또한 '슈퍼경영자'나 상위 0.1퍼센트의 60~70퍼센트를 구성하는 최고위 경영자들의 보수가 99번째 백분위에 속하는 사람들에 비해 급등했다. 대학교육을 받은 노동자와 고등학교 교육을 받은 노동자의 임금비율, 임금분포에서 90번째 십분위와 50번째 십분위, 10번째 십분위의 임금비율 같은 임금 불평등의 다른 지표들 역시 높아졌지만 상위 1퍼센트와 상위 0.1퍼센트가 받은 보수의 비율과 '하위' 99퍼센트와 중간 정도 혹은 평균적 노동자가 받은 보수의 비율에는 비할 바가 못 된다.[11]

피케티는 최상위층의 보수가 증가하는 데서 나타난 이러한 뚜렷한 불연속성은 교육 기간이나 교육기관의 선택, 전문적인 경험을 쌓은 기간으로 설명될 수 없다고 지적한다. 아마도 이 경영자들은 측정되지 않는 고유의 스킬을 보유했고 이 스킬이 기술 진보로 향상돼 생산성이 높아져 보수가 치솟았을 수 있다. 하지만 피케티는 그렇게 생각하지 않는다.

피케티는 이들이 받는 보수는 개인의 한계생산성과 관련이 없다고 주장했다. 매출이나 이익 증가 같은 전통적 지표로 측정되는 기업의 실적을 경영자의 의사결정 덕으로 볼 순 없기 때문이다. 피케티는 미국에서 '슈퍼경영자'의 소득이 극적으로 증가한 것에 대한 가장 설득력 있는 설명은 경영자의 보수를 그들 자신, 그리고 대부분 비슷한 급여를 받은 다른 대기업의 경영자들로 구성된 보수위원회가 결정하는 관행 때문으로 보았다. 피케티는 이런 식으로 내려지는 결정은 계층 구조적인 관계와 관련자의 상대적 협상력, 기업 실적에 최고경영자가 기여한 정도에 대한 지배적 사회규범과 믿음을 반영하는 '매우 자의적'인 것이라고 표현했다.

상장사들의 결정은 원칙적으로 주주를 대표하는 이사회의 감독을 받지만 피케티는 최고경영자에 대한 기업 지배구조의 견제와 균형이 모호하고 약하다고 생각한다. 미국의 기업 지배구조에 빈틈이 있고 최고경영자가 받는 보수를 생산성 측면에서 정당화하지 못한다는 증거로, 피케티는 이들이 받는 보수가 매출, 이익 같은 변수에 따라 결정되고 이런 변수는 경영자들이 거의 영향력을 발휘하지 못하는 외부의 거시경제 상황에 부분적으로 의지한다는 점을 인용했다.

마지막으로, 그는 1980년 이후 미국, 영국, 그 외의 영어권 선진국들에서 소득세 최고한계세율이 대폭 인하되면서 급여 인상을 한층 더 높이려는 최고경영자들이 동기가 강화돼 이들 국가에서 비슷한 시기에 최고경영자의 보수가 뛰어오르는 계기가 되었음을 지적했다. 이 증거는 한계세율이 인하되면서 경영진이 더 노력해서 일했고 그 결과 이들이 받는 보수가 증가했다고 해석할 수도 있다. 이러한 해석은 '소득세 최고한계세율이 하락하면 사람들은 더 열심히 일한다'라는 일반적인 과세소득 탄력성 주장을 최고경영자에게 적용한 것이다. 그러나 피케티는 그렇게 해석하지 않았다. 대신 세금 인하는 최고경영자들이 사업소득을 주주, 노동자, 그 외의 이해당사자로부터 자신들에게 재분배하기 위해 성공적으로 지대를 추구하려는 동기를 강화시켰다고 가정했다.

또한 1994년 이후 미국에서 CEO들이 받는 보상이 극적으로 증가한 현상은 기업들이 백만 달러를 넘는 최고경영자의 급여에 대해 실적과 관련이 있는 경우에만 세금공제를 허용한 또 다른 조세변화의 효과를 보여준다.[12] 경영자들이 주주를 대표하고 주주는 재정 수익에 의해 동기부여가 된다는 미국의 지배적 견해에 맞추어 기업들은 주로 주당 순이익이나 총주주수익률 같은 수익 지표들로 실적을 평가했다(미국의 CEO 보상 변화를 연구한 최근 조사는 지난 세기의 보상 동향을 이끈 동인으로 1994년을 포함한 조세정책 변화의 역할을 강조했다).

경영진 보상이 절대적으로, 그리고 하위 99퍼센트와 비교했을 때 상대적으로도 상당히 증가한 것을 보여주는 분명한 증거가 있지만 이런 현상이 나타난 이유에 대해서는 많은 논쟁이 벌어진다. 조지프 스티글리츠, 폴 크루그먼, 로버트 라이시Robert Reich, 로렌스 미셸Lawrence Mishel, 루시언 베드척Lucian Bedchuk 같은 일부 논평자들은 경영진의 보수가 높고 계속 증가하는 현상은 기업 지배구조 관행에 존재하는 결함과 임원들이 성공적인 지대 추구를 하게 하는 사회규범 변화를 반영한다는 피케티와 의견을 같이한다.

한편 케빈 머피Kevin Murphy, 스티브 캐플란Steven Kaplan 같은 학자들은 경영자의 보수와 관련된 동향은 경영자의 동기와 주주들의 동기를 조정하는 데 필요한 보상을 반영한다고 주장한다. 주주 입장에서 보면 성과에 따라 최고경영자들에게 보상하면 '대리인' 문제agency problem(주인이 이해에 직결되는 일련의 의사결정 과정을 타인에게 위임했을 때 대리인이 주인보다 우월한 지식과 정보를 이용해 자기 이익을 우선하는 도덕적 위험이 발생할 수 있는 상황-옮긴이)가 해결되고, 이는 특히 대기업에서 경영진에 대한 보상이 주가와 밀접한 관련이 있는 이유를 설명할 수 있다. 이런 해석에서는 경영진의 급여가 극적으로 상승한 현상은 기업가치의 극적인 상승(인건비를 절감하고 시장규모를 확대하는 기술변화와 세계화에 부분적인 원인이 있다) 때문으로 설명된다.

브린욜프슨, 김희경, 생-자크Saint-Jacques도 CEO의 보수 증가를 기술변화와 연결시켰는데 그 접근방식은 다르다. 이들은 2,500개가 넘는 상장사의 15년에 걸친 데이터를 기업 규모, 시장자본화, 평균연봉, 부문 등 다양한 요소들로 보정한 결과 기업의 '정보기술IT 집약도'(기업의 총자본금 대비 IT 자본금 비율로 측정된다)가 시간 흐름에 따른 최고경영자들의 보상을 '확실하게 예측'하고 산업 사이의 CEO 급여차를 설명해주는 것을 발견했다. 실제로 이들은 대체로 IT 집약도가 표본 내 CEO들의 급여를 설명하는 가장 중요한 변수임을 알게 되었다. 저자들은 정보기술이 기업의 전략적 결정을 모니터링하고 실행하는 최고경영자들의 능력을 향상시켜 이들의 '한계생산성'을 향상시키고, 그리하여 이들이 이끄는 기업의 '효과 크기'와 시장가치를 증가시킨다고 강조했다. 경영 인재들에 대한 '효율적인 시장'에서 이러한 한계생산성 향상은 경영진 보상 수준을 상승시킨다.[14]

브린욜프슨, 김희경, 생-자크의 분석은 네트워크 기반의 정보 및 통신기술 시스템 형태로 된 디지털 자본이 최고경영자가 기업의 실적을 모니터링하고 이끄는 능력에 미치는 영향에 초점을 맞추었다. 이러한 시스템 덕에 기업 전체의 실시간 데이터에 바로 접근하고 분석할 수 있게 됨에 따라 최고경영자와 CEO의 통제 범위가 넓어졌다는 주장은 타당성이 높아 보인다. 이런 시스템은 탈중개화disintermediation를 낳는다. 즉 관리를 맡은 중간급 관리자들의 수직층이 축소되고 관리감독의 효율성과 질이 향상된다. 이런 탈중개화 효과는 은행, 소매업, 기업의 정보시스템에서, 심지어 학계에서 필요한 비서 업무와 행정 지원에서도 충분히 입증된다. 정보기술로 더욱 효율적인 관리감독이 가능해지고 중간급 관리의 필요성이 줄어듦에 따라 생기는 소득이나 지대는 어딘가로 가게 마련이다. 브린욜프슨 등의 분석에서는 이것이 CEO가 받는 보상에서 나타난다. 하지만 그 이유가 뭘까? 이런 탈중개화와 효율성 향상이 (제품과 서비스의 가격인하나 품질개선의 형태로) 소비자, CEO, 상위경영진, 노동자, 혹은 주주 중 누구에게, 어떤 상황에서 가게 될지 판단하려면 더 많은 연구가 필요하다.

정보기술로 인한 생산성 향상 효과 역시 미국 금융서비스업에서 최고전문가의 보수가 극적으로 높아지고 상위 1퍼센트와 상위 0.1퍼센트에서 이들이 차지하는 비율이 증가한 요인의 하나다. 정보기술은 금융서비스업의 규모를 폭발적으로 키운 금융혁신을 가능케 했다. 몇 가지 예를 들면 신용자산스왑, 자산담보부증권, 초고속 거래 같은 혁신들이다. 이런 혁신은 처리된 거래, 거래량, 신제품 및 서비스 도입 등의 지표로 측정되는 금융서비스 부문의 생산성에 극적인 영향을 미쳤다. 이 지표들은 금융 부문의 생산성과 생산량이 전체 경제에서 부가가치 창출의 원천이 될지는 평가하지 않는다. 하지만 이 부문의 경영자와 거래자들은 이런 지표를 바탕으로 보상을 받는다. 또한 이들은 자신이 통제력을 거의 행사하지 못하고 중앙은행의 정책을 포함한 전반적인 거시경제 상황에 의존하는 금융시장 자산가격을 바탕으로 보상을 받는다. 앞에서 언급했듯이 피케티는 최고경영자들이 받는 보상은 그러한 '외부'시장 상황에 의존해서는 안 된다고 주장했다.

마지막으로, 피케티의 논의는 사업소득이 크고 증가하고 있으며 상위 1퍼센트와 0.1퍼센트에 속하는 '슈퍼경영자'의 상당 비율이 소득을 스스로 벌어들이는 소규모 회사S-corporation나 합자회사(사모펀드, 헤지 펀드, 벤처캐피털 펀드 등)가 아니라 미국의 대기업에 적용될 수 있는 보상 관행과 기업 지배 규칙들에 많은 부분 초점을 맞춘다는 점을 지적해야 한다. 정보기술은 금융서비스 부문과 이 부문을 돕는 법률서비스 및 그 외의 전문 서비스 업체들 모두에서 이런 소득이 상승한 중요한 요인일 수 있다.

기술, 승자독식 효과, 지대: 피케티 분석의 차이

피케티는 슈퍼경영자의 급여에 영향을 미치는 요인들을 분석하면서 기술의 승자독식 효과나 슈퍼스타 효과에 대해서는 논하지 않았다. 승자독식 이론에 따르면, 어느 분야에서든 기술이 가장 뛰어난 사람이 시간이 지나면서 더 넓은 시장에 자기 기술을 팔아 그보다 못한 사람들에 대한 수요를 없애는 식으로, 기술은 다른 사람들에 비해 '최고 성과자'가 받는 보상을 상승시킨다. 승자독식 효과는 생산에서의 규모의 경제(한 분야에서 최고인 사람이 많은 소비자들에게 닿을 수 있다)와 소비에서의 규모의 경제(많은 소비자가 가장 뛰어난 사람을 그 다음으로 뛰어난 대안보다 선호한다)에 의지한다. 디지털 통신과 플랫폼, 사회적 네트워킹 기술은 이러한 두 유형의 규모 경제학을 다 발생시키고, 기술에 의해 가능해진 세계화는 그 결과 나타난 승자독식 효과를 강화한다.

슈퍼스타 프레임워크는 예술, 연예, 운동 분야 종사자들에게 가장 흔히 적용된다. 이들은 2005년 미국의 상위 1퍼센트의 납세자 중 2퍼센트 미만, 상위 0.1퍼센트의 납세자 중 약 3퍼센트를 차지했다. 하지만 이 프레임워크는 법, 의학, 부동산, 경영컨설팅, 학술 연구를 포함해 자기 직종에서 '최고'에 속한다는 명성을 지닌 누구에게도 전반적으로 적용될 수 있다. 이 직업들을 합하면 2005년 미국에서 상위 1퍼센트의 35퍼센트 이상, 상위 0.1퍼센트의 약 25퍼센트를 차지한다.(주15) 피케티가 경영진의 급여 분석에서 초점을 맞춘 기업 지배구조는 이 직종에 적용되지 않지만 변화하는 시장 환경, 사회규범, 소득세 최고한계세율은 적용 가능하다. 최근의 연구는 기업을 이끌어 뛰어난 실적을 거두었다는 세계적 명성의 '슈퍼스타 CEO'들에게 슈퍼스타 이론을 적용했다.[16]

아마 슈퍼스타들이 가져가는 소득은 이들이 매우 차별화된 혹은 차별화되었다고 인식되는 무언가(이것을 서비스라고 부르자)를 판다는 사실이 부분적으로 작용했을 것이다. 차별화의 성격이 정확히 어떠하고 차별화를 어떻게 얻는지는 부문에 따라 다르고 쉽게 대답하기 어렵다. 스포츠 스타들은 '최고 성적'의 기준을 정의하고 제공하는 일종의 경쟁체계를 통해 부상한다. 연예인의 경우 인정받는 스타가 지닌 차별성은 분명하지만, 스타가 발견되는 절차와 그 절차가 다소 임의적인지 아닌지는 불분명하다. 인정받는 CEO 스타들은 그들이 이끄는 기업의 실적 데이터가 존재하지만 슈퍼스타 경영자가 되는 과정에서 '통제된 실험' 테스트를 통과해야 하는 것은 아니며 이 과정에는 약간의 임의성이나 행운이 존재한다.[17]

이와 관련된 질문이 슈퍼스타들이 받는 보상과 관련된 '지대'가 왜 최고치를 갱신하지 않는가이다. 혹은 왜 우리가 관찰하는 것보다 더 빠르게 최고치를 갱신하지 않는가라고 묻는 편이 더 나을 것이다. 어떤 경우에는 단지 특정 유형의 특출한 인재 공급이 제한적이기 때문일 수 있다. 이 주장은 완전한 대칭 정보의 세계라면 인정받을 것이다. 하지만 이것이 전부가 아니며 차별화 과정과 관련해 시간에 따른 진입장벽과 평행적인 정보 확산 과정이 있을 것으로 생각된다. 아마 정보기술은 슈퍼스타 발견 과정의 비용을 줄여 시간에 따른 이 진입장벽의 일부를 낮출 것이다. 하지만 이 문제는 현재의 경제이론들을 훨씬 넘어선다.

최상위 소득에 대한 슈퍼스타 이론은 경제적 지대(생산 요소를 생산 용도로 쓰는 데 필요한 최소금액을 초과해 지불된 보수)의 교과서적 개념과 밀접하게 연결된다. 세계화와 디지털 기술의 결과로 승자독식 상황에서의 승자는 상당한 경제적 지대를 얻을 수 있다. 이것이 기술과 세계화가 최상위 소득의 증가를 촉진하고 소득 불평등을 악화시키는 또 다른 경로인데, 피케티는 이 경로를 간과했다.

또한 기술은 '완전 경쟁' 사회에서 발생할 수익을 초과하는 생산요소 수익률로 정의되는 지대에 한몫을 한다. 피케티는 지대를 이렇게 정의하는 대신 소득의 형태와 상관없이 자본으로 버는 소득이라고 정의했다. 피케티는 자본으로 버는 소득에 대한 자신의 이론이 불완전 경쟁과 '전혀 관계가 없다'고 주장한다. 하지만 우리의 접근방식은 그와 다르며, 기술과 세계화가 종종 상당한 지대를 창출하는 시장 불완전성을 낳는다는 생각이 반영되어 있다. 자본 소유자와 노동 소유자들 사이, 그리고 다양한 유형의 노동자 사이에 이 지대가 어떻게 배분되는지는 정책, 제도적 관행, 규범에 달려 있다.

우리는 자본수익을 간여수익으로, 혹은 잔여적 요소를 가지고 있다고 생각하는 것이 가장 좋다고 본다. 금융자본 공급자들이 기업에 자금을 투입하기 위해 사전에 요구하는 위험 조정자본비용이란 것이 있다. 이론적으로 완전 경쟁 사회에서는 노동시장이 서로 다른 유형의 근로자들의 임금과 급여를 결정하고, 자본 소유자는 필요한 위험 조정 수익을 얻을 것이며, 정부는 세금을 통해 제 몫을 얻고, 기술변화의 나머지 혜택은 산출 가격 경쟁의 결과로 소비자들에게 흘러갈 것이다. 하지만 이런 상황은 좀처럼 실현되지 않는다.

기술변화는 여러 방식으로 지대를 창출한다. 시장장벽이 높을 때 규모의 경제, 범위의 경제, 선점자 우위로 얻은 시장지배력은 높은 지대를 발생시킨다. 슘페터 경쟁은 혁신자와 기업가들에게 흘러가는 시장지배력과 지대를 생성하는데, 이 혁신자와 기업가들 역시 상당한 자본 소유자일 수 있다. 이 지대는 장기적으로는 일시적인 것으로 드러날 수도 있지만 대개는 혁신자들의 시간 및 노력 투자와 상당한 위험 감수를 보상하기에 충분하다. 디지털 기술의 네트워크 효과와 선점자 우위 효과, 혁신자들이 받는 지적재산권 보호는 장기적으로 매우 큰 지대를 생성할 수 있다. 이런 효과는 디지털 기술의 수익률과 그 소유자들이 매우 집중화된 멱함수 분포의 전형적인 예라는 사실을 설명하는 데 도움이 된다. 또한 이 수익을 그 자본의 창조자들과 그 덕분에 스킬이 향상된 사람들의 수익률과 구분하기란 매우 어렵다. 자본 소유자들은 기업 지배구조의 '대리인' 문제를 해결하기 위해 디지털 자본의 지대를 최고경영자 및 최고 인재들과 공유할 것으로 보인다.

적어도 미국에서는 강력한 특허 및 지적재산권 보호, 선점자 브랜드 네임으로 생긴 시장지배력에서 얻는 지대가 상당하고 이 지대가 주로 고위경영진과 디지털 자본, 보완적 인적자본을 포함한 자본 소유자에게 흘러간다는 것을 알려주는 연구들이 늘어나고 있다.[18] 슈퍼경영자의 소득이 종종 노동소득으로 기록되기도 하지만 사실은 자본소득과 불완전 경쟁시장에서 나온 지대가 합쳐진 것이다. 노벨상 수상자 로버트 솔로는 피케티의 저서에 대한 뛰어난 논평에서 미국에서 상위 1퍼센트의 노동소득으로 기록되는 것 중 높은 비율이 실제로는 자본소득이며 이 자본에는 무형자산이 포함된다고 제시했다.[19] 우리는 이 견해에 동의하며 이 자본소득의 상당 부분이 기술 수익을 반영한다고 가정한다.

다음 부분에서는 기술 및 기술로 가능해진 세계화에 초점을 맞출 것이다. 이 요인들이 향후 소득 불평등의 좀 더 중요한 동인이 될 것이라고 믿기 때문이다. 기술과 소득 간의 상호작용을 더 잘 이해하기 위해 우리는 노동과 자본의 유형들을 구분한다. 기술을 보완하는 노동도 있고 기술이 대체하는 노동도 있다. 디지털화가 더 심화되고 지능형 로봇 및 인공지능이 확산되면서 향후 자본과 노동 유형들 간의 이러한 구분은 더욱 중요해질 것이다.

기술, 세계화, 분배

지난 30년간 선진경제국에서 나타난 부와 소득의 분배 동향은, 강력한 기술 요인과 세계시장 요인들이 결합해 경제와 노동시장의 구조와 구성을 다소 극적으로 변화시킨 것과 관련 있다고 생각한다. 기술적 요인은 노동절약적이고 숙련편향적인 일련의 디지털 기술과 디지털 자본 집약적 기술의 확대와 밀접하게 관련된다. 세계시장 요인으로는 이 기술들과 공급사슬의 세계화를 꼽을 수 있는데, 이는 특히 중국을 포함한 신흥경제국이 점점 더 서로 연결되는 경쟁적인 세계경제의 주요 참가자로 등장하면서 가능해진 것이다. 두 요인은 별개지만 상호 관련되어 있고 서로를 보강한다. 네트워크 기반의 정보기술과 경영 혁신은 기업들이 서로 다른 지역의 생산 과정을 신속하게 저비용으로 파악하고 모니터링하며 조정할 수 있게 해 복잡한 세계 공급사슬을 관리하는 도구를 확장시켰다. 그리하여 전 세계의 노동력과 인적자본에 접근성이 높아지고 그 결과 선진국의 기업과 노동자에 대한 경쟁 압박이 심해졌다.

세계적 공급사슬 확장에는 인건비가 저렴한 지역에 업무를 외부위탁하거나 해외로 이전함으로써 생산비를 줄이는 노동력 차익거래labor arbitrage가 중요하게 작용했다. 기술이 발전하고 신흥시장 경제국에서 거래 및 자본흐름의 개방성이 높아지면서 복잡한 공급사슬은 확장되었고 이 국가들의 값싼 노동력 덕분에 미국을 비롯한 선진국은 임금 하락 압박이 강해졌다.

이런 구조적 변화와 이행은 피케티 연구의 기반이 된 성장의 거시적 모형에서는 포착되지 않는다. 하지만 이 변화들은 지난 30년간의 부와 소득의 불평등 동향을 깊이 이해하는 데 필수적 요소로 보이며 향후 계속해서 중요한 결정요인이 될 것 같다.

피케티의 거시적 모형은 노동 유형을 구분하지 않는다. 하지만 부의 불평등을 몰고 오는 요인을 이해하려면 이런 구분은 필수적이다. 노동절약적, 숙련편향적 기술변화의 효과는 일자리 구성 동향에서 분명히 나타난다. 노동경제학자들은 일자리를 육체노동과 지식노동, 반복형 노동과 비반복형 노동이라는 두 가지 차원에 따라 구분한다. 지식노동형 일자리와 육체노동형 일자리는 정신 작업과 육체 작업의 정도 차이에 따라 쉽게 구별된다. 어떤 업무를 잘 정의된 지시와 절차를 따라 수행되는 일련의 구체적 행동들로 요약할 수 있으면 그 일자리는 반복형으로 분류된다. 반복형·육체노동형(주로 블루칼라) 일자리도 있고 반복형·지식노동형(주로 화이트칼라) 일자리도 있다. 반복형 일자리의 두 유형 모두 대개 중급 정도의 기술이 필요하다. 한편 비반복형·지식노동형 일자리는 숙련도가 높고 비반복형·육체노동형 일자리는 숙련도가 낮은 경향이 있다.[20]

노동절약형, 숙련편향적 기술변화는 '코드화될 수 있고' 기계가 수행할 수 있는 반복형 블루칼라 일자리와 반복형 화이트칼라 일자리의 노동자가 대체되는 결과를 불러온다.[21] 반면 비반복형·지식노동형 일자리는 '코드화될 수 없고' 따라서 (적어도 현재는) 기계가 수행할 수 없는 '추상적 업무'들이 포함되어 있다. 숙련편향적 기술변화는 스킬을 보완하고 이런 일자리들의 노동자 수요를 증가시킨다.

앞에서 언급했듯이 미국과 그 외의 선진국에서 숙련편향적, 노동절약적 기술로 반복형 일자리들이 밀려나면서 노동시장 양극화가 나타났다. 고숙련, 고임금, 비반복형 일자리와 미숙련, 저임금, 비반복형 일자리가 동시에 증가하면서 중간 수준의 임금을 받고 중간 수준의 기술이 필요한 반복형 직업들이 희생되었다. 이러한 양극화에 대해서는 실증적 문헌들에 산업, 지역, 국가 노동시장 수준의 관련 증거들이 많다. 미국에서 중간소득을 얻는 직업의 비율은 1979

년의 약 60퍼센트에서 2012년에는 46퍼센트로 낮아졌고[22] 다른 선진국들도 비슷한 동향을 보인다.

미국에서는 1967년과 2000년 사이에 비반복형·육체노동형 범주와 비반복형·지식노동형 범주에서 빠른 속도로 고용이 늘어난 반면 반복형 일자리의 고용은 줄어들다가 1990년대에 정체되어 양극화 가설과 일치되는 양상을 보였다. 2000년 이후에는 반복형 일자리의 고용이 곤두박질쳤고 비반복형·육체노동형 일자리의 고용은 계속 증가했다. 비반복형·지식노동형 일자리의 고용은 정체되었다.[23]

두 번의 불황, 느린 회복, 총수요 약세 등의 거시경제적 요인은 2000년 이후 스킬 분포도의 최상위층에 이르기까지 고용과 임금 증가가 약화됐던 주요 원인이다. 중국이 2001년에 WTO에 가입한 뒤 세계적 수출국으로 부상한 것 역시 노동 수요와 임금 증가 약세에 기여했고 특히 미국 제조업에서 중간 수준의 소득에 중급 스킬이 필요한 일자리의 경우 더 영향을 받았다. 거시적 수요 약세와 세계적 경쟁의 효과는 2001년 이후 반복형 일자리의 고용이 극적으로 감소한 데서 뚜렷하게 나타난다.[24]

하지만 지난 10년 동안 비반복형·지식노동형 직업의 증가 둔화에는 기술도 한몫한 것으로 보인다. 추상적인 비반복형 작업이 가능한 기계들의 능력이 향상되면서 아마도 고도로 숙련된 고등교육을 받은 노동력에 대한 자본의 대체탄력성이 높아졌을 것이다. 맥킨지 글로벌 연구의 최근 연구에 따르면 사람들이 수행하고 보수를 받는 업무의 45퍼센트는 현재 이용 가능한 기술들을 적용해 이미 기술적으로 자동화될 수 있다. 의사, 변호사. CEO, 금융시장 경영진을 포함해 가장 숙련되고 높은 보수를 받는 직업도 이미 자동화 가능한 영역을 상당 부분 포함하고 있다. 앞으로 설명할 이유들에 근거해 우리는 기계가 더욱 지능화됨에 따라 이런 동향은 가속화될 것으로 본다. 맥킨지에 따르면, 앞으로 10년간 스킬 전반에 걸쳐 거의 1,100만 개의 직업들이 자동화에 의해 퇴출될 수 있다고 한다. 이는 전통적인 실직률이 거의 두 배에 가까운 수치다.[25]

노동시장에서 기술로 인한 고용양극화 현상은 여러 일자리와 스킬의 임금 인상 유형을 형성하는 강력한 배후세력이 되어왔다. 전반적으로 보면 기술로 스킬이 보완되거나 향상된 사람들은 임금 인상이 전체적으로 둔화된 시기에도 꾸준히 최고의 수혜를 누렸다. 지난 30년간 미국에서 대학교육을 받고 중간급의 급여를 받는 노동자와 고등학교 교육을 받고 중간 급여를 받는 노동자 사이의 실제 수입 격차는 거의 두 배에 이르렀다. 같은 기간 동안 임금은 임금분포의 하위층보다 최상위층에서 훨씬 빠르게 상승했고 중간층의 임금은 정체되었다. 1980년과 2013년 사이에 상위 1퍼센트의 연봉은 138퍼센트 증가한 반면, 하위 90퍼센트의 연봉 인상은 15퍼센트에 불과했다.[26] 또한 같은 기간 동안 고등학교 이하의 학력을 가진 남성의 실제 수입은 상당히 감소해서 고등학교 중퇴자는 22퍼센트, 고등학교 졸업자는 11퍼센트 줄어들었다. 반면 90번째 백분위의 남성과 10번째 백분위의 남성의 상근직 수입 비율로 측정된 수입 불평등 비율은 100퍼센트 포인트 이상 상승했다.[27]

반복적인 블루칼라와 화이트칼라 업무를 수행하는 노동자를 컴퓨터를 집중 활용하는 기계와 대체하는 숙련편향적, 노동절약적 기술변화는 미국에서 중간급 급여를 받는 노동자들의 실질 임금 정체와 대학교육을 받지 못한 노동자들의 실수입 감소에 주요한 기여를 했다. 노동조합의 침투와 협상력 약화 또한 한 몫을 했다. 민간 부문 노동자 중 노조에 소속된 비율이 1973년의 약 24퍼센트에서 2016년에는 7퍼센트 이하로 떨어졌다. 노동조합에 가입된 노동자에게는 상당한 임금 프리미엄이 주어지는데, 이 프리미엄은 미숙련 노동자에게 더욱 두드러지고 이전효과(노조가 집단행동으로 임금을 올리면 기업이 정규직의 고용을 줄이고 값 싼 비정규직의 채용을 늘리게 되는 효과-옮긴이)를 불러와 비노조원들이 혜택을 얻는다.[28] IMF가 실시한 최근의 연구는 노동조합 약화는 미국과 그 외의 선진국들에서 상위 10퍼센트가 차지하는 소득의 몫이 상승한 현상과 밀접한 관련이 있음을 발견했다.[29] 또한 이 연구는 최저임금의 실질가치가 임금 및 소득 불평등 증가의 또 다른 유력한 원인이라는 것도 밝혔다. 미국에서 2015년의 실질 최저임금은 1968년의 최고치보다 24퍼센트 낮다.[30]

양극화되는 기술변화, 노조 약화, 최저임금의 실질가치 하락에 더해 기술에 의한 세계화와 그것이 경제 산업 구조에 미치는 영향 또한 소득 불평등 상승 뒤에 숨은 강력한 요인들이다.[31] 여기에서 구조란 부가가치와 고용 측면에서 본 산업과 부문들의 규모와 성장을 의미한다. 이런 시각에서 보면 미국 경제의 산출량, 고용, 생산성 구성에 기술통합과 세계적 공급사슬이 미치는 영향을 좀 더 정확히 알 수 있다.

우리는 개방경제를 다루고 있으므로 무역에 노출되고 외부 경쟁이 일어나는 부문 및 하위부문과 그렇지 않은 부문을 구별하는 것이 중요하다. 무역에 노출되는 부문을 교역 부문tradable sector, 그렇지 않은 부문을 비교역 부문nontradable sector이라고 부르겠다. 경제에서 교역 부문은 한 국가 혹은 여러 국가에서 생산될 수 있고 다른 곳에서 소비될 수 있는 재화와 서비스를 생산하는 부문들의 집합(혹은 어떤 경우에는 부문들의 일부)이다. 대부분의 제조품, 컨설팅 같은 서비스, 금융의 많은 부문, 컴퓨터 같은 제품 디자인, 마케팅의 다양한 측면들, IT 시스템의 원거리 관리, 소프트웨어 개발 등을 예로 들 수 있다. 교역 가능한 제품 및 서비스와 대조적으로, 비교역 제품과 서비스들은 소비되는 국가에서 생산된다. 비교역 부문에는 공공행정, 교육, 건설, 호텔, 식당, 외식업, 전통적인 소매업, 국내 물류, 수많은 보수·유지 기능, 병원, 양로원, 다양한 지역 서비스 등이 포함된다.

교역 부문은 시간이 지나면서 확대되어 왔는데, 주로 운송, 통신, 디지털화 기술 발전이 불러온 결과다. 그리하여 미국과 그 외 선진국의 점점 더 많은 부분들이 외부 경쟁에 노출되는 한편 외부 수요에 대한 접근성은 높아졌다.

선진국에서 교역 부문은 전체 경제의 약35~40퍼센트를 차지하며 고용을 기준으로 측정했을 때는 그보다 다소 낮다. 도표 8-1, 8-2에서 볼 수 있듯이, 미국은 비교역 부문이 매우 커서 부가가치의 약 3분의 2를 차지한다. 고용에서 비교역 부문이 차지하는 몫은 더 커서 현재 70퍼센트를 넘었고 80퍼센트를 향해 꾸준히 증가하고 있다.

선진국에서 교역 부문과 비교역 부문의 비율이 비슷하다는 점은 이 국가들의 최종 수요 구성이 비슷함을 반영한다. 정의상 공급 측 비교역 부문은 국내

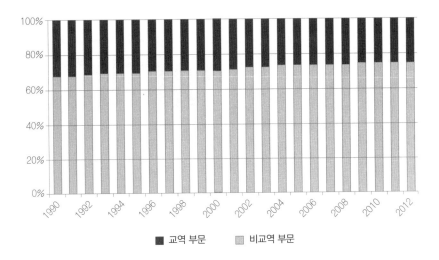

도표 8-1: 미국의 부가가치에서 비교역 부문과 교역 부문이 차지하는 비중(전체 중 %), 1990-2012

■ 교역 부문   ▨ 비교역 부문

도표 8-2: 미국의 고용에서 비교역 부문과 교역 부문이 차지하는 비중(전체 중 %), 1990-2012

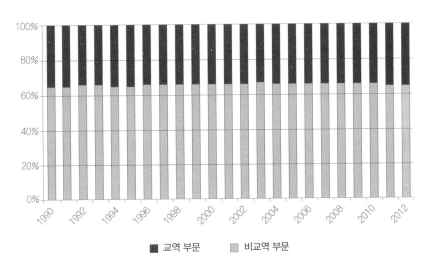

■ 교역 부문   ▨ 비교역 부문

수요와 일치해야 한다. 따라서 선진경제국 간에 비교역 재화와 서비스의 국내 수요가 비슷하다면 비교역 부문의 공급 측 규모와 구성이 비슷할 것이다. 이 점은 데이터로 확인된다.

선진경제국은 교역 부문의 수요 측 역시 비슷해서 무역수지 흑자나 적자 규

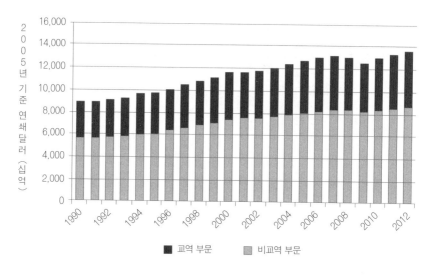

모에 따라 보정된 교역 부문의 규모도 비슷하다. 그러나 교역 부문의 공급 측 구성은 이들 국가 간에 상당한 차이가 있다. 예를 들어 작은 국가들은 효율성과 경쟁력 때문에 교역 부문이 매우 전문화되어 있다. 이들 국가는 교역 부문의 산출 중 많은 부분을 수출하고 국내 수요를 충족시키기 위해 교역 가능한 재화와 서비스의 많은 부분을 수입하는 경향이다. 미국 같은 대규모 경제는 교역 측면에 전문화가 다소 덜 되어 있으며 교역 가능한 산출의 많은 부분을 국내에서 소비한다. 전통적 척도로 보면 무역에 대한 노출이 덜 되어 있다.

그러나 이런 현상이 제조업에서는 다소 오해를 불러일으킬 수 있다. 공급사슬 측면에서 생각하는 것이 좋은데, 교역 부문에서는 공급사슬이 점점 더 세계화되고 있다. 공급사슬은 요소들로 이루어져 있다. 세계경제에서 국경을 넘는 것(혹은 좀 더 정확히 말하면 세계경제에서 교역 가능한 부분)은 산업 전체나 부문들이 아니라 요소들이다. 'A 국가에서 생산되고 B 국가에서 소비되는' 모형은 세계적 공급사슬과 갈수록 맞지 않는다. 이런 관점에서 보면 미국 같은 대규모 경제에는 좀 더 전문화된 소규모 경제보다 더 다양한 교역 가능 산업들이 있을

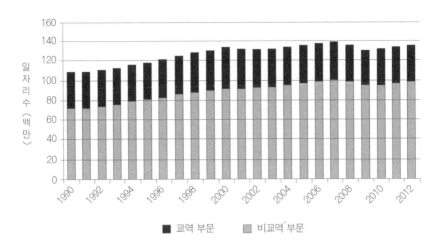

도표 8-4: 미국 비교역 부문과 교역 부문의 고용, 1990-2012(백만 단위)

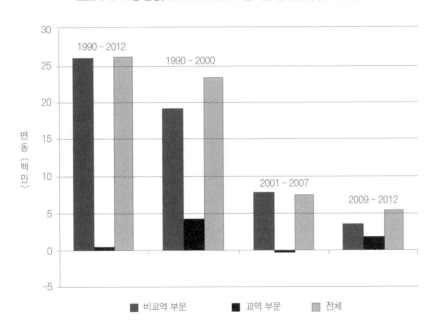

도표 8-5: 고용 변동, 1990-2012(2005년 기준 연쇄달러, 십억 단위)

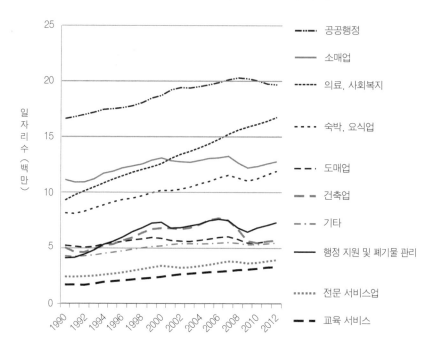

도표 8-6: 비교역 부문의 고용, 1990-2010(백만 단위)

일
자
리
수
(
백
만
)

- ·–·· 공공행정
- —— 소매업
- ·········· 의료, 사회복지
- ----- 숙박, 요식업
- – – – 도매업
- ▬ ▬ 건축업
- ·–·– 기타
- —— 행정 지원 및 폐기물 관리
- ········ 전문 서비스업
- ▬ ▬ 교육 서비스

것이다. 미국 경제에서는 제조업의 부가가치가 상당하다. 하지만 제조업의 부가가치 중 제조업 공급사슬의 고부가가치 서비스 요소에서 발생하는 몫은 많고 점점 늘고 있다. 그 결과 교역 부문에서 부가가치 및 고용 패턴에 큰 차이가 나타난다.

도표 8-3은 미국 경제에서 2008년 이전 20년 동안 교역 부문과 비교역 부문의 부가가치가 비슷한 비율로 증가했음을 보여준다. 교역 부문은 규모는 더 작지만 실제로 좀 더 빠른 속도로 성장했다. 하지만 극적인 성장은 아니었다.

도표 8-4와 8-5가 보여주듯이 이 양상은 고용 측면에서 보면 극적으로 달라진다. 미국에서 교역 부문의 고용 창출 순 증가분은 미미하다. 고용 증가의 거의 전부(약 98퍼센트)가 비교역 부문에서 나타났다.

도표 8-6에서 볼 수 있듯이, 의료서비스와 공공행정 분야가 이 기간 동안 미

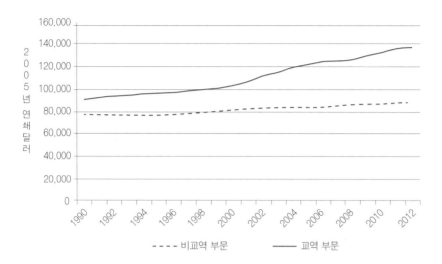

도표 8-7: 비교육 부문과 교역 부문의 고용당 실질부가가치, 1990-2010
(가중평균, 2005년 기준 연쇄달러)

- - - - 비교역 부문　　──── 교역 부문

국 고용 증가의 37퍼센트를 차지했다. 환대산업(호텔, 식당, 외식업), 소매, 건설업을 더하면 이 수치는 60퍼센트 이상까지 올라간다.

　생산성은 종업원 1인당 부가가치VAP(혹은 때로는 근로시간당 부가가치)로 측정된다. 미국의 총생산성 증가는 비교역 부문의 낮은 생산성과 비교역 부문이 고용에서 차지하는 몫이 많고 늘어나고 있는 점에 악영향을 받았다.[32]

　제조업은 교역 부문 부가가치의 절반 정도를 차지하고 서비스업이 나머지를 차지한다. 지난 20년간 교역 부문의 고용 감소는 주로 제조업에서 나타났고 중국이 WTO에 가입한 2001년경에 분명한 변곡점을 찍는다. 반면 교역 가능한 서비스 산업들에서는 고용이 증가했고 그중 많은 부분이 교역 가능한 제조업의 공급사슬에 서비스 요소를 제공했다.[33] 전체적으로 교역 부문의 고용 증감은 0에 가까웠다.

　하지만 인당 부가가치는 교역 부문과 비교역 부문에서 아주 다른 양상을 나타냈다. 도표 8-7에서 볼 수 있듯이, 비교역 부문(모든 고용 증가가 나타난 부문)에서는 전 기간에 걸쳐 VAP 증가가 느렸던 반면 교역 부문에서는 VAP가 훨씬 빨리 상승했고 2000년경에 분명한 상향 변곡점을 찍었다. 1990년에는 두 부문의 인당 부가가치가 비슷하여 교역 부문이 약 10퍼센트 높은 정도였지만 2008년에는 교역 부문이 비교역 부문보다 50퍼센트 더 높다.

종업원 1인당 부가가치가 아니라 총부가가치는 이 시기 동안 대부분의 제조업에서 매우 빠른 속도로 증가했다. 고용이 줄었어도 산업 규모가 감소하거나 성장하지 못한 것은 아니다. 제조업의 부가가치는 감소하지 않았지만, 기술이 반복형 일자리들을 대체하고 제조업 부가가치 사슬에서 낮은 혹은 중간 정도의 부가가치를 창출하는 부분이 역외로 이동하면서 고용은 감소했다. 제조업의 국내 총부가가치는 해외 이전으로 감소하겠지만, 기술이 노동력을 대체하고 세계 공급사슬의 국내 서비스 요소(디자인, 브랜딩, 마케팅, 물류 같은 고부가가치 서비스)들이 해외 이전에 따른 국내 부가가치 감소분 이상을 보충함에 따라 계속해서 증가할 것이다.

숙련편향적 디지털 기술로의 이동은 미국에 남아 있는 제조업 공급사슬의 서비스 요소와 비서비스 요소 모두에서 고용을 감소시켰지만 노동생산성과 산출량은 증가시켰다. 이렇게 기술이 주도하는 일자리 및 고용의 변화는 공급사슬 중에서 저부가가치 일자리와 요소들이 중국과 그 외의 신흥국으로 이동하면서 더 심화된다.

데이터로 입증하기는 어렵지만, 고용이 교역 부문에서 비교역 부문으로 이동함에 따라 개인들이 제조업의 중급 기술, 중간소득 일자리에서 비교역 부문의 미숙련, 저소득, 저생산성 서비스 일자리로 옮겨갔을 가능성이 있다.

노동절약적, 숙련편향적 디지털 기술은 교역 부문과 비교역 부문 모두에 영향을 미친다. 그렇다면 미국 경제가 2008년의 위기까지 19년 동안 비교역 부문에서 어떻게 거의 270만 개의 일자리를 창출했는지 의문이 들 수 있다. 부채비율^{leverage}에 따른 비지속적인 수요 증가도 그 대답의 하나다. 하지만 앞에서 언급했고 도표 8-6에도 반영되어 있듯이 고용 증가의 주된 기여자는 의료서비스, 공공행정, 호텔, 식당, 소매 같은 노동집약적이고 임금이 낮은 대규모의 비교역 산업들이었다. 상대적으로 고임금인 건설업이나 공공행정 분야 등 이 산업 중 일부는 분명 무한정 지속될 수 없는 확장경로에 있었다. 마지막으로, 노동력이 교역 부문에서 비교역 부문으로 대거 이동함에 따라 발생한 임금 하락의 압박은 비교역 서비스 부문에서 고용이 더 많이 늘어나게 했다.

이 모든 현상이 소득 불평등 증가와 무슨 관련이 있을까? 우리는 관련성이 높다고 생각한다. 인당 부가가치는 노동자, 자본 소유자 혹은 정부 등 누군가의 소득으로 바뀐다. 그리고 인당 부가가치는, 절대적 수치로는 물론 총고용에서 차지하는 비율상으로도 고용이 증가한 비교역 부문보다는 순 고용이 정체된 교역 부문에서 더 많이 더 빠른 속도로 증가했다.

총부가가치에서 정부가 차지하는 몫이 증가했다는 증거는 없다. 동시에 우리는 국민소득에서 자본이 차지하는 몫이 1990년대에는 서서히, 2000년 이후에는 급격히 상승한 반면, 노동이 차지하는 몫은 1950년대 이후 보지 못했던 수준까지 떨어졌다는 것을 알고 있다. 이런 동향은 교역 부문, 특히 전통적인 제조생산업과 IT에서 더욱 두드러진다.[34]

증거들을 보면 기본적으로 교역 부문은 제조생산업 일자리들에서 제조 공급사슬의 서비스 요소를 포함한 좀 더 부가가치가 높은 서비스들로 이동했다. 교역 부문의 이러한 구조 변화는 제조업 고용의 급격한 감소를 불러와 중간소득 일자리의 감소와 고부가가치 서비스 제공에 필요한 학력과 스킬을 갖춘 노동자의 수요 증가에 직접적으로 기여했다.

학력에 대한 임금 프리미엄이 증가한 것 역시 이런 동향, 즉 숙련편향적 기술 변화를 교육이 보완해주는 자본집약형, 비반복형 블루칼라 및 화이트칼라 업무로 이동이 일어나고 교역 부문의 구성이 고부가가치 서비스 쪽으로 변화하는 동향과 일치한다.

고용이 비교역 부문으로 이동하는 현상은 고용주에게 유리하고 노동자에게 불리한 노동 수급 균형을 강화한다. 실질 최저임금이 낮고 하락하는데 더해 노동조합화가 약해지면서 임금과 기술이 중-저수준인 노동자들이 이런 기술변화와 세계화 압력에 저항할 힘은 제한되었다. 노동조합이 조직된 교역 분야의 제조생산업에서 교역과 비교역 분야 모두 노조가 없는 서비스 분야로 일자리가 이동하면서 노조 가입률과 노조의 힘은 약화되었다.

이러한 구조적 요인이 작용한 결과 전체적으로 세계화와 기술이 가져온 혜택이나 지대가 고급 인적자본을 포함한 자본 소유자들에게 불균형적으로 돌아갔다. 혜택의 불균등한 분배는 노동생산성 향상과 실제 중위임금, 평균임금 증가 사이의 격차가 커지는 데서 나타난다.[35]

교역 부문에서 기술과 세계화는 중-저수준의 기술이 필요한 반복형 일자리에서는 노동력을 절감해주고 고부가가치의 비반복형·지식노동형 일자리에서는 기술을 증대시킨다. 따라서 교육과 임금분포의 최상부는 훨씬 윤택한 생활을 한다. 전체적으로 보면 대체로 교역 부문과 비교역 부분 모두에서 비반복형 일자리들은 유지되었다.

여기에서 밝힌 기술적, 세계적 요인들과 그 결과 나타난 부문 간의 이동이 모든 선진국에서 똑같은 방식으로 작용하지는 않지만 산업구조, 노동시장의 경쟁, 임금 불평등에 미친 영향은 비슷하다. 하지만 이 요인들이 소득분포 최상위층의 동향에 대해 적절한 설명을 제시한다고 주장하기는 어렵다. 피케티가 언급한 것처럼 이 최상위층은 국가 간에 상당한 차이를 보이고 미국은 일종의 열외자다. 비경쟁시장을 지원하고 상당한 지대를 창출하며 지대 추구 행위를 촉진하는 지배구조와 보상 규범, 노조, 최저임금과 그 외의 노동시장 제도, 세금, 정책들이 이런 차이를 불러오는 요인이며 정책적으로 관심을 기울여야 할 사안들이다. 이 요인들은 상충하는 것이 아니라 지난 30년간 미국과 그 외의 선진국들을 괴롭혀온 소득 및 부의 불평등 증가 뒤에 숨은 여러 요인을 포착하도록 보완한다.

앞으로의 디지털 기술과 세계화

브린욜프슨과 맥아피는 앞으로 일자리와 고용 구조, 다양한 인적자본의 수익률, 소득분포에 영향을 미칠 것으로 보이는 디지털 기술의 몇 가지 동향을 정

리했다.[36]

로봇공학은 정교한 상황 인식과 비교적 복잡한 판단이 요구되는 반응 능력이 필요한 작업을 포함해 기계가 할 수 있는 일의 경계를 넓히고 있다. 센서 기술의 발전도 여기에 부분적으로 기여한다.

지능적인 디지털 기계들이 현재 할 수 있는 일 중에는 비교적 최근까지도 불가능했던 것이 많다. 그리하여 기계가 쉽게 노동자를 대체할 수 있는 작업과 일의 범위가 더 확장되었다. 바꿔 말하면 반복형(육체노동, 지식노동, 그리고 그 중간의 어느 지점 모두)으로 분류될 수 있는 일자리의 하위집합이 빠른 속도로 늘어나고 있다. 예를 들어, 현재 기계들은 최근 개선된 손재주와 '시력'을 결합하여 일부 전자부품들을 조립할 수 있다.

놀라운 발전을 보인 두 번째 분야는 인공지능AI이다. 문제는 디지털 '두뇌'를 갖춘 기계들이 무슨 일을 얼마나 빨리 배울 수 있는가다. 몇 년 전까지 전문가들은 기계에게 작업 수행 방법을 알려주는 소프트웨어를 이용해 기계가 다양한 작업들(심지어 복잡한 지적 작업)을 하도록 프로그래밍할 수 있다고 생각했다. 달리 말하면 과학자와 프로그래머들은 인간이 특정 기능을 어떻게 수행하는지 알아낸 뒤 그 절차들을 코드화하여 기계가 인간의 일을 복제할 수 있게 컴퓨터 프로그램을 설치한다.

이런 패러다임에서 기계는 우리가 규칙과 절차를 알고 있고 소프트웨어에 내장할 수 있는 분야의 작업과 일을 수행할 수 있다. 요컨대 기계는 코드화가 가능한 반복 작업들을 때로는 기계가 대체하는 인간보다 훨씬 빠르고 정확하게 수행한다.

하지만 여기에는 한계가 있다. 인간이 어떻게 수행하는지 우리도 모르는 일들이 많기 때문이다. 의자를 의자로 인식하기, 사투리가 섞인 문장 이해하기, 언어들끼리 번역하기 등을 예로 들 수 있다. 새로운 혹은 더 복잡한 규칙과 로직을 개발하여 소프트웨어에 내장함으로써 이 과제를 해결하려는 시도는 원하는 결과를 낳지 못했다. 실제로 몇 년 전 AI는 일련의 막다른 골목에 부딪친 것처럼 보였다.

그러자 과학자와 공학자들은 소위 '무차별대입공격^{brute force}'과 머신 러닝^{machine leaning}으로 눈을 돌렸다. 네트워크는 이미지, 녹화본, 필름, 그 외 여러 가지를 담고 있는 거대한 데이터베이스를 만들어낸다. 네트워크의 속도는 점점 빨라지고 있고 기억용량은 더 커지고 더 신속한 접근이 가능하다. 기계들은 상상할 수 없을 정도로 방대한 정보 및 데이터에 접근하여 자세히 살펴봄으로써 학습할 수 있다. 이런 접근방식은 예상보다 빠른 속도로 효과를 나타내는 것처럼 보인다. 이 방식은 머신 러닝이라고 불리며 대부분 사례를 통해, 혹은 좀 더 정확히 말하면 많은 사례들을 갖고 학습을 한다. 이런 학습이 가능해지는 데는 네트워크의 도달 범위와 성능, 속도, 그리고 거대 데이터베이스를 포함한 네트워크 구성요소들이 한몫을 했다.

그 결과 기계는 이제 인간이 전체적으로는 수행 방법을 알지만 완전히 코드화하는 방법은 모르는 일들을 하는 법을 배우기 시작했다. 기계의 역량 발전은 심지어 AI 분야의 노련한 과학기술자와 과학자들을 놀라게 할 정도다.

'반복적'과 '코드화 가능'이라는 개념은 노동시장, 경제 구조, 그리고 지난 30년간 분배가 미친 영향의 일부를 이해하도록 돕는다. AI의 발전은 인간과 기계 사이의 관계가 '코드화가 가능한' 작업을 훨씬 뛰어넘어 '학습할 수 있는' 작업들 쪽으로 갈 수 있다고 제시한다. 그 결과는 예측이 매우 어렵다. 초기에 가속화되고 있는 동향을 보면 지능형 기계들은 곧 비교적 복잡한 비반복적, 인지적 작업들을 하게 될 수 있다.

이와 관련된 발전 분야가 '빅데이터', 좀 더 정확히 말하면 데이터 분석 기술의 발달이다. 빅데이터는 기존의 디지털 절차와 플랫폼이 작동하며 나온 부산물로 생성된 거대 데이터베이스를 가리킨다. 구글이나 페이스북, 아마존, 심지어 에어비앤비에 축적된 데이터를 생각해보라. 거대 데이터 분석 기술은 적절한 시간에 낮은 비용으로 패턴 인식을 할 수 있는 프로세싱 파워와 능력을 포함한다. 현재 우리 논의에 적용해보면 빅데이터는 인간의 특정 기능을 부분적으로 대체할 수는 있지만 인간의 분석과 판단이 포함된 기능들을 보완하는 쪽에 더 가까울 것이다.

언급할 만한 세 번째 기술은 3D 프린팅 혹은 적층가공이다. 이 기술은 말 그대로 플라스틱부터 티타늄까지 다양한 '잉크'를 사용한 3차원 잉크젯 프린터를 말한다. 3D 프린터는 물체를 묘사한 데이터 파일에 따라 결과물을 만들어낸다. 극도의 맞춤형 제작이 가능하고 폐기물을 거의 생성하지 않아서 주목받은 기술이며, 비용이 급격히 낮아지고 '프린팅'에 사용할 수 있는 재료의 범위도 넓어지는 추세다. 공급사슬과 공급사슬 관리자에게 적층가공은 수요 예측이 아니라 실제 수요에 따른 생산을 가능하게 해주는 기술이다. 또한 공급사슬과 소매 유통망의 범위, 효과, 위치에 엄청난 영향을 미칠 잠재력이 있다. 3D 프린팅은 매우 이동성이 높으며 우리의 논의와 연결시켜 이야기하자면 디지털 자본 집약적이고 숙련편향적이며 노동절약적 기술이다.

로봇공학과 3D 프린팅은 디지털 기술이 노동집약적 활동과 부문에 침투하는 범위를 넓히고 있는 것으로 보인다. 이런 현상은 선진국에서는 인적자본 투자와 그 외의 정책들에 영향을 미친다. 또한 초기 단계 신흥국의 '성장' 모델에도 영향을 미친다. 신흥국에서는 한동안 성장의 주요 동력이던 제조 부문에서 노동집약적 부문이 전통적으로 비교우위를 갖는 원천이었다. 비용과 품질 면에서 디지털 기술이 조립 및 절차 중심의 제조업에서 노동집약적 기술들을 뛰어넘는다면 이러한 발전 경로는 점차 좁아져 결국 폐쇄될 것이다.

지난 반세기 동안 성공적인 초기 단계의 신흥국, 특히 풍부한 천연자원이라는 '축복'을 받지 못한 국가들은 성장과 중간소득 국가로의 이행을 위해 세계 경제와의 연결과 노동집약적 제조업에서의 경쟁우위에 의존했다. 새로운 디지털 및 AI 기술, 로봇공학, 3D 프린팅은 비교적 가까운 미래에 비용과 품질 면에서 노동집약적 기술들을 뛰어넘고 인건비에 거의 구애받지 않게 될 것이다. 모든 산업에서 똑같은 속도로 그렇게 되지는 않겠지만 이런 동향은 이미 시작되었고 빠르게 진행되고 있다는 증거가 있다.

이런 현상은 개발 과정에 늦게 동참한 국가들의 성장 모델에 궁금증을 불러일으킨다. 이 국가들이 잠재적으로 경쟁우위를 가질 수 있는 분야가 있을까? 그러기 위해서는 고정자산, 기반구조, 인적자본에 어떤 투자 유형이 필요할까?

지난 수십 년 동안 대부분 세계 경제를 구성한 논리는 경제활동(세계적 공급사슬의 요소들로 생각하라)이 원활하고 가격이 매력적인 노동력 풀이 있는 쪽으로 움직인다는 것이다. 노동력은 자본과 지식보다 이동성이 낮기 때문이다. 하지만 지금은 디지털 자본 집약형 기술이 전 세계 많은 사람들이 고용된 제조업 공급사슬의 반복적, 노동집약적 부분에서 인간을 대체하고 있다. 이와 함께 디지털 기술은 거의 비용상 불이익 없이 제조업의 이동성을 높이면서 물리적 제조활동이 노동력보다는 시장 수요가 있는 쪽으로 움직일 것이다. 시장과 근접하는 데서 오는 효율성이 있기 때문이다.

세계 공급사슬에서 발생한 기술주도적 변화의 결과, 많은 신흥국들이 일찍 산업화된 국가들보다 산업화 기회를 빨리 잃어버리고 개발 수준도 훨씬 뒤처져 있음을 보여주는 증거는 이미 존재한다.[37] 최근의 연구는 신흥국이 선진국보다 자동화로 위험에 처한 직업의 비율이 훨씬 높다는 것을 발견했다. 기술이 획기적으로 발전하면서 신흥국이 교역 분야에서 전통적으로 보유했던 인건비라는 이점이 약해지고 선진국이 교역 가능한 활동들을 리쇼링 reshoring(해외에 나갔던 기업이 자국으로 돌아오는 현상, 오프쇼링과 대조되는 개념-옮긴이)하기 때문이다.[38] 기술이 빠른 속도로 발전함에 따라 세계화의 옛 패턴들은 자연스럽게 사라질 수 있다. 하지만 정치적 대화, 특히 신흥국의 보호무역론자와 고립주의자들이 나누는 대화에서는 이런 점을 알아차리지 못할 것이다. 현재의 정책 과제는 신흥국과 선진국 모두 반복적 및 비반복적 노동력을 대체할 수 있는 새로운 노동절약적, 숙련편향적 기술들에 어떻게 적응할 것인가이다. 잘 적응할지 아닐지는 과제를 정확하게 파악하고 적절한 정책 반응을 개발하는 것에 달려 있다.

기술, 불평등, 정책 반응

숙련편향적, 노동절약적 기술변화와 기술주도형 세계화는 지난 30년간 미국과 그 외의 선진국들에서 부와 소득의 불평등 증가를 이끈 강력한 요인이었고 앞으로도 더욱 중요해질 것으로 보인다. 기술은 예상치 못한 빠른 궤도를 그리며 인간의 노동력을 대체하고 있고 대체 방식은 숙련편향적이고 일정하지 않다. 시장 기반의 부와 소득 불평등은 향후 몇십 년 동안 증가할 것으로 보이는데, 이는 자본주의 체계 고유의 특징들 때문이 아니라 일자리 수와 구성에 디지털 혁명이 미치는 영향, 지식자본과 무형자본으로의 회귀, 불완전 경쟁에서 발생하는 지대, 선점자 우위, 네트워크로 연결된 시스템에서의 시장 지배력, 기계들이 더 낮은 비용으로 더 잘 수행할 수 있는 일자리에 종사하는 노동자들의 임금과 생계 때문이다.

하지만 기술변화의 '인간 외적인 요인'들이 시장 기반 불평등의 주요 동인이 될 것이라는 결론이, 공공정책이 기술의 진보가 가져온 소득을 좀 더 공정하게 분배하는 데 아무 역할도 하지 못한다는 의미는 아니다. 유감스럽게도 지난 수십 년간 미국과 일부 선진국의 많은 정책은 이 요인들로 촉진된 불평등을 개선하기보다는 악화시켰다. 피케티는 서로 다른 정책의 선택과 그 정책들이 반영하는 사회적 가치를 살펴보면, 비슷한 기술들의 동향이 선진국 간에 서로 다른 불평등 수준으로 이어지는 이유를 설명하는 데 어떻게 도움이 되는지 책 전반에 걸쳐 검토했다.

기술이 전례 없는 변화를 이루는 시기에도 사회는 시장의 지배력에만 분배를 맡기지 않고 가처분소득(소득에서 세금을 공제하고 이전소득을 보탠 금액)의 좀 더 평등한 분배를 촉진할 다양한 정책을 이용해 원하는 수준의 평등을 추구할 수 있다. 실제로 세금정책과 이전소득정책이 시장 소득의 불평등에 비해 가처분소득의 불평등을 줄이는 데 효과적으로 사용된 정도는 선진국마다 차이가 있다는 증거들이 많다. 러다이트 운동(산업혁명으로 실직한 영국 노동자들의 기계 파괴 운동-옮긴이) 식으로 기술 발전을 막으려는 시도는 실패하기 마련이다. 우리에게 주어진 과제는 기술 진보를 촉진하면서 기술 진보의 '혜택'이나 이점은 사회규범에 따라 좀 더 평등하게 분배하는 정책을 마련하는 것이다.

수많은 논문과 책이 부와 소득의 불평등을 억제하기 위한 정책 반응을 다루었다. 이 장은 기술과 기술이 불평등에 미치는 영향을 다루기 때문에 상세한 정책을 추천하지는 않을 것이다. 대신 피케티의 책과 브린욜프슨, 맥아피의 책에서 다룬 정책의 세 가지 정책 분야인 교육, 누진소득세, 사회적 급여와 소득 지원 프로그램들을 검토하려 한다.

교육

피케티, 브린욜프슨, 맥아피, 그리고 불평등을 연구한 대부분의 경제학자들이 동의한 정책 분야가 교육이다. 피케티는 교육과 기술 사이의 경주가 노동소득의 불평등이 증가한 주요 원인이고, 노동소득의 불평등은 상위 1퍼센트를 포함해 전체적인 소득 불평등의 주요 원인임을 인정했다. 또한 피케티는 북유럽 국가에서는 소득 불평등이 덜 두드러지는데, 이는 부분적으로 이 국가들의 평등주의적이고 포괄적이며 질 높은 교육 체계 덕분이라고 언급했다. 반면 미국에서는 소득 불평등 증가가 소득 수준에 따른 교육 기회와 학력 불평등을 증가시켰다.[39]

적어도 예측할 수 있는 미래에 장기적인 불평등을 줄이면서 전체적으로 번영을 꾀하는 가장 효과적인 정책은 소득에 관계없이 모든 사람이 교육과 훈련 기회를 얻도록 함으로써 연속적으로 여러 세대의 기술을 향상시키는 정책일 것이다.

전문가들은 그러한 정책이 유아기 교육부터 시작해 중등과정 후의 교육, 평생학습, 그리고 이직을 더 쉽게 해주는 재정비 기회까지 이어져야 한다는 데 광범위한 의견일치를 보인다. 하지만 미래에 요구될 교육과 스킬(인지적 능력과 비인지적 능력)의 종류에 대해서는 상당한 의견차를 보인다. 이러한 의견차는 기술이 직업 구성과 필요 기술들을 어떻게, 어떤 속도로 바꿀지가 불확실하다는 점을 나타낸다. 디지털 기술이 놀랄 정도로 발전하면서 10년 혹은 15년 후 노동시장의 수요가 어떻게 변할지 예측하기는 더 어려워졌다.

STEM(과학, 기술, 교육, 수학) 분야에 더 많은 교육이 필요한지 이의를 제기하는 사람은 거의 없다. 디지털 기술이 이 분야 노동자들의 수요를 계속해서 보완할 것이고 이들의 공급을 늘리면 스킬 프리미엄이 낮아지고 불평등은 줄어들 것이다. 데이비드 오터의 예측처럼 아마 향후 몇십 년간 계속적인 기술변화는 '특정한 직업 기술과 기본적인 중급 수준의 읽고 쓰는 능력, 산술 능력, 적응성, 문제 해결 능력, 상식'을 결합한 상당수의 중급 기술 수준의 일자리들을 지원할 것이다.[40]

이런 낙관적인 시각에서 보면 많은 중급 기술 수준의 일자리들이 없어지지 않고 남아서 스마트 머신의 도움으로 수행 가능한 반복적인 기술 작업과 인간이 그런 기계들에 비해 계속 경쟁우위를 갖는 일련의 비반복적 작업을 병행할 것이다. 의료지원이 이러한 일자리의 예다. 이러한 일자리들은 중등과정 이후 2년간의 직업 훈련이 필요하고 어떤 경우에는 4년제 대학 학위가 요구된다. 수많은 상업, 수리업, 사무직도 여기에 해당된다. 이 시나리오에서는 인적자본의 투자가 스마트 머신이 보완하는 인간 기술의 공급은 증가시키고 이들이 대체하는 인간 기술의 공급은 줄이는 장기 전략의 중심에 있어야 한다. 역사적 경험에 따르면, 기술이 인간의 생산성을 향상시킴에 따라 나타난 결과는 일자리 파괴가 아니라 일자리 창출이었다. 과거에는 재고용까지 시간적 여유가 있었고 일자리가 사라진 실직자에게 지급하는 정산비용이 부담스러웠지만, 기술의 진보가 신제품과 서비스에 대한 수요를 촉진하고 그에 따라 노동의 수요가 증가하여 기술 진보로 인해 노동이 대체되는 효과가 상쇄되었다. 그러나 앞으로의 전망은 불확실하다. 아마 브린욜프슨과 맥아피가 믿는 것처럼 노동절약적 기술의 빠른 성장에도 불구하고 의료와 보안 같은 분야의 일자리 수요가 증가할 것이다. 그러나 미래는 지금까지의 경험과 다를 것이라는 우려에도 근거가 있다. 최근의 연구들에 따르면 선진국에서 모든 직업의 절반(신흥국에서는 더 많은 직업들)이 향후 몇십 년 안에 노동절약적 기술에 의해 사라질 가능성이 있다. 게다가 변화의 속도는 예상보다 빠르다. 마틴 포드Martin Ford가 최근 수상작에서 말한 것처럼 로봇, 기계 알고리즘, 그 외 형태의 자동화는 스킬 피라미드의 중간과 아래 단계에 있는 일자리 중 상당 비율을 이미 없애고 있고 심지어 학사 학위와 고급 학위 소지자들의 숙련된 기술이 필요한 업무와 직업 중 점점 더 많은 비율을 없앨 준비가 되어 있다.[41]

조세

소득 최상위층에게 높은 세율을 부과하는 누진소득세 제도는 소득 불평등과 싸우기 위한 정책 제안들의 제일 위에 자리 잡고 있다. 미국을 포함한 대부분의 선진국에는 이미 이러한 시스템이 있다. 사실 피케티의 말처럼 누진소득세 제도는 20세기 조세 제도에서 주된 혁신이었고 소득 불평등 완화에 중심 역할을 했다. 현재의 정책 논쟁은 소득 최상위층에 부과하는 한계세율을 높일지, 그렇다면 얼마나 높여야 할지가 중심이다. 피케티와 브린욜프슨, 맥아피는 이유는 다소 다르지만 미국의 최고 한계세율을 상당히 인상하자고 권한다. 브린욜프슨과 맥아피는 네트워크 효과, 수익률 증가, 선점자 우위 효과 같은, 디지털 기술이 촉진한 시장 상황 덕분에 디지털 자본의 소유자 및 디지털 기술로 재능을 보완한 노동자들의 수익률이 멱함수 분포를 나타내게 되었다고 가정한다. 또한 두 사람은 이런 상황에서 매우 높고 집중화된 자본소득과 노동소득의 '커다란 부분'을 경제적 지대가 차지한다고 가정했다. 결론적으로 브린욜프슨과 맥아피는 적어도 역사적 기준에서는 낮은 현재 세율과 비교하면 미국에서 이런 소득에 한계세율을 인상했을 때 고소득자들이 자본과 노동을 공급하려는 의욕이 약해져 경제 성장에 해로운 결과가 나타날 것이라고는 예상하지 않았다.

피케티는 미국과 그 외 선진국의 최상위 1퍼센트에 부과하는 최적의 소득세율은 '아마 80퍼센트 이상'일 것이라고 가정하고 이 세율이 경제 성장을 저해하지 않을 뿐 아니라 성장의 결실을 더 광범위하게 분배하는 한편 과두제와 또다른 도금시대로 계속 흘러갈 위험도 줄인다고 주장한다. 그는 소득 최상위층이 가져가는 자본소득과 노동소득을 불완전 시장 상황에서 이들의 소득과 지대가 기술적 요인에 의해 분배된 결과로 보지 않았다. 그보다는 주로 최상위층에 흘러들어가는 자본소득 증가분은 자본수익률이 성장률보다 높은 자본주의 체계의 피할 수 없는 특징이라고 해석했다. 또한 최상위층의 노동소득은 사회적 규범, 기업의 지배 관행, 노동조합의 세력 약화, 이들이 자기 이익에 맞도록 정책에 영향력을 발휘한 로비의 결과라고 생각했다.

우리는 피케티가 확인한 제도적 요인들, 그리고 모든 다양한 형태의 지대 추구 행위가 소득 불평등 증가에 기여했다고 생각한다. 하지만 브린욜프슨과 맥아피가 확인한 기술 요인 및 관련된 시장의 불완전성 역시 중요한 역할을 했다고 본다. 이런 제도적 요인과 기술적 요인의 상대적 중요성을 평가하고 수량화하려면 더 많은 연구가 필요하겠지만 피케티와 브린욜프슨-맥아피의 설명 모두 소득 불평등을 타개하기 위해 소득 최상위층에 부과하는 한계소득세율을 높이는 방법에 대해 설득력 있는 근거를 제시했다.

사회적 편익과 소득 지원

선진국들은 누진소득세 제도에 더해 가처분소득의 불평등을 줄이고 국민들이 각자의 시장소득과 관계없이 의료, 교육, 은퇴생활 같은 중요한 사회복지 제도를 이용할 수 있도록 부자로부터 가난한 사람으로의 직접적인 소득 이전 대신 사회적 이전과 보험 프로그램을 제공한다. 유럽 국가들에 비해 이런 프로그램들이 상당히 깐깐하고 재분배 정도도 낮은 미국에서도 가처분소득의 분배는 시장소득의 분배보다 훨씬 공평하다.

피케티는 자본주의 경제의 소득 불평등을 해결하기 위해 소위 '사회적 국가' 프로그램들의 중요성을 인정하고, 이들을 재조직하고 현대화하고 통합하기 위한 개혁을 제안했다. 브린욜프슨과 맥아피도 피케티와 마찬가지로 그러한 프로그램을 지지하지만 그것이 주로 노동에 매긴 세금에서 재정을 조달한다는 점을 우려했다. 이런 우려에는 그럴 만한 이유가 있다. 기계가 인간의 노동력을 더 잘 대체할수록 근로소득에 부과하는 세금의 부정적 영향은 커진다. 두 사람은 향후 사회적 편익의 자금조달을 위해 노동세 대신 탄소세와 부가가치세를 고려할 것을 권유한다. 피케티 역시 부의 불평들을 억제하기 위해 자본에 대한 글로벌 누진세를 제안했다. 이 새로운 세금으로 얻은 세입의 일부를 노동세 대신 사회적 편익을 위한 재정조달에 사용할 수 있다.

디지털 플랫폼들이 운영방식을 바꾸고 일의 본질에 혁신을 일으킴에 따라 오늘날의 노동시장은 극적인 변화를 겪고 있다. 이런 변화는 브린욜프슨과 맥아피가 설명한 여러 방식으로 노동시장의 효율성을 향상시키고 유연한 고용

기회를 증가시킬 수 있다. 하지만 노동시장의 디지털화 확대와 긱^{gig}(필요할 때마다 관련자에게 단기로 일을 맡기는 독립형 노동 형태—옮긴이) 경제, 즉 주문형 경제의 대두에는 중요한 문제가 있다. 이런 고용관계가 미국과 그 외의 선진경제국에서 국민에게 사회적 편익과 보호를 제공하는 주요 채널이었던 전통적인 고용주-고용인 관계를 대체하고 있기 때문이다. 표준적이지 않은 고용관계를 맺는 노동자들이 늘어남에 따라 사회적 편익을 제공하고 재정을 조달하던 전통 방식은 바뀌어야 한다.[42]

스마트 머신이 더 강력해지고 널리 보급됨에 따라 시장경제의 본질적 특징, 즉 시장경제에서는 대부분의 사람들이 노동력을 팔아 소득을 얻는다는 사실이 도전받을 것이다. 스마트 머신들이 노동연령 인구 중 높은 비율의 노동을 대체하는 바람에 이들이 학력이나 스킬과 상관없이 품위 있는 생활수준이 가능한 소득을 얻을 수 없다면 어떻게 될까? 브린욜프슨과 맥아피는 이렇게 질문하면서 취업 상태나 노동의 대가로 받는 보상과 관계없이 국민에게 최소한의 생활수준을 보장하는 부의 소득세$^{negative\ income\ tax}$나 기본소득을 포함한 '틀을 깬' 해결책들을 강구할 것을 요구했다.

궁극적으로, 기술변화의 혜택이 광범위하게 배분될지, 아니면 세계 인구 중 소수에 축적될지는 스마트 머신들의 설계가 아니라 새로운 기계시대에 적합한 현명한 정책의 설계에 달렸다.

소득 불평등, 임금 결정, 균열일터

David Weil
데이비드 와일

경제학자. 공공 및 노동시장 정책에서 국제적으로 인정받는 전문가.

미 노동부 산하 근로기준분과 첫 종신행정관이다. 하버드 대학에서 박사학위를 받았고, 이후 보스턴 대학 경제학과 교수, 하버드 대학 존 F. 케네디 행정대학원 정책투명성 프로젝트 공동소장을 역임했다. 노동시장 문제에 꾸준히 관심을 가져온 그가 2004년 출간한 《경제 성장론Economic Growth》은 학계와 노동계의 열렬한 지지를 받으며 베스트셀러가 되었다. 버락 오바마 대통령은 노동정책 구상에 큰 역할을 한 그를 노동부 근로기준분과 종신행정관으로 임명했는데, 공화당과 재계가 격렬히 반대하고 나서면서 다시 한 번 유명세를 탔다.

미 노동부 산하 임금 및 근로시간 감시국에서 행정관으로 근무했던 경제학자 데이비드 와일이 '균열일터Fissured workplace'라는 개념에 관해 썼다. 균열일터란 노동시장이 개별 기업의 담장을 넘어 점점 계층화된다는 뜻이다. 숙련된 전문가, 중간 수준의 관리자, 육체노동자 등 모든 수준의 노동자들을 한 지붕 아래 채용하는 과거의 대기업 모델 대신 일자리들이 점차 기능별로 외부 위탁되고 있고 한때 고용인으로 법적으로도, 실제로도 특권을 누릴 자격이 있던 노동자들이 지금은 바닥으로의 경주, 즉 노동기준의 하향경쟁에 내몰린다. 이 장에서는 이런 현상의 정도와 동기, 관찰된 불평등 유형 및 노동시장의 기능에 관한 향후 연구에 이 현상이 미치는 영향을 분석한다. 그리고 경제학자들이 임금 결정의 전통적 개념을 연구할 만한 가치가 있는 현상으로 다시 살펴봐야 할 때라는 결론을 내린다. 이 모든 문제가《21세기 자본》에서 중요하다. 자본/노동 간 분배로부터 나타나는 미래의 불평등 양상이 복잡해지기 때문이다.

제2차 세계대전 이후 시기는 장기적으로 경기가 확장되는 동안 소득 불평등이 줄어든 놀라운 시기였다. 제너럴 모터스, 힐튼, GE, 웨스팅하우스 같은 주요 기업들의 담장 안에 채용된 노동자들이 받는 임금과 복리혜택은 생산성 향상과 거의 같은 방향으로 움직였다. 1947년에서 1979년까지 생산성은 119퍼센트 상승한 반면 평균시급은 72퍼센트, 시간당 평균 보상(급여+복리후생비)은 100퍼센트 증가했다.[1] 전후의 대표적 산업인 자동차 사업에서는 소비자 수요 증대가 수익 상승과 경영진 보상 증가로 이어졌고 자동차 조립 라인에서 일하는 노동자들의 보수 역시 상승했다. 그러나 이들뿐만 아니라 경비원, 유지보수 직원, 사무 직원, 잔디관리 직원 등 자동차 업체들이 고용한 모든 직종의 사람들 역시 더 높은 보수를 받았다.

이런 평행적 움직임은 1970년대에 바뀌기 시작했다. 생산성은 1970년대 말부터 시작해 30년에 걸쳐 계속 증가하여 80퍼센트 정도의 상승을 나타냈다. 그러나 같은 기간 동안 평균 시급은 7퍼센트라는 미미한 증가에 그쳤고 시간당 평균 보상은 불과 8퍼센트 증가했다. 불평등 증가가 자연스럽게 학계와 정책결정자들의 주요 관심사가 되었고, 토마 피케티의《21세기 자본》에 열렬한 관심이 쏟아진 데는 이런 이유가 중요하게 작용했다.

미국과 그 외의 선진국들에서 경기 확장이 낳은 수익이 분배되는 방식에 극적인 변화가 나타난 이유를 설명하려 시도한 이론적, 실증적 문헌들이 엄청나게 많다. 이 문헌들은 국민소득 중 노동자의 몫이 줄고 자본으로 가는 이유를 살펴보았고, 관찰 가능한 노동자들의 특징들(노동 수익)뿐 아니라 기업의 구조 변화로 인한 불평등 증가도 검토했다. 이 연구들은 불평등을 주도하는 요인들 중에서 숙련 편향적 기술변화의 영향, 세계화의 영향, 다년간에 걸친 노동조합의 쇠퇴 문제를 깊게 파고들었다.[2]

이 장에서는 그와는 다른 렌즈를 통해 불평등을 분석해 보겠다. 나는 지난 30년 동안 나타난 이런 변화의 중요한 동인이 기업조직의 변화라고 주장한다. 기업조직의 변화는 고용관계를 근본적으로 바꿔놓았고 그리하여 점점 더 다양한 산업들에서 노동자들의 임금이 결정되는 방식을 변화시켰다. 이 글에서는 내가 '균열일터'라고 칭하는, 고용의 경계가 바뀌면서 나타난 특별한 임금 결정 방식의 변화를 다룰 것이다.

많은 산업에서 선두기업들이 업무를 직접 담당하지 않고 다른 기업들에게 맡김으로써 임금 결정 방식에 근본적인 변화가 나타났다. 아웃소싱, 하도급, 그리고 노동자들을 독립계약자로 허위 분류하기 등 고용 외주화와 관련한 변화된 비즈니스 관행에 대한 동기가 단지 법적 의무를 회피하려는 술수이거나 융통성 있는 현대의 비즈니스 조직들이 필요한 일련의 조정을 한 것이라고 잘못

해석되는 경우가 종종 있다. 하지만 두 해석 모두 지금 경제의 많은 부문에서 공통적으로 나타나는 근본적인 고용 재배치의 원인을 설명하지 못한다.

이런 변화의 결과, 점점 더 많은 노동시장에서 한때 노조가 있건 없건 직장 내에서 지대가 좀 더 골고루 나눠지게 했던 임금 결정 절차가 지금은 선두기업 들이 떨어낸 업무를 하는 노동자들의 한계생산성 중심으로 변하고 있다. 선두 기업들(소비자들이 인정하는 재화와 서비스를 제공하는 노동자들을 계속해서 직접 고용하는 기업 들)은 여전히 수익성이 높고 계속 후한 보수를 지급할 수 있는 반면 자신의 일 자리가 선두기업의 종속 기업들로 떨려 나간 노동자들은 훨씬 더 경쟁적인 시 장 상황에 직면한다. 이런 종속 시장(종종 다른 네트워크들로 더 '균열되는')의 낮은 수 익성은 임금이 한계생산성 중심으로 정해지는 경쟁적 노동시장 모형과 더 일 치하는 임금 결정 환경을 만들어낸다.

균열일터 가설은 노동자들이 선두기업에서 외부 업체들로 떨어져 나갔을 때 임금 결정 기준이 어떻게 바뀌는지 설명하여 임금 결정 문제를 사실상 가격 문 제로 바꾼다. 또한 소득 불평등 수준의 심화뿐 아니라 그 불평등이 기업 내에서 가 아니라 기업들 사이의 소득 전환과 특히 관련 있는 이유를 설명한다. 그 결 과 나는 앞으로의 연구는 임금 결정(노동경제학의 초기부터 나온 문구)이라는 오래된 문제와 소득에서 노동이 차지하는 몫에 이 문제가 미치는 영향에 다시 초점을 맞추어야 한다고 주장한다.

균열일터 가설

유명한 호텔 체인에 갔을 때 우리는 프런트데스크에서 우리를 반기는 사람들 이나 매일 우리 객실을 청소해주는 사람들이나 룸서비스를 배달해주는 사람들 이 (그들의 유니폼이나 명찰이 암시하는 것처럼) 그 호텔의 직원이라고 생각한다. 그러나 21세기의 직장에서는 그렇지 않다. 많은 호텔 근무자들이 서로 다른 관리업체, 청소업체, 외식업체, 인력파견 업체에 고용되어 있다. 어떤 경우에는 호텔과 외부 업체에 공동으로 고용되어 있기도 하지만 종종 이들은 자신이 어디를 위해 일하는지조차 모를 수 있다.

《균열일터》에서 나는 자본시장이 균열일터의 전개를 주도했다고 주장했다.[3] 지난 몇십 년 동안 주요 기업들은 개인 투자자와 공공 투자자를 위해 재무 실적을 향상시켜야 한다는 압박에 직면했고 지금도 마찬가지다. 이 기업들은 핵심역량, 즉 소비자와 투자자들에게 최대의 가치를 제공하는 데 집중함으로써 이런 압박에 대응했다. 자연스레 이 방식을 보완하는 방법이 조직의 핵심역량에 필수적이지 않은 활동들은 '외부로 떨어내는' 것이다. 일반적으로 이 방식은 급여, 출판, 회계, 인사 업무 등으로 시작되어 청소와 설비 유지보수, 경비 같은 아웃소싱 업무들로 확산되었다. 하지만 그 뒤 이런 외주화가 더 심화되어 기업의 핵심 업무라고 여겨지는 고용 활동에까지 확산되었다.

그 결과 고용관계에 '균열이 나타났다.' 그리고 지질학에서처럼 일단 균열이 시작되자 틈은 더 깊게 벌어졌다. 청소 서비스나 시설관리 같은 업무가 한 번 떨어져 나가자 그 일을 하는 두 번째 기업이 종종 그 업무를 다시 또 다른 기업에 맡겨 그 균열을 더 심화시켰다. 균열이 깊어질수록 이윤폭이 더 빈약해지고 원칙을 어기려는 동기가 더 강해졌다. 고용주들이 원칙을 지키지 않는 한이 있어도 경쟁력 유지를 위해 비용 절감을 해야 할 때 대개 제일 먼저 고려하는 것이 인건비다. 일반적으로 노동자가 그 노동의 궁극적 수혜자 자리에서 멀어질수록 원칙 위반이나 착취의 가능성이 더 커진다. 이윤폭이 가장 적은 경우 원칙 위반이 가장 심해지는 경향이 있다.

하지만 선두기업들은 중요한 업무들을 제공하는 종속 기업들이 브랜드 아이덴티티, 신제품 개발 같은 핵심 역량을 손상시키지 않도록 이 기업들의 행위를 모니터링하고 단속해야 한다. 따라서 외주화는 이런 단속을 할 수 있는 다양한 업무 구조를 통해 이루어진다. 명시적이고 상세한 성과 기준을 바탕으로 작성된 하도급 계약과 용역업체 계약, 마찬가지로 광범위한 실적 요건이 적시된 프랜차이즈 계약, 라이센싱 계약, 3자 관리 시스템 등을 예로 들 수 있다.[4] 균열일터 중에는 그 일터의 정책을 무산시키려는 노력에서 생겨난 곳도 있지만, 위의 설명은 특히 선두기업들에서 왜 이 이유를 유일한 동인으로 보는 것이 잘못된 것인지 알려준다. 합법적 관행과 불법적 관행 어느 쪽과 관련 있건 균열일터로 인해 고용관계가 미약해지고 법을 지켜야 하는 책임이 다른 기업들로 전가되고 애매해진다. 또한 노동자들은 가장 기본적인 법적 보호를 침해받기 쉬워진다.

임금 결정의 동인

거의 어떤 시장 상황에서건 기업들은 비용을 낮추라는 자극을 받는다. 그리고 경쟁이 치열할수록 그 압박은 더 거세진다. 자본시장의 변화가 이런 압박을 강화하지만 그런 변화는 늘 시장에 있었다는 사실을 잊어서는 안 될 것이다. 따라서 기업들이 인건비를 낮출 방법을 찾는 것은 자명한 이치다. 단위노동비용은 임금(급여와 복리혜택이라고도 불린다)과 투입된 노동 단위당 산출량(생산성이라고도 불린다)이라는 두 요소에 의해 정해진다. 아웃소싱 등을 통해 고용을 다른 업체들로 이전시키면 제품이나 서비스의 품질을 해치지 않으면서 인건비를 절약할 수 있다. 따라서 기업들이 이런 방향으로 움직일 것은 예상 가능한 일이다.

도급 계약, 아웃소싱, 비정규직 배치 등 일터에 균열을 가져오는 요소들의 증가에 대한 많은 논의들은 인건비 절감이라는 동기에 초점이 모아진다. 한 가지 중요한 예가 노동조합 결성을 피하기 위한 기업들의 오랜 노력이다. 노동조합은 임금을 인상시키고 복리혜택을 증가시키며 노동자를 일방적으로 해고할 수 있는 경영진의 권한을 줄인다. 전국노동관계법Nationa Labor Relations Act 은 고용주들이 단지 노조가 있다는 이유만으로 직장을 폐쇄하거나 노조 결성이 결정되면 폐쇄하겠다고 위협해서는 안 된다고 규정한다. 하지만 고용을 외부로 떨어내는 것은 기업이 강한 노조에 소속된 노동자들에서 벗어나거나 적어도 지금까지는 합법적, 전략적으로 노조가 결성되기 어려운 고용 형태로 업무를 이전할 수 있는 교묘한 방법이다.

두 번째 설명은 고용주들이 보험이나 퇴직금 같은 민간 복리혜택뿐 아니라 실업보험, 산재보상 프리미엄 같은 다양한 사회보험 혜택 의무를 다른 쪽으로 넘기고 싶어 한다는 것이다. 사회적으로 요구되고 민간에서 제공해야 하는 복리혜택들은 노동자를 고용하는 고용주들에게 임금이나 급료보다 훨씬 큰 비용 부담을 안겨준다. 미국의 전체 노동자에 대해 임금과 급료는 근로시간당 고용주 비용의 69.4퍼센트를 차지하고 연방에서 요구하는 복리혜택(사회보장, 메디케어, 연방실업보험)뿐 아니라 주의 복리혜택(실업보험과 산재보상)이 7.8퍼센트를 차지한다. 여기에 추가해 보험(건강, 생명, 장애)과 퇴직금으로 민간에서 제공하는 복리혜택이 평균 13.5퍼센트를 차지한다.[5]

선두기업의 하청을 받아 일하는 용역업체나 소규모 업체들이 법을 지킬 경우 이들이 선두기업에 청구하는 액수에 이러한 사회적 지불금이 포함되어야 한다. 그러나 균열일터 네트워크 내의 하청업체 체인, 용역업체, 그 외의 기업들이 능률급 같은 급여 관행으로 최저임금과 초과근무 수당 규정을 위반할 뿐 아니라 노동자들을 허위 분류하여 법을 지키지 않는다는 증거가 많이 있다.

법적으로 요구되는 복리혜택을 보더라도 균열 구조 내의 기업들이 보험이나 퇴직금을 더 적게 지급하거나 아예 주지 않을 수 있어 이들에게 의지하는 선두기업들이 부담해야 하는 비용이 낮아진다. 예를 들어 복리후생과 관련해 연방법은 한 노동자에게 의료 등의 혜택이 주어졌다면 모든 노동자에게 그 혜택을 제공해야 한다고 요구한다. 이 경우 기업이 다른 업체(의료보험 혜택이 없는 임시 기관 등)에 고용을 이전시키면 노동자를 추가 고용할 때 드는 사실상의 비용을 낮출 수 있다.

고용을 외주화하는 세 번째 동기는 법적 책임을 최소화하려는 것이다. 고용에는 산재, 질병, 사망뿐 아니라 차별, 희롱, 부당해고 등의 결과에 대한 책임이 수반된다. 고용을 외부로 떨어냄으로써 이런 책임을 다른 쪽으로 떠넘기면 선두기업들의 예상비용이 낮아진다.

위에서 설명한 모든 요인들은 인건비 및 고용과 관련된 위험을 낮출 수 있다. 그러나 고용 외주화가 급격히 증가한 이유를 단지 이 요인들에만 돌리면 선두기업들이 이 방법으로 얻는 비용 절감 이익과 자사 직원들을 계속 이용할 때의 이익 사이에 어떻게 균형을 맞추는지, 그리고 왜 균열일터가 이처럼 확산되고 심화되었는지는 적절히 설명하지 못한다. 여기에는 현재 진행 중인 좀 더 미묘한 문제가 있다. 우리는 대기업에서의 임금차별을 생각해볼 필요가 있다.

구매자 독점력과 임금 결정

가장 독재적이고 제멋대로인 고용주는 자연히 노동자 등급에 따른 표준 임금률을 적용한다.
대규모 상점 주인이 특정 고객과의 흥정에 의해서가 아니라 비용에 일정 비율의 이윤을 붙여 가격을 정하는 것처럼.

—시드니 웹, 베아트리스 웹

20세기의 많은 기간 동안 업계를 지배했던 대형 고용주들은 전통적인 노동시장 모형의 고용주들과 입장이 달랐다. 노동시장에 일자리를 제공하는 고용주가 본질적으로 하나뿐인 기업도시company town가 극단적 경우다. 노동의 유일한 구매자인 이 고용주(즉 수요 독점자)는 사실상 노동 공급 전체를 상대해야 하고 직원 수를 늘리고 싶으면 더 높은 임금을 지급해야 한다.[7] 유사한 직종의 노동자들에게 동일한 임금률을 지급하는 단일 고용주의 경우 노동자를 추가로 고용할 때 필요한 비용은 단지 그 노동자의 임금뿐 아니라 이미 그 직종에 고용되어 있던 모든 고용자들에 대한 비용 증가분까지 반영한다. 그 결과 그 고용주는 복수의 고용주들이 있는 경쟁적인 노동시장보다 더 적은 수의 노동자를 고용하고 더 낮은 임금을 지급한다.

기업도시는 드물지만, 고용주가 일정 수준의 구매자 독점력을 행사하기 위해 꼭 탄광촌 하나를 지배할 필요는 없다. 노동시장에서 고용주가 가지는 힘은 공통 퍼스로 겁보 문제에서 생긴다. 노동시장은 노동자들의 일자리 선호와 고용주의 노동자 수요를 연결시킴으로써 기능한다. 따라서 정보는 노동시장의 작용에 중요한 윤활제 역할을 한다. 순수 노동시장 모형(시장이 자유분방한 증권거래소처럼 작동한다고 가정한다)은 그런 정보비용이 아주 적다고 가정한다. 그래서 고용주라는 구혼자는 짝이 될 고용자를 금방 발견한다.

그러나 정보에 비용이 들지 않는 것도 아니고 노동시장의 모든 당사자가 정보를 똑같이 보유하는 것도 아니다. 실제로 노동자는 구직에서 시간, 지식, 지역적 선호의 제약을 받는다. 대형 고용주들은 기업의 크기와 전문성, 정보를 얻을 때의 규모의 경제 덕분에 좀 더 탄탄한 정보를 보유한다. 그러나 노동자들은 가족, 사회적, 지리적 연계 때문에 다른 지역으로 쉽게 옮겨가지 못할 뿐 아니라 고용 옵션에 관한 정부 입수에 한계가 있기 때문에 노동시장에서 '탐색마찰'(구직자가 원하는 일자리 수준과 고용주가 원하는 사람의 수준이 맞지 않아 탐색을 계속하면서 실업자도 늘어나고 일할 사람도 부족해지는 현상-옮긴이)에 부딪친다. 정보비대칭과 탐색마찰은 일정 정도의 구매자 독점력을 불러온다. 대형 고용주들이 노동시장의 현행 임금률을 받아들이는 것이 아니라 자신들이 임금을 결정한다는 뜻이다. 그러면 고용주들은 보상정책 수립에서 더 큰 재량권을 쥐게 된다. 물론 노동력 공급과 기업의 생산에 대한 노동자의 기여도는 여전히 보상정책에 반영되어야 한다.[8]

경제 전체에 걸쳐 주요 기업들의 보상정책 및 인사정책에는 임금 결정에 있어 일정 수준의 구매자독점권과 재량권이 깔려 있다. 20세기로 접어들 무렵 사회학자 베아트리스 웹과 시드니 웹이 지적했듯이, 경제와 노동시장을 지배했던 대형 고용주들은 다양한 이유로 통일된 인사 및 보상정책과 내부 노동시장 internal labor market(기업 내의 규정이나 관리가 노동시장의 기능을 대신함으로써 노동시장 기능이 기업 내로 옮겨진 현상-옮긴이)을 필요로 했다. 행정적 효율성을 얻고, 기업정책의 일관성을 유지하며 법규 위반을 줄이는 것 등이 목적이었다.

이 두 학자와 마찬가지로 초기의 미국 경제학자들은 기업 내 임금 결정을 특정 수요에 맞는 노동자와의 협상 결과로 생각했지만, 노동자들에게 주어지는 선택안의 제한과 이런 제한이 상대적 협상력에 미치는 영향이 임금 결정에서 어떤 역할을 하는지에 주목했다. 노동경제학의 '제도학파'에 속하는 리처드 엘리 Richard Ely와 제자들은 임금 결정에서 노동조합과 집단행동의 역할을 강조했다. 좀 더 구체적으로 말하자면, 이들은 노동자들이 당장 가족을 부양해야 할 뿐 아니라 다른 지역으로 쉽게 이동하지 못하기 때문에 생기는 비탄력적 수요를 감안하면 노조가 없을 경우 고용주들은 더 우월한 협상력을 쥐게 된다고 주장했다.[9]

섬너 슬리치터Sumner Slichter, 존 T. 던롭John T. Dunlop, 제임스 힐리James Healy, 그리고 2차 세계대전 이후 시기의 단체교섭을 연구한 그 이후 세대의 제도과학자들은 경제의 중요 부문들에 속한 대기업들이 임금과 가격정책을 결정할 때 비슷한 관리 행동을 보이는 것을 발견했다.[10] 노동자 집단 전체에 일관된 임금을 지급하는 복잡한 내부 노동시장 시스템을 통한 임금정책결정이 비단 노동조합이 있는 곳에서만 나타난 것은 아니었다. 예를 들어 프레드 폴크스Fred Foulkes는 노조가 없는 대기업들과 관련된 유사한 임금 결정 관행들을 자세하게 기술했다.[11]

당대의 문헌들은 정교한 내부 노동시장의 전반적 존재와 대기업의 임금 프리미엄 같은 연구 결과들을 경쟁적 노동시장의 작용과 맞추어 보려고 시도한다. 그 중에는 이러한 현상이 경쟁적 노동시장의 기능과 양립할 수 없고 단지 생산 투입 요소로서의 노동의 복잡성을 반영할 뿐이라는 주장도 있다(투입요소의 생산성은 고용 기간 동안 변화한다).[12] 또 다른 이론들은 '암묵적 계약' 이론 측면에서 내부 노동시장을 설명한다. 이 이론에 따르면, 위험에 중립적인 고용주들과 위험을 기피하는 노동자들은 양쪽의 의사를 수용해 시간이 흘러도 임금을 평탄하게 유지한다는 합의를 형성한다. 이런 계약은 내부 노동시장의 특징을 일부 반영하지만 기본적인 공급과 수요의 특성에서 나온다. 세 번째 견해는 노동자와 고용주와의 고용 계약이 본질적으로 불완전하다는 점, 즉 고용주가 노동자가 해주길 바라는 복잡하고 변화하는 성격의 일들을 충분히 기재해 두지 못한다는 점을 감안했을 때 기업들이 홀드업 문제(양자 간의 관계에서 더 적극적인 쪽이 불리해져 상대에게 끌려갈 수밖에 없게 되는 현상-옮긴이)를 극복하는 방법이 내부 노동시장이라고 설명한다. 그 결과 명시적 계약 장치와 암시적 계약 장치가 결합하여 양쪽이 서로를 속이기 못하도록 막는다.[13]

그러나 이 설명들 중 어떤 것도 일터의 기본적 측면, 즉 일터에는 많은 사람이 모이고 사람들은 본질적으로 매우 사회적인 존재라는 점을 인지하지 않았다. 한 지붕 아래에서 일하는 노동자들은 동료들과 소통하고 곧 서로에 대해 많은 것을 알게 된다. 여기에는 옆자리에 앉아 자신과 같은 일을 하는 사람이 나보다 더 많은 보수를 받는지의 여부도 포함된다. 비슷한 일을 하는 사람들에게 서로 다른 임금을 지급하면 생산성에 해를 끼치거나 이직률이 높아지거나 노조를 결성하려는 마음을 불러일으킬 수 있다. 생산성 수준이 다양한 노동자들에게 통일된 인사정책과 단순화된 보상구조를 적용하는 방법은 노동자들 사이의 마찰을 줄이는 데 근본적인 역할을 한다.

공평성과 임금 결정

공평성은 중요하다. 전통경제학에서는 개인은 오로지 자신의 이익만 최대로 늘리려 한다고 가정하지만, 심리학, 의사결정학, 그리고 최근 들어서는 행동경제학의 많은 실증적 문헌들이 사람들은 자신뿐 아니라 타인의 이익에도 신경을 쓴다고 밝혔다. 실제로 사람들은 많은 경우 다른 사람이 얻는 이득과 비교해 자신이 얻는 이득의 정도를 가늠한다. 그리고 이익만큼 중요한 공평성에 관한 신념 때문에 종종 자신의 이익 중 일부를 기꺼이 포기하려고도 한다.

'최후통첩 게임'은 인간의 상호작용에서 공평성의 중요성을 가장 잘 보여주는 예다. 이 게임은 실험실과 현장에서 광범위하게 테스트되었다. 게임방법은 단순하다. 두 사람에게 항아리 안에 둘이 나눠야 하는 돈(가령 10달러)이 들어 있다고 말하고 한 사람에게 그 돈을 어떻게 나눌지 결정할 권리를 준다. 두 번째 사람은 첫 번째 사람의 결정을 받아들이거나 거절할 수 있다. 두 번째 사람이 그 결정을 거부하면 두 사람 모두 한 푼도 받지 못한다. 사람들이 완전히 이기적일 경우 예상되는 결과는 뻔하다. 첫 번째 사람은 자신이 돈을 거의 다 가지고 두 번째 사람에게는 푼돈(동전)만 줄 것이다. 그래도 두 번째 사람은 게임 시작 전보다 조금이라도 돈이 생기는 셈이기 때문에 한 푼도 못 받는 제안이 아닌 이상 어떤 제안도 거절할 이유가 없다.

하지만 막상 게임을 해보니 결과가 예상과 달랐다. 대개 두 번째 사람들은 한 푼도 못 받는 한이 있어도 너무 적은 금액을 주겠다고 하면 거절했다(연구들을 살펴보면 항아리에 든 돈의 20퍼센트 이하를 제안하면 보통 거절당했다). 마찬가지로 중요한 결과는, 첫 번째 사람들이 이 점을 사전에 이해하고 있는 듯 보였다는 것이다. 첫 번째 사람들이 보통 40~50퍼센트를 나누어 주겠다고 제안했기 때문이다.[14] 여러 형태로 여러 차례 반복되어 나온 결과들은 신뢰의 중요성을 증명해준다. 왜냐하면 최후통첩 게임은 제안자는 가능한 한 자신이 돈을 많이 차지하려는 동기가 높고 응답자는 어떤 제안이라도 받아들이려는 동기가 높은 일회성(비반복적) 게임이기 때문이다. 게임을 한 번이 아니라 여러 번 하면 돈을 나누려는 동기가 더 높아질 뿐이다.

공평성에 대한 인식은 실세계의 모든 유형의 상호작용과 관계에 영향을 미친다. 관계는 일터의 본질적인 부분이고 따라서 공평성 의식은 일터 내에서 의사결정이 어떻게 이루어지는 지의 기초가 된다. 고용주가 더 높은 임금을 줄 때 그 노동자가 추가로 낼 수 있는 산출량에 대한 고려뿐 아니라 그 임금의 공평성에 대한 노동자의 인식도 임금 결정을 주도하는 요인이다. 예를 들어 행동경제학의 개척자들 중 한 명인 대니얼 카너먼Daniel Kahneman은 임금삭감의 공평성에 대한 사람들의 인식은 이들이 삭감 이유를 어떻게 느끼는지에 따라 달라짐을 보여주었다. 실업 증가로 인한(그래서 구직자가 증가한 데 따른) 임금 삭감은 불공평하게 여겨진다. 그러나 파산 직전이라 임금을 삭감한 회사에 대해서는 좀 더 우호적이다. 최후통첩 게임의 제안자와 마찬가지로 경영자들은 이 점을 이해하고 있는 것처럼 보이며, 실제로 명목임금은 거의 삭감하지 않는다.

이와 비슷하게, 보상에서 공평성에 대한 인식은 내가 절대적인 기준에서 얼마를 받을 만한지(내 경력, 학력, 기술을 감안했을 때)에 대한 판단뿐 아니라 다른 사람과 비교했을 때 얼마를 받는지에 의지한다. 그렇다면 적절한 비교 집단이 누구인가? 그 답은 이런 판단을 내릴 때 내가 어떤 상황에 있는가에 달려 있다. 직업을 찾는 중이라면 전통적인 경제학 이론의 예측대로 그 판단은 내가 노동시장에서 알게 된 것들에 의지한다. 완벽한 정보를 얻을 수 있지는 않지만 나는 탐색 과정에서 비교할 만한 일자리들을 살펴볼 것이다. 임금 제안을 받아들일 가능성은 노동시장의 전반적인 상황에 따라 오르락내리락한다.

그러나 일단 조직에 들어가게 되면 나에게 적절한 임금수준에 대한 판단은 같은 회사에서 일하는 다른 노동자들에게 초점이 맞추어진다. 앞의 실험에서 두 사람이 공동의 이익을 어떻게 나누는지가 각자가 절대적으로 가져가는 이익만큼(혹은 더) 중요했던 것처럼 일단 한 고용주의 조직 안에 들어가면 나는 길 건너편 회사에서 나와 비슷한 일을 하는 사람이 그 회사의 고용주에게 얼마를 받는가보다 내 옆에 앉은 사람이 나와 같은 고용주에게서 얼마를 받는가에 더 신경을 쓴다.[15] '준거임금'은 나와 비슷한 일을 하는 사람들 측면뿐 아니라 내가 조직에서 나보다 높거나 낮은 수준이라고 인식하는 사람들 측면에서도 중요하다.[16]

대형 고용주들이 지난 수십 년 동안 사용되었던 임금과 내부 노동시장 개념을 채택한 것은 이들이 임금에 적용하는 두 유형의 공평성 개념 때문이다. 수평적 공평성은 비슷한 일을 하는데 다른 임금을 주는 것에 대한 사람들의 생각을, 수직적 공평성은 일의 유형에 따라 다른 임금을 주는 것에 대한 생각을 고려한다.

역사적으로 대형 고용주들은 회사 내에서 비슷한 직위에 있는 사람들에 대해서는 각자의 실적에 차이가 있어도 일관된 보수를 줌으로써 수평적 보상 문제들을 얼버무렸다. 트루먼 블리Truman Bewley가 보상정책을 연구하면서 인터뷰한 기업들의 대다수(78퍼센트)가 사내에서 공평한 보수가 중요한 주된 이유로 '내부의 조화와 사기' 문제를 언급했다.[17] 노동시장 연구들은 노동자들 사이에 생산성이 상당한 차이가 난다는 점을 감안하면 사내의 임금이 예상보다 훨씬 차이가 덜 난다는 것을 보여준다. 기업들은 겉보기에 비슷한 기술/능력을 보유한 노동자들에 대해 단일 임금정책을 지향한다. 비슷해 보이는 노동자들에게 복수의 임금률을 적용했을 때 나오는 부정적 결과를 우려해서다.

자신의 임금에 대한 노동자들의 만족도는 수직적 공평성 개념과 규범의 영향도 받는다. 특히 실험적, 실증적 증거들은 사람들이 자신이 받는 보수를 판단할 때 "내 조직에서 내 다음 단계에 있는 직무에 비해 내 임금이 어떠한가?"를 물으며 '위쪽'을 본다는 사실을 지적한다.[18] 그 집단의 보수가 나보다 너무 높으면, 혹은 시간이 지나면서 격차가 더 벌어지면 내가 받는 급여의 절대적 수준에 관계없이 점점 더 불만족스러워질 것이다.

대규모 조직에서는 이런 수평적 공평성 문제가 특히 더 골치 아플 수 있다. 전통적 제조업에서 노조가 있는 기업들은 이 문제를 단체교섭을 통한 합의로 해결했고 대개 (상대적 임금 차이는 그대로 두고) 임금체계 전체를 조금씩 인상시켰다. 단체교섭 합의는 공평성에 대한 일련의 투명한 기대를 불러일으킨다(그 합의가 최소한 노조의 협상위원회가 대표하는 노동자들의 선호를 반영한다는 점도 이런 기대의 한 이유다). 노조가 없는 대규모 일터들도 단체교섭의 간섭은 받지 않아도 보상정책을 세울 때 수직적 공평성 요구를 수용해야 한다. 높은 임금에는 노조 결성을 피하려는 노력도 일부 반영되어 있지만 위에서 설명한 내부 마찰을 피하려는 노력도 담겨 있다. 임금 결정에 관한 연구들은 노조가 없는 대기업들의 경영진이 공식적인 내부 보상 구조를 공평성에 근거해 정당화한다는 것을 발견했다.[19]

선두기업이 노동자를 외부로 떨어내는 이유

수평적, 수직적 공평성 문제를 종합해보면, 대기업들이 이 문제를 해결하기 위해 결국 조직 내 여러 다른 수준의 일자리들에게 외부보다 많은 보수를 지급할 것이라는 예측이 가능하다. 20세기 하반기에 대형 고용주 임금 프리미엄이 만연했다는 현상은 임금 결정의 이런 측면에 의해 설명된다. 많은 문헌들이 근본적인 생산성 차이와 노동자-고용주를 매칭시키는 행위에 근거해 기업 규모 효과를 설명하려 하였다.[20] 균열일터 가설은 기업들의 임금 결정 행위를 이 분석적 문제의 중심에 놓는다. 제2차 세계대전 후에 어느 정도의 시장 지배력을 행사하지만 직원들의 공평성 인식을 수용해야 하는 문제에 직면한 선두기업들은 결과적으로 대기업 노동자들이 임금 프리미엄을 받게 된 정책들을 선택하게 되었다. 그러나 기업들은 지난 몇십 년 동안 다른 업체들에게 업무를 맡겨 고용의 경계를 변화시킴으로써 임금 결정에서 공평성 인식의 제약을 덜 받게 되었다.

기본적인 구매자 독점 모형은 고용주가 독점 상황에서 소위 가격차별정책(즉, 소비자마다 다른 가격을 청구하는 방식)을 따르는 것이 아니라 특정 유형(즉, 기술이나 직업)의 노동자들마다 단일 임금률을 설정할 것이라고 가정한다. 일터에 단일 임금을 설정하면 주어진 유형의 노동자들을 추가로 고용할 때 고용주가 부담해야 하는 비용이 올라가는 결과를 낳는다. 노동자 한 명을 더 고용하면서 드는 추가비용에는 그 노동자뿐 아니라 같은 유형의 일에 이미 고용되어 있던 모든 노동자에게 더 지급해야 하는 보수가 포함되기 때문이다.[21]

원칙적으로, 구매독점력을 가진 고용주가 차등 임금정책을 추구하면 노동자 각자의 생산 기여도(즉 '한계생산물', 노동자 1인당 추가 산출물)에 따라 보상을 할 수 있다. 하지만 이런 방식은 공평성에 위배되며 앞에서 살펴본 것처럼 일반적 보상 형태가 된 적도 없다. 가격차별과 비슷하게 임금차별은 그 이점에도 불구하고 대기업들에서는 보기 드물다. 노동자들이 한 지붕 아래에서 일하는 한, 수평적 평등성과 수직적 평등성이 제기하는 문제들은 계속 남는다.

하지만 대형 고용주들이 기업 자체의 경계를 바꾸는 방법으로 임금을 차별할 수 있다면 어떻게 될까? 대규모 다양한 노동력의 임금차별 문제에 직접 부딪치는 대신 기업 외부의 다른 당사자들이 수행하는 업무에 가격을 책정하는 상황을 만든다면 어떻게 될까? 여러 업체들이 그 기업의 일을 수주하기 위해서로 치열하게 경쟁할 경우, 각 소규모 업체들은 자사 노동자들에게 선두기업의 일을 수행하는 임금을 제시할 것이다. 이런 구조에서 대형 고용주들(혹은 이제는 전 고용주)은 실제로 그 일을 하는 개별 노동자들의 임금을 직접 결정하고 지급하는 것이 아니라 하청업자의 서비스나 생산품에 대한 가격을 치른다.

이렇게 해서 대형 고용주들은 공급업체들 간에 업무 경쟁을 시키고 각자의 공헌도를 평가하여 보수를 지급한다. 그러면 덜 효율적인 생산업체가 더 효율적인 공급업체보다 보수를 더 적게 받을 수 있다. 이런 식으로 선두 조직들은 보상 업무는 서비스나 제품의 개별 제공자들에게 맡기고 노동에 대한 임금이 아니라 서비스에 대한 가격표를 받는다. 사실상 선두기업들은 자사의 고용 업무를 소규모 업체들의 네트워크에 이전하는 셈이다. 그렇게 하면서 선두기업은 서비스 제공업체 네트워크라는 형태의 메커니즘(과거에는 직접 고용을 통해 내부적으로 처리되었던 서비스들에 대한 경쟁시장)을 만들어낸다.

선두기업들은 경쟁시장에서 활동하는 외부 하부조직들에게 고용을 이전함으로써 노동자들이 자신이 창출하는 추가적 가치에 가까운 임금을 받는 메커니즘을 만든다. 이렇게 하면 같은 지붕 아래에서 일하는 노동자들의 급여가 크게 차이가 나는 문제도 피할 수 있다. 선두기업들은 각 노동자의 개별적인 추가 생산성의 차이와 보편적인 단일 임금률을 적용한다면 얼마가 될지 어떻게 될지 파악한다.

그 결과 같은 프로젝트에서 일하는 두 명의 노동자들이 사실상 아주 다른 임금을 받게 될 수 있다. 이 임금은 노동자들이 모기업에 직접 고용되었을 때보다 각자의 한계생산성을 더 반영한다. 이런 메커니즘은 직무는 비슷하지만 생산성에는 차이가 나는 노동자들에게 단일 임금률을 설정하는 경우나 고용주의 임금정책이 전체적인 시장에 영향을 미치는 경우보다 고용주에게 더 이익일 것이다. 업무를 외부로 내보내자는 주장은 내부 노동시장의 수직적 공평성에 대한 기대 때문에 나타나는 문제들에서 제기된다. 노동자들의 기술 수준과 업무분장이 달라도 대형 고용주들이 기업 내의 수직적 평등성 규범 때문에 기술 수준이 낮은 노동자에게 높은 임금을 지급할 수 있다. 더 높은 보수를 받는 노동자들의 보수가 내부 노동시장에서 준거임금이 되기 때문이다.[22] 기술 수준이 낮은 그 일자리들을 외부로 옮기면 이 문제를 해결할 수 있다.

가격을 결정하여 임금 결정하기

한 호텔이 조경사부터 객실 청소직원, 주차요원, 프런트데스크 직원에 이르기까지 모든 노동자들을 직접 고용한다고 상상해보라. 수평적 공평성을 지키려면 같은 등급에 속한 노동자들에게 비슷한 임금을 지급해야 할 것이다. 심지어한 도시 내의 같은 체인에 속한 호텔들끼리도 마찬가지다(노동자들이 호텔 간 이동근무를 할 경우 특히 더 그러하다). 수직적 공평성을 지키려면 조경사의 보수를 정할 때 객실 청소직원이나 주차요원의 보수를, 프런트데스크 직원의 보수를 정할 때 관리자들의 임금을 고려해야 한다. 따라서 호텔은 포괄적인 보수 및 인사정책을 마련하고 실시해야 할 것이다.

하지만 이 호텔이 평판(호텔의 핵심역량)에 초점을 맞추고 더 이상 호텔 관리를 사업전략에 중요하게 생각하지 않는다면 어떻게 될까? 그러면 호텔 운영의 번잡한 절차들을 잘라내 다른 조직들, 특히 그 업무를 맡을 권리를 얻으려고 서로 입찰가 경쟁을 하는 조직들로 넘길 수 있다. 이제 이 호텔은 호텔 서비스 생산을 서로 경쟁하는 여러 다른 기업들로 이루어진 시장으로 바꿀 수 있다. 한때 호텔이 직접 수행했던 서비스들을 지금은 각 공급업체가 돈을 받고 제공할 것이다.

그 결과 호텔은 여러 공급업체들 사이에 경쟁을 조성하고 각 사의 기여도를 평가하여 대가를 지불한다. 그러면 덜 효율적인 생산업체가 더 효율적인 공급업체보다 보수를 더 적게 받을 수 있다. 앞서 선두기업과 하청업체의 관계로 설명했듯이, 이런 식으로 대기업들은 보상 업무는 서비스나 제품의 개별 제공자에게 맡기고 노동에 대한 임금이 아니라 서비스에 대한 가격표를 받는다.

대형 고용주들은 경쟁시장에서 활동하는 소규모 조직들에게 고용을 이전함으로써 노동자들이 창출하는 추가적 가치에 가까운 임금을 받는 메커니즘을 만드는 동시에 같은 지붕 아래에서 일하는 노동자들 사이에 급여에 큰 차이가 나는 문제를 피한다. 그렇게 하면서 고용주는 각 노동자의 개별적인 추가생산성 차이와 보편적인 단일 임금률을 적용한다면 얼마가 될지 포착한다.[23]

공급체인의 꼭대기에 있는 기업들이 손익계산서의 매출과 연결되는 좀 더 수익성 있는 업무들에 초점을 맞출 수 있도록 고용을 외주화했고, 그리하여 상품 제조나 서비스 제공 부분이 쪼개지는 결과를 낳았다. 이런 현상은 이 기업들의 수익성이 여러 당사자들 간에 어떻게 나뉘는지에 중요한 의미를 지닌다. 예전의 통합된 대기업 모형을 생각해보라. 기업들은 내부의 공평성 의식에 대처하기 위해 임금 인상이라는 형태를 통해 이익의 일부를 노동자들과 나누었다. 더 낮은 가격이라는 형태로 소비자와, 더 높은 수익률로 투자자와 수익을 나누는 것은 적었다는 뜻이다.

업무를 외부로 떨어내면서 공정성 문제가 덜 예민해졌고 임금을 내릴 수 있었다. 이는 소비자에게는 가격 인하로, 투자자에게는 수익률 상승으로 더 많은 이익이 전해진다는 뜻이다. 기업의 핵심 역량이 브랜드 각인이나 훌륭한 신제품의 지속적 출시를 통해 충성도 높은 고객기반을 끌어들이는 균열 구조에서는 감소된 임금비용이 특히 투자자들에게로 흘러갈 것이다.[24] 업무를 외부로 내보내면 이익의 재분배가 향상될 수 있다.

불평등 증가와 균열일터 가설

균열일터 가설은 소득 불평등의 분명한 근원을 제시한다. 첫째, 균열일터 가설은 어떤 업무가 하청업체/외부 기업으로 이전되었을 때 기업 내에서 같은 업무를 하는 노동자들의 소득이 낮아진다고 예측한다. 기업의 '내부'에서 '외부'로 옮겨진 특정 일자리들에 대한 실증적 증거들이 이 예측을 확인해준다.

청소직원과 경비원은 일터 균열의 선봉이 된 일자리였다. 2000년경에 청소직원의 약 45퍼센트가 계약직으로 일했고 경비원의 경우 70퍼센트 이상이 계약직으로 고용되었다.[25] 위의 이론에서 예측한대로 청소직원과 경비원들을 선두기업이 성벽 안에서 밖으로 이동시키자 실제로 그 일자리들에서 일하는 노동자들의 보수가 상당한 영향을 받았다.[26] 새뮤얼 블린스키[Samuel Berlinski]의 연구에 의하면 계약직으로 일하는 청소직원들이 사내 청소직원들보다 소득이 15퍼센트 적었고 계약직 경비원들의 수입 역시 사내 경비원들보다 17퍼센트 낮았다.[27] 아란다지트 듀브Arandajit Dube와 에단 캐플런Ethan Kaplan도 이와 비슷한 영향을 발견했는데, 계약직으로 일할 때 청소직원은 4~7퍼센트, 경비원들은 8~24퍼센트의 '임금 불이익'을 겪었다고 한다.[28]

좀 더 최근에는 데버라 골드슈미트Deborah Goldschmidt와 요하네스 슈미Johannes Schmieder가 독일의 임금 구조에 비슷한 영향이 나타났음을 보여주는 설득력 있는 증거를 제시했다. 두 사람은 1990년대부터 다양한 서비스 업무들의 국내 아웃소싱이 상당히 증가했음을 보여주었다. 두 사람은 외식업, 청소, 경비, 물류 부문 노동자들의 임금을 비교할 수 있는 주의 깊게 구성된 표본을 이용하여 국내 아웃소싱을 한 기업들이 '내부'에서 '외부'로 일자리들을 이동했을 때의 영향을 검토했다. 사건 연구 프레임워크를 이용한 이 연구 결과, 외부 위탁된 일자리들의 임금이 그렇지 않은 일자리들에 비해 10~15퍼센트의 임금 감소를 나타냈다. 뿐만 아니라 겉으로는 관찰하기 힘든 인적자본의 특징들을 제어하기 위해 위부위탁 근무 경험이 있는 알맞은 노동자들을 찾을 수 있다. 따라서 두 사람은 노동자들이 사내에서 아웃소싱 업체로 이동하면서 임금 프리미엄을 잃은 데서 임금 감소가 나타난다고 주장했다.[29]

그러나 균열일터 가설은 소득 격차와 소득 불평등 증가의 동인들에 더 광범위한 영향을 미친다. 소득 불평등 증가는 사내 불평등 증가(기업 성벽 '내부' 노동자들의 소득 격차가 점점 더 증가)나 기업들 간의 불평등 증가(특정 기업의 '외부' 노동자들의 소득 격차가 점점 증가)에서 나타날 수 있다. 균열일터 가설은 후자(즉 기업 간 소득 격차의 증가)로부터 불평등이 증가한다고 예측할 것이다. 선두기업들은 자사의 핵심역량에서 나오는 지대를 계속 얻을 것이고, 위에서 논한 공평성 문제 때문에 그 이익의 일부를 사내에 남아 있는 노동자들과 계속 나눌 것이다. 동시에 선두기업들이 떨어낸 업무들을 제공하려고 경쟁하는 기업들은 더 낮은 지대를 얻을 것이고 따라서 자사 노동자들과 나누는 몫도 적을 것이다. 진입장벽이 낮고 경쟁이 더 심한 시장에서 여러 업체들이 선두기업들에게 동종 제품과 서비스를 제공하려고 경쟁을 벌이는 균열일터의 가장 아래쪽에는 수익성이 더 낮고 한 계생산성 중심으로 임금을 지급하는 기업들이 있을 것이다.

균열일터 가설은 아웃소싱이 상당히 이루어져 온 제조업의 과정들을 묘사한다. 제조업에서는 공급체인의 끝에 있는 기업들(예를 들어 디지털 기기를 개발하고 브랜드를 만들고 판매하는 기업들)이 가장 수익성이 높은 축에 속하는 반면 공급체인의 더 아래쪽에서 제조 과정의 구체적인 단계들을 맡고 있는 공급업체들의 소득은 훨씬 낮다.

따라서 균열일터 가설은 사업조직의 한 형태로 프랜차이즈 계약에 점차 의존하는 부문들에서 임금 격차가 증가한다는 최근의 증거와 일치한다. 고객에게 브랜드를 각인시키는 것은 식음료업, 환대산업 등에서 중요한 핵심역량이다. 유명 브랜드 보유 기업들에서 일하는 노동자들의 임금을 비교한 연구들은 이들이 같은 부문의 브랜드가 없는 비슷한 기업들에서 일하는 노동자들보다 평균적으로 더 많은 돈을 번다는 것을 발견했다.[30] 프랜차이즈 계약을 하면 본사는 브랜드 소유에서 나오는 지대의 상당한 부분을 가져가고 나머지 가치는 그 브랜드 사용권을 산 사업자(가맹점)에게 가기 때문에 기업들이 브랜드를 개발하고 마케팅해서 얻는 이익과 실제 제품의 공급을 분리할 수 있다.[31] 1980년대에 패스트푸드 산업과 호텔 산업의 유명 브랜드 체인들이 패스트푸드 매장과 산하 호텔들 중 많은 비율을 가맹점들에 팔아치웠다. 그러자 부문 내 사업장들의 임금 구조가 바뀌어 더 많은 비율의 사업체들(가맹점)이 본사에 계속 소속된 곳들보다 더 낮은 임금 구조를 갖게 되었다. 그리하여 가맹점들과 본사 간에 소득 격차가 점점 벌어짐에 따라 프랜차이즈 계약이 일반화된 부문에서 전체적인 소득 격차가 커지는 결과를 불러왔다.[32]

소득 불평등을 불러오는 원인에 초점을 맞춘 최근의 많은 연구들은 균열일터 가설과 들어맞는 강력한 증거들을 제시한다. 얼링 바스Erling Barth, 알렉스 브라이슨Alex Bryson, 제임스 데이비스James Davis, 리처드 프리먼Richard Freeman의 연구는 1992년부터 2007년까지 소득 격차 증가의 대부분이 기업 내부가 아니라 기업들 사이의 소득 차이 증가에서 나타났음을 발견했다. 이들은 다음 해까지 같은 사업장에서 계속 일했던 노동자들의 소득 불평등 증가의 약 80퍼센트가 이들이 남아 있던 기업의 보상구조에서 격차가 늘어나서가 아니라 다른 사업장들의 수입 격차 증가에서 나왔음을 발견했다.[33]

송재 Jae Song와 동료들은 연구 결과 소득 격차 증가가 CEO와 노동자 사이의 늘어나는 임금 격차에서 나온 것은 거의 없다고 주장하면서 직원 1만 명 이하의 기업들에서 1978년에서 2012년에 나타난 거의 모든 소득 격차가 사내보다 기업들 사이의 격차 증가에서 나타났다고 밝혔다. 이들이 사용한 표본에서 CEO/고위 경영진과 기업이 고용한 일반 노동자들 사이의 큰 임금 격차는 연구 기간 동안 약간만 증가했다. 아래에서 논의하겠지만, 아주 규모가 큰 기업들(직원 1만 명 이상)은 자신이 속한 지위 내의 불평등 증가에 더 영향을 받는다.[34]

데이비드 카드David Card, 예르크 하이닝Jörg Heining, 패트릭 클라인Patrick Kline은 '내부'와 '사이' 요인들 모두 독일의 임금 불평등을 주도한다는 증거를 발견했다. 이들은 노동자의 이질성 증가(기업 내부), 기업의 이질성 증가(기업들 사이), 노동자와 기업의 매칭 증가가 불평등을 거의 동등하게 설명한다는 것을 발견했다.[35]

이 연구 결과들은 노동자들이 회사에 함께 남은 동료들과의 불평등을 느끼는 데에 있어 이전의 설명들이 제시하는 것보다 변화를 비교적 덜 겪는다는 것을 발견했다. 대신 소득 격차 증가는 선두기업들과 그 직원들은 위쪽으로 올라가고 종속 기업들과 이들의 관련 소득 분배는 아래쪽으로 내려가면서 기업들이 서로에게서 멀어지게 하는 '빅뱅'으로 생각할 수 있다. 이는 기업 외부의 다른 고용주들에게 떨어낸 업무와 일자리의 노동자들을 더 이상 분배에 포함하지 않는 균열일터 가설과 일치한다.

하지만 균열일터 가설은 기업 내에서 행동의 공평성 규범에 변화가 있을 경우 기업 내부의 격차 증가도 배제하지 않는다. 예를 들어, 가치 있는 핵심역량을 갖춘 선두기업의 CEO들은 더 많은 지대를 얻을 수 있고 더 높은 수준의 보상을 얻으려 스스로를 다그칠 수 있다. 피케티는 이 현상을 적절하게도 '슈퍼 경영자들의 도약'이라고 불렀다. 금융과 디지털 부문에서 수익성이 매우 높은 기업들의 보상 관행에 관한 일화적 증거들은 이 견해와 분명히 맞아떨어진다.

종속적인 균열된 우주 안에 있는 기업들의 CEO들은 그런 지대를 뽑아내는 능력이 떨어질 수 있다. 하지만 증거들에 따르면 그래도 이들은 보통 노동자들보다 수배의 소득을 얻는다. 그리하여 변화하는 규범, 기업 지배구조, 경영진 보상의 과도한 증가를 불러오는 그 외의 요인들로 인한 전체적인 불평등 정도가 더욱 높아진다.

요약하면, 최근의 연구들은 균열일터 가설을 뒷받침하는 강력한 증거들을 제시한다. 균열일터는 선두기업과 이들을 지원하는 기업들로 이루어진 종속 네트워크 사이의 업무 분리로 이어진다. 그리하여 선두기업들은 임금 결정과 관련된 고민을 전통적인 가격 문제로 바꿈으로써 시드니 웹과 베아트리스 웹이 제시한 보수 문제를 해결할 수 있게 되었다. 임금 결정에서 공평성의 혜택을 더 이상 받지 못하게 된 일자리의 노동자들에게는 그 영향이 상당하다.

연구의 개척자들: 임금 결정, 균열일터, 불평등

한계생산성 이론의 주된 문제는 이 이론이 단순히 우리가 서로 다른 시기의 서로 다른 국가들에서 관찰한 다양한 임금분포 양상을 설명하지 못한다는 것이다. 임금 불평등의 동학을 이해하려면 각 사회 노동시장의 작동을 지배하는 제도와 규칙 같은 다른 요인들을 끌어들여야 한다.

— 피케티, 《21세기 자본》

제2차 세계대전 이후 미국 노동시장을 연구했던 학자 세대(가장 저명한 학자들을 꼽아보자면 존 던롭, 프레더릭 메이어스 Frederick Meyers, 클라크 커 Clark Kerr, 로이드 레이놀즈 Lloyd Reynolds)는 직접 경험한 임금 결정 과정에서 깊은 영향을 받았다. 많은 학자들이 새로 등장한 집단 교섭의 세계에서 중재자의 역할을 맡아 임금 및 가격 통제를 담당하는 정부위원회(국가전시노동위원회 포함)에서 일하고 석탄, 강철, 건설 같은 주요 산업의 분쟁처리에 관여했기 때문이다. 이들의 연구에는 임금, 복리혜택,

근무환경을 형성하는 제도들에 대한 깊은 관심이 반영되었다.[36]

신고전주의적 경제학 프레임워크와 폴 새뮤얼슨이 개척한 프레이밍 문제에 대한 수학적 접근방식의 결합을 기반으로 한 1960년대의 새로운 노동경제학자 세대는 임금과 일터의 성과에 관한 연구를 생산요소인 노동의 수요와 공급이 주도하는 프레임워크로 전환함으로써 제도적 접근방식을 대체했다.[37] 게리 베커Gary Becker, H. 그레그 루이스H. Gregg Lewis, 제이콥 민서Jacob Mincer, 셔윈 로젠같은 이 분야의 학자들은 노동시장 연구에 이용할 수 있는 비교적 풍부한 데이터에 의지하고 컴퓨터의 발달과 초기의 통계 소프트웨어로 낮아진 분석비용의 도움을 받아 이론적 모형에 근거하고 수학적으로 보강된 접근방식으로 일터의 성과를 연구했다. 데이터를 분석하는 통계 도구들과 이론을 수립하는 수학적 모델이 점점 더 정교해지면서 임금 결정에서 제도의 역할은 최종적인 노동시장의 성과에 따르는 것으로 여겨졌다.[38] 1980년대와 1990년대의 데이비드 카드, 리처드 프리먼, 대니얼 해머메쉬Daniel Hamermesh, 래리 카츠Larry Katz, 앨런 크루거 같은 그 다음 세대의 선도적인 경제학자들은 현대 노동경제학에 제도적인 검토방식을 다시 도입했다. 하지만 임금 결정 절차 자체에 대한 관심은 이전 시기의 유산으로 여전히 남아 있었다.

토마 피케티의 말에서 분명해진 것처럼, 불평등의 구조에 대한 연구는 학자들에게 제도와 임금 결정 과정에 다시 한 번 더 중점적으로 초점을 맞추어야 한다는 과제를 안겨준다. 이는 임금 결정에서 지대가 노동과 자본 사이에 어떻게 나뉘는지의 변화를 이해하는 데 특히 중요하다. 여기에서 나는 균열일터 가설과 피케티의《21세기 자본》이 제시한 더 광범위한 불평등 문제들이 제기한 네 가지의 전반적인 연구 과제들을 간략하게 설명하겠다.

1. 공평성 규범이 여러 다른 유형의 기업/부문들에서 어떤 역할을 하는지에 대해 더 많은 이해가 필요하다. 예를 들어, 기업 분포에서 빠르게 위쪽으로 올라가는 기업들과 중간이나 아래쪽에 갇힌 기업들 사이에 CEO가 받는 보수 대비 일반 직원의 보수 비율이 어떻게 다른가? 꼭대기에 있는 기업들에서 임

금 격차가 벌어지고 있는가? 그러면 슈퍼경영자의 영향에 대한 피케티 및 다른 학자들의 견해와 앞에서 인용한 바스, 브라이슨, 데이비스, 프리먼, 송과 그 외 학자들의 연구 결과가 들어맞을 수 있다. 예를 들어, 송 등의 학자들은 직원 1만 명 이상인 기업에서 상위 0.2퍼센트의 소득자들이 같은 기업의 평균 노동자들에 비해 소득이 더 빨리 증가한 현상은 기업들 간 소득분포의 대변동과 선택된 하부 기업들의 내부 소득분포의 대변동이 이중효과를 냈음을 가리킬 수 있다고 추정한다.

앞에서 논의한 임금 결정의 규범을 연구하려면 더 광범위한 방법론적 도구들이 필요하다. 공평성 규범과 행동 동기들이 경제학의 주류에 진입했지만 더 광범위한 분석적 시점이 중요하다. '이제 문제는 사회적 규범이 어디에서 만들어지고 어떻게 진화하는지를 설명하는 것이다. 여기서는 분명 경제학 자체만큼이나 사회학, 심리학, 문화사 및 정치사 그리고 신념과 인식에 대한 연구가 중요해진다'라는 피케티의 말처럼.[39]

2. 이와 비슷하게, 균열된 산업들의 하위 수준(지리적 수준을 포함해)에서 임금이 결정되는 방식에 사회적 규범은 어떤 역할을 하는가? 업무를 이전받은 기업들이 더 경쟁적인 상황에 처한 데 반해 노동자들이 유인되는 노동시장뿐 아니라 고용주에게 가해지는 규범적 압력에 여전히 영향을 받는 점을 고려하면 이 기업들의 임금 결정이 전통 경제학 이론의 예상과 얼마나 합치하는가? 예를 들어, 보수에 대한 기대에 사회적 네트워크가 미치는 영향을 다룬 실증적 문헌들이 늘어나고 있다.[40] 사회적 네트워크는 저임금 기업들의 보상 관행에 어떻게 영향을 미치는가? 임금 및 관련 성과들이 지역 노동시장들에서 어떻게 알려지고 주요 준거임금(법정 최저임금 혹은 '시급 15달러 쟁취 투쟁' 같은 사회적으로 정의된 임금 기준 등)에 어떻게 영향을 받는가? 이런 질문들에 대한 답은 노동시장의 기능과 관련한 학문적 의미를 지닐 뿐 아니라 어디에서 근로기준 문제들이 발견되고 정책적 도구들을 어떻게 사용하여 이 문제들에 영향을 미칠 수 있는지에 관한 정책적 의미도 지닌다.

3. 관련된 맥락에서, 업무들을 외부로 떨어내겠다는 결정이 인사계획, 법무, 엔

지니어링, 언론을 포함해 점점 더 기술 수준이 높은 일자리들로 점차 퍼져나갔다. 이런 분야들에서 임금 결정은 어떻게 변화하고 있는가? 선두기업들의 '내부'에 자리 잡은 이 분야의 노동자들은 보유한 스킬 덕분에 외부 대안들이 있기 때문에 역사적으로 어느 정도의 협상력을 지녔다. 고용 외주화로 이 노동자들이 더 많이 침투할 수 있는 노동시장이 형성되면서 이들의 임금 구조와 임금 결정이 어떻게 바뀔까?

4. 균열일터 가설이 설득력이 있다면 우리는 이 가설의 좀 더 분명한 모형을 세우고 그 메커니즘에 대한 더 심도 깊은 연구에 착수해야 한다. 리처드 프리먼은 '균열 경제학은 어려운 문제다. (……) 기본적인 시장 모형은 비슷한 노동자들 사이에 사업장에 따라 나타나는 소득 격차가 경쟁 때문에 줄어들 것이라고 예측한다. 우리 모형이 비교적 규제가 없는 노동시장이 실제로 어떻게 작동하는지 잘못 제시하거나 모형을 적용할 때 중요한 시장 요인들을 놓칠 수 있다. 어느 시각에서 보더라도 분열의 증거는 노동경제학, 좀 더 광범위하게는 사회학에 혼란을 불러일으킨다. 일반적 분석을 넘어서는 새로운 균열 시장 모형이나 기존 프레임워크 내의 임금 결정 요소들에 대한 새로운 척도, 혹은 이 둘을 적절히 혼합한 모형이 필요하다'라고 썼다.[41]

앞부분에서 논의한 실증적 연구는 경제학자들이 무엇이 미국과 세계 경제의 불평등 증가를 주도하고 있는가라는 핵심 문제에 뛰어들고 있음을 보여준다.[42] 여기에서 논의한 요인들의 기여도뿐 아니라 증거에 관한 상충되는 이론에 대한 더 많은 연구가 필요하다. 이런 면에서 나는 위의 프리먼의 언급뿐 아니라 피케티의 말을 한 번 더 상기하겠다. '불평등 문제는 단지 사회과학의 한 분야가 아니라 사회과학 전체의 문제다.'[43]

나는 소득 불평등에 대해 수년 동안 이 문제를 연구해온 학자로서, 그리고 기본적인 근로기준 시행에 가장 큰 책임이 있는 연방기관의 장으로서 최근 소득 불평등 문제를 생각해보는 독특한 기회를 가졌다. 이 두 역할에서의 경험으로부터 나는 불평등 증가가 민주적 정치경제학에 미치는 영향을 감안하면 단연코 소득 불평등보다 우리가 검토해야 하는 더 근본적인 문제는 없다는 것을 느꼈다.

Part 3

불평등의 규모

—

자본소득 증가가 개인소득 불평등에 미치는 영향

Branko Milanovic
─── 브랑코 밀라노비치 ───

세르비아계 미국인 경제학자. 불평등 연구 분야에서 세계 최정상급 경제학자로서 평판이 높다. 룩셈부르크 소득연구소의 선임 학자이며 뉴욕시립대학대학원 객원 석좌교수다. 카네기국제평화기금의 선임 자문위원. 세계은행The World Bank 연구소의 수석 경제학자로 활동했고, 메릴랜드대학과 존스홉킨스 대학 초빙교수를 역임했다. 《네이처》《세계은행경제보고서》 등에 세계 소득 분배 관련 다수의 논문을 발표했고, 저서로 《가진 자, 가지지 못한 자The Haves and The Have-Nots》《왜 우리는 불평등해졌는가Global Inequality》 등이 있다.

우리는 자본소득이 높은 사람은 다 부자일 것이라고 여기는 경향이 있다. 즉 자본 부자가 되는 것이 종합 소득이 높은 부자가 되는 것이라고 생각한다. 피케티의 분석도 이러한 생각에 기반을 두고 있다. 피케티는 국민소득에서 자본의 몫이 증가할수록 개인 간의 소득 격차도 커진다고 주장한다. 불평등의 실체를 제기하는 이 책에서 경제학자인 브랑코 밀라노비치는 피케티의 주장이 어떤 조건하에 성립하는지 묻고 있다.

밀라노비치는 자본자산이 각 개인에게 균등하게 배분되어 있는 사회주의 사회, 노동자는 노동으로만 소득을 얻고 자본가는 자본에서만 소득을 얻는 고전적 자본주의 사회, 그리고 각각의 개인이 노동과 자본 양쪽에서 소득을 얻는 '신'자본주의 사회, 이렇게 세 가지 사회를 상정한다. 그리고 그는, 피케티의 알파(순 소득 중에서 자본의 몫)가 증가한다면 지니계수로 측정된 불평등이 어떻게 변하는지를 조사하는 데에 바로 이 세 가지 전형인 사회를 이용한다. 당연하게도 그는 사회 제도가 중요한 역할을 한다는 사실을 확인했다. 자본소득의 몫이 증가하면 어떻게 개인 간의 불평등이 심화되는가는 사회의 바탕을 이루는 자산배분 시스템에 따라 달라진다. 신자본주의 사회에서 자본소득의 몫이 높아지는 것은 지니계수 상승으로 거의 직결되는 반면, 고전적 자본주의 사회는 자본가들의 숫자가 충분히 많을 때만 그러하고, 사회주의 사회에서는 지니계수의 변동이 거의 없다.

《21세기 자본》의 방법론적 기여

《21세기 자본》을 논할 때에는, 분석론과 방법론 그리고 권고사항과 예측을 구별해야 한다. 분석 결과에는 동의하면서도 그 권고사항에 대해서는 동의하지 않거나, 또는 그 반대일 수도 있기 때문이다. 《21세기 자본》이 도입한 방법론은 선진국 경제가 향후 수십 년간 어떻게 전개될 것인지를 상당히 정확하게 예측하는 데 기여했고, 무엇보다 경제현상을 바라보는 새로운 시각을 제시했다는 점에서 그 진가를 인정할 수 있다. 이 책은 소득배분과 미래의 자본주의에 대해서 뿐만 아니라, 고대 로마부터 혁명 이전의 프랑스에 이르기까지의 경제 역사에 대한 생각에 커다란 영향을 끼칠 것이다.

《21세기 자본》의 방법론적 공헌 중 가장 중요한 점은, 경제 성장, 기능적 소득배분, 개인적 소득배분의 세 분야를 통합하려는 시도라고 할 수 있다.[1] 정통 왈라스^{Walras} 이론에서 이들 세 가지는 형식적으로는 연관되어 있지만, 실제로 경제학을 연구할 때는 각각 별개의 것으로 취급하고 있거나 한두 개를 배제시켜놓기도 한다. 기능적 소득배분은 마르크스 경제학자들이 많이 연구해왔다. 신고전주의적 경제학자들은 자본과 노동의 몫이 큰 틀에서 이미 고정되어 있다고 주장한다. 이러한 견해는 최근에 와서 변하기 시작하면서 많은 관심을 끌기 시작했다.[2] 피케티가 자본소득 비율의 증가를 강조한 것이 이런 변화를 부채질했다.

개인소득 분배는 다른 경제학과는 별개로 분리돼 연구되곤 했는데, 왈라스 균형 이론에서 시장참여자들은 이미 자본과 노동 양쪽을 가진 것으로 상정되었기 때문이다. 자본과 노동이 원초적으로 어떻게 배분되었는가는 경제학 영역이 아니었기 때문에 (좁은 의미의 경제학에서 배제된 것) 개인소득의 배분 문제는 시장에서 불가피한 것으로 생각했다. 그러나 《21세기 자본》에서는, 흔히 (자본수익률이 전체 소득 성장률보다 높은 상황)라 표현되는, '근본적 불평등' 혹은 '자본주의의 본질적인 모순'에 의해 자본/소득 비율의 변화가 순 생산에서 차지하는 자본의 몫을 증가시키며, 결국 개인 간의 불평등이 확대된다고 주장한다.

이 장에서는 개인 간의 소득 불평등은 자본 몫의 증가와 밀접한 관련이 있다는 마지막 논점을 강조하는데, 일반적으로 이러한 주장에는 이의가 없는 것 같다. 오랜 경제 역사를 통해 볼 때, 자본소득이 많은 사람일수록 전체 소득이 높았기 때문에 이러한 견해는 상당히 일리가 있다. 그렇게 보면, 순 생산에서 자본가에게 배분되는 몫이 커질수록 개인 간의 소득 불균등도 더 커지는 관계라고 할 수 있다.

자본의 몫이 많아지는 것과 소득 불균등 간의 관련성을 장기간에 걸쳐(어떤 사례는 19세기 중반까지 거슬러 올라가기도 한다) 조사한 최근의 논문에서, 에릭 벵손Erik Bengtsson과 다니엘 월든스트롬Daniel Waldenström은 국가별 고정효과country fixed-effect를 가정한 상태에서 이 상관관계가 상당히 뚜렷하게 나타나는 것을 발견했다. 조사대상인 15개 선진경제권 모두에서, 자본의 몫이 1퍼센트 포인트 증가하면 최상위 1퍼센트에 속하는 부자들의 소득 몫(정확히는 이 값의 로그)은 0.89퍼센트 포인트 증가하는 것을 볼 수 있었다. 다른 통제조건을 도입하면 상관계수의 값이 줄어들긴 했지만 여전히 뚜렷한 관련성을 보여주기에 충분했으며 또 통계적으로도 유의한 수준이었다.[3] 마거릿 제이콥슨Margaret Jacobson과 필리포 오키노Filippo Occhino 역시, 미국의 경우 자본의 몫이 1퍼센트 증가하면 지니계수는 0.15 내지 0.33퍼센트 증가한다는 것을 발견했다.[4]

모라 프랜시스Maura Francese와 카를로스 뮬라스-그라나도스Carlos Mulas-Granados는 1970~2010년간 43개국에 걸쳐 수집된 룩셈부르크 소득연구소의 미시적 데이터를 이용해, 가처분소득 지니계수의 전반적 변화를 노동과 자본의 집중계수concentration coefficient, 노동의 몫과 자본의 몫, 세금과 사회적 편익의 변화 등 회계 단위별로 분석했다.[5] 그러나 이들은 벵손이나 월든스트롬과는 달리 자본의 몫이 가처분소득 지니계수에 미치는 영향이 미미하다는 결과와 함께, 지니계수의 변화가 대부분 임금소득의 영향이 증가한 것(임금소득분포가 더욱 불균등하게 바뀌었음-옮긴이)에 기인했다는 결론을 내렸다. 그들은 1970~2013년 93개국 데이터에 대한 회귀분석을 통해 지니계수에 대한 자본의 몫과 노동의 몫을 비교하는 분해분석을 실시했다. 통제조건(통제변수)을 추가하면, 지니계수에 대한 노

동(그리고 자본)의 몫은 아주 미미한 수준으로 떨어졌다.[6]

따라서, 더 높은 자본의 몫과 개인소득 간의 불평등의 연관성은 그리 간단하지도, 확실하지도 않다. 그 둘 사이에 어느 정도 양의 상관관계가 있을지 모르지만, 그 정도는 매우 다양하게 나타난다.

이 장의 구성은 다음과 같다. 바로 다음 절에서 순 소득에서 자본의 몫(피케티의 α)이 증가하는 것과 개인 간의 소득 불평등을 나타내는 지니계수와의 전반적인 관련성을 언급하고 그 다음으로는 사회주의, 고전적 자본주의, 신자본주의 사회에서 이 관련성들이 어떻게 나타나는지를 살펴보려고 한다. 최종적으로 17개의 선진경제권에 있는 138개의 가계조사 결과를 이용해 이 관련성에 대한 경험적 분석을 제시하고 마지막에 위 분석들의 정책적 함의에 대해 논의할 것이다.

α와 지니계수의 관계를 살펴보기 전에, 이 관계가 왜 중요한지 짚고 넘어갈 필요가 있다. 자본의 몫이 증가한다는 것 그 자체가 불평등 '문제'는 아니다. 다시 말해서, 그것이 개인 간의 불평등을 필연적으로 초래하는 것은 아니라는 것이다. 예를 들어 자본의 분배가 처음부터 평등한 곳에서는 α의 증가가 개인소득 불균등을 줄이거나 또는 아무 변화도 가져오지 않을 수도 있다. 이런 경우에는 극단적인 평등주의자조차 자본 몫의 증가에 대해 어떤 문제도 제기하지 않을 것이다. 하지만 이것이 문제가 되는 것은 자본의 분배가 실제로는 극도로 편중되어 있기 때문이다. 이러한 사실을 인지하고, 필자는 평등한 자산분배를 옹호하는 주장을 일부 싣는다. 이는 불평등의 해소를 위해 싸워야 할 실질적인 명분을 제공하는데, 특히 소득 대비 축적된 부의 비중이 점증하는 부유한 사회에서는 자본수익률이 충분히 하락하지 않는 이상 국민 총생산에서 자산가에게 돌아가는 몫이 더 커질 것이기 때문에 더욱 그러하다. 따라서 우리는 개인소득 분배의 불균등을 묵인하든지, 아니면 세금이나 편중된 자산의 재배분을 통해 불균등을 해소하려고 노력하든지, 둘 중의 하나를 선택할 수 있는 것이다.

개인적으로는 자산분배에 관심을 갖는 것이 자본 과세를 강조하는 피케티의 아이디어보다 더 좋은 정책이라고 생각하지만, 이 두 가지는 좋고 나쁨을 떠나서 보다 부유한 사회(즉K/Y 비율이 증가하는 사회)의 부의 불평등 문제를 해결할 수 있는 상호보완적인 정책임은 분명하다.

기능적 불평등에서 개인 간 불평등으로

기능적 소득 분배와 개인 간 소득 분배 사이의 연관성은 주로 r〉g라는 부등식에 의해 설명된다. 하지만 개인 간 소득 불평등이라는 결론에 이르기 위해서는 다음의 세 가지 조건이 성립해야 한다.[7]

먼저, r(자본수익률)을 통한 자본소득이 소비보다는 투자에 국한해서만 사용되어야 한다. 분명 자본가들이 자본으로 인한 소득을 모두 써버린다면, 다음 해 β = K/Y 비율이나 총소득 대비 자본소득의 비중(α)은 변하지 않을 것이다. 이는 데브라즈 레이Debraj Ray가 피케티의 《21세기 자본》을 비판하는 논평에서 사용한 논점이었다.[8] 유광 응Yew-Kwang Ng 교수 역시 같은 점을 지적했다.[9] 이들 의견은 실제로 정확한 주장이지만 전반적으로 자본주의나 자본가에 대한 정의를 놓치고 있다. 만약 자본가들이, 애덤 스미스가 '싸구려 장신구'라 불렀던 하찮은 것들에 자본소득을 소모하는 데에만 관심이 있었다면, 경제는 레이가 주장한 대로 흘러갔을 것이다. 그러나 자본가란 자본으로 벌어들인 수익을 다 소비하지 않고 이를 가능한 많이 재투자하여 자기 자본을 늘리는 데 집중하기 때문에 자본가라 불리는 것이다. 자본수익에 대한 저축률(재투자율)이 100퍼센트에 가깝다는 가정은 (과거 리카르도와 마르크스에서부터 현대 경제학의 칼레키Kalecki, 솔로, 칼도르에 이르기까지의) 이론 경제학에서뿐만 아니라, 부유한 사람들의 행동에 대한 경험적 근거와 자본주의라는 시스템의 핵심적 특징에 이르기까지 다양한 배경에 바탕을 두고 있다.[10]

하지만 β의 증가, 심지어는 α의 증가 역시도 개인 간 소득 불평등이라는 결론을 보장하지는 않는다. 개인 간 불평등이 발생하기 위해서는 자본소득의 편중이 심각할 정도로 높아야 한다. 즉 노동과 자본이라는 두 가지 요소에 의한 소득을 고려했을 때, 전반적으로 개인 간 불평등이 증가하려면 상대적으로 평등하게 분배된 요소(노동-옮긴이)보다는 불평등하게 분배된 요소(자본-옮긴이)의 영향이 증가해야 한다는 것이다. 자본소득에 대해서는 이 조건이 비교적 쉽게 성립하는데, 대부분의 경우에 노동소득보다는 자본소득의 편중이 훨씬 심각하기 때문이다. 미국의 예를 들면, 자본소득의 지니계수가 80을 넘어가는 반면, 노동소득 지니계수는 40 근처에 머물고 있다. 자본소득 지니와 노동소득 지니는 다른 나라에서도 비슷한 값을 보이는데, 이는 자본이 얼마나 심각하게 편중돼 있는지에 대한 잘 알려진 사실과 함께, 미국 인구의 약 1/3에 해당하는 사람들이 사실상 제로의 자본자산을 갖고 있다는 사실을 반영한다.

세 번째 조건은 자본을 많이 소유한 사람들과 전반적인 소득 수준이 높은 사람들 사이의 연관성이 높아야 한다는 것이다. 한 가지 생산요소에 의한 소득이 심하게 편중되었다고 해서 이 생산요소가 불평등을 만들어낸다는 것을 보장하지는 않기 때문이다. 실업수당에 대한 지니계수는 (대부분의 사람들이 실업수당을 받지 않으므로) 대체로 90을 넘지만, 일반적으로 실업수당 수혜자들은 저소득층이므로 전체 소득에서 실업수당 비중의 증가는 소득 불평등을 줄이는 효과가 있을 것이다. 좀 더 기술적으로 말하자면, 세 번째 조건은 자본소득의 랭킹과 전체소득의 랭킹 사이의 상관관계로 표현할 수 있다. 즉, 자본소득이 높은 사람들이 부자여야 한다는 것이다. 대부분의 나라에서 이 조건이 쉽게 성립되는 것은 경험적으로 확인할 수 있다.

우리는 자본소득 비중의 증가가 개인 간 불평등으로 이어진다는 것을 기정사실로 받아들이곤 하는데, 이는 다음의 조건들을 당연하게 여기기 때문이다.

1. 자본소득의 대부분을 소비보다는 저축(재투자)에 사용
2. 심각한 자산배분의 편중 현상
3. 자본소득이 높은 것과 부자인 것의 높은 연관성

그러나 이것이 항상 옳지는 않으며, 최소한 위 논리의 연결에는 정도의 차이

가 있다. 다음으로는 이 연관성에 대한 좀 더 형식적인 접근을 살펴볼 것이다.

총소득 지니계수는 소득을 가져오는 각 생산요소에 의한 불평등으로 분해할 수 있는데, 여기서 생산요소들에는 등식(1)과 같이 자본(c)과 노동(l)이 있다.

$$G = s_l R_l G_l + s_c R_c G_c \tag{1}$$

여기서 S_i는 전체 소득에서 요소 i로부터 발생하는 소득의 비중, R_i는 해당 요소와 총소득 사이의 상관도 비율, G_i는 해당 요소에 의한 소득의 지니계수, G는 총소득 지니계수를 나타낸다. 부가적으로, R_i는 다음의 두 가지 상관계수의 비율(ρ의)로 정해지는데, 요소 i로 발생한 소득의 양과 총소득 순위 사이의 상관계수가 분모로, 요소 i로 발생한 소득의 양과 해당 원천에 의한 소득 순위 사이의 상관계수가 분자로 들어간다. 자본소득을 예로 들면, 상관도 비율은 다음과 같이 계산할 수 있다.

$$R_c = \frac{covar(r(y),c)}{covar(r(c),c)} = \frac{\rho(r(y),c)\sigma_{r(y)}\sigma_c}{\rho(r(c),c)\sigma_{r(c)}\sigma_c} = \frac{\rho(r(y),c)}{\rho(r(c),c)} \tag{2}$$

사람들의 총소득 기준 순위와 자본소득 기준 순위가 일치한다면, $R_c=1$이 된다는 점에 주목하라. 그 외 모든 경우에는, $\rho(r(y),c) < \rho(r(c),c)$ 즉 $R_c<1$이 성립한다. 앞서 언급한 실업수당에 대해서는 $R_i<0$가 성립할 것이다(실업수당으로 인한 소득이 높을수록 그 국가 내에서 총소득 순위가 낮아지기 때문에 분자의 상관계수는 음수가 된다-옮긴이).

따라서 자본소득의 비중(s_c) 증가[11]의 총소득 지니계수를 상승시키기 위해서는 다음의 두 가지 '전도 경로'가 필요한 것이다. 자본소득 지니계수(G_c)와 R_c가 모두 양수이고 충분히 높은 값을 가질 것.[12]

이 글의 나머지 부분에서는 이러한 두 가지 '전도 경로'들을 다뤄볼 것이다. 등식 (2)는 필자가 자본소득 몫의 변화와 개인 간 소득 불평등의 변화 사이의

'전도탄력성'이라 부르는, R_c의 정의를 보여주고 있다. G_c의 정의는 본래의 총소득 지니계수 계산법과 상당히 유사한데, 전체 인구분포에 대해 계산된다는 점은 동일하나 자본소득 지니계수는 총소득이 아닌 자본소득을 기준으로 인구분포(개인의 소득 순위)를 결정한다. 자본소득 지니계수(G_c)가 1포인트 증가할 때마다 총소득 지니계수(G)는 $R_c s_c$만큼 상승할 것이다. 이와 유사하게, 자본의 몫(s_c)이 1퍼센트 증가할 때마다 지니계수(G)는 $R_c G_c - R_l G_l$만큼 증가할 것이다(s_c가 1퍼센트 오르면, S_l이 1퍼센트 감소한다–옮긴이).

높은 자본소득의 개인소득 불평등으로의 전도: 세 가지 사회 시스템의 경우

자본소득 비중의 증가가 어떻게 개인 간 소득 불평등으로 '전도'되는지 살펴보기 위해, 흔히들 가정하는 세 가지 이상적 사회 시스템별로 구분해 생각해본다.

사회주의

사회주의 국가에서는 자본소득이 개인에게 공평하게 분배된다고 가정한다. 이는 두 가지 방법으로 이루어질 수 있는데, 정부가 모든 자본을 소유하고 이로부터 발생하는 수익을 개인들에게 일정하게 배분하거나, 혹은 개인들이 모두 일정량의 자본을 소유하도록 하여 동일한 수준의 자본소득을 얻도록 하는 것이다.[13] 이러한 정책을 일부 수정한 아이디어에는 1970~1980년대 제임스 미드 James Meade가 제시한 '사회적 배당' 제도와 비교적 최근의 아이디어로 앤서니 앳킨슨의 '최소 상속' 제도 등이 있다.[14] 그러나 이들의 주장은 국가 전체 자본소득의 일부만을 배분한다는 점에서, 모든 자본소득의 공평한 분배를 주장하는 전통적인 이상적 사회주의와는 다르다.

　사회주의 사회에서는 $G_c=0$ 이기 때문에 r>g 부등식이 개인 간 소득 불평등의 확대로 이어지지 않는다. 이러한 국가에서는 개인 i의 소득 y_i를 $y_i = l_i + \bar{c}$의

도표 10-1: 자본의 몫 증가에서 개인 간 불평등으로의 전도

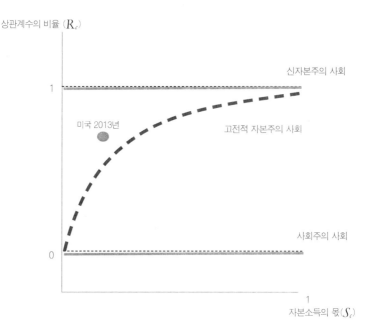

주: 세 가지 이상적 사회 시스템과 이들이 어떻게 자본의 몫 증가를 개인 간 불평등으로 '전도'시키는지를 나타낸 그래프

형태로 나타낼 수 있다. 여기서 노동소득(좀 더 현실적으로는 노동소득의 로그값) l은 각각 $\overline{l}$, σ_l을 평균 및 표준편차로 갖는 정규분포 $l : N\left(\overline{l}, \sigma_l\right)$를 따르며, 자본소득 $\overline{c}$ 는 상수로 결정된다. 자본소득의 양과 개인의 총소득 순위 사이에 상관관계가 없으므로 등식 (2)의 분자, 즉 $\rho\left(r(y), c\right)$ 값은 0이 될 것이다. 따라서 R_c의 값 역시 0이 된다.

노동소득에 상관없이 자본을 개인들에게 임의로 분배해도 위와 동일한 결과를 얻을 수 있다. 이 경우 G_c 의 값은 양수가 되고 개인 i 의 소득은 $y_i = l_i + c_i$로 표현될 것이다. 여기서 노동소득 l 과 자본소득 c 는 모두 정규분포를 $l : N\left(\overline{l}, \sigma_l\right)$, $c : N\left(\overline{c}, \sigma_c\right)$따르며, 기본적으로 이들 사이에서는 어떤 연관성도 존재하지 않는다. 자본가가 된다는 것과 전반적인 소득 수준이 높은 것 사

294

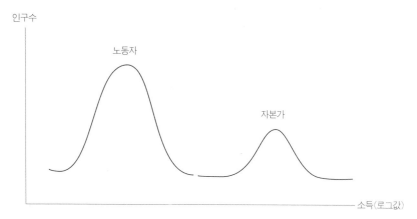

도표 10-2: 고전적 자본주의의 사회 구조(간소화)

주: 자본주의 사회에서는 그 규모와 소득수준에 따라 사람들을 두 그룹으로 나눌 수 있다.

이에 명확한 상관관계가 존재하지 않기 때문에, 이 상황에서도 '전도' 과정은 일어나지 않을 것이다. R_c의 값은 양수일 수도, 혹은 음수일 수도 있지만 (노동소득분포에 비해 자본이 어떻게 분배되는지는 로또처럼 확률에 달려 있다) 절댓값으로는 아주 작은 값을 가질 것이다.[15]

어떤 경우에도 높은 자본소득의 몫이 개인 간 소득 불평등으로 전도되는 정도는 미약할 것이다. 즉, s_c의 값에 상관없이 전도가 일어나지 않거나 아주 약한 전도가 일어날 것이다. 이는 도표 10-1에서 '사회주의'라고 명시된 직선으로 표현되었는데 $R_c = 0$ 수평선과 거의 구분이 불가능할 정도로 가깝게 그려져 있다. 기본적으로(그리고 핵심적으로) 개인의 소득분포는 순 생산에서 자본소득이 차지하는 비중과 독립적인 것이다. 즉, 소득분포는 자본소득의 몫으로부터 '고립'되어 있다.

고전적 자본주의

고전적 자본주의 사회에서는 자본과 노동의 소유가 완전히 분리돼 노동자들은 자산 소유 없이 오로지 노동소득만 얻고, 자본가들은 반대로 자본소득만을 얻는다. 더불어 모든 노동자들이 자본가들보다 상대적으로 가난하다고 가정할 것이다. 이는 단순화를 위한 아주 중요한 가정인데, 도표 10-2에서처럼 인구를 소득수준에 따라 두 그룹으로 나눌 수 있기 때문이다. 이 두 그룹이 겹치지 않으면, 총소득 지니계수는 인구 그룹에 따라 정확히 분해할 수 있으며(등식 (3) 참조), 이는 소득원천에 따른 지니계수와 인구 그룹에 따른 지니계수 사이의 관계를 간단하게 나타낸다.

일반적으로 인구 그룹 i(=1, 2, ... r)에 포함되는 사람들의 지니계수는 다음과 같다.

$$G = \frac{1}{\mu} \sum_{i=1}^{r} \sum_{j>i}^{r} \left(\bar{y}_j - \bar{y}_i \right) p_i p_j + \sum_{i=1}^{r} p_i s_i G_i + L$$

여기서 μ 는 전체소득의 평균, $\bar{y}_i$ 는 그룹 i 에 속한 사람들의 평균 소득, p_i 는 그룹 i 의 전체 인구대비 비중, s_i는 전체 소득에서 그룹 i 의 몫, L 은 두 인구 집단에 동시에 포함되는 잔차 항을 나타낸다. L 의 값은 평균적으로 더 가난한 그룹의 일부 사람들이 평균적으로 더 부유한 그룹의 일부 사람들보다 소득이 높을 때 양의 값을 가진다. 하지만 우리는 모든 노동자들이 자본가들보다 가난하다고 가정했기 때문에 L 항은 사라지고 지니계수는 다음과 같이 단순화시킬 수 있다.

$$
\begin{aligned}
G &= \frac{1}{\mu} \left(\bar{y}_k - \bar{y}_w \right) p_k p_w + p_k s_k G_k + p_w s_w G_w \\
&= s_k p_w - s_w p_k + p_k s_k G_k + p_w s_w G_w = s_k \left(p_w + p_k G_k \right) + s_w \left(-p_k + p_w G_w \right)
\end{aligned}
\tag{3}
$$

여기서 w는 노동자들을, k는 자본가들을 나타내기 위한 첨자다.

소득원천으로 구분하든, 인구 집단으로 구분하든, 전반적인 소득 불평등의 값은 동일하게 나타나야 하므로 등식 (3)은 등식 (1)과 일치해야 한다. 따라서 두 등식을 같게 놓으면

$$s_c\left(p_w+p_kG_c\right)+s_l\left(-p_k+p_wG_l\right)=s_lR_lG_l+s_cR_cG_c$$
$$s_c\left(p_w+p_kG_c-R_cG_c\right)+s_l\left(-p_k+p_wG_l-R_lG_l\right)=0 \tag{4}$$

이와 같은 결과에 이르게 된다. 여기서 전체소득 대비 노동소득의 비중 (s_l)은 노동자들이 얻는 소득의 비중(s_w)과 정확히 일치한다는 것과, 전체소득 대비 자본소득의 비중(s_c)이 자본가들이 얻는 소득의 비중(s_k)과 같다는 사실을 이용했다. 이와 유사하게, $G_k=G_c$ 와 $G_l=G_w$ 가 성립한다. 부록 1은 이러한 관계들의 변형된 형태를 보여준다. 최종적으로는 s_c 와 R_c 사이에 (도표 10-1의 '고전적 자본주의'로 표시된 곡선처럼) 양의 오목관계가 있다는 결론을 얻는다. 즉, 자본소득의 몫 s_c 의 증가로 인한 개인 간 소득 불평등 확대는 점점 더 느린 속도로 일어난다는 것인데, (한계대체율 체감과 유사하게-옮긴이) s_c 가 1에 가까워짐에 따라 R_c 는 1에 접근하게 된다.

약간의 직관이 결과를 설명하는 데 도움이 될 것이다. 고전적 자본주의 사회에 극도로 적은 수의 자본가만이(극단적으로 1명만 생각할 수 있다) 존재하고 나머지는 모두 노동자라고 가정하면 s_k 와 s_c 모두 작은 값을 갖는다.[16] 단 한 명의 자본가를 가정하면, 그 사람을 사회에서 가장 부유한 사람으로 (그러나 s_c 의 값을 끌어올릴 만큼 엄청난 부자는 아닐 정도로) 가정하는 것과 같다. 자본소득의 양과 개인의 전체 소득 순위 사이의 연관성은 없기 때문에, R_c 의 분자 $cov(r(y), c)$ 값은 작을 것이다. 따라서 개인의 소득 순위를 나타내는 벡터와 자본소득을 나타내는 벡터로 각각 $[123\cdots n]$ 과 $[000\cdots k]$ 를 고려할 수 있고, 여기서 K는 한 명의 자본가가 얻는 자본소득을 의미한다. R_c 의 분모에 해당하는 상관계수의 경우, 최상위 소득자인 자본가를 제외하고는 모두 제로의 자본소득을 얻기 때문에 자본소득 순위 벡터와 자본수익 벡터는 각각 $\left[\dfrac{n}{2}\dfrac{n}{2}\dfrac{n}{2}\cdots n\right]$, $[000\cdots K]$ 가 될 것이다. 이러한 상관계수는 상당히 높게 (사실은 1의 상관관계다) 측정될 텐데, 결국 두 상관계수의 비율인 R_c 는 아주 작은 값을 가질 것이다. 수치를 가지고 직접 예시를 들어보면 이해가 쉬울 것이다. n=100, K는 임의의 수로 지정하자. 분자의 상관계수는 0.17, 분모의 상관계수는 1일 때, R_c = cov(r(y), c) = 0.17이 된다.

또 다른 극단적인 상황을 가정해보자. 이제 고전적 자본주의 사회는 대부분 자본가들로 이루어져 노동자는 극도로 적은 상황이며, s_c는 1에 가까운 값을 갖는다. 한 사람의 자본소득 순위는 총소득 순위와 거의 일치할 것이므로 cov(r(y), c) ≈ cov(r(c), c), 즉 R_c ≈ 1 이 될 것이다. 다시 말해서 이런 극단적 상황에서는 총소득과 자본소득이 사실상 아무런 차이가 없으며, 두 상관계수의 값이 일치하여 R_c ≈ 1 이 된다는 것이다.

신자본주의

신자본주의는 개인이 자본소득과 노동소득 둘 모두를 얻을 수 있다는 점에서 고전적 자본주의와 다르다. 즉, 노동소득 $(l_i, 0)$ 만을 얻는 노동자들과 자본소득 $(0, c_i)$ 만을 얻는 자본가들로 극명하게 나뉜 것이 아닌, 개개인들이 양의 노동소득과 양의 자본소득 (l_i, c_i)를 얻는다는 것이다. 여기에 추가적으로 (총소득 측면에서) 더 부유한 사람일수록 벌어들이는 노동소득과 자본소득이 증가한다는 가정을 세울 것이다. 예를 들어 가난한 사람의 소득이 (2,1)이라면, 중간 계층은 (7,3), 고소득층은 (24,53)쯤 되는 것이다.

노동소득, 자본소득, 총소득의 단조 증가monotonic increase 가정은 ($y_j > y_i$이면, $l_j > l_i$ 와 $k_j > k_i$ 가 성립한다) 노동소득 순위, 자본소득 순위, 총소득 순위가 모두 일치하도록 보장하며, 이에 따라 $R_c = R_l = 1$이 성립하게 된다. 이것이 도표 10-1에서 신자본주의를 나타내는 '전도' 그래프가 상수함수인 R_c = 1로 표현된 이유다.

하지만 여전히 두 가지의 세부적인 시나리오가 가능하다. 첫 번째는 도표 10-3에서 노동소득과 자본소득 2로 표현된 상황이다. 여기선 소득 수준에 상관없이 모든 사람은 일정한 비율의 노동소득과 자본소득을 얻는다. 즉, 점점 더 부유한 계층으로 이동할 때 노동소득 증가율과 자본소득 증가율이 같다는 말이다. 개인의 총소득은 $y_i = \varsigma_i(\bar{l} + \bar{c})$ 와 같이 표현될 수 있는데, ς_i는 i 와 함께 증가하여 모든 개개인이 사회 전반의 노동소득과 자본소득 중 일정 비율을 가져간다는 것을 의미한다. 다시 말해서 소득분포의 위로 이동할수록 노동소득

도표 10-3: 신자본주의에서 개인에 따른 노동소득과 자본소득 그래프(간소화)

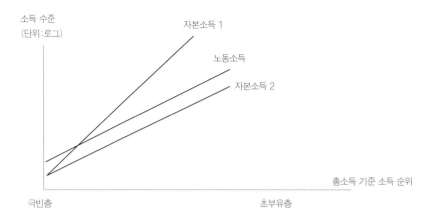

주: 두 가능성이 존재하는데, 하나는 부유한 사람일수록 자본소득 비중이 높다는 것, 다른 하나는 총소득이 증가해도 노동소득과 자본소득의 비율이 일정하게 유지된다는 것이다.

과 자본소득 좌표 값이 (2,1)에서 (10,5), (200,100) 등으로 상승하여, 모든 사람들이 자본소득 대비 2배의 노동소득을 얻는다는 것이다. 물론 각 소득의 절대수치는 개인별로 다를 수 있다. 부유한 사람일수록 당연히 노동소득과 자본소득 모두를 더 많이 얻는다. 이러한 경우 (이를 '신자본주의2'라고 부르자), 노동소득 지니계수와 자본소득 지니계수의 값은 일치하며, 총소득 지니계수는 다음과 같이 나타낼 수 있다.

$$G = s_l\overline{G} + s_c\overline{G} = \overline{G} \tag{5}$$

r > g 와 자본소득 비중이 상승할 때, 전반적인 불평등은 변하지 않는다. 따라서 모든 개인이 총소득 대비 일정한 비율의 원천소득을 갖는 '신자본주의2' 국가에서는 (예를 들어 모든 사람들의 총소득이 70퍼센트의 노동소득과 30퍼센트의 자본소득으로 구성되어 있는 경우) 자본소득 비중의 증가가 개인 간 소득 불평등으로 전도되지 않는다. 여기서 전도가 일어나지 않는 이유는 자본소득 비중의 증가가 자본소득

지니계수에 어떤 변화도 주지 않기 때문이라는 점을 주목하라(그리고 자본소득 지니계수는 노동소득 지니계수와 같다). 사회주의 사회에서는 $G_c = 0$이었기 때문에 전도가 일어나지 않았는데 이와 비교되는 상황이다.

좀 더 현실적인 버전의 신자본주의('신자본주의1')는 부유한(총소득 기준으로) 사람일수록 더 높은 비중의 자본소득을 얻는 사회다. 미분가능한 상황이라면

이는 $\dfrac{dc}{dy} > 0$, $\dfrac{dl}{dy} > 0$, $\dfrac{d\left(\dfrac{c}{l}\right)}{dy} > 0$ 세 가지 부등식으로 표현할 수 있는데, 앞의

두 조건은 부자일수록 노동소득과 자본소득의 절대 수치가 더 높다는 것을 의미한다.[17]

총소득 순위와 자본소득 순위가 일치하기 때문에 $\text{cov}(r(y),c) = \text{cov}(r(c),c)$ 관계는 여전히 성립한다. 따라서 $R_c = 1$ 역시 만족하지만, 자본소득 비중이 증가함에 따라 총소득 지니계수가 올라간다는 점은 '신자본주의2'와 대조적이다. 도표 10-3의 자본소득 1 그래프같이 자본소득 지니계수가 상승하는 것은 자본소득 지니계수가 노동소득 지니계수보다 높고, 더 불평등하게 분배된 소득 원천의 영향력이 확대되기 때문이다. 총소득 지니계수의 실제 증가분은 $G_c - G_l$이 될 것이다.

신자본주의는 고전적 자본주의로부터의 탈피를 의미하는 상징적 존재다.[18] 모든 개인이 노동소득과 자본소득을 얻고, (인구분포에 상관없이 각 원천별 소득 비중이 일정하다면) 자본소득 비중이 증가함에도 불구하고 개인의 소득분포가 변하지 않는, 원칙적으로 사회주의와 동일한 결과를 얻을 수 있다. 하지만 이것은 현실적이진 않은데, 오늘날 대부분의 선진국은 풍족한 가계일수록 자본소득의 비중이 더 높은 '신자본주의1' 형태의 사회이기 때문이다.

'신자본주의1' 사회에서 자본소득 비율의 증가가 개인 간 소득 불평등으로 전도되는 과정은 고전적 자본주의만큼 강하게 일어날지도 모른다. s_c의 값이 0.3에서 0.35로 증가하는 상황을 가정해보자. 고전적 자본주의하에서 R_c가 대략 0.6이었다면, 자본소득 비율의 5퍼센트 증가는 3포인트가량의 총소득 시니

계수 증가로 이어질 것이다. '신자본주의1'하에서는 총소득 지니계수 증가분이 $G_c - G_1$ 의 5배가 될 것이다. $G_c - G_1$ 의 값은 경험적으로 약 0.3~0.5(0.8~0.9에서 0.4~0.5를 뺀 값)로 나타나고, 따라서 총소득 지니계수의 증가량은 대략 1.5~2.5포인트가 될 것이다. 자본소득 비중의 증가가 개인 간 소득 불평등으로 이어지는 과정을 놓고 봤을 때, 신자본주의는 고전적 자본주의보다 약간 더 좋은 수준밖에 되지 않는다는 것이다.

자본소득 비중 증가가 개인 간 소득 불평등으로 전도되는 과정: 경험적 결과에 대해

앞선 분석에서 보았던, 높은 자본소득 비중이 개인 간 불평등으로 전도되는 과정이 선진 자본주의 경제에서는 어떤 형태로 발생하고 있을까? 필자는 1969~2013년에 걸쳐 17개 자본주의 국가들의 표준 가계 설문조사를 실시한 룩셈부르크 소득연구LIS 자료에서 138개의 샘플을 취하여, 위에서 언급한 통계량을(지니계수, 소득 집중계수, 자본소득과 노동소득에 대한 상관계수의 비율 등) 추정해보았다. 국가별로 설문 데이터의 수는 상이했는데, 스위스와 그리스는 5개인 반면 미국은 11개, 캐나다는 12개였다. 대부분의 국가에서 가장 최근의 데이터는 2010~2013년 기간에 해당했다. 설문 문항의 리스트는 부록 2에 있다.

그러나 룩셈부르크 소득연구팀이 설문 대상을 최대한 다양하게 확보하려고 노력했다 해도, 자본소득의 양은 과소평가되었을 수 있다는 점을 명심해야 한다. 부유한 사람들은 이러한 설문에 응하는 것을 꺼릴뿐더러 설문에 응한 부자들은 자신의 자본소득을 실제보다 낮게 부르기 때문에, LIS 데이터가 참조한 기존 자료는 애초에 자본소득을 실제보다 낮게 측정한 것이다. 예를 들어 LIS 의 미국 설문자료는 자본이득을 제외한 자본소득이 시장소득에서 평균 7퍼센트가량을 차지한 것으로 나타났으나, 이는 연방정부의 데이터를 이용한 추정치의 3분의 2 수준이다.[19] 그럼에도 불구하고 룩셈부르크 소득연구와 미 연

표 10-1: LIS 설문자료와 미 재정 데이터의 비교

	2000		2004	
	설문	재정데이터	설문	재정데이터
자본이득을 제외한 시장소득의 불평등 (단위: 지니계수)	53	55	54	55
시장소득에서 자본소득의 몫 (단위: %)	7	11	6	10
자본소득의 지니계수	90	92	92	94
자본소득 상관도 비율(전도탄력성)R_c	0.63	0.76	0.64	0.78

주: 가계 설문 자료를 통한 추정치는 1인당 소득을 기준으로, 재정 데이터를 이용한 추정치는 가계 규모와 매우 유사한 재정의 기본 단위를 기준으로 계산되었다. 재정 데이터는 2005년 이후로 제공되지 않으며, 비교를 위해 필자는 두 자료의 공통기간 중 가장 최신 자료를 이용했다.
자료제공: 미국 상시인구조사Current Population Surveys에 기반한 LIS 가계 설문. Christoph Lakner가 제공한 재정자료.

방 데이터를 이용한 추정치는 모두 자본소득 지니계수와 상관도 비율(R_c) 사이에 높은 관련이 있음을 공통적으로 나타내는데, 이들은 '전도' 과정에 영향을 미치는 핵심 요소들이다. 따라서 상관도 비율 R_c는 가계 설문을 통해 구하든, 정부 재정 데이터를 통해 구하든 상관없이 아주 유사한 값을 가질 것이다 (표 10-1 참조).

도표 10-4는 4개의 선진경제에서 전도탄력성(R_c)이 시간에 따라 어떻게 변하는지를 나타낸다. 미국 이외에도 독일, 스웨덴, 스페인 등을 각각 유럽 대륙형 협동조합주의 복지국가, 스칸디나비아형 복지국가, 지중해형 복지국가의 대표 국가로 포함하였다. 분석 결과 미국에서 전반적으로 높은 전도탄력성 값을 보이는데, 그 값은 1970년대 후반 0.54 수준에서 2013년 0.64 수준까지 꾸준히 상승했다. 반면 스웨덴은 가장 흥미로운 양상을 보였는데, 1970년대 중반에는 0.2 가량으로 아주 낮았으나 2000년대에 0.5 수준까지 상승한 것이다. 이는 스웨덴

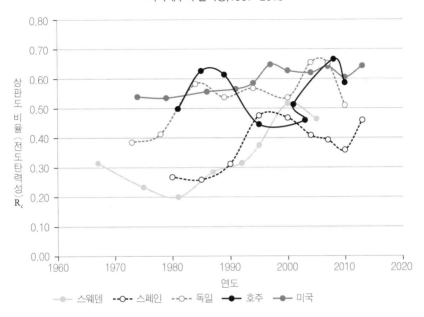

도표 10-4: 5개 선진경제에서 자본소득 비중의 변화에 따른 개인 간 소득 지니계수의 탄력성, 1967~2013

상관도 비율 (전도탄력성) R_c

연도

─■─ 스웨덴　─○─ 스페인　─○─ 독일　─●─ 호주　─●─ 미국

주: 호주를 제외한 5개 모든 국가에서 탄력성 수치는 지난 30년간 분명한 상향 추세를 보였으며, 각국 사이의 격차는 더욱 좁혀졌다.

자료출처: 룩셈부르크 소득연구의 가계수준 데이터(부록 2 참조). 모든 기본변수는 가구의 크기에 따라 정규화한 것으로 1인당 수치로 표현된다.

에서의 소득 불평등, 특히 부의 불평등이 증가했다는 잘 알려진 사실과 일치한다.[20] 독일의 전도탄력성 역시 눈에 띄게 증가했는데, 1970년대 중반 0.4 정도에서 2000년대 0.65 수준까지 치솟았다. 마지막으로 스페인 역시 1980년대 0.3 수준에서 2010년에는 0.5에 약간 못 미치는 수준에 이르렀다. 4개국 모두에서 지난 30년간 전도탄력성의 상승 추세를 분명히 확인할 수 있다. 게다가 각국 간의 탄력성 격차는 과거보다 좁혀진 것으로 드러났다. 이러한 경향은 17개국의 전체 샘플에서도 동일하게 관찰할 수 있었다.

도표 10-5는 평균 탄력성 수치를 국가별 순위에 따라 나타낸 그래프다. 이탈리아, 미국, 핀란드 등 3국은 가장 높은 수준인 0.6가량의 값을 보이고 있고,

도표 10-5: 지난 40년간 국가별 평균 탄력성 수치

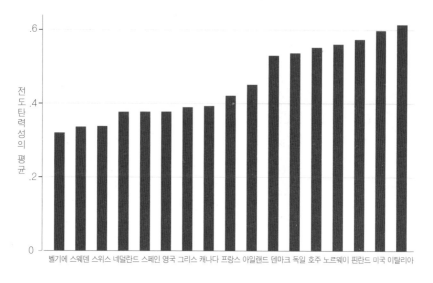

주: 이탈리아, 미국, 핀란드 등 3개국은 가장 높은 탄력성 수치인 약 0.6을 기록했고, 벨기에, 스웨덴, 스위스 등은 0.35에 못 미치는 가장 낮은 값을 보였다.

자료출처: 룩셈부르크 소득연구의 가계수준 데이터(부록 2 참조)

벨기에, 스웨덴, 스위스 등은 평균 탄력성이 0.35를 하회하여 가장 낮은 수준을 기록했다. 국가별로 평균 탄력성을 계산한 기간과 샘플의 크기가 모두 상이하다는 점을 상기하자(미국의 경우 첫 관측값이 1979년 데이터인 반면, 그리스는 1995년이다).

도표 10-6은 전도탄력성과 자본소득 비중 사이의 관계를 확인하기 위해, 138개 설문결과로부터 얻은 데이터를 산포도 그래프로 표현한 것이다. 이전 부분에서 확인했듯이, 높은 자본소득 비중은 높은 전도탄력성과 관련이 있는데, 이들 사이의 오목한concave 연관성을 산포도를 통해 확인할 수 있다. 자본소득 비중이 0.12 정도에 다다르면, 전도탄력성은 소폭 상승하거나 일정했다. 이는 자본소득 수준이 이미 높을수록, 자본의 몫이 증가했을 때 개인 간 소득 불평등(지니계수)이 더 빠르게 올라간다는 것을 의미한다. 그러나 자본소득 비중이 일정 수준에 다다르면, 자본의 몫이 더 증가해도 개인 간 불평등에 미치는 영향은 이전과 동일하다.

도표 10-6: 1967~2013년 동안의 17개 선진경제에서, 자본소득의 비중을 개인 간 불평등으로 '전도'시킨 탄력성과 자본소득 비중 간의 관계

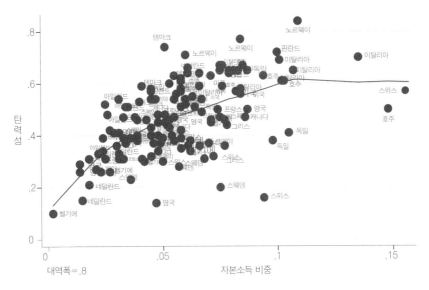

주: 모든 변수는 가구원 수로 정규화하여 1인당 수치로 표현되었다. Stata의 비모수non-parametric lowess 함수와 디폴트 대역폭bandwidth 값을 볼 수 있다. 국가별로 관측값이 존재하는 모든 연도에 대해 그 값이 그래프에 표기되어 있다.

자료출처: 룩셈부르크 소득연구의 가계 수준 데이터(부록 2 참조)

중간값과 평균값은 모두 0.46이며, 대부분의 탄력성 값은 0.3~0.6 사이에 위치했다(이는 탄력성의 분포가 상당히 대칭적이라는 것을 의미한다). 탄력성 값의 분포는 도표 10-7에 나타나 있다.

탄력성과 자본소득의 몫은 어떻게 연관되어 있는가? 다시 말해 도표 10-6에 나타난 관계를 매개변수를 통해 추정할 수 있을까? 표 10-2는 몇몇 경우에 대한 회귀분석 결과를 보여주고 있다. 전도탄력성이 자본소득과 시간이라는 두 변수에 의해서만 선형적으로 변한다고 가정한 경우, 자본소득 항의 기울기는 3 정도로 통계적으로 유의한 양수 값을 가졌다. 이는 평균적으로 자본소득 비중이 1퍼센트 포인트 증가할 때마다 전도탄력성은 약 3퍼센트 포인트 상승한다는 의미이며, 예를 들어 자본소득 비중이 0.05에서 0.06으로(5퍼센트에서 6퍼센

도표 10-7: 선진경제에서 탄력성 R_e 값의 분포

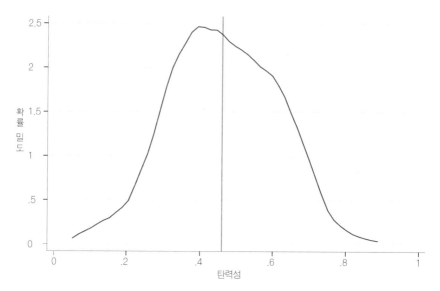

커널함수: 예파네크니코프epanechnikov, 대역폭=0.0480

주: 대부분의 탄력성 값은 0.3~0.6 사이에 위치한다. 가운데 수직선은 평균값이자 중간값인 0.46 지점에 그어
진 것이다(대략적으로 대칭 분포를 보여준다).
자료출처: 룩셈부르크 소득연구의 가계 수준 데이터(부록 2 참조)

트로) 증가하면 탄력성 값은 0.4에서 0.43으로 증가한다는 것이다. 시간 변수
의 계수가 양수인 것은 전도 과정이 최근에 와서 더욱 강력해졌음을 의미
한다. (도표 10-6의 그래프 모양을 고려했을 때) 선형회귀보다 더 현실적인 추정방법은
2차 함수 형태로 회귀분석을 진행하는 것인데, 실제로 2차항계수는 통계적으
로 유의한 값을 가짐을 확인할 수 있었다. 또 다른 대안은 국가별 고정효과를
반영한 회귀분석으로, 이는 (국가별로 절편값이 달라지도록 반영하여) 각국 사이에 상이
한 효과를 허용하는 방법이다. 자본소득 비중에 대한 계수(2.68)는 단순 선형회
귀에서 얻은 값과 상당히 비슷했고, 시간 변수에 대한 계수도 여전히 유의미한
수준의 양수 값을 가졌다. 마지막으로 도표의 유형 4는 자본소득 비중의 2차
함수 형태를 유지하면서 국가별 고정효과를 반영한 결과인데, 기본적으로 앞

표 10-2: 회귀분석 결과

전도탄력성과 자본소득의 비중(종속변수: 탄력성)

	통합 회귀분석		국가별 고정효과	
	1	2	3	4
자본의 몫	2.95	5.81	2.68	4.99
	(0.00)	(0.00)	(0.00)	(0.00)
자본의 몫 제곱		-20.69		-15.81
		(0.01)		(0.03)
시간	0.005	0.004	0.004	0.004
	(0.00)	(0.00)	(0.00)	(0.00)
상수항	-9.19	-8.45	-7.84	-7.17
	(0.00)	(0.00)	(0.00)	(0.00)
조정 R^2 5값(F값)	0.41	0.43	0.43	0.45
	(48)	(36)	(45)	(32)
관측값의 개수	138	138	138	138
대상 국가의 수			17	17

주: p값은 괄호 안에 표시. 시간은 해당 조사가 이뤄진 연도를 이용했다(부록 2 참조).

선 1, 2, 3 유형과 동일한 결론을 나타낸다. 이번 예제로부터 얻은 두 가지 결론 중 첫 번째는 자본소득 비중의 증가가 개인 간 소득 불평등으로 이어지는 전도력의 증가와 연관이 있다는 것이고, 두 번째는 이들 사이의 관계가 최근에 더욱 강화되었다는 점이다.

이제 앞선 내용에서 4가지 이상적 사회 시스템별로 구분해 분석했던 내용을 실제 데이터와 비교할 차례다(표 10-3 참조). 이는 현대 자본주의 사회가 경제 이론의 이상적 시스템과 어떻게 다른지 알 수 있게 해줄 것이다. 1969년 영국과 1987년 네덜란드, 1982년 스위스, 1981년 스웨덴 등은 전도탄력성이 0.2보다 작거나 같았고 사회주의 경제와 상당히 유사한 모습을 보였다. 반면, 관측된 모든 데이터의 절반은 0.36~0.57 사이의 구간에 위치했다(앞서 언급했듯 중간값은 0.46이다). 이러한 수치는 이상적 사회라는 관점에서 보면 사회주의와 고전적 자본주의의 중간 지점, 혹은 '신자본주의 1'에 해당한다. 탄력성 값이 높은 국

표 10-3: 자본소득 비중의 증가를 개인 간 소득 불평등으로 전도시키는 전도탄력성

경제시스템	탄력성	지니계수의 변화
신자본주의 1(G_c〉G1)	1에 근접	G_c-G1
고전적 자본주의	<1	R_c G_c-R1 G1
신자본주의 2(G_c=C1)*	1	0
현대의 선진경제국	0.46	R_c G_c-R1 G1 =(0.51)(0.9)-(0.6) (0.5)=0.16*
사회주의	0에 근접	0에 근접하거나 음수**

*: 2000년 이후 의 평균값은 0.51이었고, 다른 변수들에 대해서도 평균을 적용
**: 노동소득 지니계수는 양수로 가정하므로 (G_l>G_c=0)

가인 2000년대 북유럽과 1998년 및 2000년의 이탈리아는 0.7을 상회하는 값을 기록하여, 고전적 자본주의 혹은 '신자본주의 1'과는 가장 가깝고 사회주의와는 가장 거리가 멀었다.[21] 미국의 탄력성 최댓값은 1997년의 0.65로, '신자본주의 1' 국가에 더 가까운 모습을 보였으며, 가장 최근인 2013년에는 0.64로 최고점에서 약간 떨어진 수치였다.

지니계수가 얼마나 상승할 것인지는 탄력성뿐만 아니라 노동소득 지니계수나 자본소득 지니계수, 노동소득 상관계수(R_l) 등의 변수에도 영향을 받는다. 이러한 매개변수 중 특히 노동소득 지니계수와 자본소득 지니계수는 국가 간 격차가 크지 않기 때문에 한 가지 단순화 가정을 세울 수 있다. 즉, 이 데이터 샘플에서 노동소득 지니계수의 평균이 0.5이고, 자본소득 지니계수 평균이 0.9라는 것을 이용하는 것이다. 이들 값과 노동소득 상관계수의 평균을 이용하면 자본소득 비중이 1퍼센트 포인트 증가할 때마다 총소득 지니계수가 0.16지니 포인트 상승할 것이라 추정할 수 있다(표 10-3 참조). 카라바부니스[Karabarbounis]와 니먼[Neiman]에 의하면, 1975~2012년 동안 미국에서 자본소득의 몫은 5퍼센트 증가했는데,[22] 이로부터 개인 간 소득 불평등이 약 0.8지니 포인트가량 상승했을 것

이라 추측할 수 있다.

정책적 함의

이 분석이 함의하는 바는 자본소득 비중의 증가가 개인 간 불평등의 확대로 이어지는 과정이 자산의 분배를 결정하는 각종 사회 시스템별로 다르게 나타난다는 것이다. 우리는 자본소득이 소수의 사람들에게 편중돼 있고, 자본을 많이 소유하는 것이 곧 소득 순위가 높다는 암묵적인 가정을 세우곤 했다. 경험적 관점에서 이들 두 가정은 합리적인 것으로 보인다. 실제로 이상적 사회 중 하나인 신자본주의 모델에서, s_c 의 증가는 거의 직접적으로 지니계수를 끌어올린다는 것을 볼 수 있었다(자본소득 지니계수가 노동소득 지니계수보다 훨씬 더 높기 때문이다). 고전적 자본주의에서도 역시 자본가의 수가 충분히 많다면 이런 현상은 동일하게 나타났다. 반면 사회주의에서는 s_c 의 증가가 개인 간 소득 불평등으로 이어지진 않았다. 실제로는 자본자산이 개인에게 공평하게 배분되었다는 가정하에 오히려 소득 불평등이 줄어드는 것으로 나타났다. 이와 비슷하게 모든 개인이 같은 비율의 자본소득과 노동소득을 얻는 '신자본주의 2' 사회에서는 자본소득 비중의 증가가 소득분포에 어떤 영향도 주지 못했다.

나는 이것이 특히 부유한 국가에 의미하는 바가 크다고 생각하는데, 여기서 부유한 국가의 정의는 높은 K / Y (β) 비율을 나타낸다. 선진경제들이 더더욱 부유해지고 있는 현재, r > g 현상은 α, β 의 증가로 이어질 것이다. 경제 성장률보다 자본수익률이 더 높은 와중에 소득 불평등을 심화시키지 않으려면 피케티가 제시했듯 세금 제도를 이용한 방법이나, 더 좋은 대안으로는 자본 소유의 집중을 줄이는 방법이 있을 것이다.

이 장에서 논의한 프레임워크에 의하면 G_c 의 감소는 (높은) 자본소득과 (높은) 총소득 사이의 연관성 또한 약화시킬 것이다. 따라서 G_c 와 R_c 가 모두 감소하고 이에 따라 자본소득 비중의 증가는 개인 간 소득 불평등을 심화시키는 데 비교

적 미미한 영향을 끼칠 것이다. 궁극적으로 만약 $G_c = G_l$ 이 된다면 자본소득
몫의 상승은 총소득 지니계수에 아무 영향도 주지 못하게 된다.

결국 국가정책이란 자본을 재분배하여 자본 소유의 집중을 완화하는 데 더
욱 초점을 맞춰야 한다는 의미다. 여기에는 근본적으로 두 가지 방안이 있다.

하나는 종업원지주제와 같이, 현재 어떤 자본도 소유하지 않은 노동자들에
게 자본을 부여하는 정책을 강화하는 것이다. 일례로 스웨덴 노동조합의 연금
제도는 최근에 다시 부활했는데,[23] 이는 기업이 노동자의 연금을 지원하기 위
해 특별주식을 발행하는 것으로 잘 알려져 있다. 그러나 이러한 접근법은 노
동자의 소득이 자신이 속한 기업에만 의존하도록 하는 비다각화 위험으로 이
어지게 만든다. 다만 오늘날 노동소득에만 의존하는 대부분의 사람들은 이러
한 상황에 처해 있으므로, 노동소득과 자본소득이 동일한 회사에서 발생한다
고 해서 딱히 이전보다 더 큰 위험에 노출된다고 볼 순 없다는 주장도 있다. 하
지만 이 주장이 맞는다고 하더라도, 자본이 없는 사람들의 상황을 현저히 개선
하지 못하는 친노동정책을 굳이 왜 시행해야 하는지에 대한 의문은 여전히 남
는다. 따라서 이러한 접근법은 시행할 가치는 있지만, 몇 가지 한계가 있다고
결론내릴 수 있다.

좀 더 유망한 접근법은 노동자의 직장과 분리된 더 확장된 소유권을 공유할
수 있게 초점을 맞추는 것이다. 이는 소량의 주식 소유를 장려하고, 거대 자산
의 집중에 대해서는 패널티를 부여하는 등의 다양한 방법을 통해 시행될 수 있
다. 실제로 피케티가 제안한 누진적 자본세정책은 부를 소유하지 못한 사람들
에게 암묵적이고 명시적인 지원책을 제공하는 것과 병행해 시행할 수 있다.[24]

자본/생산 비율이 증가하는 경향이 있는 부유한 사회에선, 자본소득이 순
생산에서 차지하는 비중 역시 증가할 것이라 예상할 수 있다.[25] 만약 그렇다면
정부정책은 불가피하게 증가하는 K/Y비율이 지속 불가능한 수준의 소득 불
평등을 만들어내지 못하도록 해야 한다. 이를 이룰 수 있는 방법은 분배 전 단
계predistribution stage에서 개인의 자산을 되도록 평등하게 나누는 것이다. 이 단원
의 표현을 빌리자면 오늘날 실제 자본주의의 모습과 가까운 '신자본주의 1'에

서 벗어나 '신자본주의 2' 형태의 사회로 나아가야 한다는 것이다. 이는 일차적으로 자본 분배의 편중을 완화시키는 것과 관련이 있지만, 더 나아가 (따로 논의하지는 않았지만) 교육에 좀 더 공평한 기회를 주고 스킬로 향한 소득을 분산시키는 것도 중요하다.

부록 1: 고전적 자본주의(노동자와 자본가라는 두 그룹으로 완전히 분리되는 사회)에서 전도함수의 유도 과정

$$s_c\left(p_w + p_k G_c - R_c G_c\right) = -s_l\left(-p_k + p_w G_l - R_l G_l\right)$$

$$s_c\left(p_w + p_k G_c - R_c G_c\right) = -\left(1-s_c\right)\left(-p_k + p_w G_l - R_l G_l\right)$$

$$s_c\left(p_w + p_k G_c - R_c G_c\right) = -\left(1-s_c\right)\left(A\right)$$

$$s_c\left(p_w + p_k G_c - R_c G_c - A\right) = -A$$

$$-s_c R_c G_c = -s_c\left(p_w + p_k G_c - A\right) - A$$

$$s_c R_c G_c = s_c\left(p_w + p_k G_c - A\right) + A$$

$$R_c G_c = \left(p_w + p_k G_c - A\right) + \frac{A}{s_c}$$

$$R_c = \left(\frac{p_w - A}{G_c} + p_k\right) + \frac{A}{s_c G_c}$$

$$\frac{dR_c}{ds_c} = -\frac{A}{s_c}\frac{1}{G_c^{\,2}} > 0$$

여기서

$$A = -p_k + p_w G_l - R_l G_l = -\left(1-p_w\right) + p_w G_l - R_l G_l = p_w\left(1 + G_l\right) - 1 - R_l G_l \text{ 는}$$

음수일 것이므로 마지막 부등식이 성립한다. $p_k \to 1$과 같은 극단적인 경우에는 A가 음수인 것을 쉽게 확인할 수 있다. $p_k \to 0$의 경우에는 $A = G_l\left(1 - R_l\right) \to 0$이 된다. 물론 후자의 경우는 자본가가 전혀 존재하지 않는다는 의미이므로 현실과는 거리가 멀지만, 이를 제외한 모든 경우 $0 < p_k < 1$ 에 대해 $A < 0$가 성립한다.

부록 2: 룩셈부르크 소득연구소에서 사용한 국가별 데이터의 연도

나라	연도
호주	1981 1985 1989 1995 2001 2003 2006 2010
벨기에	1985 1988 1992 1995 1997 2000
캐나다	1971 1975 1981 1987 1991 1994 1997 1998 2000 2004 2007 2010
스위스	1982 1992 2000 2002 2005
독일	1973 1978 1984 1989 1994 2000 2004 2007 2010
덴마크	1987 1992 1995 2000 2004 2007 2010
스페인	1980 1985 1990 1995 2000 2004 2007 2010 2013
핀란드	1987 1991 1995 2000 2004 2007 2010
프랑스	1978 1984 1989 1994 2000 2005 2010
영국	1969 1974 1979 1986 1991 1994 1999 2004 2007 2010
그리스	1995 2000 2004 2007 2010
아일랜드	1987 1994 1995 1996 2000 2004 2007 2010
이탈리아	1986 1987 1989 1991 1993 1995 1998 2000 2004 2008 2010
네덜란드	1983 1987 1990 1993 1999 2004 2007 2010
노르웨이	1979 1986 1991 1995 2000 2004 2007 2010
스웨덴	1967 1975 1981 1987 1992 1995 2000 2005
미국	1974 1979 1988 1991 1994 1997 2000 2004 2007 2010 2013

이차 미분계수는

$$\frac{d^2 R_c}{ds_c^2} = \frac{2A}{s_c}\frac{1}{G_c^3} < 0$$

이 성립한다.

모든 기호의 의미는 본문에 설명되어 있다.

세계적 불평등

Christoph Lakner
크리스토프 라크너

경제학자. 옥스퍼드 대학 아프리카경제연구센터를 거쳐 세계은행The World Bank 개발연구그룹 (빈곤 및 불평등 팀)의 경제학자로 활동하고 있다.

관심 분야는 개발도상국의 불평등, 빈곤 및 노동시장으로, 특히 세계 불평등, 기회와 성장의 불평 등과의 관계, 불평등에 대한 지역적 가격 차이의 함의, 그리고 최고 소득의 소득 구성에 대한 연구 를 진행 중이다.

토마 피케티는《21세기 자본》에서 주요 선진국을 대상으로 국가 내 불평등의 정도를 검토했다. 그러나 세계화가 급속히 진전됨에 따라 국가 간, 그리고 전 세계 사람들 간의 불평등에 대해 주목하는, 불평등을 바라보는 또 다른 방식의 관점이 부상했다. 이 장에서 크리스토프 라크너는 우리가 세계적 불평등이 감소하는 시대를 가로질러 살고 있음을 보여준다. 그는 세계 각지의 사람들을 대상으로 한 불평등 측정을 통해, 산업혁명 이후 처음으로 2000년대 들어 세계적 불평등이 감소했다는 것을 밝혔다. 라크너는 피케티가 국가 내 불평등에서 찾아낸 것과 유사한 결과들을 발견했다. 바로 피케티가 자신이 보유한 데이터를 바탕으로 세계 각지의 사람들을 조사한 것처럼, 라크너는 수입이 가장 많이 증가한 개인 집단은 세계 상위 1퍼센트의 사람들이라는 것을 알아냈다. 국가 내 불평등은 대체로 인구에 비례하여 증가한 반면, 신흥국의 불평등은 2천년대 후반에 그 속도가 둔화되었다. 라크너는 최상위 계층의 소득 정보를 포함하지 않은 데이터를 이용했다는 이유로 제한적 분석이란 단서를 붙이며, 전 세계에 걸친 불평등 증가의 경로를 이해하기 위해서는 국가별 데이터의 일관성이 필요하다고 지적한다.

이 장의 목표는 피케티가《21세기 자본》에서 보여준 분석을 불평등에 관한 이중적인 세계의 관점을 제시함으로써 보충설명하는 것이다.[1] 첫째, 나는 거주국과는 상관없이 세계의 모든 사람들을 대상으로 한 불평등으로 정의되는, 세계적 불평등의 추세를 먼저 살펴보려 한다. 피케티는 불평등에 대한 대부분의 관점과 마찬가지로 한 국가 내의 개인 간의 불평등을 분석하는 데 중점을 둔 바 있다. 불평등 분석에서 전 세계적인(또는 세계시민적인) 관점을 취하면 우리가 사는 세계의 또 다른 면을 보는 데 도움이 될 것이다. 세계 정부는 존재하지 않지만, 국제기관들이 점점 더 많은 역할을 하고 있다. 그리고 이들의 의무와 일치하는 유일한 시각은 세계시민적 관점일 것이다. 세계화에는 몇몇 최빈국들의 급격한 성장, 그리고 그 국가들 내의 불평등의 증가가 수반된다. 세계적 불평등은 이러한 현상들이 개인들에게 (그들이 어디에 사는지와는 상관없이) 미치는 전체적인 영향을 반영한다.

둘째로, 나는 신흥국들의 국가 내 불평등의 증가를 요약하고자 한다. 이는 세계 소득분포를 분석하면 자연스럽게 확인할 수 있는데, 세계 소득분포 분석은 국가 간 비교와 국가 내 비교로 나뉠 수 있다. 세계적 불평등을 분석할 때 주의할 점은, 그것을 해소하는 능력(이는 국가 차원의 문제이므로)과는 별개로 불평등을 인식해야 한다는 것이다.[2] 《21세기 자본》에서는 북미와 서유럽 내 선진국에서 발생한 극명한 불평등을 기술한다. 신흥국들의 경우, 실증 연구에서 두드러지게 다루어지거나 피케티의 모형에서 명백한 역할을 하지는 않는다. 밀라노비치는 피케티 모형 안의 선진국들의 모습이 신흥국의 미래라고 주장한다.[3] 예를 들어 오늘날 부유한 신흥경제국인 중국은 19세기의 미국과 비슷하다. 하지만 중국의 빠른 인구통계학적 변화를 고려하면 50년 전의 프랑스 경제와 유사하다고 하는 편이 더 나을 것이다. 즉, 변화 경로는 거의 비슷하지만 속도는 훨씬 빠르다.

게다가 밀라노비치는 신흥국 또한 《21세기 자본》에서 소개한 부등식 r〉g에 영향을 끼친다는 점에 주목했다.[4] 한편, 신흥국들은 낮은 자본총량을 바탕으로 높은 수익률을 지속적으로 제공하는데, 이는 r값을 끌어올린다. 이는 피케티가 주장했던, r을 안정적으로 유지시키는 동력 중 하나다. 또 다른 한편으로 신흥경제국들의 높은 성장률은 g를 증가시키는데, 이는 r〉g가 실현되는 순간을 지연시키는 데 일조한다.

피케티의 모델이 주로 선진국인 서방 국가들만 다루고 있음에도 불구하고,

이 책이 세계적으로 호소력을 얻는 것에는 아무런 문제가 없었다. 이 책은 중국어, 일본어, 한국어 등 폭넓게 번역돼 현지 언론에 보도되었다.[5] 보다 일반적으로, 불평등에 대한 관심은 선진국만의 것은 아니다. 15개 신흥국을 대상으로 실시한 설문조사에서 77퍼센트의 정책 입안자는 현재의 불평등 수준이 장기적인 경제 발전에 위협이 된다는 사실을 인정했고 7퍼센트만이 불평등이 장기 발전에 도움이 된다고 보고 있다.[6] 마찬가지로 아시아의 정책 입안자 500명 이상을 대상으로 실시한 설문조사에서 70퍼센트는 지난 10년간 소득 불평등에 대한 우려가 증가했다고 응답했으며, 절반 이상은 빈곤이 감소한다면 더 높은 소득 불평등을 감수할 수 있다는 견해에 반대했다.[7]

논의를 전개하기 전에 한 가지 주의점을 이야기하자면, 분석을 세계적 수준으로 확장시키는 데에는 어마어마한 데이터의 한계가 존재한다. 신흥국의 행정 데이터는 이용이 불가능하기 때문에 이 글의 분석에서는 가계조사 자료를 이용할 것이다. 가계조사의 방식이 상위 소득 계층에 대한 정보 수집에 취약하다는 것은 잘 알려져 있다. 그리고 이러한 문제는 신흥국 내에서는 더 심각할 수도 있다.

게다가 뒷부분에서 더 자세히 기술하겠지만, 가난한 나라에서의 가계조사는 대부분 소득이 아닌 소비 지출을 조사하곤 하는데, 이는 상위 계층의 생활수준을 과소평가하게 한다. 이는 불평등의 수준과 그 추세를 과소평가하는 데까지 이어진다. 결국 통상적인 소득조사법을 채택한 신흥국들은 그들의 자본소득을 제대로 조사하지 못하고, 부에 대한 정보(바로 《21세기 자본》의 주제)는 실재하지 않게 되는 것이다. 그러나 앳킨슨과 부르기뇽Bourguignon의 말을 전하자면, 데이터가 말해줄 수 있는 것과 없는 것을 분명히 하는 것은 매우 중요하지만, 동시에 측정이 불완전하다는 이유로 모든 증거를 부정해서도 안 된다.[8]

유효한 증거들은 세계소득 분배에 관한 지니계수가 산업혁명 이후 처음으로 떨어졌으며 이 현상이 계속될 가능성이 높다는 것을 보여준다. 이러한 하락은 국가 간 불평등의 감소로 인한 것인데 이는 곧 국가 간 평균소득이 비슷해졌음을 의미한다. 이런 현상은 지속적으로 세계적 불평등이 감소하는 데 기여할 것이다. 한편, 인구 가중치를 고려해 국가 내 불평등을 살펴보면 평균적으로 한 국가에 살고 있는 사람들 간의 불평등은 증가하고 있는데, 이는 세계적 불평등 감소가 가져온 결과를 상쇄한다. 신흥국만을 살펴본다면 평균적인 국가적 불평등은 1980년대부터 1990년대까지 증가하다가 2000년대에 감소했다. 최근의 감소치는 라틴 아메리카 덕분인 반면 중국은 변화폭이 그리 크지 않다. 세계적 불평등과 국가 내 불평등의 변화는 기술 변화가 만들어낸 급격한 세계화와 같은 시기에 발생했다. 세계화는 부의 분배에 중요한 영향을 미치는데, 이는 나라 간에, 전 세계에, 숙련된 노동자와 숙련되지 않은 노동자, 자본과 노동력 사이에까지 작용한다.

이 글은 6개의 주요 섹션으로 구성된다. 나는 라크너와 밀라노비치의 견해를 따라 세계적 부의 분배와 세계적 불평등 추세부터 서술하고자 한다.[9] 두 번째 섹션에서는 세계적 불평등에서 국가 내 불평등으로 눈을 돌리는데, 특히 신흥국의 경우를 살펴본다. 세 번째 섹션에서 이런 패턴들을 설명하면서 세계화와 기술의 역할을 논할 것이다.[10] 정부정책이 미치는 영향은 네 번째 섹션에서 다룬다. 다섯 번째로는 미래의 세계적 불평등의 방향을 예측해본다. 여섯 번째로 신흥국의 불평등에 대한 향후 연구 과제의 윤곽을 그린다. 그 후 짤막한 결론과 함께 글을 마무리할 것이다.

세계적 분배와 세계적 불평등의 추세

이 글에 쓰인 세계적 분배에 대한 연구는 브랑코 밀라노비치와 함께 진행했다.[11] 우리 연구의 관심사는 전 세계 사람들 간 가처분소득의 불평등을 측정하는 것이었다. 소득은 가계 수준에서 측정되었고, 모든 가구 구성원은 동일한 지분을 가진 것으로 가정한다. 소득은 국가 간에 서로 다른 물가 수준을 고려하기 위해 구매력 평가 기준 환율PPP로 비교했다. 우리의 데이터는 1980년대 후반에서야 신흥국에서 널리 보급되기 시작한 가계조사법에 기반을 두고 있다. 그렇기 때문에 우리의 분석은 《21세기 자본》의 분석 기간보다 훨씬 짧은 1988년 이후 데이터부터 시작한다.

데이터 출처를 고려하자면 두 가지 가정이 추가되어야 한다. 첫째, 몇몇 데이터가 그룹화되어 있었기 때문에(특히 중국에서), 각 나라의 데이터를 연도별로 10분위로 나누었다.[12] 즉, 모든 사람은 그들이 속해 있는 분위(그들이 속한 나라의 분포에 따라)의 평균소득을 번다고 가정했다. 둘째, 자가소비가 만연한 경제에서는 소득을 측정하는 것이 어렵기 때문에, 신흥국에서는 소득액 대신 소비 지출액을 측정하곤 한다.[13] 이것은 중요한 문제지만 아난드[Anand]와 시걸[Segal]이 저술했듯 '우리는 비교불가성을 지니고 갈 수밖에 없다.' 왜냐하면 '지출 분포로 소득 분포를 추론할 믿을 만한 방법이 없기 때문이다.'[14]

주의할 점은, 많은 이유로 상위 계층의 소득이 과소 측정될 수 있다는 점이다. 우선 우리는 가계조사법을 이용하는데 이는 '상위 계층'을 제대로 구별해 내기가 어렵다.[15] 둘째로, 간신히 상위 계층을 인터뷰하는 데 성공하더라도 그들의 소득은 여전히 실제보다 더 낮게 측정된다. 몇 안 되는 데이터에 의하면 기업소득과 자본소득은 신흥국 부유층의 주요 소득원인데, 특히 가계조사법은 이를 제대로 측정하기 힘들다.[16] 셋째, 라틴 아메리카를 제외한 대부분의 신흥국에서 채택하는 소비 지출액 조사는 상위 계층의 진정한 소비 수준을 과소 측정하는데, 이는 상위 계층이 빈곤층보다 더 높은 비율의 소득을 저축하기 때문이다. 또한 지출액 조사는 내구재 소비를 제대로 반영하지 못하므로, 부유 계층의 실제 소비 지출은 과소 측정될지도 모른다.[17]

이는 가계조사법이 불평등 수준을 과소 측정할 수 있다는 점을 암시한다. 그러나 만약 상위 계층의 소득이 나머지 계층보다 빠르게 증가한다면, 가계조사는 불평등의 추세 또한 과소 측정할 것이다. 이를 지지하는 암시적인 증거들이 존재한다. 첫째, 행정 데이터가 매우 제한적인 것은 여전하나, 데이터 이용이 가능한 몇몇 나라들(예를 들면 콜롬비아와 말레이시아)에서 상위 계층의 소득 비율이 증가하고 있으며, 이는 가계조사법에 근거한 불평등 측정치와는 대조적이다.[18] 둘째, 많은 나라에서 노동의 몫(노동소득이 국민소득 중 차지하는 비율-옮긴이)이 감소하고 있는 현상이 나타난다.[19] 중국을 예로 들자면 노동의 몫이 감소하는 동시에 국민계정에 기록되는 가계저축은 GDP보다 빠르게 증가하고 있다.[20] 이는 소득 불평등이 우리가 중국에서 불평등을 측정하는 데 사용한 소비 지출의 불평등보다 더 빠르게 증가했다는 점을 시사한다. 셋째, 다른 많은 데이터는 상위 계층의 소득이 증가하고 있음을 보여준다. 많은 신흥국에서 억만장자들의 부는 (포브스 잡지에서 발간한 '부자 리스트'에 따르면) 국가소득의 증가 속도보다 더 빠르게 증가했다.[21] 2012년과 2015년 사이, 단 3년 만에 중국 내 억만장자의 숫자는 251명에서 513명으로 2배가 되었다.[22] 마지막으로 다수의 조세피난처에서 유출된 계좌는 신흥국들에 상당한 부가 존재한다는 것을 보여준다.[23]

우리의 분석에 따르면, 지니계수로 측정된 세계적 불평등은 1988년부터 2008년까지 아주 미미하게 감소했다. 도표 11-1의 실선이 보여주는 것처럼, 세계 지니계수는 1988년 72.2퍼센트에서 2008년 70.5퍼센트로 약 2퍼센트 정도 떨어졌는데, 이러한 하락현상은 특히 2003년 이후부터 두드러졌다. 당연하게도 세계적 불평등은 국가 내 불평등보다 더 높은 수준으로 나타난다. 세계에서 가장 불평등한 나라 중 하나인 남아프리카공화국의 2008년 지니계수는 63퍼센트였다. 도표 11-1의 파선을 살펴보면, 동일한 나라들을 대상으로 세계적 불평등을 나타냈을 때의 결과 또한 분명하다.[24] 그러나 이러한 계산들(표본 추출 방법 및 구매력 평가 기준 환율 같은 비표본 추출 방법 모두)과 관련된 오차범위를 고려한다면, 세계적 불평등이 감소했다고 주장하는 것은 시기상조일 것이다.[25] 게다가 상위 계층의 귀속소득을 그래프로 나타내면(도표 11-1, 점선), 세계적 불평등은 최근 5년 동안 감소했다고는 하지만, 20년 동안 거의 변하지 않은 모습을 보인다.[26]

종합하자면, 세계적 수준으로 불평등을 분석했을 때 불평등이 최소한 '증가하고 있다'고 말할 만한 증거는 없다. 불평등의 측정 방식과 연구 방식에 따라 시기와 정도의 차이가 있긴 하지만 많은 연구들은 2000년대 중반 이후부터 불평등이 감소해왔다는 의견에 힘을 보탠다.[27] 장기적인 관점으로 봤을 때 이는 주목할 만한 발전이다. 부르기뇽과 모리슨Morrisson은 1820년대부터 1990년대까지 세계적 불평등이 점진적으로 15퍼센트 정도 증가했다는 사실을 밝혀냈다.[28]

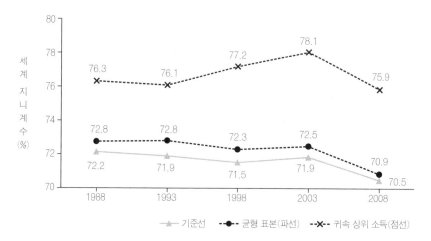

도표 11-1: 세계 지니계수(1988-2008)

자료출처: 라크너와 밀라노비치, "세계 소득분포: 베를린 장벽 붕괴부터 금융 위기까지"
주: 실선은 기준선 결과를 보여준다. 파선은 같은 나라 집합을 대상으로 한다. 점선은. 라크너와 밀라노비치의
"세계 소득분포"에 자세히 설명되어 있는 바와 같이, 가계조사 – 국민계정 차이와 파레토(Pareto) 분포를 사용
하여 누락된 최고 소득을 추정하여 표시한 것이다.

그러므로 부르기뇽과 밀라노비치가 말한 것처럼, 세계적 불평등은 산업혁명
이후 처음으로 안정되었거나 심지어 감소했다.[29] 2011년부터 2013년까지 최신
데이터에서는 이런 감소현상이 가속화하는 것을 볼 수 있다.[30]

불평등의 감소는 국가 간 불평등의 감소 때문이다. 도표 11-2는 세계적 불평
등을 국가 내 불평등과 국가 간 불평등으로 나눈다. 막대의 전체높이는 불평등
지수(혹은 평균 로그 편차, Theil-L)인 GE(o)로 측정된 세계적 불평등을 나타낸다.[31]
짙은 막대는 그중 국가 내 불평등이 차지하는 비중을 의미하고, 밝은 막대는 국
가 간 불평등 비중을 보여준다. 그래프를 통해서 국가 간 평균소득의 격차가 줄
어든 반면, 국가 내 불평등은 좀 더 미미한 수준으로 증가했음을 분명히 알 수
있다(이마저도 지역별로 나눠 살펴보면 옳지 않다).[32] 세계적 수준으로 보면 국가 간 불평
등이 감소한 것은 분명 중국에서 평균소득이 급격히 늘었기 때문이다(중국, 인도,
미국을 제외한 국가들이 국가 간 불평등에 기여한 정도는 거의 두 배가 된다).[33] 이렇게 불평등을

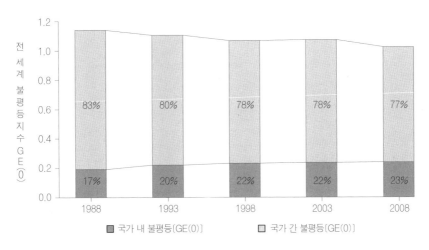

도표 11-2: 세계적 불평등의 원인별 분해

국가 내 불평등(GE(0)) 국가 간 불평등(GE(0))

자료출처: 라크너와 밀라노비치, "세계 소득분포"
주: 막대의 높이는 불평등의 수준이다(Theil-L 계수로 측정). 국가 내 불평등은 한 국가 내의 불평등을 측정하고, 국가 간 불평등은 국가 간 평균소득의 차이로 측정된다. 막대 차트 안의 숫자는 총불평등 중 국가 내 불평등과 국가 간 불평등이 각각 차지하는 정도를 나타낸다.

분해해보면 대부분의 세계 인구가 불평등이 증가하는 나라에 살고 있음을 알 수 있는데, 이것이 어디에서나 불평등이 증가하고 있다는 것을 의미하는 건 아니다. 이는 뒷부분에서 더 다룰 생각이다.

국가 간 불평등은 또한 장기적인 세계적 불평등의 추세를 설명할 수 있다. 19세기의 세계적 불평등은 우선적으로 국가 내 불평등 때문이었다.[34] 산업혁명 기간 동안 오늘날의 선진국들의 소득은 세계 평균에서 꽤나 멀어졌고, 이는 국가 간 불평등과 더불어 세계적 불평등까지 증가하도록 만들었다. 최근 수십 년 동안 국가 간 불평등은 최초로 감소해왔다.[35] 동시에 국가 내 불평등은 국가 간 불평등의 감소로 상쇄되었다. 부르기뇽과 밀라노비치가 말한 것처럼, 이 두 가지 발전은 국가 내 불평등이 국가 간 불평등을 대체하게 만들었는데, 이는 19세기의 상황과 비슷하게 세계적 불평등의 '내재화internalization'라고도 할 수 있겠다.[36] 주의해서 짚고 넘어갈 점은 여전히 세계적 불평등에서 국가 간 차이

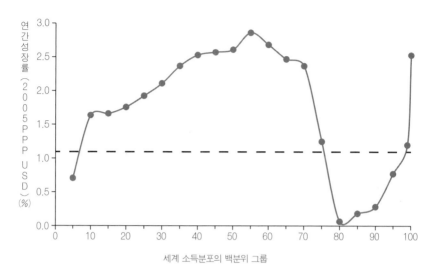

도표 11-3: 세계 분위 성장 곡선, 1988~2008

세계 소득분포의 백분위 그룹

자료출처: 라크너와 밀라노비치, "세계 소득분포"
주: Y축은 분위 그룹의 평균소득의 연간 성장률을 나타낸다(2005 PPP USD). 성장 발생은 이십분위 그룹으로
평가되었다(예를 들면, 하위 5% 그룹): 최상위 그룹은 상위 1%와 4%가 각각 P55, P99로 나뉘었다. 점선은
연평균 성장률 1.1% 수준을 나타낸다.

가 차지하는 부분이 높다는 것이며(도표 11-2), 따라서 이러한 변화가 지속될 여
지는 충분하다.

　우리는 전체적인 불평등 수준을 살펴보는 것이 아닌 세계적 부의 분배가 부
분별로 어떻게 변화해왔는지에 관심이 있다. 도표 11-3은 세계 분위 성장곡선
인데, 이 곡선은 부의 분배를 기준으로 인구를 10분위로 나누었을 때의 각 그
룹별 성장률을 보여준다.[37] 이를 보면 세계의 부 분배에서 세 가지 특징을 알아
볼 수 있다. 첫째, 중국의 급속한 성장, 특히 상위 계층이 세계 부의 분포 그래프
상의 중앙값 부근의 최고점에 올라 있다.[38] 둘째, 선진국의 하위 계층 소득이 세
계 상위 85퍼센트 정도의 수준을 보이며 부진한 성장을 보이고 있다. 셋째, 최
상위층 소득이 급격히 증가하며 분포 그래프에서 두 번째 정점을 기록하고 있
다. 이는 세계화와 기술 변화가 가져오는 부의 분배효과에 대한 설명과 유사한

데, 이로 인해 선진국의 저임금 노동자는 착취되고, (도시 지역의) 중국은 수출주도 성장으로 수혜를 입으며 선진국의 최상위 계층의 소득지분은 늘어난다. 이에 대해서는 이후에 더 자세히 논한다.

이때까지의 증거를 종합하자면, 결론적으로 세계적 불평등은 최소한 증가하지는 않았으며 (중간 계층과 최상위 계층에서의 소득 증가가 가장 높긴 했지만) 어쩌면 감소했을지도 모른다. 하지만 명심해야 할 점은 이 평가가 상대소득 비교에 기반을 두었다는 것이다. 모든 소득이 같은 속도로 증가한다면 지니계수는 변하지 않는다(즉, 도표 11-3의 선이 평평하다). 그러나 이는 절대적 소득은 매우 차이가 난다는 것을 암시하는데 왜냐하면 기저의 세계적 부의 분배가 매우 불평등하기 때문이다. 세계의 중간 계층과 상위 1퍼센트의 성장률은 대략 비슷하지만, 전자의 소득은 20년 동안 400달러(2005 PPP) 증가했고, 후자는 25,000달러(2005 PPP) 증가했다(초기에 1인당 소득은 각각 600달러, 39,000달러였다). 달리 말하면, 세계 상위 5퍼센트의 사람들이 이 기간 동안 세계 전체 소득 증가분의 44퍼센트를 가져간 것이다. 그러므로 불평등 수준의 측정치는 1988년부터 2008년 사이에 약간 감소했다고는 하지만 부자와 가난한 사람 사이에 절대적 차이는 심각하게 벌어졌다.[39]

전 세계의 국가 내 불평등

이때까지의 분석은 전 세계를 하나의 단위로 보았다. 하지만 불평등에 관한 연구는 대부분 한 국가 내부의 불평등에 초점을 맞추며, 국가 내부의 불평등을 다루는 정책 수준에 머무른다. 이렇게 국가 내 불평등에 집중하려고 하는 이유는 몇몇 평론가가 국가 내 불평등 심화에 대한 불안을 떨쳐버리기 위해 눈속임용으로 감소하는 전 세계 불평등 수치를 사용해왔기 때문이다. 그러나 대부분의 국가는 불평등에 대해 경각심을 가져야 할 수준에 이르렀다. 실제로 각종 연구에 따르면 복지는 매우 지역적인 수준의 불평등에 영향받을 수 있다고 말한다.[40]

도표 11-2가 보여주듯이, 1988년부터 2008년까지 세계 인구의 대부분은 불

평등이 증가하는 나라에 살고 있다. 이 연구는 각 나라의 인구수를 기준으로 가중 평균치를 계산한 것이므로 이 결론이 평균적인 나라에서 불평등이 증가했다는 것을 의미하지는 않는다. 이 점을 분명히 하는 것은 중요한데, 인구수 기준으로 가중치를 고려했느냐 아니냐에 따라 경향이 다르게 나타나기 때문이다. 라틴 아메리카, 동아시아, 사하라 사막 이남 아프리카의 경향을 더 자세히 이야기하기 전에, 우선 전 세계적으로 모든 나라의 국가 내 불평등 경향을 짧게 살펴보겠다. 끝으로 나는 대공황 이후의 발전 양상에 대한 최근의 숫자들을 제시하고자 한다. 이 섹션 전체에서 나는 (지니계수로 측정한) 국가 내 불평등에 집중할 것이며 인구 가중은 고려하지 않았다. 그리고 알바레도Alvaredo, 가스파리니Gasparini와 모렐리Morelli 등의 논문과 세계은행의 최신 데이터에 근거한 수치를 활용했다.[41]

평균적인 신흥국에서 국가 내 불평등은 (대부분 라틴 아메리카 국가들에 의해서) 1980년대부터 1990년대까지 증가하다가 2000년대에 감소했다. 이와 반대로 인구 가중치를 고려한 평균적인 신흥국의 국민들은 1980년대 중반부터 2010년까지 점진적으로 증가하는 불평등을 겪었다. 최근의 감소에도 불구하고 불평등 수준은 1980년대보다 더 심하고 선진국보다 신흥국 내에서 격차가 더 벌어졌다. 거의 대부분의 선진국에서는 1970년대 이후로 불평등 수준이 증가했다.

2000년대에 신흥국 내 불평등 수준의 평균이 감소한 것은, 널리 입증되었듯이 라틴 아메리카 지역의 발전 덕분이었다.[42] 이것에는 많은 요인을 들 수 있는데, 안정된 거시경제, 미숙련 노동자들의 임금 상승, 그리고 유의적인 정책의 개입(예를 들면 폭발적인 원자재 수입 덕분에 종종 가능했던 조건부 현금이전 같은 것) 등이 해당된다.[43] 그러나 라틴 아메리카 지역의 불평등에 대해 지나치게 낙관적인 전망은 피하기 위해 두 가지 사실을 기억할 필요가 있다. 첫 번째, 불평등은 뒤집힌 U자 형태를 따랐는데 이 말은 곧 2000년대의 불평등 감소는 1980년대와 1990년대 동안 지속된 불평등 심화 이후에 나타난 것이라는 말이다. 2012년쯤 평균 지니계수는 1980년대 초반 수준으로 돌아왔고, 이러한 장기적 관점으로 봤을 때 앞으로의 개선에는 어느 정도 한계가 존재한다.[44] 두 번째, 급격한 감소에도 불구하고 라틴 아메리카는 여전히 세계에서 가장 불평등한 지역 중 하나다(나머지에는 사하라 사막 이남 아프리카가 해당된다).

동아시아 지역은 라틴 아메리카 지역과 다른 패턴을 보이는데, 이 또한 각 나라별로 상이하다. 이 지역에서 불평등은 가장 인구가 많은 국가들인 중국과 인도네시아에서 서로 다른 시기에 증가했다. 중국에서 불평등은 1990년대에 증가했다가 2000년대에 안정화된 반면에, 인도네시아는 2000년대에 증가했다. 1980년대에 한국과 대만은 산업화 경제로의 구조 변화를 급격한 불평등의 심화 없이 이루어냈다.[45] 이와 대조적으로 중국은 베를린장벽 붕괴 이후 많은 동유럽 국가들의 불평등이 증가했던 것처럼, 구조 변화 도중 불평등이 크게 증가했다.[46] 데이터가 매우 제한적이기는 하지만, 활용 가능한 데이터들은 중국의 불평등이 2000년대 초중반 이후로 안정되었으며 이미 정점에 도달했을지도 모른다고 말한다.[47] 이러한 부분은 또한 최근 들어 불평등이 감소하고 있는 동유럽과 비슷하다.

많은 신흥국에서 데이터의 가용성은 문제가 되지만, 사하라 사막 이남 아프리카에서 특정한 문제가 있는 것은 분명해 보인다. 지난 20년간 이용 가능한 데이터의 양과 질은 현격히 개선되어왔지만, 여전히 학자들은 장기적 추세로 살펴볼 때 데이터에 의한 제약을 느낀다. 이 지역의 불평등 수준은 매우 높으며 특히 남부 국가들은 더하다. 세계에서 가장 불평등한 나라들의 70퍼센트 정도가 아프리카에 있다.[48] 이는 주목할 사실인데 다른 불평등 국가들은 소득조사법을 이용하는 반면, 사하라 사막 이남 아프리카는 불평등의 정도를 과소평가하는 소비조사법을 이용한다는 점을 감안한다면 더욱 그렇다. 게다가 상대적으로 넓은 땅 면적을 고려하면 이 지역의 불평등은 더 심각하게 느껴진다.[49] 분명하게 비교 가능한 최근 조사의(대부분이 2000년대) 추세를 살펴보면, 사하라 사막 이남 아프리카 나라들은 불평등이 증가하는 쪽과 감소하는 쪽으로 나뉜다.[50] 불평등이 증가하는 쪽에 큰 나라들이 약간 많아, 약 57퍼센트의 인구가 불평등이 증가하는 쪽에 속해 있다.

국가 내 불평등의 수준과 추세는 대상으로 하는 기간을 달리하여 여러 번 연

도표 11-4: 금융 위기 기간의 지니계수

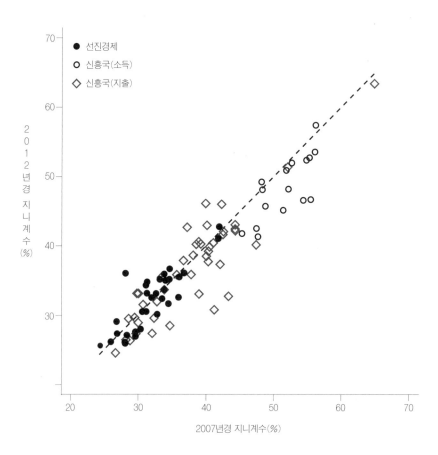

자료출처: "Indonesia's Rising Divide: Why Inequality Is Rising, Why It Matters and What Can Be Done," World Bank Working Paper 106070 (2016); "ECAPOV: Expost Harmonized Dataset Created by ECA Team for Statistical Development. Countries: Romania/2008, Romania/2013. As of April, 27 2016," World Bank (2016); "PovcalNet: the On-Line Tool for Poverty Measurement Developed by the Development Research Group," http://iresearch.worldbank.org/PovcalNet.
주: 93개국의 지니계수 중 2007년과 2012년 모두 비교 가능한 조사데이터가 존재하는 경우. 두 지니계수를 표시함("Global Database of Shared Prosperity," World Bank Brief, October 6, 2015, http://www.worldbank.org/en/topic/poverty/brief/global-database-of-shared-prosperity). 시작 연도: 2003-2011; 최종 연도: 2009-2014; 기간: 3-8년; 평균 5년. 점선 위의 나라들은 불평등에 있어서 변화가 없었다. 점선 밑(위)의 나라들은 불평등이 감소(증가)했다.

구되었다. 이 섹션에서는 가장 최근인 2007년~2009년의 금융 위기 기간을 살펴보는 것으로 끝맺을 것이다. 이 시기는 특별한 기간이므로 어떤 변화라도 주의를 기울여 해석해야 한다. 도표 11-4는 2012년의 지니계수와 2007년의 계수, 이 시기의 비교 가능한 조사 데이터가 존재하는 나라들만 포함되었다. 대부분의 나라는 선 아래에 놓였고, 이는 감소하는 불평등을 나타낸다. 평균적으로 지니계수는 38.1에서 37.1로 약 1퍼센트 감소했다. 3분의 2에 해당하는 나라(93개국 중 59개국)에서 불평등이 감소했다. 불평등 완화 원인으로는 두 가지를 꼽을 수 있다. 우선, 이전에 극심한 불평등을 경험했던 지역인 중국과 선진국들에서 불평등 심화 현상이 정체되었다.[51] 반면 라틴 아메리카 지역에서는 큰 폭으로 감소하다가 최근 몇 년간 정체현상을 보였다.[52]

이런 일련의 사실이 세계적 불평등이란 현상에서 의미하는 것은 무엇인가? 도표 11-4에서 볼 수 있듯, 불평등의 감소는 나라가 클수록 덜했다. 즉, 인구 가중치를 고려한 지니계수는 2007년에 39.4에서 2012년 39.2로 아주 조금 감소한 것이다. 그러므로 세계적 불평등에서 국가 내 불평등이 차지하는 몫은 거의 유지되었다고 볼 수 있다.[53] 동시에 가난한 나라에서는 평균소득이 계속 증가해 경제적 융합을 이루려는 힘은 더 왕성해졌다. 종합하자면, 세계적 불평등은 2008년 이후로 계속 감소하고 있으며 이는 밀라노비치가 2011년에 다시 한 번 확인하였다.[54]

세계화와 기술의 역할

이러한 세계적 불평등과 국가 내 불평등의 변화는 급격한 세계화와 동시에 발생했는데, 여기에서 세계화란 대략 정의되기를, 국제 무역의 증가와 자본과 노동의 이동 증가로 세계적으로 더욱 통합되고 생산 과정이 지리적으로 분산되는 일련의 현상을 일컫는다. 앞서 제시된 증거들은 다음의 이야기와 배치되지 않는다. 중국과 다른 아시아 지역은 이 기간 동안 급격히 성장했으며, 국제적 통합은 확대되고 국가 간 불평등은 감소한 덕분에 이익을 얻었다. 동시에 국가 내 불평등은 선진국과 신흥국 모두에서 증가했다. 이를 모두 고려하면 세계화 덕분에 부유한 나라의 하위 계층은 뒤떨어진 반면에 중국의 중상위 계층은 이득을 얻은 것으로 보인다(도표 11-3).

이 섹션에서는 이러한 변화를 기술적 변화로 설명하려는 모델을 상기시켜본다(기술 노동과 단순 노동 사이, 그리고 노동과 자본 사이). 그러나 세계화, 기술적 변화 그리고 불평등 간의 인과관계를 명확히 하기란 꽤나 어려운데, 이는 소득분포라는 것이 수많은 요인의 영향을 받기 때문이다. 그러므로 나의 논고는 아마 '사정에 밝은 추측' 정도로 받아들이는 편이 좋겠다.[55] 기본 단계에서 주요 시사점은 무역이 소득 분배에 미치는 영향이 단순한 스톨퍼-새뮤얼슨 정리Stolper-Samuelson effect(자유무역이 소득 분배에 미치는 영향을 밝힌 이론으로 비교우위에 기초한 자유무역의 긍정적 효과를 강조함-옮긴이)보다는 복잡하며, 세계화가 큰 이익을 가져오긴 했지만 다른 요인들도 긍정적인 영향을 미쳤을 수 있다는 것이다.[56]

최근 논문에서, 바수Basu는 기술 변화를 노동절약형과 노동연계형 두 가지로 구분했다.[57] 노동절약형 기술은 숙련편향 기술 변화를 포함하는데, 이는 기술 노동자의 수요가 공급보다 빠르게 증가하던 시절의 산물이다. 그 결과 틴베르헌Tinbergen의 기존 모델처럼 고학력 노동자의 프리미엄은 높아지고 노동소득의 불평등은 증가했다.[58] 그러나 우리는 또한 노동절약형 기술 관련 논의의 핵심인 자본의 역할 또한 알아야 한다. 앳킨슨과 부르기뇽이 주장했듯, 자본은 고학력 노동자의 보완재가 될 수 있지만 저학력 노동자의 대체제가 될 수도 있다[59] 이는 전혀 새로운 생각이 아니다. 그 예로 미드는 자동화가 불평등을 증가시킬 거라고 주장했다.[60]

노동연계형 기술 변화는 노동이 물리적인 거리가 존재하는 곳의 수요를 충족시키는 데 도움을 준다. 이는 무역, 아웃소싱, 혹은 외국인 직접투자 등과 같이 다양한 방식으로 가능할 수 있다. 매스킨Maskin은 통신기술의 발전이 생산 프로세스의 국제화를 이끌었다고 주장하는데, 다른 말로 하면 회사가 지구 반대편에 있는 사람을 고용할 수 있는, 즉 국제노동시장이 탄생한 것이다.[61] 노동연계형 기술 변화는 서로 다른 계층에 다른 방식으로 영향을 끼쳤다. 선진국에서 저소득 계층에 속하는 저학력 노동자들은 외국 노동자들과의 경쟁으로 손해를 입었는데, 프리맨Freeman의 논문 제목을 빌리자면 '베이징 내 기준임금'에 발목을 잡힌 것이다.[62] 동시에 이런 기술 발전은 고소득 인재들이 세계적으로 뻗어나가는 데 도움을 주며 승자독식시장에서 슈퍼스타들의 임금을 상승시켰다.[63] 부르기뇽이 지적했듯, 같은 현상이 신흥국에서도 발생하고 있으며 여기서는 인도 크리켓 스타와 중국 억만장자가 세계 시장에 대한 접근성을 바탕으로 이득을 보고 있다.[64] 게다가 부유한 국가의 고객을 상대했던 일부 신흥국 직원들은 현지 임금보다 훨씬 높은 수준을 요구하곤 하는데, 그래서 '최고 임금은 뉴욕에서 이미 결정된 것'으로 보일지도 모른다.[65]

이런 현상이 빈곤한 나라와 부유한 나라의 불평등에 있어 의미하는 것은 무엇일까? 부유한 나라의 저임금 노동자는 직업을 빼앗아가는 기술 변화와 해외 저임금 노동자와의 경쟁 때문에 착취당한다. 아시아 지역의 중하위 계층 노동자들의 임금은 오르긴 했지만, 자본 대체라는 위협 때문에 더 오르기는 사실상 힘들어 보인다. 한 가지 사례를 들면 세계에서 가장 거대한 위탁생산업체인 폭스콘Foxconn Technology Group은 가까운 미래에 백만 대의 로봇을 생산 현장에 더 투입하기로 했다.[66] 부유한 나라와 가난한 나라의 소득 상위 계층은 모두 두 가지 방법으로 이득을 본다. 첫 번째, 그들의 소득은 국제 시장의 크기가 커짐에 따라 함께 증가하고 있다. 그들의 소득은 고학력 노동이 국제적으로 거래가 가능해짐에 따라 동등해지고 있다.[67] 규모의 효과는 전반적으로 임금 수준이 훨씬 낮은 가난한 나라의 상위 계층에게 특히 중요해 보인다. 두 번째, 부유한 나라와 가난한 나라의 소득 상위 계층은 모두 자본을 소유하게 되고, 그 자본지분은 세계적 기술 변화 기간 동안 계속해서 증가 중이다.[68]

요약하자면, 이 논쟁이 마치 가난한 나라와 부유한 나라의 저임금 노동자 간, 혹은 각국의 숙련 노동자와 미숙련 노동자 사이의 갈등인 것처럼 보이지만, 실상은 기업의 주주들과 직원 간의 갈등이다. 즉, '지난 20년간 무역의 세계화와 경제 성장의 가속화의 최대 수혜자는 바로 자본이다.'[69]

정책적 함의

정책 제언을 논할 때 세계화를 되돌리는 방향은 바람직하지 않다는 것을 강조할 필요가 있다. 더 높은 무역장벽은 가격을 높이고 이는 사람들의 구매력을 감소시키기 때문이다.[70] 더 중요하게도, 긴축재정은 이 땅의 가난한 사람들에게 좋지 않다. 자본과 노동의 이동이 쉬운 세계적으로 통합된 경제에서 정책 입안이 더 어려운 까닭은 그 경제가 바닥을 향한 경주를 의미하기 때문이며, 이는 정책 문제에서 심각하게 다루어지는 사안이기도 하다. 하지만 이 사실이 국가가 힘이 없다는 뜻은 아니며 국가 수준에서 정책을 입안하는 것은 중요하다. 앞서 언급했듯, 모든 나라가 같은 기술 변화에 영향을 받지만 불평등이 어디서나 증가하는 것은 아니다. 게다가 고학력 인력의 세계적 시장에도 불구하고 미국에서 최고 연봉의 임원들은 대략 독일의 임원들보다 4배를 더 받는다.[71]

급증하는 불평등에 대한 글들은 불평등을 다루는 정책을 충분히 제안하고 있다. 여기서는 그렇게 제안된 정책들을 전체적으로 살펴보는 대신, 상대적으로 주목받지 못한 몇몇 논문의 개요를 보여주고자 한다. 신흥국은 공공 부문 임금에 대한 간접세와 원천징수세에 많이 의존하는 미성숙한 재정정책을 운용한다. 앳킨슨과 부르기뇽에 따르면, '그 나라가 빈곤이나 고용문제와 같이 다른 차원에서 얼마나 일을 처리했는지와는 상관없이, (……) 어느 나라도 적은 사회복지비로는 불평등 수준을 낮출 수 없다.'[72] 신흥국의 사회복지비는 적은 재정수입 때문에 제한되어 있다. 가난한 나라의 국가 능력은 계속 제한되어 있는 반면, 중산층이나 신흥국은 수입을 늘려나갈 수 있다. 이런 나라들에서 가계는 은행계좌와 신용카드를 갖고 있는데, 여기서 생성되는 정보는 새로운 기술을 통해 과세에 이용될 수 있다. 이런 현상은 특히 아시아에서 두드러지며 이 지역에서는 세금 시스템의 누진성에 큰 중점을 두지 않는다.[73] 이 지역 전역에서 누진성은 높은 과세 기준 때문에 그 효과가 제한되며, 따라서 최고 세율은 거의 아무에게도 적용되지 않는다.[74]

자본소득에 대한 과세는 내가 강조하고 싶은 또 하나의 측면이다. 첫째로, 자본소득은 일반적으로 노동소득보다 더 낮은 세율이 부과되므로(이는 신흥국뿐만이 아니다) 수평적 불평등이 발생한다.[75] 즉, 같은 소득과 재산을 가진 사람이 각각 다른 세율을 부과받을 수 있다는 말이다.[76] 둘째, 재산세는 상대적으로 공평하고 효과적이며 실현가능한 수입원임에도 불구하고 무시당할 수 있다.[77] 셋째, 조세피난처의 문제를 해결해야 한다. 나는 소위 파나마 페이퍼스(역외 금융 서비스 전문인 파나마의 최대 로펌 모색 폰세카가 보유한 약 1,150만 건의 비밀문서로, 200,000개 이상의 역외 회사 관련 금융 및 고객정보가 들어 있다-옮긴이)의 첫 번째 조사 결과가 나온 시기에 이 글을 쓰고 있는데, 파나마 페이퍼스는 수많은 국가의 수장들이 해외계좌를 사용한다는 사실을 보여준다. 조세피난처를 엄중히 단속하는 것이 가능하긴 하지만 국가 간의 협력이 필요한데, 여기에는 조세피난 액수의 대부분을 차지하는 부유 국가도 포함된다.[78] 신흥국은 그들의 부 중 상당한 부분을 조세피난처 때문에 잃는다. 아프리카와 남아메리카의 많은 나라들의 금융재산 중 20퍼센트에서 30퍼센트 정도가 조세피난처에 있다.[79] 신흥국은 조세피난처 때문에 매년 약 1천억 달러 정도의 법인세를 잃는다.[80]

그러나 복지국가는 세계 경제 상황에서 압박감을 느끼고 있어서, 재정 시스템으로만 재분배 목표를 달성하는 것은 불가능할 수 있다.[81] 대신 시장 수입의 (혹은 사전 회계의) 분배 또한 주의가 필요하다. 밀라노비치는 서유럽과 동아시아 내 선진국들(일본, 한국, 대만)의 가처분소득 간 불평등은 비슷한 반면, 동아시아 국가들은 시장 수입의 분배가 상대적으로 공평하기 때문에 재정 시스템을 통한 재분배가 훨씬 적다고 말했다. 또한 무역자유화가 진행되는 동안 '공정한 성장'을 이루려 했던 동아시아 국가들이 상대적으로 평등한 토지 분배와 보편적 기초 교육부터 시작한 것, 그 결과 '공정한 성장'을 이루어냈다는 점은 대단히 놀랍다.[82] 시장 수입은 자산(노동과 자본)을 지닌 개인의 기본 재산과 자산에 의한 수익(임금과 지대)에 의해 결정되는데, 이에 대해선 차례차례 설명한다.

불평등을 줄이기 위한 노력이 돋보이는 지역인 라틴 아메리카는 재분배 효과를 지닌 조건부 현금 이전을 광범위하게 사용해왔으며, 이 조건부를 통해 인적자본을 창출하도록 고안되었다.[83] 교육은 주요 경제개발 도구의 핵심 부분이었다. 기본 재산은 그리 큰 주목을 받지 못했다. 위에서 요약한 단순 세계화 모델에서 노동절약 기술은 바로 자본이 불평등하게 분배되기 때문에 부정적인 분배 결과를 가져올 수 있다. 부르기뇽이 주장한 자본이 세계화의 주된 수혜자였다는 점이 옳다면, 더 균등한 자본 분배는 세계화의 부정적 결과를 줄일 수 있을 것이다.[84]

재분배정책은 다음 세 가지 종류로 나뉜다. 첫째, 근로자(또는 보다 일반적으로 시민들)와 이익 공유 약정을 맺거나 국부펀드를 통해 자동화의 혜택을 받을 수 있게 하는 정책.[85] 둘째, 신흥국에서 빈곤층과 중산층이 소유권 명시를 법제화하는 정책을 포함하여, 금융자산을 구축할 수 있게 하는 정책. 셋째, 가장 중요한 것으로 현재의 재정 수입에서 거의 역할을 하지 않는 상속 및 증여자 변경에 대한 세금이다. 세대 간의 이익 전가와 관련된 부당성을 극복하는 것 외에도, 자본 소득세는 자신의 노력에 과세하지 않기 때문에 다른 부유세보다 왜곡이 적다. 기본 재산 문제를 직접적으로 해결하기 위해 앳킨슨은 가족 배경과 관계없이 모든 청년층을 위한 최소한의 상속에 자금을 지원하기 위해 세금 수입 중 일부를 사용할 것을 제안한다.[86]

이런 기본 재산에 대한 수익에 영향을 미치기 어려운 이유는 수익이 직접적인 시장 과정의 결과이기 때문이다. 그러나 정부가 여러 방법으로 시장 과정에 간섭한다는 점을 인식시키는 것이 중요하다. 나는 두 가지 측면에서 이 맥락을 언급하려 한다. 첫째, 정부는 신기술 개발에 직접적으로 영향을 미친다. 예를 들어 연구 개발을 위한 세제 혜택이나 대학 및 기타 연구기관에 대한 직접 지원 등이 그것이다.[87] 따라서 노동 절약 기술의 사용이나 숙련된 기술자, 비숙련 노동, 자본의 상대적 수익 같은 기술 변화의 방향에 영향을 줄 수 있다. 둘째, 한국과 같은 몇몇 동아시아 국가의 급속한 발전을 종종 성공적인 산업정책 덕분으로 설명해왔는데, 이 정책이 소규모 엘리트를 부유하게 하는 많은 국가에서 효과를 보는 것은 아니지만 특히 빈곤국에서는 선택 가능한 정책으로 남아 있어야 한다.[88] 프로인드[Freund]는 여러 국내 기업 간의 경쟁 및 수출 실적에 대한 엄격한 모니터링 등 성공적인 산업정책의 핵심 요소를 요약했다.[89]

세계적 불평등의 미래

《21세기 자본》이 장기적인 분배를 다룬 점을 감안하면 세계적 불평등의 장기적 진화에 대해 추측해보는 것이 적절할 것이다. 세계적 불평등의 미래 추세는 세 가지 힘에 달려 있다. 국가 간 평균소득의 차이(국가 간 불평등), 국가 내의 소득 차이(국가 내 불평등), 인구성장률 차이가 그것이다.[90] 모든 예측에는 큰 오차가 있지만 인구성장률은 다른 두 통계보다 훨씬 정확하다. 세계 최빈국, 특히 아프리카의 인구는 다른 국가보다 빠르게 증가하고 있는데 이러한 인구변화 추세는 세계적 불평등에 상승 압력을 가할 것이다.[91] 국내 불평등에 관한 가장 최근의 자료에서 중국 같은 가장 큰 규모의 국가들이 고점에 도달하긴 했지만, 이를 추세의 변화로 해석하는 것은 시기상조다. 왜냐하면 해당 자료는 금융 위기 기간을 포함하고 있고, 항상 측정의 문제를 고려해야 하기 때문이다. 밀라노비치는 쿠즈네츠파Kuznets wave 이론을 제안하는데, 이는 장기적인 국내 불평등의 기복을 포착한다.[92] 핵심은 국가 내 불평등이 절대 불변이 아니라 계획적인 정책의 선택에 달려 있으며, 대공황과 세계화가 몇 가지 제약을 가하긴 하지만 여전히 국내정책은 강력하다는 것이다.

세계적 불평등의 가장 큰 변화는 국가 간 요소의 변화에서 기인했을 가능성이 높다. 국가 간 불평등은 그 영향력이 감소하긴 했지만 여전히 세계 불평등의 지배적인 원천으로 남아 있다. 게다가 국가별 평균치의 변화는 국내 분포의 변화보다 더 큰 경향이 있다.[93] 장기적으로 경제 수렴의 강력한 힘, 즉 더 가난한 국가에서의 더 빠른 성장은 계속될 것이다.[94] 여기서 주의할 점이 최소 세 가지 있다. 첫째, 사하라 사막 이남 아프리카의 성장은 변동이 심하며 구조의 개혁 없이 유리한 무역 조건으로 이득을 얻어왔다.[95] 둘째, 중국 외의 지역 특히 인도의 성장은 세계적 불평등의 지속적인 감소를 위해 훨씬 더 중요하게 작용할 것이다.[96] 셋째, 기후 변화는 이러한 성장 전망에 상당한 불확실성을 부여한다.

헬리브란트Hellebrandt와 마우로Mauro는 전반적인 세계적 불평등 수준과 관련하여 2035년까지 세계 지니계수의 감소율이 거의 4퍼센트 포인트가 될 것으로 예측한다. 이는 상당한 수준이지만 여전히 세계적 불평등은 높은 수준에 머물러 있다.[97] 헬리브란트와 마우로의 결과는 또한 (조사소득에 대한 1인당 GDP의) 성장이 매우 중요하다는 것을 보여준다. 가난한 국가가 기준치보다 느리게 성장하는 시나리오에서 지니계수는 1퍼센트 포인트만 하락한다. 대조적으로 세계 불평등이 감소하는 현상을 역전시키려면 모든 국가에서 국가 내 불평등이 약 6퍼센트 증가할 필요가 있는데 물론 이는 상당한 수치다.[98]

연구 의제

앞으로 신흥국의 불평등 연구에서 더 많은 양질의 자료는 최우선적으로 필요한 과제다. 첫째, 중동, 아프리카 대륙, 카리브 해 및 태평양을 비롯한 여러 국가에서 생활수준에 대한 양질의 데이터는 아직 누락되어 있다. 최근 세계은행은 모든 빈곤국들이 최소 3년마다 조사를 실시할 수 있도록 국가적 지원을 약속했다.[99] 둘째, 농업과 자가소비가 덜 중요해지는 중위 소득 국가에서는 지출 데이터보다는 소득 데이터에 더 많은 주의를 기울여야 한다. 불평등의 수준과 추세는 소득과 소비지출 중 어떤 측면에서 측정되었느냐에 따라 다를 수 있으며, 만약 성장이 최상위층에 집중되어 있는 경우 소비지출 측정은 좋지 않은 방법일 것이다.[100] 셋째, 많은 소득조사는 자본소득 자료 수집을 시도조차 하지 않아서 신흥국의 자본소득에 대해서는 알려진 바가 거의 없다.

결정적으로 중요한 과제는 신흥국에서 상위 계층의 소득 측정 방식을 개선해야 한다. 선진국에서는 사용할 수 있는 행정 기록들이 신흥국에는 존재하지 않는다. 그래서 불평등 측정에 있어 가장 혁신적인 접근법은 행정 기록상의 소득 정보와 다른 정보를 조사하는 가계조사를 결합하는 것이다.[101] 피케티의 매우 온건한 부가세 도입 제안과 마찬가지로, 광범위한 소득세 제도가 이러한 행정 기록을 생성할 것이다. 그러나 그런 기회를 이용하기 위해서는 더 많은 조치가 필요하다. 예를 들어 세계은행 및 기타 국제기구는 신흥국의 세제개혁을 지원하기 위해 종종 대출 및 기술 지원을 제공하기 때문에 정부가(적절하게 익명화된) 분배 통계를 시민에게 공개하도록 요구하는 것은 상대적으로 쉽다.

더 나은 데이터로 무장한다면 몇몇 기본적인 것들을 포함해 많은 중요한 과제들을 연구할 수 있다. 불평등의 '진정한' 수준과 추세는 어떠한가? 개인 단위 데이터의 추세가 자본소득과 상위 계층을 고려한 후에도 국민계정과 동화될 수 있는가?[102] 법인세율 데이터는 진정한 경제 집중 정도에 대해 무엇을 알려주며, 그것은 경쟁 당국이 우려해야 할 사항인가? 자본소득 역학은 더 빈번히 분석되는 노동 빈곤의 역학과 어떻게 다른가? 현재의 세금 및 이전 제도는 소득 분배에 어떤 영향을 주는가? 그 재정 제도가 최선인가? 소득과 기술 분포에서 다른 계층에 있는 가정은 소비자, 노동의 판매자, 자본 소유자로서 세계 경제와 어떻게 상호작용하는가? 그리고 이는 빈곤국과 부국에서는 어떻게 다른가?

결론

이 글은 《21세기 자본》에서 피케티의 분석을 보완하려는 의도로 전 세계적인 관점에서 불평등을 살펴보았다. 피케티와 공동저자에 의해 관찰된 앵글로 색슨 국가에서의 최고 소득의 급격한 증가와는 달리, 세계적인 관점에서 볼 때 불평등은 국가 간 평균소득의 수렴으로 안정되거나 약간 감소한 것처럼 보인다. 1980년대와 1990년대에 급격히 상승한 후 신흥국 내 불평등은 2000년대에 들어 감소했다. 그러나 이러한 결과는 상위 소득, 특히 자본소득을 과소평가한 것으로 알려진 가계소득조사법에 근거했다. 게다가 이러한 설문조사는 종종 소비지출조사법을 사용하기도 하는데, 이는 상위 계층의 높아진 생활수준을 잘 포착하지 못할 수도 있다. 따라서 가난한 국가에서 훨씬 더 많은 증거가 나오고 있음에도, 이러한 결과는 상당한 불확실성을 내포한다. 그러므로 신흥국에 대해 더 나은 데이터를 얻는 과제가 이들 국가의 불평등 연구를 추진하는 데 최우선 과제가 될 것이다.

《21세기 자본》의 지리학:
불평등, 정치경제학, 공간

Gareth A. Jones
──── 가레스 A. 존스 ────

지리학자. 런던정치경제대학LSE의 교수이자 국제문제연구소 소속 중남미 및 카리브센터 소장, 국제불평등연구소 준회원이다.

도시지리학 전문가로서 사람들이 도시를 어떻게 사용하는지, 도시가 정책과 실천에 의해 어떻게 표현되는지에 특히 관심을 갖고 개발도상국의 도시정책을 연구한다. 멕시코, 콜롬비아, 에콰도르, 브라질, 인도, 가나 및 남아프리카에서 연구를 수행했으며 유엔 해비타트UN-Habitat, 국제개발부 DfID, 유엔 청소년부 및 남아프리카 정부의 자문, 다수의 비정부기구에서 고문으로 활동 중이다.

지리학자 가레스 존스는《21세기 자본》에 '공간'이 빠져 있다고 비판한다.《21세기 자본》에서 지역은 불평등과 착취가 발생하는 배경이 아닌 '데이터를 담는 용기' 역할만 한다. 존스는 자본의 이동성과 비밀주의, 그리고 한 지역에 뿌리내리지 않는 세계적 엘리트의 구미를 맞추려는 도시들의 국제적 경쟁을, 지리학이 불평등을 일으키고 전파하는 메커니즘으로 설명한다. 그는 불평등의 지리학에 맞서기 위해서는 사후가 아니라 사전에 그 이데올로기를 직시해야 한다고 결론짓는다.

2014년 피케티의《21세기 자본》영문판이 출간되었을 때, 1970년대 이후 부와 소득의 불평등이 증가했다는 이 책의 핵심 메시지는 경제학자, 은행가, 헤지펀드 관리자들이나 정책 분석가, 혹은 언론의 평론가, 싱크탱크, 활동가들에게는 그다지 새로운 것이 아니었다.[1] 어떤 사람들은 불평등은 기업에 대한 보상을 나타내는 '바람직한 현상'이며 생활수준이 전반적으로 상승하고 유지되는 한 아마도 정치적으로 유리할 것이라고 생각했다.[2] 반면 불평등 증가의 규모와 경제적 효율성, 사회적 이동성, 민주주의에 미치는 영향을 오래전부터 우려해온 사람들도 있었다.[3]

그럼에도 불구하고 피케티는 시대정신을 포착했고 수많은 찬사를 받았을 뿐 아니라 다양한 정부, 국제 개발 및 금융기관들, 반자본주의 운동, 인기 언론사들로부터 강연 요청이 쏟아져 들어왔다.[4] 하지만 불가피하게도 이 책의 일부 기고자들을 포함한 비평가들 역시 피케티의 분석에 담긴 결함을 밝히려고 줄을

섰다. 비평가들은 특히 자본에 대한 피케티의 정의[5], 피케티의 수학공식에 내포된 가설[6], 성별과 일에 대한 관심 부족[7] '약간' 보수적인 정치적 견해[8]에 초점을 맞추었다. 이 장에서는 예전에 필자가 지리학의 관점으로《21세기 자본》을 살펴보려고 썼던 글을 좀 더 보강해본다[9].

나의 출발점은 학제 간 연구(어떤 대상에 대해 여러 학문 분야에 걸쳐 제휴하여 참여하는 연구-옮긴이)를 찬양한다는 책에 어떻게 지리학에 대한 관심이 전체적으로 빠져 있는가 하는 의문이었다. 《21세기 자본》에서 '공간 space'이란 단어를 검색해보면 246쪽에 와서야 처음 등장한다. 대신 다른 많은 사람들이 정확히 평가했듯이 피케티는 부와 소득의 분배에 대한 훌륭한 장기지속적 longue durée(아날학파 창립자인 프랑스 역사학자 페르낭 브로델의 개념. 브로델은 학제 간 연구의 중요성을 강조했으며, 장기적인 구조의 역사, 예를 들어 지리적 변화 과정은 역사에서 필연적 역할을 한다고 주장했다. 여기서 이 표현을 쓴 것은 피케티가 지리학 등 학제 간 연구를 도외시하고 설명에만 치중한 것을 비꼬는 것으로 생각된다-옮긴이) 설명을 제시하는 데에 훨씬 더 공을 들였다. 하지만 그렇게 할 수 있었던 것은 에릭 셰퍼드 Eric Sheppard가 지적했듯이, 피케티가 지리학을 데이터를 담는 용기로 강등시킨 덕분이었다[10]. 피케티는 자본이 '국부 national wealth' 내지 '국민자본 national capital', 즉 '특정 시점에 특정 국가 거주자들과 정부가 소유하고 시장에서 거래가 가능한 모든 것의 총 시장가치'를 가리킨다고 분명히 정의했다[11].

간단히 말해 변수들이 국민국가 수준에서 측정되었는데, 국민계정과 (소득과 상속에 대한) 조세기록이 이런 방식으로 구성되기 때문이다[12]. 이런 현실적 결정은 경제학 기준과는 맞지만 공간을 수동적인 것으로 다루었고 우리가 경제활동을 측정하는 방식이 경제 자체가 구성되고 작동하는 방식과 일치한다고 암시한다. 결과적으로 불평등에 대한 피케티의 분석은 국가들과 세계경제와의 관계에 관계없이 국민국가 수준에서 소득 십분위에 따라 나타낼 수 있고 주로 그 국가들의 경제적 성과로 설명되는 측정활동(그가 여러 차례 주장한 대로 '기본사실')이었다[13].

그러나 좀 더 중요한 점은 공간에 대한 이러한 무관심이 정치경제학 및 정책에 대한 피케티의 접근방식이 지닌 근본적인 문제를 말해준다는 것이다. 데이비드 소스키스^{David Soskice}의 주장처럼 피케티는 《21세기 자본》 곳곳에서 정치경제학적 분석의 필요성을 이야기했지만 책에는 그런 접근방식이 거의 '빠져 있고' 1970년대 이후의 불평등 증가를 설명하기 위한 '비교 정치경제학의 일관된 토대'가 부족하다.[14] 소스키스가 '인색한 수학적 논증'이라고 이름 붙인 피케티의 주장('자본주의에 대한 피케티의 가장 중요한 반박'을 뒷받침하는 유명한 r>g)은 가설, 특히 저축이 투자와 동일할 것이며, 성장률이 낮을 가능성에도 불구하고 예금자(기업이 아니라)들이 투자를 할 것이라는 가설들의 조합에 의지한다. 소스키스가 지적한 것처럼, 피케티의 분석은 '정치, 역사, 기술 변화들의 상호작용 관계를 거의 완전히 무시'하거나 대량생산방식에서 벗어나 인터넷, 통신기술, 금융서비스, 소비가 주도하는 '무중량^{weightless}' 경제로 이동하는 현상을 거의 완전히 무시한다. 무중량 경제에서는 자본의 이해관계가 선진 민주주의 국가들의 의사결정에 확고한 영향을 미쳐 일부 수익성 있는 공공서비스가 민영화되고 규제가 완화된다.

나는 이런 비판들에 더하여, 피케티는 보상을 이해하는 근거와 보상 방법을 변화시키는 오늘날의 정치경제학 문화의 변동, 특히 금융자율화를 간과했다는 점을 말하고 싶다.[15] 이상하게도 자본의 정의에 자산(부동산)을 포함시키고 불평등에 대한 자칭 '유토피아적' 정책 조정의 일부로 누진과세를 주장하여 논란을 불러일으켰음에도 불구하고, 책에는 오늘날의 불평등을 주도하는 요인으로서 금융, 자산, 조세회피의 복잡한 역할에 대한 관심이나 학제 간 연구 등을 거의 찾아볼 수 없다.

따라서 나는 21세기의 불평등을 설명하려면 공간적 정치경제학에 대한 관심이 필요하다고 주장한다. 이 장을 쓰기로 결심한 뒤 60분간 내가 했던 일을 따라가보는 다음의 짤막한 글에서 정치경제학과 공간의 인터페이스를 살펴본다. 일단 나는 영감을 얻으려고 스타벅스 매장으로 들어가 에스프레소를 주문했다. 그런 뒤 아이패드를 열어 불평등과 관련된 자료를 찾으려고 구글을 검색하다가 아마존에서 가브리엘 쥐크망이 쓴 《국가의 숨겨진 부^{The Hidden Wealth of Nations}》의 양장본과 킨들판을 주문했다.[16] 곧 킨들 앱에 전자책이 도착했고 휴대폰으로는 확인메일이 왔다. 또한 휴대폰은 전기요금을 내야 한다는 것과 친구가 페이스북을 업데이트했다는 것도 알려주었다. 나는 커피를 급히 들이켜고 집으로 향했다. 아이들이 귀가하기 전에 쥐크망과 데이트를 하고 싶었다. 그래서 시간을 벌려고 산타데르 은행이 후원하는 '보리스 바이크'를 타고 역으로 가 '스마트' 오이스터 카드를 찍은 뒤 기차를 타고 집에서 몇 백 야드 거리에 있는 역에 도착했다. 오는 길에 빵집에 들러 빵 한 덩어리를 사고 몇 분 뒤 집 현관을 들어서면서 매트 위에 놓여 있던 무가지《라이프스타일》잡지를 집어 들었다. 잡지에는 집 단장, 사립학교, 미술 전시, 팔려고 내놓은 부동산 기사와 광고가 잔뜩 실려 있었다. 비로소 나는 주방의 이케아 소파에 앉아 책을 읽기 시작했다.

스타벅스에 들어선 뒤 한 시간 동안 움직인 거리는 5마일이 채 안 되지만 그 과정에서 나는 어느 지역에 있는지 불분명한 여러 유명한 기업들, 주로 서비스 제공업체들과 거래를 했다. 예를 들어 쥐크망의 책은 아마존$^{Amazon.co.uk}$을 통해 구매했지만 나중에 받아볼 청구서는 책의 판매자가 룩셈부르크에 있는 자회사인 아마존 SVS 유럽으로 되어 있을 것이다. 하지만 책 자체는 스완지^{Swansea}에 있는 물류센터에서 배달될 것이다. 내가 아는 한 내가 했던 거래들은 세무와 규제 때문에 룩셈부르크, 스위스, 영국령 버진 아일랜드, 쿨 제도, 바하마에 법인 등록을 한 기업들과 관련되어 있다. 위에서 언급하거나 암시한 기업들 중 수십억 달러의 매출을 올리면서도 영국에 많은 법인세를(만약 법인세를 낸다면) 내는 기업은 몇 되지 않는다. 산탄데르와 당연히 동네 빵집은 예외로 보인다.[17]

대니 로드릭$^{Dani Rodrik}$이 주장한 것처럼, 세금 납부를 피할 수 있는 기업들과 자본 소유자들은 공공서비스의 재정 부담(그리고 부채)을 노동(임금)에 전가하고 따라서 불평등에 기여한다.[18] 경제협력개발기구OECD에 따르면 세금이 낮은 지역에 법인을 등록하는 행위로 G-20의 재무부들이 잃는 세수가 연간 2천 400억 달러에 달하는 것으로 나타났는데, 이는 전 세계 법인세의 4~10퍼센트에 이르는 수치다.[19] 과거 40년간 경제 활동과 공적 의무의 분포에 상당한 재조정이 이루어졌다.

이 글을 쓰는 목적은 불평등을 정치경제학적으로 분석하려면 자본의 지리학을 검토해야 한다는 것을 보여주기 위해서다. 지난 40년간 세계 자본주의를 다룬 경제지리학은 자본의 과소축적/과잉축적 위기에 대해 공간적 해결책을 찾을 것임을 보여준다.[20] 따라서 자본이 지닌 힘의 토대는 고정된 무언가에서 움직이는 것으로 형태를 바꾸는 지리적 이동성이다. 이런 변신의 전형이 금융 자본이다.

하지만 캐런 호[Karen Ho]가 《21세기 자본》을 비평하며 지적했듯이, 피케티는 자본과 노동(자본 대 노동)의 전통을 보전하기 위해 경제의 금융화를 소극적으로 다루었다.[21] 그래서 '슈퍼경영자'들이 과잉보상받게 된 변화를 설명하고 이 새로운 엘리트층을 금융 부문과 동일시했지만 캐런 호가 '금융 가치, 모형, 관행에 대한 기업의 본성과 목적의 격심한 변화'라고 묘사했던 현상에는 관심을 기울이지 않았다.[22] 다시 말해 《21세기 자본》은 공간적 과정을 포함해 이런 새로운 형태의 장기적인 불평등을 가능하게 했던 자본축적 과정에 대해 오늘날의 불평등이 무엇을 말해주는지에 대해서는 분석을 회피했다.

내가 보여주고 싶은 것은 물리적 자산에서 멀리 떨어진 지역에서 서류상으로만 나타나거나 국가와 국제 관리규약의 권한이 애매한 법 영역 밖의 공간에서 사업할 수 있는 자본의 능력이 새로운 정치경제학의 근본을 이룬다는 것이다. 이런 공간 중 가장 확실한 것이 조세피난처지만, 특구[zone], 회랑, 수많은 새로운 과학/지식/엑스포 도시를 포함한 그 외의 역외 및 역내 지역들을 여기에 추가할 수 있다.[23] 이런 공간은 법의 영역을 벗어난 형태로 작동하면서 경제를 민주정치와 분리시키고 기업과 금권 정치가들에게 권한을 부여함으로써 이들의 도덕적 의무와 재정 책임은 최소화되는 반면 자본수익을 확보하는 힘은 최대화된다. 공간이라는 관점에서 봤을 때 법 영역을 벗어나는 초법성과 비밀주의는 닐스 길먼[Nils Gilman]이 제시한 것처럼 '신자유주의의 개방적이고 시장 중심의 규칙들이 세계화를 지배할 수도 있지만 윤리적으로 공정하지 않은 경기장에서 시합이 벌어지게 된'[24] 세계경제의 불공평성을 강화한다.[25] 피케티와 비슷한 도구를 써서 이런 새로운 정치경제학을 특징지어 본다면 21세기 자본주의에 대한 문학 심사관으로 J. G. 발라드(《태양의 제국》, 지구 종말 시리즈 등을 집필한 영국

작가. 인간과 자연에 대한 새로운 철학적 시각을 제시하는 뉴웨이브 SF 작품을 주로 발표했다-옮긴이)
를 제안하는 바이다.

자본의 힘: 초법성과 비밀주의

피케티는 높은 소득 및 부의 소유자들이 소득 중하층에 속하는 사람들에 대한 우위를 확장할 힘을 갖는 것에 분명하고 정당한 분노를 나타냈다. 하지만 순전히 통계적 관계로 볼 때 우리는 권력의 불공평한 분배에서 어떻게 불평등이 나타나는지 거의 아는 바가 없다. 마르크스가 지적한 것처럼 자본주의는 사회적 관계에 의지한다. 마르크스의 계층 이론은 노동(임금)을 지배하는 자본의 능력 혹은 계급 권력 개념을 보여주었다. 따라서 불평등은 10분위수나 5분위수에 속하는 집단이 보유한 소득과 자본의 상대적 비율로 측정할 수 있지만 이 분포는 노동에서 가치를 뽑아내는 자본의 상대적 힘에 의해 형성된다.

그러나 자본의 힘이 작용하는 정확한 메커니즘은 시간과 장소에 따라 바뀐다. 제인 오스틴이 소설을 쓸 당시에는 노동자의 근로시간 연장과 규제, 공유지의 사유재산 재분배, 초기의 기계화와 노예제도를 통해 불평등이 생겨났다. 1970년대 이후에는 자본주의에 대한 정치 규제로의 격심한 반발이 자본의 힘이 작동하는 메커니즘이었다.[26] 지리학적 관점에서 보면 오늘날의 세계 정치경제학은 사스키아 사센Saskia Sassen의 말처럼 국민국가는 사라지지 않았지만 주권이 분산되고 영토는 민영화되는 쪽으로 공간적 차원을 재조정했다.[27]

오늘날 공간의 정치적 구조는 더욱 초국가적인 구성과 국제 규약으로 이루어져 있으며, 이를 통해 기업, 신탁, 기금, 민관 협력, 시민단체들이 국민국가의 협의에 따른 책무를 지니는 것처럼 보이게 작동할 수 있다.[28] 간단히 말하면, 거래규칙, 근로환경, 기업 지배구조, 과세를 통해 배치되는 자본과 노동 간의 관계가 여러 공간에 걸쳐 교차되거나 연결되어 있다. 나는 그 결과 나타나는 배치를 '법 영역 밖의 공간extra-legal space'이라고 부르는데, 경제활동이 법적 타협에 따라 존재하고 자본이 힘이 민간규칙과 준공공적 합의를 통해 발휘된다는 의미를 포착하기 위해서다. 많은 규제와 법규, 표준들이 있지만 이들은 개인의 영리를 공공복지나 권리보다 우선시하는 프레임워크 아래 존재하며 규제 당국, 언론, 노동조합, 혹은 심지어 주주에게까지 투명성이 최소화되어 있다.

법 영역 밖의 공간 중 가장 잘 알려진 예가 닐슨이 현대 세계경제의 '전형적 공간'이라고 생각한 특구다.[29] 1960년대는 몇 안 되던 특구가 2006년에는 숫자로는 4,000여 개, 복잡성과 유형은 수출가공지구, 자유무역지구부터 통행지구, 보호구역, 복합단지, 신도시에 이르기까지 크게 확산되었으며 켈러 이스터링 Keller Easterling에 따르면 6,600만 명이 넘는 사람을 고용했다.[30] 다시 닐슨에 따르면, 특구는 '영토의 새로운 정치 지형'을 형성한다. 특구에 존재하는 예외적 형태의 규칙들은 국내 민법, 편의적으로 적용되는 국제법, 기업 행위자들이 발표한 다양한 규범 및 표준과 공존한다. 특구는 예외의 공간인 동시에 상충되는 규범과 계산들로 포화상태인 공간일 수 있다.[31] 특구는 아주 드문 경우에만 '비국가적' 공간으로, 오히려 스티븐 크래스너Stephen Krasner가 '위선적 주권'이라고 부른 개념에 따라 형성되고 작용하며 그 바깥에서는 대개 유효하지 않은 기반구조들이 제공되거나 가능하다.[32]

하지만 국가는 특구 설립에 필수적이긴 하지만 특구를 지휘하지는 않는다.[33] 이스터링에게 특구는 초국정운영술의 '완화된' 형태로, 대개 거주자 기업들로 이루어진 위탁업체나 대행업체에게 관리가 맡겨진다. 그래서 국가나 지역 정치 혹은 심지어 국제법이 기대하는 조건들에 그다지 의거하지 않고 수천 마일 떨어진 지역 사무실이나 글로벌 사무소에서 내린 결정이 특구 내의 일을 좌우할 수도 있다. 특구 내의 규칙제정과 준수가 민주적 관리감독에 의지하지 않고 자본의 필요에 따라 이루어질 수도 있다. 또한 노동, 환경, 건강, 안전, 인권, 그리고 당연히 조세법과 규약이 수정되거나 예외가 생길 수 있다.[34] 실제로 특구는 이스터링이 '반半 공적인 형태의 지배력이 법보다 더 빨리 사실상의 정치 형태를 만들어내는 공간, 정보, 권력의 동적인 체계'라고 부른 개념에 의해 통치된다.[35]

특구들은 스스로를 경제활동을 위한 규범적 공간, 즉 발전적인 공간으로 표현하는 교묘한 수법을 쓴다.[36] 이런 자리매김은 기술자주의 정신(이곳은 일하는 공간이다)과 바흐Bach가 말한 '현대성에 대한 환상과 열망'을 구현하는 공식 같은 곳임을 강조함으로써 이루어진다.[37] 경영자들과 마케팅 캠페인은 특구 환경이 경제 전반보다 더 좋다고 선전한다. 체계화되고 깨끗한 작업환경, 대개 최소임금보다 높은 급여를 받는 훈련된 노동자들, 그리고 탁아소, 의료시설, 심지어 괜찮은 집까지 제공되는 생활환경이라고 홍보하는 것이다. 후발 특구는 여기에 여가, 오락, 문화시설까지 포함시켰다.[38]

그러나 특구가 도시의 외양을 띠고 국가처럼 통치될 수 있다 해도 이곳의 절차는 비밀주의와 민주주의의 부재에 의지한다. 비평가들은 풍요로운 하부구조를 갖춘 이 도시성urbanism이 '아주 쉽게 회피, 폐쇄, 격리로 바뀔 수 있는 자유와 개방성의 가면을 쓰고 있다'고 주장한다.[39] 언론의 자유가 감시되고 집단을 대표하는 조직(특히 노조)이 금지되는 한편 노동자(대개 이주자들)는 완전한 시민권에 못 미치는 권리에 따라 계약을 맺고 수용시설에 격리되며 장시간의 유해한 근로조건과 성적인 약탈에 시달린다.[40] 규칙의 집행은 민간경비가 담당하는데, 민간경비 자체도 특구(보호구역/복합단지/엑스포도시/극소국가)를 서로 연결시키고 자본을 제공하며 품질 관리와 확실성을 기하고 정부 개입에 제약을 가하는 세계적 네트워크의 일부분이다.[41] 데이비스Davis와 몽크Monk에 따르면 특구들은 정치와 관련이 없다고 주장하지만 사실은 그 반대로 '사악한 천국'이며 예외적 지위를 얻으려 노력하는, 의도적으로 비민주주의적인 공간이다.[42]

저성장 조건들(피케티가 설명한 조건, 특히 긴축재정과 결합해 그의 경험적 논증에 중요한 역할을 하는 조건)하에서 특구는 자본의 힘을 증폭시킨다. 특구는 국민국가보다 훨씬 덜 혼잡하고 경계가 뚜렷한 영토를 제공하고 자본이 이동성을 유지하는 방식으로 그 영토 내에 '자리 잡을' 수 있기 때문이다. 자산을 임대하고 건물과 기계류를 대여하며 서비스 계약이 이루어지는 반면, 공급자와 중개인, 시장과의 연결은 법규와 정치적 요구로부터 자유롭다. '사실' 측정을 통해 피케티가 관찰한 1970년대부터의 불평등 증가와 거의 유사하게, 수천 개의 특구는 전 세계에서 불평등을 만들어내고 재생산하는 공간적 도구로 등장했다.

오늘날의 자본주의에서 법의 영역을 벗어난 두 번째 공간은 역외^{offshore}다. 특구가 아무리 별세계처럼 보인다 해도 어쨌거나 어딘가에 위치한 곳이므로 일정 수준에서는 실제 공간이다. 반면 니콜라스 색슨^{Nicholas Shaxon}이 주장한 것처럼 '역외는 근본적으로 다른 곳에 있는' 것이다. 역외는 공간으로는 존재하지만 장소로선 가상으로만 존재하기 때문이다.[43] 개인이나 기업, 혹은 신탁 같은 투자기구들이 70개가 넘는 조세피난처(본질적으로 역외 공간) 중 한 곳에 역외 등록할 수 있지만 이들은 그 공간과 거의 아무런 관계가 없을 수 있다. 그 공간은 수백만 개인, 기업 혹은 신탁과 함께 쓸 수 있는 우편주소(구어체로 우편함이라고 불린다)에 지나지 않는다.

역외의 성공에 대해서는 거의 논란의 여지가 없다. 색슨이 주장했듯이 역외는 '현재 힘의 세계가 작동하는 방식이다.' 심지어 존 어리^{John Urry}는 '역외 진출은 규칙의 예외'라고 제시하기도 했다.[44] 미국 기업들이 해외에서 올린 수익의 약 55퍼센트가 불과 6개의 조세피난처에서 신고되지만 이들이 그 지역과 실제로 맺은 경제관계는 생산이나 매출 면에서 매우 제한적일 수 있다는 쥐크망의 주의 깊은 실증적 분석은 어리의 주장을 뒷받침한다.[45] 뒤이어 쥐크망은 해외 조세피난처와의 이러한 관계의 규모와 성격이 현재 '부의 불평등 측정에 상당한 영향을 미칠 정도로' 크다는 중요한 주장을 펼친다.[46]

소위 파나마 페이퍼스가 밝힌 것처럼, 법인세 최소화나 탈세가 역외 회사를 세우는 유일한 동기나 효과는 아니다.[47] 실제로 길먼 외의 학자들이 언급한 것처럼(그리고 파나마 페이퍼가 확인해준 것처럼) 역외회사는 합법적 기업들과 미술품, 에너지, 환경폐기물, 무기, 약물, 사람, 동물의 비공식적 혹은 불법적 거래와 경제범죄 같은 소위 '일탈 세계화^{deviant globalization}'를 결합시킨다.[48] 그럼에도 불구하고 조세피난처는 오늘날의 정치경제와 불평등 간의 관계를 세계 최대 기업들과 부유한 개인들이 세금이 낮은 지역에서 불균형적인 사업을 할 수 있도록 재정상태를 구성하는 능력 차원으로 보는 예리한 시각을 대표한다(도표 12-1 참조).[49] 게다가 오프쇼링(기업이 경비절감을 위해 생산, 용역, 일자리 등을 해외로 내보내는 현상-옮긴이)

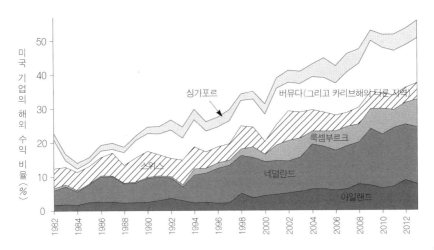

도표 12-1: 미국 기업의 해외 수익에서 조세피난처가 차지하는 비율

출처: 국제수지 데이터를 이용해 저자가 계산. 온라인 부록 참조
주: 이 수치는 주요 조세피난처에서 미국이 직접투자로 얻은 소득의 비율을 나타낸다. 2013년 미국이 직접적인 해외투자로 얻은 총소득은 약 5천억 달러였고, 그중 17퍼센트를 네덜란드에서, 8퍼센트를 룩셈부르크 등에서 얻었다.

이 더 늘어나고 국민국가는 고소득자의 소득뿐 아니라 수익에 대한 세수를 확보하는 역량도 약해지는 경향이다. 쥐크망에 따르면 미국 기업들이 조세피난처에 등록한 법인 이익의 비율이 1980년대보다 10배 증가해 2010년대에는 약 20퍼센트를 기록했다. 그 결과 미국 기업들이 납부하는 실효세율은 약 15년 만에 30퍼센트에서 20퍼센트로 떨어졌다.[50]

해외의 조세피난처는 일부 논평자들이 오늘날 정치경제학의 작용양식이라고 밝힌 것, 즉 기업들이 자사의 비즈니스 업무를 경쟁자와 규제자에게 비밀로 유지하는 능력을 통해 작동한다. 한 번 더 말하지만, 단순히 재정적 이익만 있는 건 아니다. 쥐크망이 지적했듯이 '실세계에서 탈세자들은 여러 조세피난처의 무수한 자산보유 실체들을 결합시켜 법률상 소유자가 없는 자산을 생성하거나 소유자와 이들의 자산을 사실상 분리시킬 수 있다.'[51] 비밀주의는 공간과 조직적 복잡성을 결합시킨다. 그렇게 되면 투명성 요건이 엄격하지 않은 지역

도표 12-2: 조세피난처의 기업들과 개인들이 보유한 미국 주식

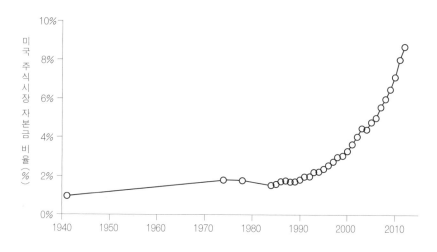

출처: 미 재무부 국제자본 데이터를 이용하여 저자가 계산. 온라인 부록 참조
주: 2012년에 미국 주식 자본금의 9퍼센트를 조세피난처 투자자들(케이맨 제도의 헤지펀드, 스위스의 은행, 룩셈부르크의 뮤추얼 펀드, 모나코의 개인 등)이 보유했다.

에서 외관상 활동할 곳을 찾아낼 수 있고 그 방식은 외부 수사관이 풀기에는, 혹은 신속히 풀기에는 너무 복잡하다. 단 하나의 투자기구에 수백 명의 주인이 존재하거나 세계 각지에 여러 거처를 둘 수 있으며, 투자회사의 회계장부에는 특수목적기구들이 2천여 개 이상 기록되어 있는데 정작 포트폴리오에는 핵심 회사 한두 곳만 있기 때문이다. 투자자들이 만약 '무기명주'를 이용할 경우라면 거의가 익명일 것이므로, 이 기구들의 정확한 구성과 투자자들의 신원 파악은 단일 규제기관의 역량을 넘어선다.[52]

자산과 거래를 외관상 해외로 '옮기는' 고전적인 방법은 세금 바꿔치기다. 전형적인 예로, 모기업이 세율이 낮고 (혹은) 투명성 규제가 적은 지역에 역외 자회사를 설립한다. 이 자회사는 모기업의 공식적 본사로 등록된다(도표 12-2 참조). 실제로 이 사무소는 이사회를 개최한다는 최소한의 요건만 있을 뿐, 거기서 수행되는 의미 있는 업무라곤 없는 껍데기에 불과할 수 있다. 하지만 이렇게 하면 기업과 개인은 뻔히 보이는 곳에 숨어 한 장소에서 상당한 투자나 지출을 하

350

는 한편 그 지역에 등록된 자산은 실제보다 적게 보일 수 있다. 기업 장부와 납세 기록은 여기에서 실제로 발생한 부, 매출, 소득은 상당히 과소평가하고 다른 공간에서 발생했다고 신고된 것은 과대평가한다. 여기서 중요한 점은 자본, 거래, 소득의 공간 구성을 교묘하게 조종하는 솜씨와 신고 방식에 따라 비밀유지가 가능해진다는 것이다.

비밀주의라는 측면에서 볼 때 오늘날의 정치경제학을 투명한 역내와 불투명한 역외로 단순히 이등분할 수 있는 건 아니다. 오히려 콥햄[Cobham] 외의 학자들이 주장한 것처럼 비밀주의는 여러 다른 지역에서 여러 다른 결합형태로 제공되는 스펙트럼으로 이해해야 한다.[53] 이 학자들은 지역의 비밀주의(혹은 투명성) 정도를 측정하기 위해 금융비밀지수[Financial Secrecy Index]를 제시했다. 비밀주의 수준이 가장 높은 지역에는 유력 용의자인 조세천국들(스위스, 룩셈부르크, 홍콩, 케이맨 제도, 싱가포르)이 포함되었지만 미국(6위)과 독일(8위)도 이름을 올렸다(표 12-1 참조). 마찬가지로 흥미로운 결과는 시티 오브 런던(런던의 금융 중심가-옮긴이)을 영국과 별개의 독립체로 생각한다면 런던이 전 세계에서 가장 중요한 금융 비밀주의의 수장 자리를 차지했을 것이라는 점이다(영국은 비교적 투명하다)(그림 12-1 참조).

최근 몇십 년간 런던이 거둔 성공에는 고도로 숙련되고 높은 보수를 받는 수많은 회계사, 투자 고문, 법률가들을 제공할 수 있었던 것이 한몫을 했다. 부이칙[Wójcik]이 지적했듯이, 이들은 세계 자본의 지리학을 가능한 한 불투명하게 만드는 데 가담했다.[54] 역설적으로 '더 시티'가 이런 서비스 제공에 전문화된 특출한 곳임은 누구나 아는 공공연한 사실이다.[55] 실제로 영국의회 공공회계위원회는 대형 회계법인 네 곳이 세무관리 부문에만 9천 명을 채용했고 기업들에게 20억 파운드의 수수료를 청구했다고 지적했다.[56] 공공회계위원회의 위원장 마거릿 호지[Margaret Hodge] 하원의원은 보고서를 발표하면서 그중 한 곳인 프라이스워터하우스쿠퍼스 PWC(Price Waterhouse Coopers)의 활동들을 '산업적 규모로 절세를 증진하는 행위에 다름없다'고 묘사했다.

많은 특구들처럼 물리적 자산과 거래의 외관을 역외로 옮길 뿐 아니라 마거릿 호지가 암시한 대로 회계나 법률업체의 서비스까지 이용하는 행태는 오늘

표 12-3: FSI(금융비밀지수), FSI 구성요소, 그 외 지수들에 따른 상위 10개 지역

순위	FSI	비밀주의	GSW	BAMLI	CPI
1	스위스	사모아	미국	소말리아	아프가니스탄
2	룩셈부르크	바누아투	영국	아프가니스탄	북한
3	홍콩특별행정구	세이셸	룩셈부르크	이란, 이슬람공화국	소말리아
4	케이맨 제도	세인트루시아	스위스	캄보디아	수단
5	싱가포르	브루나이 다루살람	케이맨 제도	타지키스탄	미얀마
6	미국	라이베리아	독일	이라크	투르크메니스탄
7	레바논	마셜 제도	싱가포르	기니비사우	우즈베키스탄
8	독일	바베이도스	홍콩특별행정구	아이티	이라크
9	저지	벨리즈	아일랜드	에리트레아	베네수엘라, 볼리바르 공화국
10	일본	산마리노	프랑스	미얀마	부룬디
비밀주의 평균점수	69.0	83.4	59.3	n/a	n/a
GSW 합계	58.9%	0.07%	80.4%	0.023%	0.014%

주: FSI, BAMLI 결과는 2013년도, CPI 결과는 2012년도 데이터다. 비밀주의 점수는 BALMI나 CPI 상위 10개 국가에 대해서는 산출되지 않았다.
출처: Cobham et al.

날의 공간적 정치경제학을 이해하는 방식에 지대한 영향을 미친다. 무엇보다 분명한 의미는 공식 조세기록(어떤 상황에서도 신뢰성이 없는)을 이용하고 국민국가 차원에서 경제활동의 구성을 파악하는 방식은 현재 경제가 실제로 작동하는 방식과 어긋난다는 것이다. 런던 회계법인들의 세무관리 부서들이 기업과 개인들의 거래와 자산, 여기에 동반되는 조세 채무를 실제 발생처에서 신고하는 대가로 연간 200억 파운드를 청구하는 것은 아니다. 쥐크망은 역외 조세피난처들만으로 전 세계 가구 금융자산 보유의 약 8퍼센트를 차지할 것으로 추정했다. 하지만 이 데이터에는 미술품, 보석류, 부동산 같은 비금융자산은 제외되었는데, 쥐크망은 이런 자산까지 넣으면 조세회피의 거의 전부에 해당하는 11퍼센트까지 수치가 올라갈 수 있다고 보았다.[57]

감사를 받은 기업의 대차대조표라고 해서 더 신뢰성 있고 탄탄한 데이터를

그림 12-1: 당신의 돈이 여기에 있기를

'급진적이고 진보적인 밈meme(비유전적 문화요소)이 주류로 확산되도록 돕는' 것이 목표 중 하나인 활동가 네트워크 더 룰스The Rules가 내놓은 여행 포스터 패러디
출처: 알자지라

제공할 것 같지는 않다. 대차대조표는 기업이 내부 이전을 실시하고 무형 서비스(시장의 힘에 의해 결정되지 않는 서비스), 특히 지적재산권(트레이드마크, 로고 혹은 기술)과 마케팅비용을 지불하고 그렇게 함으로써 순 매출과 수익을 특정 지역으로 이동할 수 있게 하는 '무중량'의 정도를 보여준다.[58] 가장 극단으로 가면, 어디에든 있을 것 같은 높은 브랜드 인지도의 기업이 어디에서도 경제 활동을 하지 않는 것 같을 수도 있다.[59]

이런 좋은 예가 애플 오퍼레이션 인터내셔널Apple Operations International이다. 이 회사는 3년간 300억의 순이익을 기록했지만 본질적으론 비밀로 되어 있는 복잡한 제휴 네트워크와 절차를 통해 어디에서도 세금신고서를 제출하지 않아도 되었다. 이렇게 비밀주의는 특정 지역에 한정된 장치(조세피난처 내)가 아니라 불투명한 법체계와 다양한 지역들의 불완전한 관리감독 체계를 이용하고 네트워크로 연결된 법 영역 밖의 공간이다.[60]

21세기의 불평등, 계층, 시민권

지리학적 관점에서 보면 오늘날의 정치경제학, 그리고 정치경제학과 공간과의 관계는 《21세기 자본》에서 묘사했던 다소 깔끔한 계층의 개념화를 무너뜨린다. 피케티는 계급의 개념을 잘 알고 있었고 계급전쟁에 대해서는 추론적일 정도로 민감하지만(하지만 착취를 명확히 언급하지는 않았다) 계급을 소득 분배와 연결시켰다. 그래서 노동계급은 소득 분배의 하위 50퍼센트, 상류층은 최상위 10퍼센트, 중산 계층은(……) 중간을 차지한다는 식으로 분류했다. 피케티는 이런 구분이 임의적이고 도식적이며 논란의 여지가 있음을 인정하면서도 엄격하고 객관적인 비교분석을 가능하게 해준다고 주장했다.[61]

이렇게 계급의 주된 지표로 소득에 집착하는 것은 경제학 규범들에 충실한 것이고 피케티는 이를 이용해 불평등 상승이 상위 1퍼센트 혹은 심지어 상위 0.1퍼센트 소득자들의 소득 증가 때문임을 보여줄 수 있었다. 그는 '엘리트'를 자주 언급하지만 많은 정부기관뿐 아니라 금융 서비스 및 라이프스타일 서비스 부문들이 더 흔하게 사용하는 개념들, 예를 들어 고액순자산보유자HNWIs나 초고액순자산보유자U-HNWIs 등은 사용하길 꺼렸다.[62] 계층의 대리지표로 백분위에 의지하는 것은 개념이 분석상의 강점을 잃었음을 의미한다. 상류층(상위 10퍼센트)이나 상위 0.1퍼센트는 무슨 일을 하는가? 그들은 어떻게 사는가? 이들과 같은 계급 집단에 속하지 않은 사람들과의 관계나 태도는 어떠한가? 또한 엘리트층은 시민권과 장소 정체성을 자신이 보유한 금융자본의 이동성과 어떻게 결합시키는가?

21세기 계층의 지리학(그리고 사회학)은 엘리트층이 기동성 있는 생활을 이용해 활동한다는 것을 보여준다. 이들은 여가를 즐기기 위해서 뿐 아니라 정적의 괴롭힘을 피하고 사업 계약(그리고 정치 유착)이 정부나 언론, 시민사회에 발각되는 것을 막고 세금과 법적 요구를 회피하기 위해 움직이거나 움직일 수 있는 능력이 있다.[63] 기동성이 엄청나게 높아짐에 따라 엘리트들은 국가로부터 분리되고 옹Ong이 '고전적 시민권이 요구하는 깊은 책임'이라고 부른 개념에 노선을 가하기 시작했다.[64] 엘리트층은 보유한 자본(혹은 자본의 외양)과 마찬가지로 점점 더 탈영토화되는 것처럼 보인다.

프리랜드Freeland에 따르면 이 엘리트들은 '같은 나라 사람들보다 공통점이 더 많은 전 세계적 동료 집단이 되고' 있다. '주 거주지를 뉴욕, 홍콩, 모스크바, 혹은 뭄바이 어디에 유지하건 오늘날의 슈퍼리치들은 점점 독자적인 한 나라가 되고 있다.'[65] 제인 오스틴의 소설에 나오는 대부분의 인물들은 가끔 런던이나 포츠머스를 방문할 뿐 사교 범위가 시골 지역으로 제한돼 있고 카리브 해 농장과의 경제적 관계가 겉으로 드러나지 않지만(혹은 입 밖에 내지 않지만) 이 신흥 부호들은 기동성이 뛰어나며 세계적 네트워크로 연결되어 있다. 하지만 그러면서도 장소는 상실되어 있다. 21세기 자본주의의 상징적 승자는 '논-돔non dom'(영국에 체류하고 있지만 주소지는 영국이 아닌 개인들로, 송금주의 과세제를 이용해 영국 이외 지역에서 벌어들인 소득에 대한 과세를 면제받음-옮긴이)이나 역공간 혹은 가상공간으로 보이는 공간의 점유자들이다.[66]

이 엘리트들은 언제나 자신이 위치한 공간에 대체로 무관심하고 경제적으로 독립되어 보이는데, 엘리엇Elliott과 어리는 이런 기질이 세계화된 긍지의 표상이자 속박감에서 벗어나려는 작전의 일종으로, 의도적으로 기른 것이라고 주장한다.[67] 옹은 이들을 '임시 거주' 국민들, '세계적 자본이 글로벌 시스템의 주요 도시 거점에 거주지를 마련함으로써 국민국가의 그물망에 스스로를 끼워 넣는 일종의 사회적 형태'라고 언급했다.[68] 여기에서 도출한 의미는 엘리트들을 이해하려면 (그리고 아마도 불평등에 대해 무언가를 하려면) 국민소득에서 차지하는 비율로는 '자본의 힘'을 종합적으로 다루지 못하는 종래의 경제지리학을 거부해야 한다는 것이다.

이미 언급했듯이 자본 소유자가 갖는 중요한 힘은 특정 공간에 대한 개입을 협상할 수 있는 능력이다. 이들은 이 계약을 비밀로 유지하고 사업 결정에서 법의 영역을 벗어날 수 있게 만들거나 이를 이용하려 시도한다. 그러나 엘리트층이 여러 지역, 아마도 역외에 많은 금융자산을 등록할 수 있다 해도, 일, 여가, 건강관리, 자녀들의 학교를 위해 어딘가에는 실제로 머물러야 한다. 이에 대응해 오늘날 국정운영 기술의 중요 요소이자 자본축적의 새로운 정치경제학은 엘리트들을 특정 공간에 가능한 한 오래 '붙잡아 놓으려고' 시도한다. 그러나 엘리트들을 가장 효과적으로 붙잡아 놓는 공간적 그물망은 국민국가가 아니라 도시다. 혹은 심지어 특정 자치구와 우편번호가 경쟁우위를 갖기도 한다. 이런 의미에서 커닝햄Cunningham과 새비지Savage는 런던을 엘리트들이 요구하는 다양한 사회적, 문화적 힘들을 모아놓은 '엘리트의 대도시 소용돌이elite metropolitan vortex'라고 불렀으며, 이 세력들은 엘리트와 도시의 자본축적에 필수적이다.[69]

도시는 엘리트의 자본과 소비력을 끌어들이려 온갖 노력을 아끼지 않는다. 시장들(지난 30년 동안 권한이 높아진 정치 행위자들)은 도시를 사업하기 좋은 곳뿐 아니라 살기 편한 곳으로도 홍보한다. 거주 적합성을 평가한 많은 표들과 거주공간의 품질과 비용, 교육, 여가활동(미슐랭 가이드 식당, 예술축제, 미술관, 발레단, 나이트클럽부터 그랑프리Grand Prix 같은 유명한 스포츠 이벤트에 이르기까지), '스타건축가'가 설계한 건물의 순위를 매긴 종합지수들이 도시의 성공도를 보여준다.[70] 내가 쥐크망의《국가의 숨겨진 부》를 읽으려고 서두르며 현관 앞 매트에서 급하게 집어올린《라이프스타일》지는 런던에 부가 결코 숨겨져 있는 게 아님을 보여준다! 부티크 호텔, 유기농 가정배달 서비스, 패션 디자이너의 경력을 다룬 광고와 기사들은 런던이 엘리트적 태도를 갖춘 도시, 열심히 일하고 여가를 즐길 자격이 있는 도시, 그럴 만한 실력이 있고 사회자본과 문화자본의 적절한 조합을 잘 이해했으니 특권을 누릴 만하다고 여겨지는 도시, 불가피하게 공존하는 임금 노동자들이 직접적 접촉에서 '가려질' 수 있는 도시임을 역설하고 있었다.[71]

엘리트들을 끌어들이고 양성하기 위해 특히 런던 같은 도시의 시장과 시정 담당자들이 쓸 수 있는 핵심 권력은 도시계획과 건축 시스템의 재량권이다. 다양한 서비스 제공업체들이 시 당국과 협상을 하고 법적으로 호소하여 엘리트들이 용적률에 비해 건물을 과하게 짓고, 공공도로 아래에 지하 증축을 하고,[72] 공공통행권을 차단하고, 전기철조망을 설치할 뿐 아니라 민간경비를 두고, 환경보호 규제를 피하거나 자치 합의를 할 수 있도록 돕는다.[73] 웨버Webber와 버로우스Burrows가 최근에 제시한 것처럼, 세계적 엘리트들을 런던으로 유인하여 언은 이익에 관해서는 논쟁의 여지가 있다.[74] 역사적으로 옛 엘리트들과 연결되어 있던 동네들이 새로운 계층의 취향에 맞게 바뀌었다. 건축 스타일이 과시적 소비 표현으로 비판받으며 지역색(정체성)에 영향을 미쳤다. 예를 들어 런던 마을들의 목가적인 고색창연함은 '러스트피케이션'(일부러 고풍스러워 보이도록 부식시키는 건축 기법-옮긴이)으로 변화되는 등 건축적 사치는 대중 담론에서 때로 이국적인 것으로 받아들여진다.[75]

그 결과 세계적 대도시의 불평등은 국민국가보다 정량적으로 더 클 뿐 아니라 보고 느끼기에도 더 심해져 현대도시에서 계층이 어떻게 작용하는지의 개념에 이의를 제기할 정도가 되었다.[76] 예를 들어 앳킨슨은 런던에 관한 글에서, 우리가 이 도시에서 연상하던 끈끈한 사회적 연계가 이제는 강화된 사회적 거리로 대체돼 세계시민주의의 분위기가 실제로는 '가치 없는 세계시민주의'를 제시하는 '금권정치의 구름' 쪽에 더 가까운 무언가가 된 것은 아닌지 의문을 제기했다.[77]

엘리트들과 장소의 협상에서 중요한 부분은 시민권의 한도와 관련된다. 옹이 말한 것처럼 (그녀가 시민권의 새로운 '졸업'이라고 부른 개념의 일부로) '한때 모든 시민과 연결지어 생각되던 권리와 자격이 신자유주의적 기준과 연결되고 있어서 국외에 거주하는 기업가들이 예전에는 시민들이 배타적으로 요구하던 권리와 혜택을 공유하게 되었다.'[78] 부호 엘리트들은 세금 때문에 논-돔 상태를 요구하지만 돔(거주민)의 자격을 획득할 수 있다. 그러나 중요한 점은 엘리트들이 사센이 말한 초국가적 시민권(국제인권에 대한 존중 같은 국민국가의 제한적 요건을 뛰어넘어 판단되는 시민권)을 주장하기에도 유리한 입장이라는 것이다. 실제로 엘리트들의 이상은 이중 혹은 다중 국적으로 나타나는 다중 지역 시민권이며, 이를 이용해 여러 지역에 걸쳐 대체로 자신들의 방식대로 하되 상황에 맞게 권리, 자격, 보호의 최적 조합을 계산할 수 있기를 바란다.[79]

이러한 점은 2015년 말 워싱턴 동반성장센터가 이 책《애프터 피케티》의 저자들을 위해 이탈리아 벨라지오에서 개최한 워크숍에 가는 비행기에서 내가 펼쳐 든 기내 잡지의 수많은 광고에도 잘 드러났다. 도미니카공화국 시민권의 이점을 설명한 한 광고는 모험가들의 마음을 잡아끌 이 나라의 '울창한 숲'과 '세찬 폭포'를 강조했는데, 이 모험가에는 도미니카공화국의 교육받은 노동력뿐 아니라 시민권 '혜택'에도 매력을 느낄 수 있는 '사업 모험가'도 포함돼 있었다. 그런 뒤 혜택들이 나열되었는데, 도미니카공화국과 카리브공동체 CARICOM 국가에 거주할 수 있는 권리, 110개 국가와 영토에 비자 없이 여행 가능, '영국연방' 가입, 신청 3개월 만에 시민권 취득, '면접도 없고 실제로 거주하지 않아도 되며 교육을 받을 필요도 없고 사업경험도 요구하지 않음', 기업 친화적 지역에서의 생활 등등이 그것이었다.

그 다음에는 도미니카공화국에서 시민권을 얻는 두 가지 방법이 각각의 가격과 함께 설명되어 있었는데 개인이나 가족 전체가 취득하는 것도 가능했다. 첫 번째 방법은 도미니카공화국의 경제다양화기금에 기부하는 것인데, 개인 시민권은 기부금 10만 달러에 '실사 및 처리' 수수료 1만 500달러를 내면 발급되는 것 같았다. 두 번째 방법은 부동산 구입인데, 여기에는 20만 달러의 투자와 '실사 수수료, 처리 수수료, 행정 수수료' 6만 500달러가 필요하다. 이런 소위 투자 시민권 프로그램에 관해 더 알아보려고 인터넷을 잠깐 뒤져보니 카리브 해와 중앙아메리카의 부동산 개발자들이 고급 콘도나 슈퍼요트시설 패키지, 조세피난처 서비스, 맞춤형 이중 시민권 혹은 다중 시민권을 제공하는 법적 중개의 일부로 시민권을 제공하는 것을 알게 되었다. 몇몇 사이트에 따르면 이런 시민권의 명백한 이점은 언급된 국가들이 영국 법을 따르는 것이었고 일부 사이트는 '영국의 보호를 받는 시민권'을 제시했다.

엘리트들은 시민권을 여러 개 보유하고 자산을 외양상 해외에 둘 수 있지만 특정 지역, 특히 특정 도시에 거주, 투자, 소비하도록 권하는 준비가 함께 이루어진다. 수많은 특수투자기구들이 연결통로로 역할을 하고 여기에서도 비밀주의가 필수요소다. 자산관리회사인 런던 센트럴 포트폴리오의 시장분석에 따르면, 영국과 웨일스의 자가 주택 4,000채(사실상 거의 런던에 있다)가 익명으로 부동산을 팔 수 있는 '기업 보유 주택'이다.[80] 그러나 파나마 페이퍼가 발각되기 전에도 이 수치는 상당히 과소평가된 것이 분명했다. 고가의 부동산이 몰려 있는 런던의 '알파 테리토리alpha territories'에서는 5백만 파운드 이상의 가격표가 붙은 부동산의 85퍼센트 이상이 해외 구매자에게 팔렸다. 2011년부터 2013년까지 5백만 파운드가 넘는 주택의 매각은 총 52억 파운드에 달했다. 《가디언The Guardian》 지는 부동산업체의 보고서들을 인용하면서 알파 테리토리의 해외 구매자 중 약 50퍼센트가 영국 거주자가 아니라고 주장했다.

이동성이 높은 엘리트들의 상황에서 해외는 어떤 의미가 있을까? 왕복 투자(국내의 직접 투자자가 자금을 일단 외국으로 보낸 후 이를 국내에 다시 투자하는 것-옮긴이)라는 재미있는 이름으로 불리는 거래를 하는 개인을 무엇이 막을 수 있을까? 이들은 런던에서 일하고 금융자산을 해외에 등록하고 외국 시민권을 얻은 뒤 런던 부동산 시장에서 구매하는 회사를 세운다. 이 회사는 영국 재무부에 인지세를, 지역 정부에 재산세를 납부하겠지만 법인세(수익에 대한)는 줄일 수 있고 개인 투자자의 신원은 비밀로 유지된다.

《21세기 자본》에서 피케티가 불평등 상승이 새로운 계층관계를 낳았다고 제시하는지 아닌지는 불분명하다. 하지만 오늘날 정치경제학에 대한 대부분의 사회학적 분석은 이렇게 제시한다. 계층class이라는 오래된 어휘를 사용하자면 불평등은 계층적 양극화로 논의되곤 했다. 특히 1960년대부터 사회학 연구는 많은 사람들이 노동자 계층에서 떨어져 나오고 있지만 이들은 부랑 노동자(마르크스의 이론에 따르면, 계급의식이 희박하여 혁명 세력이 되지 못하는 노동자층을 일컫는다-옮긴이)가 아니라 (완곡한 표현으로) '하층민'이라고 우려했다. 1990년대는 이 집단을 경제, 사회복지, 정치과정에서(특히 계층이 인종과 더 분명히 결합되어 있는 미국에서) 배제되거나 혹은 좀 더 부정적으로 말하자면 단절된 '왕따'로 이해하는 것이 더 적절하다는 시각이 제시됐다. 이는 엘리트층의 부상이 다른 사람들의 빈곤과 고통의 증가와 관련되어 있음을 시사한다. 불평등의 지리학은 이런 계층관계가 21세기에 더욱 뚜렷해질 수 있음을 보여준다.

2007~2008년의 금융 위기는 사스키아 사센이 '승자와 패자의 야만적 분류'라고 부른 현상과 연관이 있다.[81] 사센은 금융 위기는 최소 1980년대부터 진행되어 '선진 자본주의의 작동영역'을 확장한 금융악화로 발생했다고 주장하면

서 설득력 있는 분석을 제시했다. 이 금융악화에서 결정적 부분은 저소득 집단에 담보대출을 확대한 것이다. 적절한 규제가 존재하는 투명한 시스템에서는 담보대출 확대가 나쁜 것은 아니다. 어쨌거나 피케티는 '어느 시기건 인구의 가난한 절반은 거의 아무것도 소유하지 않는다(그리고 전체 부에서 5퍼센트 남짓을 소유한다)'는 것을 보여주었다.[82] 실제로 사센은 서브프라임 모기지라고 불리는 주택담보대출이 2006년에 미국의 모든 담보대출의 20퍼센트를 차지하긴 했지만 대부분의 선진경제국의 금융시스템은 전통적인 담보대출 문제에 취약하지 않다고 주장했다. 사센이 '그림자 금융'이라 부른 업체들이 합법적 방법을 이용, 모기지 보험 같은 단순한 금융상품들을 위험 등급에 따라 분류 및 재결합하여 무담보 파생상품을 만들어내면서 금융시장이 복잡하고 불투명해졌다는 점과 관련해 확실한 근거가 드러난 것은 아니다. 그러나 주택시장이 휘청하자, 신용부도스와프Credit Default Swaps의 연쇄부도는 거의 금융시스템 전체의 붕괴로 전이되었다.

사센의 주장에서 내가 말하고 싶은 미묘한 의미는 그림자 금융의 복잡하고 교묘한 수단 중 일부인 주택담보대출저당증권RMBSs 같은 도구가 엘리트와 가난한 사람을 금융의 영역으로 연결시킨다는 것이다. 이렇게 금융은 조세 부담 완화, 자산 보호, 자본수익률 상승, 높은 보수 제공 등을 위해 역외 시장(그리고 역내시장)을 이용했는데, 때로는 스톡옵션을 상여금으로 지급해 엘리트들이 주가 상승이나 세계 주요 도시들의 부동산 가격 상승으로 더더욱 이득을 취할 수 있게 했다.[83] 금융 부문에서 엘리트들이 거둔 성과는 서브프라임 시장 같은 새로운 금융 영역이 생기고 자본 이동을 통해 도산의 위험으로부터 보호받은 것과 어느 정도 관련이 있다. 21세기의 불평등을 특징짓는 엘리트들의 기동성과 분석적으로 대조를 이루는 것은 패자들이 어떻게 '꼼짝 못하는' 처지가 되었는가다. 오랜 세월 가난과 차별에 시달렸던 지역의 사람들은 피케티의 말대로 '거의 아무 것도' 소유하지 않는 상태로 돌아갔지만 지금은 이런 현상이 부분적으로는 금융 포용(배제가 아니라) 관행 때문에 나타났다.[84] 이 지역들은 성장을 다시 회복하기가 매우 어렵고 인종, 소득, 부의 불평등이 사회에 깊숙이 박

혀 있음을 알게 되었다.[85]

결론

피케티는 21세기 자본 소유자들은 큰 성공을 거둔 최상위층 사람들과 더불어 1913년 이후 그 어느 때보다 번영을 누리게 되었다는 중요한 평가를 내놓았다. 자본이 고도로 집중되어 있고 가장 많이 가진 사람들이 덜 가진 사람들에 비해 불균형적으로 높은 자본수익(지대)을 얻는다.[86] 손대지 않고 놔둔다면 노동시장과 자본시장은 새로운 균형 상태를 찾지 못할 것이다. 그래서 피케티는《21세기 자본》을 마무리하며 불평등이 더 심화되지 않게 하는 여러 방법들, 즉 세계적인 자본 데이터베이스를 구축하기 위한 일관성 있는 신고 구조와 부(자본)에 대한 누진세를 간략하게 설명했다.

피케티가 '유토피아적 제안'이라고 인정했지만 이 방법들은 다른 경제학자들의 제안과 매우 유사하고 대체로 무시되어왔다.[87] 최근《르 몽드Le Monde》지에 기고되고《더 옵저버The Observer》에 다시 게재된 기사의 제목은 '금융 투명성 문제를 해결하기 위해 2008년 이후 정부는 왜 그렇게 한 일이 없었나?'였다.[88] 여기에 '불평등 문제를 해결하기 위해 왜 정부는 그렇게 아무 일도 안 했나?'라는 질문을 추가할 수 있을 것이다. 나는 화이트홀Whitehall(런던 국회의사당에서 트래펄가 광장에 이르는 중심가 – 옮긴이)이나 다보스(정관계, 재계의 수뇌들이 모이는 세계경제포럼 – 옮긴이)나 더 시티의 권력의 회랑에 속한 사람이 아니므로 내 결론은 그 세계를 주의 깊게 살핀 외부자로서 볼 수 있는 것들만 반영한다. 그럼에도 이 장에서 제시한 자료, 영국 중심의 시각, 몬티 파이튼Monty Python(영국의 혁신적 코미디 집단 – 옮긴이)에서 얻은 교훈들을 바탕으로 몇 가지 가치 있는 결론이 나온 듯한데, 이 중 일부 역시 분명히 유토피아적이다.

먼저 피케티의 제안은 자본주의 자체의 개혁이 아니라 현재 상태 그대로인 자본주의의 작용을 바로잡는다는 면에서 사후 해결책이다. 금융 증권의 세계적 등록과 거래 및 자산 소유 데이터의 더 효과적 정리에 관한 얼마 안 되는 논의들은 자진신고에 초점을 맞추었다.

어떻게 하면 제한된 규제로 시장이 가장 잘 돌아갈지에 대한 대부분의 국제 금융기관과 정부 부처들 사이의 합의는 큰 변함이 없었다. 좀 더 누진적으로 과세하기 위한 조치 또한 없다. 소득세 납부 기준금액이 높아지고 연금에 대한 세금우대정책이 개혁되었지만 매출세(대부분 역진적)가 올랐고 최고한계소득세율은 내려갔으며 재산세는 가격 인상에 보조를 맞추지 못했다. 상속세 기준금액이 올랐고 적어도 영국에서는 고가 재산에 대한 부가세 추진 움직임이 거부되었다. 반면에 실질임금 상승, 이전소득, 노조 지원 같은 대안적 방안들은 적당한 정치적 여지를 얻었다.[89]

둘째, 이런 타성적인 모습이 21세기의 소득과 부를 평가하는 국가기관과 국제기관들의 한정된 능력에 대한 아마도 현실적인 평가일 것이다.[90] 처음 피케티의 제안들을 읽었을 때 나는 가상의 영국 정부회의를 풍자한 몬티 파이튼의 촌극이 떠올랐다. 이 촌극에서 공무원들은 '성행위'에 세금을 매기는 방안을 검토한 뒤 '해외에 거주하는 외국인들'에 대한 과세를 포함해 대중이 내놓은 제안들은 차단해버린다.[91] 피케티의 제안들은 실용적인 것처럼 보이지만 파이튼이 해외 개념을 묘사했던 때로부터 지금까지 40년간 해외, 좀 더 정확히 말하면 역외라는 개념은 훨씬 더 크며 자본주의의 작용에 더 근본적인 공간이 되었다.

공간적 정치경제학의 접근은 개인과 기업들이 실제 생산 장소를 선택할 뿐 아니라 법의 영역을 벗어나는 조건하에 작동하는 지역들에서 빠른 속도와 복잡성, 비밀주의를 갖추고 금융서비스가 이루어질 수 있음을 제시한다. 정보공유 조약과 조세피난처에 대한 더욱 면밀한 조사가 바람직하지만 이는 서투르고 더디다. 영국 국세청HMRC의 한 광고는 '해외에 돈이나 신탁이나 자산을 보유한 영국 거주자들에 관해 곧 금융정보를 공유할 90개 지역'을 나열한다. 하지만 언론에는 일부 유명한 영국 시민들이 어떻게 세금 때문에 영국 '주민'이 아닌지, 그리고 재산과 금융자산이 어떻게 주인의 신원을 숨기는지에 대한 보도가 넘쳐난다. 런던에서 밀라노까지 90분간을 비행하면서 나는 여러 카리브

도표 12-5: 탈세의 세계화

유출된 국가별 HSBC 예치 금액

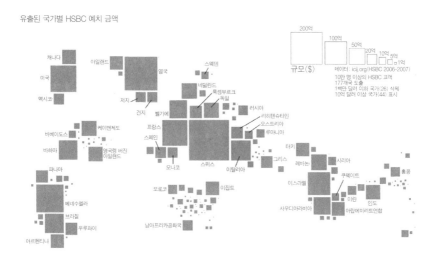

출처 : www.martingrandjean.ch/swissleaks-map/.

해 국가들의 이중시민권 제안을 읽었다. 면접도 필요 없고 실제로 거주하지 않아도 되며, 런던 변두리의 방 하나짜리 아파트 한 채도 못 살 정도의 금액만 투자하면 시민권을 얻을 수 있었다.[92]

세 번째는 대안들, 혹은 적어도 국제 규범이나 법규를 준수하도록 하고 자본이 위치한 것처럼 보이는 곳을 밝힐 수 있는 조치를 검토하자는 것이다. 이 점은 소위 파나마 페이퍼스의 내부고발 유출이 어느 정도 선수를 쳤다. 이스터링이 제시한 것처럼, 조세피난처들은 네트워크로 연결된 하부구조 중심으로 조직돼 있고 특구로 인해 자본주의는 해킹에 취약하게 되었다. 이스터링의 주장은 '공간이 조작에 이용 가능해졌다'는 것이다.[93] 공간이 어떻게 조작되거나 해킹될 수 있는지, 그리고 역외 경제나 엘리트들의 전략에 어떤 영향을 미치는지는 분명하지 않다. 그럼에도 불구하고 조세정의네트워크Tax Justice Network나 국제탐사보도언론인협회 같은 활동단체뿐 아니라 어나니머스Anonymous(해킹을 투쟁수단으로 사용하는 새로운 형태의 활동가 집단-옮긴이) 같은 집단들, 위키리크스WikiLeaks, 스위스리크스^{SwissLeaks}, 룩스리크스^{LuxLeaks} 같은 내부고발이 다크풀 거래$^{dark-pool\ trading}$(시장
참가자들의 호가가 공개되지 않는 익명거래-옮긴이), 명백한 탈세, 그리고 정치인, 은행, 범
죄조직과의 유착 정도와 방법을 폭로해왔다.

더 시티와 월스트리트는 더 복잡한 형태의 그림자 금융을 개발하는 것으로
여기에 대응할지 모른다. 하지만 위와 같은 폭로들은 금융 부문이 구제되고 많
은 국가에서 재정긴축으로 공공서비스가 약화되던 때에 정치적, 윤리적 문제
를 제기했다. 또한 부정행위를 폭로당한 사람이 아니라 내부고발자가 유죄판
결을 받는 불균형적인 법체계도 지적했다. 2015년에 HSBC 프라이빗 스위스
은행을 통해 탈세에 관여한 13만 명의 개인정보를 아르헨티나, 인도, 프랑스,
독일, 영국 정부 당국에 유출한 에르베 팔치아니$^{Hervé\ Falciani}$는 가중 사유가 있는
산업스파이 행위, 데이터 절도, 은행비밀유지법 위반으로 6년의 징역형을 선
고받았다.[94] 내부고발에는 상당한 개인적 위험이 수반된다. 따라서 공법과 공
공규제를 위반하는 행위에 관한 정보를 제공하는 사람을 보호하는 법적 개혁
이 이루어져야 한다.

네 번째는 소득분포의 하위 50퍼센트 혹은 99퍼센트에 속한 사람들이 왜 자
본축적의 지리학을 체계화하는 데 더 적극적이고 혁신적이지 않는지를 묻는
것이다. '월스트리트를 점령하라'와 같은 운동은 긴축재정에 반대 목소리를 내
고 사회정의 안건을 진전시키려고 시도했던 다원주의적 정치 지지층에게서 나
왔다. 하지만 이스터링의 말을 바꿔보면, 그리고 몬티 파이튼이 표현한 부조리
주의에 수긍하며 생각해보면, 다른 공간들도 조작에 이용될 수 있다. 모든 사람
(혹은 적어도 많은 사람)이 역외에서 경제 행위를 하는 듯 보이면 정부나 국제기구
들이 어떻게 대응할 수 있을까? 하이퍼마켓 신권정치의 손에 놀아날까? 아니
면 재무장관이나 경제학자들이 여전히 상대적으로 억제된 경제라고 생각하는
한계에 이의를 제기할까?

영국의 많은 사람들은 아마도 연금 기금을 통해 이미 자신도 모르는 역외 투
자를 하고 있을 것이다. 하지만 세금 절감을 위해 사업을 역외로 옮기겠다고 위
협하는 더 광범위한 움직임은 어떠한가? 인터넷을 잠깐 검색해보니 법률회사

들은 도미니카공화국의 광고에서 말한 대로 단 몇 주 만에 '사업 친화적인 지역'에 회사를 세울 수 있다고 한다. 이런 생각은 약간 어처구니없어 보인다. 하지만 2015년 11월 10일에 남웨일스의 크릭호웰이라는 마을이 HMRC에 이 마을의 조세 업무를 역외로 옮겨달라는 제안서를 제출했다. 이때 크릭호웰은 구글과 스타벅스를 선례로 들고 카페 네로$^{Caffé Nero}$가 사업자 등록을 맨 섬으로 옮길 때의 신청서를 견본으로 사용했다. 이 도시의 상인 한 사람은 가족이 운영하는 작은 사업체가 페이스북보다 7배나 더 많은 세금을 영국에 낸다고 설명했다. 이 마을의 상인협회는 다른 마을들도 HMRC에 비슷한 신청을 하도록 권하는 캠페인을 시작했다.

크릭호엘의 상점 주인들이 역외로 이동할 수 있다 해도 피케티가 말한 0.1퍼센트에 금방 가담할 가능성은 없겠지만 이들은 과세 평등을 위한 윤리적 주장을 하고 있으며, 사회적, 경제적 불평등 문제와 진지하게 씨름하고 있는 정부라면 마땅히 검토해야 할 새로운 공간적 정치경제학에 불편한 의문을 제기하고 있다.

《21세기 자본》이후의 연구 의제

Emmanuel Saez
이매뉴얼 사에즈

경제학자. MIT에서 경제학 박사학위를 받고 하버드 대학을 거쳐 캘리포니아 대학UC Berkeley에서 교수로 재직중이다.

세계경제 불황의 여파로 과도한 부와 소득의 불평등이 발생했고 그것이 세계적 경제 위기를 불러왔음을 역사적으로 분석한 공로로 2009년 존 베이츠 클라크 메달을 수상했다. 또한 토마 피케티와 함께한 작업에는 전 세계의 빈곤층, 중산층과 부유층의 소득 추적이 포함됐다. 주로 미국 세제의 중요한 부분을 차지하고 있는 최상층 가구를 중심으로 부와 소득 불평등을 연구한다. '소득과 조세정책의 연관성 연구'로 2010년 맥아더 재단상MacArthur Fellowship을 수상했다. 현재 캘리포니아 대학에서 교수 겸 공정성장센터 소장을 맡고 있다.

경제학자 이매뉴얼 사에즈는 이 책에서 특별한 역할을 했다. 사에즈는 토마 피케티와 종종 공동 저술을 했고 21세기 자본에 실린 많은 데이터를 함께 구축했다. 또한 경제학자 앤서니 앳킨슨, 파쿤도 알바레도^{Facundo Alvaredo}, 그리고 이 데이터가 담겨 있는 세계 최상위 소득 계층 데이터베이스WTID(World Top Incomes Database)의 공동 관리자인 가브리엘 쥐크망과도 함께 일했다. 이 장에서 사에즈는 평생에 걸쳐 연구할 가치가 있는 아이디어들을 제시한다. 그중 많은 아이디어들의 목표가 문서로 기록된 소득 및 부의 불평등 증가와 그러한 증가가 경제적 성과에 어떤 의미를 갖는지 실증적으로 평가하는 것이다. 특히 사에즈는 향후 연구해야 할 세 가지 주제를 강조했다. 첫째, 사에즈는 측정 문제와 관련해 연구자들이 해야 할 일이 많다고 주장한다. 그는 지금부터 밟아야 할 단계는 국민소득계정 체계를 분해하여 분배와 관련된 기준을 포함시키고 부의 불평등을 측정하는 데 더 많은 자원을 쏟는 것이라고 말한다. 둘째, 공정성 문제를 지적한다. 그는 현재의 분배 결과가 공정한지 판단하려면 어떻게 이런 결과가 나타났는지를 이해해야 한다고 주장한다. 오늘날의 부는 대부분 자수성가로 얻은 것인가? 아니면 상속받은 것인가? 소득이 생산성이나 지대를 반영하는가? 마지막으로, 사에즈는 불평등을 개선하거나 악화시키는 정책의 역할을 검토할 것을 강권한다. 그리고 구체적으로 규제와 과세의 영향을 이해해야 한다고 지적한다. 유감스럽게도 금방 사라지긴 했지만 20세기 중반의 불평등은 낮고 성장률은 높은 독특한 시기를 열었던 열쇠는 바로 규제와 과세였던 것으로 보인다.

토마 피케티의《21세기 자본》이 거둔 경이적인 성공은 일반 대중 사이에서 불평등 문제에 대한 관심이 지대함을 보여준다. 불평등이 중요한 것은 사람들에게 공정성에 대한 의식이 있기 때문이다. 사람들은 자신의 경제적 상황뿐 아니라 공동체 내의 다른 사람들에 비해 자신이 상대적으로 어떤 위치인지도 신경쓴다. 이러한 감정은 단순한 '질투'를 넘어서는 것이며 사회의 근간을 나타낸다. 현대 민주주의 국가에서 사람들은 보유한 경제적 자원의 많은 부분을 정부를 통해 공유한다. 선진경제국들의 정부는 총국민소득의 3분의 1에서 2분의 1에 과세하여 이전지출과 공공재의 재원을 마련한다. 따라서 불평등은 국민적인 쟁점이며 불평등의 원인 및 결과에 대한 연구결과를 더 광범위한 대중에게 알리는 것(피케티의 책은 바로 이 일을 성공적으로 해냈다)이 필수적이다. 경제학, 더 나아가 사회과학 연구들은 이 책의 성공을 어떻게 기회로 삼아야 할까? 또한 그토록 대중들의 관심을 끌지만 아직 해답을 찾지 못한 문제들과는 어떻게 씨름해야 할까?

이 질문에 답하려면 먼저《21세기 자본》처럼 두껍고 학술적인 책이 어떻게 베스트셀러가 될 수 있었는지 이해하는 것이 좋다. 물론 이 책이 그렇게 널리 읽히리라곤 꿈에도 예상치 못했지만 이 책이 성공을 거둔 이유, 특히 미국에서 큰 반응을 얻었던 이유를 이해하는 데 유용한 세 가지 요소가 있다.

첫째, 미국은 1970년대 이후 소득의 점점 더 많은 몫이 소득분포의 최상위층에게 몰리는, 소득 불평등이 크게 증가하는 경험을 했다. 피케티는 마침내 미국 내의 공개토론회에서 널리 논의되곤 했던 주제인 최상위층이 소득에서 차지하는 몫에 대한 장기적인 시기별 통계자료를 구축해냈다! 뿐만 아니라 21세기의 느린 경제 성장(특히 2007년에 대침체가 시작된 이후)은 여전히 증가 중인 소득 불평등과 함께 최상위층의 소득을 제외하고는 성장이 더 둔화되었음을 암시한다. 불평등이 증가하고 성장이 느린 경제에서 최상위 소득 계층은 경제 성장의 결실에서 불균형적으로 많은 몫을 가져간다. 장기적이고 불공평한 성장은 미국 경제체계의 공정성에 대한 깊은 우려를 불러일으키며, 대중에게 시간을 넘어서 지속 가능하게 받아들여지지 않는다.

둘째, 피케티의 책은 아무런 정책 변화가 없다면 미국과 그 외의 선진 민주주의 국가에서 부의 집중 현상이 심화되어 부유한 상속자들이 점점 더 경제 계층의 맨 위쪽을 지배할 것을 예상해야 한다고 경고한다. 제1차 세계대전 전에 서유럽 국가들에서 이러한 '세습경제'가 만연했는데, 이는 우리가 피케티와 많은 동료들의 끈기 있는 데이터 수집 덕분에 알게 된 점이다. 능력주의가 국가 건국이념 중 하나인 미국에서 피케티의 예언이 대중의 민감한 부분을 건드린 것은 당연하다.

셋째, 피케티의 책은 탈출구를 제시한다. 대공황과 제2차 세계대전 중에 제정된 과감한 진보적 정책들은 거의 모든 선진경제국에서 제2차 세계대전 이후 부와 소득의 불평등을 지속적으로 낮추었다. 마찬가지로, 진보적인 정책들을 현대적 형태로 복원시킨다면 피케티가 우리에게 경고하는 '세습경제'의 귀환을 다시 막을 수 있다.

《21세기 자본》의 이 세 가지 측면은 모두 연구와 분석, 더 나은 이해가 가능한 경제현상에 의지한다. 실제로 피케티의 책은 지난 20년간 많은 연구자들이 느리지만 체계적으로 수집한 불평등 데이터 덕분에 가능했고 프랑스의 경우는 피케티가 여기에 앞장섰다. 이 연구의제는 상당한 진전을 이루었지만 중요한 빈틈이 남아 있다. 우리는 불평등의 측정 방법을 개선하고 불평등의 메커니즘과 불평등을 해결하는 데 필요한 정책 해법을 더 정교하게 이해해야 한다. 지난 2년간 피케티의 책에 쏟아진 수많은 반응과 논의, 비판들은 아직 해결되지 않은 중요 사안들을 확인할 기회가 되었다. 우리의 이해를 발전시키려면 데이터와 연구를 결합해야 한다. 정부는 데이터를 수집하고 연구자들에게 제공하는 중요한 역할을 한다. 따라서 정부는 불평등을 바로잡기 위한 정책 시행에 핵심적 역할을 할 뿐 아니라 일단 불평등 연구에 필요한 데이터 기반구조 구축에도 마찬가지로 중요한 도움을 준다.

이 장에서는 피케티의 책에 대한 논평에서 나온 가장 중요한 질문과 논쟁들을 따라 논의를 진행할 것이다. 먼저 불평등 측정과 관련된 문제를 이야기한 뒤 불평등의 근본적인 메커니즘을 살펴보고 불평등을 바로잡을 수 있는 정책들을 검토한다. 이 세 가지 사안 모두에서 나는 향후 가장 전도유망한 연구 경로들을 강조할 것이고, 특히 최상의 증거들이 나와 있고 불평등이 부활되는 시작 지점인 미국에 초점을 맞출 것이다.

불평등의 측정

피케티의 책의 중추를 이루는 것은 불평등과 성장에 대한 통계자료를 오랫동안 체계적으로 모았다는 점이다. 이 책 이전에 쓴 프랑스에 관한 두꺼운 학술서[2]에서 피케티는 쿠즈네츠가 역시 두꺼운 학술서에서 개척한 것으로 유명한, 최상위층이 소득에서 차지하는 몫을 분석하는 연구방법을 부활시켰다.[3] 기나 긴 방법론적 세부사항들과 그보다 더 긴 통계표들이 가득 들어 찬 이 책들은 둘 다 베스트셀러 목록에 오르지 못했다. 그러나 이 두 권의 책이 장기적으로 미친 영향은 엄청났다. 쿠즈네츠는 노벨상을 받았는데, 자신이 수집한 통계자료를 토대로 개발한 유명한 쿠즈네츠 불평등 곡선 이론이 수상에 큰 몫을 했다.[4] 피케티의 책은 최상위층이 소득에서 차지하는 몫에 대한 체계적 분석을 부활시켰다. 이후 여러 학자들로 이루어진 팀이 WTID의 데이터를 수집했다. WTID는 30개가 넘는 국가의 장기 데이터를 담았고 1세기 이상을 다룬 경우도 많다.[5] 피케티의 책이 설득력 있게 보여주듯이, 이 데이터베이스는 우리에게 불평등에 관한 많은 것을 알려준다.[6] 하지만 아직 많은 결점과 빈틈이 있고 연구자들이 이를 채워나가야 할 것이다.

소득 불평등과 성장

먼저 오직 경제 총량에만 초점을 맞춘 국민계정 데이터를 이용한 성장률 연구와 미시적 데이터를 이용하지만 거시적 총량과 일관성을 유지하려 노력하지는 않은 채 분배에 초점을 맞춘 불평등 연구 사이에 차이가 존재한다. 경제학자들에게는 불평등과 성장, 정보의 역할을 일관된 프레임워크로 함께 분석할 측정 도구들이 없다. 역사적으로 쿠즈네츠는 국민소득과 그 분배에 관심이 있었고 도표화된 행정 데이터를 이용해 이 두 영역에서 혁신적인 진전을 이루었다.[7] 하지만 전후에 미시적 조사 데이터가 등장하면서 1960년대 이후의 불평등 분석은 국가회계 및 성장률과 연결이 끊어졌다.

여기에서 두 가지 쟁점이 발생한다. 첫째, 현재는 경제 성장과 불평등을 함께 분석하여 '거시적 경제 성장이 소득 집단들 간에 어떻게 나눠지는가?' 같은 간단한 질문에 답하는 것이 불가능하다. 둘째, 서로 다른 데이터로 혹은 다른 국가들에서 계산된 불평등 통계수치들의 비교가 가능한가라는 문제가 발생한다. 예를 들어 일반적으로 설문조사 데이터는 매우 집중화되어 있는 자본소득을 효과적으로 파악하지 못하는 반면 개인 조세 데이터는 이를 포착한다. 개인 조세 데이터는 부가급부처럼 세금을 부과할 수 없는 형태의 소득은 놓치고 이전소득에 대한 체계적인 정보를 제공하지 않는다. 국가들마다 과세표준이 다르거나 조사 데이터에서 소득을 포착하는 방식이 다르기 때문에 국가 간의 불평등 비교 역시 매우 어렵다.[8]

국민계정은 여러 시기와 국가들 간에 표준화되고 비교 가능한 측정이 이루어지도록 일련의 국제적 지침을 개발했다.[9] 이와 같은 방식으로 경제학 연구자들도 불평등 분석에 공통된 국민소득 기준을 사용할 분배국민계정DINAs(distributional national accounts)을 개발해야 한다. 이런 도구가 있다면 시장 분석과 불평등 분석을 통합할 수 있어 국가 간에 의미 있는 비교가 가능할 것이다.

현재 이런 방향으로 가기 위한 예비 단계들이 취해지고 있다. 최상위 소득자의 소득 정보만을 제공하는 세계 최상위 소득 계층 데이터베이스WTID가 인구 전체에 대해 부와 소득 모두에 관한 정보를 제공하고 다른 국민계정 통계와도 일치하는 세계 부와 소득 데이터베이스WID(World Wealth and Income Database)로 전환되고 있다. 알바레도Alvaredo 외의 학자들이 예비 지침들을 제시하고 있고,[10] 미국,[11] 프랑스,[12] 영국[13]에 대한 국가별 연구도 이루어지고 있다. 이런 연구의 목적은 현재 이용 가능한 미시적 개인소득세 데이터와 설문조사 데이터에서 출발해 국가의 전체 인구를 대표하고 국민계정과 일관성이 있는 종합적인 연간 미시적 데이터를 구축하는 것이다.

　이런 접근방식은 노동소득과 자본소득을 모두 포착한다. 노동소득 측면에서 임금과 급여는 국민 계정의 피용자보수^{Compensation of Employees}와 최대한 일치하도록 부가급여와 고용주의 지불급여세로 증액된다. 자본소득 측면에서는 기업의 유보이익은 주주들에게, 연기금의 이자수익은 개별 연금 소유자들에게, 지대는 주택소유자들에게 귀속되는 것으로 하여 국가적 수준에서 국민소득 통계량을 계산할 때와 일치하도록 한다. 이러한 과정의 목적은 미시적 수준의 데이터베이스를 이용하여 (노동 및 자본이라는) 핵심 소득원천으로부터의 부와 소득의 구성 요소, 세금, 이전소득 등 국민계정 통계량을 측정하는 기준을 확립하는 것이다. 정부기구는 국민계정에 분배와 관련된 척도를 도입하려는 노력을 계속해왔다. 예를 들어 미국 상무부 경제분석국BEA은 국민계정에 분배 정보를 도입하려는 장기 계획을 세웠다. 픽슬러^{Fixler}와 존슨, 픽슬러와 그 외 연구자들이 이러한 노력을 설명하였고 현재인구조사^{Current Population Survey}에서 나온 개인소득 데이터를 비례적으로 키워서 국민계정의 개인소득과 맞추려고 처음 시도하였다.[14] 경제협력개발기구OECD 역시 국민소득을 5분위로 나누기 시작하고 있다.[15] 따라서 분배국민계정 데이터 구축을 추진하기 위해 학계와 정부가 협력할 시기가 무르익은 것으로 보인다.

　분배국민계정 데이터베이스가 있으면 세전소득과 세후소득 모두에 대해, 그리고 생산연령 인구나 남성 대 여성 같은 특정 인구 집단에 대해 불평등 및 성장 통계치를 계산할 수 있다. 피케티, 사에즈, 쥐크망이 내놓은 예비 추정치에 따르면, 1946년에서 1980년까지 전체 인구와 소득 하위 90퍼센트의 성인 1인당 세전소득의 연간 평균 실질 증가율이 1년에 2.1퍼센트로 동일했다.[16] 그러나 1980년부터 2014년까지는 하위 90퍼센트의 증가율이 0.8퍼센트였다. 이는 성인 전체의 증가율인 1.4퍼센트의 절반밖에 되지 않는 수치라서 경제 성장 분배의 불평등이 확대되었음을 잘 보여준다. 1946년부터 1980년까지는 하위 90퍼센트가 전체 경제 성장의 62퍼센트를 가져갔지만 1980년부터 2014까지는 32퍼센트만 차지했다. 이 연구결과는 전체적인 거시경제적 성장 통계치만 갖고

서는 인구 대다수의 경제 성장 경험을 해석할 때 큰 오해를 불러일으킬 수 있음을 보여준다. 또한 거시경제의 대표적 경제주체 모형을 이용하면 경제 성장과 관련된 많은 문제를 분석하는 데 오해의 소지가 있음을 알 수 있다.

세전소득(세금 공제 전 혹은 정부로부터 이전소득을 받기 전 소득)과 세후소득(모든 세금을 공제하고 공공재에 귀속되는 지출을 포함한 모든 정부 이전소득을 더한 소득)을 비교하면 정부의 직접적 재분배 효과가 처음으로 전반적이고 체계적으로 그려질 것이다.[17] 우리가 얻은 예비 결과는 실제로 세후 불평등이 세전 불평등보다 낮음을 보여준다. 하지만 세전 불평등과 세후 불평등의 시간에 따른 추이는 매우 비슷하다. 식료품 할인 구매권Food Stamps, 메디케어, 메디케이드 같은 저소득 가족을 위한 이전소득이 시간이 지나면서 늘어나서 세후 불평등을 낮춘다. 그러나 세금 누진성이 시간이 지나면서 낮아져 세후 불평등을 증가시킨다. 결과적으로 이 두 요인들은 서로를 거의 상쇄한다.

당연히 정부 역시 최저임금 같은 규제와 법인세 과세 같은 조세귀착을 통해 세전소득에 영향을 미친다. 조세귀착은 장기적으로 기업 주식 소유자뿐 아니라 모든 자본 소유자에게 영향을 준다. 따라서 세전소득의 정확한 정의 자체가 이미 개념적 프레임워크를 요구한다. 단순히 순수한 회계나 측정 작업이 아니라 경제적 사고가 필요하고 조세 및 이전지출의 영향을 다룬 기존 문헌에도 의지해야 한다.

더 장기적으로 보면 분배국민계정은 수입, 소득, 부, 심지어 소비에 대한 완전한 인구-전체 데이터를 토대로 할 것이라고 생각할 수 있다. 실제로 정부의 조세 및 이전소득 집행은 오랫동안 연구에 사용되어 온 인구-전체 규모의 수입 및 소득 데이터를 이미 창출해냈다.[18] 전통적인 국민계정 역시 그런 데이터에 의존하지만 대개 특정 산업분야처럼 집계된 형태의 데이터에 의지한다. 이론상으로 보자면, 컴퓨팅 파워를 확장함으로써 모든 개인, 기업 및 정부 기관을 포함하는 완전히 통합된 데이터베이스를 가질 수 있으며, 새로운 데이터가 나올 때마다 실시간으로 업데이트돼 미시적 수준에서 모든 소득 흐름과 지급을 추적할 수 있게 된다. 이러한 도구는 경제 분석에 매우 유용할 것이다.

부의 불평등

피케티의 책은 주로 자본 불평등에 초점을 맞추고, 자본은 각 개인의 순純 부나 자산 총합에서 빚진 것을 뺀 값으로 정의된다. 유감스럽게도 부의 불평등에 대한 통계자료는 소득에 대한 통계자료보다 훨씬 부실하다. 거의 모든 선진 경제국들에는 소득 불평등에 대한 상세한 정보를 생성하는 누진개인소득세가 있지만 누진적이고 포괄적인 개인 부유세가 있는 국가는 거의 없다. 따라서 소득 데이터에 비해 부에 대한 데이터의 품질이 낮고 범위도 좁다. 미국에서 특히 더 그러한데, 미국에서 부의 불평등 평가를 위해 가장 널리 사용되는 두 자료가 1916년부터 나와 있는 상속세 데이터와 1989년부터 이용할 수 있는(하지만 3년마다 한 번씩 나온다) 소비자금융조사SCF(Survey of Consumer Finances)다. 이 두 자료는 아주 다른 결과를 보여준다. 상속세 데이터에 따르면 미국에서는 부의 불평등이 1980년대부터 낮고 안정적이어서 최상위 1퍼센트가 전체 부의 20퍼센트 약간 못 미치는 정도를 소유한다. 역사적, 국제적 기준으로 볼 때 부의 불평등 수준이 매우 낮다고 할 수 있다.[19] 반면 SCF 데이터에 따르면 미국에서는 상위 1퍼센트가 전체 부의 36퍼센트를 소유하여 부의 집중도가 상당히 높고 1980년대 말부터 집중도가 상승해왔다.[20]

피케티는 이 별개의 두 자료(유감스럽게도 당시 이용 가능한 유일한 자료였다)들을 짜맞추어, 1980년 이전의 상속세 데이터 추정치에 의지하고 1980년대 이후의 SCF 데이터를 이용하여 미국의 부의 집중과 관련한 통계자료를 작성했다.[21] 그리고 파이낸셜타임즈 논란이 일어났다. 미국에서 부의 집중도가 상승했다는 결론은 부분적으로 자료의 인위적인 변경으로 만들어낸 것이라는 이유에서였다.[22] 한편 이보다 앞서 에드워드 울프Edward Wolff의 유명한 저서《톱 헤비: 미국에서의 부의 불평등 증가와 대책Top Heavy》역시 상속세 데이터와 SCF 데이터를 결합하여 미국의 부의 집중도가 증가했다는 결과를 얻은 바 있다.[23] 이로서 알 수 있는 더 심각한 문제는 미국이 부에 관한 체계적인 행정 데이터를 만들지 못한다는 것이다. 이 문제에 대한 대중의 엄청난 관심을 감안하면 눈에 띄는 결함이라 할 수 있다. 미국의 부에 대한 통계자료의 개선이 시급한 과제다. 그러려면 대안 자료들을 활용한 더 많은 연구와 미국의 부에 관한 데이터의 행정적 수집에 개선이 필요하다.

피케티의 책이 발간된 뒤 연구 일선의 사에즈와 쥐크망은 개인의 세무자료에서 매우 적절하게 측정되는 체계적인 자본소득 데이터를 이용해 자본소득에서 부를 추론하였다(소위 자본화 기법을 이용).[24] 두 사람은 상위 1퍼센트가 전체 부에서 차지하는 몫이 1978년의 23퍼센트에서 2012년에는 42퍼센트로 늘어나 1970년대 말부터 부의 불평등이 크게 증가했음을 발견했다. 1989년 이후에는 SCF에서 발견되는 것보다 더 강한 증가세를 보였다. 이 결과는 이 새로운 추정치들이 울프와 피케티가 각자의 책에서 상속세와 SCF를 짜맞춰 도출했던 추정치와 꽤 비슷하다는 의미다.[25] 오히려 사에즈와 쥐크망의 추정치들은 피케티가 제시했던 것보다 부의 불평등이 더 크게 증가했음을 보여준다.[26]

추정치와 실제로 미국에서 부의 불평등이 폭발적으로 증가했을 가능성 사이의 이러한 차이를 생각하면 논쟁을 해결하기 위해서는 미국의 부에 대한 데이터 수집을 발전시키는 것이 중요하다. 첫째, 사에즈와 쥐크망이 내놓은 부의 추정치를 더욱 개선하기 위해 기존의 풍부한 세무 자료(특히 미국의 세무기구 내부에서만 이용 가능하고 외부 연구자들은 특별 합의를 통해 이용하는 내국세 데이터)를 동원할 수 있어야 한다.[27] 예를 들어 주택 소유자의 부동산 가치를 정확히 평가하기 위해 내국세 데이터의 개인 주소를 부동산 가격에 관한 제3자 데이터(질로우Zillow 같은)와 결합할 수 있다. 마찬가지로 연금자산은 401(k) 같은 확정기여퇴직연금에 대한 장기 정보와 함께 개인퇴직계좌(IRA) 잔고(IRS에 체계적으로 보고된다)를 이용해 더 정확히 평가될 수 있다.

둘째, 정보 보고 방식을 개선하면 미국의 부에 관한 데이터의 질을 크게 향상시킬 수 있다. 가장 중요한 단계는 현재 금융기관들이 자본소득 지급을 보고하기 위해 IRS에 보내는 정보보고서에 연말 자산 잔고를 보고하는 것이다. 이 요건을 학자금 대출로 확장할 수도 있다. 또한 이자와 배당금에 관한 정보보고서에 미지불 잔고도 보고할 수 있다. IRA가 요구하는 기존의 전반적인 잔고 보고를 401(k) 같은 모든 확정기여형 제도로 확장할 수 있다. 이 모든 주가 성보를 수집하는 비용은 그리 크지 않을 것이다. 금융기관들이 고객들의 계정을 관리하기 위해 이미 정보들을 생성하고 있기 때문이다. 많은 경우 이런 추가적인 보고는 기존의 세금을 더 효과적으로 집행하는 데 도움이 되고 따라서 의회의 조치가 꼭 필요하지는 않을 것이다.

이런 논의는 정부정책, 불평등에 대한 연구, 문제에 대한 대중의 인식이 모두 연결되어 있음을 보여준다. 정부의 정책(특히 조세정책)이 없다면 소득 불평등, 무엇보다 분배의 최상위층에서 나타나는 불평등을 측정할 체계적인 방법이 없다. 실제로, 최상위층이 소득에서 차지하는 몫에 대한 피케티의 데이터는 거의 모두 정확히 각 국가가 누진 개인소득세를 처음 시행했을 때부터 시작된다. 그 전에는 소득 집중도를 정확히 측정하기가 거의 불가능했다. 피케티의 책이 잘 보여준 것처럼, 체계적인 행정 데이터를 이용한 소득 불평등 통계자료는 불평등에 대한 대중의 인식을 효과적으로 형성할 수 있다. 체계적인 통계자료가 없더라도 자연스럽게 불평등은 정치적 논쟁이나 문학 등으로 반영되어 사회의 큰 걱정거리로 그 모습을 드러내게 된다. 피케티는 발자크와 제인 오스틴의 소설에 나타난 불평등을 논의한 것으로 유명하다. 현대의 통계수치들은 이 문제에 대한 이해를 돕지만 모든 오해를 없애기에는 충분하지 않다.

불평등 동학의 이해: 불평등이 공정한가?

피케티의 책은 불평등에 관한 통계자료를 제시할 뿐 아니라 불평등의 동학을 이해하기 위한 프레임워크도 제공한다. 모든 불평등의 양상이 동일하지는 않으므로 이런 이해는 중요하다. 어떤 불평등은 공정하다고 인식된다. 같은 기술을 보유하고 있는데 열심히 일한 사람이 일을 적게 하고 여가를 즐긴 사람보다 더 많은 돈을 벌고 소비하는 것이 공평하다는 데는 거의 누구나 동의한다. 그러나 불공정하다고 인식되는 불평등 형태들도 있다. 사회적으로 비생산적인 활동(지대 추구 등)을 해서 얻은 높은 소득은 불공정하게 여겨진다. 게으르고 부유한 신탁 자금 제공자는 그가 상속받은 재산을 가질 자격이 없다는 것이 많은 사람들의 인식이다. 불공정한 불평등에 대한 인식은 당연히 정치적 절차를 통한 정부의 조치를 요구하는 것으로 이어진다.

자본소득:
상속받은 부 vs 자력으로 쌓은 부

부는 최근 약 4~5년간의 미국 국민소득에 해당될 정도로 정량적으로 매우 중요하며 국민소득의 약 30퍼센트를 차지하는 자본소득을 발생시킨다.[28] 또한 부가 매우 집중화되어 있어서 자본소득은 분배의 최상위층에서 매우 중요한 역할을 한다. 부는 두 가지 원천에서 나온다. 하나는 과거의 저축(이 경우는 스스로 모은 부)이고 다른 하나는 상속이다. 현대의 능력중시사회는 스스로의 실력이 아니라 상속으로 얻은 특권에 대해 강한 반감을 느끼기 때문에 이러한 구별이 중요하다.

피케티의 책에서 가장 중요한 예측은 정책 변화가 없으면 부가 더욱 집중되고 부가 주로 상속에서 발생해서 그럴만한 자격이 없는 상속자들이 분배의 최상위층을 지배하리라는 것이다. 이 예측을 검증하려면 상속받은 재산이 전체 부에서 차지하는 몫과 그 추이를 측정해야 한다. 《21세기 자본》에서 자세히 설명했듯이 피케티와 동료들은 프랑스의 경우에는 기반 연구를 토대로 장기적인 시기별 상속세 자료의 디지털화 작업을 하고 현재의 행정적 상속세 데이터를 활용하여 이 중요한 문제에 상당한 진전을 이룰 수 있었다.[29]

유감스럽게도 미국의 경우는 이 문제에 대한 연구가 특히 취약한데, 저축과 유산(그리고 생전 증여)을 측정하기 위한 적절한 행정 데이터 부족이 한 이유다. 이 문제는 모딜리아니Modigliani, 코트리코프Kotlikoff, 서머스Summers 사이에 논쟁을 불러일으켰다.[30] 모딜리아니는 상속받은 부가 비교적 중요하지 않다고 주장한 반면 코트리코프와 서머스는 매우 중요하다고 보았다. 유감스럽게도 미국에서는 체계적 행정 데이터의 부족으로 이 논쟁 이후로는 이 문제에 대한 연구가 거의 진전을 이루지 못했다. 따라서 미국의 경우 상속받은 부의 비율을 더 효과적으로 측정하는 것이 중요한 우선순위다.

미국의 개인 내국세 데이터는 인구 전체의 개인소득, 신탁, 증여, 대규모 상속을 추적하여 미국에 대한 더 정확한 추정치를 얻을 특별한 기회를 제공한다. 그러나 사람들이 신탁을 이용해 저평가된 가액을 미리 증여함으로써 종종 상속세를 피하기 때문에 이 데이터를 분석하는 것은 어려운 작업이 될 것이다. 또한 미국의 개인 내국세 데이터는 자녀의 대학 진학과 부모가 낸 대학등록금도 효과적으로 추적한다. 대학등록금은 분명 부모에게서 성인 자녀에게 부가 이전되는 매우 중요한 부분이 되기 때문에 이것은 중요한 보완 데이터다.[31]

스스로 모은 재산을 정확하게 측정하려면 저축을 정확히 측정해야 한다. 유감스럽게도 저축은 측정이 잘 이루어지지 않는 또 다른 중요한 분야로, 특히 미국에서 더욱 그러하다. 미국의 저축 데이터는 매우 제한적이다. 저축을 추정하는 데 필요한 소득 및 소비에 관한 직접적인 미시적 수준의 정보를 제공하는 출처가 소비자 지출 설문조사 CEX (Consumer Expenditure Survey) 뿐이다. CEX는 소득 분포의 최상위층을 적절하게 포착하지 못하는데, 저축 역시 매우 집중화되어 있기 때문에 이런 점은 문제가 된다. 따라서 소득이나 부에 따라 저축률(소득 대비 저축의 비율로 정의된다)이 높아진다는 가장 기본적인 사실조차 미국에서는 실제로 정확히 입증하기 어렵다. 다이넌, 스키너 Skinner, 젤데 Zeldes의 시도가 최선인데, 이들은 소득에 따라 저축률이 급격하게 증가하는 것을 발견했다.[32]

총액 수준에서 보면, 자금순환과 국민계정에서 총저축과 투자의 매우 정확한 그림을 도출할 수 있다. 사에즈와 쥐크망은 자산 그룹별로 가상의 저축률을 상정했는데, 이 저축률은 최상위 자산 그룹의 소득 구성과 자산에 대한 가격효과(둘 모두 적절히 측정될 수 있다)를 바탕으로 최상위층이 전체 부에서 차지하는 몫의 변화를 설명하는 데에 필요한 저축률로 정의된다.[33] 또한 두 사람은 저축률이 부와 함께 급격하게 상승했으며, 1980년대 이후로 중산층의 저축률이 곤두박질쳤다는 것을 발견했다. 즉 이들이 발견한 부의 집중도의 폭발적 증가는 소득 불평등의 증가와 저축 불평등의 증가 둘 다로 설명된다. 저축 불평등은 원래의 소득 불평등을 잠재적으로 거대한 부의 불평등으로 확대시킨다. 중산층이 아예 저축을 하지 않으면 전체 부에서 중산층이 차지하는 몫이 결국 0으로 떨어질 것이다. 저축률 불평등으로 인해 부의 불평등이 폭발적으로 증가하는 것에 대한 우려는 예전부터 있었고 쿠즈네츠가 이미 논의한 바 있다.[34]

따라서 데이터 수집에서 저축 데이터의 체계적 수집이 우선순위가 되어야 한다. 위에서 제시한 세무 행정을 통해 부와 관련된 데이터 수집이 개선된다면 약간의 추가적 단계만 더해도 저축액을 계산할 수 있다. 금융계좌의 연말 잔고를 관찰할 수 있을 경우 자산 구매와 판매만 관찰하면 저축액을 계산할 수 있다. 자산을 판매하면 실현된 자본이득에 과세하기 위한 정보 보고서 양식을 작성해야 한다. 자산을 구매(혹은 증여나 상속을 통한 획득)했을 때도 비슷한 형태의 정보 보고서를 작성해야 할 수 있다.

현재 금융기관들은 자산 구매에 대한 이러한 정보를 이미 보관하고 있다. 실현된 자본이득 과세를 관리하기 위해 정보 보고서에서 요구되기 때문이다. 스칸디나비아 국가들은 부에 관한 정보를 여러 자산 계층들에 걸쳐 미시적 수준에서 포괄적으로 수집하기 때문에 미시적 수준의 저축률을 정확하게 계산하는 것이 가능하다. 그래서 저축과 부에 대한 대부분의 혁신적 연구들이 스칸디나비아 국가들에서 이루어지고 있다.[35]

노동소득:
공정한 수입 vs 불공정한 수입

많은 국가들, 특히 미국과 영국에서 노동소득 불평등 역시 1970년대 이후에 크게 증가했다. 이러한 노동소득 불평등 증가를 이끄는 요인이 무엇일까? 크게 두 가지 견해가 있다.

시장의 관점에서 보면 노동은 노동시장에서 경쟁적으로 거래되는 일반 상품이다. 이 경우 보수는 다양한 노동 기술에 대한 수요와 공급에 의해 결정되고 한계생산성을 반영한다. 예를 들어 기술 진보는 대학교육을 받은 노동자에 대한 수요를 높여 교육받은 노동자에 대한 임금 프리미엄이 더 높아질 수 있다.

반대로 대학졸업자의 공급이 증가하면 교육받은 노동자에 대한 임금 프리미엄이 하락할 수 있다. 시장 관점에서는 보수가 생산성을 반영하기 때문에 보수의 불평등이 생산성의 차이를 반영하는 것이고 따라서 공정성에 대한 능력주의적 이상과 부합한다고 볼 수 있다.

그러나 제도의 관점에서 보면 노동은 일반 상품이 아니다. 보수는 수많은 제도의 영향을 받을 수 있는 교섭 과정의 결과로 결정되는데, 이런 제도에는 노동시장 규제, 노조, 세금 및 이전 정책, 더 전반적으로는 보수의 불평등과 관련된 사회적 규범까지 포함된다. 그래서 보수는 생산성과 상당히 별개의 문제가 될 수 있다. 이런 시나리오에서 보상이 부분적으로 협상력에 따라 결정된다면 일부 집단(고위 경영진 등)의 이득이 다른 집단(일반 노동자 등)의 희생에서 나올 수 있다. 따라서 부분적으로 협상력에서 나타난 보수의 불평등이 항상 공정할 것이라는 보장은 하지 못한다.

실제로 어떤 시나리오가 가장 적절할지, 특히 소득분포의 최상위층에서 어떤 시나리오가 알맞을지 경제학 연구가 어떻게 밝힐 수 있을까?

피케티와 사에즈는 최상위층이 소득에서 차지하는 몫의 급증은 상당 부분 사업소득(동업 이익이나 소수 주주가 지배하는 소규모 법인의 이익)뿐 아니라 임금이 크게 늘어났기 때문임을 보여주었다.[36] 바키야Bakija, 콜Cole, 하임Hiem은 내국세 데이터를 분석해 1979년부터 2005년까지 소득분포의 최상위 0.1퍼센트에게 간 소득 증가분의 약 3분의 2를 임원, 경영자, 관리자, 금융 전문가들이 차지한다는 것을 보여주었다.[37]

임금의 급증은 경영진에 대한 보상이 증가했기 때문이며 이 문제는 기업지배구조를 다룬 문헌에서 광범위하게 논의되었다. 중요한 문제는 경영진 보상이 이렇게 증가한 이유가 시장 관점 시나리오에서처럼 최고 인재들의 가치가 높아졌기 때문인지[38], 아니면 제도 관점 시나리오에서처럼 경영진이 더 많은 급여를 얻어내는 능력이 발달했기 때문인가다.[39]

그러나 미국의 소득분포에서 최상위층의 임금 소득보다 정량적으로 훨씬 큰 최상위 사업소득의 급증에 관해서는 알려진 바가 훨씬 더 적다.[40] 수익성이 높고 규모가 큰 수많은 소유 집중 회사들이 동업이나 소규모 법인으로 조직되어 있다. 유한책임회사LLC도 동업 형태로 조직될 수 있다. 이런 기업들은 때로는 규모가 크고 수익성이 매우 높지만 일반적으로 소유자가 소수이기 때문에 각 소유자에게 많은 이익이 발생할 수 있다. 전통적으로 의사와 변호사들은 동업을 하고, 금융부문에서는 헤지 펀드와 사모펀드 회사들이 일반적으로 동업 형태로 조직된다. 대부분의 신생기업들 역시 공개거래 기업이 되기 전(혹은 다른 더 큰 회사에 인수되기 전)에는 보통 LLC이다. 그중 일부는 요즘의 우버Uber나 기업 공개 전의 페이스북처럼 규모가 상당히 클 수 있다.

이런 기업들의 수익이 공정한지는 기업의 특성뿐 아니라 규제 환경에 따라서도 달라진다. 한편으로, 초단타 매매를 전문으로 하는 헤지 펀드는 가치를 더하지 못하면서 대신에 속도가 느린 다른 거래자들의 희생으로 이득을 취한다는 데 거의 모든 사람이 동의한다. 다른 한편으로는, 널리 사용되는 새로운 제품(스마트폰이나 인터넷 검색 엔진)을 발명하거나 기존 서비스를 더 나은 방식으로 제공하는(우버의 택시 서비스나 에어비앤비의 주택임대 서비스) 최첨단 기업들이 경제에 실제 가치를 더한다는 데 사람들이 동의한다. 그러나 새로운 제품을 개발하여 성공을 거둔 많은 최첨단 기업들이 결국에 가서는 준독점적인 지대를 벌어들인다. 원칙적으로 독점 지대는 경쟁자들을 불러들인다. 마이크로소프트, 구글, 페이스북처럼 가장 큰 성공을 거둔 최첨단 기업들 중에는 네트워크 효과를 통해 자연적으로 독점상태가 되는 곳이 많다. 예를 들어 페이스북이 가치 있는 것은 비할 데 없는 거대한 고객기반이 신규 진입자들에 비해 이 기업에 결정적 우위를 안겨주기 때문이다. 독점 지대는 지나치게 많은 특허권들에 의해서도 보호된다. 분명 독점은 자사의 입지가 단단히 자리 잡도록 정부에게 로비를 하려는 강한 동기가 된다. 잘 알려진 것처럼, 도금시대에 축적된 재산의 많은 부분이 철도나 석유 생산의 독점적 지위에서 나왔다.

미국의 소득 분배에서 최상위층의 사업소득을 지배하는 것이 정보기술 업체의 수익인지, 소규모 법인이나 LLC 형태의 금융 업체들, 생명의학 연구소 혹은 고전적인 법률회사의 수익인지 파악하기 위해서는 사업소득의 산업별 구성에 관해 더 많은 정보를 알면 당연히 많은 도움이 될 것이다. 원칙적으로, 개인 조세 데이터를 영업세 데이터와 통합하면 최상위 사업소득의 산업별 구성과 그러한 수익이 준독점 상황, 특허 혹은 소유집중 회사들 중 어디에서 발생하는지 추적할 수 있을 것이다. 그러한 정보는 적절한 규제 혹은 최상위 기업 수익에 대한 적절한 과세와 관련된 논쟁에서 해결의 실마리를 찾는 데 중요한 역할을 한다.

정책 해법: 어떤 조치를 취해야 하는가?

위에서 논의한 공정성과 불평등 문제는 자연스럽게 '사회가 불공정한 불평등을 어떻게 해결해야 하는가?'라는 질문으로 이어진다.

피케티의 책이 주는 중요한 교훈은 역사적 기록을 볼 때 정부정책이 불평등을 형성하는 데 중요한 역할을 했다는 것이다. 제1차 세계대전 이전에는 거의 모든 서구국가들이 작은 정부(보통 국민소득의 10퍼센트 이하를 세금으로 거두는)였고 부와 소득의집중도가 매우 높았다는 것은 놀랄 만한 연구결과다. 1970년대에 정부의 규모가 급격하게 증가하여 거의 모든 선진경제국에서 국민소득의 약 3분의 1에서 절반까지 차지하게 된다. 경제적으로 발전한 사회들은 공교육, 공공퇴직수당 및 장해급여, 공공 의료보험뿐 아니라 자산조사 결과에 따른 복지혜택, 실업보험 같은 좀 더 작은 규모의 수많은 소득보호 프로그램을 제공하는 사회복지 재원을 마련하는 데에 소득의 훨씬 많은 부분을 나누기로 결정했다.

이런 대규모의 새로운 사회복지는 사회보험부담, 부가가치세 같은 광범위하고 비교적 일률적인 세금과 누진 개인소득세, 주로 자본에 부과하는 법인세, 누진 상속세 같은 누진적인 세금의 개발을 통한 과세로 재정이 마련된다. 흥미롭게도 미국과 영국은 개인소득과 상속에 대해 극히 높은 최고 세율을 부과하고 가장 극단적인 누진세 제도를 시행하는 국가들이었다.[41] 정부의 규모(세금과 지출로 측정되는)가 커지면서 독점금지정책, 금융규제, 소비자 보호, 다양한 노동 및 노조 규정을 포함한 규제 정책에도 급격한 변화가 나타났다. 대규모 사회복지, 누진세, 진보적 규제로 거의 모든 선진경제국들에서 20세기 초부터 제2차 세계대전 후 수십 년까지 부와 소득의 집중도가 급격하게 낮아지는 순 효과가 나타났다. 중요한 점은 세전소득, 세후소득, 이전소득 불평등이 대폭 줄었다는 것이다.

그러나 최근 몇십 년 동안 일부 국가들(모든 국가는 아니지만)에 불평등이 되돌아왔다. 불평등이 가장 크게 증가한 나라는 미국과 영국이었는데, 바로 레이건과 대처 혁명으로 누진세, 금융규제, 노동규제 등에서 매우 급격한 정책 뒤집기를 시도한 나라들이었다. 일부(전체는 아닌) 국가들에서 불평등이 부활하고 이 현상이 정책 뒤집기와 상관관계가 매우 높다는 사실은 정책이 중요한 역할을 한다는 것을 강하게 시사한다. 순전히 기술과 세계화로 나타난 현상들도 모든 선진경제국들에게 비슷하게 영향을 미쳤다. 앳킨슨은 이 문제들을 논의하여 여러 차원에서 영국의 불평등을 억제하기 위한 과감한 정책들을 제안했다.[42]

이러한 다양한 정책 측면들을 따로따로 다룬 많은 연구들이 있지만 우리는 정책 상자의 각 구성요소들이 불평등과 성장에 어떻게 영향을 미치는지에 대한 적절하고 포괄적인 그림을 아직 갖고 있지 않다.

소득 불평등에 대한 해법

정책이 소득 집중화에 어떤 역할을 하는지에 대한 최근의 연구결과들은 어떠한가? 피케티, 사에즈, 스탄체바Stancheva는 여러 국가들에서 시간이 지나면서 상위 1퍼센트가 소득에서 차지하는 몫이 최고 개인소득세율과 상관관계가 높고 성장에는 가시적인 영향을 미치지 않음을 보여주었다.[43] 1960년대 이후 최고한계세율을 가장 크게 낮춘 국가들, 특히 미국과 영국은 최상위층이 소득에서 차지하는 몫이 가장 크게 증가한 국가들이기도 하다. 하지만 최고한계세율을 가장 많이 낮추고 소득 집중도가 크게 증가한 국가들이 1960년대 이후 더 나은 성장을 나타냈다는 설득력 있는 증거는 없다. 이는 고소득자들이 최고세율 인하에 대해 일반적인 공급 측 이론이 가정하는 대로 생산적인 업무 노력을 증가시키는 쪽이 아니라 경제 내의 다른 사람들의 희생으로 경제 파이의 더 큰 몫을 얻어내는 방법을 발견하는 쪽으로 대응했음을 시사한다.

필리퐁Philippon과 레셰프Reshef는 미국 경제에서 금융 부문의 규모와 금융 종사자들이 받는 상대적인 보상이 매우 높고 금융규제 수준과 음의 상관관계가 있음을 보여주었다. 규제가 약할 때는 금융 부문의 규모가 커지고 보상이 매우 후했다.[44] 미국의 역사적 기록에서 금융규제가 엄격했던 시기인 1933년에서 1980년까지 실제로 더 강한 경제 성장이 나타났다. 따라서 금융부문 억제가 경제 성장에 불리한 영향을 미치지는 않는 것처럼 보인다.

그러나 경영진 보상의 경우에는 보수 투명성과 성과별 보상에 대한 규제가 대체로 실패하거나 실제로 역효과를 낳았다. 경영진 보상이 실적과 관련이 없는 경우 세금공제를 백만 달러까지로 한정하는(법인세용도) 1993년도의 미국 조세법은 스톡옵션 보상의 폭발적 증가를 부채질한 것으로 보인다. 보상과 기업 주가를 연결시킨 스톡옵션은 매우 둔감한 보상도구다. 주가는 경영자의 실적과 상관없이 여러 이유로 변동하기 때문이다. 따라서 스톡옵션은 아마 매우 비효율적인 보상도구일 것이다. 스톡옵션 보상이 성공을 거둔 것은 겉보기에 실적과 관련이 있는 것 같고 정규 급여만큼 투명하고 가시적인 보상 형태가 아니기 때문으로 보인다.[45]

독점금지와 특허규제, 그리고 이 규제들이 비정상적인 수익과 독점 지대에 미치는 영향을 다룬 방대한 문헌들이 있지만 불평등 분석과는 연결되지 않았다. 그런 수익이 준독점 지대에서 나오는가? 그래서 소득 및 부의 집중을 부채질하는가? 그렇다면 독점금지 및 특허규제정책은 고전적인 효율성 효과뿐 아니라 불평등에 대한 영향까지 고려해야 한다. 불평등 문제를 해결하기 위해서는 규제 대비 세금 및 이전소득의 상대적 이점을 구체적으로 분석한 더 많은 연구를 참조하는 것이 특히 도움이 될 것이다.

부의 불평등에 대한 해법

장기적 경제 성장의 중요한 요소인 총저축과 자본 축적에 해를 끼치지 않고 어떻게 부의 격차를 줄일 수 있을까? 피케티의 책에 나온 유명한 제안대로 누진적 부유세는 많은 재산의 축적을 억제하는 가장 직접적인 수단으로 보인다. (누진적 소득세에 반해) 누진적 부유세의 이점은 현재의 소득이 아니라 축적된 재산을 명확히 겨냥한다는 것이다. 상속받은 부가 걱정거리라면 스스로 모은 재산이 상속받은 부가 되는 것을 막는 최상의 도구는 원칙적으로 상속세 과세일 것이다.[46] 그러나 실제로 상속세는 절세계획과 증여의 과소평가, 사망 전 재산이전으로 피할 수 있다. 매년 부가 평가되는 연간 부유세를 피하기가 훨씬 더 어려울 것이다.

하지만 미국에서 저축이 최상위 부유층에 고도로 집중되어 있기 때문에 누진적 부유세나 상속세로 최상위층의 부를 줄이면 총저축과 자본 축적에 부정적인 영향을 미칠 수 있다는 우려도 있다. 우리가 살펴본 것처럼 미국 중산층의 저축률이 1980년대 이후 급락했다. 따라서 총저축액을 유지하려면 누진과세와 함께 광범위한 중산층에 대한 저축 장려를 함께 추진하는 것이 중요하다. 중산층의 저축을 장려하기 위해 어떤 정책이 가장 좋은지는 중산층 저축률이 하락한 원인들에 따라 달라질 것이다. 중산층의 저축이 감소한 이유는 최상위 소득에 비해 중산층의 소득 증가가 신통치 않아서 상대적 소비를 유지하기 위해 신용 수요가 늘어났기 때문일 수 있다.[47] 이 경우 중산층의 소득을 신장하는 정책이 저축도 신장시킬 것이다. 금융규제 완화는 대출 기회를 확대하여(소비자 신용, 담보대출, 주택담보대출, 서브프라임 모기지를 통해) 어떤 경우에는 소비자들이 일부 약탈적 대출로부터 충분히 보호받지 못할 수 있다. 이 경우 소비자 보호 강화와 금융규제가 중산층의 저축을 늘리는 데 도움이 될 수 있다.

중산층의 저축을 방해하는 또 다른 요인은 대학등록금 인상이다. 대학 등록금 인상은 학자금 대출을 늘어나게 하는 요인이 되는데 이는 정부지원을 받는 고등교육과 대학등록금 한도 정책이 도움이 될 수 있다는 뜻이다. 행동경제학의 최근 연구에 따르면 개인의 저축 결정은 세금 보조보다 프레임과 넛지[nudge](강압 대신 은근한 개입을 통해 타인의 선택과 행동을 유도하는 것-옮긴이)에 (401(k) 종업원 퇴직연금의 자동투자 옵션처럼) 훨씬 더 많이 반응한다는 것을 보여준다.[48] 따라서 새롭게 부상하고 있는 행동금융학 연구들을 중산층의 저축을 증진하고 장기적으로 부의 불평등을 줄이는 방법을 개발하는 데 이용할 수 있다.[49]

Giulio Fella
줄리오 펠라

경제학자. 런던정치경제대학LSE에서 박사학위를 받고 퀸메리 대학에서 경제학과 교수로 재직중이다. 주요 관심 분야는 양적 거시 경제와 노동 경제학으로, 소비와 부의 불평등, 대규모 정책 개입의 평형 분석, 고용보호 조치의 복지와 고용 영향 등을 연구했다. 그가 수행했던 수치 방법, 인적자본 투자 및 가족경제 연구는 미국과 유럽의 유명 경제 리뷰지에 소개되었다.

Fang Yang
팽 양

경제학자. 북성내익교를 거쳐 미네소타 대학에서 경제학 박사학위를 받았다.
현재 루이지애나 주립대 경제학과 부교수(거시 경제학, 공공 경제학)로 새직종이며 주요 연구 분야는 부의 불평등, 저축, 주택 공급 등이다.

부의 불평등의
거시적 모형

Mariacristina De Nardi
마리아크리스티나 드 나디

경제학자. 시카고 대학에서 경제학 박사학위를 받았다.
미네소타 대학을 거쳐 유니버시티칼리지 런던UCL의 경제학 교수로 재직중이며, 시카고 연방준비
은행의 수석 연구원이자 고문을 맡고 있다. 저축, 부와 불평등, 사회보장, 기업가 정신 및 세금을
중점적으로 연구한다.

경제학자 마리아크리스티나 드 나디, 줄리오 펠라, 팽 양은《21세기 자본》에서 미래의 궁극적인 모습이라 예측한 부의 불평등 문제를 다루고 있다.《21세기 자본》이 나온 뒤에도 전체적인 부의 불평등과 그러한 부의 분포에서 개인 간의 차등을 불러오는 메커니즘이 무엇인지는 여전히 불분명하다. 저자들은 주로 두 가지 사실과 그에 따른 두 개의 모형에 초점을 맞추었다. 한 모형은 어떤 시점에 부의 보유가 극도로 치우쳐 있을 뿐 아니라(전체 부의 많은 부분을 가장 부유한 소수가 보유하고 있다는 뜻이다) 시간이 지나면서 그러한 치우침이 점점 더 심해지는 데 주목한다. 다른 하나는 왜 일부 부유한 사람들은 계속 부유한 반면(또한 더욱 부유해지는 반면) 그 외의 사람들은 더 가난해지는지 설명하고자 한다. 최근의 한 연구는 이 두 이론을 통합하는 작업을 시작했다. 종합하면, 부에 관한 데이터는 경제학의 일반적 통념에 중대한 의문을 불러일으키며, 그 의문의 답을 찾는 선두에 이 세 저자의 연구가 있다.

피케티의《21세기 자본》은 저자의 말에 따르면 '주로 부와 소득의 분배 역사에 관한 책'이다. 이 책은 상당수 국가들에 대해 산업혁명 이후 소득 및 부의 분배 추이를 정리했고 여러 선진경제국에서 부의 불평등의 장기적 변화에 나타나는 공통 패턴을 설명하기 위한 프레임워크를 제시했다.

　이번 장에서는 피케티의 책에 나오는 사실과 개념들을 바탕으로 부의 불평등 모형에 관한 기존 문헌들을 상세하게 조사하고 우리가 지금까지 알게 된 것들과 부의 집중을 형성하는 메커니즘에 관한 좀 더 확정적인 결론을 위해 더 알아야 할 것을 밝히려 한다. 4장에서 데베쉬 레이벌이 자본과 노동 사이에 총소득이 어떻게 나누어지는지와 관련해 불평등 간의 결정 요인들을 논의했는데, 이 장은 4장과 달리 부의 분배(즉, 부 내부의 불평등)를 다룬다.

먼저 부의 분배와 관련하여 정형화된 중요한 사실들을 짚어보는 것으로 시작한다.

1. 부는 고도로 집중화되어 있다. 부의 분포는 긴 오른쪽 꼬리를 그리며 매우 편향되어 있다.
2. 전반적으로 부의 분배는 개인의 일생 동안, 그리고 세대 간에 상당한 이동성이 존재한다. 그러나 분포의 최상위층과 하위층에서 부의 이동성은 훨씬 더 낮다.
3. 부의 집중도, 즉 가장 부유한 사람들이 전체 부에서 차지하는 몫은 20세기 대부분 동안 하락하는 경향을 보이다 1980년대부터 상승을 계속하여 U자 형태를 그린다.

그런 다음 피케티의 책에서 주장하는 부의 불평등에 영향을 미치는 주요 메커니즘을 논의하겠다. 좀 더 구체적으로 말하면 《21세기 자본》은 부를 집중시키는 결정적 요인으로 세후 자본수익률과 총생산 성장률의 차이가 중요하다고 강조했다.[1] 또한 그보다 정도는 덜하지만 세금의 누진성, 최상위층이 소득에서 차지하는 몫, 저축률과 상속의 개인 간 차이를 논의했다.

그 다음으로 우리는, 부의 불평등을 설명할 수 있는 개인의 부 축적 뒤에 숨은 다양한 메커니즘을 더 잘 이해하고 분류하기 위한 간단한 프레임워크를 제시할 것이다. 그리고 부의 불평등을 다룬 기존의 거시경제학 문헌 중 데이터에서 관찰되는 부의 높은 집중을 가장 적절하게 설명할 요인들을 강조한 문헌을 살펴볼 참이다. 구체적으로 말하면, 부의 분포도 오른쪽의 긴 꼬리 모양이 파레토 분포와 유사하다는 관찰결과를 설명하려는 (대부분 분석적인) 문헌들에 관해 논의하겠다. 이 문헌들은 피케티의 책에서 강조한 메커니즘에 중요한 이론적 기초를 제공한다. 피케티에 따르면 부의 집중도는 평균 순 자산수익률 r과 총 생산 증가추세율 g의 차이에 따라 증가한다. 부의 축적 과정에 곱셈적, 임의적으로 나타나는 충격이 이런 유형의 모형에 부의 집중을 발생시키는 주된 메커니즘이다(이 장에서 '곱셈적'이란 표현은 은행의 복리이자나 지수함수와 같이 어떤 값이 계속 곱해져 빠르게 증가한다는 뜻으로 쓰인 말이다. 반면 뒷부분에 나오는 '가산적'의 경우는 어떤 양만큼 더해지면서 커진다는 의미다—옮긴이). 피케티는 생산 성장률이 부의 집중도를 분명히 낮춘다고 보았다. 하지만 이 모형 중 일부에 따르면, 총 요소생산성TFP 증가로 인한 생산 증가는 상황에 따라 부의 집중도를 낮출 수도, 높일 수도 있다.

곱셈적 충격이 있는 모형을 다룬 문헌들은 분석적 편리함 때문에(벤하비브 Benhabib & 비신Bisin & 주Zhu, 그리고 아오키Aoki & 니레이Nirei의 논문은 제외) 지속적인 저축률의 원인으로 저축률에 내생적으로 나타나는 개인 간 차이heterogeneity와 기업가 소득 형태의 내생적 수익률을 무시한다.[2] 그뿐 아니라 상속 행위의 생애주기 측면과 비동조성nonhomotheticity을 고려하지 않는다. 생애주기 측면과 비동조성은 세대 간 부의 축척에 영향을 미치고 부유한 사람들이 현역일 때와 은퇴 후에 모두 저축률이 더 높은 이유를 설명하는 데 중요하다.[3]

그러나 수입과 지출에 발생하는 충격(은퇴 후 의료비와 양로원 지출 포함)에 대비하기 위한 저축에 내생적으로 나타나는 개인 간 차이는 우리가 다음에 논의할 정량적 모형들의 중심을 이룬다. 이 글은 저축행위와 수익률의 차이를 불러오는 요인을 이해하고, 불평등을 정량적 모형들로 설명하면서 개인 간 차이의 중요성을 수량화로 강조하는 것에 상대적 강점이 있다. 이전의 연구들은 기업가 활동, 자발적 상속, 가계들 간의 선호 차이, 최고 소득자에 대한 보상 위험 등이 부의 높은 집중을 설명하는 데 유용하다는 것을 설득력 있게 강조했다. 그러나 이 각각의 요인들이 부의 불평등에 정량적으로 어느 정도 기여했는지는 명확하지 않다. 적어도 지금까지는 대부분의 요인이 제각각 연구되었기 때문이다. 또한 이 정량적 프레임워크가 국가별, 시기별로 관찰되는 부의 불평등의 큰 격차와 얼마나 일치하는지 판단하는 데도 많은 연구가 필요하다.

그 다음으로 우리는, 한 시점에 어떤 요인이 불평등을 결정하는지를 알아보는 정적인 이해에서 나아가, 시간이 지나면서 불평등이 어떻게 바뀌는지를 알아보기 위해 부의 불평등의 전이 동학transitional dynamics을 분석하는 더 소수의 문헌들을 살펴본다.

그런 다음 세후자산수익률과 생산 성장률 사이의 차이 변화가 부의 집중도 변화를 주도할 수 있다는 피케티의 추측을 정량적으로 분석하기 위해 부와 수입에서 관찰되는 불평등을 생성하는 정량적 모형에서 몇 가지 수치 시뮬레이션을 실시할 것이다. 이 시뮬레이션은 수익률이 부의 집중에 미치는 영향이 낮으며 생산 성장률의 효과를 검토할 때 TFP와 인구를 구별해야 한다는 것을 보여준다. TFP 증가율의 영향은 수익률 증가의 영향과 대칭을 이루는 반면(둘 다 부의 불평등에 미치는 영향이 적다) 인구증가율 변화는 부의 집중에 매우 큰 영향을 미친다. 따라서 생산증가의 원인이 인구증가일 때 자본수익률과 생산증가율은 부의 집중에 미치는 영향 면에서 서로를 완전히 대체하지 못한다.

마지막으로, 앞으로 연구하면 유익할 분야들을 논의하며 이 글을 마무리하겠다.

정형화된 사실들

횡단적 부의 분포가 정규분포와 달리 오른쪽으로 꼬리가 길다는 것, 오른쪽 꼬리 부분이 파레토 분포와 매우 유사하다는 것은 널리 인정된 사실이다. 파레토 분포는 부의 로그 w와 개인의 비율 로그 p(w)가 w가 위쪽에 있는 선형적 관계임을 암시한다.[4] 도표 14-1은 선택된 국가들에서 부의 분포의 상위 10퍼센트에 나타난 이러한 관계를 보여준다. 도표에서 동그라미는 실제 관찰치를, 점선과 실선은 각각 분포의 상위 10퍼센트와 상위 1퍼센트에 대한 파레토 모형을 나타낸다.

부가 노동수입과 소득보다 훨씬 더 집중돼 있다는 증거는 엄청나게 많다. 울드Wold와 휘틀Whittle은 미국에 대한 초기 증거를 인용했고, 최근 다양한 저자들의

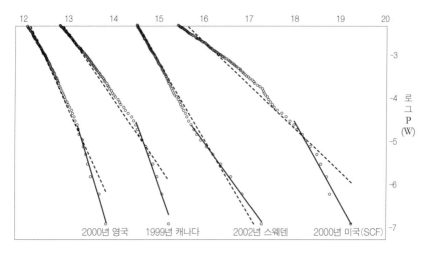

실제 가치(동그라미), 분포/보호의 상위 10퍼센트(점선)와 1퍼센트(실선)의 평균 기울기
출처: Frank K. Cowell, "Inequality among the wealthy," CASE Working Paper No. 150 (2011)

여러 논문에서도 이 사실이 증명되었다.[5]

어느 한 시점에 부가 어떻게 분배되어 있는지도 중요하지만, 개인/가계 수준과 세대 간에 얼마나 많은 변동이 있는지도 마찬가지로 중요하다. 개인 수준에서는 허스트[Hurst], 루오[Luoh], 스태퍼드[Stafford]가 미국의 20번째 백분위수에서 80번째 백분위수까지는 이동성이 상당하지만(이들은 1984~1994년의 수입 변동에 관한 패널연구PSID 데이터를 이용했다) 상위 10퍼센트와 하위 10퍼센트에서는 상당한 지속성이 나타남을 보여주었다.[6] 이 두 집단의 경우 같은 십분위에 계속 머물 가능성이 하위시기에 따라 40~60퍼센트에 이르렀다.[7] 이 연구결과는 전체 부의 60퍼센트(허스트, 루오, 스태퍼드의 연구에서 상위 10퍼센트가 소유한 몫)가 꽤 오래 그대로 유지됨을 암시한다.

세대 간 부의 이동성에 대한 증거와 관련해 멀리건[Mulligan]은 미국에서 부모의 부에 대한 자녀의 부의 탄력성을 0.32~0.43으로 추정했다.[8] 찰스[Charles]와 허스트는 PSID로 이 값을 0.37이리고 추정했는데, 자녀의 연령, 교육, 소득에 따

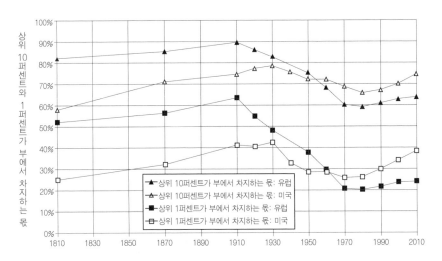

출처: Thomas Piketty and Gabriel Zucman, "Wealth and Inheritance in the Long Run," Vol. 2B, chapter 15: 1303-1368, ed. A. J. Atkinson and F. Bourguignon Handbook of Income Distribution (Elsevier B.V., 2014)

라 보정하면 0.17까지 떨어진다.[9] 데이터가 충분하지 않아서 이 추정치들은 부모가 아직 살아 있는, 즉 유산 이전이 이루어지기 전인 부모-자녀 조합의 세대 간 부의 탄력성을 나타낸다.[10] 따라서 아마 전체적인 부의 세대 간 지속성은 과소평가됐을 것이다. 이 문제는 스웨덴에 대해서는 안데르몬Adermon, 린달Lindahl, 월든스트롬, 덴마크에 대해서는 보시럽Boserup, 코프추크, 크라이너Kreiner, 영국과 웨일스에 대해서는 클라크와 커민스Cummins의 연구로 해결되었다. 이 연구자들은 모두 한 세대 이상에 걸친 부의 데이터를 사용했으며, 앞의 두 연구들은 부유세 데이터를 이용했다. 안데르몬, 린달, 월든스트롬은 부모-자녀의 순위상관이 0.3~0.4라고 발견한 반면 보시럽, 코프추크, 크라이너는 부의 탄력성을 0.4~0.5로 추정했다. 클라크와 커민스는 성이 희귀하고 사망 시의 부가 관찰되는 가족들의 장기(1858~2012) 데이터를 이용해 부모와 자녀를 짝지을 수 있는 부표본의 세대 간 탄력성은 0.4~0.5이고 성에 따라 개인을 묶었을 때는 약

0.7이라는 것을 발견했다.[11]

전체적으로 볼 때, 부의 이동성이 상당하다는 증거는 경제 상황에 가해지는 충격이 부의 변동에 중요한 결정요인임을 암시한다. 이 점은 뒷부분에서 살펴볼 문헌의 핵심인데, 이 문헌은 소득에 고유한 충격이 가해졌을 때도 소비를 일정하게 유지하려고 부를 축적한다고 강조한다.

부의 분포의 세 번째 중요한 특징은 시간에 따른 변화다. 최근까지 부의 불평등이 시간이 지나면서 어떻게 변화했는지 증명하는 연구는 소수인데다 비교적 단기간을 다룬 것에 그친다.[12] 피케티의 책이 중요하게 기여한 한 가지는 방대한 최근 연구들을 한데 모으고 상당수 국가들에 대해 산업혁명 이후의 부의 불평등 변화를 정리했다는 점이다. 다양한 국가에서 공통적으로 발견되는 주요 결과는, 가장 부유한 사람들이 전체 부에서 차지하는 몫이 20세기 초에는 아주 높은 수준에서 시작하여 두 차례의 세계대전 중에 급격하게 하락했다가 제2차 세계대전과 1970년대 사이에 대체로 떨어져 최저점을 찍은 다음 1980년대부터 다시 상승하는 U자 곡선을 그린다는 것이다(도표 14-2 참조).

1980년대 이후 분배의 상위 1퍼센트가 부에서 차지하는 몫이 실제로 얼마큼의 규모로 증가했는지에 대해서는 논란이 있다. 이매뉴엘 사에즈와 쥐크망이 조세 데이터에서 얻은 추정치를 나타낸 도표 14-2를 보면 이 몫은 약 13퍼센트 포인트 증가했는데, 이는 실질적으로 1930년의 최고점으로 되돌아간 수치다.[13] 그러나 소비자금융조사SCF의 추정치는 그보다 상당히 낮은 약 5퍼센트 포인트 증가율을 암시한다.[14] 실제 증가 규모는 불확실하지만 그 원인과 앞으로의 변화 가능성을 이해하는 것이 중요한 연구주제가 되었다. 뒷부분에서 우리는 부의 불평등에 관한 대안 모형들이 최상위층의 부의 집중도 변화를 어느 정도 설명할 수 있는지를 논의할 것이다.

피케티의 메커니즘

피케티의 책은 20세기에 부의 불평등이 어떻게 변화했는지 설명하기 위한 프레임워크(파레토 분포를 다룬 문헌에 근거를 둔)를 제시했다. 이에 따르면 부의 불평등은 세후 평균 자산수익률 r과 총생산 증가추세율 g 사이의 차이에 따라 증가한다. 이 메커니즘은 20세기에 부의 집중도와 (r-g)가 동시에 감소했다는 점과 들어맞는다. 대공황과 두 차례의 세계대전으로 인한 자본 손실과 1914~1945년에 닥친 충격에 뿌리를 둔 누진세 정책으로 1914년과 1980년대 사이에 세후 자본수익률이 감소했다. 동시에 21세기 하반기에 생산증가율은 세기 초보다 급격히 상승했다.

이 '(r-g)' 메커니즘은 수익률 r이 높아질수록 기존의 부가 자본화되는 비율이 증가하여 부의 분배에 원래 존재하던 차이를 증대시킨다는 직관을 바탕으로 한다. 반면 성장률 g가 높아질수록 노동소득의 저축을 통한 '새로운' 부의 축적률이 증가하여 부의 불평등을 낮추는 경향을 보인다. 기존의 부가 현 세대가 저축한 것이든 윗세대로부터 상속받은 것이든, 수익률이 높아지면 현재의 노동소득에 비해 부의 중요성은 증가한다.

이 메커니즘이 피케티의 책에서 중요한 역할을 하고 많은 관심을 끈 주인공이지만 이 책은 다른 중요한 요인들도 언급했다. 첫 번째 요인(세대 간 부의 축적률에 영향을 미치기 때문에 앞에서 말한 요인과 관련이 있다)은 재정적 상속과 인적자본의 상속, 그리고 상속과 인구통계의 상호작용이다.

두 번째 요인은 수익률의 개인 간 차이, 그리고 많은 자본을 투자한 부유한 사람이 일반적으로 더 높은 수익을 얻는다는 사실이다. 예를 들어 부자들은 더 위험하고 덜 유동적인 투자를 할 수 있거나 재무 관리자를 고용할 동기가 더 크다. 그리고 좀 더 전반적으로 보면 더 높은 수익률을 얻을 만한 시간과 돈이 있다. 또한 저축률에도 개인 간 차이가 나는데, 처음에 부를 더 많이 보유한 사람이 더 많이 저축하는 식이다.

이 책에서 논의하는 또 다른 중요한 측면은 '슈퍼경영자'의 부상이다. 특히 미국에서 슈퍼경영자는 수익에서 가져가는 몫이 훨씬 빨리 증가하는 고위 경영자들을 말한다. 피케티는 슈퍼경영자가 총소득의 불평등 증가를 뒷받침하는 중요한 원인이라고 주장한다. 또한 미국이 같은 시기에 부의 불평등이 가장 빨리 증가한 국가라는 점도 주목해야 한다.

마지막으로, 《21세기 자본》은 국세, 이전소득, 최저임금제 같은 정부 규제와 시장 구조가 국가들 간에, 그리고 주어진 국가에서 시간이 지남에 따라 부와 소득의 불평등에 중요하게 영향을 미친다고 강조했다.

부의 집중에 대한 설명

이제 우리는 피케티의 $(r-g)$ 통찰과 부의 불평등 결정요인에 대한 문헌들을 더 체계적으로 논의하기 위해 원래 미드가 만든 간단한 회계프레임워크를 소개하겠다.[15] 이를 위해 자본총량이 외생적exogenous 비율 g로 증가하는 경제를 생각해보자. 이 경제에서 개인은 출생 시에 자본총량에서 각자의 부분을 얻는다. 경제의 유일한 소득원은 개인의 부에 대한 고유 수익률이다.

주어진 시기에 평균자본총량으로 정규화한 개인의 부는 지수적 비율 $r_{it}-g+s_{it}$로 축적된다. 여기에서 r_{it}는 현재 나이 t인 개인 i의 실현된 수익률이고 s_{it}는 개인의 저축 흐름과 해당 시기의 시작시점에서 보유중인 부 사이의 비율이다.[16]

이 경제에는 평균자본총량으로 정규화한 개인의 부의 분포를 형성하는 세 가지 주요 요인이 있다.

1. 개인의 과거 저축률 내역 s_{it} 혹은 평생 동안의 평균 저축률. 다른 모든 조건이 동일하다면 평생 평균 저축률이 더 높은 사람이 더 빠른 속도로 부를 축적한다.

2. 성장률로 보정한 개인의 과거 수익률 내역 $r_{it}-g$ 혹은 평생 동안의 평균

수익률. 다른 모든 조건이 동일하다면 평생 평균 수익률이 더 높은 사람(즉 기간별 수익률이 높았던 사람)의 부가 평균 수익률이 낮은 사람보다 더 빨리 증가했다. 반대로 주어진 개인수익률 r_{it} 의 횡단적 분포에서 성장률 g가 높아지면 전체 경제에 비해 개인의 부가 증가하는 속도가 감소하여 정규화한 개인의 부의 증가율이 감소한다.

3. 출생 시의 부의 분배. 수익률과 저축률의 개인 간 차이를 무시하더라도, 같은 집단에 속하지만 태어날 때 부여된 부가 서로 다른 두 사람의 부의 격차는 시간이 지남에 따라 공통 자본수익률 r로 증가한다. 공통 자본수익률 r과 성장률 g의 차이가 늘어나면 격차가 벌어지는 속도도 빨라진다.

이 마지막 효과는 피케티의 (r-g) 통찰의 본질을 포착한다. 지수함수적 증가의 힘은 저축률이 주어졌을 때, (r-g) 가 지속적으로 변화하면 부의 분포에서 격차가 벌어지는 속도를 상당히 증가시킬 수 있음을 시사한다. 따라서 '성장 혹은 곱셈적' 효과는 소수의 개인이 전체 부에서 불균형적으로 대량의 몫을 차지하는 이유를 설명하는 데 필수적이다. 이러한 기본 메커니즘은 부의 축적에 대한 곱셈적 모형(승법모형)을 다룬 분석적 문헌들의 중심을 이룬다. 이 문헌들은 뒤에서 살펴보기로 한다.

분포에서 파레토 꼬리를 생성하는 분석 모델

파레토 이후 부의 분배의 이런 특징은 더 증명되었고 오른쪽 꼬리가 긴 부의 분포를 불러오는 경제 메커니즘을 제시하는 많은 연구를 촉발시켰다.

이 메커니즘은 부의 축적 과정에 임의적이고 곱셈적인 충격의 발생을 전제로 하며, 크게 두 유형으로 분류된다. 첫 번째 유형은 지수함수 분포를 따르는 시간 동안(예를 들면 출생에서 사망까지의 시간) 개인의 부가 어떤 평균적인 지수함수적 비율로 성장한다는 것이다. 이 유형의 모델은 세대 간에 부가 상속되지 않는다는 가정을 바탕으로, 모든 부의 격차가 동일 세대 내부가 아닌, 서로 다른 세대 사이에서만 존재한다는 반사실적 암시를 한다.[17] 즉, 부를 더 많이 소유한 개인은 나이가 많고 오랜 기간 부를 축적한 생존자들인 것이다. 반면, 벤하비브와 비신의 논문에서처럼 세대 간의 확률적 부의 상속까지 감안하면 추가적인 차이가 발생한다. 같은 집단 내에서도 유산을 물려준 역사가 더 긴 집안의 사람이 더 부유하다.[18] 전반적인 매커니즘을 요약하자면, 오른쪽 꼬리의 두께를 나타내는 파레토 계수는 전체 부 대비 개인의 부의 성장률이 높을수록 높게 나타나며, 사망 확률이나 재분배적인 상속세 등 출생 시점에서의 부의 분포를 억제하는 요인들에 따라 낮아진다.

파레토 꼬리를 생성하는 두 번째 유형의 메커니즘은 앞의 것과 개념상 다소 반대되는 것으로 개인의 부의 지수함수적 성장에서 지수가 음의 평균값을 갖는 적절한 확률 과정을 따른다고 가정한다. 성장률의 평균이 마이너스라는 것은 평균적으로 개인의 부가 분포의 평균으로 되돌아간다는 의미다. 하지만 부의 증가율이 오랫동안 평균 이상의 플러스 값이었던 운 좋은 소수는 이러한 평균으로의 회귀를 피하고 많은 재산을 축적할 것이다. 물론, 지수의 평균을 음수로 만들기 위해서는 이전소득, 긍정적 소득 충격, 예비 저축, 대출의 제한 등의 도구가 더 필요하다. 이런 유형의 모형들은 동일 세대 내부와 세대 간 불평등을 모두 발생시킨다.[19] 또한, 파레토 계수가 클수록 (1) 소득 충격의 차이가 더 커서 긍정적 충격의 역사가 길어질 가능성을 높이거나 (2) 상쇄하는 유입 메커니즘이 더 약해서 정상적定常的 분포의 평균이 증가한다고 암시한다.

첫 번째 유형의 모델과 마찬가지로, 이 모형들은 파레토 계수로 측정되는 부의 집중도가 부의 평균 회귀율 정도에 따라 낮아짐을 암시한다. 다시 말해 부의 집중도는 전체 부에 비해 개인의 평균 자본수익률이 높을수록 증가한다. 이 비율은 한편으로는 평균 세후수익률 r과 총 성장률 사이의 차이(r-g)의 합계, 다른 한편으로는 비자본 소득에서의 저축과 부에서 하는 저축 사이의 평균 비율 sw와 동일하다. 지수함수적인 성장 가정은 곱셈적 충격이 있는 모든 모형에서 (r-g)나 sw의 작은 변화만으로 파레토 계수를 크게 움직일 수 있음을 시사한다.

벤하비브, 비신, 주는 상속의 동기가 동조적인(부모 세대의 소비욕구와 상속욕구 사이의 선호도가 전체 자산의 양과 상관없이 일정하게 유지되는 것-옮긴이) 부분균형의 세대 중첩 모델을 제시했다. 여기서 개인의 임금과 부에 대한 수익률은 독립항등분포independent and identically distributed를 따르며, 이 값은 출생 시에 한번 정해지면 평생 바뀌지 않는다고 가정한다. 이들은 자신들이 만든 프레임워크에서 정상적인 부의 분포에 나타나는 오른쪽 꼬리 형태에 영향을 미치는 것은 개인들의 수입(임금)에 닥치는 충격이 아니라 자본수익률의 충격이라는 것을 알게 되었다. 이러한 결론은 개인들이 부에 대해 로그효용함수를 가지며, 상속된 부는 출생 시에 부여되는 부와 같지만 이것이 축적되는 자본수익률은 개인마다 다른 상황이라고 생각하면 가장 쉽게 이해할 수 있다. 부유한 집안들은 오랫동안 수익률이 평균을 상회한 것이다. 이 메커니즘은 피케티와 쥐크망의 논문에 나오는 모형과 동일하다. 그 모형에서는 각 세대가 유산의 몫을 가져가고 부유한 집안들은 오랜 기간 평균보다 높은 몫을 가져간다. 따라서 자본세와 상속세가 부의 불평등 해소에 상당한 영향을 미칠 수 있는데, 전자는 순 자본수익률에 미치는 영향을 통해, 후자는 한 세대에서 다음 세대로 전달되는 부의 몫을 통해 영향을 준다. 부모 세대가 유산을 남기려는 성향도 비슷하게 영향을 받는다.[20]

벤하비브와 비신과 주, 그리고 아오키와 니레이는 이와 비슷한 메커니즘이 뷸리 모형의 일반균형 상태에서 점근적으로 파레토 분포의 두터운 꼬리 모양을 그리는 부의 분포를 생성한다는 것을 보여주었다. 뷸리 모형에서는 개인들이 가산적 수입 리스크(임금이 평균보다 더 많이 나올 수 있는 가능성-옮긴이)와 함께 개인 고유의 곱셈적 자본수익률 리스크(자본수익률이 평균보다 높을 가능성-옮긴이)를 갖는다고 가정하는데, 이는 사람마다 일종의 가내생산기술backyard technology을 갖고 있으며 한도 내에서 무위험 이자율로 돈을 빌리거나 빌려주어 이익을 최대화할 수 있도록 한 것이다(경제 현상을 시뮬레이션하는 방법론인 뷸리 모형에서 개인agent은 고유의 자본수익률을 임의로 배정받는데, 그것이 높으면 무위험 이자율로 돈을 최대한 빌려 자기 사업을 하고, 수익률이 낮은 개인은 무위험 이자율로 돈을 빌려주거나 저축을 통해 이자를 받을 수 있다-옮긴이).[21] 개인에게 닥치는 고유한 위험은 위에서 논의한 모형들에는 없는 예비적 저축 동기를 만들어낸다. 하지만 막대한 부를 보유하게 되면 예비적 저축 동기는 0에 가까워진다. 앞으로 일어날 수 있는 위험에 완벽히 대비할 수 있고 저축이 부에 따라 선형적으로 증가하기 때문이다. 따라서 곱셈적 수익률의 충격은 상위층의 부의 분포를 지배하는 경향을 띤다.

차입 한도를 설정한 것 때문에 파레토 계수를 닫힌 형태로 구하기 어려워지자 아오키와 니레이는 수치적[numerical] 시뮬레이션을 이용했는데, 이를 통해 벤하비브, 비신, 주가 얻은 통찰을 재확인했을 뿐만 아니라 일부 새로운 결과도 얻을 수 있었다.[22] 먼저 이들은 예비적 저축 동기가 존재하기 때문에 수입에 대한 가산적 위험이 증가하면 부를 적게 소유한 개인들의 예비적 저축이 부자들에 비해 증가함으로써 부의 분포에서 오른쪽 꼬리의 두께가 얇아진다는 것을 보여주었다. 또한 부분균형 모형에서 나타내는 직관과 달리 TFP 증가율(벤하비브, 비신, 주의 논문에서는 0이다)이 상승하면 부의 불평등은 감소하기보다 증가하는 효과가 있다는 것도 발견했다.[23] 일반균형 상태에서는 TFP 증가율이 상승하면 정상상태의 자본금이 증가하여 추세를 제거한 자본의 평균 수익률이 줄어들고 불평등이 감소한다. 반면 TFP 증가율이 상승하면 가내생산기술에 대한 고유 수익률의 변동성이 높아져 불평등이 증가한다. 이 두 번째 효과가 우세하다는 것은 TFP 증가율이 상승하면 파레토 계수로 측정되는 불평등이 증가함을 암시한다.

존스[Jones]도 이와 비슷하게 부분균형 통찰력을 TFP 증가가 부의 불평등에 비치는 영향으로 전환했다. 존슨은 로그효용함수와 신생아들에게 균일하게 분배된 우발적 유산을 다룬 블랑샤르-야리[Blanchard-Yaari]의 모형을 연구했다.[24] 이 모형은 개인이 보유한 부의 결정적인 양의 증가율을 통해 집단들 간에 부의 파레토 분포를 생성한다. 일반균형 상태에서 파레토 계수는 TFP 증가율과는 무관하며, 전적으로 인구학적 매개변수에 의해 결정된다.

아오키와 니레이, 존스의 연구결과는, 성장률과 부의 집중 사이에서 보이는 음의 상관관계[negative relationship]가 일반균형 상태에서 곱셈적 충격 모형이 갖는 강력한 특징은 아님을 제시한다.[25]

불리 모형

이 프레임워크에서 수입 위험에 대비한 예비적 저축은 부의 집중을 주도하는 핵심 요인이다. 그러나 저축에 대한 예비 동기는 노동수입 대비 부에 따라 감소한다. 다시 말해 수입에 닥칠 위험에 스스로 대비할 수 있는 능력에 따라 저축을 하려는 예비 동기가 약해진다. 경제주체가 인내심이 없을 경우(부의 분포를 정체시키는 필요조건), 노동수입 대비 순수 부가 목표치에 미치지 못할 때는 저축률이 플러스였다가 목표치보다 올라가면 마이너스로 바뀌고 예비적 저축 동기는 성급함에 의해 정확히 상쇄된다. 따라서 이 모형들에서 저축률은 부에 따라 감소한다.

반면 연구자 중에서도 특히 사에즈와 쥐크망은 부 소유자들 중 하위 90퍼센트는 소득의 평균 3퍼센트를 저축하는 데 비해 그 위의 9퍼센트는 15퍼센트, 최상위 1퍼센트는 25퍼센트를 저축하여 저축률이 부에 따라 상승하는 경향이 있음을 발견했다.[26] 이렇게 이 모형의 기본 버전은 부자들이 높은 저축률을 유지한다는 사실을 놓쳤기 때문에 가장 부유한 소수에게 부가 고도로 집중되지 않고, 그리하여 이들의 막대한 재산이 생성되고 유지되지 않는다.

저축률은 수익률, 인내심, 수입에 닥치는 위기에 결정적으로 의존한다. 높은 수익률은 저축을 증가시키는 경향이 있다. 그러나 수익률은 외생적이지 않은데, 그러면 특히 부의 분배의 최상위층에서 수익률이 어떻게 결정되는지에 의문이 생긴다. 기업가에게 수익률은 사업을 시작하겠다는 결정, 그리고 보유한 부의 일부를 자신의 위험한 행동에 투자하겠다는 결정의 결과로 발생하는 내생적인 것이다. 또한 투자자에게는 포트폴리오 선택의 결과 발생하는 내생적인 것이다.

다음으로 인내심은 사람들이 미래의 소비에서 얻을 유용함을 얼마나 포기하느냐 뿐만 아니라 사후에 다른 사람들에게 유산을 남기는 데 관심이 있는지 여부, 심지어 예상수명에 의해서도 영향을 받는다.

종합하면, 위에서 말한 두 가지 점은 사람들의 인내심과 위험의 감수 정도가 다르면 서로 다른 직업과 포트폴리오 구성을 선택할 수 있고 따라서 다른 수익을 얻을 수 있으며 수익이 사람들의 인내심 및 위험에 대한 태도와 상관관계가 있을 것임을 암시한다. 그러므로 인내심이 더 강하고 위험 회피가 덜한 사람들이 더 위험한 입장을 취할 것이다. 그중 일부는 실패하겠지만 일부는 성공하여 높은 수익을 누릴 것이다. 이는 부자들 중 인내심이 강하고 위험 회피가 덜한 사람들의 비율이 높을 것을 암시하는데, 부분적으로는 이들이 운 좋은 사람들을 대표하기 때문이고 또한 부분적으로는 이들이 다른 선호를 갖고 있고 이들에게서 관찰되는 수익은 과거에 직업 및 저축과 관련해 내렸던 결정과 선호에 의지하기 때문이다.

우리 목록의 세 번째 요소는 수입에 닥치는 위험이 높고 개인 간에 차이가 난다는 점과 관련 있다. 어느 정도 지속적이고 편향된 수입 충격은 저축률의 개인 간 차이를 불러올 가능성이 있다. 실제로 카스타네다[Castañeda], 디아스-히메네스[Diaz-Gimenez], 리오스-룰[Ríos-Rull]은 최고 소득자들의 수입에서 발생할 수 있는 특정 형태의 위험이 가장 부유한 소수에게 부를 몰아줄 수 있는 요인임을 보여주었다. 이 점은 특히 미국에서 슈퍼경영자들의 중요도 상승과 이들이 받는 총 보상의 변동성에 관한 피케티의 연구 결과와 연결된다.[27]

지금부터는 표준적인 뷸리 모형에서 부에 따른 저축률 하락을 가장 효과적으로 상쇄하는 것처럼 보이고 따라서 최상위층이 부에서 차지하는 몫을 더욱 적절히 설명할 수 있는 메커니즘들을 논의해본다.

수익률의 내생성

내생적 수익률을 발생시키는 한 가지 중요한 선택이 기업가들의 활동이다. 콰드리니[Quadrini]는 기업가가 되겠다는 결정에 영향을 주는 요인들과 기업가 활동이 저축 및 투자에 미치는 전체적, 분배적 영향을 훌륭하게 살펴보았다.[28] 또한 콰드리니[Quadrini]와 젠트리[Gentry], 허버드[Hubbard], 드 나디와 닥터[Doctor], 크레인[Krane], 부에라[Buera]도 기업가 활동이 가장 부유한 가계들에 부가 집중되는 현상을 이해하는 핵심 요소임을 설득력 있게 수상했나.[29]

카제티^{Cagetti}와 드 나디는 데이터에서 부유한 사람 중 기업가들이 큰 부분을 차지한다는 것을 보여주었다. 예를 들어 1989년도 소비자금융조사를 보면, 순재산 측면에서 상위 1퍼센트 중 65퍼센트가 기업가였고 이들이 1퍼센트가 보유한 전체 부의 68퍼센트를 점유했다. 카제티와 드 나디 또한 이타적인 경제주체들이 자녀에게 신경을 쓰고 자신의 사망 시기를 확실하게 알지 못해 우발적 유산과 자발적 유산을 둘 다 남기는 기업가 활동 모형을 구축했다. 경제주체들은 매 시기마다 기업을 운영할지 혹은 일을 하고 임금을 받을지 결정을 내린다. 그리고 차입 제약들로 담보물이 필요하므로 기업가가 제약을 받는 한 저축이 증가된다.[30]

카제티와 드 나디의 보정^{calibration}에서 최적의 기업 규모는 큰 기업이며 기업가는 차입제약을 받는다. 따라서 부유한 기업가도 기업을 성장시키고 더 높은 자본수익률을 얻기 위한 담보를 축적하려고 계속 저축을 하고 싶어 한다. 이 메커니즘은 이 프레임워크에서 부자들의 저축률을 높게 유지하고 부의 초집중을 불러온다. 그 결과 이들의 모형은 분포의 오른쪽 꼬리를 포함해 데이터와 잘 부합되는 부의 집중을 발생시킨다. 또한 이 모형은 모스크비츠^{Moskowitz}, 비싱-요르겐센$^{Vissing-Jørgensen}$, 카르타쇼바^{Kartashova}가 발견한 범위 내의 타당한 자본수익률을 나타낸다. 마지막으로 이 모형은 개인이 기업가 영역으로 진출할 가능성을 그가 보유한 부에 따라 예측하는데, 이는 허스트와 루사르디^{Lusardi}가 미시적 데이터로 추정한 것과 일치하며 상속이 사업 진출의 강력한 예측변수라는 것도 암시한다.[31]

키타오^{Kitao}는 다양한 기업가의 능력 수준을 다룬 모형에서 과세가 기업가의 선택에 미치는 영향을 연구했다.[32]

포트폴리오 선택과 부의 불평등을 연구한 모형 중 카츠페르칙^{Kacperczyk}, 노살^{Nosal}, 스티븐스^{Stevens}는 내생적 정보 취득과 투자자의 지식 및 자산의 위험성에 차이가 존재하는 상황에서 포트폴리오 선택을 정량적으로 평가하였고[33] 전체 정보기술의 발달이 1990년 이후 투자자 사이에서 관찰된 부의 집중도 증가를 설명할 수 있음을 보여주었다.

수익 위험과 슈퍼경영자의 부상

예비적 저축을 수익 충격에 대비해 스스로 자금을 마련하기 위한 메커니즘으로 연구하는 문헌들이 많다. 캐롤Caroll은 영구적인 소득 충격이 있을 때의 한계 소비성향은 일시적, 영구적 소득 충격이 모두 있는 예비적 저축 모형에서보다 낮긴 하지만 비슷하다는 것을 보여주었다.[34] 이는 부에 따른 저축률이 영구적인 소득 충격에 거의 영향을 받지 않는다는 의미다. 대신 소득 충격이 전적으로 일시적인 경우, 소비 평탄화 성향은 사람들이 소득 변화의 대부분을 저축할 것임을 암시한다. 반면 충격이 일시적이고 따라서 그와 관련된 저축 반응이 일시적이라는 것은 그 효과가 결국 평균이 됨을 의미한다. 그러므로 이 요인들은 성장이 저축에 미치는 일차적이고 지속적인 영향을 나타내지 않으며 상당한 부의 집중을 불러오지 못한다.

수입에 발생할 위험에 대비하기 위한 예비적 저축 행위는 노동소득에 대한 확률 과정이 적당히 편향되거나 지속적일 경우 최상위층에 부가 집중되는 현상(오른쪽으로 긴 꼬리가 나타나는 분포)을 낳을 수 있다. 카스타녜다, 디아스-히메네스, 리오스-룰은 완전히 이타적인 경제주체들이 노동연령, 은퇴, 사망이라는 확률적 생애주기를 겪는 모형경제에서 수치적으로 이런 결과를 얻은 첫 연구자들이었다.[35] 이들은 소득 과정의 매개변수들을 보정하여 수입 및 부의 불평등 척도를 포함해 미국에 관한 데이터의 일부 특징들과 연결시켰다. 가장 부유한 사람들이 많은 부를 보유하게 하는 핵심 요인은 가장 높은 생산성 수준이 두 번째로 높은 수준보다 100배 이상 되도록 보정된 생산성 충격 과정이다. 따라서 최상위 생산성 수준과 다른 모든 수준들 사이에는 큰 차이가 존재한다. 더구나 생산성이 최상위인 경제주체가 다음 시기에 생산성이 100배 이상 낮아질 가능성은 약 20퍼센트이다. 직관적으로 볼 때 수입이 높은 가계들의 예비적 저축률이 매우 높은 데는 두 가지 이유가 있다. 첫째, 이들은 수입이 크게 감소할 위험에 직면했고 따라서 여기에 대비한 완충장치로 많은 부를 축적한다. 그래서 이 가계들은 수입 대비 부의 목표 비율이 높다. 둘째, 수입 대비 부의 목표치가 높은 것은 고소득 경제주체들이 목표로 하는 부의 수준이 매우 높은 것과 부합한다.

카스타네다, 디아스-히메네스, 리오스-룰의 연구에서는 최상위층의 몫을 주도하는 고소득자들의 고정 상태 부분은 극히 적다(약 0.04퍼센트)는 점을 지적해야 한다. 이런 특징은 사에즈와 쥐크망의 다음 연구 결과들과 일치한다. 첫째, 지난 30년간 미국에서 부의 불평등이 크게 증가한 데는 가장 많은 부를 소유한 상위 0.1퍼센트의 몫이 3배 증가한 점이 크게 작용했다. 둘째, 최상위층의 부가 빠른 속도로 증가한 주된 동인은 가장 많은 부를 보유한 사람들이 벌어들이는 소득의 몫이 크게 증가한 데 있다.[36]

'슈퍼경영자 경제학'(로젠)은 높은 보상을 받는 소수 개인들의 등장과 최상위층이 큰 보상을 받는 고도로 편향된 수입 분포를 이론적 관점에서 합리적으로 설명했다. 가베이Gabaix와 랑디에Landier는 1980년과 2003년 사이에 CEO들의 보상이 증가한 현상을 설명하는 모형을 제시했고, 이상윤은 내부적으로 경영자의 고임금을 발생시키는 근로자, 기업가, 경영자의 직업 선택 모형을 개발했다.[37]

토마 피케티와 이매뉴얼 사에즈가 여러 공동저자와 발표한 일련의 논문들은 수입과 소득분포의 왜도skewness를 증명했다.[38] 최근에는 구베넌Guvenen, 카라한Karahan, 오즈칸Ozkan, 송Song이 미국의 행정 기록에서 얻은 대규모 소득 내역 데이터를 사용해 연구를 진행했다. 이들은 수익에 닥치는 충격들이 상당한 음의 왜도를 나타낸다는 것과 소득이 매우 높은 사람들(소득 분배의 상위 15번째 백분위수 내의 개인들)에게 평생에 걸쳐 나타나는 왜도의 절대치 상승은 그 주된 요인이 낮은 위험도의 긍정적인 충격들이 아니라 부정적 충격의 위험도 증가였음을 보여주었다.[39] 파커Parker와 비싱-요르겐센은 최상위층의 소득은 특히 노동요소와 상여금 때문에 매우 주기적이라는 것을 발견함으로써 이 모형 가설과 보정결과를 좀 더 실증적으로 뒷받침했다.[40]

세대 간 부의 이전의 중요성

피케티의 책은 상속받은 부의 중요성도 강조했다. 미국에서 세대 간 이전되는 부는 축적된 전체 부의 적어도 50~60퍼센트를 차지하고(게일Gale, 숄츠Scholz) 부의 불평등이 대물림되는 중요한 경로일 수 있다. 뿐만 아니라 유산이 사치재에 해당되는 경우의 상속은 왜 부유한 가정이 나머지 가정보다 저축률이 훨씬 높은지(다이넌Dynan, 스키너, 젤데, 캐롤), 왜 부자의 포트폴리오는 위험한 자산 쪽으로 편향되는지(캐롤), 그리고 아마도 의료비와 연결되겠지만 왜 부유한 노인의 예금 인출률이 낮은지(드 나디, 프렌치, 존스)를 설명하는 데 도움이 된다.[41]

드 나디는 허젯Huggett이 사용한 세대중첩, 생애주기 모형에서 두 유형의 세대 간 연결고리를 소개했다. 하나는 자발적 상속이고 다른 하나는 인적자본의 이전이다. 드 나디는 유산의 효용을 '따뜻한 빛'을 주는 것이라고 모형화했다. 이 프레임워크에서 부모와 자녀는 자발적 상속, 우발적 상속, 그리고 경제능력의 전달로 서로 연결된다. 이렇게 가계들은 노동수입에 가해지는 충격, 수명에 가해지는 위험, 은퇴에 대비하기 위해, 그리고 아마도 자녀에게 유산을 물려주기 위해 저축을 한다. 따라서 드 나디의 모형에서는 자발적 상속과 우발적 상속이 공존하며 둘의 상대적 크기와 중요성은 보정에 따라 결정된다. 채택된 보정 방식은 유산이 사치재이고 재산을 현실적으로 분배한다고 암시한다. 또한 앨턴지Altonji와 비야누에바Villanueva가 미시경제적 데이터로 추정한 영구소득 대비 노인들의 저축 탄력성과 정량적으로 일치한다.[42]

드 나디의 연구는 자발적 상속이 많은 재산 생성의 이유가 될 수 있음을 보여준다. 많은 재산은 종종 한 세대 이상에 걸쳐 축적되고 데이터에서 부의 분포의 오른쪽 꼬리를 특징짓는다. 보정을 해보면 유산을 물려주고 싶다는 저축 동기가 부유한 가정에서 훨씬 강하게 나타나며 이 가정들은 매우 고령일 때도 자녀에게 물려줄 정도의 자산을 유지한다. 부자가 후손에게 더 많은 부를 남기고 그 후손도 마찬가지인 경향이다. 이러한 행위는 자발적 상속으로 세대 간에 전달되는 상당히 큰 재산을 만들어낸다. 부모와 자녀 사이의 능력 전달 역시 부의 분포의 집중을 불러오는 데 기여한다. 생산성이 더 높은 부모가 더 많은 재산을 축적하고 자녀에게 더 많은 유산을 남긴다. 그 자녀들 역시 일터에서 보통 사람들보다 더 생산적이다. 유산을 남기고 싶은 동기는 또한 더 부유한 사람들이 노년에 부를 처분하는 속도가 더 느리다는 것을 암시하는 평생 저축 분포를 만들어내는데, 이는 드 나디, 프렌치, 존스가 건강 및 은퇴조사[Health and Retirement Survey]의 미시적 데이터를 이용해 증명한 사실들과 일치한다.[43] 그러나 세대 간 연결고리를 명시적으로 모형화하면 가장 부유한 사람들의 저축을 설명하기엔 유용하지만 드 나디의 모형은 부자들에게 고도로 부를 집중시키는 보완적 요인들을 추가하지 않고는 상위 1퍼센트에게 부가 집중되는 현상과 맞지 않는다.[44]

이렇게 드 나디와 양은 세대 간 연결 모형과 카스타네다, 디아스-히메네스, 리오스-룰이 제시한 최상위 소득자의 고소득 위험 메커니즘을 통합한 결과 이 두 요인이 함께 데이터의 중요 특징과 잘 들어맞는다는 것을 발견했다.[45] 흥미롭게도 이 연구자들은 확률적 수입 절차와 유산이 부의 불평등에 기여하는 정도를 구분했다. 이들은 상위 20번째 백분위수에 속하는 개인들이 보유하는 부의 몫에서 유산이 약 10퍼센트를 차지하는 것을 보여주었다.

피케티가《21세기 자본》에서 지적했듯이, 다양한 연령집단과 인구집단 내에서도 부의 불평등이 크게 나타난다. 예를 들어 벤티[Venti]와 와이즈[Wise], 베른하임[Bernheim], 스키너, 웨임버그[Weimberg]는 평생소득이 비슷한 사람이라도 은퇴 시에 부가 매우 분산되어 있음을 보여주었고 이런 차이는 단지 가족상황, 건강, 유산이나 포트폴리오 선택만으로는 설명할 수 없다고 주장했다. 헨드릭스[Hendricks]는 기본적인 중첩세대 모형이 은퇴연령에서 나타나는 횡단적 부의 불평등에 들어맞는지에 초점을 맞추었다. 그는 이 모형이 수입이 많은 사람과 적은 사람이 은퇴할 때 보유한 부의 차이는 과대평가하는 반면 평생소득이 비슷한 조건에서 나타나는 부의 불평등 정도는 과소평가했음을 보여주었다. 대신 드 나디와 양은 자발적 유산과 세대 간 소득 이전으로 보강된 중첩세대 모형 역시 은퇴 시 부의 횡단적 차이 및 생애소득과의 연관성과 매우 잘 들어맞는 것을 보여주었다.[46]

선호의 차이

개인이 보유한 부의 엄청난 차이를 설명하는 데 유용한 또 다른 방법은 저축

행위의 외생적 차이다. 저축행위에서 이 차이가 나타나는 원인은 중요한 문제다. 선호의 차이가 사람들이 보유한 부의 규모에 엄청난 격차가 존재하는 이유를 설명하는 데 유용하다고 제시하는 미시적 수준의 실증적 증거들은 충분하다. 예를 들어 로렌스Lawrance와 카제티는 사람들의 선호에 큰 차이가 있음을 발견했다.[47]

크루셀Krusell과 스미스Smith는 수입에 대한 고유하고 일시적인 충격을 다룬 무한계획 모형에서 시간 선호율에 대한 지속적(평균적으로 한 세대에 지속되는) 충격이라는 형태로 선호의 차이가 미치는 영향을 연구했다.[48] 이들은 선호의 작은 차이가 모형과 부의 횡단적 분포 변화와의 일치성을 크게 높이는 것을 발견했다.[49] 그러나 이들의 모형과 보정은 부의 변화를 포착하기는 하지만 상위 1퍼센트에게 극도로 부가 집중되는 정도와는 맞지 않는다.

헨드릭스는 지속적 수입충격과 우발적 유산만 존재하는 생애주기 프레임워크에서 선호의 차이가 미치는 영향을 연구했다.[50] 그 결과 집단이 나이가 들면서 나타나는 현실적인 소비 패턴 및 부의 불평등을 생성하기 위해 할인계수의 차이를 선택할 경우 시간 선호의 차이는 부의 높은 집중을 설명하는 데 적당한 기여를 하는 것으로 나타났다.

요약하면, 앞의 연구는 선호의 차이, 특히 인내심의 차이가 부의 분산을 증가시킬 수 있음을 보여준다. 인내심에 관한 더 다채로운 과정을 연구하고 더 많은 효용함수 공식들을 고려하여 앞의 분석을 심화시키면 흥미로울 것이다. 효용함수에서는 예를 들어 위험회피와 이시적異時的 대체intertemporal substitution가 반드시 일치할 필요는 없다.[51]

부의 분포의 전이 동학

피케티의 책이 중요하게 기여한 바는 장기간에 걸친 부의 불평등의 변화를 정리한 것이다.

큰 충격이 없을 경우 정상상태 개념은 경제가 장기적으로 어느 지점에 정착할지를 설명하는 데 유용한 준거가 될 것이라 예상할 수 있다. 실제로 위에서 논의한 모든 방향의 연구들이 정상적인[stationary] 부의 분포 형태에 대한 대안 메커니즘의 영향을 다루었고, 정부정책 같은 일부 요인이 시간에 따라 변하면서 확률적인 안정 상태 또는 경제 전환을 일으키는, 경제 펀더멘털 내의 확률적이고 결정적인 전체 변화를 주로 추출해냈다.

그러나 예를 들어 도표 14-2에서 유럽과 미국의 최상위층이 차지하는 부의 몫의 변화를 관찰하면 그 긴 기간 동안 큰 충격이나 그 외에 불평등을 주도하는 기본요소들의 결정적 변화가 얼마나 없었는지에 대한 의문이 자연스레 떠오른다. 예로 도표 14-2에서 상위 1퍼센트와 10퍼센트가 부에서 차지하는 몫은 유럽에서는 1910년까지, 미국에서는 1930년까지 상승하는 경향이고 1970년 이후에는 두 지역 모두에서 상승세다. 또한 1910년 전에는 변화가 아주 느린 것처럼 보이는 반면, 1970년 이후에는 미국에서 상단 꼬리부분에 집중된 부에 빠른 변화가 나타났다.

가베이, 래스리[Lasry], 리옹[Lions], 몰[Moll]은 파레토의 오른쪽 꼬리를 가진 부의 분포를 발생시키는, 곱셈적이고 고유한 수익률 충격이 있는 부분균형 모형(앞부분에서 논의한 유형)으로 이 문제를 연구했다. 이들은 추가적인 증폭 메커니즘이 없다면 이 모형이 일회성 충격에 대응하는 부의 불평등의 전이 동학을 보여주는 것을 발견했다. 사에즈와 쥐크망이 증명한 훨씬 더 빠른 증가율과의 비교는 고사하고 소비자금융조사에서 증명된 1980년 이후 미국 최상위층 부의 불평등 상승과 비교해도 너무 느린 자본세율의 변화를 예로 들 수 있다. 가베이 외의 연구자들은 자신들의 연구 결과를 바탕으로 부와 저축률 혹은 수익률 간의 양의 상관관계가 세후수익률 상승이나 총 성장률 하락 측면에서 부의 불평등의 변화 속도를 설명하는 데 필요하다고 추측했다. 우리가 살펴본 대로, 기업가 활동 모형과 비동조적 유산 동기 모형이 이런 유형의 상관관계를 발생시킬 수 있다.[52]

카이막[Kaymak]과 포츠케[Poschke]는 1960년대 이후의 부와 소득(최상위층 포함) 분포에 맞춰 보정된 카스타네다, 디아스-히메네스, 리오스-룰의 소득 과정을 이용하여 뷸리 모형 내에서 지난 50년간 미국의 조세 및 이전 제도의 변화와 관련된 전이 동학을 연구했다. 이들은 이 기간 동안 부의 불평등 증가는 임금 불평등 상승, 조세 제도의 변화, 사회보장과 메디케어의 확대로 설명될 수 있음을 발견했다. 좀 더 구체적으로 말하면 임금 불평등 증가가 최상위층 부의 불평등 증가의 절반 이상을 설명한다. 소득이 최상위인 노동자들에게 손실 위험이 커지면 예비 저축이 상당히 증가하기 때문이다. 불평등 증가의 나머지 부분은 세금 인하(저축의 순수익률을 증가시킨다)와 사회보장 및 메디커어 확대(빈곤한 가정의 예비 저축을 감소시킨다) 때문이다. 후자의 영향은 균형금리와 부자들의 부 축적을 증가시킨다. 이 연구자들은 또한 2010년 이후에 더 이상의 충격이 없다고 가정했을 때, 상위 1퍼센트가 부에서 차지하는 몫이 새로운 정상상태 값인 약 50퍼센트를 향해 약 10퍼센트 포인트 증가하려면 대략 50년이 걸릴 것이라고 말한다.[53]

카이막과 포츠케의 연구결과를 가베이, 래스리, 리옹의 결과 및 우리의 초기 연구 결과와 비교했을 때 알 수 있는 점은 정량적 프레임워크가 부의 불평등의 중요한 결정요인의 변화를 좀 더 현실적으로 모형화할 수 있는 장점이 있다는 것이다. 예를 들어 재정적 측면에서 보면 카이막과 포츠케가 모형화한 세제의 누진성 및 사회보장제도의 모든 변화가 우리가 앞부분에서 수행한 정형화된 실험들과 가베이, 래스리, 리옹, 몰의 연구보다 부의 불평등의 변화를 상당히 잘 설명해준다.[54]

시뮬레이션 작업

여기에서는 드 나디, 양의 정량적 모형을 이용해《21세기 자본》에 나온 일부 예측들을 검증해볼 것이다. 이 모형은 미국 경제에 맞춰 보정되었고(이 모형에 대한 설명과 보정 선택에 관해서는 부록 참조), 미국의 부의 분포와 일치할 수 있게 한 중요 특징은 자발적 상속 동기와 카스타네다, 디아스-히메네스, 리오스-룰의 연구에

표 14-1: 백분위별로 수입에서 차지하는 비율

	지니계수	백분위(%)					
		1	5	20	40	60	80
데이터 (SCF1998)	0.63	14.8	31.1	61.4	84.7	97.2	100.00
벤치마크	0.62	14.7	31.3	63.0	85.0	93.4	100.00

나온 것과 비슷한 소득 확률 과정stochastic earnings process이다.[55]

표 14-1은 카스타녜다, 디아스-히메네스, 리오스-룰이 보고한 SCF 데이터와 이 모형이 생성한 데이터에서 특정 백분위에서의 소득분포를 보여준다.[56] 첫 두 줄을 비교하면 이 모형의 벤치마크 보정값과 소득분포가 매우 잘 들어맞는 것을 알 수 있다.

표 14-3에서는 SCF 데이터와 다양한 버전의 모형에서 선택된 백분위에서의 부의 분포를 볼 수 있다. 표의 첫 두 줄을 비교하면 위에서와 마찬가지로 벤치마크는 SCF의 부의 분포와 잘 들어맞으며, 특히 최상위 1퍼센트가 차지한 부의 몫이 더욱 그러하다. 또한 이 모형은 유산 유량/GDP(유산 유량은 GDP 산출과 동일한 기간 내에 상속된 유산의 양을 의미한다-옮긴이) 비율 2.8퍼센트[57]와 소득으로 정규화한 유산 분포의 90번째 백분위수와도 맞는다. 이렇게 이 모형은 다양한 저축 동기들이 개인의 부 축적과 부의 횡단적 분포에 미치는 영향에 관해 유익한 정보를 줄 많은 데이터 모멘트data moment를 설명할 수 있다.

우리는 《21세기 자본》에서 강조한 (r - g) 메커니즘, 특히 부의 불평등에 중요한 것은 부의 평균 순수익률과 GDP 성장률 사이의 차이뿐이라는 추측을 논의하기 위해 이 모형을 사용해 두 가지 실험을 했다. 정상상태의 GDP 성장률은 TFP 성장률과 인구성장률의 합임을 상기하자. 최소한 부분 균형 상태에서는 TFP 성장률의 변화가 부의 수익률의 변화와 완전히 반대로 상응한다는 것을 쉽게 확인할 수 있다. 그러나 인구증가율의 변화에 대해서는 그렇게 말할 수 없다. 인구증가율의 변화는 인구 구성을 바꾸기 때문이다. 이런 구분의 정량적

표 14-2: 노동소득세를 조정한 전체 효과. 총노동은 기준의 총노동에 대한 비율로 표현됨.
총생산은 기준의 생산에 대한 비율로 표현됨.

	τ_{ss}	τ_l	Y	A/Y	B/Y	$r-g$	r
벤치마크	0.12	0.19	1.0	3.1	2.8%	3.3	4.5
(1) $\Delta n=$-1.2%	0.17	0.18	–	4.1	4.5%	4.5	4.5
(2) $\Delta r=$ 1.2%	0.12	0.14	–	4.7	5.1%	4.5	5.7

중요성을 살펴보기 위해 우리는 동일한 규모로 세후 자본수익률 r이 증가하고 인구증가율 n이 감소했을 때의 효과를 비교했다.

실험의 간소화를 위해 우리는 요소가격을 일정하게 유지하면서 부분균형 상태에서 실험을 했다. 일반균형 상태를 감안하면 부의 분포에 대한 균형 반응에 아주 작은 정량적 차이만 나타난다. 모든 실험에서 사회보장에 대한 비례적 기여율을 사회보장 예산과 균형이 맞도록 조정하는 한편, 노동소득 비례세는 나머지 정부예산과 균형이 맞도록 조정했다. 상대적 위험회피계수의 보정치는 1.5이며 주관적 할인계수는 β=0.945이다. 표 14-2는 사회보장세 τ_{ss}, 비례 노동세율 τ_b, 생산량 Y, 자산 총량 A와 생산과의 비율, 유산 유량 B와 생산과의 비율뿐 아니라 기준과 실험의 요소가격들도 보여준다. 그 뒤의 r은 총(세후)자본수익률을 나타내고 $r=(1-\tau_a)r$ 은 비례자본소득세 $\tau_a=0.2$를 공제한 수익률이다. 기준 보정에서 τ_a의 값은 0.2이다.

인구증가율 감소

실험 (1)에서 우리는 인구증가율 n이 연간 1.2퍼센트에서 0으로 낮아진 효과를 검토했다.

표 14-3의 첫 두 줄을 비교하면 인구증가율이 낮아지면 지니계수로 측정되는 전체적인 부의 불평등이 미미하게 증가하고 전체 부에서 부의 분배의 상위 20번째 백분위수에 축적되는 몫이 상당히 증가할 것이다. 이러한 영향은 상위 1퍼센트에서 특히 두드러져서 이들의 몫은 약 5퍼센트 포인트 증가한다. 인구

표 14-3: 백분위별로 가계들이 전체 부에서 소유한 비율

		백분위(%)					
	지니계수	1	5	20	40	60	80
데이터 (SCF1998)	0.80	34.7	57.8	69.1	81.7	93.9	98.9
벤치마크	0.80	35.7	52.0	65.9	82.8	95.4	99.5
(1) $\Delta n = -1.2\%$	0.81	40.3	54.8	67.4	83.3	95.7	99.4
(1) $\Delta r = 1.2\%$	0.79	35.9	51.2	64.1	80.2	94.1	98.9

증가율이 낮아지면 노동력의 평균 연령이 높아진다. 그리고 슈퍼리치들이 차지하는 몫이 연령에 따라 증가하므로 소득에서 최상위층이 차지하는 몫과 부/GDP 비율이 늘어난다. 또한 출생 대비 사망 비율이 높아지면 GDP에서 유산의 총 유량(표 14-2의 첫 두 줄을 비교해보라)과 평균 유산 규모가 증가한다. 유산을 사치재로 보정했기 때문에 이 마지막 효과는 최상위층에 대한 부의 집중을 증가시킨다.

부의 수익률 증가

실험 (2)에서 우리는 부의 연간 세후수익률을 1.2퍼센트 포인트 증가시켜 자본의 연간 세후수익률과 인구증가율 사이의 차이가 앞 실험과 같은 규모로 증가하게 했다. 부분균형 가설을 감안하면, 금리 상승은 부/소득 비율과 노동소득 대비 자본의 몫 증가와 연결된다. 이것은 《21세기 자본》에서 논의했던 바로 그 시나리오다.

표 14-2의 둘째 줄과 셋째 줄을 비교하면 자본수익률 증가는 부의 총량과 유산 유량에 인구증가율 감소보다 훨씬 큰 영향을 미친다. 반대로 두 비율 사이의 차이가 불평등에 중요하다는 추정과 달리 금리 상승은 최상위 1퍼센트가 소유한 부의 몫을 미미하게만 증가시키고 실제로는 상위 20번째 백분위수에 대한 부의 집중을 감소시킨다.

직관적으로, 수익률 상승은 $\beta(1+r)$을 증가시켜 성급함을 줄이고 그리하여 소득에 비해 부가 적은 개인들의 예비적 저축을 증가시킨다. 미래의 소득을 더 높은 비율로 할인할 때 나타나는 부의 부정적 효과 역시 이런 개인들의 저축을 신장시킨다. 그리하여 부의 평균 보유량은 증가하고 불평등은 감소한다. 반대로 자본이 주된 소득원인 부유한 저축자의 경우 예비적 저축과 부의 효과가 적고 소득 및 대체효과가 이를 거의 상쇄시킨다. 그 결과 소비와 부 사이의 비율은 큰 영향을 받지 않으며 금리가 인상되면 자본 축적 비율이 더 높아진다.

연구 결과

요약하자면, 우리의 연구 결과는 자본수익률 증가 혹은 인구변화로 인한 생산 성장률의 하락은 둘 다 정량적으로 부의 집중을 증가시킨다는 피케티의 생각을 확인해준다. 그러나 피케티의 추측과 달리 우리는 부의 수익률과 인구증가율이 부의 집중에 미치는 효과를 서로 완벽히 대체하지는 못한다는 것을 알게 되었다. 두 비율 간의 차이가 똑같이 변화해도 수익률 증가가 같은 규모로 인구증가율이 하락할 때보다 부의 집중에 미치는 영향은 훨씬 적다. 직관적으로 생각하면 인구증가율 하락은 출생 대비 사망 비율 증가와 관련이 있고 그 결과 평균 유산 규모가 커진다. 유산이 사치재인 한, 이 마지막 효과는 최상위층의 부의 집중에 상당한 영향을 미친다.

우리의 방향과 필요한 데이터

피케티의 책은 수많은 중요한 사실과 개념을 제시할 뿐 아니라 불평등, 특히 부의 불평등과 부와 소득분포의 모든 수준에서 저축의 결정요인들에 대한 관심을 되살렸다. 그러면 모형화와 이 모형들을 좀 더 다듬는 데 필요한 데이터라는 측면에서 지금 우리는 어디로 가고 있는가라는 의문이 생긴다.

우리가 주장한 대로, 정량적인 뷸리 모형들은 정상상태와 전이경로 모두에서 현실적인 부의 불평등을 발생시킬 수 있다. 또한 이 모형들은 제도적 환경의 상세한 특징들을 모형화할 뿐 아니라 개인의 부 축적을 변동시키는 서로 대립하는 다양한 메커니즘의 기여도를 정량적으로 탐구할 가능성을 제시한다. 이 프레임워크에서는 기업가 활동, 세대 간 연결, 수입에 닥치는 위험, 의료비, 선호의 차이가 저축행위와 부의 불평등을 이해하는 데 중요하다고 나타난다. 이 요인들이 어떻게 작용하는지, 서로 어떻게 상호작용하고 상대적 중요성은 어떠한지 더 정확히 이해하기 위한 더욱 면밀한 연구가 필요하다.

기업가 활동의 차이를 모형화하는 것에 대한 더 많은 연구는 실증적으로 타당하고 잠재적으로도 중요하다. 예를 들어 캠벨과 드 나디는 남성과 여성이 운영하고 싶은 기업 규모가 다르고, 사업을 시작할 때 다른 고용주의 직원으로도 일하고 있는 경우가 많기 때문에 총 근로 시간이 매우 길다는 것을 발견했다.[58] 모형을 가령 기업가들의 총 요소생산성 차이와 최적의 기업 규모(혹은 규모에 대한 수익 감소 매개변수)의 차이를 참작하도록 일반화시키고, 그러한 추가적 매개변수를 평가하기 위해 데이터를 모형에 설득력 있게 적용하면 흥미로울 것이다. 또한 시간 할당에 관한 데이터를 고려하면, 다른 고용주를 위해 일하기, 자기 사업을 시작해 운영하기, 가계 생산 활동, 여가 즐기기 사이의 시간 할당 결정을 더 검토하는 것도 흥미로울 것이다.[59]

세대 간 연결의 역할을 평가하기 위해서도 더 많은 연구가 필요하다. 유산은 어떻게 모형화해야 할까? 생전 이전inter vivos transfers이 왜 중요할까? 생전 이전은 후일 충격과 개인의 저축행위로 증폭되는 인생 초기의 부의 차이에 중요한 역할을 할까?

드 나디, 프렌치, 존스는 의료비가 소득분포 전체에 걸쳐 노년의 저축에 큰 영향을 미치는 것을 보여주었다.[60] 수명에 대한 위험과 본인 부담 의료비는 어떤 상호작용을 할까? 그리고 은퇴 기간 동안 나이와 소득에 따라 빠르게 상승할 본인 부담 의료비의 차이와 수명에서의 위험 차이가 결합하면 부의 불평등에 얼마나 기여할까?

최상위층에서 관찰되는 부의 집중도를 예비적 행위로 설명하는 데 필요한 최상위층의 수입 위험은 수입 관련 데이터에서 나오는 실증적, 미시적 수준의 증거들과 일치할까? 개인 수입에 대한 일반 조사 데이터의 경우, 상한값을 넘어서면 삭제하거나 부자에 대한 과표본 추출을 하지 않기 때문에 이 문제는 해결하기 어렵기로 악명 높다. 최근 이용할 수 있게 된 소득에 대한 포괄적인 행정데이터가 이 문제의 해결 방법을 제공한다. 드 나디, 펠라, 파즈 파르도Paz Pardo는 미국의 사회보장 행정데이터를 이용한 최근 연구들이 증명한 왜도, 첨도와 일치하는 소득 과정이 부의 불평등에 미치는 영향을 연구, 처음 이 문제를 다루려고 시도했다.[61]

마지막으로, 선호의 차이는 위에서 논의한 메커니즘을 얼마나 증폭시키고 어느 정도의 상호작용을 할까? 기업가의 선택 같은, 관찰 가능한 요인들이 설명되고 적절히 보정되거나 추정되면 데이터를 이해하는 데 선호의 차이가 얼마나 필요할까?

부록: 시뮬레이션에서 사용한 모형

이 모형은 영원불멸한 정부, 이산적 시간, 불완전 시장, 세대 간 중첩의 허용 등을 가정한 경제를 바탕으로 하고 있다.

정부

정부는 정부지출 G의 재원 마련을 위해 자본에 대해 세율 τ_a로, 노동소득과 사회보장 지불금에 대해 세율 τ_l로, 면제 수준 x_b 이상의 재산에 대해 세율 τ_b로 과세한다. 사회보장혜택 $P(\bar{y})$는 사회보장 한도 $\bar{y}_c$까지 개인의 실현된 연평균 수입 $\bar{y}$와 연결되며 노동소득세 τ_s를 통해 재원이 마련된다. 두 가지의 정부 예산 제약(하나는 사회보장 예산, 다른 하나는 그 외의 정부지출 예산)들이 각 시기에 균형이 맞춰진다.

기업과 기술

총생산함수 $F(K; L) = K^\alpha L^{1-\alpha}$에 따라 재화를 생산하는 하나의 대표 기업이 있다. 이 함수에서 K는 총자본량, L은 총노동투입이다. 최종재화는 물리적 자본으로 소비되거나 투자될 수 있으며 비율 δ로 가치가 감소된다.

인구와 노동수입

각 모형의 시기는 5년간 지속된다. 경제주체는 20세에 경제생활을 시작하고 (t=1) 35세(t=4)에 자녀가 태어난다. 그리고 65세(t=10)에 은퇴한다. 그때부터 각 가계는 $(1-p_t)$로 양의 사망 가능성에 직면하며 이는 오로지 연령에만 의지한다.[62] 최대 수명은 90세(t =14)이고 인구는 고정비율 n에 따라 증가한다.

노동자 i가 나이 t일 때의 총노동생산성은 $y_t^i = e^{z_t^i + \varepsilon_t}$이고 여기에서 ε_t는 결정적 연령-효율 함수다.

어닝쇼크의 확률 과정 z_t^i는 $z_t^i = \rho_z z_{t-1}^i + \mu_t^i, \mu_t^i \sim N(0, \sigma_u^2)$이다.

수입의 세대 간 상관관계를 포착하기 위해 우리는 55세의 노동자 i의 생산성이 20세의 자녀 j에게 다음과 같이 이전된다고 가정한다. : 부모가 자녀들보다 35세 많을 때(모형에서 7번의 기간) $z_1^j = \rho_b z_8^i + v^j, v^j \sim N(0, \sigma_b^2)$

(이 모델에서 t=1에서 t=2까지의 기간은 5년이다. 그래서 35년은 예를 들면 t=1에서 t=8까지의 시간이 된다. 그것이 7번의 기간인 것-옮긴이)

선호

선호는 고정 할인요소 β를 가지며 시간 분리적이다. 소비의 기간효용함수는 $U(c) = (c^{1-\gamma} - 1) / (1 - \gamma)$이다.

사망 시 자산이 유산으로 바뀌기 때문에 사람들은 자산을 계속 보유하는 데서 효용을 얻는다. 이러한 유형의 '순수하지 않은' 상속 동기는 사람들이 자녀에게 남기는 총 유산에는 관심이 있지만 자녀의 소비에 대해서는 신경 쓰지 않음을 의미한다.

유산의 효용 b는 $\phi(b) = \phi_1\left[\left(b+\phi_2\right)^{1-\gamma} - 1\right]$ 로 나타난다.

ϕ_1은 유상 동기가 얼마나 강한지 측정하는 반면 ϕ_2는 유산이 사치재인 정도를 반영한다. ϕ_2가 0보다 클 경우에는 소규모 유산의 한계효용이 제한적인 반면, 대규모 유산의 한계효용은 소비의 한계효용보다 천천히 감소한다. 기준 모형에서 우리는 b를 상속세 b_n을 공제한 유산으로 설정했다. 또한 총 유산 b_g가 효용함수에 들어가는 경우도 고려했다. 그 경우에는 $b=b_g$로 설정했다. 이렇게 두 유형의 상속 동기들을 감안했기 때문에 우리의 공식은 드 나디와 양의 논문에서보다 더 유연하다.[63] 첫 번째 동기에서 부모들은 세금을 공제한 유산에 관심이 있다. 두 번째 동기에서는 부모들이 세금을 합한 유산에 관심이 있다. 좀 더 이타적인 부모는 재산의 일부가 세금으로 나가는 것을 고려하겠지만 부모는 자식이 얼마나 많은 유산을 받을지보다 그저 자신이 무슨 자산을 남길지에 신경을 쓸 수 있다.

가계의 반복되는 문제

우리는 자녀가 부모의 상태변수에 관한 정보를 충분히 인지하고 그것에 근거해 자신이 받을 유산 규모를 추론한다고 가정한다. 가계의 가능한 상태변수는 $x = (t, a, z, \tilde{y}, S_p)$ 로 주어진다. 여기에서 t는 가계의 연령(연령차가 고정적일 때 한 사람의 연령은 부모의 연령도 알려준다), a 는 이전 시기에서 넘어온 경제주체의 금융자산, z 는 현재의 수입 충격이다. $\tilde{y}$는 사회보장 한도 $\tilde{y}_c$ 까지의 연간 유보이익을 나타내며 이는 사회보장 지급금을 계산하는 데 사용된다. S_p 는 연령을 제외한 부모의 상태변수를 나타내며 더 정확히는 $S_p = (a_p, z_p, \tilde{y}_p$ 로 주어진다. 따라서 여기에는 부모의 자산, 현재 수입, 유보이익이 포함된다. 부모가 은퇴하면 z_p나 부모의 현재 수입이 무의미해지기 때문에 우리는 일반성을 잃지 않고 이를 0으로 설정했다.

20세에서 60세까지(t=1에서 t=9까지) 경제주체는 일을 하고 다음 시기까지 분명히 생존한다. $V_w(t, a, z, \tilde{y}, S_p)$ 와 $V_w^I(t, a, z, \tilde{y})$ 는 각각 부모가 살아 있는 경우와 아닌 경우 노동연령 개인의 가치함수를 나타내고 I는 '상속'을 의미한다고 하자. 앞의 경우 가계의 부모가 아직 살아 있으며 사망가능성이 p_{t+7} 이다. 부모가 사망할 경우 고아 가정의 가치함수가 적용되고 자산이 인당 상속에 의해 늘어난다.

$$V_w(t,a,z,\tilde{y},Sp) = \max_{c,a'}\left\{ U(c) + \beta p_{t+7} E\left[V_w\left(t+1,a',z',\tilde{y}',S_p'\right)\right.\right. \\ \left.\left. + \beta\left(1-p_{t+7}\right) E\left[V_w^I\left(t+1,a'+b_n/N,z',\tilde{y}'\right)\right]\right\} \right. \tag{1}$$

$$c+a' = (1-t_l)wy = t_s\min(wy,5\tilde{y}_c) + [1+r(1=t_a)]a, \tag{2}$$

$$a' \geq 0, \tag{3}$$

$$\tilde{y}' = \left[(t-1)\tilde{y} + \min(wy/5,\tilde{y}_c)\right]/t, \tag{4}$$

$$\tilde{y}_p' = \begin{cases} \left[(t+6)\tilde{y}_p + \min((wy_p/5,\tilde{y}_c)\right]/(t+7) & t<3 \text{ 일 경우} \\ \tilde{y}_p & \text{그 외의 경우} \end{cases} \tag{5}$$

$$b_n = b_n(S_p), \tag{6}$$

즉, (2), (3), (4), (5), (6) 조건 하에 식 (1)을 만족한다.

여기에서 N은 인구증가율로 결정되는 평균 자녀수다. 가치함수의 기댓값은 (z,z_p)를 조건부로 (z',z_p')에 대해 취해진다. 임의의 경제주체의 자원은 노동력 y와 자산보유량 a에 의해 결정된다.

자녀들과 부모의 연평균수입은 각각 등식 (4), (5)에 따라 변화한다. 현재소득 y가 5년의 기간을 가리키므로 연간 평생 평균노동소득($\tilde{Y}$)가 업데이트되면 현재의 소득이 5로 나눠진다. 등식 (6)은 부모의 운동법칙이며 부모는 자신들의 최적 의사결정 규칙을 사용한다.

아직 일하고 있지만 부모는 세상을 떠난 경제주체의 가치함수

$$V_w^I(t,a,z,\tilde{y}) = \max_{c,a'}\left\{ U(c) + \beta E\left[V_w^I(t+1,a'z'\tilde{y}')\right]\right\}, \tag{7}$$

은 (2), (3), (4)를 따른다.

경제주체는 65세에서 85세까지(t=10에서 t=14까지) 은퇴하여 사회보장 혜택을 받으며 부모는 이미 세상을 떠났다. 그는 양의 사망 가능성에 직면했고, 이 경우 남아 있는 자산을 물려주는 데서 효용을 얻는다.

$$V_r\left(t, a, \tilde{y}\right) = \max_{c, a'}\left\{U(c) + \beta p_t V_r\left(t+1, a', \tilde{y}\right) + \left(1 - p_t\right)\phi(b)\right\}, \tag{8}$$

은 (3)을 따른다.

$$c + a' = \left[1 + r\left(1 - \tau_a\right)\right]a + \left(1 - \tau_l\right)P\left(\tilde{y}\right), \tag{9}$$

$$b_n = \left\{\begin{array}{ll} a' & a' < x_b, \text{ 일 경우} \\ \left(1 - \tau_b\right)\left(a' - x_b\right) + x_b & \text{그 외의 경우} \end{array}\right\} \tag{10}$$

그리고 세금을 공제한 유산에 관심이 있을 경우에는

$$b = b_n, \tag{11}$$

세금을 합한 유산에 관심이 있을 경우에는 상속세 구조에 상관없이

$$b = b_g = a' \tag{12}$$

우리는 요소가격과 연령-부의 분포가 시간이 지나도 일정한 균제균형^{stationary equilibrium} 개념에 초점을 맞춘다. 지면의 제약상 우리가 모형화한 경제에서 균제균형의 정의는 드 나디와 양의 온라인 부록에 나와 있다.[64]

보정

표 14-4는 다른 연구들에서 가져오거나 모형의 내생적 결과와 관계없이 해결될 수 있는 매개변수들을 요약했다. 이 선택에 대한 논의는 드 나디와 양을 참

표 14-4: 기준 모델에서 사용된 내생적 매개변수들

	매개변수		값
인구	n	연간 인구증가율	1.2%
	p_t	생존 확률	본문 참조
선호	γ	위험회피계수	1.5
노동수입	ε_t	연령-효율성 함수	본문 참조
	ψ	노동수입 수준	본문 참조
	Q_y	노동수입 전이행렬	본문 참조
	ρ_h	생산성 상속 과정에서 AR(1)의 계수	0.50
	σ_h^2	생산성 상속 과정에서의 혁신	0.37
생산	α	자본소득의 몫	0.36
	δ	감가상각	6.0%
정부정책	τ_a	자본소득세	20%
	$P(\bar{y})$	사회보장혜택	본문 참조
	τ_s	사회보장세	12.0%

조한다.[65]

우리는 수입 변동에 관한 패널연구PSID가 인구 대다수의 수입 변동에 대해 훌륭한 데이터를 제공하지만 가장 부유한 가정들에 대해서는 그렇지 않다는 관찰을 바탕으로 노동수입 과정을 보정했다.[66] 모든 인구의 수입 변동에 맞추기 위해 다음과 같은 과정을 밟았다.

1. 가능한 수입 상태를 낮음, 중간, 높음, 극히 높음의 4가지로 가정했고, 카스타녜다, 디아스-히메네스, 리오스-룰이 제시한 수입 충격 증거들을 채택했다.[67] ψ에 대한 결과적 격자점은 [1, 3.15, 9.78, 1,061]이다.
2. 수입 상속 과정의 지속성 ρ_h를 0.5로, 분산을 σ_h^2로 잡았는데, 모두 드 나

표 14-5: 기본 모델과 자발적 유산이 없는 모델의 매개변수 보정

모멘트	데이터	벤치마크	유산 동기가 없는 모델
부-생산 비율	3.10	3.10%	3.10%
유산-부 비율	0.88-1.18%	0.87%	0.56%
90번째 백분위수의 유산 분포	4.34	4.36	4.53
재산 중 세금을 내는 부분	2.0%	1.85%	1.89%
상속세 세수/생산	0.33%	0.33	0.11%
정부지출/생산	18%	17.99%	17.76%
매개변수			
β 할인계수		0.9453	0.9513
φ_1 상속효용		-5.3225	0.0000
φ_2 상속효용계수($2000에서)		1116K	0.0000
τ_b 상속세		21.52%	21.52%
x_b 상속세 면제 수준($2000에서)		782K	782K
τ_l 노동소득세		19.19%	19.19%

디의 논문에서 채택한 것이다. 그런 뒤 타셴[Tauchen]이 제시한 수입 상속 과정을 이산화했다.[68]

3. 드 나디의 논문 부록 A에 실린 표 A. I에서 5년에 대한 지속성(0.92)과 분산(0.38)에 대한 PSID 추정을 채택했다. 그리고 인구 대다수에 대한 수입 변동 추정을 정확히 반영하기 위해 타셴의 논문에 나오는 기법을 이용해 3개의 최저 격자점들에 대해 이 과정을 이산화했다. 그러자 3×3 전이행렬이 나왔다.[69]

4. 4×4 전이행렬의 나머지 6개 구성요소를 수입 분포의 다음 측면과 맞도록 선택했다. 지니계수와 각각 상위 1, 5, 20, 40, 60퍼센트가 총수입에서 차지하는 몫, 그리고 최상위층의 수입 지속성 80퍼센트. 후자는 드바커[DeBacker], 파노우시[Panousi], 람나스[Ramnath]의 연구와 일치하는데, 이들은 노농소득과 사

업소득 분배의 최상위층에서 노동소득과 사업소득의 지속성이 높고 특
히 1년 뒤와 5년 뒤에(후자의 결과는 요청 시 저자들이 제공 가능)도 그 계층에 머
물 확률이 약 80퍼센트라고 보고했다.[70] 우리는 또한 합산 제약을 두었다.

Q_y의 전이행렬은 다음과 같다.

$$
\begin{bmatrix}
0.8239 & 0.1733 & 0.0027 & 0.000112 \\
0.2171 & 0.6399 & 0.1428 & 0.000200 \\
0.0067 & 0.2599 & 0.7334 & 0.000000 \\
0.0720 & 0.0000 & 0.1252 & 0.802779
\end{bmatrix}
$$

Q_{yb} 기준 모형에서의 전이행렬은 다음과 같다.

$$
\begin{bmatrix}
0.8272 & 0.1704 & 0.0024 & 0.0000000000 \\
0.5000 & 0.4696 & 0.0304 & 0.0000000000 \\
0.1759 & 0.6513 & 0.1728 & 0.0000000051 \\
0.0000 & 0.0018 & 0.9678 & 0.0304357624
\end{bmatrix}
$$

전이행렬은 [59.89% 35.88% 4.24% 0.00154845%]로 주어지는 각각의 수입
수준에 대해 확률질량함수로 수입의 초기 분포를 발생시킨다.

표 14-5에는 우리가 이 모델을 보정하기 위해 사용한 매개변수들이 나와 있
다. 이 목표치들과 내재 매개변수 값들에 대한 논의는 드 나디와 양을 참조하
라.[71]

Chapter 15

세습자본주의에 대한 페미니즘의 해석

Heather Boushey
히더 부셰이

미 의회 경제공동위원회 수석 경제학자이며 워싱턴동반성장센터WCEG 이사 겸 수석 경제학자. 미국진보센터, 경제정책연구센터와 경제정책연구소에서 경제 전문가로 근무했으며, 미국의 노동 시장, 사회정책, 일과 가정 문제를 중점으로 연구한다. 블룸버그, MSNBC, CNBC 및 PBS에 자주 출연하며 《뉴욕타임스》에도 정기적으로 칼럼을 쓰고 있다. 2016년 대선에서 민주당 힐러리 클린 턴의 전환프로젝트의 수석 경제학자로 활약하며 《폴리티코Politico》가 선정한 '미국 정치를 변화시 키는 사상가 및 행동가' 중 2위에 올랐다. 저서로 《시간 구하기Finding Time》가 있고 《여성주의 경 제학Feminist Economics》의 편집을 맡고 있다.

경제학자 히더 부셰이는 불평등에 대한 새로운 관점을 제시한다. 피케티는 우리가 새로운 '세습자본주의'의 시대에 살고 있다고 주장했고, 부셰이는 지금 이 시대가 어떤 모습이며 어떤 궤적을 그리고 있는지에 대해 여성주의 경제학feminist economics이 말해줄 수 있는 것을 묻는다. 포용이 경제 성장을 증진시킴에 따라 여성의 경제적 기여가 중요해진 것과 오늘날의 평등주의적 상속 패턴을 감안하면, 불평등이 증가한다 해서 반드시 여성의 경제적 혹은 정치적 권리가 낮아지는 것은 아니라는 낙관적 견해들도 있다. 반면 불평등이 19세기 수준으로 돌아가면서 여성의 경제적 선택과 정치력은 감소될 것이라는 좀 더 부정적인 주장도 있다.

최근 학리적 경제학 분야는 경제적 성과를 이해하는 데 있어 제도의 중요성을 인정하는 쪽으로 움직여왔다. 토마 피케티도 예외가 아니다. 2015년에 피케티는 '부와 소득의 불평등에 관한 어떤 경제적 결정론도 경계해야 한다. (⋯⋯) 부의 분배의 역사는 언제나 매우 정치적인 것이었으며 순전히 경제적인 메커니즘으로 환원될 수는 없다. (⋯⋯) 불평등의 역사는 경제적, 사회적, 정치적 행위자들이 무엇이 정당하고 무엇이 부당한지에 대해 형성한 표상들, 이 행위자들 사이의 역학관계, 그리고 이로부터 도출되는 집합적 선택들에 의존한다. 불평등의 역사는 관련되는 모든 행위자가 함께 만든 합작품이다. (⋯⋯) 역사가 어떻게 펼쳐질지는 사회가 불평등을 어떻게 보느냐에, 그리고 그것들을 측정하고 변화시키기 위해 어떤 정책과 제도를 채택하느냐에 달려 있다'고 말했다.[1]

《21세기 자본》에서 피케티는 특히 철저하게 검토해야 할 분야를 지목했는데, 바로 상속이다.《21세기 자본》1부에서는 현재 최고 소득자들이 소득의 대부분을 노동에서 얻는 것을 보여주었다. 그러나 피케티는 시간이 지나면서 이런 현상이 소위 '세습자본주의'로 바뀌고 그에 따라 가장 부유한 사람들이 19세기 및 그 이전과 비슷하게 소득의 대부분을 노동이 아닌 자본에서 얻을 것이라고 주장했다. 그가 11장의 서두에서 말한 것처럼 '거의 필연적으로 이는 과거에 만들어진 불평등, 즉 상속을 더 지속적이고 과도하게 중요한 것으로 만드는 경향이 있다.'[2] 그리하여 상속이 어떻게 다시금 중요한 역할을 하는지 논의하는 데 한 장을 통째로 할애했다.

하지만 어떤 제도들이 중요할까? 경제학의 많은 다른 연구와 마찬가지로 흥미로운 제도들은 작동 원리를 알 수 없는 블랙박스 안에 던져져 있고 그 경계는 다소 임의적으로 판단된다. 어떤 미시적 제도가 거시적 상속 제도를 구성하는가? 더 광범위한 사회적 구조와 상속은 어떻게 연결되는가? 오늘날의 제도는 상속 패턴에 어떤 영향을 미칠 것인가? 피케티는 상속의 중요성이 되살아나고 있어도 19세기와 똑같은 양상은 아닐 것이라고 주장한다. "21세기에는 부위 집중이 덜 극심하고(적어도 단기적으로는 중소 규모의 자본소득자가 더 많고 극도로 부유한 자본소득자는 적을 가능성이 높다) 또한 노동소득의 계층 구조가 확대되고 있으며(슈퍼경영자의 등장과 함께), 마지막으로 부와 소득이 과거에 비해 더 강하게 연관되어 있기 때문이다. 21세기에는 슈퍼경영자와 '중간 규모의 자본소득자'가 같은 사람일 가능성이 높다. 새로운 능력주의 질서는 이런 계층의 등장을 촉진할 것이고, 아마도 저임금과 중간 임금 노동자들, 특히 재산이 있다 해도 쥐꼬리밖에 없는 이들에게는 손해를 입힐 것이다."[3] 피케티는 또한 오늘날의 슈퍼경영자의 지위가 한 세대에서 다음 세대로 이전되고 있다고 주장했다. 부의 상속은 여전히 중요하지만, 오늘날의 엘리트층은 자식들을 적절한 학교에 보내고 적절한 인맥을 제공함으로써 보수가 높은 일자리를 물려준다. 능력 중심이라고 생각되는 노동시장에서도 부모들은 이런 식으로 자녀가 과거의 상속자, 상속녀처럼 엘리트 무리에 확고하게 자리 잡도록 할 수 있다.

여성주의 경제학이 피케티의 분석을 유용하게 보완할 수 있는 지점이 바로 여기다. 여성주의 경제학은 처음부터 성별이 반영된(그리고 인종차별적인) 사회와 경제체제를 살피는데 초점을 맞추어왔다.[4] 이런 유형의 분석은 피케티가 내놓은 주요 주장들의 정확성을 더 충분히 이해하는 데 반드시 필요하다. 이러한 분석에서 성별이 반영된 제도와 사회규범이 상속 패턴에 어떻게 영향을 미치는지, 최상위층에서 노동소득보다 자본이 중요해지는 변화가 양성평등을 향해 가는 현재의 동향을 어떻게 크게 약화시키는지 이해할 수 있다. 19세기는 장자 상속제가 지배했다.[5] 결혼한 여성은 미망인의 상속분을 받을 권리가 있었지만 그 외에는 재산에 대한 법적 권한이 없었다. 오늘날에는 금융자산, 물리적 자산 면에서는 훨씬 더 평등주의적인 상속법과 규범이 있지만, 부모가 자식에게 물려주는 것은 인적자본과 사회적 자본 쪽이 더 크다. 슈퍼경영자가 되는 길에는 오늘날 상속 패턴에 영향을 미치는 자체적인 성 역학이 작용한다.

이 장에서는 피케티가 내놓은 주장의 타당성을 페미니즘의 관점에서 살펴본다. 먼저 성장을 포용적 경제 성장과 연결시키는 낙관적인 신고전주의 견해들을 설명한 뒤 이런 견해에 대한 피케티의 반박을 다룰 것이다. 피케티는 자본주의의 구조적 특징 때문에 상속에 따라 사회 집단 간 복지에 영구적인 차이가 나타날 것이라고 보았다. 나는 피케티의 이러한 우려가 여성주의 경제학이 우려하는 바와 겹치는 점에 주목할 것이다. 그러면 21세기 자본주의에서 상속이 수행할 역할에 대한 피케티의 예측으로 자연스럽게 논의가 넘어간다. 그 뒤에는 표준적인 신고전주의 이론의 좀 더 낙관적인 시각과 여성주의 경제학의 좀 더 비관적인 시각으로 피케티의 예측을 평가할 참이다. 신고전주의 이론에서는 피케티가 묘사한 동향이 남성에 비해 여성에게 특별히 더 나쁘지 않다고 본다. 반면 여성주의 경제학에서는 남성 우위의 반이상향적인 미래를 예측한다. 마지막 결론에서는 이런 긴장이 어떻게 화해될 수 있는지와 향후의 연구 방향을 제시하려 한다.

낙관적 견해:
성장은 본질적으로 포용적이다

20세기 중반 경제학자들은 성장이 불평등을 감소시키고 우리 모두에게 유익할 것이라는 낙관적 입장이었다. 1955년에 사이먼 쿠즈네츠는 꼼꼼한 데이터 작업을 바탕으로 한 '쿠즈네츠 곡선' 분석으로 경제가 발전함에 따라 불평등이 줄어들 것이라는 유명한 주장을 펼쳤다. 그러나 교육 기회와 결혼 유형이 쿠즈네츠가 예측하지 못했던 분배 결과에 영향을 미친 것으로 나타났다. 쿠즈네츠는 '이 논문은 아마도 5퍼센트의 경험적 정보와 95퍼센트의 추측에 따른 것으로 일부는 희망적 사고에 영향을 받았을 가능성이 있다'라고 말했지만 그가 내린 결론은 널리 받아들여졌다.[6] 토마 피케티는 경제학적 사고에서의 이런 쿠즈네츠적 기대, 그리고 이런 기대가 만들어낸 성장과 불평등에 대한 견해를 《21세기 자본》을 돋보이게 하는 지적 들러리로 이용했다. 《21세기 자본》의 서문에는 그 당시의 철학은 다음과 같은 한 문장으로 요약된다. '성장은 모든 배를 뜨게 하는 밀물이다'[7]라는 구절이 나온다.

그 시대의 낙관주의는 뿌리를 깊게 내렸다. 20세기 경제학은 시장의 힘은 그 자체의 논리에 맡겨놓으면 어떤 의미에서는 경제적으로 최적이고 근본적으로 얼마간은 공정한 결과를 만들어낼 것이라고 주장하는 일련의 정리를 바탕으로 구축되었다. 21세기로 접어들 무렵, 경제학에서 가장 인기 있는 상 하나와 이름이 같은 경제학자 존 베이츠 클라크John Bates Clark는 분배의 한계생산성 이론을 개발했다. 이 이론은 경쟁경제(어떤 개별 활동자가 다른 구매자나 판매자를 지배하지 않는 경제)에서는 개인의 임금이 그의 생산성에 따를 것이라고 예측하는, 수학적으로 훌륭한 모형을 경제학자들에게 제공했다. 클라크는 '자연법칙에서 한 사회 계층은 그 계층이 전체 산업 생산에 기여한 바대로 얻는다'라고 말했다.[8] 개인의 생산성과 개인이 합법적 소유권을 가진 자산의 생산성은 둘 다 여전히 주류 경제학 사고의 중심을 차지하고 있다. 개인의 인적자본, 즉 개인이 생산 과정에 적용하는 교육과 기술은 같은 직업과 산업에 속한 개인 간 임금 차이의 가장 큰 몫을 차지한다. 또한 인적자본이 아니라 물적자본에 투자한 사람도 이와 비슷하게 자기 자산이 생산과정에 기여한 유용성을 근거로 수익을 얻는다.

표준 경제학은 가격, 분포, 성장 이론의 통합에서 영광스러운 낙관주의의 정점을 찍었다. 피케티가 지적한 것처럼, 솔로-스완Solow-Swan 성장 모형은 '생산, 소득, 이윤, 임금, 자본, 자산 가격을 비롯한 모든 변수가 같은 속도로 움직이는 성장의 궤적이다. 이에 따르면 모든 사회집단이 성장으로 같은 수준의 혜택을 보며 정상궤도에서 크게 벗어나는 경우는 없다'는 것을 보여주었다.[9] 이 모형은 인적자본과 인구성장을 기술변화와 함께 경제 생산 성장의 핵심 동인으로 묶었다. 교과서적인 솔로-스완 모형에서는 인구가 늘어나거나 생산성이 향상되면 경제가 성장한다.

1950년대 이후의 실증적 연구들은 노동 공급 개선과 광범위한 교육 보장이 성장에 유익하다는 이론을 지지했다. 이제는 유명해진 1992년의 논문에서 그레고리 맨큐Gregory Mankiw, 데이비드 로머David Romer, 데이비드 와일은 인적자본 투자가 경제 성장률에 미치는 효과가 물적자본에 대한 투자 효과와 거의 비슷하거나 더 크다는 것을 발견했다.[10] 이렇듯 지식과 기술의 향상은 생산성을 향상시킨다. 사회의 교육 투자가 성장에 필수적이라는 뜻이다. 더 많은 교육이 혁신과 경제적 활력의 원동력이 되기 때문이다.[11] 교육과 훈련기회의 광범위한 공유가 경제에 유익하다는 생각은 이렇게 수십 년 된 지식체계에서 나왔다.

폴 로머Paul Romer는 내생적 성장이론을 개발하고 확대해 기본모형을 더 확장했고 교육에 대한 투자가 기술력이 높은 사람들의 성과를 넘어서는 이득을 낳는 것을 보여주었다. 로머의 접근방식에서 성장의 핵심적 결정요인에는 인적자본 향상에 따른 당사자의 생산성 증가뿐 아니라 그의 혁신과 아이디어가 미치는 영향까지 포함된다. 그러한 혁신과 아이디어들이 다른 사람의 인적자본도 향상시키기 때문이다. 이렇게 로머는 아이디어와 혁신을 창출하는 소수가 시장에서 창출하는 부는 이런 혁신과 아이디어들이 인간의 지식 총량에 추가되면서 나타나는 경제 생산성 향상의 일부에 불과하다고 주장함으로써 클라크보다 훨씬 더 앞서 나갔다. 이들이 창출하는 소득과 생산성의 내부분은 생산성

증가 과정에 무임승차한 미숙련 노동 제공자들에게 흘러간다.[12]

또한 미시경제학 이론은 '기회의 평등'과 튼튼한 경제가 밀접한 관련이 있다는 개념의 탄탄한 근거를 제시한다. 기술을 일자리와 연결시키고 성과를 보상하는 것이 경제적으로 최적이기 때문이다. 비슷한 일자리들 간에 보수의 차이가 나는 것은 인적자본의 차이 때문이다. 경제학자들이 가장 즐겨쓰는 도구 중 하나인 제이콥 민서의 임금 모형은 일자리의 특성과 인구통계학적 특징을 통제한 상황에서 일자리와 교육 및 경험 사이의 관계를 회귀분석하는데, 교육과 현장 경험이라는 두 가지 인적자본의 요소 모두 개인 간 임금 격차를 설명할 수 있었다. 좋은 교육을 받고 열심히 일하면 누구든 일생 동안 임금 사다리의 꼭대기에 가까이 다가갈 수 있다는 의미다.[13]

민서 모형의 두 번째 의미는 차별은 경제학적으로 효율적이지 않으므로 완전경쟁시장에 계속 남아 있어서는 안 된다는 것이다. 개인의 수입은 생산에 대한 한계공헌에서 나오기 때문에 생산성과 관련 없는 특징들로 인한 보상의 왜곡은 시장에 의해 제거될 것이다. 사람들(고용주, 고객 혹은 다른 노동자들)이 한 집단이나 개인을 경제적 공헌과 상관없는 특징들을 이유로 다른 집단이나 사람보다 선호한다면 생산성과 수익이 낮아질 것이다. 성공한 고용주들은 그 일자리에 가장 적합하고 생산적인 사람을 고용할 것이고[14], 차별을 행하는 기업들은 합리적인 결정을 내리지 않아 문을 닫을 것이다. 차별을 지속시키는 유일한 방법은 차별당하는 사람과 다수의 편견에 동의하지 않는 사람 간의 원원 거래를 막는 국가적 행위뿐이다. 노벨상 수상자 케네스 애로Kenneth Arrow는 차별을 증진시키는 합법적 구조가 무너지면 인종과 성별에 따른 배제가 사라질 것이라고까지 했다.[15]

이 모든 주장은 성장을 촉진하면 불평등이 감소한다는 결론으로 이어진다. 특히 인재가 정규분포와 비슷한 분포를 따른다고 가정하면 더욱 그러하다. 경제는 사람들이 기술과 일자리를 더 효율적으로 연결시킬 때 성장한다. 따라서 생산성과 무관한 요인에 근거해 사람들을 단정적으로 배제하지 않고 사회 전체에 걸쳐 자유롭게 경제적 출구economic outlets를 발견할 수 있도록 정책 입안자와 기업에게 인적자본과 그 가용성을 증가시킬 방법을 찾으라고 장려해야 한다. 여성과 유색인종에게 일자리를 개방하면 거시적 수준에서 경제성과를 향상시킬 수 있다는 것은 놀라운 일이 아니다. 장-타이 시에^{Chang-Tai Hsieh} 외의 연구는 1960년에서 2008년까지 노동자 1인당 생산이 16~20퍼센트 증가한 것은 노골적인 차별이 줄고 뒤이어 여성 및 유색인종이 재능을 더 잘 활용할 전문직 진입에 필요한 인적자본 투자에의 의지가 높아졌기 때문임을 밝혔다.[16] 그리고 이 과정은 아직 한창 진행 중인 것으로 보인다.

하지만 이렇게 이론적으로 포용을 강력히 지지하고 양성평등을 증진하는 법제들과 그에 따른 경제 성장에도 불구하고 분명 양성평등은 아직 미완의 프로젝트다. 미국에서 여전히 여성은 남성이 1달러 벌 때 79퍼센트를 번다. 우리가 여성(그리고 경제에 대한 여성의 공헌)을 평가절하한 정도는 광범위하며 종종 그 영향도 과소평가한다. 한 예가 교사의 급여를 인상하려는 노력 없이 계속 '교사의 자질'을 우려하는 행태다. 여성에게 전문직의 기회가 거의 또는 전혀 없던 경제에서는 가장 뛰어나고 똑똑한 여성들이 어머니 역할에 재능을 발휘했고 직업의 경우에는 교사나 간호사로 일했다. 따라서 우리 경제는 다른 선택권이 거의 없는 노동자 계층으로부터 혜택을 받았다. 물론 지금은 여성에게 더 많은 선택권이 주어지지만 교사의 보수는 비교대상인 다른 직업에 비해 엄청나게 뒤처진다. 천직이 아닌 이상 최고 우등생이 급여(혹은 사회적 존경)를 보고 교사직을 선택하지는 않을 것이다. 그보다는 보상과 사회적 존경을 제공하는 직업을 선택할 가능성이 더 많다.

인적자본 향상의 중요성을 제쳐놓더라도, 비생산적 요인들에 근거해 단정적으로 배제되었던 집단의 노동력 공급을 늘리면 성장률은 증가할 것이다. 이에 대한 경제학적 증거들은 충분하다. 미국에서는 1948년부터 2000년까지 여성의 경제활동 참여가 32퍼센트에서 60.3퍼센트까지 급격히 상승했다가 최근에야 약간 낮아졌다. 2016년 4월 현재 여성의 경제활동 참여율은 56.8퍼센트다.[17] 여성 노동력의 공급 증가가 성장에 미치는 영향을 살펴본 IMF는 미국에서 남성 대비 여성의 경제활동 참여율이 승가하면 총 경제생산이 5퍼센트 증가할 것이라고 지적했다.[18] 최근 아일린 아펜바움Eileen Appelbaum, 존 슈미트John Schmitt와 공동 저술한 논문에서 나는 여성 취업의 경제적 혜택을 평가했는데, 만약 여성이 노동시간을 늘리지 않았더라면 2012년에 GDP가 약 11퍼센트 더 낮아졌을 것으로 나타났다. 현재 가치로 보면 생산이 1조 7,000억 달러 이상 줄어들었다는 의미로, 이는 2012년도 미국의 사회보장, 메디케어, 메디케이드 지출을 합친 금액과 거의 비슷하다.[19] 물론 이 추정은 표준 GDP 기준이며, 여성이 일반적으로 가정 밖에서 임금노동의 절반을 수행하면서 가정에서는 여전히 가계생산의 가장 많은 몫을 수행할 때의 시간 가치와 스트레스는 고려하지 않았다. 벤저민 브리지먼Benjamin Bridgman 외의 연구에 따르면, 가계생산을 고려할 경우 GDP가 1965년에는 37퍼센트, 2014년에는 23퍼센트 더 높아질 것이다.[20]

따라서 표준 경제 이론은 왜 포용이 성장에 유익한지, 그리고 실제로 지금까지 유익했는지에 관해 낙관적이다. 경제가 토지나 그 외의 고정자본보다 노동을 강조하는 쪽으로 움직이면서 더 큰 포용에 대한 경제적 압박이 나타났다. 인적자본이 경제 성장을 이끈다는 실증적 증거들로 무장한 경제 논리는 단순히 집안이나 성별, 출생순서가 아니라 적성 및 기술에 따라 교육과 훈련, 일자리에 동등하게 접근하도록 하자는 생각을 강화한다. 인적자본이 주도하는 경제에서 인재를 묵혀두는 것은 효율적이지 않다. 경제학자에게 삶을 개선하는 가장 좋은 정책이 무엇인지 물으면 대부분 기술 향상이라는 답이 포함된 대답을 내놓는 것은 이 때문이다.[21] 또한 이러한 일련의 경제학 개념들은 페미니즘의 관심사를 쉽게 수용한다. 일부 표준 이론가들은 가정 밖에서의 여성의 부가가치를 빨리 알아차리지 못했지만(게리 베커가 1956년에 발표한 〈가족에 대한 논문Treatise on the Family〉 참조) 논리는 여성이나 유색 인종이 경제적으로 유용한 소질이나 재능이 있으면 이를 이용하려는 동기가 존재한다는 결론 쪽으로 움직였다. 또한 표준 경제 이론은 실력이 중요하다는 주장도 지지한다. 당신이 기술을 향상시키고 열심히 일하고 규칙에 따라 활동한다면 보수가 좋은 직업을 구할 수 있다.

경제가 어떻게 작동하는지에 대한 이러한 개념들의 의미는 분명하다. 정책 입안자들이 경제 성장 촉진과 포용을 막는 법적 장애물 제거에 초점을 맞추는 한은 차별로 인한 인종 및 성 불평등이 낮아질 것이고 그러면 경제가 강화되리라는 것이다. 당시의 경제학은 20세기 중반의 사상가와 활동가로 하여금 경제가 성장하면 쉽고 분명하고 자연스럽게 사회적, 정치적 문제가 해결될 것이라고 믿게 만들었다. 따라서 이런 믿음이 빈곤과 성별, 인종, 민족에 따른 배제를 근절시킬 수 있다는 낙관주의와 동시에 나타난 것은 놀라운 일이 아니다. 성장이 불평등을 줄일 수 있다면, 그리고 경제적 배제를 감소시켰을 때 성장이 촉진된다면 정책 입안자들은 빈곤을 종식시킬 수 있고, 따라서 전통적으로 배제되어온 사람들(여성, 아프리카계 미국인, 최근의 이민자들)에게 경제를 개방해야 한다.

로버트 케네디가 빈곤전쟁을 추진하고, 린든 존슨 대통령이 위대한 사회Great Society 구축 정책들을 추구하고, 마틴 루터 킹 박사가 '직업과 자유'를 요구하고, 제2의 물결 페미니즘이 여성의 동등한 시민권과 경제적 권리를 얻으려 노력한 것이 이 시기였다. 이들은 포용을 더 확대할 수 있을 뿐 아니라 경제적으로도 최적이며 생산성과 성장을 촉진할 것이라고 제시하는 경제적 프레임워크에서 행동이 일어나길 요구했다.

하지만 표준 경제학의 주장들이 경제적 기회를 확대하라는 압력을 가할 때도 소득분포상 최상위층의 급여 인상 역시 장려되고 합법화되었다. 불평등이 지속된다면 그것이 경제적으로 최적이기 때문이다. 보상이 생산과정에 대한 기여와 연결된다면 우리는 각자가 마땅히 받아야 할 만큼 받아야 한다. 그렇지 않은가?

페미니즘의 견해:
성장은 (꼭) 포용적이진 않다

그러나 성장하는 경제가 사회적, 경제적 불평등 감소 쪽으로 원활하게 움직일 것이라는 낙관적인 견해는 맞지 않는 것으로 드러났다. 여기에 《21세기 자본》의 목적이 있다. 피케티는 경제가 자연적으로 경제적 평등 확대 쪽으로 움직이지 않는다는 것을 우리가 이해하길 원했다. 그는 데이터를 살펴보고 시장의 힘이 사회적, 정치적 불평등 문제를 해결할 것이라는 희망을 불어넣으려 하지 않았다.

시장에 대한 낙관적인 믿음이 잘못되었다는 피케티의 주장은 (비전통적인) 연구방식에서 나왔다. 그는 세 가지 면에서 표준적인 경제학 방법론을 벗어났다. 앞으로 살펴보겠지만 그의 방식은 여성주의 경제학에서 발달한 개념과 잘 들어맞는다. 첫째, 피케티는 이론에 맞을 때까지 데이터를 자르고 늘리는 지나치게 획일적인 방법론을 따르는 대신, 데이터의 일차적이고 실증적인 규칙성으로부터 이론을 구축했다. 둘째, 역사에 대한 이해와 실제 세계의 데이터 및 문제점을 배제한 채 모형화에 좁은 초점을 맞추는 방식을 피했다. 셋째, 시장의 근간을 이루는 재산권과 협상력을 외생적 요인으로 간주하지 않고 제도와 실행 사이의 상호작용을 구체화했다. 또한 여기에 더해 보통 경제학자들이 취하는 것보다 더 전반적으로 사회학과의 광범위한 연계를 꾀했다.[22]

《21세기 자본》을 뒷받침하는 데이터는 적어도 경제학계에서는 대부분 이미 알려진 것들이었다. 2003년에 피케티와 사에즈는 소득 불평등이 이전에 인식되던 것보다 더 확대되었고 현재 최상위 1퍼센트가 소득에서 차지하는 몫이 20세기 초의 도금시대 이후 그 어느 때보다 크다는 것을 보여주는 혁신적인 논문을 《쿼털리 저널 오브 이코노믹스Quarterly Journal of Economics》에 발표했다.[23] 《21세기 자본》에서 피케티는 데이터를 이용하여 자신이 생각하는 논리적 결론을 내렸다. 소득이 자본으로 축적되고 상속으로 굳어짐에 따라 살아 있는 사람보다 사망한 사람의 부가 더 중요성을 띤다. 부자들의 부가 수익률을 통해 점점 더 큰 폭으로 늘어나는 비율보다 경제 성장률이 낮은 한은 불평등이 계속 증가할 것이다. 피케티는 이 과정이 자기강화적이므로 이런 현상이 오래갈 것이라고 예측했다. "자본의 수익률이 생산과 소득의 성장률을 넘어설 때 자본주의는 자의적이고 견딜 수 없는 불평등을 '자동적으로' 양산하게 된다. 19세기에 이런 상황이 벌어졌으며 21세기에도 그렇게 될 가능성이 상당히 높은 것으로 보인다. 이러한 불평등은 민주주의 사회의 토대를 이루는 능력주의의 가치들을 근본적으로 침식한다."[24]

피케티는 선진경제국들이 성장률 향상에 큰 도움이 될 수 있다는 생각, 그리고 그들이 그렇게 할 수 있다면 성장률이 자본수익률을 넘는 한에서는 불평등 증가를 단순히 늦추는 정도가 아니라 감소시킬 수 있다는 생각을 거부한다.[25] 그리고 자신이 생각하는 유일하고 합리적인 정책 결론, 즉 자본수익률을 낮추려면 정책 입안자들이 글로벌 부유세를 시행해야 한다는 주장으로《21세기 자본》을 마무리했다. 그는 자신이 밝힌 체제를 설명하기 위해 새로운 용어를 만들었다. "1970년 이후 부유한 국가들에서 민간자본이 강력하게 회복되고 있다. 바꿔 말하면 '새로운 세습자본주의'가 출현한 것이다."[26] 피케티는 이 체제가 상속된 부에 근거할 것이고 따라서 20세기 이전의 북서 유럽 국가들의 체제와 중요한 면에서 비슷할 것이라고 주장한다.

하지만 우리가 상속 기반의 경제로 나아가고 있다는 생각은 오늘날 부자들이 소득의 대부분을 자본이 아닌 노동에서 얻는다는 것을 보여주는 데이터의 동향과 맞지 않는다. 낙관주의자들은 피케티의 예측이 틀릴 것이라는 희망의 증거로 이 점을 지적한다. 도표 15-1과 15-2는 피케티와 저자들의 연구에 나온 두 개의 도표를 다시 실은 것이다(모두 미국에 대한 데이터). 1980년대 이후 소득 불평등이 급격하게 상승했고, 현재 미국의 불평등은 1930년대 대공황 이전의 어느 때보다 높다(도표 15-1). 그러나 최상위층의 소득 구성은 20세기 초와 다르다. 20세기 초에는 최상위 0.1퍼센트의 소득 중 최대 요소가 자본소득이었다면, 오늘날은 전체 소득의 약 절반이 노동에서 나온다. 1980년부터 부에서 얻는 소득이 급격히 증가했을 때도 수입에서 나오는 소득의 비율 역시 계속해서 증가했다(도표 15-2).

최상위 0.01퍼센트인 맨 꼭대기층에 이르기 전까지는 자본소득이 노동수입만큼 큰 역할을 하지 않는다. 도표 15-3A와 15-3B는 금융 위기가 닥치기 전인 1929년과 20007년에 상위 10퍼센트에 속한 사람들의 소득에서 급여, 사업, 자본이 차지하는 몫을 보여준다. 도표 15-3A을 보면 1929년에 상위 10퍼센트에 속한 모든 사람들에서 임금소득이 총소득에서 차지하는 비중이 적음을 알 수

도표 15-1: 상위 10퍼센트를 세 집단으로 분류, 1913-2014년

— P99-100 (2014년에 소득이 42만 3,000달러 이상) — P95-99 (소득이 17만 4,200달러~42만 3,000달러)
— P90-95 (소득이 12만 1,400달러~17만 4,200달러)

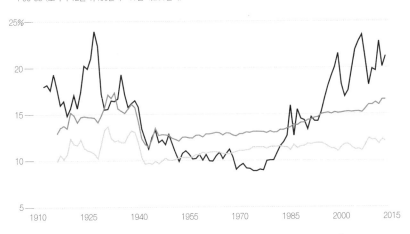

출처: Thomas Piketty and Emmanuel Saez, "Income Inequality in the United States, 1913-1998." *The Quarterly Journal of Economics* 118, no. 1
(February 1, 2003): fig. 2. Updated to 2014

도표 15-2: 최상위 0.1퍼센트의 소득 비율과 소득원

— 자본이득   — 자본소득   — 사업소득   — 급여

출처: Thomas Piketty and Emmanuel Saez, "Income Inequality in the United States, 1913-1998." *The Quarterly Journal of Economics* 118, no. 1
(February 1, 2003). Tables A3, A7, and A8, col. P99.9-100. Updated to 2014

도표 15-3: 오늘날의 슈퍼리치들은 급여가 소득의 훨씬 많은 부분을 차지한다

1929년과 2007년도의 상위 10퍼센트의 소득 구성

━●━ 임금소득　━■━ 자본소득　━▲━ 기업가 소득

A. 1929년

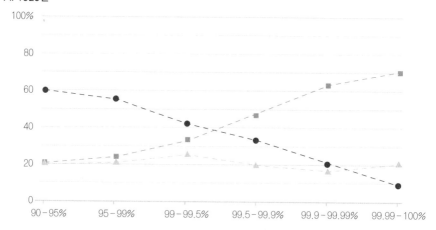

B. 2007년

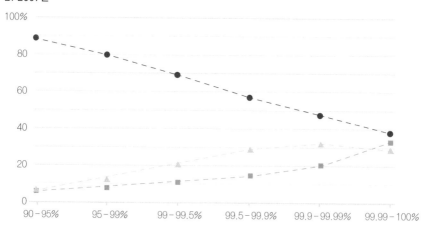

주: 자본소득에는 자본이득이 포함되지 않는다.
출처: Table A4, rows 1929 and 2007. Thomas Piketty and Emmanuel Saez, "Income Inequality in the United States, 1913-1998." *The Quarterly Journal of Economics* 118, no. 1 (February 2003): 1-39.
http://eml.berkeley.edu/~saez/TabFig2013prel.xls. 참조

있다. 도표 15-3B에서는 최상위층의 소득원이 뚜렷하게 바뀌었다. 최상위 10 퍼센트에 속한 납세자들은 스톡옵션과 그 외에 고용과 직접 연결된 비임금 보수를 포함해 소득의 85퍼센트 이상을 유급직에서 벌었다. 이는 오늘날의 고소득자들, 심지어 최상위층 소득자에게도 직업이 고소득의 가장 중요한 원천이라는 뜻이다. 그리고 자본에서 소득을 얻는 고소득자들도 소득의 대부분이 행운이나 그들이 이전에 했던 일에서 나왔다. 샘 월튼Sam Walton(월마트 창업주-옮긴이)이 후손에게 부를 상속했을 때에야 우리는 피케티가 말한 세습자본주의의 귀환을 최상위층에서 보기 시작했다.

물론 한두 세기 전과는 상황이 분명히 다르다. 그 무렵 당신이 북서 유럽의 엄청나게 부유한 가정에서 자랐다면 당신은 지주(아마 상류 지주 계층의 일부)의 자녀였거나 선조가 했던 사업투자로 먹고살았을 가능성이 가장 높다.

'과거가 미래를 먹어치운다'는 피케티의 비관적인 예측이 맞는지를 보려면 도표 15-1, 15-2, 15-3A, 15-3B를 조합해 최상위층의 소득원이 노동에서 자본으로 되돌아갔는지를 살펴야 한다. 피케티는 시간이 지나면서 상속을 통해 이런 현상이 일어날 것이라고 주장한다.[27] 현재 고소득자들은 저소득층보다 저축을 더 많이 할 것이고 따라서 시간이 지나 여러 세대를 거치면 소득이 더 높은 가족들이 더 큰 부를 축적해 자녀에게 물려줌으로써 증가하는 부의 총량에서 얻는 자본소득이 노동소득을 추월할 것이다. 이렇게 표준 모형이 정확하고 모든 보상이 (심지어 최상위층에서도) 성과에 근거해 주어지더라도, 시간이 지나면 상속은 다시 자본소득(노동소득이 아니라)이 최상위층 소득의 대부분을 구성하는 세상으로 우리를 데려갈 것이다.

피케티는 필연적으로 이런 세습자본주의의 귀환으로 이어질 경제 동학을 이해하기 위해서는 제도를 포함시키는 것이 중요하다고 주장한다. 그는 표준 모형의 이론적 예측을 넘어 노동시장과 자본시장 간의 동적인 상호작용을 밝힘으로써 하나의 체제로 구축되는 모형을 개발하라고 경제학자들을 독려했다. 경제학자들은 전통적으로 자본시장과 노동시장을 별개의 문제로 보았다. 피케티는 제도를 자신이 '자본주의 체제'라고 부른 개념에 포함시킴으로써 제도라는 맥락을 배제한 어떤 성장이론도 결국 부정확할 것임을 암시한다. 그는 자신의 분석이 '결정론적'이라는 반응, 즉 r>g 불평등은 지금의 현실과 미래 동향을 묘사하는 데 있어 시간이 지남에 따라 자본축적을 촉진하는 제도와 사회적 관행, 가족구조, 규범의 변화를 감안하지 않고 확정한 것이라는 주장에 발끈한 듯 보인다. 2015년《이코노믹 퍼스펙티브Jounral of Economic Perspectives》지에 실린 논문에서 피케티는《21세기 자본》에 대한 경제학계의 반응에 대응하면서 '궁극적으로 정말로 중요한 것은 경제 요인과 제도적 반응 간의 상호작용이다. 특히 교육, 노동, 재정 제도에서 더욱 그러하다'라고 주장했고[28] '좀 더 전반적으로 보면 내가 이 책에서 얻은 교훈 중 하나는 불평등의 동학과 제도 변화에 대한 연구는 밀접하게 연결되어 있다는 것이다'라는 말로 이 기사를 끝맺었다.[29]

그러나 피케티가 표준 경제이론에서 분명 어느 정도 벗어나고 제도의 중요성을 지적했다 해도 표준 모형에서 손을 놓은 건 아니다. 이 책의 많은 장들이 이 점을 지적하는데, 특히 5장의 수레쉬 나이두가 가장 강력하게 이 주장을 펼친다. 이런 판단에는 대런 애스모글루와 제임스 로빈슨James Robinson이 지적한 것처럼 제도에 대한 피케티의 분석이 '임시변통적'이라는 점이 적잖게 작용한다.[30] 우리는 이 점을 노동시장에 대한 피케티의 분석에서 볼 수 있다. 피케티는 한계효용학파의 사상이 최상위층의 임금을 설명하는 데 실패했다고 지적했지만, 기능에 대한 수요는 상품과 서비스를 생산하기 위해 이용할 수 있는 기술의 상태에 좌우된다는 데 동의한다. 또한 제도적 요인들이 소득 사다리를 오르내리는 임금 결정에서 중요한 역할을 한다는 많은 문헌과 관계없이 기능의 공급은 교육에의 접근에 의지한다는 데도 동의한다.[31] 이렇게 피케티는 표준 모형이 임금 사다리의 최상위층의 임금 결정을 설명하지 못하는 점은 수긍하지만 모형이 임금 스펙트럼의 다른 지점들에서 결함을 나타낸다는 점은 인정하지 않는다. 이는 논리적 모순을 불러일으키기 때문에 혼란스럽다.

다행히 여성주의 경제학은 이 난관 중 적어도 일부에서 벗어날 타당한 방법을 제시하는데, 이제부터 그것을 논의해본다

페미니즘의 견해

여성주의 경제학의 지식체계는 r과 g 간의 상호작용 분석에 무엇을 보탤 수 있을까.

여성주의 경제학 자체가 상당히 신생 분야다. 세계여성경제학회International Association for Feminist Economics가 출범하고《페미니스트 이코노믹스Feminist Economics》가 발간되기 시작한 것이 1993년이다. 이 학회와 저널의 가장 큰 목적은 '경제학 쟁점에 페미니즘 연구를 포함시키는 것'이다. IAEFFE 설립자 중 한 명인 줄리 넬슨Julie Nelson은 최근의 한 백과사전 항목에 핵심 개념을 이렇게 요약했다. '여성주의 경제학은 경제에서의 성 역할에 대한 해방적 시각의 연구와 경제학의 편견을 겨냥한 비판적 연구를 모두 포함한 분야다.'[32]

여성주의 경제학은 피케티와 마찬가지로 이론 구축보다는 데이터와 측정치를 중시하는 경향이 있다. 가장 큰 관심사는 가정에서 여성이 수행하는 무급노동의 가치와 좀 더 전반적으로는 경제에서 가계생산이 수행하는 역할이다. 이런 방향에서 초기 여성주의 경제학에 중요하게 기여한 것이 마릴린 웨어링Marilyn Waring이 국민소득계정을 검토하여 1988년도에 발표한 혁신적인 연구서(글로리아 스타이넘Gloria Steinem이 서문을 썼다)《여성이 계산된다면If Women Counted》이다. 이 책에서 웨어링은 여성의 무보수 기여가 국가경제 데이터에서 어떻게 누락되는지, 그리고 여성이 가족과 경제에 기여한 바를 판단하는 데 이 점이 어떤 의미를 지니는지 자세히 설명했다. 웨어링은 무급노동을 포함하도록 데이터를 수정하는 도구들을 제시했다.[33] 이렇게 무급노동을 국민계정에 포함시키려는 노력은 계속되었다. 2016년 미 상무국 경제분석국은 '비非시장 가계생산'을 포함시키면 GDP 수준이 1965년에는 37퍼센트, 2014년에는 23퍼센트 높아진다는 데이터를 제시했다.[34] 분명 이 연구는 현재 피케티가 사에즈, 가브리엘 쥐크망과 함께 분배 데이터를 국민계정에 포함시키려 노력하는 연구와 개념적으로 비슷하다.[35]

또한 피케티와 마찬가지로 여성주의 경제학은 표준 모형의 한계를 넘어서고 제도와 학제 간 연구에 관심을 기울인다. 여성주의 경제학은 시장이 사회 구조 안에서 기능한다는 생각을 받아들인다. 따라서 이런 구조에서 시장이 어떻게 작동하는지의 본질을 밝히는 것이 중요하다. 넬슨이 쓴 것처럼 '성별을 반영한 경제적 결과가 만들어지는 데 있어 사회적 믿음과 권력구조의 중요성을 인식하는 것이 여성주의 경제학의 특징이다.'[36] 초기에 이 학문이 중요하게 기여한 것은 '합리적 경제인'을 재고한 것인데, 이는 전반적으로 행위경제학에 더 중점을 두는 점과 맞아떨어진다. 줄리 넬슨과 마리안 퍼버Marianee Ferber가 편집한 《남성의 경제학을 넘어Beyond Economic Man》는 이 분야가 시작되는 데 도움이 된 책이다. 이 책에서 저자들은 경제학에서의 사회적 믿음과 권력 구조의 중요성을 살펴보았다.[37] 여성주의 경제학의 많은 연구가 제도와 사회적 규범이 고용 결과에 영향을 미친다는 결론을 내렸지만 이들은 피케티가 의도했던 것보다 더 나아갔다. 구체적으로 말하면, 여성주의 경제학은 생산성의 차이와 관계없이 성별과 인종에 따른 경제적 성과 차이를 계속 발생시키는 제도들에 오랫동안 관심을 기울여왔다.

피케티가 인구학적 차이에 관심이 부족했던 것은 그의 데이터 선택 때문이었을 수도 있다. 그의 데이터는 독특하며 소득과 부에 대한 역사적 관점을 제시하지만, 여느 데이터처럼 그의 핵심개념들을 도출하는 데 영향을 미친 한계들이 보인다. 피케티와 동료들이 미국을 다루면서 가장 많이 의존한 데이터의 분석 단위가 '과세 단위'인데, 가족구성원이 개별적으로 소득신고를 할 수 있는데도 일반적으로 과세단위는 가족이다. 이 행정 데이터는 그 자체로는 인구학(특히 인종과 민족)이나 가족관계에 대한 상세 정보를 제공하지 않는다. 연구자들이 개인 고유의 식별정보를 이용해 다른 데이터와 맞춰볼 수 있지만 그 정도까지 상세하게 접근한 학자는 드물다. 전반적으로 피케티가 의지한 데이터는 가족 내에서 무슨 일이 일어났는지, 부가 인종, 민족별로 어떻게 축적되었는지를 판단하기에 명확하지 않고, 따라서 이 데이터만으로는 이런 사항이 사회 제도에 어떻게 내포돼 있는지 파악하기가 불가능하지는 않더라도 상당히 어렵다.

인구학에 대한 관심 부족은 피케티와 사에즈의 획기적인 연구 이전까지 학자들이 불평등을 연구해온 방식과 매우 다르며, 둘을 결합하면 무언가 배울 것이 나올지도 모르겠다. 1980년대와 1990년대부터 불평등에 대한 연구는 일반적으로 개인이나 가계 사이의 격차를 인적자본으로 설명하는 데 초점을 맞췄고 인종과 성별에 관심을 두었다. 이 연구들은 표준 모형의 낙관주의와 결과에서 계속 차이가 나는 현실을 조정하려 시도했다. 식별가능한 생산성의 차이로는 결과의 이러한 차이가 설명되지 않았다. 이런 연구는 컴퓨팅 파워의 발달을 활용했고 국가적 대규모 조사에 초점을 맞추었는데, 미국에 관해서는 통계국이 실시하는 현재인구조사와 그 외의 국가적 수준 조사들을 가장 빈번히 이용했다.[38]

더 큰 우려는 피케티가 가장 중요하다고 주장한 동학에 직접 영향을 미치는 제도와 규범에서 성별 요소들을 검토하지 않았다는 점이다. 피케티는 불평등이 제도와 관련돼 있다고 말하면서도 현대 경제에서 결혼과 가족이 부의 이전에 어떻게 영향을 미치는지 충분히 생각하지 않았다. 이런 관심 부족을 보여주는 예가 현재 체제에 (모국어인 프랑스어로) '세습자본주의patrimony capitalism'라는 꼬리표를 붙인 것이다. 피케티는 상속이 바탕이 된 경제를 묘사하려고 이 용어를 사용했지만, 영어 사용자에게 '세습재산patrimony'이라는 단어는 단순한 상속을 의미하지 않는다. 영어에서 'pater'로 시작하는 단어들은 아버지를 암시하고 '세습재산'이라는 단어는 남성 계통을 통한 상속체계를 의미한다. 따라서 '세습자본주의'는 부의 이전에서 체계적으로 여성을 배제하는 일련의 제도와 관행을 암시한다.[39]

피케티가 의도한 바는 아니지만 이것이 근본적인 폭로인가? 분명 상속이 오로지 '아버지'를 통해 이루어진다는 뜻으로 이 용어를 쓴 것은 아니지만 제인 험프리Jane Humphries가 《페미니스트 이코노믹스》에 실린 논평에서 지적했듯이 피케티는 상속에서 성별이라는 맥락을 연구하지 않았다. 예를 들어 결혼과 상속 패턴을 둘러싼 제도나 문화 규범의 역할을 강조하기 위해 19세기 초 소설에 나오는 이야기들을 논의에 많이 포함시켰지만 이야기들의 성 특성에 대해서는 언급하지 않았다. 《21세기 자본》에서 '성별gender'이라는 단어가 유일하

게 등장한 곳은 노동시장의 하위 50퍼센트에 속한 사람들의 노동임금 불평등을 논의할 때다.[40]

번역상 어떤 개념은 얼마간의 의미 손실이 불가피한 것은 이해하지만 현재는 물론 역사적으로 상속에서 성별이 수행하는 역할은 피케티의 논지와 매우 관련성이 높다. 미국에서는 성별과 인종 간에 심한 불평등이 존재하며 우리가 새로운 세습자본주의로 나아가고 있다는 점에서 성별의 역할을 제거할 수 없다. 또한 부의 총량, 상속된 부, 특히 노동시장과 관련해 성별에 따라 경제가 어떻게 보이는지도 무시할 수 없다.

지금까지 《21세기 자본》과 명확하게 연관된 페미니즘 연구가 거의 없었던 것도 이런 연구가 중요한 또 다른 이유다. 이 책의 공동편집자들이 글을 기고할 학자들을 추리던 2014년 봄에 우리는 《21세기 자본》을 다룬 이용 가능한 모든 논평을 검색했다. 온라인에서 700페이지가 넘는 텍스트를 찾았지만 당시 의견을 공유한 여성은 극소수였다. 8월에 캐슬린 가이어[Kathleen Geier]가 자신이 알기에 페미니즘 비평이 발표된 것은 질라 아이젠슈타인[Zilliah Eisenstein]의 것뿐이라고 썼고, 나를 포함한 다섯 명의 여성에게 이 문제를 다룰 것을 요청하면서 상황이 달라지기 시작했다.[41] 뒤이어 다이앤 페론스[Diane Perrons]가 《브리티시 저널 오브 소셜로지[The British Journal of Sociology]》에 불평등에 대한 경험과 그것이 펼쳐지는 사회적 과정에서 성적 정체성이 어떤 역할을 하는지 강조하는 글을 썼다.[42]

피케티에 젠더 렌즈 더하기

지금까지 성별에 대한 관심이 표준 경제이론에 어떻게 영향을 미치는지 살펴보았다. 그렇다면 피케티에게는 어떤 의미일까? 구체적으로 말하면, 21세기에 대한 피케티의 예측이 페미니즘의 시각에서는 어떻게 보일까? 우리가 새로운 세습자본주의 시대로 들어서고 있으며 그 안에서는 뉴 리치들의 소득원이 노동에서 자본으로 옮겨가고 19세기와 그 이전 시대의 특징이던 상속 기반의 사회로 되돌아갈 것이라는 피케티의 견해를 상기해보자. 하지만 피케티가 인정한 것처럼 세상이 바뀌었다. 제도적으로 중요한 변화는 여성이 남성과 동등한 법적, 경제적 권리를 갖게 되었다는 것이다. 오늘날은 제인 오스틴이 높은 급여를 받을 수 있고 남자 형제들과 유산을 나눠받을 수도 있다. 실제로 장자상속제의 변화는 남성뿐 아니라 여성 또한 일하지 않아도 여유 있는 생활을 하는 사람이 있을 수 있음을 의미한다. 나는 먼저 젠더 렌즈의 추가가 데이터에 어떤 의미를 지니는지 살펴본 뒤, 젠더 렌즈가 피케티의 비관적 예측의 타당성 평가에 어떤 문제를 제기하는지 논의하려 한다.

데이터: 성별이 중요하다

나는 피케티가 그랬던 것처럼 데이터로 논의를 시작하겠다. 피케티는 조세 기록에서 나온 데이터를 이용하여 불평등 동향들을 분석하는 데 초점을 맞추었다. 하지만 이러한 분석은 성과주의 경제와 선택적 결혼이 분배의 최상위층과 나머지 계층 모두에서 불평등의 진행에 어떻게 영향을 미치는지 검토하는 데 실패한다. 11장 '장기적으로 본 능력과 상속'에서 피케티는 상속 패턴 형성에 여성의 고용 증가나 선택적 결혼이 수행하는 역할을 논하지 않았고 누가 슈퍼 경영자가 되는지에 대해 성별(혹은 인종) 동학을 다루지도 않았다. 하지만 결혼, 성별관계, 가족을 둘러싼 사회적, 경제적, 문화적 제도를 이해하지 않으면 상속 패턴을 이해하기 불가능하다.

역사적으로 결혼시장은 단지 가족이 부를 물려주는 것뿐 아니라 사회에서 자신들의 지위를 지킬 수 있도록 형성되었다. 피케티는 제인 오스틴의 소설을 자주 언급했는데, 소설 속 많은 여주인공들은 영국사회의 짝짓기 의식에 참가하기 위해 봄이면 런던이나 바스를 방문한다. 로렌스 스톤Lawrence Stone이 설명한 영국의 결혼 역사에 따르면 '18세기 하반기에 런던과 바스에 전국적 결혼시장이 발달하면서 상류층 부모의 시각에서 만족할 만한 배우자들의 풀이 크게 넓어졌다. 경제적, 사회적 자격요건을 충족시키는 잠재 배우자의 수가 늘어났기 때문이다.'[43]

그러나 단지 상류층에만 해당되는 얘기는 아니었다. 하류층 가족들 역시 결혼을 가족의 지위를 유지하는 수단으로 이용했다. 농부는 지참금으로 땅이나 가축을 가진 이웃의 딸과 아들을 결혼시킴으로써 소유 토지를 늘릴 수 있었다. 피케티는 당연히 이런 동학을 알고 있었다. 피케티가 발자크와 오스틴, 그 외에 18세기와 19세기 저자들의 작품을 다수 인용한 것은 이 때문이다. 이 소설들은 옛 세습자본주의에서 결혼시장이 어떻게 작동했는지를 보여준다. 부를 상속받지 못하는 사람들은 자신의 사회적 지위를 향상시킬 수 있는 집안과의 결혼에 집중하라고 권유받았는데, 이는 대개 자신보다 조금 더 부유한 누군가와 결혼하라는 뜻이었다.[44]

피케티는 소설에 나오는 구절들을 인용했지만 이야기에 내포된 성별(혹은 인종)의 의미에는 초점을 맞추지 않았다. 이 이야기들은 또한 사회에서 한 사람의 지위, 그리고 엘리트 사회의 진입 여부를 결정하는 데 있어 가족의 중요성을 표면화시킨다. 그 예로 피케티는 발자크의 소설 속 인물 외젠 드 라스티냐크를 지적한다. 《고리오 영감》에서 수상한 구석이 있는 인물 보트랭은 라스티냐크에게 정말로 부자가 되고 싶으면 법 공부에 매진해 변호사 개업을 할 게 아니라 돈 많은 여자와 결혼해야 한다고 충고한다. 보트랭은 예쁘지도 매력적이지도 않지만 라스티냐크와 결혼할 생각이 있는 여성을 추천한다. 그런데 보트랭이 추천한 상속녀는 부자 아버지의 합법적 자식이 아니었던지라 유산을 받으려면 선견지명을 갖고 적자로 태어난 그녀의 오빠를 라스티냐크가 살해해야 한다.[45] 이 예는 부와 결혼제도에 대해 세 가지 중요한 점을 보여준다. 첫째, 소설 속 시대에서는 노동이 아니라 자본이 미래의 부를 얻는 원천이었다. 둘째, 부의 축적이 결혼 상대자 선택에 영향을 미쳤다. 셋째, 이런 상황이 성생활을 단속하는 제약들과 맞아떨어졌다. 자본의 상속으로부터 많은 소득이 나온다면 누가 합법적 상속자인지가 중요하다. 피케티는 첫 번째 점에는 초점을 맞추었지만 두 번째, 세 번째는 다루지 않았다.

피케티는 옛 세습자본주의가 사회적 상황에 구체적으로 어떻게 뿌리박혀 있는지 보여주기 위해 문화적 자료들에 의존한 반면 오늘날의 사회 상황을 묘사할 때는 고루한 경제학자로 변신한다. 그는 오늘날의 문화적, 사회적 규범은 거의 언급하지 않았고 현대 소설(혹은 리얼리티 티비쇼)을 광범위하게 참조하거나 누군가의 인종, 민족 혹은 성별이 현재의 부를 얻고 축적하는 데 어떤 영향을 미치는지도 논하지 않았다. 과거와 마찬가지로 적절한 배우자를 찾는 것은 부를 축적하는 데 여전히 중요하며, 자녀의 사회적 위치를 확보하는 데도 마찬가지다. 그러나 오늘날의 짝짓기 의식은 과거와는 아주 달라 보인다. 요즈음 개인들은 소득 사다리의 최상위층에 속한 직업을 얻기 위해 교육과 훈련을 받는 데 초점을 맞출 뿐 아니라 잠재적 배우자가 '적절한' 직업을 갖고 있는지 혹은 미래에 그런 직업을 얻을 수 있는 교육적 자격을 보유하고 있는지도 중점적으로 본다. 가장 부유한 가정들을 제외하고는 여성의 수입이 가족소득에 점점 더 중요해지고 있다. 뿐만 아니라 가족은 자녀들이(대체로 성별에 관계없이) 적절한 인적자본을 축적하고 최상위 직업에 접근할 수 있는 인맥을 확보하게 함으로써 사회적 지위를 물려준다.[46]

누구와 결혼하는지는 한 사람의 경제적 상황을 결정하는 데 여전히 중요하다. 달라진 것은(여기에 대해 피케티의 데이터는 아무것도 말해주지 않는다) 가족들이 소득을 어떻게 결합하는가이다. 선택적 결혼을 다룬 문헌을 보면 소득이 높은 남성과 여성들끼리의 결혼이 증가하고 있다. 이 현상은 사람들이 배우자에게 기대하는 것을 연구한 결과와도 일치한다. 이 연구들에 따르면 수입이 높을 가능성을 점점 더 선호하는데, 남성과 여성 모두 그러하다. 여전히 남성은 여성에 비해 외모를 중시하지만 남성과 여성 모두 돈을 벌 수 있는 상대를 점점 더 중요하게 생각한다. 이런 선호는 전반적인 여성의 교육수준 및 수입 증가와 함께 소득수준이 비슷한 사람들끼리 결혼하는 선택적 결혼 증가로 이어졌다.[47]

또한 지리적인 문제도 있다. 결혼시장은 자신이 사는 도시나 마을 사람과 결혼하는 지역적인 경향을 보이며, 전 지역에서 소득 불평등이 증가함에 따라 선택적 결혼을 부채질할 수 있다. 미국에서 가장 높은 보수를 받는 일자리들은 뉴욕, 샌프란시스코, 보스턴, 워싱턴 D.C. 등 몇 개 도시에 집중되어 있고 이 도시들은 야심만만하고 교육수준이 높은 사람들을 끌어들인다.[48] 좋은 일자리가 지리적으로 집중되면서 이들 지역에 결혼시장이 집중되었다. 당연히 그 지역에는 젊은이들이 그런 좋은 일자리들을 준비하는 대학이 있다. 대학들 역시 21세기 미국에서 결혼시장이 작동하는 장소다. 여기에 딱 맞는 예가 1977년도 프린스턴 대학교 졸업생인 수전 패튼[Susan Patton]이 최근 프린스턴 대학교 졸업생들에게 '졸업 전에 캠퍼스에서 남편을 찾으라고' 권하는 공개서한을 쓴 일이다. 패튼은 후배들에게 앞으로 마주하게 될 결혼상대자 집단 중 학교동급생들이 가장 인상적인 집단일 것이라고 지적했다. 또한 오늘날의 경제에서는 누구와 결혼하는지가 경력에 관한 결정 못지않게 삶의 전망에 큰 영향을 미칠 수 있지만, 1세기 이전에 부자들이 내렸던 결정과는 그 이유가 완전히 다르다고 주장했다.[49]

결혼 패턴은 경제 계층에서 차지한 위치를 강화하는 경향이 있어 불평등의 유형과 경제적 이동성에 영향을 미친다. 연구들에 따르면, 남편과 아내 각자의 수입은 각자의 부모 못지않게 시부모나 장인, 장모의 수입과도 높은 상관관계가 있다. 로라 채드윅[Laura Chadwick]과 게리 솔론[Gary Solon]은 '배우자의 수입 탄력성은 부모의 소득에 대한 자식의 수입 탄력성과 같아 보인다'[50]라는 것을 발견했다. 미국에서 부모의 소득에 대한 딸들 가구의 수입 탄력성은 약 0.4이다.[51] 독일과 영국의 연구에서 존 에르미시[John Ermisch], 마르코 프란체스코니[Marco Francesconi], 토마 지들러[Thomas Siedler]는 부모 가구와 자녀 가구의 항상소득의 공분산의 약 40~50퍼센트를 어떤 사람과 결혼했는지가 설명할 수 있다는 것을 발견했다. 이런 결과는 배우자 간 상관관계가 강한 데서 나타난다.[52] 피케티는 불평등을 줄이는 방법으로 경제적 이동성을 무시했지만, 그의 데이터로는 결혼 패턴이 수행하는 역할을 볼 수 없었다.

가족들 간 소득의 높은 상관관계는 제인 오스틴의 소설에 묘사된 결혼시장과 비슷해 보인다. 오늘날의 문화에서도 같은 유형의 문화적 호소를 볼 수 있다. 페이스북의 COO 셰릴 샌드버그의 말을 생각해보자. 샌드버그는《린 인[Lean in]》에서 적절한 배우자를 찾는 것이 매우 중요한 차이를 만들 수 있다고 말했다. 그녀는 배우자가 커리어를 지지해주면 직장에서 성공하는데 어떻게 도움이 되는지를 데이브 골드버그(비통하게도 얼마 후에 세상을 떠났다)와의 결혼생활을 예로 보여주었다. 샌드버그는 특히 젊은 여성들을 대상으로 이야기했지만 이 조언은 분명 남성과 여성 둘 다에 해당된다.[53]

그러나 여성의 취업 증가가 가구들 간의 불평등을 줄이고 상속 기반의 사회로 이동하는 과정을 늦춘다는 증거도 있다. 최근의 연구에서 브랜든 듀크[Brendon Duke]는 마리아 칸시안[Maria Cancian]과 데버라 리드[Deborah Reed]가 개발한 기법을 이용해 기혼여성의 수입 변화가 불평등 변화에 어떻게 영향을 미치는지 측정했다.[54] 칸시안과 리드는 1979년 이후 기혼여성의 수입에 변화가 없었을 경우 1989년에 불평등 수준이 어떠했을지를 측정했다. 듀크는 이 분석을 1963년부터 2013년까지로 확대했는데, '만약 수입에 변화가 없었다면 기혼여성의 수입이 25퍼센트 증가했다는 관찰결과와 비교했을 때 1963년에서 2013년까지 불평등이 38.1퍼센트 증가했을 것이다. 그 50년 동안 여성의 수입에 변화가 없었을 경우 불평등은 52.6퍼센트 더 빠른 속도로 증가했을 것이다'라고 밝혔다.[55]

결혼 패턴도 20세기 이전과 더 비슷하게 상속에 영향을 미친다. 많은 가족이 자녀에게 금융자본 혹은 물적자본보다 (혹은 이러한 자본 외에) 적절한 직업을 얻을 수 있는 기회를 주고 있다는 사실 역시 마찬가지다. 최근 몇십 년간 미국 경제에서 눈에 띄는 점은 소득에 상관없이 가족 패턴에 뚜렷한 구분이 나타났다는 것이다. 예전에는 소득 사다리의 모든 수준에서 대부분의(분명히 전체는 아니다) 아이들이 결혼한 부부의 가정에서 자랐다.[56] 필립 코헨[Phililp Cohen]의 분석에 따르면 1960년에는 소득분포의 하위 3분의 1에 속한 가족 중에서 14세 이하의 아동 5명 중 싱글맘과 사는 아동이 1명이 채 못 되었는데, 2012년에는 2명을 조금 넘는 것으로 나타났다.[57] 하지만 현재 최상위층 가족들은 계속하여 결혼한 가정에서(대개 부모 모두 꽤 보수가 높은 직장생활을 유지한다) 아이들을 키우는 반면, 소득분포의 하위층과 중산층 가정의 많은 아이들이 일하는 편부모, 주로 엄마와 살고 있다.[58]

가족 패턴의 이러한 변화는 자녀의 인적자본에 많은 투자를 해야 할 필요성과 함께 가족들을 구분시킨다. 사라 맥라나한[Sara McLanahan]은 전문직 가정은 결혼과 아이가 늦어지고, 이혼 또는 혼외자 가능성이 더 낮고, 어머니의 취업률이 높다는 것을 보여주었다. 이런 가정의 어머니들은 40년 전에 비해 나이가 많고 보수가 좋은 일자리에서 일하고 있을 가능성이 더 많다. 또한 자녀 양육에 많이 투자한다.[59] 아네트 라루Annette Lareau는 자신이 연구한 중상류층 가족들은 '집중양육concerted cultivation'에 초점을 맞춘다고 썼다. 아이의 재능을 개발하는 데 중점을 둔다는 뜻인데, 그러려면 많은 시간이 필요하므로 맞벌이 전문직 가족이라면 어려움이 따를 수 있다. 그래서 형편이 되는 사람들은 아이의 발달에 시간을 투자하는 외에 이런 일을 외부에 위탁하거나 비싼 방과후 학교나 여름 특기적성 개발활동에 아이를 등록시킨다.[60] 이 모든 상황은 가장 혜택받은 가정에서 태어난 아이들이 저소득 가정이나 중산층 가정에 비해 더 많은 경제적 자원을 보유할 뿐 아니라 정서적 요구와 발달에도 부모가 더 높은 수준으로 개입한다는 뜻이다.

예측: 성별이 중요한가?

어떤 훌륭한 경제이론과 마찬가지로 성별관계의 변화는 피케티의 예측에 두 가지 영향을 미칠 수 있다. 이 변화는 예측과 반대방향으로 움직인다. 첫째, 우리가 상속 기반 사회로 나아가고 있다 해도 상속되는 자본 풀은 19세기보다 적을 것이다. 19세기에는 유산의 대부분이 장남에게 갔지만 장남이 형제자매나 미망인 어머니에 대해 (법적으로까진 아니더라도) 사회적 의무가 있었다. 그러나 오늘날의 젊은 상속자들은 더 이상 그렇지 않다. 부모는 보통 자식들에게 똑같이 유산을 물려준다. 설령 한 자녀가 더 많이 받는다 해도 그 자녀가 법적으로나 그 외의 방식으로 다른 가족을 부양할 의무는 없다. 자녀들에게 가족의 부를 나누어주면 자본 집중률이 둔화될 것이다. 하지만 그래도 머지않아 피케티가 말한 '19세기로의 복귀'가 이루어질 수 있다. 두 번째는 부자들이 어떻게 반응할지의 문제다. 피케티는 경제적 엘리트층이 정치권력을 보유하고 슈퍼경영자들이 경제권력을 지니고 있다고 지적했지만 이 권력이 경제계 고위층 사람들에게 권한을 (재)부여하는 규칙으로 되돌아가는 데 이용될 수 있는지, 혹은 어떻

표 15-1: 상속 기반의 경제와 젠더 규범

	19세기	20세기	21세기
최상위 10퍼센트의 소득원	자본	노동	자본
부자들의 상속 패턴	제인 오스틴	셰릴 샌드버그	???
여성의 시민권/경제권	제한적 시민권; 재산권 없음	동등한 시민권; 완전한 재산권	???

게 이용될 수 있는지는 제시하지 않았다.

표 15-1은 19세기, 20세기, 21세기의 상속 기반 경체체제의 기본 특징, 그리고 이것이 현재 및 미래에 여성의 시민권과 경제권에 어떤 의미를 지니는지를 요약했다. 내가 보기에는 두 가지 시나리오가 있다. 첫 번째는 성 정체성이 중요하지 않다는 것이다. 부유한 부모는 딸과 아들에게 재산을 똑같이 물려줄 것이다. 각 자녀의 몫은 한 명이 전 재산을 상속받는 경제체제보다 작겠지만 이런 새로운 관행은 높은 생산성을 유지하고 일터에서 남성과 여성의 재능을 활용하라는 계속적인 경제적 압박과 결합돼 최상위층에서의 양성평등을 지속적으로 촉진할 것이다. 둘째는 여성이 시민권과 경제권을 잃게 되는 반이상향적인 미래다. 이 시나리오에서는 부자들(대부분 남성)이 높아진 경제적, 정치적 권력을 이용해 양성평등 보호제도들을 폐지할 것이다. 이편이 더 그럴싸한가? 그렇다. 유산을 장악하는 것이 인적자본을 장악하는 것보다 쉽기 때문이다. 피케티는 19세기나 20세기를 분석하면서 성별을 언급하지 않았지만 아이러니하게도 이는 우리를 오스틴의 세계로 돌려보내는, 성별이 주도하는 메커니즘이다.

g에 대한 우리 예측은 중요한 의미를 지닐 수 있으므로, 잠시 논의를 멈추고 이에 관해 설명하는 게 좋겠다. 피케티가 《21세기 자본》 2장에서 지적했듯이 (그리고 표준 경제학에 잘 정리되어 있듯이) 성장은 인적자본, 기술혁신과 함께 인구통계, 특히 인구성장에 의존한다. 반이상향적인 방향으로 움직인다면 경제적, 정치적 평등을 감소시킬 뿐 아니라 경제 성장도 끌어내려 불평등이 계속 상승한다는 피케티의 예측을 앞당기게 될 것이다.

먼저 인구성장을 검토해보자. 여성의 경제적, 정치적 권리수준이 출산 패턴에서 미치는 영향은 충분히 입증되었다. 여성의 시민권이 강하고 경제적 기회가 많은 곳에서는 아이를 덜 낳고 아이들의 수명이 더 긴 경향을 보인다. 여기에는 여성이 경제적 권리를 얻음에 따라 아이가 성인까지 살 가능성을 높이는 의료서비스와 그 외의 서비스를 이용할 수 있는 점도 한몫을 한다. 뿐만 아니라 경제적, 정치적 힘을 가진 여성은 개인적으로는 자기 판단에 따라 출산을 결정할 재량권이 클 뿐 아니라 더 전반적으로는 여성에게 이런 권리를 부여하는 정책들을 촉진할 수 있다.

첫 번째 요인만큼 중요한 두 번째 요인은 출산의 재량권과 경제 기여 능력을 더 갖춘 여성들은 미래의 혁신을 포함해 앞으로 인적자본에 어떤 유형의 투자가 이루어질지에 직접적인 영향을 미친다는 것이다. 아이를 더 적게 낳으면 각 아이에게 더 많은 투자를 한다. 딸들에게 교육기회가 주어져 미래의 더 높은 경제적 보상으로 이어질 것이고, 그 여성이 결국 일하지 않더라도 교육은 아동발달을 향상시킨다. 여성이 경제에 전적으로 참여하는, 성적으로 좀 더 평등한 사회에서는 여성이 일과 가사의 갈등을 해결하고 다음 세대에 인적자본 투자를 촉진하도록 정부 및 사회의 지원을 요구할 수 있을 것이다. 위에서 언급한 것처럼 이 모든 것이 g를 상승시킨다.

피케티는 자녀교육에 대한 투자와 관련해 자본 이전의 중요성을 강조했지만, 방정식의 가족 측면은 고려하지 않고 출산 결정은 '개인 스스로 정한 인생의 목적과 연관된 문화적, 경제적, 심리적, 개인적 요인들의 영향을 받는다. 이런 결정은 또한 가사와 직장 일을 병행할 수 있도록 각 국가에서 어떤 시설 및 조건(학교, 육아 시설, 남녀평등 등)을 제공하느냐에 좌우될 수 있다. 이런 문제들은 의심할 여지없이 21세기의 정치적 논의와 공공정책에서 점점 더 큰 부분을 차지할 것이다'라고만 언급했다.[61] 우리가 이런 정책 논의를 할 수 있을지는 지속적인 성 평등의 길을 갈 것인가, 반이상향적인 길을 갈 것인가에 달렸다.

18세기와 19세기에 세습자본주의가 무르익었을 때 상속은 법적으로 부계상속이었다. 역사적으로 미국의 여성들은 (그리고 영국의 관습법하에서는) 남편의 보호를 받는 '유부녀 신분coverture'에 매여 있었다. 일단 결혼하면 자산에 대한 모든 권리를 상실했다는 뜻이다. 미국에서는 1839년부터 통과되기 시작해 이후 몇십 년 동안 확대된 기혼여성재산법Married Women's Property Acts에 따라 일부가 폐지되었지만 이런 권리 상실의 모든 측면이 제거된 것은 1960년대에 이르러서였다. 1960년대까지 미국의 기혼 여성은 남편의 허락 없이는 은행 계좌를 열 수 없었고 1974년에 신용기회균등법Equal Credit Opportunity Act이 통과되고 나서야 비로소 신용거래에서 여성 차별이 법으로 금지되었다.[62] 상속법의 느린 변화는 단지 미국만의 문제는 아니었다. 왕위계승서열에서 남성이 우선권을 가졌던 영연방에서는 2015년에 퍼스 협약Perth Agreement이 시행되었을 때에야 성별과 무관하게 나이가 많은 순서대로 서열이 정해졌다.[63] 따라서 만약 윌리엄 & 케이트 왕세손 부부의 첫아이가 딸이었다면 둘째가 아들이더라도 장녀가 합법적인 왕위계승자가 되었을 것이다.

오늘날 평등주의적 속성을 띤 상속법과 상속 패턴은 경로의존성이 강할 것이라는 주장이 있을 수 있다. 분명 딸보다 아들에게 더 많은 유산을 주겠다는 부모들은 보이지 않는다. 경제 연구들은 (적어도 미국에서는) 부모가 아들과 딸에게 상당히 동등한 유산을 물려준다는 것을 발견했다. 폴 멘치크Paul Menchik의 연구에 따르면 이러한 유형은 가치가 어마어마한 재산의 경우에도 바뀌지 않는다. "상속 재산의 크기에 따라 남성이 받는 유산의 비율이 상당히 증가하지는 않는다. 또한 남성이 받는 유산과 부의 탄력성은 1과 동일하다. 첫째 혹은 더 일찍 태어난 아이가 나중에 태어난 형제자매보다 더 많이 받지는 않는다."[64]

피케티는 오늘날의 상속 패턴이 더 광범위하게 분산되어 있음을 인정한다. 그는 프랑스를 분석하면서 상속 총액이 다시 높은 수준으로 상승했지만 더 많은 사람들에게 분산되므로 한 사람이 받는 상속은 더 작다는 것을 발견했다. 따라서 개인은 잠재적 유산과 함께 노동시장에서의 수입에 초점을 맞추라는 압력을 계속 받는다. 그렇게 되면 앞서 말한 인적자본에 많은 투자와 선택적 결혼이 장려되는데, 이런 점들은 피케티의 결론을 완화시키며 앞으로 더 연구할 가치가 있는 부분이다. 상속 패턴이 남성과 여성 간에 더 공평해질수록 전체적인 부의 분배가 더 평등해지고, 그렇지 않았을 경우보다 r의 증가속도가 시간이 지남에 따라 더 느리게 유지될 수 있다.[65]

그러나 부모가 아들과 딸들에게 서로 다른 유형의 부를 물려준다는 증거들이 있다. 또한 딸들이 아들보다 인적자본 투자를 더 적게 받는다는 일부(소수의) 증거도 있다. 여성은 남성과 마찬가지로 부모에게서 부를 물려받겠지만 가업을 물려받을 가능성은 남성이 더 높다. 폴 멘치크에 따르면 '사업자산의 권리 이양에 대한 증거들은 주인이 운영하는 가업의 경우 아들이 물려받을 가능성이 더 많지만 부 자체는 성별 간 동등하게 상속된다고 제시한다.'[66] 사회학 문헌들은 심지어 오늘날의 미국에서도 부모가 아들의 교육에 더 많이 재정적 투자를 한다는 것을 증명했다. 구글 검색을 연구하는 새로운 기법을 사용한 세스 스티븐스-다비도위츠Seth Stephens-Davidowitz는 구글에 의지하는 미국의 부모들이 '내 딸에게 재능이 있을까요?'보다 '내 아들이 재능이 있을까요?'를 2.5배 더 많이 묻는 것을 발견했다. 또한 아들의 몸무게보다 딸의 몸무게를 줄이는 방법을 2배 더 많이 묻는 것으로 보인다.[67] 반에서 가장 똑똑한 학생이 되는지보다 딸의 외모가 여전히 부모들에게 더 큰 관심사로 보인다.

걱정되는 점은 제인 오스틴의 시대처럼 여성의 가치가 자본가 남편을 붙잡는 능력과 더 밀접하게 연결된다면 여성의 정치적 혹은 경제적 권리가 부정적인 영향을 받을 것인가이다. 여성의 정치권력에는 경로의존성이 있기 때문에 그렇게 되지는 않을 것이다. 학사 학위, 현재는 석/박사 학위를 받는 여성의 수가 남성을 앞지르면서 여성들은 전문직을 얻으려 하고 있고 주로 가사에 매진하던 시절로 쉽게 되돌아가지 않을 수 있다.[68] 하지만 인구의 절반에 대한 이러한 경로의존성의 중요성을 감안하면, 이런 현상이 얼마나 굳어질지에 대해서는 노동소득보다 자본소득의 중요성이 상승하고 있는 맥락에서 생각해야 한다. 피케티는 '(오늘날 프랑스의 상속 패턴은) 또한 예술로 표현하거나 정치적으로 바로잡기가 더욱 어렵다. 사회의 나머지와 맞서는 소수의 엘리트층과 싸운다기 보다는 전체 인구의 광대한 부분과 겨루게 되는 아주 흔한 불평등이기 때문이 다'라고 지적했다.[69] 페미니스트들의 의견은 분명 '소수의 엘리트'와 '사회의 나 머지' 모두에 속하며 여성의 경제적, 정치적 권력에 실질적인 영향을 미친다. 페미니즘의 관점에서 광범위한 상속을 장려할 이유가 있다면 이는 연구해볼 만한 또 다른 정치 담론이 될 수 있다.

반이상향적 시나리오: 가부장제의 귀환

하지만 우리는 성 정체성이 정치에 중요하다는 점도 고려해야 한다. 현재는 남성들이 기업과 정치에서 권력의 가장 높은 단계를 계속 차지하고 있다. 피케 티는 이 남성들이 자신들에게 맞춰 규칙을 만든다고 지적한다. 슈퍼경영자들 은 '기업의 생산량에 대한 각 경영자의 기여도 추정'에 근거해서가 아니라 '계 층 구조적인 관계와 관련자들의 상대적인 협상력에 좌우된 매우 자의적인' 과 정에 따라 보수를 받을 수 있다.[70] 슈퍼경영자들이 이 권력을 이용해 여성을 더 배제하는 쪽으로 밀고 가거나 여성의 포용을 장려하는 정책에 반대하지 않게 하려면 어떻게 해야 할까?

먼저 몇 가지 사실을 생각해보자. 최고 소득자 사이에서는 양성평등이나 인 종적 평등에서 발전이 거의 이루어지지 않았다. 보이치에크 코프추크, 이매뉴 얼 사에즈, 송 재가 미국 사회보장국의 데이터를 이용해 수행한 연구에 따르면, 1970년에 소득 상위 1퍼센트 중에서 여성은 2.5퍼센트였고 상위 0.1퍼센트 중 에서는 1퍼센트도 되지 않았다. 2004년에 이 집단의 구성을 살펴보면 소득 상 위 1퍼센트에서는 여성이 13퍼센트, 최상위 0.1퍼센트에서는 7.8퍼센트를 차지 했다. 따라서 발전이 있긴 하지만 매우 속도가 느리고 소규모다. 뿐만 아니라 가장 보수가 많은 일자리는 백인남성들이 장악했다.[71]

부의 평등에서도 상황은 다르지 않다. 코프추크는 레나 에들런드[Lena Edlund]와 의 연구에서 미국에서 가장 많은 부를 소유한 상위 0.1퍼센트와 0.01퍼센트에 서 여성의 비율은 1960년대 말에는 절반 정도였다가 2000년에는 약 3분의 1

로 줄어들었다. 캐롤라인 프로인드와 사라 올리버Sarah Oliver는 2014년 현재 미국의 갑부 492명 중에서 여성은 58명(11.8퍼센트)뿐이라고 밝혔다. 게다가 부유한 여성들은 부를 스스로 벌어들였다기보다 상속받았을 가능성이 더 많다. 프로인드와 올리브는 이 집단에서 자수성가한 여성의 비율이 3.1퍼센트라는 것을 발견했다. 또한 등급 위로 올라갈수록 부의 수준이 점점 더 높아져 이 수치가 하향 편향되지만, 에들런드와 코프추크는 가장 부유한 사람들에서 자수성가한 여성들이 차지하는 몫을 계산하면 패턴이 유지된다는 것을 보여주었다. 2003년에 가장 부유한 미국인 중 자수성가한 여성은 22명에 불과했고 나머지 여성 30명은 부를 상속받았다. 남성의 경우 목록에 오른 348명 중 312명이 자수성가한 사람들이었다. 이렇듯 오늘날의 부유한 여성들은 자수성가한 억만장자인 오프라 윈프리보다 아버지로부터 부를 물려받은 패리스 힐튼 쪽에 가까울 가능성이 더 높다.[72]

현실은 경제적, 사회적, 정치적 권력이 함께 간다. 피케티는 독자들에게 r을 감소시키는 시작점으로 자본에 대한 과세에 초점을 맞추라고 권한다. g를 상승시키는 방법은 제한적이라 생각하기 때문이다. 그러나 남성과 여성에게, 그리고 부양책임이 있는 사람과 그렇지 않은 사람에게 동등한 기회와 경제적, 정치적 권리를 보장하는 데 초점을 맞추면 g가 상승할 수 있다. 옛 가부장제에서 여성들은 지금보다 정치적 권리가 훨씬 적었다. 경제적 결정론자들은 그 이유가 부가 자본 총량을 보존하려는 방식으로 축적되고 이전되기 때문이었다고 주장한다. 엘리트층 가구들 내에서 나눔을 장려하는 규칙들은 그 총량을 감소시킬 것이다. 물론 지참금을 통한 나눔은 예외였다. 따라서 파이 전체를 유지하는 한 가지 '손쉬운' 방법은 여성을 배제하는 규칙들을 정교하게 다듬는 것이었다.

표준 경제학 이론은 포용적인 정치적, 경제적 권리를 지지해야 하는 분명한 이유를 제시하지만, 부를 창출하는 주 원천이 노동인 점이 여기에 얼마나 영향을 미칠까? 권력을 가진 남성들은 보수가 높은 일자리를 여성과 공유하라는 요구를 제한하려고 들까? 이들은 여성이 정치적, 경제적으로 지도적인 위치에 참여할 수 있도록 싸울까? 여성의 수많은 다른 권리들에 대해서는 어떤 영향이 있을까? 미국에서는 여성에게 임신의 유지 여부를 선택할 권리가 있는지, 혹은 피임법이 여성의 건강관리에서 중요한 것인지에 대한 논쟁이 여전하다.

결론

《21세기 자본》이 발간된 지 1년 후, 피케티는 '모든 경제 개념들은 얼마나 과학적인 척하는지와 관계없이 사회적, 역사적으로 판단되는 지적인 구성체이며 종종 특정 견해나 가치나 관심사를 촉진시키는 데 이용된다'라고 썼다.[73] 이번 장에서 나는 여성주의 경제학이 피케티 모형의 핵심 동학들에 어떤 실마리를 던져줄 수 있는지를 보여주려 했다. 이 분석에서는 중요한 정책적 의미들이 도출될 수 있다. 글로벌 부유세가 가장 중요한 정책 도구라는 피케티의 결론은 여전히 유효하지만 이 방법은 성별이 반영된 상속의 작동 방식을 해결할 수 있을까? 현재 정책 입안자들은 여성의 경제적 독립을 돕는 정책에 초점을 맞추고 있지만 그 정책들이 g를 지원하고 축적률을 낮추어 r의 상승을 둔화시킬 것인가? 피케티가 800쪽이 넘는 책에서 무심코 한 번 언급한 부분, 즉 가사와 직장 일을 병행할 수 있도록 학교, 육아 시설, 남녀평등 등을 제공하는 정책들은 사실상 잠재적으로 계속 상승하는 불평등을 줄이기 위한 화살통의 또 다른 화살일 수 있다.[74]

불평등의 심화가
거시경제에 미치는 영향

Mark Zandi
─ 마크 잔디 ─

경제학자. 펜실베이니아 대학에서 박사학위를 받았고 지역 경제 전문가로 활동하다 이코노미닷컴 Economy.com을 설립했다. 현재 무디스 애널리틱스Moody's Analytics의 수석 경제학자로서 경제 연구를 담당하고 있다.

금융시장 및 공공정책에 관한 광범위한 연구를 진행해오다 최근에는 모기지 금융개혁과 모기지 처분 및 개인 파산의 결정 요인에 초점을 맞추고 있다. 또한 다양한 세금 및 정부 지출정책의 경제적 영향을 분석하고 자산시장 거품에 대한 적절한 통화정책을 평가한다. 각종 기업 이사회, 무역 협회 및 정책 입안자를 대상으로 정기적인 경제 브리핑을 수행하며, 주요 언론 매체와의 인터뷰를 비롯해 CNBC, NPR, CNN 및 기타 다양한 국가의 뉴스 프로그램에도 출연한다.

저명한 거시경제 예측 전문가인 경제학자 마크 잔디는 이 장에서 불평등이 거시경제적인 성장과 안정성에 미치는 영향을 논의한다. 그는 부와 소득의 불평등이 그가 개발한 모형에 적용되는 방식을 제시했고, 불평등이 1980년 수준을 유지했을 경우의 시나리오를 분석했다. 그는 불평등이 경제 성장보다는 경제의 안정성에 위협을 가함으로써 거시경제에 영향을 미친다고 결론지었다.

최근 수십 년간 미국의 부와 소득의 분포는 더욱 불평등해졌다. 많은 미국인들이 이를 불안해하지만 대부분의 거시경제학자들은(최소한 미래의 경제 상황을 연구하는 사람들조차) 이 사실을 대부분 무시한다.

　거시경제학자들이 이 문제를 도외시한 데에는 부와 소득의 불평등을 다른 경제 현상과 연결 짓는 것이 어렵다는 점이 크게 작용했다. 특히 그 연계가 수량화되어야 할 때에는 더욱 그렇다. 경제학자들은 그들의 예측을 정립하기 위해 수량적 요소를 모형 내에서 활용한다.

　이 장에서는 미국 경제에서의 부와 소득의 분포의 변화를 설명하는 무디스 애널리틱스Moody's Analytics의 계량경제 모형을 이용할 것이다. 이 모형은 예측, 시나리오 구성, 은행에 대한 스트레스 테스트, 정책 분석 등 다양한 목적으로 활용된다.[1] 또한 소득분포를 결정하는 요소들뿐만 아니라 소득분포의 변화가 경제에 영향을 미치는 방식도 포함하고 있다. 따라서 이 모형은 향후 소득분포와 함께, 소득분포의 변화가 미래 경제에 미치는 영향을 예측하는 데 쓰일 수 있다.

가장 가능성 있는 전망은 낙관적인 편이다. 이 전망에 따르면 앞으로 부와 소득의 불평등이 눈에 띄게 심화되지는 않을 것으로 예상된다(즉, 가진 자와 가지지 못한 자들의 차이가 더 커지지는 않을 것으로 보인다). 부와 소득의 분포가 더욱 편향된다고 해도 대부분의 조건하에서 장기 잠재성장률에는 별다른 타격이 없을 것이다.

그러나 부와 소득의 불평등이 심화된다면 이러한 양호한 전망에도 하방리스크(경기가 더욱 침체될 위험성-옮긴이)가 증가할 수 있다. 금융 시스템이 불안정해지고 경기는 악순환에 빠지게 될 가능성이 커지기 때문이다. 이는 특히 경제의 장기 잠재성장률이 둔화되는 상황(즉, 불황이 또다시 찾아올 가능성이 과거에 비해 더 커지고 중앙은행과 정부의 확장정책에 제약이 생기는 상황)에는 심각한 문제가 될 수 있다.

얼마나 불평등한가?

미국의 경제적 파이가 과거에 비해 더 불평등하게 분배된다는 사실에는 거의 이견이 없다. 전체의 절반이 넘는 소득을 상위 20퍼센트가 차지하며, 5분의 1이 넘는 소득을 상위 5퍼센트가 차지한다. 게다가 전체 소득 중 상위 20퍼센트에게 돌아가는 소득의 비율은 최근 30년간 급등해왔다(상위 20퍼센트가 차지하는 소득의 비율은 7퍼센트 증가한 반면, 하위 80퍼센트가 차지하는 비율은 감소했다). 시장 소득에 근거한 지니계수(정부 이전 소득을 제외한 세전 소득의 분포를 가늠하는 데 쓰이는 유명한 지표)는 같은 기간 크게 증가했다(도표 16-1 참조).

부의 불평등은 더욱 심하다. 상위 20퍼센트가 전체의 4분의 3에 달하는 가계 순 자산을 보유하고 있는데,[2] 이는 최근 20년간 무려 10퍼센트나 증가한 수치다. 이는 전체 부가 최상위 계층에 더욱 집중되는 반면, 저소득층과 중위소득층의 부채는 오히려 늘어나는 현상을 잘 보여준다.

소득과 부가 편중되어가는 와중에도 정부정책은 이러한 불평등을 크게 완화하는 역할을 해왔다는 사실에 주목할 필요가 있다. 정부 이전 소득을 포함해서 계산했을 때 지니계수는 과거 15년간 크게 변하지 않았고 세후소득으로 계산

표 16-1: 미국의 각 주별소득 불평등

종속변수	평균소득/중위소득 비율	지니계수
모형	1차 차분	1차 차분
고정 효과	연도	연도
연도	80', 90', 00', 10	80', 90', 00', 11
샘플의 크기	153	153
설명 변수:		
기술직 비율		
계수	0.0526	ns
p값(유의확률)	0.0005	ns
제조업 비율		
계수	-0.0098	-0.001
p값(유의확률)	0.0281	0.0085
노동가능인구 비율		
계수	ns	-0.0046
p값(유의확률)	ns	0.0005
대학 학위 소지자 비율		
계수	ns	0.0013
p값(유의확률)	ns	0.0341
미숙련 이민자 비율		
계수	0.0189	0.0016
p값(유의확률)	0.067	0.0013
고숙련 이민자 비율		
계수	0.0486	ns
p값(유의확률)	0.0332	ns
노동조합 가입률		
계수	ns	-0.0012
p값(유의확률)	ns	0
수정된 결정계수(R제곱)	0.191	0.753

주: ns는 통계적으로 유의하지 않음을 의미
출처: 총 인구조사Census, 미국 경제분석국, 미국 노동통계청, 무디스 애널리틱스

━━━ 시장소득	━━━ 세전소득	━ ━ 세후소득

출처: 미국 의회예산국, 무디스 애널리틱스

되는 지니계수는 과거 20년간 거의 일정했다. 수치로 드러나려면 시간이 다소 걸리겠지만 고소득자와 부유한 가구에게 세금 부담을 더 많이 안기는 방향으로 진행된 최근의 조세정책 변화는 불평등을 더욱 완화시켰을 가능성이 높다.

개인 지출을 토대로 측정한 가구소비의 분포 역시 상당히 편중돼 있지만(상위 20퍼센트의 소득자가 전체 소비의 절반 이상을 차지하고, 상위 5퍼센트의 소득자가 3분의 1에 달하는 소비를 차지한다), 지난 15년간 이런 편중현상이 더욱 심화되지 않았다는 점은 중요하다.[3] 금융 위기 이전에는 저소득층과 중위소득층이 부채를 늘려가며 소비를 늘려왔는데(레버리지), 금융 위기 이후 부채를 눈에 띄게 줄였음에도 불구하고(디레버리지) 소비 비중은 꾸준히 유지되고 있다.

불평등 설명하기

소득분포를 점점 더 불평등하게 만드는 힘들은 복잡하며 수치화하기도 어렵다. 무디스 애널리틱스의 모형 중 국민소득분포에 관한 결과를 보다 쉽게 표현하기 위해 다양한 계량경제 분석을 주州 단위로 진행했다. 주마다 불평등 정도가 크게 달랐기 때문에 더욱 세분화된 분석이 필요했다.

주마다 지니계수와 가계소득의 평균과 중앙값의 비율에 해당하는 평균소득/중위소득 비율을 산출했다. 10년 단위로 나눈(1980~1990, 1990~2000, 2000~2010) 각 기간 동안의 상관관계는 평균소득/중위소득 비율의 경우 평균 0.66인데 반해, 지니계수의 경우 평균 0.91로 훨씬 더 안정적이었다.

소득 불평등을 나타내는 이 두 가지 수치를 한꺼번에 설명하려는 단순횡단 모형Simple cross-sectional model은 통계적으로 중요한 요소들을 그다지 잘 보여주지 못한다. 하지만 예외적으로 실업률은 지니계수와 높은 상관성을 보였다. 이 사실은 우리의 직관에도 부합하고 그래프로도 명확히 드러난다(도표 16-2 참조).

불평등에 영향을 미치는 또 다른 요인들을 알아내는 데는 보다 장기간에 걸쳐 이 두 수치 변화를 측정한 1차 차분 모형First-difference model이 단순횡단 모형에 비해 더 효율적이다. 이 모형은 50개 주와 워싱턴 D.C.에 대해 1980년부터 2010년까지의 10년 단위 변화를(총 153회의 관측 결과) 샘플로 하는 패널 데이터에 근거한다. 또한, 각 해마다 고정 효과를 설정하여 주州 사이에서 매 10년간 발생하는 상대적 차이에 초점을 맞추도록 설계되었다. 회귀분석은 주별 인구에 가중치를 두어 이루어졌다.

주 단위의 모형에서 제조업 고용은 소득 불평등을 결정하는 데 한결같이 중요한 영향을 미치는 요인이다. 제조업은 대체로 좋은 중위소득 직업의 원천을 제공한다. 실직한 제조업 노동자들은 대체로 나이가 많고 다른 직군으로 옮기려는 경향이 적다보니 과거와 비슷한 수준의 직업을 찾기 힘들다. 제조업 고용은 세계화의 파도에 크게 휩쓸리기도 하는데, 최근 수십 년간 세계화는 미국의 제조업에는 악재로 작용하였다.

외국인 이민자들의 숙련도(외국 태생 이민자들의 교육 수준을 조사한 미국 지역사회 설문 조사의 마이크로 데이터에서 측정한) 또한 불평등에 큰 영향을 미친다. 특히 고등학교를 졸업하지 못한 저숙련 노동자가 차지하는 비율이 중요한데, 이 비율이 높을

표 16-2: 국민 소득 불평등

종속변수	평균소득/중위소득 비율	
추산 기간	1967년 1사분기에서 2014년 4사분기까지	
추산 방법	최소제곱법	
설명변수	계수	검정 통계량
상수	5.296	29.97
노동가능인구 비율	-0.061	-17.49
정보처리 장비에 관한 디플레이터의 성장	-0.025	-9.11
대비 순수출(수출-수입) 비율	-0.026	-7.19
전체 고용에서 제조업이 차지하는 비중	-0.011	-2.25
노동조합 가입률	-0.051	-8.48
실업률 갭(실제 실업률-자연 실업률)	0.006	1.91
조정 R-제곱	0.98	
더빈-왓슨 통계량	0.365	

주: 이 모델의 변수들은 공적분된 값이다. 이 모델은 소득 불평등에 관한 장기 모델이기 때문에 최소제곱법을 이용하여 추산하는 것이 가능하다.
주: 뉴이-웨스트Newey-west 표준 오차가 이용되었다.
출처: 총 인구조사Census, 미국 경제분석국, 미국 노동통계청, 무디스 애널리틱스

수록 저소득층의 소득 수준이 더욱 낮아지기 때문이다.

불평등에 영향을 주지만 그것을 측정하는 방식에 따라 달라지는 요인들에는 기술직 비율, 노동조합 가입률, 대학 학위 소지자 비율, 대학 학위를 가진 고숙련 이민자 비율 등이 있다(표 16-1 참조). 노동가능인구 비율 또한 불평등에 영향을 미친다. 퇴직자들이 소득은 적게 받고 자산은 계속 소비하면서 불평등이 악화되기 때문이다. 여기에는 인구 고령화 현상의 영향이나 인구 부양비의 변화도 반영될 것이다(부양비는 작을수록 경제 성장과 번영에 보통 긍정적으로 작용한다).

이러한 주 단위 모형에서는 인과관계를 어느 방향으로 설정해도 대개 의미가 통하지만, 몇몇 변수에 대해서는 인과관계가 특정 방향으로 명확히 드러나기도 한다. 극심한 불평등 때문에 제조업 고용이 감소하거나, 노동조합 가입률

도표 16-2: 불평등과 실업의 상관관계

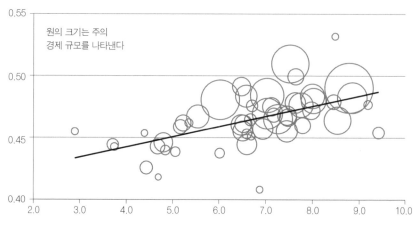

출처: 미국 노동통계청, 무디스 애널리틱스

이 감소하거나, 기술직의 비율이 낮아지거나, 혹은 노동가능인구 비율이 줄어들었다고 생각하기는 힘들다. 이러한 요인들이 반대로 불평등을 야기했다고 보는 것이 타당하다. 그에 반해 불평등과 외국인 이민자 혹은 교육 수준의 관계는 원인과 결과를 바꾸어 놓아도 그럴듯한 설명이 가능하다.

이런 요인들도 대개 유사한 관계를 나타낸다. 고숙련 이민자가 증가하면 평균소득/중위소득 비율이 높아지는 것으로 드러났고, 교육 수준이 높아지면 지니계수가 높아지는 것으로 드러났다. 두 경우 모두 보다 숙련된 노동자의 비율이 증가했을 때 불평등에 어떤 영향이 미치는지를 보여준다. 또한 두 경우는 기술 관련 산업에서의 고용 비율과 같은 기술적 요인의 변화와도 큰 관련이 있다.

요약하면, 주 단위 모형의 결과는 최근 수십 년간의 소득 불평등이 인구통계학적인 요소, 기술적인 변화와 세계화의 추세, 그리고 노동시장의 상황에 의해 발생한 것임을 알려준다.

국가 내 불평등

주 단위 모형은 소득 불평등을 일으키는 요인을 파악하는 데는 유용하지만 미래를 예측하는 데는 적합하지 않다. 많은 요인들의 경우 주 수준에서 예측하기란 쉽지 않으며, 기술적인 변화나 세계화와 같은 요소는 주 수준에서는 다루기가 힘들다. 무디스 애널리틱스의 국민소득분포 모형은 주 단위의 모형과 의미하는 바는 같지만, 주 단위 모형이 갖는 한계와 모형화 과정에서 여러 제약이 생긴다는 점에서 차이가 있다.

무디스 애널리틱스의 국가 단위 모형에서 소득 불평등은 평균소득/중위소득 비율을 통해 측정하고, 인구통계학적 요인이 불평등에 미치는 영향은 노동가능인구 비율을 통해서 측정한다(표 16-2 참조). 노동가능인구 비율은 이 모형에서 통계적으로 가장 유의한 요인이며, 미래에 불평등 수준이 변하는 데 중요한 역할을 한다.

기술적인 변화는 정보처리 장비에 관한 디플레이터(물가상승에 의한 효과를 배제하여 경제 통계량을 관측하기 위한 도구-옮긴이)의 변화를 통해 측정한다. 이 디플레이터에는 정보처리기술 분야에 발생하는 질적 변화가 반영된다.[4] 1990년대 말부터 2000년대 초에 걸쳐 일어났던 소위 '닷컴 버블Tech boom'로 인해 기술 수준이 폭발적으로 성장하면서 이 디플레이터의 값은 빠르게 감소했다. 최근 들어 디플레이터의 감소세는 거의 잦아들었고, 이는 다른 요소들과 달리 기술 발전의 속도는 많이 줄어들었음을 보여준다.

기술 변화의 속도는 디플레이터의 감소세를 통해 측정할 수 있는데, 기술이 빠르게 변화할수록 소득 불평등은 더욱 심해진다. 이 사실은 기술 발전이 중위소득층에게 이롭지 못하다는 증거와도 상통한다. 그들의 직업은 컴퓨터 코드가 대체할 수 있으며 이로 인해 직업을 잃은 사람들은 소득분포상 더 낮은 곳으로 내려가게 될 것이다. 그들에게는 높은 계층으로 올라가기 위해 필요한 기술력이나 교육 수준이 열악하기 때문이다. 반면, 컴퓨터 코드를 제작하는 사람들의 경우 기술과 교육 수준은 매우 높다.[5]

표 16-3: 불평등과 소비

	1980	2015
총소비 지출(조 달러)	1.7	12.4
가계소득에서 발생하는 소비 지출(조 달러)		
상위 20%	0.42	3.30
하위 80%	0.84	4.96
소득에 대한 한계소비성향	0.63	0.61
상위 20%	0.48	0.48
하위 80%	0.75	0.75
가계소득(조 달러)	2.0	13.5
상위 20%	0.9	6.9
하위 80%	1.1	6.6
가계의 부에서 발생하는 소비 지출(조 달러)		
상위 20%	0.41	4.09
하위 80%	0.00	0.00
부에 대한 한계소비성향	0.041	0.048
상위 20%	0.065	0.065
하위 80%	0.000	0.000
가계의 부(조 달러)	10	85
상위 20%	6	63
하위 80%	4	22

출처: 미국 경제분석국, 연방준비제도, 무디스 애널리틱스

소득 불평등에 대한 세계화의 영향은 GDP 대비 순 수출 비율과 전체 고용에서 제조업이 차지하는 비중으로 측정할 수 있다. 1980년대 초(미국이 무역흑자를 기록한 마지막 때)를 시작으로 미국 경제의 세계화는 더욱 가속되기 시작했다. 무역이 활발하게 이루어짐에 따라 미국의 무역 물류 기술과 운송 기술은 발전했고, 미국 경제는 전 세계를 향해 개방됐다. GDP 대비 무역적자 비율은 경제공황이 일어나기 전까지 기록적인 수준까지 크게 불어났다. 하지만 경제공황이 불어 닥치고 새로운 무역 계약을 체결할 수 없게 되자 미국 경제의 세계화는 정체되고 말았다. 게다가 미국의 제조업 기반은 이미 세계 경제와 완전히 통합된 상태이므로, 추가적인 세계화는 정보산업이나 다른 서비스 기반 산업에

도표 16-3: 실업률 갭과 불평등의 양의 상관관계

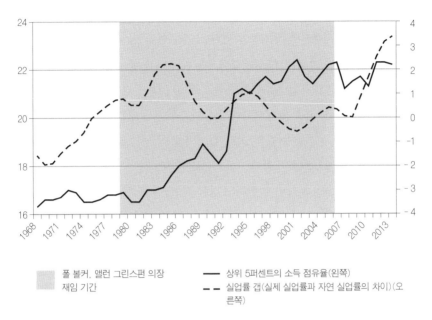

■ 폴 볼커, 앨런 그린스펀 의장
　재임 기간

—— 상위 5퍼센트의 소득 점유율(왼쪽)
- - - 실업률 갭(실제 실업률과 자연 실업률의 차이)(오
　른쪽)

출처: 총 인구조사, 미국 노동통계청, 무디스 애널리틱스

서 발생해야 할 것이다.

　노동시장 상황이 소득분포에 미치는 영향은 실업률 갭(실제 실업률과 자연 실업률의 차이)과 노동조합에 가입한 노동자의 비율을 통해 측정했다. 놀랄 것도 없이, 실업률 갭은 소득 불평등이 악화되던 1970년대 중반부터 2000년대 중반까지의 30년간 계속해서 양수 값을 기록했다(도표 16-3 참조).

　이는 감당할 수 없을 만큼 높았던 인플레이션을 진정시키는 데 집중할 수밖에 없었던 그 당시의 통화정책 탓이 크다. 당시 연방준비제도 의장이었던 폴 볼커는 치솟는 인플레이션 시대를 끝내기 위해 1980년대 초 극심한 불황을 유도할 수밖에 없었고, 뒤이어 의장을 맡은 앨런 그린스펀은 '기회주의적 디스인플레이션'이라는 정책 기조를 따랐다. 이 정책하에서 연준은 기대 인플레이션과 임금 인상 요구를 약화하기 위해 약해진 경제와 높아진 실업률에 천천히 대응했다. 인플레이션은 크게 줄어들었지만 이로 인해 저소득층과 중위소득층의 임금은 큰 타격을 입었다.

이 시기에 발생했던 노동조합의 붕괴로 인해 임금 협상에서의 갑의 위치는 노동자에서 고용자로 완전히 넘어갔다. 1960년대에 노동조합에 가입한 노동자 수는 전체의 약 4분의 1이었다. 이 비율은 1980년대에 로널드 레이건 당시 대통령이 항공관제사 조합을 해체하면서(노동조합에 큰 타격을 입힌 상징적인 사건) 5분의 1로 줄어들었다. 오늘날은 오직 10분의 1가량만이 노동조합에 가입한 상태이고, 이 비율은 최근 십여 년 동안 크게 변하지 않았다.

미숙련 및 고숙련 외국인 이민자에 관한 요인은(이는 주 단위 모형에서 소득 불평등을 일으키는 중요한 요인이었다) 예측상 어려움으로 인해 국가 단위 모형에서는 빠졌다. 게다가 이민자들의 숙련도가 점차 높아질 것으로 예상되면서 이 요인이 불평등 증가에 기여한 효과가 어느 정도 상쇄되기도 했다.

소비자의 지출 습성

부와 소득의 불평등이 잠재적으로 경제에 영향을 줄 수 있는 방식에는 몇 가지가 있다. 그중 가장 직접적인 경우가 총소비 지출과 저축을 통한 방식이다. 하지만 구체적인 원리를 알아내기는 쉽지 않은데, 저소득층 가구는 소득에 대한 소비성향이 높은 데 반해 부유한 가구는 부에 대한 소비성향이 높아서다. 그러다 보니 불평등이 어떻게 총소비와 총저축 습성에 영향을 주는지는 분명하지 않다.

이를 알아보기 위해 표 16-3에 나온 사고 실험을 생각해보자. (추후에 설명할) 무디스 애널리틱스의 소득 분위에 따른 소비 지출 방정식에 따라, 상위 20퍼센트와 하위 80퍼센트의 1980년(불평등이 증가하기 전)과 2015년의 소비 지출을 가계소득에 의한 부분과 가계의 부에 의한 부분(앞으로 부의 효과Wealth Effect라고 일컬을 것임)으로 분리했다. 소득과 부에 대한 한계소비성향은 소득 계층에 따라 차이를 보였는데, 소득에 대한 한계소비성향은 하위 80퍼센트 그룹이 훨씬 큰 데 반해, 부의 효과는 상위 20퍼센트 그룹이 확연히 큰 것으로 나타났다. 한계소비성향은 1980년과 2015년 사이에 변하지 않았다고 가정했다. 추후에 논의할 부분에 따르면 비록 연도에 따라 부의 효과가 크게 변했고, 특히 금융 위기 이후에는 크게 증가했다는 증거도 있지만 1980년과 2015년 사이에 한계소비성향은 변하지 않았다고 가정했다.

상위 20퍼센트 그룹과 하위 80퍼센트 그룹에 대해, 소득과 부에 대한 한계소비성향을 그들의 소득과 부로 곱하면 그들의 지출을 구할 수 있다. 그룹별 지출을 모두 더한 총소비 지출은 1980년 1조 7천억 달러에서 2015년 12조 4천억 달러로 증가했다.

만일 1980년과 2015년 사이에 각 소득 계층에 돌아가는 부와 소득의 비율이 변하지 않았다면 (즉, 부와 소득의 불평등이 더 이상 증가하지 않았다면) 어떻게 됐을지 생각해보자. 총소비 지출은 2015년 12조 달러로 크게 변하지 않았다. 이는 곧 1980년과 2015년 사이에 발생했던 불평등은 총소비 지출과 저축 습성에 거의 영향을 주지 않았음을 의미한다.

이 분석이 예상한 것보다 불평등이 소비를 더 많이 줄인다 하더라도, 이는 총저축이 늘어났음을 의미할 것이다. 길게 보자면, 완전고용과 저축의 증가는 더 많은 투자와 경제 성장을 가능케 한다.

이 분석으로부터 알 수 있는 또 다른 중요한 사실에 따르면, 경제 불황을 해결하려는 정책 입안자들은 저소득층에게는 세후 소득 수준을, 고소득층에게는 순 자산을 높여주는 정책을 만드는 데 집중해야 한다. 실업급여나 급여세 면세와 같은 이러한 재정정책은 금융 위기가 찾아왔을 때 실제 자극 조치로서 실행된 것들이기도 하다. 연방준비제도의 양적완화 프로그램 또한 주가와 주택 가치를 보호하면서 부유한 가구들에게 이득을 주어 경제를 부양시켰다.

소득에 따른 지출

불평등과 총소비 지출 및 저축의 관계는 비교적 약할 수 있으나, 무디스 애널리틱스에서는 둘 사이의 관계를 모형화했다. 소득 분위에 따른 소비 지출은 2014년까지 25년이 넘는 기간 동안 이루어진 미국 노동통계청의 소비자 지출 설문조사에 근거했다(표 16-4 참조).[6]

소득 분위에 따른 1인당 소비 지출은 (5분위로 나눈) 소득 분위, 주식 보유량, 주택 소유주 지분, 가계 채무상환 부담률에 의존하는 것으로 간주했다. 모델은 로그선형적[log-linear]이며, 각 소득 분위에 따른 고정 효과도 고려하였다. 분위에 따른 부와 소득의 크기는 총소득 및 부 그리고 평균소득/중위소득 비율에 의해 결정되기 때문에 모델상에서 부와 소득의 분포는 소비 지출과 연관이 있다.

세후 소득에 따른 한계소비성향은 예상대로 고소득층보다는 저소득층이 훨씬 더 높게 나타났다. 상위 20퍼센트 그룹의 한계소비성향은 0.48인데 반해, 하위 20퍼센트 그룹의 한계소비성향은 무려 0.86인 것으로 나타났다.

주가가 상위 20퍼센트 그룹에게 미치는 부의 효과는 0.094밖에 되지 않는다(이는 주가가 1달러 오를 때마다 9.4센트만큼 더 지출한다는 뜻이다). 모든 소비자를 대상으로 한 주가에 대한 총 부의 효과는 0.02에 가까운데, 이 결과는 다른 계량 경제적 방법으로 계산했을 때와 일치한다.[7]

상위 40퍼센트 소비자의 부의 효과 중 주택에 대한 효과는 0.07로 계산되었다. 같은 효과를 모든 소비자를 대상으로 계산한 값은 0.03이었다. 이 값은 금융 위기로 인한 주택 가격 폭락이 일어나기 이전의 데이터를 따랐으나, 주택에 의한 부의 효과에 대한 다른 추산치보다는 작다.

채무상환부담(가계가 채무불이행 상태를 피하기 위해 채무를 상환하는 데 쓰는 비용의 세후 소득에 대한 비율)은 하위 20퍼센트 그룹에 한해서 소비 지출에 영향을 미치는 것으로 나타났다. 금융 위기가 발생하자 대규모 차입을 통해 소비 수준을 유지했던 가계들이 부채를 대거 상환했던 사실을 감안하면, 채무 부담이 지출에 별다른 영향을 미치지 않는 것으로 드러난 점은 놀랍다. 가계의 금융 스트레스에 관해

표 16-4: 소득 분위에 따른 소비 지출

종속변수	소비자 1인당 지출	
추산 기간	1987년~2014년	
추산 방법	1단계 가중행렬을 이용한 선형추산	
설명변수	상수	검정 통계량
상수	3.044	19.370
1인당 소득, 하위 0퍼센트~하위 20퍼센트	0.861	21.840
1인당 소득, 하위 20퍼센트~하위 40퍼센트	0.759	24.710
1인당 소득, 상위 60퍼센트~상위 40퍼센트	0.743	30.210
1인당 소득, 상위 40퍼센트~상위 20퍼센트	0.622	9.350
1인당 소득, 상위 20퍼센트~상위 0퍼센트	0.485	8.080
주식자산, 하위 0퍼센트~하위 20퍼센트	0.094	4.600
채무상환부담, 하위 0퍼센트~하위 20퍼센트	-0.023	-1.890
주택자산, 상위 40퍼센트~상위 20퍼센트	0.072	1.650
고정효과, 하위 0퍼센트~하위 20퍼센트	-0.733	
고정효과, 하위 20퍼센트~하위 40퍼센트	-0.412	
고정효과, 상위 60퍼센트~상위 40퍼센트	-0.349	
고정효과, 상위 40퍼센트~상위 20퍼센트	0.252	
고정효과, 상위 20퍼센트~상위 0퍼센트	1.250	
수정된 결정계수(R 제곱)	0.995	
더빈 왓슨 통계량	0.733	

주: 이 모델의 변수들은 공적분된 값이다. 이 모델은 소득 불평등에 관한 장기 모델이기 때문에 최소제곱법을 이용하여 추산하는 것이 가능하다.
주: 뉴이-웨스트 표준 오차가 이용되었다.
출처: 총 인구조사, 미국 경제분석국, 미국 노동통계청, 무디스 애널리틱스

소비 지출과 관련이 있을 만한 다른 수치들을 무디스 애널리틱스 모델에서 찾아보았지만 발견되지 않았다.

도표 16-4: 부유한 지역은 점점 더 부유해지는 현상

───── 상위 5퍼센트 소득/중위소득   ─ ─ 중위소득/하위 5퍼센트 소득

출처 : 미국 경제분석국, 무디스 애널리틱스

공공지출

부와 소득의 불평등이 교육과 기반 시설에 대한 공공지출을 억제하는 경우 경제 성장을 저해할 수도 있다. 국민들의 교육 수준은 장기적인 경제 잠재력과 생산성에 중요한 요소다. 고속도로, 상하수도 체계부터 통신 네트워크, 항공관제 시설까지 모든 기업과 가구가 누리는 기반시설의 품질 또한 중요하다.

그러나 소득 불평등과 공공기반시설, 경제 잠재력, 생산성 사이의 연관성을 찾기란 쉽지 않다. 세금 납부를 탐탁지 않아 하는 부자들이 정책 입안에 영향력을 발휘해 이러한 공공재에 대한 정부 투자를 줄이려 하는 것일까? 어차피 대부분의 부자들은 자녀를 사립학교에 보내며, 거리의 쓰레기 문제와 별 상관이 없으며, 공항에서 남들처럼 긴 줄을 기다릴 필요도 없다. GDP 대비 정부 세입이 차지하는 비중이 장기적으로 일정할 때, 이런 사실을 밝혀내고 수치적으로 분석하는 것은 거의 불가능하다.[8]

표 16-5: 고소득층 저축의 큰 변화

	개인 저축률					개인 저축률 변화량			
	버블 이전 1990-94	주식 버블 1995-99	주택 버블 2000-07	금융 위기 2008-2009년 2사분기	회복기 2009년 2사분기-2015년 3사분기	1995-99 vs 1990-94	2000-07 vs 1995-99	2008-2009년 2사분기 vs 2000-07	2009년 2사분기-2015년 3사분기 vs 2008-2009년 2사분기
전체	10.2	7.1	3.0	9.9	8.7	-3.0	-4.2	7.0	-1.2
소득분포상의 위치									
소득: 하위 0%~하위 40%	5.7	6.7	3.0	3.8	4.8	1.0	-3.8	0.8	1.0
소득: 하위 40%~하위 60%	4.6	3.0	-0.3	2.5	5.6	-1.6	-3.3	2.8	3.1
소득: 상위 40%~상위 20%	6.1	3.3	0.0	2.9	6.5	-2.8	-3.3	3.0	3.5
소득: 상위 20%~상위 5%	10.1	6.4	1.7	7.3	9.9	-3.7	-4.7	5.6	2.6
소득: 상위 5%~상위 0%	17.5	12.4	6.7	19.2	11.0	-5.2	-5.6	12.4	-8.2
	저축(십억 달러)					저축 변화량(십억 달러)			
전체	483.0	435.3	269.1	1127.7	1060.9	-47.6	-166.2	858.6	-66.8
소득분포상의 위치									
소득: 하위 0%~하위 40%	27.6	43.2	20.7	40.8	58.0	15.6	-22.5	20.1	17.2
소득: 하위 40%~하위 60%	27.5	24.0	-8.3	33.1	76.3	-3.6	-32.3	41.4	43.2
소득: 상위 40%~상위 20%	59.7	40.3	-2.9	61.0	143.6	-19.4	-43.2	63.9	82.6
소득: 상위 20%~상위 5%	126.1	100.4	34.8	190.6	303.2	-25.6	-65.6	155.8	112.6
소득: 상위 5%~상위 0%	242.0	227.4	224.7	802.1	479.7	-14.7	-2.7	577.4	-322.4

주: 소득에 따른 개인 저축률을 추산하는 데 쓰이는 방법론에 대한 상세 정보는 별도 요청 시 이용가능하다.
출처: 미국 경제분석국, 연방준비제도, 무디스 애널리틱스

아니면 불평등이 주 단위로 거두어들인 재산세를 골고루 재분배하지 못해 공교육 부문을 제대로 지원하지 못하는 것일까? 재산세는 공교육에 있어 매우 중요한 재원이며, 지역에 따른 부와 소득의 분포는 점점 더 불평등해졌다. 미국에서 가장 부유한 상위 5퍼센트 지역과 상위 50퍼센트 지역의 1인당 소득의 비율은 1970년대 말 이래로 꾸준히 증가해왔다(도표 16-4 참조). 이는 부유한 지역의 소득 수준과 나머지 지역의 소득 수준 격차가 벌어짐을 의미한다. 한편 상위 50퍼센트 지역과 하위 5퍼센트의 1인당 소득의 비율은 1990년까지 감소함에 따라 저소득층이 중위소득층의 소득 수준을 얼마간 따라잡은 것으로 보였는데 최근 20년 동안은 상황이 추가적으로 나아지지는 않았다. 하위 그룹 내에서의 불평등은 최하위 계층이 나머지를 따라잡기 힘들게 만들었다. 상위 그룹 내에서의 불평등은 계속 증가하고, 하위 그룹 내에서의 불평등은 고착 상태에 있는 최근 흐름이 국민소득 불평등의 추세를 보여준다.

미국 내 지역 간 학업 성취도의 차이 또한 점점 더 벌어지고 있다. 부유한 지역은 보다 높은 성취도를 보이는 것으로 나타나며 이 경향은 시간이 흐름에 따라 더욱 심해졌다. 이 사실은 1990년과 2000년에 시행한 인구 총조사와 2010년에 시행한 미국 지역 설문조사에 근거한 지역별 1인당 소득 및 대학 진학 성과 데이터를 보면 확실히 알 수 있다(도표 16-5 참조). 이 사실은 2000년 조사 당시 1인당 소득이 더 높았던 지역에서 이후 10년간 25세에서 34세 사이 대학 학위 소지자 비율이 더 크게 증가했음을 보여준 회귀모형으로부터도 알 수 있다.

그러나 불평등과 지역의 교육 수준 사이의 인과관계는 양방향 모두 설명 가능하다. 부유한 지역의 가정은 더 많은 아이들을 대학에 보내기 때문에 그 지역은 대학 교육을 받은 노동자들을 더 많이 배출하여 더 빠른 경제 성장을 이룬다는 것이다. 이런 관계를 제대로 풀어내는 것이 문제이며, 교육 수준이 생산성과 경제적 잠재력에 구체적으로 얼마나 많은 영향을 미치는지 알아내는 것은 더욱 어려운 문제다.

계량 경제학적인 면에서 쉽지 않은 문제들이기는 하나, 무디스 애널리틱스 모형에서 교육 수준은 평균소득/중위소득 비율로 어느 정도 설명 가능하다. 모

도표 16-5: 소득 수준과 학력의 상관관계

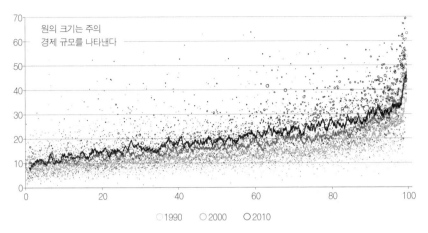

출처 : 인구 조사국, 무디스 애널리틱스

형에 따르면 교육 수준은 생산성을 증가시키고 경제의 장기 성장을 이끈다. 평균소득/중위소득 값이 늘어나면 학업 성취도의 성장은 지체되며, 따라서 생산성과 장기 성장 잠재력 또한 둔화된다.

금융 안정성

불평등과 경제 상황은 금융 시스템을 통해 서로 연관될 수 있다. 최근 금융 위기의 가장 큰 원인은 바로 주택 버블이 한창일 때 이루어진 저소득층의 막대한 차입이라는 점에는 이견이 없다.

이런 레버리지 사태는 금융 붕괴가 일어나기 직전 개인 저축이 급격히 줄어든 사실에서도 확연히 드러난다. 연방준비제도의 소비자금융조사와 미국 금융계정의 데이터를 이용해 소득 수준에 따른 개인 저축률을 계산한 결과, 2000년대 초들어 모든 소득 계층의 저축이 급격하게 줄어든 것으로 나타났다(표 16-5 참조). 하위 80퍼센트는 사실상 저축을 안 한 것이나 다름없었고 중위소득에 해당하는 계층에서는 저축이 오히려 줄어들었다. 즉, 대출을 하고 자산을 매각해가면서 소득보다 더 많이 소비하고 있었다는 것이다. 과거의 경제 대공황을 연상시킬 정도의 속도로 부채가 쌓였다.

저축과 대출에 관한 사람들의 이러한 습성이 부와 소득의 불평등이 늘어나는 것과 정말 관련이 있는 것인지 확신하기는 힘들다. 혹자는 정말 필요보다는 과시에 의한 소비가 과도하게 이루어졌다고 생각하기도 한다. 잘사는 이웃에 뒤처지지 않으려고 저소득층이 재정 상태를 위기에 몰아넣으면서까지 소비 수준을 유지했다는 것이다. 하지만 실증적인 연구결과 그런 심리가 작용했다고 밝혀진 부분은 없었다.[9]

또 하나의 가능성은 80년대와 90년대를 거치며 늘어난 불평등이 대출에 제약을 받는 가구를 양산했다는 것이다. 금융 위기가 닥치기 전 대출 기관들이 보험 가입 기준을 크게 완화함에 따라 2000년대에 대출은 눈에 띄게 용이해졌다. 이로 인해 저소득층의 차입이 어마어마하게 증가했고 이는 결국 금융 시스템의 엄청난 불안정성을 초래했다.

금융 위기가 경제에 끼친 피해는 이루 말할 수 없을 정도였다. 다시 완전고용 상태로 돌아오는 데 10년 가까운 세월이 걸렸고, 경제 규모는 침체를 겪기 전보다 작아졌다. 침체기를 겪으며 생산성과 노동력이 저해되다 보니 경제 잠재력은 크게 떨어졌다.

금융 위기 대응 과정에서 금융 시스템에 대한 여러 규제 방안이 신설됐고 당분간 대규모의 레버리지 때문에 비슷한 금융 위기가 찾아올 가능성은 많이 줄었다. 도드-프랑크Dodd-Frank 규제개혁은 국가 은행이 더 많은 자본을 소유하고, 더 유동적이고, 더 신중하게 대출해줄 것을 요구했다. 저소득층이 경제 위기 이전처럼 쉽게 대출 받기는 어려워졌다.

물론, 낮은 규제 수준의 그림자 금융이 빠르게 진화하면서 어떻게 하면 저소득층에게 더 많은 신용을 부여할 수 있을지 고심하고 있을 것이다. 불평등이 계속 심화되는 와중에 이러한 사태가 진행되어 신용에 굶주린 가구들이 유혹받는 일이 늘어난다면 머지않아 또 한 번의 금융 위기가 닥쳐올 수도 있다.

이러한 시나리오는 1인 가구 미상환 주택융자, 미상환 회전 신용, 미상환 비회전 신용에 관한 무디스 애널리틱스의 방정식으로부터 유도할 수 있다. 평균소득/중위소득 값은 방정식 내 연방준비제도의 고위 여신심사역 설문조사 Federal Reserve's Senior Loan Officer Survey 결과로부터의 보험 가입 기준과 연관이 있다. 불평등이 심해지는 와중에 기준이 완화되면 가계 부채의 증가 속도는 더 커진다. 이로 인해 채무상환부담이 상승하면 결과적으로 더 많은 채무불이행자들과 금융 시스템의 손실을 불러올 수 있다.

대부분의 상황에서 불평등은 신용의 성장, 금융 시스템의 건전성, 그리고 경제 상황에 별다른 영향을 끼치지 않는다. 하지만 불평등의 심화가 부실한 대출 조건과 만나는 경우에는 신용의 확대를 촉진하고 가계 차입을 늘리게 되면서 큰 여파가 생길 수도 있다.

커지는 경기순환의 폭

불평등은 더욱 불안정한 경기순환을 유발한다. 즉, 불황이 더 자주 닥치는 것이다. 소득이 높고 순 자산이 많은 가계들이 경기 순행적으로 저축을 하면 이런 일이 생긴다. 그들은 침체기에는 소비는 줄이고 저축을 늘리는 반면, 회복기에는 저축을 줄이고 소비를 늘린다.

이러한 습성은 표 16-5에 나타난 저축률 데이터에서 잘 드러난다. 전체 개인 저축의 상당 부분을 차지하는 상위 5퍼센트 가구는 기술관련 주 버블과 주택 버블이 있었던 1990년대에 현저하게 낮은 저축률을 기록했다. 1990년대 초와 2000년대 초 사이 그들의 저축률은 10퍼센트 넘게 하락했다.

금융 위기로 큰 타격을 입은 고소득층은 큰 폭으로 소비를 줄이고 저축을 늘리며 위기에 대비했다. 그들은 20퍼센트 가까운 소득을 저축을 늘리는 데 사용했다. 급격한 침체기의 이면에는 저축과 소비가 차지하는 비율의 이러한 역전 현상도 존재했다.

표 16-6: 변화하는 부의 효과

	단순 모델		대도시에 집중한 모델	
	2008년 이전	2007년 이후	2008년 이전	2007년 이후
주식자산	0.016	0.117	0.036	0.140
	(4.26)	(22.46)	(10.90)	(53.20)
주택 가치	0.092	0.051	0.126	0.053
	(9.91)	(6.08)	(14.79)	(6.52)
소득	0.523	0.591	0.619	0.603
	(14.03)	(7.41)	(3.07)	(12.76)
상수	8.851	7.341	12.704	7.023
	(24.68)	(8.13)	(28.34)	(14.03)
관측 횟수	12448	10500	12448	10500
대도시 내에서의 R 제곱	48.8%	60.2%	84.0%	77.5%

2008년 이전은 2000년 1사분기부터 2007년 4사분기까지의 기간을 의미한다.
2007년 이후는 2008년 1사분기에서 2014년 4사분기까지의 기간을 의미한다.
두 모델 모두 398개의 대도시를 대상으로 하였다.
t 검정 통계량은 괄호 안에 표시했으며, 임의의 주 단위 상관관계에 대해 통계적으로 일정했다.
모든 변수는 가구당 측정값에 로그를 취했다.
출처 : 미국 경제분석국, IXI, 총 인구조사, 무디스 애널리틱스

　이후에 경제가 회복되는 데에는 고소득층이 안정성을 되찾은 덕분이 크다. 그들의 저축 수준은 예전 수준으로 돌아왔다. 그에 비해 다른 소득 계층은 침체기를 겪으며 차입을 크게 줄이느라 저축이 계속해서 증가했다. 모든 소득 계층에 대한 총저축률은 경제 침체를 겪고 난 이후 아주 작은 폭으로 감소했다.

　부유층에 의해 생긴 저축의 주기성은 부의 효과와도 관련이 깊다. 자산 가치의 변동이 그들로 하여금 얼마나 소비하고 저축할지에 큰 영향을 주기 때문이다. 이러한 경향은 최근 들어 특히 강하게 나타난다. 베이비붐 세대가 은퇴를 하거나, 은퇴를 앞두면서 부의 효과가 이전에 비해 크게 나타나기 때문이다. 좋은 주식을 보유할수록 은퇴 이후 더 나은 재정 상태를 꾸릴 수 있기 때문에 베이비붐 세대의 소비와 저축은 주가 변동에도 큰 영향을 받는다.

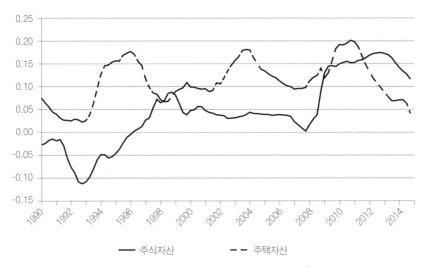

도표 16-6: 일정하지 않은 부의 효과

출처 : IXI, 연방준비제도, 총 인구조사, 무디스 애널리틱스

주식자산　　　주택자산

도표 16-7: 정점을 찍은 뒤 다시 감소하는 총 부의 효과

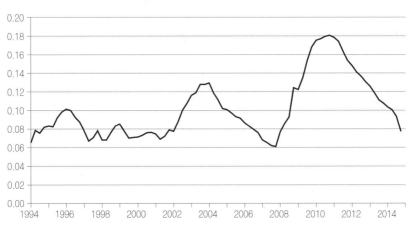

출처 : IXI, 연방준비제도, 총 인구조사, 무디스 애널리틱스

금융 위기 이후 주식에 의한 부의 효과가 높게 나타난 것은 계량경제 분석을 통해 명확히 확인할 수 있다. 대도시의 소비 함수는 소매업 총 인구조사Census of Retail Trade와 소매업 고용 자료에서 얻은 데이터로부터 추산하였다. 주식, 고정 수익자산, 예금을 포함한 대도시의 금융자산에 관한 정보는 미국 최대 금융기관인 에퀴팩스 사의 IXI 서비스로부터 얻었다. 대도시의 주택 소유주 지분은 에퀴팩스 신용정보국의 주택 가격, 주택 공급량, 융자 채무 데이터들에 근거해 추산하였다.[10]

금융 위기 이전의 데이터에 근거한 주식에 의한 부의 효과는 모형에 따라 다르지만 0.016에서 0.036 사이인 것으로 나타났다(표 16-6 참조). 이전에 언급했듯이 이 값은 전체 소비 지출의 절반가량을 차지하는 소매 지출을 조정한 무디스 애널리틱스 모형의 값과도 비슷하다. 금융 위기 이후 주식에 의한 부의 효과는 대폭 증가하여 0.117에서 0.140의 범위를 보였다. 놀라울 것도 없이, 주택에 의한 부의 효과는 금융 위기를 전후로 거의 반토막이 났다. 주택 소유주들은 집값 급락의 역풍을 맞으면서 주택을 팔아 금융자산을 사들이지 않았던 잘못을 깨달아야만 했다. 그들에게 주택자산대출 및 현금차입형 재융자 기준은 더욱 까다로워졌다.

금융 위기 전후를 나누는 기준을 임의로 2007년 말로 정한 것은 문제라는 비판도 있다. 금융 위기의 본류는 2008년 중반에 이르러서야 밀려왔지만 주택 가격은 2006년 초에 이미 정점을 찍었다. 이러한 비판을 수용하면서 총 28개 분기의 소비 함수에 대한 이동 회귀분석을 실시했다. 이 기간은 최근 들어 경제가 다시 확장 국면에 접어든 때에 해당한다.

경제 침체 이전에는 (90년대 말 기술 관련주 버블이 일었던 잠깐 동안을 제외하고는) 주택에 의한 부의 효과가 주식에 의한 부의 효과보다 항상 컸다(도표 16-6 참조). 그런데 최근 몇 년간 주식에 의한 부의 효과는 사상 최대치에 가깝게 상승해 주택에 의한 부의 효과보다 커졌다. 이와 대조적으로 주택에 의한 부의 효과는 90년대 이래로 최저값을 기록했다.

주식과 주택에 의한 효과를 종합한 총 부의 효과는 금융 위기 이후도 크게 요동쳤다. 2010년 말 정점을 찍었을 때, 소매 지출에 따른 총 부의 효과는 0.18에 달했다(도표 16-7 참조). 여기에는 2004년 초 이후 28개 분기 데이터가 모두 포함되었으며, 주택 버블과 주택 가격과 주가 폭락 역시 반영되었다. 이후 총 부의 효과는 0.08까지 감소하여 주택 버블이 발생하기 십여 년 전 값과도 거의 비슷해졌다.

부자들이 경기순행적으로 소비하는 습성은 금융 위기 이후로 급격한 변동성을 지니게 된 자산 가격 때문에 억제된 부분도 있다. 높은 가치 평가와 세계 경제 및 외환 거래의 높은 변동성의 영향을 크게 받으며 주식시장의 변동성 또한 크게 고조됐다. 자산시장은 보다 덜 유동적인 거래의 영향을 받은 것으로 보인다. 금융 위기 이후로 규제가 강화되고 자본 유동성에 제약이 생기면서 대형 은행들은 증권 중개업무를 크게 축소했다. 이는 고정수익자산 시장에 특히 잘 드러난다. 경제적 기반의 변화는 주식, 채권, 통화, 상품시장에 더 큰 변동을 가져다주는 것으로 보인다.

요즘처럼 경제가 낮은 잠재성장률을 기록할 때 경제의 순환성이 늘어나면 경제가 불황을 겪을 가능성도 더 높아진다. 베이비붐 세대의 은퇴가 시작됨에 따라 노동력 감소로 인한 잠재성장률의 둔화는 어느 정도 예상했지만 오랫동안 생산성의 성장이 약화되는 것은 충격적인 결과였다.

아직까지도 금리 하한이 0에 가까운 수준에 머무르다 보니 생산성에 비해 약한 기반을 강화하기 위해 통화정책을 쓰는 데에도 제약이 있다. 그러다 보니 양적완화나 마이너스 금리 같은 재정정책의 효과는 크게 줄어든다. 미국의 높은 연방정부 부채와 부패한 정치 환경은 재정정책을 통해 경제 문제를 해결하는 것을 더욱 힘들게 만들었다.

경기의 악순환이 더 빈번한 불황을 가져온다면 불평등은 더욱 악화될 것이다. 저소득층과 중위소득층은 미진한 교육 수준과 함께 더욱 위축될 것이며, 금융 기반은 약화되어 더 불안한 신용 상태를 초래할 것이다. 그렇게 경제는 악순환의 고리에 빠지게 될 수도 있다.

무디스 애널리틱스 모형이 주식과 주택에 의한 부의 효과나 자산 가격의 변

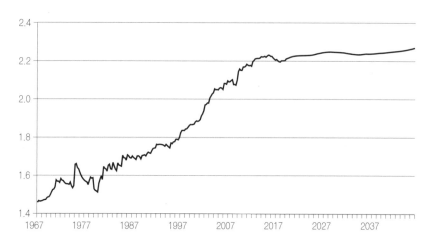

출처 : 미국 노동통계청, 무디스 애널리틱스

동이 가져오는 효과 같은 복합적인 역학관계를 다루기 위해 설계된 모형이 아니다 보니 이러한 요인들을 모두 고려하기는 아주 힘들다. 연방준비제도와 재정정책 입안자들이 미래에 닥쳐올 불황에 어떤 방식으로 대처할지 예상하기도 매우 어렵다. 대신 이런 복잡한 관계들이 내포하는 의미를 발견하기 위해 이 모형은 여러 가지 다른 시나리오에 대한 시뮬레이션을 반복한다.

정점에 달한 불평등

부와 소득의 불평등과 부정적인 경제 상황이 더 진행될 것이라는 비관적인 전망도 많다. 과거 30년간의 추세를 토대로 경제 침체 이후를 내다본다면 미래에 비관적인 견해를 갖기가 더 쉬워진다. 스스로의 재정 상태와 국가의 분열된 정치 상황을 어떻게 바라보는지를 조사한 설문 결과 드러난 사람들의 깊은 불안은 이러한 비관을 어느 정도 반영하고 있는 듯하다.

이러한 걱정은 과한 면이 있다. 불평등이 이미 정점에 달했다는 전망이 있기 때문이다. 즉, 부와 소득의 불평등은 수십 년 후에도 더 이상 악화되지는 않을 것으로 보인다. 가진 자와 가지지 못한 자의 격차가 크게 좁혀지지는 않을지언정 더 벌어지지는 않을 것이다.

베이스라인 시나리오라고 일컫는 가장 그럴듯한 가정들로 이루어진 시뮬레이션 결과에 따르면 평균소득/중위소득 값은 앞으로 거의 일정할 것으로 보인다(도표 16-8 참조). 베이비붐 세대가 은퇴함에 따라 노동가능인구 비율이 지난 15년간 꾸준히 감소했음에도 불구하고 그렇다. 다른 요인들에 변함이 없다면 젊은 층에 의존하는 세대들의 증가 자체는 불평등을 악화할 것이다.

기술의 급격한 발전도 불평등을 심화시킨다. 단순 반복적인 일을 하는 중위소득 직업이 점점 사라지면서 직장을 잃은 노동자들은 더 낮은 계층으로 전락하고 말 것이다. 정보처리 설비에 관한 디플레이터로부터 계산한 기술 변화의 추세는 오늘날보다 미래에 더욱 가팔라질 것이다. 최근 들어 크게 변하지 않았던 디플레이터는 향후 30년간 매년 약 5퍼센트씩 감소할 것으로 추정된다. 이 값은 90년대 닷컴 버블 기간에 기록한 10퍼센트에서 15퍼센트의 연간 감소폭에는 못 미치지만 여타 기간과 비교했을 때 매우 가파른 수치다.

베이비붐 세대의 은퇴와 기술 발전이라는 부정적인 영향도 있지만 세계화와 관련된 요인들은 긍정적인 효과를 일으킬 것으로 보인다. 미국은 GDP 대비 무역 적자를 점차 줄여가고 있고, 총고용 중 제조업이 차지하는 비율은 안정화되고 있다.

세계적 경쟁의 여파로 생길 수 있는 부작용으로부터 사실상 자유롭다는 점도 이러한 낙관론을 뒷받침한다. 다양한 산업의 많은 기업들이 오래전부터 해외에 진출해 시행착오를 겪어왔다. 지금까지 활동 중인 여러 기업들은 기술적으로나 가격적으로나 세계 시장 곳곳에서 매우 높은 경쟁력을 갖추고 있다.

게다가 미국 경제는 앞으로 크게 성장할 것으로 보이는 세계 서비스 산업시장에 대한 만반의 준비를 갖추고 있다. 서비스시장이란 미디어, 연예산업부터 교육, 금융, 경영컨설팅을 비롯한 전문 업종을 모두 포함한다. 미국은 이러한 분야에 오래전부터 몸담아왔으며, 빠른 속도로 성장하는 개발도상국도 이런 상품들에 대한 소비 욕구와 구매 여력이 생겼다. 서비스 산업이 해외에 진출하면서 미국에 좋은 일자리가 새롭게 양산되고 있다.

세계화에 따른 이러한 낙관은 정책 입안자들이 환태평양경제동반자협정 TPP이나 범대서양무역투자동반자협정TTIP과 같은 새로운 무역협정을 얼마나 잘 체결하는가에 크게 좌우된다. 최근 미국의 정치 상황에서 다소 정체되고 있는 이러한 협정은 해외 수출이 빈번한 미국 기업의 재산권을 보호하는 데 있어 특히 중요하다.

앞으로 구직자 수가 구인자 수보다 적어질 것이라는 점도 불평등 완화에 호재로 작용한다. 인플레이션, 디스인플레이션, 디플레이션 모두 금융 위기 이후로 계속해서 낮은 수치를 기록하면서 연방준비제도는 그때그때 상황에 맞게 통화정책을 실시해왔다. 연준이 통화정책을 정상화하기 시작하는 한편, 정책 입안자들은 금리를 조금씩 인상하여 경제가 완전고용 상태에 접어들면 금리는 완전히 정상화될 것임을 선언했다. 가까운 미래에 실업률 갭은 음수를 기록할 것이다(즉, 실제 실업률이 자연 실업률보다 낮아질 것이다).

베이비붐 세대의 은퇴로 인해 미국의 노동력은 향후 15년간 예외적으로 더디게 성장할 것이며 오랫동안 구직자 수는 구인자 수를 밑돌 것이다. 충분한 외국인 이민자들이 유입되도록 이민법이 적절히 정비되지 않는다면 부족한 노동력은 문제가 될 것이다. 노동조합 가입률이 크게 변하지 않는다면 노동력 부족 현상은 제조업, 건설업, 운송업에 특히 큰 타격을 입힐 것이다. 과거 30년간 고용자에게 기울어져 있었던 노동자와 고용자 간 힘의 균형은 훨씬 대등해질 것이다. 장기적인 불평등이 지속되던 시대는 이제 끝났다.

거시경제적으로 무산된 사건?

몇몇 국가들이 실제로도 겪고 있는 정도의 극심한 불평등은 경제를 약화시킨다는 증거가 있다. 하지만 미국의 경우 그 정도로 불평등이 심하지는 않은 것으로 보인다. 최근 수십 년간 소득과 부가 편중되었음에도 불구하고 이로 인해 미국 전체의 경제 성장이 크게 지체되지는 않았고 앞으로 마찬가지일 것이다.

물론 이는 불평등이 이미 정점에 달했다는 전망으로부터 도출된 결과다. 보다 냉정한 관점으로 앞으로 불평등이 계속 진행되리라 본다 해도, 이로 인해 경제의 장기적 잠재성장률이 크게 타격을 입을 것이라는 증거는 없다. 이를 확인해보기 위해 과거 30년 동안의 추세와 동일하게 향후 30년간 평균소득/중위소득 값이 증가한다고 가정해서 무디스 애널리틱스 모형을 시뮬레이션했다. 불평등의 심화를 의미하는 요인에 대해서는 어떤 뚜렷한 결과도 나타나지 않았다.

시뮬레이션 결과에 따르면 2045년 기준 실질 GDP는 베이스라인 시나리오에 비해 약 3억 달러 낮았다. 실질 GDP가 향후 30년 동안 13조 달러 가까이 늘어난다고 했을 때 불평등이 완화되지 않음으로써 낮아지는 실질 GDP의 크기는 전체의 1퍼센트도 되지 않는다. 이 효과는 낮아진 교육 수준이 생산성과 경제 잠재력에 영향을 미친 탓이 크다. GDP 하락분의 대부분은 저소득층이 소비 지출을 줄임으로써 발생한 것이다.

암울한 시나리오

시뮬레이션은 낙관적인 결과를 보여주긴 했지만 미국 경제에 관해 암울한 시나리오를 그리는 것도 얼마든지 가능하다. 알 수 없는 이유로 80년대에 기록했던 평균소득/중위소득 값과 비슷한 수준의 불평등이 향후 10년간 계속된다고 생각해보자. 이 시나리오에 따르면 경제는 2020년대 초반 또다시 불황을 겪게 된다. 금융 위기 이후 주식에 의한 부의 효과가 크게 상승했던 점을 고려하여, 이 시나리오에서는 무디스 애널리틱스 모형에서 가정했던 것보다 주식에 의한 부의 효과를 더 크게 가정하였다.

다시금 발생할지도 모르는 2020년대 초반의 불황은 시기적으로 전형적인 경기순환 주기와도 들어맞는다. 지금과 같이 적응형 통화정책이 계속된다면 경제는 머지않아 완전고용 상태에 접어들 것이며, 이로 인해 임금과 물가는 상승 압박을 피할 수 없을 것이다. 자본시장에 호재가 거듭되고 대출 기관이 대출 조건을 완화하면서 자산 가격은 크게 상승하고 신용도 확대될 것이다. 연준은 인플레이션과 기대 인플레이션의 변동을 염려하여 금리를 인상할 것이고, 2020년대가 다가오면 국채 수익률 곡선은 꺾일 것이다. 자산 가격과 신용에 위협을 가하는 외부적인 쇼크가 발생하고 나면 예외 없이 불황은 찾아오기 마련이다.

소득 불평등이 심할수록 그에 따른 불황도 더욱 깊어진다. 고소득층은 자산 가격 급락에 대응하여 소비를 줄이고, 저소득층은 큰 빚을 떠안게 된다.

금리는 빠르게 감소하여 단기금리 하한의 경우 또다시 0 근처로 떨어진다. 무디스 애널리틱스 모형에서는 단기금리 하한에 이어 장기금리 하한 또한 0에 가깝게 떨어졌을 때 시행될 양적완화를 고려했다. 하지만 그러한 통화정책의 효과는 그리 오래가지 않을 것이다. 재정정책 역시 정부 지출과 세금정책을 통한 자동안전장치에 한정했다. 금융 위기 동안의 재정부양책 사용을 둘러싼 정적인 정치를 감안하여, 이 시나리오는 정책 입안자들이 아무 부양책도 시행하지 않을 것이라고 가정했다.

불황 후 회복기를 맞이하더라도 경제는 이미 큰 쇠퇴를 겪은 상태다. 지금으로부터 십여 년 이후 실질 GDP는 베이스라인 시나리오에 비해 2.6퍼센트 낮은 수준에 머물 것이다. 이는 매우 암울하지만 가능성 있는 시나리오다.

결론

최근 들어 더욱 심해진 빈부 격차는 많은 미국인에게 가장 불안한 경제 문제 중 하나다. 따라서 경제 시스템에 대한 공정성과 서민들의 경제 상황을 개선할 수 있는 능력을 향한 바람도 늘어나고 있다.

한편 많은 거시경제학자들은(최소한 경제 전망에 관심 있는 사람들조차) 불평등의 문제를 거의 신경 쓰지 않고 있다. 그들은 알게 모르게 불평등이 거시경제적 관점에서는 별다른 문제가 아니라고 간주한다.

이 장에서 다룬 내용에 따르면 거시경제학자들의 판단은 대체로 타당한 것으로 보인다. 즉 불평등과 경제 성장의 연결고리는 적어도 미국 경제에 한해서는 무척 미약한 편이고, 불평등이 악화됨에 따라 경제 성장이 저해된다 하더라도 그 정도는 미미할 것이다. 장기적인 경제 상황을 추정하는 과정에서 생기는 불가피한 오차들을 고려하더라도, 불평등의 증가를 설명하지 않았던 부분들이 이러한 오차를 특별히 키우지는 않을 것이다.

이러한 전망이 엄청난 확신으로 이루어진 것은 아니다. 불평등이 늘어나면 신용이 약한 저소득층이 큰 타격을 입음에 따라 금융 시스템이 불안정해지고, 전체 소비의 대부분을 담당하는 고소득층이 자산시장의 변동성에 대응하느라 소비를 줄이다 보니 경제는 더 순환적으로 변한다. 금융시장과 경제가 선형으로 변화한다면 이는 별 문제가 안 되겠지만, 그렇지 않을 때는 큰 문제가 될 수 있다.

경제의 잠재성장률이 과거에 비해 더디게 성장함에 따라 불황이 더 자주 발생할 것으로 예상되는 것이 사실이다. 0에 가까운 금리하한 아래 통화정책과 재정정책이 제 역할을 하지 못하면 미래의 불황은 더욱 위험하게 다가올 수 있다.

우리가 금융 위기를 통해 배우게 된 교훈은 경제 침체는 곧 경제 잠재력을 떨어뜨리면서 영구적인 손실을 입힌다는 사실이다. 장기적으로 추정할 때 이러한 점을 고려하는 거시경제학자는 거의 없다. 따라서 거시경제학자들은 자신들이 불평등이 미래 경제에 미치는 영향을 잘 이해하고 있다는 사실에 안주하고 있어서는 안 된다.

불평등의 증가와
경제적 안정

Salvatore Morelli
살바토레 모렐리

경제학자. 옥스퍼드 대학에서 경제학 박사학위를 받았고 나폴리 경제금융연구센터CSEF에서 박사
후 과정을 거쳐 현재 뉴욕시립대학CUNY에서 조교수로 재직중이다.
부의 집중화 현상, 경제적 불평등을 연구하며 전문가들과 공동 연구 및 집필 활동에 매진하고 있다.

오랜 시간 동안 소득이나 부의 분배는 경제적 성과를 이해하는 데 중요한 요인이 아니었다. 왜냐하면 이런 것들은 경제학에서 형평성이나 효율성이라는 개념과는 별개로 논의되던 것이었기 때문이다. 그러나 이제는 전 세계를 침체에 빠뜨린 금융 위기가 발생하는 데에 불평등이 어떤 역할을 하는지 생각해보아야 한다. 불평등이 경제 안정에 영향을 미치는가? 만약 그렇다면, 어떤 영향을 미치는가? 여기서 우리는 무엇을 파악해야 하며, 이 같은 문제를 해결할 정책 입안자들에게 충고하기 위해서는 무엇을 더 알아야 하는가?

위의 내용은 경제학자 살바토레 모렐리가 던진 질문이다. 이번 장에서 모렐리는 문헌이 우리에게 줄 수 있는 지침이 있다면 그것이 무엇인지 확인하기 위해, 불평등과 거시경제적 불안정의 연관성에 관한 기존의 증거와 가설을 비판적으로 조사한다. 특히 그는 경제적 불안정성 문제를 중요하게 다루고 있다. 그는 과도한 불평등이 거시적 규모에서 부정적인 영향을 미친다는 새로운 가설이 등장(혹은 아마도 재등장)하고 있다고 주장한다. 동시에 그는 그러한 가설은 명확한 조건 규정 없이는 확실히 입증하기가 어려우며, 이론적이고 경험적인 많은 조건과 단서들은 추후의 연구를 통해서 설명되어야 한다고 말한다.

모렐리는 세 가지 의견을 제시했는데, 먼저 개념 정의의 중요성을 보여주면서 논의를 시작한다. 불평등을 바라보는 시각은 다양한데, 서로 다른 정의를 내리고 논의를 전개하다 보면 종종 서로 다른 결론에 이르게 된다. 경제적 불평등 또는 변화의 수준, 개인소득이나 부, 요소소득, 기회의 불평등, 다른 자원의 불평등, 최상위 또는 최하위 불평등, 중산층 등을 어떻게 정의할 것인가? 연구자들이 보다 광범위한 소득 분배 데이터에 접근할 수 있게 됨에 따라 정의의 문제는 더욱 중요해질 것이다. 그리고 모렐리는 불평등이 거시경제의 성과에 영향을 미치는지 여부와 어떻게 영향을 미치는지에 관한 이론적, 경험적 증거를 검토한다. 그는 불평등에 관한 차후 연구의 장을 확인하는 것으로 결론을 맺는다.

각국에서 증가하는 부의 불평등은 자본에 대한 평균 수익률이 경제 성장률을 웃도는 거시경제 환경에서 비롯된 것이다. 가장 일반적인 수준에서 볼 때, 이것은 토마 피케티의 저서《21세기 자본》의 핵심 주장 중 하나이기도 하다.[1]

이 장에서는 이 문제를 다양한 시각으로 살펴보고, 불평등 수준의 변화 때문에 발생했거나 앞으로 발생할 가능성이 있는 거시적 결과를 분석할 것이다. 특히 분배의 형평성 및 공정성에 대한 고전적인 견해를 넘어서서, 경제 불안을 야기하는 불평등의 역할에 초점을 두고, 경제자원의 집중에 대해 분석해야 하는 근거를 제시할 것이다.[2]

이처럼 거시경제학에서는 불평등이라는 논제를 크게 신경 쓰지 않다가, 2008년 금융 위기 이후에야 과도한 불평등이 거시경제에 부정적 영향을 미칠 수 있다는 새로운 가설이 등장(혹은 재등장)했다. 노벨 평화상 수상자인 조지프 스티글리츠는 '수년 동안 거시경제학에서 지배적인 패러다임은 (……) 위기를 초래하고 일반적으로 경제의 성쇠, 특히 금융 위기에 영향을 미칠 수 있는 불평등을 간과했다. 그러나 최근에 겪은 금융 위기는 이렇게 불평등을 간과하는 태도가 잘못되었음을 증명했고, 그래서 우리는 기존의 생각에 의문을 품기 시작했다'[3]고 말했다.

불평등이 경제에 부정적인 영향을 미치는 것이 사실이라면, 그것은 분명 불평등을 감소시키기 위한 공동의 노력에 힘을 실어줄 것이며, 이는 물론 오로지 도덕적 근거에 바탕을 둔 노력일 것이다. 이러한 노력과 관련하여 피게티의 저서는 '자본 축적에 대한 통제력 회복'과 '세계화된 21세기 세습자본주의의 규제'의 중요성을 논하고 있다.[4] 불평등한 압력을 견제하기 위해 피케티는 사회복지 국가와 누진소득세가 '앞으로도 계속 핵심적인 역할을 해야 한다'고 주장하면서 자본에 대한 글로벌 누진세를 제안했다.[5]

이 장에서 말하고자 하는 주제는 불평등과 거시경제의 불안정성 사이의 연관성에 관한 기존의 증거와 가설을 제시하고 비판적으로 조사하여 이 주제와 관련한 다른 연구들이 우리에게 제시해줄 수 있는 지침이 무엇인지 확인하는 것이다. 이러한 목적에 따라 나는 세 가지 접근방식을 제안한다. 첫째, 불평등이 거시경제적 성과에 부정적인 영향을 미친다는 주장을 뒷받침하는 이론적, 경험적 근거를 평가하고자 한다. 둘째, 이러한 문제에 대한 우리의 이해와 그 문제와 관련된 경험적 증거의 차이를 강조함으로써, 향후 연구의 방향을 확인하고자 한다. 셋째, 불평등의 정의를 명확히 하고 연구자들이 사용했던 정의의 다양성을 지적하고자 한다. 왜냐하면 정의의 불일치는 위의 질문과 관련하여 상충되는 결론을 이끌어낼 수 있기 때문이다. 실증적인 연구는 이제 이러한 논쟁에서 더 많은 것을 밝혀내고 경제적 자원 분배를 이끌어 내는 관련 메커니즘을 확인하기 위해 그 범위가 확대되고 있는 소득 분배 데이터를 사용할 수 있다. 피케티의 저서는 각 생산 요소가 국민소득에서 차지하는 비율(기능적 소득 분배)을 분석한다. 기능적 소득 분배와 개인적 소득 분배 사이의 관계성과 개인과 가계 간의 부의 분배 또한 피케티 저서의 핵심 내용이다.

복지의 개념은 분명 본질적으로 다차원적이지만, 이번 장에서는 경제 및 금전적 차원에 초점을 두었다. 하지만 비금전적 차원 (건강, 교육, 영양 상태 등등) 가운데 정치적 권력과 영향력은 분명히 중요한 역할을 할 수 있으므로 이들을 간과해서는 안 된다. 결국 사람들이 인종, 민족, 성별, 종교 또는 지역에 근거한 특정 집단의 계층에 존재하는 지속적인 차이에 우려를 제기할 수 있기 때문이다. 이러한 수평적 불평등은 제도적인 차별과 배제의 결과일 수 있으며 일반적으로 정치적 안정과 사회 분열에 대한 우려와 연관 지어 분석된다. 이것은 자연스럽게 우리에게 기울어지지 않은 '평평한 경기장'을 만드는 문제와 사전적事前的 기회의 불평등 역할에 주목하게 한다. 그러나 일반적으로 결과의 불평등과 기회의 불평등은 별개의 현상이 아니다. 이 분야의 선도적인 학자 앤서니 앳킨슨은

'오늘 사후적으로 나타난 결과가 내일 경기장의 사전적인 조건이 된다. 오늘 결과의 불평등에서 이득을 얻는 이들은 내일 자녀들에게 불공정한 이익을 물려줄 수 있다'[6]라고 말한다.

일반적으로 경제적 불평등이 우리 경제를 '불안정하게 만들 수 있다'는 주장은 보통 서로 별개이지만, 연관된 두 개의 하위 주장과 연구주제로 귀결된다. 그 중 첫 번째는 불평등이 소비, 투자, 지대 추구rent-seeking 등 다양한 경로를 통해 경제적 성과 및 성장 측면에 영향을 미친다는 주장이다. 실제로 우리가 생각하는 경제적 불안정성의 상당 부분은 어떤 식으로든 경제적 성과와 관련되어 있다. 사실상 불평등과 성장의 관계에 대한 연구는 경제학에서 매우 오랫동안 진행되어 왔으며, 최근에 다시 연구가 활발히 진행되고 있다. 성장 부진은 보통 우리가 '불안정성'이라고 부르는 것과는 관련이 없지만, 예컨대 거시경제의 기반을 약화시키는 데 중요한 역할을 하므로 금융 대란의 근본 원인이 된다.[7]

이러한 방식으로 불평등은 경제의 불안정 요소로 나타난다. 성장률 이외에 경제성과를 가늠해볼 수 있는 다른 측면으로는 거시경제적 불안정성에 대한 보다 직접적인 징후, 즉 성장의 변동성 및 지속성, 침체의 발생과 그 규모 및 지속기간, 침체 이후 정상으로 회복하는 능력 등을 들 수 있다. 그러나 이러한 모든 측면들은 과도한 경제적 불평등과 관련 지어 체계적으로 연구되고 논의된 적이 거의 없다.

두 번째 연구 주제는 불평등과 금융 불안정 사이의 연관성에 관한 것이다. 특히 과도한 불평등은 거시경제적 불균형을 유발할 수 있고, 금융시스템을 취약하게 만들어 작은 충격으로도 금융 붕괴가 일어나도록 만든다. 예컨대 이에 관한 최근 논문들은 불평등이 가계부채의 과다 축적에 영향을 미친다는 가설을 논의하고, 불평등이 상당수의 가계를 불확실한 (따라서 불안정한) 상황에 처하게 한다고 주장했다. 사실 개인적인 경제 상황이나 금리, 주택 가격과 같은 더 넓은 경제 상황에서의 작은 변화조차도 채무불이행과 은행자산의 손실을 초래할 수 있다. 또한 과잉 레버리지leverage(차입금을 활용하여 자기 자본의 이익률을 높이는 일-옮긴이) 경제 역시 다른 원인 또는 외부 충격에 의해 촉발된 위기를 앞당기거나 심화시킬 수 있고, 혹은 침체 이후의 경기회복을 저해할 수도 있다.

불평등과 경제적 성과

위에서 언급했듯이 경제학자들은 일반적으로 경제적 불평등이 경제 활동 수준이나 성장에 영향을 미칠 수 있는 분야(국내 총생산 측정과 같은)에만 집중했다. 아래에서 폭넓게 분석하겠지만, 그 결과 경제 성과와 성장의 다른 측면은 논문에서 충분히 주목받지 못했다. 즉 성장 자체의 변동성, 성장 유지 및 지속 가능성 그리고 경기 침체의 기간과 규모 같은 것들 말이다. 여기서는 불평등과 거시경제 불안정성의 직접적인 연관성뿐만 아니라 논문에서 둘의 관계를 상대적으로 경시한 측면을 논의하고자 한다. 그런 다음 불평등이 경제 활동과 성장에 부정적인 영향을 미치는 기본 메커니즘을 살펴볼 것이다.

불평등과 불안정한 성과

이쯤에서는 다음 세 가지 질문을 논의해 보자. 불평등이 경제 불안정성의 원인인가? 불평등이 심한 국가일수록 불경기가 더 심하고 오래 지속되는가? 불평등이 경제를 유지하지 못하게 만들고 성장 수명을 단축시키는가?

불평등, 경제주기 및 변동성

아기옹Aghion 등[8]이 시도했던 경제에 대한 역동적 설명에서와 같이, 경제적 불평등은 성장주기와 관련이 있을 수 있는데, 이는 특히 투자 기회의 불평등, 부의 불평등, 신용대출 시장 불완전성과 이에 따라 내생적 경기 변동 및 단기적인 거시경제 불안정성 등을 가져올 수 있다.[9] 이 모형에서 경제의 불안정성은 궁극적으로 부자와 빈자 간의 전형적 불평등이 아니라 투자자와 비 투자자 간의 이원성dualism 때문에 더 심해진다.

이러한 차이는 경제 성장보다는 소득 불평등, 변동성 및 총수요 측면과 관련이 있다. 이 견해는 갤브레이스의 저서 《대폭락 1929》에 잘 나타나 있는데, 이 책에서 갤브레이스는 매우 불평등한 개인소득 및 부의 분배가 총수요를 더욱 취약하고 불안정하게 만든다고 주장했다. 총수요는 높은 수준의 투자나 사치재 소비 혹은 그 둘 모두에 영향을 받기 때문이다.[10] 이 주장은 가장 부유한 개인들이 보유한 경제적 자원이 거의 모든 국가에서 증가하는 동시에 경기에 더욱 민감하게 움직이는 현대 경제의 맥락에서 쉽게 이해할 수 있을 것이다.[11] 로버트 프랭크Robert Frank는 '미국의 부자 의존도와 부자들 사이의 큰 변동성은 곧 더욱 불안정한 미국 경제를 의미한다'[12]라고 말하면서, 미국의 사례를 잘 요약했다. 최근의 IMF 논문은 10년(2003~2013년) 동안 미국 소비의 70퍼센트가 상위 10퍼센트에 속하는 부유한 사람들의 소비 활동에서 비롯된 것으로 추정하면서 이 가설을 뒷받침하고 있다.[13]

다시 말해 미국의 부자들은 소비 및 저축을 주도하고 있는데, 이것은 2008년 이후의 하층 중산 계급의 주택자산 손실에 따른 미국 총수요 감소라는 일반적 서술과는 반대되는 내용이다. 실제로 미안Mian과 수피Sufi의 중요한 연구에서는 2007년 이전에 미국의 가난한 가정이 높은 레버리지 상태였기 때문에 주택 가격 폭락으로 가장 큰 타격을 입었다고 주장한다.[14] 가난한 가구가 상대적으로 높은 한계 소비 성향을 갖는 경향이 있기 때문에 이러한 상황은 총소비의 급격한 감소와 그로 인한 고용 손실의 원인이 된다.[15]

불평등, 지속적인 성장, 경기 침체의 정도 및 기간

불평등한 국가의 불경기는 더 심하고 오래 지속되는가? 불평등은 경제를 유지하지 못하게 만들고 성장 수명을 단축시키는가? 최근의 경험적 연구는 이 질문에 그렇다고 답하는 것으로 보인다. 예를 들어 최근 IMF의 (지니계수를 이용한) 한 실증연구 결과에 따르면, 불평등한 자원 분배로 발생한 불안정한 힘이 성장 잠재력을 갉아먹기 때문에 소득 불평등이 높은 국가의 GDP는 증가세를 유지할 수 없다고 한다.[16] 한편 소득 불평등이 경기 침체 이후에 완전한 경기 회복을 지연시킬 수 있다는 견해에 대한 근거는 미국의 사례 연구에서 찾아볼

수 있다.[17]

왜 불평등이 경기 침체 기간과 정도에 영향을 미치는지 이해하기 위해, 경제학자 대니 로드릭Dani Rodrik은 불평등에 의해 발생한 국내 사회 갈등과 가난한 집단 간의 관계에 초점을 둘 것을 제안했다.[18] 가장 중요한 것은, 로드릭이 (부, 인종적 정체성, 지리적 영역 또는 다른 분열의 기준에 따른) 사회적 분열이 심하고 갈등 관리 제도가 취약한 상황에서는 외부 충격으로 의해 성장폭이 더욱 줄어들 수 있고 외부 충격에 대한 경제의 회복력이 손상될 수 있다고 주장했다는 점이다. 특히 로드릭은 사회적 분열이 더 심하고 갈등 관리 제도가 취약했던 국가들에서 1975년(거시경제학적 관점에서 볼 때 매우 격동적인 시기) 이후 국내 총생산 성장률이 급격히 떨어진 사실을 발견했다.

게다가 잠재적인 사회 갈등(소득 불평등의 영향을 받는)과 '나쁜 제도bad institutions' (사회 보험에 대한 공공지출, 시민의 자유와 정치적 권리에 대한 조치, 정부 기관의 질, 법치주의, 정치 참여의 경쟁력의 영향을 받는)로 심지어 금융 위기 초기에 정부정책까지 통제했던 1960~1975년과 1975~1989년 사이의 국가 간 경제 성장의 차이를 대부분 설명했다. 사실상 외부적 충격에 대처하기 위한 정책은 대개 상당한 분배를 가져오는 반면, 사회 전반에 퍼져 있는 잠재적 사회 갈등은 이러한 분배정책을 지연시키고 '거시경제 실패'를 초래할 수 있다. 이때 각 사회 집단은 부정적 충격으로부터 오는 피해를 최소화하려 하고, 성장에 도움이 되지 않는 지대 추구 활동에 투입되는 자본의 비율은 증가할 것이다.[19]

더욱이 스티글리츠가 주장한 것처럼, 불평등은 경기 조정형 재정정책의 표준 도구 사용을 촉진할 수 있다. 실제로 불평등이 더 심화되면 엘리트 계층의 정치적 영향력이 커지고 교육 및 공공 인프라에 대한 투자 등 정부 지출을 확대하려는 움직임은 중단될 것이다.[20] 결과적으로, 대규모 경기 침체 후에 경기 회복은 지연될 수밖에 없다.

불평등, 경제 활동과 성장

피케티의 저서는 불평등의 사회적 책임, 특히 경제 내에서 상속이라는 중대한 문제가 저성장을 한층 더 악화시킬 수 있음을 분명히 강조하고 있다.[21] 그러나 이 책은 부와 소득 불평등의 증감에 따른 경제의 반응을 다루는 데만 국한되어 있지는 않다. 사실 불평등과 경제 성장 간의 관계에 대한 연구는 신고전주의 경제학자들의 상대적 무관심에도 불구하고 경제학에서 오랜 전통이 있다.[22] 그래서 시간이 지나면서 피케티의 저서에도 그런 다양한 이론적 견해들이 반영되었다.[23]

현대 경제학에서는 일반적으로 불평등과 성장 사이의 관계가 본질적으로 복잡할 뿐만 아니라 다양한 형태의 불평등이 경제 성장에 여러 가지 영향을 미칠 수 있다는 견해가 통용되고 있다. 한편 노력, 생산성 및 위험성에 대한 태도 차이 때문에 발생하는 소득 및 부의 분산은 분명 투자와 혁신을 유도하는 전제 조건으로 간주된다. 반면 높은 수준의 불평등은 지대 추구 행동을 촉진함으로써 성장을 저해할 수도 있다.[24]

이와 마찬가지로, 현대 경제이론은 개인의 경제적 성과가 가정환경, 인종 및 성별과 같이 자신이 통제할 수 없는 조건에 따라 좌우되는 상황은 경제적 성장 및 동기부여에 특히 해로운 것으로 생각한다.[25] 갈로Galor와 모아프Moav에 따르면, 경제가 내생적으로 물적 자본physical capital 축적모형에서 인적자본human capital 축적 모형으로 발전하면 소득 불평등이 경제 성장에 미치는 영향력도 달라진다.[26] 경제 발전 초기 단계에서 불평등한 소득 분배는 결과적으로 더 높은 저축 성향을 보이며 자본 축적과 경제 성장을 가속화한다(이 견해는 칼도어와 파시네티Pasinetti가 처음 주장했다).[27] 그러나 경제가 부유해짐에 따라 자본/기술 상보성은 인적자본의 축적을 자극하게 되고, 이는 현대 경제 성장의 주요 결정 요인이 된다. 후자는 신용을 제한하는 존재에 의해 방해받을 수 있으므로, 소득 재분배 정책은 자본을 향상시킬 뿐 아니라 효율성을 높일 수 있다.

세계은행World Bank이 최근 연구에서 밝혔듯이, 경제적 불평등과 경제 성장의 연관성에 대한 경험적 연구는 최근 불평등 관련 논문의 중심이었는데, 1990년대 초반부터 서로 다른 방향을 가리키는 세 가지 이질적 유파가 등장했다.[28] 그 첫 번째 유파는 불평등 척도가 성장과 부정적 관계라는 결론인 반면, 두 번째 유파는 긍정적인 관계라고 결론 내린다. 이러한 이질적 결론은 경험적 연구 방법뿐만 아니라 일부 이용 가능한 개선된 데이터가 반영된 것이다.[29] 점점 더 일관성 있는 데이터가 연구자들에게 제공될 때마다 (앞으로는 그럴 것으로 보인다) 당연히 이 주제는 적극적으로 연구될 것이다.(이매뉴얼 사에즈가 국가 회계 분산 프로젝트를 언급하는 이 책의 13장 참조). 경험적 연구의 세 번째 유파는 불평등과 성장 간의 복잡한 관계의 본질에 접근하는 데 특별한 공헌을 한다는 점에서 주목할 가치가 있다. 사실상 그러한 관계는 시간이 지남에 따라 변할 수 있고 본질상 변화가 일정하지 않을 수 있다는 것이다. 게다가 개별 지표에서 성장과 불평등의 모든 측면을 취합하면 이 두 변수 사이의 진정한 관계가 드러나지 않을 수도 있는 것이다.

첫째, 불평등과 성장 간의 불명확한 관계에 대한 우려를 뛰어 넘어 경제 성장 과정의 다양한 부분을 연구할 수 있다.[30] 예를 들어 앞서 언급한 바와 같이, 최근 연구들은 소득 불평등이 높은 국가가 상대적으로 더 불안정한 국내 총생산 성장률을 보이며 경기 침체가 더 장기화되는 경향이 있다고 말한다.

둘째, 다양한 부분의 불평등을 연구함으로써 더 복잡한 요인을 추가할 수 있다. 예컨대 보이츠프스키Voitchovsky의 연구에서 소득 분배의 형태는 중요한 문제로 다뤄졌는데, 그는 이 연구에서 최상위층에서의 불평등만 경제 성장과 상관관계가 있고 하위층의 불평등은 성장과 무관하다는 사실을 밝혀냈다.[31] 이러한 연구 결과는 싱가노Cingano의 최근 OECD 연구 결과와도 일맥상통한다. 그는 다음과 같이 주장했는데, 불평등과 경제 성장 간의 부정적인 관계에서 추정할 수 있는 가장 중요한 문제는 '저소득층과 나머지 인구 사이의 격차이다. 이와 대조적으로 고소득층이 나머지 인구를 앞서가는 것이 성장에 해가 된다는 증거는 없다.'[32]

이와 비슷한 맥락에서 세계은행의 전 연구부장이었던 마틴 라발리온Martin Ravallion은 빈곤율이 미래의 성장률 둔화를 예측할 수 있는 유용한 인자라고 말했다.[33] 그렇지만, 마레로Marrero와 로드리게스Rodríguez는 또 다른 접근법을 택했는데, 그들은 미시적 소득 micron income 자료를 이용해 기회의 불평등과 함께 개인의 '노력'을 경제적 불평등의 원인으로 꼽았다. 기회의 불평등이 경제 성장에는 악영향을 미치는 반면 다양한 노력과 이점에서 오는 불평등한 보상은 성장 과정에 도움이 된다는 그들의 주장은 위에서 언급한 견해들과 일치한다.[34]

비록 이러한 접근법을 더 광범위한 국가에 적용할 경우 이 결과가 견고하게 유지되지는 않겠지만, 불평등이 특정한 면에서는 경제 성장에 해로울 수 있는 반면 더 정확하게 말하자면 덜 불평등한 사회가 성장에 꼭 나쁜 것은 아님을 보여주는 이 '세 번째' 접근법(페레이라Ferreira 등의 연구도 포함하여)[35]을 취한 학자들이 내린 경험적인 결론은 타당하다. 이 문제가 미래에 많은 관심을 끌 것이라는 점을 감안해, 이쯤에서 불평등이 경제 활동 및 경제 성장에 해로운 역할을 한다는 견해를 정당화하는 가장 중요한 메커니즘을 보다 심도 있게 살펴보고자 한다.

불평등, 경제 활동 및 성장: 정치경제적 경로

소득 및 부의 분배는 정치경제학 논문에서 입증한 대로 경제와 정치를 연계시키는 핵심 변수이다. 부와 소득의 과도한 불평등은 정치 및 사회 불안정을 유발해 경제 성장 전망을 나빠지게 할 수 있다는 것이 일반적 주장이다. 피케티는《21세기 자본》의 첫 번째 장 시작 부분에서 이 근본적인 문제를 제기했다. 그는 '수익의 어떤 부분을 임금으로 지급하고 어떤 부분을 이익으로 취해야 하는지에 대한 문제는 항상 분배 갈등의 핵심이었다'라고 기술했다. 특히 이 '극단적으로 집중된 자본'은 불평등한 요소소득 분배가 있을 때 분배 갈등을 심화시킨다.[36]

정치경제학의 다양한 모형에 따르면, 징발徵發 및 몰수정책은 불확실한 사업에 대한 두사를 감소시켜 경제 성장을 방해할 수 있다. 그런데 이러한 징발 행위는 흥미롭게도 우리가 염두에 둔 특정 경제 모형에 따라 정부나 상대적 빈곤층 또는 부유층이 모두 시행할 수 있다. 예를 들어 퍼슨Persson과 타벨리니Tabellini, 알레시나Alesina 및 로드릭이 1990년대에 수행한 연구는 과도한 불평등이 정부로 하여금 재분배 및 몰수정책에 편향되게 한다고 단정했다.[37] 후자인 몰수정책은 부유한 개인이 물적 자본이나 투자 위험성이 더 크고 수익은 높은 사업에 투자하는 것을 방해한다.[38] 이 같은 결과는 불평등한 소득분포와 평등한 투표권 사이의 갈등에서 비롯된 것이다. 더욱이 소득 규모(소득이 높을수록 정부에 대한 순기여도는 더 높다고 가정한다)가 작아질수록 재분배를 더 선호한다는 사실은 민주적인 투표의 결과가 중간층median 유권자의 선호를 반영할 것이라는 사실을 의미한다. 소득의 전 구간에서 불평등이 증가하면, 중간층 소득이 감소하여 결과적으로는 사회적으로 필요한 세율이 높아진다. 그러나 이 후자의 예측은 피케티의 저서에서 알 수 있듯이, 최상위 소득 분배와 최고 한계 세율이 실제로 강한 부정적 상관관계를 보이기 때문에 그다지 타당한 경험적 근거가 되지는 못한다.[39] 따라서 이에 대해서는 대안적인 설명이 필요하다.

예를 들어 점차 증가하는 불평등은 점점 더 많은 사람들을 빈곤으로 내몰고, 더 나은 경제 상황에 대한 희망을 빼앗으며 부자에 대한 분노를 키워 혁명이나 절도로 그들의 부를 빼앗으려는 동기를 불러일으킨다.[40] 반면 재산 몰수정책의 경우, 징발의 위험은 부유한 개인의 성장 촉진 투자를 저해하고 재산권 보호를 위한 자원 배분을 왜곡시킨다.[41]

가장 중요한 것은 부의 불평등이 실제 정치 지형을 불평등하게 만들고 이것이 지대 추구 행위를 촉진시킬 수 있다는 점이다. 이 경우 부자들은, 각종 법률 기관이나 정치기구, 규제기구 등이 자신들을 위해 일하도록 하여 징발정책의 본래 의도를 무색하게 할 수 있다.[42] 이는 비효율적인 자원 배분을 초래할 수 있으며, 소기업의 재산권 보호에 해를 끼치고 투자 유인을 줄여 경제 성장을 억제할 수 있다.[43]

이러한 논의 사항은 현대 연구에서 핵심 쟁점인 질문들로 이어지고, 향후 철저한 검토가 잇따를 수 있다. 부의 불평등이 지대 추구 행위(로비활동)를 촉진시킬 수 있는가? 경제적 지대, 즉 순수 경쟁시장 대비 생산요소의 초과 수익이 부의 불평등의 주요 원인인가?

첫 번째 질문에 대한 답은 분명한 것처럼 보일 수 있지만 그럼에도 불구하고 그것을 경험적으로 수치화하는 것은 중요하다. 보니카Bonica와 로젠탈Rosenthal의 최근 연구에 따르면 1982년과 2012년 사이에 《포브스Forbes》 400(포브스 지 선정 미국 400대 부자-옮긴이)에 이름을 올린 부자들의 미국 선거후원금에 대한 부의 탄력성이 0.6~1에 달한다는 사실이 밝혀졌다.[44] 이는 평균적으로 미국 부유층의 부가 100만 달러만큼 증가할 때마다 1만 달러를 기부하는 것과 동일한 수치이다. 이렇듯 부유한 미국인들의 높은 정치 참여도는 페이지Page, 바텔스Bartels, 시라이트Seawright의 흥미로운 연구에서 원인이 밝혀졌다.[45] 부유한 개인을 조사해야 하는 경험적 연구의 한계에도 불구하고, 시카고 대도시 지역의 커뮤니티(주로 미국 상위 1퍼센트 부자들)를 대표하는 샘플을 사용한 3명의 연구자는 부유한 응답자의 거의 절반이 인터뷰 전 6개월 이내에 적어도 국회의원 사무실 한 곳에 연락을 취했다고 보고했다. 가장 놀라운 점은, 접촉자의 절반가량이 '상당히 개인적인 경제적 이기심에 초점을 맞춘 것으로 밝혀졌다'는 사실이다. 따라서 바그치Bagchi와 스브이너Svejnar가 자신들의 연구에서 밝혔듯, 부의 불평등과 경제 성장 간에 부정적 관계가 형성되는 주된 원인이 부의 불평등을 정치적 연줄 탓으로 돌리기 때문이라는 사실은 그리 놀라운 일이 아니다.[46]

스티글리츠의 최근 연구 또한 경제 지대가 최근 수십 년 동안 부의 불평등의 주된 원인 중 하나였다는 것을 제시하는 데까지 진행되었다.[47] 특히 스티글리츠는 지난 수십 년 동안 미국의 경제 지대가 증가하고 있다고 주장한다. 더불어 경제 지대는 노동으로부터 멀어져 자본에 치우치고 있고, (토지 임차료, 지적 재산권 임대료 및 독점권의 증가로 지대도 증가하고 있다) 이는 소득 및 부의 불평등 증가와 생산성 둔화라는 최근 현상을 부분적으로 설명해준다. 스티글리츠는 '결과적으로 토지, 주택 및 일부 금융 권리와 같이 소유자에게 지대를 제공할 수 있는 자산의 가치는 불평등에 비례하여 상승하고 있다. 따라서 전반적인 부는 증가하지만 이것이 경제의 생산력을 증가시키지는 않는다'고 말한다.[48]

불평등, 경제 활동 및 성장: 불완전한 신용대출 시장 경로

부자들의 초기 상속 자산 분배가 신용대출 시장의 불완전성(모든 사람이 빌릴 수 있는 것은 아니므로)과 결합할 경우 단기 및 장기적으로 최적이 아닌 경제적 성과를 도출할 수 있다. 예를 들어 갈로와 자이라Zeira의 유명한 연구에서 볼 수 있듯이, 이것은 고정된 교육비를 지불할 수 있을 만큼 충분히 많은 부를 상속받은 사람들만이 생산성이 높고 숙련된 근로자가 되기 때문에 발생하는 일이다.[49] 특히, '중첩세대overlapping generation' 모형에서 상속의 양상과 일치하는 부의 분배 양상은 본질적으로 재능과 특성이 비슷한 개인이 직면하는 교육 기회의 불평등을 의미한다. 게다가 초기 부의 불평등은 소득 불평등(인적자본에 대한 차별적 투자로 인한 임금)에 영향을 미치고, 이는 다시 상속과 장래 부의 분배에 영향을 준다. 소수의 부유층들이 높은 생산성을 내는 교육 투자를 독점하기 때문에 그 사회는 영구적으로 경제 및 사회적 이동성을 잃게 되고 상속받은 재산과 이익이 우위를 차지하는 빈곤 사회로 가는 길이 열릴 뿐이다. 숙련된 노동자의 감소로 기술 혁신이 줄어들면 경제 성장도 영구적인 해를 입을 수 있다. 일반적으로 말해, 중산층이 증가할수록 더 많은 경제 생산과 더 나은 경제적 성과가 보장된다는 말이다.

나아가 불완전한 신용대출 시장과 투자의 고정비용에 대한 이러한 가정은 교육 및 인적자본 이외의 투자에도 적용할 수 있다. 예를 들어 비너지Banerjee와 뉴먼Newman은 덜 부유한 개인이 체계적으로 기업 활동에서 배제된다고 가정할 때, 불평등한 부의 분배가 경제 활동에도 부정적 영향을 미친다는 것을 보여 주었다.[50]

피케티가 책에 언급한 대로, 현대 사회에서 상속의 중요성이 증가했음을 감안하면, 위의 내용은 불평등이 경제 발전에 영향을 미칠 수 있다는 사실 때문에 재부상한 메커니즘이다. 이 책의 여러 부분에서 논의된 바와 같이, 경제적 이득을 세대 간에 이전하는 데 인적자본을 필수 불가결한 요소로 간주하면, 상속이 미치는 악영향은 더욱 분명해진다. 더욱이 제이슨 퍼먼과 조지프 스티글리츠가 주장했듯, 특정 보험 상품의 부족(저소득층의 접근성을 높인 보험상품의 부족-옮긴이)은 신용대출 제약으로 발생할 수 있는 문제를 더욱 증폭시킬 수 있음을 강조하는 것이 중요하다.[51] 사실, 가난한 사람들은 필요한 자금을 모을 수 있는 상황에 있더라도 미래 소득에 대한 불확실성 때문에 교육이나 기업 활동에 덜 투자할 수밖에 없다. 결과적으로 불평등이 증가함에 따라 효율성과 성장 잠재력이 약화되는 것이다.

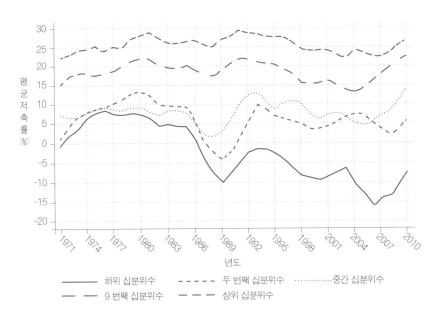

도표 17-1: 소득 십분위수에 따른 영국 가구의 평균 저축률

하위 십분위수 ——— 두 번째 십분위수 - - - - - 중간 십분위수 ·············

9 번째 십분위수 — — 상위 십분위수 — — —

주: 소득 수준에 따라 저축률은 분명히 증가한다.
자료출처 : 1984년부터 2001년 2월까지의 가구 지출 조사, 2000~2001년에서 2007년까지의 생활비
조사, 2007년 이후 생활비 조사

불평등, 경제 활동 및 성장: 과소 소비?

불평등이 경제 성장에 부정적인 영향을 미친다는 사실을 설명할 때 가장 일
반적으로 사용되는 원리는 불평등과 총소비에 관련된 것(과소 소비 가설)이다. 소
비 함수가 소득이 증가함에 따라 감소한다는 가정(소득에 따라 소비하는 한계 성향이
감소함)을 근거로 블라인더[Blinder]는 소득 불평등이 증가(평균보유확산이라고 표현함)하
면 총소비가 감소할 수 있다고 주장했다.[52] 이와 같은 논문의 중요성과 새로이
부각된, 경제적 안정을 위한 총수요 및 재정정책의 중대성을 감안해, 이에 대해
더 자세한 내용을 논의하고자 한다.[53]

적절한 모형을 선택하기만 한다면, 다양한 소비의사결정 이론을 통해 소비
함수의 오목성을 확인할 수 있고,[54] 경험적으로도 이를 충분히 입증할 수 있다.

예를 들어 도표 17-1은 영국 가구의 소득 십분위수(가구의 가처분 소득에 따라 정해진)에 따른 평균 저축률을 보여주는데, 개인의 소득 분위가 올라가면 저축률도 동반 상승한다는 사실을 분명히 알 수 있다.[55] 미국과 이탈리아의 경우에도 이와 비슷한 결과를 확인할 수 있다.[56]

따라서 실제로 불평등이 증가함에 따라 총소비가 감소할 것으로 기대하는 이유가 있는 것으로 보인다. 조지프 스티글리츠는 미국에 관한 저서 《불평등의 대가》에서 다음과 같이 주장했다. '고소득층은 저소득층보다 소득을 더 적게 소비하기 때문에 자금이 상위층에 집중되면 소비는 감소한다(최상위 계층은 수입의 15~25퍼센트를 저축하지만 최하위 계층은 모든 소득을 소비하기 때문에).'[57]

그러나 불평등이 소비를 감소시킨다는 일반적인 가설과 우리가 가지고 있는 경험적 증거를 조화시키는 것이 쉽지 않다는 것을 강조할 필요가 있다. 영국의 사례를 들자면, 도표 17-2는 국민계정 데이터를 이용하여 1963년에서 2010년까지 영국 가계의 전체 가처분 소득과 이 중 실제로 소비된 양 사이의 비율을 보여주고 있는데, 경제주기와 동반한 단기적 변동을 제외했을 때 지난 수십 년간 영국 가계의 소비 비율은 상위 1퍼센트 인구가 차지한 소득의 비율과 양의 상관관계를 가지는 것으로 나타났다. 이런 경향은 도표 17-1에서도 분명히 나타나는데, 1980년대와 1990년대 초반부터 금융 위기 직전까지의 기간(이 기간엔 소득 불평등이 아주 높았으며, 그 정도 역시 강하게 상승했다) 동안 모든 소득 구간에서 평균 저축률이 감소했기 때문이다.[58] 게다가 소득 불평등(지니계수로 측정한)과 평균 저축률 또는 평균 소비 경향 사이의 의미 있는 연관성이 더 많은 국가에서 발견되지 않는다는 점은 주목할 가치가 있다.[59]

그렇다면 여기서 우리는 과소 소비설과 관련된 경험적 증거를 통해 어떤 결론을 내릴 수 있는가? 여기에는 여러 가지 가능성이 있다. 첫째, 이 가설 자체가 틀린 것이어서, 사실상 불평등의 증가가 소비를 줄이는 경향은 없다는 것이다. 그러나 소비 함수가 오목한 형태라는 가정을 뒷받침하는 증거가 강력하다는 점을 고려할 때, 이러한 가능성은 제쳐두는 것이 바람직해 보인다. 즉, 일반적으로 어떤 경향이 존재하지만, 이를 뒤집을 수 있는 추가적인 요인들 역시 손

도표 17-2: 가구 소비율은 불평등과 상관관계가 있다

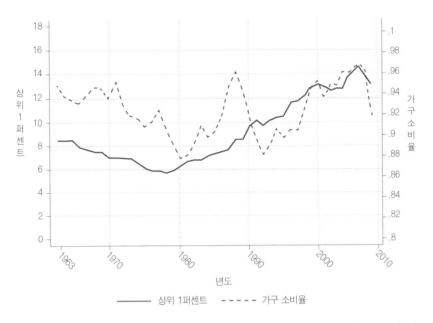

주: 영국의 데이터를 사용하면 전체 인구의 1퍼센트가 차지하는 총소득의 변화는 해당 국가의 총 가구 소비율의 변화와 상관관계가 있다.

참고 자료: 국민계정 데이터

재한다고 봐야 하는 것이다.

스티글리츠의 위의 책을 계속 인용하자면, 그 역시도 '다른 모든 조건이 일정하다면'이라는 구절을 염두에 두고 주장을 펼치고 있음을 알 수 있다. '투자나 수출이 늘어나는 등 뭔가 다른 일이 일어나지 않는 한 (……) 불평등의 증가로 인해 총수요는 경제가 제공할 수 있는 공급보다 적을 것이다.' 소비함수의 오목성으로부터 우리는 다른 모든 조건들이 일정하다면, 불평등의 증가가 소비에 부정적 효과를 가져올 것이라 예상할 수 있다. 그러나 분명한 것은 일반적으로 다른 조건이 같지 않다는 사실이다. 예를 들어 줄어든 총수요에 대한 압박을 완화시키기 위해 중앙은행이 금리를 낮출 수 있고, 정부는 가계의 신용대출 가용성을 보호하고 소비를 활성화하기 위해 금융 부문의 규제 완화를 장려

할 수 있기 때문이다.[60]

부채를 제외하고(부채는 다음 절에서 상세히 다룰 예정이다) 불평등의 증가는 다양한 다른 요인들과 동시에 발생하여 최적의 소비의사 결정에 영향을 미칠 수 있다. 특히 소비 결정의 평생소득 모형[life-cycle income model]이나 영구소득 모형[permanent income model]을 이용한 보다 일반적인 설명은 위에서 설명한 경험적 증거를 뒷받침할 수 있다. 예를 들어 이론적으로 불평등이 심화되는 시기는 부유층의 소득 성장이 저소득층 가계로 확산되거나(낙수효과: 사회의 최고 부유층이 더 부유해지면, 더 많은 일자리 창출 등을 통해 그 부가 서민들이나 그 아래층에게로도 확산된다고 보는 이론-옮긴이) 개인이 미래 소득 전망을 낙관하는 시기이기 때문에 저축률이 낮아질 수 있다.[61] 이와 마찬가지로, 재산을 기꺼이 유산으로 남겨주려는 의지가 감소하거나 대출 금리가 높아지면 (소비자의 성급함과 '근시안'적 특성이 증가하여) 가계는 저축할 동기가 줄어들 것이다. 재화의 자산 가치가 상승하거나 신용대출 조건이 개선되어도 (재정정책의 통합 및 발전으로 자산 가치와 신용도가 모두 향상되었을 수 있으므로) 동일한 문제가 발생할 수 있다.[62]

위와 같은 우발적인 혼동 요인으로부터 불평등이 소비에 직접적으로 미치는 영향을 밝히는 것은 향후 연구를 위해 매우 의미있는 질문이다.

이 중요한 문제의 해결책을 향한 한 걸음이 중산층(백분위 20~80)의 소비 지분이 1980년대 초 이후 미국 고소득층의 변화와 분명한 연관성을 보여온 이유를 연구했던 베르트랑[Bertrand]과 모스[Morse]에 의해 시도되었다.[63] 이 연구자들은 불평등이 단지 소비의 증가와 우연히 연관성을 보였다는 기존의 진부한 설명을 지지하는 어떠한 근거도 찾지 못했다. 따라서 그들의 연구 결과는 소비자의 직접적 행동 반응이 고소득층의 변화와 관련이 있다는 것을 보여주는데, 이 같은 내용은 보통 통상적인 소비자 이론에서는 다루지 않는 것이다.[64]

특히 그들은 아래 두 가지 가설에 대한 유의미한 근거를 찾아냈다. 첫 번째는 소득분포 최상위층의 소득 증가가 시장에 '사치'재의 공급을 증가시킴으로써 재화에 대한 빈곤층의 수요를 자동으로 증가시킨다고 설명한다. 두 연구자가 지지하는 두 번째 가설은 '상대소득 가설(사람들의 소비 지출은 그들의 절대적인 소득 수준이 결정하는 것이 아니라, 그들의 상대적인 위치에 의해서 결정된다는 것을 골자로 하는 이론-옮긴이)'인데, 이는 상대적으로 더 부유한 가구에서 증가한 소비가 나머지 사람들의 소비 기준이 되고, 그렇게 되면 빈곤층은 부유한 귀족들을 모방하고 '그들에게 뒤처지지 않으려고' 소득의 대부분을 탕진해 버린다는 가설이다. 이것은 서로 다른 개인의 소비가 상호 의존적이기 때문에 일어난다. 한 개인의 사적인 삶은 자신의 소비뿐만 아니라 준거 집단과 관련된 소비도 반영하기 때문이다. 그러므로 이런 가정 하에서 보면 '불평등화는 소비를 감소시키는 것이 아니라 오히려 소비를 늘린다고 볼 수 있다'고 불평등과 총소비 사이의 분명한 관계를 명시할 수 있겠다.[65]

가장 중요한 것은 이 두 연구자가 '이러한 소비의 상호의존성은 개인을 더 열심히 일하게 하고 이웃을 따라 더 많은 소비를 하게 만드는 외부효과로 볼 수 있다'고 말한 내용이다. 이는 개별적으로는 이성적 행동이지만 경제 전체에 있어서는 최적의 결과가 아니다.[66] 나아가 경제 성장과 안정성 또한 영향을 받을 수 있는데 이에 대해서 대체적으로 크게 두 가지 견해를 제시했다. 그 중 하나는 다음 절에서 더 논의할 것이지만 불평등이 소득 침체로 이어지면 위의 과정은 부채 과잉으로 연결될 수 있다는 견해이다. 왜냐하면 추가 소비를 위한 재정 확보를 위해서는 더 많은 신용대출이 필요하고 따라서 경제는 불안정해지기 때문이다. 다른 견해는 불평등이 교육과 같이 더 많은 무형의 이익을 낳는 보다 중요한 투자는 배제시키고 낭비적인 소비 형태로 지출을 유도함에 따라 자원을 비효율적으로 배분할 수 있다는 것이다.[67]

불평등과 재정적 불안정

앞부분에서는 소득이나 부의 불평등과 경제적 성과 및 거시경제의 안정성과의 연관성에 중점을 두었다면, 이제는 광범위하게 정의된 금융 안정성과의 관계에 대해 논할 것이다. 이 구분이 꼭 필요한 것은 아니지만 개념적으로는 유용하다. 특히 불평등과 금융 위기 사이의 연관성을 먼저 간략하게 논의하고자 한다. 그런 다음 불평등과 부채의 관계에 대해 논의하겠다.

불평등과 금융 위기

최근의 위기, 특히 미국 금융 위기의 구조적 원인 중 하나로 지목되는 것은 심한 소득 불평등(대략 소득분포의 중간 및 하위층의 평균소득 침체와 상위층 평균소득 증가의 조합으로 간주함)이다.

최근 다수의 경험적 논문은 이 문제를 연구했지만, 다양한 국가, 광범위한 시기에 걸쳐 불평등과 금융 위기의 연관성을 뒷받침하는 강력한 근거를 발견하지는 못했으며 불평등 척도도 상이하다.[68] 더 구체적인 예를 들면 모렐리와 앳킨슨이 도출한 분석에서 그들은 성장이나 불평등 수준이 금융 위기의 발생과는 체계적인 관련이 없다고 주장했다.[69] 그들은 1900년부터 2012년까지 데이터를 가능한 많이 수집한 이후, 26개국에 대해서 모두 다섯 가지의 경제적 불평등 지표를 계산했다. 이들 지표에는 상대적 빈곤 척도부터 최상위 부의 척도, 균등화 가계 가처분소득의 지니계수 등을 포함한다.[70] 그들은 '주요 금융 위기 기간이나 미국 및 영국 같은 국가에서 이 가설이 성립하기 때문에, 통계적으로 의미가 없다는 이유만으로 당면한 문제의 경제적 타당성을 일축할 수는 없다'고 했다.[71] 게다가 과도한 불평등이 반드시 위기를 초래하지는 않더라도 거시경제적 불균형 형성의 원인은 될 수도 있다.

금융 붕괴가 일어나기 이전에 통용되던 거시경제적 안정성이라는 개념은 일반적으로 물가 및 소득 격차 안정과 관련이 있었다. 그러나 위기 이전의 거시경제적 안정성이라는 개념이 가계 부채의 증가나 금융권과 부동산시장의 거품과 같은 경제적 불균형 증가 현상을 감추고 있었다는 점이 금융 위기 이후에 드러났다.[72] 흥미롭게도 최근 논문에서 주장한 대로 매우 불평등한 부와 소득의 분배는 위에서 언급한 불균형 형성의 구조적 결정 요인 중 하나일 수 있으며 이는 경제를 더욱 불안정하고 본질적으로 취약하게 만들 수 있다.[73]

불평등과 부채

특히 미국에서는 금융 위기를 앞두고 발생한 경제적 불평등 증가와 금융 위기와의 연관성도 분명히 밝혀야 한다는 주장도 제기되어왔다. 또한 불평등이 신용대출에 대한 추가 수요를 창출해 불안정한 부채 상황을 유도했다는 주장도 제기되고 있다.

경제적 불평등 증가로 발생한 총수요에 대한 압박이나 전체적인 경제 성장 감소가 정부의 금융시장 규제 완화와 중앙은행의 금리 저하를 자극했을 수 있다. 이러한 조치는 원칙적으로 빈약한 경제적 성과를 보완하기 위해 가계의 신용대출 공급을 촉진하고자 한 것이다. 금융시장 규제 완화에 대한 추가적 압박은 더 많은 금융 이익을 누리기 위해 규제 당국을 매수하고 로비활동을 벌인 부유층이 직접적으로 벌인 일일 수도 있다. 이와 유사하게 저축률이 높고 새로운 금융 투자를 추구하는 부유층의 소득이 증가하면 경제에서 사용 가능한 자금 공급이 늘어나 나머지 인구에 신용대출이 제공되고 자산거품이 심화될 수 있다.[74]

소득 불평등이 심화되면 신용대출 공급뿐만 아니라 신용대출에 대한 수요도 증가한다. 상대소득 가설과 관련된 앞선 내용에서 논의한 바와 같이, 가난한 개인들은 높은 생활수준을 따라잡고 증가된 소비 욕구를 충족시키기 위해 더 많은 부채를 떠안게 되었을지도 모른다. 아니면 소득 변동성이 증가한 상태에서 소비를 원활하게 하고자 신용대출을 늘렸고, 이것이 소득 불평등 증가의 원인이 되었을 것이다.

가계 부채 축적의 주된 요인이 무엇이든 (그리고 우리는 여전히 이 분야에 대해 잘 알지 못하기 때문에), 불균등한 과잉 레버리지는 많은 시민들을 불안한 상황에 빠뜨리고, 그 결과 개인적인 경제 상황 혹은 금리나 주택가격과 같이 이보다 더 광범위한 경제 상황에 일어나는 작은 변화에도 파산 및 은행자산에 대한 재정적 손실을 초래할 수 있다.[75]

앞서 논의한 아기옹 연구진의 모형은 소득 분배, 부채 및 성장의 내생적 순환이 되풀이될 수 있다는 것과 특히 거시경제와 금융 불안정에 있어서 불평등의 역할에 대한 논의와 관련이 있다.[76] 그러나 이 모형에서는 최근 금융 위기의 중요한 특징인 소비 주도 대출에 불평등이 미치는 영향은 전혀 논의되지 않고 있다. 대신 이아코비엘로[Matteo Iacoviello], 쿠모프[Khumof], 랑시에르, 위넌[Winant]의 연구는 수입이나 소득의 분배를 가계 부채의 공급 및 수요의 증가와 연관시키는 몇몇 연구 중 하나다.[77]

이아코비엘로는 고전적인 항상소득 가설을 바탕으로, 개인들이 영생을 누리며 항상 최적화된 소비와 부채 수준을 선택한다는 가상의 모델을 제시했다. 이러한 틀 안에서 개인은 점점 더 불규칙적인 소득 패턴으로 나타나는 소득 불평등의 심화를 경험하고, 이에 대응하여 소비를 일정 수준으로 유지하기 위해 신용대출 시장에 의지함으로써 부채를 늘리게 된다. 결국 이 모형의 실질적 타당성은 개인들 사이의 영구적인 수입의 차이와 비교하여 일시적인 소득 충격이 발생하는지 경험적 증거를 확인하는 데에 달려 있을 것이다. 실제로 최근의 경험적 증거에 따르면 소득 불평등의 증가는 대체로 가계들의 영구소득이 더 넓게 분산된 결과라고 한다. 예를 들어 코프추크와 이매뉴얼 사에즈는 미국의 경우 '1970년 이래로 실질적인 (기록된) 연간소득 격차가 벌어진 것은 영구소득(일시적 소득의 반대 개념) 격차의 증가에 기인한다'고 기술했다.[78] 이는 영국에서도 비슷했다.[79]

이아코비엘로와 구분되는 쿠모프, 랑시에르 및 위넌 모형의 중대한 차이점은 노동자와 투자자라는 두 경제 집단 사이에 있으며 노동자의 교섭력 상실(불평등의 증가로 인한)이 소비 수준 유지를 위한 투자자의 대출 증가로 보완된다는 점이다. 더불어 이들의 모형에서 중요한 점은 시간에 따른 소득의 변동성이 아니라 두 경제 집단 사이의 소득분포다.

그렇다면 데이터는 불평등과 가계 부채가 동시에 증가한다는 가설을 지지하는가? 도표 17-3은 1960년대 초반 이후 영국 가계의 소득대비 부채 비율에 대한 종합적인 증거를 요약한 것이다. 영국의 부채 순환과 관련된 두 가지 사건은 1980년부터 1990~1992년까지의 경기 침체기 사이와 1990년대 말부터 2007년의 금융 위기 사이에 발생했다. 흥미롭게도 부채가 축적된 기간은 소득 불평

도표 17-3: 부채 축적은 불평등과 관련이 있다

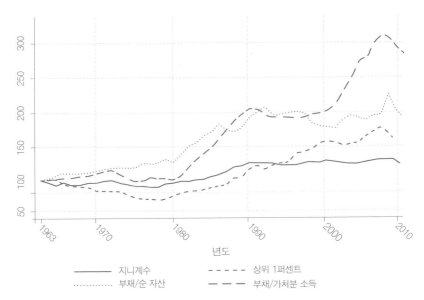

지니계수 ———— 상위 1퍼센트 - - - - -
부채/순 자산 ············ 부채/가처분 소득 — — —

주: 영국의 부채 축적 기간(1980년부터 1990-1992년의 경기 침체, 1990년대 후반부터 2007년 금융 위기까지)은 균등화된 가처분 소득의 가구당 지니계수와 소득 상위 1퍼센트 부유층의 소득으로 알아낸 불평등이 심화되는 시기와 일치했으며 부채와 불평등 척도 간의 상관관계는 0.8을 크게 상회하고 유의 수준 1퍼센트에서 유의미하다.
자료출처: T. 앳킨슨과 S. 모렐리가 다양한 역사적 자료에서 수집한 부채 목록

등이 심화되고 있거나(균등화된 가계의 가처분 소득의 지니계수와 영국 상위 1퍼센트 부유층을 계산하여) 아주 심화된 시기에 발생하는 경향을 보였다.[80] 이러한 내용은 1970년과 2007년 사이에 18개국의 최상위 소득 계층을 활용한 페루기니Perugini, 횔셔Hölscher, 콜리Collie의 최근 연구에서 확증되었다.[81] 스코그나밀로Scognamillo 등은 유사한 연구 후, 가계 가처분 소득의 지니계수로 측정한 소득 불평등 심화가 종합적 수준에서 증가하는 가계 부채와 체계적인 연관성을 보인다고 주장했다.[82]

그럼에도 불구하고, 그 증거가 처음에는 분명히 드러나지 않았다고 믿을 만한 몇 가지 이유가 있다. 첫째는 지난 수십 년 동안의 과잉 부채 추세는 레버리지의 척도로써 부채 대비 순 자산을 사용하면 명확성이 떨어지기 때문이다. 가

계의 총부채를 부로 나눠주는 방법은 분석에 거의 활용되지 않으나, 이러한 방법은 특히 주택과 같은 가계자산의 상당한 역할을 강조해준다. 실제로 부채는 자산 유동화(매도 가능한)로 충당할 수 있는 한도를 나타낼 수 있기 때문에 이와 같은 측정법이 부채의 전반적인 지속 가능성에 대해 보다 유용한 정보를 전달할 수 있다고 주장할 수 있다.

두 번째로, 미시적 데이터는 불평등과 부채 사이에 긍정적 상관관계가 있음을 명확하게 보여주지는 않는다. 예를 들어 코이비온[Coibion]을 포함한 연구진은 2001년에서 2012년 사이에 고소득 지역의 저소득 가구가 저소득 지역(우편 번호 및 주별)의 저소득 가구보다 소득 대비 축적한 부채가 상대적으로 더 적었다는(더 많은 것이 아니라) 사실을 보였다.[83] 반면 카[Carr]와 자야데프[Jayadev]는 PSID 데이터를 사용하여, 유사한 교육 및 인종 계층 내에서 저소득층과 상대적 저소득층 가구들이 레버리지를 더 많이 활용하는(부채를 이용해 투자해 이익을 얻으려 함-옮긴이) 경향이 있음을 보였다.[84] 이러한 결과의 차이는 불평등과 부채 사이의 정적 상관관계를 지지하는 메커니즘이 사회 집단 사이에서의 상대적 위치에 대한 문제라는 점에서, 적절한 대조군을 찾아내는 과정의 중요성을 강조하고 있다. 예를 들어 조지아라코스[Georgarakos], 알리아소[Haliassos], 파시니[Pasini]는 네덜란드 인구를 대표하는 DNB 가구 조사의 중요한 특징을 이용하여 '자신이 속한 사회적 집단의 평균소득과 동료들의 능력에 관한 응답자의 인식'을 조사했다.[85] 이 연구는 사회적 집단의 본질에 대한 임의적 가설을 배제하고 동료 집단의 소득이 자신의 소득보다 높다고 인식하는 개인일수록 더 많은 돈을 빌리는 경향이 있는 것으로 예상했다. 여기서 중요한 것은 자신이 속한 사회적 집단의 보통 사람보다 자신이 더 가난하다고 응답한 경우 그러한 경향이 더 강하다는 것이다.

결론

이 장은 불평등이 거시경제적 성과에 부정적인 영향을 미친다는 주장을 뒷받침하기 위해 존재하는 이론적, 경험적 근거를 평가하는 것을 목표로 하고 있다. 이 논제는 피케티 저서 《21세기 자본》에서 심도 있게 탐구되지 않았으며, 이 장에서는 소위 자본주의의 기본 법칙에서 비롯된 본질적인 집중 동학^{concentration dynamics}에 대한 그의 분석을 보완하려고 노력했다.

경제적 불평등의 다양한 측면이 경제적 성과와 성장의 여러 부분에 부정적인 영향을 미칠 수 있다는 증거가 점차 증가하고 있다. 불평등은 외부 충격으로 경제가 타격을 받으면 경기 침체의 지속뿐만 아니라 경기 회복 불능상태를 초래할 수 있다. 이와 유사하게 최근 연구 결과에서도 소득 불평등이 높은 국가가 상대적으로 국내 총생산 성장률이 불안정했다.

그러나 최근까지도 이러한 중요한 문제에 대해 거의 관심을 기울이지 않았기 때문에 미국의 상황 외에도 중요한 연구 결과를 입증할 만한 실증적 연구가 필요하다는 점을 강조하는 것은 중요하다. 불평등에 대해서는 정치경제, 불완전한 신용대출 시장 또는 소비 경로를 통해 경제 성장과 경제 활동 그 자체에 부정적 영향을 미칠 수 있다는 주장 역시 이어져 왔다. 하지만 경제적 불평등의 진정한 결정 요인을 풀어내는 데 전념하기 위해서는 아직도 더 많은 노력이 필요하다. 부의 불평등이 상속자산의 증가와 부자 엘리트들의 지대 추구 행동 및 규제포획^{regulatory capture}(공공의 이익을 위해 설립된 정부기구가 일부 특별단체의 이익을 위해 힘쓰는 상황을 나타내는 말-옮긴이) 활동에 더 많은 영향을 받게 되면, 불평등과 경제 성장의 부정적 연관성은 더욱 강해질 수 있다.

마찬가지로 소득 불평등은 대부분 개인의 잠재력과 포부에 제약을 가하고 경제 내 효율적인 자원 배분을 왜곡시키는 기회의 불평등 때문에 발생한다. 부와 소득의 불평등에 관한 보다 포괄적이고 더 나은 자료를 제공하기 위해 지속적으로 노력하는 연구진과 기관들이 이 중요한 문제를 분명히 밝혀줄 것이다.

둘째, 경제학의 표준 교재와는 반대로 최근 연구는 상대소득과 소비의 비교가 어떻게 사람들의 소비 대상, 저축액, 심지어는 대출금액 결정에까지 중요한 영향을 미치는지를 강조해왔다. 이러한 견해는 불평등의 정도가 총저축, 부채 축적, 그리고 그에 따른 경제 활동에 직접적인 영향을 미치고 있음을 시사한다. 불평등과 민간부채 간의 추정관계에 대한 연구는 최근의 금융 위기가 경제의 민간영역에서 대출로 사들인 주택과 소비의 거품이 꺼지면서 발생했다는 점에 비추어볼 때, 이는 특히 적절한 연구방법이라 하겠다. 주로 집계 데이터와 국가 간 분석을 기반으로 한 연구 결과에서는 불평등과 가계 과소비 및 부채 간의 긍정적 상관관계가 뚜렷하게 나타난다. 그러나 미시적 데이터에 기반을 둔 증거는 일관성이 떨어지기 때문에 이 가설의 타당성을 입증하기 위해서는 추가적인 실증 조사가 필요하다.

더욱이 향후 연구에서 이론적, 실증적으로 더욱 깊이 다루어져야 할 부분이 개인의 소득 비교 행위가 경제적 행동에 영향을 미친다는 가설임을 강조하는 것은 매우 중요하다. 예를 들어 상대적 비교가 이루어지는 사회적 범위를 정확히 식별하는 것은 매우 중요하다. 한 개인의 참조 동료 집단을 식별하는 가장 좋은 방법은 개인에게 직접 물어보는 것이다. 그러나 가계조사로 개인의 인간관계 네트워크 정보를 얻는 것은 극히 어렵다.[86] 반면 행정상의 미시적 데이터는 동료 혹은 이웃으로 정의되는 동료 그룹에 대한 대안적이고, 더 정확한 정의를 내릴 수 있게 해준다.[87] 게다가 상대소득 가설에 기반을 둔 이론들이 항상소득 분산의 척도를 소비와 대출의 최적화된 의사결정과 연관 짓지는 않는다. 이보다는, 이를테면 개인의 효용과 복지가 1인당 소비에 영향을 받거나 혹은 참조 집단 평균 소비와의 상대거리에 영향을 받는다고 가정하는 것이 일반적이다.

마지막으로 일부 모형들이 이미 이 문제를 해결하려고 시도했지만, 소비의 사회적 본질과 효용함수의 상호연관성 문제는 종종 소비 의사 결정의 미래지향적 특성을 제대로 설명하지 못하게 만든다. 그런데 소비의 미래지향적 특성은 의사 결정의 중요한 구성 요소 반드시 제대로 설명되어야 한다.

현재까지 이용 가능한 증거는 불평등이 다양한 차원에서 거시경제 및 금융 불안정성을 만들어내는 데 중요한 역할을 할 수 있음을 보여준다. 그러나 그 어떤 연관성도 철저한 검증을 거치지는 않았다. 그래서 대니 로드릭이 언급했듯, '경제적 평등과 경제성과 사이의 관계는 고정적이기보다는, 불평등에 대한 더욱 근본적인 원인이나 다른 매개 요인들에 따라 변한다'는 점을 상기할 필요가 있다. 그러므로 우리는 '과거에 그랬듯' 불평등이 경제적 안정성에 미치는 부정적 영향에 대해 성급한 '합의'를 도출하지 않도록 매우 주의해야 한다.[88]

이러한 주요한 결점에도 불구하고, 최근 연구들은 불평등과 저조한 경제성과 및 경제 불안정 사이의 관계를 규명하는 첫걸음을 내디뎠다. 이 과정이 완료되면, 정부가 부와 소득의 불평등을 줄이기 위해 좀 더 조직화된 정책을 시행할 수 있는 수단의 정당성(공정성과 사회적 포용 측면에서 더욱 직접적인 정당성)을 얻을 것이다. 따라서 기존 연구의 결과를 일반화하고 풀리지 않은 문제들을 해결할 후속 연구가 가장 우선시되어야 할 것이다.

Part 4

자본과 자본주의의
정치경제학

불평등과 사회민주주의의 대두: 이념의 역사

Marshall Steinbaum
마샬 스테인바움

루스벨트연구소의 연구 책임자, 워싱턴동반성장센터WCEG의 경제학자로 장기 연구 프로젝트에 참여하면서 시장의 힘과 불평등을 연구하고 있다.
조세정책, 독점금지 및 경쟁정책, 노동시장에 관한 연구가 세부 분야다. 《보스턴 리뷰》《자코뱅》 등을 비롯한 경제, 노동 관련 저널에 정기적으로 글을 기고한다.

피케티의 역사적 논증의 핵심 요소는 대규모 참정권 확대가 19세기 말에서 20세기 초 불평등이 절정에 달한 서유럽과 미국의 사회·경제적 계층 구조를 바꾸기에는 불충분했다는 것이다. 대신 이런 계층 구조를 무너뜨리기 위해서는 막대한 자본 파괴와 전쟁과 관련한 과세가 필요했다고 주장한다.

이 장에서 경제학자 마샬 스테인바움은 세계대전과 대공황이 대규모의 참정권 확대로도 무너뜨리지 못한 자본주의의 권위에 큰 타격을 입혔다는 점에서 중대한 의미가 있다는, 기존의 역사적 관점을 크게 뒤흔들어 놓았다. 그는 세계대전과 대공황이 국지적으로 새롭게 부상하는 좌파 세력에 대항하여 정교하게 계획된 정책과 집권 정치세력에 대한 불신을 불러일으키면서, 주요 선진국에서 일어난 일련의 정치 사건들로 하여금 결과적으로 좌익운동에 힘을 실어주는 결과를 낳았다고 주장한다.

피케티의 《21세기 자본》은 마치 역사책처럼 읽힌다. 이 책은 역사 속 불평등에 관한 명확한 주장을 담고 있다. 《21세기 자본》에 따르면 보편적 참정권에는 자본주의에 내재된 분화 성향(부와 소득의 불평등을 심화시키는 성향-옮긴이)을 억제하는 힘이 없다.[1] 전쟁과 전쟁을 위해 거두어들이는 세금이 오히려 그 힘을 갖고 있다.

제1차 세계대전은 사유재산만 파괴한 것이 아니었다. 참정권이 대거 확대될 때까지도 줄곧 불평등 수준을 유지해오던 자유시장경제 체제 또한 대공황의 파도와 함께 크게 무너졌다. 이 이념에 따르면 자유시장이란 가만히 내버려두었을 때 가장 잘 작동하며, 시장경제를 통해 부와 권력을 쥐게 된 자들은 이 이념에 의해 정치적으로 보호받을 수 있었다. 또한 자유시장 이데올로기는 19세기에 걸쳐 보수정치가 명맥을 이어 나갈 수 있도록 했다. 왜냐하면 이 이념은 권력을 정당화해야하는 전통 귀족과 그들의 부의 근원이 새로운 산업경제에 대한 전문성 때문이라고 정당화해야 하는 기업가 및 전문직 계층의 연합을 용이하게 했기 때문이다. 세계대전과 대공황은 떠오르는 좌익 세력의 위협에 맞서 국내외 정책을 자기 입맛에 맞게 돌아가도록 한 전통 정치 계층의 의식적 전략으로 발생했다.

도금시대(미국 남북전쟁이 끝난 1873년부터 불황이 닥치는 1893년까지의 대호황기-옮긴이)가 막을 내린 것은 세계대전 그 자체보다는 세계대전과 대공황에서 비롯된 자본주의에 대한 회의감, 그리고 남성 전체에게 참정권이 확대되고 나치가 유럽을 장악한 그 당시의 정치 상황들 때문이다. 사회민주주의는 대규모의 참정권을 토대로 성장했다. 하지만 산업 경제에서의 부의 근원과 부의 공정한 분배에 관한 자본주의자들의 주장이 완전히 힘을 잃기 전까지 사회민주주의는 빛을 보지 못했다.

나는 여기서 자본주의 이념의 쇠퇴가 20세기 중반의 평등주의 시대를 불러왔다고 주장하려 한다. 이 장은 당시 최고의 경제력을 가졌던 국가들(미국, 영국, 프랑스, 독일)에 대한 이야기로 구성되어 있다. 각 국가는 고유한, 때로는 시대적으로 일치하지 않는 정치적 역사를 갖고 있고 정치 문제에 대응하는 저마다 다른 제도적·사회적 배경을 가졌다. 각 나라의 역사에서 당대 통치세력이 특정한 결정을 내렸을때 정당과 그 동맹 세력들은 서로 다른 방식으로 그들 안팎의 위협을 인식했다. 이를 통해 각 나라의 역사에서 중요하게 다루어지는 정치적 사건들도 저마다 다르다는 것을 알 수 있다. 하지만 서유럽과 미국에 걸쳐점차 평등주의적으로 변하는 그 시기의 경제 정책에 공통적으로 해당되는 테마는 다음과 같다.

• 소득세와 부유세가 전쟁과 사회적 책임에 필요한 비용을 조달하고 평등

주의적 (세전 및 세후) 소득분포를 만들기 위한 정부 예산 및 경제 정책의 고정 요소가 된다.[2]

- 단체교섭권(노동자가 노동조합 등을 통해 단체교섭을 할 수 있게끔 보장된 권리-옮긴이)이 생기고, 고용인과 피고용인 사이에 존재했던 '계약의 자유'에 사회보험제도가 개입하는 등의 조처가 시행된다.[3]
- 공공 부문은 보편적 보건과 교육과 같은 공공기반시설 확충에 착수한다. 전쟁을 일으키는 것보다는 사회적 책임을 다하는 것이 국가의 주요 의무가 됐다.[4]
- 금본위제(통화가치를 금의 가치에 연계시키는 제도-옮긴이)가 국가 통화정책의 기준으로서 사용되지 않게 되었다.[5]

각 테마는 좌파 정치권에 의해 최초로 주창되었을 당시 많은 논란을 불러일으켰고 당시 정치·경제적 집권세력에게는 위협적으로 다가왔다. 좌파 세력은 한데 뭉쳐 기존의 부와 권력을 전복하기 위한 급진적 일탈을 도모했다. 이를 실행하는 과정에서 각국의 정치 시스템들은 분열 직전까지 갔고, 독일의 경우는 이를 초과했다.

기존의 이념에 불신의 쌓이는 과정에 마침표를 찍은 정치적 현상은 네 나라 모두 다르지만, 범주에 따라 분류해볼 수는 있다. 그 첫 번째 범주는 대규모의 참정권이며, 두 번째는 (기존의 정치 세력을 대체하고 기존 세력에 가입하여 급진적 변화를 꾀하기보다는 주로 연정을 이루는) 노동자 계층 정당의 형성이다.[6] 세 번째는 비민주적인 정부기구로부터 경제 정책에 대한 힘을 빼앗는 사실상의 제도 개혁이다. 네 번째 범주는 위의 네 가지 테마로 구성된 강령을 실행하기 위해 노동자 계층이 선거를 실시해 좌파가 연합하는 것이다.

이런 이념적 실패의 역사를 이야기할 때에 우리는 역사적 과정(특히 여러 나라에 공통적으로 발생했던 과정)들을 마치 필연적이고, 미리 결정된 결말을 위해 맞추어진 것처럼 받아들이기 쉽다. 이것이 완전히 틀린 얘기는 아니다. 역사적 사건 이후 지금까지 무슨 일이 일어났는지를 안다는 것은 역사를 해석하는 데 큰 이점이 되기도 한다(《21세기 자본》에서 자세히 다룬 '거의 완전한 역전'). 자유시장 이념에 불신이 생겨난 것이 필연적인 결과는 아니었다. 잘 알다시피, 갖가지 역사적·지적 상황이 자유시장 이념을 부활시켰기 때문이다. 불신이 쌓여가는 과정은 점진적이기보다는 매우 혼란스러웠다. 특히 (표면적으로는) 민주적인 정부와 그들을 지지하는 엘리트들이 대공황과 함께 새롭게 떠오른 좌파 세력으로부터의 위협을 저지하고 우파의 비민주적 세력과 연합하자 많은 좌파들의 원대한 이념 투쟁은 수포로 돌아갔으며 그들의 미래는 전체주의자들 손에 넘어간 것처럼 보였다. 제2차 세계대전은 그들에게 승리가 아닌 마지막 재앙을 안겨다 줄 수도 있었다.

《21세기 자본》은 자본주의 경제에서 부와 소득의 분포는 거시경제 구조의 특성상 (강제적으로 붕괴하지 않는 한) 발산하는 경향이 있다고 주장한다. 나는 이 장에서 조금 다르게 주장하려 한다. 부와 소득의 분포는 자본주의 이념 자체가 정치적으로 실패하거나 엘리트, 파벌, 또는 그 이념을 옹호하던 집단에 불신을 일으키며 붕괴하지 않는 한, 자본주의의 이념적 약속이 발산을 억제하는 정책을 허용하지 않기 때문에 발산한다.[7]

미국

유럽의 다른 세 나라들(영국, 프랑스, 독일)과 역사적 맥락에서 다소 차이가 있지만, 미국의 이야기부터 다루어볼까 한다. 도금시대에 미국의 소득과 부는 다른 국가들처럼 그리 불평등하지 않았다. 한편 그 당시 미국은 보편적인 남성 참정권이 보장되지도 않았다. 막대한 비율의 무산 노동자 계급(미국 남부의 흑인)이 1877년부터 1960년대 중반까지 사실상 선거권을 갖지 못했기 때문이다.

에릭 포너Eric Foner는 이런 백인 우월주의의 유산이 미국 정치사에 막대한 영향을 끼쳤다고 주장한다. 다른 개발도상국들이 평등주의에 기초한 정책들을 수립할 때, 미국은 소수자를 배제하는 방향으로 정책을 수립하다 보니 비슷한 종류의 정책들도 비교적 덜 평등주의적인 성격을 가지게 됐다는 것이다. 아이라 카츠넬슨Ira Katznelson의 저서《두려워하라Fear Itself》는 루즈벨트 정부의 뉴딜정책과 노동시장 규제에 관한 이런 사실을 잘 드러내고 있다.[8] 다른 한편, 무산 계급에 대한 선거권 제한은 다른 어느 나라보다 미국에서 빠르게 사라져 19세기에 이민자들은 미국에 도착하자마자 선거권을 얻을 수 있었다. 이는 아일랜드 '감자 기근'과 1848년 혁명으로 인한 정치적 망명자들이 대거 유입되던 1850년대 중반에 급증한 토착주의를 잘 설명해준다.

비록 보편적 남성 참정권은 1877년에 이루어진 남북 간 갈등에 관한 협정으로 다시 후퇴하긴 했지만 남북전쟁과 그 이후 재건의 시기는 미국 사회민주주의의 발단을 소개하기에 적절한 시점이다. 남북전쟁 이전에도 초보적인 노사 갈등은 있었으나 1873년~1896년(그중 특히 1886년~1896년)에 노동조합주의가 급격하게 떠올랐고 대규모의 산업화가 사회적 질서에 문제를 일으킨다는 인식이 그 무렵 본격적으로 생기기 시작했다. 이 시기는 지적 엘리트 계층이 (전쟁 후 대두된 자유노동 개념 속에 성장한) 자본주의 이념을 위해 결집한 시기이기도 하다.

자유노동이란 이상적으로는 피고용인으로 태어난 자도 열심히 일해서 성공하면 마침내 다른 사람을 고용하는 위치로의 사회적 계층 상승을 이룰 수 있다는 개념이다. 전쟁 이전 노동조합 지지자들의 눈에는 미국 북부의 자유노동 기반 경제가 서쪽으로 확산되는 노예제에 의해 위협을 받는 것으로 보였다. 그러다 보니 미래의 자유노동을 지켜내기 위해서는 노예제를 미국 남부에 한정시킴으로써 자유노동 개념이 미국 경제 전반에 퍼지도록 할 필요가 있었다. 이것이 전쟁의 원인이 된 남북 간 갈등의 본질이다(노예제 폐지 운동이 노예들을 대변하여 인도주의적 개입을 이끌어내도록 여론을 조성했지만 이것이 북부가 전쟁을 일으킨 원인이라고 볼 수는 없다). 하지만 전쟁이 시작되고 북군이 흑인을 해방하여 군대로 편입시키자 자유노동 개념은 해방된 노예에게도 적용될 수 있는 것으로 점차 확산되었다.

1866년~1877년의 급격한 재건의 목적은 남부 흑인들의 경제적·정치적 자유를 보호하기 위함이었다. 수정 헌법 제14조를 통해 모든 사람에게 정당한 법 절차와 법 앞에서의 평등함을 보장하고 연방정부가 남부의 경제·정치 체계에 간섭하여 안전하게 남부 연맹을 정리하도록 하는 과정들이 실현되었다. 이 수정안이 시행되도록 하는 공민권법^{Civil Rights Act}은 남부의 법률과 지방 행정이 흑인의 권리를 침해하여 그들을 노동력으로 사용하는 것을 금지했다.

재건과 남부에 대한 연방 권한의 확대는 북부와 미국 정치에 점점 더 많은 논란을 불러일으켰다. 특히 1873년에는 공화당에서 자유노동을 위해 조직한 연합이 무너졌고, 엘리트 계층은 그랜트 정부가 전통적인 자유무역, 금본위제, 작은 정부, 그리고 '국가는 계급입법(시장이 작동함에 따라 자연스럽게 발생하는 사회적 위계질서를 인위적으로 조절하기 위해 고안된 입법)에 관여하지 않는다'는 관점 등의 경제 기조로부터 물러서는 것에 큰 불만을 갖게 됐다. 1870년대에 걸쳐 계속된 금융위기와 경제공황의 시기 동안 문제는 더욱 심해졌다. 노동 임금과 점점 더 강력해지는 철도, 은행 등의 '트러스트'(독점적 기업 합동-옮긴이)가 더욱 뚜렷한 국가적 쟁점으로 대두됐다. 특히 1877년의 철도 파업은 담합적인 임금 인하와 많은 철도의 폐업을 불러왔다.

헨리 조지^{Henry George}가 1897년에 발표한 《진보와 빈곤》은 급속한 경제 성장 및 산업화와 그럼에도 불구하고 궁핍해져만 가는 생계형 노동자들의 실태를 다루고 있다. 헨리 조지가 내놓은 해결책(천연 자원을 사회적으로 분배하기 위해 토지 가치에 세금을 매기는 것)은 노동운동 조직 안팎으로 수백만의 지지자를 끌어들였다. 반면 당시의 주류 경제학자들은 그럴듯한 궤변 때문에 자신들의 전문성을 빼앗겼다는 적대감을 갖기도 했다.[9]

1877년의 뮨과 일리노이 주 간의 대법원 사건^{Munn v. Illinois}(원래 노동시장에서 자유민의 착취를 금지하기 위한 법으로 해석되던)은 수정 헌법 제14조가 자유시장에 '간섭'할 수 없다는 개념에 관한 최초의 공판이었다. 이 판결에서 법원은 그레인지(초기 인민당원 농부들로 이루어진 조직)의 요구에 부응하여 곡물을 저장하고 운송하는 데 드는 가격을 규제하는 법을 제정한 일리노이 주의 손을 들어주었다. 그 이후 30년간 법원은 각종 조합과 고용주들이 갖던 주와 연방 단위의 규제를 점차 없애나갔다. 이와 동시에 수정 헌법 제14조가 남부 흑인과 원주민들에게 보장해주던 자유를 제한해나갔다. 1885년 뉴욕 항소법원이 계약의 자유를 해친다는 것을 근거로 빈민가 공동주택에서 이루어지던 담배 생산에 대한 규제를 폐기했을 때 한 노동자는 '(노예가 아닌) 노예제가 자유를 선언했다'며 소리쳤다.

전투적 노동조합주의는 헤이마켓 사건으로 인해 이민자 위주의 노동조합이 여론의 지지를 잃었던 1886년과 풀먼 파업이 일어났던 1894년 사이에 큰 위기를 맞았다. 풀먼 파업이 일어나자, 그로버 클리블랜드 대통령은 연방군에게 전국 철도를 마비시킨 동정 파업을 진압하라는 명령을 내렸다. 이로 인해 클리블랜드는 민주당에서의 재선 기회를 잃었고, 그의 개인 후원금과 기업의 힘을 입은 정책들(특히 셔먼 실버 매입법안의 폐지)이 1893년의 혼란을 악화시키자 산업 노동자들에 대한 동정여론이 커져 갔다. 헤이마켓 사건과 풀먼 파업 모두 조합 운동의 노선이 크게 나뉘게 됨을 보여준다. 이는 사회적 변화를 이루기 위해서가 아닌 임금 협상의 마지막 수단으로써 노동쟁의에 협조하는 성격을 띤 미국노동총동맹AFL과 온건한 수공업 조합이 항상 부딪혔기 때문이다. 풀먼 파업을 일으켰던 유진 데브스Eugene Debs의 미국 철도 노동조합은 보다 급진적이고 야망적이었다.

도시에서 노동쟁의가 일어난 시기에 농촌에는 농민 연합을 계승한 인민당이 있었다. 지방의 농민들은 초과생산, 운송료 부담으로 인해 고통받고 있었고, 작물 유치 시스템으로 인해 부채 상태를 벗어나지 못했다. 또한 달러가 강세를 띠며 채무 부담은 점점 더 심해졌다. 그들은 1890년대 초에 재건이 끝난 이후로 남부의 주들을 계속해서 지배해오던 '구원 정부'에 저항하는 것에 성공했으며 결과적으로 1892년과 1894년 많은 주 공직에 진출한 서부 인민당과 연합을 형성할 수 있었다. 인민당의 쟁점은 철도와 은행에 지배당한 농업, 긴축적인 통화정책, 강압적인 관세로 인한 가격 상승 등이었다.

1893년 전미경제학회American Economic Association는 저명한 보수당 인사 프랭클린 기딩스Franklin Giddings와 유명한 좌익 경제학자 에드워드 A. 로스Edward A. Ross와의 포퓰리즘 논쟁으로 뜨거웠다. 로스는 '농민이 어려움을 겪는 주된 원인은 완전 경쟁가격으로 물건을 파는 데 반해, 운송료를 비롯한 많은 것들은 독점가격으로 사들이기 때문이다'라고 주장했나. 기딩스는 반면 '왜 그들이 그렇게 오랫동안 고통받으면서도 경쟁에서는 갈수록 더 크게 패하는가? 그들 자체에 무언가 잘못된 면이 있기 때문이다. 그들은 다른 이들보다 선거에 더 크게 관여한다. 모두 다 그들 잘못이다. 만약 당신이 농민의 어려움의 근원에 다다르고 싶다면, 농민의 마음에서부터 시작해야 할 것이다'라고 반박했다.[10]

만약 어떤 사람이나 계급이 오랜 기간 힘든 상태로 남아 있다면, 그들은 스스로를 비난할 수밖에 없는 것이라는 기딩스의 주장은 19세기에 피케티 분화를 가능케 한 자유시장 이념의 핵심을 이룬다. 정도의 차이만 있었을 뿐 경제사상의 역사에서 이와 비슷한 정서는 항상 존재해왔다. 예를 들어 인적자원 축적에 기초한 능력주의가 20세기 중반에 세습자본주의를 대체했다는 게리 베커의 주장은 기딩스의 뒤를 잇는 것이라고 볼 수 있다. 왜냐하면 이 주장도 수세대 이상 지속되는 계층 간의 불평등이 (심지어 아마 능력주의적 조건에서도) 부정의한 권력구조보다는 내재적 특성이 반영된 것이라는 식의 주장을 내포하기 때문이다.[11]

클리블랜드 정부의 실패로 민주당은 금본위제에 대한 지지와 부르봉 당파로부터 존 피터 알트겔드(풀먼 파업을 지지하고, 헤이마켓 사건으로 유죄를 선고받은 무정부의자를 사면한 전력이 있는 일리노이 주의 주지사)에 대한 친기업 지원을 받을 기회를 놓치고 말았다. 알트겔드는 민주당이 클리블랜드 정부와 손을 놓도록 만들고, 인민당의 1896년 대선을 도우며 새로운 연합을 형성했다. 이에 따라 민주당은 인민당 당원인 윌리엄 제닝스 브라이언을 대선에 출마시켰다. 하지만 이런 임시방편의 연합에는 두 가지 큰 문제가 있었다. 첫 번째는 브라이언이 공공연하게 명시한 지방, 농촌, 프로테스탄트 중심의 정치적 입장을 대부분 도시적이고 산업중심적이며 가톨릭인 민주당에 맞도록 바꿀 의향이 없었다는 점이다. 1896년 민주당 전당대회에서의 브라이언의 유명한 '금 십자가' 연설은 산업 경제의 도덕성과 공격적인 노동자들을 공개적으로 맹비판했다. 한편 공화당 정보원들은 브라이언이 도시민 청중 앞에서 유세할 때 그를 외국인 혐오증의 반가톨릭 주의자라며 공격했다. 두 번째 문제는 민주당-인민당 연합이 남부에서 아무런 정치적 효과를 거두지 못했다는 것이다. 남부는 당시 전후 재건을 끝마치고 지방의 경제 엘리트들의 입맛에 맞춰 주 정부에 대한 권력을 누렸던 민주당의 일당 정부에 대항해 마침내 인민당이 지난 두 번의 대선에서 힘을 얻게 된 상황이었다. 동정적인 인민당 지지자들은 개혁(끝내는 지속적인 정치 운동을 구축하기엔 기반이 충분히 강하지 못한 것으로 밝혀진)의 이름으로 그들의 표를 분산하는 것이 옳은지 고민에 빠졌다.

브라이언의 패배와 이로 인한 민주당-인민당 연합의 패배는 미국 좌파 정치의 성장을 수십 년간 저해해왔다. 한편 두 정당의 자본주의에 관한 이념적 교리는 거의 온전히 남아 있었다. 조직 노동자들의 급진적 부류는 한쪽에서 계속 활동해나갔고, 미국노동총동맹이 미숙련 노동자들을 조직하는 것을 꺼림에 따라 이들은 세계산업노동자동맹 IWW을 결성했다. 데브스는 1896년 이후 일련의 유럽풍 사회민주주의 정당을 창립했고 사회주의 정당 후보로서 계속해서 대선에 출마했다. 특히, 1886년에서 1896년 사이의 좌파 정치의 급진적 성향들은 보다 온건한 진보주의로 접어들며 양대 정당의 호감을 끌었던 한편 급진적인 노동자 계층으로부터는 멀어졌다. 남부에서는 구원 정부의 정치적 계승자들이 가난한 백인에 대한 인종주의자들의 시위를 성공적으로 제압했을 무렵 인민당의 잠깐 동안의 호황기에도 반발이 일어났다. 1890년대 말에는 흑인의 투표와 정치적 영향력에 관한 마지막 자취가 주로 가난한 백인의 선거권을 제한하는 목적으로 고안된 문맹시험과 재산시험으로 인해 남부에서 사라졌다. 법으로 명시한 분리정책 또한 이 시기의 긴축 기간에 해당한다.

테오도르 루즈벨트의 대통령 재임이 시작된 1901년부터 우드로우 윌슨^Wood-row Wilson 정부가 끝난 1920년까지의 정치는 인종적 반발과 더불어 온건한 진보주의로 특징지을 수 있다. 연방정부는 1890년대 정치를 급진화하는 데 일조한 몇몇 독점 행위를 끝내는 문제에는 공격적이었지만 다른 부분에 대해서는 묵인했다. 1907년의 혼란은 1913년에 연방준비제도를 설립하는 계기가 됐다. 이는 긴축 재정에 대한 인민주의자들의 비판을 일부 받아들이는 금융 체계 성격이었다. 비록 새로운 중앙은행이 금본위제를 버리지는 않았지만 19세기 말의 경제적 혼란을 야기했던 일련의 재앙적인 혼란에서 벗어나기 위해 신용 경색 문제를 해결하는 시스템을 갖추려는 목적을 갖고 있었다. 이때는 도시 빈민의 공중 보건 및 위생을 증진하고 운송업 및 주택업에서의 착취적 독점을 약화하기 위한 공공기반시설의 대규모 투자가 시작된 시점이었다. 더 중요한 사실은 자본에서 오는 소득이 의회가 직접 세금을 걷을 수 있는 범위 밖에 있다는 점을 근거로 1890년대의 대법원이 법령 시도를 무력화시켰던 이후 1913년 마침내 미국 헌법이 연방 소득세를 통과시켰다는 점이다.

연방 소득세를 통과시키기 위한 정치적 과정은 진보주의자와 (주류 판매) 금지론자 사이의 연합을 기반으로 했다. 왜냐하면 금지론자 조직에게는 항상 연방 정부의 두 번째로 큰 세입원이 주류 소비세라는 사실이 걸림돌로 작용했기 때문이다. 그러므로 소득세 도입은 정치적 타협을 위해 연합을 이용한 가장 대표적인 역사적 사례다. 정치 외적으로는 세계산업노동자동맹을 비롯해, 이와 비슷한 독립적이고 급진적인 단체들로부터의 노동쟁의가 계속 일어났다. 하지만 미국노동총동맹은 윌슨 정부 편을 들었고, 노동쟁의의 급진 세력은 파머 레이드Palmer Raids에 의해 크게 제압당하고 몇몇 리더들은 1919년과 1920년에 걸쳐 강제 이주를 해야만 했다.

이 시기는 주 정부가 노동시장을 규제하고 사회보장제도를 준비하기 위해 진보적 플랫폼을 시행하기 시작하던 때이기도 했다. 소위 로크너 시대라 일컬어지는 이 시기에(법원이 뉴욕 제빵사들의 최대 근로시간을 명시한 법을 차단한 1905년 사건에서 이름 지어졌다) 대법원은 개인의 자유계약 간섭 규제를 억압하는 수정 헌법 제14조의 자유 보장적 성격에 적극적인 자세를 취했다. 그런 신조는 아동 노동을 연방 차원에서 금지하는 키팅-오웬 법을 저지하려는 해머와 다겐하트Hammer v. Dagenhart의 법정 대결과 워싱턴 DC의 최저임금법을 저지하기 위한 1923년의 애드킨스와 아동 병원Adkins v. Chilleren's Hospital의 법정 대결에서 활용되었다. 몇몇의 새로운 주 규제법이 유지되는 동안에도 연방 단위에서 법원은 노동자 편에 서서 노동시장을 규제하는 입장을 유지했다.

미국의 제1차 세계대전 참전은 민주당과 진보 진영을 거의 계급에 따라 갈라놓았다. 전쟁에 참가한다는 것은 흔치 않은 일이었고 외국에서 벌어지는 그런 대형 사건은 국내 정치의 우선순위를 다른 곳으로 돌려놓았기 때문이다. 윌슨 대통령이 14개 조항에 전쟁 목표를 명시한 베르사유 조약 이후 그러한 경향은 더 심해졌다. 이는 러시아 혁명과 맞물려 1920년대의 긴축과 남아 있던 미숙련 노동자들의 조합이 점차 몰락하며 결국 노동조합의 해체를 야기한 정치적 반발을 불러일으켰다. 반면 미국노동총동맹은 그들에게까지 손을 뻗는 데는 큰 관심이 없었다. 대부분의 농촌 지역은 그 시기의 경제적 호황의 과실을 누리지 못했고(특히 맥네리-호건의 농촌구제법안을 캘빈 쿨리지Calvin Coolidge 대통령이 거부권을 행사한 사례에서 잘 드러난다) 자유방임주의는 계속해서 작동하여 그들을 따로 보상하지 않았다. 앤드류 멜론Andrew Mellon은 10년 가까이 재무부 장관에 재임하면서 1929년의 주식시장 붕괴로 인한 은행 파산과 대량의 금 인출 사태로 인한 신용 경색으로 정통적이고 보수적인 경제 정책이 결국에는 파국으로 치닫는 모습을 목격했다.

파산 사태에 뒤이어 찾아온 대공황은 멜론의 방식의 국가 정책을 완전히 폐기하기에 이르렀다. 노련한 은행가들은 연준이나 국가 경제 정책을 통한 신중한 통화 규제를 단행하지 못했고, 19세기의 경제적 혼란은 쉽게 사그라들지 않았다. 그 당시의 위기는 급진적인 세금 제도만으로는 해결할 수 없었고, 금본위제를 폐기하고 케인즈 주의에 따른 재정 확대 및 디플레이션과 가계, 기업, 농장, 그리고 금융기관의 부채 부담을 막기 위한 다양한 정책들을 이용해야만 탈출할 수 있었다. 루즈벨트 대통령이 시도한 1933년의 재정 확대 정책은 경제사학자 피터 테민Peter Temin과 배리 위그모어Barry Wigmore에 의해 '체제 전환'이라 이름 붙여졌다.[12] 그 정책들은 경기 수축 국면에서 벗어나는 데는 성공했지만 실업과 가난으로 인한 많은 사람들의 고통을 덜어주지는 못했다. 1935년에 시행된 '2차 뉴딜'에 의해 사회보장제도와 실업보험이 시행되었으며 공공 고용은 크게 확대됐다.

그러나 대법원은 계속해서 뉴딜정책과 규제를 위한 법들을 저지하며 좌파적인 경제 정책이 시행되는 것을 막았다. 1936년 대선에서 크게 승리한 루즈벨트 대통령은 소위 '법원 압박 계획'을 개시했다. 이 계획을 통해 본인이 원하는 법을 통과시킬 때 법원이 공평하게 행동할 것을 약속받을 수 있었다. 이 계획은 대법원으로 하여금 최저임금법을 승인하고 애드킨스에게 내려진 판결을 번복시키기 위한 웨스트코스트호텔과 패리시West Coast Hotel v. Parrish 간의 법정 대결의 패배를 인정하도록 하였다. 또한 '법원 압박 계획'은 과거에 최대 주 단위에서만 시행됐던 노동규제를 국가적으로 실시하게 하는 1938년 공정노동기준법FLSA의 초석이 됐다. 그러나 공정노동기준법은 농업과 국내 부문은 예외로 함에 따라 여전히 분리주의적인 뉴딜정책 연합의 계획에 의해 대다수의 남부 흑인 노동자를 법의 테두리에서 제외시켰다. 인종 간 경제력 차이가 줄어든 건 군·산업 복합체가 생기고 전후 경제 호황이 찾아온 이후의 일이었다.

보수적인 자유방임주의 기조로부터 확연히 벗어난 루즈벨트 정부는 미국적 맥락에서 20세기의 이념적 전환을 계획했다. 그 계획에서 흑인은 선거권이 없다는 이유로 여전히 국가 경제정책과 정치적 통일체(조직된 정치 집단으로 여겨지는 한 국가의 전 국민-옮긴이)에서 배제될 것이라고 통보됐다. 미국에서 보수적 이념이 무너진 데는 두 번의 세계대전보다는 대공황의 영향이 컸다. 제1차 세계대전에 미국이 참전한 것에 관해서는 여전히 논란이 많지만, 전쟁 자체가 유럽의 패권에 관한 사건이었기 때문에 참전 결정이 (국내 좌파 조직에 대항해야 할 반동자의 세력이 잠잠해지며 기존 체제가 뒤흔들릴 만한) 재앙과 같은 상황은 아니었다. 하지만 이 선택은 과하게 이상주의적인 중도좌파 정부가 국제 정치에 대한 이해도가 결여된 상황에서 갈팡질팡하며 저지른 대외정책적 실수 같은 측면이 있는 것으로 보인다. 제2차 세계대전에 대해 말하자면, 소련이 파시즘보다 낫다고 확신하는 루즈벨트의 강력한 적대자들이 고립주의 문제를 악화시키면서 우파에 대한 불신을 더욱 굳건하게 만들었다. 전시 경제를 통해 충분한 이익을 취할 수 있었던 기업가들은 그 대가로 당분간은 뉴딜정책이 정치적 우위에 있는 상황을 받아들이기로 했다. 세계대전은 미국의 시민권 혁명을 촉발했고, 노동력 부족 현상은 루즈벨트 정부로 하여금 군수품 공급 과정에 인종차별이 폐지될 필요가 있음을 느끼게 했다. 루즈벨트의 뒤를 이은 해리 트루먼 정부에서는 군대도 인종적으로 통합되었다. 이에 따라 미국은 보수정치의 약세와 (연방 권력을 이용해 불평등을 악화하는 데 열중하는) 이념적 좌파 민주당의 강세와 함께 전쟁을 마쳤다.

영국

영국은 중산층, 도시 노동자 계층, 농촌 소작농 남성의 선거권을 인정하는 1832년, 1867년, 1884년의 선거법 개정과 함께 보편적인 남성 참정권을 인정했다.[13] 이를 도입한 정치 과정은 극적이었지만 그 당시로서는 다소 실망스럽게 끝난 감이 있다. 입법 때마다 (그리고 과도기에 여러 시도를 할 때마다) 제기됐던 사회적 대변동에 대한 예감은 사실 과장됐던 것으로 밝혀졌다. 하지만 프랑스 혁명 전쟁부터 이어진 정당 제도는 결국 무너졌고 2차 산업혁명에 따른 계급 체계에 기반한 제도로 대체되었다.

경제 정책에 있어 과거의 정당 제도는 자유민주적인 합의를 고수했다. 곡물법을 폐지한 1846년과 통일당이 영국 내 특혜 관세를 통한 보호무역주의를 채택한 1903년 사이에 양 당은 모두 자유무역을 지지했다. 이 시기에 금본위제가 크게 비판받은 적은 없었다. 재무부가 나폴레옹의 막대한 부채를 크게 줄여나가기 위해 안정적인 명목 가격을 유지하며 매해 흑자를 기록해야 한다는 생각은 당시에는 일종의 신념과도 같았다. 1834년의 구빈법은 맬서스Malthus의 인구론이나 데이비드 리카도David Ricardo의 임금 철칙에 의거해, 구빈원에 사는 사람의 치료를 중지하는 경우 처벌받도록 함으로써 그들에 대한 치료를 보장하는 법이었다. 이는 고전 자유주의 이념과 고전 자유주의자들이 불평등과 빈곤 문제에 관한 정치적 해법에 갖고 있는 적대감의 기저를 이루는 핵심 신조였다.

차티스트 운동으로 대표되는 급진적 운동은 19세기 내내 끓어올랐다. 하지만 그들은 기존의 정치 체계보다 그들이 우월한 점을 발견하지 못했다. 불법 행위라는 낙인에도 불구하고, 노동조합은 19세기 후반에 걸쳐 성장해 나갔다. 1871년의 노동조합법에 의해 마침내 그들의 활동은 합법화됐다. 비록 몇몇 구성원들이 의회나 다른 노동조합에 의해 설립된 노동대표위원회LRC에 선출되기도 했지만, 테프 베일Taff Vale로 알려진 1901년 법정 사건의 충격과 함께 노동자들은 국가 정치 체제에 편입되기 시작했다(테프 베일은 철도 조합이 파업으로 경제적 손실을 일으킨 데에 ▯피를 신고받은 사건이다).

테프 베일의 판결은 파업 등의 노동쟁의에 대한 전반적인 신념이 약화되는 상황을 유발했다. 자유당 후보자들이 정치에 관여하는 것을 도와준 노동조합은 독자 노선을 걷기로 했고, 노동대표위원회는 노동조합들도 크게 제휴할 정도로 커져갔다. 그리고 1903년에 노동대표위원회는 차기 국회에 30석을 보장받는 대신 자유당의 여타 지지층에 협조하는 조건으로 자유당과 전략적 비경쟁 조약을 형성했다. 뒤이은 1906년의 선거에서 십수 년간 지속된 보수 정권은 노동대표위원회의 힘을 입은 자유당의 압승으로 막을 내렸다. 헨리 캠벨 배너먼과 H. H. 애스퀴스로 이어진 1906년부터의 정부는 앞선 어떤 정부보다 중도 좌파적이었다. 하원은 테프 베일을 뒤집기 위한 법안(고용주들의 법적 이의로부터 노동조합 기금에 대한 면세를 보장받고 파업권을 인정받을 수 있는)을 거의 즉시 통과시켰다.

1908년의 자본 충격(합병철도조합Amalgamated Railway Union에 대항한 또 다른 사건 등이 일어났다)을 이끈 요인은 노동대표위원회에 자금을 대주는 등의 방법으로 정치 활동에 기금이 모이는 것 또한 막았다. 상원은 고용주에게 지원을 받는 노동조합 회원에 이익이 되는 쪽으로 사건을 의결하기로 했다. 또한 당시 자유당 정부는 판결을 뒤집기 위한 어떤 노력도 하지 않으며 의회 측 노동대표위원회와 노동대표위원회를 배신자로 간주하는 일반 노동자들 모두를 불쾌하게 만들었다.

하지만 정부는 전통의 권위를 이용해 자유당의 계획에 훼방을 놓으려 한 상원의 시도에 더욱 불을 지폈다. 1909년 재무부 수상 데이비드 로이드 조지는 후에 '인민 예산'이라고 불리게 될 계획을 제안했다. 이는 대지주들에게 세금(땅의 주인이 바뀔 시 감정가의 20퍼센트에 해당하는)을 걷기로 한 첫 번째 시도였다. 이는 부의 원천과 꾸준한 상속을 통해 품위 있게 자산을 소비해가려던 귀족들의 계획을 직접적으로 위협하는 것이었다. 소득세와 상속세는 고소득층에 대해 훨씬 더 크게 할당됐다. 로이드 조지는 '인민 예산'이 몇 년 전부터 시작된 독일과의 해군 군비확장 경쟁을 위한 부분도 없지 않지만 분명히 재분배를 위한 정책이라고 규정했다.

오직 하원만이 예산에 관여할 수 있다는 영국 헌법에 관한 불문율을 어기면서 상원은 1909년의 예산안에 거부권을 행사했고, 그 과정에서 정치적 분쟁

이 일어나기도 했다. 상원의 권한을 축소하고 예산안을 통과시키는 것에 관한 1901년의 두 선거를 이긴 자유당 정부는 왕에게 상원이 정부를 유지하기 위한 새 의원을 모집하게 만들도록 설득했다. 상원은 입법에 관한 그들의 힘을 크게 축소할 1911년의 의회법을 받아들였다. 의회법은 1937년 미국의 로크너 시대 의 막을 내린 대법원 사건 웨스트코스트 호텔과 패리쉬의 영국판 법정다툼 같 은 것이었다. 의회법은 정부의 진보적인 입법을 방해하는 정부 비선출 부서의 권력을 줄였다. 전통적인 사회 권력이 점점 약해지는 것처럼 정치적 중심부가 외연 확장 시도에 정치적 압력을 받고 스스로의 권력을 내려놓았다는 점에서, 둘의 발생 과정은 비슷했다. 본질적으로 미국 대법원과 영국 상원 모두 남의 손 에 굴복하느니 차라리 자결하기로 선택한 것이다.

게다가 두 사례의 자결 행위 모두 결과적 패배에도 불구, 상대방에게 꽤 큰 정치적 타격을 입히는 효과를 발휘했다. 반면 완전한 승리를 거둔 상대방에게 는 상황이 반대로 진행됐다. 루즈벨트 대통령은 그의 법원 압박 행위와 뒤이은 의회법으로 인해 그가 속한 전국의 정당에서 권위를 잃었고, 1914년까지의 자 유당 정부는 여성 참정권에 대한 시위와 격렬한 노동쟁의, 아일랜드 정부법 등 으로 인해 통제권을 잃었다(자유당이 상원을 억누르느라 소모한 정치자본을 되찾기 불가능함 을 깨달았던 것도 부분적인 이유다). 그리고 자유당 정부는 1914년 마치 정치적 구원자 처럼 등장한 세계대전과 함께 막을 내리게 된다.

전쟁은 영국에게 단순히 군사 공격에 그치는 것이 아니었다. 벨기에 영토에 대한 주권을 주장하는 명분을 가진 선전포고였다. 영국은 단순히 외국 정치관 료 집단의 외교적 실수로 전쟁에 합류한 것이 아니었다. 보어 전쟁에 관해서는 불일치가 있긴 했지만, 제국을 보호하고 확장한다는 기조는 1906년 이후의 자 유당 정부가 과거의 보수당과 궤를 같이 했다. 또한 중동과 남아시아의 러시아 침략지에서 독일 침략지로 긴장이 옮겨감에 따라 영국은 평화 협정에 가입했 고, 국외에서 빠르게 성장하는 독일 함대로부터의 위협을 감당하기 위해 군대 를 재배치했다. 하지만 세계대전은 국내 정치에서 기인한 요인도 있었다. 전쟁 은 국가와 정치를 마비시킨 현재 위기에 대한 책임을 유예시킬 수 있었다. 노동조합, 여성 참정권 시위, 아일랜드 연합주의 등 세 가지 반정부 폭동은 전쟁의 시작과 함께 모두 정부에 대한 도전을 포기했다.

여성 참정권 시위로부터의 유산은 여기서 특별히 강조할 만하다. 이 조직은 보수 성향의 중상위 계층 리더와 강한 노동자 계층 구성원을 가졌고 두 계층 모두 1911년~1914년 자유당 정부의 억압 정책 대상이었다. 저속하고 폭력적이기까지 한 그 정책들(여성 참정권에 관한 본질적인 의심이 담겨 있는)의 성차별주의는 두 계층을 영원히 자유당으로부터 등을 돌리게 만들었고, 거의 완전히 보수당과 노동당으로 나뉘다 보니 보통선거가 인정된 후 자유당의 지지는 점점 줄어들었다. 노동조합의 투쟁은 전쟁을 앞두고도 사그라들지 않았다. 풀뿌리부터 불만은 쌓여갔고 결국 1917년 노동당 위원들이 중앙정부의 반대 측에 서기에 이르렀다.

전쟁은 관련된 모든 이들에게 재앙을 안겨준 것으로 드러났다. 우선 1909년의 인민 예산보다 훨씬 많은 세금이 소비됐다. 금본위제는 전쟁 도중 폐기됐고 걷잡을 수 없는 인플레이션은 이후 부의 실제 가치를 크게 무너뜨렸다. 전쟁 그 자체는 전통의 엘리트들에 대한 불신을 거시적으로도(재앙 상황을 막기 위한 사전의 외교 과정이 아무런 쓸모가 없는 것으로 드러난 부분과 천연 자원을 낭비한 부분), 미시적으로도(기득권 계층이 평민 계층을 죽음으로 몰아넣는 식의 소모적 군사 전략) 불러일으켰다. 전후 해결을 위한 정치적 책무는 거국내각(거의 보수당 위주였다)이 노동당과 반-로이드 조지 자유당을 밀어내고 1916년 이후 집권했을 때, 전쟁을 일으킨 리더들의 책임을 구제하고 다가오는 선거(1918년 총선거로 치러질 것으로 보였던)를 준비하기 위한 것이었다. 1919년의 베르사유 조약은 독일로부터 윌슨의 14개조(1918년 가을 휴전의 기반이 된)를 넘어선 어마어마한 정도의 보상을 이끌어냈다. 배상금의 가장 큰 몫은 프랑스에, 가장 적은 몫은 폴란드에 돌아갔다. 독일의 주식자본과 제조업 기반이 붕괴함에 따라 표면적으로 영국은 전쟁 전 강력한 산업 경쟁 상대였던 국가를 제거하는 이득을 보게 됐다.

전후 로이드 조지 정부 초기의 성과에도 불구하고 전쟁은 자유당을 크게 전락시켰고 노동당과 보수당을 양극화시켰다. 정치는 전쟁 직전에 비해 우경화되었다. 전쟁 전 애스퀴스 정부(그때까지 역대 영국의 가장 좌파적인 정부)의 실패와 더불어 전쟁은 초기적 복지국가라는 대세에도 불구하고 노동자들의 정당으로서는 절대 허용될 수 없는 19세기 고전 자유주의를 만들었다. 하지만 그것이 (적어도 아직까지는) 영국 정부의 이념으로 자리 잡기를 포기했다는 것을 의미하지는 않는다. 결국에는 영국이 전쟁에서 승리했고 그동안 러시아 혁명은 폭력과 급진적인 격변(양 대전 사이의 기간에 우익 언론이 일으킨 위협)을 일으키고 있었다. 전쟁은 영국에서 자본주의의 이념적 기반을 분열시켰지만 그 기반은 1930년대 말까지는 무너지지 않았다.

1925년 보수당의 재무부 장관 윈스턴 처칠은 전쟁 이전 환율을 기준으로 금본위제를 재실시했다. 이는 영국 수출품의 가격을 올리고 전쟁으로 인한 부채 부담을 줄이는 동시에 축적된 부의 가치를 평가절상하는 효과가 있었다. 처칠이 후에 인정했듯이 그 동기는 다분히 정치적이었다. 그는 전쟁 이전의 통화정책으로 돌아감으로써, 전쟁 이전의 정치로 돌아갈 수 있을 것이라 생각했던 것이다. 디플레이션의 여파는 영국에서만 유독 불황을 불러왔고, 물가가 하락할 것이란 전망과 함께 대규모의 정리해고가 이어졌다. 케인즈는 《처칠의 결정이 미치는 경제적 영향》이라는 책에서 처칠의 선택이 불러온 결과가 '완벽한 전환'이 아닌 정리해고와 실업이었다고 비판했다. 또 1926년에 석탄 광부들이 임금을 삭감당했을 때 파업을 했다고 언급했다. 특별할 것 없는 예전과 똑같은 방식의 파업들은 모두 실패로 돌아갔지만, 필요 이상으로 과격했던 통화정책은 대공황과 함께 악화되어갔다. 1929년 노동당 중심의 정부가 들어섰지만 급진적으로 비춰지는 것을 두려워한 정부는 국제 계약이 이루어지는 것에 맞추어 재정 긴축을 단행하고, 그 과정에서 노동당을 해산시키며 이전 정부의 통화정책을 유지해야 한다는 느낌을 받았다. 보수당의 지지를 받아 새롭게 등장한 거국내각은 마침내 금본위제를 폐지했다. 하지만 다른 좌파적 개혁정책(자본주의에서 실업 여파로 발생한 부작용들을 보완하기 위한 공공 고용이나 산업 국유화 등의 개혁정책)들은 대부분 거부했다.

1930년대립 가지년서 군사·외교적 정치나 사회 갈등은 전통 경제정책을 옹호하는 중산층을 실업을 없애기 위한 산업 국유화와 빈곤을 근절할 수 있는 완전한 복지국가를 지지하는 노동자 계층과 맞붙게 만들었다. 이와 동시에 소련은 대륙의 평화에 큰 위협을 가했고, 파시즘은 (다른 전통적 자유주의 정당과 달리) 독일, 이탈리아, 스페인에서 강력한 정당성을 누렸다. 파시즘은 또한 (다른 사회민주주의 정당과 달리) 폭력적 수단이 아닌 민주주의를 토대로 하며, 사유재산 소유에 반대하지 않았다. 이런 파시즘이 소련에 대한 방벽 역할을 한다는 생각에 독일의 정책은 1920년대 가혹한 보수적 대외 정책에 대한 반발에서 1930년대 파시즘에 대한 유화정책으로 전환됐다. 그 대외 정책의 운명은 잘 알려져 있다. 전쟁 기간 동안 타협적 보수 정부와 '건실한' 경제 정책은 1930년대 유화정책에 도전하려 했던 반체제 인사 윈스턴 처칠이 이끄는 연합으로 대체되었다. 하지만 다른 장관들은 대부분 오랜 기간 계획경제를 옹호해온 노동당에 속해 있었다. 전쟁 기간 중에 그들이 시행했던 유일한 시도는 1930년대의 고질적인 실업을 끝내고 큰 생산적 성과를 거둘 수 있다는 그들의 주장을 입증해냈다. 따라서 제2차 세계대전은 영국의 전통적인 통치자의 신뢰가 추락하던, 제1차 세계대전에서 시작된 이 과정을 끝마치도록 만들었다. 유권자들은 노동자 계층이 통치자들의 외교·경제적 무능력으로부터 나라를 구했다고 보았기 때문이다.

전쟁의 발발과 진행에 있어서는 영국의 고전 자유주의적 합의의 책임이 있다. 근대적이고 산업화된 경제에선 계속된 높은 실업률, 물질적 빈곤이 고질적 문제였다. 대규모 참정권의 시대까지도 자유주의 이념을 지켜낸 엘리트들은 수십 년간의 정책적 실패로 신뢰를 잃고 있었다. 이러한 이유들로 전쟁이 끝난 직후 노동당은 끝내 인기 있는 다수파의 권력을 청산하고 평화의 시기 동안 산업의 국유화, 복지국가, 강력한 세금 제도를 단행했다. 세기 중반의 불평등을 크게 줄이기 위해서였다.

프랑스

프랑스는 1848년의 혁명기를 거치며 보편적 남성 참정권을 시행했다. 이를 통해 세워진 제2공화국의 첫 번째 선거에서는 (과거의 지방 중도파와 군주제의 지지자 간의 힘의 균형을 맞춰주던 7월 왕정을 국회 의회를 통해 전복시킨) 급진적 정치인들을 다시 대체했다. 그해의 대통령 선거는 루이 나폴레옹 왕자에게 분열된 좌파 공화당(뚜렷한 소수파인 파리 노동자 계층의 사회주의자들로 이루어졌다)에 대한 권력을 안겨줬다. 또한 정부는 좌파 공화당에 대항하여 파리 시청에서 짧은 재임기간 내내 국민의회에 위협을 가했다. 대통령은 그저 때를 기다렸고 1851년 마침내 왕정에 반대하는 정치 파동에 대한 불만이 만연하던 상황에서 압도적인 국민 투표에 힘입어 기회를 얻었다. 이로 인해 제2공화국은 실각하고 나폴레옹 3세의 제2제정에 의한 20년간의 통치가 시작됐다. 따라서 프랑스를 보편적 남성권이 자유방임 자본주의를 전복시키기에는 부족했던 유일한 사례라고 볼 순 없다. 보편적 남성권은 민주 정부를 보장하기에는 불충분했다.[14]

마지막이 가까워지며 잦은 노동 쟁의를 겪던 제2제정은 1870년~1871년의 프러시아의 침공으로 무너졌다. 즉각적으로 일어난 변화 중 하나는 파리 코뮌이었다. 이는 이후 수십 년간 급진주의의 위험성을 나타내는 국제적인 예시가 되었다. 제2제정은 극심한 정치적 양극화 속에서 탄생과 종말을 맞으며, 사라지지 않은 정치 양극화를 제3공화국에 그대로 물려주었다. 다른 한편 제3공화국의 정치는 영국에서도 그랬듯이 (프랑스도 1936년 마침내) 타협 의제를 통한 연합 정부의 흐름 속에 극적이기보다는 점진적으로 좌경화됐다. 차이점이 있다면 제3공화국 내내 성직자 세력이 주요 정치 이슈로 작용했다. 이들은 엘리트 자본주의에 대한 불신이 생기는 맥락을 더 복잡하게 만들어 정치 갈등의 차원을 한 단계 늘려놓았다. 비슷한 사건은 독일의 문화 투쟁Kulturkampf에서도 벌어졌다.

제3공화국의 (민주주의) 공화당 정부는 왕정의 첫 번째 대통령인 파트리스 드 맥마흔Patrice de MacMahon이 정부가 과연 입법이나 대통령에 관한 책임이 있는지 의문을 불러일으키며 1877년 국민회의Chamber of Deputies (제3공화국하의 프랑스 입법부의 하원) 선거에서 패배함으로써 유일하게 승리를 경험했다. 1879년 공화당은 상원에 대한 권력을 얻었다. 왕정의 앞마당처럼 여겨졌던 상원의 존속은 제3공화국을 탄생시킨 헌법에 대한 왕정파의 찬성 여부에 달려 있었다. 1880년대 초 교육부 수상인 쥘 페리가 공공 교육을 국유화하는 동명의 법을 통과시켰고 이는 가톨릭 교회에게 큰 손실을 안겨다주었다. 레옹 감베타가 이끄는 같은 정부는 어떤 정치 정당과도 제휴하지 않았음에도 불구하고 1884년 노동조합을 합법화했다. 당시의 정치적 좌파는 적절한 방법으로 자본주의와(또한 남아 있는 자본주의적 정치 체제와) 상호작용하려는 목적과, 성직자들의 세력에 더 크게 반대하고 소득세에 대한 가능성을 제기하기도 했던 (마침내는 급진당에게 자리를 내준) 감베타, 페리, 그 후임자들의 기회주의 공화당Opportunist Republicans(온건파 공화당을 경멸적으로 일컫는 표현-옮긴이)을 타도하려는 목적으로 다양한 계층을 대변하는 수많은 사회주의 당파로 분열했다. 인권은 왕정과 독재자 불랑제 예비 장군(1880년대 말 왕정의 뒷받침과 함께 정치권을 휩쓸었지만 연합 공화당 세력의 계속된 공격으로 힘을 잃었다)에 의한 중산층 인민주의, 보복적 국가주의자들의 오랜 유대로 파열되고 말았다.

전쟁 이전 제3공화국에서 가장 악명 높았던 정치적 사건은 모든 이상화된 갈등을 수면 위로 끌어올린 드레퓌스 사건이었다. 다시 말하지만 드레퓌스 사건 이전의 당파들이 공화당 뒤에서 연합하는 동안 군주주의, 교회 정치주의, 공격적인 국가주의는 정치를 후퇴시켰다. 더 큰 위기 사이에서 사회주의자 알렉상드르 밀랑Alexandre Millerand이 파리 코뮌을 탄압한 귀족들도 포함된 공화당(1899년 드레퓌스 사건 이전 피에르 발데크 루소의 정부 부처)에 합류해야 하는가에 대한 논쟁은 좌파에 대한 분노를 불러일으켰다. 1902년과 1905년 사이에 프랑스 사회주의는 장 조레스가 이끄는 비혁명적 사회주의자들의 민주주의적 노선인 국제노동자동맹 프랑스지부SFIO의 형성과 함께 정치적 실체로 등장했다. 이는 공공교육과 다른 국가 기능들에서 교회의 역할을 완전히 배제하였으며 뒤이어 재임한 장관들은 사회 보험이나 최대 노동시간 입법 등을 통한 노동 개혁을 단행했다. 비록 기존의 반평등주의적 세제와의 오랜 저울질 끝에 소득세가 1909년 가까스로 국민의회를 통과하긴 했지만, 예상된 커다란 갈등과 함께 1914년

7월 전쟁의 직전까지 상원에서 힘을 발휘하지 못했다. 역사가 아르노 메이어 Arno Mayer는 이 시기의 프랑스 상원을 '점점 침몰하는 불안한 선반 위에 놓인 돌'에 비유했다.[15]

외교적으로는 SFIO가 군비증강과 독일과의 대치를 반대하면서 좌파 공화당의 급진파와 사이가 틀어졌다. 전쟁 직전 국제적 총파업에 호의적이었던 조레스가 파리의 카페에서 왕정주의자에게 암살당하는 사건이 벌어졌다. 그리고 전쟁은 1917년 극단적 국가주의자인 클레망소가 등장하기 전까지 좌파 온건 공화당에 의해 수행됐다. 전쟁은 영국보다 프랑스에게 더 참혹한 피해를 입혔다. 그러다 보니 정치적 엘리트들의 책임은 베르사유 회의의 절대적 우선조항에 의해 완화되었고, 징벌적 배상금은 바이마르 독일에게 부과되었다. 영국에서 그랬던 것처럼 전쟁 초기에 집권했던 온건 좌파는 능력을 상실했고, 전후 정치는 노동자 계층의 좌파와 중산층 우파에 의해 지배를 받았다.

그러나 프랑스의 국내 정치는 좌파가 러시아 혁명의 여파와 거의 정면으로 맞서고 있었다. 자본주의적 정부에 참여하는 것이 과연 적절한가 하는 조레스 이전의 논쟁은 조레스의 제자들과 소비에트 공산주의에 복종하는 동맹 간의 주도권 다툼을 불러왔다. 대다수 사회주의자들이 소비에트의 제3인터내셔널에 가입하고 정당의 언론 매체와 노동조합 대다수에 대한 통제권을 잡으면서 SFIO는 1920년 투르 회의에서 영원히 전복되었다(몇몇 사회주의자들은 레옹 블럼을 따라 잔류했다). 그 당파들은 1920년대와 1930년대에 급진 좌파 정부를 지원했다(국민전선당과 경쟁하는 좌파 카르텔 정부라고 불리기도 했다). 프랑스는 그 기간 동안 사실상 경제 위기를 겪고 있었고 1929년~1936년의 대공황으로 인해 독일의 배상금이 조달되지 못하면서 1920년대 말까지도 재정 위기를 겪어야 했다(그러나 피케티는 두 위기가 매우 다른 원인과 성격을 지녔다고 보았고, 이것이 불평등에 미친 영향과 정치적 영향 역시 매우 다르게 판단했다). 결과적으로 하원의 당파적 갈등을 이끌었던 약점은 1934년의 2월의 반란(제3공화국이 거리 시위로 전복된 유일한 시기)의 전조를 제공했다. 더 중요한 점은 독일, 이탈리아, 스페인의 파시즘이 성공함에 따라 소비에트가 외교정책을 바꾼 사건이 인민전선의 무대를 열었다는 사실이다.

인민전선은 1921년까지 프랑스에서 한 번도 주류에 서지 못했던 공산당을 정부에 입성시켰다. 또한 정부 중재 아래 이루어낸 1936년 5월 인민전선의 선거 승리 직후에 일어난 총파업을 끝내고, 노동조합과 고용주들의 합의를 중재하는 측면에서 SFIO가 내내 지지해오던 노동 개혁들(주당 40시간 노동, 단체교섭권, 즉각 임금 인상, 의무적 유급 휴가 등)을 전격 시행하고 마티뇽 협정의 장을 마련하며 공산당 조합을 보다 온건하게 조정했다. 새 정부는 대공황 시기에 주요국 중 가장 마지막으로 금본위제를 폐기하기도 했다. 이 모든 일들이 정치적 긴장이 고조되고, 거리 시위가 계속되며, 현 정부와 제3공화국 자체의 정치적 정당성에 대한 의심이 만연한 상황에서 이루어졌다.

그러다 보니 인민전선당의 1930년대 중반과 말의 두 정부는 프랑스의 좌익주의에 대한 완벽한 승리를 거두지 못했다. 오히려 그 반대였다. 공산주의자들과 자본주의 정당 간의 협력은 모스크바에서 계속해서 벌어진 술수들로 인해 오래가지 못했다. 그동안 독일이 재무장을 단행하면서 악화된 안보 상황은 프랑스가 내부의 적으로 나라를 빼앗겼다는 반동분자들의 주장에 힘을 실어주었다. 영국에서 그랬듯이 프랑스는 나치 독일이 제대로 작동하지 않을 것이라는 것을 알고 그들의 요구를 들어주기를 선택한 셈이었다. 하지만 여기에는 어떤 정치적 합의도 없었고, 제대로 된 대안도 마련되지 않았다. 나치가 침공하여 마침내 비시Vichy 꼭두각시 체제가 들어섰을 때, 침공자들은 전후 복지국가를 향한 입법의 장을 연 전쟁 이전의 우파(좌파가 내부적으로 국가를 팔아버리고 있다고 수십 년간 주장한 파당들) 중 자진해서 협력할 사람들을 발견했다. 한편 중도 우파 파당들은 자유 프랑스 인민(이들은 좌파였고 특히 프랑스에서 레지스탕스를 이끈 공산주의자들이었다)에 가담했고 보다 포괄적인 복지국가로 이행하는 시점에 결과적으로 이는 제4공화국의 발판이 된 인민전선당의 마지막 조각이 되었다.

독일

근대 독일은 프러시아의 통일 전쟁이 고조되고, 빈 의회에 의해 분열된 정치 질서가 다시 통일된 1871년에서야 정치적 실체로 등장했다. 정치 상황이 질서를 유지하도록 만든 동기는 유럽의 힘의 균형(프랑스와 독일 제2제국과의 전쟁에서 승리한 프러시아에 유리했던)으로 유지되었다. 혁명 정치는 그동안 의회 체제 아래에서 자유주의자들의 염원이던 통일을 이루어주었다. 하지만 1848년 혁명 이후에 독일의 자유주의자와 국가주의자의 노선은 갈라졌다(그리고 많은 자유주의자들은 망명을 떠나야 했다). 그런 이유에서 독일은 통일된 정치적 실체를 이루기도 전에 엄청난 역사를 지닌, 유럽에서 가장 발달한 좌파 정치를 갖게 되었다. 보편적 남성 참정권이 있었던 것은 아니지만 각 주는 성장하는 노동자 계층 운동뿐 아니라 내부 정치적으로 자유주의적 개혁파를 수용하고 있었다.

1860년대 독일 통일의 근원은 전통 귀족과 근대 중산층을 통합시켰다(영국과 프랑스에서도 자주 발생한 19세기의 고전적 정치 연합이다). 프러시아 정부가 이상적 자유주의 정치보다 입헌군주제를 채택하다 보니, 각 주의 자유주의자들 대부분은 국내의 전통 귀족 세력의 반대편에 서면서 프러시아의 장악을 도왔다. 프랑스에서 그랬듯이 종교는 정치에 있어서 큰 존재감을 지니고 있었다(가톨릭 교회는 통일을 반대하는 핵심 세력이었다). 그런 이유로 비스마르크의 반-가톨릭 문화투쟁은 통일과 관련된 가장 논쟁적인 정치 이슈였다. 자유주의자들은 대부분 통일을 지지했고, 프러시아의 입헌군주제는 수십 년 후 미국의 루즈벨트와 윌슨 정부가 그랬듯이 독일의 국내 정치에 어마어마한 영향을 끼쳤다. 1891년에 프러시아는 소득세를 선구적으로 도입한다. 그 기간 동안 자연적 독점은 규제받았고 몇몇 경우는 주 정부의 책임으로 넘어갔다. 아래로부터의 정치적 위협을 마주한 국가 정권은 자산가들의 충성을 보장받기 위해 중산층 저축을 위한 세금 혜택과 보건, 은퇴, 노동자 수당에 관한 사회보장제도를 처음으로 시행했다.[16]

다른 한편 1871년의 헌법에 포함된 독일의회의 보편적 참정권에도 불구하고 전통 귀족과 이들의 동맹은 주와 국가에 막대한 영향력을 미쳤다. 비록 제국 정부의 예산안에 독일의회의 승인이 필요하긴 했지만 황제에 관한 책임은 의회가 아닌 정부의 것이었다. 프러시아는 대부분의 정책에 사실상 거부권을 행사하며 인민이 아닌 주 정부가 연방 상원을 대표했다. 그리고 프러시아의 선거권은 보통선거와는 거리가 멀었다. 하원 의석수의 3분의 1은 인구가 아닌 총 세입에 따라 배정됐다. 즉 대부분의 선거구에서 소수의 엘리트가 전체 투표수의 3분의 1을 가져가고, 보다 많은 중산층이 3분의 1을 가져가면, 대다수의 하층민들이 나머지 3분의 1을 가져가는 구조였던 것이다. 상원은 세습 귀족과 왕이 지명한 자들로 이루어졌다. 요약하면 1871년의 헌법에 표면적으로 내포되어 있던 당시의 대중 정치는 좌파 정치가 조직적으로 성장하고 대중의 지지를 받으며 계속해서 좌절당했다.

후에 독일 사회민주당SPD을 형성하게 될 조직은 1860년대에 걸쳐 여러 노동조합과 노동자 계층의 정치 조직들로 구성되고 있었다. 독일이 통일되면서 마침내 SPD도 통합되었다. 1875년에 열린 전당대회에서 SPD는 민주 정부, 연설의 자유, 보편적 사회보험, 보건, 그리고 교육을 위한 고타 강령Gotha Program을 채택했다. 모든 재원은 진보적인 세제로 마련하기로 했다. 주목할 만한 점은 산업의 국유화를 포함하지 않았다는 점인데, 이로 인해 카를 마르크스로부터 점진주의적 방식과 자본주의 민주정치에 결속했다는 유명한 비판을 받기도 했다. 수많은 국왕 암살 시도를 비롯한 반군주주의의 여파로 비스마르크는 1878년에 독일의회를 통해 SPD를 불법화했다(이 규제는 1890년까지 지속됐다). SPD가 다시 합법화되고 나서도 몇몇 주는 그 세력을 저지하기 위해 자산가들이 보다 큰 투표권을 갖는 계층 기반 선거로 회귀했다.

1890년 독일의회의 규제가 만료되면서, 유럽에서 살아남은 좌파들은 이로 인한 1930년대 중반 인민전선의 시기까지 이념적 투쟁을 벌였다. 초기에 사회주의자와 제휴한 노동조합은 잇따른 파업을 단행했고, SPD는 앞선 고타 강령에 대한 마르크스의 비판을 받아들여 1891년 에르푸르트 계획Erfurt Program에서 산업의 국유화를 서약했다(머지않아 정치적 안정이 찾아올 것이란 기대가 있었고, 부분적으로는 노동조합의 격분을 진정시키기 위한 목적도 있었다). 1890년대에 SPD는 이론적·실용적 관점에서 자본주의자를 타도하는 것이 바람직한가에 대한 의심으로 개혁파와 정통파로 갈라졌다. 에두아르드 번스타인$^{Eduard Bernstein}$은 〈사회주의의 문제〉라는 소논문을 연달아 집필했는데, 민주주의적이고 본질적으로 자본주의적인 맥락에서의 점진적인 노동해방 운동을 옹호하면서 이상적인 수사법은 과감히 생략했다. SPD는 형식적으로는 정치적 통일을 이루고 있었지만 권력을 쥔 사람이 정치적·사회적 정체를 묵인하는 과정이 반복되면서 번스타인의 개혁주의가 20세기의 기본 이념으로 자리 잡았다. 또한 통치 과업을 회피하지 않고, 전통 정당들에 의한 혼란을 깨끗이 하려는 의지를 통해 대중의 수용을 불러왔다.

그동안 독일과 각 주의 정책은 떠오르는 SPD의 인맥과 권력의 그늘 속에서 묵묵히 진화하고 있었다. 1900년대 초반 국민의회는 사회보험, 노동시간 제한, 공장 조사 등이 포함된 노동자 보호법을 시행했다. 하지만 좌파의 영향력이 강해지면서 국가 정치의 방향을 다시 돌려놓기 위한 정치적 역풍은 군국화의 가능성까지 불러왔다. 주 관료, 군대, 고위직의 전통적인 부류들은 대형 돌발사태가 모든 것을 앗아갈 수도 있다는 흔한 교훈에도 불구하고 3국 협상을 경직시키며 잇따른 위기를 유발했다. 한편 프랑스와 러시아를 연달아 무찌를 수 있을 정도라고 알려진 힘을 모으며, 베트만-홀베크 독일 수상과 몰트케 국방부 장관 등을 포함한 일부 독일 지도부들은 국내 정치에서 보수파의 힘을 키우고 대외의 적들이 정말로 전쟁에 돌입하는 것을 꺼리도록 위협하는 일석이조를 꿈꾸었다. 이에 따른 효과는 연쇄 작용의 스위치를 켠 셈이 되었고, 이로부터 거의 자동적으로 1914년에 펼쳐진 재앙의 시나리오가 시작됐다.

전쟁은 SPD를 빠르게 분열시켰고, SPD의 좌파는 스파르타쿠스 당(독일의 과격파 사회주의 집단-옮긴이)을 떠났다. 남아 있는 SPD의 파당은 우선 국민의회의 군사 예산안에 암묵적으로 동의했다. 그러나 1916년에 내각이 더 이상 국민의회에서 벌어지는 갈등에 대한 대규모의 원조를 지속할 수 없게 되자 의회 의원들은 점차 등을 돌렸다. 국왕은 전면전 대비 차원에서 사실상의 군사 쿠데타를 단행해 시민권을 군대에 이양했다. 1918년 봄에 이 작업은 거의 완성되어 국내 전선에는 임계점이 넘는 긴장상태가 조성되었다. 연합국이 파리 인근 서부전선의 전세를 바꾸어 놓으면서 독일 제2제국은 종말을 맞았다. 9월에 최고 사령부 폴 본 힌덴버그와 에리히 루덴도르프는 국왕에게 시민정부를 설치하고 미국과 휴전할 것을 간청했다(그들은 이것이 독일이 안으로부터 무너지는 것을 막을 마지막 희망이란 것을 알고 있었다. 전쟁으로 더 큰 피해를 입은 연합국과의 정책 파기를 정당화하기 위해 내적인 정치 개혁을 단행할 것이라는 약간의 신호를 미국의 윌슨 정부에게 전달할 필요도 있었을 것이다). 이의 일환으로 (20년간 최대 규모의 정당이었지만 제국 정부로부터 버림받은) SPD의 덕이 아닌, 외세에 대응하기 위한 목적에 따라 불공평한 프러시아의 참정권 법이 마침내 수정되었다. 루덴도르프는 특히 전후 정치에 관한 나름대로의 비전을 가지고 있었다. 언젠가 다시 재기하기 위해서는 곧 닥쳐올 패배에 대한 책임을 회피할 필요가 있었다.

그런 점에서 루덴도르프에게는 정부의 믿을 만한 정당으로 보이고 싶은 SPD만한 동지가 없었다. SPD의 수장인 프리드리히 에버트는 최고사령부가 넘겨준 바통을 건네받은 대신에 정치적 동맹국을 재결성하기 위한 불개입 기간을 제공했다. 루덴도르프는 무장 병력이 기록과 사진에 남지 않도록 군사 사령관들에게 휴전식에 참석하지 말라는 명령을 내렸다. 1918년 11월 휴전을 맞아 통합 정부는 전쟁기간에 특히 심하게 통제되었던 연설과 언론의 자유와 더불어 여성을 포함한 보편적 참정권을 즉시 보장했다. 단체교섭권에 대한 법적 보호 또한 각별히 지켜냈고, 연방 입법에 대한 상원의 거부권도 폐지했다. 그런 점에서 1919년의 소위 독일 혁명과 바이마르 헌법은 전쟁 이전과 전쟁 동안의 정부에 대한 불신으로부터 명백히 벗어나기 시작한 계기가 됐다. 하지만 새로운 체제는 국가 해산을 맞았다. 소비에트 혁명의 첫 단추가 꿰어지던 지난해 (많은 도시에서 시민 정부를 위한 노동자 의회를 선출한) 스파르타쿠스 당이 반기를 들었는데, 이를 다스려 국가를 지키기 위해서는 남아 있는 군대와 전문적인 엘리트들 사이의 협력이 필요했다. 의회는 가까스로 임금, 노동 조건, 공장을 상시 가동한다는 조건으로 고용주의 노동조합 승인 등의 주요 권리들을 이끌어냈다. 하지만 동맹군과 비정규 군사들을 통합한 새로운 시민 정부는 전선에서 승리하고(대부분 좌파들을 상대로) 돌아온 군인들을 대부분 퇴역시켰다. 15년 뒤 커다란 전복 사태를 불러올 반민주주의적 오점을 1919년에 피할 수 없었던 것은 아니었다. 하지만 이는 바이마르 정치 상황을 가만히 내버려두지 않았다.

1919년 여름 마침내 체결된 베르사유 조약은 정부에게는 전적인 재앙이었다. 그리고 이 조약으로 인해 당시 독일의 경제적 파국은 바이마르 정부의 탓으로 돌아갔다. 연합국의 계속된 식량 봉쇄는 독일이 조약을 이행할 의무가 없다는 주장에 힘을 실어주며 정부를 협상 테이블로 끌고 왔다. 게다가 협상 전에 에버트는 국민에게 전시 경제의 붕괴로 독일 경제가 굴복하면서 배상금을 피하게 된 점은 역설적이게도 협상의 우위를 가져올 것이라고 단언했다.[17] 그런 전략적·수사적 실수는 프랑스와 영국 또한 곤란해졌다는 사실과 독일의 유혈을 원하는 지도층을 해명하는 데는 실패했다. 논쟁적인 전쟁을 선택하면서 정치적 입지가 줄어든 윌슨은 막대한 사상자를 낳은 동맹국의 고삐를 마음대로 당길 입장이 아니었다. 베르사유 조약은 처음부터 옹호될 수 없는 것이었고, 전체 정치 체제가 반대 입장을 표명했다. 하지만 연합국은 독일 정부가 이 안을 거절할 시 군대를 재동원해서라도 최소 서부 독일 지역을 점령할 것이며, 최고 사령부들에게는 군대가 전혀 저항하는 모습을 보이지 않았고 정부 또한 모른 체한 것으로 보이게끔 전달할 것이라 주장했다.

바이마르 정치 체제는 (끝내 소련과 결속한 스파르타쿠스 당을 뒤이은) 공산당, SPD, 온건 좌파의 민주 자본주의 정당, 좌파와 우파 파당을 모두 가진 가톨릭, 두 좌파 정당, 하나의 민주정당, 하나의 귀족 정당, 그리고 나치로 구성되었다. 공산당은 1919년에서 1923년 사이에만 공화당에 세 번의 도전을 감행했고, 각 시도는 매번 이전에 비해 더 좋지 않은 결과를 낳았다. 반민주적 우파는 1920년에 카프 반란을 통해 처음, 1923년 뮌헨 반란를 통해 또 한 번 정부를 전복하려 했다. 1919년에는 불법무장단체가 스파르타쿠스 당의 수장인 로자 룩셈부르크와 칼 리프크네히트를 암살했다. 이 사건들은 이전의 정치 체제로부터 전적인 옹호를 받지 못했지만 관료 중 보수적 부류와 법관들은 의회의 권리를 감쌌고 공격적인 탄압은 불안을 더 키우기만 할 것이라며 정부를 설득했다. 그러나 바이마르의 선천적인 정치 불안과 우파를 향한 정치적 극단주의의 계속된 위협은 불운한 역사적 사례를 낳았다. 이들은 불가피하게도 나치에 종사하게 될 수밖에 없었던 것이다. 이런 종류의 논쟁은 직관적으로 생각했을 때와는 다른 목적을 지닌다. 실제 원인을 제공한 자들에게(특히 민주주의보다는 독재를 선호하고 의회의 폭력성을 자신들을 향한 정치적 위협을 중화하고 반발하는 데 유용한 도구로 생각했던 이전 정치 체제의 우파에게) 돌아가야 할 비난을 잠재우기 위한 것이다.

바이마르 역사의 최악의 기록은 그들의 초창기를 설명하는 하이퍼인플레이션이라는 위기에 대한 것이다.[18] 하이퍼인플레이션은 근본적으로 베르사유 조약의 터무니없는 배상금 계획과, 그들이 야기한 값비싼 전쟁으로 인해 평판에 금이 간 외국 정치인들이 정치 경력을 지켜내기 위해 독일 노동자들을 이용할수 있다는 완전히 잘못된, 하지만 정치적으로는 필요했던 신념 때문에 발생한 것이었다. 하이퍼인플레이션의 작동 방식은 연합국의 배상 방식과 흡사했다. 독일 공장에서 많은 생산을 끌어올리려고 프랑스가 루르 지방을 정복했을 때 위기는 정점에 달했고, 그 전략이 독일 노동자들의 생산성을 유도할 수 없다는 것이 밝혀지면서 다시 잠잠해졌다. 어떤 사례건 간에, 프랑스가 철수하는 동안 명백한 비협조를 멈추기 위한 정부의 예비 협정은 1923년 말에 잇따른 협상의 장을 펼쳤다. 이 협상은 미국의 대출을 받은 새로운 렌텐마르크(통화 안정을 위해 독일 정부가 새로 발행한 지폐-옮긴이)의 도입, 도스^{Dawes}와 영 계획$^{Young Plan}$에 포함된 보다 지속가능한 배상금 계획을 통해 마침내 프랑스의 하이퍼인플레이션을 끝낸 계기가 된다.

하이퍼인플레이션은 독일 자본 주식의 가치에는 큰 타격을 입혔다. 하지만 배상금 협상의 일부로 정부는 자본보다는 노동을 희생해 세입을 얻으려고 민간 부문에 긴축 조처를 시행한 1919년 혁명에서 조직 노동자들을 잃기도 했다. 에릭 웨이츠$^{Eric Weitz}$는 그 결과를 '바이마르 공화국이 인플레이션으로 인해 중산층을 잃고, 안정화로 인해 노동자 계층을 잃었다'고 설명했다.[19] 결과적으로 SPD는 1924년 이후 바이마르의 두 번째 국면의 시기에 정치적 스펙트럼의 중심에서 물러났다. 하지만 1927년 다시 권력을 손에 넣었을 때는 (무급) 휴가, 그리고 임산부 노동자들의 일자리 보호 등의 보다 후한 사회보험제도를 시행하며 비스마르크에 의해 단계적으로 만들어진 임시방편식의 정책을 대체했다.[20] 바이마르의 마지막 정치적 위기를 유발한 것은 확대된 사회보험제도였다.

하이퍼인플레이션으로부터의 회복 여부는 전적으로 미국의 금융 은행에 달려 있었다. 1929년 미국의 주식시장이 무너졌을 때 미국인들은 충격 속에 부채를 회수하기 시작하며 첫 번째 해외 피해자인 독일에 금융 위기를 전파했다. 나치당은 1920년 이후로 변두리를 맴돌았는데, 이어진 대공황은 회원들의 가입에 불을 지폈고 공화국의 첫 단계부터 조장됐던 반혁명을 일으킬 시기가 다가왔을 때 조력자들로 하여금 형식적인 정치 체제 안으로 들어오게끔 설득했다. 첫 단계는 위기에 대한 해결책이었다. 대공황으로 파산한 상태에서 체제 회복을 위해 영업세를 높이려는 시도는 긴축 재정(사회보험제도로 인해 SPD 정부의 몰락을 불러온)을 요구한다. 대통령 힌덴버그는 1930년에 중도 정당의 하인리히 브뤼닝을 설득하여 수상직을 얻어냈다. 그리고 국민의회에서 다수의석을 확보하는 데 실패한 뒤 헌법의 '조항 48'에 따라 지배권을 잃었다. 당시에 남아 있던 지지자들은 일시적인 조치일 것이라 생각했지만 사실상 이때 바이마르 공화국은 끝을 맞이했다.

법령에 의한 통치가 2년간 계속되면서 브뤼닝은 실업률을 줄이고, 여타 사회복지 혜택과 공무원 임금, 농업 보조금(이것의 축소는 프러시아 지방 귀족을 대변하는 우파 정당이 지원을 중단하게 만든 마지막 원인이었다)까지 줄이는 긴축정책을 연달아 실시했다. 그 사이 몇 차례의 선거가 있었지만 의회의 다수파가 되는 데 계속 실패했으며, 그 대신 양극화가 나타나면서 공산당(특히 나치)에게 유리해졌다. 정권에 대한 유일한 지원자는 무너져가는 SPD밖에 없었고, 그들이 주택자산에 반대했기 때문에 그 체제는 결국 실패했다. 비민주적으로 집권할 때에도 공화국을 무너뜨리기 위해 오랜 시간을 기다려온 우파는 나치에서 그들의 목표를 이룰 방법을 발견했다. 나치는 우파 엘리트의 대표가 여태껏 한 번도 해보지 못한 대중 정치 운동을 동원할 능력을 갖고 있었기 때문이다(극심한 정치·이념적 위기를 맞는 동안 극우파는 매우 중요한 동맹이 되었다). 사실 나치는 히틀러가 권력을 잡으려고 두 번을 시도(히틀러가 힌덴버그에 맞서 대통령에 출마했을 때, 그리고 브뤼닝이 실각한 직후 수상직에 도전했을 때)했던 1932년에 가장 성공적인 선거를 치렀다. 하지만 아무것도 통하지 않았고 나치의 돌풍은 1932년 마지막 세 번의 선거를 치르면서 다시 잠잠해졌다. 힌덴버그의 보좌관들이 히틀러를 수상으로 임명하도록 설득하고 다음 해(국민의회에 일어난 화재와 뒤이은 정치 테러의 분위기를 수습한 뒤) 최다득표를 통해 다수 의석을 안겨준 전권 위임법을 통과시키면서 마침내 국민의회에 대한 권력을 보장하기에 이른다.

나치의 지배는 제1차 세계대전이 끝난 직후 독일 혁명이 일어난 1918년 ~1919년 동안의 매우 반혁명적인 사건이었다. 그 혁명은 힘으로 구시대의 엘리트들을 제거하는 것은 충분하지 않다는 것을 보여주었고, 바이마르 정치의 불안정과 정책 실패, 그리고 특히 좌파 민주주의가 오랜 적대자들을 제거할 기회를 놓친 덕에 과거의 엘리트들은 다시 부활했다. 확실히 하자면, SPD는 언제나 소련 공산당(독일의 좌파 민주주의 정부를 인정하지 않으려고 소련의 명령에 따라 운영되는)에게 공격을 받았다. 그 당시 독일은 그런 존재를 가진 전 세계의 유일한 나라였다. 구체제의 계승자이자 갑자기 떠오른 나치 같은 반바이마르 우파는 민주주의 정부의 기본 정통성을 일절 인정하지 않았다. 그런 방식으로 독일의 좌파 정치는 이 글에서 다룬 4개국 중 가장 발전하게 됐으며, 과거의 엘리트들이 (영국과 프랑스처럼 승리를 위해 싸우기보다) 제1차 세계대전을 일으키고, 패배한 죄로 가장 크게 실추됐다는 사실은 결국 SPD와 이들에게 투표한 사람들과 특히 독일을 희생시켰다(그들이 원하는 국제 정치의 선례는 소련이 유일했다). 1919년 자본주의 이념과 민주주의 권력에 대해 처음이자 마지막 승리를 거둘 의지도 없고 능력도 없던 그 정당은 나치 지배의 초기였던 1933년 이후에 반대자의 선동으로 해체되었다. 나치는 국내적으로 마침내 자본주의 정치를 파괴하는 것에 성공했고, 전쟁이 연합국의 승리로 끝나 독일의 근대 헌법을 수립하고 정치와 경제가 다시는 확장주의자의 손에 들어가는 일이 없도록 재조립했을 무렵, 연합국은 좌파 민주주의 혁명의 일원이었다. 연합국의 지배에서 벗어나 근대 독일이 탄생했을 때, 독일에는 이미 노동자 계층에게 권력이 부여된 진보적인 민주 경제 정책과 정치가 들어서 있었다.

결론

이 글에서는 도금시대의 불평등을 사그라뜨리는 데 성공한 정책과 대규모 참정권에서 비롯된 자본주의의 이념적 역사를 훑어보았다. 어떤 면에서 역사적 사례는 '왜 대규모 참정권이 효과적이지 못했는가?'라거나 '자본주의 이념이 지속될 수 있었던 이유는 무엇인가?'에 대한 명확한 답을 내려주지 못한다. 《위건 부두로 가는 길》(대공황 시기에 북잉글랜드의 탄전의 고통을 조사하고 고민한 책, 1937년 작)에서 조지 오웰은 같은 질문에 다다른다.[21] 이 점에서 사회주의라는 널리 정의된 이념은 (거의) 보편적인 남성 참정권과 나란히 50년 혹은 그 이상 정치적 무대에 등장해 있었다. 그리고 사회주의가 경제적으로 가한 피해는 급격히 나빠져만 갔다. 그 과정에 파시즘이 국제적으로 맹위를 떨쳤다. 살아남기 위해 발버둥 치던 스페인의 보수 정권은 국제 동맹국들에게 버려졌고, 민주 사회주의에 불명예를 안겨주기 위해 이의 종말을 원하던 소비에트 요원들에 의해 거의 전복되기 직전이었다. 달리 표현하면, 오웰에게 상황은 점점 더 악화되고 있는 것처럼 보였다. 모든 것을 영원히 잃기 직전의 마지막 몸부림 같았던 것이다.

오웰은 사회주의자의 자연적 동맹인 좌파 지식인층과 함께 사회주의자들 자체도 비판했다. 사회주의의 모든 의심스러운 인습을 고려했을 때, 자존감을 가진 노동자라면 절대 자기 자신을 사회주의자라고 인식하지 않을 거라고 추측했다. 다른 한편 평등주의 정책으로 많은 이득을 본 다수의 사람들은 우월감에 젖어 절대 스스로를 노동자 계층으로 여기지 않을 것이라고도 추측했다. 두 경우 모두 오웰의 설명은 개인의 이념에 관한 것이었고, 그런 점에서 그의 설명은 한참 부족한 면이 있다. 그의 설명은 정치 결과가 사람들의 욕구를 반영하고, 정치적 평등주의의 실패란 지지자들의 충분한 신뢰를 얻지 못하게끔 한다는 가정에 어느 정도 기초한다. 하지만 정치적 결과는 실제로 개인적 선호의 총체 그 이상의 것(역사가 낳은 많은 결정들, 사건들, 조직적 운동들, 그리고 이념들)을 반영한다.

이 장의 이야기는 정치 변화에 관한 오웰의 직관적 이해를 자세히 다룬 것이다. 불평등의 해소는 (개인의 이념으로는 설명할 수 없는) 정치 환경과 상호작용하는 사회운동을 필요로 한다. 체제에 녹아 있는 이념(예를 들어 자본주의)은 매우 중요한데, 그것은 다양한 관심과 정치적 행위자들을 조직할 수 있기 때문이다. 오웰의 책이 출간된 지 8년도 안 돼서 사회민주주의 정부가 압도적인 지지로 선출돼 복지국가와 산업의 국유화가 시행됐다. 여태껏 영국의 고대 계급 체제와 떼려야 뗄 수 없었던 위계질서를 무너뜨린 것이다. 하지만 이 8년간 유럽의 문명은 붕괴했고 전 세계에서 5천만 명이 사망했다. 이런 전환을 설명하는 중요한 요소는 물질적인 파괴도 아니고 세금에 관한 것도 아닌, 바로 이념적 혁명이다. 그것이 어떻게 이루어졌는지는 아직까지도 만족스럽게 설명되지 않고 있다.

자본주의의
법적 기초

David Singh Grewal
─── 데이비드 싱 그레월 ───

예일 대학 법대 교수. 하버드 대학에서 경제학을 전공한 후 정치학으로 박사학위를 받았고, 예일
대학에서는 법학으로 박사학위를 받았다.

주요 관심 분야는 법률 및 정치 이론으로, 특히 국제무역법, 지적 재산권법과 생명공학, 법률 및
경제 분야를 연구한다. 법률 관련 이슈는 하버드와 예일 대학의 법학 저널, 기타 법률 저널에, 《뉴
욕타임스》《LA타임스》《허핑턴 포스트》 등에는 일반 대중을 위한 다수의 칼럼을 게재하고 있다.
하버드 대학 사회과학 분야의 엘리엇Eliot 연구원이며 바이오브릭스 재단BioBricks Foundation 이
사회 일원이다.

법철학자 데이비드 싱 그레월은 피케티의 자본주의 법칙을 17세기, 18세기 정치 철학에 이르기까지 추적해 나간다. 정치 철학은 자본주의 경제를 인간 사회의 자연적 형태로서 이론화한 최초의 분야다. 그레월은 피케티가 논의한 부의 축적의 역사적 역동성을 보여주며, 이 개념이 어떻게 새로운 법적 질서의 기초가 됐는지를 보여준다.

토마 피케티의 《21세기 자본》은 수세기에 걸친 자본주의의 발전과 그 결과에 대해 유례없이 풍부하고 중요한 토론들을 불러일으켰다는 점에서 크게 인정받아 마땅하다.[1] 피케티와 그 책의 논평가들 모두 자본수익률과 경제 성장률 간의 격차에 초점을 맞추었다(방대한 그의 분석을 하나의 단어로 압축하자면 'r(자본수익률)〉g(경제 성장률) 불평등'이라 표현할 수 있다). 제2차 세계대전 이후의 사회민주주의 시대를 제외한 수세기 동안 자본수익률은 경제 전체의 평균성장률보다 항상 컸다고 피케티는 주장한다.[2] 대부분의 경우 자본의 축적과 자본 소유의 집중 현상이 발생하고, 국민소득에 대한 자본의 비율이 증가하고, 자본/소득 비율이 일정하다면 부의 불평등뿐 아니라 소득 불평등도 증가하고, 자본자산을 관리하는 사람들이 '초고임금'을 받을 가능성이 늘어난다. r〉g의 근본적 의미는 노동에 비해 자본이 우세하다는 사실이다. 즉, '자본은 생산량이 늘어나는 속도보다 더 빠르게 증식한다.'[3]

그렇다면 r〉g의 이면에는 무엇이 있을까? '불평등'은 겉보기에 자율적인 사회경제 체제로 받아들여지는 자본주의의 특징을 한 단어로 요약해준다. 따라서 경제적 논쟁은 불평등이 만들어지고 유지되는 메커니즘에 집중돼왔다. r〉g 불평등에 대한 또 다른 접근법은 우선 다양한 사회에서 수집된 관측 결과를 통해 경험적인 접근을 하고 나서 역사적 원인에 관한 제도적 분석을 수행하는 것이다.

보통의 경제학 이론은 경제의 '자본/생산 비율'이 증가하면 이익률은 더 큰 폭으로 감소하기 때문에 자본 소유주의 수익은 감소한다고 주장한다. 생산 요소의 한계생산량은 수익 체감을 겪는다는 가정에서 비롯된 이런 주장은 표준 신고전주의 분석에서 반드시 등장한다. 자본이 불어나는 상황에 대한 케인즈의 예언인 '금리생활자의 안락사'도 비슷한 가정을 한다(아무리 정교한 통화정책을 실시하고, 완전고용이 유지되는 상황일지라도).[4] 마지막으로, 마르크스의 《자본론》 제3권은 조금 다른 원리로 '이윤율의 감소'를 설명하지만, 역시 이익의 감소를 전제로 한 분석이 등장한다(자본주의의 발전을 스스로 견제하는 셈이다).[5]

하지만 피케티는 노동에 비한 자본의 풍요도가 수 세기에 걸쳐 크게 변했음에도 이윤율은 연 5퍼센트 수준을 유지했다는 증거를 제시한다. 이런 발견은 위에 언급한 경제이론과는 완전히 모순된다. 피케티 자신은 이런 역사적 규칙성에 더 자세한 설명을 덧붙이지 않았다. 하지만 이런 접근은 그가 발견한 자본주의의 팽창 과정을 보다 자세히 이해하기 위해 꼭 필요하다.

이 장에서 나는 그런 역사적·제도적 접근방법을 채택했다. 거시경제학적 원리보다는 기타 경제에서 자본의 지속적인 우위(r〉g)를 야기하는 법적 기반에 초점을 맞추었다. 또한 근본적인 법제적 토대를 알아보기 위한 시도로 자본주의 사회의 불평등은 점점 증가한다는 피케티의 중심 주장을 차용할 것이다.

이 글에서 나는 자본주의를 이른바 '자본주의 헌법'에서 파생된 법적 질서로서 바라볼 것이다. 피케티는 프랑스 혁명, '19세기 도금시대', 세계대전 이후의 예외적인 기간, 오늘날 r〉g 불평등이 다시 주목받기까지 여러 사회에서 자본주의가 법적인 질서로서 존재해왔다고 분석했다. 따라서 나의 분석은 통계적인 규칙성 읽기가 아닌 자본주의의 토대를 이루는 법적 기반을 이해함으로써 자본주의의 '법칙'에 집중할 것이다.

서문을 통해 피케티는 비법률적인 관점으로 자본주의의 두 '법칙'을 논한다는 점을 주목해야 한다. 피케티의 제1법칙[6]과 제2법칙[7]은 경제적 통계치를 체계화하는 데 유용하다. 하지만 왜 전후에 불평등이 다시 감소하여 쿠즈네츠 곡선이 그럴듯하게 잘 들어맞았는지를 설명하지는 못했다. 이 질문에 대해 고심하던 피케티는 (피케티 본인은 그렇게 부르지 않았지만 많은 논평가들이 자본주의의 법칙, '피케티 법칙'이라 일컫는) r〉g 불평등라는 결론에 도달했다. 실제로 그는 이것을 정말 '법칙'이라고 불러도 될지, 답을 못 내렸던 것으로 보인다. 그는 가끔이를 거의 자연적인 사실이라고 논했고, 가끔은 특정한 정치적 맥락에서만 들어맞는다고 주장했다.[8]

그는 대신 부를 만한 여러 이름들을 제시했다.

- '근본적 불평등'
- '격차를 만드는 근본적인 힘'
- '부의 격차를 만드는 메커니즘'
- '역사적 사실'
- '조건에 따른 역사적 현상 '
- '자본주의의 핵심적인 모순'
- '자본주의의 근본적·구조적 모순'[9]

물론, 모두 다 맞는 말이다. 하지만 r〉g 불평등이라는 개념은 자본주의 제1법칙과 같이 통계적인 성격을 띠지도 않고, 자본주의 제2법칙과 같이 장기적 조건이 달려 있지도 않다. 피케티 법칙은 실증적 분석에 의해 역사적으로 일반화된 것이며, 그의 데이터를 이해하기 위한 개념적 틀이다.

그렇다면 r〉g가 성립해왔던 이유는 무엇일까? 피케티는 r〉g 불평등을 조사하면서 어떻게 그토록 확연한 부와 소득의 불평등이 발생하는지에 대한 주장을 제시했다.[10] 하지만 궁극적인 원인은 아직도 불분명하다. 우리는 자본주체제하의 불평등을 법적, 사회적, 정치적, 경제적으로 더 활발히 연구하기 위해 피케티의 책을 촉매제로 잘 활용해야 한다(피케티 자신도 그러기를 바랐다).[11] 이 장은 법률을 통해 자본주의 법칙을 역사적으로 해석할 것이다. 그리고 오늘날의 자유민주주의 사회에서 자본이 지속적으로 우위에 있는 수수께끼 같은 이유를 고민하며 마무리할 것이다.

상업 사회와 근대의 불평등

《21세기 자본》은 동일한 법적 지위에 있는 사람들의 부와 소득의 차이에 관한 '근대'의 불평등에 대한 연구다. 고전 정치경제학자들에게 근대 시장사회의 이런 불평등함은 그렇게 놀라울 만한 것도 아니었다. 예를 들어 애덤 스미스의 《국부론》은 유럽의 빈부격차를 원시 사회와 비교하면서 시작한다. '유럽 왕자와 유럽 노동자가 누리는 편리함의 격차가 아프리카의 왕과 서민이 누리는 편리함의 격차보다 꼭 크다고 할 수는 없다.'[12]

시장이라는 체제에 새롭게 의존하게 되면 새로운 종류의 불평등이 발생할 것이라는 데는 의심의 여지가 없었다. 그러나 초기의 시장 옹호자들은 근대의 분업을 통해 배당되는 가장 작은 몫조차도 원시의 자연적 평등을 더 이상 누리지 못하는 데에서 오는 손실을 보상하고 남는다고 주장했다.[13] 더욱 미묘하게는, 이들은 원시의 자연적 평등은 이미 인간의 관습에 의해 훼손됐다고 주장했다. 노예제나 여러 수직적 구조들이 그 예다. 그들은 점점 시장을 의존하게 됨에 따라 법률적 평등이 찾아올 것이라 희망했다. 시장 거래란 계약을 수행하는 상호간의 관심을 구체적으로 형식화하여 작동하며, 이는 갈수록 더 강화된다고 생각했기 때문이다.[14] 하지만 법적인 평등과 시장의 호혜성이 봉건적 관계의 잔재를 없애긴 했지만, 법적으로 평등한 시민들 사이에서 경제적인 불평등이 발생하는 문제는 해결되지 못했다.

사회적 해방을 '신분에서 계약으로'의 이행으로 바라보는 헨리 메인[Henry Maine]

의 유명한 표현을 빌려오자면,[15] 신분에 의한 불평등이 줄어들었음에도 공식적으로 합의된 계약관계를 통한 경제적 불평등의 극적인 증가는 막을 길이 없었다. 경제적 불평등을 발생시키는 데에는 단지 부동산과 기타 자원의 불평등한 초기 배분만으로도 충분했다. 이것이 바로 존 스튜어트 밀이나 카를 마르크스 같은 후대의 비평가들이 우려한 '근대'의 불평등 형태다. 그들은 생산 조직과 부의 분배는 정치적 이슈로 이해되어야 하며, 이미 상업적으로 전환된 사회에서 보다 공평한 사회 · 경제적 합의를 이끌어내야 한다고 주장했다.[16]

《21세기 자본》의 가장 큰 장점 중 하나는 이 책이 우리로 하여금 자본주의와 평등에 관한 고전적인 논쟁으로 돌아가게 만든다는 점이다. 물론 피케티를 더욱 돋보이게 하는 건 애덤 스미스도 아니고 마르크스도 아닌, 20세기 경제학자 사이먼 쿠즈네츠[Simon Kuznets]다.[17] 피케티가 오랜 기간을 대상으로 연구한 결과, 전후 경제에 불평등이 완화되어 쿠즈네츠 곡선이 도출된 것은 그저 예외적인 현상일 뿐이었다. 쿠즈네츠의 이론이 폐기되고, 피케티가 발견한 바와 같은 경제적 불평등에 관한 연구는 19세기 고전 정치경제학과 18세기 초기 윤리철학에 관한 심층적이고 이론적인 이슈를 다시금 대두시켰다. 《21세기 자본》은 20세기 중반 불평등의 감소가 예외적이라는 사실을 깨닫고 다시 한 번 그런 토론을 진행할 필요가 있다고 말하고 있다.

그런 오래된 논제에 관한 토론을 부흥시킴으로써, 그 사상들이 이론에 그치지 않고 어떻게 국가정책에 영향을 미쳐 법률적 규범에까지 이르렀는지 알아보아야 한다. 그러기 위해 우리는 먼저 '자본주의'라는 용어가 마르크스와 그의 후계자들에 의해 대중화되었다는 점을 주목해야 한다. 그들이 자본주의라는 용어를 만들지는 않았으나 근대 사회를 '상업적인 거래로 발생하는 복잡한 분업을 통해 인구 대다수의 필요가 충족되는 사회'라고 묘사하면서 자본주의라는 용어가 알려지게 되었다.[18] 물론 더 나아가 마르크스의 분석에서 이는 자본과 생산 요소 소유주들이 임금노동자들을 지배한다는 것을 의미하기도 했다. 마르크스는 법적 지위가 평등하고 형식적으로 임금 협상에서 합의가 있다 해도 자본 소유주가 나머지 노동자들을 착취하는 것을 막지는 못할 것이라고 핵심적인 통찰력을 발휘했다(하지만 착취 초기에 일어난 불필요한 일들을 강조하지는 않는다). 자본주의에 관한 마르크스의 분석은 집필 당시 북대서양에 상당히 잘 갖춰져 있던 사회경제적 질서에 대한 묘사이자 비평을 통해 이루어졌다.

'자본주의'라는 용어가 아직 흔히 쓰이지 않을 때, 대다수의 사람이 시장 거래를 통해 물질적 필요를 충족하는 사회경제적 질서를 일컫는 가장 일반적인 용어는 '상업 사회'였다.[19] 애덤 스미스의 유명한 주장과 같이, 상업 사회가 과거와 달라졌음을 상징하는 가장 근본적인 변화는 경제가 발전된 형태의 분업에 전적으로 의존하게 되었다는 점이다. 애덤 스미스는 '모든 사람들은 거래를 하고, 그중 몇몇은 상인이 되며, 사회는 상업 사회라 불릴 만한 방향으로 성장한다'고 말했다.[20] 상업 사회의 장점과 단점에 관해 18세기 여러 국가(특히 프랑스와 스코틀랜드)에서 토론이 이루어졌는데 이는 후에 고전 정치경제학이 떠오르는 기반이 됐다.[21]

토론은 사유재산과 상업 거래로 자연스럽게 연결되기 시작한 새로운 영역의 '사회'에 초점이 맞춰졌다.[22] 사유재산과 상업 제도는 인간의 깊은 본성을 반영한다고 주장됐다. 아리스토텔레스나 홉스가 인간 사회를 조직하는 정치의 역할을 해석했던 바와는 달리, 그런 제도는 정치국가보다 앞서서 발전적이고 규범적으로 주장되기 시작했다. 하지만 상업 사회가 국가 없이도 법질서를 유지할 것이라는 전제 때문에 상황은 복잡해졌다. 특히 18세기 상업 사회의 이론가들은 처음엔 홉스의 '자연 상태' 개념을 그대로 받아들였지만, 꼭 홉스의 주장처럼 사유재산은 불안정하며 인생은 괴롭고, 야만적이고, 짧은 것이 아닌 자연적 '자유' 상태로 존재할 수 있으리라는 기대가 점차 감돌기 시작했다.

이런 이론적 변화는 독일의 법학자 사무엘 푸펜도르프Samuel Pufendorf의 저작에서 시작됐다. 그는 전前정치국가의 방대한 범위의 '자연법'을 주장했는데, 그 내용은 주로 로마의 사법에서 따온 것이다.[23] 푸펜도르프의 혁신적인 발상은 전정치국가의 상업 활동에 관한 존 로크John Locke의 유명한 주장들과 샤프츠버리Shaftesbury, 프랜시스 허치슨Frances Hutcheson, 데이비드 흄David Hume과 같은 17세기의 계약이론과 18세기의 정치경제 사이에 다리를 놓은 인물들에 영향을 주었다.[24]

상업 사회는 기존의 정치 사회(로마)에 이미 존재하던 법률에 기초해 조직되었으며, 초기의 근대 유럽 국가들이 통합되는 과정에서 상업 사회로의 전환은 점진적으로 이루어졌다.[25] 그러나 상업 사회에서 성립하는 법칙들은 (한때 자연적이고 신성한 질서라 여겨졌던) 국가가 형성되지 않았을 때에도 이미 사회적인 산물로서 널리 받아들여지고 있었다. 이런 이론적 변화는 푸펜도르프가 가족과 노예제의 비계약적 계층 구조가 아닌, 개인의 관심에 따른 상업 거래에 의한 사적 '경제적 지위'(근대 유럽어의 oeconomy의 어원인 oikos라는 고대 용어로 익숙한 개념)를 가정할 수 있도록 했다.[26]

시장이 어떻게 운영되는지에 대한 새로운 해석은 경제를 개념화하는 과정의 중심에 있었다. 사실 시장과 상업이 일찍이 형성된 것에 비해, 시장이 개인적 이익에 따라 작동하면서 역설적으로 집단적 이익을 창출하기도 하는 상호 교환 제도로 이해된 것은 17세기 말이나 되어서였다.[27] 버나드 드 맨더빌Bernard de Mandeville의 '개인의 악덕이 곧 공공의 선'이라는 주장(그의 작품《꿀벌의 우화》중에 나온다)으로 유명해진 이 개념은 프랑스 얀센주의자 피에르 니콜과 피에르 드 부아길베르에 의해 처음 등장했다. 그들은 시장의 작동 원리를 사적인 이기주의를 집단의 물질적 풍요로 전환시키는 신성하고 자비로운 체계로 이론화했다.[28] 시장의 조절 능력을 일컫는 '보이지 않는 손'이란 은유도 이런 신학적 담론에 기원한 것이다. 이 개념은 루이 14세의 권력 강화와 시장에 대한 정부의 간섭에 반대하여 자유방임주의의 이상을 주장하는 근거로 처음 활용됐다.[29]

법 권력과 상업 사회

자유방임주의의 이상은 국가 권력에 대항하는 과정에서 처음 주창됐다. 하지만 18세기 중반, 기득권 지식인층과 군주의 참모들은 프랑스 사회를 자유화의 방향으로 유도하기 위해 중앙집권 권력을 강화할 것을 당부했다. 미셸 푸코가 경제자유주의의 출현을 언급했듯이, 처음엔 사유재산에 관한 특권층과 양심에 의해 국가 권력을 제한하는 것이 정당화되었다가, 이후에는 국익의 무분별한 확장에 내부적으로 자가 제한을 위한 목적으로 합리화됐다.[30] 대표적으로, 18세기 중반 궁정 행정관이었던 뱅상 드 구르네와 주변의 프랑스 '중농주의' 경제학자들은 대중과 엘리트 세력 양측 모두에 대항하여 시장을 형성하고 지키기 위한 군주 권력을 전략적으로 사용하는 것을 지지했다.[31]

18세기 말의 이런 주장들을 거쳐 상업화된 '자연적 자유 상태'는 애덤 스미스가 표현한 '자연적 자유 체제'가 됐다.[32] 이 체제는 재산과 계약에 관한 전근대 국가의 통합된 법에 의해 유지된(당초엔 모순적으로 여겨졌던) 메커니즘(상품의 상호 교환)에 의해 일관성을 띠게 되었다. 애덤 스미스부터 존 스튜어트 밀에 이르기까지의 우리에게 익숙한 고전 정치경제의 사상사는 세속적이며 (대개 강건한) 대중 정부와 관련된 영국의 기원을 알려준다. 그러나 더 나은 이해는 적어도 애덤 스미스보다 두 세대 이전에 시작되었는데, 이는 신학적이며 (대개 온건한) 군주제 정부에 관련된 프랑스의 담론에서 비롯된다.

이런 생각들은 철학자들 간의 논쟁에 그친 것은 아니었다. 사람들의 지적 수준이 점점 높아지는 도시 사회에서 나름대로 방대한 토론의 주제가 됨과 동시에, 정치경제에 관한 새로운 담론은 법률 개혁을 옹호하는 데 이용됐다. 사실, 상업 사회의 법적 기초는 초기에 이 사회를 들여다본 사람들의 주된 관심사였다. 프랑스 북부 출신의 행정관인 피에르 드 부아길베르[33]의 글, 1760년대 초 애덤 스미스의《법학강의》, 마르크스의 노동 규제에 관한 연구를 근거로 참모들의 세금과 곡물정책에 관해 경제학자들이 제기했던 항의들에 따르면, 그런 야망은 시장을 추상적으로 연구하기 위해서가 아니라 새로운 사회경제적 체제의 법적 기초를 발견하기 위한 것이었다.[34] 경제학자들은 이런 목적에 따라 단순히 관찰자에 머무르지 않고 특정 개혁에 대한 지지를 표명했다. 제한된 (그리고 시대에 뒤떨어진) 어휘를 사용하자면, 그들의 고민은 다분히 '규범적'이며 '긍정적'이었다. 이런 방향성이 딱 떨어지게 구분되는 종류가 아니기 때문이기도 하지만[35] 연구 대상으로서의 '경제'가 활발하게 구축되고 있던 이유도 있다.[36]

경제가 구축되면서 초기 이론가들을 옹호했던 자들에게 큰 우려를 불러일으킨 시장은 두 가지, 바로 곡물과 노동시장이다. 두 시장을 개혁하기 위해서는 식품에 관한 이른바 '도덕경제'를 구성하는 곡물의 가격 통제와 공급 조건을 폐지할 필요가 있었다. 국가와 지방 공동체는 최저생계를 궁극적으로 책임지는 자율 규제 메커니즘을 거의 포기했다. 노동시장에 대한 규제를 철폐하는 것은 시골에서의 봉건적 의무를 없애는 것과 더불어, 거래에 새롭게 진입하는 자에 대한 협회의 규제 중단을 의미한다.[37] 노동시장과 곡물시장은 서로 연결되어 있다고 여겨졌다. 어떤 한쪽에서 변화가 일어나려면, 다른 쪽에서도 변화가 생겨야만 했다. 옹호론자들에 따르면 이렇게 자유화된 곡물-노동시장으로부터의 결과는 빈곤층의 진보, 농업의 생산성, (더 많은 과세를 통한) 국가의 부와 권력의 증진, 그리고 노동관계의 상업화와 농지의 자유 임대 및 판매를 통한 봉건적 잔재의 소멸을 가져왔다.[38]

이 논쟁의 핵심은 높은 곡물 가격이 농업 생산을 촉진하고 임금을 인상하여 궁극적으로는 빈곤층에게 도움이 될 것이라는 점이다. 도덕경제 옹호론자들은 이런 결론을 인정하지 않았다. 한 부류는 (정치경제에 대한 여타 담론에서도 그렇듯이) 의도치 않게 체제에 등장한 특징들에 초점을 맞춘 역설적인 주장일 뿐이라며 저항했다. 다른 부류는 높은 곡물 가격이 농부들의 생산을 촉진하는 것은 사실이나, 이를 통해 장기적으로 식량 공급이 늘어나더라도 정부 규제의 목표였던 단기적 궁핍을 완화하는 데는 아무 도움도 되지 않을 것이라 주장했다.[39] 곡물과 노동시장의 자유화에 초점을 맞추는 시도는 애덤 스미스의 《국부론》에 영향을 받은 부아길베르의 정치경제에 관한 책에서 시작됐다. 이 시도가 유럽 사회에 끼친 커다란 영향은 이후 수세기 동안 지속됐다.[40]

사실, 보다 직접적인 영향은 부아길베르와 케네Quesnay와 튀르고Turgot에 이르는 경제학자들의 정치경제학에서 기인했다. 그리고 흄과 애덤 스미스는 이들에게서 지대한 영향을 받았다.[41] 18세기 동안 중앙집권화된 프랑스 군주제에 반대하는 자유방임주의 계획이 부아길베르와 얀센주의자들에 의해 진행되면서 그 영향력이 완전히 인식됐다. 그리고 중앙집권 세력과 행정관들은 시장 관계를 촉진하고 보호하기 위해 경제자유화 계획에 착수하고 있었다.[42]

곡물과 노동시장을 개혁하기 위해서는 재산과 계약법에 대한 개념을 다시 확립하고 새로운 국가 규제와 공공기반시설을 개발할 필요가 있었다.[43] 두 시장을 자유화하는 것은 '상업 사회의 산실이 샘에서 뿜어져 나오면, 규제에 대한 부담 없이 자유롭게 한쪽에서 끌어다 다른 곳으로 옮길 수 있는'(종종 이렇게 비유하곤 한다) 쉬운 과정이 아니다. 오히려 새로운 시장 체제는 초기부터 입법과 사법을 위해 중앙집권 권력을 필요로 하는 긍정적인 법률 구조로 인식됐다. 자본주의 법칙의 초안이라고 할 수 있는 새로운 법률적 질서가 필요해지기 시작했다.

이 법칙의 기초는 계약의 자유와 사유재산에 관한 법적 평등이라는 새로운 개념에 있었는데, 초기에는 여러 정당 사이에서 이 개념에 관한 형식적 차이가 발견되지 않았다. 법률이 확립되기 전에 이런 평등은 시장을 통해 연결된 사설 대리인(사적인 범위 안에서 활동한다고 여겨진)들에게 생산 활동을 위임하는 행위를 통해 추구됐다.[44] 속도와 방식 상에서 변주되면서 법적인 변화도 일련의 과정에 따라 계속되었다. 역대의 영국 정부, 이어 프랑스 군주제, 그 후에는 프랑스 혁명가들에 의해, 그리고 프랑스의 정복으로 나폴레옹 법전을 채택하게 된 유럽 대륙에서 그 변화가 이어졌다.[45] 이 과정에서 '사법'이라는 새로운 영역이 등장했다. 이는 재산과 계약에 관해 초기 로마법을 적용했고, 사적 권리를 시행하기 위해 새로운 중앙집권 권력을 들여왔다. 사적 권리는 17세기 후반의 자연법과 뒤이은 정치경제학에서의 국가 권력을 적절하게 드러낸다.

이런 과정은 프랑스 민법이 만들어지는 과정에서 가장 분명하게 드러난다. 프랑스 경제학자들의 개혁안 상당 부분은 얀센주의의 영향을 받은 법전화 계획을 통해 실현됐다. 법전화는 프랑스 군주제의 국가 법전을 통일하겠다는 포고령과 함께 시작되었는데, 혁명 이후 나폴레옹 법전을 포고하면서 이 작업은 정점에 달했다. 초기 군주제 당시의 법전은 로마법의 많은 부분을 빌려왔지만, 그 초안은 얀센파와 연결된 법학자들에 의해 입안됐다. 처음에는 루이 14세 통치하에 얀센파 법학자였던 장 도마[46]가 이를 주도했고, 두 번째는 18세기 중반에 '민법전의 아버지'라 불리는 장 에티엔 마리 포르탈리스가 주도했다. 얀센주의는 18세기 초 금지돼 점차 쇠퇴하고 있었기 때문에 이 인물의 얀센파와의 연결고리는 모호한 채로 남아 있다.[47]

법전화를 위한 초기의 노력은 프랑스 혁명 기간 동안의 주요 법전화 과정의 기초가 되었으며, 나폴레옹 법전에도 중요한 토대가 됐다.[48] 나폴레옹 법전과 나폴레옹의 권력을 통해, 프랑스 정부와 그 후계자들은 경제학자들의 오랜 목표였던 경제자유주의에 걸맞은 법률적 기초와 이를 시행할 수 있는 중앙집권 권력을 쟁취했다.[49] 나폴레옹 법전은 18세기 말 중앙집권 군주제로는 해낼 수 없었던 봉건주의의 혁명적 타도를 이루어냈다. 이는 지방의회의 법체계들을 통합하는 것과 더불어 사노예, 봉건적 의무, 영주의 권리, 성직자의 십일조를 폐지하도록 했던 프랑스 국회의 8월 법령에서의 변화를 토대로 수립됐다.[50] 형식적인 법률적 평등은 관직, 법 소송, 세금에 관한 모든 지위의 차별을 폐지하도록 보장했다.

그러나 혁명 초기, 기존의 오랜 질서에 대한 부정은 나폴레옹 법전이 명확한 규범 기준을 통해 봉건 이후의 질서를 명시하기 전까지는 여전히 법적으로 명확하지 않았다. 상업 사회 대신 봉건주의의 잔재를 없애버릴 수 있는 중앙집권 권력을 경제학자들은 '합법적 독재'라 일컬었는데, 이것을 현실화한 것은 프랑스 군주나 초기의 혁명가들이 아닌 바로 나폴레옹이었다.[51]

이런 정책적 변화의 결과 (아마 프랑스에서 가장 뚜렷했지만, 영국과 기타 국가에서도 오랜 기간에 걸쳐 유사하면서도 확장된 형태를 나타냈던) 근대 산업 사회가 도래했다. 이 사회에서 도시 노동자들은 임금에 대한 경쟁시장에서 노동력을 판매하게 된다. 그들은 그렇게 번 돈으로 과거에 비해 훨씬 줄어든 수의 농부들이 생산한 식량을 구입한다. 18세기~19세기에 걸친 이러한 임금 노동의 보편화는 유럽 국가들을 '자본주의' 사회로 전환시켰다. 자본주의 사회에서 시장과 노동 분업은 필수 재화와 서비스를 분배하는 데 핵심적인 역할을 한다. 이런 새로운 사회경제적 질서는 시장이 기본 자원들을 생산하고 분배하는 데 비교적 작은 역할을 했던 과거의 체제들과는 크게 다른 모습이었다.

자본주의 헌법

자본주의 헌법이라는 역사적 전환점은 피케티의 이야기가 본격적으로 시작되는 순간이다. 프랑스 혁명 이후의 데이터가 아직도 이용 가능한 수준으로 보전된 덕분에 피케티는 혁명의 발단에서부터 현재에 이르기까지 상업 사회의 경제적 결실들을 추적할 수 있었다. 피케티는 상대적으로 국가마다 큰 차이는 있지만 자본 소유주가 사회 내에서 특권적 지위를 누림으로써 그동안 자본주의 사회에서 불평등이 발생했다는 사실을 발견했다. 그렇다면 이런 특권적 지위는 어떻게 유지될 수 있었을까?

이 질문에 앞서서 우리는 자본이 신고전주의적 관점처럼 단순히 수요와 공급 법칙에 의해 가격이 결정되는 자산들의 집합을 일컫는 것이 아니라 '사회적 관계'라는 것을 전제해야 한다.[52] 피케티는 한곳에서 다른 곳으로 흐르는 (측정 가능한) 양으로서 자본을 정의하는 신고전주의적 관점을 분석에 이용한다. 그러나 정치 경쟁을 통해 만들어진 사회적 관계로서의 자본도 이해한다. 그러다 보니 그는 자본 이론에 관한 논쟁에 있어 혼합적인 자세를 견지한다.[53]

신고전주의적 입장을 비판하는 사람들에 따르면 자본은 동질의 것들이 아니라, 사람들이 무언가를 생산하는 데 이용하는 다양한 자원들로 구성된다. 게다가 이런 이질적인 자본의 시장 가치는 엄밀한 기술적 과정이 아닌 정치적이고 사회적인 조건에 따라 결정되는 자본수익률의 분포를 빼놓고는 절대 결정할 수 없다.[54] 피케티가 표준적인 신고전주의 형식을 차용한 것에 대해 몇몇 비평가들은 그가 논쟁의 중심을 놓쳤다고 주장하기도 한다. 그럼에도 그의 결론을 긍정적으로 해석하는 것은 충분히 가능하다. 그가 추정한 양은 자본주의 특권에 해당하는 시장 가치만큼 크지 않았다. 자본의 형태가 주택에서 기계, 소프트웨어 프로그램에 이르기까지 다양한 형태의 자산으로 분기되었기 때문이다. 피케티는 '자본'이라 불리는 자산의 집합은 신고전주의 경제 이론의 생산 시설보다 더 많은 것을 포함하며, 주택자산의 변화로 인해 역사적으로 다양한 형태로 변화해왔다고 생각했다.[55]

어떤 합법적인 체제가(그런 것이 있거나 하다면) 자산 소유주들의 특권적인 지위를 보호하고 정당화해온 것인가?

중세의 대표 체제와 관습법을 모두 유지한 영국의 예외를 제외하고, 대다수의 유럽과 후기 식민지 국가들은 대개 대중적이고 혁명적인 승인 과정을 통해 조직될 수 있었다. 그 과정에서 관습법을 인정하여 성문화하는 계획을 통해 성문 헌법에 정당성이 부여됐다. 피케티에 따르면 프랑스는 혁명적인 헌법과 민법에 관한 전형적인 예시를 보여준다. 하지만 한편으로는 프랑스의 사례를 상업 사회의 법적 기초를 정당화하고 통합함으로써 국가 권력을 조직했던 일반적인 법률적 형태와 다르게 바라볼 수도 있다.[56] 이런 '자본주의 헌법'은 두 가지 의미로 해석될 수 있다. 이는 대부분의 자본주의 사회가 역사적으로 채택해온 헌법적 질서다. 또한 자본주의의 경제 체제를 구성하는 사회적 절차를 뒷받침하는 법적 토대이기도 하다.[57]

국가와 역사적 시점에 따라, 자본주의 헌법은 두 가지 주요한 특징을 지닌다. 첫 번째는 뚜렷하게 구분되는 영역인 정치와 경제를 기능적으로 독립시키기 위해 '공공'과 '사유'를 구분한다는 점이다.[58] 두 번째는 근대 헌법 제정의 구조에서 '주권'과 '정부'를 구분한다는 점이다.

첫 번째, 공공과 사유를 구분하는 것은 현대 자유민주주의 사회와 이에 앞섰던 체제들의 오랜 특징이다. 이는 재산과 계약에 대한 '자연적' 영역과 국가의 공공 권력 간의 구분에 대한 로마법과 자연법의 개념에 바탕을 둔다. 이런 구분은 '시민 사회'와 '경제'의 구분에서 '정치'와 '국가'의 구분까지의 익숙하고 다양한 대립 구도를 만들었다. 공적 책임을 지닌 권력과 분산된 상업 활동 간의 구분의 중심에는 직접적인 정치 통제로부터 비교적 자유로운 환경을 제공해주는 개인 재산권 개념이 있다. 물론 정치권력이 개인 재산권을 강화하는 데 신중히 적용되어야 그러한 환경이 조성될 수가 있다.

'주권'과 '정부'의 구분은 상대적으로 익숙하지 않은 개념이지만 근대의 헌법 제도를 정의하는 데 있어서 이는 '정치'와 '국가'의 구분보다 더욱 중요한 개념이라고 할 수 있다. 프랑스와 미국 등에서 상업 사회가 법적으로 수립된 것은 결국 새로운 헌법 질서를 통해 대중에게서 정당성을 부여받았기 때문에 가능했다. 이 헌법 질서는 '주권'과 '정부' 간의 혁명적 구분에서부터 시작됐다. 그런 구분은 법적으로 평등한 상업 사회의 개인들로부터 정치적 집단을 어떻게 형성할 것인지에 대한 수수께끼를 풀어내주었다.[59] 이는 특히 계약과 재산에 관한 권리를 보호하면서 사람들 사이의 공식적인 평등을 합의하는 효과가 있었다.

주권과 정부의 구분이 근대 헌법 제도의 민주적 정당성을 증명하는 데 아주 중요한 데 반해, 이것이 처음 등장한 것은 16세기 프랑스 법학자 장 보댕의 군주제적 주권에 관한 연구에서였다.[60] '주권'의 기본 개념을 정립할 때 보댕은 이를 '정부'(혹은 행정부)와 구분했다. 주권자의 의지는 모든 일상적인 법의 궁극적 원천이었다. 그러나 주권자의 의지는 그들이 임명한 행정관들의 업무와는 기능적으로 달랐다. 주권자는 오직 기본법만을 제정해야 했고 나머지 규칙들은 다른 사람을 '정부'에 임명하여 자신을 대신해 만들도록 했다.

리처드 턱Richard Tuck이 보여주었듯이, 이런 구분은 적어도 주권에 관해서는 근대의 민주주의가 참신해 보이도록 했다. 간헐적이긴 했지만 이는 대중의 직접적인 기본법 입법을 허용했다. 그러나 이는 상업 사회의 법적 기초를 유지하기 위해 세워진 헌법 의무에 묶인 정부에게 행정적 권한(경제를 규제할 수 있는 다양한 행위들)을 부여하기도 했다.[61]

주권 수준의 직접민주주의와 정부 수준의 대의민주주의 간의 구분은 근대 민주주의 헌법 권위의 원천이 (홉스의 은유를 이용하자면) 종종 오랜 '휴면' 상태에 있을 것임을 의미한다. 주권자의 이런 휴면 상태는 헌법을 제정하는 동안에는 잠깐 깨어날 수도 있다.[62] 헌법의 인정을 받은 정부 활동은 그 사이에 진행된다. 대중 주권에 의한 정부 통치는 다양한 메커니즘에 따라 이루어지는데, 책임감을 고취하기 위한 선거 등의 기법이 가장 명백한 예다.

실제로, 주권과 정부의 구분은 공식적인 수정안을 거쳐 헌법이 발효되던 순간이나 여타 '헌법과 관련된' 많은 순간에 직접적인 기본법을 인정하며 국민의 주권을 주기적으로 재확인해주었다. 그러나 같은 이유에서 이런 헌법은 상업 사회의 기반을 이루는 법규들을 재수정하고, 지속적인 정부 운영을 통해 사람들이 효과를 얻는 데 제약을 만들었다. 이런 헌법들은 대개 다수파에 대항하는 메커니즘을 포함하고 있기 때문이다. 그럼에도 불구하고 대중에 의한 헌법 제정이 이루어졌던 예외적인 순간들 덕분에 이런 문제는 극복됐다.[63]

근대 입헌주의의 이 두 가지 특징은 어떻게 자본 특권층이 자리 잡도록 만들었을까? 그리고 어떻게 영구적인 r〉g 불평등을 야기했을까?

경제를 공적 통제로부터 독립시키는 과정에서 공공과 사유를 구분하는 이유는 간단하다. 재산과 계약에 대한 개인적 권리의 독립성을 유지하는 것도 마찬가지다. 경제는 절대로 완전히 독립적일 수 없다. 당시의 정부는 세금과 규제에 대한 중대한 권력을 유지했다. 보다 일반적으로 공공의 문제와 사적인 행위자에 관한 문제 사이에서 공공과 사유 간의 구분 자체는 역사적으로 많은 변동성을 보인다. 이런 식으로 건설된 '경제'는 공공 권력과 그 권력의 전략적 절제를 통한 다양한 성과를 보였다.

이는 당시 정부가 경제를 건설하는 것을 가능케 하는 데 있어 주권과 정부 간의 구별이 중요한 역할을 했다는 점을 알려준다. 대중이 주권을 갖는 민주주의를 부활시키는 것은 헌법 체제의 공적 정당성이 확보될 기회를 제공한다. 하지만 대중에 의한 그런 직접적인 통치는 몇몇 예외적인 상황에 국한된다는 것을 의미하기도 한다. 그러므로 자본의 특권을 제한하거나 촉진하는 대다수의 공적 행위는 정부의 지속적인 추진을 통해 이루어지게 된다. 그리고 정부는 그들의 권력을 제한하고, 많은 이유로 불평등을 줄여나갈 것이다. 여기에는 국제 경쟁에 대한 부담, 관료와 군인의 계급이익 등이 포함된다.[64] 처음에는 대중 주권에 의해 재산과 계약에 관한 더 높은 수준의 헌법적 보호를 시도하기도 했지만 이를 바꾸기는 어려웠다. 이러한 의무들은 근대법의 근간인 (봉건 이후의) 평등의 시대를 열었다고 합리화됐다. 하지만 이후에 대중에 의해 수정돼 많은 부분 효력을 잃었다.

이런 관점에서 자본주의란 단순한 사회경제적 제도가 아니다. 이는 법률 제도이며 근대적 '법규'의 한 형태다. 자본주의는 정부의 지속적인 대중 지배를 금지하고, 원칙적으로 주권을 갖는 대중에게 헌법적 승인을 받으며 정당화됐다. 자본주의 체제의 효과는 오늘날 '경제'라 부르는 상업 사회의 능력을 발현시켰다는 점에 있다. 이 체제는 자산 소유주에게 헌법적 질서에 따른 특혜를 주는 법적 권리와 의무를 정의할 수 있다. 사람들은 가끔씩 통일된 대중 주권으로 조직되기도 하지만, 대개는 정부의 지속적인 감시를 받는 별개의 주체들로 간주된다.

우리는 피케티의 데이터가 이런 체제는 근본적으로 근대적 불평등을 촉진하는 경향이 있음을 드러내는 것으로 해석할 수 있다. 근대적인 불평등이란 법적으로 평등한 사람들 간의 공식적인 합의에서 발생한 불평등을 말한다. 이런 식으로 다시 생각해보면, 자본수익률이 평균성장률을 월등히 뛰어넘는다는 사실은 피케티의 발견이 아닌 (그보다 앞서 특이한 현상을 추정했던) 쿠즈네츠의 발견이다. 그리고 자본주의를 수립하는 법 체제가 전후에도 기본적으로 바뀌지 않았기 때문에 불평등은 결국 다시 돌아올 것이라는 가정이 있어야 한다. 당연히도, 최근의 사회과학 연구는 피케티가 불평등이 도금시대 수준으로 돌아가고 있다고 진단한 그 시기 동안 미국 정부의 '소수 독재 정치' 경향이 점점 심해졌다고 주장한다.[65]

자본주의의 법률적 분석

일반적으로 r〉g 불평등이 발생하는 이유를 이해하기 위해서는 법을 통해 조직된 사회경제적 체제로서 자본주의를 이해할 필요가 있다. 자본주의는 명백한 합법적 질서이므로 이러한 질문에 익숙해질 필요가 있다. 자본주의의 중심에 있는 약속들은 법의 산물이다. 그러나 쿠즈네츠 곡선을 도출한 전후 경제 상황은 경제가 깨어 있는 유권자들의 정치적 선택에 따라 전문가들에 의해 경영되는 사회적 단위를 구성할 수 있다는 생각을 불러왔다. 이런 가정 하에 자본주의 경제 체제의 법적, 제도적 기초에 대한 연구는 뒷전으로 밀려났다.[66] 왜 이런 조건들이(불확실성에 의한 것이든 특별한 이유에 의한 것이든) 더 이상 정확히 지속되지 않는지는 피케티의 분석이 우리에게 짚어주는 중요한 질문이다.

자본주의가 단순한 경제 체제가 아니라 법률적 체제라는 생각은 상업 사회 초기의 비평가들에겐 익숙한 것이었다. 아마도 현대에 와서 가장 발전된 논의는 자본주의에 관한 연역적이고 역사적이며 제도적인 접근이 모두 이루어졌던 마르크스주의 집단에서 유래했을 것이다. 기존의 마르크스의 분석에서 자본주의는 연역적 분석 대상이 될 수 있는, 자체 논리를 가진 체제로 묘사됐다. 하지만 자본주의는 (사유재산이나 임금 노동과 같은 법적 제도를 통해) 일부 사람들이 다른 사람들에 지배력을 가졌던 역사적 사례 때문에 '계급 지배'의 한 형태로 표현되기도 했다. 체제로서의 자본주의와 정권으로서의 자본주의의 정확한 연결고리는 마르크스주의 집단 안팎에서 여전한 논쟁거리로 남아 있다. 둘을 조화시키려는 시도는 자본주의의 '논리'나 '규칙'의 형태가 궁극적으로 토대를 유지시키고 있는지에 대한 의문을 불러일으켰다.[67]

피케티의 r⟩g 불평등에 관해서도 비슷한 주장이 많이 제기됐다. 자본주의 논리의 체제적 요구 조건인가? 아니면 (자본 대비 노동의 우세에 관한) 계급투쟁을 통한 자본주의의 발전이 가져온 부산물인가? 둘 다 일리 있는 주장이다. 하지만 두 주장을 모두 만족하는 설명은 곧 자본주의의 계보와 경제에 대한 구조적 설명을 동시에 만족해야 한다. 그런 설명은 자본주의 분석에서 '구조'와 '투쟁' 사이의 적당한 조화를 필요로 한다.[68]

두 개념이 조화를 이루는 방식을 다루는 것은 이 장의 범위를 넘어선다. 하지만 법률적인 분석이 어떻게 이에 기여했는지에 관한 기본 언급은 가능할 것 같다. 가장 광범위한 틀에서 네 가지 작업이 필요하다. 우선, 상업 사회를 뒷받침하는 법제들이 어떻게 경제 활동에 관한 복합적인 사회 문제를 일으키는지 보여줄 것. 둘째, 그런 사회 문제를 해결하는 데 법률이 어떤 영향을 미쳤는지 보여줄 것. 셋째, 그런 해결 방안이 어떻게 법적, 제도적 형태에 다시 영향을 미쳤는지 보여줄 것. 마지막으로, 그런 법적, 제도적 해결 방안이 어떻게 '경제'의 구조적 기초를 다지고 다가올 문제에 대비하는지를 보여주어야 한다.

순수한 법학이나 제도적 정치경제하 모두 이 작업에 유용할 것이다.[69] 예를 들어 볼프강 슈트렉Wolfgang Streeck이 최근에 주장했듯이, 사회과학에서의 '제도적 전환'은 몇몇 '매개변수적 성질'을 자본주의 연구에 '특정 유형의 사회적 질서'로서 활용할 수 있는 일반적인 통찰을 만들어냈다.[70] 임금 노동 조직에 관한 마르크스의 통찰력을 보완하여, 슈트렉은 자본주의를 설명하는 다양한 실증적 특징들을 제시한다. 첫째는 사회적 연대, 경쟁에 대한 제한, '체제의 생존'을 위한 엘리트의 의무 같은 전통주의적 '초규범'에 제약받지 않고 사익을 추구하도록 허락된 정통성이고, 둘째는 규칙을 따르는 자들은 규칙의 목적에 따라 규범을 내재화하지 않고(예를 들어 금융 규제에 대한 속임수를 생각해보라) 그저 합리적이고 자기중심적으로 행동한다는 가정이며, 셋째로는 효과적으로 대리인을 활용하는 능력에 차이를 불러오는 '계급별 자원의 차이'(이를테면 자신의 이익을 위한 정치적 연합을 동원하는 능력)가 그것이다.[71] 자본주의 사회의 이런 측면들은 법에 기반하고 있으며, 과거 수세기 동안 존재했던 '자본주의의 기본적 불평등'의 맥락을 정의하는 데 도움을 준다는 사실을 이해하기란 어렵지 않다.

피케티의 분석이 우리에게 넘겨준 수수께끼는 바로 예외적이었던 전후 기간을 이해하는 것이다. 피케티가 '자본주의의 핵심적 모순'이라 불렀던 부분이 일시적으로나마 극복되었다면 전후 시기의 혼합 경제는 과연 여전히 자본주의적이었을까? 21세기 중반의 r〉g 불평등의 역전은 노동당의 이론가였던 앤서니 크로스랜드와 같은 관찰자로 하여금 그들이 속한 사회가 아직도 자본주의적인지 고민하게 만들었다.[72] 보다 일반적으로, 자본주의자들의 조직적 이익이 '자본주의'를 다시 만들어내는 것에 성공한 것은 필연적이었나? 앞서 설명했듯이 자본주의 헌법에 필수적인 민주화와 민영화에도 불구하고 대중은 어떻게 사회민주주의 유형의 혼합 경제를 유지할 수 있는 것인가?

피케티가 상속자본주의라 일컬은 체제에서 전후의 '혼합 경제'까지의 흐름을 이해하기 위해서는 존 커먼즈John Commons가 오래전 분석한 '자본주의의 법률적 기초'에 대한 상세한 설명이 필요하다. 이전 세대에서 로버트 헤일에서 칼 르웰린을 거쳐 제롬 프랭크에 이르는 법실재론자들은 이런 법률적 기초를 분석의 중심에 두었다.[73] 공공 제도와 '사법'의 분석에 있어 헤일 스타일의 실재론으로의 회귀는 환영할 만한 것이었다. 이는 역사적 관점으로 자본주의를 연구할 때 시장이 사회적 선택의 메커니즘으로 추상화되는 경향의 기존 법·경제적 접근을 보완하여 이를 활용하도록 촉진하는 데 도움을 줄 수 있다.

앞으로 특히 중요하게 대두될 연구 분야에는 다음과 같은 것들이 있다. 봉건주의 이후에 이루어진 재산법 재정립의 원인과 결과. 노동, 공익, 기업법이 다함께 근대 노동시장을 '경쟁적 교환'의 장으로 만든 방식. 그리고 특정한 계약 메커니즘에 따라 '경제 권력'이 떠오르게 된 방식.[74] 이런 질문들은 형식적인 계약적 평등이 경제적 불평등의 확대와 양립하는 조건을 이해하는 데 도움이 될 것이다. 또한 우리는 자본주의 사회의 특정한 거래(대표적으로 임금을 통한 노동력의 거래)들뿐 아닌 보다 방대한 시장의 사회정치적 환경에 대해서도 법적 구조를 고려해야만 한다. 여기서 공채와 사적 부채의 역학, '금융화' 시대의 금융 규제, 국제적인 경제 통합으로 인해 경제를 민주주의적으로 통제하는 제약이 생긴 점을 특히 중점적으로 보일 것이다.[75]

이런 이슈를 연구하는 데 있어 피케티의 저작은 자본주의의 법적 기초가 자본수익률이 꾸준히 경제 성장률을 능가하는 데 미친 영향을 고려하도록 만들었다. 다양한 분야의 법들과 함께 r>g 불평등이 발생한 방식들은 복잡할 것이다. 예를 들어 피케티는 인구성장률이 낮은 체제에서 더 잘 드러나는 부의 상속 영향에 초점을 맞춰 불평등에 대한 인구통계학적 분석을 수행한다. 이와는 대조적으로, 인구가 증가하는 국가는 상속보다는 노동수익률이 더 중요하다.[76] 하지만 어떤 법적 조건에서는 낮은 인구성장률이 노동자들의 더 높은 협상력으로 이어지기도 한다. 노동력이 희소할수록 노동에 대한 고용주의 수요는 더 커지기 때문이다(존 스튜어트 밀이 사회개혁에서 강조했던 부분이다).[77] 사실 '영광의 30년'(1945년부터 1975년까지 전자정보 기술 발달을 필두로 한 프랑스의 경제 발전기-옮긴이)은 (적어도 부분적인 이유로는 발전된 산업군에 노동력이 부족했기 때문인데) 예외적으로 확연한 g>r 상태였고, 당시 평균성장률을 감안하면 꽤 평등한 분배를 이룩했다. 그런 가능성을 옹호하는 측면에서, 전후 급속하고 평등한 성장을 누린 것은 유럽 말고도 미국이 있었다는 사실에 주목해야 하다 미국은 당시 이미 '첨단 기술'을 지닌 국가였고, 단순히 '뒤에서 따라잡는'다거나 재건의 시기는 지나온 상태였다.[78] 이와 같이 예외적인 전후 시기의 종언은 곧 다국적 기업들이 역외에 오프쇼링을 하거나, 할 것이라는 위협을 통해 임금 수요에 저항하는 능력을 갖추게 된 '세계화' 시기의 시작과 일치한다.[79]

이러한 역학에 관한 더 많은 연구는 피케티가 관찰한 (적어도 부분적으로는 아직 분석되지 않은 인구 조건에서의) 노동에 대한 자본의 우세를 나타낼 것이다. 지난 수십 년간 세계화는 마르크스가 '예비군'이라 일컬었던 것을 재구성하는 효과를 지녀왔다. 그리고 부분적으로 그 안에서 임금 하락, 노동조합의 정치적 영향력 감소, 그리고 그런 추세를 더욱 악화시키는 독재적 정책을 불러왔다.[80] 아마도 피케티와 쿠즈네츠 연구의 가장 큰 차이는 이런 인구통계학적 배경의 변화, 즉 노동력 부족을 겪었던 전후 자본주의, 그리고 뒤따른 불평등의 완화(후에 해외의 새로운 노동력이 조달됨에 따라 또다시 상황은 역전됐다) 등에서 기인할 것이다.

이와 같이 이런 인구통계학적 요인은 21세기 자본주의의 추세를 다양하게 예측할 수 있게 만든다. r〉g 불평등을 미래에 대해서도 추정하는 피케티의 방법 대신, 우리는 이런 불평등이 어떤 인구조건에 한해서는 자본이 노동에 대해 우월한 협상력을 지니는 것을 반영한다고 해석할 수 있다. 자본이 더 이상 국가에 한정되지 않듯이, 불평등을 나타내는 r〉g 또한 마찬가지다. 더 멀리 보면, 자본주의의 인구통계학적 모순이라 불릴 수 있는 역학관계는 점점 가시화되고 있는 중이다. 자본주의와 이에 따른 출산율의 안정화 현상은 전 세계적으로 확장되고 있다.[81] 지금으로부터 50년 후, 피케티의 논점을 연구해온 경제학자는 그의 주장에서는 무시됐던 인구통계학적 배경에 초점을 맞출 것이 분명하다.《21세기 자본》은 자본주의가 정말로 세계화된 시점에 등장했지만, 이런 확장의 인구통계학적 결과가 분명해진 시점 이전에 등장한 책이다. 그렇지만 인구통계학적 변화가 어떻게 경제적인 불평등에 기여하는지를 이해하기 위해서는 노동법, 출산권, 기업 전략, 국제적 경제 통합과 같이 더 넓은 법적, 제도적 배경에서의 연구가 필요하다. r〉g 불평등을 결정하는 또 다른 요인들(예를 들어 기술 변화의 영향력)에 대한 연구는 복잡하며, 법적으로 구조화될 것이다.

자본주의의 법률적 기초에 관한 연구와 더불어 피케티가 자본주의와 대비해 표현한 민주주의의 제도적 구조를 이해하는 일도 남아 있다. 요약하자면, 중요한 문제는 대중 주권을 위해 꾸준히 시행되는 국민투표나 근대 자유민주주의 사회의 선출된 대표들 모두가 전후의 예외적인 기간을 빼놓고는 불평등을 완화하지 못한 이유를 밝혀내는 것이다. 엄격히 제한된 참정권과 독재적 관료제를 지녔던 19세기 사회가 경제 불평등의 수준을 완화하지 못한 이유를 설명하기는 어렵지 않다. 마르크스가 1871년의 파리 코뮌에 대해 '노동자 계급이 국가로부터 주어진 기계를 단순히 사용한 것이 아니라, 자신의 목적을 위해 휘둘렀다'고 분석할 당시의 그는 전적으로 옳았다고 할 수 있을 것이다.[82] 하지만 대규모의 참정권이 존재하는 지금 사회에도 이런 현상이 남아 있는 것은 훨씬 깊은 연구가 필요한 수수께끼다. 그리고 이 수수께끼에 대한 연구는 피케티의 중요한 저작에서 비롯된 자극을 통해 이제 막 본격적으로 시작됐다.[83]

세계적 불평등의
역사적 기원

Ellora Derenoncourt
─ 엘로라 드르농쿠르 ─

경제학자. 하버드 대학에서 공공경제학, 경제사 및 미시경제 이론으로 박사학위를 받았다.
경제적 불평등과 부의 분배를 중점적으로 연구하며 노예제도와 같은 역사적 제도의 분석, 불공정
혐오에 대한 현장실험 및 이론 연구를 포함하여 과거 및 현재의 불평등의 결정 요인을 이해하는
데 주력하고 있다.

경제학자 엘로라 드르농쿠르는 부의 불평등의 기원에 관해 역사적, 제도적으로 깊이 있는 연구를 수행한다. 그의 논거는 대런 애스모글루와 제임스 로빈슨의 '착취적 제도' 대 '포용적 제도' 개념으로부터 큰 영향을 받았을 것이다. 제도란 부를 축적하는 기반이 되는데, 그런 제도하에 '시민'은 포용되고 정치적 통일체로서의 권리를 인정받기도 하지만, '피지배자'(노예, 역사적으로 존중받지 못한 소수 인종 및 민족)는 법적 평등을 보장받지 못할 수 있다는 것이 드르농쿠르의 핵심 논점이다. 드르농쿠르는 오늘날 부의 불평등에 관한 여러 문서들을 통해 이와 같은 이분적인 현상이 발생하는 여러 사례에 관해 논의한다.

역사는 세계적인 불평등을 만들어왔고 앞으로도 그럴 것이다. 세계의 각 지역이 서로 접촉하는 과정은 흔히 폭력적인 방식을 띠곤 했다. 1500년대에서 1960년대까지, 대서양의 노예무역과 아메리카·아프리카·아시아에 대한 유럽의 식민정책으로 인한 세계의 통합은 착취의 과정과 극심한 힘의 불균형 과정으로서 정의되어왔다. 그럼에도 불구하고 이런 착취적 경제 활동은 근대적 경제 성장의 패턴을 형성하는 데 (혹은 적어도, 다른 사람들을 희생하여 소수에게 엄청난 풍요를 가져다주는 데) 기여하면서 최근의 세계적 불평등에 대한 그들의 책임을 정당화해주었다.

이 글은 역사가 세계적 불평등에 미친 영향을 기초 자원, 부의 초기 분배, 제도, 경제·정치·사회적 행동을 지배하는 규칙으로 구분하여 제시할 것이다.[1] 기초 자원과 제도는 이 장의 논점인 착취적 접촉의 성격을 띠어왔다. 북대서양의 노예제와 유럽의 식민지 제도는 경제 행위자를 두 그룹으로 나누었다. 나는 정치과학자 마흐무드 맘다니Mahmood Mamdani의 표현을 빌려 이 두 그룹을 '시민'과 '피지배자'라고 명명했다.[2] 시대착오적으로 비춰질 위험을 무릅쓰고 시민과 피지배자를 착취적 접촉이 발생했을 때의 승자와 패자의 개념으로 정의했다. 최소한 평균적으로, 전 세계의 시민들은 더 많은 자원, 탄탄한 민주주의 제도하의 경제·정치적 권리, 그리고 재산을 축적할 기회를 누린다. 이와 대조적으로 전 세계의 피지배자들은 활용할 자원이 거의 없는 상태로 시작하며, 정당한 법 절차조차 없는 탄압적이고 비민주적인 제도하에서 강제 노동을 하기도 하며, 재산은 거의 모으지 못한다.

이 책의 14장에 등장한 드 나디, 펠라, 양은 부의 축적을 촉진하는 요소에 관한 이론적인 대책을 이미 제안한 바 있다. 그들은 역동적인 성장과 자본수익률에 관한 피케티의 공식적인 모델에 상속 유인과 이질적인 선호 성향을 첨가했다. 그들의 접근은 5장에서 나이두가 부의 축적을 이해하기 위해 거시경제학과 공공금융에 쓰이는 표준 용어를 활용한《21세기 자본》을 해석하면서 '길들여진 피케티'라고 묘사한 개념에까지 확장된다.[3] 여기서는 권력과 정치에 초점을 맞춘 나이두의 '야생의 피케티'까지만 다루기로 한다. 사실, 이 글에서 다룰 대부분의 경제 활동은 경쟁시장이나 법의 영역 바깥에서 이루어진다. 따라서 이 장은 역사적으로 결정된 제도들과 초기 자원을 장기적 불평등의 요인으로 평가한다.

세대 간에 부가 전달되는 양상은 집단마다 다른데, 이에 관한 간단한 모델을 그려보는 것으로 이글의 논의를 시작하려 한다. 이 모델은 개인의 부와 시민과 피지배자의 불평등에 영향을 주는 과거의 기초 자원과 제도적 요인을 다룬다. 또한 이 모델에 따르면, 세기가 지남에 따라 기초 자원의 격차로 인한 영향은 점점 줄어든다. 이와는 대조적으로, 제도적 요인은 부의 축적을 촉진했을 뿐 아니라 재분배 역량을 결정하기도 했다. 이런 제도들은 계속 지속되면서 초기 자원에 따른 영향이 사라지고 난 뒤에도 불평등에 영향을 미쳤다. 이런 접근법을 다른 문헌들의 접근법과 비교해볼 참이다. 대분기^{The Great Divergence}(19세기 유럽의 산업화 시기, 서유럽과 중국이 각각 성장과 침체의 대분기로 나간 것을 말한다-옮긴이)와 산업혁명에서의 노예제와 식민주의의 중요성을 다룬 그 문헌들은 기초 자원에 초점을 맞추느라 그보다 중요한 제도의 영향을 놓치고 말았다.

나는 이 문제를 미국 노예제도의 맥락에서 바라볼 것이다. 남북전쟁과 그로 인한 노예 해방은 노예를 부의 한 형태로 인식하는 시대를 끝냈지만, 이런 변화는 남부의 노예 소유주들이 누려온 이점과 정치 기득권을 없애기에는 부족했다. 남북전쟁 후 수십 년이 지나고 나서도 비슷한 제도가 계속 유지되면서 과거의 세력은 다시금 명성을 되찾았다. 전쟁 이전의 통치 세력이 부활했다는 증거가 발견되기도 했다. 그것이 가능했던 이유는 엘리트들이 정치 제도를 강하게 고정시키고 있었기 때문이다.

그 다음에는 유럽의 식민지 제도가 불평등에 미친 지속적인 영향을 조사하면서 분석의 범위를 공간적, 시간적으로 넓혀갈 것이다. 애스모글루, 존슨, 로빈슨은 식민 제도를 질병 환경의 외인적인 변수로 바라보면서, 제도적 요인이 경제성과에 미치는 인과관계를 파악하는 법을 제시했다.[4] 이런 차이는 유럽인들이 잠재적 식민지에 정착해서 그들의 제도를 그곳에 뿌리내리는 데 영향을 미쳤다. 제도의 지속성은 다양한 방식으로 불평등에 영향을 미쳤지만, 나는 우선 피케티를 포함한 여러 연구자들이 지지한 '세계 부와 소득 데이터베이스' 같은 세계 불평등에 관한 데이터베이스를 엄선하는 것과 세금 인프라에 초점을 맞췄다. 착취적인 제도가 존재하는 사회는 보다 미숙하고 불안정한 세금 인프라를 갖고 있다. 그리고 이 점은 과거 식민 지배를 받았던 사회가 오늘날까지 불평등을 마주하고 있는 것에도 영향을 미친다.

마지막으로 나는 이에 대한 연구가 앞으로 나아가야 할 길, 그리고 역사적으로 계속된 세계적 불평등과 정책의 연관성을 논의할 것이다. 착취의 역사에서 가장 독특했던 정책은 바로 배상금이다. 나는 기초 자원에 초점을 맞춘 문헌에서 다루어진 이 정책의 위험성을 간단히 논의할 것이다. 배상금을 단순한 기초 자원의 초기 격차의 문제로 바라보는 것이 아닌, 제도적 차별의 문제로 바라보는 대안을 제시할 것이다.

집단의 불평등 모델과 그 역사

역사적으로 서로 다른 제도를 지녀온 집단들에서 부가 세대를 거쳐 전달되는 양상을 모델링하기 위해, 나는 뮬더^{Mulder}와 그 동료들의 작은 사회에 대한 모델을 연구했다.[5] 뮬더 등은 (매우 평등주의적인 곳에서부터 강하게 계층화된 곳까지 다양한 성향을 띠는) 작은 사회 각각의 경제 생산 체계에서 발생한 평균적인 불평등 수준에 관심이 있었다. 각 사회에 따라 세대 간 부의 이전을 추산한 결과 다음과 같은 결론이 나왔다. 첫째, 집단 간의 불평등 규모는 유의미하며 장기적인 집단 내의 불평등 편차보다 크다. 둘째, 사회 간의 불평등은 대부분 생산 기술 유형의 영향을 받는 제도의 함수다. 나는 그들의 모델을 수정하여 역사적 접촉으로 발생하는 시민과 피지배자의 제도 간 상호관계도 고려할 것이다. 기초 자원과 제도가 집단 내/집단 간 불평등에 미치는 영향에 초점을 맞추어 해석을 진행할 것이다.

앞서 언급했듯이, 역사적으로 포용적인 정치·경제 제도를 누려온 집단은 '시민'으로 분류했고, 반면 착취적인 제도의 대상이 된 집단은 '피지배자'라고 분류했다. 이 모델에서 개인의 부는 세 요소에 의해 결정되는데, 부모에게 물려받는 부의 양을 결정하는 제도적 요인, 집단의 기초 자원 혹은 평균적인 부의 수준(제도의 영향을 받는다), 그리고 예기치 못한 부의 변동을 초래하는 개별적 충격이 그것이다. '시민'들은 강력한 포용적인 제도 때문에 부모의 부의 수준이 각자의 부의 수준을 결정하는 정도가 제한을 받는다. 반면 피지배자들에게 적용되는 착취적인 제도는 이전 세대의 지위를 고스란히 물려받게 만든다. 게다가 역사적으로 두 집단이 접촉할 때마다 부가 한쪽에서 다른 쪽으로 이동한 결과, 시민들은 더 많은 기초 자원을 누리게 된 반면 피지배자들은 더 적은 기초 자원을 갖게 되었다(대서양 노예무역, 노예를 이용한 아메리카의 플랜테이션 농업, 아프리카에서 아시아에 이르는 식민지 자원 수탈 등이 그 예다). 부의 방정식의 마지막 항은 개인이 통제할 수 없는, 예기치 못한 경제적인 충격을 반영한다. 전쟁이나 경제 침체와 같은 거시적 충격도 이에 포함되며, 질병이나 가족의 사망 같은 개인적 충격도 이에 해당한다.

이런 설정에서 세계적 불평등은 통계적으로 시민과 피지배자를 모두 포함한 표본에서 개인의 부의 분산에 반영된다. 몇 가지 기술적인 처리를 한 뒤에 설명하겠지만, 이 모형이 시사하는 요점은 초기 자원이 단기와 중기에는 세계적 불평등에 영향을 미치지만, 장기적으로는 오직 제도적 요인만이 영향을 미친다는 점이다. 개별적으로 겪는 충격의 영향이 세대에 거쳐 쌓이면서 초기 자원의 영향을 거의 제거하기 때문이다. 부가 세대 간에 안정화되기 시작하면(정상상태로서 평형을 이룸), 오직 제도적 요인만이 계속해서 세계적 불평등 수준을 결정하게 된다.

시민 인구와 피지배자 인구의 비율을 각각 ρ 와 $1-\rho$ 라 하자. 그리고 시민과 피지배자에게 적용되는 부의 축적 과정은 다음 식과 같이 진행된다고 가정하자.

$$W_{it+1}^C = \beta^C W_{it}^C + \left(1-\beta^C\right)\bar{W}_t^C\left(\beta^C,\beta^S\right)+\varepsilon_{it}^C,$$

$$W_{it+1}^S = \beta^S W_{it}^S + \left(1-\beta^S\right)\bar{W}_t^S\left(\beta^S,\beta^C\right)+\varepsilon_{it}^S,$$

여기서 β^G 는 집단 G의 역사적 제도를 나타내는 변수다. $\bar{W}_t^G$는 시기 t에 집단 G의 평균 부를 나타내며, 기초 자원도 여기에 포함된다. W_{is}^G는 시기 s에 집단 G에 속하는 개인 i의 부를 나타낸다. 그리고 ε_{is}^G 은 시기 s에 집단 G에 속하는 i에게 발생한 개별적 충격을 나타내며 평균은 0, 분산은 $\sigma_{\varepsilon^G}^2$ 이다. 그러므로 내일의 부는 이전 시기의 부, 그가 속한 집단의 이전 시기의 평균적인 부, 그리고 현재 시기의 개별적 충격의 함수다. 초기 자원은 첫 번째 시기에 집단이 가졌던 평균적인 부라고 할 수 있다.

두 번째 항에는 개인의 부가 이전 시기의 집단의 평균으로 회귀하는 성질이 드러난다. $\left(1-\beta^G\right)$는 제도적인 요인을 나타내는데, 낮은 β^G는 경제·정치 제도가 포용적임을 내포한다. 이런 제도는 기회의 평등을 증진하고 분배의 불평등을 억제한다(예를 들어 엘리트에 대한 통제, 적극적인 공공재 공급, 사회적 안전망 등을 통해). 높은 β^G 는 식민주의나 노예제에 등장하는 착취적인 제도임을 내포한다(이런 제도의 정치 체제는 엘리트, 분쟁, 강압적인 노동시장을 선호한다). 착취적인 제도는 고착화되면서 불평등을 야기함과 동시에 세대 간 계층 이동을 더 어렵게 만들었다. 중요한 사실은 집단의 초기 자원 수준이 타 집단의 제도의 영향을 받는다고 설정했다는 점이다. 이는 시민과 피지배자 사이에 일어난 접촉을 반영하기 위함이다.

포용적인 제도가 존재하는 곳에는 초기 자원이 훨씬 많다. 해외 식민지의 자원을 채굴하고 노예제를 시행하기 때문이다. 이 모델에서 초기 자원과 제도적 요인의 차이는 순수하게 이런 역사적 접촉 과정으로 결정된다. 이 값들은 제도와 초기 자원에 영향을 준 다른 요인들에서 얻지만, 이런 계산의 목적은 현대의 세계적 불평등을 결정하는 초기 자원과 제도적 요인의 상대적 중요성을 비교하기 위함이다. 이 모델은 세계적 불평등과 초기 자원 및 제도의 격차(착취적인 접촉이 있을 때 발생하는)를 쉽게 연관지어준다. 이런 역사적 접촉 과정은 전 세계에 걸쳐 시민과 피지배자 집단을 만들어냈다.

어떤 집단 G와 다른 집단 − G에 일어나는 충격은 독립적으로 발생한다고 가정할 때, 정상상태에서 부의 분산은 다음과 같이 유도된다.

$$\mathrm{Var}\left(W_{it+1}^G\right) = \mathrm{Var}\left(\beta^G W_{it}^G + \left(1-\beta^G\right)\bar{W}_t^{\,G}\left(\beta^{\,G}, \beta^{-G}\right) + \varepsilon_{it}^G\right)$$
$$= \beta^{G^2}\mathrm{Var}(W_{it}^G) + \sigma_{\varepsilon^G}^2$$

$W_{it+1}^G = W_{it}^G$, $\mathrm{Var}\left(W_{it+1}^G\right) = \mathrm{Var}\left(W_{it}^G\right) = \sigma_{W^G}^2$ 으로 정의되는 정상상태에서

$\sigma_{W^G}^2 = \beta^{G^2}\sigma_{W^G}^2 + \sigma_{\varepsilon^G}^2 \Rightarrow \sigma_{W^G}^2 = \sigma_{\varepsilon^G}^2 / \left(1-\beta^{G^2}\right)$ 이 성립한다.

그러므로 정상상태에서 초기 자원은 집단 G의 부의 분산(의 로그값)에 영향을 미치지 않는다. 대신 정상상태에서의 분산은 집단 G의 제도(β^G)와 개별적 충격의 분산($\sigma_{\varepsilon^G}^2$)의 영향을 받는다.

어떤 점에서 제도적 요인이 시민과 지배자의 불평등에 영향을 미치게 된 걸까? 전 세계에서 발생하는 부의 축적은 시민과 피지배자에게서 발생하는 부의

축적을 인구 비를 가중치로 하여 더한 것과 같다.

$$W_{it+1}^{WORLD} = \rho W_{it+1}^C + (1-\rho) W_{it+1}^S = \rho\left(\beta^C W_{it}^C + (1-\beta^C)\bar{W}_t^C(\beta^C, \beta^S) + \varepsilon_{it}^C\right)$$
$$+ (1-\rho)\left(\beta^S W_{it}^S + (1-\beta^S)\bar{W}_t^S(\beta^S, \beta^C) + \varepsilon_{it}^S\right)$$

이를 다시 쓰면 다음과 같다.

$$W_{it+1}^{WORLD} = \rho\beta^C W_{it}^C + \bar{W}^{WORLD} + (1-\rho)\beta^S W_{it}^S + \varepsilon_{it}^{WORLD}$$

$\bar{W}^{WORLD}$ 는 두 집단의 초기 자원을 적절한 가중치를 통해 평균 내어, 시기에 따라 표준화한 값이다.

세계적 불평등은 W_{it+1}^{WORLD} 의 분산으로 정의된다.

$$\text{Var}\left(W_{it+1}^{WORLD}\right) = \text{Var}\left(\rho\beta^C W_{it}^C + \bar{W}^{WORLD} + (1-\rho)\beta^S W_{it}^S + \varepsilon_{it}^{WORLD}\right)$$
$$= \rho^2\beta^{C2}\text{Var}\left(W_{it}^C\right) + (1-\rho)^2\beta^{S2}\text{Var}\left(W_{it}^S\right) + 2\rho(1-\rho)$$
$$\text{Cov}\left(W_{it}^C, W_{it}^S\right) + \sigma_{\varepsilon WORLD}^2$$

개별적 충격은 독립적으로 발생하므로 W_{it}^C 와 W_{it}^S의 공분산은 0이다. 따라서 시기 t의 세계적 불평등은 다음과 같이 표현될 수 있다.

$$\text{Var}\left(W_{it+1}^{WORLD}\right) = \rho^2\beta^{C2}\text{Var}\left(W_{it}^C\right) + ((1-\rho)^2\beta^{S2}\text{Var}\left(W_{it}^S\right))$$

정상상태에서는 다음과 같이 표현될 수 있다.

$$\text{Var}\left(W_i^{WORLD}\right) = \rho^2\beta^{C2}\sigma_{\varepsilon C}^2 / \left(1-\beta^{C2}\right) + (1-\rho)^2\beta^{S2}\sigma_{\varepsilon S}^2 / \left(1-\beta^{S2}\right)$$

이를 통해 장기에서 세계적 불평등은 각 집단의 제도, 인구 비, 개별적 충격의 분산함수라는 사실을 알 수 있다. 특히 초기 자원은 장기적인 세계적 불평등을 설명해주지 않는다는 점도 알 수 있다.

따라서 우리는 역사가 두 가지 방식으로 작동한다고 생각할 수 있다. 제도적 요인은 집단 내에서의 계층 간 이동성과 (착취적 접촉을 통해 형성된 두 집단의) 초기 자원에 영향을 미친다. 후자는 정상상태가 아니라고 가정할 때 특히 중요한 요인이다. 그러나 궁극적으로 이 모델은 개별적 충격이 초기 자원의 격차가 세계적 불평등을 결정하는 데 장기적으로 무의미해지도록 만든다. 우리는 제도적 요인이 초기 자원의 격차보다 더 지속성이 있다고 받아들일 수 있는데, 실제로 이 모델은 그렇게 말해준다. 장기적으로 제도적인 격차는 초기 자원보다 세계적 불평등의 원인을 더 잘 설명한다. 그럼에도 불구하고 앞으로 이야기하겠지만, 역사적 접촉 과정과 그에 따른 불평등에 관한 대부분의 연구는 제도보다는 초기 자원의 격차에 초점을 맞추는 경향이 있다.

초기 자원

역사학자 에릭 윌리엄스는 분수령이 된 저작인 《자본주의와 노예제Capitalism and Slavery》에서 노예무역과 노예 농장들에서 벌어들인 이윤이 영국의 산업혁명을 지원했다고 주장했다. 노예제가 더 이상 자본의 이득을 가져다주지 않자, 자본주의자와 노예제 폐지론자들이 연합하여 기존의 제도를 무너뜨렸다고 그는 주장한다. 하지만 그는 영국의 경제 성장에서 노예제가 차지하는 중요성을 알아보면서 논지를 펼치기 시작한다. 비록 윌리엄스를 비난하는 사람들은 노예무역으로 인한 이익률이 과대평가되었다거나, 노예무역이 차지하는 영역이 전체 경제에 비하면 무시할 만하다고 주장하지만 경제사학자들은 이 시기의 영국의 성장에 있어 노예제가 일정 역할을 했다는 데에 동의하는 편이다.[6] 게다가, 만약 이니코리Inikori의 주장대로 주요 산업 제품에 대한 아프리카나 서인도의 수요가 높았다면, 소규모 산업 부문일지라도 영국 경제 전반의 구조를 크게 변화시킬 수 있었을 것이다.[7] 아프리카 대륙을 식민 지배한 영국에 대해서도 비슷한 주장이 제기됐다.[8]

노예제의 파급효과에 대한 메커니즘은 노예무역과 노예 농장을 통한 직접적인 이윤 창출에서부터 관련 산업(해운, 섬유, 해상보험, 금융)에 발생한 낙수효과까지 다양하다.[9] 낙수효과는 노예무역과 노예 농장을 통한 직접적인 이윤이 작음에도 불구하고 노예제가 경제 성장에 미친 영향이 컸음을 시사한다.

세계 경제에 대한 보다 새로운 주장은 (혁신을 포함하는) 낙수효과에 초점을 두면서 작은 규모의 무역이나 경제 부문이 전체 경제에 작은 효과만을 일으킬 수 있다는 개념에 정면으로 도전했다. 원자재에 대한 원활한 접근이 혁신을 촉진한다면, 착취적인 제도에 대한 정치적·경제적 연결은 초기 자원의 격차를 심화시킴과 동시에 꾸준한 경제 성장을 이끌 수 있다. 영국의 섬유 산업이 이에 가장 잘 들어맞는 사례일 것이다. 낙수효과와 해외 식민지의 중요성을 가장 잘 보여주는 상품이 바로 목화다. 식민지 통제가 점점 심해지는 상황에 미국과 인도의 노예 노동을 통해 생산된 목화는 영국의 경제 성장에 중요한 역할을 했다. 예를 들어 핸런Hanlon은 남북전쟁으로 인해 목화 공급이 타격받음으로써 어떻게 미국의 목화가 인도보다 상대적으로 비싸게 만들어지는지를 보여준다. 인도 목화의 수입이 급격하게 증가했지만, 한편으론 목화 가공비를 줄여줄 기술 혁신도 동시에 이루어졌다. 따라서 인도 목화의 가격은 수입을 줄이지 않고도 유지될 수 있었다. 인도 목화에 안정적으로 접근할 수 있었던 영국은 섬유 원자재 수입을 위협해오던 미국 노예제가 폐지되면서 그러한 기술 혁신을 누릴 수 있게 되었다.[10] 사실 남북전쟁 이후로, 영국은 20세기 초까지 전 세계 면직물 생산에 있어서 지배적인 위치를 누렸다.[11]

다른 주장들은 금융시장 발전에 노예제가 미친 영향을 다루었다. 곤살레스Gonzalez, 마샬, 나이두는 노예를 소유하던 사람들이 그렇지 않은 사람들보다 새로운 사업을 시작하는 경향이 높았다는 것을 보여주기 위해 메릴랜드 주의 영업보고서 기록을 이용했다. 이는 그 당시 임대인들이 토지보다 더 높은 유동성과 이동성을 갖는 노예를 다른 물건보다 담보물로 더 선호했다는 것을 보여준다.[12] 로젠탈은 미국에서 일어난 과학으로서의 회계의 발전 과정을 연구하면서, 회계사들이 대농장에 미친 초기의 영향력들을 밝혀냈다. 회계사와 장부 담당자가 직업화되고 회계 기술이 발전하면서, 장부 정리에 대한 농장주들의 수요가 늘고 대농장에서 일하면서 경험을 쌓은 회계 전문가들도 크게 늘었다.[13]

경제사 연구에서 상대적으로 덜 논의된 부분 중 하나는 노예제가 근대 의학 발전에 끼친 영향이다. 18세기에 의사들은 가벼운 천연두에 감염된 사람의 생체를 감염되지 않은 사람의 몸에 투입하는 방법으로 천연두 예방접종을 시행했다. 쿠바와 남아메리카의 스페인령 국가들에서 고아와 노예들은 백신을 전파하는 도구로 이용됐다(고름이 맺힌 팔에 백신을 투여하는 방식이었다). 곤살레스는 19세기 초에 노예와 백신 접종을 받은 사람의 수에 높은 상관관계가 있었다는 사실을 발견했다. 질병에 대한 두려움이 노예에서 모든 사람에게 퍼져나가면서 항구에서는 엄격한 백신 접종 절차가 시행됐다. 쿠바 경제에서 노예제의 중요성이 점점 커지면서 내·외과 의사 수요도 증가했다. 인구 대비 의료업 종사자의 비율도 매우 높아졌다. 백신을 퍼뜨릴 고아의 수가 부족해지자, 백신의 전파가 끊어지지 않게 하기 위해서는 노예를 사들여야만 했다. 남아메리카 스페인령 국가들의 백신 접종률은 기존의 노예선과 무역 항로로 인해 자연스럽게 증가했다.[14] 이런 증거들은 노예제가 총 요소생산성에 지대한 영향을 끼쳤음을 보여준다. 의료 기술과 경영과학의 발전이 촉진되면서 모든 요소에서 생산성이 상승했다.

경제학자 윌리엄 대리티Wiliam Darity는 근대 유럽에게는 '원죄'와도 같았던 아프리카와 아메리카 대륙에서의 성장과 착취의 관계를 특징지었다. 하지만 '원죄'가 중요하게 여겨졌던 시기가 얼마나 오래갔을까? 이전 섹션에서 소개한 모델에 따르면 초기 자원의 격차가 부의 축적 과정에 미치는 영향이 초기와 중기에는 중요하지만 장기에는 여러 충격으로 인한 효과가 쌓이면서 그 중요성이 희석된다고 했다. 결국 부의 축적을 촉진하고 재분배정책을 지배하는 규칙(모델의 β)은 초기 자원의 격차가 사라질 때까지 지속되는 것이다. 다르게 말하자면, 만약 유럽의 원죄가 그들의 초기 자원 격차에 관한 것이었다면 세계적인 재분배의 관점에서 자원 격차에 관한 주장은 시간이 지나도 거의 늘지 않았을 것이다. 결국 경제가 정상상태에 도달했을 때는 오직 제도적 요인의 격차만이 문제가 된다.[15] 그렇다면 경제가 정상상태에 도달하는 시점은 언제인가? 이 문제는 다음 섹션에서 미국 노예제의 맥락에서 풀어볼 것이다.

충격 vs 지속성

피케티는 두 차례의 세계대전이 자본/소득 비에 가져다준 충격을 정리해 보였다. 하지만 근대에 와서 발발한 전쟁 중 남북전쟁만큼 부의 전체 형태를 거세게 뒤흔든 것은 없었다. 수년 만에, 남부 부자들의 가장 역동적 자본이었던 노예 자본이 역사의 뒤안길로 사라졌다. 그러다 보니 남북전쟁은 앞에서 정의한 역사적 초기 자원에 본질적인 충격을 가져다주었다. 남북전쟁 이후의 노예제 폐지가 부의 분포에 미친 영향은 무엇이었나? 이 충격은 (남부의 엘리트인) 시민과, (가난한 백인, 자유를 얻은 노예 등의) 피지배자 사이의 경계를 무너뜨리기에 충분했나?

이 질문에 답하는 데 필요한 데이터는 가계도 학회와 IPUMS(Integrated Public Use Microdata Series, 개인 수준의 인구 정보를 제공하는 데이터베이스—옮긴이)에 의해 미국 센서스국의 과거 데이터가 디지털화된 덕분에 점점 늘어나고 있다. IPUMS의 총인구조사 자료를 사용해 듀퐁Dupont과 로젠블룸Rosenbloom은 남북전쟁 이후에도 얼마나 많은 노예 소유주들이 여전히 부의 분포의 최상위에 머무르고 있었는지 확인해보았다.[16] 초기의 학자들은 지금에 비해 훨씬 제한된 데이터를 활용하여 남부의 농장주 계층이 남북전쟁 이후에도 대부분 같은 계층에 머물러있다고 결론지었다. 하지만 듀퐁과 로젠블룸은 보다 복합적인 결과를 얻었다. 남부에서 1870년 당시 상위 5퍼센트의 부를 가지고 있던 사람들 중 절반 이상은 1860년에 상위 10퍼센트 안에도 들지 않았던 사람들이었다. 이는 남부의 부의 분포에 적지 않은 요동이 있었음을 시사한다. 노예자산이 사라지면서 1870년에는 다소 다른 유형의 사람들이 최상위 계층으로 치고 올라왔다. 같은 기간 북부에서의 부의 계층 이동성은 남부보다 작았다.

듀퐁과 로젠블룸은 1860년에 부자였던 사람들 중 3분의 1은 여전히 1870년에도 그러한 지위를 유지했다고 밝혔다. 남북전쟁이 일으켰던 충격의 크기를 고려하면 생각보다 큰 비율로 보인다.[17] 그들의 결론은 곧 시민과 피지배자 사이의 초기 자원 격차가 부의 분포에 영향을 미치지 않는 정상상태를 향해 사회가 나아가고 있음을 시사한다. 더 나아가 에이저Ager, 부스탄Boustan, 에릭슨Eriksson

은 1870년에 이르자 (부동산은 여전히 부와의 상관성을 가졌던 반면) 남북전쟁 이전에만
해도 완고했던 노예자산이 거의 부와는 상관없을 정도로 변했음을 발견했다.[18]

그럼에도 불구하고 훨씬 긴 시간의 척도로 보면 남부의 몇몇 부류의 노예 소
유주들은 계층을 유지했음을 보여주는 결과가 발견된다.[19] 당시에 약 43만 명의
노예 소유주들이 있었음을 확인할 수 있는 1860년의 미국의 노예 목록과 1940
년의 미국 총 인구조사 자료를 통해 클라크의 사회경제 이동성과 성(姓)씨 연구
에 영향을 받은 한 테스트를 진행해보았다.[20] 나는 1860년의 노예 목록과 1940
년 남부의 성씨 자료를 종합한 결과 노예자산이 약 4만 명을 조사한 성씨별 소
득과 강한 상관관계가 있음을 발견했다. 이 사실은 듀퐁과 로젠블룸이 발견한
사실과 더불어 수수께끼를 더욱 증폭시킨다. 과거 남부의 노예 소유주들은 남
북전쟁 이후 수십 년 만에 경제적으로 다시 부활했던 걸까?[21]

노예제가 부와 소득분포에 미친 지속적인 영향은 착취적인 제도가 긴 그림
자를 드리웠다는 충분한 증거가 될 수 있을 것이다. 이에 관한 실증적인 패턴
은 다음에서 자세히 다루겠다. 미국 노예제의 맥락에서 블랙웰Blackwell 등은 노
예제가 20세기의 정치와 문화에 미친 비선형적인 효과를 발견했다. 이는 과거
의 노예 소유주들이 남북전쟁 이후 오랜 뒤에 명성을 되찾았다는 사실과도 꽤
잘 들어맞는 것으로 드러났다. 목화의 적합성을 통해 대규모 노예 농장의 차이
를 설명하는 그들은, 1860년의 높은 노예 비율이 남부에서의 민주당 재편성 과
정과 오늘날 아프리카계 미국인에 대한 인종차별에 밀접한 관계가 있음을 예
견한다는 사실을 발견했다. 그 관계는 남부의 과거 노예 소유주들이 부활하고
노예 집약적이었던 남부의 산업 재건이 활발히 진행되면서 21세기 초에 절정
에 달했다. 이런 정치적 과정은 노예 소유주들을 다시금 엘리트 계층에 자리 잡
을 수 있도록 하면서 소득분포에까지 영향을 미쳤다.[22] 가장 중요한 형태의 부
였던 노예가 자유화되면서 기존의 노예 소유주 계층은 대신 정치권력을 손에
쥐기 시작했다. 이는 곧 자유화된 노예들을 다시 예속시키고 자신들의 경제적
지위를 장기적으로 회복시키는 데 활용될 수 있었다.[23]

최근 들어 남북전쟁 이후의 노예 소유주들과 계층 이동성에 관한 자료들이

더욱 발전하면서 초기 자원은 사실 충격에 매우 민감하다는 주장이 제기됐다('남북전쟁과 함께 농장주 계층은 죽었다'라고 선언한 듀보이스의 노예제에 대한 부고를 떠올리게 한다). 하지만 1860년에 노예 소유주에 해당하던 성씨를 가진 사람들은 1940년에도 높은 소득을 벌어들이고 있었다. 게다가 노예제의 오랜 유산은 아직도 남부 정치에 확연히 드러난다. 1860년에 노예가 많았던 지역은 2008년에 오바마에게 덜 투표하는 경향을 보였다. 즉 초기 자원에 따른 이득은 사라졌지만, 그런 이득을 발생시켜온 제도는 공식적으로 폐기된 이후에도 경제나 정치에 오랫동안 영향을 미쳤다. 다음에서는 제도적 요인과 불평등의 관계를 더욱 깊이 다룰 것이다. 특히 유럽 식민지에서의 착취적인 성향과 이에 따른 세금 인프라의 관계성을 유심히 살펴볼 것이다.

제도와 불평등

제도적인 요인과 세계의 불평등은 어떤 관련이 있을까? 첫째, 제도는 비교경제학의 발전을 이해하기 위한 필수 요인이다. 역사적인 접촉 과정은 시민과 피지배자 집단의 불평등에 영향을 미치는 제도적인 격차를 발생시켰다. 나는 제도적 요인 연구에 상당한 반향을 이끌었던 집단 내부의 불평등에 관한 연구를 검토해볼 것이다. 그 다음에 제도적 요인과 불평등의 관계를 식민지의 세금 기반을 이용해 깊게 분석할 것이다. 재분배적인 정책을 시행할 때 중요한 도구로 활용되는 소득세는 금본위제에 대한 데이터를 생산해냈다. 그 데이터는 국가 내에서의 소득분포를 다루고 있는데, 다른 대다수의 가계별 설문조사와는 달리 엄격한 암호화가 되지 않았다. 나는 32개의 구 식민지에서 소득세가 도입되는 과정과 세계 부와 소득 데이터베이스에 기록된 소득세의 적용 과정이 식민지 제도로부터 어떤 영향을 받았는지 측정했다. 이 데이터를 통해 제도적 요인과 세금 인프라 사이의 체계적인 관계를 밝혀내면서 (쉽게 관측 가능한, 정부에 의한 악영향뿐 아니라) 착취적인 제도가 소득분포에 미친 해로운 영향들을 보여주고자 했다.

경제, 사회, 정치를 지배하는 제도적 요인은 세계의 불평등한 발전을 오랫동안 심도 있게 설명해왔다. 더글러스 노스Douglass North, 애스모글루, 존슨, 로빈슨은 불평등한 발전에 관한 상세한 이론을 개발했다.[24] 과거 수십 년간 경제학자들은 제도가 경제 발전에 미치는 영향을 측정할 수 있는 수많은 역사적 사건들을 겪어왔다.[25] 애스모글루, 존슨, 로빈슨의 유명한 연구는 유럽 식민지 시대의 질병 사망률을 제도적 변화로 인한 대규모 자연실험의 관점에서 접근한다. 황열병이나 말라리아 같은 전염병에 대한 당시 유럽인들의 지식이 부족했다는 점을 감안하면, 여러 식민지에 발생했던 자연실험은 유럽인들이 그곳에 정착할 것인지를 판단하는 기준을 제공했던 셈이다. 유럽인들은 정착할 만하다고 판단한 장소에 특정 제도들을 도입할 필요를 느꼈다. 질병 사망률이 높은 곳에는 쉽게 정착하지 않았고 노예 노동에 의존하는 환금 작물의 생산이 활발했으며 개인 사업은 제한됐다. 유럽인들은 사망률이 낮은 식민지에 정착하려 했고, 보다 포용적인 제도(정치권력의 견제와 균형을 허용하고, 사유재산 보호를 중요시한다)를 도입하려는 경향이 있었다.[26]

질병 환경에 따라 결정된 초기의 이러한 제도적 분화는 오늘날의 경제 제도와 경제 성과에까지 영향을 미친다. 과거 식민지 지역 중 질병 환경 때문에 유럽인들의 정착이 뜸했던 곳은 오늘날에도 재산권 개념이 희박하며 1인당 GDP 수치도 낮다. 이와는 대조적으로 질병 사망률이 낮았던 곳은 오늘날 상대적으로 더 나은 상황을 보이고 있다. 이런 실증적인 결과로부터 애스모글루, 존슨, 로빈슨은 포용적인 제도는 장기적인 경제성과를 개선하는 반면 착취적인 제도는 그렇지 않다고 해석한 것이다.

제도적인 혁신과 유럽의 초반 경제 성장이 외부 세계와 독립적으로 발생한 것이 아니라 나머지 세계에 대한 착취와 정복의 시기와 정확히 맞물린다는 점은 어려운 문제다. 유럽에서는 식민지 착취와 노예무역을 통해 부가 쌓이면서 상인 중산층에게 중앙 권력에 맞먹을 만큼의 권력을 부여하며 포용적인 제도를 갖추어 나갔다.[27] 이런 패턴은 신대륙의 성장이 한창 진행된 이후에도 계속

됐다. 아메리카 대륙에서 비교적 포용적인 제도가 시행된 장소는 넓은 국경 지역에서의 착취 활동(원주민의 땅을 징발하고 그들을 말살하는 등)으로부터 이득을 보았다.[28] 요약하자면, 성장은 포용적인 제도에 의존하지만 착취적인 경제정책을 펴는 지역과 얼마나 가까운가와도 연결되어 있다.

영국에서 떠오르던 상인 계층을 생각해보자. 이 계급은 중앙 권력을 압박했으며 유럽 전역에서 가장 활발한 노예 무역상이기도 했다. 또한 네덜란드에서의 민주주의의 확산은 동남아시아 식민지와의 향신료 무역을 독점하기 위한 잔혹한 캠페인과 동시에 진행됐다. 이 기간은 역사적으로 '중대한 시점Critical junctures'이라 불린다. 즉, 초기의 제도적 요인이 앞으로의 사회가 경제적 기회에 어떻게 반응할지 결정하는 분수령이었던 것이다. 하지만 한 사회에서 포용적인 제도에 도움이 되는 것들이 다른 사회에서는 방해물이 될 수 있다. 영국과 네덜란드의 침략을 받은 서아프리카, 카리브 해, 동남아시아에서 바로 이런 일들이 벌어졌다.

식민지화가 집단 내 불평등에 미친 영향을 측정하는 간단한 방법은 식민지 제도가 세금 인프라에 미친 영향을 조사하는 것이다. 정부의 세수 능력은 정부가 공공재를 제공하고 불평등 완화를 위한 소득 재분배를 단행할 수 있음을 보여주는 강력한 지표다. 부실한 세금 인프라는 사회적 프로그램이 드물고, 시장 진입은 어렵고, 엘리트의 소득만 치솟고 있음을 보여준다.

다양한 제도적 요인이 불평등에 미치는 영향을 조사하는 데 가장 어려운 점은 지역에 따른 제도들이 경제적 성과를 알아보기 위한 데이터의 유효성과도 연관이 있다는 점이다. 앳킨슨은 과거 아프리카의 영국령 식민지 몇 곳의 세금 데이터를 이용해 이 난관을 해결해보려 시도했다. 그 데이터는 영국의 대도시와 식민지 간의 착취적인 합의가 있었음을 보여주는 것이기도 하다. 또한 그 데이터로는 막대한 부를 가진 부자들만 분석이 가능했고, 토착민이 아닌 정착 관료들에 대한 사실만을 알 수 있었다. 상위 계층에 대해 진행된 조사 결과는 다수의 식민지 내에서 불평등이 매우 높았음을 보여주었다(심지어 세금 데이터가 유효하게 남아 있는 엘리트 계층에서도 그러했다). 이 연구는 세계적인 불평등의 원리를 이해

594

하는 데 큰 기여를 했지만, 이 데이터에 포함되지 않은 90퍼센트 이상의 인구를 들여다보는 일이 아직 남아 있다. 게다가 우리는 아직 식민지 체계가 부의 분포에 미치는 영향이 식민지와 비식민지에 대해 무엇을 암시하는지 모른다. 이 섹션의 마지막 부분에서 이 주제를 알아보기로 한다.[29]

한때 식민지였던 국가들에 초점을 맞추던 나는 가난한 나라의 약한 세금 인프라와 통계 지식에서 기인한 듯한 제도적 지속성의 직접적인 원인을 발견했다. 나는 구체적으로 유럽인 정착민들의 질병 사망률(애스모글루, 존슨, 로빈슨이 조사했다)과 시행 첫해의 소득세 사이의 관계를 조사했다. 질병 사망률 수치는 대항해 시대에 유럽인들이 정착 여부를 결정하는 변수였음을 상기하기 바란다. 이 변수는 후에 식민지에 세워진 제도의 종류를 결정했다. 정착이 뜸하게 이루어졌던 곳의 제도는 대중에 대한 무책임한 태도와 착취적인 경향을 보였다. 유럽인들은 보다 빈번히 정착했던 곳에 경제적 성과를 낼 수 있는 여러 포용적인 제도들을 설치할 필요를 느꼈다. 나는 결과를 나타낼 변수를 고안하며 다양한 학술자료에서 처음 소득세가 도입된 연도에 관한 데이터를 모았다. 나는 시행 첫 해의 소득세 법안을 찾을 수 있었다. 유럽 정착민 사망률 데이터 또한 이와 같은 목적이었다.[30]

도표 20-1은 식민지 제도를 나타내주는 값인 정착민 사망률(에 로그를 취한 값)과 소득세가 처음으로 도입된 연도 사이의 관계를 그래프로 나타낸 것이다. 관측치는 비슷한 정착민 질병 사망률을 갖는 표본을 같은 크기의 그룹으로 묶어 그래프에 나타냈으며, y축은 각 그룹에서 소득세가 도입된 평균 연도를 나타낸다. 그래프는 정적 상관관계를 나타낸다. 좀 더 착취적인 제도의 식민지가 더 나중에 소득세를 도입한 것으로 관측됐다. 개인소득세는 불평등을 완화하기 위한 정부의 핵심 도구이므로, 착취적인 식민지 제도는 재분배를 촉진하고 세입을 늘리는 능력을 제대로 갖추지 못한 현재의 제도로 이어진다. 따라서 집단 내 불평등은 식민지 시대에 세워진 제도에 따라 크게 달라진다.

제도적 요인이 세계적 불평등에 영향을 미치는 두 번째 방식은 불평등에 대한 우리의 정보의 질을 결정하는 데에 있다. 세계 부와 소득 데이터베이스WID

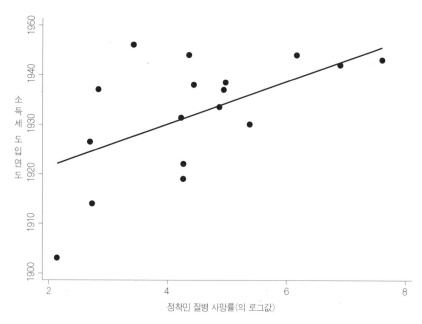

주: 개인소득세는 불평등을 완화하기 위한 대표적인 수단이다. 여기에서 나타나는 정적 상관관계는 보다 착취적인 제도가 존재했던 식민지가 후에 개인소득세를 더 늦게 도입함을 의미한다.

는 전 세계 40개국 이상의 부와 소득의 발전 과정을 추적한다.[31] (주로 남아메리카, 아프리카, 동유럽에 해당하는) 150여 개의 국가는 데이터베이스에 포함되지 않았다. 한때 식민지였던 국가들에 대한 데이터의 불완전성은 역사적인 제도가 불평등과 부에 미친 영향을 제대로 파악하기 힘들게 만든다. 하지만 표본이 완벽하지 않다는 점 또한 데이터의 한 형태다. 좋은 표본을 얻기 위해서는 그곳의 세금 인프라가 잘 개발돼 있어야 한다. 대표적으로 개인소득세의 도입이 빨랐던 국가는 오랜 기간에 걸친 부와 소득 데이터가 쌓이게 된다.

도표 20-2는 정착민 사망률과 WID에 존재하는 데이터 기간의 관계를 나타낸다. 관측치는 도표 20-1과 같은 방식으로 그룹화되었으며, 식민지 제도의 착취적 성향이 강할수록 더 짧은 기간의 데이터가 남아 있었다. 식민지 당시 제도

도표 20-2: 식민지 정착민의 질병 사망률과 WTID에 데이터가 쌓인 기간과의 관계

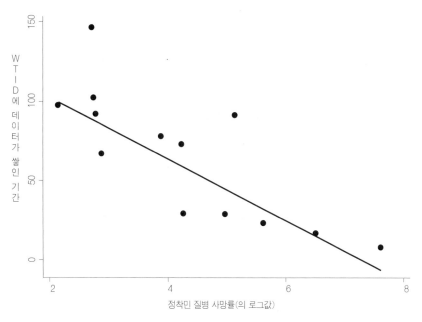

주: 식민지 시대에 착취적인 제도가 존재했던 국가는 WTID에 기록된 데이터의 기간이 짧은 경향이 있다. 그러다 보니 불평등에 관한 지식은 관련 자료가 남아 있는 곳에만 초점이 맞춰져 편향된다.

가 착취적일수록 오늘날 그 국가의 소득분포를 알기 힘들다는 점에서는 왜곡의 여지가 있다. 그러다 보니 우리가 얻는 불평등 관련 지식은 관련 정보가 유효한 곳 위주로 초점이 맞추어진다. 그리고 데이터의 유효성은 제도적 요인으로부터 체계적인 영향을 받는다. 데이터의 부족은 세금 체계가 만들어진 지 얼마 안 됐고, 정부의 재분배 역량이 부족하다는 점과 관련이 있을 수 있다. 반면 정량적인 분석은 소득분포에 대한 자세한 데이터가 부족한 지역에서는 알게 모르게 진행되지 않을 수 있다. 따라서 어떤 요인이 불평등을 결정하는지의 이해 여부는 그곳이 요인들을 관측할 수 있는 곳인가에 달려 있다.

위에서 논의한 발견들은 역사적으로 착취적이었던 제도가 세금 기반 등을 통해 부의 분포에 직접 영향을 미치는 방식을 제시한다. 세금은 정부가 재분배

정책을 시행하는 핵심 방안이므로 이런 결과들은 착취적인 제도가 과거 식민국들의 불평등에 끼친 영향을 보여준다. 제도적 요인은 재산권과 사회 내의 계급 이동성에 직접적인 영향을 미친다. 또한 제도의 변화는 자산을 재분배하고 불평등을 직접적으로 낮추는 세금 개혁이나 토지 개혁에까지 이를 수 있다. 그런 변화는 가난한 사람들도 경제적 지위를 개선할 수 있도록 공정한 정치 배경을 만들어준다. 또한 정보력에 관한 이점도 제공한다. 소득분포에 대한 투명성은 불평등에 정치적 비용이 들게 만들고, 재분배에 대한 지원을 촉진하게 한다.

마지막으로, 역사의 역할을 인정하지 않은 채 세계적 불평등에 대처하려는 정책은 그 효율성이 제한될 것이다. 시민과 피지배자 집단의 불평등에 영향을 주는 역사적 궤도를 설명하고 세계 수준의 재분배를 시행하기 위해서는 다양한 에 들어맞는 보다 유동적인 방법들이 필요하다.

전 세계의 재분배 정책과 그 역사

이 장에서는 초기 자원과 옛 제도의 유산을 통해 역사를 오늘날의 세계적 불평등과 연관시키는 틀을 소개한다. 부의 축적은 자연적인 과정이지만, 단순히 초기 자본이 각자에게 부여되는 방식이 아니라 역사적 요소들이 많은 관여를 하게 된다. 과거의 제도를 β (앞선 모델에서 소개한 세대 간 지속성 계수)라는 매개변수로 나타내고, 어떤 집단의 초기의 부가 과거의 제도(그들 자신과 다른 집단의 것 모두)에 의해 결정된다고 하면 우리는 앞서 논의한(한 집단의 착취적인 정책은 오늘날 집단 간에 극심한 성과적 격차를 낳는다는) 많은 '중대한 시점'의 영향에 관해 알아낼 수 있다.

나는 이런 집단들에 '시민'과 '피지배자'라는 이름을 붙였다. 이 용어는 식민지 아프리카의 제도적인 격리를 다룬 맘다니의 연구에서 빌려온 것이다. 재산 몰수를 시종일관 두려워하며 살지 않아도 되고, 그들을 통치하는 정치적 대표가 있고, 명확하고 일관적인 게임 규칙대로 사는 자들은 시민이라 불린다. 그들은 경제 활동에 대한 보상을 폭넓게 누릴 수 있고, 개방적이고 포용적인 정치 ·

경제 제도로 인해 더 높은 경제적 지위로 올라갈 수 있는 기회를 갖기도 한다. 재산 몰수가 비일비재하게 일어나고, 모두에게 공평한 규칙이 아닌 권력을 가진 몇몇의 지배를 받는 자들은 피지배자라 불린다. 그들이 속한 사회에는 계층 이동이 거의 없으며, 목숨을 부지하는 것조차 엘리트에 복종해야만 가능하다.

여태껏 보아왔듯이 과거의 초기 자원만으로 착취적 활동이 분포에 미치는 영향을 이해하기는 충분치 않다. 장기적인 면에서 이런 초기 자원의 차이는 세계적 불평등을 거의 설명하지 못한다. 하지만 경제가 정상상태에 도달했는가에 대해서는 여전히 논란이 많다. 나는 이 문제를 미국의 노예 소유주들의 맥락을 통해 조사했다. 역사학자들은 노예자산이 남북전쟁 이후 그들의 후손에게 얼마나 많은 이득을 가져다주었는지에 관해 다양한 주장을 내놓았다. 듀퐁과 로젠블룸은 남북전쟁이 북부에 비해 남부에서 부의 분포를 더 크게 휘저어놓았다는 것을 발견했다. 나는 1860년 노예 목록의 노예 소유주들의 성씨와 1940년 미국 센서스 데이터를 통해, 부에 따른 이득이 20세기까지도 원만히 지속됐다는 증거를 발견했다. 이 증거는 여러 방식으로 해석될 수 있다. 우선 이 증거는 역사적 착취를 통해 크게 성장해온 집단에 관한 한 미국이 아직 정상상태에 도달하지 못했음을 보여준다. 다른 한편 남북전쟁과 정치 체제의 변화로 가장 중요한 자산을 잃게 된 노예 소유주 계층은 그 대신에 정치권력을 손에 넣기 시작하면서 20세기 초에 권위를 되찾았다는 증거도 있다.

이는 과거의 제도가 현대의 부의 분포에 영향을 미치는 여러 가지 방법 중 하나다. 게다가 이 예시는 제도적 요인이 당사자들의 전략적인 행동의 결과라는 사실을 강조한다. 엘리트 집단이 권력을 유지하거나 되찾는 능력은 수많은 요인에 달려 있다. 미국 남부에서는 엘리트들이 그 지역을 정복하도록 만든 제도적 방식을 시민 평등권 운동이 차단함으로써 분위기를 바꾸는 데 성공했다. 따라서 노예제 시행하의 남부는 남북전쟁으로 인해 심한 타격을 받은 반면, 계속 지속되어온 제도적 방식은 전후 남부의 시민과 피지배자 사이에서 부의 불평등이 재현되는 데 기여했다.

나는 다음에서 역사적으로 착취적이던 제도들이 시민과 피지배자 집단이 부를 형성하는 패턴과 연관된 이유를 성장에 관한 제도적 이론을 통해 증명할 것이다. 과거 식민지에서 제도적 요인은 세금 기반을 통해 불평등에 직접적인 영향을 미쳤다. 착취적인 제도가 시행되던 국가에서 소득세는 보다 늦게 도입됐다. 대체적인 측정법으로 WID를 이용하면서, 나는 역사적으로 착취적인 제도를 가졌던 곳에는 더 짧은 기간의 데이터가 남아 있다고 했다. 소득세는 정부가 사회프로그램 예산을 늘리거나 재분배정책을 시행하기 위한 주요한 도구이며, 이런 제도의 유산은 부의 불평등과 직접적인 관련을 갖는다. 국가가 아무리 재분배정책을 추진하려고 해도 세금 없이는 성공할 수 없다. 이런 재분배정책은 사회의 약자들에게 더 큰 정치적인 힘을 실어주게 된다. 그런 기반이 없는 사회는 소수 엘리트의 착취를 통해 유지될 것이다. 이런 제도적 요인에 의한 효과는 초기 자원의 격차에 의한 효과보다 더 오래 지속된다. 앞에서 소개한 모델에 따르면, 정상상태에서는 초기 자원의 격차보다는 과거의 제도가 오늘날 부의 분포에 영향을 미친다. 정책적인 관점에서 볼 때, 이 문제는 유럽의 원죄보다는 '중대한 시점'에 떠오른 착취적인 제도의 유산을 마주하는 것과 더 관련이 있다.

제도적인 격차를 재분배한다는 것은 무슨 뜻일까? 쥐크망이 제안한 것과 같은 세계의 부 목록은 주로 외자계인 세계 도처의 부의 소유주들을 종합해준다.[32] 그러나 이는 소득세 인프라를 위한 법인 설립 말고는 해결할 수 없는 WID의 공백을 여전히 남겨둔다. 이 공백은 수입과 자본소득이 상위 계층으로만 흘러가는 사회 내의 저개발 현상과 극심한 불평등을 연관시켜줄 것이다(세계적 엘리트의 일부를 형성하는 상위 계층은 잠재적인 세계 부유세를 통해 결정할 수 있다).

전 세계의 재분배정책은 그저 세계 부유세를 통해 초기 자원을 재분배하기보다는 피지배자 집단이 경제 성장의 결실을 이루지 못하게 하는 모종의 역사적 세력이 있음을 시민들이 인식할 수 있게 만들어야 한다. 엘리트 권력의 지배를 받는 피지배자 집단이 많은 지역의 제도를 강화하고 개선하는 것은 여러 파급 효과를 가져온다. 예를 들어 세계 노동 기준은 세계 자본의 잉여량을 세계 노동으로 잘 전환시킬 수 있었다(예를 들면 섬유 산업과 스마트폰 산업). 지적 재산권, 이주, 보건 및 교육 등의 정책은 과거 500년간 억압당한 지역에서 다시금 중요하게 부각될 수 있었다. 따라서 이 장이 전달하려는 바는 부의 재분배를 넘어 세계의 시민과 피지배자가 당면한 제도들을 통합하는 것이다. 그들이 공유한 역사는 세계적 불평등을 감소시키기 위한 발걸음으로서 연구하고 시행할 만한 것이다.

앞으로 연구자들은 두 가지에 집중할 필요가 있다. 첫째, 우리는 역사적인 접촉과 제도의 격차에 관해 지금보다 더 정량적으로 분석해야 한다. 경제 집단 사이의 역사적인 접촉은 언제, 어떻게 제도의 격차를 발생시켰는가? 둘째, 제도의 격차와 피지배자를 지배하는 제도적 특권이 확장되는 현상을 설명하는 정책이 필요하다. '시민이 누리는 제도와 피지배자의 제도 사이에 격차가 발생하는 것을 어떻게 막을 수 있을까?'라는 질문이 제기되어야 한다. 초기 자원에 근거한 배상금은 불충분하고 일시적일 것이다. 꾸준한 효과를 낼 수 있는 재분배 정책은 시민과 피지배자에게 보장돼야 할 경제적·정치적 권리가 확장된 개념으로, 제도적인 인종차별주의를 폐지하는 것이다.

어디에나 있고 어디에도 없는: 《21세기 자본》에서의 정치

Elisabeth Jacobs
엘리자베스 제이콥스

예일 대학을 졸업하고 하버드 대학에서 석사·박사학위를 받았다. 워싱턴동반성장센터WCEG의 수석 연구원으로 전략 비전을 개발하고 실행하며, 학업 관계 및 복리 후원을 총괄하고 있다.

주력 연구 분야는 경제적 불평등과 이동성, 안보, 빈곤, 고용, 사회정책, 사회보험, 그리고 불평등의 정치다. WCEG에 합류하기 전, 브루킹스 연구소에서 연구원을 지냈고 미국연방의회 공동경제위원회의 정책 고문과 건강, 교육, 노동 및 연금에 관한 미국 상원위원회의 고문을 맡았다.

《21세기 자본》은 급진적인 정치경제학 서적인 동시에 매우 전통적인 경제학 가설들에 뿌리를 둔 논의를 펼치는 책이기도 하다. 피케티가 제시한 경제적 불평등과 성장 간의 관계에서 정치는 어디에나 있고 어디에도 없다. 이 장에서 엘리자베스 제이콥스는 이러한 긴장을 살펴본다. 제이콥스는 다음과 같은 질문을 던진다. 우리에게는 경제학의 기본법칙이 있는데, 어떻게 경제적 이익의 분배와 경제 성장 속도 간의 관계를 형성하는, 역사와 제도에 얽매인 절차들이 동시에 존재하는가? 정치학, 정치사회학, 그 외의 관련 학문들은 《21세기 자본》에서 피케티가 개략적으로 제시한 이론에 내재된 분명한 모순을 어떻게 조명하는가? 아직 답을 찾지 못한 문제들은 무엇인가? 그리고 정책 입안자들이 향후 평등한 경제 성장에 박차를 가하려면 경제정책 의제라는 맥락에서 정치개혁을 어떻게 생각해야 하는가?

토마 피케티의 《21세기 자본》에서 정치는 어디에나 있고 어디에도 없다. 한편에는 급진적 정치경제학자인 토마 피케티가 있다. 서문 초반부에서 피케티는 '부의 분배의 역사는 언제나 매우 정치적인 것이었으며, 순전히 경제적인 메커니즘으로 환원될 수 없다'라고 선언하면서 불평등의 역사는 '경제적, 사회적, 정치적 행위자들이 무엇이 정당하고 무엇이 부당한지에 대해 형성한 표상들, 이 행위자들 간의 역학관계, 그리고 이로부터 도출된 집합적 선택들에 의존한다'라고 제시했다.[1] 이는 정치학과 정치사회학에서 수십 년간 진행된 연구들이 광범위하게 지지하는 매우 정치적인 주장이다. 하지만 거의 700쪽에 가깝게 논의를 펼치면서 피케티는 '양극화의 근본 요인'이라는 개념, 즉 자본수익률(r)이 항상 전체적인 경제 성장률(g)보다 높다는 사실로 계속 되돌아온다.[2] 이런 동학이 작동하면 '거의 필연적으로 상속재산은 평생 동안 노동으로 쌓은 부를 압도할 것이고 자본의 집중도는 극히 높은 수준에 이를 것이다. 그런데 이런 수준의 집중도는 능력주의의 가치, 그리고 현대 민주사회의 근간인 사회정의의 원칙과 맞지 않을 수도 있다.'[3]

어떻게 이 두 주장이 동시에 사실이 될 수 있을까? 양극화의 근본 요인$(r\rangle g)$이 있는데 어떻게 정치 메커니즘이 능동적으로 형성한 불평등의 역사를 이해할 수 있을까? 다시 말해 피케티의 《21세기 자본》에서 정치의 역할은 무엇인가? 《21세기 자본》은 경제적 불평등의 정치학을 다룬 현재의 문헌들과 어떻게 맞물릴 수 있을까? 게임의 판도를 바꿔놓은 피케티의 책에서 답을 찾지 못하고 남아 있는 문제들은 무엇인가? 이 장의 목표는 이 광범위한 세 문제 모두를 개략적으로 설명하는 것이다. 첫 부분에서는 《21세기 자본》에서 정치의 역할을 간단히 분석하면서 피케티의 이론적 접근방식의 강점과 약점, 그의 실증적 분석의 강점과 약점을 평가해본다. 두 번째는 불평등의 정치학에 관한 연구를 검토하면서 피케티의 주장들이 이 성장 중인 연구 분야와 어떻게 영향을 주고받는지(혹은 아무것도 주고받지 않는지)를 평가하고 피케티가 제기한 쟁점을 바탕으로 향후의 연구기회들을 살펴본다. 그리고 세 번째, 마무리로 《21세기 자본》에서 피케티의 책이 알려준 정치개혁 의제들에 관해 제언할 것이다.

정치와 《21세기 자본》

피케티는 20세기에 부유한 국가에서 불평등이 증가한 이유를 최상위 1퍼센트가 소득에서 차지하는 몫이 증가했기 때문이라고 생각했다. 피케티는 이러한 불평등의 증가를 설명하면서 소득에서 자본 소유자에게 돌아가는 몫의 증가, 그리고 노동소득 중 기업경영진과 금융업자들의 몫의 증가를 강조했다. 그리고 이렇듯 최상위 소득자들에게 가는 몫의 상승은 경제 성장률을 높이지 않고 전반적으로 노동의 생산적 가치를 넘어서기 때문에 경제적으로 유익하지 않은, 오히려 고전적인 의미의 초과 이윤이라고 주장했다. 피케티는 자본수익률을 수동적인 소유에 대한 순수익률로 정의했는데, 즉 최상위 1퍼센트가 가져가는 노동소득과 자본소득은 성장을 광범위하게 공유한다는 점에서 결국 '생산적'이지 않다는 것을 의미한다.

피케티는 두 번의 세계대전과 1970년대 사이의 짧은 기간을 제외하고는 투자수익률이 경제 성장률보다 높았음을 거듭 보여주었다. 다시 말해 중산층이 증가하는 위대한 시대, 모두가 번영하는 황금시절은 결국 한 잡지의 논평가가 말한 '역사의 일시적 현상historical blip'이었다.[4] 《21세기 자본》이 두 전쟁 사이에 나타난 경제자원의 분배양상이 일반적이지 않은, 역사적으로 이례적인 현상일 수 있음을 처음 지적한 것은 아니다. 예를 들어 노동경제학자 클라우디아 골딘Claudia Goldin과 래리 카츠는 임금 불평등을 역사적으로 분석한 결과 1940년대부터 1960년대 사이 수입의 격차가 그 이후에 비해 유례없이 '축소'되었다고 설명하면서 두 전쟁 사이의 기간을 '대압착The Great Compression'시대라고 불렀다.[5] 피케티의 연구 중 뛰어난 부분은 자본 불평등의 증가를 주의 깊게 실증적으로 증명한 것이다. 피케티는 국가가 이러한 도금시대를 만들고 유지하는 데 한몫했다는 사회민주주의자와 그 밖의 사람들의 믿음을 대체로 망상이라고 주장한다. 그는 전후에 불평등과 성장이 균형을 이룬 것처럼 보였던 주된 이유는 단순히 전쟁 중의 자본 파괴 수준 때문이라고 보았다. 전쟁 중의 자본 말살로 자본소득자들은 일시적으로 자본에서 수입을 거둬들일 수 없었고, 그리하여 모두에게 혜택을 주는 동시에 경제를 성장시키는 새롭고 더 우호적인 자본주의에 대한 환상을 품을 수 있었다. 달리 말하자면, 밀물이 모든 배를 뜨게 하는 것은 아니다. 제2차 세계대전의 영향이 약화되기 시작하면서 자본주의는 멈췄던 자리에서 다시 시작되었고 불평등을 향한 거침없는 행진은 계속되었다.

구체적으로 말하면 《21세기 자본》은 1900년부터 2010년까지 분배의 최상위층이 가져간 소득의 몫을 상세히 보여주는데, 이는 아마도 지금까지 여러 구가의 소득 데이터를 가장 포괄적으로 다룬 사례일 것이다. 소득에서 상위 10퍼센트가 가져가는 몫은 국가의 다양성에 따라 차이가 나지만 전반적인 궤적은 본질적으로 같다. 즉 도금시대와 1970년대 사이에는 몫이 낮아졌다가 이후 상당히 가차 없는 상승세를 보인다. 그러나 스웨덴 같은 일부 국가에서는 이 몫이 여전히 1900년 수준보다 낮은 반면, 다른 국가들은 그 최고점으로 되돌아가고 있는 점은 주목할 만하다. 일부 경우, 특히 미국에서는 2010년에 상위 10퍼센트가 소득에서 차지하는 몫이 도금시대의 최고점보다 높았다. 이런 불평등의 증가는 특히 미국에서 '슈퍼경영자'로 불리는 기업경영진과 금융자산관리자들의 천문학적 수입을 일부 반영한다. 그러나 그중 많은 부분은 부의 불평등에 상응하는 추세로 나타난 비 임금 소득의 확대된 격차를 반영한 것이다. 미국에서 부의 불평등은 1970년대 이후 꾸준히 증가해왔고 2010년에는 소득분포의 상위 10퍼센트가 국가 자산의 약 4분의 3을 차지했다. 두 차례의 전쟁 이후 유럽에서는 부의 불평등이 급격히 감소했고 전쟁 전 수준으로 돌아가는 속도는 더뎠지만, 그럼에도 미국과 거의 비슷한 동향을 보인다. 피케티는 유럽이 20세기 중반에 겪은 폭력과 전후 사회경제적 변화의 속도가 더 느렸던 것을 그 원인으로 보았다.[6]

미국과 그 외 지역에서는 한 예리한 논평가가 '마법의 사고'라고 여겼던 믿음, 즉 자본주의는 그냥 놔두면 자연적으로 성장과 번영을 광범위하게 공유한다는 생각이 수십 년간 정책적 사고를 지배했다.[7] 그러나 피케티는 주의 깊은 실증적 평가를 수행함으로써 드물게 예외는 있지만 자본주의의 보상에 대한 수익률은 매우 불균등하고 소수에게 혜택이 집중돼 결국 성장률을 능가한다고 제시했다. 달리 말해 성장한다 해서 자동적으로 번영을 공유하게 되지는 않는다는 말이다. 피케티의 예측에 근거하면 장기적으로 볼 때 자본주의의 자연적 동학으로 발생하는 불평등은 결국 전체적으로 성장을 압도하고 사회는 정체될 것이며 마침내 진보가 완전히 멈출 것이다.

그렇다면 《21세기 자본》이 제시하는 스토리에서 정치는 어디에 있는가? 어디에나 있고 어디에도 없다.

피케티에 따르면 자본주의에는 고유의 근본 논리가 있다. 책의 첫 장에서 그는 '자본주의는 자의적이고 견딜 수 없는 불평등을 자동적으로 양산하게 된다. 그러나 불평등은 민주주의 사회의 토대를 이루는 능력주의의 가치들을 근본적으로 침식한다'라고 선언했다.[8] 여기에서 중요한 점은 '자동적으로'라는 단어를 쓴 것인데, 이 단어는 저자가 경제학에 깊이 뿌리박고 있음을 드러낸다. 대중지들(그중 일부 역시 주류 경제학에 몸담고 있다)은 피케티에게 급진적이라는 꼬리표를 붙였지만 사실《21세기 자본》의 정치경제학은 경제학과 정치학의 상호관계에 대해 많은 점에서 매우 전통적인 경제학자의 시선을 보여준다.

이러한 '근본적인 시장 동학' 개념에 대해 경제학계 내부에서 중요한 비판들이 나왔다. 예를 들어 경제학자 대런 애스모글루와 정치학자 제임스 로빈슨은 '경제의 작동방식을 결정하는 핵심요인들을 무시했기 때문에 자본주의의 일반 법칙에 대한 탐구가 잘못 이루어졌다. 이 핵심요인이란 기술 및 제도의 내생적 변화, 그리고 기술뿐 아니라 시장의 작동방식과 다양한 경제적 배치로 얻은 이익을 분배하는 방식에도 영향을 미치는 정치적 균형을 말한다'라고 지적했다.[9] 더욱이 두 사람은 피케티가 '특정 제도와 정책의 역할을 논의했지만 불평등의 형성에 있어 제도와 정치적 요인들이 체계적으로 수행하는 역할도, 이 제도적 요인들의 내생적 변화도 고려하지 않았다'라고 주장했다.[10] 이들은 자본의 소유와 축적에 초점을 맞추면 경제 발달과 불평등 정도를 결정짓는 데 근본이 되는 핵심적인 사회 특징들로부터 벗어난다고 지적한다. 예를 들어 우즈베키스탄과 스위스 모두 개인이 자본을 소유하지만 두 사회는 번영과 불평등이라는 측면에서 공통점이 거의 없다. 정치적, 경제적 제도들이 판이하기 때문이다. 실제로 우즈베키스탄의 자본주의 경제는 스위스보다는 공공연한 비자본주의 국가인 북한과 공통점이 더 많다.[11]

애스모글루와 로빈슨의 주장은 비교 제도주의로의 전환과 2000년대 초 정치학계에서 부상했던 '자본주의의 다양성'에 관한 풍부한 문헌들의 발달과 맥을 같이한다. 예를 들어 정치학자 피터 홀Peter Hall과 데이비드 소스키스는 자본주의 경제는 두 개의 뚜렷이 다른 유형, 즉 기업 간의 조정을 위해 비시장의 상호작용에 크게 의존하는 조정시장경제(독일, 스웨덴 같은)와 주로 시장을 통해 활동을 조정하는 자유시장경제(미국, 영국 같은)로 특징지어진다.[12] 법적 구조뿐 아니라 역사와 문화를 통해 습득된 비공식적 규칙과 상식까지 포함하는 의미의 '제도'는 기업전략, 혁신역량, 사회적 보호책뿐 아니라 고용과 소득 분배까지 형성한다. 자본주의의 다양성을 다룬 문헌들이 여러 국가에서의 경제적 불평등 상승을 연구한 방식은 다음 부분에서 더 심도 깊게 검토할 것이다. 지금은《21세기 자본》이 자본주의의 근본법칙들을 지나치게 포괄적으로 일반화함으로써, 자본주의가 발생시킨 불평등을 관리하기 위한 제도적 토대와 관련된 시장경제 사이의 중요한 차이들을 얼버무리고 넘어갔다는 정도만 말해도 충분할 것이다.

피케티는 국가의 역할을 진지하게 다루기 위해 혼신의 노력을 기울였다. 실제로 그는《21세기 자본》을 정치경제학서로 소개했으며, 제목 자체가 그를 카를 마르크스의 계승자로 읽히게끔 하는 이 책은 정책 해결의 틀을 제시할 책임이 있는 현 시대의 딜레마를 설명할 의도로 정치경제학 이론을 도입했다. 피케티는 거듭해서 정책과 제도가 경제 동향의 설명에 중심 역할을 한다고 제시했고 동료 경제학자들의 편협함과 수학에 대한 집착을 '우리가 살고 있는 세계가 던지는 훨씬 더 복잡한 문제들에 해답을 내놓을 필요 없이 손쉽게 과학성의 겉치레를 입힐 수 있는 방법'이라며 비판했다.[13] 정부는《21세기 자본》에서 중요한 활동자다. 자본주의를 길들이고 성과주의를 보호하며 민주주의가 최상의 목적을 성취하게 하는 핵심요소인 세금을 부과하고 사회보험을 제공하는 것이 정부이기 때문이다. 피케티의 통계자료는 '사회적 국가'의 역할을 보여주었고 그는 '21세기의 부의 생성과 분포에 있어 정부의 역할은 무엇이고 이 시대에 가장 적합한 사회국가의 유형은 무엇인가'라는 중요한 질문을 탐구하는 데 한 장 전체를 할애했다.[14] 피케티의 분석은 제2차 세계대전 이후 몇십 년 동안 국가의 역할이 막중해지는 과정을 추적했다.

그러나 왜 시간이 지나면서 경제생활과 사회생활에 대한 국가의 개입이 축소되고 확대되었는지 체계적으로 분석하거나 설명하지 않았다.《21세기 자본》이 정치를 다룬 방식은 이론이 아니라 서술이었다. 간단히 말하면 '정부'는 정치와 동의어가 아니다. 궁극적으로 피케티의 분석에서 빠진 것은, 부의 불평등이 어떻게 권력의 불평등으로 바뀌는지 이해하기 위한 시민사회와 국가관계의 체계적인 분석이다.[15] 부자는 경제적 이익을 정치적 이익으로 바꾸기 위해 어떻게 움직이는가? 부유하지 않은 사람들이 발언권과 영향력을 갖는 것은 어떤 상황에서인가?

뿐만 아니라 국가의 역할에 대한 피케티의 분석에는 권력 동학의 문제가 분명 빠져 있다. 예를 들어 그는 '물론 국가의 역할은 1970년대 이후 끊임없이 도전받아왔다'고 인정했다.[16] 여기에서 수동태를 사용한 점이 인상적이다. 누가, 왜, 무슨 목적을 위해 정부의 역할에 도전해왔는가? 이것은 지난 10년간 정치학이 답을 찾기까지 상당한 진전을 이룬 질문인데, 이것은 다음 장에서 상세히 다루겠다. 하지만 사회에서의 권력에 대한 피케티의 시각은 이 연구의 많은 부분을 얼버무린다. 그가 분석에서 정치를 고려한 정도는, 민주국가들이 자본주의의 문제와 씨름하는 데 필요한 새로운 정책들을 시행하려면 시민 대다수가 정부는 시민의 이익을 위해 일할 수 있고 실제로 그렇다고 납득해야 한다는 확신까지였다. '마구잡이로 내달리고 있는 금융자본주의에 대해 통제권을 되찾을 수 있는 새로운 제도가 필요하다. (……) 하지만 기존의 정책 수단이 제대로 작동하고 있다는 사실을 보여주지 못하면 (특히 초국가적 차원에서) 새로운 공공정책이 필요하다는 사실을 국민 대다수에게 납득시키기란 불가능하다.'[17]

피케티가 암시한 정치 이론은 숙의민주주의deliberative democracy의 힘에 대한 믿음에 깊이 뿌리를 둔 것으로 보인다. 피케티는 세금과 사회보험을 통해 불평등을 완화하는 국가의 역할을 논의하면서 '(사회 정의의 추상적 원칙에 대한) 질문들은 추상적인 원리나 수학공식으로는 결코 답할 수 없을 것이다. 이 질문에 대답하려면 오직 민주적 논의와 정치 토론을 통해서만 가능하다. 따라서 이러한 민주적 토론과 결정을 가능케 하는 제도 및 규칙 그리고 서로 다른 사회집단들의 상대적 힘과 설득력이 중요한 역할을 한다'라고 지적했다.[18] 숙의민주주의는 분명 강력한 민주주의 사회를 위한 효과적이고 중요한 목표다. 실제로 정치이론가 에이미 거트먼Amy Gutman은 '숙의민주주의는 시민과 그 대표자들이 내린 결정을 정당화할 필요성을 지지하며, 공정한 협력 조건을 추구하는 자유롭고 평등한 사람들이 수락한 근거에 따라 정책을 갖추고 그것을 실행하는 민주주의가 필요하다는 엄명에 따른다'고 주장했다.[19] 피케티가 숙의민주주의의 힘을 하버마스Jürgen Habermas(숙의민주주의의 이론적 근거를 제시한 철학자이자 사회이론가-옮긴이)처럼 신뢰한 것은 폭넓은 비판적 논의가 이루어지길 바라는 마음과 이 시대의 제도들을 포함한 사회적, 경제적 권력 구조의 측면에서 그러한 논의가 가능하다는 단순한 믿음을 반영한다.[20]

정치학자 마리암 론조니Miriam Ronzoni는 《21세기 자본》에는 '21세기 초 자본의 힘에 대해 다소 암울한 그림을 그리는 듯한' 피케티의 진단과 '일단 정신이 똑바로 박힌 시민들이 문제를 인식하면 그 다음의 유일한 장애물은 문제 해결을 위해 적절한 정책을 찾는 것뿐이라는 낙관적 희망에 의지한' 해결책 사이에 충돌이 나타난다는 예리한 지적을 했다.[21] 론조니는 '피케티는 어떤 대가를 치르더라도 일종의 사회민주주의적 낙관주의에 매달리는 것처럼 보이는 반면, 연구 결과는 그를 다른 방향으로 몰고 가는 것 같다는 의혹'을 품었다. 론조니가 말한 사회민주주의적 낙관주의는 '한편으로는 자본을 길들이는 데 있어 정치와 제도의 역할에 대한 낙관주의 (……) 다른 한편으로는 근본적으로 정치란 올바르고 합리적인 대화를 통해 시민들로 하여금 문제가 무엇인지 이해하게 만들고, 그러면 설득된 시민들이 옳은 일을 하게 될 것이라는 신념'을 의미한다.[22]

예를 들어 피케티가 제안한 만병통치 정책인 부유세를 생각해보자. 피케티는 냉혹한 불평등과 궁극적으로는 지속 불가능한 느린 성장률로 자본주의를 몰아가는 요인들을 500쪽에 걸쳐 설명한 뒤, 자본주의의 부작용을 완화하기 위한 최선의 해결책으로 높은 수준의 국제 금융 투명성과 결부된 누진적인progressive 글로벌 자본세를 제시했다. 피케티는 이것이 '유토피아적 이상'임을 인정하고 점진적 실현을 지지했다. 글로벌 부유세가 권장할 만한 정책 목표일 수도 있고 아닐 수도 있지만, 여기서 중요한 것은 피케티의 제안은 불평등이 권력, 제도, 대의권에 미치는 영향에 대한 그와 학자들 간의 시각차를 숨기고 있다는 점이다. 경제적 불평등과 정치권력 사이의 상호작용을 감안할 때 어떻게 하면 글로벌 자본세가 도입될 수 있을까? 피케티는 시민들은 단지 그가 말한 규제 없는 자본주의의 어두운 면을 이해하면 된다고, 그렇게 되면 정부를 향해 더 효과적인 21세기식 해결책을 요구할 것이라고 생각했다. 그러나 실제로 경제적 불평등은 정치적 불평등이 지속되게 만들고, 이는 피케티가 낙관하는 글로벌 자본세의 실현가능성에 긴 그림자를 드리운다.

피케티의 작업은 경제적 불평등이 민주주의에 어떤 결과를 가져오는가에 대한 깊은 우려에서 비롯됐다. 그는 이 점을 여러 차례 밝혔지만, 왜 그것에 관심을 가져야 하는지에 대해서는 암시만 했을 뿐이다. 예를 들어 그는 극도의 불평등에서 발생할 폭력의 가능성을 경고했다. '불평등이라는 문제는 언제나 주관적이고 심리적이며 어쩔 수 없이 정치적이고 갈등이 불가피하다. 이는 어떤 과학적 분석을 통해서도 쉽사리 완화될 수 없는 것이다. 아주 다행스럽게도 민주주의는 결코 전문가들의 공화국으로 대체되지 않을 것이다. (……) 전문가의 분석은 불평등이 필연적으로 부추길 격렬한 정치적 충돌에 결코 마침표를 찍을 수 없을 것이다'[23] 다시 말해 불평등은 불편하고 민주주의를 위협할 정도의 불편함을 불러올 수 있다. 하지만 우리는 더 이상 무엇을 이야기할 수 있을까? 왜 정확히 피케티는 경제적 불평등이 민주주의에 미치는 영향을 그토록 우려하는가? 그리고 왜 우리가 걱정해야 하는가?

자본주의가 내재적으로 과도한 경제 불평등을 향해 간다는 맥락에서 민주주의에 대한 피케티의 우려는 대략 세 범주로 나뉜다. 첫째, 피케티는 불평등이 발언권과 대의권의 평등이라는 기본원칙을 침해한다고 우려했다. 민주주의에서 시민이 동등한 발언권과 영향력을 갖지 못하는 것은 윤리적으로 비난받을 일이며, 피케티는 경제 자원에 대한 통제가 편향되면 평등한 대의권을 해칠 수 있다고 주장한다. 둘째, 불평등이 정부가 공공재를 제공하고 공적 사안에 대응하는 데 취약하여 부를 폭넓게 공유하도록 할 능력이 부족함을 의미한다면 우리는 경제적 불평등이 정치적 문제에 미치는 영향을 크게 우려해야 한다. 마지막으로 피케티는 과도한 불평등이 폭력을 낳는다고 우려했다. 그러나 경제적 안녕 수준이 충분히 높게 유지되는 한 이런 걱정이 사실이 될지는 분명하지 않다. 이 문제는 정치평론가 베르너 좀바르트^{Werner Sombart}가 《왜 미국에는 사회주의가 존재하지 않는가?》에서 미국의 비교적 높은 수준의 절대적 안녕은 '로스트비프와 애플파이라는 암초에 걸리면 어떤 종류의 사회주의 유토피아도 파멸한다'는 의미라고 제시하면서 불붙은 논쟁으로 오랫동안 미국에서 계속되고 있는 사안이다.[24] 여기서는 오늘날 유럽과 미국에서 벌어지는 정치 논쟁을 보면 혁명이 곧 일어나지야 않겠지만 비판과 분노 수준은 매우 높다고만 말해도 충분할 것이다.[25]

《21세기 자본》과 다른 연구들의 연결

경제적 불평등이 민주주의에 위협이 된다고 믿었을지 모르겠지만, 피케티는 불평등이 민주적 국가경영의 전망을 어떻게 해치는지 그 메커니즘은 거의 설명하지 않았다. 이것은 정치학 및 정치사회학에서 경제 불평등과 정치 불평등 사이의 관계에 대한 피케티의 관점을 알리는 데 도움이 되는 연구들이 진전을 이루면서 빠른 발전을 보이고 있는 분야다. 여기에서 나는 피케티가 상세히 설명한, 경제 불평등이 지속적인 정치 불평등을 발생시키는 광범위한 경로 3가지에 대한 연구를 개략적으로 설명하기 위해 앨버트 허시먼^{Albert Hirschman}의 《떠날 것인가 남을 것인가 ^{Exit, Voice, and Loyalty}》에서 개념체제를 빌려와야겠다.[26] 첫째, 경제 불평등은 의견표출^{voice}의 불평등을 발생시키고 이는 민주주의의 전망을 손상시킨다. 둘째, 경제 불평등은 이탈^{exit} 기회의 불평등을 발생시키고, 번영의 공유와 공통원칙들에 대한 책임을 약화시키는 공간적 불평등을 만들어낸다. 마지막으로, 경제 불평등은 충성심^{loyalty}의 불평등을 발생시키고 이는 민주주의의 전제가 되는 국민국가의 개념에 근본적인 이의를 제기한다. 피케티의 초점은 프랑스에 편향되어 있는 반면 내 경우는 이 장의 목적을 위해 미국에 치우쳐 있으며 특히 1970년대부터 현재까지의 기간에 대해 피케티의 개념들이 유용한지에 중점을 두었음에 주의하기 바란다. 나는 미국에 상당한 초점을 맞추었는데, 미국 정치학이 경제 불평등과 정치 불평등의 관련성을 적극적으로 연구해왔기 때문이다. 이는 불평등의 정치학에 관해 이용할 수 있는 많은 데이터가 미국에서 나왔음을 의미한다.

의견표출

경제 불평등은 미국 민주주의에서 의견표출의 불평등으로 이어진다. 수십 년 동안 정치학자들은 미국의 민주주의가 로널드 달Ronald Dahl이 말한 포괄적 다원주의inclusive pluralism로 특징지어진다고 보았다. 즉, 개인은 이익집단에 의해 대표되고 많은 이익집단이 정치권에서 경쟁하며 정부의 주된 역할은 이 집단 간의 중재자라고 생각했다.[27] 오늘날의 현실은 다원주의에 대한 정치이론가 엘머 에릴 사트슈나이더E. E. Schattschneider의 혁신적 비판을 훨씬 더 많이 반영하는데, 그의 비판은 '다원주의의 천국에서 발견되는 결함은 천상의 합창곡에 상류계급의 악센트가 강하게 들린다는 것이다'라는 통찰력 있는 소견으로 요약된다.[28] 미국 정치를 건성으로 살펴보는 이라도 분명히 알 수 있듯이 부유한 사람들의 목소리가 소득분포의 더 아래쪽에 있는 사람들보다 훨씬 더 강력하다.

정치적 의견표출은 두 가지 이유에서 민주주의에 중요하다. 정치적 의견표출은 첫째, 정책 입안자들에게 정보를 전달한다. 둘째, 정책 입안자들에게 동기를 부여한다.[29] 오늘날의 미국처럼 정치적 의견표출이 매우 불공평한 민주주의에서 정책 입안자들은 결함이 있는 정보와 왜곡된 동기를 전달받는다. 그 결과 민주주의가 제 기능을 못하고 처음에 민주주의를 망가뜨렸던 경제 불평등이 영속된다. 의견표출과 관련된 정치 불평등은 개인들과 조직적 이익이라는 두 가지 주요 경로를 통해 나타난다.

교육을 잘 받고 부유한 개인들은 목소리를 내고 영향력을 발휘할 때 여러 면에서 적극적인 반면 혜택을 덜 받은 이들은 그렇지 않다. 경제적으로 성공한 미국인 조사Survey of Economically Successful Americans(SESA)가 보고한 부자들의 정치행위를 살펴보자. 현재 부유한 미국인에 대한 유일한 대표 표본인 SESA는 정말로 부유한 미국인들의 정치적 선호, 신념, 행위를 볼 수 있는 유일한 창이다. SESA 결과를 보면, 부유한 미국인들이 평균적인 시민보다 정치적으로 훨씬 더 적극적이고 개입하는 경향을 보인다. 약 48퍼센트가 '대체로 정치에 관심을 기울인다'고 답했고 99퍼센트가 가장 최근의 선거에서 투표를 했다고 답했다. 41퍼센트가 정치 모임이나 집회, 연설회, 만찬에 참석하고 68퍼센트가 정치권에 기부금을 냈다. 또한 놀랍게도 21퍼센트가 정치헌금 모금을 돕거나 적극적으로 모금에 나섰는데, 일반 시민들 사이에서는 보기 드문 행동이다. SESA 응답자의 약 절반이 지난 6개월간 선거에서 뽑힌 관료나 참모와 접촉을 시작했는데 특히 의회 의원들이 중점 대상이었다. 40퍼센트 이상이 자신이 거주하는 지역의 상원의원과, 37퍼센트가 하원의원과 접촉했으며, 아마 가장 놀라운 점은 다른 주의 상원의원이나 하원의원과 접촉한 사람도 약 4분의 1 정도였다는 것이다. 종합하면 부자들의 47퍼센트가 지난 6개월간 적어도 연방정부 의원 사무실 한 곳과 접촉했다. 행정 관료, 백악관 관료, 규제기관 관료들과의 접촉은 그보다 덜 빈번했지만 드문 것은 아니었다. 대부분의 응답자들이 가장 빈번히 접촉하는 관료들의 이름을 댔다(전 백악관 비서실장이자 현 시카고 시장인 람 이매뉴얼Rahm Emanuel의 경우 '람'이라고 제시하는 식으로). 이러한 접촉의 성격을 묻는 주관식 문항에 44퍼센트의 응답자가 구체적이고 한정된 사적 이익을 이유로 들었다('재무부가 시카고의 특정 은행에 TARP 자금을 제공하겠다는 약속을 지키게 하려고', '나는 몇 개 은행의 주식을 보유하고 있다. 그가 그 은행들에 해로울 수 있는 법안의 초안을 작성하고 있는 게 우려된다' 등).[30]

의견표출은 중요하다. 정치적 결과는 그 누구보다 부자들의 선호에 훨씬 더 민감하게 반응한다. 사회학자 마티 길렌스Marty Gilens와 정치학자 벤 페이지Ben Page는 20년이 넘는 기간의 거의 2천 건에 이르는 정치적 결과들을 분석한 결과 '경제적 엘리트층과 기업의 이익을 대표하는 조직화된 집단들은 미국 정부의 정책에 상당히 독립적인 영향을 미치는 반면 대중의 이익을 대변하는 집단과 일반 시민들은 독립적인 영향력이 거의 없다'는 결론을 내렸다.[31] 실제로 경제적 엘리트층의 집단적 선호가 일반 시민의 선호보다 15배 더 중요하다. 마찬가지로 정치학자 래리 바텔스[Larry Bartels]는 의원들의 행위를 의회의 호명투표로 평가했을 때 가난한 사람들보다 부자들의 선호에 더 면밀하게 부합한다는 것을 발견했다.[32] 이 연구는 민주주의가 경제 분배의 하위층에 속한 사람들의 선호에 대응하지 않은 것이 지난 30년간 불평등이 그토록 증가한 이유 중 하나임을 암시한다.

미국의 엘리트층과 일반 시민들의 정책 선호가 같다면 이러한 대리 발언권의 불평등은 문제가 되지 않을 것이다. 그러나 데이터를 보면 실제로는 전혀 그렇지 않다. 페이지와 동료들은 부자와 일반 대중의 정책 선호에서 보이는 많은 차이들을 정리했는데 전체적으로 부자들(아마도 피케티가 말한 세습중산층이 포함된 정의일 것이다)이 일반대중보다 경제적으로 상당히 보수적인 (또한 사회적으로 더 진보적인) 양상을 보였다.[33]

피케티의 연구 맥락에서 아마 가장 눈에 띄는 점은 경제적 불평등에 대한 부자들의 태도와 불평등에 대항해 무엇을 해야 하고 무엇을 안 해야 할지에 대한 그들의 선호일 것이다. 부유한 미국인의 86퍼센트는 이제껏 부와 소득이 좀 더 집중되어왔다는 사실을 안다. 그리고 절반(56퍼센트)이 '소득의 큰 차이가 미국의 번영에 필요하다'는 명제를 인정하지 않는다. 약 3분의 2(62퍼센트)는 소득 격차가 너무 크다고 말한다. 부유한 미국인들은 헤지펀드 관리자와 대기업의 CEO들의 보수가 삭감돼야 하고 저임금 일자리들에 대한 보상이 증가해야 한다고 믿는다. 그러면서도 '고소득자와 저소득자 간의 차이를 줄이는 것'이 정부의 역할이라고는 결단코 생각하지 않는다(87퍼센트). 83퍼센트의 부자들이 정부가 부자에게 무거운 세금을 부과하는 방법으로 부를 재분배해서는 안 된다고 답했다. 반면 일반 대중은 46퍼센트가 소득 격차를 줄이는 것이 정부의 역할이어야 한다고 말했고, 52퍼센트는 부자 증세로 이를 달성해야 한다고 말한다.[34] 요컨대 부자들은 피케티의 글로벌 부유세 혹은 심지어 좀 더 온건한 국내 부유세도 좋아하지 않을 것이다.

사회학은 부자들이 정치 및 정책에 어떤 태도를 갖고 행동하는지에 관한 좀 더 유용한 데이터가 절실히 필요한 상태다. SESA 응답자들이 보유한 부의 중간 값은 750만 달러이고 평균은 1,400만 달러가 넘는다. 또한 평균 소득은 104만 140달러이고 약 3분의 1의 응답자가 소득을 1백만 달러 이상이라고 보고했다. 그 외 정치적 성향의 데이터는 90번째 백분위 이상의 최상위 소득을 추출하기 때문에 단순한 부자와 슈퍼리치를 구분하는 것이 불가능하다. 피케티가 시간을 들여 집중하고 바로 대성공을 거둔, 엘리트층 연구에 이용할 수 있는 그야말로 유일한 대표 데이터가 SESA라는 사실은 수퍼리치의 정치행위와 선호를 훨씬 더 엄격하고 풍부한 짜임새로 이해하기 위한 데이터 수집을 포함해 향후의 중요한 연구 의제들을 던져준다.[35]

그러나 재분배 정치에 대한 개인의 시점은 너무 단순하다. 조직의 이익을 꾀하는 정치적 목소리들은 개인의 목소리보다 덜 전형적이다. 이 지점에서 제도적 관점이 끼어든다. 제도적 관점의 프레임은 정치란 서로 대립적인 이익 집단들이 국가의 기본 통치제도, 특히 경제 조항에 영향을 미치기 위해 정치체제가 제공하는 어떤 도구라도 이용하는 복잡한 게임이라는 것이다. 개인의 선호와 행위자뿐 아니라 제도적 수준에서도 펼쳐지는 이 싸움은 부와 소득의 분배에 지대한 영향을 미친다. 또한 지난 수십 년간 진행된 특별한 형태의 경제적 불평등 증가를 다른 해석들로는 불가능한 방식으로 설명한다.

정치학자 제이콥 해커Jacob Hacker와 폴 피어슨Paul Person은《부자들은 왜 우리를 힘들게 하는가?Winner-Take-All Politics》에서 이 문제를 설득력 있게 다루었다. 이 책은 상위 1퍼센트의 부상과 관련된 피케티와 이매뉴얼 사에즈의 데이터를 진지하게 다루었는데 그중 많은 데이터가《21세기 자본》출간 전에 발표된 것이었다.[36] 해커와 피어슨은 1990년대와 2000년대에 경제학과를 지배했던 숙련 편향적 기술변화 주장이 소득분포의 최상위층이 앞서 나간 현상을 설명하지 못한다고 지적하면서 소득 불평등이 독특한 형태로 증가한 데 대한 이해를 돕기 위해 정책과 정치에 기댔다. 이들이 숙련 편향적 기술변화 주장에 처음 의문을 제기한 사람들은 아니었다는 점을 언급할 필요가 있다. 숙련 편향적 기술변화 주장은 개인용 컴퓨터와 관련 정보기술의 발달로 특정 유형의 기술이 다른 기술보다 혜택을 받고 그 결과 나타나는 노동 수요의 차이가 수입 불평등 상승을 불러온다고 가정한다. 경제학자 데이비드 카드David Card와 존 디날도John Dinardo 의 지적처럼 숙련 편향적 기술변화 주장은 무엇보다 컴퓨터 기술이 계속 발전했는데도 왜 1990년대에 임금 불평등이 고착되었는지를 설명하지 못한다.[37] 해커와 피어슨은 이 비판보다 한 단계 더 나아가 숙련 편향적 기술변화는 고삐 풀린 부자 현상을 거의 설명하지 못한다고 주장했는데, 이는 피케티도 관찰했던 부분이다. 그러나 피케티와 달리 불평등 증가에 대한 해커와 피어슨의 이론은 정치 및 어떻게 정치가 시장이 형성되는 경로 역할을 하는지에 의지한다.

이들은 크게 세 가지 주장을 펼친다. 먼저, 연구들은 '선거 쇼'에 한정적으로 초점을 맞추기보다 의제설정 정치에도 초점을 맞추어야 한다. 둘째, 조직은 어떤 정책변화가 일어나는지 이해하는 데 중심이 된다. 또한 선거정치의 부인할 수 없는 중요성으로 볼 때 조직은 선거전의 변동을 이해하는 데도 중요하다. 셋째, 게임 규칙의 중요성을 이해하는 것이 의제설정 정치를 이해하는 핵심이다. 이 주장들 각각에 대해서는 좀 더 명확한 설명이 필요하다.

첫째, 선거가 정책을 선택하는 유일한 순간은 아니다. 이 점에 대해서는 정치학자 헨리 패럴Henry Farrell이 '선거는 누가 정책을 정할 수 있을지 결정하는 데 분명 한몫을 하지만 정책 선택의 유일한 순간은 아니며 반드시 가장 중요한 순간도 아니다. 대중은 정책이 수립되는 실제 절차를 제대로 이해하지 못하는데, 이는 언론이 그 절차에 무관심한 탓도 있다'라고 적절하게 지적했다.[38] 경제 불평등과 정치 불평등의 관계를 연구하는 학자들을 포함해 오늘날의 정치학자들은 정치 지형을 형성하는 좀 더 광범위한 요인들보다 주로 선거정치에 초점을 맞추어왔다. 선거 데이터는 다른 데이터에 비해 더 폭넓게 이용할 수 있고 설문조사 데이터를 바탕으로 개인으로부터 대중 의견을 얻을 수 있다는 점이 한 이유일 것이다. 하지만 불평등을 형성하는 데 정치의 역할이라는 문제를 살펴보려면 더 광범위하게 초점을 맞추어야 하는데, 이것이 해커와 피어슨이 수행한 주요 프로젝트였다. 중요한 것은 주어진 시점에 상정되는 구체적인 최종 정책 옵션 두세 가지가 아니라, 행위자들이 고를 수 있는 '선택 집합'을 누구의 선호 옵션 범위가 만들어내는가라는 선결문제다.[39] 의제 설정에 주의를 기울이면 지난 반세기 동안 일어난 미국인의 정치생활 구조 변화가 왜 중요한지 분명해지는데, 미국인들은 의제를 설정하는 사람들을 바꾸었고 따라서 실제로 정치판에서 벌어지는 전투를 변화시켰다.

둘째, 정부의 조직 형태를 이해하는 것은 정치를 통해 어떻게 경제적 불평등이 발생하고 유지되는지를 이해하는 핵심이다. 미국 시민생활에서 가장 중요한 조직적 지주 역할을 하는 단체들의 약화는 지난 반세기 동안 정치경제학의 변화에 중대한 역할을 했다. 중산층 민주주의는 노조 및 여러 계층에 걸친 시민단체에 의지하는데, 이 조직들은 두 가지 주요 기능을 한다. 첫째, 중요한 정책 논쟁에서 성패를 좌우하는 것에 대한 정보를 노동자 계층 가정에게 알려준다. 둘째, 이 논쟁에 영향을 미칠 정치적 영향력을 제공한다. 강력한 시민단체들이 없을 경우 노동자 계층 가정은 정책 입안자들의 행동과 관련된 심각한 과제들과 자신들이 경제생활에서 겪는 부담에 대한 그럴듯한 미사여구에 직면한다. 그리고 이들에게는 정책이 그러한 부담을 어떻게 완화시킬 수 있는지 설명해줄 제대로 된 장치가 없다.

사회학자 테다 스카치폴은 '자발적인 시민연합체는 공공사회복지 프로그램을 만들도록 압력을 가하고 그러한 프로그램이 구축되면 정부와 협력하여 이를 운영하고 확대한다'라고 요약했다.[40] 1960년대에 시작된 시민연합은 텔레비전 광고, 여론조사, 포커스 그룹의 증가, 거액 기부자로부터 모은 거금의 보수를 받는 컨설턴트들의 조율, 비개인적인 대량메일 발송 같은 수많은 사회적, 경제적 요인 탓에 위축되었다. 시민연합체들의 쇠퇴와 동시에 노조도 같은 길을 걸었다. 노조의 쇠퇴는 능동적인 정치 요인과 경제구조 변화로 시작되었고, 거의 틀림없이 하위 50퍼센트에 속하는 이들의 임금은 낮추고 최상위층의 지대 요구 능력은 높이는 교섭력의 변화를 보여준다. 이 요인들이 합쳐져 노동 계층 가정의 관심사를 대변하는 목소리를 최소화한다. 스카치폴은 '엘리트층 사이에서는 새로운 유형의 연줄이 아직 건재하다. 특혜받은 미국인들은 싱크탱크, 시민단체, 동업자협회와 전문직협회에서 여전히 활발하게 활동하며 깔끔하게 정리된 동네와 이국의 휴양지를 비행기로 오간다. 그 외의 모든 사람은 한 가구당 박봉의 일터 두세 곳에서 일하다 지친 몸을 이끌고 돌아와 텔레비전을 보며 여론조사원이나 텔레마케터의 전화에 응대한다.[41]

　시민사회의 와해가 정치와 불평등에 영향을 미치는 권력구조에 작용하는 유일한 요인은 아니다. 중산층 가정의 일상적 조직생활이 근본적으로 바뀌고 약화됨과 동시에 기업이익을 추구하는 조직적 기량은 성장했다. 정치학자 리 드루트먼의 연구가 증명했듯이, 워싱턴은 거의 모든 면에서 기업이익을 지나치게 많이 대표한다. 기업의 로비활동 지출은 연간 약 26억에 달하며, 이는 상원과 하원 운영에 필요한 예산을 합친 것보다 높은 금액이다. 노조와 공익집단이 로비활동에 1달러를 쓸 때마다 대기업과 대기업협회는 34달러를 쓴다. 로비비용이 가장 많은 100대 조직 중 기업은 꾸준히 95퍼센트를 차지한다. 다시 말해 미국 기업의 조직적 목소리는 주로 노동 계층 가정을 대변하는 목소리를 극적으로 덮어버린다. 그리고 드루트먼의 주장처럼 현재 기업들은 정부가 기업의 일에 관여하지 못하도록 하는 데 중점을 두는 대신(한때 그랬던 것처럼) 정부를 파트너로 끌어들이는 데 점점 더 초점을 맞춘다.[42] 의회는 점차 기업의 로비스트들에게 정보를 의지한다. 그리고 기업의 힘이 노동자 계층의 힘을 크게 위축시키면 민주정치는 실질적인 영향을 받는다.

　전통적으로 정치학은 정책결과에 영향을 미치는 힘의 역학을 파악하기 위해 조직화된 이익organized interests의 중요성에 오랫동안 초점을 맞추어왔으며, 여기에는 역사적 제도주의 학자들이 자본주의의 다양성을 다룬 문헌을 쏟아낸 것이 큰 몫을 했다. 대부분의 경제학 이론(때로는 피케티를 포함한)과 달리 역사적 제도주의자들은 정책과 정치결과들을 피케티의 제안과 맥을 같이하는 간결한 선형적 모형의 산물이 아니라 역사적으로 내재된 일련의 복잡하고 독립적인 요인의 결과물로 본다.[43] 정치학자 보 로드스타인Bo Rothstein과 스벤 스타인모Sven Steinmo가 말했듯이 '인간은 사회적, 정치적, 경제적 제도를 만들고 조정하고 변화시키는 것처럼 역사를 변화시킬 수 있다(그리고 변화시킨다). 요컨대 모든 시대, 모든 행동에 적용할 수 있고 (미래는 말할 것도 없고) 과거의 모든 사건을 예측할 수 있는 하나의 규칙은 없다.'[44] 이런 다양한 제도들을 만드는 힘의 역학은 조직화된 이익에 영향을 받는다. 예를 들어 정치사회학자 프랜시스 캐슬스^{Francis Castles}와 발테르 코르피^{Walter Korpi}는 정치란 경제적 사익을 추구하는 것이라고 주장했고, 다양한 민주국가들이 서로 다른 공공정책 체제를 추구하는 것은 조직화된 이익마다 유권자의 사익을 위해 싸울 서로 다른 '권력자원'을 보유하기 때문이라고 제시했다.[45]

국가별 세제를 비교한 스타인모의 연구는 역사적 제도적 관점으로 보면 조직화된 이익이 시간이 지나면서 경제 불평등을 형성하는 데 어떤 중요한 역할을 하는지 더 잘 이해하게 된다는 유익한 예다. 스타인모는 3개국의 세제에서 나타나는 차이는 조세제도가 수립되는 제도적 구조를 검토했을 때 가장 잘 설명된다는 것을 보여주었다. 그는 특히 노동계와 재계 내의 권력 집중에 초점을 맞추었다. 이러한 조직 구조는 '이익집단, 정치인, 관료들이 각각 어떤 정책을 선호하는지를 정의하는 데 맥락을 제공한다.'[46] 스웨덴에서는 정부의 의사결정에 강력하게 의견을 표출하는 고도로 조직화된 막강한 이익집단이 기업 이익은 물론 노동자의 이익도 대변한다. 미국에서는 기업 이익과 노동자의 이익이 분산돼 있다. 그리고 해커와 피어슨이 보여주었듯이, 조직화된 기업 이익이 증가하는 것과 동시에 정치에서 조직화된 노동의 역할은 더 흩어지고 분산되었다.[47]

그 결과 나온 조세정책들은 다른 여러 국가들의 조직화된 이익 구조를 반영한다. 스웨덴은 '세수는 최대한 창출하면서도 국가의 경제 성장 및 수익 창출 역량은 최소한으로 침해하는 광범위하고 경제적으로 수익성이 좋은 세제를 갖추었다. 효율성과 세제 창출에 대한 고려가 제도 전체에 스며들어 있다.'[48] 반면 미국의 과세제도는 미국 특유의 고도로 분산된 정치제도가 제공한 기회를 이용할 줄 아는 조직들의 능력을 반영하는, 분화되고 복잡하고 허점투성이인 절차가 특징이다.

미국에서 조직화된 이익이 왜 정치적 절차를 이용할 수 있었는지 이해하려면 정치의 제도적 구조를 추가로 살펴보아야 한다. 전반적으로 미국 정치는 권력이 분산되고 권한이 널리 흩어져 있는 제도적 환경이 특징이다. 정치학자 마거릿 위어^{Margaret Weir}와 테다 스카치폴이 요약한 것처럼, 미국은 '취약한 행정, 분할되고 사방에 분산된 공권력, 비계획적인 정당들로 이루어진 독특한 복합체를 보유하고 있다.'[49] 미국의 개별주의적 조세지출은 이 나라의 정치권력 분산이 초래한 직접적인 결과다. 조세정책의 수립 권한이 중앙 집중화된 의회체제와 달리 미국의 조세정책은 매우 분산된 의결기관인 의회가 수립한다. 또한 각자의 선거 운명에 결정적인 영향을 미칠 수 있는 강력한 정당이 없는 의원들은 자신의 지역구에 민감한 반응을 보이고 지역의 요구와 특정 이익집단에 특히 취약하다. 이러한 분산은 부자들의 힘을 확대하고 그들이 정책에 지대한 영향을 미치는 데 기여하며 경제 불평등이 정치 불평등으로 이어지는 불평등의 순환을 영구화한다.

효과적인 제도 지원을 못 받고 강력한 정당과 연계가 없는 개별 의원들은 세제 개정을 포함해 구체적인 입법 결과에 특히 관심이 많은 집단에게 선거 지원을 애걸하는 '독립적인 정치기업가'가 된다.[50] 분열은 미국 정치제도의 고유한 요소로, 다양한 이해관계의 갈등이 타협을 가져와 극단주의가 결여된다는 제임스 매디슨의 비전을 시작으로 헌법에도 담겨 있다.[51] 스타인모가 요약한 것처럼, 매디슨식 파당주의의 예상치 못한 결과들이 설명의 실마리가 된다. '매디슨의 분화된 정치제도들은 복잡성, 낮은 세수 창출, 궁극적으로 미국에서 유효세의 분배를 설명하는 데 매우 중요한 변수를 제공한다.'[52] 그 결과 미국의 세법은 복잡해졌고 부자와 권력자의 이익 쪽으로 크게 편향되었다.

여기에서 무엇보다 중요한 점은 조직화된 이익 구조가 국가별 정치제도들의 특성과 결합되어 정책 형성에 중요한 역할을 하고 이는 다시 불평등의 형성에도 중요한 역할을 한다는 점이다. 조세정책은 한 예일 뿐이다. 경제적 불평등에 의미 있는 영향을 미칠 노동시장규제와 금융규제를 포함한 규제정책에 대해서도 비슷한 이야기를 할 수 있다. 계속 반복되는 주제로 돌아가자면, 정치가 시장을 만들어낸다. 사실 자본주의의 다양성을 다룬 문헌들은 제도가 어떻게 서로 다른 정치체제들(즉 국가들) 간에 서로 다른 방식으로 소득 분배를 형성하는지에 관해 할 이야기가 많다. 하지만 지금까지는 서로 다른 사회적 보호체제들이 빈곤율과 중산층의 운명에 영향을 미치는 방식에만 거의 전적으로 초점을 맞춰왔다.[53] 내가 아는 바로 '자본주의의 다양성' 논지가 불평등에 미치는 영향에 초점을 맞춘 연구는 극히 드물다.《21세기 자본》은 경제적 분배 형성에 있어 정치제도의 역할을 연구하는 학자들에게 이 문제가 중요하다고 제기했는데, 특히 다양한 유형의 자본주의 체제에서 자본이 집중되었음을 시사하는 피케티의 연구 결과에 비추어볼 때 더욱 그러하다.

정치가 불평등에 미치는 영향을 이해하기 위해, 해커와 피어슨은 세 번째로 어떤 제도적 해석에서도 기본 요소인 '게임의 규칙'의 중요성을 강조한다. 게임의 규칙은 거부점을 형성함으로써 정책의 통과를 더 쉽게 혹은 더 어렵게 만든다. 제도적 규칙은 정책결정자들에게 그들이 원하는 정책은 통과시키려 노력하고 원하지 않는 정책은 방해할 기회를 제공한다.

정당이나 이익집단의 반대로 어떤 결정이 내려지고 어떤 결정이 무산되는지를 이해하는 것이 중요한 것은 이런 관점에서다. 이러한 반결정 행위는 사회학에서 '비결과nonresult'에 대한 강한 편견 때문에 정당한 평가를 받지 못했고 연구도 이루어지지 않았다. 통계적 분석이 지배하고 빅데이터에 점점 더 초점을 맞추는 분야에서 아무 일도 일어나지 않은 경우를 다룬 연구의제를 성공적으로 구축하기란 어렵다. 하지만 무위無爲의 경우들에 대한 이해는 지난 반세기 동안 미국 정치라는 맥락에서 경제 불평등의 부상을 이해하는 데 결정적으로 중요하다.

사회가 변화함에 따라 시간이 지나면서 법률은 원래의 의도에서 벗어날 수 있다. 혹은 정책에 예상치 못한 중대한 허점이 드러날 수도 있다. 이러한 '정책 표류'는 사회학자 스티븐 루크스Steven Lukes가 권력의 2차원적 시각이라고 부른 개념인 무의사결정non-decision making의 전형적인 예다.[54] 권력의 불균형에도 불구하고 시간이 지나면서 나타나는 이러한 변화는 노동자 계층 가정의 문제 해결과도 관련되고 거부들의 권력 상승과도 연관이 있어 경제정책 형성에 의미 있는 영향을 미칠 수 있다. 부자들이 정책 표류를 통해 정치권력을 발휘하는 것, 그리고 계속해서 자신들의 경제 상태를 향상시키는 것은 여러 경로를 통해 가능하다. 그중 하나가 앞서 설명한 의제설정 경로, 즉 조직화된 이익을 통한 조직화된 투쟁이라는 경로다.

또 다른 경로는 좀 더 미묘하고 (아마도) 덜 계획적이다. 연구들에 따르면 경제적 불평등은 정치 양극화의 속도를 극적으로 높이고 양극화는 정체 상태를 낳으며 정체는 현재에 특혜를 준다.[55] 예를 들어 경제학자 존 두카John Duca와 제이슨 세이빙Jason Saving은 소득 불평등과 정치적 양극화와의 관계에 관한 정치학자 놀란 매카티Nolan McCarty의 혁신적 연구를 바탕으로 소득 불평등이 좀 더 양극화된 의회를 낳았고 좀 더 양극화된 의회는 더 큰 소득 불평등을 불러왔음을 보여주었다.[56] 그러나 정치적 양극화와 부의 불평등(피케티가 주의 깊게 설명한 자본 불평등) 사이의 점들을 연결하는 연구의제는 거의 미개척 분야로 남아 있으며 앞으로 이 광맥을 캐는 연구가 이루어져야 할 것이다.

요컨대 경제적 불평등은 불공평한 정치적 의견표출로 이어진다. 불평등한 정치적 의견표출은 정부의 정책 우선순위를 바꿀 뿐 아니라 아마도 정부가 무슨 일이든 실제로 처리하는 역량도 약화시킬 것이다. 현 상태를 유지하는 데 지대한 관심이 있는 사람에게 이것은 수지맞는 거래다. 하지만 변화를 모색하는 사람들, 그리고 주정부가 경제적 안녕을 도모하기 위해 적극 활약하기를 바라는 이들에게는 비관적인 상황이다. 이 분야에 대한 연구는 거의 논의의 여지가 없지만 그렇다고 중요한 새 연구 방안이 없다는 뜻은 아니다. 특히 자본 불평등이 불공평한 의견표출로 이어지고 불공평한 의견표출이 정치를 통해 시장을 형성하는 경로를 이해하려는 사람에게는 더욱 그러하다.

이탈

의견표출의 불평등은 정치 불평등이 경제 불평등으로 바뀌고 다시 정치적 불평등으로 이어지는 한 경로다. 또 다른 중요한 경로가 경제 불평등과 정치 불평등의 순환 고리를 작동시키는 '정치적 이탈에 대한 선택권의 불평등'이다.

앨버트 허시먼은 오늘날의 불평등을 불러온 동력이 막 가속되기 시작한 거의 50년 전에 사회경제적 화합과 건전한 정치제도를 위한 이탈의 중요성을 인식했다. 여기에 그의 말을 자세히 인용할 만한 가치가 있다.

성공에 대한 미국인의 전통적인 생각은 이탈이 국가적 상상력에 미치는 영향력을 확인해준다. (……) 사실 성공은 (성공한) 개인이 자란 빈민가를 벗어나 더 나은 동네로 실제로 옮겨가는 일련의 이동으로 상징화되고 축성된다. (……) 이탈의 이데올로기는 미국에서 영향력이 컸다. 이탈에 근거해 세워지고 번성한 국가이기 때문에 근본적이고 이로운 사회적 메커니즘으로서의 이탈에 대한 믿음은 아무런 의심을 받지 않았다. 이런 점은 국가가 양당제나 경쟁적 기업 같은 제도의 장점을 굳게 믿고 있는 이유를 설명해줄 수 있으며, 후자의 경우 거대기업 두세 개가 지배하는 시장은 이상적인 경쟁 모형과 상당히 어긋난다는 경제학자의 생각을 국가적으로 불신하는 데 대한 설명이 된다. 한 사람이 A기업 제품에 대한 충성심을 B기업의 경쟁 제품으로 옮길 수 있는 한, 이탈에 대한 국가적 애정의 기본 상징은 유효하다.[57]

이탈에 대한 허시먼의 직관은 지난 반세기 동안 극적인 방식으로 작용했다. 이 글의 목적을 위해 나는 '이탈'을 공간 기반의 분리, 그리고 이러한 분리가 경제 불평등과 정치 불평등의 순환 고리에 미치는 영향을 대리하는 용어로 사용하려 한다. 다시 말해 경제적 불평등에는 부유한 미국인이 나머지 국민과 동떨어진 별개의 삶을 사는 극적인 분리가 동반된다. 어떤 면에서 부자들은 갖가지 공공제도로부터의 '이탈' 기회를 이용해왔으며, 이는 공익이라고 '간주'되는 것에 대한 집단적 시각을 손상시킬 가능성이 있다.

미국에서 경제적 불평등은 극적인 경제적 분리로 이어졌다. 미국인들은 점점 더 계층별로 분리된 삶을 살고 갈수록 서로 다른 방식으로 공익을 경험한다. 2014년에 미주리 주 퍼거슨에서, 2015년에 볼티모어에서 발생한 폭동은 공간에 따른 불평등과 정부와의 경험을 극적인 방식으로 보여주었다. 이 두 아프리카계 미국인 공동체에서 경찰의 만행이 벌어진 뒤 여러 날 동안 발생한 항의와 집단적 시민 불복종 사태는 미국에서 일상적으로 겪는 정부에 대한 서로 다른 경험들을 인종적, 경제적 불평등과 연결시키며 부각시켰다. 경제적 불평등의 상승과 동시에 마찬가지로 급격한 경제 지리적 분리가 일어났다.

많은 연구들이 이런 동향을 증명하는데, 지리학자 리처드 플로리다 Richard Florida 와 샬로타 멜란더 Charlotta Mellander 는 미국인들이 (소득, 교육, 직업, 사회경제적 지위라는 복합기준에 의해 정의되는) 계층에 따라 도시와 대도시 사이에, 그리고 그 도시들 안에서도 점차 구분되고 있음을 발견했다. 더욱이 대체로 경제적 분리는 더 혜택 받은 집단의 결정에 따라 좌우된다. 부자들이 가난한 사람들보다 더 분리되어 있고 그 차이는 상당하다.[58] 중간소득 수준의 동네들이 사라지고 그 자리를 집중된 빈곤과 집중된 풍요가 대신 차지했다. 사회학자 켄드라 비숍 Kendra Bischoff 과 숀 리어든 Sean Reardon 은 이러한 경제 지리적 분리의 증가를 증명했다. 두 사람의 연구에 따르면, 1970년에는 미국인의 약 3분의 2(65퍼센트)가 중산층 동네에 살았지만 오늘날에는 이 수치가 40퍼센트를 약간 넘는다. 같은 기간 동안 부자 동네의 가구 비율이 7퍼센트에서 15퍼센트로 증가한 반면, 가난한 동네에 사는 비율은 8퍼센트에서 18퍼센트로 증가했다.[59]

사회 논평가 타네히시 코츠 Ta-Nehisi Coates 는 미국에서 불평등의 지리학이 난데 없이 불쑥 등장한 것은 아니라는 설득력 있는 주장을 펼쳤다. 그렇다고 전적으로 '자유시장' 역학의 결과로 나타난 것도 아니었다. 반대로 불평등의 지리학은 정치적으로 생성되고 정치적으로 유지되었으며 지금도 그러하다. 미국에서 불평등의 지리학은 인종 분리의 지리학과 밀접하게 연결되며 이는 경제 불평등과 얽혀 번영의 공유에 지속적인 그림자를 드리운다. 인종 분리는 뉴딜정책에도 반영되었는데, 이 점은 경제적 불평등을 감소시키고 대공황 이후 경제성장을 북돋웠다고 칭송되는 이 정책 패키지의 어두운 이면이며 정당한 평가가 비껴간 부분이다. 뉴딜정책으로 설치된 연방주택관리국 FHA (Federal Housing Administration)은 금리를 떨어뜨리고 계약금을 낮추는 데 기여한 모기지 보험을 제공함으로써 수백만의 중산층 미국인들이 자본 총량을 늘리는 데 중요한 역할을 했다. 동시에 FHA는 본질적으로 아프리카계 미국인 주택 구입자들을 선호가 낮은 동네로 몰아넣고 1차 저당시장에서 몰아내는 레드라이닝^{redlining}(은행이나 보험회사가 특정 지역에 붉은 선을 그어 경계를 지정하고 그 지역에 대출, 보험 등 금융서비스를 제한하는 행위-옮긴이) 원칙을 세워 지속적인 자본 불평등과 지역 간 불평등을 발생시키는 데도 핵심 역할을 했다. 시장 형성 정책의 전형적인 이 사례에서 민영보험업계는 정부의 정책을 표준관행으로 채택했다.[60]

사회학자 멜 올리버^{Mel Oliver}와 톰 샤피로^{Tom Shaprio}는 정치적으로 발생한 지속적인 자본 불평등의 결과를 다음과 같이 요약했다. 주택 구입을 원하고 그럴 능력을 갖춘 아프리카계 미국인들은 미국 역사상 부를 축적할 수 있는 최고의 기회에서 차단당한 채 자신들의 투자를 FHA 부동산 감정사들의 '자기충족적 특성'에 영향받는 도심공동체에 내맡기게 됐다. 새로운 투자로부터 고립된 이들의 집과 공동체는 FHA 감정사들이 선호하는 주택과 공동체에 비해 조건이 나빠지고 가치가 떨어졌다.'[61] 지금은 레드라이닝이 불법이지만 자본축적의 결과는 오늘날 부의 불평등으로 반향을 불러일으키고 있다. 예를 들어 레드라이닝이 촉진한 주거지 분리는 수요를 감소시켜 백인이 거주하지 않는 동네에 집을 소유한 아프리카계 미국인들의 주택자산에 강제 상한선을 부여했다. 오랜 부의 축적으로 백인들은 상속을 받거나 계약금 지불에 가족의 도움을 더 많이 받을 수 있어 백인 가정은 비슷한 상황의 흑인 가정보다 평균 8년 더 일찍 집을 구입하고 자본축적을 시작한다. 그리고 백인들은 경제적 지원 능력도 더 크기 때문에 더 많은 금액을 선불로 낼 수 있어 흑인과 비교했을 때 일반적으로 금리와 임대비용이 낮아진다.[62] 이러한 자본축적 불평등은 자본에 대한 접근성에 중대한 영향을 미쳤던 이전의 정책결정에서 많은 부분 원인을 찾을 수 있다.

더 광범위하게 봤을 때 여기에서 유념할 요점은 세 가지다. 첫째, 자본은 정치행위자들이 내리는 정의와 재정의에 계속 종속되며 자본에의 접근은 제도의 지배를 받는다. 둘째, 자본축적 규칙과 누가 자본에 접근할지와 관련된 이전의 정책결정은 축적은 물론 축적의 부재와 관련해서도 장기적인 반향을 불러일으킬 수 있다. 셋째, 그러한 역학은 종종 특정 장소에서 발생하여 정치권력과 경제적 기회에 지속적으로 영향을 미치는 불평등의 정치 지형을 형성한다.

경제적 이동의 지리학에 관해서는 경제학자 라즈 체티와 동료들의 연구가 널리 인용되는데, 이 연구는 경제 불평등을 영속화시킬 수 있는 장소 기반 메커니즘의 중요성을 알려주는 또 다른 지표다. 체티와 동료들은 30년에 걸친 세대 간 이동성을 설명하기 위해 수백만 명의 아동과 그 부모의 소득에 관한 행정데이터를 이용하여 연구를 수행했다. 그 결과 미국의 지역(연구의 목적상 '통근 구역commuting zone'으로 정의)에 따라 이동성 전망은 극적인 차이를 보였다. 이동성이 높은 지역은 소득 불평등과 주거지 분리 정도가 낮고 더 좋은 초등학교가 있으며 사회적 자본이 더 많고 가족안정성 수준도 더 높았다.[63] 이 모든 요인에는 아마 지역의 정치제도, 그리고 이전의 정치적이고 정책적인 결정들이 남긴 영구적 유산이 중요하게 작용했을 것이다.

이러한 경제적 분리(그리고 부자에게 주어진 '이탈' 옵션)는 공공서비스 투자, 더 전반적으로는 정부의 역할에 잠재적으로 엄청난 영향을 미칠 수 있다. 이질적인 사회는 공통 공공재와 공공서비스에 대해 타협할 수 없으므로 경제 불평등은 공공재 제공을 감소시킬 수 있다. 이런 가설을 지지하는 실증적 증거들이 나와 있지만, 대부분의 문헌은 경제적 분리의 결과보다 인종 분리의 결과를 탐구한다. 따라서 인종 분리의 영향과 별개로 경제적 분리의 영향을 살펴보는 더 많은 연구가 필요하다.

예를 들어 경제학자 알베르토 알레시나Alberto Alesina와 동료들은 미국 도시들에서 생산적 공공재(교육, 도로, 하수도, 쓰레기 수거 등)의 지출 비율이 다른 사회경제적, 인구적 특성과 관계없이 그 도시의 인종적 분열 양상과 반비례한다고 밝혔다. 알레시나와 동료들은 '인종적 갈등이 지역 공공재정의 중요한 결정요인이다'라는 결론을 내렸다.[64] 좀 더 최근에는 정치학자 대니얼 홉킨스Daniel Hopkins가 인종적, 민족적 다양성이 지역의 세금인상 의지를 낮추는 것은 갑작스런 인구변화를 겪을 때뿐이라고 제시하며, 다양성 자체가 중요한 것이 아니라 인구의 변화 방식이 주민의 기대를 동요시키고 지역의 엘리트층에 영향을 미친다는 것을 암시했다.[65]

최근의 이런 실증적 연구들은 불평등이 증가하면 지역 공동체가 적절한 공공재와 공공서비스를 제공하는(혹은 그러한 공공재와 서비스의 재원 마련에 필요한 과세 기준을 제공하는) 능력이 약화될 수 있다고 제시한다. 하지만 잠시 논의를 멈추고 경제 불평등 심화와 함께 발생하는 경제적 분리 증가와 관련해, 앞서 언급한 점에서 지리적 분석 단위를 검토할 필요가 있다. 분석 단위에 따라 경제적 분리 증가가 꼭 그 지역이 경제적으로 더 이질적이 된다는 의미는 아니기 때문이다. 실제로 분리가 더 낮은 이질성을 뜻할 수도 있다. 그러나 저소득 공동체와 부유한 공동체들 간의 권력 차이를 감안하면, 낮은 이질성을 사회적 응집력이 더 강하다거나 공공제도가 더 강력하다고 해석할 필요는 없다. 높은 불평등의 시대에 경제적 분리의 심화 수준과 공공서비스 제공 사이의 관계를 이해하기 위해 더 많은 연구가 이루어져야 한다. 그리고 이러한 공공서비스가 제공되는 경로는 정치권력을 통해 영향을 받는 정치제도들로써, 명백히 정치적이다.

경제적 분리는 공공서비스 제공이 어떻게 작용하는지에 대한 모형화에도 영향을 미친다. 예를 들어 경제학자 데이비드 커틀러David Cutler, 더글러스 엘멘도르프Douglas Elmendorf, 리처드 제크하우저Richard Zeckhauser는 공동체의 인구학적 특징과 정부가 제공하는 공공재 및 공공서비스 규모의 관계를 연구했다. 이들은 공공지출의 세 가지 모형을 평가했다. 하나는 개인들이 자기 자신에게만 신경을 쓴다는 전통적인 '이기적' 공공선택 모형, 다른 하나는 개인이 선호하는 지출 수준은 그가 속한 공동체의 특징에 따른다는 '공동체 선호' 모형이다. 그리고 마지막 하나는 선별과정으로, 개인들이 공공지출에 대한 자신의 기호에 따라 공동체를 선택한다는 '선택' 모형으로 생각하는 것이 가장 적합하다.[66] 이 세 모형 중 어떤 것도 선호에 따라 행동하는 개인의 능력이 그의 경제 상태에 따라 제한될 수 있다는 사실, 즉 소득이 낮은 개인이 더 많은 자원을 보유한 사람보다 지역을 '선택'할 수 있는 능력이 훨씬 낮다는 사실은 고려하지 않았다. 높은 불평등의 시대에 개인의 선호에 따라 행동할 수 있는 능력의 분포 양상은 인구학적 특성과 공공재 제공 간의 관계를 근본적으로 바꿀 수 있다. 공공재 제공이 미래의 경제 성장과 밀접한 연관이 있음을 감안하면 (예를 들어 교육은 여러 세대에 걸쳐 전체적인 건전한 경제 성장에 강력한 파급효과를 미치는 전형적인 공공재다) 경제적 분리가 공공재 제공에 미치는 영향은 향후 연구할 가치가 있는 주제로 보인다.

그러나 공공재와 공공서비스 제공에서 불평등의 지리학이 수행하는 역할을 제시한 이전의 연구와 달리, 경제학자 레아 플랫 부스탄Leah Platt Boustan은 경제적 불평등의 심화가 정부 세수 증가, 그리고 도시와 학군들의 다양한 서비스 지출 확대와 관련이 있음을 발견했다.[67] 부스탄의 연구와 이전 연구들과의 차이는 불평등이 공공재 제공으로 바뀌는 경로와 분석단위가 이론적으로 더 명쾌해져야 하고, 경제 불평등과 정치 불평등의 잠재적 순환 고리에 대해서도 더 많은 연구가 이루어져야 함을 보여준다.

충성심

허시먼의 중요한 논문에서 충성심은 시민이 의견표출을 할 것인지 아니면 이탈할 것인지 결정하는 데 핵심적인 요소다. 허시먼은 '이탈이라는 옵션이 존재하면 의견표출이 광범위하고 효과적으로 행해질 가능성은 급격히 감소할 수 있다. 그러나 충성심은 이탈로 치러야 할 대가를 증가시킨다'라고 썼다.[68] 선견지명이 있어 허시먼은 세계화가 충성심에 미치는 영향을 궁금해하며 '통신의 발달과 전반적인 현대화로 국가들이 서로 닮아가기 시작할 때만 과도하고 때 이른 이탈 위험이 증가할 것이다'라고 썼고 '그 시점에 충성심이라는 기준은 우리에게 큰 도움이 될 것이다'라고 제시했다.[69] 또한 '세부적인 제도 설계가 이탈과 의견표출의 균형에 상당한 중요성을 띨 수 있다'라고 언급했다.[70] 심각한 불평등이 충성심에 대해, 그리고 불평등의 정치학에 대해 예고하는 바는 무엇일까? 이러한 연구노선은 대체로 미개척 분야로 남아 있으며 경제 불평등의 정치학을 이해하려고 노력하는 연구자들에게 중요한 미결 과제를 제시한다.

세계 인구 중 극소수지만 믿을 수 없을 만큼 풍부한 자원을 보유한 사람들은 자신의 충성심을 가져갈 다양한 민족국가들을 테스트하는 위치에 있다. 세계적 엘리트층은 본질적으로 자신의 자원을 가장 우호적으로 다루어줄 지역을 모색하고 경제력에 동반되는 정치력을 국경을 넘어서까지 발휘한다. 자본의 이동성은 높은 반면 노동의 이동성은 훨씬 더 낮은 세계자본주의 시대에서 세계적인 자본주의자들은 자금을 보관할 가장 우호적인 장소를 물색할 수 있다.[71] 여기에서 상당한 정치력이 암시되며, 이는 피케티가 지적한 벨 에포크 이전에 목격된 고도의 자본 불평등과는 잠재적으로 완전히 다르다(때로는 대안정기 Great Moderation라고도 불린다). 매우 세계화된 경제에서 자본의 세계적 흐름으로 결국 국가정부는 부자들의 이탈 위협에 계속 볼모가 될 정도로, 국가정부에 대한 충성심은 약화된 것일까?

최근 미국에서 법인 자리바꿈corporate inversion(미국 기업들이 조세부담을 피해 법인세율이 낮은 나라로 법인을 옮기는 관행-옮긴이)을 둘러싸고 벌어진 논쟁은 이탈 옵션의 확률을 높이고 정치에 영향을 미치는 충성심의 약화를 보여주는 구체적인 사례다. 법인 자리바꿈에는 기업의 서류상 주소를 해외, 일반적으로 세금이 낮은 국가로 옮겨 본국에서 합당한 세금 납부를 회피하는 관행이 포함된다. 이런 세제상의 구멍을 활용하면 다국적 기업은 미국 정치체제의 이점(정치적 안정, 숙련된 노동자 등)은 누리면서 그 혜택에 대한 대가 지불은 피할 수 있다. 이런 결정들은 미국의 과세기준을 무너뜨리고, 그렇게 되면 공공재 투자에 이용할 수 있는 자금을 지속적으로 조금씩 깎아먹어 미래의 경제 성장을 약화시킬 수 있다. 오바마 정부의 재무부는 법인 자리바꿈을 어렵게 하는 새로운 규제들을 제시했고, 그런 관행에 대한 대중의 질타 또한 수군거리는 수준에서 목청껏 소리치는 구호로 거세졌다. 동시에 이 관행을 완전히 중단시키기 위한 의회의 조치가 필요하지만, 앞에서 언급한 의견표출의 권력 역학을 감안하면 그런 조치가 나올 가능성은 희박하다. 심각한 불평등을 완화시키기 위한 경제정책은 간단할 수 있지만, 불평등의 정치학은 면밀하게 세워진 계획들을 끊임없이 방해한다.

피케티는 자본의 세계화로 국경 없는 정책 체제가 꼭 필요하지는 않더라도 바람직하다는 것을 인식했다. 이것이 피케티가 글로벌 부유세를 주장하게 된 동기 중 하나다. 그러나 피케티가 《21세기 자본》에서 간단히 설명한 제안은 그야말로 밑그림일 뿐이며 앞에서 상세하게 논의한 권력 및 정치의 주요 세부사항 중 많은 부분이 빠져 있다. 성장에 시동을 걸고 경제 불평등의 가속을 둔화시키는 데 필요한 경제 해결책들을 시행하려면 분석가와 정책 입안자들이 경제학뿐 아니라 불평등의 정치학도 분석적 시각으로 평가하는 훈련을 해야 할 것이다.

왜 관심을 기울여야 하는가? 그리고 무엇을 해야 하는가?

정치와 정치제도들은 경제 불평등을 발생시키고 증가시키며 유지하는 데 매우 중요한 역할을 한다. 정치가 시장을 만든다. 경제 불평등은 피케티가 책에서 다소 구체적으로 밝혔던 다양한 이유들로 민주주의에 위협이 된다. 연구들에 따르면, 민주주의의 약속을 실현하기 위해서는 실제로 극도의 경제 불평등을 줄이기 위한 행동이 필요할 수 있다. 민주국가를 대표해 성공적으로 개입하려면 단순히 경제정책 처방뿐 아니라 정치개혁에 대해서도 깊은 사고가 필요하다. 간단히 말해 경제 불평등과 정치 불평등은 순환 고리에 갇혀 있다. 이 순환을 깨려면 현명한 경제정책 사고에 더해 정치 과정에도 현명한 개혁이 필요하다.

정치개혁을 위한 가장 유망한 아이디어들은 최상위층의 의견표출 제한이 아니라 그 아래의 목소리를 증폭시키는 데 초점을 맞춘다. 전통적인 정치개혁은 '정치에서 큰돈을 몰아내는 것'에 중점을 두었다. 큰돈은 다른 모든 것을 삼켜버리기 때문이다. 그러나 개혁은 '정치적 기회'를 확대하는 개념에 노력의 초점을 맞추어야 한다. 정치적 기회 프레임워크는 온갖 소음에서도 목소리가 들릴 수 있도록 사람들과 아이디어들을 높이는 데 중점을 둔다. 한계점을 넘어서면 추가 지출에 대한 수익이 줄어들 것이다. 민주주의 학자 마크 슈미트^{Mark}^{Schmitt}가 요약한 것처럼, '최상위층의 지출을 제한하려는 노력은 사람들의 목소리가 들리도록 돕는 개혁보다 정치적 기회에 미치는 영향이 낮을 것이다.'[72]

슈미트가 말한 정치적 기회는 네 가지 주요 차원으로 특징지어진다. 첫째, 폭넓은 지지를 받는 후보건, 혹은 다른 방식으로는 표현되지 못했을 관점을 대표하는 후보건, 거액기부자의 지원 없이 선거와 그 외의 상황에서도 의견을 말할 기회를 주어야 한다. 둘째, 모든 시민에게는 단지 유권자로서가 아니라 기부자나 자원봉사자 그리고 조직책으로서 혹은 의견을 표현함으로써 의미 있게 참여할 기회가 주어져야 한다. 셋째, 개인이 고용주나 다른 기관의 강요를 받지 않고 거리낌 없이 정치관을 표현할 수 있어야 한다. 마지막으로, 특히 저소득층과 중간소득층 유권자에게 영향을 미치는 쟁점을 중심으로 단지 돈이 아니라 사람들을 조직화하는 방식으로 체제를 구성해야 한다.[73]

정치적 기회 프레임워크의 핵심은 정치 불평등이 불러온 유해한 결과들의 해결에 중요한 기능을 한다는 것이다. 첫째, 정치적 기회는 현재 목소리를 내지 못하는 사람들에게 발언권을 주고 부자들의 정치적 영향력이 상쇄되도록 도움으로써 체제를 더 공정하게 만든다. 둘째, 후보들이 새로운 갈등 축에서 경합을 벌여야 하고 새로운 타협안이 등장하면서 정치과정에 유동성과 창의성을 회복시킬 가능성이 있다. '정치에서 큰돈을 몰아내는 것'이 목표였던 이전 세대의 선거자금 조달과 달리, 정치적 기회를 확대하려는 노력들은 무슨 일이 있어도 자금은 정치판으로 들어올 것임을 인정한다. 중요한 것은 기회를 확대해 자원이 없는 사람들에게 대항력을 키울 기회를 주는 것이다. 따라서 투표권을 보호하는(일반적인 생각과 달리 미국 헌법에는 명확한 투표권이 존재하지 않는다) 헌법개정 운동은 기업에게 선거에서 무제한 지출을 할 수 있는 권리를 준 시민 연합Citizens United 사건 판결을 뒤엎는 헌법개정보다 훨씬 강력한 힘을 발휘할 것이다. 왜 그런가? 투표권은 선거비용 제한처럼 금지와 제약을 가하는 권리가 아니라 긍정적 권리이며 따라서 정치참여를 중심으로 움직임을 형성하는 데 초점을 맞추기 때문이다. 실패한 남녀평등 헌법수정안 운동과 마찬가지로 투표권개정 운동은 오늘날 많은 미국인들이 투표권을 상실하는 모든 이유에 초점을 맞춤으로써 점차 힘을 키워나갈 수 있고 그 과정에서 유권자 등록과 선거를 같은 날에 실시하도록 허용하고 제한적인 유권자 신원확인법을 바꾸기 위한 정책 활

동들에 기여할 수 있다.[74]

    분명 선거개혁에 초점을 맞춘 활동들은 정치 불평등과 경제 불평등 사이의 순환 고리를 뒤집으려는 정치개혁 활동 측면에서는 빙산의 일각에 불과하다. 목표는 정치적 평등이 피케티가《21세기 자본》에서 상세히 설명한 유해한 경제 불평등을 해결하고 개혁할 수 있도록 정치적 대항력을 구축하는 것이다. 우리가 그런 해결책에 초점을 맞추기 전까지는 글로벌 부유세에 대한 피케티의 유토피아적 비전 같은 유망한 경제정책 아이디어는 환상으로 남을 가능성이 높다.

Part 5

피케티가 답하다

경제학과 사회과학의
화합을 향해:
《21세기 자본》이 주는 교훈

Thomas Piketty
토마 피케티

경제학자. 파리경제대 교수이자 프랑스 사회과학고등연구원EHESS 연구 책임자이며, 런던정치경
제대학LSE 방문교수로 있다.

경제적 불평등에 내재한 자본주의의 동학을 분석하고 글로벌 자본세를 그 대안으로 제시한 《21세
기 자본》으로 일약 세계적 경제학자로 떠올랐다. 런던정치경제대학에서 부의 재분배 연구로 박사
학위를 받았고, 이후 미국 MIT에서 3년간 경제학을 가르쳤으며 프랑스로 돌아와 프랑스 국립과학
연구소 연구원을 지냈다. 주요 저서로 《피케티의 新자본론》《21세기 자본》 등이 있다. 2013년 이
론과 응용 연구 측면에서 유럽 경제 연구에 탁월한 기여를 한 45세 이하 경제학자에게 수여하는
'이리에 얀손 상'을 수상했다.

나는 《21세기 자본》을 역사나 경제학 논문이라기보다 현재 진행형의 사회과학 연구 작업으로 보고 싶다. 사회과학계는 학문적 경계와 별 쓸모도 없는 방법론적 입장을 놓고 시시콜콜한 다툼을 벌이느라 때로 너무 많은 시간을 소모하는 것 같다. 나는 학문들 간의 이러한 대립은 극복될 수 있을 뿐 아니라 극복되어야 한다고 믿는다. 그리고 이를 위한 가장 좋은 방법은 무엇이건 적절해 보이는 기법과 각 학문의 전통을 결합하여 중요한 문제들을 해결하고 이를 어느 정도까지 받아들일 수 있는지 살펴보는 것이라고 생각한다. 시각과 방법론적 관점이 매우 다른 전문가들의 글을 모은 이 책이야말로 이러한 접근방식을 가장 충실히 보여주는 예라고 할 것이다.[1] 이 짧은 글로는 이 책에서 제기된 모든 사안에 답하기도 어렵고 이 알찬 논문들을 제대로 다루기도 불가능하다. 따라서 그저 몇 가지 쟁점들을 명확히 하고 내 책에서 분명 불충분하게 설명된 요소들을 다듬고자 한다. 특히 자본과 권력관계의 다차원적 역사라는 관점으로 논의를 전개하고 나의 분석에서 신념체계와 경제 모형의 역할을 논하려 한다. 그런 뒤 내 책의 또 다른 중요한 한계점인 지나치게 서구 중심적이라는 사실에 관해서도 이야기하겠다.

자본과 사회과학

먼저 내가 《21세기 자본》에서 시도했던 것들과 이 책이 여러 연구 전통과 학파들이 교차하는 사회과학의 역사에 어떻게 잘 들어맞았는지 간략히 이야기하고 싶다. 《21세기 자본》은 무엇보다 자본의 역사, 부의 분배, 그리고 이러한 불평등한 분배가 불러일으키는 갈등을 다룬 책이다. 내 주된 목표는 18세기 이후 20여 개국에서 일어난 부와 소득의 변화와 관련된 역사적 자료들을 한데 모으는 것이었고, 약 30명의 연구자들(특히 앤서니 앳킨스, 이매뉴얼 사에즈, 질 포스텔비네, 장로랑 로장탈, 파쿤도 알바레도, 가브리엘 쥐크망)의 공동연구 덕분에 이 목표를 진행할 수 있었다. 《21세기 자본》의 주된 포부는 이 역사적 자료들을 일관성 있게 제시하는 것이었다. 나는 이 자료들을 출발점으로 삼아 산업혁명 이후 여러 국가에서 관찰된 변화를 설명할 수 있는 경제적, 사회적, 정치적, 문화적 과정들을 분석했고, 그렇게 함으로써 분배와 사회 계층 간의 불평등 문제를 경제적, 사회적, 정치적 사고의 중심에 다시 놓으려 시도했다.

19세기의 정치경제학(특히 토머스 맬서스, 데이비드 리카도, 카를 마르크스의 연구들)은 이미 분배 문제를 분석의 중심에 두었다. 이 연구자들은 종종 주변에서 인지한 엄청난 사회적 변화에 동기부여를 받았다. 맬서스는 혁명 직전 프랑스 시골 지역의 빈곤에 관한 아서 영Arthur Young의 진술에 깊은 인상을 받았고 인구 과잉이 모든 곳에서 빈곤과 혁명의 혼란을 불러올 것을 가장 우려했다. 리카도의 분석은 토지 가격과 나폴레옹 전쟁 후 영국이 축적한 공공부채의 영향에 관한 명철한 직관이 바탕이었다. 마르크스는 19세기의 첫 3분의 2에 해당되는 시기 동안 급속히 발전한 산업자본주의에서 수익과 임금 변화 사이의 막대한 불균형을 정확하게 관찰했다. 이 연구자들에게는 그런 변화를 연구하기 위한 체계적인 역사적 자료가 없었지만 적어도 적절한 질문들을 던졌다는 데 가치가 있다. 20세기 내내 경제학자들은 너무나 자주 사회과학에서 벗어나려 하고(분명 허황된 유혹이었다) 경제학의 사회학적, 정치적 토대를 무시하려 했다. 하지만 일부 저자들, 특히 사이먼 쿠즈네츠와 앤서니 앳킨슨은 부와 소득의 분배에 관한 역사적 데이터를 꼼꼼하게 수집하는 작업을 끈기 있게 진행했다. 내 연구는 그러한 연구들에서 시작되었고 수집된 역사적 데이터를 더 광범위한 지리적, 시간적 규모로 확장하는 작업들이 주를 이루었다(이 확장 작업은 정보기술의 발전으로 이전 세대의 연구자들은 접근할 수 없었던 데이터를 이용할 수 있게 돼 훨씬 수월해졌다).[2]

또한 나는 내 연구에서 경제사와 사회사, 특히 1930년대부터 1970년대 사이에 18세기와 19세기의 물가, 임금, 소득, 부의 역사를 집중적으로 다룬 수많은 연구를 탄생시켰던 프랑스의 역사학파와 사회학파에서 매우 두드러졌던 전통을 부활시키려는 시도도 하였다. 특히 염두에 둔 것은 프랑수아 시미앙François Simiand, 에르네스트 라부루스Ernest Labrousse, 프랑수아 퓌레François Furet, 아델린 도마르Adeline Daumard의 주요 연구들이었다.[3] 유감스럽게도 때로는 '시계열사'(수량화가 가능한 가격, 소득, 재산 등의 변동에 바탕을 둔 경제적, 사회적 역사-옮긴이)라고 불리는 이런 역사적 접근방식은 내 생각에 부적절한 이유로 20세기 말 이전에 자취를 감추었다.[4] 또한 내 접근방식은 문화자본의 불평등과 임금 차이에 대한 사회학 연구들, 특히 피에르 부르디외와 크리스티앙 보데로Christian Baudelot의 연구들에서도 영감을 얻었다(서로 다르지만 보완적인 목록이라 생각한다).[5]

뿐만 아니라《21세기 자본》에서 나는 공개토론과 정치적 갈등에서뿐 아니라 문학과 영화에서 사회적 불평등과 돈에 대한 집합 표상이 어떻게 바뀌어왔는지 연구하는 것이 가능하다는 것, 그리고 실제로 꼭 필요하다는 것을 보여주려 했다. 내 책에서는 비록 불완전하고 예비적인 단계였지만 불평등의 동학을 이해하려면 부와 소득의 분배에 관한 표상 및 신념 체계의 분석이 필수적이라고 확신한다. 이 부분은 신념 체계와 불평등 체제 간의 가장 중요한 상호작용을 볼 수 있어 향후에 더욱 광범위하게 연구될 필요가 있어, 앞으로 이 부분을 더 깊이 연구할 계획이다. 돈과 돈의 불평등한 분배는 사회적으로 최대 관심사이며 전적으로 경제적 관점으로만 연구될 수는 없다. 이런 면에서 내 연구는 정치사회학과 지성사 분야에서 평등과 불평등에 대한 인식을 다룬 많은 연구들과 유사하며 그런 연구들에서 정보를 얻었다.[6]

실제로 이 책의 주된 결론은 다음과 같다. '부와 소득의 불평등에 관한 어떤 경제적 결정론도 경계해야 한다. 부의 분배의 역사는 언제나 매우 정치적이었으며, 순전히 경제적인 메커니즘으로 환원될 수는 없다. 불평등의 역사는 경제적, 사회적, 정치적 행위자들이 무엇이 정당하고 무엇이 부당한지에 대해 형성한 표상들, 이 행위자들 사이의 역학관계, 그리고 이로부터 도출된 집합적 선택들에 의존한다. 불평등의 역사는 연관된 모든 행위자가 함께 만든 합작품이다.'[7]

20세기에 부와 소득의 분배에 나타난 변화를 살펴보면 정치의 중심 역할과 경제의 표상 변화가 특히 분명하게 나타난다. 1900년대와 1910년대 사이, 그리고 1950년대와 1960년대 사이에 서구 국가들에서 관찰된 불평등 감소는 이 시기를 특징짓는 전쟁과 혁명뿐 아니라 그러한 격변 뒤에 나타난 새로운 사회적, 제도적 타협으로 대체로 설명된다. 이와 비슷하게 1970년대에서 1980년대 이후 관찰된 불평등의 증가는 최근 수십 년간의 정치적, 제도적 전환, 특히 재정과 금융 문제의 전환이 큰 역할을 했다. 나는 또한 경제와 사회의 한 기능인 부와 소득의 분배를 둘러싼 신념 체계가 18세기와 19세기, 그리고 실제로 모든 사회의 불평등 구조를 이해하는 데 중요한 역할을 한다는 것을 보여주려 했다. 나라마다 고유한 불평등의 역사가 있으며, 예를 들어 국가적 정체성과 각 나라의 경제적, 역사적 궤적의 표상이 불평등 동학과 인식 변화, 제도 변화 간 복잡한 상관관계에 중요한 역할을 한다는 것 역시 보여주고 싶었다.[8]

특히 (브래드포드 드롱, 히더 부셰이, 마샬 스테인바움이 서문에서 적절한 이름을 붙였듯이) '선진국들의 사회민주주의 시대(1945~1980)'는 분명 안정적이지 않은 역사적 사건으로 볼 수 있지만 자본주의와 시장에 대한 신념 체계의 지대한 변화가 낳은 산물이기도 하다. 마샬 스테인바움(18장)은 두 번의 세계대전과 대공황은 그 자체로 결정적이었던 것이 아니라 '단지 대중 참정권 부여로는 제1차 세계대전 이전 수십 년간 불가능했던 방식으로 자본주의 이데올로기에 대한 신뢰를 떨어뜨렸기 때문에' 중요하다고 강조했는데 나는 그 의견에 전적으로 동의한다. 1930년대의 위기와 두 차례의 세계대전 동안 유럽 국가들 간의 경쟁 체제 붕괴는 자유방임주의 이념에 기반을 두었으며 사유재산을 준(準)신성화하던 19세기 정치 체제의 종말로 이어졌다. 지배적인 신념 체계의 이러한 급격한 변화가 다름 아닌 칼 폴라니Karl Polanyi가 1944년도 저서에서 분석한 유명한 '대전환Great Transformation'이다.[9]

데이비드 그레월(19장)도 명쾌한 논문에서 이념, 법체계, 제도 변화 사이의 중요한 상호작용을 강조했다. 그레월은 특히 17세기와 18세기의 정치철학이 처음에 어떻게 사유재산을 법적 구조로 이론화하고 이를 보호하기 위한 자본주의 이념을 구축했는지 강조했다. 나는 연구를 진행하면서 19세기 말과 20세기 초에 프랑스의 공화주의자 엘리트들이 누진세에 반대하기 위해 프랑스 혁명과 현대의 재산권을 이용한 방식에 특히 깊은 인상을 받았다(이 문제에 대해서는 이 글의 마지막에 다시 다룰 것이다).

신념 체계와 불평등 체제 간의 이러한 상호작용은 내 책에서는 대개 간략하게만 다루었지만 불평등의 동학에 근본적인 역할을 했으며 그 지적, 정치적 기원과 실제 구축 방식에 관해 더 많은 연구가 이루어질 만한 매우 다양한 정치 및 제도 형태들을 낳았다. 나는 특히 교육 제도의 역할과 이 제도들이 때로는 불평등을 감소시키거나 반대로 증폭시키는 방식을 강조했을 뿐 아니라[10] 재정 제도, 특히 소득, 상속, 부에 대한 누진세의 등장이 쉽지 않았다는 점을 강조했다.[11] 그 외의 많은 공공 제도 및 사회정치 제도 역시 중요한 역할을 한다. 여기에는 다음과 같은 것들이 포함된다. 넓은 의미에서의 사회적 국가의 발달;[12] 통화 체제, 중앙은행, 인플레이션; 노동법규, 최저임금, 집단교섭; 국유화, 공용징수, 민영화; 노예제도와 강제노동, 기업 지배구조와 봉급생활자들의 권리, 지대 규제와 그 외 가격 및 고금리에 대한 통제 형태; 금융규제완화와 자본 흐름; 상업정책과 이주정책, 상속 규제와 재산제도; 인구정책과 가계정책 등이다. 이들 중 일부를 뒷부분에서 다시 다루도록 한다.

자본과 권력관계의 다차원적 역사

이제 책에서 전개하려 했던 자본의 개념을 좀 더 정확히 살펴보자. 나는 자본의 다차원적인 역사뿐 아니라 서로 다른 형태의 재산과 자산에 동반되는 소유 및 지배관계를 쓰려고 했다. 또한 자본의 여러 다른 변화들이 어떻게 각 단계에서 사회집단 간의 관계와 생산관계를 규제할 수 있는 새로운 사회적, 제도적 타협으로 이어지는지 보여주려 했다. 책에서는 많은 측면을 개략적으로만 다루었으므로 이런 시도는 결과적으로 다차원적인 역사를 소개하는 정도라는 점을 처음부터 분명히 해두어야겠다.

자본 축적, 추상적 개념들, 등식(예를 들어 r)g라는 불평등, 나는 이 부등식이 이러한 변화들 안의 특정 변수들에 대한 이해를 도울 수 있다고 생각한다)을 설명하는 1차원적인 경제 모형들 역시 내 분석에서 일정한 역할을 한다. 하지만 비교적 제한적이고 그리 크지 않은 역할에 그치는데, 사회과학 연구에서 이론적 모형화와 등식들이 수행하는 역할 정도일 것이다. 현실을 이렇게 극도로 단순화하면 때로는 주어진 두 추상 개념 사이의 흥미로운 논리관계들이 사라진다. 이 방식은 유용할 수도 있지만, 이런 식의 추상화 작업의 가용범위를 과대평가하지 않고, 논의되는 모든 개념이 궁극적으로는 사회적, 역사적으로 결정된다는 사실을 잊지 않는 경우에만 그러하다. 이론적 모형들은 동일한 숙고와 대립 과정을 거치는 다른 형태의 표현과 함께 요구될 때만 유용한 일종의 언어를 형성한다. 경제 모형들이 내 프레임워크에서 수행하는 구체적이고 한정된 역할에 대해서는 다시 다루겠다. 이 문제는 내 책에서 충분히 명확하게 다루어지지 않아 약간의 혼란을 불러일으켰다. 내 생각에 자본은 복잡하고 다차원적인 재산관계들의 집합체라고 보는 것이 가장 좋다.

《21세기 자본》에서 탐구한 주요 개념들을 정의한 첫 장에서 언급했듯이, '개인이 소유할 수 있는 것과 없는 것 사이의 경계는 시간이 흐르면서 전 세계적으로 상당한 변화를 겪었다. 그 극단적인 사례가 노예제도다. 대기, 바다, 산, 역사적 유물, 지식과 관련된 재산도 마찬가지다. 몇몇 개인은 개인적인 이해로 이러한 것들을 소유하고 싶어 하고 단순한 사익이 목적이 아니라 효율성을 높일 수 있다면서 자신의 그런 욕구를 정당화한다. 하지만 이러한 욕구가 공공의 이익과 일치된다는 보장은 없다. 자본은 불변의 개념이 아니며 각 사회의 발전 단계와 지배적인 사회관계를 반영한다.[13]

자본의 소유 형태와 소유권의 성격이 역사적으로 결정된다는 사실은 1865년 이전 미국 남부에서 부의 형태로서의 노예제도와 노예자본의 중요성을 분석한 결과 분명히 입증되었다. 분명 노예제는 소유자가 타인을 소유하고 지배하는 관계의 가장 극단적인 예다.[14] 디아이나 레미 베리가 6장에서 타당하게 지적했 듯이, 내 책은 현대자본주의의 형성에서 노예제도의 중대한 역할에 충분한 관심을 기울이지 않았다. 하지만 내 책은 남북전쟁 이전 미국 내의 총 노예가치에 대한 추정치를 제시하고 이를 다른 형태의 민간의 부와 비교를 시도하여 노예자본의 중요성을 명시적으로 지적한 최초의 연구였다.[15]

재산권이 역사적, 사회적으로 결정된다는 사실은 독일 기업들이 영미 기업들에 비해 주식시장 시가총액이 상대적으로 낮다는 점을 검토할 때도 마찬가지로 분명히 나타난다.[16] 이 현상은 독일의 주주들이 다른 나라의 주주보다 전권을 장악하지 못해 직원, 지방정부, 그 외의 이해관계자들과 어느 정도 권력을 공유해야 한다는 사실과 연결된다(그렇다고 이 현상이 일정 수준의 생산 효율을 방해하지는 않는다). 이는 자본의 시장가치와 사회적 가치가 전적으로 별개라는 점과 재산관계 형성에서 법체계의 중요성을 분명하게 보여준다.

나는 좀 더 전반적으로 농지부터 부동산, 사업자본, 금융자본, 현대의 비물질적 자본에 이르기까지 역사상 자본의 다양한 형태와 시장가치를 보여주려 하였다. 각 형태의 자산에는 고유의 경제적, 정치적 역사가 있고 권력관계 및 특정한 사회적 타협과 관련된다. 따라서 상승하건 하락하건 부동산 가격과 지대수준의 대규모 변화는 20세기 상반기에 그랬던 것처럼 지난 몇십 년간 부동산 시가총액의 변화에 결정적 역할을 했다.[17] 이러한 변화 자체가 복잡한 제도적, 사회적, 법적, 기술적 요인들로 인해 나타난 결과이며, 이 요인들에는 지대통제 정책들의 대조적인 변화와 지주와 소작인 사이의 관계를 관리하는 그 외의 규칙들, 경제지리학의 변화와 거주지 분리, 다른 분야들에 비해 건설과 운송 산업에 나타난 다양한 기술 변화가 포함된다. 그러나 다른 예들도 있다. 《21세기 자본》에서 나는 석유자본의 중요성과 세계적 분배, 여기에 동반되는 지배관계와 군사적 보호(특히 중동에서), 그리고 이러한 관계가 때로 해당 국가 국부펀드의 특이한 투자전략 결정에 미치는 영향을 여러 차례 검토했다.[18]

지난 몇십 년간 금융규제완화 과정의 주된 특징 중 하나인 국가들의 총자산 포지션의 증대는 이 책에서 반복해서 등장하는 또 다른 주제다.[19] 나는 또한 영국과 프랑스가 세계 나머지 지역의 중요한 몫을 차지한 19세기 말과 20세기 초에 이들이 보유했던 극도로 높은 수준의 해외자산을 분석했다. 두 국가는 바로 이러한 해외자산 보유에서 얻는 상당한 지대, 배당금, 이익(벨 에포크 시대의 프랑스 동부 지역의 산업 생산량과 맞먹었다)으로 영구적 무역 적자를 지탱할 수 있었던 한편, 해외자산을 점점 더 많이 획득할 수 있었다(이는 식민지를 보유한 국가들 사이의 긴장관계를 자극했다). 나는 이 해외자산 수준과 21세기 초 독일, 일본, 중국, 석유 부호국들의 순 자산 수준을 비교했다. 후자가 여전히 현저하게 낮지만 빠른 속도로 증가하고 있다(그리하여 프랑스 같은 국가에서는 언젠가는 소유자가 아니라 피소유자가 될지 모른다는 두려움을 불러일으키고 있다).

나는 국제적 소유관계에는 항상 다수의 긴장이 동반되며, 자연적 화합과 상호 이익 거래로 규정되는 경제학자들의 평온한 이론적 모형과는 몇 광년이나 떨어져 있다는 사실을 여러 차례 강조했다. 일반적으로 정치공동체의 틀 안에서 소유관계를 평온하게 구성하기란 늘 복잡하고 어려운 문제다. 예를 들어 한 국가의 지주에게 지대를 지불하고 제도적인 관계의 틀과 영구적 상황에 평화적으로 동의하는 것은 결코 간단치 않다(따라서 지대를 통제하고 임대를 연장하고 상속에 과세하기 위한 다수의 체계가 가동되어야 한다). 하지만 한 국가 전체가 다른 국가에 지대와 배당금을 지불하는 경우는 훨씬 더 긴장된 상황일 수 있고 이 관계를 규제하기 위한 방법은 일반적으로 덜 평화적이다. 이 경우 종종 소유자 입장인 국가들의 군사적 지배가 바탕이 된 관계가 만들어진다. 아니면 피소유자 입장의 국가에서 급진적 자유주의와 권위주의 사이의 다툼에서 승리한 쪽이 번갈아가며 마치 삼일천하와 같이 짧고 혼란스러운 집권을 끝없이 반복하는 정치적 순환을 겪는다. 이 현상은 수많은 국가들, 특히 남미와 아프리카 국가들의 발전을 지속적으로 약화시켰다. 사회적 불평등과 소유관계의 평화로운 규제는 법규와 합법적 공권력 구축에서 가장 중요한 부분 중 하나이며 정의규범과 복잡한 제도적 구조의 개발이 필요하다. 불평등과 소유권의 원인이 대체로 그 공동체 외부에 있는 경우, 이러한 구조 자체가 지속적으로 손상될 수 있다. 실제로 경제적 합리성은 불평등의 영속을 상당히 용인하며 결코 민주적 합리성으로 이어지지 않는다.

공공자본 역시 자본의 역사에 대한 내 분석에서 중요한 역할을 한다.[20] 공공자본은 특히 공적 투자와 국유화의 정치적, 이념적 주기 혹은 반대로 공공적자와 민영화에 따라 긍정적인 역할을 할 수도, 부정적인 역할을 할 수도 있다. 전자의 경우 공공자본은 국민자본과 사회에 대한 민간자본의 지배를 감소시킨다. 후자의 경우 민간자본에 추가적인 소유 및 지배 요소로 국채를 추가함으로써 민간자본을 강화시킨다. 나는 또한 공공부채의 변동, 그리고 좀 더 전반적으로 중앙은행이 수행하는 국민자본의 재분배를 포함하여 통화 창출과 여러 다른 작업들의 역할에서 인플레이션의 중요성도 분석했다.[21] 특히 18세기와 19세기의 프랑스와 영국, 20세기의 독일의 경우를 차례로 비교하면서 공공부채와 관련한 국가들의 경험과 궤적이 다양함을 강조했는데, 현재의 유럽 상황에 비춰볼 때 흥미로운 전개가 나타난다. 20세기에 얻은 공공부채를 상환하지 않았던 국가들(특히 프랑스와 독일)의 경우, 남유럽 국가들에게 앞으로 다가올 수십 년간 교육 시스템 투자보다 채권 소유자들에게 이자를 지불하는 데 더 많은 지출을 해야 하는(19세기 영국이 그랬던 것처럼) 상황을 설명해주기 때문이다. 변화들이 수렴되는 단계들 역시 관찰 가능하다. 예를 들어 공공자본은 전후에 대부분의 유럽 국가들에서 국민자본의 상당한 부분(4분의 1에서 3분의 1)을 차지했다가 지난 몇십 년 동안 매우 낮은 수준으로 떨어졌다(심지어 이탈리아처럼 마이너스 수준으로 떨어지기도 했다). 많은 경우 이러한 공공부채의 변화와 민영화는 예상 가능한 선진국들에서뿐 아니라 러시아, 중국을 필두로 한 탈공산주의 국가들에서도 민간 부문이 특히 빠른 속도로 부유해지는 데 유리하게 작용했다.

《21세기 자본》전체에서 나는 자본의 역사가 다차원적이며 이러한 자산 및 재산 범주가 각각 매우 다양한 제도적 메커니즘과 타협을 수반한다는 것을 보여주려 노력했다. 소유권은 다양한 형태를 띠는데, 이 형태는 역사적, 사회적으로 결정되며 그만큼 많은 사회적 관계들에서 비롯된다. 자본총량의 총 금전적 가치를 계산하기 위해, 예를 들어 서로 다른 자산의 현재 시장가치(항상 분명하지는 않지만 잘 정의되어 있다고 가정하여)를 이용해 이 모든 형태의 부를 합산할 수 있다는 사실은 이러한 다면적인 실상을 바꾸지 못한다. 이런 추상 작업은 분명 유용할 수 있다. 예를 들어 추상적 자본의 형태가 여러 가지로 변화함에도 불구하고, 21세기 초에 총 시장가치(국민소득으로 나타낸)가 18세기와 19세기부터 벨 에포크 시대까지 번성했던 세습사회에서 관찰된 것과 가까운 수준으로 되돌아간 것처럼 보인다는 관찰이 가능하다. 추상 작업은 그 외에는 서로 판이한 사회들의 전체 시장가치 규모를 비교할 수 있게 하는 언어를 제시한다. 그러나 그렇게 광범위한 측정도 이 상이한 사회들에서 발달한 다양한 소유와 생산관계들을 고려하지는 못한다.

내가 《21세기 자본》에서 전개한 접근방식은 사실 다면적인 자본의 역사와 소유 형태의 소개에 불과하다. 수많은 본질적 측면을 소홀히 했고 간략하게만 다룬 부분들도 있다. 가레스 존스(12장)가 적절히 지적했듯이, 자본의 지리적, 공간적 차원을 더 깊이 검토하면 도움이 될 것이다. 프랑스와 영국 외부의 재산에 많은 관심을 기울였지만 예컨대 미국 북동부와 나머지 지역의 비교처럼 국가들 내의 재산에 관해서는 이야기된 바가 없다. 좀 더 전반적으로 국가 수준에서 제국 수준, 세계경제 수준까지 분석의 범위를 다르게 해봐도 유용할 것이다. 이렇게 하면 특히 식민지화가 개발에 미치는 영향과 국내 및 세계적 불평등이 합법적 공권력 구축에 미치는 전체적인 영향을 내 책에서 한 것보다 훨씬 더 직접적으로 검토할 수 있을 것이다. 엘로라 드르농쿠르(20장)가 강조했듯이, 1500년대부터 1960년대까지 처음에는 대서양의 노예무역 형태로, 그 뒤에는 유럽이 미국, 아프리카, 아시아를 간접적으로 식민 지배한 형태로 이루어진 세계적 통합은 착취와 권력의 극명한 불균형으로 정의되어왔다. 해외자산에 대한 내 분석은 대체로 서구 중심이며 개발도상국들의 불평등 체제와 국가 형성에 미치는 영향에 대한 연구는 소홀했다(이 문제는 다시 이야기하겠다).

경제 모형의 제한된 역할: 길들여진 자본 vs 야생 자본

이제 내가 말한 경제 모형들(특히 신고전주의적 자본 축적 모형과 생산함수 개념에서)의 제한된 역할이 내 책과 연구에서 무엇을 의미하는지 명확하게 해두고 싶다. 수레쉬 나이두(5장)는 내 책에서 두 가지 형태의 서술 및 해석 프레임워크가 제시되었다면서 둘을 흥미롭게 구분했다. 한편으로는 (신고전주의 모형과 완전경쟁 가정에 근거한) '길들여진' 자본이, 다른 한편으로는 (권력관계, 정치적 갈등, 제도 변화의 역할을 강조하는) '야생' 자본이 있다는 것이다. 나는 '길들여진 자본' 쪽보다 '야생 자본' 해석 쪽이 훨씬 더 가깝게 느껴진다. 내가 1차원적인 신고전주의적 자본 축적 모형(소위 생산함수 Y=F(K,L)과 완전경쟁 가정에 근거한)이 경제 구조와 재산관계를 적절하게 설명한다고 믿었다면 내 책은 800쪽이 아니라 30쪽으로 끝났을 것이다. 책이 그렇게 길어진 주된 이유는 내가 자본의 다차원적 변화와 이러한 변화들에 동반되는 복잡한 권력관계 및 재산관계를 (위에서 제시한 예들이 보여주듯) 설명하려 했기 때문이다. 나는 이 문제를 좀 더 명확하게 다루어야 했다. 이 중요한 점을 분명히 밝힐 기회를 준 수레쉬에게 감사한다.

특히 데이비드 그레월(19장)이 적절하게 지적했듯이《21세기 자본》3~6장에서 제시한 '자본주의의 두 가지 기본법칙'은 '데이터를 정리하는 방식'으로만 보아야 한다. '제1법칙'은 정의에 지나지 않는다. 자본주의의 첫 번째 기본 법칙은 자본소득이 차지하는 몫 α가 평균수익률 r과 자본/소득 비율 β의 곱으로 분해될 수 있다는 것이다. 이 법칙을 이야기한 목적은 그저 독자들이 기본 규모와 핵심개념들 사이의 논리적 관계(예를 들어 r이 5퍼센트, β가 6일 때 α는 30퍼센트)를 기억하도록 돕기 위해서다. 하지만 그렇다고 해도 책의 역사적 서술이 충분히 보여주듯이 자본은 기본적으로 다차원적이고, 수익률은 특히 제도적, 법적 환경, 소유자와 노동자 사이의 권력 균형 등에 따라 자산 유형, 사회, 시대 간에 크게 달라진다는 사실은 바뀌지 않는다.

요약하자면, 모형의 사용은 절제해야 하며(즉 정말로 필요할 때만 사용해야 하며) 모형의 역할이 과대평가되어서는 안 된다. 모형은 데이터를 정리하고 기본개념들 사이의 단순한 논리적 관계를 명확히 하는 데는 유용할 수 있다. 하지만 내가 보기에 분석의 진짜 핵심인(그리고 내 책의 핵심이라고 생각하는) 역사적 서술을 대체하지는 못한다. 실제 사회에서 역사적, 사회적, 정치적 과정들은 너무나 복잡하고 다차원적이어서 수학적 언어만으로는 적절히 설명할 방법이 없으며 주로 자연스러운 사회과학 언어를 사용해야 한다(때로는 문학과 영화 언어도 사용할 수 있다. 내가 시도했던 것처럼 문학과 영화는 수학적 언어와 마찬가지로 사회적, 역사적 사실을 이해하는 추가적이고 보완적인 방법으로 볼 수 있다).

'제2법칙'과 자본의 몫 증가에 관한 논의도 마찬가지다. 이 법칙에 따르면 자본/소득 비율 β는 특정 상황(자산의 상대가격에 변화가 없고 천연자원이 없는 경우)에서는 저축률과 성장률의 비율 s/g에 근접하는 경향이 있다. 가장 근거가 확실한 역사 자료에 따르면, 총자본/소득 비율과 자본이 차지하는 전체 몫은 함께 함께 움직이는 경향을 보인다. 즉 20세기 중반에는 둘 다 비교적 낮았으며, 19세기와 20세기 초반뿐 아니라 20세기 후반과 21세기 초반에는 둘 다 비교적 높았다. 총 생산함수와 완전경쟁 가정을 이용해야 한다면, β와 α가 장기적으로 함께 움직이는 경향을 설명할 수 있는 유일한 방법은 대체탄력성이 오랜 기간 동안 1보다 다소 크다고 가정하는 것이다(따라서 자본수익률 r이 β가 증가하는 폭보다 적게 떨어진다). 일반 추정치가 제시하는 탄력성은 더 낮지만(4장에서 데베쉬 데베쉬 레이벌이 적절하게 주장했듯이) 이는 보통 장기적인 추정치가 아니다. 또한 기술 변화와 새로운 형태의 기계, 로봇, 자본집약적 기술의 부상으로(8장에서 로라 타이슨과 마이클 스펜스가 설명한 방향대로) 시간이 지나면서 대체탄력성이 서서히 증가할 수도 있다.

그러나 나는 증거 혹은 적어도 장기적인 역사적 증거를 이렇게 해석하는 것을 선호하지 않는다. 아마 미래에는 로봇과 높은 자본/노동 대체탄력성이 중요할 것이다. 그러나 아직 현 단계에서는 주요 자본집약적 분야가 부동산이나 에너지처럼 좀 더 전통적인 분야들이다. 자본/소득 비율과 자본의 몫이 장기적으로 함께 움직이는 이유를 생각하기 위한 적절한 모형은, 시간에 따라 상대가격의 상당한 변동을 허용하고, 무엇보다 교섭력과 제도의 중요한 변화를 고려한 자본 축적의 다부문 모형Multisector Model이라고 생각된다.[22] 실제로 부동산 가격이 큰 폭으로 오르내리는 변동은 20세기 상반기에 그랬던 것처럼 최근 몇십 년간 총자본 가치의 변화에 중요한 역할을 했다.[23] 또한 이러한 변동의 원인은 지대통제정책들과 소유자와 임차인 간의 관계를 규정하는 그 외의 규정들, 경제지리학의 변화, 다른 분야에 비해 운송과 건설 산업에서 나타난 기술 변화의 속도를 포함한 제도적 요인과 기술적 요인이 복잡하게 섞인 것으로 볼 수 있다. 좀 더 포괄적으로 말하면, 20세기 말과 21세기 초에 자본의 가치와 자본의 몫이 둘 다 비교적 높았던 주된 원인은, 최근 몇십 년간 제도 및 법체계가 19세기와 20세기 초에 지배적이던 체제와 대략적으로 유사한 방식으로 자본 소유자(부동산 자본 소유자와 기업자본 소유자 모두)에게는 점차 더 유리해지고 임차인과 근로자들에게는 불리해졌기 때문이다. 반면 20세기 중반과 '사회민주주의 시대(1945~1980)' 동안 지배적이던 법과 제도는 임차인과 근로자에게 더 유리했다. 이는 당시에 자본 가치와 자본의 몫이 역사적 기준에 비해 상대적으로 낮았던 이유를 설명하는 데 도움이 될 수 있다. 그렇다고 생산함수와 대체탄력성의 변화가 중요하지 않다는 뜻은 아니다. 나는 이런 형태의 수학적 언어가 특정 개념 그리고 개념 간 논리적 관계를 명확히 하는 데 유용하다고 확신한다. 하지만 관찰된 변화를 설명하고 싶다면 그러한 개념들을 더 광범위한 사회-제도적 프레임워크와 역사적 서술에 통합시켜야 한다. 일부 경우에는 제도 변화가 기술 변화와 직접적으로 상호 작용하기도 한다. 9장에서 데이비드 와일이 분석한 노조의 쇠퇴와 '균열일터'로의 변화를 예로 들 수 있다.

마지막으로, r-g와 불평등 간의 관계 역시 마찬가지다. r과 g의 차이는 복잡한 일련의 역사적, 법적, 사회적 요인들에 의해 결정된다고 생각한다. 특히 자본수익률은 주로 교섭력과 변화하는 제도의 영향을 받는 반면 경제 성장률은 출산율과 혁신에 의존한다. 그리고 출산율과 혁신 자체는 광범위한 사회적 요인과 제도적 요인들에 의해 결정된다. 표준 경제 모형에서는 r이 항상 g보다 크다는 사실이 간단한 기술적 혹은 심리적 요인들에 의해 결정된다. 예를 들어 경제 성장의 표준적 왕조 모형$^{Dynastic\ Model}$에서는 평형상태의 자본수익률이 수정 '황금률'인 $r = \theta + \gamma\,g$로 나타나는 것으로 잘 알려져 있다(θ은 시간선호율, γ는 효용함수의 곡률). 예를 들어 $\theta = 3\%$, $\gamma = 2$, $g = 1\%$라면 $r = 5\%$가 된다. 이 프레임워크에서는 r〉g가 항상 성립하고 아마도 보편적인 심리 법칙들(즉, g가 0이라도 r이 양수가 되어야 하고, r〈g인 경우에는 효용을 극대화하는 시장 참여자가 미래소득으로부터 무한대의 자본을 빌려 r을 다시 g보다 높게 끌어올리려는 인간의 조급한 본성)을 기계적으로 따른다(r〈g이면 '이성적인 개인'은 미래 경제 성장률이 자본수익률, 즉 대출이자율보다 높으므로 돈을 마구 빌려와 사업을 벌이면 효용을 최대화할 수 있다는 걸 알고, 이러한 행위는 결국 자본에 대한 수요를 높여서 자본수익률을 다시 g보다 높게 끌어올릴 것이라는 의미로 보인다-옮긴이). 분명 이 모형들은 r이 g보다 큰 기본적인 심리적 이유의 일부를 역사적인 시계열 자료에서 포착한다. 하지만 전체적인 이야기는 그보다 훨씬 더 복잡하며 수익률과 성장률 모두에서 큰 역사적 변동이 있는 일련의 광범위한 제도적, 사회적 요인들이 관련되어 있다.

마찬가지로 곱셈적 충격이 있는 부 축적의 동적 모형은 r이 더 커지고 g가 더 낮아지면 부 집중의 정상상태 수준이 높아지는 이유를 이해하고 정량화하는 데 매우 유용할 수 있다. 예를 들어 마리아크리스티나 드 나디, 줄리오 펠라, 팽양이 14장에서 보여준 대로 자본수익률 상승의 영향과 인구증가율이나 생산성 증가율 하락의 영향이 완전히 대칭적이지는 않다. 하지만 이 모형들이 자본수익률, 경제 성장률, 불평등 동학 간의 관계가 대체로 모형의 범위 내에서 설명되지 않는 (그리고 공식적인 모형들이 거의 언급하지 않는) 광범위한 정치적, 법적 요인들에 의해 결정된다는 사실을 가려서는 안 된다.

금융자본과 문화자본:
마르크스와 부르디외 조화시키기

이제 자본의 다차원성이 지닌 또 다른 본질적 측면을 이야기하려 한다. 책 전체에서 나는 부의 계층과 노동소득 계층이라는 두 사회 계층을 구분했다. 물론 두 계층은 서로 밀접하게 관련되어 있고 일부 사회에서는 대체적으로 일치한다. 그러나 결코 정확하게 같지는 않다. 하위 50퍼센트(내 책의 프레임워크 내에서는 명확성을 기하고 시간과 공간별 비교를 위해 때때로 '하류층'이라고 표기했다), 중간의 40퍼센트('중산층') 그리고 상위 10퍼센트('상류층', 이 계층 내에서는 종종 최상위 1퍼센트 혹은 '지배층'을 구분했다)가 두 계층 중 무엇이 검토되는지에 따라 동일한 사회집단과 정확히 일치되지는 않기 때문이다. 많은 재산을 소유한 사람들은 일하지 않는 것이 자연스럽고 사회의 대부분을 지배하는 전통적인 세습사회에서처럼 때로는 두 계층이 완전히 다른 경우도 있다.

 무엇보다 각 사회에서 이 두 계층은 서로 매우 다른 지배 및 불평등 생성 메커니즘을 야기했는데, 이들 메커니즘은 잠재적으로 상호 보완적일 뿐만 아니라 그 효과가 누적되는 특성이 있다. 부의 계층은 이미 언급한 부동산자본, 사업자본, 금융자본 축적에 기여하는 여러 과정에 의해 결정된다. 여기에는 배치 및 투자 전략, 상속 규제, 재산제도, 금융시장과 부동산시장의 기능 등이 포함된다. 노동소득 계층은 급여 및 여러 다른 업무 지위 형성과 계약에 기여하는 규칙과 제도들, 기술과 관계의 불평등, 교육 체계의 기능, 그리고 좀 더 전반적으로 문화자본 계층에 분명히 의존한다. 또한 두 계층(간단히 말하면 금융자본 계층과 문화자본 계층)은 서로 다른 담론과 정당화 체계에 부합한다. 전통적인 세습적 불평등은 실력이나 문화적 우위를 최소한 지배의 주된 근거로 두려고 하지 않는다. 반면 현대의 불평등은 실력, 생산성, 장점에 근거한 이데올로기를 통해 스스로를 정당화하려 한다. '자격 없는 빈자'라는 오명 씌우기와 내가 '극단적 능력주의'[24]라고 부르는 개념에 근거한 이러한 정당화 체계는 고대에서 그 기원을 찾을 수 있다. 이는 중세시대에서, 어쩌면 노예제와 강요된 노동, 부유한 계층이 가난한 계층을 완전하고 단순하게 소유하던 관행이 시작된 시점까지 거슬러 올라갈 수도 있다(가난한 사람들이 단순 객체가 아니라 주체가 되면 다른 방법으로 소유돼야 한다).[25] 그러나 이런 정당화 체계는 근대에 최대로 확장되었다. 이 점이 특히 분명히 표현된 곳이 에밀 부트미Émile Boutmy의 놀라운 선언문이다. 부트미는 1872년에 파리정치대학(보통 시앙스포Sciences Po라고 불리는, 프랑스의 최고 엘리트 학교 중 하나)을 설립하고 학교의 미션을 다음과 같이 정했다. '다수의 규칙에 복종할 의무가 있는, 스스로를 상류층이라고 일컫는 계층은 오로지 가장 능력 있는 자의 권리를 들먹임으로써만 정치적 헤게모니를 유지할 수 있다. 전통적인 상류층의 특권이 무너지면서 민주주의의 물결은 두 번째 벽에 부딪힐 것이다. 그 벽은 대단히 유용한 재능, 명망을 가져오는 우월함, 분별 있는 사회라면 내칠 수 없는 능력에 기초한다.'[26]

21세기에 우리는 과거의 세습적이고 자본주의적인 불평등으로의 귀환과 문화자본, 상징적 자본에 근거한 극단적 지배 형태를 결합시킨 새로운 불평등주의 모형의 등장을 목격하고 있는가? 그리고 체계의 희생자들을 비난하고 있는 것인가? 아무튼 이것은 내가 《21세기 자본》에서 세운 가설 중 하나다. 나는 특히 오늘날 능력주의 담론이 지닌 커다란 위선을 언급했다. 예를 들어 하버드 대학교 학생들의 학부모 평균소득은 현재 미국에서 상위 2퍼센트의 평균소득에 해당된다. 프랑스에서는 대부분의 엘리트 교육 프로그램들이 그보다 거의 크지 않은 사회적 풀에서 학생들을 선발하며 평범한 배경의 학생들에게 개방된 프로그램들보다 이런 프로그램들에 서너 배 더 많은 공적 자원이 태연하게 투자된다.[27] 문화자본과 상징적 자본에 대한 이러한 특권적 접근 외에도 지난 몇십 년간 이 지배집단들은 노조의 약화와 효과적인 거부를 행사하지 못하는 재정정책에 힘입어 지나치게 많은 급여와 보너스를 받는 능력을 증대시켜왔다.[28]

최근 '기회의 평등' 프로젝트[29]의 맥락에서 라즈 체티와 사에즈가 수행한 연구는 미국에서 고등교육에 대한 접근성이 극도로 불평등함을 보여주었다. 대학에 진학할 확률이 부모의 소득이 하위 10분위에 속하는 아동은 겨우 20퍼센트인데 반해 부모 소득이 상위 10분위에 속하는 아동은 90퍼센트 이상을 나타내며 거의 직선적으로 증가했다. 공식적인 능력주의 담론이나 가치와의 간격이 엄청나다. 나는 고등교육 입학제도의 투명성 증가와 차별 철폐정책과 더불어 조기교육 수준에 대한 매우 평등주의적인 정책이 해결책의 일부라는 에릭 닐슨(7장)의 생각에 전적으로 동의한다.[30] 미국 교육제도의 극단적 불평등은 지난 몇십 년간 유럽과 일본보다 미국에서 소득 불평등이 훨씬 더 크게 증가한 이유를 설명하는 데 큰 역할을 할 것이라는 점에도 주목하기 바란다. 또한 마크 잔디(16장)와 살바토레 모렐리(17장)가 적절하게 강조했듯이 불평등 증가는 경제적 안정뿐 아니라 성장 잠재력의 관점에서도 장기적으로 수많은 악영향을 미칠 것으로 보인다.

금융자본과 문화자본이 미치는 영향의 이러한 결합은 새로운 무언가를 형성하는 것처럼 보인다. 특히 1914~1945년의 군사적, 정치적, 사회적 격변에 뒤이어 세습적 불평등의 역할이 줄어들었던 전후 시기와 비교하면 더욱 그러하다. 피에르 부르디외가 문화자본과 상징적 자본에 근거한 지배 형태를 분석한 것이 바로 이 시기(더 정확히 말하면 1960년대)였다. 이 개념들은 20세기 초에도 타당성을 잃지 않았다. 사실 그 반대였다. 간단히 말해 현재 이 자본들은 19세기 말과 20세기 초에 관찰된 것과 맞먹는 수준으로 부동산과 금융자본 수익과 결합돼 있다. 21세기의 생산과 권력 간의 관계를 이해하려면, 자본과 사회 계층 간의 불평등에 대한 정치경제학과 역사경제학을 발달시키기 위해 마르크스의 관찰 결과와 부르디외의 관찰 결과를 결합시켜야 할 것으로 생각된다.

불평등 체제에 대한
서구 중심의 접근방식을 넘어

이제 《21세기 자본》의 가장 중요한 한계라고 생각하는 부분, 즉 너무 서구 중심적이라는 문제에 대해 이야기하겠다. 이 한계의 원인은 부분적으로는 데이터 때문이다. 소득, 상속, 부에 대한 역사적 데이터는 서유럽, 북미, 일본의 경우가 세계 나머지 지역보다 월등히 많고 접근도 쉽다.《21세기 자본》이 세계적으로 성공을 거두면서(1장에서 아서 골드해머가 지적했듯이 총 판매부수의 약 3분의 1이 영어권에서, 다른 3분의 1은 영어가 아닌 유럽 언어권에서, 그리고 나머지 3분의 1은 아시아 언어권에서 팔려 전 세계적으로 비교적 균형 잡힌 판매량을 보였다) 얻은 긍정적 영향은 좀 더 접근하기 쉬운 재정 파일과 재무기록보관소를 만드는 개발도상국 정부와 조세 당국이 늘어났다는 점이다. 그 덕분에 브라질, 한국, 타이완, 멕시코, 칠레, 아이보리코스트 등 책을 쓰던 시점에 세계 부와 소득 데이터베이스 WID[31]가 다루지 못했던 많은 주요 국가들이 지금은 WID에 포함되었다(혹은 곧 포함될 예정이다). 또한 진행 속도가 매우 느리긴 하지만 남아프리카공화국, 인도, 중국 역시 더 많은 데이터를 공개했다.

좀 더 전반적으로 말하면, 사에즈가 강조한 것처럼(13장) 우리는 WID를 업데이트하고 확장하기 위해 항상 노력하고 있다. 우선 신흥국가 쪽을 확장하고 있으며 부와 소득의 분포에서 하위 부분과 최상위 부분 모두를 더욱 효과적으로 다루고 지금까지 적절하게 다루어지지 못한 불평등의 다른 차원들(15장에서 히더 부셰이가 적절하게 지적한 것처럼 내 책에 대체로 빠져 있는 성 불평등 문제 등)을 포함시키려 한다. 점점 더 많은 국가들을 다루게 되면 크리스토프 라크너와 브랑코 밀라노비치의 개척적인 연구를 따르고 확장하여 광범위한 지역 수준 혹은 심지어 세계적 수준에서 불평등 측정치들을 모을 수 있을 것이다. 앞으로 훨씬 더 발달된 세계 불평등 데이터베이스에 접근할 것이고 그러면 서구 중심의 접근방식에서 벗어나《21세기 자본》을 넘어서기가 훨씬 수월해질 것이다.

그러나 내 책이 지나치게 서구 중심적인 이유가 (분명 큰 부분이긴 하지만) 데이터 부족 때문만은 아님을 인정해야겠다. 서구 중심적, 심지어 유럽 중심적이었던 데는 부분적으로 더 심오한 이유들이 있다. 대체로《21세기 자본》은 20세기 서구의 불평등을 이야기하는 책이다. 이 책은 두 차례의 세계대전이 지난 수백 년간 축적된 불평등을 감소시키는 데 수행한 중요한 역할에 중점을 두었다. 또한 서구의 엘리트들, 특히 프랑스, 독일, 영국의 엘리트들이 제1차 세계대전 때까지 대체로 거부했던 재정개혁과 사회개혁을 받아들이도록 하는 데는 격렬한 정치적 충격과 전쟁, 혁명이 필요했고 결국 전후시기에 불평등의 폭이 장기간에 걸쳐 축소된 사실을 중점적으로 다루었다. 이것은 중요한 사실이며 인도건, 브라질, 남아프리카공화국 혹은 중국이건 나머지 세계에도(그리고 물론 오늘날의 미국에게도) 교훈을 준다. 하지만 이게 전부는 아니다. 서구 중심의 접근방식을 넘어서는 것이 중요하다. 가장 큰 이유는 불평등 체제가 세계의 다양한 지역에서 매우 다른 형태를 띨 수 있기 때문이다. 후기 아파르트헤이트 시대의 남아프리카공화국, 브라질 같은 전 노예 사회, 중동의 석유왕국들과 이슬람교 공화국들, 혹은 인도 같은 후기 카스트 사회에서 불평등의 기본 구조는 저마다 서로 다르다. 20세기에 유럽, 북미, 일본의 불평등 궤적에서 얻은 교훈은 다른 국가들의 불평등 동학을 이해하는 데 분명 유용하지만, 솔직히 말해 꼭 엄청나게 유용한 것은 아니다.

아무튼 관점을 바꿔 역질문을 던져보는 것이 중요하다. 서구 국가들은 불평등 체제와 관련해 다른 역사적 경험을 가진 국가들로부터 무엇을 배울 수 있을까? 서구의 지배적 이데올로기에 따르면, 현대 서구의 불평등은 근본적으로 다른 형태를 띤다. 즉 신분이나 인종이나 카스트가 기반이 된 과거의 불평등 체제(서구에서 대서양 혁명이 일어나기 전에 존재했고 아직도 비서구 국가에서 존재한다고 간주되는 불평등 체제)와 반대로 현대 서구에서는 불평등이 개인의 능력과 권리 및 기회의 평등에 근거한다고 여겨진다. 사실 이러한 신념에는 분명 강한 이기적 요소들이 있다. 서구의 부상은 폭력적 형태의 식민 지배와 강압(권리 및 기회의 평등과 거의 관계가 없는)과 함께 이루어졌고 현대의 초™능력주의적 담론은 종종 현실의 객관적 묘사라기보다 승자가 자신의 입장을 정당화하기 위해 사용하는 장치에 더 가까워 보인다. 뿐만 아니라 식민지 독립 후의 사회들은 대개 엄청난 노동시장 차별에 시달렸다. 유럽에서는 이슬람교도 이름을 가진 사람들을 차별했다. 서구에서는 인도 같은 국가가 성별이나 부모의 계급이나 소득을 기반으로 한 교육, 직업, 공직에의 접근성을 개선하기 위해 개발한 차별 철폐정책들을 흔히 경시한다. 분명 이 정책들이 완벽하지는 않다. 하지만 서구 국가들 역시 엄청난 성차별, 인종차별, 사회적 차별을 겪고 있고 이 어려운 문제들을 해결하는 방법에 있어서는 세계에 교훈을 줄 처지가 아니다. 반대로 서구 국가들은 인도나 세계 다른 지역들의 경험을 살펴보고 배워야 한다. 좀 더 전반적으로 말하면, 어느 국가든 불평등 체제를 연구하는 세계적인 역사적 접근방식을 채택할 경우 배울 점이 많다. 이 모든 이유로 보건대 불평등에 대한 서구 중심의 접근방식에서 벗어나고 《21세기 자본》을 뛰어넘는 것이 시급하다.

자본 규제와 제도 변화

글을 마무리하기 위해 내 책의 주된 약점 중 하나가 (지리적, 역사적 범위가 한정적이라는 점에 더해) 제도 변화를 불러오는 사회적, 정치적 상황과 그 상황들이 불평등 동학에 미치는 영향을 충분히 심도 깊게 분석하지 않은 것임을 한 번 더 이야기하겠다. 엘리자베스 제이콥스(21장)가 '피케티의 이야기에서 정치는 어디에나 있고 어디에도 없다'라는 말로 적절하게 관찰했듯이, 사회적 규범과 정치적 결과의 변화들은 종종 내 분석 밖에 있는 것처럼 보인다. 나는 표상과 신념 체계의 변화에 단기 변화와 장기 변화가 모두 포함됨을 보여주려 했다. 더 많은 탐구를 해나갈수록 정치적 변화를 더 효과적으로 분석할 수 있으리라 믿는다.

나는 특히 불평등과 경제에 대한 인식에 있어 격렬한 정치적 충격(전쟁, 혁명, 경제 위기)의 역할뿐 아니라 장기적인 학습곡선의 역할과 국가적 정체성의 교차효과도 강조했다. 1920년대 초 프랑스 공화국 역사에서 가장 우익적인 의회 중 하나였던 국민연합은 부자들에 대한 최고로 무거운 누진세 부과를 가결했다(최고 소득자에 대한 세율이 60퍼센트에 이르렀다). 그런데 1914년 여름이 오기 전 최고 세율 2퍼센트의 소득세 채택을 완강히 반대했던 것도 바로 동일한 정치집단이었다. 소수의 지주들이 혁명을 거치며 당시 엘리트층의 지배 이데올로기에 따라 평등주의자가 된 국가 프랑스는 (귀족적이고 불평등주의적인 영국과 달리) 누진적이고 강탈적인 세금이 필요 없다는 이데올로기가 이를 거부하는 데에 혹은 적어도 이런 거부를 정당화하는 지적 체계에 중요한 역할을 했다. 그러나 상속 데이터는 1914년에 프랑스의 자본 집중도가 같은 시대의 영국이나 심지어 1789년의 프랑스에서 관찰되던 것과 그리 다르지 않은 극단적 수준에 이르렀음을 분명히 보여준다. 자본의 성격은 완전히 바뀌었지만(재산이 토지 기반이던 데서 부동산, 제조업, 금융, 국제적 형태가 되었다) 집중도는 혁명 직전과 거의 다르지 않았다. 이는 재산법과 시장 앞의 형식적 평등이 실질적 평등 그 자체로 이어지기에는 충분하지 않다는 분명한 증거다. 1920년대 초 프랑스의 공화주의자 엘리트들은 좋건 나쁘건 세제 누진성과 관련된 견해를 단순히 전쟁이 인간과 재정에 미친 영향 때문에 완전히 바꾼 건 아니었다. 볼셰비키 혁명과 사회 운동도 정치적, 지적 지평을 완전히 변화시켰다.

나는 1980년대의 신보수 혁명들이, 1970년대의 금융 위기와 전쟁 후 나타났던 예외적 성장의 종료뿐 아니라 아마도 특정 국가들이 지도적 입장을 잃는 데 대한 두려움, 혹은 적어도 전쟁에서 패한 국가들이 따라잡을 것이라는 두려움 때문에도 일어났음을 보여주려 했다. 이런 두려움은 미국과 영국에서 특히 두드러졌고, 로널드 레이건과 마거릿 대처는 대공황과 제2차 세계대전이 끝날 무렵 간섭주의자들이 도입한, 불평등을 완화시키는 사회적 국가 및 재정국가의 요소들에서 벗어나 순수 자본주의로의 복귀를 선언하는 데 이 두려움을 어떻게 이용할지 알고 있었다.

그러나 이런 변화에서 장기적인 지하운동의 역할을 더 강력히 강조해야 했던 것은 분명하다. 예를 들어 19세기 말과 20세기 초에 일어났던 누진세에 관한 이념적 논의의 역할이 과소평가되어서는 안 된다. 이 논의들은 많은 면에서 이후의 발전 토대를 마련했기 때문이다. 그럼에도 불구하고 전쟁, 혁명, 사회운동이 없었다면 프랑스와 다른 국가들의 정치적, 경제적 엘리트들은 누진성을 향한 어떤 중대한 움직임에도 반대하기 위해 설득 기술과 언론에 대한 영향력을 계속 써먹었을 것이다. 20세기 유럽 사회의 특징인 불평등과 극도의 사회적 긴장이 민족주의의 상승과 전쟁 발발 자체에 기여했을 수 있다는 생각은 터무니없지 않으며, 이 요소들이 지난 수십 년 동안의 자본 축적과 분배의 사회경제적 동학과 무관하다고 생각해서는 안 된다.

지난 몇 세기 동안 불평등의 역사에서 금융 위기, 혁명, 사회운동들이 수행한 본질적인 역할을 감안하면 같은 요소들이 미래에도 같은 영향을 미칠 것이다. 사회적 국가와 재정국가의 도래는 20세기 자본주의 체계의 논리를 크게 바꾸는 기본 사회적 권리 체계의 발달을 가능케 했는데, 이것이 평화로운 선거 과정의 산물은 아니었다. 내 책에서는 사회 운동과 정치적 반전이 미래에 어떤 형태를 띨 것인지를 다루진 않았지만 나는 이들이 본질적인 역할을 할 것으로 보고 논의를 진행했다. 나는 또한 경제적 지식의 민주화가 경제와 사회의 전체적인 민주화 절차에 도움이 될 수 있기를 바란다. 그리고 내가 지지하는 경제적, 재정적 민주주의 프로젝트는 정치적 대표 체계의 변화 없이는 완전히 성취될 수 없다는 점도 강조해야겠다. 민주적 제도는 계속 재구성되어야 한다. 예를 들어 현재 유럽 제도의 프레임워크 내에서는 유럽 수준에서 재정정의정책들을 시행하기가 엄밀히 말해 불가능하다. 그 이유는 간단하다. 재정적 결정들이 만장일치 규칙에 따라 내려지기 때문이다. 지역적 수준과 유럽 수준 모두에서 구체적인 민주주의 구성에 대한 논의가 필수적인 것은 이 때문이다.[32]

내 책의 또 다른 주요 한계점은 소유 형태 자체가 변화해나갈 방식을 충분히 심도 깊게 분석하지 않았다는 점이다. 나는 사회적 국가와 그 권리 체계뿐 아니라 소득과 자본에 대한 누진세를 무엇보다 강조했다. 자본에 대한 누진세를 적절히 적용하면 자본주의와 사유재산을 비교적 심도 있게 극복할 수 있다는 점을 언급해야겠다. 자본에 대한 누진세는 사유재산을 영구적 현실이 아니라 일시적인 것으로 바꾸기 때문이다. 특히 높은 세율(예를 들어 매년 5퍼센트나 10퍼센트 혹은 재생산율과 사회적 목표에 따라 그보다 더 높은 수준)을 부과할 수 있는 매우 상당한 규모의 재산일 때 더욱 그러하다. 이 세금은 많은 면에서 영구적인 농지개혁과 맞먹는다. 뿐만 아니라 자본에 대한 진정한 누진세에 동반될 금융투명성은 자본주의의 민주주의적 재전유reappropriation에 중요한 방식으로 기여할 것이다. 마지막으로, 나는 앞으로 사유재산(봉급생활자들이 경제적 세력의 행사에 참여하면서 그 자체로 민주화될 것이다)과 공공재산(수많은 분야에서 계속해서 역할을 해야 한다. 하지만 공공부채가 빈약한 공적자산을 초과할 때는 쉽지 않다) 사이에 놓인 소유와 참여 거버넌스의 새로운 형태가 개발될 수 있는 방식(예를 들어 교육, 의료, 심지어 언론에서)들은 충분히 검토하지 않았다.[33]

내 책의 마지막 장은 이렇게 끝을 맺는다. '회계와 금융의 실질적인 투명성 그리고 정보의 공유 없이는 경제민주주의란 불가능하다. 반대로 기업의 의사 결정에 개입할 실질적인 권리(이사회에 노동자에게 자리를 내어주는 것을 포함하여)가 없는 한 투명성은 아무 소용이 없다. 정보는 민주적 제도를 뒷받침해주는 것으로서, 그 자체가 목적은 아니다. 언젠가 민주주의가 자본주의에 대한 통제권을 다시 획득하려면, 민주주의와 자본주의를 구현한 구체적인 제도들이 끊임없이 재구성되어야 한다는 사실을 깨닫는 데서부터 시작해야 할 것이다.'[34] 그 앞의 장들에서 이 새로운 형태들을 좀 더 철저히 검토하지 않았다는 사실은 분명 내 책이 기껏해야 21세기 자본 연구의 입문서에 그친 주된 이유일 것이다. 불완전하기는 하지만 이 연구가 경제학과 사회과학 사이의 점진적인 화합을 향한 긴 여정에 조금이나마 앞으로 나아가는 데 도움이 될 수 있길 바란다.

두 자본론 이야기

강남규 《중앙 SUNDAY》 기자

벌써 4년이 됐다. 2013년 토마 피케티가 《21세기 자본 Capital in the Twenty-First Century》을 발표했다. 지금도 그 순간의 기억이 생생하다. 글로벌 경제를 담당하는 기자로서 영문 제목을 보며 시큰둥했다. '《21세기 자본》이라…… 카를 마르크스 《자본론 Das Kapital》에 대한 기억을 되살리는 데는 도움 되겠네'라고 입속으로 중얼거렸다. 마르크스 《자본론》은 신자유주가 승리의 찬가를 부른 1980년 이후 거의 한 세대 동안 잊힌 책이나 마찬가지여서다. 또 피케티의 《21세기 자본》이 잘 팔릴 것 같지 않아 보였기에 나온 반응이기도 했다.

그런데 전혀 딴판이었다. 세상의 반응이 뜨거웠다. 피케티의 《21세기 자본》은 불티나게 팔려 나갔다. 《자본론》이란 말만 들어도 화들짝 놀라곤 했던 경제학자나 정책 담당자들마저도 피케티의 책 이름을 입에 올리기 시작했다. 관심 정도가 아니라 패션이 됐다. 무명이었던 피케티는 단숨에 스타가 됐다.

피케티의 성공은 역사 속 한 순간으로 우리를 이끈다. 2017년 기준으로 정확히 150년 전인 1867년, 마르크스의 《자본론》이 세상에 나왔다. 그의 고국 독일에서다. 그는 독일 황제의 판매 금지나 주류 경제학계의 매서운 비판을 예상했다. 아니, 어쩌면 내심 기대했으리라. 하지만 《자본론》에 대한 반응은 거의 없었다. 고요 그 자체였다. 글 쓰는 사람에게 세상의 무관심만큼 무서운 것이 있을까. 참담한 결과였다. 《자본론》은 마르크스가 혁명가로서 패배를 곱씹으며 10년 가까이 대영박물관과 도서관에서 연구한 결과물이었다. 마르크스와 피케티의 책은 공통으로 '자본'이란 용어를 앞세웠지만 세상의 반응은 데칼코마니가 아니었다.

피케티에게는 또 다른 행운이 다가오고 있다. 초기의 인기가 다 가라앉기도 전에 그의 이론과 주장에 대한 체계적인 분석이 나왔다. 바로 독자 여러분이 지금 펼쳐 든《애프터 피케티》다. 경제학자들이 피케티가 제시한 화두에 내놓은 답들이다. 25명에 이르는 저자군은 그저 그런 이들이 아니다. 노벨경제학상 수상자인 폴 크루그먼처럼 이름만으로도 '아! 그 사람'이라고 반응할 만한 인물들이다.

그들이 피케티를 논하는 태도가 사뭇 진중하다. 이마저도 150년 전 마르크스는 누려보지 못한 행운이다.《자본론》이 발표된 지 몇 해가 흐른 뒤 나온 학계 반응은 터무니없기 짝이 없었다. 책을 제대로 읽거나 이해하고 내놓은 비판이 아니었다. 이후 한 세기 넘게 흐른 역사 덕분에 지식인 사회가 성숙해진 것일까. 피케티를 대하는 경제학자들의 태도가 한결 어른스럽다.《애프터 피케티》는 진정한 비평이 무엇인지 보여준다.

《애프터 피케티》는 크게 5부로 구성돼 있다. 1부에선 피케티 현상을 다룬다. 150년 전 마르크스가 경험하지 못한 세상의 환대와 반대가 체계적으로 정리돼 있다. 2부는 매우 이론적이다.《21세기 자본》개념의 의미나 이론적인 구조가 자세히 설명돼 있다. 무엇보다 불평등의 원인을 다룬 로라 타이슨과 마이클 스펜스의 글이 내겐 재미있었다. 3부에선 불평등의 정도가 어느 정도인지를 놓고 학자들이 갑론을박한다. 이어지는 4부에서는 경제 영역에서 만들어진 불평등을 유지시키는 정치적·법률적 장치들을 분석해 나간다. 이 책의 완성도와 매너는 5부에서 드러난다. 피케티의 변명이 충실하게 반영돼 있어서다.

기자로서 나는 최근, 연구기금과 회사의 지원으로 런던정치경제대학LSE 경제사 과정에서 석사 과정을 밟는 행운을 누렸다. 그 기억이 채 가시지 않은 탓인지,《애프터 피케티》를 보며 피케티 관련 논문을 쓰는 데 이 책이 아주 요긴하겠다는 생각이 들었다. 대중뿐 아니라 경제학을 공부하거나 연구하는 사람에게도 참고문헌으로서 가치가 높다는 얘기다. 또한 한 저자의 논리를 어떻게 대하고 비판해야 하는지를 보여주는 교범이 될 수 있을 듯하다.

넉 달간의 분투기

U&J (유엔제이)

번역 작업이란 산 하나를 넘는 것과도 같다. 경력이 많든 적든, 매번 새 책을 만날 때는 책에 담긴 내용은 물론이고 저자의 스타일, 성격, 사고의 폭과 깊이, 하다못해 그가 살아온 배경에까지도 온 마음과 정신을 열어야 한다. 그래서 절대 어떤 책도 허투루 대충 임할 수 없는 게 이 일이다.

이 책《애프터 피케티》는 아마도 우리 역자들 모두에게, 이제껏 올랐던 산 중에 가장 힘든 산으로 기억될 것이다. 마침내 성공적으로 하산하기까지, 우여곡절과 힘듦에 있어서 당장 비교대상이 떠오르지 않을 만큼 어려운 여정이었다. 제목이 모든 것을 말해주듯, 이 책은 세계적 베스트셀러 토마 피케티의《21세기 자본》을 기본 텍스트로 각각의 영역에서 내로라하는 학자들이 난상토론을 펼치는 지적 향연이다. 무려 25명의 저자들이 '과연 피케티는 옳았는가'라는 주제로《21세기 자본》출간 이후 3년간의 세계 동향을 살펴 옳고 그름을 따져본다. 누군가 우스갯소리로 정의했듯이 "내가 피케티를 알려주마"라는 자부심이 차고 넘친다.

유엔제이는 이미 피케티의《21세기 자본》을 번역하고 프랑스어 감수까지 마친 바 있다. 그 외에도 경제경영 및 인문사회 분야의 베스트셀러도 다수 번역한 경력을 갖고 있다. 그래서 처음에는 당연히 그 정도의 각오면 충분하리라 생각했다. 하지만 정치경제는 물론, 지리학, 통계학, 법학, 사회복지, 페미니즘 등 다양한 분야의 대가들이 자신의 이름을 걸고 연구한 소논문들이 버티고 있었다. 각 영역의 기본 개념을 이해하지 않고서는 이들의 전개를 좇아갈 수 없었다. 각각의 장이 마치 각각의 전공서처럼 느껴졌다.

번역이 시작됐고, 피케티의 언어라면 얼마간 자신 있어 하던 피케티 팀이 먼저 손을 들었다. 나름 일가견 있는 역자들이 차례차례 투입되고 나가기를 반복하면서 작업은 더디게 더디게 진행됐다. 전문적 내용이 너무 깊이 들어가는 장은 전공자의 자문이 추가되었고, 그중에는 현지에서 저자의 수업을 들었던 제자도 있다. 관련 저자들의 강의 동영상도 구할 수 있는 건 모두 가져다 참고했다. 저자들의 출신이 다양하다 보니, 내용의 깊이만큼이나 각 저자가 구사하는 영어 또한 제각각이라는 것도 난관이었다. 마치 암호를 해독하듯 역자들이 합심해 문법을 따져보고 내용을 유추해내기도 여러 번, 그룹 스터디가 따로 없는 현장이랄까.

끝나지 않을 것 같았던 엄청난 과제를 결국엔 마무리한다. 지금까지 이 작업에 투입돼 크고 작은 도움을 주신 역자와 전공자들께 감사 인사를 드린다. 그리고 몇 문장의 이해를 위해 기꺼이 시간을 내주신 교수님들께도 감사한다. 또한 각 장의 번역에서 주요 용어와 개념을 정리하고, 참고 사항을 업데이트하며 페이스메이커 역할을 해준 U&J 번역지원팀에게도 감사한다.

유엔제이의 15명 역자들이 나름의 역량을 총동원했지만, 그럼에도 우리가 놓쳤거나 이해가 부족했던 부분은 분명 있을 것이다. 그것이 최소한이기를 바라며, 이 세계적인 학자들의 최첨단 연구 지식을 전달하는 데 작게나마 한몫한 것을 보람으로 생각한다. 독자 여러분에게도 21세기의 세계를 이해하고 통찰하는 데 믿음직스러운 필독서가 되었으면 좋겠다.

|주|

서문

1. Thomas Piketty, *Capital in the Twenty-First Century*, trans. Arthur Goldhammer (Cambridge, MA: Belknap Press of Harvard University Press, 2014).

2. 부에 관련해 다음을 참조하라. Thomas Piketty and Gabriel Zucman, "Capital Is Back: Wealth- Income Ratios in Rich Countries, 1700 – 2010," *Quarterly Journal of Economics* 129, no. 3 (August 1, 2014): 1255-1310, doi:10.1093/qje/qju018.

3. Thomas Piketty, Thomas, Emmanuel Saez, and Gabriel Zucman (2016) "Distributional National Accounts: Methods and Estimates for the United States," working paper, http://gabriel-zucman.eu/files/PSZ2016.pdf.

4. Piketty, *Capital*, 571, Kindle location 10107.

5. John Maynard Keynes, *The General Theory of Employment, Interest, and Money* (New York: Harcourt Brace Jovanovich, 1953), 376.

6. Robert J. Gordon, *The Rise and Fall of American Growth: The U.S. Standard of Living since the Civil War* (Princeton, NJ: Princeton University Press, 2016).

7. Matthew Rognlie, "A Note on Piketty and Diminishing Returns to Capital," working paper, 2014.

8. Tyler Cowen, "Capital Punishment," *Foreign Affairs*, June 2014, https://www.foreignaff airs.com/reviews/review-essay/capital-punishment.

9. Daron Acemoglu and James Robinson, "The Rise and Decline of General Laws of Capitalism," *Journal of Economic Perspectives* 29, no. 1 (Winter 2015): 9.

10. Allan Meltzer, "The United States of Envy," in *Defining Ideas: A Hoover Institution Journal*, April 17, 2014, http://www.hoover.org/research/united-states-envy.

11. Anne Case and Angus Deaton, "Rising Morbidity and Mortality in Midlife among White Non-Hispanic Americans in the 21st Century," *Proceedings of the National Academy of Sciences* 112, no. 49 (December 8, 2015): 15078 – 15083, doi:10.1073/pnas.1518393112.

12. Derek Neal and Armin Rick, "The Prison Boom and the Lack of Black Progress after Smith and Welch," NBER Working Paper No. 20283 (2014), http://home.uchicago.edu/~arick/prs_boom_201309.pdf.

13. Richard V. Reeves and Kimberly Howard, "The Glass Floor: Education, Downward Mobility, and Opportunity Hoarding," Brookings Institution (November 2013), http://www.brookings.edu/~/media/research/files/papers/2013/11/glass-floor-downward-mobility-equality-opportunity-hoarding-reeves-howard/glass-floor-downward-mobility-equality-opportunity-hoarding-reeves-howard.pdf.

14. Nelson Schwartz, "In an Age of Privilege, Not Everyone Is in the Same Boat," *New York Times*, April 23, 2016,
http://www.nytimes.com/2016/04/24/business/economy/velvet-rope-economy.html?em_pos=arge&emc=edit_nn_20160426&nl=morning-briefing&nlid=74144564.

15. Arthur M. Okun, *Equality and Efficiency: The Big Tradeoff*, 2nd ed. (Washington, DC: Brookings Institution Press, 2015).

16. Thomas Piketty, "Putting Distribution Back at the Center of Economics: Reflections on Capital in the Twenty-First Century," *Journal of Economic Perspectives* 29, no. 1 (Winter 2015): 75–76.

1장 피케티 현상

이 글을 쓰는 데 도움이 된 논의를 제공한 니콜라스 버레이어, 마크 블라이스, 개리 거슬, 알렉스 구레비치, 데이비드 그레월, 피터 홀, 데버라 마벳, 노암 매거, 이안 말콤, 제드디아 퍼디, 조지 로스, 월트로드 슈켈레, 윌리엄 시슬러 그리고 마이클 재킴에게 감사한다. 이 글의 초기본은 2014년 11월 몬트리올 대학Université de Montreal에서 출간됐는데, 이 글이 출간되도록 도움을 준 피에르 마르탱과 조지 로스에게 감사를 드린다.

1. 판매 부수는 하버드 대학 출판부에 의한 근사치다.

2. 피케티는 중국, 일본, 인도, 남아프리카 공화국, 아르헨티나를 포함한 세계 여러 국가에서 자신의 저작을 소개했다. 한번은 여권에 도장을 찍을 자리가 없어 국경 요원들이 그의 탑승을 거부하는 바람에 여행이 지연되기도 했다.

3. http://www.bloomberg.com/bw/articles/2014-05-29/businessweeks-thomas-piketty-cover-how-we-made-it.

4. Craig Lambert, "The 'Wild West' of Academic Publishing," *Harvard Magazine*, January–February 2015, http://harvardmagazine.com/2015/01/the-wild-west-of-academic-publishing. *Business Week*, May 29, 2014, cover, http://www.businessweek.com/printer/arti-

cles/203578-pikettys-capital-an-economists-inequality-ideas-are-all-the-rage.

5. Chris Giles, "Piketty Findings Undercut by Errors," *Financial Times*, May 23, 2014, http://www.ft.com/intl/cms/s/2/e1f343ca-e281-11e3-89fd-00144feabdco.html#axzz3mfDs2OBq. 하지만 피케티의 반격은 자일스의 비판을 효과적으로 제압했다. 피케티 연구에 관한 보다 본질적인 비판들이 있는데, 그중 가장 주목할 만한 것은 Matt Rognlie, "Deciphering the Fall and Rise in the Net Capital Share," *Brookings Papers on Economic Activity*, March 19, 2015, http://www.brookings.edu/about/projects/bpea/papers/2015/land-prices-evolution-capitals-share, 그리고 Odran Bonnet et al., "Capital Is Not Back," Vox EU, June 2014, http://www.voxeu.org/article/housing-capital-and-piketty-s-analysis이다.

6. Andrew Hill, "Thomas Piketty's *Capital* Wins Business Book of the Year," *Financial Times*, November 11, 2014, http://www.ft.com/intl/cms/s/0/b9e03c5c-6996-11e4-9f65-00144feabdco.html.

7. 사적인 대화

8. 사적인 대화

9. 사적인 대화

10. Thomas Piketty, *Les hauts revenus en France au 20e siècle: Inégalités et redistribution, 1901–1998* (Paris: B. Grasset, 2001). 800페이지에 달하는 이 작품은《21세기 자본》이 성공을 거둠에 따라 영어로 번역됐다.

11. Jordan Ellenberg, "The Summer's Most Unread Book Is⋯," *Wall Street Journal*, July 3, 2014, http://www.wsj.com/articles/the-summers-most-unread-book-is-1404417569.

12. http://www.dailymotion.com/video/xgs61l_hollande-piketty-et-la-revolution-fiscale-1-2_news.

13. Olivier J. Blanchard, "The State of Macro," NBER Working Paper No. 14259 (August 2008), http://www.nber.org/papers/w14259.

14. O. Blanchard, G. Dell'Ariccia, and P. Mauro, "Rethinking Macroeconomic Policy," IMF Staff Position Note (February 12, 2010), https://www.imf.org/external/pubs/ft/spn/2010/spn1003.pdf.

15. Paul Krugman, "The Profession and the Crisis," *Eastern Economic Journal* 37, no. 3 (May 2011): 307–312, http://www.palgrave-journals.com/eej/journal/v37/n3/full/eej20118a.html.

16. Thomas Piketty and Emmanuel Saez, "Income Inequality in the United States, 1913–1998," *The Quarterly Journal of Economics* 118, no. 1 (February 2003); Thomas Piketty and Emmanuel Saez, "The Evolution of Top Incomes: A Historical and International Perspective," *American Economic Review: Papers and Proceedings* 96, no. 2 (May 2006): 200–205.

17. 미국진보센터Center for American Progress에서 한 연설에서, 오바마 대통령은 미국에서의 '위험스런 불평등의 증가와 상승이동upward mobility의 부재'를 지적했고, 이를 '우리 시대

의 분명한 도전'이라고 불렀다. 그는 "다음 1년간 그리고 남은 대통령 임기 동안 나의 행정부는 이에 관해 모든 노력을 집중할 것입니다"라고 약속했다. Barack Obama, "Remarks by the President on Economic Mobility" (speech, Washington, DC, December 4, 2013), https://www.whitehouse.gov/the-press-office/2013/12/04/remarks-president-economic-mobility.

18. Lawrence H. Summers, "The Inequality Puzzle," *Democracy*, no. 33 (Summer 2014), http://www.democracyjournal.org/33/the-inequality-puzzle.php?page=all.

19. Eugene Robinson, "Elizabeth Warren Makes a Powerful Case," *Washington Post*, October 20, 2014, https://www.washingtonpost.com/opinions/eugene-robinson-elizabeth-warren-makes-the-case-on-income-inequality/2014/10/20/ba54c68e-588a-11e4-8264-deed989ae9a2_story.html.

20. Eric Alterman, "Inequality and the Blind Spots of the Democratic Party," *The Nation*, May 14, 2015, http://www.thenation.com/article/bill-de-blasio-crisis-inequality-and-blind-spots-democratic-party/.

21. Lawrence Mishel, "Chair Yellen Is Right: Income and Wealth Inequality Hurts Economic Mobility," Economic Policy Institute, Working Economics Blog, http://www.epi.org/blog/chair-yellen-income-wealth-inequalities/.

22. Alan B. Krueger, "The Rise and Consequences of Inequality in the United States," speech (January 12, 2012), https://www.whitehouse.gov/sites/default/files/krueger_cap_speech_final_remarks.pdf.

23. Raj Chetty, Nathaniel Hendren, Patrick Kline, Emmanuel Saez, and Nicholas Turner, "Is the United States Still a Land of Opportunity? Recent Trends in Intergenerational Mobility," NBER Working Paper No. 19844, http://www.nber.org/papers/w19844: "우리는 등급을 기준으로 한 세대 간 이동을 다룬 이 모든 조사는 오랜 동안 크게 바뀌지 않았다고 생각한다. 예를 들어 소득분배에 있어 하위 5퍼센트에 속하는 부모를 둔 아이들이 상위 5퍼센트에 이를 가능성은 1971년에 태어난 아이들의 경우 8.4퍼센트인데 비해 1986년에 태어난 아이들은 9.0퍼센트로 나타났다. 1984년 최고소득을 올리는 가정에서 태어난 아이들이 대학에 입학할 가능성은 최저소득 가정에서 태어난 아이들보다 74.5퍼센트 포인트 높았다. 1993년 최고소득 수준의 가정에서 태어난 아이들의 대학 진학 가능성은 69.2퍼센트 포인트로 나타났는데, 이는 최근 동일 집단에서 세대 간 이동이 약간 증가했다는 사실을 반영하고 있다. 게다가 미국 9개 인구조사기관 각각의 결과에 의하면, 이동의 정도가 매우 다르긴 하지만 세대 간 이동은 오랜 동안 매우 안정적인 상태를 유지하고 있다." 그럼에도 위 작가들은 불평등이 증가하면서 "부모가 자식에게 '태어날 때부터 물려준 부'의 중요성은 과거보다 지금이 더 크다"는 점을 강조한다.

24. Jerome Karabel, *The Chosen: The Hidden History of Admission and Exclusion at Harvard, Yale, and Princeton* (New York: Houghton Mifflin Harcourt, 2005).

25. Nicholas Lemann, *The Big Test: The Secret History of American Meritocracy* (New York: Farrar, Straus and Giroux, 2000).

26. Theda Skocpol and Vanessa Williamson, *The Tea Party and the Remaking of American Conservatism* (New York: Oxford University Press, 2012).

27. Branko Milanovic, "The Return of 'Patrimonial Capitalism': A Review of Thomas Piketty's *Capital in the Twenty-First Century*," *Journal of Economic Literature* 52, no. 2 (2014): 1–16.

28. *The Economist*, May 2014.

29. Thomas Edsall, "Capitalism vs. Democracy," *New York Times*, January 28, 2014, http://www.nytimes.com/2014/01/29/opinion/capitalism-vs-democracy.html.

30. Krugman, "Why We're in a New Gilded Age," *New York Review of Books*, May 8, 2014. (Krugman's article is Chapter 3 in this volume.)

31. Robert M. Solow, "Thomas Piketty Is Right," *New Republic*, April 22, 2014 (Chapter 2, this volume).

32. Lambert, "The 'Wild West,'" n. 3.

33. Thomas Piketty, *Capital in the Twenty-First Century*, trans. Arthur Goldhammer (Cambridge, MA: Belknap Press of Harvard University Press, 2014), 32, 15.

34. Thomas Edsall, "Thomas Piketty and His Critics," *New York Times*, May 14, 2014, http://www.nytimes.com/2014/05/14/opinion/edsall-thomas-piketty-and-his-critics.html.

35. James K. Galbraith, "*Kapital* for the Twenty-First Century?," *Dissent*, Spring 2014, https://www.dissentmagazine.org/article/kapital-for-the-twenty-first-century.

36. Timothy Shenk, "Apostles of Growth," *The Nation*, November 5, 2014, http://www.thenation.com/article/apostles-growth/.

37. 두 번째 강연은 하버드 대학 로스쿨에서 이루어졌고, 해설자 중 한 사람이 법학 교수였다는 점을 주목해야 한다. 듀크 대학 로스쿨의 제드디아 퍼디와 예일 대학의 데이비드 그루얼의 논평에서 보듯이, 피케티 저서에 관한 법학자들의 관심이 높았다. 퍼디의 논평은 *Los Angeles Review of Books*, April 24, 2014, 그루얼의 논평은 *Harvard Law Review* 128, no. 626 (December 10, 2014) 참조.

38. 이 부분에 관해선 노암 메거에게 감사 드린다.

39. Krugman, "New Gilded Age."

40. *Lire Le capital de Thomas Piketty*, special issue, *Annales: Histoire, Sciences sociales* 70, no. 1 (January–March 2015): 5.

41. Nicolas Delalande, "Vers une histoire politique de capital?," *Annales: HSS* 70, no. 1 (January–March 2015): 50.

42. Alexis Spire, "Capital, reproduction sociale et fabrique des inégalites," *Annales: HSS* 70, no. 1 (January–March 2015): 61.

43. Piketty, *Capital*, 573.

44. Spire, "Capital," 63.

45. Nancy Partner, "*Les mots et les choses* and Beyond," paper delivered at a colloquium on the work of Michel Foucault at Harvard's Center for European Studies, April 17 – 18, 2015.

46. 《21세기 자본》이 성공을 거둔 뒤, 하버드 대학 출판부는 단독으로 피케티의 초기 저작과 불평등경제학의 선구자인 앤서니 앳킨슨 의 저서를 출간했고, 피케티 평론가인 브랑코 밀라노비치의 출간도 계약했다. 이런 작품들을 출간하면서 하버드 대학 출판부는 (대학 편집부 부장 윌리엄 시슬러와 나눈 사적인 대화에 의하면) "'불평등 관련 서적'에 관한 최고의 위치"에 올라서게 된다. 피케티의 저서 번역가인 나는 몇몇 출판업자로부터 불평등에 관해 연구 중인 피케티 이외의 프랑스 경제학자나 사회과학자를 알고 있느냐는 질문을 받았다. 앞서 언급했듯이 피케티의《20세기 프랑스의 고소득*Les hauts revenues en France au 20ème siècle*》은 이미 번역된 상태였다. 불평등이라는 분야가 이처럼 '뜨거운' 관심을 받게 된 것은 피케티의 성공 덕분이라는 사실에는 의문의 여지가 없다.

47. 저우는 유명한 연설을 할 당시, 자신이 프랑스 혁명이 아닌 1968년 파리 폭동의 정치적 결과에 관해 질문받고 있다고 확신했다.

48. Galbraith, "*Kapital.*"

49. Peter Spiegel, "EU Agrees Laws to End Banking Secrecy," *Financial Times*, October 14, 2014, http://www.ft.com/intl/cms/s/o/oca39924-53b3-11e4-929b-00144feab7de.html#axzz3mfDs2OBq 등 참조.

50. Piketty, *Capital*, 570.

4장 《21세기 자본》의 모델, 무엇이 잘못됐나?

이 장에 있는 모든 의견과 결론은 작가의 것이다. 미겔 레온-레드스마, 에릭 닐슨, 에즈라 오버필드, 데이브 슈미트, 마샬 스테인바움, 네이션 윌슨의 논평에 감사드린다.

1. Robert M. Solow, "A Contribution to the Theory of Economic Growth," *Quarterly Journal of Economics* 70, no. 1 (1956): 65-4; Trevor W. Swan, "Economic Growth and Capital Accumulation," *Economic Record* 32, no. 2 (1956): 334-361.

2. 크루셀과 스미스는 피케티가 가정하는 일정한 순 저축률을 비판하고, 일정한 총저축률 혹은 내생적 저축률은 성장률 감소하면 자본/생산 비율의 증가를 얼마간 감소시키고, 성장률이 0으로 떨어지면 자본/생산 비율의 급격한 증가는 나타나지 않는다는 점을 지적한다. 하지만 자본/생산 비율의 증가에 관한 피케티 모델의 질적인 의미는 변하지 않는다. Per Krusell and Tony Smith, "Is Piketty's 'Second Law of Capitalism' Fundamental?," *Journal of Political Economy* 123, no. 4 (August 2015): 725-748 참조.

3. CES 생산함수는 σ가 0일 때의 레온티에프 고정비율생산함수, σ가 무한대일 때의 선형생산

함수 그리고 σ가 1일 때 자본계수 α에 따른 콥-더글러스 생산함수를 포함한 몇몇 특별한 경우들을 제시하고 있다.

4. Thomas Piketty, "Technical Appendix of the book *Capital in the Twenty- First Century*," 2014, http://piketty.pse.ens.fr/files/capital21c/en/Piketty2014TechnicalAppendix. pdf 39페이지 참조.

5. Robert Rowthorn, "A Note on Piketty's *Capital in the Twenty-First Century*," *Cambridge Journal of Economics* 68, no. 1 (2014): 1275 – 284; Matthew Rognlie, "Deciphering the Fall and Rise in the Net Capital Share," *Brookings Papers on Economic Activity*, March 2015, https://www.brookings.edu/bpea-articles/deciphering-the-fall-and-rise-in-the-net-capital-share/.

6. Rognlie, "Deciphering the Fall and Rise"; Odran Bonnet et al., "Does Housing Capital Contribute to Inequality? A Comment on Thomas Piketty's *Capital in the 21st Century*," Sciences Po Economic Discussion Paper 2014-07 (2014), http://econ.sciences-po.fr/sciences-po-economics-discussion-papers.

7. 로근리는 순 탄력성과 총탄력성의 관계를 다음과 같이 이끌어낸다.

$$\frac{\sigma^N}{\sigma^G} = \frac{r^N K/Y^N}{r^G K/Y^G} = \frac{\alpha^N}{\alpha^G} \tag{10}$$

여기서 N은 순 가치를 나타내고 는 G총가치를 나타낸다. 총탄력성에 대한 순 탄력성 비율은 순 자본의 몫과 총자본의 몫 사이의 비율과 동일하다. 순 자본의 몫은 총자본의 몫보다 항상 적기 때문에, 순 탄력성은 총탄력성보다 항상 작게 나타난다. 여기서 총수익이 변화하면 순수익은 그보다 더 크게 변화하며, 이에 따라 K/L의 변화가 동일하다는 사실을 고려하면, 순 탄력성은 총탄력성보다 낮게 나타날 수밖에 없다. 피케티와 쥐크망이 수집한 자료를 이용해보면, 1970년~2010년 미국 총자본의 몫은 순 자본의 몫보다 평균적으로 30퍼센트가량 높게 나타났다. Thomas Piketty and Gabriel Zucman, "Capital Is Back: Wealth-Income Ratios in Rich Countries, 1700 – 2010," *Quarterly Journal of Economics* 129, no. 3 (2014): 1255 – 1310. 순 자본의 몫과 총자본의 몫이 차이를 알아보려면, Benjamin Bridgman, "Is Labor's Loss Capital's Gain? Gross versus Net Labor Shares" (2014), https://bea.gov/papers/pdf/laborshare1410.pdf 참조.

8. Robert S. Chirinko, "Sigma: The Long and Short of It," *Journal of Macroeconomics* 30 (2008): 671 – 686; Miguel A. Leon-Ledesma, Peter McAdam, and Alpo Willman, "Identifying the Elasticity of Substitution with Biased Technical Change," *American Economic Review* 100, no. 4 (2010): 1330 – 1357.

9. Peter Diamond, Daniel McFadden, and Miguel Rodriguez, "Measurement of the Elasticity of Factor Substitution and Bias of Technical Change," chap. 5 in *Production Economics: A Dual Approach to Theory and Applications*, ed. Melvyn Fuss and Daniel McFadden (Amsterdam: North-Holland, 1978).

10. Daron Acemoglu, "Labor-and Capital-Augmenting Technical Change," *Journal of the European Economic Association* 1, no. 1 (2003): 1-7.

11. Pol Antras, "Is the US Aggregate Production Function Cobb-Douglas? New Estimates of the Elasticity of Substitution," *Contributions to Macroeconomics* 4, no. 1 (2004). 클럼프, 맥아담, 윌리엄은 연평균 증가율을 약 0.4퍼센트 포인트로 추정한다. 하지만 이런 추정치의 중요 차이점은 앤트라스가 크루셀 같은 학자들이 이용하는 고든의 초기 연구에 근거한 자본 디플레이터 시계열을 이용하면서 나타나는데, 이는 클럼프, 맥아담, 윌리엄이 이용하는 NIPA-(National Income and Product Account. 국민소득계정) 디플레이터보다 더 가파르게 감소한다. Rainer Klump, Peter McAdam, and Alpo Willman, "Factor Substitution and Factor Augmenting Technical Progress in the US," *Review of Economics and Statistics* 89, no. 1 (2007): 183-192; Antras, "Is the US Aggregate"; Per Krusell et al., "Capital-Skill Complementarity and Inequality: A Macroeconomic Analysis," *Econometrica* 68, no. 5 (2000): 1029-1053; Robert J. Gordon, *The Measurement of Durable Goods Prices* (Chicago: University of Chicago Press, 1990).

12. Klump, McAdam, and Willman, "Factor Substitution." The Box-Cox transformation implies that $d\log\varphi = \gamma t^\lambda$; 여기서 λ는 시간 변화에 따른 편향된 기술 변화 비율을 나타낸다.

13. 그리고 Klump, McAdam, and Willman, "Factor Substitution"; Berthold Herrendorf, Christopher Herrington, and Ákos Valentinyi, "Sectoral Technology and Structural Transformation," *American Economic Journal: Macroeconomics* 7 no. 4 (2015): 104 – 33; Francisco Alvarez-Cuadrado, Ngo Van- Long, and Markus Poschke, *Capital-Labor Substitution, Structural Change and the Labor Income Share* (Munich: CESifo, 2014); Miguel Leon-Ledesma, Peter McAdam, and Alpo Willman, "Production Technology Estimates and Balanced Growth," *Oxford Bulletin of Economics and Statistics* 77, no. 1 (February 2015): 40 – 65; Lawrence, "Recent Declines in Labor's Share in US Income: A Preliminary Neoclassical Account," NBER Working Paper No. 21296, http://www.nber.org/papers/w21296도 참조.

14. Leon-Ledesma, McAdam, and Willman, "Identifying the Elasticity of Substitution."

15. Robert Chirinko and Debdulal Mallick, "The Substitution Elasticity, Factor Shares, Long-Run Growth, and the Low-Frequency Panel Model," CESifo Working Paper No. 4895 (2014).

16. Loukas Karabarbounis and Brent Neiman, "The Global Decline of the Labor Share," *Quarterly Journal of Economics* 129, no. 1 (2014): 61-103.

17. Piyusha Mutreja, B. Ravikumar, and Michael J. Sposi, "Capital Goods Trade and Economic Development," FRB of St. Louis Working Paper No. 2014-012A (2014).

18. Robert S. Chirinko, Steven M. Fazzari, and Andrew P. Meyer, "A New Approach to Estimating Production Function Parameters: The Elusive Capital-Labor Substitution Elasticity," *Journal of Business and Economic Statistics* 29, no. 4 (2011): 587-94.

19. Sebastian Barnes, Simon Price, and María Sebastiá Barriel, "The Elasticity of Substitution: Evidence from a UK Firm-Level Data Set," Bank of England Working Paper No. 348 (2008).

20. Devesh Raval, "The Micro Elasticity of Substitution and Non-Neutral Technology" (2015), http://www.devesh-raval.com/MicroElasticity.pdf.

21. 도라첼스키와 조멘드루는 대체탄력성이 자본, 노동, 자원 사이에서 동등하게 나타나는 구조 모델을 제시한다. 이 모델은 요소가격의 변화가 노동가격과 자원가격 차이에 기인한다고 가정하면, 이것들의 탄력성은 위에서 논의한 추정치와 비슷하게 0.45~0.65로 나타난다고 추정한다. Ulrich Doraszelski and Jordi Jaumendreu, "Measuring the Bias of Technological Change" (2015), http://economics.yale.edu/sites/default/files/ces20150319.pdf 참조.

22. Hendrik Houthakker, "The Pareto Distribution and the Cobb-Douglas Production Function in Activity Analysis," *Review of Economic Studies* 23, no. 1 (1955): 27-31. 호태커는 만약 A^K와 A^L이 독립적인 파레토 분포를 보인다면, 탄력성이 0인 기업들의 경제는 콥-더글러스 총생산함수를 따른다는 사실을 입증했다.

23. Piketty and Zucman, 《자본의 귀환Capital Is Back(가제)》 1271페이지 참조.

24. Ezra Oberfield and Devesh Raval, "Micro Data and Macro Technology," NBER Working Paper No. 20452 (September 2014); Kazuo Satō, *Production Functions and Aggregation* (Amsterdam: Elsevier, 1975).

25. 이 경우 오버필드와 레이벌의 '미시경제학적 자료'는 일반적으로 많은 투입과 산업 분야를 감안한다.

26. Rainier Klump and Olivier De La Grandville, "Economic Growth and the Elasticity of Substitution: Two Theorems and Some Suggestions," *American Economic Review* 90, no. 1 (2000): 282-291.

27. Olivier De La Grandville, "In Quest of the Slutsky Diamond," *American Economic Review* 79, no. 3 (1989): 468-481.

28. Christophe Chamley, "The Welfare Cost of Capital Income Taxation in a Growing Economy," *Journal of Political Economy* 89, no. 3 (1981): 468-496.

29. 미국 수입량이 GDP에서 차지하는 몫에 관한 자료는 세계은행개발지표World Bank Development Indicators에 근거한 것이고, 중국 교역품이 차지하는 몫에 관한 자료는 미국 통계국 자료에 근거한 것이다.

30. Michael W. L. Elsby, Bart Hobijn, and Aysegul Sahin, "The Decline of the U.S. Labor Share," Brookings Papers on Economic Activity (2013).

31. 그들은 모든 생산이 국내에서 이루어질 경우, 수입량을 부가가치의 증가율로 규정한다. 지불급여총액은 자영업자소득 이외의 노동소득의 한 요소다.

32. Daron Acemoglu, David Autor, David Dorn, Gordon Hanson, and Brendan Price, "Import Competition and the Great US Employment Sag of the 2000s," *Journal of Labor Economics* 34

(2016): S141-S198.

33. David Autor, David Dorn, and Gordon Hanson, "The China Syndrome: Local Labor Market Effects of Import Competition in the United States," *American Economic Review* 103, no. 6 (2013): 2121-2168.

34. 이들은 초기 산업고용 몫에 근거한 중국 수입량을 지역에 따라 나눔으로써 노동자 1인당 중국 수출량을 규정한다. 1990년~2000년과 2000년~2007년의 변화를 연구하고 있다.

35. Denis Chetverikov, Bradley Larsen, and Christopher Palmer, "IV Quantile Regression for Group-Level Treatments, with an Application to the Distributional Effects of Trade," *Econometrica* 84, no. 2 (2016): 809-833.

36. Andrew B. Bernard, J. Bradford Jensen, and Peter K. Schott, "Survival of the Best Fit: Exposure to Low-Wage Countries and the (Uneven) Growth of US Manufacturing Plants," *Journal of International Economics* 68, no. 1 (2006): 219-237.

37. James Schmitz, "What Determines Productivity? Lessons from the Dramatic Recovery of the U.S. and Canadian Iron Ore Industries Following Their Early 1980s Crisis," *Journal of Political Economy* 113, no. 3 (2005); Tim Dunne, Shawn Klimek, and James Schmitz, "Does Foreign Competition Spur Productivity? Evidence From Post WWII U.S. Cement Manufacturing" (2010), https://www.minneapolisfed.org/~/media/files/research/events/2010_04-23/papers/schmitz8.pdf?la=en.

38. Nicholas Bloom, Mirko Draca, and John Van Reenen, "Trade Induced Technical Change? The Impact of Chinese Imports on Innovation, IT and Productivity," *Review of Economic Studies* 83, no. 1 (2015): 87-117.

39. Timothy F. Bresnahan and Manuel Trajtenberg, "General Purpose Technologies 'Engines of Growth'?," *Journal of Econometrics* 65, no. 1 (1995): 83-108. 콘크리트 산업에서 노동의 몫에 관한 전기 도입의 역사적 영향에 관해선 Miguel Morin, "The Labor Market Consequences of Electricity Adoption: Concrete Evidence from the Great Depression" (2015), http://miguelmorin.com/docs/Miguel_Morin_Great_Depression.pdf 참조.

40. David H. Autor, Frank Levy, and Richard J. Murmane, "The Skill Content of Recent Technological Change: An Empirical Exploration," *Quarterly Journal of Economics* 118, no. 4 (2003): 1279-1333.

41. 위의 책.

42. James Bessen, "Toil and Technology," *Finance and Development* 52, no. 1 (2015).

43. Emek Basker, Lucia Foster, and Shawn Klimek, "Customer-Labor Substitution: Evidence from Gasoline Stations," U.S. Census Bureau Center for Economic Studies Paper No. CES-WP-15-45 (2015).

44. David Autor, David Dorn, and Gordon Hanson, "Untangling Trade and Technology: Evidence from Local Labor Markets," *Economic Journal* 125 (May 2015): 621-646.

45. Paul Beaudry, David A. Green, and Benjamin Sand, "The Great Reversal in the Demand for Skill and Cognitive Tasks," *Journal of Labor Economics* 34, no. S1 (2016): S199–S247.

46. Daron Acemoglu, "When Does Labor Scarcity Encourage Innovation?," *Journal of Political Economy* 118, no. 6 (2010): 1037–1078.

47. Acemoglu, "Labor-and Capital-Augmenting Technical Change."

5장 정치경제학 관점에서 본 W/Y

1. Joan Robinson, "Open Letter from a Keynesian to a Marxist" *Jacobin*, July 17, 2011, https://www.jacobinmag.com/2011/07/joan-robinsons-open-letter-from-a-keynesian-to-a-marxist-2/.

2. Paul Krugman, "Wealth over Work", *New York Times*, March 23, 2014, Daron Acemoglu, James A. Robinson, "The Rise and Decline of General Laws of Capitalism," NBER no. w20766 (2014).

3. José Azar, Martin C. Schmalz, and Isabel Tecu, "Anti-competitive Effects of Common Ownership," Ross School of Business Paper No. 1235 (2015); Einer Elhauge, "Horizontal Shareholding," *Harvard Law Review* 129 (2016): 1267–1811.

4. 제이슨 퍼먼과 피터 오재그가 "A Just Society"에 발표한 논문 "A Firm-Level Perspective on the Role of Rents in the Rise Inequality,"에서 인용. Centennial Event in Honor of Joseph Stiglitz Columbia University (2015).

5. Simon Kuznets, "Economic Growth and Income Inequality," *American Economic Review* 45, no. 1 (1955): 1–28, 9에서 인용.

6. Wojciech Kopczuk, "What Do We Know about the Evolution of Top Wealth Shares in the United States?," *Journal of Economic Perspectives* 29, no. 1 (2015): 47–66, "Who Benefits from Tax Expenditures on Capital? Evidence on Capital Income and Wealth Concentration," IRS Statistics of Income Working Paper Series (2014)의 저자인 이매뉴얼 사에즈와 가브리엘 쥐크망에 의해 만들어진 부의 불평등의 총액 추정을 논의하고 있다.

7. Filipe R. Campante, "Redistribution in a Model of Voting and Campaign Contributions," *Journal of Public Economics* 95 (August 2011): 646–56, http://scholar.harvard.edu/files/campante/files/campanteredistribution.pdf.

8. Adam Bonica and Howard Rosenthal, "The Wealth Elasticity of Political Contributions by the Forbes 400" (2015), https://papers.ssrn.com/sol3/papers.cfm?abstract_id=2668780.

9. Lee Drutman, *The Business of America Is Lobbying: How Corporations Became Politicized and Politics Became More Corporate* (Oxford: Oxford University Press, 2015).

10. Joshua Kalla and David Broockman, "Congressional Officials Grant Access to Individuals

Because They Have Contributed to Campaigns: A Randomized Field Experiment," *American Journal of Political Science* 33, no. 1 (2014): 1-24.

11. Gabriel Zucman, "Taxing across Borders: Tracking Personal Wealth and Corporate Profits," *Journal of Economic Perspectives* 28, no. 4 (2014): 121-148; and "What Are the Panama Papers?," *New York Times*, April 4, 2016, http://www.nytimes.com/2016/04/05/world/panama-papers-explainer.html?_r=0.

12. Matthew Ellman and Leonard Wantchekon "Electoral Competition under the Threat of Political Unrest," *Quarterly Journal of Economics* (May 2000): 499-531.

13. Nicos Poulantzas, "The Problem of the Capitalist State," *New Left Review*, November-December 1969, 67, Ralph Miliband, "Poulantzas and the Capitalist State," *New Left Review*, November-December 1973, 83.

14. 주택소유자들이 주택을 가치 유지가 가장 잘되는 것으로 생각하는 것만큼 오랫동안 노예 주인들은 노예를 자산으로 생각해왔다. 이런 이유로 도망가는 노예가 많지 않았음에도 불구하고 도망노예법이 생겨났다.

15. Alexander Hertel-Fernandez, "Who Passes Business's 'Model Bills'? Policy Capacity and Corporate Influence in US State Politics," *Perspectives on Politics* 12, no. 3 (2014): 582-602.

16. Marion Fourcade, Etienne Ollion, and Yann Algan, "The Superiority of Economists," *Journal of Economic Perspectives* 29, no. 1 (2015): 89-114.

17. 위의 책, 17.

18. Brad DeLong, "The Market's Social Welfare Function," Semi-Daily Journal (blog), October 9, 2003, http://www.j-bradford-delong.net/movable_type/2003_archives/002449.html.

6장 노예자본의 편재성

1. Southern Railroad Ledger, Purchases for 1848, Natchez Trace Slaves and Slavery Collection, no. 2E775, Dolph Briscoe Center for American History, University of Texas at Austin.

2. Robert S. Starobin, *Industrial Slavery in the Old South* (New York: Oxford University Press, 1970), 221-223; William G. Thomas, "Been Workin' on the Railroad," *Disunion: New York Times*, February 10, 2012. Economic historians and economists have published work on railroads and slavery and have been writing about this topic from the early 1960s until today/ 경제 역사학자와 경제학자들은 1960년대 초부터 지금까지 철도산업과 노예제도에 관한 저서를 출간했고, 계속 이 주제에 관해 집필하고 있다. Robert Evans Jr., "The Economics of Negro Slavery, 1830-1860," in *Aspects of Labor Economics*, ed. Universities-National Bureau for Economic Research (Princeton, NJ: Princeton University Press, 1962), 185-256; Robert Fogel, *Railroads and Economic Growth: Essays in Econometric History* (Baltimore: Johns Hopkins

University Press, 1964); Mark A. Yanochik, Bradley T. Ewing, and Mark Thornton, "A New Perspective on Antebellum Slavery: Public Policy and Slave Prices," *Atlantic Economic Journal* (February 2006): 330-340 참조.

3. Thomas Piketty, *Capital in the Twenty-First Century*, trans. Arthur Goldhammer (Cambridge, MA: Belknap Press of Harvard University Press, 2014), 46.

4. 위의 책 46페이지 인용문과 158-163페이지 논의 부분 참조.

5. 위의 책 46페이지 참조.

6. 데이터베이스 Legacies of British Slave-Ownership, http://www.ucl.ac.uk/lbs/와 "Britain's Forgotten Slave Owners," BBC Media Centre, http://www.bbc.co.uk/mediacentre/progin-fo/2015/28/britains-forgotten-slave-owners/ 참조.

7. 카리브 해 노예제도 역사학자인 힐러리 베클스는 서인도 제도에서의 노예제도에 관해서도 이런 노력을 계속하고 있다. Beckles, *Britain's Black Debt: Reparations for Caribbean Slavery and Native Genocide* (Kingston: University of West Indies Press, 2013)와 "CARICOM Reparations Commission Press Statement," http://caricom.org/jsp/pressreleases/press_releases_2013/pres285_13.jsp 참조.

8. 2002년 5월 캘리포니아보험국California Department of Insurance이 캘리포니아 의회에 제출한 '노예제도 시대의 보험 대장' 보고서. 시카고 시와 메릴랜드 주를 포함한 여타 주들도 이와 유사한 입법 과정을 거쳤다.

9. *Jenny Bourne, "Slavery in the United States," EH-Net, https://eh.net/encyclopedia/slavery-in-the-united-states/.* 그리고 Robert William Fogel and Stanley L. Engerman, *Time on the Cross: The Economics of American Negro Slavery* (1971; reprint, New York: W. W. Norton, 1989), Stanley L. Engerman, Richard Sutch, and Gavin Wright, eds., *Slavery: For Historical Statistics of the United Sates Millennial Edition* (Riverside, CA: Center for Social and Economic Policy, 2003), 1-15, 그리고 Ira Berlin and Philip Morgan, *Cultivation and Culture: Labor and the Shaping of the Americas* (Richmond: University Press of Virginia, 1993)도 참조.

10. Piketty, *Capital*, 162.

11. Walter Johnson, *Soul by Soul: Life in an Antebellum Slave Market* (Cambridge, MA: Harvard University Press, 1999).

12. Piketty, *Capital*, 46.

13. W. E. B. Du Bois, *The Suppression of the African Slave Trade to the United States of America* (New York: Longmans, Green and Co., 1896), 서문.

14. 위의 책.

15. 위의 책, 12페이지.

16. 위의 책, 196페이지.

17. Ulrich Bonnell Phillips, *American Negro Slavery* (New York: D. Appleton and Co., 1918), xxiii.

18. Eric Williams, *Capitalism & Slavery* (1944; reprint, Chapel Hill: University of North Carolina

Press, 1994), xi.

19. 위의 책, 197페이지.

20. Alfred H. Conrad and John R. Meyer, "The Economics of Slavery in the Ante Bellum South," *Journal of Political Economy* 66 (April 1958): 95-130.

21. Fogel and Engerman, *Time on the Cross*, 39. 아프리카 역사학에는 노예경제에 관한 몇몇 연구가 포함돼 있지만, 이는 이 글의 영역을 벗어나 있다. David Eltis, *The Rise of African Slavery in the Americas* (Cambridge: Cambridge University Press, 2000) 참조.

22. 여기서 참조한 주요 저서와 기사는 다음과 같다. *Claudia Goldin, Urban Slavery in the Antebellum South* (Chicago: University of Chicago Press, 1976), Roger Ransom and Richard Sutch, "Capitalists without Capital: The Burden of Slavery and the Impact of Emancipation," *Agricultural History 62* (Summer 1988): 133-160, Laurence J. Kotlikoff , "The Structure of Slave Prices in New Orleans, 1804 to 1862," *Economic Inquiry* 17 (1979): 496-517, Richard Steckel, "Birth Weights and Infant Mortality among American Slaves," *Explorations in Economic History 23* (April 1986): 173-198, Robert Margo and Gavin Wright, *The Political Economy of the Cotton South* (New York: W. W. Norton, 1978); 그리고 Jonathan Pritchett, "Quantitative Estimates of the United States Interregional Slave Trade, 1820-1860," *Journal of Economic History* 61 (June 2001): 467-475.

23. Walter Johnson, *River of Dark Dreams: Slavery and Empire in the Cotton Kingdom* (Cambridge, MA: Harvard University Press, 2013).

24. Joshua Rothman, *Flush Times and Fever Dreams: The Story of Capitalism and Freedom in the Age of Jackson* (Athens: University of Georgia Press, 2012); Edward Baptist, *The Half Has Never Been Told: Slavery and the Making of Modern Capitalism* (New York: Basic Books, 2014); Sven Beckert, *Empire of Cotton: A Global History* (New York: Knopf, 2014); 그리고 Calvin Shermerhorn, *The Business of Slavery and the Rise of American Capitalism*, 1815-1860 (New Haven, CT: Yale University Press, 2015).

25. "Blood Cotton," *The Economist*, September 4, 2014.

26. 편집자 주, "Our Withdrawn Review 'Blood Cotton,'" *The Economist*, September 4, 2014와 Edward Baptist, "What *The Economist* Doesn't Get About Slavery-and My Book," *Politico*, September 7, 2014 참조.

27. 목화 생산성에 관한 연구를 계속하고 있는 앨런 옴스테드와 폴 로드는 목화 수확량은 조면 기술의 발전과 생산에 이용되는 다른 기기들의 발전에 따라 변화했다고 주장한다. Alan L. Olmstead and Paul W. Rhode, "Biological Innovation and Productivity Growth in the Antebellum Cotton Economy," *Journal of Economic History* 68 (December 2008): 1123-1171 참조.

28. Herman Freudenberger and Jonathan B. Pritchett, "The Domestic United States Slave Trade: New Evidence," *Journal of Interdisciplinary History* 21, no. 3 (1991): 447-477; Freudenberger

and Pritchett, "A Peculiar Sample: The Selection of Slaves for the New Orleans Market," *Journal of Economic History* 52 (March 1992): 109-127; Kotlikoff, "The Structure of Slave Prices"; B. Greenwald and R. Glasspiegel, "Adverse Selection in the Market for Slaves: New Orleans, 1830-1860," *Quarterly Journal of Economics*, 98, no. 3 (1989).

29. Sowande' Mustakeem, "'She Must Go Overboard & Shall Go Overboard': Diseased Bodies and the Spectacle of Murder at Sea," *Atlantic Studies* 8, no. 3 (Fall 2011): 301-316; Mustakeem, "'I Never Have Such a Sickly Ship Before': Diet, Disease, and Mortality in 18th-Century Atlantic Slaving Voyages," *Journal of African American History* 93 (Fall 2008): 474-496; Marcus Rediker, *The Slave Ship: A Human History* (New York: Viking Books, 2007); 그리고 Stephanie Smallwood, *Saltwater Slavery: A Middle Passage from Africa to American Diaspora* (Cambridge, MA: Harvard University Press, 2007).

30. Seth Rothman, *Scraping By: Wage Labor, Slavery and Survival in Early Baltimore* (Philadelphia: University of Pennsylvania Press, 2009); Jessica Millward, *Finding Charity's Folk: Enslaved and Free Black Women in Maryland* (Athens: University of Georgia Press, 2015); Wilma King, *The Essence of Liberty: Free Black Women during the Era of Slavery* (Columbia: University of Missouri Press, 2006); Amrita Chakrabarti Myers, *Forging Freedom: Black Women and the Pursuit of Liberty in Antebellum Charleston* (Chapel Hill: University of North Carolina Press, 2011); Judith Schafer, *Slavery, the Civil Law, and the Supreme Court of Louisiana* (Baton Rouge: Louisiana State University Press, 1997); and Leslie Harris, 그리고 Daina Ramey Berry, *Slavery and Freedom in Savannah* (Athens: University of Georgia Press, 2014) 참조.

31. Richard Wade, *Slavery in the Cities: The South, 1820-860* (New York: Oxford University Press, 1964), 44.

32. "Request for Slaves to Build Levee during Flood," Concordia Parish, LA, March 1815, Slaves and Slavery Collection, Mss. 2E777, no. 3, Dolph Briscoe Center for American History, University of Texas at Austin.

33. '지방자치 당국의 노예제도'에 관한 서배너 시의회 회의록, 서배너 시 웹사이트 http://savannahga.gov/slavery 참조.

34. 1820년 8월 14일자 서배너 시의 회의록, http://savannahga.gov/slavery 참조. 노예무역의 폐지에 관해선, Du Bois, *Suppression*과 Erik Calonis, *The Wanderer: The Last American Slave Ship and the Conspiracy That Set Its Sails* (New York: St. Martin's Press, 2006), Sylvianne Diouf, *Dreams of Africa in Alabama: The Slave Ship Clotilda and the Story of the Last Africans Brought to America* (New York: Oxford University Press, 2007), 그리고 Ernest Obadele Starks, *Footbooters and Smugglers: The Foreign Slave Trade in the United States after 1808* (Fayetteville: University of Arkansas Press, 2007) 참조.

35. 1820년 8월 14일자 서배너 시의회 회의록, http://savannahga.gov/slavery 참조.

36. 1831년 2월 24일자 서배너 시의회 회의록.

37. 1842년 6월 2일자 서배너 시의회 회의록. 노예 노동력의 가치에 관해선, Daina Ramey Berry, *The Price for Their Pound of Flesh: The Value of the Enslaved from the Womb to the Grave in the Building of a Nation* (Boston: Beacon Press, 2017) 참조.

38. Wade, *Slavery in the Cities,* 45.

39. Robert S. Starobin, *Industrial Slavery in the Old South* (New York: Oxford University Press, 1970), 18-19.

40. "Slaves Subject to Road Duty," Slaves and Slavery Records, Mss. 2E777, Natchez Trace Collection, Dolph Briscoe Center for American History, University of Texas at Austin, Ashford Family, 5, 407, 410, 480, and 481.

41. Jonathan Martin, *Divided Mastery: Slave Hiring in the American South* (Cambridge, MA: Harvard University Press, 2004)와 John J. Zaborney, *Slaves for Hire: Renting Enslaved Laborers in Antebellum Virginia* (Baton Rouge: Louisiana State University Press, 2012) 참조. 도시의 해방된 노예 노동력에 관해선, Jennifer Hull Dorsey, *Hirelings: African American Workers and Free Labor in Maryland* (Ithaca, NY: Cornell University Press, 2011) 참조.

42. 1842년 8월 25일과 30일자 서배너 시의회 회의록.

43. Craig Steven Wilder, *Ebony & Ivy: Race, Slavery, and the Troubled History of America's Universities* (New York: Bloomsbury Press, 2013), 9.

44. *Hillsborough Recorder*, Hillsborough, NC: Dennis Heartt, 1820-1879, November 29, 1829, http://dc.lib.unc.edu/cdm/singleitem/collection/vir_museum/id/421.

45. 2011년 봄 브라운 대학과 하버드 대학이 주최한 학술회의에 관해선, 다음 학술 회의록 참조. *Slavery's Capitalism: A New History of America's Economic Development* (Philadelphia: University of Pennsylvania Press, 2016). 그리고 2011년 에모리 대학은 '노예제도와 대학'이라는 제목으로 학술회의를 주최했는데, 이에 관해선 http://shared.web.emory.edu/emory/news/releases/2011/01/slavery-and-the-university-focus-of-emory-conference.html#.VhVKvUVrUvg 참조. 이 회의록은 조만간 책으로 출간될 예정이다. 키티에 관한 더 많은 정보를 원한다면 Mark Aslunder, *The Accidental Slaveholder: Revisiting a Myth of Race and Finding an American Family* (Athens: University of Georgia Press, 2011) 참조.

46. 이에 관한 보다 많은 기록을 원한다면 역사 채널의 "The Ultimate Guide to the Presidents," http://www.history.com/shows/the-ultimate-guide-to-the-presidents와 그랜드 밸리 주립대학Grand Valley State University 웹사이트 http://hauen steincenter.org/slaveholding/ 참조.

47. 피케티의 《21세기 자본》 159페이지.

48. 피케티의 웹사이트는 이런 도표 작성에 이용한 출처를 명확하게 밝히고 있지 않다.

49. Ira Berlin, *Many Thousands Gone: The First Two Centuries of Slavery in North America* (Cambridge, MA: Harvard University Press, 1998); Leslie M. Harris, *In the Shadow of Slavery: African Americans in New York City, 1626-1863* (Chicago: University of Chicago Press, 2003); Graham Russell Hodges, *Root and Branch: African Americans in New York and East Jersey, 1613-1863* (Chapel

Hill: University of North Carolina Press, 1999); Leon Litwack, *North of Slavery: The Negro in the Free States, 1790-1860* (Chicago: University of Chicago Press, 1961); Joan Pope Melish, *Disowning Slavery: Gradual Emancipation and "Race" in New England, 1780-1860* (Ithaca, NY: Cornell University Press, 1998); Wade, *Slavery in the Cities*; 그리고 Shane White, *Somewhat More Independent: The End of Slavery in New York City,* 1770-1810 (Athens: University of Georgia Press, 1991) 참조.

50. Beckles, *Britain's Black Debt*; Mary Frances Berry, *My Face Is Black Is True: Callie House and the Struggle for Ex-Slave Reparations* (New York: Vintage Books, 2006); Ta-Nehisi Coates, "The Case for Reparations," *The Atlantic*, June 2014, 1-65.

51. Du Bois, *Suppression*, 197.

7장 《21세기 자본》 전후의 인적자본과 부

여기에서 논의한 개념들을 이해하는 데 큰 도움을 준 훌륭한 멘토, 게리 베커에게 이 글을 바치고 싶다. 또한 마이클 팔룸보, 마샬 스테인바움, 데베쉬 레이벌, 그 외에 이 책의 기고자들이 보여준 유익한 피드백에 감사드린다. 여기에서 표한 견해와 의견은 순전히 개인적인 생각이며 연방준비제도이사회나 연방준비제도의 견해 혹은 정책이 반영되진 않았다.

1. 노예제도는 인적자본의 가격을 보여주며, 역사적으로 노예들은 다른 재산 형태와 매우 비슷한 기능을 했다. 노예들은 매매되고 투자되고 담보로 사용되었다. 이 책의 6장에서 디아이나 레미 베리는 자본으로서의 노예의 중요성을 논했다.

2. Thomas Piketty, *Capital in the Twenty-First Century*, trans. Arthur Goldhammer (Cambridge, MA: Belknap Press of Harvard University Press, 2014), 46, 163.

3. 위의 책, 305-308.

4. 위의 책, 163.

5. 위의 책, 223-224. 소득에서 자본의 몫은 지난 세기에 U자 형태를 그렸다. 자본은 현재 국민소득의 25-30퍼센트를 차지하는데, 이는 1세기 전의 35-40퍼센트에는 여전히 못 미친다.

6. Lawrence Katz and Kevin M. Murphy, "Changes in Relative Wages, 1963-1987: Supply and Demand Factors," *Quarterly Journal of Economics* 107 (1992): 35-78.

7. Alan Krueger, "Measuring Labor's Share," *AEA Papers and Proceedings* 89, no. 2 (1999): 45-51. 크루거는 국민소득에서 미숙련 노동이 차지하는 몫이 1939년에서 1959년까지 0.1퍼센트에서 0.13퍼센트로 늘어났다가 1996년에 0.049로 낮아졌다고 추정했는데, 이는 1979년 이후 가장 큰 하락폭이다. 반면 국민소득에서 인적자본의 몫은 1959년에 최저 수치인 0.63을 기록했다가 1996년에 0.72로 상승하면서 20세기에 U자 형태를 그렸다.

8. Mariacristina De Nardi, Eric French, and John Jones, "Saving after Retirement: A Survey,"

NBER Working Paper No. 21268 (2015). Karen Dynan, Jonathan Skinner, and Stephen Zeldes, "Do the Rich Save More?," *Journal of Political Economy* 112, no. 2 (2004): 397-444.

9. Mariacristina De Nardi, "Quantitative Models of Wealth Inequality: A Survey," NBER Working Paper No. 21106 (2015).

10. Michael Hurd, "Savings of the Elderly and Desired Bequests," *American Economic Review* (1987): 298-312. Wojciech Kopczuk and Joseph Lupton, "To Leave or Not to Leave: The Distribution of Bequest Motives," *Review of Economic Studies* 74, no. 1 (2007): 207-235 참조. 허드는 실제로 자녀가 있는 사람들이 그렇지 않은 사람들보다 재산을 더 빨리 소진한다는 것을 발견했다. 코프추크와 럽턴은 유산을 남기려는 동기는 상당히 다양하다고 추정했고 자녀는 유산을 남길지 여부에 대한 주된 결정요인이 아닌 것으로 보인다고 주장했다. Dynan et al., "Do the Rich Save More?"도 자녀가 있는 가정이 그렇지 않은 가정보다 소득과 저축 사이의 경사도가 더 가파르다는 증거는 찾지 못했다.

11. Lena Edlund and Wojciech Kopczuk, in "Women, Wealth, and Inequality," *American Economic Review* 99, no. 1 (2009): 146-178는 매우 부유한 사람들에서 여성이 차지하는 몫(상속된 부의 간접지표)이 1960년 이후 40퍼센트 낮아졌기 때문에 지난 몇십 년 동안 상속자산의 중요성이 낮아졌다고 주장한다. 피케티는 20세기 상반기에 일어난 대규모 자산 파괴가 상속자본의 중요성이 상대적으로 감소한 현상을 설명해준다고 주장했고, 현재 작용하고 있는 근본적인 경제적 메커니즘이 과거와 다르지 않다고 보았다. 피케티의 주장은 소득이 높은 개인들이 제2차 세계대전 전과 비슷한 저축 및 상속 행위를 할 것이라는 검증되지 않은 가정에 의존한다.

12. Greg Duncan and Richard Murnane, "Figure 1.6: Enrichment Expenditures on Children, 1972-2006," Russell Sage Foundation (2011), http://www.russellsage.org/research/chartbook/enrichment-expenditures-children-1972-to-2006. 부모의 시간 할당 동향에 대해서는 Jonathan Guryan, Erik Hurst, and Melissa Kearney, "Parental Education and Parental Time with Children," *Journal of Economic Perspectives* 22 (2008): 23-46 참조. Anne Gauthier, Timothy Smeedeng, and Frank Furstenberg Jr., "Are Parents Investing Less Time in Children? Trends in Selected Industrialized Countries," *Population and Development Review* 30 (2004): 647-671; Mark Aguiar and Erik Hurst, "Measuring Trends in Leisure: The Allocation of Time over Five Decades," *Quarterly Journal of Economics* 122 (2007): 969-1006.

13. Susan Mayer, *What Money Can't Buy: Family Income and Children's Life Chances* (Cambridge, MA: Harvard University Press, 1997). David Blau, "The Effect of Income on Child Development," *Review of Economics and Statistics* 81, no. 2 (1999): 261-276과 Gordon Dahl and Lance Lochner, "The Impact of Family Income on Child Achievement: Evidence from the Earned Income Tax Credit," *American Economic Review* 102, no. 5 (2012) 1927-1956도 참조.

14. Sean Reardon, "The Widening Academic Achievement Gap between the Rich and the Poor: New Evidence and Possible Explanations," in *Whither Opportunity? Rising Inequality, Schools, and*

Children's Life Chances, ed. Greg J. Duncan and Richard J. Murmane, 91-116 (New York: Russell Sage Foundation, 2011). 대조적인 견해로는 Eric Nielsen, "The Income-Achievement Gap and Adult Outcome Inequality," Finance and Economics Discussion Series, Board of Governors of the Federal Reserve System (2015) 참조.

15. Douglas Almond and Janet Currie, "Killing Me Softly: The Fetal Origins Hypothesis," *Journal of Economic Perspectives* 25, no. 3 (2011): 153-172. 특히 Sandra Black, Paul Devereaux, and Kjell Salvanes, "From the Cradle to the Labor Market? The Effect of Birth Weight on Adult Outcomes," *Quarterly Journal of Economics* 122, no. 1 (2007): 409-439.

16. James Heckman and Stefano Mosso, "The Economics of Human Development and Social Mobility," *Annual Review of Economics* 6 (2014): 689-733에 이 문헌 중 일부가 검토되어 있다. Flavio Cunha, James J. Heckman, and Susan Schennach, "Estimating the Technology of Cognitive and Noncognitive Skill Formation," *Econometrica* 78 (2010): 883-931 참조.

17. Gary Becker and Nigel Tomes, "Human Capital and the Rise and Fall of Families," *Journal of Labor Economics* 4 (1986): S1-S39. Bhashkar Mazumder, "Fortunate Sons: New Estimates of Intergenerational Mobility in the United States Using Social Security," *Review of Economic and Statistics* 87 (2005): 235-255; Miles Corak, Matthew Lindquist, and Bhashkar Mazumder, "A Comparison of Upward and Downward Intergenerational Mobility in Canada, Sweden, and the United States," *Labour Economics* 30(C) (2014): 185-200. 수년간의 소득 데이터를 이용한 마줌더는 각 세대에 대해 1년간의 성인소득 데이터를 이용했던 베커나 톰스 등의 초기 논문들보다 이동성을 훨씬 낮게 추정했다. 그러나 코락 등은 일시적 소득 변동성을 보정한 뒤에도 이동성을 베커, 톰스보다 약간만 더 낮게 추정했다.

18. 세대 간 이동성에 대한 다양한 문헌들을 훑어보려면 Sandra Black and Paul Devereux, "Recent Developments in Intergenerational Mobility," in *Handbook of Labor Economics* 4, pt. B (2011): 1487-1541 참조. 세대 간 상관관계의 설명에 유전이 지닌 상대적 중요성에 대한 평가는 서로 엇갈린다. 어떤 논문들은 유전자의 역할을 상당히 크게 평가한 반면 어떤 논문들은 영향이 그보다 적다고 제시했다. 부모의 교육이 이동성에 미치는 원인 효과를 측정하려는 시도 역시 매우 다양한 평가를 낳았다. 마지막으로 《21세기 자본》의 관심사와 가장 직접적으로 관련된 부의 이동성에 대한 평가도 유산, 환경적 영향, 유전의 중요성에 대한 여러 저자들의 의견이 일치하지 않는다. Casey Mulligan, *Parental Priorities and Economic Inequality* (Chicago: University of Chicago Press, 1997); Kerwin Charles and Erik Hurst, "The Correlation of Wealth across Generations," *Journal of Political Economy* 111, no. 6 (2003): 1155-1182; Sandra Black, Paul Devereux, Petter Lundborg, and Kaveh Majlesi, "Poor Little Rich Kids? The Determinants of the Intergenerational Transmission of Wealth," NBER Working Paper No. 21409 (2015).

19. Susan Mayer and Leonard Lopoo, "Has the Intergenerational Transmission of Economic Status Changed?," *Journal of Human Resources* 40, no. 1 (2005): 169-185. Daniel Aaronson

and Bhashkar Mazumder, "Intergenerational Economic Mobility in the United States, 1940–2000," *Journal of Human Resources* 43, no. 1 (2008): 139–172; Chul-In Lee and Gary Solon, "Trends in Intergenerational Income Mobility," *Review of Economics and Statistics* 91 (2009): 766–772도 참조. 메이어와 로푸는 1949년부터 1956년 사이에 출생한 집단에서 이동성이 증가했다가 1965년 출생자들까지는 감소했던 것으로 보인다고 추정했다. 애런슨과 마준더는 미국에서 1950년부터 1980년까지 이동성이 증가했다가 이후 급격히 하락했다고 주장했다. 반면 리와 솔론은 시기에 따른 의미 있는 동향을 발견하지 못했다. 이 문헌에 새롭게 추가될 주요 논문으로는 Raj Chetty, Nathaniel Hendren, Patrick Kline, and Emmaniel Saez, "Where Is the Land of Opportunity? The Geography of Intergenerational Mobility in the United States," *Quarterly Journal of Economics* 129, no. 4 (2014): 1553–1623가 있다. 체티와 공동저자들은 1971년에서 1993년 사이에 출생한 미국인들은 이동성이 거의 일정하다는 것을 알게 되었지만 지역에 따라서는 상당한 이질성을 발견했다. Joseph Ferrie, "The End of American Exceptionalism? Mobility in the U.S. since 1850," *Journal of Economic Perspectives* 19 (2005): 199–215; and Gregory Clark, *The Son Also Rises: Surnames and the History of Social Mobility* (Princeton, NJ: Princeton University Press, 2014)는 좀 더 긴 시간 범위에 대해 이동성을 연구했다. 페리는 19세기 하반기에는 미국의 직업적 이동성이 매우 높다가 약 1920년 이후 현저히 감소했다는 것을 발견했다. 독특한 성들을 이용해 여러 세대의 사회적 지위를 추적한 클라크는 세대 간 지속성이 다른 학자들의 추정보다 훨씬 높을 뿐 아니라 여러 시기와 지역에 걸쳐 훨씬 안정적이라고 주장했다.

20. Becker and Tomes, "Human Capital." Gary Becker and Nigel Tomes, "An Equilibrium Theory of the Distribution of Income and Intergenerational Mobility," *Journal of Political Economy* 87 (1979): 1153–1189도 참조.

21. Gary Solon, "A Model of Intergenerational Mobility Variation over Time and Place," in *Generational Income Mobility in North America and Europe*, ed. Miles Corak (Cambridge: Cambridge University Press, 2004) 솔론은 부모가 자녀의 인적자본에 얼마나 많이 투자할지 선택하는 모형을 개발했다. 아동의 인적자본은 정부의 투자와 물려받은 재능에도 의존한다. 솔론은 이 모형에서 (1)정부의 투자가 덜 점진적일 때, (2)인적자본에 대한 투자(정부나 부모의)가 더 효과적일 때, (3)인적자본에 대한 소득 수익률이 높을 때, (4)능력의 상속 가능성이 더 높을 때 이동성이 낮아짐을 보여주었다. 이상적으로는 세대 간 이동성을 결정하는 다양한 요인들의 상대적 중요성을 검증하는 데이터에 이 이론들을 적용할 수 있다.

22. Anders Bjorklund, Mikael Lindahl, and Erik Plug, "The Origins of Intergenerational Association: Lessons from Swedish Adoption Data," *Quarterly Journal of Economics* 121 (2006): 999–1028. 이 저자들은 입양아의 친부모와 양부모에 대한 데이터를 이용해 출생 전 환경이 출생 후 요인들과 유의하게 상호작용하는 것처럼 보인다고 주장했다.

23. Harry Frankfurt, "Equality as a Moral Ideal," *Ethics* 98, no. 1 (1987): 21–43. 프랑크푸르트는 윤리적으로 중요한 것은 공평성 그 자체가 아니라 가난한 사람들이 '충분히 갖는 것'이

라고 주장했다.

24. 특히 James Heckman, Seong Moon, Rodrigo Pinto, Peter Savelyev, and Adam Yavitz, "The Rate of Return to the High/Scope Perry Preschool Program," *Journal of Public Economics* 94, no. 1-2 (2010): 114-128; Frances Campbell, Gabriella Conti, James Heckman, Seong Hyeok Moon, Rodrigo Pinto, Elizabeth Pungello, and Yi Pan, "Early Childhood Investments Substantially Boost Adult Health," *Science* 343 (2014): 1478-1485 참조. 해크먼 교수의 웹사이트 http://heckmanequation.org에는 유아기 교육의 효과를 보여주는 증거들이 풍부하다.

25. Janet Currie and Duncan Thomas, "Does Head Start Make a Difference?," *American Economic Review* 85 (1995): 341-364. Eliana Garces, Duncan Thomas, and Janet Currie, "Longer-Term Effects of Head Start," *American Economic Review* 92 (2002): 999-1012. 커리와 토머스는 헤드스타트 프로그램으로 백인 학생들은 시험점수가 꾸준히 오르고 학년을 잘 마친 반면, 흑인 학생들은 더 낮고 일시적인 효과에 그쳤다는 것을 발견했다. 가르케스, 토머스, 커리는 인종마다 효과가 상당한 차이가 나긴 하지만 헤드스타트가 고등학교 졸업, 대학 진학, 소득, 범죄행위에 큰 영향을 미쳤음을 발견했다. 매우 불우한 아동과 어느 정도 불우한 아동 간의 효과 차이를 살펴본 연구로는 Marianne Bitler, Hilary Hoynes, and Thurston Domina, "Experimental Evidence on Distributional Effects of Head Start," NBER Working Paper No. 20434 (2014); David Deming, "Early Childhood Intervention and Life-Cycle Skill Development: Evidence from Head Start," *American Economic Journal: Applied Economics* 1 (2009): 111-134 참조. 비틀러 등은 헤드스타트의 효과가 많이 차이나며 가장 불우한 수혜자들이 가장 큰 효과를 얻는다고 주장했는데, 이는 데밍의 연구 결과와 일치한다.

8장 기술이 부와 소득의 불평등에 미치는 영향

1. Erik Brynjolfsson and Andrew McAfee, *The Second Machine Age: Work, Progress, and Prosperity in a Time of Brilliant Technologies* (New York: W. W. Norton, 2014).

2. Ezra Oberfield and Devesh Raval, "Micro Data and Macro Technology," NBER Working Paper No. 20452 (September 2014); Loukas Karabarbounis and Brent Neiman, "The Global Decline of the Labor Share," NBER Working Paper No. 19136 (June 2013).

3. David Michael, Antonio Varas, and Pete Engardio, "How Adding More Mobile Subscribers Will Drive Inclusive Growth," 포괄적 성장에 관한 심포지움Symposium on Inclusive Growth에 제출된 토론 발제문, Harvard University, October 2, 2015.

4. Thomas Piketty, "Putting Distribution Back at the Center of Economics: Reflections on *Capital in the Twenty-First Century*," *Journal of Economic Perspectives* 29, no. 1 (Winter 2015): 67-88.

5. Claudia Goldin and Lawrence Katz, *The Race between Education and Technology: The Evolution*

of U.S. Educational Wage Differentials, 1890-2005 (Cambridge MA: Belknap Press of Harvard University Press, 2010); David Autor, Lawrence Katz, and Melissa Kearney, "The Polarization of the U.S. Labor Market," *American Economic Review* 96, no. 2 (2006): 189-194; David Autor, "Polanyi's Paradox and the Shape of Employment Growth," NBER Working Paper No. 20485 (September 2014).

6. 마튼 구스와 앨런 매닝이 논문 "Lousy and Lovely Jobs: The Rising Polarization of Work in Britain," *Review of Economics and Statistics* 89, no. 1 (2007): 118-133에서 '양극화polarization?'라는 용어를 이렇게 사용했다. 양극화에 대한 최근 연구들의 요약본은 David Autor, "Why Are There Still So Many Jobs? The History and Future of Workplace Automation," *Journal of Economic Perspectives* 29, no. 3 (Summer 2015): 3-30 참조.

7. *Hard Times Reports*, Center on Education and the Workforce, Georgetown University, 2014 and 2015.

8. James Manyika et al., "Digital America: A Tale of the Haves and the Have-Mores," McKinsey Global Institute, December 2015.

9. David Autor, "Skills, Education and the Rise of Earnings Inequality among the Other 99%," *Science*, May 23, 2014, 843-851.

10. 세계은행 데이터로 계산하고 위키디피아에 게시된 지니계수. https://en.wikipedia.org/wiki/List_of_countries_by_income_equality 참조. James Gornick and Branko Milanovic, "Income Inequality in the United States in Cross-National Perspective: Redistribution Revisited," Research Brief, Luxembourg Income Study Center, Graduate Center, City University of New York, May 2015에 보고된 미국과 그 외 선진국의 임금 불평등 비교.

11. Josh Bivens, Elise Gould, Lawrence Mishel, and Heidi Shierholz, "Raising America's Pay: Why It's Our Central Economic Policy Challenge," Briefing Paper No. 378m, Economic Policy Institute, June 4, 2014.

12. Lawrence Mishel and Alyssa Davis, "Top CEOs Make 300 Times More than Typical Workers," Issue Brief No. 399, Economic Policy Institute, June 21, 2015.

13. Kevin Murphy, "Executive Compensation: Where We Are and How We Got There," in *Handbook of the Economics of Finance*, ed. George Constantinides, Milton Harris, and Rene Stulz (Amsterdam: Elsevier Science North-Holland, 2012).

14. Erik Brynjolfsson, Heekyung Kim, and Guillaume Saint-Jacques, "CEO Pay and Information Technology," MIT Initiative on the Digital Economy Working Paper, February 2016. ICIS 2009 Proceedings, AIS Electronic Library (AISeL), http://aisel.aisnet.org에 보고된 이전의 초안.

15. Jon Bakija, Adam Cole, and Bradley Heim, "Jobs and Income Growth of Top Earners and the Causes of Changing Income Inequality: Evidence from U.S. Tax Returns, William College," April 2012, https://web.williams.edu/Economics/wp/BakijaColeHeimJobsIncome-

GrowthTopEarners.pdf.

16. Ulrike Malmendier and Geoffrey Tate, "Superstar CEOs," NBER Working Paper No. 14140 (June 2008).

17. Marianne Bertrand and Sendhil Mullainathan, "Are CEOs Rewarded for Luck? The Ones without Principals Are," *Quarterly Journal of Economics* 116, no. 3 (2001): 901–932.

18. 미국에서 나타나는 부와 소득의 불평등에서 지대의 역할과 지대, 기술, 지적재산권 보호와의 관계를 다룬 최근의 연구는 다음과 같은 것들이 있다. Joseph Stiglitz, *The Price of Inequality* (New York: W. W. Norton, 2012); Robert Reich, *Saving Capitalism: For the Many, Not the Few* (New York: Knopf, 2015); Paul Krugman, "Challenging the Oligarchy," *New York Review of Books*, December 2015; Jason Furman and Peter Orzsag, "A Firm-Level Perspective on the Role of Rents in the Rise of Income Inequality," White House Council of Economic Advisers, October 2015; and Dean Baker, "The Upward Redistribution of Income: Are Rents the Story?," Working Paper, Center for Economic and Policy Research, December 2015.

19. Robert M. Solow, "Thomas Piketty Is Right," *New Republic*, April 22, 2014 (this volume, Chapter 2).

20. Daron Acemoglu and David Autor, "Skills, Tasks and Technologies: Implications for Employment and Earnings," Handbook of Labor Economics, 2011.

21. Autor, "Polanyi's Paradox"; Manyika et al., "Digital America"; and Carl Frey and Michael Osborne, "The Future of Employment: How Susceptible Are Jobs to Computerization?," Oxford Martin School (September 2013).

22. Autor, "Why Are There Still So Many Jobs?"

23. Nir Jaimovich and Henry E. Siu, "The Trend Is the Cycle: Job Polarization and Jobless Recoveries," National Bureau of Economic Research, Working Paper No. 18334 (2012).

24. Daron Acemoglu, David Autor, David Dorn, Gordon Hanson, and Brendan Price, "Import Competition and the Great US Employment Sag of the 2000s," *Journal of Labor Economics* 34 (2016): S141–S198; and David Autor, David Dorn, and Gordon Hanson, "Untangling Trade and Technology: Evidence from Local Labor Markets," *Economic Journal* 125, no. 584 (2015): 641–646.

25. Manyika et al., "Digital America."

26. Lawrence Mishel, Elise Gould, and Josh Bivens, "Wage Stagnation in Nine Charts," Report, Economic Policy Institute (January 6, 2015).

27. Autor, "Skills, Education."

28. Lawrence Mishel, "Unions, Inequality and Faltering Middle-Class Wages," Economic Policy Institute, Issue Brief No. 342 (August 2012).

29. Florence Jaumotte and Carolina Osorio Buitron, "Inequality and Labor Market Institutions," International Monetary Fund Staff Discussion Note, July 2015.

30. David Cooper, "Raising the Minimum Wage to $12 by 2020 Would Lift Wages for 35 Million American Workers," Economic Policy Institute, EPI Briefing Paper No. 405 (July 2015), http://www.epi.org/files/2015/raising-the-minimum-wage-to-12-dollars-by-2020-would-lift-wages-for-35-million-america-workers.pdf.

31. Michael Spence and Sandile Hlatshwayo, "The Evolving Structure of the American Economy and the Employment Challenge," Working Paper, Council on Foreign Relations (2011); Michael Spence, "The Impact of Globalization on Income and Employment," *Foreign Affairs*, July/August 2011.

32. 시간에 따른 인당 부가가치의 변동으로 측정되는 경제 전체의 생산성 증가율은 교역 부분과 비교역 부문의 인당 부가가치 변동의 가중평균(교역 부문과 비교역 부분의 인당 부가가치 차이×고용에서 비교역 부문이 차지하는 몫의 증가분)이다.

33. David Autor, David Dorn, and Gordon Hanson, "The China Syndrome: Local Labor Market Effects of Import Competition in the United States," *American Economic Review* 103, no. 6 (2013): 2121-2168.

34. Robert Lawrence, "Recent Declines in Labor's Share in US Income: A Preliminary Neoclassical Account," Working Paper No. 15-10, Peterson Institute for International Economics (June 2015), http://hks.harvard.edu/fs/rlawrence/wp15-10PIIE.pdf.

35. Josh Bivens and Lawrence Mishel, "Understanding the Historic Divergence between Productivity and a Typical Worker's Pay," Economic Policy Institute, EPI Briefing Paper No. 406 (September 2015), http://www.epi.org/files/2015/understanding-productivity-pay-divergence-final.pdf.

36. 로봇공학, 인공지능 적층가공, 그 외 기술혁신의 동향과 이 기술들이 일자리 및 임금에 미친 영향에 대한 더 상세한 논의는 Carl Benedikt Frey and Michael Osborne, "Technology at Work: The Future of Innovation and Employment," Oxford Martin School and Citi GPS, February 2015, http://www.oxfordmartin.ox.ac.uk/downloads/reports/Citi_GPS_Technology_Work.pdf.

37. Dani Rodrik, "Premature Industrialization," NBER Working Paper No. 20935 (February 2015), http://www.nber.org/papers/w20935.

38. Carl Benedikt Frey and Michael Osborne, "Technology at Work v.2.0: The Future Is Not What It Used to Be," Oxford Martin School and Citi GPS (January 2016), http://www.oxfordmartin.ox.ac.uk/downloads/reports/Citi_GPS_Technology_Work_2.pdf.

39. Michael Greenstone, Adam Looney, Jeremy Patashnik, and Muxin Yu, "Thirteen Economic Facts about Social Mobility and the Role of Education," The Hamilton Project (June 2013), http://www.hamiltonproject.org/assets/legacy/files/downloads_and_links/THP_13Econ-Facts_FINAL6.pdf.

40. Autor, "Why Are There Still So Many Jobs?"

41. Martin Ford, *Rise of the Robots: Technology and the Threat of a Jobless Future* (New York: Basic Books, 2015).

42. Laura Tyson, "Intelligent Machines and Displaced Workers," Project Syndicate, March 7, 2014.

9장 소득 불평등, 임금 결정, 균열일터

여기에 표현된 견해가 반드시 미국 노동부의 의견을 반영하는 것은 아니다. 이 장에 담긴 글과 연구에는 어떤 정부 자료도 사용되지 않았다.

1. Larry Mishel, Josh Bivens, Elise Gould, and Heidi Shierholz, *The State of Working America*, 12th ed. (Ithaca, NY: Cornell University Press, 2013) 참조.

2. Thomas Piketty, *Capital in the Twenty-First Century* 번역: Arthur Goldhammer (Cambridge, MA: Belknap Press of Harvard University Press, 2014)와 함께 이 분야의 전체적인 사실들과 이론연구 평가를 보려면 David Autor, Lawrence Katz, and Melissa Kearney, "Trends in U.S. Wage Inequality: Revising the Revisionists," *Review of Economics and Statistics* 90, no. 2 (2008): 300-323; and Daron Acemoglu and David Autor, "Skills, Tasks and Technologies: Implications for Employment and Earnings," *in Handbook of Labor Economics*, vol. 4, pt. B, ed. David Card and Orley Ashenfelter (Amsterdam: Elsevier, 2011), 1043-1166 참조.

3. David Weil, *The Fissured Workplace: Why Work Became So Bad for So Many and What Can Be Done to Improve It* (Cambridge, MA: Harvard University Press, 2014) 참조.

4. 디지털 기술로 모니터링 비용이 낮아짐에 따라 이런 기준의 개발(균열일터의 메커니즘을 연결시키는 '접착제')이 더 가능해졌다. 위의 책 3장 참조.

5. 이 추정치들은 Kevin Hallock, "Job Loss and the Fraying of the Implicit Employment Contract," *Journal of Economic Perspectives* 23, no. 4 (2009): 40-43에 나온 것이며 2011년도 국가보상조사(National Compensation Survey)에 나온 데이터에 근거했다. 그러나 평균값은 노동자, 직업, 산업 간에 근로시간당 고용주비용 구성요소들 사이의 차이를 가린다. 예를 들어, 서비스 부문 노동자는 임금과 급료가 71퍼센트를, 법정 복리혜택이 9.3퍼센트를 차지한다. 서비스 산업의 고용인들은 일반적으로 다른 산업의 노동자보다 훨씬 낮은 보험과 퇴직수당을 받기 때문이다.

6. Sidney Webb and Beatrice Webb, *Industrial Democracy* (London: Macmillan, 1897), 281.

7. 이 주장은 노동공급이 상승곡선을 그리고 있다고 가정한다. 즉 노동시장에 새로운 인력을 끌어들이기 위해서는 고용주가 고용을 늘릴 때 점점 더 높은 임금률을 지급해야 한다. 시장에 사람들을 추가로 끌어들이기 위해 임금을 얼마나 빨리 인상해야 하는지는(노동공급의 탄력성으로 측정된다) 노동시장이 수요 독점 고용주에게 어느 정도로 영향을 받는지에 효

과를 미친다. 좀 더 완전한 논의는 Alan Manning, *Monopsony in Motion: Imperfect Competition in Labor Markets* (Princeton, NJ: Princeton University Press, 2003), chap. 4 참조.

8. 경쟁적 노동시장에서 기업이 처한 노동공급은 완전히 탄력적이다. 기업이 특정 기술 수준의 노동력을 원하는 만큼 시장가격에 구매할 수 있다는 뜻이다. 하지만 탐색 마찰은 노동자들의 이동 의지를 낮추어 노동 공급이 늘어나고 기업이 임금을 결정할 힘을 갖게 된다(William Boal and Michael Ransom, "Monopsony in the Labor Market," *Journal of Economic Literature* 35, no. 1 [1997]: 86-112). 식료품 판매업계의 남성과 여성의 노동공급 탄력성을 평가한 랜섬과 오악사카는 여성의 노동 공급이 남성보다 덜 탄력적이고 그 결과 여성의 임금이 그 산업 내 고용주들의 구매자독점 위치에 더 영향을 받는다고 밝혔다. 구체적으로 말하자면 여성의 상대 임금이 더 낮다. Michael Ransom and Ronald Oaxaca, "New Market Power Models and Sex Differences in Pay," *Journal of Labor Economics* 28, no. 2 (2010): 267-315 참조.

9. 이들은 고용주 측이 힘을 갖는 또 다른 이유는 가구 수준에서는 여가가 정상재이기 때문에 임금 삭감에 대응해 남성 근로자들이 아내와 아이들을 노동시장에 내보낼 것이기 때문이라고 주장했다. 그런 이유 때문에(즉 남성의 임금률을 높게 유지하는 것) 제도주의자들은 아동노동과 여성 근로시간에 대한 법적 제약을 지지하고 최저임금의 초기 개념을 옹호했다. Richard Ely, *The Labor Movement in America* (New York: Thomas Y. Crowell and Co., 1886).

10. Sumner Slichter, "Notes on the Structure of Wages," *Review of Economics and Statistics* 32, no. 1 (1950): 80-91; Sumner Slichter, James Healy, and Robert Livernash, *The Impact of Collective Bargaining on Management* (Washington, DC: Brookings Institution, 1960) 참조.

11. Fred Foulkes, *Personnel Policies in Large Non-Union Workplaces* (Englewood Cliffs, NJ: Prentice Hall, 1980).

12. 게리 베커와 월터 오이는 존 던롭이 자주 언급한 말 "노동시장은 증권거래소가 아니다"와 순간 임금률이 그 자체로 노동을 효율적으로 할당하지 않는 이유를 설명하는 데 유용한 모형을 제시했다. 준고정 인건비나 특정 훈련(즉 특정 고용주의 노동자에게 도움이 되는 훈련)을 제공해야 할 필요성은 기업이 해결방법을 찾아야 하는 보상 문제를 발생시킨다. 이때 기업은 월터 오이의 모형에서는 보상비용의 일부만 가변적인 것처럼 행동함으로써, 베커의 경우에서는 보상정책을 기업이 시간이 지나면서 되찾아야 하는 인적자본투자의 일부로 생각함으로써 해결방법을 찾아야 한다. Gary Becker, *Human Capital: A Theoretical and Empirical Analysis with Special Reference to Education* (New York: Columbia University Press, 1964); and Walter Oi, "The Fixed Employment Costs of Specialized Labor," in *The Measurement of Labor Costs*, ed. Jack Triplett (Chicago: University Chicago Press, 1983), 63-122 참조.

13. 이렇게 볼 때, 전체적인 고용관계는 관련 당사자들이 지속적 고용 과정에서 공유하는 방법을 찾아야 하는 가치를 만들어낸다. 이 계약들은 외부 노동시장의 상황과 기업 내부의 상대적인 협상력을 둘 다 반영한다. 이 견해는 Paul Milgrom, "Employment Contracts, Influence Activities, and Efficient Organization Design," *Journal of Political Economy* 96, no. 1 (1988):

42-60에서 자세히 설명되었다. 고용의 암묵적 계약 이론에 관해서는 Sherwin Rosen, "Implicit Contracts: A Survey," *Journal of Economic Literature* 25, no. 4 (1988): 1144-1175 참조.

14. 최후통첩 게임과 이 게임의 다양한 변형들(예: 제안자가 나눈 몫을 두 번째 게임 참여자의 동의 없이 주는 '독재자 게임')을 의사결정 실험실에서 진짜 돈으로 실험해보고, 실제 상황에서 조건은 비슷하지만 좀 더 현실적인 설정을 마련해 실시해보았다. 또한 보상 수준을 달리 하여, 즉 돈을 훨씬 크게 걸고 게임을 반복했다. 그래도 전반적으로 같은 결과가 유지되었다. 이 결과에 대한 상세한 논의와 광범위한 언급은 Ernst Fehr and Klaus Schmidt, "A Theory of Fairness, Competition, and Cooperation," *American Economic Review* 114, no. 3 (1999): 177-181; Fehr and Schmidt, "Theories of Fairness and Reciprocity," in *Advances in Economics and Econometrics*, ed. Matthias Dewatripont, I. Hansen, and S. Turnovsly (New York: Cambridge University Press, 2002), 208-257; Fehr and Schmidt, "A Theory of Fairness, Competition, and Cooperation," *Quarterly Journal of Economics* 97, no. 2 (2007): 817-868; and Colin Camerer, *Behavioral Game Theory* (Princeton, NJ: Princeton University Press, 2003)에서 볼 수 있다.

15. 보상정책에 관한 뷸리의 연구에서 대다수(87퍼센트)의 경영자가 "대부분의 혹은 모든 고용인들은 서로의 임금을 알고 있다"는 말에 동의했다. Truman Bewley, *Why Wages Don't Fall during a Recession* (Cambridge, MA: Harvard University Press, 1999), table 6.6, p. 80 참조.

16. *The Fissured Workplace*, 4장에서 두 유형의 공평성 개념(수직적 공평성과 수평적 공평성)을 더 심도 깊게 다루었다.

17. 내부적 보수 공평성의 주요 이유로 50퍼센트 조금 안 되는 응답자가 '업무 실적'을 언급했고 '차별 소송을 피하기 위해'라고 답한 응답자는 7퍼센트에 불과했다. 뷸리는 직원이 2만 7,000명이고 노조가 있는 한 제조업체의 인사 관리자의 말을 인용했다. "불공평은 조직 내에 파동을 일으켜 업무 불능으로 이어질 수 있다. 사람들은 공평한 대우를 받고 자신이 기여한 부분을 인정받길 원한다. 지역을 옮겨도, 직종을 옮겨도 늘 이러하길 바란다." Bewley, *Why Wages Don't Fall*, 79, 81 참조. 공평성에 대한 관심이 일터에서 작용하는 방식에 대한 형식적 모델은 Oded Stark and Walter Hyll, "On the Economic Architecture of the Workplace: Repercussions of Social Comparisons among Heterogeneous Workers," *Journal of Labor Economics* 29, no. 2 (2011): 349-375 참조.

18. Ernst Fehr, Lorenz Goette, and Christian Zehnder, "A Behavioral Account of the Labor Market: The Role of Fairness Concerns," *Annual Review of Economics* 1 (2009): 355-384, 378쪽의 인용문 참조. 심리학의 손실회피 성향과 '프레이밍'에 관해서는 광범위한 문헌이 있다. 카너먼은 아모스 트버스키와의 획기적 연구 이후 수십 년 동안 이 분야에서 이루어진 광범위한 연구들의 개요를 제공한다. Daniel Kahneman, *Thinking Fast and Slow* (New York: Farrar, Straus and Giroux, 2011) 참조.

19. 노조가 없는 1970년대의 대규모 일터들에 대한 연구에서 프레드 폴크스는 '기업들(노조가 없는 대형 고용주들)의 보수정책은 공평성을 제공하고 보여주기 위해 설계되었다'는 것

을 발견했다(Foulkes, *Personnel Policies in Large Non-Union Workplaces* [Englewood Cliffs, NJ: Prentice Hall, 1980], 185). 이와 비슷하게 뷸리도 경영진이 실적에 따라 보수 차이를 두는 것이 동기부여에 유용하다는 점은 인정하지만 그렇게 하지 않는 주요 근거로 인터뷰한 기업의 69퍼센트가 '내부적 공평성, 내부의 조화, 공정성, 높은 사기'를 언급했다고 밝혔다. Bewley, *Why Wages Don't Fall*, 표 6.4와 75-79 참조.

20. 이 문헌의 개요는 Walter Oi and Todd Idson, "Firm Size and Wages," in *Handbook of Labor Economics*, vol. 13, ed. Orley Ashenfelter and David Card (New York: Elsevier, 1999), 2165-2214 참조, Charles Brown and James Medoff , "The Employer Size-Wage Effect," *Journal of Political Economy* 97, no. 5 (1989): 1027-1059; and Charles Brown, James Hamilton, and James Medoff, *Employers Large and Small* (Cambridge, MA: Harvard University Press, 1990)는 이 효과에 관한 획기적인 연구들이다. Erica Groshen, "Five Reasons Why Wages Vary across Employers," *Industrial Relations* 30, no. 1 (1991): 350-381도 참조. 좀 더 최근의 연구는 임금에 대한 대기업 효과가 1988년부터 2003년까지 약 3분의 1 감소했음을 발견했다. Matissa Hollister, "Does Firm Size Matter Anymore? The New Economy and Firm Size Wage Effect," *American Sociological Review* 69, no. 5 (2004): 659-676. 비누르 발칸과 세미 투멘은 터키 경제에서 공식적 일자리보다 비공식적 일자리에서 기업의 규모 효과가 더 큰 것을 발견하여 기업 내의 임금 결정 차이에 관한 흥미로운 조직적 문제를 제기했다. Binnur Balkan and Semih Tumen, "Firm-Size Wage Gaps along the Formal-Informal Divide: Theory and Evidence," *Industrial Relations* 55, no. 2 (2016): 235-266 참조.

21. 구매자 독점 정도를 평가한 최근의 실증적 논문들이 흥미로운 증거를 제공한다. Orley Ashenfelter, Henry Farber, and Michael Ransom, "Labor Market Monopsony," *Journal of Labor Economics* 28, no. 2 (2010): 203-210에 이 논문들이 요약되어 있다.

22. 짐 레비처와 로웰 테일러는 노동자들을 모니터링할 측면이 여러 가지인 좀 더 복잡한 모니터링/대행사에서 나타나는 문제들을 다룬 문헌을 요약했다. 예를 들어 모니터링의 두 가지 측면이 있는데 이 둘이 서로 보완적이지만 한 측면은 관찰할 수 없다면 고용주는 보상 모형을 만드는 데 어려움에 부딪힌다. 이런 경우는 이 업무를 독립 계약자에게 이전하는 것이 바람직하다. 그러면 보상이 노동자 투입보다 제공자의 산출과 더 직접적으로 연결되기 때문이다. Standard and Behavioral Approaches to Agency and Labor Markets," in Card and Ashenfelter *Handbook of Labor Economics*, vol. 4, pt. B 참조.

23. 아이러니하게도 이렇게 하면 구매자 독점으로 발생하는 자원 왜곡이 없어질 것이다. 이런 상황에서는 고용주가 결국 경쟁 시장에서 발견될 정도까지의 추가 노동자를 고용할 것이기 때문이다. 그러나 경쟁 시장의 상황과 달리 수요 독점자는 임금률이 생산에 대한 한계 공헌을 넘는 노동자들이 받는 '보너스'를 포착한다(즉, 한계 내 노동자들의 지대).

24. 좀 더 엄밀히 말하면 브랜드 각인이나 제품 개발에서의 핵심역량 구축 성공은 그 기업들에 대한 수요 탄력성이 낮다는 의미다(따라서 주어진 비용 수준에서 더 높은 수준의 가격을 정할 수 있는 힘이 더 크다). 그런 경우 고용을 떨어냄으로서 감소된 인건비가 주로 투자자에

게 갈 수 있다. 조정력이라는 핵심역량 분야(소매업을 생각해보라)나 규모의 경제로 선두기업들은 여전히 자사 제품 시장에서 더 심한 경쟁에 직면할 수 있다. 인건비 절감분은 (투자자의 수익률 증가뿐 아니라) 소비자를 위한 가격 인하로 흘러갈 가능성이 더 많다.

25. Matthew Dey, Susan Houseman, and Anne Polivka, "What Do We Know about Contracting Out in the United States? Evidence from Household and Establishment Surveys," in *Essays in Labor in the New Economy*, ed. Katherine Abraham, James Spletzer, and Michael Harper (Chicago: University of Chicago Press, 2010), 267-304 참조.

26. 에이브러햄과 테일러는 한 사업장에서 일하는 노동자들의 임금이 높을수록 그 사업장이 청소업무를 외부에 위탁할 가능성이 더 많음을 보여주었다. 또한 청소업무를 외주 계약한 사업장들은 그 업무를 전부 맡기는 경향이 나타났다. Katherine Abraham and Susan Taylor, "Firms' Use of Outside Contractors: Theory and Evidence," *Journal of Labor Economics* 14, no. 3 (1996): 394-424, 특히 표 4, 5와 407-410.

27. Samuel Berlinski, "Wages and Contracting Out: Does the Law of One Price Hold?," *British Journal of Industrial Relations* 46, no. 1 (2008): 59-75.

28. Arandajit Dube and Ethan Kaplan, "Does Outsourcing Reduce Wages in the Low-Wage Service Occupations? Evidence from Janitors and Guards," *Industrial and Labor Relations Review* 63, no. 2 (2010): 287-306. 인용된 차이는 노동력 차이뿐 아니라 업무가 이루어지는 장소와 관련될 수 있는 다양한 요인들을 보정했다. 듀브와 캐플란의 연구는 계약직과 정규직 노동자의 '측정될 수 없는' 많은 특징들을 배제하는 매우 풍부한 통계치를 제시한다.

29. Deborah Goldschmidt and Johannes Schmieder, "The Rise of Domestic Outsourcing and the Evolution of the German Wage Structure," Working Paper, Boston University (2015) 저자들은 또한 식사, 청소, 경비 직원들이 외부 위탁 전에 전체적인 노동자들에 필적하는 임금 프리미엄을 받는다는 것을 보여주었다. 에이브러햄과 테일러의 연구("Firms' Use of Outside Contractors")와 마찬가지로 이 결과는 핵심 역량에 중요하지 않은 업무, 특히 그 서비스들을 제공하는 종속업체들의 산출을 모니터링할 수 있는 방법을 찾은 업무들을 외부 위탁하려는 상당한 동기를 부여한다.

30. Peter Cappelli and Monika Hamori, "Are Franchises Bad Employers?," *Industrial and Labor Relations Review* 61, no. 2 (2008): 146-162 참조.

31. 가맹점(프랜차이즈 시스템에 들어가기 위해 로열티를 지불하는 독립 사업체)은 본사(브랜드-핵심역량-소유주, 때로는 '기업이 소유한' 제한된 수의 직영점 운영)보다 수익률이 상당히 낮다. Patrick J. Kaufmann and Francine Lafontaine, "Costs of Control: The Source of Economic Rents for McDonald's Franchisees," *Journal of Law and Economics* 37, no. 2 (1994): 417-453; and Weil, *The Fissured Workplace*, chap. 6 참조.

32. 앨런 크루거는 가맹점 관리자들이 기업 소유의 비슷한 패스트푸드 직영점의 관리자들보다 소득이 상당히 적다는 것을 발견했다(Alan Krueger, "Ownership, Agency, and Wages: An Examination of Franchising in the Fast Food Industry," *Quarterly Journal of Economics* 106, no.

1 [1991]: 75-101) 참조. 지민웅과 나는 본사 소유 매장보다 가맹점들 사이에 도수나 강도 면에서 근로기준 위반이 훨씬 높다는 것을 발견했다(MinWoong Ji and David Weil, "The Impact of Franchising on Labor Standards Compliance," *Industrial and Labor Relations Review* 68, no. 5 [2015]: 977-1006). 고용 외주화가 호텔 산업의 전체 수입에 미치는 영향에 대한 일관된 증거는 Richard Freeman, "The Subcontracted Labor Market," *Perspectives on Work* 18 (2014): 38-42 참조.

33. 저자들은 3월 현재 인구조사March Current Population Survey, 인구조사국 종단면 산업 데이터베이스Census Longitudinal Business Data Base, 종단면 고용주-가구 동향 데이터 Longitudinal Employer-Household Dynamics를 결합하여 사용했다. 그리하여 노동자들과 이들이 일하는 기업들 모두에 대한 상세한 데이터를 얻을 수 있었다. 대부분의 노동자들은 주어진 해에 같은 사업장에 계속 머물렀기 때문에 머문 사람들 '주변의' 불평등 증가 원인 을 살펴보는 접근방식은 이들 주변의 소득 격차 증가의 원인을 검토하는 데 유용한 지주가 된다. Erling Barth, Alex Bryson, James Davis, and Richard Freeman, "It's Where You Work: Increases in Earnings Dispersion across Establishments and Individuals in the U.S.," *Journal of Labor Economics* 34, no. 2 (2016): S67-S97 참조.

34. 저자들은 미국 사회보장국이 수집하고 관리하는 기밀 자료인 종합 소득 파일Master Earnings File(MEF)의 행정 데이터를 분석에 사용했다. MEF는 노동소득 데이터를 포함하는데, 이 데이터는 다른 소득 데이터 자료와 달리 한도가 없으며 보너스, 행사된 스톡옵션, 종업원 (대부분의 경우 임원)들에게 지급되는 제한부 스톡그랜트의 달러가치 추정치도 포함한다. Jae Song, David Price, Nicholas Bloom, Faith Guvenen, and Till von Wachter, "Firming Up Inequality," NBER Working Paper No. 21199 (2015) 참조.

35. David Card, Jörg Heining, and Patrick Kline, "Workplace Heterogeneity and the Rise of West German Wage Inequality," *Quarterly Journal of Economics* 128, no. 3 (2013): 967-1015 참조. 이 팀(카르도소와 함께)이 발표한 최근 논문은 기업이 고용주에 대한 노동자들의 선호가 다 른 데서 발생하는 어느 정도의 독점력을 행사하는 모형을 구축했다(선호가 다른 이유에 대 해서는 특별한 모델을 제시하지 않음). 이 모형은 개별 노동자들의 선호에 따른 임금차별 은 배제했지만, 기업들이 여전히 '각 직군별로 한계생산보다 낮으며, 노동공급의 탄력성과 반비례하는 임금을 공통적으로 제시할 수 있도록' 하였다. David Card, Ana Rute Cardoso, Jörg Heining, and Patrick Kline, "Firms and Labor Market Inequality: Evidence and Some Theory," Working Paper, University of California, Berkeley (2016) 참조.

36. 존 던롭이 1957년에 첫 발간한 저서《노사관계제도Industrial Relations Systems》에서 이 견해를 주창했다(그리고 경제원칙을 임금차별 현실과 연결시키려는 새로운 영역을 수립했다). 이 책은 산업관계 시스템(노조, 비노조 모두)의 행위자들을 노동시장에서 관찰되는 결과들로 몰고 가는 시장, 제도적, 기술적, 사회적 요인들을 평가하는 이론적 프레임워크를 수립했다. Dunlop, *Industrial Relations Systems*, rev. ed. (Cambridge, MA: Harvard Business School Press Classic, 1993) 참조.

37. 경제이론과 수학의 결합을 알린 폴 새뮤얼슨의 획기적 저서 《경제분석의 기초Foundations of Economic Analysis》는 다음과 같은 말로 시작한다. '다양한 이론의 주요 특징들 사이에 존재하는 유사성은 특정 이론의 기반이 되고 그 중요 특징들과 관련해 이 이론들을 통합하는 일반 이론이 있음을 암시한다. 추상화에 의한 이러한 근본적인 일반화 원칙은 30년도 더 전에 미국의 저명한 수학자 E.H.무어에 의해 세워졌다. 그 원칙이 이론경제학과 응용경제학에 미치는 영향을 이해하는 것이 다음 페이지들의 목적이다. Samuelson, *Foundations of Economic Analysis* (Cambridge, MA: Harvard University Press, 1947) 참조.

38. 로널드 코스는 신고전주의적 접근방식이 제도주의자들보다 우위라고 언급했다. '이론이 없으면 그들은 이론을 기다리거나 불길 속에 들어가길 기다리는 산더미 같은 서술 자료 말고는 전수할 것이 없다.' 코스의 말은 Richard Posner, "Nobel Laureate: Ronald Coase and Methodology," *Journal of Economic Perspectives* 7, no. 4 (1993): 195-210, 206쪽에 인용되었다.

39. Piketty, *Capital*, 333.

40. 예를 들어 Patrick Bayer, Stephen Ross, and Giorgio Topa, "Place of Work and Place of Residence: Informal Hiring Networks and Labor Market Outcomes," *Journal of Political Economy* 116, no. 6 (2008): 1150-1196; Judith Hellerstein, Melissa McInerney, and David Neumark, "Neighbors and Coworkers: The Importance of Residential Labor Market Networks," *Journal of Labor Economics* 29, no. 4 (2011): 659-695; and Yves Zenou, "A Dynamic Model of Weak and Strong Ties in the Labor Market," *Journal of Labor Economics* 33, no. 4 (2015): 891-932.

41. Freeman, "The Subcontracted Labor Market," 42. 참조. 같은 맥락에서 데이비드 카드와 공동 저자들은 '마지막으로, 미국처럼 고도로 발달한 노동시장조차 불완전 경쟁으로 특징짓는 것이 더 낫다는 생각은 최저임금, 실업보험, 고용보호 같은 산업정책과 노동시장 제도들이 복지에 미치는 영향에 관한 많은 의문을 불러일으킨다'라고 언급했다(Card et al., "Firms and Labor Market Inequality," 24).

42. 균열일터 현상은 전 세계 국가들에서 입증되고 있다. 앞에서 언급한 많은 연구는 독일과 터키의 특정 직업 및 일자리 유형들의 소득에 미친 영향에 초점을 맞추었다. 데이비드 카드와 공동저자들이 논한 또 다른 연구들은 독일, 포르투갈, 영국, 이탈리아, 그 외 국가들의 소득 불균등 증가를 검토했다. 이 연구들의 요약본은 Card et al., "Firms and Labor Market Inequality," 부록 표 1 참조. *Comparative Labor Law and Policy Journal* 27호는 프랑스, 영국, 이스라엘, 브라질, 일본을 포함한 9개국에서의 균열일터의 성장과 영향을 다룬 논문을 게재했다.

43. Piketty, *Capital*, 333.

10장 자본소득 증가가 개인소득 불평등에 미치는 영향

2015년 12월 벨라지오에서 개최된 학회에 참여하여 의견을 남겨준 히더 부셰이, 브래드포드 드롱, 크리스토프 라크너, 살바토레 모렐리, 에릭 닐슨, 마샬 스테인바움, 그리고 다른 모든 분들께 감사를 드린다.

1. '개인적' 소득분포와 '개인 간' 소득분포라는 표현은 혼용하여 사용할 것이다.

2. Loukas Karabarbounis and Brent Neiman, "The Global Decline of the Labor Share," *Quarterly Journal of Economics* 129, no. 1 (October 24, 2013): 61-103; Michael Elsby, Bart Hobijn, and Ayşegül Şahin, "The Decline of the U.S. Labor Share," Brookings Papers on Economic Activity, Brookings Institution (Fall 2013), http://www.brookings.edu/~/media/Projects/BPEA/Fall%202013/2013b_elsbylabor_share.pdf.

3. Erik Bengtsson and Daniel Waldenström, "Capital Shares and Income Inequality: Evidence from the Long Run," Discussion Paper Series, Institute for the Study of Labor, Bonn, Germany (December 2015), table 5, http://ftp.iza.org/dp9581.pdf.

4. Margaret Jacobson and Filippo Occhino, "Labor's Declining Share of Income and Rising Inequality," Economic Commentary, Federal Reserve Bank of Cleveland, Ohio (September 25, 2013), https://www.clevelandfed.org/newsroom-and-events/publications/economic-commentary/2012-economic-commentaries/ec-201213-labors-declining-share-of-income-and-rising-inequality.aspx.

5. Maura Francese and Carlos Mulas-Granados, "Functional Income Distribution and Its Role in Explaining Inequality," IMF Working Paper WP / 15 / 244 (November 2015), https://www.imf.org/external/pubs/ft/wp/2015/wp15244.pdf.

6. 위의 책, 15.

7. 이와 관련해 앤서니 앳킨슨은 살짝 다른 접근을 취했다, "Factor Shares: The Principal Problem of Political Economy?," *Oxford Review of Economic Policy* 25, no. 1 (2009): 3-16, 10-11. 나는 여기서 자본 동질성homogeneous capital을 가정했다. 자본/소득 비율의 증가가 특히 부동산자산과 같은 자본의 비동질적 특성에 의해 나타났다는 비판에 대한 반응으로, (일례로 Joseph Stiglitz의 "New Theoretical Perspectives on the Distribution of Income and Wealth among Individuals: Part 1. The Wealth Residual," NBER Working Paper No. 21189 [May 2015], http://www.nber.org/papers/w21189.pdf와 다른 보충 논문들) 토마 피케티는 자본 축적에 대한 설명으로 멀티섹터 모델을 더 선호한다. ("Capital, Predistribution and Redistribution," Crooked Timber, January 4, 2016, http://crookedtimber.org/2016/01/04/capital-predistribution-and-redistribution/) 이러한 모델은 서로 다른 자본들의 상대가격이 변하는 것을 허용하고, 부동산자산 가격이 오르는 경우 K/Y 비율을 상승시킬 수 있다. 또한 이 모델은 자본의 몫을 상승시키기 위해 자본과 노동 간 대체탄력성이 1보다 커야 한다는 가정도 필요 없다. 멀티섹터 모델은 좀 더 현실적이지만 단일섹터 모델이 갖는 단순성과 강력함을 제공하지 못한다.

8. Debraj Ray, "Nit-Piketty: A Comment on Thomas Piketty's *Capital in the Twenty-First Centu-*

ry," Chhota Pegs, May 25, 2014, http://debrajray.blogspot.co.uk/2014/05/nit-piketty.html;
Ray, "Ray on Milanovic on Ray on Piketty," Chhota Pegs, June 3, 2014, http://debrajray.
blogspot.com/2014/06/ray-on-milanovic-on-ray-on-piketty.html.

9. Yew-Kwang Ng, "Is an Increasing Capital Share under Capitalism Inevitable?," discussion
    paper, Nanyang Technological University, Singapore, August 13, 2014.

10. Michał Kalecki, "A Theory of Profits," *Economic Journal* 52, nos. 206 / 207 (1942): 258-267;
    Robert Solow, "A Contribution to the Theory of *Economic Growth*," *Quarterly Journal of Economics* 70, no. 1 (February 1956): 65-94. Branko Milanovic, "Where I Disagree and Agree with
    Debraj Ray's Critique of Piketty's *Capital in the 21st Century*," *Globalinequality*, June 2, 2014,
    http://glineq.blogspot.com/2014/06/where-i-disagree-and-agree-with-debraj.html. 피케
    티의 최근 두 편의 논문에서, (Thomas Piketty and Gabriel Zucman, "Wealth and Inheritance
    in the Long Run," in *Handbook of Income Distribution*, ed. Anthony Atkinson and Bourguignon
    François, vol. 2B (Amsterdam: North-Holland, 2015), 1303-1368; and Piketty, "Capital,
    Predistribution and Redistribution"), 그는 이 점을 명확히 했는데, 자본가들이 자본소득의
    일부를 소비하는 것을 허용은 하겠지만, 적어도 경제 성장률보다는 빠른 자본 증식을 위해
    자본소득 중 최소 g/r만큼은 재투자를 할 필요가 있다고 서술했다. (Piketty, "Capital, Predis-
    tribution, and Redistribution," 3). 당연하게도 이보다 높은 재투자율은 자본 총량의 증가로
    이어질 것이며 결국 순 생산에서 자본소득의 몫이 증가할 것이다. 두 논문은 기존의 책과 달
    리 r⟩g 가정을 상대적으로 덜 중요시했으나, 이것이 장기적으로는 부의 불평등 수준과 높은
    연관이 있는 것으로 해석했다. "Specifically, a higher r-g gap will tend to greatly amplify the
    steady-state inequality of wealth distribution" (같은 책, 3).

11. Sc는 피케티의 알파(α)와 같다.

12. 이는 $R_c G_c \rangle R_l G_l$와 동치이다.

13. 이 제도는 개인의 자본 소유는 허용되나 이로부터 발생한 자본소득은 100퍼센트 과세된 후,
    이를 다시 공평하게 나누는 상황과 유사하다. 당연히 사회 구성원들의 자본 이용방법은 서
    로 다르겠지만 자본소득은 모두 같을 것이다. 이는 크리스토프 라크너의 아이디어를 인용
    한 것이다.

14. James Meade, *Different Forms of Share Economy* (London: Public Policy Centre, 1986); An-
    thony Atkinson, *Inequality: What Can Be Done?* (Cambridge, MA: Harvard University Press,
    2015).

15. 여기서 임의적으로 분배되는 자본소득의 총합은 순 생산에서 통상적으로 자본소득이 차지
    하는 비중과 같다는 것을 암묵적으로 가정한다(예를 들어 30퍼센트 이하). 물론 임의로 분
    배되는 자본소득이 노동소득을 상회한다면, 우연히 이를 많이 받은 사람이 총소득 기준으
    로도 부자가 된다. 이런 극단적 경우 R_c값은 아주 높을 수 있으며 심지어는 1에 매우 근접할
    수도 있다.

16. 물론 단 한 명의 자본가가 존재한다고 해서(s_k값이 낮다고 해서) s_c 역시 낮을 것이라 보징힐

순 없다. 이 한 명의 자본가가 극도로 부유해 s_c비율 역시 높을 수 있기 때문이다. 그러나 이후 논의에서는 s_k와 s_c는 전반적으로 같이 움직인다고 가정하여 진행할 것이다.

17. 신자본주의의 증거에 대해서는 앤서니 앳킨슨과 크리스토프 라크너가 제6차 ECINEQ에서 발표한 "Wages, Capital and Top Incomes: The Factor Income Composition of Top Incomes in the USA, 1960-2005"를 참조. http://www.ecineq.org/ecineq_lux15/FILESx2015/CR2/p196.pdf 이 논문은 지난 반세기 동안 미국에서 높은 노동소득과 자본소득 사이의 연관성이 증가해왔음을 보였다. 이는 피케티의 책에도 잘 나타나있다. (Capital, chap. 7, p. 416 in French edition)

18. 비록 개인 소유의 자본이 상대적으로 적었다고는 하나, '신자본주의'의 이러한 특징들은 전후 기간이 자본을 소유한 중산층이 나타나기 시작했다는 점에서 구별된다고 강조했던 피케티의 지적과도 매우 유사하다. Piketty, *Capital in the Twenty-First Century* (Cambridge, MA: Belknap Press of Harvard University Press, 2014), 410, 552 참조.

19. 크리스토프 라크너와의 사적인 대화.

20 "In It Together: Why Less Inequality Benefits All," OECD (May 21, 2015), http://www.oecd.org/social/in-it-together-why-less-inequality-benefits-all-9789264235120-en.htm; Piketty, *Capital*, 549.

21. 이것이 '신자본주의 2'와 얼마나 유사한지를 평가할 수 없다는 점에 주목하자. 이는 '신자본주의 2' 사회에서, 높은 자본소득 비중과 개인 간 소득 불평등 사이의 연결이 약해진다 하더라도 Rc의 값은 여전히 1에 가깝기 때문이다.

22. Karabarbounis and Neiman, "Global Decline of the Labor Share," fig. 2.

23. Lance Taylor, Özlem Ömer, and Armon Rezai, "Wealth Concentration, Income Distribution, and Alternatives for the USA," Working Paper No. 17, Institute for New Economic Thinking (September 2015), https://ineteconomics.org/uploads/papers/WP17-Lance-Taylor-Income-dist-wealth-concentration-0915.pdf.

24. 피케티는 자본세와 재분배정책이 전반적으로 같이 추진되어야 하며, 사유재산 제도의 개편 필요성을 강조했다. 그는 《21세기 자본》의 마지막 장을 '기업의 의사결정에 개입할 실질적인 권리가 없는 한, (이사회에 노동자들이 들어갈 자리를 마련하는 것을 포함하여) 부유세로 인한 (재무적) 투명성은 아무 소용이 없다'라고 말하며 끝맺는다.

25. 자본수익률이 어느 정도 유지된다고 가정한다.

11장 세계적 불평등

크리스토프 라크너는 세계은행의 개발경제연구그룹의 경제학자다. 데이터를 제공해준 에스펜 프리드와 매슈 와이포오, 그리고 소중한 조언을 준 히더 부셰이, 프란시스코 페레이라, 라 후스 파지라사베타쿨, 브랑코 밀라노비치, 카르멘 예에게 감사를 표한다. 이 장에서 나타난 결과와 해석 및 결론은 전적으로 저자의 것이다. 그것들이 반드시 세계은행의 재건 및 개발/세계은행 및 그 부속기구, 또는 세계은행의 집행 이사 또는 그들이 대표하는 정부의 견해를 대표하지는 않는다.

1. T. Piketty, *Capital in the Twenty-First Century*, trans. Arthur Goldhammer (Cambridge, MA: Belknap Press of Harvard University Press, 2014).

2. S. Anand and P. Segal, "The Global Distribution of Income," in *Handbook of Income Distribution*, vol. 2, ed. A. B. Atkinson and F. Bourguignon (Amsterdam: Elsevier, 2015).

3. B. Milanovic, "The Return of 'Patrimonial Capitalism': A Review of Thomas Piketty's *Capital in the Twenty-First Century*," *Journal of Economic Literature* 52, no. 2 (2014): 519-534.

4. 위의 책.

5. P. Brasor, "The Economics Book Everyone Is Talking About, but Has Anyone Read It?," *Japan Times*, February 14, 2015, http://www.japantimes.co.jp/news/2015/02/14/national/media-national/economics-book-everyone-talking-anyone-read; S. Denney, "Piketty in Seoul: Rising Income In equality in South Korea," *The Diplomat*, November 4, 2014, http://thediplomat.com/2014/11/south-koreas-shocking-inequality/.

6. United Nations Development Programme (UNDP), Bureau for Development Policy, "Humanity Divided: Confronting Inequality in Developing Countries" (2014).

7. R. Kanbur and J. Zhuang, "Confronting Rising Inequality in Asia," in *Asian Development Outlook* (Washington, DC: Asian Development Bank, 2012).

8. A. B. Atkinson and F. Bourguignon, "Introduction: Income Distribution Today," in Atkinson and Bourguignon, *Handbook of Income Distribution*.

9. C. Lakner and B. Milanovic, "Global Income Distribution: From the Fall of the Berlin Wall to the Great Recession," *World Bank Economic Review* 30, no. 2 (2016): 203-232.

10. 8장에서 타이슨과 스펜스는 미국의 소득 불평등을 설명하는 데 기술의 역할을 보다 자세히 논의한다.

11. Lakner and Milanovic, "Global Income Distribution."

12. 그 결과 우리 연구는 국가 내 불평등과 더불어 세계적 불평등을 과소 측정하는 경향이 있다. 그러나 아난드와 시걸은 "The Global Distribution of Income"에서 차이가 매우 작다고 주장한다. 우리는 조금 다른 세계 분포에서 백분위 대신 십분위 그룹을 이용할 경우 세계 지니 계수가 약 0.5퍼센트 정도 감소하는 것을 발견했다.

13. 소득과 지출의 차이는 순 저축이다. A. Deaton and S. Zaidi, "Guidelines for Constructing Consumption Aggregates for Welfare Analysis," World Bank (2002), http://documents.worldbank.org/curated/en/206561468781153320/Guidelines-for-constructing-consumption-aggregates-for-welfare-analysis.

14. Anand and Segal, "The Global Distribution of Income."

15. A. B. Atkinson, T. Piketty, and E. Saez, "Top Incomes in the Long Run of History," *Journal of*

Economic Literature 49, no. 1 (2011): 3-71; F. Alvaredo and J. Londoño Vélez, "High incomes and personal taxation in a developing economy: Colombia 1993-2013," Commitment to Equity Working Paper No. 12 (March 2013), http://www.commitmentoequity.org/publications_files/CEQWPNo12%20HighTaxationDevEconColombia1993-2010_19March2013.pdf.

16. F. Alvaredo and L. Gasparini, "Recent Trends in Inequality and Poverty in Developing Countries," in Atkinson and Bourguignon, *Handbook of Income Distribution*.

17. M. Aguiar and M. Bils, "Has Consumption Inequality Mirrored Income Inequality?," *American Economic Review* 105, no. 9 (2015): 2725-2756.

18. Alvaredo and Gasparini, "Recent Trends."

19. L. Karabarbounis and B. Neiman, "The Global Decline of the Labor Share," *Quarterly Journal of Economics* 129, no. 1 (2014): 61-103.

20. 가계저축은 2000년 GDP의 17.5퍼센트에서 2008년 23.4퍼센트까지 증가했다(G. Ma and W. Yi, "China's High Saving Rate: Myth and Reality," Bank for International Settlements Working Papers No. 312 [2010]).

21. C. Lakner and C. Ruggeri Laderchi, "Top Incomes in East Asia: What We Know, Why It Matters and What to Do about It," World Bank, forthcoming.

22. Hurun Report, "the Richest People in China," http://www.hurun.net/en/HuList.aspx, accessed November 16, 2015.

23. International Consortium of Investigative Journalists, "Giant Leak of Offshore Financial Records Exposes Global Array of Crime and Corruption," April 3, 2016, https://panamapapers.icij.org/20160403-panama-papers-global-overview.html.

24. 기준선 결과는 매년 가능한 가장 큰 국가 표본을 사용한다. 이와 밀접하게 관련되어, 해결할 수 없는 문제는 몇몇 나라의 설문조사를 사용할 수 없다는 것이다. 이 문제는 중동과 아프리카에서 가장 심각하다. 영향을 받는 국가는 세계 GDP의 5퍼센트, 세계 인구의 10퍼센트를 차지한다.

25. Anand and Segal, "the Global Distribution of Income."

26. 아난드와 시걸은 위 책에서 빠진 최상위 소득을 설명하기 위해 다른 접근법을 사용하는데, 이로 인해 도표 11-1에 표시된 차이의 절반만큼 세계 지니계수 수준을 상향조정한다. 그들은 가계조사가 상위 1퍼센트를 포착하지 못한다고 가정한다. 그리고 세금 기록 데이터에서 직접 상위 1퍼센트 소득지분을 추가하거나, 설문조사에 근거한 상위 10퍼센트 지분과 설문조사 평균소득을 사용하는 교차 국가 회귀분석에서 소득 점유율을 예측한다. 그들의 과정이 국가소득 평균을 향상시키긴 하지만, 이 효과는 라크너와 밀라노비치의 "Global Income Distribution"(도표 11-1에서 보이는)에서의 국가 기반 혹은 계정 기반 조정보다 작다. 시간 추세에 관해서도 아난드와 시걸("The Global Distribution of Income")은 2005년 수치가 1988년보다 간신히 높긴 하지만(각각 72.2퍼센트, 72.6퍼센트) 가장 최근에는 감소하는

것을 발견했다(그들의 데이터에서 2002년과 2005년 사이).

27. 아난드와 시걸의 "The Global Distribution of Income" 리뷰에 따르면, 그들의 방법론은 다음의 이유에서 다르다. (1)1인당 GDP 또는 가계평균소득의 사용, (2)소득과 소비조사의 차이에 대한 조정 (3)PPP 환율. 부르기뇽은 *The Globalization of Inequality* (Princeton, NJ: Princeton University Press, 2015)에서, 조사소득을 1인당 GDP로 재조정한, 1990년대 초기에 도표 11-1에서 나타난 것보다 더 빠른 감소를 발견했다.

28. F. Bourguignon and C. Morrisson, "Inequality among World Citizens: 1820-1992," *American Economic Review* 92, no. 4 (2002): 727-744.

29. Bourguignon, *The Globalization of Inequality*; B. Milanovic, *Global Inequality: A New Approach for the Age of Globalization* (Cambridge, MA: Belknap Press of Harvard University Press, 2016).

30. Milanovic, *Global Inequality*, 120. World Bank, *Poverty and Shared Prosperity 2016: Taking on Inequality* (Washington, DC: World Bank, 2016).

31. 지니계수는 이런 방식으로 분해될 수 없기 때문에 나는 다른 방식을 이용한다.

32. 사하라 사막 이남 아프리카와 동아시아 지역 모두에서 불평등은 증가했다. 그러나 아프리카 지역은 국가 간 불평등의 증가로 인한 것인 반면, 동아시아 지역은 국가 내 불평등의 증가 때문이다(L. F. Jirasavetakul and C. Lakner, "The Distribution of Consumption Expenditure in Sub-Saharan Africa: The Inequality among All Africans," Policy Research Working Paper Series 7557, World Bank [2016]).

33. 물론 두 측면이 독립적이지는 않다. 국가 간 불평등은 국가 평균과 세계 평균의 차이로 계산되는데, 이는 중국의 급격한 성장이 또한 증가시켰을 것이다. 세계 평균보다 느리게 성장하는 빈곤 국가는, 그 평균이 세계 평균보다 낮은 한, 국가 간 불평등을 증가시키는 경향이 있을 것이다.

34. Bourguignon and Morrisson, "Inequality among World Citizens."

35. Milanovic, *Global Inequality*.

36. Bourguignon, *The Globalization of Inequality*; Milanovic, *Global Inequality*.

37. 패턴은 세계 금융 위기 이후의 데이터와 비슷하다(Milanovic, *Global Inequality*). 또한 이 패턴은 비익명 성장빈도곡선을 이용했을 때와도 비슷하다(나타내진 않았다). 익명 성장빈도곡선인 도표 11-3에서 세계 백분위의 구성은 시간에 따라 달라질 것이다.

38. Milanovic, *Global Inequality*.

39. 불평등의 상대 척도는 규모 불변의 공리에 따르며, 이는 불평등 척도가 유로에서 미국 달러로의 단순한 재척도화와 같이 상수로 각 소득을 곱하는 어떤 변형과도 독립적이어야 한다고 말한다. 한편으로 소득 격차 증가에 대한 인식은 종종 절대적 의미를 지니고 있으며 독일, 이스라엘, 영국, 미국의 대학생과의 실험은 절대적 관심사와 상대적 관심사 사이에 거의 균등하게 분열되어 있음을 보여준다(M. Ravallion, *The Economics of Poverty: History, Measurement, and Policy* [Oxford: Oxford University Press, 2016]). 한편 밀라노비치는 *Global Inequality*에서, 절대적 차이에 대한 분석이 상호 보완적 관점을 제공한다는 점을 인식하면서도 상대

적 불평등 척도를 유지해야 한다고 강하게 주장한다. 앳킨슨과 브란돌리니는 또한 세계적 분석은 절대적 분석과 상대적 분석 모두를 고려해야 한다고 말한다(A. B. Atkinson and A. Brandolini, "On Analyzing the World Distribution of Income," *World Bank Economic Review* 24, no. 1 [2010]: 1-37).

40. 미국에서 루트머는 공간단위 평균 150,000명의 개인소득을 통제한 후 조사한 결과, 이웃의 소득 상승이 행복을 감소시킨다는 사실을 알아냈다(E. Luttmer, "Neighbors as Negatives: Relative Earnings and Well-Being," *Quarterly Journal of Economics* 120, no. 3 [2005]: 963-1002). 이와 대조적으로 말라위에서는 그와 같은 상대적 차이가 형편의 차이일 뿐이지 행복에 관련된 지배적인 관심사는 아니다(M. Ravallion and M. Lokshin, "Who Cares about Relative Deprivation?," *Journal of Economic Behavior & Organization* 73, no. 2 [February 2010]: 171-185).

41. 이 세 가지 출처에는 눈에 띄는 차이가 있으므로 신중히 비교해야 한다. 세계은행 데이터는 알바레도와 가스파리니도 사용한다. 그러나 알바레도와 가스파리니는 신흥국만을 대상으로 하며 소득조사와 소비조사의 차이점을 조정한다. 모렐리는 부유층 및 (일부) 중간소득 국가만을 대상으로 하며 동등성 척도를 사용하거나 1차 자료와 2차 자료를 혼용하는 경향이 있다. Alvaredo and Gasparini, "Recent Trends"; S. Morelli, T. Smeeding, and J. Thompson, "Post-1970 Trends in Within-Country Inequality and Poverty: Rich and Middle-Income Countries," in Atkinson and Bourguignon, *Handbook of Income Distribution*; "PovcalNet: The On-Line Tool for Poverty Measurement Developed by the Development Research Group," http://iresearch.worldbank.org/PovcalNet, accessed April, 16 2016.

42. 예를 들어 L. F. Lopez-Calva and N. Lustig, eds., *Declining Inequality in Latin America: A Decade of Progress?* (Washington, DC: Brookings Institution and UNDP, 2010); N. Lustig, L. F. Lopez-Calva, and E. Ortiz-Juarez, "Declining Inequality in Latin America in the 2000s: The Cases of Argentina, Brazil, and Mexico," *World Development* 44 (2013): 129-141.

43. L. Cord, O. Barriga Cabanillas, L. Lucchetti, C. Rodriguez-Castelan, L. D. Sousa, and D. Valderrama, "Inequality Stagnation in Latin America in the Aftermath of the Global Financial Crisis," Policy Research Working Paper Series 7146, World Bank (2014); R. Kanbur, "Poverty and Distribution: Thirty Years Ago and Now," in *Inequality and Fiscal Policy*, ed. B. Clements, R. de Mooij, S. Gupta, and M. Keen (Washington, DC: International Monetary Fund, 2015).

44. M. Székely and P. Mendoza, "Is the Decline in Inequality in Latin America Here to Stay?," in *Inequality and Human Development in Latin America: A Long-Run Perspective* (special issue), *Journal of Human Development and Capabilities* 16, no. 3 (2015): 397 - 419; L. F. Lopez-Calva, N. Lustig, and E. Ortiz-Juarez, "A Long-Term Perspective on Inequality and Human Development in Latin America," 319-323.

45. R. Kanbur, "Globalization and Inequality," in Atkinson and Bourguignon, *Handbook of Income*

Distribution.

46. B. Milanovic and L. Ersado, "Reform and Inequality during the Transition: An Analysis Using Panel Household Survey Data, 1990 – 2006," Working Paper Series wp2010-62, World Institute for Development Economic Research (2010).

47. Milanovic, *Global Inequality.*

48. K. Beegle, L. Christiaensen, A. Dabalen, and I. Gaddis, *Poverty in a Rising Africa: Africa Poverty Report* (Washington, DC: World Bank, 2016).

49. B. Milanovic, "Is Inequality in Africa Really Different?," World Bank Policy Research Working Paper Series 3169 (2003).

50. Beegle et al., *Poverty in a Rising Africa*. 조사 디자인(예를 들어 도시 단위이냐, 국가 단위이냐)을 수정하는 것, 실행방식(계절의 영향), 설문지(소비 지출 조사의 회수 기간) 등은 설문조사의 비교를 어렵게 한다. 국가 내 불평등 추세에서 이 패턴은 오랫동안 G. A. Cornia에 의해 확인되었다. "Income Inequality Levels, Trends and Determinants in Sub-Saharan Africa: An Overview of the Main Changes," Università degli Studi di Firenze, Florence, 2014.

51. Milanovic, *Global Inequality*; Morelli, Smeeding, and Thompson. "Post-1970 Trends."

52. Cord et al., "Inequality Stagnation"; L. Gasparini, G. Cruces, and L. Tornarolli, "Chronicle of a Deceleration Foretold: Income Inequality in Latin America in the 2010s," CEDLAS Working Paper No. 198 (2016).

53. 도표 11-4는 오직 비교 가능한 수치만을 포함하기 때문에 순수한 횡단면분석보다 적은 수의 국가를 포함한다. 비교 가능한 샘플은 세계 GDP와 인구의 84퍼센트를 다루는데, 이는 라크너와 밀라노비치가 다룬 범위보다 좁다("Global Income Distribution"에서는 2008년 세계 GDP의 93퍼센트, 세계 인구의 91퍼센트를 다뤘다).

54. Milanovic, *Global Inequality.*

55. F. H. G. Ferreira, "Kuznets Waves and the Great Epistemological Challenge to Inequality Analysis," World Bank Development Impact Blog (April 27, 2016), http://blogs.worldbank.org/impactevaluations/kuznets-waves-and-great-epistemological-challenge-inequality-analysis.

56. 스톨퍼-새뮤얼슨 정리에 의하면, 무역은 풍부한 요소의 상대적 이익을 증가시킬 것이다(선진국에서 단순 노동 같은). 제2차 세계대전 이후 무역자유화를 추구하며 공정한 성장을 이루어낸 동아시아 경제(한국과 대만)의 경험이 이 주장과 일치한다(A. Wood, "Openness and Wage Inequality in Developing Countries: The Latin American Challenge to East Asian Conventional Wisdom," *World Bank Economic Review* 11, no. 1 [1997]: 33-57). 그러나 이 이론은 1980년대부터 1990년대까지 노동력이 풍부한 국가와 부족한 국가 양쪽에서 무역자유화를 시도했으나 불평등이 증가함으로써 의문이 제기되었다(Kanbur, "Globalization and Inequality").

57. K. Basu, "Globalization of Labor Markets and the Growth Prospects of Nations," World

Bank Policy Research Working Paper Series 7590 (2016).

58. J. Tinbergen, *Income Distribution: Analysis and Policies* (Amsterdam: North-Holland, 1975).

59. Atkinson and Bourguignon, "Introduction: Income Distribution Today."

60. J. E. Meade, *Efficiency, Equality and the Ownership of Property* (London: Allen and Unwin, 1964).

61. E. Maskin, "Why Haven't Global Markets Reduced Inequality in Emerging Economies?," *World Bank Economic Review* 29 (suppl. 1) (2015): S48–S52.

62. R. B. Freeman, "Are Your Wages Set in Beijing?," *Journal of Economic Perspectives* 9, no. 3 (1995): 15–32.

63. A. B. Atkinson, *The Changing Distribution of Earnings in OECD Countries* (Oxford: Oxford University Press, 2008).

64. Bourguignon, *The Globalization of Inequality.*

65. Basu, "Globalization of Labor Markets."

66. W. H. Davidow and M. S. Malone, "What Happens to Society When Robots Replace Workers?," *Harvard Business Review*, December 10, 2014.

67. Bourguignon, *The Globalization of Inequality.*

68. Karabarbounis and Neiman, "Global Decline of the Labor Share." 레이벌이 쓴, 이 책 4장 참조.

69. Bourguignon, *The Globalization of Inequality.*

70. F. Bourguignon, "Inequality and Globalization: How the Rich Get Richer as the Poor Catch Up," *Foreign Affairs*, January/February 2016, 11–15.

71. Bourguignon, *The Globalization of Inequality.*

72. Atkinson and Bourguignon, "Introduction: Income Distribution Today."

73. Kanbur, "Globalization and Inequality."

74. Lakner and Ruggeri Laderchi, "Top Incomes in East Asia."

75. 예를 들어 인도네시아에서는, 배당금과 이자소득은 각각 10퍼센트, 20퍼센트의 세율이 부과되며, 이는 배당 소득자가 마주할 최고 한계세율인 30퍼센트보다 현저히 낮다. 자본소득은 표준 개인소득세가 부과되지만, 원천징수가 없으므로 적용이 제한된다(World Bank, "Indonesia's Rising Divide," [Jakarta: World Bank, 2016]). 결과적으로 인도네시아의 개인소득세의 5퍼센트만이 자본소득에 대한 과세이며 나머지는 급여 원천징수다.

76. 워런 버핏은 그의 접수원보다 낮은 세율을 적용받는다는 유명한 말을 남겼는데(N. G. Mankiw, "Defending the One Percent," *Journal of Economic Perspectives* 27, no. 3 [2013]: 21–34), 이는 그의 소득 대부분이 배당금과 자본소득으로 인한 것이기 때문이다.

77. J. Norregaard, "Taxing Immovable Property: Revenue Potential and Implementation Challenges," in Clements et al., *Inequality and Fiscal Policy*, 191–222.

78. G. Zucman, "Taxing across Borders: Tracking Personal Wealth and Corporate Profits," *Journal of Economic Perspectives* 28, no. 4 (2014): 121–148.

79. 위의 책.

80. United Nations Conference on Trade and Development, "World Investment Report 2015: Performing International Investment Governance," http://unctad.org/en/PublicationsLibrary/wir2015_en.pdf.

81. Milanovic, *Global Inequality*.

82. Kanbur, "Globalization and Inequality."

83. 동시에, 조건부 현금 이전 자체만으로는 라틴 아메리카의 추세가 반전된 것을 설명하기 부족하다는 점을 분명히 해야 한다(위의 책). 대신 저임금 노동의 급료가 증가한 것이 감소의 대부분을 설명한다(Lopez-Calva and Lustig, *Declining Inequality in Latin America*; Lustig et al., "Declining Inequality in Latin America in the 2000s"; Cord et al., "Inequality Stagnation").

84. Bourguignon, *The Globalization of Inequality*.

85. Basu, "Globalization of Labor Markets"; Milanovic, *Global Inequality*; A. B. Atkinson, "How to Spread the Wealth: Practical Policies for Reducing Inequality," *Foreign Affairs*, January/February 2016, 29-33.

86. A. B. Atkinson, *Inequality: What Can Be Done?* (Cambridge, MA: Harvard University Press, 2015).

87. 위의 책.

88. Bourguignon, *The Globalization of Inequality*. 한국의 재벌도 예시가 될 수 있다. 그들이 산업화 때 중요한 역할을 한 것은 맞지만(T. Khanna and Y. Yafeh, "Business Groups in Emerging Markets: Paragons or Parasites?," *Journal of Economic Literature* 45, no. 2 (2007): 331-372), 그들은 자주 불투명한 지분구조를 이용하며, 그중 최대 3대 재벌의 회장들은 모두 범죄혐의로 기소된 바 있다("To Those That Have—The Dark Side of Family Capitalism" [April 18, 2015], http://www.economist.com/news/special-report/21648178-dark-side-family-capitalism-those-have).

89. C. Freund, *Rich People Poor Countries: The Rise of Emerging-Market Tycoons and Their Mega Firms* (Washington, DC: Peterson Institute for International Economics, 2016).

90. Milanovic, *Global Inequality*.

91. Bourguignon, "Inequality and Globalization."

92. Milanovic, *Global Inequality*.

93. F. H. G. Ferreira, "Distributions in Motion: Economic Growth, Inequality, and Poverty Dynamics," in *The Oxford Handbook of the Economics of Poverty*, ed. P. N. Jefferson (Oxford: Oxford University Press, 2012)에서 논평했듯이 상당한 규모의 문헌은 빈곤 감소와 성장 및 불평등 간의 관계에 대해 논의한다.

94. 환영받지 못하는 이유 중 하나는 선진국에서 생산성의 성장에 대한 전망이 암울하다는 것이다. R. J. Gordon, *The Rise and Fall of American Growth: The U.S. Standard of Living since the Civil War* (Princeton, NJ: Princeton University Press, 2016).

95. 2015년에 이 수치는 3~5퍼센트 정도 약화됐고, 이는 최근 15년 중 최저치다(Bourguignon, *The Globalization of Inequality*).

96. 대략적으로 말해서 중국의 평균소득이 세계 평균을 초과할 때, 중국의 성장은 세계 분배에 있어 불리한 영향을 미칠 것이다. 밀라노비치가 "Global Income Distribution"에서 자세히 설명하듯, 이 현상은 머지않아 발생할 가능성이 높다.

97. T. Hellebrandt and P. Mauro, "The Future of Worldwide Income Distribution," Working Paper Series WP15-7, Peterson Institute for International Economics (2015).

98. 20년이 넘는 기간 동안 개별 국가에서 전례가 없는 것은 아니지만, 전 세계 모든 국가에서 발생할 수 있는 일은 아니다.

99. World Bank, "World Bank's New End-Poverty Tool: Surveys in Poorest Countries," press release, October 15, 2015, http://www.worldbank.org/en/news/press-release/2015/10/15/world-bank-new-end-poverty-tool-surveys-in-poorest-countries.

100. 이것이 세계은행에 의해 추정된 일당 1달러와 같은 절대 빈곤의 측정에 반드시 적용되는 것은 아니다. 이런 신흥국에서 농업 분야의 중요성이 감소하는 것은 사실이지만, 빈곤층의 대부분은 여전히 시골지역에서 살아가며 농사를 지을 것이다. 게다가 소득조사에서 금전적, 비금전적 이전은 축소 보고될 수 있다. 예를 들어 미국의 현재 인구조사는 행정 기록과 비교해봤을 때 많은 현금 이전을 포착하지 못했다(B. D. Meyer, W. K. C. Mok, and J. X. Sullivan, "Household Surveys in Crisis," *Journal of Economic Perspectives* 29, no. 4 [2015]: 199-226). 결과적으로 소득이 아주 적거나 아예 없는 사람의 소비가 엄청나게 높이 나타나는 경우가 종종 있다(M. Brewer, B. Etheridge, and C. O'Dea, "Why Are Households That Report the Lowest Incomes So Well-Off?," Economics Discussion Papers 8993, University of Essex, Department of Economics [2013]).

101. 예를 들어 프랑스는 최근 EU-SILC 조사에서 등록 관련 정보(세금 기록 포함)를 일부 질문에 사용하기 시작했다. C. Burricand, "Transition from Survey Data to Registers in the French SILC Survey," in *The Use of Registers in the Context of EU-SILC: Challenges and Opportunities*, ed. M. Jäntti, V. Törmälehto, and E. Marlier, Eurostat Statistical Working Papers (2013), http://ec.europa.eu/eurostat/documents/3888793/5856365/KS-TC-13-004-EN.PDF 참고.

102. 유사하게, 사에즈는(이 책, 13장) 국민계정과 일치하는 맥락으로 설문조사와 소득세 데이터를 통합할 것을 요구한다.

12장 《21세기 자본》의 지리학: 불평등, 정치경제학, 공간

1. Thomas Piketty, *Capital in the Twenty-First Century*, trans. Arthur Goldhammer (Cambridge, MA: Belknap Press of Harvard University Press, 2014).

2. 금융 붕괴와 그 뒤를 따른 불황은 이런 견해에 이의를 제기했고 심지어 IMF도 자본통제 와 규제 강화를 고려했다. International Monetary Fund, *The Liberalization and Management of Capital Flows: An Institutionalist View* (Washington, DC: IMF, 2012), www.imf.org/external/np/pp/eng/2012/111412.pdf.

3. S. Armstrong, *The Super-Rich Shall Inherit the Earth: The New Global Oligarchs and How They're Taking Over Our World* (London: Constable and Robinson, 2010); A. Atkinson, "Income Distribution in Europe and the United States," *Oxford Review of Economic Policy* 12, no. 1 (1996): 15-28; M. Davis and D. B. Monk, eds., *Evil Paradises: Dreamworlds of Neoliberalism* (New York: New Press, 2007); G. Irvin, *Super Rich: The Rise of Inequality in Britain and the United States* (Cambridge: Polity, 2008); J. Stiglitz, *Freefall: Free Markets and the Sinking of the Global Economy* (London: Allen Lane, 2010); Oxfam, *Working for the Few: Political Capture and Economic Inequality* (Oxford: Oxfam International, 2014).

4. T. Piketty and E. Saez, "Top Incomes and the Great Recession: Recent Evolutions and Policy Implications," *IMF Economic Review* 61, no. 3 (2013): 456-478; T. Piketty and G. Zucman, "Capital Is Back: Wealth-Income Ratios in Rich Countries, 1700-2010," *Quarterly Journal of Economics* 129, no. 3 (2014): 1255-1310.

5. 갤브레이스가 지적한 것처럼, 피케티에게 '자본의 기준은 물리적이 아니라 금융적'이었다. 그래서 피케티는 일관성은 없지만 부동산을 정의에 포함시켜 자본을 생산요소("진짜"real) 자본과 가치저당수단, 둘 다로 고려할 수 있었다.

6. D. Soskice, *"Capital in the Twenty-First Century*: A Critique," *British Journal of Sociology* 65, no. 4 (2014): 650-666.

7. D. Perrons, "Gendering Inequality: A Note on Piketty's *Capital in the Twenty-First Century.*" *British Journal of Sociology* 65 (2014): 667-677.

8. Peter Lindner, "Problematising Inequality," *Geopolitics* 21, no. 3 (2016): 742-749, doi: 10.1080/14650045.2016.1139998.

9. G. A. Jones, "Where's the Capital? A Geographical Essay," *British Journal of Sociology* 65, no. 4 (2014): 721-735.

10. E. Sheppard, "Piketty and Friends: Capitalism, Inequality, Development, Territorialism," *AAG Review of Books* 3, no. 1 (2015): 36-42.

11. Piketty, *Capital*, 48.

12. 이런 제한적 데이터베이스는 피케티가 세계 대부분 지역, 선진국Global North들보다 불평 등이 심하지만 일부 국가, 특히 1990년대와 2000년대의 남미에서 잠깐이지만 불평등이 약 화되었던 신흥국들Global South에 대해서는 거의 할 말이 없음을 의미한다.

13. T. Piketty and E. Saez, "Inequality in the Long Run," *Science*, May 23, 1014, 838-843.

14. Soskice, *"Capital,"* 661, 650.

15. K. Ho, *Liquidated: An Ethnography of Wall Street* (Durham, NC: Duke University Press, 2009).

16. G. Zucman, *The Hidden Wealth of Nations* (Chicago: University of Chicago Press, 2015).

17. The Daily Mail은 FTSE 100대 기업들 중 47개 기업이 영국에서 세금을 거의 혹은 한 푼도 내지 않은 것처럼 보이고 12개 기업은 세금을 내지 않았다고 밝혔으며 6개 기업은 세금공제를 받았다고 밝혔다. 일부 경우에는 R&D 경비, 투자, 그리고 좀 더 회의적으로는 이월손실금 등 낮은 수치 혹은 마이너스 수치에 대한 합법적 이유가 있다. 하지만 기업 전체(전 세계) 차원에서는 수십억의 매출, 심지어 수십억의 수익을 기록한 회사들이 법인세를 내지 않았다. 아마존은 2001년에 영국에서 올린 매출 33억 5천 파운드에 대해 180만 파운드의 세금을 냈고(2014년에는 53억 파운드에 대해 1,100만 파운드) 이베이는 8억 파운드에 대해 백만 파운드를 냈다. 스타벅스는 1998년부터 2012년까지 14년간 영국에서 30억 파운드가 넘는 매출을 올렸지만 고작 860만 파운드의 법인세만 낸 것으로 밝혀졌다.

18. D. Rodrik, *The Globalization Paradox: Why Global Markets, States, and Democracy Can't Coexist* (Oxford: Oxford University Press, 2011). R. Reich, *Saving Capitalism: For the Many, Not the Few* (New York: Knopf, 2015)도 참조.

19. OECD/G20, *Base Erosion and Profit Shifting Project Final Report* (Paris: OECD, 2015).

20. D. Harvey, *The Enigma of Capital: And the Crises of Capitalism* (London: Profile Books, 2011).

21. K. Ho, "Supermanagers, Inequality, and Finance," *HAU: Journal of Ethnographic Theory* 5, no. 1 (2015): 481-488.

22. 위의 책, 483

23. R. Palan, "Tax Havens and the Commercialization of State Sovereignty," *International Organization 56 (2002): 151-176*; N. Shaxson, *Treasure Islands: Tax Havens and the Men Who Stole the World* (New York: Random House, 2012); J. Urry, *Offshoring* (London: Polity Press, 2014); Zucman, *Hidden Wealth of Nations*.

24. N. Gilman et al., eds., *Deviant Globalization: Black Market Economy in the 21st Century* (New York: Continuum Books, 2011), 5.

25. *Vermillion Sands* (1971), *Cocaine Nights* (1996), *Super-Cannes* (2000), 모두 HarperPerennial에서 발간

26. S. Gill, "Constitutionalizing Inequality and the Clash of Globalizations," *International Studies Review* 4, no. 2 (2002): 47-65. Harvey, *The Enigma of Capital*도 참조

27. S. Sassen, *Territory, Authority, Rights: From Medieval to Global Assemblages* (Princeton, NJ: Princeton University Press, 2008).

28. B. Chalfont, "Global Customs Regimes and the Traffic in Sovereignty: Enlarging the Anthropology of the State," *Current Anthropology* 47 (2006): 243-276; Sassen, *Territory, Authority, Rights*.

29. B. Neilson, "Zones: Beyond the Logic of Exception?," *Concentric: Literary and Cultural Studies* 40, no. 2 (2014): 11-28.

30. K. Easterling, *Extrastatecraft: The Power of Infrastructure Space* (London: Verso, 2014) 특구들은

세계경제에서 상호 경쟁하는 장소들처럼 보이지만 법인, 정보기술, 국제표준기구들을 통해 연결되어 이스터링이 "세계적 공간운영시스템global spatial operating system"이라고 부른 형태를 형성한다.

31. Neilson, "Zones," 18, 11.

32. Easterling, *Extrastatecraft*, 49에 인용됨. 특히 사하라 사막 이남 아프리카에서 특구들은 종 종 협력관계를 통해 경제적, 정치적 이익을 확대하는 수단으로 다수의 국민국가들을 한 공 간에 모은다. D. Bräutigam and T. Xiaoyang, "African Shenzhen: China's Special Economic Zones in Africa," *Journal of Modern African Studies* 49, no. 1 (2011): 27-54; L. Bremner, "Towards a Minor Global Architecture at Lamu, Kenya," *Social Dynamics* 39, no. 3 (2013): 397-413 참조.

33. 레비언이 인도의 경우를 보여주었듯이, 국가는 '공익'을 위해 토지를 탈취(종종 소농으로부 터)하여 구 설치의 적극적 중개자이자 통로 역할을 한다. M. Levien, "The Land Question: Special Economic Zones and the Political Economy of Dispossession in India," *Journal of Peasant Studies* 39, nos. 3-4 (2012): 933-969.

34. J. Bach, "Modernity and the Urban Imagination in Economic Zones," *Theory, Culture and Society* 28, no. 5 (2011): 98-122; S. Opitz and U. Tellmann, "Global Territories: Zones of Economic and Legal Dis/Connectivity," *Distinktion: Scandinavian Journal of Social Theory* 13, no. 3 (2012): 261-282.

35. Easterling, *Extrastatecraft*, 15.

36. Bräutigam and Xiaoyang, "African Shenzhen"; Bremner, "Minor Global Architecture"; and I. Dey and G. Grappi, "Beyond Zoning: India's Corridors of Development and New Frontiers of Capital," *South Atlantic Quarterly* 114, no. 1 (2015): 153-170.

37. Bach, "Modernity," 99.

38. Easterling, *Extrastatecraft*; Davis and Monk, *Evil Paradises*.

39. Easterling, *Extrastatecraft*, 67.

40. S. Ali, *Dubai: Gilded Cage* (New Haven, CT: Yale University Press, 2010).

41. R. Abrahamsen and M. C. Williams, *Security beyond the State: Private Security in International Politics* (Cambridge: Cambridge University Press, 2010).

42. 이스터링은 특구가 '현장의 현실에서 분리된' 기술자주의적 공간으로 '완전히 정치와 무관 하다고' 제시했다. 특구를 운영하는 사람들이 이곳을 정치와 무관하다고 인식한다는 점에 서는 이스터링의 말이 맞다. 하지만 특구에 '정치가 없는' 것은 아니다.

43. Shaxson, *Treasure Islands*, 8.

44. Urry, *Offshoring*.

45. 이 6개의 조세피난처는 네덜란드, 버뮤다, 룩셈부르크, 아일랜드, 싱가포르, 스위스다. 유럽 상황은 더 나쁠 수 있다. 어리는 유럽에서 100대 기업의 99퍼센트가 세금노출을 최소화하 기 위해 역외 자회사를 이용한다고 추정했다.

712

46. G. Zucman, "Taxing across Borders: Tracking Personal Wealth and Corporate Profits," *Journal of Economic Perspectives* 28, no. 4 (2014): 121-148, at 140. Haberly and D. Wójcik, "Tax Havens and the Production of Offshore FDI: An Empirical Analysis," *Journal of Economic Geography* 15, no. 1 (2014): 75-101.

47. 2016년 4월에 법률회사 모색 폰세카(Mossack Fonseca)의 1,140만 건이 넘는 문서가 독일 신문 쥐트도이체 차이퉁(*Süddeutsche Zeitung*)에 유출되었다. 이 문서들은 정치인부터 연예인에 이르는 개인과 기업들이 은행과 법률회사의 도움으로 신탁과 펀드를 이용, 파나마를 통해 자산(부동산부터 미술작품까지)을 이동시켰음을 보여준다고 한다. 현재 70개국 이상에서 조사관들이 자산의 가치, 거래의 합법성, 잠재적 세수 손실을 평가하고 있다. International Consortium of Investigative Journalists (https://panamapapers.icij.org) 참조.

48. 피케티는 세금과 국민계정에 의존할 때의 문제를 강조하면서 세계 많은 지역에서 대다수의 경제활동이 '장부에 기재되지 않는다'는 추정에도 불구하고 비공식적 혹은 불법행위에 관심을 기울이지 않았다. 하지만 길먼 외의 학자들은 '일탈 세계화'가 '세계화의 기술적 기반구조를 이용하여 혐오 제품과 서비스시장에 대한 규제와 법 집행의 차이를 활용하는' 기업가들을 통해 '부, 개발, 권력에 대한 전통적 개념들'에 이의를 제기한다고 평했다(*Deviant Globalization*, 3).

49. 쥐크망은 역사적으로 선두를 달리는 역외 지역이 스위스이고 그 뒤를 룩셈부르크, 버진 아일랜드가 뒤따르면서 소위 '사악한 트리오'를 형성한다고 밝혔다.

50. Zucman, "Taxing across Borders," 121.

51. 위의 책, 144.

52. D. Wójcik, "Where Governance Fails: Advanced Business Services and the Offshore World," *Progress in Human Geography* 37, no. 3 (2013): 330-347.

53. A. Cobham, P. Janský, and M. Meinzer, "The Financial Secrecy Index: Shedding New Light on the Geography of Secrecy," *Economic Geography* 91, no. 3 (2015): 281-303.

54. Wójcik, "Where Governance Fails." Also J. V. Beaverstock, S. Hall, and T. Wainwright, "Servicing the Super-Rich: New Financial Elites and the Rise of the Private Wealth Management Retail Ecology," *Regional Studies* 47, no. 6 (2013): 834-849.

55. T. Wainwright, "Tax Doesn't Have to Be Taxing: London's 'Onshore' Finance Industry and the Fiscal Spaces of a Global Crisis," *Environment and Planning A* 43, no. 6 (2011): 1287.

56. House of Commons Committee of Public Accounts, "Tax Avoidance: The Role of Large Accountancy Firms (Follow-Up)" (2015), HC 860, available at www.publications.parliament.uk/pa/cm201415/cmselect/cmpubacc/1057/1057.pdf.

57. Zucman, *Hidden Wealth of Nations*, 44-45. 쥐크망은 또한 스위스가 '조세피난처 집합'의 대표라면 부의 적어도 80퍼센트가 세금 절감 목적으로 신고되지 않았다고 지적했다.

58. 가장 잘 알려진 예가 스타벅스다. 스타벅스는 스위스에서 커피를 사는 것처럼 보이지만 실제로 커피콩은 로스팅을 위해 네덜란드로 보내진 뒤 각국의 자회사에 높은 프리미엄을 받

고 팔린다. 이 회사들은 브랜드와 로고 사용료도 지불하고, 이렇게 해서 수익과 조세책무가
스위스로 옮겨진다.

59. Cobham et al., "The Financial Secrecy Index."

60. 이런 공간에 접근해 최적의 운영을 하는 것은 21세기 초의 공개시장 담론이 시사하던 것보
다 더 제약을 받는 것처럼 보인다. 전 세계 3,700만 개 기업과 투자자들의 관계를 살펴본 스
위스연방공과대학의 한 연구는 고도로 네트워크화된 불과 147개의 기업들로 이루어진 "초
대형기업super-entity"이 전체 부의 40퍼센트를 지배한다는 것을 발견했다.

61. Piketty, *Capital*, 180.

62. 백만 달러 이상을 투자할 수 있는 사람들을 가리키는 고액순자산보유자(HNWIs)는 부유
층 중 가장 크고 빠른 증가세를 보이는 집단이지만(2011년에 전 세계적으로 약 1,100만
명) 이들의 총소득과 부는 4조 2천억 달러 이상의 가처분 부를 소유한 초고액순자산보유자
(U-HNWIs) (약 10만 명으로 추정된다)들에는 훨씬 못 미친다. 그러나 비버스톡과 폴콘브
리지가 지적했듯이 U-HNWIs가 4천만 달러에서 100억 달러 사이의 자산을 보유한 사람
으로 정의되어 엘리트층 분류의 경계선은 임의적이다. J. V. Beaverstock and J. R. Faulcon-
bridge, "Wealth Segmentation and the Mobilities of the Super- Rich," in *Elite Mobilities*, ed.
T. Birtchnell and J. Caletrío (New York: Routledge, 2013), 40-61 참조.

63. Birtchnell and Caletrío, *Elite Mobilities; Urry, Offshoring*.

64. A. Ong, "Please Stay: Pied-a-Terre Subjects in the Megacity," *Citizenship Studies* 11, no. 1
(2007): 83-93.

65. C. Freeland, "The Rise of the New Global Elite," *The Atlantic*, January/February 2011, 2.

66. 로버트 프랭크도 이렇게 공간의 경계에 놓여 있는 사람들을 포착했다. 프랭크는 저서
Richistan: A Journey Through the American Wealth Boom and the Lives of the New Rich (London:
Piatkus Books, 2007)에서 새로운 엘리트층의 유형을 분류하면서 어퍼 리치스탄Upper
Richi$tan 거주자와 로어 리치스탄Lower Richi$tan 거주자를 구분했다.

67. A. Elliott. and J. Urry, *Mobile Lives* (New York: Routledge, 2010).

68. Ong, "Please Stay," 89.

69. N. Cunningham and M. Savage, "The Secret Garden? Elite Metropolitan Geographies in the
Contemporary UK," *Sociological Review* 63 (2015): 321-348.

70. L. Sklair, and L. Gherardi, "Iconic Architecture as a Hegemonic Project of the Transnational
Capital ist Class," *City* 16, nos. 1-2 (2012): 57-73; also Cunningham and Savage, "The Secret
Garden?"도 참조.

71. 특권에 대한 엘리트들의 생각과 실력이 있으니 특권을 누린다고 오인되는 것에 대한, 혹은
피케티가 '행운'이라고 부른 현상에 대한 흥미로운 연구는 S. Khan, "Privilege: The Making
of an Adolescent Elite at St. Paul's School" (Princeton, NJ: Princeton University Press,
2012) 참조. 엘리트층이 의존하는 서비스업체들의 숨겨진 존재를 표현하기 위해 '가리다
cloaking'라는 단어를 사용하는 것에 대해서는 R. Atkinson, "Limited Exposure: Social Con-

cealment, Mobility and Engagement with Public Space by the Super- Rich in London,"
Environment and Planning A 48, no. 7 (2016): 1302-1317, doi 10.1177/0308518X1559832 참
조.

72. *The Guardian* (January 24, 2016)은 2103년에 켄싱턴과 첼시 자치구가 450건의 '대규모 지하
확장' 공사를 허가했다고 보도했으며 그중 일부는 1층 이상 확장에 수영장과 홈 시네마도
포함돼 있었다. 2001년에는 겨우 46건이었다.

73. 라이시는 1990년대 초에 '행운의 5층fortunate fifth'(소득이 상위 20퍼센트에 해당되는 집
단—옮긴이)이 물리적으로 고립된 거주지와 더 넓은 의미의 공동체에 대한 참여 부족으로
국가로부터 분리 독립했다고 언급했다. R. B. Reich, *The Work of Nations: Preparing Ourselves for
21st-Century Capitalism* (New York: Vintage Books, 1992); Davis and Monk, *Evil Paradises*도
참조.

74. R. Webber and R. Burrows, "Life in an Alpha Territory: Discontinuity and Conflict in an
Elite London 'Village,'" *Urban Studies 53, no. 15* (2015): 3139-3154.

75. 뉴욕에 대해서는 the *Financial Times*, "Global Elite Buys Trophy Apartments," September,
29, 2015, http://www.ft.com/cms/s/0/dd7ac2f2-472d-11e5-af2f-4d6e0e5eda22.htm-
l#axzz46kKTUoqH 참조. 런던에 대해서는 *The Guardian*, July 22, 2013, www.theguardian.
com/commentisfree/2013/jul/22/london-wealth-global-elite-home 참조.

76. 2102년도 미국 인구조사 데이터는 미국 50대 도시 중 31개가 미국 전체와 비교했을 때 소
득 불평등이 더 크고 시간이 지나면서 이런 경향이 더 심해지고 있음을 보여준다. 50대 도
시의 부자들은 일반 도시의 부자들보다 더 부유하고 가난한 사람들보다 비례적으로 더 잘
산다. 50대 도시의 가난한 사람들은 일반 도시의 가난한 사람들보다 더 가난하다.

77. Atkinson, "Limited Exposure," 1315.

78. A. Ong, "Mutations in Citizenship," *Theory, Culture & Society* 23, no. 2-3 (2006): 499-505.

79. S. Sassen, "Towards Post-National and Denationalized Citizenship," in *Handbook of Citizen-
ship Studies*, ed. E. F. Isin and B. S. Turner (London: Sage, 2002).

80. Cited in K. Jefford, "Homes Owned through Companies Falls Below 4,000, HMRC Figures
show," *City AM*, February 15, 2016에 인용됨.

81. S. Sassen, "A Savage Sorting of Winners and Losers: Contemporary Versions of Primitive
Accumulation," *Globalizations* 7, no. 1 (2010): 23-50.

82. Piketty, *Capital*, 336.

83. 이것은 피케티가 설명한 슈퍼경영자 시나리오다. 하지만 Ho, *Liquidated*가 분석한 금융자본
주의 문화이기도 하다.

84. M. Aalbers, ed., *Subprime Cities: The Political Economy of Mortgage Markets* (Chichester, U.K.:
Wiley, 2012); J. Crump, K. Newman, E. S. Belsky, P. Ashton, D. H. Kaplan, D. J. Hammel,
and E. Wyly, "Cities Destroyed (Again) for Cash: Forum on the U.S. Foreclosure Crisis,"
Urban Geography 29, no. 8 (2008): 745-784.

85. E. Raymond, K. Wang, and D. Immergluck, "Race and Uneven Recovery: Neighborhood Home Value Trajectories in Atlanta before and after the Housing Crisis," *Housing Studies* 31, no. 3 (2016): 324-329.

86. Piketty, *Capital,* 244-246, 395.

87. also Stiglitz, *Freefall*; Zucman, *Hidden Wealth of Nations.*

88. *The Observer,* April 10, 2016, 7.

89. Galbraith, "*Kapital*"; Lindner, "Problematising Inequality"; Perrons, "Gendering Inequality" 참조.

90. 쥐크망은 법적 제한과 규제로 미국 재무부의 통계 전문가들이 스위스(혹은 다른 지역)의 은행계좌에 들어 있는 미국 유가증권의 소유자가 누구인지 알아낼 방법이 없다고 지적한다. 이들은 제네바 은행 계좌에 들어 있는 자산을 스위스 자산이라고 추정해야 하고 따라서 데이터는 '누가 세계의 부를 소유했는지가 아니라 어디에서 관리되고 있는지'를 보여준다. '실제 부의 지리학이라기보다 조세피난처의 지리학이다'(*Hidden Wealth of Nations,* 21). 이런 관찰은 지리학이 실제 부의 창출과 보유의 도구가 될 때 전자와 후자가 어떻게 서로 부딪치는지 보여준다.

91. https://www.youtube.com/watch?v=4S9AwO-rkJs.

92. M. Everest-Phillips, "When Do Elites Pay Taxes? Tax Morale and State-Building in Developing Countries," paper presented at WIDER Elites conference, June 12, 2009; also Wainwright, "Tax Doesn't Have to Be Taxing."

93. Easterling, *Extrastatecraft,* 232.

94. *The Guardian,* November 27, 2015, http://www.theguardian.com/news/2015/nov/27/hsbc-whistleblower-jailed-five-years-herve-falciani.

13장 《21세기 자본》 이후의 연구 의제

1. Thomas Piketty and Emmanuel Saez, "Income Inequality in the United States, 1913-1998," *Quarterly Journal of Economics* 118 no. 1 (2003): 1-39. 2015년 6월에 2014년도 자료 업데이트 됨.

2. Thomas Piketty, *Les hauts revenus en France au 20ème siècle-Inégalités et redistributions, 1901-1998* (Paris: Grasset, 2001).

3. Simon Kuznets, *Shares of Upper Income Groups in Income and Savings* (New York: National Bureau of Economic Research, 1953).

4. Simon Kuznets, "Economic Growth and Economic Inequality," *American Economic Review* 45 (1955): 1-28.

5. 이 연구에 대해 살펴보려면 Thomas Piketty and Emmanuel Saez, "Top Incomes in the Long Run of History," *Journal of Economic Literature* 49 (2011): 3-71 참조. http://www.wid.world 에서 데이터를 볼 수 있다.

6. Thomas Piketty, *Capital in the Twenty-First Century*, trans. Arthur Goldhammer (Cambridge, MA: Belknap Press of Harvard University Press, 2014).

7. Simon Kuznets, *National Income and Its Composition, 1919-1938* (New York: National Bureau of Economic Research, 1941); Kuznets, *Shares of Upper Income Groups*.

8. 룩셈부르크 소득연구LIS는 여러 국가에 대한 기존의 미시적 조사 데이터를 이용하여 조화된 세계적 미시 데이터를 만드는 데 감탄할 만한 노력을 기울였다(http://www.lisdatacenter.org/ 참조). LIS 데이터는 매우 유용하지만 분포의 최상위층은 잘 포착하지 못한다.

9. 국민계정체계System of National Account의 최신 버전은 SNA 2008이다. *System of National Accounts 2008* (New York: European Communities, International Monetary Fund, Organisation for Economic Co-operation and Development, United Nations, and World Bank, 2009) 참조. 미국 국민소득계정은 아직 모든 SNA 2008 지침을 포함하지 않았지만 서서히 이 방향으로 움직이고 있다.

10. Facundo Alvaredo, Anthony B. Atkinson, Lucas Chancel, Thomas Piketty, Emmanuel Saez, and Gabriel Zucman, "Distributional National Accounts (DINA) Guidelines: Concepts and Methods used in the W2ID," Paris School of Economics Working Paper (December 2016).

11. Thomas Piketty, Emmanuel Saez, and Gabriel Zucman, "Distributional National Accounts: Methods and Estimates for the U.S.," NBER Working Paper No. 22945 (December 2016).

12. Bertrand Garbinti, Jonathan Goupille, and Thomas Piketty, "Inequality Dynamics in France, 1900-2014: Evidence from Distributional National Accounts (DINA)," Paris School of Economics (2016).

13. Facundo Alvaredo et al., "Distributional National Accounts: Methods and Estimates for the UK," Paris School of Economics and Oxford University (2016).

14. Dennis Fixler and David S. Johnson, "Accounting for the Distribution of Income in the US National Accounts," in *Measuring Economic Stability and Progress*, ed. D. Jorgenson, J. S. Landefeld, and P. Schreyer (Chicago: University of Chicago Press, 2014); Dennis Fixler, David Johnson, Andrew Craig, and Kevin Furlong, "A Consistent Data Series to Evaluate Growth and Inequality in the National Accounts," Bureau of Economic Analysis Working Paper (2015).

15. Maryse Fesseau and M. L. Mattonetti, "Distributional Measures across Household Groups in a National Accounts Framework: Results from an Experimental Cross-Country Exercise on Household Income, Consumption and Saving," OECD Statistics Working Papers (2013).

16. Piketty, Saez, and Zucman, "Distributional National Accounts."

17. 피케티와 사에즈의 미국 최상위 소득 데이터는 정부 이전소득을 무시했다는 비판을 받았

다. Richard Berkhauser, Jeff Larrimore, and Kosali Simon, "A Second Opinion on the Economic Health of the American Middle Class and Why It Matters in Gauging the Impact of Government Policy," *National Tax Journal* 65 (March 2012): 7-32 참조. 실제로 세전, 세후 분배 둘 다 큰 가치가 있다. 분배국민계정은 이 작업을 충실하게 수행할 수 있는 타당한 개념적 방법이다. 인구조사국이 현재인구조사Current Population Survey로 작성한 통계처럼 소득에 관한 많은 공식 통계들은 공식소득 정의에서 일부(전부는 아닌) 이전소득을 더하고 일부(전부는 아닌) 세금은 감하여 세전 대 세후 개념을 모호하게 만든다. Carmen DeNavas-Walt and Bernadette D. Proctor, U.S. Census Bureau, *Income and Poverty in the United States: 2014* (Washington, DC: U.S. Government Printing Office, 2015).

18. 정부뿐 아니라 신용정보기관, 교육 기관 같은 많은 기관들도 정부의 미시적 데이터를 보완하기 위해 통합될 수 있는 미시적 행정 데이터를 생성한다. 스칸디나비아 국가들은 가장 앞선 통계기관들을 갖추었고 여러 다른 출처의 데이터를 연구를 위해 통합할 수 있다. 연구 목적으로 미국의 행정 데이터에 대해 접근하는 체계를 개선하는 데 대한 논의는 David Card, Raj Chetty, Martin Feldstein, and Emmanuel Saez, "Expanding Access to Administrative Data for Research in the United States," White Paper for NSF 10-069 call for papers on "Future Research in the Social, Behavioral, and Economic Sciences" (2010) 참조.

19. Wojciech Kopczuk and Emmanuel Saez, "Top Wealth Shares in the United States, 1916-2000: Evidence from Estate Tax Returns," *National Tax Journal* 57 (2004): 445-487.

20. Arthur Kennickell, "Tossed and Turned: Wealth Dynamics of US Households 2007-2009," Finance and Economics Discussion Series Working Paper, Board of Governors of the Federal Reserve System (2011); Edward Wolff, "Household Wealth Trends in the United States, 1962-2013: What Happened over the Great Recession?," NBER Working Paper No. 20733 (2014).

21. Piktty, *Capital.*

22. Chris Giles, "Data Problems with *Capital in the 21st Century*," *Financial Times*, May 23, 2014.

23. Edward Wolff, *Top Heavy: The Increasing Inequality of Wealth in America and What Can Be Done about It* (New York: New Press, 2002).

24. Emmanuel Saez and Gabriel Zucman, "Wealth Inequality in the United States since 1913: Evidence from Capitalized Income Tax Data," *Quarterly Journal of Economics* 131 (2016): 519-578.

25. Wolff, *Top Heavy.*

26. Saez and Zucman, "Wealth Inequality."

27. 위의 책.

28. 상세한 통계는 Thomas Piketty and Gabriel Zucman, "Capital Is Back: Wealth-Income Ratios in Rich Countries, 1700-2010," *Quarterly Journal of Economics* 129 (2014): 1255-1310; and Saez and Zucman, "Wealth Inequality." 참조.

29. Thomas Piketty, Gilles Postel-Vinay, and Jean-Laurent Rosenthal, "Inherited versus Self-Made Wealth: Theory and Evidence from a Rentier Society (1872-1927)," *Explorations in Economic History* 51 (2013): 21-40; Thomas Piketty and Gabriel Zucman, "Wealth and Inheritance in the Long Run," *in Handbook of Income Distribution*, vol. 2, ed. A. Atkinson and F. Bourguignon (Amsterdam: Elsevier, 2014), 167-216.

30. Franco Modigliani, "The Role of Intergenerational Transfers and Lifecycle Savings in the Accumulation of Wealth," *Journal of Economic Perspectives* 2 (1988): 15-40; Lawrence Kotlikoff and Lawrence Summers, "The Role of Intergenerational Transfers in Aggregate Capital Accumulation," *Journal of Political Economy* 89 (1981): 706-732.

31. 체티 외의 학자들은 이 포괄적인 데이터를 이용해 대학별로 부모의 소득과 학생들이 후일 벌어들이는 수입의 분포를 정리했다(Raj Chetty, John N. Friedman, Emmanuel Saez, Nicholas Turner, and Danny Yagan, "The Distribution of Student and Parent Income across Colleges in the United States", working paper, 2016 참조). 그 결과 일류 대학들에 고소득 가정 출신이 불균형적으로 많은 것으로 나타났는데, 이는 미국에서 고등 교육이 경제적 특권의 전달에 큰 역할을 한다는 것을 암시한다.

32. Karen Dynan, Jonathan Skinner, and Stephen Zeldes, "Do the Rich Save More?," *Journal of Political Economy* 112 (2004): 397-443.

33. Saez and Zucman, "Wealth Inequality."

34. Kuznets, *Shares of Upper Income Groups*.

35. 예를 들어 Raj Chetty, John Friedman, Soren Leth-Petersen, T. Nielsen, and Torre Olsen, "Active vs. Passive Decisions and Crowd-Out in Retirement Savings Accounts: Evidence from Denmark," *Quarterly Journal of Economics* 129 (2014): 1141-1219 참조. 최근 미국의 일부 연구들은 은행, 신용카드 업체 혹은 그 외의 금융서비스 제공업체 같은 금융기관들의 데이터를 이용하기 시작했다(예: Michael Gelman et al., "Harnessing Naturally Occurring Data to Measure the Response of Spending to Income," Science, July 11, 2014, 212-215 참조). 이 데이터는 저축 행위에 관한 많은 연구 과제에 유용할 수 있지만 미국 인구의 대표 표본이 아니므로 미국의 부와 저축 분포의 전체적 양상을 제공하는 데는 사용되지 못한다.

36. Piketty and Saez, "Income Inequality."

37. Jon Bakija, Adam Cole, and Bradley Heim, "Jobs and Income Growth of Top Earners and the Causes of Changing Income Inequality: Evidence from U.S. Tax Return Data," unpublished working paper (2012).

38. Xavier Gabaix and Augustin Landier, "Why Has CEO Pay Increased So Much?," *Quarterly Journal of Economics* 123 (2008): 49-100.

39. Marianne Bertrand and Sendhil Mullainathan, "Are CEOs Rewarded for Luck? The Ones without Principals Are," *Quarterly Journal of Economics* 116 (2001): 901-932; Lucian Bebchuk and Jesse Fried, *Pay without Performance: The Unfulfilled Promise of Executive Compensation* (Cam-

bridge, MA: Harvard University Press, 2006).

40. Piketty and Saez, "Income Inequality."

41. Thomas Piketty, Emmanuel Saez, and Stefanie Stantcheva, "Optimal Taxation of Top Labor Incomes: A Tale of Three Elasticities," *American Economic Journal: Economic Policy* 6 (2014): 230-271.

42. Anthony Atkinson, *Inequality: What Can Be Done?* (Cambridge, MA: Harvard University Press, 2015).

43. Piketty, Saez, and Stantcheva, "Optimal Taxation."

44. Thomas Philippon and Ariell Reshef, "Wages and Human Capital in the U.S. Finance Industry: 1909-2006," *Quarterly Journal of Economics* 127 (2012): 1551-1609.

45. Brian Hall and Kevin Murphy, "The Trouble with Stock Options," *Journal of Economic Perspectives* 17 (2003): 49-70.

46. 미국에서 상속세는 인기가 없으며 부시 정부 때는 거의 전부 폐지되었다. 현재 미국의 상속세는 매년 가장 부유한 자산 중 최상위 1/1000 정도에만 영향을 미친다. 그러나 상속세가 인기가 없는 것은 주로 잘못된 정보(그리고 보수주의자들이 상속세를 가업에 부정적인 영향을 미치는 죽음의 세금으로 조작하는 데 성공한 것) 때문인 것으로 보인다. 쿠지엠코 등은 상속세가 아주 부유한 자손들에게만 부과되는 세금인 것을 사람들이 알면 상속세에 대한 지지가 두 배로 늘어난다는 것을 보여주었다. Ilyana Kuziemko, Michael I. Norton, Emmanuel Saez, and Stefanie Stantcheva, "How Elastic Are Preferences for Redistribution? Evidence from Randomized Survey Experiments," *American Economic Review* 105 (2015): 1478-1508.

47. Marianne Bertrand and Adair Morse, "Trickle-Down Consumption," NBER Working Paper No. 18883 (2013).

48. Chetty et al., "Active vs. Passive Decisions."

49. Richard Thaler and Cass Sunstein, *Nudge: Improving Decisions about Health, Wealth, and Happiness* (New Haven, CT: Yale University Press, 2008).

14장 부의 불평등의 거시적 모형

1. Thomas Piketty, *Capital in the Twenty-First Century*, trans. Arthur Goldhammer (Cambridge, MA: Belknap Press of Harvard University Press, 2014). 이 점에 있어 피케티는 '어떤 면에서는 이것이 이 책의 논리를 전체적으로 요약하는 것이다'라고 썼다.

2. Jess Benhabib, Alberto Bisin, and Shenghao Zhu, "The Wealth Distribution in Bewley Models with Capital Income Risk," *Journal of Economic Theory* 159 (2015): 459-515; Shuhei Aoki and Makoto Nirei, "Pareto Distribution in Bewley Models with Capital Income Risk," *Hitotsubashi University* (2015).

3. Karen E. Dynan, Jonathan Skinner, and Stephen P. Zeldes, "Do the Rich Save More?," *Journal of Political Economy* 112 (2004): 397-444.

4. 파레토가 파레토 분포를 제안하게 된 것이 바로 이 관찰결과 때문이었다. Vilfredo Pareto, *Cours d'économie politique*, vol. 2 (Lausanne: F. Rouge, 1897).

5. Anthony B. Atkinson, *The Economics of Inequality* (Oxford: Clarendon Press, 1983); Javier Díaz-Giménez, Vincenzo Quadrini, and José-Victor Ríos-Rull, "Dimensions of Inequality: Facts on the U.S. Distributions of Earnings, Income and Wealth," *Federal Reserve Bank of Minneapolis Quarterly Review* 21 (1997): 3-21; Arthur B. Kennickell, "A Rolling Tide: Changes in the Distribution of Wealth in the U.S., 1989-2001" (2003), https://www.federalreserve.gov/pubs/feds/2003/200324/200324pap.pdf; Santiago Budria Rodriguez, Javier Díaz-Giménez, Vincenzo Quadrini, and José-Victor Ríos-Rull, "Updated Facts on the U.S. Distributions of Earnings, Income, and Wealth," *Federal Reserve Bank of Minneapolis Quarterly Review* 26 (2002): 2-35; Herman O. Wold and Peter Whittle, "A Model Explaining the Pareto Distribution of Wealth," *Econometrica* 25 (1957): 591-595; Edward N. Wolff, "Changing Inequality of Wealth," *American Economic Review* 82 (1992): 552-558; Wolff, "Recent Trends in the Size Distribution of Household Wealth," *Journal of Economic Perspectives* 12 (1998): 131-150.

6. Erik Hurst, Ming Ching Luoh, and Frank P. Stafford, "The Wealth Dynamics of American Families, 1984-94," *Brookings Papers on Economic Activity* 29 (1998): 267-338.

7. 클레브마르켄, 럽턴, 스태퍼드는 부의 불평등은 아니라도 스웨덴에서 부의 전체적인 이동성이 미국과 비슷하다는 것을 발견했다. N. Anders Klevmarken, Joseph P. Lupton, and Frank P. Stafford, "Wealth Dynamics in the 1980s and 1990s: Sweden and the United States," Journal of Human Resources 38 (2003): 322-353.

8. Casey B. Mulligan, Parental Priorities and Economic Inequality (Chicago: University of Chicago Press, 1997).

9. Kerwin Kofi Charles and Erik Hurst, "The Correlation of Wealth across Generations," *Journal of Political Economy* 111 (2003): 1155-1182.

10. 멀리건의 표본에서 자녀의 연령은 35세 이하이며 찰스와 허스트의 샘플에서 양친이 모두 사망한 부모-자녀는 매우 소수다. and Hurst, "Correlation of Wealth"; Mulligan, *Parental Priorities*.

11. Adrian Adermon, Mikael Lindahl, and Daniel Waldenström, "Intergenerational Wealth Mobility and the Role of Inheritance: Evidence from Multiple Generations," IZA Discussion Paper No. 10126 (2015); Simon Halphen Boserup, Wojciech Kopczuk, and Claus Thustrup Kreiner, "Stability and Persistence of Intergenerational Wealth Formation: Evidence from Danish Wealth Records of Three Generations," 2015, http://eml.berkeley.edu/~saez/course131/WealthAcrossGen.pdf; Gregory Clark and Neil Cummins, "Intergenerational Wealth Mobility in England, 1858-2012: Surnames and Social Mobility," *Economic Journal* 125

(2015): 61-85.

12. 20세기의 부의 분포 변화를 증명하기 위해 초창기에 노력한 연구자는 미국에 대해서는 램프먼과 앳킨슨, 영국에 대해서는 해리슨을 들 수 있다. Robert J. Lampman, *The Share of Top Wealth-Holders in National Wealth*, 1922-1956 (Princeton, NJ: Princeton University Press, 1962); Anthony B. Atkinson and Allan J. Harrison, *Distribution of Personal Wealth in Britain*, 1923-1972 (Cambridge: Cambridge University Press, 1983).

13. Emmanuel Saez and Gabriel Zucman, "Wealth Inequality in the United States since 1913: Evidence from Capitalized Income Tax Data," 2015, http://gabriel-zucman.eu/files/Saez-Zucman2015.pdf.

14. 코프추크는 이용 가능한 추정치의 차이와 이에 대해 가능한 설명을 논의했다. Wojciech Kopczuk, "What Do We Know about the Evolution of Top Wealth Shares in the United States?," *Journal of Economic Perspectives* 29 (2015): 47-66.

15. James E Meade, *Efficiency, Equality and the Ownership of Property* (London: Allen and Unwin, 1964).

16. 정확히 하자면, 비자본소득에서 나오는 저축 유량은 비자본소득이 0인 현재의 설정에서 소비 유량의 마이너스 값과 같다.

17. 볼드와 휘틀의 논문은 외생적 부의 축적률을 다룬 초기의 예다. 부의 축적률은 벤하비브, 비신, 존스의 논문에 나온 최적화 모형들에서 내생화되었다. Jess Benhabib and Alberto Bisin, "The Distribution of Wealth and Redistributive Policies," 2006, http://www.econ.nyu.edu/user/benhabib/parvolt3. PDF; Charles I. Jones, "Pareto and Piketty: The Macroeconomics of Top Income and Wealth Inequality," *Journal of Economic Perspectives* 29 (2015): 29-46; Wold and Whittle, "Pareto Distribution of Wealth."

18. Benhabib and Bisin, "The Distribution of Wealth."

19. 챔퍼나운의 논문은 초기에 순수하게 통계적인 기여를 했다. 벤하이브 & 바신 & 주, 아오키 & 니레이, 피케티 & 쥐크망, 가베이 & 래스리 & 리옹, 몰의 논문들은 최적화 경제주체가 있는 경제 모형의 맥락에서 독창적인 통찰력을 활용했다. D. G. Champernowne, "A Model of Income Distribution," *Economics Journal* 63 (1953): 318-351; Jess Benhabib, Alberto Bisin, and Shenghao Zhu, "The Distribution of Wealth and Fiscal policy in Economies with Finitely Lived Agents," *Econometrica* 79 (2011): 123-157; Benhabib, Bisin, and Zhu, "The Wealth Distribution"; Aoki and Nirei, "Pareto Distribution"; Thomas Piketty and Gabriel Zucman, "Wealth and Inheritance in the Long Run," in *Handbook of Income Distribution*, vol. 2B, ed. A. J. Atkinson and F. Bourguignon (Amsterdam: Elsevier, 2014), 1303-1368; Xavier Gabaix, Jean-Michel Lasry, Pierre-Louis Lions, and Benjamin Moll, "The Dynamics of Inequality," NBER Working Paper No. 21363 (2015).

20. Benhabib, Bisin, and Zhu, "The Distribution of Wealth"; Piketty and Zucman, "Wealth and Inheritance."

21. Benhabib, Bisin, and Zhu, "The Wealth Distribution"; Aoki and Nirei, "Pareto Distribution."

22. Aoki and Nirei, "Pareto Distribution"; Benhabib, Bisin, and Zhu, "The Distribution of Wealth."

23. Benhabib, Bisin, and Zhu, "The Distribution of Wealth"; Benhabib, Bisin, Zhu, "The Wealth Distribution."

24. Jones, "Pareto and Piketty."

25. Aoki and Nirei, "Pareto Distribution"; Jones, "Pareto and Piketty."

26. Saez and Zucman, "Wealth Inequality."

27. Ana Castañeda, Javier Díaz-Giménez, and José-Víctor Ríos-Rull, "Accounting for U.S. Earnings and Wealth Inequality," *Journal of Political Economy* 111 (2003): 818-857.

28. Vincenzo Quadrini, "Entrepreneurship in Macroeconomics," *Annals of Finance* 5 (2009): 295-311.

29. Francisco Buera, "Persistency of Poverty, Financial Frictions, and Entrepreneurship," Working paper, Northwestern University, 2008, http://www.iadb.org/library/repository/paper120071217.pdf; Mariacristina De Nardi, Phil Doctor, and Spencer D. Krane, "Evidence on Entrepreneurs in the United States: Data from the 1989-2004 Survey of Consumer Finances," *Economic Perspectives* 4 (2007): 18-36; William M. Gentry and R. Glenn Hubbard "Entrepreneurship and Household Savings," *Berkeley Economic Journal: Advances in Macroeconomics* 4 (2004); Vincenzo Quadrini, "Entrepreneurship, Saving and Social Mobility," *Review of Economic Dynamics* 3 (2000): 1-40.

30. Marco Cagetti and Mariacristina De Nardi, "Entrepreneurship, Frictions and Wealth," *Journal of Political Economy* 114 (2006): 835-870.

31. Cagetti and De Nardi, "Entrepreneurship, Frictions and Wealth"; Erik Hurst and Annamaria Lusardi, "Liquidity Constraints, Wealth Accumulation and Entrepreneurship," *Journal of Political Economy* 112 (2004): 319-347; Katya Kartashova, "Private Equity Premium Puzzle Revisited," *American Economic Review* 104 (2014): 3297-3394; Tobias J. Moskowitz and Annette Vissing-Jørgensen, "The Returns to Entrepreneurial Investment: A Private Equity Premium Puzzle?," *American Economic Review* 92 (2002): 745-778.

32. Sagiri Kitao, "Entrepreneurship, Taxation, and Capital Investment," *Review of Economic Dynamics* 11 (2008): 44-69.

33. Marcin Kacperczyk, Jaromir Nosal, and Luminita Stevens, "Investor Sophistication and Capital Income Inequality," 2015, http://econweb.umd.edu/~stevens/KNS_Sophistication.pdf.

34. Christopher D. Carroll, "Precautionary Saving and the Marginal Propensity to Consume out of Permanent Income," *Journal of Monetary Economics* 56 (2007): 780-790.

35. Castañeda, Díaz-Giménez, and Ríos-Rull, "Accounting for U.S. Earnings."

36. 위의 책, Saez and Zucman, "Wealth Inequality."

37. Sherwin Rosen, "The Economics of Superstars," *American Economic Review* 71 (1981): 845-858; Xavier Gabaix and Augustin Landier, "Why Has CEO Pay Increased So Much?," *Quarterly Journal of Economics* 123 (2008): 49-100; Sang Yoon (Tim) Lee, "Entrepreneurs, Managers and Inequality," 2015, http://lee.vwl.uni-mannheim.de/materials/ent_mgr_ineq.pdf.

38. 앳킨슨, 피케티, 사에즈의 논문에 전체 연구들이 수집되어 있다. 데이터는 알바레도, 앳킨슨, 피케티, 사에즈의 논문에서 이용할 수 있다. Anthony B. Atkinson, Thomas Piketty, and Emmanuel Saez, "Top Incomes in the Long Run of History," *Journal of Economic Literature* 49 (2010): 3-71; Facundo Alvaredo, Anthony B. Atkinson, Thomas Piketty, and Emmanuel Saez, "The World Top Incomes Database," http://topincomes.g-mond.parisschoolofeconomics.eu/, 2015; Thomas Piketty and Emmanuel Saez, "Income Inequality in the United States, 1913-1998," *Quarterly Journal of Economics* 118 (2003): 1-39.

39. Fatih Guvenen, Fatih Karahan, Serdar Ozkan, and Jae Song, "What Do Data on Millions of U.S. Workers Reveal about Life-Cycle Earnings Risk?," Federal Reserve Bank of New York Staff Report, 2015, https://www.newyorkfed.org/medialibrary/media/research/staff_reports/sr710.pdf.

40. Jonathan A. Parker and Annette Vissing-Jørgensen, "Who Bears Aggregate Fluctuations and How?," *American Economic Review* 99 (2009): 399-405.

41. William G. Gale and John Karl Scholz, "Intergenerational Transfers and the Accumulation of Wealth," *Journal of Economic Perspectives* 8 (1994): 145-160; Dynan, Skinner, and Zeldes, "Do the Rich Save More?"; Christopher D. Carroll, "Why Do the Rich Save So Much?," in *Does Atlas Shrug? The Economic Consequences of Taxing the Rich,* ed. J. B. Slemrod (Cambridge, MA: Harvard University Press, 2000); Carroll, "Portfolios of the Rich," *in Household Portfolios: Theory and Evidence,* ed. L. Guiso, M. Haliassos, and T. Jappelli (Cambridge, MA: MIT Press, 2002); Mariacristina De Nardi, Eric French, and John B. Jones, "Why Do the Elderly Save? The Role of Medical Expenses," *Journal of Political Economy* 118 (2010): 39-75.

42. Mariacristina De Nardi, "Wealth Inequality and Intergenerational Links," Review of Economic Studies 71 (2004): 734-768; Joseph G. Altonji and Ernesto Villanueva, "The Effect of Parental Income on Wealth and Bequests," NBER Working Paper No. 9811 (2002); Mark Huggett, "Wealth Distribution in Life-Cycle Economies," *Journal of Monetary Economics* 38 (1996): 469-494.

43. 드 나디, 프렌치, 존스는 이렇게 자산을 느리게 처분하게 만들 수 있는 또 다른 중요한 메커니즘은 의료비라고 제시했다. 록우드는 낮은 자산 처분율과 낮은 의료보험 가입률을 설명하는 데 의료비와 사치품 유산 동기 둘 다 필요하다고 주장한다. De Nardi, French, and Jones, "Why Do the Elderly Save?"; Lee M. Lockwood, "Incidental Bequests: Bequest Motives and the Choice to Self-Insure Late-Life Risks," NBER Working Paper No. 20745 (December 2014).

44. 니시야마는 유산과 생전 이전이 있고 같은 혈통의 가계들이 전략적으로 행동하는 중첩세대 모형에서 비슷한 결과를 얻었다. Shinichi Nishiyama, "Bequests, Inter Vivos Transfers, and Wealth Distribution," *Review of Economic Dynamics* 5 (2002): 892-931.

45. Castañeda, Díaz-Giménez, and Ríos-Rull, "Accounting for U.S. Earnings"; Mariacristina De Nardi and Fang Yang, "Wealth Inequality, Family Background, and Estate Taxation," NBER Working Paper No. 21047 (2015).

46. Steven F. Venti and David A. Wise, "The Cause of Wealth Dispersion at Retirement: Choice or Chance?," *American Economic Review* 88 (1988): 185-191; B. Douglas Bernheim, Jonathan Skinner, and Steven Weimberg, "What Accounts for the Variation in Retirement Wealth among U.S. Households?," *American Economic Review* 91 (2001): 832-857; Lutz Hendricks, "Retirement Wealth and Lifetime Earnings," *International Economic Review* 48 (2007): 421-456; Mariacristina De Nardi and Fang Yang, "Bequests and Heterogeneity in Retirement Wealth," *European Economic Review* 72 (2014): 182-196.

47. Marco Cagetti, "Wealth Accumulation over the Life Cycle and Precautionary Savings," *Journal of Business and Economic Statistics* 21 (2003): 339-353; Emily Lawrance, "Poverty and the Rate of Time Preference: Evidence from Panel Data," *Journal of Political Economy* 99 (1991): 54-77.

48. 또한 모형은 전체 충격을 감안하지만 이 충격은 부의 분포에 정량적으로 중요한 영향을 미치지는 않는다. Per Krusell and Anthony Smith Jr., "Income and Wealth Heterogeneity in the Macroeconomy," *Journal of Political Economy* 106 (1998): 867-896.

49. 이들은 또한 위험회피의 차이는 결과에 큰 영향을 주지 않는 것을 발견했다. 하지만 카제티는 이 결과가 선택된 효용매개변수 값에는 민감하다는 것을 보여준다. Marco Cagetti, "Interest Elasticity in a Life-Cycle Model with Precautionary Savings," *American Economic Review* 91 (2001): 418-421.

50. Lutz Hendricks, "How Important Is Preference Heterogeneity for Wealth Inequality?," *Journal of Economics Dynamics and Control* 31 (2007): 3042-3068.

51. Chong Wang, Neng Wang, and Jinqiang Yang, "Optimal Consumption and Savings with Stochastic Income and Recursive Utility," NBER Working Paper No. 19319 (2013), http://www.nber.org/papers/w19319.

52. Gabaix, Lasry, Lions, and Moll, "The Dynamics of Inequality"; Saez and Zucman, "Wealth Inequality."

53. B. Kaymak and M. Poschke, "The Evolution of Wealth Inequality over Half a Century: The Role of Taxes, Transfers and Technology," *Journal of Monetary Economics* (2015), http://dx.doi.org/10.1016/j.jmoneco.2015.10.004i; Castañeda, Díaz-Giménez, and Ríos-Rull "Accounting for U.S. Earnings."

54. Gabaix, Lasry, Lions, and Moll, "The Dynamics of Inequality"; Kaymak and Poschke, "Evo-

lution of Wealth Inequality."

55. Castañeda, Díaz-Giménez, and Ríos-Rull, "Accounting for U.S. Earnings"; De Nardi and Yang, "Wealth Inequality."

56. Castañeda, Díaz-Giménez, and Ríos-Rull, "Accounting for U.S. Earnings."

57. 생전 이전과 학자금을 포함시키면 데이터에서 이 부분이 3.8까지 증가한다.

58. Jeffrey R. Campbell and Mariacristina De Nardi, "A Conversation with 590 Entrepreneurs," *Annals of Finance* 5 (2009): 313-327.

59. 생활주기 설정에서 가계생산의 중요성을 강조하는 정량적 연구는 예를 들어 Michael Dotsey, Wenli Li, and Fang Yang, "Consumption and Time Use over the Life Cycle," *International Economic Review* 55 (2014): 665-692; and Michael Dotsey, Wenli Li, and Fang Yang, "Home Production and Social Security Reform," *European Economic Review* 73 (2015): 131-50 참조.

60. De Nardi, French, and Jones, "Why Do the Elderly Save?"

61. Mariacristina De Nardi, Giulio Fella, and Gonzalo Paz Pardo, "Fat Tails in Life-Cycle Earnings and Wealth Inequality," 2015; Guvenen, Karahan, Ozkan, and Song, "What Do Data on Millions."

62. 계산 시간을 줄이기 위해 우리는 사람들이 65세 전에는 죽지 않는다고 가정했다. 미국에서는 65세 이전에 사망하는 성인의 수가 적으므로 이 가정은 결과에 영향을 미치지 않는다.

63. De Nardi, "Wealth Inequality and Intergenerational Links"; De Nardi and Yang, "Bequests and Heterogeneity"; Fang Yang, "Social Security Reform with impure Intergenerational Altruism," *Journal of Economic Dynamics and Control* 37 (2013): 52-67.

64. De Nardi and Yang, "Wealth Inequality."

65. 위의 책.

66. 예를 들어 Barry P. Bosworth and Sarah Anders, "Saving and Wealth Accumulation in the PSID, 1984-2005," NBER Working Paper No. 17689 (2011) 참조.

67. Castañeda, Díaz-Giménez, and Ríos-Rull, "Accounting for U.S. Earning."

68. De Nardi, "Wealth Inequality and Intergenerational Links"; George Tauchen, "Finite State Markov-Chain Approximations to Univariate and Vector Autoregressions," *Economic Letters* 20 (1986): 177-181.

69. De Nardi, "Wealth Inequality"; Tauchen, "Finite State Markov-Chain Approximations."

70. Jason DeBacker, Vasia Panousi, and Shanthi Ramnath, "The Properties of Income Risk in Privately Held Businesses," Federal Reserve Board Working Paper No. 2012-69 (2012).

71. De Nardi and Yang, "Wealth Inequality."

이 장은 2015년 12월 1일부터 4일까지 록펠러 벨라지오 리트리트 센터Rockefeller Bellagio Retreat Center에서 열린 회의에서 발표되었다. 당시 매우 유익한 코멘트를 해주신 회의 참석자들, 특히 토드 터커, 아서 골드해머, 브래드포드 드롱, 브랑코 밀라노비치에게 감사드린다. 모든 오류는 전부 내 탓이다.

1. Thomas Piketty, "Putting Distribution Back at the Center of Economics: Reflections on *Capital in the Twenty-First Century,*" *Journal of Economic Perspectives* 29, no. 1 (Winter 2015): 69, quoting himself in C21, 20, 35.

2. Thomas Piketty, *Capital in the Twenty-First Century*, trans. Arthur Goldhammer (Cambridge, MA: Belknap Press of Harvard University Press, 2014), 378.

3. 위의 책.

4. 여성주의 경제학은 처음부터 교차성 문제에 의도적으로 주의를 기울였다. 상속 패턴은 인종집단들 사이에 크게 차이가 나고, 아프리카계 흑인이 노예로 지낸 역사가 있는 미국에서 특히 그러하다. 이 책의 6장과 20장이 인종 평등 문제를 구체적으로 다룬다.

5. Bradford DeLong, "Bequests: An Historical Perspective," University of California, Berkeley (2003). http://www.j-bradford-delong.net/econ_articles/estates/delongestatesmunnell.pdf

6. Simon Kuznets, "Economic Growth and Income Inequality," *American Economic Review* 45, no. 1 (March 1955): 26.

7. Piketty, *Capital*, 11.

8. J. B. Clark, "Distribution as Determined by a Law of Rent," *Quarterly Journal of Economics* 5, no. 3 (1891): 289–318, at 313.

9. Piketty, *Capital*, 11.

10. N. Gregory Mankiw, David Romer, and David N. Weil, "A Contribution to the Empirics of Economic Growth," *Quarterly Journal of Economics* 107, no. 2 (1992): 407–437.

11. J. Bradford DeLong, Claudia Goldin, and Lawrence Katz, "Sustaining U.S. Economic Growth," in *Agenda for the Nation*, ed. Henry J. Aaron, James M. Lindsay, and Pietro S. Nivola (Washington, DC: Brookings Institution, 2003).

12. Paul M. Romer, "Human Capital and Growth: Theory and Evidence," Working Paper (National Bureau of Economic Research, November 1989), http://www.nber.org/papers/w3173; Paul Romer, "Increasing Returns and Long-Run Growth," *Journal of Political Economy* 94, no. 5 (October 1986): 1002–1037, http://www.apec.umn.edu/grad/jdiaz/Romer%20 1986.pdf.

13. Jacob A. Mincer, *Schooling, Experience, and Earnings* (New York: Columbia University Press, 1974), http://papers.nber.org/books/minc74-1; Thomas Lemieux, "The 'Mincer Equation'

Thirty Years after *Schooling, Experience, and Earnings,*" in *Jacob Mincer: A Pioneer of Modern Labor Economics* (New York: Springer Science and Business Media, 2006), 127 – 145도 참조.

14. Gary S. Becker, *The Economics of Discrimination*, 2nd ed. (Chicago: University of Chicago Press, 1971).

15. Kenneth Arrow, "Some Mathematical Models of Race in the Labor Market," in *Racial Discrimination in Economic Life*, ed. A. H. Pascal (Lexington, MA: Lexington Books, 1972).

16. Chang-Tai Hsieh, Erik Hurst, Charles Jones, and Peter Klenow, "The Allocation of Talent and U.S. Economic Growth," NBER Working Paper No. 18639 (January 2013), http://www.nber.org/papers/w18693.

17. U. S. Bureau of Labor Statistics, "Civilian Labor Force Participation Rate: Women" (LNS11300002), https://research.stlouisfed.org/fred2/series/LNS11300002, 2016년 5월 16일에 접속.

18. Katrin Elborgh-Woytek et al., "Women, Work, and the Economy: Macroeconomic Gains from Gender Equity," IMF Staff Discussion Note, September 2013, http://www.imf.org/external/pubs/ft/sdn/2013/sdn1310.pdf; DeAnne Aguirre et al., "Empowering the Third Billion: Women and the World of Work in 2012" (Booz & Company, October 15, 2012), http://www.strategyand.pwc.com/reports/empowering-third-billion-women-world-2.

19. Eileen Appelbaum, Heather Boushey, and John Schmitt, "The Economic Importance of Women's Rising Hours of Work," Center for Economic and Policy Research and Center for American Progress, April 2014.

20. Benjamin Bridgman, Andrew Dugan, Mikhael Lal, Matthew Osborne, and Shaunda Villones, "Accounting for Household Production in the National Accounts, 1965 – 2010," Bureau of Economic Analysis, May 2012, https://www.bea.gov/scb/pdf/2012/05%20May/0512_household.pdf; Bridgman, "Accounting for Household Production in the National Accounts: An Update, 1965 – 2014," Bureau of Economic Analysis, February 2016, https://www.bea.gov/scb/pdf/2016/2%20February/0216_accounting_for_household_production_in_the_national_accounts.pdf.

21. IGM Forum "Inequality and Skills," panelist poll, University of Chicago, Booth School of Business, The Initiative on Global Markets, January 24, 2012, http://www.igmchicago.org/igm-economic-experts-panel/poll-results?SurveyID=SV_0IAlhdDH2FoRDrm.

22. 피케티는 자신의 방법론을 설명한《21세기 자본》의 서문에서 현대 경제학을 비판하며 완곡한 표현을 쓰지 않았다. '직설적으로 이야기하면, 경제학 분야는 아직도 역사적 연구 및 다른 사회과학과의 협력을 등한시하면서 수학에 대한, 그리고 순전히 이론적이고 흔히 이념적인 고찰에 대한 유치한 열정을 극복하지 못하고 있다.' Piketty, *Capital*, 32.

23. Thomas Piketty and Emmanuel Saez, "Income Inequality in the United States, 1913 – 1998," *Quarterly Journal of Economics* 118, no. 1 (February 2003): 1 – 39.

24. Piketty, *Capital*, 1. 이탤릭체 추가함.

25. r〉g가 실제로 우리 경제를 설명할지의 검토는 다른 장들에 맡긴다.

26. 위의 책, 173. 이탤릭체 추가함. 이 용어가 두 번째 언급되었다. 첫 번째 언급은 154쪽에 나온다.

27. 위의 책, 571

28. Piketty, "Putting Distribution Back at the Center," 84.

29. 위의 책.

30. Daron Acemoglu and James Robinson, "The Rise and Decline of General Laws of Capitalism," *Journal of Economic Perspectives* 29, no. 1 (Winter 2015): 9.

31. 노동시장에 대한 고전을 읽으려면 David Card and Alan Krueger, *Myth and Measurement: The New Economics of the Minimum Wage* (Princeton, NJ: Princeton University Press, 1995) 참조.

32. Julie Nelson, "Feminist Economics," in *The New Palgrave Dictionary of Economics,* ed. Steven N. Durlauf and Lawrence E. Blume (New York: Palgrave Macmillan, 2008), http://www.sdum. uminho.pt/uploads/palgrave1.pdf.

33. Marilyn Waring, *If Women Counted: A New Feminist Economics,* Gloria Steinem의 서문이 실려 있음(San Francisco: Harper, 1990).

34. Bridgman et al., "Accounting for Household Production in the National Accounts, 1965 – 2010"; Bridgman, "Accounting for Household Production in the National Accounts: An Update, 1965 – 2014"; Bridgman, "Home Productivity," Bureau of Economic Analysis, February 2013, http://bea.gov/papers/pdf/homeproductivity.pdf. Duncan Ironmonger and Faye Soupourmas, "Output-Based Estimates of the Gross Household Product of the United States 2003 – 2010: And Some Interactions of GHP with Gross Market Product during the Great Financial Crisis (2008 – 2009)"도 참조. 이 논문은 2012년에 보스턴에서 열린 제32회 국제소득 및 부연구협회International Association for Research in Income and Wealth 총회에서 발표되었다. http://www.iariw.org/papers/2012/IronmongerPaper.pdf.

35. Thomas Piketty, Emmanuel Saez, and Gabriel Zucman, "Distributional National Accounts: Methods and Estimates for the United States," Working Paper (December 2, 2016), http:// gabriel-zucman.eu/files/PSZ2016.pdf.

36. Nelson, "Feminist Economics."

37. Julie A. Nelson and Marianne A. Ferber, *Beyond Economic Man: Feminist Theory and Economics* (Chicago: University of Chicago Press, 1993).

38. 여기에 대해서는 풍부한 문헌들이 있다. 예를 들어 Sheldon Danziger and Peter Gottschalk, *America Unequal* (New York: Russell Sage Foundation, 1995) 참조.

39. 나는 《21세기 자본》을 영어로 번역한 아서 골드해머에게 프랑스어로 'patrimony'가 성별을 반영한 단어인지 물었다. 그는 아니라고 대답했다. 프랑스어에서 'patrimonie'는 성 중립적인 용어다. 'Patrimoine'는 단순한 부나 상속이나 유산을 의미한다. 'Le patrimoine national'

은 경제적 의미와 문화적 의미 모두에서 국부를 가리킨다. 예를 들어 박물관은 'le patri-moine national'을 보존한다고 말해진다. 골드해머 또한 patrinomy의 번역이 고민이었다고 했다. 그러나 "몇 번의 결론 없는 논쟁 끝에 (그들은) 이 단어를 그냥 프랑스어에 가깝게 두고 토마가 이 단어를 어떻게 사용하는지 본문에서 명확히 하는 것이 가장 좋겠다고 결정했다."

40. Jane Humphries, "Capital in the Twenty-First Century," *Feminist Economics* 21, no. 1 (January 2, 2015): 164–173, doi:10.1080/13545701.2014.950679.

41. Kathleen Geier, "How Gender Changes Piketty's 'Capital in the Twenty-First Century,'"*The Nation*, August 6, 2014, http://www.thenation.com/article/how-gender-changes-pikettys-capital-twenty-first-century/.

42. Diane Perrons, "Gendering Inequality: A Note on Piketty's *Capital in the Twenty-First Century*," *British Journal of Sociology* 65, no. 4 (2014): 667–677, doi:10.1111/1468-4446.12114.

43. John Ermisch, Marco Francesconi, and Thomas Siedler, "Intergenerational Mobility and Marital Sorting," *Economic Journal* 116 (July 2006): 659–679에서 인용; Lawrence Stone, *The Family, Sex and Marriage: In England, 1500–1800* (New York: Harper and Row, 1977)도 참조.

44. Stone, *Family, Sex and Marriage*; Roger Chatier, ed., *Passions of the Renaissance*, trans. Arthur Goldhammer, vol. 3 of *A History of Private Life* (Cambridge, MA: Belknap Press of Harvard University Press, 1993), http://www.hup.harvard.edu/catalog.php?isbn=9780674400023; Michelle Perrot, ed., *From the Fires of Revolution to the Great War*, trans. Arthur Goldhammer, vol. 4 of *A History of Private Life* (Cambridge, MA: Belknap Press of Harvard University Press, 1990), http://www.hup.harvard.edu/catalog.php?isbn=9780674400023.

45. Piketty, *Capital*, 240.

46. 이 주장에 대한 더 자세한 논의는 Heather Boushey, *Finding Time: The Economics of Work-Life Conflict* (Cambridge, MA: Harvard University Press, 2016)의 4장 참조.

47. David M. Buss et al., "A Half Century of Mate Preferences: The Cultural Evolution of Values," *Journal of Marriage and Family* 63, no. 2 (May 1, 2001): 491–503, doi:10.1111/j.1741-3737.2001.00491.x.

48. U.S.BureauofEconomicAnalysis,"TableCA1.PersonalIncomeSummary:PersonalIncome.Population.PerCapitaPersonalIncome,"http://www.bea.gov/iTable/iTableHtml.cfm?reqid=70&-step=30&isuri=1&7022=20&7023=7&7024=non-industry&7033=-1&7025=5&7026=xx&7027=2014&7001=720&7028=-1&7031=5&7040=-1&7083=levels&7029=20&7090=70 (2016년 5월 17일에 접속).

49. Susan Patton, "Letter to the Editor: Advice for the Young Women of Princeton: The Daughters I Never Had," *Daily Princetonian*, March 29, 2013, http://dailyprincetonian.com/opinion/2013/03/letter-to-the-editor-advice-for-the-young-women-of-princeton-the-daughters-i-never-had/.

50. Laura Chadwick and Gary Solon, "Intergenerational Income Mobility among Daughters," *American Economic Review* 92, no. 1 (March 2002): 343.

51. 위의 책.

52. Ermisch, Francesconi, and Siedler, "Intergenerational Mobility and Marital Sorting."

53. Sheryl Sandberg, *Lean In: Women, Work, and the Will to Lead* (New York: Alfred A. Knopf, 2013).

54. Brendan Duke, "How Married Women's Rising Earnings Have Reduced Inequality," Center for American Progress, September 2015, https://www.americanprogress.org/issues/women/news/2015/09/29/122033/how-married-womens-rising-earnings-have-reduced-inequality/; Maria Cancian and Deborah Reed, "Assessing the Effects of Wives' Earnings on Family Income Inequality," *Review of Economics and Statistics* 80, no. 1 (February 1, 1998): 73–79.

55. Duke, "Married Women's Rising Earnings."

56. Philip Cohen, "Family Diversity Is the New Normal for America's Children," Council on Contemporary Families Brief Reports, September 4, 2014.

57. Boushey, *Finding Time*, fig. 3.2.

58. Andrew J. Cherlin, *Labor's Love Lost: The Rise and Fall of the Working-Class Family in America* (New York: Russell Sage Foundation, 2014).

59. Sara McLanahan, "Diverging Destinies: How Children Are Faring under the Second Demographic Transition," *Demography* 41, no. 4 (2004): 607–627, doi:10.1353/dem.2004.0033 Andrew Cherlin, Elizabeth Talbert, Suzumi Yansutake의 데이터에 따르면, 2011년경에 출산한 26~31세의 여성 중 미혼자 비율을 보면, 대학졸업자의 경우 3명 중 1명 이하였던 반면 그렇지 않은 경우는 63퍼센트였다. Andrew J. Cherlin, Elizabeth Talbert, and Suzumi Yasutake, "Changing Fertility Regimes and the Transition to Adulthood: Evidence from a Recent Cohort," Johns Hopkins University, May 3, 2014.

60. Annette Lareau, *Unequal Childhoods: Class, Race, and Family Life*, 2nd ed. (Berkeley: University of California Press, 2011).

61. Piketty, *Capital*, 80.

62. Linda Speth, "The Married Women's Property Acts, 1839–1865: Reform, Reaction, or Revolution?," in *The Law of Sex Discrimination*, ed. J. Ralph Lindgren et al., 4th ed. (Boston, MA: Wadsworth, 2010), 12–17; Equal Opportunity Credit Act, 15 U.S. Code § 1691.

63. Nick Clegg, "Commencement of Succession to the Crown Act 2013," U.K. Parliament, March 26, 2015, http://www.parliament.uk/business/publications/written-questions-answers-statements/written-statement/Commons/2015-03-26/HCWS490/.

64. Paul Menchik, "Primogeniture, Equal Sharing, and the U.S. Distribution of Wealth," *Quarterly Journal of Economics* 94, no. 2 (March 1980): 314.

65. 위의 책 301쪽에서 멘치크는 "제시된 모형(Blinder, Stiglitz, Pryor)들은 방법론과 가설에서

상당히 다르지만 한 가지는 비슷하다. 이 모형 모두 유산을 동등하게 나누면 장자상속제보다 분배의 불평등이 줄어들 것으로 예상되며, 전반적으로 가족 내 상속 불평등 정도가 낮아질수록 예측하는 분배의 불평등 정도가 낮아진다"라고 지적했다.

66. 위의 책, 314.

67. Seth Stephens-Davidowitz, "Google, Tell Me, Is My Son a Genius?," *New York Times,* January 18, 2014, http://www.nytimes.com/2014/01/19/opinion/sunday/google-tell-me-is-my-son-a-genius.html.

68. Council of Economic Advisers, "Women's Participation in Education and the Workforce," October 14, 2014, https://www.whitehouse.gov/sites/default/files/docs/womens_slides_final.pdf.

69. Piketty, *Capital,* 421.

70. 위의 책, 332.

71. 1978년부터의 사회보장수입 데이터에 대해 상한값을 넘어서는 데이터를 삭제하지 않았다. 저자들은 1951년부터 1977년까지의 분기별 수입 정보를 이용해 연간 상한선의 4배까지 수입을 추정할 수 있었다. Wojciech Kopczuk, Emmanuel Saez, and Jae Song, "Uncovering the American Dream: Inequality and Mobility in Social Security Earnings Data since 1937," NBER Working Paper No. 13345 (August 2007), http://www.nber.org/papers/w13345.pdf.

72. Lena Edlund and Wojciech Kopczuk, "Women, Wealth, and Mobility," NBER Working Paper No. 13162 (June 2007), http://www.nber.org/papers/w13162.pdf; Caroline Freund and Sarah Oliver, "The Missing Women in the Inequality Discussion," *Realtime Economic Issues Watch,* August 5, 2014, http://blogs.piie.com/realtime/?p=4430.

73. Piketty, "Putting Distribution Back at the Center," 70.

74. Piketty, *Capital,* 80.

16장 불평등의 심화가 거시경제에 미치는 영향

이 장을 집필하고 연구를 진행하는 데에 번뜩이는 통찰과 뛰어난 전문성을 제공해준 애덤 오지맥에게 감사를 표한다.

1. 미국 경제에 관한 무디스 애널리틱스 모델에 대한 자세한 정보는 별도 요청 시 이용 가능하다.

2. 소득층에 따른 순 자산은 연방준비제도위원회의 소비자금융조사에 근거한다.

3. 소득층에 따른 개인 지출은 연방준비제도위원회의 소비자금융조사와 미국 금융계정에 근거한다. 자세한 방법론에 관한 정보는 별도 요청 시 이용 가능하다.

4. 다른 요인들도 디플레이터에 영향을 미치는데, 최근 들어 가장 주목받는 요인은 정보처리

장비의 수입률이다.

5. 이 논제에 대한 보다 자세한 설명은 프랭크 레비와 리처드 뮤란의 "Dancing with Robots: Human Skills for Computerized Work"을 참조. Third Way white paper, July 17, 2013, http://www.thirdway.org/report/dancing-with-robots-human-skills-for-computerized-work.

6. 소비자 지출 설문조사는 여러 목적으로 활용되는데, 특히 미국 소비자물가지수를 결정하는 데 쓰인다. 참고 차 2014년의 설문조사 결과를 소개하면, 하위 20퍼센트 그룹이 1년에 15,500달러 이하를 소비할 때, 하위 20퍼센트~하위 40퍼센트 그룹은 1년에 15,500~32,000달러를 벌었고, 하위 40퍼센트~상위 40퍼센트 그룹은 32,000~55,000달러, 상위 40퍼센트~상위 20퍼센트 그룹은 55,000~90,000달러, 그리고 상위 20퍼센트 그룹은 90,000달러 이상을 소비했다.

7. 미국 의회예산처가 발행한 '주택 자산과 소비 지출'은 미국의 경험을 들어 유용한 설문조사 결과를 제공한다. The Congress Budget Office, "Housing Wealth and Consumer Spending", CBO Background Paper, 2007, https://www.cbo.gov/sites/default/files/110th-congress-2007-2008/reports/01-05-housing.pdf.

8. 제2차 세계대전 이후 미국의 GDP 대비 연방정부 세입 비율은 평균적으로 17.5퍼센트를 조금 넘는다. 현재 이 비율은 19퍼센트를 넘으며, 닷컴 버블이 일어났을 당시와 비슷한 수준에 이르렀다.

9. 올리버 코이비온, 유리 고로드니첸코, 마리아나 쿠디략, 존 몬드래곤의 "늘어나는 불평등이 가계 대출을 더 증가시키는가? Does Greater Inequality Lead to More Household Borrowing?"를 참조. Federal Reserve Bank of Richmond Working Paper No. 14-01, January 2014, https://www.richmondfed.org/publications/research/working_papers/2014/wp_14-01.

10. 이 분석은 마크 잔디, 브라이언 포이, 스콧 호이트의 "부는 중요한 문제다Wealth Matters (A Lot)"에 드러나 있다. Moody's Analytics white paper, October 2015, https://www.economy.com/mark-zandi/documents/2015-10-10-Wealth-Matters-A-Lot.pdf.

17장 불평등의 증가와 경제적 안정

이 장은 옥스퍼드 대학교의 "경제 불평등과 거시경제적 위기의 장기화the Long Run Evolution of Economic Inequality and Macroeconomic Shocks"(2013)라는 저자의 철학박사 논문의 일부에서 추출한 내용이다. 또한 앤서니 B. 앳킨슨과 파올로 루치노와의 초기 공동 연구에 힘입어 많은 도움을 받았다. 이 장의 첫 번째 초고에 도움이 되는 논평과 토론을 해 준 히더 부셰이, 줄리오 펠라, 이안 말콤 및 스테판 테위센에게 감사드린다. 끝으로 조 하셀에게도 특별한 감사의 말을 전한다.

1. Thomas Piketty, *Capital in the Twenty-First Century*, 영역, 아서 골드해머 (Cambridge, MA: Belknap Press of Harvard University Press, 2014). 이 내용과 관련하여 피케티는 "어떤 의미

에서 내 결론의 전반적인 논리를 요약한 것이다"라고 썼다(25).

2. 정치적 불안정성이나 사회적 불안정성은 분명 연관성이 있지만 대체적으로 나는 이에 대해 서는 언급하지 않겠다(이 책의 다른 부분의 논의 참조).

3. J. E. Stiglitz, "Macroeconomic Fluctuations, Inequality, and Human Development," *Journal of Human Development and Capabilities* 13, no.1 (2012): 31–58.

4. Piketty, *Capital*, 471, 515

5. 위의 책, 515, 앤서니 앳킨슨의 최근 저서에는 참여 기본소득 제도(participation basic income)부터 분배 문제 해결을 위한 기술적 과정 및 시장 경쟁 정책 방향에 대한 정부의 업무에 이르기까지 일련의 다양한 조치들이 제안되었다. Atkinson, *Inequality: What Can Be Done?* (Cambridge, MA: Harvard University Press, 2015).

6. Atkinson. *Inequality*, 11

7. A. Demirgüç- Kunt and E. Detragiache, "Cross- Country Empirical Studies of Systemic Bank Distress: A Survey," *National Institute Economic Review* 192, no. 1 (2005): 68–83.

8. P. Aghion, A. Banerjee, and T. Piketty, "Dualism and Macroeconomic Volatility," *Quarterly Journal of Economics* 114, no. 4 (1999): 1359–1397.

9. 이 모형은 기능적 소득 분배(개인적 소득 분배가 아닌)가 내생적 성장주기를 생성하는 데 결정적인 역할을 하는 R. M. Goodwin, 《*A Growth Cycle* (Cambridge: Cambridge University Press, 1967)》보다 전통적인 거시경제 틀에서 반복된다. 수익이 높을수록 투자가 늘어나고 고용이 창출된다. 그러나 반대로 임금이 증가하면 투자 및 경제 성장은 감소한다.

10. John Kenneth Galbraith, *The Great Crash*, 1929 (Boston: Houghton Mifflin, 1954).

11. 1970년대 이전의 경제적 불평등 경향은 S. Morelli, T. Smeeding, and J. Thompson, "Post- 1970 Trends in Within-Country Inequality and Poverty," in *Handbook of Income Distribution*, vol. 2, ed. A. B. Atkinson and François Bourguignon (Amsterdam: Elsevier North Holland, 2015) 참조. 미국에 대한 상세 분석은 J. A. Parker and A. Vissing- Jorgensen, "Who Bears Aggregate Fluctuations and How?," *American Economic Review* 99, no. 2 (2009): 399–405; S. Morelli, "Banking Crises in the US: the Response of Top Income Shares in a Historical Perspective," CSEF Working Paper No. 359 (April 2014); F. Guvenen, G. Kaplan, and J. Song, "How Risky Are Recessions for Top Earners?," *American Economic Review* 104, no. 5 (2014): 148–153; and F. Guvenen, S. Ozkan, and J. Song, "The Nature of Countercyclical Income Risk," *Journal of Political Economy* 122, no. 3 (2014): 621–660 참조.

12. R. Frank, *the High-Beta Rich: How the Manic Wealthy Will Take Us to the Next Boom, Bubble, and Bust* (New York: Random House, 2011), 157.

13. B. B. Bakker and J. Felman, "The Rich and the Great Recession," IMF Working Paper WP /14/225 (December 2014).

14. A. Mian and A. Sufi, *House of Debt: How they (and You) Caused the Great Recession, and How We Can Prevent It from Happening Again* (Chicago: University of Chicago Press, 2014).

15. 이 사안은 아래에서 더 논의할 것이다.

16. A. Berg, J. D. Ostry, and J. Zettelmeyer, "What Makes Growth Sustained?," *Journal of Development Economics* 98, no. 2 (2012): 149 – 166.

17. B. Z. Cynamon and S. M. Fazzari, "Inequality, the Great Recession and Slow Recovery," *Cambridge Journal of Economics*, no. 5 (2015); T. Neal, "Essays on Panel Econometrics and the Distribution of Income" (PhD thesis, University of New South Wales, 2016).

18. D. Rodrik, "Where Did All the Growth Go? External Shocks, Social Conflict, and Growth Collapses," *Journal of Economic Growth* 4, no. 4 (1999): 385 – 412.

19. 위의 책.

20. Stiglitz, "Macroeconomic Fluctuations."

21. Piketty, Capital.

22. 완전 경쟁과 총 생산 함수의 일정한 수익률의 경우, 예를 들어, "distribution of income and wealth is irrelevant for the determination of aggregate variables." G. Bertola, R. Foellmi, and J. Zweimüller, *Income Distribution in Macroeconomic Models* (Princeton, NJ: Princeton University Press, 2006), 15. 경제 성장의 신고전주의 모형에서 부와 소득의 분배와 별개의 자본 축적 법칙을 재현하는 것은 사실상 선형 저축 함수linear saving function(부 또는 소득과 별개인)이다. J. E. Stiglitz, "Distribution of Income and Wealth among Individuals," *Econometrica* 37, no. 3 (1969): 382 – 397. 이 결과는 또한 해석에 따라 행위자(agent)의 이질성을 배제하는 대표적인 행위자 가설의 보급을 이끌었다.

23. 상세한 설명을 보려면 P. Aghion, E. Caroli, and C. Garcia- Penalosa, "Inequality and Economic Growth: The Perspective of the New Growth Theories," *Journal of Economic Literature* 37, no. 4 (1999): 1615 – 1660; and G. Bertola, "Macroeconomics of Distribution and Growth," in Atkinson and Bourguignon, *Handbook of Income Distribution*, 1:477 – 540 참조.

24. 벤하비브의 이론적 연구는 이 견해를 강조한다. J. Benhabib, "The Tradeoff between Inequality and Growth," *Annals of Economics and Finance* 4 (2003): 491 – 507.

25. 기회의 불평등 역할에 관해서는 F. Bourguignon, F. Ferreira, and M. Menendez, "Inequality of Opportunity in Brazil," *Review of Income and Wealth* 53, no. 4 (2007): 585 – 618 참조.

26. O. Galor and O. Moav, "From Physical to Human Capital Accumulation: Inequality and the Process of Development," *Review of Economic Studies* 71, no. 4 (2004): 1001 – 1026.

27. 실제로 노동자(임금으로 생활하는)의 저축을 위한 한계 성향이 자본가(자본수익으로 생활하는)보다 더 낮다는 가정 하에서, 임금 대비 높은 수익률은 물적 자본 축적이 많다는 것을 의미하므로 장기적으로 볼 때 경제적 활동이 증가한다. 이 주제는 다음 절에서도 자세히 논의될 것이다. N. Kaldor, "A Model of Economic Growth," *Economic Journal* 67 (1957): 591 – 624; L. L. Pasinetti, "Rate of Profit and Income Distribution in Relation to the Rate of Economic Growth," *Review of Economic Studies* 29, no. 4 (1962): 267 – 279.

28. F. H. Ferreira, C. Lakner, M. A. Lugo, and B. Ozler, "Inequality of Opportunity and Eco-

nomic Growth: A Cross-Country Analysis," IZA Discussion Paper No. 8243 (June 2014).

29. 불평등과 성장 간의 부의 상관관계를 정립하는 첫 번째 연구는 초기 소득 불평등 수준을 후속 평균 성장과 연관시키는 초국가 회귀 접근법cross-country regression approach을 사용했다. 이러한 결과는 시간 불변의 변수에 대한 고려가 생략된 추정 편향뿐만 아니라 측정 오류를 줄일 수 있는 더 나은 데이터 및 자료 구조 덕분에 곧 정밀 조사되고 연구되었다.

30. A. V. Banerjee and E. Duflo, "Inequality and Growth: What Can the Data Say?," *Journal of Economic Growth* 8, no. 3 (2003): 267–299; and D. J. Henderson, J. Qian, and L. Wang, "the Inequality Growth Plateau," *Economics Letters* 128 (2015): 17–20, deploy a nonparametric regression to estimate a nonlinear relationship between inequality and growth partly in line with the theoretical prediction of Benhabib, "The Tradeoff."

31. S. Voitchovsky, "Does the Profile of Income Inequality Matter for Economic Growth?," *Journal of Economic Growth* 10, no. 3 (2005): 273–296.

32. F. Cingano, "Trends in Income Inequality and Its Impact on Economic Growth," OECD Social, Employment and Migration Working Paper No. 163 (2014).

33. M. Ravallion, "Why Don't We See Poverty Convergence?," *American Economic Review* 102, no. 1 (2012): 504–523.

34. G. A. Marrero and J. G. Rodríguez, "Inequality of Opportunity and Growth," *Journal of Development Economics* 104 (2013): 107–122.

35. F. H. Ferreira 등, "Inequality of Opportunity."

36. Piketty, *Capital*, 39.

37. T. Persson and G. Tabellini, "Is Inequality Harmful for Growth?," *American Economic Review* 84, no. 3 (1994): 600–621; and A. Alesina and D. Rodrik, "Distributive Politics and Economic Growth," *Quarterly Journal of Economics* 109, no. 2 (1994): 465–490.

38. 근본적으로 이것은 "밑 빠진 독leaky bucket"으로 자원을 쏟아 붓는다는 유명한 은유를 사용한 오쿤의 저서가 주장한 효율성과 형평성 사이의 고전적인 이분법의 핵심에 대한 상호 보완적인 주장이다. 특히 오쿤은 부자에서 빈민으로의 재분배는 자원 낭비이고 더 많은 정부 지원을 받는 가난한 가구가 가난에서 벗어날 노력을 안 하게 만들며, 한계 세율이 더 높은 부유층들이 열심히 일할 동기를 떨어뜨려 비생산적일 수 있다고 주장한다. A. M. Okun, *Equality and Efficiency: The Big Tradeoff* (Washington, DC: Brookings Institution, 1975).

39. Piketty, *Capital*, 499.

40. J. Benhabib and A. Rustichini, "Social Conflict and Growth," *Journal of Economic Growth* 1, no. 1 (1996): 125–142.

41. A. Jayadev and S. Bowles, "Guard Labor," *Journal of Development Economics* 79, no. 2 (2006): 328–348.

42. E. Glaeser, J. Scheinkman, and A. Shleifer, "The Injustice of Inequality," *Journal of Monetary Economics* 50, no. 1 (2003): 199–222, at 200.

43. J. A. Robinson and D. Acemoglu, *Why Nations Fail: The Origins of Power, Prosperity, and Poverty* (New York: Crown, 2012)도 참조.

44. A. Bonica and H. Rosenthal, "The Wealth Elasticity of Political Contributions by the Forbes 400" (2015), https://papers.ssrn.com/sol3/papers.cfm?abstract_id=2668780.

45. B. I. Page, L. M. Bartels, and J. Seawright, "Democracy and the Policy Preferences of Wealthy Americans," *Perspectives on Politics* 11, no. 1 (2013): 51 – 73.

46. S. Bagchi and J. Svejnar, "Does Wealth Inequality Matter for Growth? The Effect of Billionaire Wealth, Income Distribution, and Poverty," *Journal of Comparative Economics* 43, no. 3 (2015): 505 – 530.

47. J. E. Stiglitz, "New Theoretical Perspectives on the Distribution of Income and Wealth among Individuals," in *Inequality and Growth: Patterns and Policy*, vol. 1, *Concepts and Analysis,* ed. K. Basu and J. E. Stiglitz (Houndsmill, Basingstoke: Palgrave Macmillan, 2016).

48. J. Stiglitz, "Inequality and Economic Growth," in Rethinking Capitalism, ed. M. Mazzucato and M. Jacobs (Hoboken, NJ: Wiley– Blackwell, 2016), 9.

49. O. Galor and J. Zeira, in "Income Distribution and Macroeconomics," *Review of Economic Studies* 60, no. 1 (1993): 35 – 52는 차용자에 대한 집행 및 감독비용이 있기 때문에 차입 금리가 대출 금리와 다른 것으로 가정한다. 즉 충분히 높은 부를 상속받은 사람들에게만 신용 대출이 제공되는 것이다. 따라서 시장은 많은 수익을 창출하는 투자에 자금을 대지 않고, 잘못된 자본 할당을 초래하여 결과적으로 총체적인 경제 생산성 및 성장을 감소시킨다.

50. A. V. Banerjee and A. F. Newman, in "Occupational Choice and the Process of Development," *Journal of Political Economy* 101, no. 2 (1993): 274 – 298, assume a different structure of credit market imperfection than O. Galor and J. Zeira in "Income Distribution and Macroeconomics," *Review of Economic Studies* 60, no. 1 (1993): 35 – 52. 간단히 말하면, 제한된 부채(차용자가 대출자에게 상환하는 것은 개인 자산 가치의 제한을 받는다) 대출자가 기꺼이 상환하고자 하는 최적의 노력(대가는 크고 눈에 보이지는 않는)을 줄이는 도덕적 해이의 근원이 된다. 이는 결국 위험한 프로젝트에 대한 투자의 성공 확률을 감소시킨다.

51. J. Furman and J. E. Stiglitz, "Economic Consequences of Income Inequality," in *Income Inequality: Issues and Policy Options— A Symposium* (Kansas City, MO: Federal Reserve Bank of Kansas City, 1998), 255.

52. A. S. Blinder, "Distribution Effects and the Aggregate Consumption Function," *Journal of Political Economy* 83, no. 3 (1975): 447 – 475. 이 원칙은 또한 케인즈의 저서에서 분명하게 언급되어 있다. "나는 소득이 증가함에 따라 소득과 소비 사이에 더 큰 차이를 갖는 것과 같이 (일반적으로) 소비하는 성향을 고려하기 때문에 전체적으로 지역 사회의 집단 성향은 소득분포에 의존 할 수 있다." J. M. Keynes, "Mr. Keynes on the Distribution of Incomes and 'Propensity to Consume': A Reply," *Review of Economics and Statistics* 21, no. 3 (1939): 129.

53. 최근의 금융 위기는 경제가 "제로 하한선"(명목 이자율이 거의 0에 가까운 상태)에 있는 유

동성 함정 문제를 겪을 때 중앙은행이 직면하게 되는 문제를 다시 상기시켰다. 그래서 "제로 하한선" 상태에서는, 경제를 안정시키기 위해 많은 재정적 지원이나 비전통적 통화정책(예컨대, 국채 매입 또는 자본의 직접적 가계 이전)이 필요하다고 주장한다.

54. 프리드먼Friedman-모딜리아니Modigliani-블룸버그Blumberg 유형의 항상소득 가설은 일반적으로 일정한 한계소비성향(MPC)을 예측한다. 소득의 차이가 항상소득 수준에서 일시적 편차에 따라 달라질 경우, 소비 함수는 단면 수준에서 오목하게 유지된다(소득이 일시적으로 항상소득 수준보다 낮은 개인은 소득이 일시적으로 항상소득 수준보다 높은 개인보다 훨씬 더 많이 소비한다). 최적 소비 함수는 불확실성이 최적화 문제로 다시 등장하는 즉시 완벽히 오목한 형태로 되돌아간다(C. D. Carroll and M. S. Kimball, "On the Concavity of the Consumption Function," *Econometrica: Journal of the Econometric Society* 64, no. 4 [1996]: 981-992). 더욱이 현재와 미래의 불확실성은 예방 차원의 저축에 대한 필요성을 야기하는데, 이는 기준선인 "완벽한 예지" 모형에 따라 소비 수준을 상당히 감소시킨다(예방적 저축 동기는 더 낮은 현금화 수준에서 강해지는데 한계소비성향이 높음을 의미함). C. D. Carroll and M. S. Kimball, "Liquidity Constraints and Precautionary Saving," NBER Working Paper No. 8496 (2001)에 나타난 것처럼 유동성 제약을 포함하는 모형도 소비 함수의 오목한 특징을 가진다.

55. 자료는 1984년과 2000~2001년 사이의 FES 자료, 2000년부터 2001년까지의 생활비 조사(EFS) 자료 및 그 이후의 생활비 조사(LCF)를 기반으로 한다.

56. E. Saez and G. Zucman, "Wealth Inequality in the United States since 1913: Evidence from Capitalized Income Tax Data," NBER Working Paper No. 20625(2014); T. Jappelli and L. Pistaferri, "Fiscal Policy and MPC Heterogeneity," *American Economic Journal: Macroeconomics* 6, no. 4 (2014): 107-136.

57. J. E. Stiglitz, *The Price of Inequality* (London: Penguin, 2012), 85.

58. 그 영향력은 1993~2006년 사이에 15퍼센트의 저축률 감소와 함께 하위 십분위수에서 훨씬 강하게 나타난다. 이 변화는 같은 기간 동안 가장 높은 십분위수에서 감소한 저축률 규모의 3배이다. 따라서 서로 다른 십분위수 사이의 저축률 차이는 최근 수십 년 동안 점차 커지는 경향을 보인다.

59. K. Schmidt-Hebbel and L. Serven, "Does Income Inequality Raise Aggregate Saving?," *Journal of Development Economics* 61, no. 2 (2000): 417-446; J. C. Cuaresma, J. Kubala, and K. Petrikova, "Does Income Inequality Affect Aggregate Consumption? Revisiting the Evidence," Vienna University Department of Economics Working Paper No. 210 (2016).

60. 논의된 바와 같이, 2007/2008 미국 금융 위기 상황에 대해서는 B. Milanovic, "Two Views on the Cause of the Global Crisis?," YaleGlobal Online (2009), http://yaleglobal.yale.edu/content/two-views-global-crisis; J. Fitoussi and F. Saraceno, "Inequality and Macroeconomic Performance," *Documents de Travail de lOFCE,* (2010), 13; and R. G. Rajan, *Fault Lines: How Hidden Fractures Still Threaten the Global Economy* (Princeton, NJ: Princeton University Press,

2010) 참조.

61. 예를 들어, O. P. Attanasio and G. Weber, "Is Consumption Growth Consistent with Intertemporal Optimization? Evidence from the Consumer Expenditure Survey," NBER Working Paper No. 4795 (1994) 참조.

62. 자산 가치 상승(주택 및 금융 자산 모두)에 관해서는 예를 들어 A. Mian and A. Sufi, *House of Debt: How they (and You) Caused the Great Recession, and How We Can Prevent It from Happening Again* (Chicago: University of Chicago Press, 2014) 참조. 신용대출의 가용성에 관해서는 예를 들어 Mian and Sufi, "House Prices, Home Equity-Based Borrowing, and the U.S. Household Leverage Crisis," NBER Working Paper No. 15283 (2009); and K. E. Dynan and D. L. Kohn, "The Rise in US Household Indebtedness: Causes and Consequences," Divisions of Research & Statistics and Monetary Affairs, Federal Reserve Board (2007) 참조.

63. M. Bertrand and A. Morse, "Trickle-Down Consumption," NBER Working Paper No. 18883 (2013).

64. 연구자들은 미국 소비자 지출 설문조사(CEX)의 데이터를 소득 동향 패널 조사(PSID), 3월 현재 인구 조사(CPS) 및 미시간 대학 소비자 조사를 통해 얻은 데이터와 통합했다.

65. Blinder, "Distribution Effects", 472.

66. 이 내용은 K. 애로우 등이 "Are We Consuming Too Much?," *Journal of Economic Perspectives* 18, no. 3 (2004): 147–172, at 158에서 다시 논의했다.

67. 개인적 수준에서 생기는 상대적인 우려가 총체적인 차선의 소비를 유도한다는 전제하에서 이론적 조건에 대한 더 많은 논의를 보려면 K. J. Arrow and P. S. Dasgupta, "Conspicuous Consumption, Inconspicuous Leisure," *Economic Journal* 119 (2009): F497–F516; and C. Quintana-Domeque and F. Turino, "Relative Concerns on Visible Consumption: A Source of Economic Distortions," B.E. *Journal of theoretical Economics* 16, no. 1 (2016): 33–45 참조. 소득 분배의 변화에 대한 소비 반응을 보다 완벽하게 설명한 R. Frank, A. Levine, and O. Dijk, "Expenditure Cascades" (September 2010), doi: 10.2139/ssrn.1690612에 나온 "지출 총수효과expenditure cascades"도 참조.

68. A. B. Atkinson and S. Morelli, "Inequality and Banking Crises: A First Look," report for the International Labour Organisation (2010), https://www.nuffield.ox.ac.uk/Users/Atkinson/Paper-Inequality%20and%20Banking%20Crises-A%20First%20Look.pdf; Atkinson and Morelli, "Economic Crises and Inequality," UN Development Programme Human Development Research Paper 2011.06 (2011), http://hdr.undp.org/en/content/economic-crises-and-inequality; and M. D. Bordo and C. M. Meissner, "Does Inequality Lead to a Financial Crisis?," *Journal of International Money and Finance* 31, no. 8 (2012): 2147–2161.

69. S. Morelli, and A. B. Atkinson, "Inequality and Crises Revisited," *Economia Politica* 32, no. 1 (2015): 31–51.

70. 이 데이터의 자료는 A. B. Atkinson and S. Morelli의 "Chartbook of Economic Inequality,"

ECINEQ Working Paper 324 (2014)이다.

71. S. Morelli, and A. B. Atkinson, *Inequality and Crises Revisited*, 48.

72. 구체화된 계정은 O. J. Blanchard, D. Romer, M. Spence, and J. E. Stiglitz, *In the Wake of the Crisis: Leading Economists Reassess Economic Policy* (Cambridge, MA: MIT Press, 2012)에서 찾은 것이다.

73. Stiglitz, "Macroeconomic Fluctuations."

74. 이 이론은 이전 절에서 논의된 신용 제약 가설과 대조적일 수 있지만 반드시 그렇지는 않다.

75. J. Zinman, "Household Debt: Facts, Puzzles, Theories, and Policies," *Annual Review of Economics* 7 (2015): 251 – 276은 가계의 부채 결정 요인을 철저하고 명쾌하게 설명한다.

76. 모형은 요소 소득 간의 매우 높은 불평등 (즉, 자본의 증가분)이 투자자와 저축자 사이의 실질적인 분리 정도와 함께 어떻게 "부채 축적 단계"를 가진 더 긴 경제 사이클의 실현을 위한 조건을 결정 하는지를 강조한다. Aghion, Banerjee, and Piketty "이원론Dualism"

77. M. Iacoviello, "Household Debt and Income Inequality, 1963 – 2003," *Journal of Money, Credit and Banking* 40, no. 5 (2008): 929 – 965; M. Kumhof and R. Rancière "Inequality, Leverage and Crises," IMF Working Paper WP /10/268 (November 2010); and M. Kumhof, R. Rancière, and P. Winant, "Inequality, Leverage, and Crises," *American Economic Review* 105, no. 3 (2015): 1217 – 1245.

78. W. Kopczuk and E. Saez, "Top Wealth Shares in the United States: 1916 – 2000: Evidence from Estate Tax Returns," NBER Working Paper No. 10399 (2004).

79. S. P. Jenkins, "Has the Instability of Personal Incomes Been Increasing?," *National Institute Economic Review* 218, no. 1 (2011): R33 – R43.

80. 부채와 불평등 척도 간의 상관관계는 8을 훨씬 상회하며 유의 수준 1퍼센트에서 유의미하다.

81. C. Perugini, J. Hölscher, and S. Collie, "Inequality, Credit Expansion and Financial Crises," MPRA Paper No. 51336 (2013), https://mpra.ub.uni-muenchen.de/51336/. 이 연구는 1920 년부터 2000 년까지 14개 선진국 집단을 대상으로 한 동일 데이터를 사용한 보르도와 마이스너의 *Dose Inequality*라는 연구와는 확연한 차이가 있다. 후자의 경우, 상위 소득지분의 증가가 신용대출 붐을 불러오지 않는다.

82. A. Scognamillo et el., "Inequality Indebtedness and Financial Crises," technical report, Università degli Studi di Firenze, Dipartimento di Scienze per l'Economia e l'Impresa (2015).

83. O. Coibion, Y. Gorodnichenko, M. Kudlyak, and J. Mondragon, "Does Greater Inequality Lead to More Household Borrowing? New Evidence from Household Data," IZA Discussion Paper No. 7910 (2014), http://ftp.iza.org/dp7910.pdf.

84. M. Carr, and A. Jayadev, "Relative Income and Indebtedness: Evidence from Panel Data," Department of Economics, University of Massachusetts Boston, Working Paper No. 2013-02 (2013), http://repec.umb.edu/RePEc/files/2013_02.pdf.

85. D. Georgarakos, M. Haliassos, and G. Pasini, "Household Debt and Social Interactions,"

Netspar Discussion Paper No. 11/2012-042 (2012), http://arno.uvt.nl/show.cgi?-fid=127996.

86. 한 가지 예외는 네덜란드 가구 조사인데, 예를 들어 이 연구는 각 개인에게 자신이 속한 집단의 평균소득에 대해 물었다.

87. 예를 들면, G. De Giorgi, A. Frederiksen, and L. Pistaferri, "Consumption Network Effects," CEPR Discussion Paper, No. DP11332, (2016)은 덴마크 행정상의 마이크로 데이터를 사용하여 정확하게 연구되었다.

88. D. Rodrik, "Good and Bad Inequality," Project Syndicate, December 11, 2014, http://www.project-syndicate.org/commentary/equality-economic-growth-tradeoff-by-dani-rodrik-2014-12.

18장 불평등과 사회민주주의의 대두: 이념의 역사

브랑코 밀라노비치, 아서 골드해머, 존 슈미트, 스티븐 더라우프, 편집자 히더 부세이, 브래드포드 드롱의 조언에 대해 감사를 표한다. 또한《구체제의 지속The Persistence of the Old Regime》를 참조하는 데 도움을 준 존 테일러 헵든에게도 감사를 표한다.

도서목록: 이 장은 국가 정치에 관한 2차 자료들에 많은 도움을 받았다. Eric Foner, *America's Unfinished Revolution, 1863-1877* (New York: Harper and Row, 1988); Arno Mayer, *The Persistence of the Old Regime: Europe to the Great War*, 2nd ed. (London: Verso, 2010); George Dangerfield, *The Strange Death of Liberal England* (1935: Stanford, CA: Stanford University Press, 1997); Eric Weitz, *Weimar Germany: Promise and Tragedy* (Princeton, NJ: Princeton University Press, 2007).

1. 대규모의 참정권이 세금 및 정부 이전 공제 후 소득 불평등의 정도를 제한했다는 개념에 대한 공식적인 논의는 다음을 참조하라. A. H. Meltzer and S. F. Richard, "A Rational Theory of the Size of Government" *Journal of Political*, Economy 89, no. 5 (1981): 914-927. 정치에 의해 불평등이 줄어들 수 있는 통로로서 민주주의와 공교육을 분명하게 연관시키는 보다 미묘한 시각에 관해서는 다음 글을 참조하라. John E. Roemer, *Democracy, Education, and Equality*, Graz-Schumpeter Lectures, Econometric Society Monographs (2006).

2. 소득세 및 부유세 정책이 불평등에 결정적인 요소라는 주장에 대해서는 다음을 참조하라. Thomas Piketty, *Capital in the Twenty-First Century*, trans. Arthur Goldhammer (Cambridge, MA: Belknap Press of Harvard University Press, 2014); and T. Piketty and G. Zucman, "Capital Is Back: Wealth-Income Ratios in Rich Countries 1700-2010," *Quarterly Journal of Economics* 129, no. 3 (2013): 1255-1310.

3. 노동조합과 노동시장 규제가 불평등을 줄이는 역할을 한 점에 대해서는 다음을 참조하라.

G. E. Gilmore and T. J. Sugrue, *These United States: A Nation in the Making, 1890 to the Present* (New York: W. W. Norton, 2015).

4. 보건, 교육, 기반 시설의 발전이 불평등을 줄이는 데 기여한 점에 대해서는 다음을 참조하라. R. Fogel, *The Escape from Hunger and Premature Death, 1700-2100* (Cambridge: Cambridge University Press, 2004); D. L. Cosa, "Health and the Economy in the United States from 1750 to the Present," *Journal of Economic Literature* 53, no. 3 (2015): 503-570; and J. Ferrie and W. Troesken, "Water and Chicago's Mortality Transition," *Explorations in Economic History* 45, no. 1 (2008): 1-16.

5. 금본위제는 19세기 말과 20세기 초 경제 위기로부터 큰 피해를 유발하고 노동시장이 회복되는 데 오랫동안 힘든 시간을 겪게 만든 가장 큰 이유였다. 다음을 참조하라. M. Friedman and A. J. Schwartz, *A Monetary History of the United States, 1867-1960*. National Bureau of Economic Research Publications (1963).

6. 독일의 경우, 스파르타쿠스 당이 사회민주당에서 분리될 때 그 과정은 실패했다. 그리고 공산당이 창립된 후 둘은 다시는 합쳐지지 않았으며, 공산당은 나치 지배의 필수조건이었다. 미국의 경우, 끝까지 살아남은 구식의 민주당과 당초 민주당의 모습과는 근본적으로 달라져버린 연정을 떠나면서 이에 합병된 신식의 좌파 조직이 있었다. 프랑스의 경우, 인민전선은 유권자들의 완전한 통합에 영향을 주지 않았으며, 정치는 나치의 침략으로 인해 절망적으로 분열했다. 아래를 참조하라.

7. 이와는 대조적으로, 많은 연구 결과가 앙시앵 레짐(프랑스 혁명 이전의 절대왕정체제, 구제도-옮긴이)에 대한 자본주의 이념의 승리를 가져온 것은 바로 민주화였다고 주장한다. 이 책의 19장과 다음을 참조하라. Pierre Rosanvallon, *The Demands of Liberty: Civil Society in France since the Revolution* (Cambridge, MA: Harvard University Press, 2007). 메이어의《구체제의 지속*The Persistence of the Old Regime*》은 구체제의 정치권력 구조가 참정권이 확대된 시대에도 유지될 수 있었던 것은 자본주의 이념이 통합되고 부르주아 계급의 정치적 지지를 받았기 때문이라고 주장한다.

8. E. Foner, *America's Unfinished Revolution, 1863-1877*, updated ed. (New York: Harper Perennial Modern Classics, 2014); and I. Katzelson, *Fear Itself: The New Deal and the Origins of Our Time* (New York: Liveright, 2013).

9. 헨리 조지와 그의 토지세에 대한 논쟁은 다음을 참조하라. Mary O. Furner, *Advocacy and Objectivity: A Crisis in the Professionalization of American Social Science, 1865-1905* (Lexington: University Press of Kentucky, 1975).

10. 이 참조에 관해서 제니 본 교수에게 감사를 표한다. S. C. Walker, "The Movement in the Northern States," *Publications of the American Economic Association* 8 (1893): 62-74.

11. 피케티는 다음과 같이 저술했다. '베커는 증가하는 인적자본이 상속된 부의 중요성을 떨어뜨린다고 노골적으로 주장하지는 않았다. 하지만 그런 주장은 그의 저작에 자주 암시된 바 있다. 특히 그는 교육의 중요성이 커지면서 사회가 점점 능력주의적으로 변한다고 (그 이상

의 자세한 설명은 없이) 자주 주장했다.' Piketty, *Capital*, 616.

12. P. Temin and B. A. Wigmore, "The End of One Big Deflation," *Explorations in Economic History* 27 (1990): 483-502.

13. 제3차 선거법 개정에도 불구하고, 많은 남성과 모든 여성은 선거권을 갖지 못했다. 선거권을 갖지 못한 사람의 비율은 아일랜드에서 유난히 컸다.

14. 이 책의 19장에서 피에르 로장발롱과 데이비드 그레월은 민주주의 정치가 경제에 대한 국가 권력을 제한하는 것을 선호하는 선거층인 부르주아 계급을 창설함으로써 자본주의 이념을 확립하는 데 중요한 요소였다고 공통적으로 주장한다. 아르노 메이어는 19세기에 걸쳐 우익 정치를 유지한 것은 바로 이 하나의 이념에 대한 두 정치적 이해당사자들(부르주아과 귀족)의 합병이라고 주장했다. 다음을 참조하라. Mayer, *Persistence of the Old Regime*, and Rosanvallon, *The Demands of Liberty*.

15. Mayer, *Persistence of the Old Regime*.

16. F. Scheuer and A. Wolitzky, "Capital Taxation under Political Constraints," working paper (2015), http://web.stanford.edu/~scheuer/capital_tax_reforms.pdf.

17. 그런 점에서, 그의 자세는 최근 그리스 정부가 유로존에 대한 부채를 재협상하는 과정에서 잇따라 가진 자세와 유사하다. 그리고 당연하게도, 이것이 실패한 이유도 동일했다. 방아쇠를 당길 생각이 없다면 총구를 당신 머리에 겨누는 것은 현명하지 못한 선택이다(방아쇠를 당길 생각이 있더라도 물론이다).

18. 바이마르의 하이퍼인플레이션에 관한 역사적 기록에 관한 잘못이 (적어도) 두 개는 있다. 경제학자들 사이에서 기본적으로 인용되는 출처는 다음과 같다. Thomas J. Sargent, "The Ends of Four Big Inflations," in *Inflation: Causes and Effects*, ed. R. E. Hall (Chicago: University of Chicago Press, 1982) 이 글은 독일, 오스트리아, 헝가리, 폴란드에서 동시다발적으로 발생한 하이퍼인플레이션을 독립적인 사건으로 보고, 동시대의 체코슬로바키아는 하이퍼인플레이션을 겪지 않은 것을 의미 있는 관리 때문으로 보는 시대착오적인 해석을 내린다. 사전트에 따르면, 무책임하게 재정을 관리한 재무부에 휘둘린 중앙은행에 책임이 달려 있었다. 각 경우 해결책은 국내 정치권력이 독립적인 중앙은행으로 하여금 긴축재정을 버텨나가도록 허용했을 때 발견되었다. 사실 어떤 세율을 매기더라도 감당할 수 없을 만큼 부담스러운 배상금 때문에 발생한 하이퍼인플레이션은 연합국이 그들의 주장을 누그러뜨리고, 전후 정부를 허용하며, 특히 바이마르가 유지되도록 인정했을 때 막을 내렸다. 사전트는 회고적으로 이를 해석하는 과정에서 1970년대의 스태그플레이션의 영향을 크게 받았다. 하지만 이는 하이퍼인플레이션의 원인에 관한 현대 우파의 주장에 중요한 근거가 되었다. 정부 내부의 적은 베르사유와 독일의 배신과 패배를 비난함과 동시에, 좌파의 사회정책 지출에 관해서도 비난했다. 또 다른 잘못된 역사적 기록은 전쟁에서 충분히 회복되지 않은 국가주의적, 확장주의적 독일 정치 체제가 합법적 배상금을 회피하기 위한 계산된 시도로 하이퍼인플레이션을 본다. 이 글은 배상금에 관한 연합국의 온건정책을 연합국의 우유부단으로 인한 나치 지배를 낳은 장기적 유화정책Long Appeasement의 첫 시행으로 바라본다. 바이마

르의 하이퍼인플레이션에 관한 보다 많은 역사적 자료는 다음을 참조하라. M. Steinbaum, "The End of One Big Inflation and the Beginning of One Big Myth" (2015), The Steinblog, http://steinbaum.blogspot.com/2015/01/the-end-of-one-big-inflation-and.html.

19. Weitz, *Weimar Germany*, 145.

20. 10년 후 미국에서 시행되는 공정노동기준법과 같이 독일은 병역이 면제된 농민과 산발적으로 고용된 농민에 관한 법을 제정했다. 미국의 법은 백인 우월주의의 정치적 특이성의 결과라는 카츠넬슨의 주장과 흥미롭게도 완전히 반대되는 내용이다.

21. George Orwell, *The Road to Wigan Pier* (New York: Harcourt, 1958), first published in the U.K. by the Left Book Club, 1937.

19장 자본주의의 법적 기초

히더 부셰이, 이안 말콤, 마샬 스테인바움, 그리고 특히 브래드포드 드롱의 조언에 감사를 표한다. 이 장은 《21세기 자본》에 대한 비평을 담은 내 저작인 "The Laws of Capitalism," Harvard Law Review 128 (December 2014): 626 – 667, 그리고 곧 출판될 책 *The Invention of the Economy: A History of Economic Thought* (Harvard University Press)를 참조했다.

1. Thomas Piketty, *Capital in the Twenty-First Century*, trans. Arthur Goldhammer (Cambridge, MA: Belknap Press of Harvard University Press, 2014).

2. Fig. 10.9 in Piketty, *Capital*, 354에서 설명된 바와 같다.

3. 위의 책, 571.

4. Keynes, *The General Theory of Employment, Interest, and Money* (London: Harcourt, 1964): 217–221, 372–384.

5. Marx, *Capital*, vol. 3, pt. 3, esp. chap. 13. 마르크스는 자본주의 생산에서의 수익률의 감소는 '고정' 자본이 '변동' 자본으로 계속 전환됨에 따른 (노동력과는 반대로) 필연적인 결과라고 설명한다. 그는 잉여 노동력의 착취를 통해 이윤이 창출된다고 주장하기 때문에 이런 전환은 '살아 있는' 자본을 체제 밖으로 보내면서 이윤율을 크게 감소시킨다.

6. 피케티는 그의 데이터를 설명하면서 '자본주의 제1법칙'을 제안했다(국민소득 중 자본소득의 비율(α)은 자본수익률(r)과 자본소득 비율(β)의 곱과 같다). (Piketty, *Capital*, 50 – 55.) 자산에 수익률을 통해 자본 자산의 가치와 연간 생산 가치의 비율을 자본 소유주에게 가는 총소득의 비율(β)과 연관지어주는 회계적 항등식이다(위의 책 222쪽 Fig. 6.5에서 설명된 바와 같다).

7. 피케티의 제2법칙은 자본소득 비율(β)이 전체 성장률에 대한 저축률의 비를 반영한다는 것이다(위의 책, 166-170). 이 법칙은 통계적이지 않고 점근적이다. 다양한 가정하에, 장기적인 국가 자산의 가치와 국민소득의 관계는 연간 성장률에 대한 저축률의 비에 의해 결정될

것이다.

8. 피케티의 다음 주장들을 비교해보라. '자본수익률이 성장률을 초과할 때 (……) 자본주의는 자동적으로 (……) 불평등을 초래한다.'(위의 책, 1, 이탤릭체 추가함) 그의 이후의 주장은: '만약 자본수익률이 성장률을 능가하는 상태로 유지된다면 (……) 부의 분포에 격차가 발생할 *위험성*은 매우 높아진다.' (위의 책, 25, 이탤릭체 추가함) 이 생각은 자동적인 과정보다는 경향성에 대한 추측이었다. 보다 일반적으로 그의 다음 주장에도 주목해보라. 'r〉g 불평등은 절대적인 논리적 필연성이 아닌 다양한 메커니즘에 따라 발생하며 역사적 실체로서 분석되어야 한다.' (361).

9. 위의 책, 25, 350, 353, 358, 571, 572.

10. 위의 책, 361-366, 372-375.

11. 위의 책, 30-33, 573-575.

12. Adam Smith, *The Wealth of Nations*, 1.1.

13. 이 점에서 관해서는 다음을 참조하라. Istvan Hont and Michael Ignatieff, "Needs and Justice in *The Wealth of Nations*," in *Wealth and Virtue: The Shaping of Political Economy in the Scottish Enlightenment*, ed. Hont and Ignatieff (Cambridge: Cambridge University Press, 1983), 3-6, 23-25.

14. 애덤 스미스의 생전의 급진주의자로서의 명성에 대한 이야기와 사후의 달라진 그의 평판에 관해서는 다음을 참조하라. Emma Rothschild, "Adam Smith and Conservative Economics," *Economic History Review* 45 (1992): 74-96.

15. Henry Maine, *Ancient Law* (1861), chap. 5.

16. 예를 들어 다음을 참조하라. John Stuart Mill, *Chapters on Socialism* (1879). (말년에 그는 노동조합주의를 지지했는데) 그의 생각의 중요한 전환에 관해서는 다음을 참조. Mill, "Thornton on Labour and Its Claims," pt. 1, *Fortnightly Review*, May 1869, 505-518; and Mill, "Thornton on Labor and Its Claims," pt. 2, *Fortnightly Review*, June 1869, 680-700. 이 문제에 관한 마르크스의 언급은 여러 저작에 널리 퍼져 있다. 마르크스의 사상에 관한 해방주의적이고 평등주의적인 영감에 대해 차근차근 공부해보고 싶다면 다음을 참조하라. Allen Wood, *The Free Development of Each* (Oxford: Oxford University Press, 2014), 252-273.

17. 쿠즈네츠는 1913년~1948년 미국의 경제 성장과 국민소득에 관한 연구로 1971년 노벨상을 수상했다. Simon Kuznets, *Shares of Upper Income Groups in Income and Savings* (New York: National Bureau of Economic Research, 1953).

18. Hans Ritter, *Dictionary of Concepts in History* (Westport, CT: Greenwood Press, 1986), 26-27; '자본'과 '자본주의자'라는 용어는 18세기에 이르러서야 잘 알려졌다.

19. Istvan Hont, Bela Kapossy, and Michael Sonenscher, *Politics in Commercial Society* (Cambridge, MA: Harvard University Press, 2015); C. J. Berry, *The Idea of Commercial Society in the Scottish Enlightenment* (Edinburgh: Edinburgh University Press, 2013).

20. Smith, *Wealth of Nations*, 1.4.

21. 이 논쟁에 관한 서론으로서 다음을 참조하라. Jean-Claude Perrot, *L'histoire intellectuelle de l'économie politique, 17e–18e siècles* (Paris: Éditions de L'EHESS, 1992); and Peter Groenewegen, *Eighteenth Century Economics* (New York: Routledge, 2002).

22. Johan Heilbron, "French Moralists and the Anthropology of the Modern Era: On the Genesis of the Notions of 'Interest' and 'Commercial Society,'" in *The Rise of the Social Sciences and the Formation of Modernity: Conceptual Change in Context, 1750-1850*, ed. Johan Heilbron, Lars Magnusson, and Bjorn Wittrock (Dordrecht: Kluwer Academic, 1998), 77-106.

23. 자연법과 로마법이 거의 유사하다는 푸펜도르프의 (정치 사회 이전에 상업적 특성이 확립되는 데 있어) 주장에 관해 다음 저작을 참조하라. Samuel Pufendorf, *De Jure naturae et gentium, libri octo*, trans. and ed. C. H. Oldfather and W. A. Oldfather (Oxford: Clarendon Press, 1934), 226-227. 경제사상사에서의 푸펜도르프의 위치에 관한 중요한 토론에 관해서 다음을 참조하라. Istvan Hont, "The Language of Sociability and Commerce: Samuel Pufendorf and the Theoretical Foundations of the 'Four Stages Theory,'" in *The Languages of Political Theory in Early-Modern Europe*, ed. Anthony Pagden (Cambridge: Cambridge University Press, 1987), 253-276.

24. 이는 17세기 후반의 계약이론과 18세기의 정치경제 사이의 중요한 차이점을 부인하기 위한 것은 아니다. 이에 관해서 다음을 참조하라. John Dunn, "From Applied Theology to Social Analysis: The Break between John Locke and the Scottish Enlightenment," in Hont and Ignatieff, *Wealth and Virtue*.

25. James Gordley, *The Jurists: A Critical History* (Oxford: Oxford University Press, 2013); Peter Stein, *Roman Law in European History* (Cambridge: Cambridge University Press, 1999).

26. 보다 정확히, 'Economy'는 *oikonomia*(가계 경영이라는 의미)의 근대적 어법에서 유래했다. 이 단어는 심지어 고대에도 우주에 대한 통치(신이 우주의 경제학자로 묘사되기도 했다)라는 뜻으로 쓰인 바 있고, 이후에는 신의 섭리에 의해 지배되는 상업 세계를 묘사하는 의미로 바뀌었다. 이 점에 관해서는 출간 예정인 내 책을 참조. *Invention of the Economy*. 푸펜도르프는 'oeconomic'의 범주를 루터교의 드레이스탄덴*Dreiständelehre* 이론의 경제적 지위*status oeconomicus* 개념에 맞추어 가족적 가계 영역이 아닌 개인의 의지에 기초하며 상업적 이득을 목표로 하는 '사적' 지위를 표현하는 용어로 전환하는 과정의 주축이었다. Pufendorf, *Elementorum jurisprudentiae universalis libri II* (Cambridge: John Hayes (for the university), 1672), 16.

27. 자유방임주의 이론의 정치이론적이고 신학적인 기초에 관해서는 다음 저작을 참조. "The Political Theology of Laissez-Faire: From *Philia* to Self-Love in Commercial Society," *Political Theology* 17 (September 2016): 417-433.

28. Pierre Nicole, *Œuvres philosophiques et morales de Nicole: Comprenant un choix de ses essais*, ed. Charles Jourdain (Paris: L. Hachette, 1845); 그레월의 다음 저작도 참고하라. "Political Theology of Laissez-Faire." 그의 저작에 관한 2차 출처와 더불어 부아갱베그 피네를의 논음

에 관해서 다음을 참조하라. *Pierre de Boisguilbert ou la naissance de l'économie politique*, 2 vols., ed. Alfred Sauvy (Paris: Institut National d'Études Démographiques, 1966); Gilbert Faccarello, *The Foundations of Laissez-Faire: The Economics of Pierre de Boisguilbert* (New York: Routledge, 1999).

29. 벵상 드 구르네는 예로부터 '자유방임, 자유 통행' 슬로건의 시초로 인정받았다. 이 슬로건은 루이 14세의 재무장관인 장 밥티스트 콜베르가 어떻게 국가의 상업이 더 발전할 수 있을지 물은 것에 대해 17세기 상인 르 장드르(짐작건대 위그노로 개종한 토머스일 것으로 보인다)가 했던 대답을 수정한 것일 것이다. 다음을 참조하라. Gustav Schelle, *Vincent de Gournay* (Paris: Guillaumin, 1897), 214-221.

30. Michel Foucault, *Security, Territory, Population: Lectures at the Collège de France, 1977-1978* (London: Palgrave Macmillan, 2009), 346 - 357.

31. 구르네에 대해 다음을 참조하라. Loïc Charles, Frédéric Lefebvre, and Christine Théré, eds., *Le cercle de Vincent de Gournay: Savoirs économiques et pratiques administratives en France au milieu du XVIIIe siècle* (Paris: Institute National d'Études Démographiques, 2011); 중농주의에 관해 다음을 참조하라. Liana Vardi, *The Physiocrats and the World of the Enlightenment* (Cambridge: Cambridge University Press, 2012).

32. Smith, *Wealth of Nations*, 49.

33. 얀센파 신학자인 피에르 니콜이 죄악적인 자기애를 교환하는 이익에 관해 처음으로 주장한 이후 (포르루아얄 대상의 얀센파 학교에서 니콜과 공부했으며, 프랑스의 귀족이자 행정관인) 피에르 드 부아길베르가 최초로 시장을 경제적으로 분석한 저작을 보았다. 부아길베르는 루이 14세의 과도한 정부 관료주의를 비판하기 위해 시장 상호작용의 의도치 않은 이익을 분석했다. 부아길베르의 저작에 관한 2차 자료와 함께 그의 저작 모음은 다음을 참조. *Pierre de Boisguilbert*. Faccarello, *Foundations of Laissez- Faire*. 마르크스는 이후에 부아길베르를 프랑스 정치경제의 설립자라 불렀다. Marx, *Grundrisse* (1973 ed.), 883.

34. 다음을 참조. Adam Smith, *Lectures on Jurisprudence*, ed. R. L. Meek et al. (Oxford: Clarendon Press, 1978). 중농주의 이론에 관한 고전적 주장으로는 다음을 참조하라. Pierre-Paul Le Mercier de la Rivière, *L'Ordre naturel et essentiel des sociétés politiques* (1767); 곡물정책에 대한 논의에 대해서는 다음을 참조하라. Steven Kaplan, *Provisioning Paris* (Ithaca, NY: Cornell University Press, 1984), 420-440. 노동시간에 관한 마르크스의 논의에 관해서는 다음을 참조하라. Marx, *Capital*, Vol. 1, III.10.

35. Hilary Putnam, *The Collapse of the Fact / Value Dichotomy* (Cambridge, MA: Harvard University Press, 2002), 7-45.

36. 곧 출간될 저작인 *Invention of the Economy*에서 이 주제를 다루었다. 또한 이는 다음 저작들에 담겨 있는 유명한 주제이기도 하다. Michel Foucault, *The Birth of Biopolitics*, ed. Michel Senellart (Basingstoke: Palgrave Macmillan, 2008); and in Karl Polanyi's work-e.g., "The Economy as an Instituted Process," in *Trade and Market in the Early Empires*, ed. Polanyi et al.

(Boston: Beacon Press, 1957), 243-270.

37. Edward P. Thompson, "The Moral Economy of the English Crowd in the Eighteenth Century," *Past & Present* (February 1971): 76-136. 반봉건적 규제에 관해서 다음을 참조하라. John Markoff, *The Abolition of Feudalism* (University Park: Pennsylvania State University, 1996), 554-556.

38. Hont and Ignatieff, "Needs and Justice," 13-26; Emma Rothschild, *Economic Sentiments* (Cambridge, MA: Harvard University Press, 2001), 72-86.

39. 서론에 담긴 이 이슈에 관한 명확한 논의를 참조. Steven L. Kaplan, ed., *Bagarre: Galiani's "Lost" Parody* (Boston: M. Nijhoff, 1979); Hont and Ignatieff, "Needs and Justice," 17-19.

40. Boisguilbert, *Dissertation sur la nature des richesses* (1704); Smith, *Wealth of Nations*, eds. Andrew S. Skinner and R. H. Campbell (Oxford: Clarendon Press, 1979), 135-159, 469-471, 524-543.

41. Peter Groenewegen, "Boisguilbert and Eighteenth-Century Economics," in *Eighteenth Century Economics* (New York: Routledge, 2002).

42. 유사한 주제가 푸코의 *The Birth of Biopolitics*에 상술되어 있다. 어떻게 자유방임주의 이념이 국가가 자기들만의 이익을 위해 이용한 '국가적 이익' 사상을 내적으로 제한하는 방식으로 정당화되었는지를 설명한다.

43. Jedediah Purdy, *The Meaning of Property* (New Haven, CT: Yale University Press, 2010), 9-43; Foucault, *Security, Territory, Population*, 311-357.

44. '사유'라는 근대적 개념의 계보에 관해서 다음을 참조하라. Raymond Geuss, *Public Goods, Private Goods* (Princeton, NJ: Princeton University Press, 2001).

45. P. J. Cain, "British Capitalism and the State: An Historical Perspective," *Political Quarterly* 68 (1997): 95-98; David McNally, *Political Economy and the Rise of Capitalism* (Berkeley: University of California Press, 1988); John Shovlin, *The Political Economy of Virtue* (Ithaca, NY: Cornell University Press, 2006); David Laven and Lucy Riall, eds., *Napoleon's Legacy* (Oxford: Berg, 2000).

46. 도마에 대한 배경은 다음을 참조. James Gordley, *The Jurists: A Critical History* (Oxford: Oxford University Press, 2013), 141-155.

47. 포르탈리스에 관해서는 다음을 참조. Jean-Luc Chartier, *Portalis: Pere du Code Civil* (Paris: Fayard, 2004); A. A. Levasseur, "Code Napoleon or Code Portalis?," *Tulane Law Review* 43 (1969): 762-774.

48. Jean-Louis Halpérin, *L'Impossible Code Civil* (Paris: Presses Universitaires de France, 1992).

49. 중농주의 사상의 특징으로서의 '법률적 독재 정치'는 다음을 참조. Shovlin, *Political Economy of Virtue*, 107-109. 집정부의 경제적 방향성은 다음 2차 저작에 잘 규명되어 있다. Judith Miller, "The Aftermath of the *Assignat*," in *Taking Liberties: Problems of a New Order From the French Revolution to Napoleon*, ed. Howard G. Brown and Judith A. Miller (Manchester: Man-

chester University Press, 2002), 1-72.

50. 이 법령의 영어 번역은 다음을 참조. J. M. Roberts, *French Revolution Documents, vol.* 1 (Oxford: Basil Blackwell, 1966), 151-153.

51. McNally, *Political Economy*, 122-129.

52. 자본 이론에 대한 논쟁의 역사는 다음을 참조하라. Avi Cohen and Geoffrey Harcourt, "Retrospectives: Whatever Happened to the Cambridge Capital Theory Controversies?," *Journal of Economic Perspectives* 17, no. 1 (Winter, 2003): 199-214.

53. 자본수익률을 정치적으로 결정하는 것에 대한 피케티의 논의와 저량-유량 개념을 비교해 보라. (e.g., 위의 책, 20, 47, 55, 372-375).

54. Cohen and Harcourt, "Retrospectives," 202-206; Piero Sraffa, *Production of Commodities by Means of Commodities* (Cambridge: Cambridge University Press, 1960), 33-44.

55. Piketty, *Capital,* 372-375.

56. 프랑스 혁명이 마르크스주의의 관점에서 얼마나 '부르주아'적인 혁명이었는지에 관해서는 여전히 논란이 많다. 하지만 예를 들면 8월 법령의 의도는 소작농의 전통적인 노동 의무에 관한 봉건적 형태의 재산과 특권을 폐지하는 것(나폴레옹 민법전을 통해 최종적으로 수립된)으로 매우 간단하게 이해된다. 프랑스 혁명을 부르주아적으로 보는 시선에 관한 대응은 다음을 참조하라. Colin Mooers, *The Making of Bourgeois Europe* (London: Verso, 1991) 부르주아적 국가 형태의 개념에 대한 비판적인 연구는 다음을 참조. Heide Gerstenberger, "The Bourgeois State Form Revisited," in *Open Marxism*, ed. Werner Bonefeld et al. (London: Pluto Press, 1995): 151-176.

57. 특히 이 체제의 법률적인 면을 이해했다면, 자본주의를 정치적으로 분석하는 방법 중 하나는 고전 마르크스주의의 혁명 이론에 의존하지 않고 '부르주아적 국가'라는 마르크스주의자들의 개념에 질문을 던져보는 것이다. 이에 관한 19세기의 독일 역사에 관한 이야기는 다음을 참조. David Blackbourn and Geoff Eley, *The Peculiarities of German History* (New York: Oxford University Press, 1984), 190-210; 그리고 보다 앞선 프랑스와 영국의 친숙한 역사에 관해서는 다음을 참조하라. Heide Gerstenberger, *Impersonal Power*, trans. David Fernbach (Leiden: Brill, 2007), 662-687. 다음 저작의 1권에 담겨 있는 많은 기고문들을 참조. *Open Marxism* (Pluto Press, 1992), Werner Bonefeld, "Social Constitution and the Form of the Capitalist State," 93-132.

58. 공공재와 사적재에 관한 논의는 다음을 참조. Geuss, *Public Goods, Private Goods*; 인간 행동의 다양한 면에 대한 주장은 자기만의 규범 기준과 목적에 따라 담은 다음 저작을 참조. Michael Walzer, *Spheres of Justice* (New York: Basic Books, 1983).

59. 보댕과 그 이후 홉스, 루소, 그리고 프랑스와 미국에서 혁명 질서를 연구한 이론가들에 의해 논의되어온 '주권'와 '정권' 간의 구분의 역사는 다음을 참조하라. Richard Tuck, *The Sleeping Sovereign* (Cambridge, MA: Harvard University Press, 2016); 이런 개념들을 근대 헌법 이론에 적용한 사례는 다음을 참조하라. Daniel E. Herz-Roiphe and David Singh Grewal, "Make

Me Democratic but Not Yet: Sunrise Lawmaking and Democratic Constitutionalism," *New York University Law Review* 90, no. 6 (December 2015), 1975-2028.

60. Tuck, *The Sleeping Sovereign*, 8-16, 26-27.

61. 주권/정부 구별을 적절하게 제도화하는 것에 대한 물음은 18세기에 논의되기 시작했다. 친숙한 근대적 형태의 성문 헌법은 (기초적 입법자를 별도로 두는) 미국의 각 주에서 처음 제안되고 승인됐다(1778년 매사추세츠가 최초). 십년여가 지난 후 미국 연방 헌법과 혁명 이후 프랑스의 다양한 헌법에서도 뒤따라 성문 헌법이 만들어졌다. 비록 서로 다르게 실현되긴 했으나 주권과 정부의 구분은 이런 정치적 프로젝트에 핵심적인 요소였다. 위의 책, 117-119, 154-155, 159-160.

62. Hobbes, *On the Citizen*, ed. Richard Tuck (New York: Cambridge University Press, 1998) 99-100; 턱은 자신의 책 제목 *The Sleeping Sovereign*에 나온 은유를 인용했다.

63. 허슐이 설명했듯이 그 결과는 '사법통치'의 새로운 형태다. Ran Hirschl, Towards Juristocracy: The Origins and Consequences of the New Constitutionalism (Cambridge, MA: Harvard University Press, 2004), 97 - 99, 146 - 148.

64. Ralph Miliband, "Reform and Revolution," *in Marxism and Politics* (Oxford: Oxford University Press, 1977), 154-190, 183-189.

65. Martin Gilens, *Affluence and Influence* (Princeton, NJ: Princeton University Press, 2012); Martin Gilens and Benjamin Page, "Testing Theories of American Politics: Elites, Interest Groups, and Average Citizens," *Perspectives on Politics* 12, no. 3 (2014): 564-581.

66. David Singh Grewal and Jedediah Purdy, "Law and Inequality after the Golden Age of Capitalism," *Theoretical Inquiries in Law* (2017).

67. 존 홀러웨이와 솔 피치오토의 다양한 에세이들을 참조. *State and Capital: A Marxist Debate* (Austin: University of Texas Press, 1978).

68. 자본주의 국가에서의 계급 적대감 이론을 통해 '투쟁'과 '구조'가 결과적으로 조화를 이룰 것이라고 가정하는 분석은 다음을 참조하라. Bonefeld, "Social Constitution." 이론적으로는 체제의 통시적인 발전 과정에서 (체제에 반하는 경향성도 포함) 착취에 관한 공시적인 분석론이 조화되는 것이 중요하다.

69. 제도적 정치경제에 관한 토론과 실증은 다음을 참조하라. Charles Maier, *In Search of Stability* (Cambridge: Cambridge University Press, 1987), 6.

70. Wolfgang Streeck, "Taking Capitalism Seriously: Towards an Institutionalist Approach to Contemporary Political Economy," *Socio-Economic Review* 96 (2011): 137-167, 140, 137-138.

71. 위의 책, 147, 150, 143-146, 147-148.

72. C. A. R. Crosland, *The Future of Socialism* (London: Jonathan Cape, 1956), 56-76.

73. John Commons, *Legal Foundations of Capitalism* (Madison: University of Wisconsin Press, 1924); Robert Hale, *Freedom through Law* (New York: Columbia University Press, 1952); Barbara Fried, *The Progressive Assault on Laissez Faire* (Cambridge, MA: Harvard University Press,

1998), 10-15.

74. Samuel Bowles and Herbert Gintis, "Contested Exchange: Political Economy and Modern Economic Theory," *American Economic Review* 78, no. 2 (2003): 145-150.

75. 이 주제와 관련된 법학에 대해서는 다음을 참조하라. Grewal, "The Laws of Capitalism," *Harvard Law Review* 128, no. 2 (2014): 658-659.

76. Piketty, *Capital*, 83-84.

77. John Stuart Mill, "The Remedies for Low Wages Further Considered," *Principles of Political Economy* (1848), Book II. 13. 철학적 급진파들로 구성된 밀의 그룹은 맬서스의 사상을 반대로 받아들였다. 그의 저작에도 이 사실이 드러나 있다. *Autobiography* [1873], ed. John Robson, London: Penguin, 1989, 94.

78. Piketty, *Capital*, 397 ('재건자본주의').

79. Andrajit Dube and Sanjay Reddy, "Threat Effects and Trade: Wage Discipline through Product Market Competition," *Journal of Globalization and Development* 4, no. 2 (2014).

80. 이런 측면에서 딘 베이커는 최근의 경제적 추세에 관한 피케티의 분석에서 저렴한 중국 노동력에 대한 논의가 부족한 점을 지적한다. Dean Baker, "Capital in the Twenty-First Century: Still Mired in the Nineteenth," Huffington Post, May 9, 2014.

81. "The Demographic Contradiction of Capitalism, or What *Will* Bosses Do?," Rethinking Development Conference, Southern New Hampshire University, April 8, 2007.

82. Karl Marx, "The Civil War in France," reprinted in Karl Marx and Friedrich Engels, *On the Paris Commune* (1871; Moscow: Progress, 1971), 68.

83. Gilens, *Affluence and Influence*; Martin Gilens and Benjamin Page, "Testing Theories of American Politics: Elites, Interest Groups, and Average Citizens," *Perspectives on Politics* 12, no. 3 (2014): 564-581.

20장 세계적 불평등의 역사적 기원

1. 제도학파 사상에 따르면 행정 부서를 견제하고, 사유재산권을 강화하고, 국가를 중앙집권화하고, 시장이 원활히 작동하는 특징을 지닌 포용적인 정치·경제 제도는 경제 성장의 기초를 닦아준다. 이는 발전을 저해하는 강제 노동, 정치권력의 제한된 분배, 높은 재산 징발의 가능성이 공존하는 착취적인 제도와는 대조적이다. Douglass C. North, *Institutions, Institutional Change and Economic Performance* (Cambridge: Cambridge University Press, 1990); Daron Acemoglu, Simon Johnson, and James Robinson, "Institutions as a Fundamental Cause of Long-Run Growth," in *Handbook of Economic Growth*, vol. 1 (Amsterdam: Elsevier, 2005), 385-472.

2. 남아프리카공화국의 인종차별정책의 전조였던 식민지 말기 아프리카의 차별적 제도하에

살았던 사람들에 대한 맘다니의 도식은 내가 여기서 설명한 것보다 훨씬 더 오랜 기간에 걸친 착취적 제도에서의 부의 맥락으로 확장된다. 맘다니는 이 용어들을 사용하여 도시의 백인 식민지 엘리트들과 가난한 흑인 시골 토착민들의 분리된 사회를 묘사한다. 전자에 속하는 사람들은 시민의 권리를 누리면서 '법의 규칙과 이와 관련된 권리의 체제에 따라' 살게 된다. 반면 후자에 속하는 사람들은 관습법과 지방 엘리트들의 재량에 따라 핍박당했다. Mahmood Mamdani, *Citizen and Subject: Contemporary Africa and the Legacy of Late Colonialism* (Princeton, NJ: Princeton University Press, 1996), 19.

3. Thomas Piketty, *Capital in the Twenty-First Century*, trans. Arthur Goldhammer (Cambridge, MA: Belknap Press of Harvard University Press, 2014).

4. Daron Acemoglu, Simon Johnson, and James A Robinson, "The Colonial Origins of Comparative Development: An Empirical Investigation," *American Economic Review* 91 (2001): 1369-1401. 이에 대한 논쟁이 없지는 않다. 다음을 참조. David Albouy, "The Colonial Origins of Comparative Development: An Empirical Investigation: Comment," *American Economic Review* 102, no. 6 (2012): 3059-3076. Alexandre Belloni, Victor Chernozhukov, and Christian Hansen, 정착민 사망률을 이용한 통계는 LASSO-벌점화된 회귀분석을 통해 선택된 다양한 지리학적 조건의 변화에도 일정한 결과를 나타냄을 보여준다. "High-Dimensional Methods and Inference on Structural and Treatment Effects," *Journal of Economic Perspectives* 28, no. 2 (2014): 29-50. Belloni et al.

5. Monique B. Mulder et al., "Intergenerational Wealth Transmission and the Dynamics of Inequality in Small-Scale Societies," *Science*, October 30, 2009, 682-688.

6. 다음을 참조하라. R. P. Thomas and D. N. McCloskey, "Overseas Trade and Empire 1700-1860," in *The Economic History of Britain since 1700* (Cambridge: Cambridge University Press, 1981), 87-102. 또한 다음을 참조하라. Barbara L. Solow and Stanley Engerman, *British Capitalism and Caribbean Slavery: The Legacy of Eric Williams* (Cambridge: Cambridge University Press, 2000); and Kenneth Morgan, *Slavery, Atlantic Trade and the British Economy, 1660-1800* (Cambridge: Cambridge University Press, 2000).

7. Joseph E. Inikori, *Africans and the Industrial Revolution in England: A Study in International Trade and Economic Development* (Cambridge: Cambridge University Press, 2002).

8. Richard D. Wolff, *The Economics of Colonialism: Britain and Kenya, 1870-1930* (New Haven, CT: Yale University Press, 1974).

9. Morgan, *Slavery*, 4.

10. Walker W. Hanlon, "Necessity Is the Mother of Invention: Input Supplies and Directed Technical Change," *Econometrica* 83 (2015): 67-100.

11. Gregory Clark, "Why Isn't the Whole World Developed? Lessons from the Cotton Mills," *Journal of Economic History* 47, no. 1 (1987): 141-73, at 143. 전간기의 영국 면직물 산업의 몰락에 관한 논의는 다음을 참조하라. Sven Beckert, *Empire of Cotton: A New History of Global*

Capitalism (New York: Knopf, 2014), 381-382.

12. Felipe Gonzalez, Guillermo Marshall, and Suresh Naidu, "Start-up Nation? Slave Wealth and Entrepreneurship in Civil War Maryland," *Journal of Economic History*, forthcoming.

13. Caitlin C. Rosenthal, "Slavery's Scientific Management: Accounting for Mastery," in *Slavery's Capitalism*, ed. Seth Rockman, Sven Beckert, and David Waldstreicher (University of Pennsylvania Press, forthcoming).

14. Greg Grandin, *The Empire of Necessity: Slavery, Freedom, and Deception in the New World* (New York: Metropolitan Books, 2014); Stephanie Gonzalez, "The Double-Edged Sword: Smallpox Vaccination and the Politics of Public Health in Cuba" (PhD diss., City University of New York, 2014); José Tuells and José Luis Duro-Torrijos, "The Journey of the Vaccine against Smallpox: One Expedition, Two Oceans, Three Continents, and Thousands of Children," *Gaceta Médica De México* 151, no. 3 (2015): 416-425; Cristóbal S. Berry-Cabán, "Cuba's First Smallpox Vaccination Campaign," *International Journal of History and Philosophy of Medicine* 5 (2015): 1-4.

15. William Darity Jr., "A Model of 'Original Sin': Rise of the West and Lag of the Rest," *American Economic Review* 182 (1992): 162-167. 또한 다음을 참조하라. Ronald Findlay, "The 'Triangular Trade' and the Atlantic Economy of the Eighteenth Century: A Simple General-Equilibrium Model," *Essays in International Finance* 177 (1990): 1-33.

16. Brandon Dupont and Joshua Rosenbloom, "The Impact of the Civil War on Southern Wealth Holders," NBER Working Paper No. 22184 (April 2016).

17. 위의 책.

18. Philipp Ager, Leah Boustan, and Katherine Eriksson, "Intergenerational Mobility in the 19th Century: Evidence from the Civil War" (manuscript, 2016).

19. Ellora Derenoncourt, "Testing for Persistent Slaveholder Dynastic Advantage, 1860-1940," working paper, 2016.

20. Gregory Clark, *The Son Also Rises: Surnames and the History of Social Mobility* (Princeton, NJ: Princeton University Press, 2014).

21. Derenoncourt, "Testing."

22. Avidit Acharya, Matthew Blackwell, and Maya Sen, "The Political Legacy of American Slavery," *Journal of Politics* 78, no. 3 (May 2016).

23. 이런 비선형적 효과들은 이 장 초반의 모델에 당장은 반영되지 않은 제도적인 작동 원리들을 추가적으로 제안한다. 역사적으로 정해진 제도들은 모델 내에서 정적으로 존재한다. 이는 시민과 피지배자들의 후손에 대한 오늘날의 주장을 어렵게 만드는 요인이다. 대신 여러 제도들은 분배 효과를 통해 과거의 제도에 대한 이미지로부터 탈피하려는 경향이 있었을 수도 있다. 작가 겸 기자인 타네히시 코츠는 20세기 정책들에 의해 미국에서 가장 인기 있는 자산인 주택 소유에서 소외당한 아프리카계 미국인들에 대한 배상금을 입증했다. 그는 노

예제에서부터 짐 크로우를 걸쳐 시카고의 특별경계지역 지정에 이르는 연속된 흐름을 추적했다. 그의 주장은 제도적인 경로 의존성에 의존한다. 하나의 착취적인 제도가 끝을 맞았다 하더라도, 또 다른 제도가 시민과 피지배자 간의 선을 유지하기 위해 새롭게 생겨날 수 있다는 것이다. 코츠가 일컬은 제도는 역동적인 요소를 갖고, 과거 제도들의 분배적인 영향을 공유한다. 미국 사례의 증거는 역사적인 제도가 현재의 결과에도 영향을 미치게 만드는 메커니즘을 재고할 것을 제안한다. 다음을 참조. Coates, "The Case for Reparations," *Atlantic Monthly*, June 2014, 54.

24. Douglass C. North, "Institutions," *Journal of Economic Perspectives* 5 (1991): 97-112; Daron Acemoglu, Simon Johnson, and James Robinson, "Institutions," in *Handbook of Economic Growth*, vol. 1 (2005): 385-472.

25. Melissa Dell, "The Persistent Effects of Peru's Mining Mita," *Econometrica* 78 (2010): 1863-1903; Acemoglu, Johnson, and Robinson, "Colonial Origins."

26. Acemoglu, Johnson, and Robinson, "Colonial Origins."

27. Daron Acemoglu, Simon Johnson, and James Robinson, "The Rise of Europe: Atlantic Trade, Institutional Change, and Economic Growth," *American Economic Review* 95 (2005): 546-579.

28. Camilo García-Jimeno and James Robinson, "The Myth of the Frontier," in *Understanding Long-Run Economic Growth: Geography, Institutions, and the Knowledge Economy*, ed. Dora L. Costa and Naomi R. Lamoreaux (Chicago: University of Chicago Press, 2011), 49-88.

29. Acemoglu, Johnson, and Robinson, "Colonial Origins"; Anthony B. Atkinson, "The Colonial Legacy: Income Inequality in Former British African Colonies," WIDER Working Paper 45/2014 (2014).

30. 다음 국가들의 소득세 도입 연도를 구할 수 있었다. 베네수엘라, 남아프리카, 인도네시아, 우루과이, 콜롬비아, 멕시코, 나이지리아, 우간다, 탄자니아, 싱가포르, 말레이시아, 오스트레일리아, 캐나다, 미국, 자메이카, 뉴질랜드, 방글라데시, 파키스탄, 칠레, 아르헨티나, 케냐, 이집트, 트리니다드토바고, 감비아, 홍콩, 가나, 에티오피아, 시에라리온, 아이티, 브라질, 베트남, 코스타리카. 몇몇 국가들에선 세계 부와 소득 데이터베이스를 상호 참조했다. 아프리카의 과거 영국 식민지에 대해 다음 저작을 활용했다. Atkinson, "The Colonial Legacy." 완전한 출처를 알고 싶다면 elloraderenoncourt@fas.harvard.edu.

31. www.wid.world/.

32. Gabriel Zucman, *The Hidden Wealth of Nations: The Scourge of Tax Havens*, trans. Teresa Fagan (Chicago: University of Chicago Press, 2014).

21장 어디에나 있고 어디에도 없는: 《21세기 자본》에서의 정치

1. Thomas Piketty, *Capital in the Twenty-First Century*, trans. Arthur Goldhammer (Cambridge, MA: Belknap Press of Harvard University Press 2014), 20.

2. 위의 책, 25.

3. 위의 책, 26.

4. Stephen Marche, "The Most Important Book of the Twenty-First Century," *Esquire*, April 24, 2014.

5. Claudia Goldin and Lawrence Katz, "Long Run Changes in the Wage Structure: Narrowing, Widening, Polarizing," *Brookings Papers on Economic Activity* 2 (2007).

6. Piketty, *Capital*, 350.

7. Marche, "The Most Important Book."

8. Piketty, *Capital*, 1.

9. Daron Acemoglu and James Robinson. "The Rise and Decline of General Laws of Capitalism." *Journal of Economic Perspectives* 29 (2005): 3 – 28, at 3.

10. 위의 책, 4.

11. Daron Acemoglu and James Robinson. *Why Nations Fail: The Origins of Power, Prosperity, and Poverty* (New York: Crown, 2012).

12. Peter Hall and David Soskice, eds., *Varieties of Capitalism: The Institutional Foundations of Comparative Advantage* (Oxford: Oxford University Press, 2001).

13. Piketty, *Capital*, 32

14. 위의 책, 474 – 475.

15. Margaret Levi, "A New Agenda for the Social Sciences," 토마 피케티의 《21세기 자본》에 관한 크룩드 팀버 세미나(2016년 1월)에서 발표된 논문. http://crookedtimber.org/wp-content/uploads/2016/01/piketty-final.pdf,13.

16. Piketty, *Capital*, 474.

17. 위의 책.

18. 위의 책, 480.

19. Amy Gutman and Dennis Thompson, *Why Deliberative Democracy?* (Princeton, NJ: Princeton University Press, 2004), 3.

20. Jürgen Habermas, *Between Facts and Norms: Contributions to a Discourse Theory of Law and Democracy*, trans. W. Reng (Cambridge, MA: MIT Press, 1996).

21. Miriam Ronzoni, "Where Are the Power Relations in Piketty's Capital?," 크룩드 팀버 세미나*Crooked Timber Seminar*(2016년 1월)에서 발표된 논문. http://crookedtimber.org/wp-content/uploads/2016/01/piketty-final.pdf,34.

22. 위의 책, 35.

23. Piketty, *Capital*, 2 – 3.

24. Werner Sombart, *Why Is There No Socialism in the United States?*, trans. Patricia M. Hocking and C. T. Husbands (New York: M. E. Sharpe, 1979), 원래 1906년에 독일에서 발간됨.

25. 2006년도 미국 대선에서 공화당 대통령 후보 도널드 트럼프가 썼던 선동적인 미사여구들을 생각해보자. 트럼프의 선거연설들을 텍스트 분석해보니 역사적인 선동 정치가들을 연상시키는 스타일로 미국인의 높은 경제적 불안과 분노를 이용하는 '우리 vs. 그들' 패턴이 발견되었다. Patrick Healy and Maggie Haberman, "95,000 Words, Many of Them Ominous, from Donald Trump's Tongue," *New York Times*, December 5, 2015 참조.

26. Albert Hirschman, *Exit, Voice, and Loyalty* (Cambridge, MA: Harvard University Press, 1970).

27. Robert Dahl, *Who Governs? Democracy and Power in an American City* (New Haven, CT: Yale University Press, 1961).

28. E. E. Schattschneider, *The Semisovereign People: A Realist's View of Democracy in America* (New York: Holt, Rinehart and Winston, 1960).

29. Kay Lehman Schlozman, Sidney Verba, and Henry E. Brady, *The Unheavenly Chorus: Unequal Political Voice and the Broken Promise of American Democracy* (Princeton, NJ: Princeton University Press, 2012).

30. Benjamin Page, Larry Bartels, and Jason Seawright, "Democracy and the Policy Preferences of Wealthy Americans," *Perspectives on Politics* 11 (2013): 51 – 73.

31. Martin Gilens and Benjamin Page, "Testing Theories of American Politics: Elites, Interest Groups, and Average Citizens," *Perspectives on Politics* 12 (2014): 564 – 581, 564에서 인용.

32. Larry Bartels, *Unequal Democracy: The Political Economy of the New Gilded Age* (Princeton, NJ: Princeton University Press, 2008).

33. Page, Bartels, and Seawright, "Democracy"

34. 위의 책.

35. 시카고 대학교 전국여론조사센터National Opinion Research Center의 SESA 홈페이지 참조. http://www.norc.org/Research/Projects/Pages/survey-of-economically-successful-americans.aspx. SESA를 어떻게 구성했는지에 대한 더 상세한 사항은 Page, Bartels, and Seawright, "Democracy,"도 참조.

36. Jacob Hacker and Paul Pierson, *Winner-Take-All Politics: How Washington Made the Rich Richer— and Turned Its Back on the Middle Class* (New York: Simon and Schuster, 2011).

37. David Card and John DiNardo, "Skill Biased Technological Change and Rising Wage Inequality: Some Problems and Puzzles," *Journal of Labor Economics* 20, no. 4 (2002): 733 – 783.

38. Henry Farrell, "Review: Jacob Hacker and Paul Pierson—Winner Take All Politics," Crooked Timber (blog), September 15, 2010, http://crookedtimber.org/2010/09/15/review-jacob-hacker-and-paul-pierson-winner-take-all-politics/.

39. Kathleen Thelen, *How Institutions Evolve: The Political Economy of Skills in Germany, Britain, the*

United States, and Japan (Cambridge: Cambridge University Press, 2004).

40. Theda Skocpol, "Unravelling from Above," *American Prospect*, March – April 1996, 20 – 25.

41. 위의 책.

42. Lee Drutman, *The Business of America Is Lobbying: How Corporations Became Politicized and Politics Became More Corporate* (Oxford: Oxford University Press, 2015); Drutman, "How Corporate Lobbyists Conquered American Democracy," *The Atlantic*, April 20, 2015.

43. Peter Hall, "Historical Institutionalism in Rationalist and Sociological Perspective," in *Explaining Institutional Change: Ambiguity, Agency, and Power*, ed. James Mahoney and Kathleen Thelen (New York: Cambridge University Press, 2009).

44. Bo Rothstein and Sven Steinmo, *Restructuring the Welfare State: Political Institutions and Policy Change* (London: Palgrave MacMillan, 2002), 2.

45. Francis G. Castles, *The Impact of Parties: Politics and Parties in Democratic Capitalist States* (Beverly Hills, CA: Sage, 1982); Walter Korpi, *The Democratic Class Struggle* (London: Routledge, 1980).

46. Sven Steinmo, "Political Institutions and Tax Policy in the United States, Sweden, and Britain," *World Politics* 41 (1989): 500 – 535, 504.

47. Hacker and Pierson, *Winner-Take-All Politics; Drutman, The Business of America.*

48. Steinmo, "Political Institutions and Tax Policy," 523

49. Margaret Weir and Theda Skocpol, "State Structure and the Possibilities for Keynesian Response to the Great Depression in Sweden, Britain and the United States," in *Bringing the State Back In*, ed. Peter Evans, Dietrich Rueschmeyer, and Theda Skocpol (Cambridge: Cambridge University Press, 1985).

50. Steinmo, "Political Institutions and Tax Policy," 512

51. Madison's discussion of the dangers of "faction" in *The Federalist Papers: Alexander Hamilton, James Madison, John Jay*, ed. Ian Shapiro (New Haven, CT: Yale University Press, 2009) 참조

52. Steinmo, "Political Institutions and Tax Policy," 512.

53. 예를 들어, Pablo Baramendi et al., eds., *Democracy, Inequality, and Representation* (New York: Russell Sage Foundation, 2011) 참조.

54. Stephen Lukes, *Power: A Radical View* (New York: Macmillan, 1974).

55. Nolan McCarty, Keith Poole, and Howard Rosenthal, *Polarized America: The Dance of Ideology and Unequal Riches* (Cambridge, MA: MIT Press, 2006).

56. John V. Duca and Jason L. Saving, "Income Inequality and Political Polarization: Time Series Evidence over Nine Decades," Federal Reserve Bank of Dallas Working Paper No. 1408 (2014).

57. Hirschman, *Exit, Voice, and Loyalty*, 272, 274.

58. Richard Florida and Charlotte Mellander, "Segregated City: The Geography of Economic Segregation in America's Metros," Martin Prosperity Institute at the University of Toronto's

Rotman School of Management (2015), http://martinprosperity.org/media/Segregatedper-cent20City.pdf.

59. Kendra Bischoff and Sean Reardon, "Residential Segregation by Income: 1970 – 2009," in *The Lost Decade? Social Change in the U.S. after 2000*, ed. John Logan (New York: Russell Sage Foundation, 2013).

60. Ta-Nahesi Coates, "The Case for Reparations," *The Atlantic*, June 2014.

61. Mel Oliver and Thomas Shapiro, *Black Wealth/White Wealth: A New Perspective on Racial Inequality* (New York: Routledge, 1995).

62. Thomas Shapiro, Tatjana Meschede, and Sam Osoro, "The Roots of the Widening Racial Wealth Gap: Explaining the Black-White Economic Divide," Brandeis University Institute on Assets and Social Policy Research Brief (2015), http://iasp.brandeis.edu/pdfs/Author/shapiro-thomas-m/racialwealthgapbrief.pdf.

63. Raj Chetty, Nathan Hendren, Patrick Kline, and Emmanuel Saez, "Where Is the Land of Opportunity? The Geography of Intergenerational Mobility in the United States," *Quarterly Journal of Economics* 128 (2014): 1553 – 1623.

64. Alberto Alesina, Reza Baqir, and William Easterly, "Public Goods and Ethnic Divisions," *Quarterly Journal of Economics* 114 (1999): 1243 – 1284.

65. Daniel Hopkins, "The Diversity Discount: When Increasing Ethnic and Racial Diversity Prevents Tax Increases," *Journal of Politics* 71 (2009): 160 – 177.

66. David Cutler, Douglas Elmendorf, and Richard Zeckhauser, "Demographic Characteristics and the Public Bundle," *Public Finance/Finance Publique* 48 (1993): 178 – 198.

67. Leah Platt Boustan, Fernando Ferreira, Hernan Winkler, and Eric M. Zolt, "The Effects of Rising Income Inequality on Taxation and Public Expenditures: Evidence from U.S. Municipalities and School Districts, 1970 – 2000," *Review of Economics and Statistics* 95 (2013): 1291 – 1302.

68. Hirschman, *Exit, Voice, and Loyalty*, 76.

69. 위의 책, 81.

70. 위의 책, 85.

71. Gabriel Zucman, *The Hidden Wealth of Nations*, trans. Therese Lavender Fagan (Chicago: University of Chicago Press, 2015) 참조.

72. Mark Schmitt, "Political Opportunity: A New Framework for Democratic Reform," Brennan Center for Justice Working Paper (2015).

73. 위의 책.

74. Mark Schmitt, "The Wrong Way to Fix Citizens United," *New Republic*, January 20, 2012.

22장 경제학과 사회과학의 화합을 향해 ; 《21세기 자본》이 주는 교훈

1. 이 논문들을 모아준 브래드포드 드롱, 히더 부셰이, 마샬 스테인바움과 내 연구에 기꺼이 관심을 기울이고 시간을 할애해준 저자들에게 감사드린다.

2. 특히 다음 두 기본적 연구들을 참조하기 바란다. Simon Kuznets, *Shares of Upper Income Groups in Income and Savings* (New York: National Bureau of Economic Research, 1953); Anthony Atkinson and Alan Harrison, *Distribution of Personal Wealth in Britain* (Cambridge: Cambridge University Press, 1978) 이 책에서 모든 데이터 구축의 단계들은 *Capital in the Twenty-First Century*, trans. Arthur Goldhammer (Cambridge, MA: Belknap Press of Harvard University Press, 2014), 16 – 20에 요약되어 있다.

3. 특히 François Simiand, *Le salaire, l'évolution sociale et la monnaie: Essai de théorie expérimentale du salaire, introduction et étude globale* (Paris: Alcan, 1932); Ernest Labrousse, *Esquisse du mouvement des prix et des revenus en France au XVIIIᵉ siècle* (Paris: Dalloz, 1933); Jean Bouvier, François Furet, and Marcel Gillet, *Le mouvement du profit en France au XIXᵉ siècle: Matériaux et études* (Paris: Mouton, 1965); Adeline Daumard, ed., *Les fortunes françaises au XIXᵉ siècle: Enquête sur la répartition et la composition des capitaux privés à Paris, Lyon, Lille, Bordeaux et Toulouse d'après l'enregistrement des déclarations de successions* (Paris: Mouton, 1973) 참조.

4. *Capital*, 575 – 577 참조.

5. 특히 Pierre Bourdieu and Jean-Claude Passeron, *The Inheritors: French Students and Their Relation to Culture* (Chicago: University of Chicago Press, 1979); Bourdieu and Passeron, *Reproduction in Education, Society and Culture* (London: Sage, 1990); and Christian Baudelot and Anne Lebeaupin, "Les salaires de 1950 à 1975 dans l'industrie, le commerce et les services" (Paris: INSEE, 1979) 참조.

6. 예를 들어 Michèle Lamont, *Money, Morals and Manners: The Culture of the French and American Upper-Middle Class* (Chicago: University of Chicago Press, 1992); Jens Beckert, *Inherited Wealth*, trans. Thomas Dunlap (Princeton, NJ: Princeton University Press, 2004; repr. 2008); Pierre Rosanvallon, *The Society of Equals*, trans. Arthur Goldhammer (Cambridge, MA: Harvard University Press, 2013); and Jules Naudet, *Entrer dans l'élite: Parcours de réussite en France, aux États-Unis et en Inde* (Paris: Puf, 2012).

7. Piketty, *Capital*, 20.

8. 특히 위의 책 2장과 14장에서 분석한 미국과 영국의 보수혁명 사례 참조.

9. Karl Polanyi, *The Great Transformation* (New York: Farrar and Rinehart, 1944).

10. 위의 책, 8, 13장.

11. 위의 책, 14, 15장.

12. 위의 책, 13장.

13. 위의 책, 47쪽.

14. 위의 책, 4장.

15. 이 계산은 개인, 기업 혹은 시정부 중 누가 소유했건 인구통계에 기록된 총 노예수를 기반으로 했다. 따라서 이 수치들이 다아이나 레미 배리가 제시한 대로 크게 과소평가되었는지는 확실하지 않다(이 수치들은 이미 상당히 크다). 아무튼 이는 더 많은 관심을 기울이고 연구해야 할 문제들이다.

16. 위의 책, 5장.

17. 위의 책, 3-6장.

18. 위의 책, 12장.

19. 위의 책, 1, 5, 12, 15, 16장.

20. 위의 책, 3, 4장.

21. 위의 책, 16장.

22. 위의 책, 3-6장.

23. 주택 가치의 상승이 최근 몇십 년간 자본/소득 비율 상승의 많은 부분을 설명한다는 사실은 불평등 동학에 그리 좋은 소식이 아니다. 특히 주택 가격이 높으면 넉넉하지 않은 가정의 새로운 세대들이 재산을 얻기 힘들어진다. 또한 최상위 갑부들이 보유한 부의 급속한 증가(혹은 원래 주어진 금융재산의 급속한 증가)는 주택 가격과 거의 상관이 없다는 점에도 주목하라.

24. 위의 책, 11-13장.

25. Giacomo Todeschini, "Servitude and Labor at the Dawn of the Early Modern Era: The Devaluation of Salaried Workers and the 'Undeserving Poor,'" *Annales HSS* (English ed.) 70, no. 1 (2015).

26. Piketty, *Capital*, 487에서 인용됨.

27. 위의 책, 485-486.

28. 위의 책 8장, 14장, 특히 508-512쪽 참조.

29. http://www.equality-of-opportunity.org/.

30. 전반적으로 나는 지식, 기술, 인적자본의 전파가 장기적으로 불평등을 줄이는 데 가장 강력한 요인이라는 에릭 닐슨의 의견에 동의한다(내 책에서 자주 언급했던 것처럼). 그러나 인적자본을 금전적 가치로 자본화하여 다른 자산 가치에 더하는 것이 특별히 유용한지는 잘 모르겠다. 두 차원의 자본(인적자본과 비인적자본) 모두 매우 중요하지만 이 두 자본들은 개별적으로 분석해야 하는 서로 다른 쟁점들을 발생시킨다.

31. www.wid.world.

32. 위의 책, 558-562.

33. 이 주제에 대해서는 Julia Cagé, *Saving the Media: Capitalism, Crowdfunding and Democracy* (Cambridge, MA: Harvard University Press, 2016) 참조.

34. Piketty, *Capital*, 570.

아프리카계 미국인African Americans 171, 436, 591, 627

알렉산드르 밀랑Millerand, Alexandre 543

알렉스 브라이슨Bryson, Alex 280

알렉스 에르텔 페르난데스Hertel-Fernandez, Alex 157

알렉시 드 토크빌Tocqueville, Alexis de 161

알렉시스 스파이어Spire, Alexis 63-64

알베르토 비신Bisin, Alberto 392, 400-402

알베르토 알레시나Alesina, Alberto 503, 628

알포 윌먼Willman, Alpo 113, 115-116, 118

알프레드 콘래드Conrad, Alfred 173

애덤 스미스Smith, Adam 28, 290, 410, 562, 563, 565-566

애덤 콜Cole, Adam 381

애드킨스와 아동 병원의 법정 대결(미국, 1923년)Adkins v. Children's Hospital 533

애플 오퍼레이션 인터내셔널Apple Operations International 353

앤 케이스Case, Anne 29

앤드루스(판사)Andrews 179

앤드류 B. 버나드Bernard, Andrew B. 125

앤드류 맥아피McAfee, Andrew 36, 216-218, 221, 246, 251-255

앤드류 멜론Mellon, Andrew 534

앤서니 B. 앳킨슨Atkinson, Anthony B. 71, 86, 318, 330, 332, 334, 357, 368, 384, 496, 515, 594, 641

앤서니 크로스랜드Crosland, Anthony 575

앨런 그린스펀Greenspan, Alan 471

앨런 멜처Meltzer, Allan 22

앨런 옴스테드Olmstead, Alan 176

앨런 크루거Krueger, Alan 54

앨버트 허시먼Hirschman, Albert 613, 625, 630

앵거스 디튼Deaton, Angus 29

야로미르 노살Nosal, Jaromir 405

얀센주의Jansenism 564, 566-567

얼링 바스Barth, Erling 276, 280

업턴 싱클레어Sinclair, Upton 98

에단 캐플란Kaplan, Ethan 228

에두아르드 번스타인Bernstein, Eduard, 548

에드워드 A. 로스Ross, Edward A. 530

에드워드 뱁티스트Baptist, Edward 175-178

에드워드 울프Wolff, Edward 375-376

에르베 팔치아니Falciani, Hervé 364

에리히 루덴도르프Ludendorff, Erich 549

에릭 닐슨Nielsen, Eric 36, 192, 655

에릭 벵손Bengtsson, Erik 288

에릭 브린욜프슨Brynjolfsson, Erik 36, 216-218, 229-230, 246, 251-256

에릭 셰퍼드Sheppard, Eric 341

에릭 웨이츠Weitz, Eric 551

에릭 윌리엄스Williams, Eric 172-174, 587

에릭 캔터Cantor, Eric 99

에릭 포너Foner, Eric 527

에릭 프렌치French, Eric 408-409, 417

에릭 허스트Hurst, Erik 394, 405

에멕 배스커Basker, Emek 127

에밀 부트미Boutmy, Émile 654

에이미 거트먼Gutman, Amy 610

에이브러햄 링컨Lincoln, Abraham 35

에즈라 오버필드Oberfield, Ezra 120-121

엘로라 드르농쿠르Derenoncourt, Ellora 38, 580, 649

엘리자베스 워런Warren, Elizabeth 46, 53, 60

엘리자베스 제이콥스Jacobs, Elisabeth 604, 659

엘리트(1퍼센트)Elites 16, 18, 29-30, 56-57, 88-89, 93, 98, 169-170, 334, 340, 344, 354-360, 363, 429, 448, 452, 457-458, 500, 517, 527-529, 531, 539, 541-542, 544, 547, 549, 552-553, 565, 575, 582, 585, 590, 591, 594,

옮긴이_ **유엔제이**(이청, 김규태, 이두영, 황경조, 박우정, 박홍식, 박상은 외 8명)

전 세계에 번역자 네트워크를 갖고 있는 번역 전문 회사로, 인문, 사회, 정치, 경제, 과학 및 예술 분야에 이르기까지 다양한 분야의 전문 서적과 일반 교양서를 번역했다.

옮긴 책으로는 《21세기 자본》《피케티의 신 자본론》《권력과 부》《경제학은 어떻게 과학을 움직이는가》《무엇이 SONY를 추락시켰나》《구글은 어떻게 일하는가》《위대한 글로벌 비즈니스》《중국, 세계경제를 인터뷰하다》《하버드 정치경제학》《하버드 행동심리학 강의》《하버드 글쓰기 강의》《이것이 하버드다》《세계 경제의 거대한 재균형》《통계의 함정》《세계경제사》《호모 이코노미쿠스》《경제, 디테일하게 사유하기》《화폐의 몰락》《금의 귀환》《힘든 선택들-힐러리 자서전》《감성지능 코칭법》《경건한 지성》《미라클모닝》《창조적 지성》《클래식 리더십》《게임이론의 사고법》《공정 사회란 무엇인가》《미국, 파티는 끝났다》《불평등이 노년의 삶을 어떻게 형성하는가》 외에 다수가 있다.

After PIKETTY
애프터 피케티

초판 1쇄 발행일 2017년 11월 30일

지은이 토마 피케티 외 25인
옮긴이 유엔제이
펴낸이 김현관
펴낸곳 율리시즈

책임편집 박정하
표지 Song디자인
원문대조 이청, 황경조, 이두영, 강민규
본문 디자인 글씀(임재승)
종이 세종페이퍼
인쇄 및 제본 올인피앤비

주소 서울시 양천구 목동중앙서로7길 16-12 102호
전화 (02) 2655-0166/0167
팩스 (02) 2655-0168
E-mail ulyssesbook@naver.com
ISBN 978-89-98229-52-8 03300

등록 2010년 8월 23일 제2010-000046호

ⓒ 2017 율리시즈 KOREA

이 도서의 국립중앙도서관 출판시도서목록(CIP)은 서지정보유통지원시스템
홈페이지(http://seoji.nl.go.kr)와
국가자료공동목록시스템(http://www.nl.go.kr/kolisnet)에서
이용하실 수 있습니다.(CIP제어번호: 2017029516)

책값은 뒤표지에 있습니다.